Windows 7
Home Premium SP1

kompakt +++ komplett +++ kompetent +++ kompakt +++ kompakt +

MAGNUM

Windows 7
Home Premium SP1

GÜNTER BORN

Markt+Technik

Bibliografische Information Der Deutschen Nationalbibliothek

Die Deutsche Nationalbibliothek verzeichnet diese Publikation in der Deutschen Nationalbibliografie;
detaillierte bibliografische Daten sind im Internet über <http://dnb.d-nb.de> abrufbar.

ISBN 978-3-8272-4710-1

13 12 11

10 9 8 7 6 5 4 3 2 1

© 2011 by Markt+Technik Verlag,
ein Imprint der Pearson Education Deutschland GmbH,
Martin-Kollar-Straße 10–12, D-81829 München/Germany
Alle Rechte vorbehalten
Fachlektorat: Georg Weiherer, georg.weiherer@freenet.de
Lektorat: Jürgen Bergmoser, jbergmoser@pearson.de
Herstellung: Philipp Burkart, pburkart@pearson.de
Korrektorat: Marita Böhm, office_mb@maritaboehm.de
Layout und Satz: Reemers Publishing Services GmbH, Krefeld (www.reemers.de)
Druck und Verarbeitung: Kösel, Krugzell (www.KoeselBuch.de)
Printed in Germany

Inhaltsübersicht

5

Inhaltsverzeichnis

11

Teil 3 Mit Windows-Anwendungen arbeiten ... 277

Teil 4 Multimedia: Fotos,

Teil 6 Installation, Wartung & Administration 755

Liebe Leserin, lieber Leser

Dieses Buch befasst sich mit Microsoft Windows 7 Home Premium – mit dem ich beim Erstellen der Erstausgabe dieses Buches bereits mehrere Monate und bei der nun vorliegenden 2. Überarbeitung bereits fast 1 1/2 Jahre gearbeitet habe. Mein Fazit: Windows 7 läuft bei mir sowohl auf Uralt-PCs als auch auf modernen Netbooks und Desktopsystemen hervorragend. Lediglich Uraltkomponenten wie Webcam oder Scanner lassen sich wegen fehlender Treiberunterstützung durch die jeweiligen Hersteller nicht mehr einsetzen. Insgesamt gefällt mir Windows 7 sehr gut. Man merkt, an einigen Stellen haben die Entwickler nachgedacht, und die Bedienung ist einfacher geworden. Die vielen Assistenten und Hilfen führen den Benutzer durch die entsprechenden Funktionen und helfen automatisch bei der Reparatur, wenn etwas nicht mehr richtig funktioniert. Allerdings ist auch vieles anders als in früheren Windows-Versionen.

In den einzelnen Kapiteln dieses Buchs möchte ich Ihnen die vielfältigen Funktionen von Windows 7 Home Premium zeigen. Das so erworbene Wissen können Sie natürlich auch für die anderen Windows 7-Varianten (z. B. in Professional oder Ultimate) verwenden. Als langjähriger Windows-Anwender kenne ich viele Wege, um bestimmte Sachen auf direktem Wege zu erledigen – was oft noch möglich ist. Daher habe ich mein Windows 7 an einigen Stellen so umkonfiguriert, dass die Funktionen für mich besser nutzbar sind. Oder ich verwende alternative Arbeitstechniken und Tricks, um effizienter zum Ziel zu kommen. Einige dieser Tricks lernen Sie in diesem Buch kennen. Zudem möchte ich Ihnen an diversen Stellen Zusatzinformationen über Technologien, Hintergründe und Zusammenhänge geben, die nicht direkt mit Windows 7 zusammenhängen, deren Kenntnis jedoch bei der Nutzung bestimmter Funktionen (z. B. Bluetooth, Funknetzwerke, Sicherheit, UMTS etc.) durchaus sinnvoll ist. Microsoft hat zudem einige in früheren Windows-Versionen enthaltene Funktionen (z. B. Fotogalerie, Terminverwaltung, Mailclient etc.) aus dem aktuellen Betriebssystem entfernt. An den betreffenden Stellen zeige ich, wie sich die fehlenden Funktionen über die von Microsoft kostenlos verfügbaren Anwendungen aus Windows Live Essentials 2011 nachrüsten lassen.

Das Buch wurde in mehrere Teile und Kapitel gegliedert, um die unterschiedlichen Bedürfnisse der Leserinnen und Leser zu berücksichtigen. Inhalts- und Stichwortverzeichnisse ermöglichen Ihnen bei Bedarf den direkten Zugriff auf die benötigten Inhalte. Aber auch auf fast 1.000 Seiten lassen sich die vielfältigen Funktionen von Windows 7 Home Premium nicht allumfassend beschreiben. Ich bitte daher um Verständnis, wenn ich als Autor keine Unterstützung bezüglich auftauchender Fragestellungen bieten kann. Auch hinsichtlich des Inhalts des beiliegenden Datenträgers können Autor und Verlag keine Haftung, Gewährleistung oder Support bieten. Ich hoffe aber, Ihnen mit der Auswahl der im Buch beschriebenen Themen eine gute Basis zum Arbeiten mit Windows 7 gegeben zu haben. Ihnen als Leser wünsche ich viel Spaß und Erfolg im Umgang mit dem Buch und Windows 7 Home Premium.

Günter Born
www.borncity.de

So arbeiten Sie mit diesem Buch

Dieses Buch der Magnum-Reihe befasst sich mit Microsoft Windows 7 Home Premium – wobei 90 Prozent der Funktionen auch in Microsoft Windows 7 Home Basic, Professional oder Ultimate (bzw. Enterprise) genutzt werden können. Bedingt durch das Reihenkonzept ergeben sich einige Besonderheiten, die Sie bei der Benutzung des Buches kennen sollten:

- Das Buch wurde in mehrere Teile gegliedert, um die vielfältigen Funktionen von Windows übersichtlicher beschreiben zu können. Ein Kurztext auf der Titelseite eines Teils verrät Ihnen, welche Ziele dieser Buchteil verfolgt und welche Inhalte dort zu finden sind.

- Die einzelnen Kapitel innerhalb der Teile beschreiben konkrete Funktionen oder behandeln Programme, die Bestandteil von Windows 7 Home Premium sind.

Sie können das Buch von vorne bis hinten durchlesen, um sich über alles Wissenswerte zu Windows 7 zu informieren. Erfahrene Benutzer werden sich aber zielgerichtet die Informationen heraussuchen, die gerade zum Arbeiten benötigt werden. Die Inhalts- und Stichwortverzeichnisse erlauben Ihnen einen schnellen Zugriff auf die behandelten Themen.

Die Bücher der Magnum-Reihe benutzen eine Kursivschreibweise, um Dateinamen, Befehle, Namen von Optionen etc. im Text hervorzuheben. Zudem sind einzelne Abschnitte durch besondere Symbole in der Marginalspalte hervorgehoben.

HINWEIS

Abschnitte, die in dieser Form ausgezeichnet sind, enthalten zusätzliche Anmerkungen und Hinweise zum betreffenden Thema.

TIPP

Dieses Symbol kennzeichnet Absätze mit Tipps, die den Umgang mit Windows 7 erleichtern oder auf besondere Sachverhalte eingehen.

ACHTUNG

Das Achtung-Symbol in Absätzen weist auf Sachverhalte oder Vorgänge hin, bei denen Vorsicht geboten ist oder bei denen Fehler bzw. Probleme auftreten können.

Fehlerkorrekturen finden Sie ggf. unter www.borncity.de. Dort findet sich im Abschnitt »Meine Bücher« eine Seite mit Zusatzinformationen zum Buch.

Windows 7 Home Premium

Teil 1 Grundlagen & Einstieg

Haben Sie bisher noch nie oder wenig mit einem Windows-Computer gearbeitet? Um mit Spaß und Erfolg unter Windows arbeiten zu können, sollten Sie zumindest die wichtigsten Grundlagen kennen und möglichst beherrschen. Steigen Sie gerade von einer früheren Windows-Version auf Windows 7 Home Premium um? Dann wird Ihnen zwar vieles irgendwie bekannt vorkommen, aber so manches hat sich geändert. In diesem Teil erhalten Sie einen kurzen Überblick über die Windows 7-Varianten und lernen die grundlegenden Arbeitstechniken zum Arbeiten mit Windows kennen. Erfahrene Anwender können die einzelnen Kapitel überfliegen, Neueinsteiger sollten das Material durcharbeiten, um die vielen Funktionen effizient einsetzen zu können.

1 Windows 7 im Überblick

In diesem Kapitel erhalten Sie einen Überblick über die Windows 7-Varianten, die wichtigsten Neuerungen und erfahren, was Sie zu den Hardwareanforderungen wissen sollten.

1.1 Windows 7, ein Überblick über die Versionen

Windows 7 wird von Microsoft als Produktfamilie mit Varianten für Heimanwender und für Geschäftskunden angeboten. Die Grundfunktionen sind in allen Varianten gleich, die Geschäftsversionen besitzen jedoch zusätzliche Features. Hier ein kurzer Überblick über die Varianten.

1.1.1 Windows 7 Home Premium

Diese Variante wurde für den Einsatz bei privaten Anwendern konzipiert und dürfte auf den meisten Systemen im Consumerbereich vorhanden sein. In Windows 7 Home Premium stehen Ihnen die wichtigsten Funktionen für Heimnetzwerke, Multimediawiedergabe bis hin zum Windows Media Center zur Verfügung. Mit dem Windows Media Center lassen sich Bilder, Musik, Videos und (HD-)TV-Sendungen unter Windows wiedergeben und über eine Fernbedienung steuern. Zudem wird ab dieser Version das Anzeigeschema Aero (bei geeigneter Hardware) mit transparenten Fenstern und Vorschau auf Fensterinhalte unterstützt.

Gegenüber den nachfolgend vorgestellten Windows 7-Varianten für den geschäftlichen Einsatz fehlt der Home-Version die Möglichkeit, sich in Netzwerkdomänen von Windows-Servern anzumelden oder Verwaltungsfunktionen wie Gruppenobjektrichtlinien einzusetzen. Auch spezielle Funktionen wie Virtualisierung (Windows XP-Mode), die Verschlüsselung (Encrypted File System, BitLocker) von Ordnern und Festplatten oder die Synchronisierung von Ordnern über ein Netzwerk mit Offlinedateien sind in den Home-Versionen nicht vorhanden. Einige dieser Funktionen lassen sich aber mit Drittsoftware (teilweise kostenlos) nachrüsten.

Eine funktional reduzierte Variante ist Windows 7 Home Basic. Dort fehlen das Windows Media Center, Decoder zur Wiedergabe von MPEG-Videos sowie die Unterstützung für das Anzeigeschema Aero. Diese Variante soll aber nur in Entwicklungsländern vertrieben werden. Noch weiter in ihren Funktionen reduziert und für extrem preissensitive Netbooks gedacht, ist die Windows 7 Starter Edition. Diese wird nur vorinstalliert auf Computern erhältlich sein. Aus meiner heutigen Sicht wird die Starter-Edition im deutschsprachigen Markt bei Endanwendern aber nur eine geringere Bedeutung haben. Selbst die bei mir getesteten Netbooks (z. B. Medion Akoya Mini 1210 mit 1 GByte RAM) aus dem Jahr 2008 unterstützten Windows 7 Home Premium mit dem Anzeigeschema Aero problemlos.

Dieses Buch wurde für Windows 7 Home Premium geschrieben. Da aber 90 Prozent der Funktionen zwischen den diversen Windows 7-Varianten identisch sind, können auch deren Besitzer ebenfalls mit diesem Buch arbeiten. Dies gilt auch für Anwender der Professional- oder Ultimate-Versionen.

1.1.2   Windows 7 Professional, Ultimate und Enterprise

Hierbei handelt es sich um die Geschäftsversionen von Windows 7. Windows 7 Professional ist auch für kleine Unternehmen abgestimmt und besitzt Funktionen, um in eine Umgebung mit Windows Server eingebunden zu werden. Neben der Unterstützung für Netzwerkdomänen sind Verwaltungsfunktionen (Gruppenobjektrichtlinien), Remoteunterstützung, Offlinedateien, Dateiverschlüsselung und vieles mehr möglich.

Die Enterprise- und Ultimate-Editionen vereinen alle Funktionen der Windows 7 Premium-Version für Privatanwender mit den Funktionen von Windows 7 Professional für Geschäftskunden. Zudem stehen nur in Windows 7 Ultimate/ Enterprise die Festplattenverschlüsselung mittels der Bitlocker-Technik sowie Multisprachumgebungen (Multilanguage-Interfaces) zur Verfügung. Die Multisprachumgebung ermöglicht es, Benutzern fremdsprachige Benutzeroberflächen (Englisch, Französisch etc.) bereitzustellen. Der Unterschied zwischen Enterprise und Ultimate besteht im Lizenzmodell. Während eine Ultimate-Edition von Endanwendern gekauft werden kann, stehen Windows 7 Enterprise-Versionen nur im Rahmen von Volumenlizenzen für Firmen zur Verfügung. Ein solches Lizenzmodell eignet sich nur für größere Firmen.

Funktion	Home Premium	Professional	Ultimate/ Enterprise
Aero-Unterstützung	✓	✓	✓
Sofortsuche	✓	✓	✓
Windows Media Player 12 und Windows Media Center	✓	✓	✓
Heimnetzwerk	✓	✓	✓
Domänennetzwerkanbindung	✗	✓	✓
Windows XP-Modus (Virtualisierung)	✗	✓	✓
Automatische Sicherung/ Systemrestore	✗	✓	✓
Gruppenobjektrichtlinien	✗	✓	✓
Encrypting File System (EFS)	✗	✓	✓
Bitlocker-Laufwerkverschlüsselung	✗	✗	✓
Mehrsprachenunterstützung	✗	✗	✓

Tabelle 1.1:   Unterstützte Funktionen in den Windows 7-Editionen

HINWEIS

Eine grobe Übersicht über die in verschiedenen Windows 7-Varianten unterstützten Funktionen liefert Tabelle 1.1. Details zu den Windows 7-Varianten und weitere Informationen zu den unterstützten Features finden Sie auf den Microsoft-Webseiten in der Rubrik »Windows 7« (z. B. unter http://windows.microsoft.com/de-DE/windows7/products/compare).

Von den obigen Windows 7-Varianten liefert Microsoft noch modifizierte Versionen aus. Bei der Windows 7-N-Variante (z. B. »Windows 7 Home Premium N«) hat Microsoft den Windows Media Player (aufgrund eines Wettbewerbsverfahrens) entfernt. In diesem Buch spreche ich aber generell nur von Windows 7 Home Premium oder kurz Windows 7, da die modifizierten Varianten sich von der Bedienung nicht von den restlichen Versionen unterscheiden.

Bild 1.1: Fenster zur Browserauswahl

Weiterhin stellt Microsoft seit März 2010 in Europa (aufgrund eines EU-Wettbewerbsverfahrens) per Windows Update einen Brower-Auswahlbildschirm bereit. Wählt der Benutzer das Desktopsymbol *Browserauswahl*, öffnet sich ein Fenster, in dem zuerst zu bestätigen ist, dass eine Onlineverbindung besteht. Dann erscheint ein Auswahlfenster (Bild 1.1), in dem sich alternative Browser installieren lassen. In diesem Buch gehe ich aber davon aus, dass der Internet Explorer 8 installiert ist.

Für Windows 7 Professional, Ultimate/Enterprise stellt Microsoft unter http://www.microsoft.com/windows/virtual-pc/default.aspx die kostenlose Virtualisierungslösung »Windows Virtual PC« bereit. Zudem kann der sogenannte »Windows XP-Mode« kostenlos heruntergeladen werden. Beim »Windows XP-Mode« handelt es sich um ein lizenziertes Windows XP Professional SP3-System, das dann unter Windows Virtual PC in einer virtuellen Maschine ausgeführt werden kann. Dies ermöglicht es, ältere Anwendungen, die Probleme unter Windows 7 bereiten, unter Windows XP auszuführen. Die in der virtuellen Maschine unter Windows XP installierten Anwendungen werden dabei in die Windows 7-Benutzeroberfläche integriert. Dadurch lassen sich vom Anwender nachinstallierte Programme per Startmenü aufrufen. Die zugehörigen Anwendungsfenster erscheinen auf dem Windows-Desktop. Leider steht »Windows Virtual PC« für Windows 7 Home Premium offiziell nicht zur Verfügung. Gibt man auf der Downloadseite an, über Windows 7 Professional zu verfügen, lässt sich Windows Virtual PC zwar herunterladen. Bei der Installation erfolgt aber eine Warnung, dass das Produkt nicht unterstützt wird. Übergeht man diese Warnung, lässt sich das Programm zwar einrichten, aber der »Windows XP-Mode« kann (wegen fehlender Lizenzierung) nicht aktiviert werden. Einen Ausweg stellt die Verwendung von Virtualisierungslösungen wie VirtualBox (www.virtualbox.org), VMLite (www.vmlite.com), VMWare Player/Workstation (www.vmware.com/de/) etc. dar. Fragen rund um diese Thematik werden in meinen Markt+Technik-Buchtiteln »Windows 7 – Home Premium Tricks«, »Windows 7 Professional Tricks«, »Windows 7 – Handbuch für Fortgeschrittene« sowie in meinem Blog unter http:// www.borncity.com/blog/category/virtualisierung/ erörtert.

Verwenden Sie Windows 7 auf Netbooks mit Solid State Disk (SSD)? Die in manchen Fachartikeln beschriebenen Maßnahmen zum Anpassen des Betriebssystems an diese Speichermedien (z. B. Auslagerungsdatei abschalten, Defragmentierung abschalten etc.) sind unter Windows 7 nicht mehr erforderlich. Microsoft hat Windows bereits für SSD-Betrieb optimiert.

1.2   Hardwareanforderungen und Installationsmedien

In den nachfolgenden Abschnitten geht es um die Frage, auf welchen Datenträgern Windows 7 ausgeliefert wird und welche Hardwarevoraussetzungen zur Installation erforderlich sind.

1.2.1   Systemvoraussetzungen – das sollten Sie wissen

Um Windows 7 zu installieren, muss das System bestimmte Voraussetzungen erfüllen:

- *Prozessor:* Das System sollte laut Microsoft mindestens mit einem 1-GHz-Prozessor mit 32 oder 64 Bit ausgestattet sein. Allerdings empfiehlt sich doch ein etwas schnellerer Prozessor. Auf gängigen Atom-Prozessoren mit 1,6 GHz Prozessorgeschwindigkeit ließ sich in Tests flüssig arbeiten.

- *Arbeitsspeicher:* Microsoft gibt den Mindestspeicher mit 1 GByte für die 32-Bit-Version und mit 2 GByte für 64-Bit-Systeme an. Ein größerer Hauptspeicherausbau verbessert aber die Leistung.

- *DVD-Laufwerk:* Zur Installation sollte ein DVD-Laufwerk vorhanden sein (wobei auch eine Installation von USB-Sticks möglich ist). Ähnliches gilt für die Wiedergabe von Film-DVDs, wobei das BD- oder DVD-Laufwerk dann dem Regionalcode der DVD entsprechen muss.

- *Festplatte:* Zur Installation benötigt Windows 7 – nach Empfehlung von Microsoft – mindestens 16 Gigabyte (20 Gigabyte bei 64-Bit-Systemen) freie Kapazität. Ich habe allerdings auch schon Systeme auf 9 GByte großen Festplattenpartitionen installiert. Speziell bei Netbooks dürfte dies, zusammen mit der Unterstützung für Solid State Disk (SSD), recht hilfreich sein. In der Praxis empfiehlt es sich aber, dass das Systemlaufwerk mindestens 40 GByte an freiem Speicher aufweisen sollte. Dann lassen sich nicht nur Anwendungsprogramme und größere Datenbestände (z. B. Videos) speichern, sondern Windows 7 kann auch Auslagerungsdateien, den Ruhezustand, Systemwiederherstellungspunkte und Volumenschattenkopien anlegen (obwohl sich hier gegenüber Windows Vista viel verbessert hat).

Grafikkarte: Es muss eine DirectX 9.0c-fähige Grafikkarte mit minimal WDDM 1.0, besser WDDM 1.1-Treiberunterstützung vorhanden sein, um das Anzeigeschema Aero zu verwenden. Zudem muss die Grafikkarte die Shader-Version 2.0 unterstützen und mindestens 128 MByte RAM aufweisen. Zum zügigen Arbeiten empfiehlt sich aber eine leistungsfähigere Grafikkarte (z. B. mit 256 MByte RAM oder besser). Viele Spiele erfordern eine Unterstützung des Shader-Modells 3.0 oder 4.0. Optimal ist es, wenn die Grafikkarte DirectX 10-fähig ist, da Windows 7 diese Version unterstützt.

Lässt sich Windows 7 auf dem System installieren, führt das Betriebssystem eine Leistungsmessung durch. Der so ermittelte Leistungsindex definiert, wie gut Windows bestimmte Aufgaben ausführen kann. Ein System mit dem Leistungsindex 1,0 erfüllt gerade einmal die Mindestvoraussetzungen. In diesem Fall ist klar, dass die Grafikkarte keine 128 MByte RAM bzw. keine Shader 2.0-Unterstützung aufweist.

TIPP

Ist keine entsprechend ausgestattete Grafikkarte vorhanden, arbeitet Windows 7 Home Premium im Anzeigemodus Windows Basic. Rufen Sie ein Programm (z. B. Windows DVD Maker) auf, welches die erweiterten Videofunktionen benötigt, bricht dieses mit einer entsprechenden Fehlermeldung ab. Zudem gibt es ältere Anwendungen, die das Anzeigeschema Aero beim Aufruf deaktivieren. Beim Aufrüsten älterer Systeme auf Windows 7 sollten Sie das Augenmerk auf die Grafikfähigkeiten des Rechners richten. Ältere Notebooks (und manche Office-Rechner) besitzen Onboard-Grafikchips, die nicht immer die geforderten Grafikfähigkeiten (128 MByte RAM, Shader 2.0-Unterstützung) für das Anzeigeschema Aero aufweisen. Desktopsysteme lassen sich ggf. durch Austausch der Grafikkarte aufrüsten. Beachten Sie aber, dass ältere Hauptplatinen AGP-Steckplätze für Grafikkarten bereitstellen, während aktuelle Hauptplatinen auf die Verwendung von PCI-Express-Grafikkarten abgestimmt sind. Es gibt aber noch einige AGP-Grafikkarten aus der NVIDIA GeForce-Baureihe. Selbst die am unteren Leistungsbereich liegende und sehr preiswerte AGP-Grafikkarte GeForce FX 5200 ist mit Windows 7 kompatibel. Persönlich habe ich aber festgestellt, dass im Anzeigeschema Aero auch bei leistungsfähigeren AGP-Grafikkarten die Bildschirmanimationen leicht verzögert ablaufen. Daher schalte ich Aero auf meinen Systemen zum flotteren Arbeiten meist ab.

Zur Überprüfung, ob ein älterer Rechner für Windows 7 geeignet ist, können Sie sich den »Upgrade Advisor« von der Internetseite www.microsoft.com/windows/windows-7/upgrade-advisor.aspx herunterladen und ausführen. Zur Zeit, in der dieses Manuskript verfasst wurde, lag dieses Tool allerdings nur als englische Vorabversion vor.

1.2.2   Installationsmedien und 32-/64-Bit-Varianten

Windows 7 wird üblicherweise auf einer DVD als Installationsmedium (Windows Install Media, WIM) ausgeliefert. Dieses Installationsmedium enthält dabei alle Windows 7-Varianten (Home Basic, Home Premium, Professional, Ultimate). Die Entscheidung, welche Windows 7-Version aus dem Abbild auf das Systemlaufwerk installiert wird, kann vom Hersteller der betreffenden DVD voreingestellt sein. Oder beim Setup ist die Auswahl der Windows 7-Variante, für die ein Produktschlüssel zur Aktivierung vorhanden ist, möglich. Bei Letzterem können Sie also jederzeit über die Microsoft-Internetseiten einen Produktschlüssel für eine höherwertige 7-Version anfordern und das Betriebssystem vom gleichen Datenträger installieren.

Zudem ist Windows 7 in allen Varianten als 32-Bit- und als 64-Bit-Ausgabe (allerdings auf separaten Installationsdatenträgern) verfügbar. Die 64-Bit-Versionen laufen jedoch nur auf Rechnern, die mit entsprechenden 64-Bit-Prozessoren ausgestattet sind. Im Privatbereich dürften die 32-Bit-Versionen nach wie vor die bessere Wahl sein, da dort die Treiberunterstützung weitaus besser als bei den 64-Bit-Versionen ist. Zudem unterstützt nicht jede Anwendungssoftware den 64-Bit-Modus der Prozessoren und läuft dann im 32-Bit-Modus. Vorteile bringen die 64-Bit-Varianten, wenn Anwendungen betrieben werden, die einen großen Arbeitsspeicher (über ca. 3,2 GByte) benötigen.

1.3   Die wichtigsten Neuerungen im Überblick

Windows 7 kann mit vielen wichtigen Neuerungen gegenüber Windows Vista und vor allem Windows XP aufwarten. Interessierten Lesern möchte ich auf den folgenden Seiten einen Schnellüberblick geben, was sich bei Windows 7 getan hat.

1.3.1   Clever, die verbesserte Taskleiste mit Vorschaufenster

Eine der augenfälligsten und großartigsten Neuerungen betrifft die Windows-Taskleiste (gelegentlich auch als Superbar bezeichnet). Diese wurde nicht nur gegenüber Windows XP bzw. Windows Vista optisch renoviert, sondern grundlegend überarbeitet. Rechts neben der Schaltfläche *Start* finden Sie Symbole zum Zugriff auf häufig benötigte Anwendungen (Ordnerfenster mit den Bibliotheken, Windows Media Player, Internet Explorer 8,

Sofern Sie Peripheriegeräte kaufen, achten Sie auf jeden Fall darauf, dass deren Treiber kompatibel zu Windows 7 sind. Speziell die WIA-Treiber für Scanner und Digitalkameras benötigen unbedingt eine Variante, die mindestens auf Windows Vista (besser auf Windows 7) abgestimmt ist. Für Windows XP entwickelte WIA-Scannertreiber funktionieren nicht. Ein kritischer Punkt stellen DVB-TV-Karten dar. Ältere WDM-Treiber oder die Software der Hersteller wird in der Regel unter Windows 7 nicht funktionieren. Achten Sie beim Kauf neuer DVB-Karten darauf, dass diese mindestens Vista-kompatible (BDA-)Treiber (besser Windows 7-Treiber) bereitstellen.

falls installiert, etc.). Bei Bedarf lässt sich jedes Programm als Schaltfläche an der Taskleiste »anheften«, um dieses anschließend per Mausklick zu starten. Zudem lassen sich die Symbole der Taskleistenschaltflächen nun per Maus frei in der Taskleiste verschieben und so neu anordnen. Die Schaltfläche zum schnellen Zugriff auf den Desktop ist nun an den rechten Rand der Taskleiste gewandert.

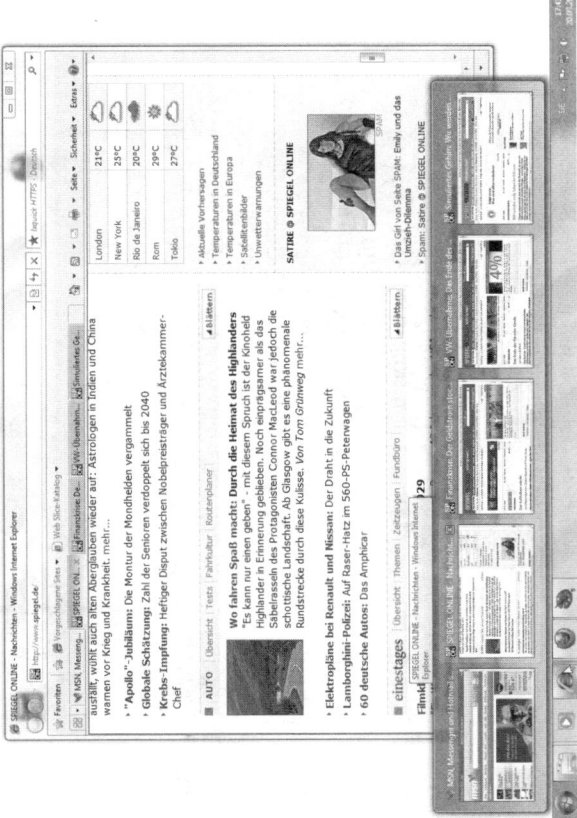

Bild 1.2:   Taskleiste mit Fenstervorschau bei aktivierter Aero-Funktion

Geöffnete Fenster tauchen als Schaltflächensymbol in der Taskleiste auf. Mehrere geöffnete Fenster werden dabei unter einem Taskleistensymbol gruppiert. Zeigen Sie mit der Maus auf eine Schaltfläche der Taskleiste, blendet Windows die Miniaturansicht der zugehörigen Fenster ein (Bild 1.2). Bewegen Sie die Maus auf eine Miniaturansicht, erscheint die Vollbildvorschau des zugehörigen Fensters. Bewegen Sie den Mauszeiger von der Miniatur weg, verschwindet die Vollbildvorschau. Mit der Vorschau sehen Sie sofort, was geöffnet ist, und mit der neuen Taskleiste kann Windows auf einfache Weise gesteuert werden (siehe *Kapitel 4*).

1.3.2   Alles schnell im Griff mit Sprunglisten

Eine der Neuerungen sind die sogenannten Sprunglisten, mit denen Sie direkt auf die letzten zehn geöffneten Dokumente einer Anwendung zugreifen können (Bild 1.3).

Unterstützt eine Anwendung die neue Funktion, erscheint beim Zeigen auf deren Startmenüeintrag eine Liste der zehn zuletzt geöffneten Dokumente. Ist eine entsprechende Anwendung geöffnet, können Sie deren Schaltfläche in der Taskleiste mit der rechten Maustaste anklicken. Daraufhin öffnet sich das Menü mit der Sprungliste zum Schnellzugriff auf Dokumente. Mehr Details hierzu finden Sie in *Kapitel 4.*

Bild 1.3: Schnellzugriff über Sprunglisten

1.3.3 Ganz schön pfiffig: neuer Fensterzauber

Speziell bei vielen geöffneten Fenstern verlieren viele Anwender irgendwann den Überblick auf dem Desktop. Also hieß es bisher: Fenster minimieren, verschieben oder irgendwie nebeneinander anordnen. Windows 7 eröffnet Ihnen da interessante Möglichkeiten, um Fenster quasi mit einem
»Fingerschnippen« in die gewünschte Form zu bringen:

■ *Aero Shake:* Positionieren Sie den Mauszeiger auf der Titelleiste eines
Fensters und »schütteln« das Fenster, werden alle anderen Anwendungsfenster minimiert und es sind nur noch deren Symbole in der Taskleiste zu sehen. Ein erneutes Schütteln, und die Funktion Aero-Shake
zaubert den vorherigen Fensterzustand zurück.

■ *Aero Snap:* Ziehen Sie Fenster über die Titelleiste zum rechten oder linken Rand (bis der Mauszeiger den Rand erreicht), zeigt Windows einen
Umriss (Bild 1.4, rechts) und beim Loslassen wird das Fenster auf die
Hälfte des Desktops gesetzt (Bild 1.4, links). Ziehen Sie das Fenster per
Titelleiste an den oberen Rand (bis der Mauszeiger diesen erreicht), wird
das Fenster zum Vollbildmodus umgeschaltet. Ein am Desktoprand
angedocktes Fenster kann über die Titelleiste abgezogen werden und
kehrt zur vorherigen Größe zurück.

Diese Bedienung lässt sich nicht nur per Maus, Trackball oder Touchpad vornehmen. Besitzt der Rechner einen berührungsempfindlichen Bildschirm
(Touchscreen), lassen sich die Fenster mit dem Finger auf dem Desktop
arrangieren (siehe auch *Kapitel 3*). Windows 7 erkennt dabei – bei geeigneten Touchscreens – Fingergesten (z. B. Zoom mit zwei Fingern, Drehen etc.).
Bei geeigneter Software sind so gänzlich neue Effekte anwendbar.

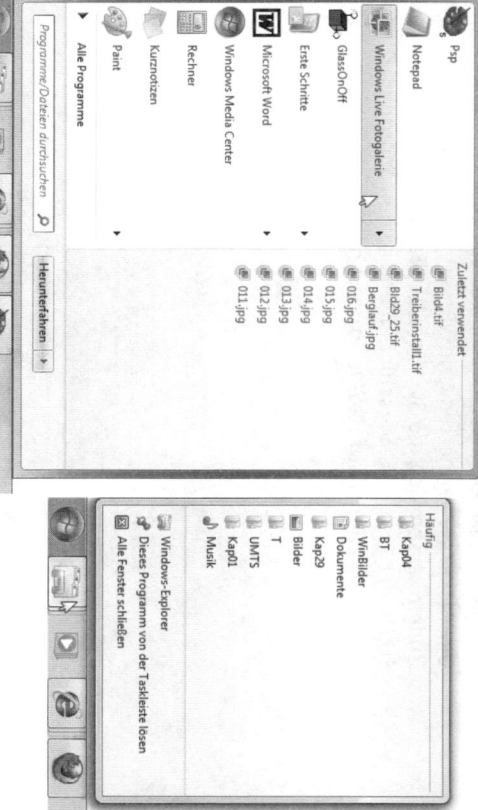

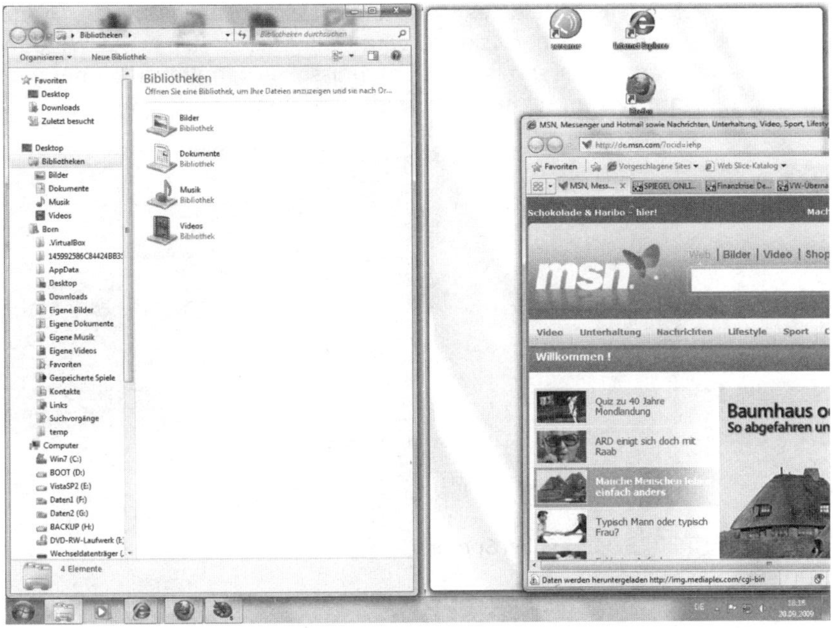

Bild 1.4: Fenster andocken

1.3.4 Minianwendungen und coole Desktopthemen

In Windows Vista war der rechte Desktoprand durch die unsägliche Sidebar für die Minianwendungen belegt. Zudem nervten Abstürze und Fehlfunktionen der Sidebar so manchen Anwender. Mit Windows 7 ist nun Schluss, Minianwendungen lassen sich frei auf dem Desktop positionieren (Bild 1.5), die Sidebar ist Geschichte (siehe Kapitel 5).

Weiterhin wartet Windows 7 mit einer Reihe netter Desktopthemen auf, die ein ganz neues Gefühl am Computer vermitteln (siehe Kapitel 34).

1.3.5 Bibliotheken und fixe Suche

Bibliotheken ermöglichten bereits unter Windows XP und Windows Vista die Organisation von Videos und Musik im Windows Media Player. In Windows 7 hat Microsoft das Konzept der Bibliotheken weiter gedacht und auch für Ordner implementiert. Öffnet der Benutzer ein Ordnerfenster (z. B. über die Startmenübefehle), blendet Windows im Navigationsbereich der linken Spalte den Zweig Bibliotheken ein. Bei Anwahl des Zweigs erscheint die Bibliotheksanzeige im rechten Teil des Fensters (Bild 1.6). Über die Bibliotheken Bilder, Dokumente, Musik und Videos erhalten Sie direkten Zugriff auf die zugehörigen Benutzerordner (z. B. mit eigenen oder öffentlichen Bildern). Zudem können Benutzer eigene Bibliotheken anlegen und beliebige Ordner aufnehmen. Der Umgang mit Bibliotheken ist in Kapitel 8 beschrieben. Über das Suchfeld in der rechten oberen Ecke des Ordnerfensters oder über das

Schnellsuchfeld des Startmenüs lässt sich nach Dateien, Ordnern oder Dokumenten suchen (siehe *Kapitel 12*). Microsoft hat bei Windows 7 die Suche stark verbessert, sodass Ergebnisse auch im Internet oder nach Änderungen am System schneller gefunden werden.

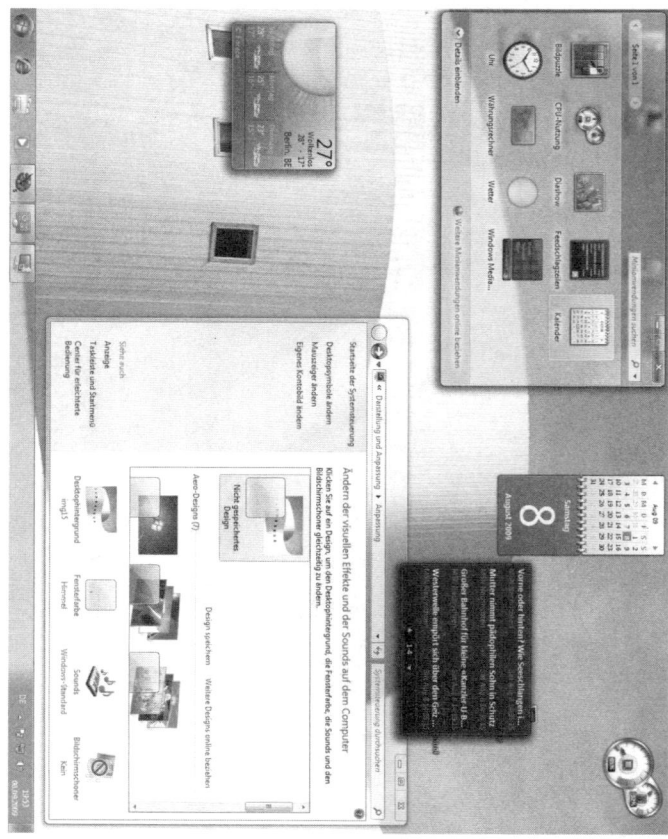

Bild 1.5:   Minianwendungen und Desktopthemen

1.3.6   Heimnetzgruppe – Netzwerken ganz easy

Die Vernetzung mehrerer Rechner ist zwischenzeitlich auch im Privatbereich gang und gäbe. So mancher Anwender hadert aber mit den Niederungen der Technik und scheiterte in früheren Windows-Versionen beim Einrichten des Netzwerks samt Freigaben der Ordner. Mit der Heimnetzgruppe lässt sich dies radikal umkrempeln. Legt der Anwender eine Heimnetzgruppe später an, lässt sich in einem Dialogfeld (Bild 1.7) bestimmen, welche Objekte zur gemeinsamen Nutzung freigegeben werden. Andere Windows 7-Systeme im Netzwerk können der Heimnetzgruppe automatisch beitreten. Ist der Heimnetzwerk-Code bekannt, lässt sich anschließend direkt auf die freigegebenen Objekte zugreifen. Zudem hat Microsoft die Funktionen zum Zugriff auf Funknetzwerke, zur Verwaltung von Netzwerken sowie die Windows-Firewall etwas überarbeitet. Die Details zum Umgang mit Netzwerken sind in *Kapitel 29* und *Kapitel 30* beschrieben.

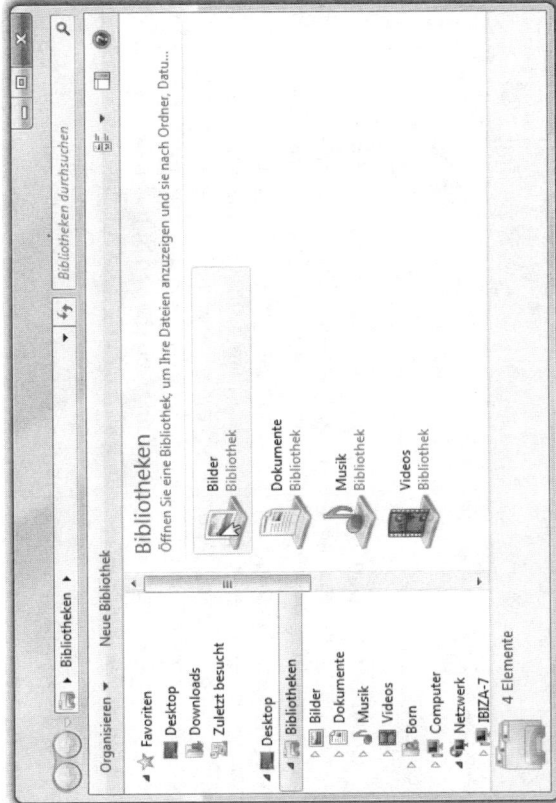

Bild 1.6: Bibliotheken in Ordnerfenstern

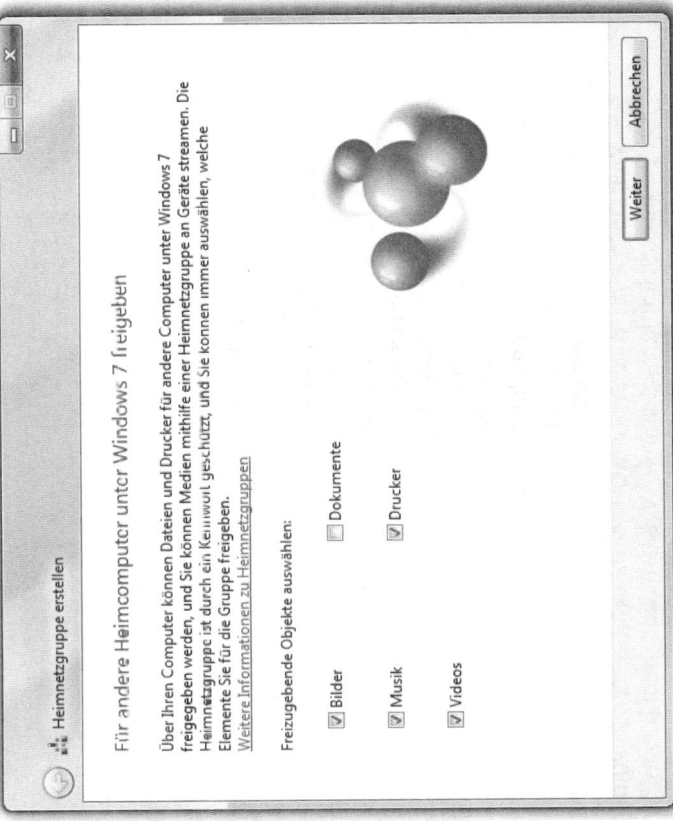

Bild 1.7: Freigabe in der Heimnetzgruppe

1.3.7   Neue Bedienoberfläche für Anwendungen

Bei einigen Anwendungen hat Microsoft die Benutzeroberfläche kräftig renoviert und teilweise auch neue Funktionen spendiert. Beim Windows Media Player 12 macht sich diese Generalüberholung wohltuend in der Bedienung bemerkbar. Zudem kann der Player die meisten populären Videoformate wie DivX, Mov, MPEG-2 etc. über eigene Decoder wiedergeben. Bei Anwendungen wie WordPad (*Kapitel 16*) oder dem Malprogramm Paint (*Kapitel 20*) wurde die Bedienung auf die bereits aus Microsoft Office 2007 bekannten Multifunktionsleisten (in Windows 7 als Menüband bezeichnet) umgestellt (Bild 1.8). Zudem sind bei beiden Programmen einige neue Funktionen hinzugekommen. Ähnliches gilt für den Windows-Rechner, der jetzt auch Formulare für Zinsberechnungen und mehr aufweist.

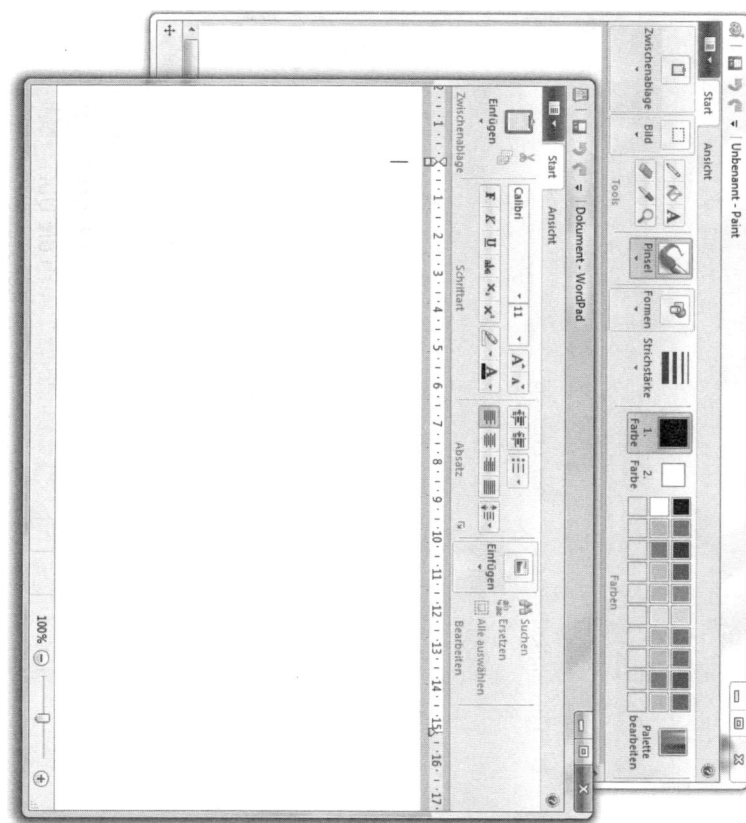

Bild 1.8:   Anwendungen mit Menüband

1.3.8   Geräteverwaltung der Luxusklasse

Wer möchte nicht schnell einen Überblick über den Zustand angeschlossener Drucker, Kameras, Scanner, Webcams und mehr haben? Windows 7 fasst dies zentral über eine Geräteverwaltung (Bild 1.9) zusammen, die sich über den Befehl *Geräte und Drucker* der Systemsteuerung aufrufen lässt. Über das Kontextmenü der angezeigten Geräte lässt sich komfortabel auf deren Eigenschaften und Funktionen zugreifen. Ein Doppelklick auf ein Gerätesymbol blendet eine Informationsseite zum Gerät samt den zulässigen Befehlen ein. Dies ermöglicht eine stark vereinfachte Gerätehandhabung (z. B. das Auswerfen von Wechselmedien).

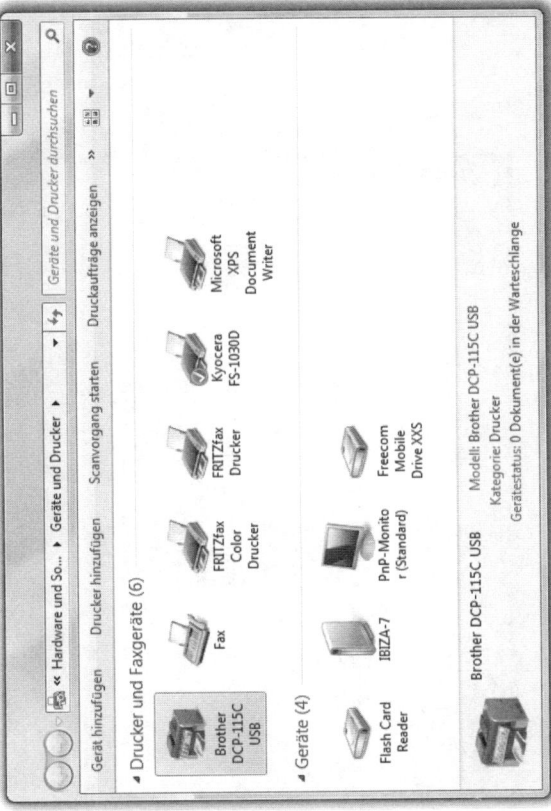

Bild 1.9:   Komfortable Geräteverwaltung

1.3.9   Benutzerkontensteuerung gebändigt

Die ständigen Nachfragen der Benutzerkontensteuerung nervten viele Windows Vista-Anwender – obwohl ich dies trotz intensivem Arbeiten mit diesem Betriebssystem nicht so ganz nachvollziehen kann. Microsoft hat hier etwas nachgebessert und gibt Windows 7-Anwendern die Möglichkeit, einzustellen, wie die Benutzerkontensteuerung agieren soll. Sobald der Begriff »Be« in das Schnellsuchfeld des Startmenüs eingetippt wird, lässt sich der gefundene Befehl *Einstellungen der Benutzerkontensteuerung ändern* wählen. Dann erscheint das in Bild 1.10 gezeigte Dialogfeld, über dessen Schieberegler das Verhalten der Benutzerkontensteuerung angepasst werden kann.

Sehr angenehm ist in Windows 7 auch die Überarbeitung vieler Funktionen, die eine Anfrage der Benutzerkontensteuerung erfordern. Gab es in Windows Vista Funktionen, die zwingend eine Anmeldung an einem Administratorkonto erforderten, lassen sich die Windows 7-Pendants auch von Standardbenutzerkonten aufrufen. Die Benutzerkontensteuerung hebt dann die erforderlichen Berechtigungen auf Administratorlevel an.

Genau genommen ist die Möglichkeit zur Anpassung des Verhaltens der Benutzerkontensteuerung keine wirkliche Neuerung. Insider hatten bereits in Windows Vista die Möglichkeit, das Verhalten anzupassen (siehe auch mein bei Markt+Technik in der Magnum-Reihe erschienenes Buch »Windows Vista Home Premium SP1 Tricks«). Aber in Windows 7 hat Komfort Einzug gehalten.

HINWEIS

41

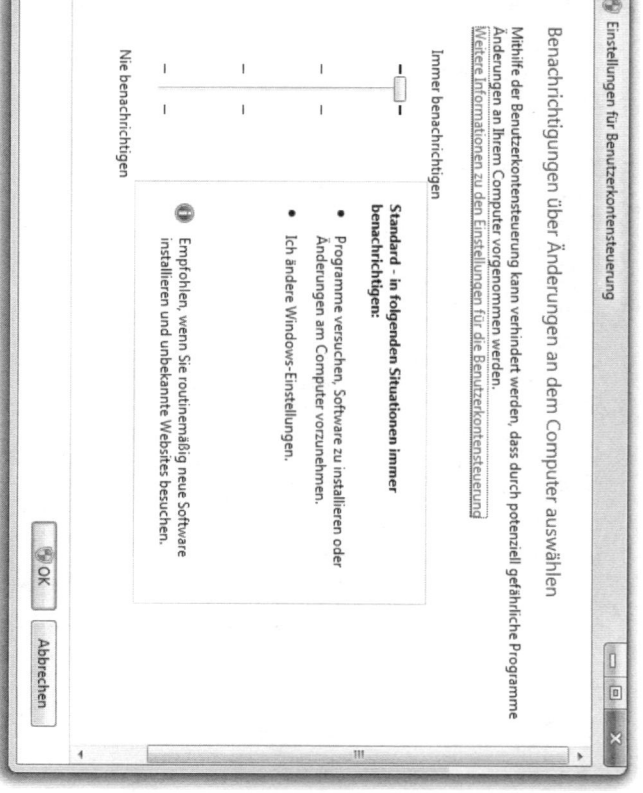

Bild 1.10: Dialogfeld zum Anpassen der Benutzerkontensteuerung

1.3.10 Weitere Neuerungen

Windows 7 enthält an vielen anderen Stellen weitere Neuerungen. So kann jetzt auch in Windows 7 Home Premium direkt auf Volumenschattenkopien zugegriffen werden, was in Windows Vista offiziell nur in den Business- und Ultimate-Varianten möglich war. Auch das in Windows Vista für Privatanwender fehlende Programm *Windows-Fax und -Scan* ist in Windows 7 Home Premium wieder an Bord. Das Sicherheitscenter aus Windows Vista wurde jetzt in Wartungscenter umbenannt und zeigt nun nur noch Einträge an, bei denen Probleme erkannt wurden. Im Ressourcenmonitor finden sich nun zusätzliche Funktionen und Diagramme, um Systemparameter wie CPU-Auslastung, Arbeitsspeicher etc. direkt zu überwachen. Die Bildschirmtastatur arbeitet mit Wortergänzungen, und viele Tastenabkürzungen sowie Touchscreen-Unterstützung zur Bedienung sind hinzugekommen. Die Details sind in den folgenden Kapiteln nachzulesen und lassen sich über das Stichwortverzeichnis in diesem Buch bei Bedarf gezielt nachschlagen. Zudem können Sie im Fenster »Erste Schritte« (siehe *Kapitel 5*) einen Online-überblick über Windows 7 abrufen.

2 Starten, Anmelden, Abmelden

Haben Sie bisher noch nie mit einem Computer unter Windows 7 gearbeitet oder fehlen Ihnen Grundkenntnisse? In diesem Kapitel lernen Sie, sich unter Windows anzumelden und wieder korrekt abzumelden. Weiterhin werden die Unterschiede der verschiedenen Optionen (wie Benutzerwechsel, Neustart, Energieeinsparung) beschrieben.

2.1 An- und Abmelden unter Windows

Windows 7 sollte (auch aus Sicherheitsgründen) so eingerichtet sein, dass sich jeder Benutzer über ein eigenes Benutzerkonto mittels eines Kennworts anmelden muss. Wird der Computer nicht mehr benötigt oder möchten Sie Ihre Arbeit unterbrechen, sollten Sie sich korrekt am Rechner abmelden oder Windows gezielt herunterfahren.

2.1.1 Benutzerkonten – das sollten Sie wissen

Windows 7 stellt sogenannte Benutzerkonten zum Arbeiten zur Verfügung. Zum Arbeiten müssen Sie sich daher an einem der Benutzerkonten anmelden. Dies stellt einerseits sicher, dass sich die einzelnen Benutzer des Computers untereinander nicht stören. Jeder Benutzer kann sich seine Windows-Oberfläche nach eigenen Wünschen anpassen, ohne dass dies andere Benutzer betrifft. Zudem lässt sich über die Art der Benutzerkonten regeln, was ein Anwender auf dem Computer alles tun darf:

■ *Administrator:* Die sogenannten Administratorkonten sind für Personen vorgesehen, die einen Computer betreuen und auch neue Programme oder Geräte auf dem Computer einrichten dürfen. Diese Konten sollten aus Sicherheitsgründen keinesfalls zum normalen Arbeiten (Surfen im Internet etc.) benutzt werden.

■ *Standardbenutzer:* Für jeden Benutzer des Rechners sollte ein Standardbenutzerkonto zum Arbeiten vorhanden sein. Windows verhindert, dass ein an einem solchen Konto angemeldeter Benutzer ungewollt etwas an Windows verstellt, Programme oder Geräte installiert sowie Dateien anderer Benutzer unbeabsichtigt verändert. Zudem sorgt Windows bei diesen Benutzerkonten dafür, dass sich Schadprogramme nicht ungewollt (bzw. ohne Zustimmung des Anwenders) auf allen Benutzerkonten des Computers einrichten können.

Bei der Installation wird nur ein Administratorkonto ohne Kennwort eingerichtet. Es empfiehlt sich aber, für jeden Benutzer des Computers ein eigenes Standardbenutzerkonto anzulegen. Die Benutzerkonten sollten zudem aus Sicherheitsgründen mit einem Kennwortschutz versehen werden, sodass eine unbefugte Benutzung des Computers verhindert wird. Die Verwaltung von Benutzerkonten durch Administratoren ist in *Teil 6* dieses Buches in *Kapitel 35* beschrieben.

2.1.2 Die Windows-Anmeldung – so geht's

Sobald Sie den Rechner einschalten, wird Windows 7 gestartet. Bevor Sie jedoch mit dem System arbeiten können, erwartet Windows eine Anmeldung an einem Benutzerkonto. Die eingerichteten Benutzerkonten werden dabei in einer Willkommenseite angezeigt (Bild 2.1).

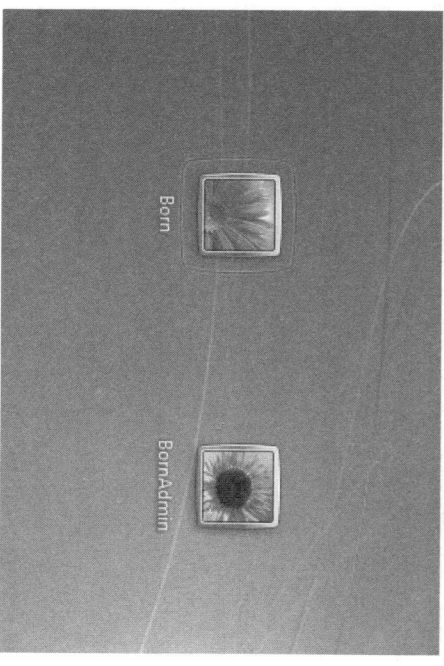

Bild 2.1:   Willkommenseite mit Konten zur Anmeldung unter Windows

1. Zur Anmeldung klicken Sie auf das Symbol des gewünschten Benutzerkontos, um bei einem kennwortlosen Konto zum Windows-Desktop zu gelangen.

2. Ist das Konto mit einem Kennwort abgesichert, müssen Sie dieses in das angezeigte Textfeld eintippen (Bild 2.2). Für jedes eingetippte Zeichen erscheint im Kennwortfeld ein Punkt, um zu verhindern, dass Dritte das Kennwort mitlesen.

3. Nach Eingabe des Kennworts drücken Sie zur Bestätigung die Enter-Taste. Alternativ können Sie per Maus auf die rechts neben dem Textfeld eingeblendete runde Schaltfläche (mit dem weißen Pfeil) klicken.

Windows prüft das Kennwort und meldet Sie, bei korrekt eingegebenem Kennwort, am betreffenden Benutzerkonto an. Sie gelangen dann zum Windows-Desktop und können mit dem System arbeiten (siehe folgende Kapitel). Ein fehlerhaftes Kennwort wird durch Windows gemeldet. Sofern das Benutzerkonto entsprechend eingerichtet wurde, zeigt Windows unterhalb des Textfelds sogar einen Kennworthinweis an. Sie können dann die obigen Schritte zur Anmeldung wiederholen.

HINWEIS

Die genauen Modalitäten bei der Anwendung hängen von der Konfiguration der Benutzerkonten ab. Existiert nur ein Benutzerkonto ohne Kennwort, reicht ein Mausklick auf das Kontensymbol der Anmeldeseite zur Anmeldung. Wurde ein Kennwort für dieses Konto vergeben, zeigt Windows in der Anmeldeseite bereits das Textfeld zur Kennworteingabe an – das Anklicken des Kontensymbols ist also überflüssig. Sind mehrere kennwortgeschützte Konten eingerichtet, erfolgt die Anmeldung mit den obigen Schritten. Die in Bild 2.2 sichtbare Schaltfläche *Benutzer wechseln* ist auch nur bei mehreren eingerichteten Benutzerkonten vorhanden und ermöglicht die Anmeldung an einem anderen Konto.

Achten Sie bei der Kennworteingabe darauf, dass nach nach Groß- und Kleinschreibung unterschieden wird. Falls Sie Ihr Kennwort vergessen haben, kann ein Administrator das Kennwort des Benutzers zurücksetzen. Besser ist es aber, eine sogenannte Kennwortrücksetzdiskette anzufertigen (siehe *Teil 6*), über die Sie das Kennwort des eigenen Benutzerkontos im Notfall zurücksetzen können. Die Informationen lassen sich nicht nur auf Diskette, sondern auch auf Speicherkarten oder USB-Sticks ablegen.

Bei einem Textfeld handelt es sich um einen rechteckigen Bereich in einem Fenster, in dem Windows eine Texteingabe erwartet. Der blinkende senkrechte Strich (die Schreibmarke) im Textfeld zeigt Ihnen an, dass Sie etwas eingeben können. Falsch eingegebene Zeichen im Textfeld löschen Sie durch Drücken der Tasten [←] oder [Entf]. Die [Enter]-Taste wird in Windows allgemein benutzt, um etwas zu bestätigen. Die Techniken zum Umgang mit der Maus, wie z. B. das Klicken, werden in *Kapitel 3* behandelt.

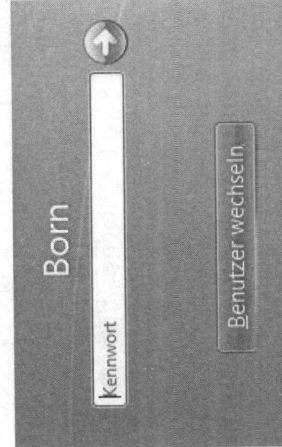

Bild 2.2:   Eingeben des Kennworts

2.1.3   Abmelden, Sperren und Benutzerwechsel

Möchten Sie Ihre Arbeit am Rechner für eine Pause unterbrechen, sollten Sie sich abmelden oder den Zugang sperren. Dies verhindert den Zugriff durch Unbefugte auf das Gerät während Ihrer Abwesenheit. Falls jemand anderes den Computer kurzzeitig benutzen möchte und ein eigenes Benutzerkonto unter Windows besitzt, kann auch der Modus zum Benutzerwechsel verwendet werden.

1.   Klicken Sie zum Öffnen des Startmenüs auf die Schaltfläche *Start* der Taskleiste und danach auf das Dreieck rechts neben der Schaltfläche *Herunterfahren*.

2.   Anschließend wählen Sie im eingeblendeten Menü einen der Befehle *Abmelden*, *Sperren* oder *Benutzer wechseln* (Bild 2.3).

Windows schaltet zum Willkommendialog um, zum Weiterarbeiten müssen Sie sich erneut am betreffenden Benutzerkonto anmelden.

45

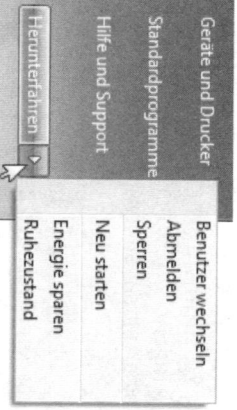

Bild 2.3:   Abmelden und Benutzerwechsel über das Startmenü

 HINWEIS

Die Befehle veranlassen zwar alle einen Wechsel zur Anmeldeseite, besitzen jedoch eine unterschiedliche Wirkungsweise. Beim Befehl *Abmelden* werden alle laufenden Windows-Programme beendet, während bei den beiden anderen Befehlen die Anwendungen weiterlaufen. *Sperren* empfiehlt sich bei kurzen Arbeitspausen, um anschließend nahtlos weiterarbeiten zu können. *Benutzer wechseln* ist hilfreich, falls Dritte kurz an einem anderen Benutzerkonto arbeiten möchten, Sie den Rechner anschließend noch brauchen. *Abmelden* hilft, wenn Sie den Rechner nicht mehr brauchen und Dritte damit weiterarbeiten möchten. Beachten Sie aber, dass im Modus *Benutzer wechseln* die noch laufenden Anwendungen weiter Arbeitsspeicher belegen. Das System kann dadurch u. U. langsamer werden. Zudem erhalten Sie eine Warnung, falls Sie versuchen, Windows unter einem anderen Benutzerkonto herunterzufahren. Beenden Sie Windows trotz dieser Warnung und laufen in den vorher benutzten Konten noch Anmeldungen mit ungesicherten Dokumenten, gehen diese Änderungen verloren.

 TIPP

Fehlt der Befehl *Ruhezustand* im Startmenü? Dann ist der Hybrid-Energiesparmodus aktiv. Um den Befehl einzublenden, tippen Sie »Energie« im Suchfeld des Startmenüs ein und wählen den angezeigten Befehl *Energiesparmodus ändern*. Klicken Sie im Fenster *Einstellungen für Energiesparplan ändern* auf den Hyperlink *Erweiterte Energieeinstellungen ändern*. Setzen Sie auf der Registerkarte *Erweiterte Einstellungen* im Zweig *Energie sparen/ Hybriden Standbymodus zulassen* den Wert *Einstellung* auf »Aus«.

2.1.4   Windows richtig beenden

Wenn Sie mit der Arbeit fertig sind, dürfen Sie nicht einfach das Gerät samt Bildschirm ausschalten, weil die Gefahr besteht, dass Daten verloren gehen. Windows 7 bietet eine eigene Funktion zum Herunterfahren des Computers:

1. Klicken Sie in der Taskleiste auf die Schaltfläche *Start* und dann im Start-menü auf die in der rechten Spalte sichtbare Schaltfläche *Herunterfah-ren* (Bild 2.3).

2. Warten Sie danach, bis Windows 7 heruntergefahren ist und den Com-puter abgeschaltet hat. Danach können Sie die daran angeschlossenen Peripheriegeräte abschalten.

Windows 7 beendet beim Herunterfahren eventuell noch laufende Pro-gramme. Liegen ungesicherte Änderungen vor, erhalten Sie in Dialogfeldern die Gelegenheit, diese Änderungen zu sichern. Beim Herunterfahren speichert das Betriebssystem zudem benutzerspezifische Einstellungen.

Haben Sie Windows Update so eingerichtet, dass Aktualisierungen nicht automatisch installiert werden? Dann wird bei bereits heruntergeladenen, aber noch nicht installierten Updates ein entsprechendes Symbol in der Schaltfläche *Herunterfahren* eingeblendet. Klicken Sie auf die Schaltfläche, installiert Windows 7 die Updates beim Herunterfahren (und ggf. beim nächsten Systemstart). Sie werden dann auf dem Bildschirm über diesen Vorgang informiert. In diesen Fällen dürfen Sie den Rechner keinesfalls ausschalten, auch wenn der Update-Vorgang einige Zeit dauert.

2.1.5   Hinweise zum Neustart von Windows

Die Installation von Geräten oder Programmen erfordert häufig den Neustart von Windows 7. Einige Installationsprogramme sowie die Windows Update-Funktion bieten den automatischen Neustart des Betriebssystems an. Nicht immer möchte man diesen Neustart aber sofort ausführen, d. h., Sie können dann über Schaltflächen in den angezeigten Installationsdialogen vorgeben, dass der Neustart erst später erfolgen soll.

Fordert Sie das Setup-Programm zum Neustart auf, leitet diesen aber nicht automatisch ein? Oder haben Sie den automatischen Neustart bei der Installation abgelehnt? In diesen Fällen müssen Sie den Neustart manuell einleiten. Anstatt das System aber mit den obigen Schritten herunterzufahren und dann erneut manuell zu starten, können Sie in dem in Bild 2.3 gezeigten Menü auch den Befehl *Neu starten* wählen.

Daraufhin werden alle Programme beendet und Windows 7 heruntergefahren. Danach startet Windows erneut und Sie gelangen nach dem Laden wiederum zum Anmeldebildschirm. Dieser Neustart ist auch hilfreich, falls es zu gravierenden Programmabstürzen unter Windows 7 kommen sollte und das System beschädigt wurde.

Gibt es bei der Geräteinstallation Probleme, wenn lediglich ein Neustart über den Befehl *Neu starten* durchgeführt wird? Speziell bei externen Geräten, die an FireWire- oder USB-Anschlüssen betrieben werden, kann es erforderlich werden, dass Sie Windows über den Befehl *Herunterfahren* beenden. Anschließend schalten Sie alle Geräte (einschließlich des Computers) stromlos. Nach dem erneuten Einschalten kann Windows 7 dann wie gewohnt gestartet werden.

2.2   Energiesparmodus und Ruhezustand

Gerade bei Notebooks ist es hilfreich, wenn diese in unbenutztem Zustand in den Energiesparmodus versetzt werden. Alternativ besteht die Möglichkeit, auch normale Computer in einen Standby-Modus zu versetzen, aus dem Windows schneller starten kann.

2.2.1 Energiesparmodus aufrufen

Brauchen Sie den Rechner mehrere Stunden nicht? Anstatt Windows 7 herunterzufahren, können Sie das Gerät in einen Energiesparmodus versetzen:

- Hierzu können Sie im Startmenü im Menü der Schaltfläche *Herunterfahren* die Befehle *Energie sparen* oder *Ruhezustand* wählen (Bild 2.3).

- Bei manchen Systemen reicht es auch, die Starttaste am Computer kurz zu drücken oder den Notebook-Deckel zuzuklappen.

Beim Befehl *Energie sparen* speichert Windows die Daten der Sitzung im Arbeitsspeicher und versetzt das System in einen Energiesparmodus, in dem das System sehr wenig Energie verbraucht. Wenn Sie später die Einschalttaste drücken oder die Maus (das Touchpad) oder die Tastatur verwenden bzw. das Notebook aufklappen, startet Windows 7 erneut. Dabei wird der gesicherte Zustand der Sitzung geladen und nach einer Benutzeranmeldung können Sie weiterarbeiten.

Nach Auswahl des Befehls *Ruhezustand* wird der Inhalt des Arbeitsspeichers komplett auf die Festplatte gesichert und dann der Rechner ausgeschaltet. In diesem Fall drücken Sie die Einschalttaste des Geräts, um Windows erneut zu starten. Beide Modi ermöglichen einen beschleunigten Systemstart.

HINWEIS Bei der Nutzung eines Computers mit Peripheriegeräten wie Monitor, Drucker etc. schaltet Windows zwar den Computer, nicht aber diese Geräte aus. Verwenden Sie schaltbare Steckdosenleisten, sollten Sie den Computer im Modus *Energie sparen* nicht stromlos schalten, da dann u. U. die im RAM gespeicherten Daten verloren gehen. Bei Notebooks sollten Sie beachten, dass der Modus *Energie sparen* weiterhin Strom benötigt, der Akku also entladen wird. Sofern die Hardware und das BIOS entsprechende Unterstützung bieten, wechselt das Notebook aber bei zu niedriger Akkukapazität automatisch vom Modus *Energie sparen* in den Ruhezustand.

TIPP Fehlt bei Ihnen der Menüeintrag *Ruhezustand* im betreffenden Menü (Bild 2.3)? In diesem Fall ist der Hybrid-Energiesparmodus eingeschaltet. Dann sollten Sie über die Funktion *Energieoptionen* der Systemsteuerung die erweiterten Energieoptionen anpassen (siehe *Kapitel 33*, Abschnitt »Energiesparoptionen anpassen«). Dort lässt sich auch das Verhalten beim Drücken des Netzschalters vorgeben.

3 Erste Schritte mit Windows

Dieses Kapitel gibt Ihnen einen ersten Überblick über den Windows-Desktop, die Taskleiste und das Startmenü sowie die Bedienung von Fenstern.

3.1 Die Windows-Bedienoberfläche im Überblick

In diesem Abschnitt erhalten Sie einen Überblick über die Bedienoberfläche von Windows, über die Sie Programme und Funktionen aufrufen.

3.1.1 Der Windows-Desktop auf einen Blick

Nach einer erfolgreichen Anmeldung präsentiert Windows Ihnen den Arbeitsbereich (Bild 3.1), auch als Desktop bezeichnet, auf dem im Standardzustand nur das Symbol des Papierkorbs vor einem Hintergrundbild sichtbar ist.

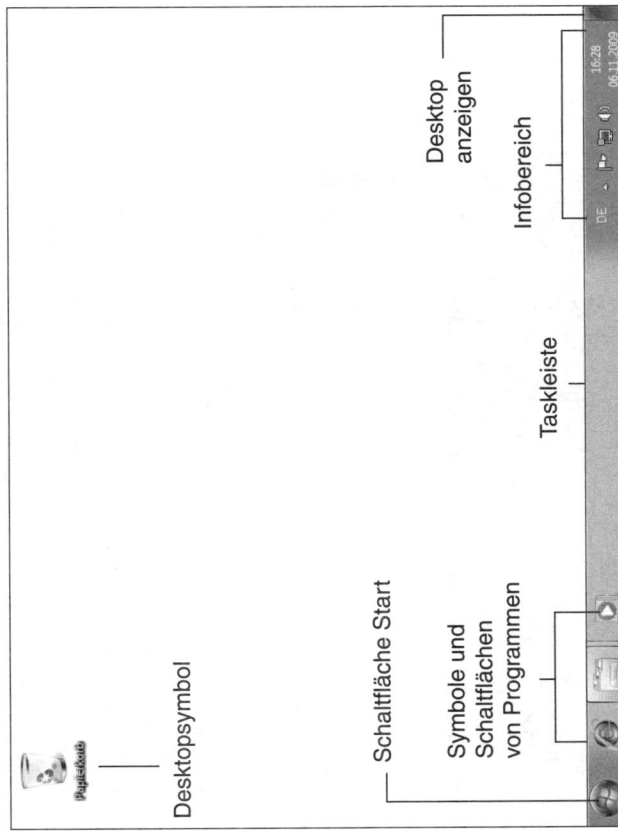

Desktopsymbol

Schaltfläche Start

Symbole und Schaltflächen von Programmen

Taskleiste

Infobereich

Desktop anzeigen

Bild 3.1: Der Windows-Desktop

 HINWEIS

Dieses Hintergrundbild (sowie die Aero-Effekte) wurden aber in den im Buch gezeigten Abbildungen wegen der besseren Erkennbarkeit der Bedienelemente durch einen weißen Hintergrund ersetzt.

■ Die auf dem Desktop eingeblendeten Symbole ermöglichen Ihnen, Fenster zu öffnen bzw. Programmfunktionen abzurufen. Das in Bild 3.1 gezeigte Symbol des Papierkorbs ermöglicht Ihnen, Elemente wie Dateien, die Sie nicht mehr brauchen (zum Beispiel einen Brief), einfach zu löschen (siehe *Kapitel 9*).

■ Die Taskleiste am unteren Desktoprand besitzt in Windows 7 mehrere Funktionen. Die in der linken unteren Ecke angezeigte *Start*-Schaltfläche öffnet das Startmenü und ermöglicht Ihnen, Programme und Windows-Funktionen aufzurufen (siehe die folgenden Seiten).

■ Die rechts neben der *Start*-Schaltfläche in der Windows 7-Taskleiste auftauchenden Symbole entsprechen in etwa der *Schnellstart*-Symbolleiste früherer Windows-Versionen und ermöglichen den schnellen Zugriff auf Ordnerfenster oder Anwendungen wie den Windows Media Player oder, sofern installiert, den Internet Explorer 8. Zudem blendet Windows für jedes geöffnete Programmfenster ein Symbol in der Taskleiste ein. Über diese als Schaltflächen ausgeführten Symbole können Sie zwischen verschiedenen, aktuell geöffneten Fenstern wechseln. Das Anzeigeschema Aero ermöglicht dabei eine Vorschau auf die Inhalte minimierter Fenster durch einfaches Zeigen per Maus.

■ Rechts in der Taskleiste befindet sich der Infobereich. Dort werden die Uhrzeit und der Zustand verschiedener Geräte über Symbole angezeigt. Die in früheren Windows-Versionen ganz links angeordnete Schaltfläche *Desktop anzeigen*, mit der sich alle geöffneten Fenster aus- und wieder einblenden lassen, befindet sich in Windows 7 am rechten Rand der Taskleiste. Zeigen Sie auf die Schaltfläche oder klicken Sie die Schaltfläche etwas länger an, schaltet Windows alle Fenster in einen Transparenzmodus mit dünnem Fensterrahmen, bei dem der Desktophintergrund zu sehen ist.

Die Funktionen der Taskleiste lernen Sie im folgenden *Kapitel 4* kennen. Wurden Programme auf dem Computer installiert, zeigt der Desktop vielleicht zusätzliche Symbole. Aber dies ist anpassbar und hängt von den persönlichen Einstellungen ab.

3.1.2   Kurzübersicht über das Startmenü

Das über die Schaltfläche *Start* zu öffnende Startmenü ermöglicht den Aufruf verschiedener Programme und Funktionen und entspricht dem Aussehen des Startmenüs aus Windows Vista. Das Startmenü ist in zwei Spalten und mehrere Bereiche unterteilt (Bild 3.2).

■ Über die in der linken Spalte sichtbaren Symbole lassen sich die zuletzt (bzw. häufiger) von Ihnen benutzten Programme aufrufen. Die Einträge werden automatisch durch Windows verwaltet. Zudem kann der Benutzer Programmsymbole im oberen Bereich der linken Spalte anheften – die Symbole werden durch eine dünne Linie von der restlichen Liste abgetrennt. Abweichend von Windows Vista sind aber nach der Installation keine angehefteten Anwendungen vorhanden. Eine weitere Neuerung: Enthält ein Startmenüeintrag der linken Spalte am rechten Rand ein kleines Dreieck, signalisiert dies das Vorhandensein einer sogenannten Sprungliste. Klicken Sie auf das Dreieck, öffnet sich ein Untermenü mit

Befehlen zum Zugriff auf die zuletzt mit dem Programm geöffneten Dokumente. Sprunglisten können von allen auf Windows 7 abgestimmten Anwendungen angelegt werden. Der Eintrag *Alle Programme* in der linken Spalte des Startmenüs ermöglicht Ihnen dagegen, das Menü mit den Namen der meisten unter Windows installierten Programme aufzurufen.

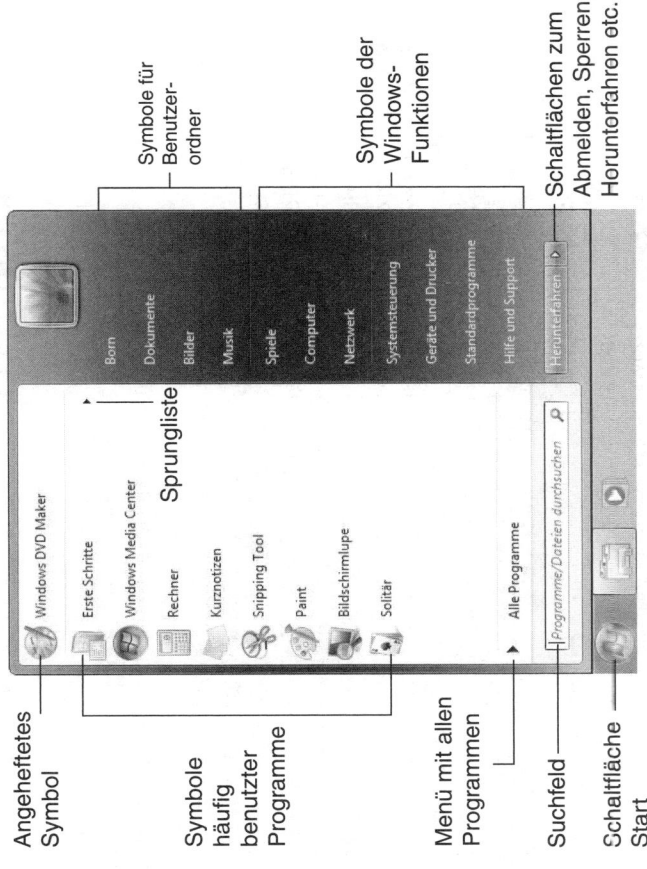

Angeheftetes Symbol

Symbole häufig benutzter Programme

Menü mit allen Programmen

Suchfeld

Schaltfläche Start

Symbole für Benutzerordner

Symbole der Windows-Funktionen

Schaltflächen zum Abmelden, Sperren, Horuntorfahron etc.

Bild 3.2:   Das Windows 7-Startmenü

■ In der rechten Spalte finden Sie eine Gruppe mit Befehlen wie *Dokumente*, *Bilder* und *Musik*. Diese öffnen (Bibliotheks- oder Ordner-)Fenster, in denen Dokumente, Fotos und Musikdateien abgelegt sind. Das oberste Symbol (hier *Born*) gibt zum einen an den Namen des Benutzerkontos an. Gleichzeitig öffnet das Symbol ein Fenster, über das sich auf die Dokumente und Einstellungen des Benutzerkontos zugreifen lässt. Im unteren Teil der Spalte finden sich Befehle zum Aufruf häufig benötigter Windows-Funktionen (*Systemsteuerung* etc.) sowie zum Zugriff auf die Ordnerfenster *Computer*, *Spiele* und optional *Heimnetzgruppe* bzw. *Netzwerk*.

■ Die Schaltflächen am unteren rechten Rand des Startmenüs dienen dazu, Windows herunterzufahren, den Computer in den Energiesparmodus zu schalten oder einfach den Benutzer abzumelden (siehe *Kapitel 2*). Hier wurden einige geringfügige Änderungen zu Windows Vista vorgenommen. So ist die Schaltfläche zum Herunterfahren direkt im Startmenü sichtbar. Das Suchfeld in der untersten Zeile der linken Spalte ermöglicht das Eintippen von Suchbegriffen, um nach Startmenüeinträgen, Programmen, Dokumenten wie Fotos, Briefe etc. oder anderen Dateien zu suchen.

51

Wie Sie mit den einzelnen Einträgen des Startmenüs umgehen, erfahren Sie im Verlauf der folgenden Kapitel noch detaillierter.

3.2 Hinweise zu Zeigegeräten und Tastaturhilfen

Typischerweise wird ein Windows-Rechner mittels einer Maus bedient. Es gibt aber alternative Zeigegeräte wie Touchpads oder Touchscreens, zu denen Sie nachfolgend einige Hinweise zum Umgang erhalten. Weiterhin finden Sie eine Übersicht über hilfreiche Tastenkombinationen zur schnelleren Windows-Bedienung.

3.2.1 Hinweise zu Touchpad & Co.

Notebooks (und Spezialtastaturen) besitzen statt einer Maus standardmäßig ein sogenanntes Touchpad, welches aus einer berührungssensitiven Fläche und einer, zwei oder drei Tasten besteht (Bild 3.3). Die linke und die rechte Taste eines Touchpads lassen sich wie die entsprechenden Maustasten nutzen. Sie können also mit der linken oder rechten Taste klicken (einmal drücken), und doppelklicken (zweimal kurz hintereinander drücken). Zum Bewegen des Mauszeigers (Zeigen per Maus) reicht es, mit dem Finger über die berührungssensitive Fläche zu streichen. Zum Ziehen von Elementen halten Sie die linke Touchpad-Taste gedrückt und verschieben den Mauszeiger durch Fingerbewegungen auf der berührungsempfindlichen Fläche des Touchpads.

Bild 3.3: Touchpad

Die Funktionen der mittleren Touchpad-Taste sind herstellerspezifisch belegt und können bei manchen Modellen zur Positionierung des Mauszeigers oder zum Scrollen verwendet werden.

Ein einmaliges oder zweimaliges Tippen auf die Sensorfläche wird dann als Mausklick bzw. Doppelklick interpretiert. Abhängig vom Modell des Touchpads sind aber weitere Funktionen möglich. So lässt sich bei manchen Touchpads durch Fingerbewegungen am rechten bzw. unteren Rand der Sensorfläche bei Fenstern mit Bildlaufleisten ein horizontales oder vertikales Scrollen ausführen. Manche Touchpads können auch Gesten erkennen. Dann lässt sich bei geeigneten Anwendungen die Zoomfunktion zum Vergrößern oder Verkleinern einer Dokumentanzeige durch Spreizen oder Zusammenführen von Daumen und Zeigefinger auf der Sensorfläche anwenden. Oder Kreisbewegungen auf der Sensorfläche führen zum Blättern im Dokument. Konsultieren Sie ggf. das Handbuch des jeweiligen Geräts für nähere Informationen.

HINWEIS

Etwas exotischer sind Grafiktabletts mit einem Zeichenstift. Dort lässt sich der Mauszeiger durch Bewegen des Stifts auf dem Tablett bewegen. Tasten am Zeichenstift oder ein Antippen des Tabletts ermöglichen das Klicken oder Doppelklicken.

3.2.2   Bedienung per Touchscreen

Systeme mit einem berührungsempfindlichen Bildschirm (Touchscreen) lassen sich auch direkt über den Bildschirm bedienen. Hierbei wird aber zwischen einer Singletouch- und einer Multitouch-Unterstützung unterschieden. Bei Singletouch wird nur die Bewegung eines Fingers erfasst, während Multitouch-fähige Geräte auch mehrere Finger erkennen und Gesten umsetzen. Für eine Multitouch-Bedienung ist jedoch ein Touchscreen mit Windows Touch-Logo (z. B. Dell Latitude XT, XT2 and HP TouchSmart tx2) erforderlich. Hier ein Überblick über Funktionen, die mit entsprechender Hardware per »Fingerzeig« möglich sind

- Antippen und doppeltes Antippen des Touchscreens mit einem Finger entsprechen dem Mausklick bzw. einem Doppelklick. Mit dieser Aktion lassen sich Ordner oder Dateien öffnen und Programme starten.

- Zum Ziehen reicht es, den Bildschirm mit dem Finger zu berühren und dann den Finger über den Bildschirm zu ziehen. Damit lassen sich Elemente wie Desktopsymbole oder Fenster verschieben.

- Für einen Rechtsklick zeigen Sie mit einem Finger auf dem Bildschirm und tippen kurz mit einem zweiten Finger auf die Bildschirmoberfläche. Alternativ können Sie mit dem Finger für einige Augenblicke auf einen Punkt des Bildschirms drücken, bis eine Animation einen erkannten Rechtsklick signalisiert.

- Bewegen Sie den Finger im Dokumentbereich eines Fensters nach oben oder unten, wird dieses in die entsprechende Richtung gescrollt (ein Scrollen über die Bildlaufleiste ist nicht erforderlich). Bei manchen Anwendungen reichen zudem Fingerbewegungen nach rechts oder links, um vorwärts oder rückwärts zu blättern (z. B. in einem Browser-fenster).

■ Spreizen Sie zwei Finger auf dem Touchscreen oder führen Sie diese zusammen, kann damit die Dokumentanzeige mancher Anwendungen (z. B. Internet Explorer 8, WordPad, Paint) vergrößert oder verkleinert werden. Berühren Sie zwei Bildschirmpunkte und drehen Sie die Finger, kann Software in einer Multitouch-Umgebung das darunter liegende Element (z. B. ein Foto) mit drehen.

Diese Gesten oder »Fingerfunktionen« ermöglichen eine vereinfachte Bedienung. Fenster lassen sich z. B. über deren Titelleiste per Finger auf dem Touchscreen verschieben, scrollen oder in der Größe anpassen. Sie können z. B. die Titelleiste eines Fensters mit dem Finger zum oberen, rechten oder linken Bildschirmrand ziehen. Dies maximiert das Fenster bzw. die Funktion Aero Snap dockt dieses am rechten/linken Desktoprand an. »Schütteln« Sie ein Fenster über dessen Titelleiste, blendet die Aero Shake-Funktion alle anderen Fenster aus. Die Techniken werden auf den folgenden Seiten im Abschnitt zum Arbeiten mit Fenstern detailliert vorgestellt. Zeigen Sie auf eine Schaltfläche der Taskleiste und schieben Sie diese mit dem Finger etwas nach oben in den Desktopbereich, öffnet dies die Sprungliste mit den verfügbaren Befehlen.

Bei Verwendung eines berührungsempfindlichen Bildschirms empfiehlt es sich, die Bildschirmauflösung auf 125 % zu setzen (wählen Sie die Systemsteuerungsbefehle *Darstellung und Anpassung/Anzeige* und markieren Sie dann das Optionsfeld *Mittel – 125 %*).

3.2.3 Tasten zur Bedienung

Mittels der Tastatur lassen sich in Windows viele Funktionen schneller als per Mausbedienung abrufen oder Aktionen beenden. Die Enter-Taste bestätigt Eingaben in Dialogfeldern und entspricht dem Anklicken der OK-Schaltfläche. Über die Esc-Taste lassen sich Befehle abbrechen oder Menüs sowie Dialogfelder und Registerkarten schließen (entspricht der *Abbrechen*-Schaltfläche in Dialogfeldern).

Am unteren Rand der Tastatur finden Sie die Sondertasten Strg und Alt, die in Verbindung mit anderen Tasten zum Abrufen diverser Funktionen verwendet werden. Die Taste Entf löscht ein Zeichen im Text rechts von der Schreibmarke, während die Rück-Taste das Zeichen links von der Schreibmarke entfernt. Dies ist sowohl bei der Texteingabe als auch beim Benennen von Dokumenten relevant.

Windows-Tastaturen weisen am unteren Rand die beiden Tasten ⊞ und 🖳 auf, über die Sie einen direkten Zugriff auf verschiedene Windows-Funktionen erhalten (Tabelle 3.1).

Taste	Bedeutung
⊞	Startmenü öffnen oder schließen.
⊞ + Untbr	Basisinformationen über das System anzeigen.
⊞ + D	Den Windows-Desktop anzeigen.
⊞ + M	Minimiert alle geöffneten Fenster.
⊞ + ⇧ + M	Minimierte Fenster wiederherstellen.
⊞ + Pos1	Minimiert alle geöffneten Hintergrundfenster bzw. stellt diese wieder her.
⊞ + Leer	Schaltet alle Fenster in den »Umrissmodus«, um den Desktop anzuzeigen (funktioniert nur mit Aero).
⊞ + E	Ordnerfenster *Computer* öffnen.
⊞ + F	Suchen von Dateien und Ordnern.
⊞ + R	Dialogfeld *Ausführen* öffnen.
⊞ + L	Sperrt den Computer und zeigt den Anmeldebildschirm.
⊞ + F1	Öffnet das Hilfefenster.
⊞ + ⇆	Schaltet in der Aero-Oberfläche zur Flip-3D-Darstellung der geöffneten Fenster und wechselt zwischen den Fenstern.
⊞ + T	Zeigt die Liste mit der Miniaturvorschau der Taskleiste. Antippen der Taste T wechselt zur nächsten Schaltfläche.
⊞ + +	Bildschirmlupe anzeigen und bei weiterem Antippen der Taste + wird der Zoomfaktor erhöht. Mit der Taste − lässt sich der Zoomfaktor reduzieren, und Esc schließt die Bildschirmlupe.
⊞ + G	Holt die Minianwendungen des Desktops in den Vordergrund (vor geöffnete Fenster).
⊞ + P	Zeigt die Projektoransicht, über deren Symbole die Bildschirmausgabe auf extern angeschlossene Anzeigegeräte (Projektor) umgeschaltet werden kann.
⊞ + X	Blendet bei Notebooks das Fenster des Windows-Mobilitätscenters ein.
⊞ + ↑	Maximiert ein Fenster.
⊞ + →	Ein maximiertes Fenster auf die vorherige Größe wiederherstellen. Ein normales Fenster wird dagegen minimiert.
⊞ + ⇧ + ↑	Maximiert das Fenster vertikal (hilfreich bei langen Texten).

Tabelle 3.1: Bedeutung der ⊞ - und der ⊞-Taste

Taste	Bedeutung
⊞ + ↓	Dockt das aktuelle Fenster am rechten Desktoprand an und vergrößert es auf die Hälfte des Bildschirms.
⊞ + ↑	Dockt das aktuelle Fenster am linken Desktoprand an und vergrößert es auf die Hälfte des Bildschirms.
⊞ + ⇧ + ↓, ⊞ + ⇧ + ↑	Verschiebt das aktive Fenster im Multimonitorbetrieb zum zweiten Bildschirm bzw. wieder zurück.
⊞ + 1, ⊞ + 2 etc.	Startet die Anwendung der ersten, zweiten, dritten bis zur zehnten Schaltfläche der Taskleiste, falls diese noch nicht läuft. Wird die Anwendung bereits als Einzelinstanz ausgeführt, holt die Tastenkombination deren Fenster in den Vordergrund. Sind mehrere Fenster der betreffenden Anwendung geöffnet, öffnet die Tastenkombination die Aero Peak-Vorschau mit den Fenstern. Halten Sie die ⊞ -Taste gedrückt, können Sie durch Antippen der betreffenden Taste mit der Nummer (z. B. 3 für den dritten Eintrag der Taskleiste) durch die Liste der geöffneten Anwendungsfenster dieser Anwendung schalten.
⊞ + ⇧ + 1, ⊞ + ⇧ + 2 etc.	Öffnet eine neue Instanz der (der betreffenden Schaltfläche zugeordneten) Anwendung. Mit ⊞ + ⇧ + 1 können Sie also mehrere Instanzen des Internet Explorers 8 (sofern installiert und als erste Schaltfläche angeordnet) öffnen.
⊞ + Alt + 1, ⊞ + Alt + 2 etc.	Öffnet die Sprungliste der betreffenden Schaltfläche.
⊞ + Strg + 1, ⊞ + Strg + 2 etc.	Holt das jeweils letzte geöffnete Fenster der Anwendungsinstanz in den Vordergrund. Mehrfaches Antippen der Nummerntaste ermöglicht, die Fenster der Anwendungsinstanzen schrittweise in den Vordergrund zu holen.
▤	Öffnet das Kontextmenü für das ausgewählte Element.

Tabelle 3.1: Bedeutung der ⊞ - und der ▤ -Taste (Forts.)

3.3 Arbeiten mit Fenstern

Unter Windows wird in Fenstern gearbeitet. Nachfolgend finden Sie einige Grundlagen zum Umgang mit Fenstern.

3.3.1 QuickInfo-Anzeigen verwenden

Beim Positionieren des Mauszeigers über verschiedenen Elementen (wie z. B. Schaltflächen wie der Schaltfläche *Start*) erscheint ein kleines als QuickInfo bezeichnetes Fenster. In dieser QuickInfo geben Windows oder die betreffenden Programme Ihnen Zusatzhinweise auf die zugehörigen Funktionen. In Bild 3.4 sehen Sie beispielsweise im rechten Teil, wie sich der Wochentag des aktuellen Datums durch Zeigen auf die Uhrzeit als QuickInfo abrufen lässt. Das Fenster der QuickInfo verschwindet, sobald Sie den Mauszeiger wegbewegen oder die [Esc]-Taste drücken.

Bild 3-4: QuickInfo beim Zeigen mit der Maus

3.3.2 Diese Fensterelemente sollten Sie kennen

Die Fenster von Windows bzw. von Anwendungen sind alle nach dem gleichen Prinzip aufgebaut (Bild 3.5) und besitzen gemeinsame Elemente, die durch Windows bereitgestellt werden. Sie können beispielsweise das Fenster *Papierkorb* durch einen Doppelklick auf das betreffende Desktopsymbol öffnen, um die folgenden Ausführungen nachzuvollziehen.

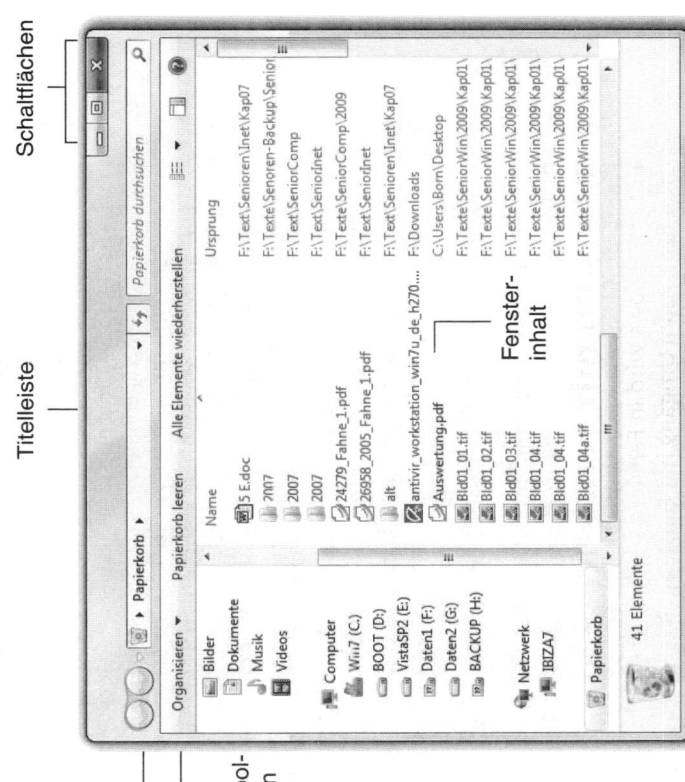

Bild 3-5: Grundelemente eines Windows-Fensters

- Am oberen Fensterrand finden Sie die sogenannte Titelleiste, in der Windows Ihnen bei einigen Anwendungen den Fenstertitel anzeigt. Dieser Fenstertitel besteht meist aus dem Namen des Anwendungsprogramms und wird ggf. durch den Namen des aktuell geladenen Dokuments ergänzt (z. B. »Brief – Microsoft Word«). Eine farblich etwas kräftiger hervorgehobene Titelleiste signalisiert, dass es sich um das aktive Fenster handelt, mit dem gearbeitet werden kann. In der linken Ecke der Titelleiste findet sich bei einigen Programmfenstern noch das Symbol des Systemmenüs, über welches Sie ein Menü mit Befehlen zum Verschieben oder Schließen des Fensters aufrufen können. Bei Ordnerfenstern wie dem hier gezeigten Papierkorb fehlen der Titeltext und das Systemmenü. Diese Systemmenübefehle lassen sich aber auch über das Kontextmenü der Titelleiste abrufen. Die (drei) Schaltflächen in der rechten Ecke der Titelleiste dienen zum Abrufen bestimmter Fensterfunktionen (siehe unten).

■ Manche Fenster besitzen unterhalb der Titelleiste eine Navigations- und Suchleiste, über die Sie zwischen Speicherinhalten navigieren oder nach Dokumenten suchen können.

■ Bei verschiedenen Anwendungsfenstern ist eine Menüleiste mit Namen wie *Datei*, *Bearbeiten*, *Ansicht* etc. zu sehen. Klicken Sie auf die Namen, öffnet sich ein Menü, über dessen Befehle Sie bestimmte Funktionen aufrufen oder weitere Untermenüs öffnen können. Bei auf Windows 7 abgestimmten Anwendungen weisen deren Fenster (wie der hier gezeigte Papierkorb) diese Menüleiste nicht mehr standardmäßig auf. Sie können aber die ⎇Alt-Taste kurz drücken, um die Menüleiste ein- oder wieder auszublenden.

■ Manche Fenster besitzen zusätzlich eine (oder mehrere) Symbolleiste(n). Die angezeigten Symbole gehören zu Schaltflächen. Durch Anklicken dieser Schaltflächen können Sie häufig benutzte Funktionen direkt aufrufen, ohne mühsam den Weg über die Menüs gehen zu müssen.

■ Am unteren Rand besitzen viele Fenster noch eine (manchmal ein-/ausblendbare) Statusleiste, in der zusätzliche Informationen angezeigt werden. Die Statusleiste lässt sich häufig über den gleichnamigen Befehl im Menü *Ansicht* ein- oder ausblenden. Bei Ordnerfenstern, wie dem hier gezeigten Papierkorb, zeigt Windows 7 aber standardmäßig den sogenannten Detailbereich am unteren Fensterrand. Dort werden Einzelheiten zu dem im Fenster gewählten Element angezeigt.

In Fenster selbst wird dann dessen Inhalt im Dokumentbereich dargestellt. Dieser Dokumentbereich unterscheidet sich von Programm zu Programm. Das Fenster *Papierkorb* wird sicherlich andere Informationen zeigen als ein Programmfenster zur Bearbeitung eines Fotos oder eines Briefes.

3.3.3   Dialogfelder und Eigenschaftenfenster

Neben dem in Bild 3.5 gezeigten Fenstertyp gibt es noch sogenannte Dialogfelder und Eigenschaftenfenster. Dialogfelder werden benutzt, wenn Windows 7 Ihnen etwas mitteilen möchte oder eine Eingabe erwartet (Bild 3.6, rechts). Diese Dialogfelder besitzen typischerweise eine Schaltfläche *Schließen* in der rechten oberen Fensterecke, aber keine Menü- oder Symbolleisten und auch kein Systemmenü. Schaltflächen im Dialogfeld ermöglichen Ihnen ggf., bestimmte Optionen auszuwählen. Über die Schaltfläche *Abbrechen* wird das Dialogfeld geschlossen, ohne dass eine Option übernommen wird.

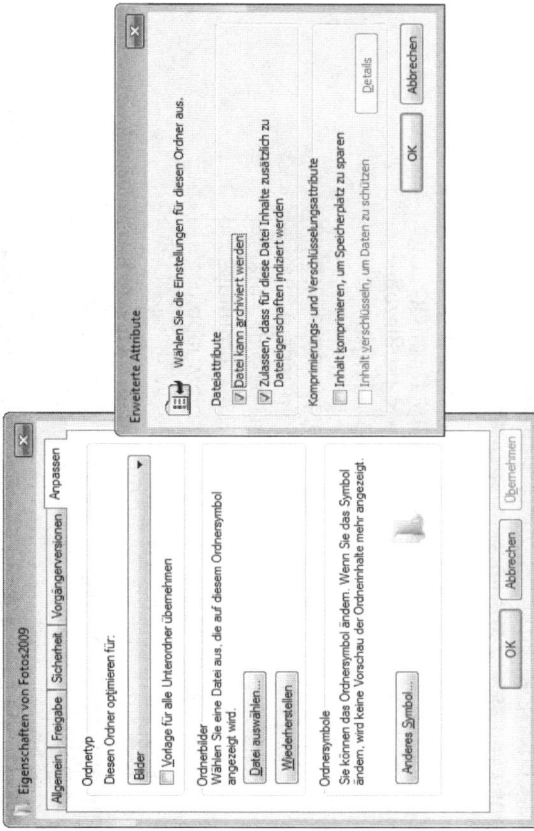

Bild 3.6:   Eigenschaftenfenster (links) und Dialogfeld (rechts)

Eigenschaftenfenster (Bild 3.6, links) sind ähnlich wie Dialogfelder aufgebaut und besitzen keine Menü- und Symbolleisten. Der Unterschied zwischen einem Dialogfeld und einem Eigenschaftenfenster besteht darin, dass Letzteres sogenannte Registerkarten aufweist, auf denen Eigenschaften angezeigt oder eingestellt werden können. Sobald Sie auf den am oberen Rand angezeigten Registerreiter klicken, wird die zugehörige Registerkarte in den Vordergrund geholt.

Mit *OK* oder *Übernehmen* beschriftete Schaltflächen ermöglichen Ihnen, auf der Registerkarte vorgenommene Änderungen zu übernehmen. Die *OK*-Schaltfläche dient auch zum Schließen des Eigenschaftenfensters. Die *Abbrechen*-Schaltfläche schließt ein Eigenschaftenfenster ebenfalls, veranlasst Windows aber, eventuell vorgenommene Änderungen an den Einstellungen zu verwerfen.

Die Größe von Dialogfeldern und Eigenschaftenfenstern lässt sich nicht ändern und Sie können diese Elemente auch nicht minimieren. Geöffnete Dialogfelder und Eigenschaftenfenster besitzen auch kein Symbol in der Taskleiste. Die nachfolgend vorgestellten Arbeitstechniken für Fenster lassen sich auf diese Elemente also nicht anwenden.

3.3.4 Techniken zum Anpassen der Fenstergröße

Fenster werden auf dem Windows-Desktop angezeigt. Windows ermöglicht Ihnen, mehrere Fenster gleichzeitig geöffnet zu halten. Sie können aber immer nur in einem Fenster arbeiten. Um mit einem anderen Fenster zu arbeiten, müssen Sie dieses in den Vordergrund holen. Zudem lassen sich Fenster in ihrer Größe beeinflussen. Zum Testen können Sie beispielsweise das Fenster des Papierkorbs öffnen, indem Sie das betreffende Desktopsymbol per Doppelklick anwählen.

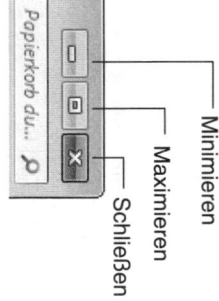

— Minimieren

— Maximieren

— Schließen

Bild 3.7: Schaltflächen zum Schließen, Minimieren und Vergrößern von Fenstern

■ Über die in der rechten oberen Fensterecke angeordnete Schaltfläche *Schließen* (Bild 3.7) wird das Fenster geschlossen und auch das zugehörige Programm beendet. Diese Schaltfläche ist bei jedem Windows-Fenster, bei Eigenschaftenfenstern und auch bei jedem Dialogfeld vorhanden!

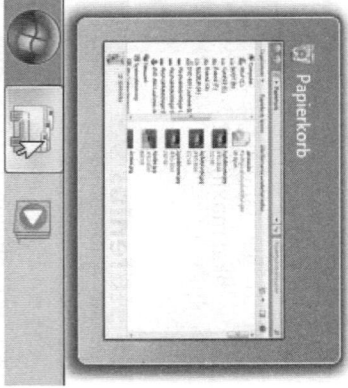

Bild 3.8: Taskleistensymbol zum Wiederherstellen eines minimierten Fensters

■ Die in der rechten oberen Ecke des Fensters in der Schaltflächengruppe befindliche Schaltfläche *Minimieren* (Bild 3.7) bewirkt, dass das Fenster vom Desktop verschwindet. Windows »verkleinert« das Fenster so weit, dass nur noch dessen Symbol in der Taskleiste übrig bleibt (Bild 3.8). Wählen Sie in der Taskleiste diese Schaltfläche oder die Miniaturvorschau an (siehe auch *Kapitel 4*), wird das Fenster wieder in der ursprünglichen Größe angezeigt.

Bild 3.9: Schaltfläche zum Verkleinern eines maximierten Fensters

■ Die mittlere der drei in der rechten oberen Fensterecke vorhandenen Schaltflächen (Bild 3.7) schaltet ein Fenster in die sogenannte Vollbilddarstellung. Dann nimmt das Fenster die Größe des Desktops ein. Dies ist beispielsweise hilfreich, wenn Sie in einem Programm einen Brief verfassen oder etwas anderes bearbeiten möchten. Zeigen Sie erneut auf diese Schaltfläche, wird diese in der QuickInfo als *Verkleinern* angezeigt (Bild 3.9). Beim Anklicken stellt Windows dann die vorherige Fenstergröße wieder her.

Die beiden Schaltflächen *Minimieren* sowie *Maximieren/Verkleinern* ermöglichen Ihnen also, sehr schnell ein Fenster zu minimieren und damit auszublenden oder zwischen der Vollbilddarstellung und dem Fenstermodus umzuschalten. Ein Mausklick auf die in der Taskleiste angezeigte Schaltfläche eines Fensters bewirkt, dass dieses abwechselnd minimiert und in der vorherigen Größe angezeigt wird.

TIPP

Ziehen Sie ein Fenster über dessen Titelleiste zum oberen Desktoprand, maximiert Windows dieses Fenster, sobald der Mauszeiger den Rand erreicht. Wiederherstellen lässt sich das Fenster, indem Sie die Titelleiste vom oberen Desktoprand abziehen. Alternativ können Sie die Tastenkombinationen ⊞+↑ (maximieren) und ⊞+↓ (wiederherstellen) oder einen Doppelklick auf die Titelleiste zum Umschalten zwischen Fenster- und Vollbildmodus verwenden.

Möchten Sie ein Fenster lediglich vertikal maximieren, sodass es die Höhe des Desktops annimmt (hilfreich bei langen Textdokumenten)? Mit ⊞+⇧+↑ wird das Fenster vertikal maximiert, während ⊞+↓ die ursprüngliche Größe wiederherstellt.

3.3.5 Fenstergröße stufenlos verändern

Alternativ können Sie bei vielen Fenstern deren Größe auf dem Desktop stufenlos anpassen.

1. Zeigen Sie auf den rechten, oberen, unteren oder linken Rand des Fensters oder auf die rechte untere Fensterecke.

2. Sobald der Mauszeiger die Form eines Doppelpfeils annimmt (Bild 3.10), ziehen Sie die Maus bei gleichzeitig gedrückter linker Maustaste in die gewünschte Richtung.

3. Sobald das Fenster die gewünschte Größe erreicht hat, lassen Sie die linke Maustaste los.

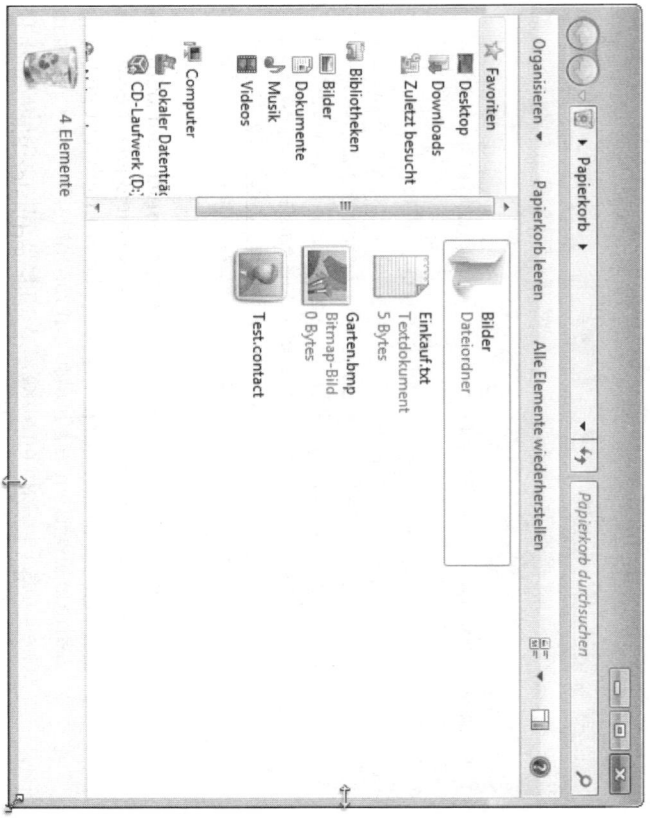

Bild 3.10:   Stufenloses Einstellen der Fenstergröße

HINWEIS

Diese Möglichkeit zum Vergrößern oder Verkleinern funktioniert nur bei Windows-Fenstern, die auch eine Schaltfläche *Maximieren/Verkleinern* aufweisen. Dialogfelder und Eigenschaftenfenster lassen sich dagegen weder in der Größe anpassen noch minimieren. Bei diesen Elementen erscheint auch keine Schaltfläche in der Taskleiste!

Durch das Ziehen lassen sich die Fensterränder in beliebige Richtungen verschieben. Dadurch wird das Fenster vergrößert oder (durch Schieben zur Fenstermitte hin) verkleinert. Wenn Sie die rechte untere Fensterecke ziehen, wird das Fenster proportional in der Breite und Höhe angepasst.

3.3.6   Blättern im Fenster

Werden in einem Fenster Informationen angezeigt (z. B. der Inhalt eines längeren Textes, der Inhalt eines Ordners etc.), kommt es häufiger vor, dass nicht alles in die Anzeige passt. Sie könnten dann das Fenster vergrößern oder in die Vollbilddarstellung schalten. Aber auch dann muss nicht der gesamte Inhalt ins Fenster passen. Windows blendet in solchen Fällen am rechten (und/oder unteren) Fensterrand eine sogenannte Bildlaufleiste ein (Bild 3.11).

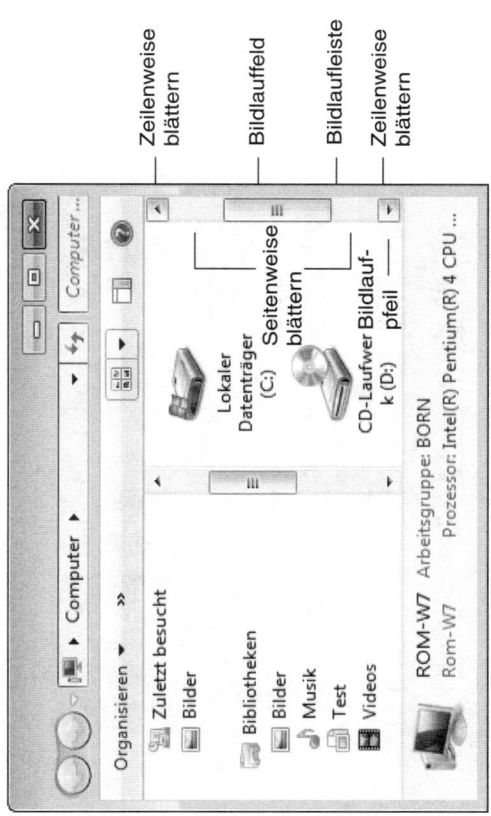

Bild 3.11: Bildlaufleiste zum Blättern

Die Bildlaufleiste ist ein rechteckiger Bereich, auf dem ein als Bildlauffeld bezeichnetes Viereck zu sehen ist. Über die Bildlaufleiste lässt sich der Inhalt des Fensters verschieben, was bei einem mehrseitigen Textdokument dem Blättern zwischen den Seiten entspricht.

■ Ziehen Sie das Bildlauffeld einer vertikalen Bildlaufleiste per Maus nach oben oder unten, verschiebt sich der sichtbare Ausschnitt des Fensterinhalts. Die gleiche Wirkung besitzt ein Drehen am Mausrädchen.

■ Ist Ihnen das Blättern mit dem Bildlauffeld zu grob, klicken Sie auf die Bildlaufpfeile, um den Inhalt »schrittweise« (bzw. »zeilenweise«) nach oben oder unten zu blättern (auch als »scrollen« bezeichnet). Die Spitze des jeweiligen Pfeils zeigt die Richtung an, in die geblättert wird.

■ Außerdem können Sie zum Blättern auf die »Laufflächen« der Bildlaufleiste (den Bereich ober- und unterhalb des Bildlauffelds) klicken. Dann vergrößert Windows die Schrittweite beim Blättern. Bei Texten wird dann der Fensterinhalt »seitenweise« nach oben oder unten gescrollt.

In Bild 3.11 ist nur eine vertikale Bildlaufleiste zu sehen. Fenster können u. U. auch eine horizontale Bildlaufleiste besitzen, über die sich dann der Fensterinhalt nach rechts oder links verschieben lässt.

3.3.7 Ausgeblendete Schaltflächen in Symbolleisten anzeigen

Symbolleisten weisen häufig Schaltflächen auf. Durch Anklicken dieser Schaltflächen lassen sich die zugehörigen Funktionen direkt abrufen. Reduzieren Sie die Fensterbreite zu stark, wird unter Umständen ein Teil der Symbolleiste abgeschnitten. Sie könnten dann die jeweiligen Elemente nicht mehr nutzen. In diesem Fall blendet Windows 7 am rechten Rand der Symbolleiste eine eigene Schaltfläche *Weitere Befehle anzeigen* ein (Bild 3.12).

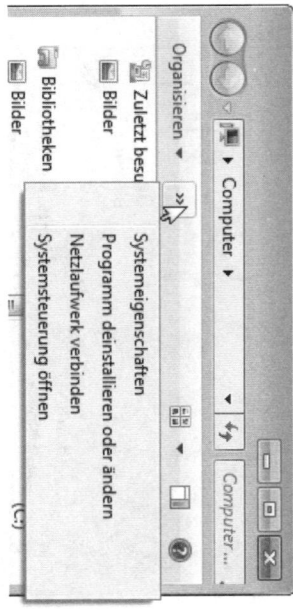

Klicken Sie auf diese Schaltfläche, erscheint ein Menü mit den fehlenden Elementen. Sie können dann die Befehle der fehlenden Schaltflächen über dieses Menü abrufen.

Bild 3.12:   Abrufen der ausgeblendeten Schaltflächen einer Symbolleiste

3.3.8   Fenster verschieben – so geht's

Eine der Stärken von Windows liegt darin, dass Sie gleichzeitig mit mehreren Fenstern arbeiten können. Dann kommt es aber vor, dass ein Fenster die dahinter liegenden Teile des Desktops oder andere Fenster verdeckt. In diesem Fall kann das Verschieben eines Fensters notwendig werden.

1. Klicken Sie auf die Titelleiste des zu verschiebenden Fensters, um dieses als aktives Fenster zu kennzeichnen. Bei Bedarf können Sie noch die Größe des Fensters etwas anpassen (das Fenster darf zum Verschieben nicht in der Vollbilddarstellung sein).

2. Ziehen Sie anschließend die Titelleiste des Fensters per Maus (bei gedrückter linker Maustaste) zur gewünschten Position (Bild 3.13). Sobald sich das Fenster an der gewünschten Position befindet, lassen Sie die linke Maustaste los.

Windows verschiebt das Fenster an die neue Position. Auf diese Weise können Sie jedes Fenster durch Ziehen der Titelleiste zur gewünschten Position auf dem Desktop schieben. Dieses Verschieben klappt auch bei Eigenschaftenfenstern und Dialogfeldern. Achten Sie beim Verschieben lediglich darauf, dass Sie mit der Maus nicht auf eine der Schaltflächen in der Titelleiste geraten (dann wird das Fenster minimiert, maximiert oder ggf. geschlossen).

TIPP

Verwenden Sie zwei Monitore zur Anzeige? Dann können Sie Fenster per Maus von einem Monitor zum zweiten Anzeigegerät verschieben, um dessen Darstellung dort zu verfolgen. Schneller geht es mittels der Tastenkombination ⊞ + ⬦ + → . Ein zweiter Tastendruck auf diese Tastenkombination oder ⊞ + ⬦ + ← holt das Fenster wieder zum primären Bildschirm zurück. Aber was ist mit maximierten Fenstern? Diese mussten früher erst in den Fenstermodus umgeschaltet, dann verschoben und wieder maximiert werden. In Windows 7 ziehen Sie die Titelleiste etwas nach unten, dann in den Bereich des zweiten Monitors und schließlich zum oberen Desktoprand. Schon findet sich das Fenster maximiert in der betreffenden Anzeige.

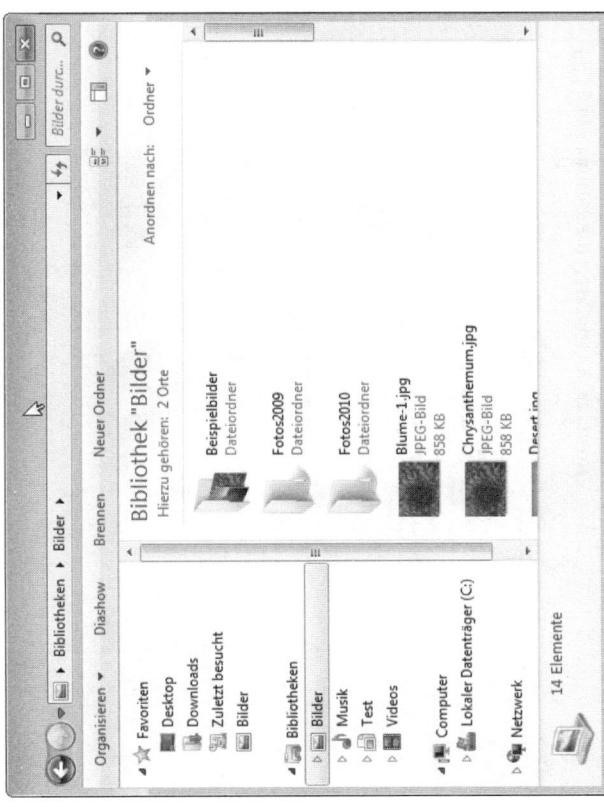

Bild 3.13: Verschieben eines Fensters durch Ziehen der Titelleiste

3.3.9 Fensterdocking mit Aero Snap

Windows 7 kann beim Verschieben eines Fensters noch mit einer kleinen Neuerung aufwarten. Neben der Umschaltung in die Vollbilddarstellung durch Ziehen an den oberen Desktoprand kann Aero Snap Fenster auch andocken und auf die halbe Bildschirmgröße setzen. Ziehen Sie hierzu die Titelleiste eines Fensters zum rechten oder linken Desktoprand, bis der Mauszeiger den Bildschirmrand erreicht. Sobald eine blaue Fensterfläche die neue Fenstergröße signalisiert, (Bild 3.14, Hintergrund links), lassen Sie die linke Maustaste los. Dann wird das Fenster in der Größe auf die Hälfte des Desktops gesetzt und am linken- bzw. rechten Desktoprand verankert (Bild 3.14, Vordergrund rechts). Auf diese Weise können Sie also zwei Fenster sehr elegant nebeneinander auf dem Desktop anordnen. Um zur vorherigen Fensterdarstellung zurückzugelangen, ziehen Sie die Titelleiste des betreffenden Fensters einfach vom Desktoprand ab.

Sie können auch die ⊞-Taste zum Andocken der Fenster einsetzen. Mit ⊞+→ dockt das aktuelle Fenster am rechten und mit ⊞+← am linken Rand an.

TIPP

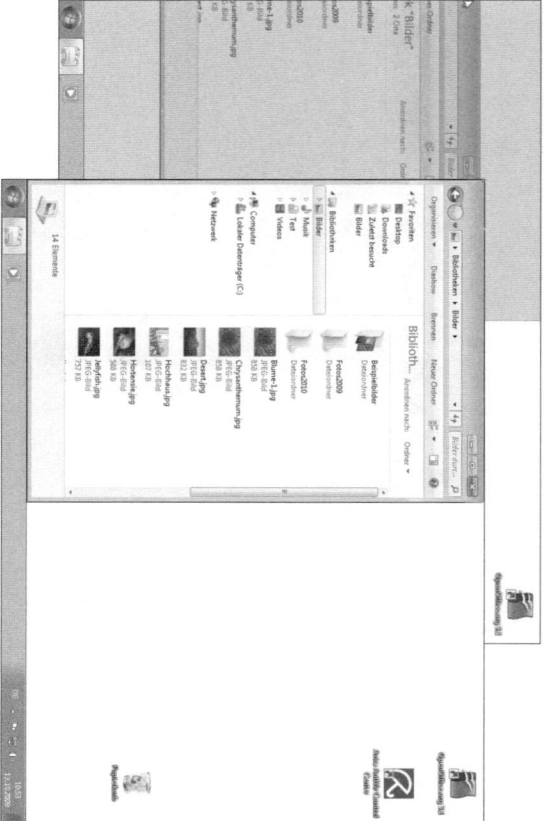

Bild 3.14: Fenster am Desktoprand verankern

3.3.10 Arbeiten mit Menüs

Besitzen Fenster eine Menüleiste, können Sie über die Menüs die Befehle zum Abrufen der Programmfunktionen wählen. Programme, die sich an die Microsoft-Vorgaben für Windows halten, besitzen dabei immer gleich gestaltete Menüleisten, die mit dem Menü *Datei*, gefolgt vom Menü *Bearbeiten* beginnen und mit dem Menü mit dem Fragezeichen enden. Die Befehle werden dabei nach bestimmten Vorgaben auf die Menüs aufgeteilt. Im Menü *Datei* finden Sie alles, was mit dem Öffnen und Speichern von Dokumenten in Dateien, mit dem Drucken etc. zu tun hat. Das Menü *Bearbeiten* besitzt Befehle, mit denen sich der Dokumentinhalt bearbeiten (kopieren, markieren, ausschneiden etc.) lässt.

- Durch Anklicken eines Menüeintrags in der Menüleiste wird das zugehörige Menü geöffnet. Das Menü kann dann Befehle zum direkten Aufruf einzelner Funktionen oder weitere Menüeinträge für Untermenüs aufweisen. Wählen Sie einen solchen Eintrag per Mausklick an, wird entweder das Untermenü geöffnet oder die dem Menübefehl zugeordnete Funktion aufgerufen. Weiterhin können Sie das Menü *Datei* durch Drücken der Funktionstaste [F10] anwählen und über die [Enter]-Taste öffnen. Über die Cursortasten ([←], [→], [↓], [↑]) lässt sich zwischen den Menüs der Menüleiste sowie zwischen den Befehlen eines aufgeklappten Menüs navigieren. Der ausgewählte Befehl wird farbig hervorgehoben und lässt sich über die [Enter]-Taste abrufen.

- Spätestens beim Drücken der [Alt]-Taste werden einzelne Buchstaben in den Menübefehlen unterstrichen dargestellt. Diese Buchstaben stehen für Tastenkürzel zur direkten Anwahl des betreffenden Befehls. Beim Menü *Datei* ist in der Regel der Buchstabe *D* unterstrichen. Die Tastenkombination [Alt]+[D] öffnet also sofort das Menü *Datei*. Dies ist für erfahrene Benutzer interessant, die sich dann den Wechsel zur Maus sparen und die Programmfunktionen direkt über Tastenkürzel abrufen können.

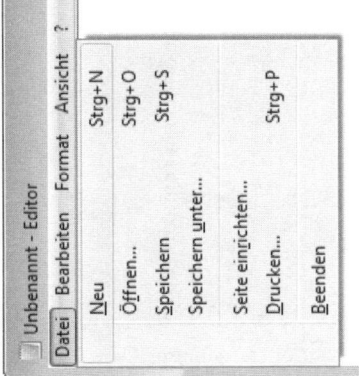

Bild 3.15:   Ein geöffnetes Menü

- In geöffneten Menüs sehen Sie häufig am rechten Rand eines Menüein- trags Angaben der Art *Strg+N* (Bild 3.15). Diese Angaben stehen für Tas- tenkombinationen, mit denen sich der betreffende Befehl direkt per Tas- tatur abrufen lässt. Die Angabe *Strg+N* bedeutet beispielsweise, drücken Sie gleichzeitig die Tasten [Strg] und [N]. Im konkreten Fall erzeugt die Tastenkombination bei geöffnetem Editor ein neues Dokument.

Die Tastenkombinationen zum direkten Abrufen von Menübefehlen sind bei vielen Programmen gleich belegt. Daher lohnt es bei häufiger Verwendung eines Programms, sich die wichtigsten Tastenkombinationen zu merken. Ein geöffnetes Menü lässt sich auch ohne Anwahl eines Befehls schließen, indem Sie die [Esc]-Taste drücken oder neben das Menü klicken.

 TIPP

Für Windows 7 geschriebene Anwendungen wie der Internet Explorer 8 oder die Ordnerfenster kommen ohne Menüs aus. Eine fehlende Menü- leiste können Sie bei diesen Anwendungen aber durch kurzes Drücken der [Alt]-Taste einblenden. Nach der Anwahl eines Menübefehls wird nicht nur das geöffnete Menü geschlossen, sondern auch die Menüleiste ver- schwindet wieder. Das Einblenden der Menüleiste mittels der [Alt]-Taste funktioniert allerdings nicht bei Fenstern mit Menüband wie WordPad oder Paint.

Klicken Sie mit der rechten Maustaste auf den Desktop, den Dokumentbe- reich oder einen anderen Bereich eines Fensters, öffnet Windows oder die betreffende Anwendung das sogenannte Kontextmenü. In diesem Menü finden Sie die Befehle, die gerade im aktuellen Kontext verwendbar sind. Bild 3.16 zeigt zum Beispiel das Kontextmenü des Papierkorbs, in dem Sie einen Befehl zum Leeren finden.

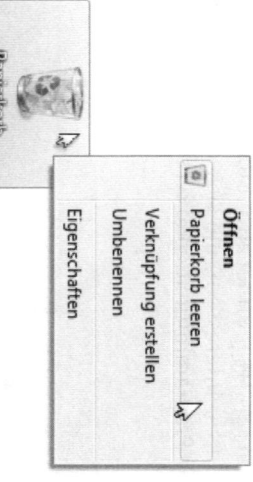

Bild 3.16:   Ein Klick mit der rechten Maustaste öffnet ein Kontextmenü

4 Startmenü, Desktop und Taskleiste

Dieses Kapitel vermittelt Ihnen das Wissen, um Programme (z. B. über das Startmenü) zu starten sowie mit dem Windows-Desktop und mit der Taskleiste umzugehen. Weiterhin lernen Sie das Arbeiten mit mehreren Programmen kennen.

4.1 Arbeiten mit Programmen

Um eine Aufgabe mit Windows zu erledigen, müssen Sie die entsprechenden Programme aufrufen. Nachfolgend erfahren Sie, wie sich Programme aufrufen lassen und wie Sie zwischen Programmen umschalten können.

4.1.1 So rufen Sie Programme per Startmenü auf

Die meisten Anwendungen tragen beim Einrichten einen Befehl im Startmenü in den Zweig *Alle Programme* ein. Sie können dann die Programme über diesen Zweig aufrufen.

Bild 4.1: Programme über das Startmenü aufrufen

69

1. Öffnen Sie das Startmenü über die Schaltfläche *Start*, zeigen Sie anschließend in der linken Spalte des Startmenüs auf den Befehl *Alle Programme* (Bild 4.1, links) und klicken Sie ggf. auf das Symbol einer Programmgruppe (z. B. *Zubehör, Wartung, Spiele* etc.).

2. Sobald der gewünschte Programmeintrag (z. B. *Rechner*) sichtbar ist, klicken Sie diesen in der linken Spalte des Startmenüs an.

Windows schließt das Startmenü und ruft das betreffende Programm auf. Dieses wird sich in aller Regel mit einem Anwendungsfenster melden und Sie können mit dem Programm arbeiten.

Windows hebt die Startmenüeinträge beim Zeigen farblich hervor. Weiterhin wird eine Quickinfo mit Hinweisen zur Programmfunktion eingeblendet, sobald Sie länger auf einen Startmenüeintrag zeigen. Verweilt der Mauszeiger für einige Sekunden auf dem Befehl *Alle Programme*, wird der Inhalt dieses Zweigs in der linken Spalte des Startmenüs eingeblendet. Gleichzeitig ersetzt Windows den Befehl durch den Text *Zurück*. Durch Anklicken dieses Befehls gelangen Sie zur Grunddarstellung des Startmenüs zurück. Welche Menüs und Untermenüs bei Ihnen im Startmenü zu sehen sind, hängt von den installierten Programmen ab.

4.1.2 Zugriff auf Windows-Funktionen per Startmenü

Neben den Befehlen des Zweigs *Alle Programme* bietet das Startmenü noch weitere Einträge, über die sich direkt auf bestimmte Windows-Funktionen und Anwendungen zugreifen lässt. Diese Einträge werden sichtbar, sobald Sie das Startmenü über die Schaltfläche *Start* öffnen.

■ In der linken Spalte bietet Windows im Startmenü die Symbole zum direkten Aufrufen häufig benutzter Programme an. Es genügt ein Mausklick auf den gewünschten Befehl, um die betreffende Anwendung zu starten.

■ Möchten Sie auf Dokumente, Bilder, Musik, den Inhalt der Computerlaufwerke, des Netzwerks, des Spielordners oder des Benutzerprofils etc. zugreifen, verwenden Sie die betreffenden Befehle in der rechten Spalte des Startmenüs.

Der Befehl *Dokumente* öffnet ein Ordnerfenster, über das Sie auf die Speicherorte zum Ablegen eigener Dokumente wie Briefe etc. zugreifen können. Ähnliches gilt für die Befehle *Spiele, Bilder, Musik, Computer* und *Netzwerk* bzw. *Heimnetzgruppe*. Der Befehl mit dem Benutzernamen öffnet dagegen das Ordnerfenster des Benutzerprofils. Über dieses Ordnerfenster erhalten Sie Zugriff auf alle persönlichen Ordner (*Eigene Dokumente, Eigene Musik* etc.). In der rechten Spalte finden Sie zudem Befehle, um die Hilfe oder die Systemsteuerung aufzurufen.

Besitzt ein Startmenüeintrag ein kleines Dreieck am rechten Rand? Dies signalisiert, dass die betreffende Anwendung mit Windows 7 kompatibel ist und sich die zuletzt bearbeiteten Dokumente merkt. Klicken Sie auf das betreffende Dreieck, blendet Windows 7 ein Menü (Sprungliste) im Startmenü ein (Bild 4.2). Über die Menüeinträge können Sie sofort auf die zehn letzten Dokumente dieser Anwendung zugreifen.

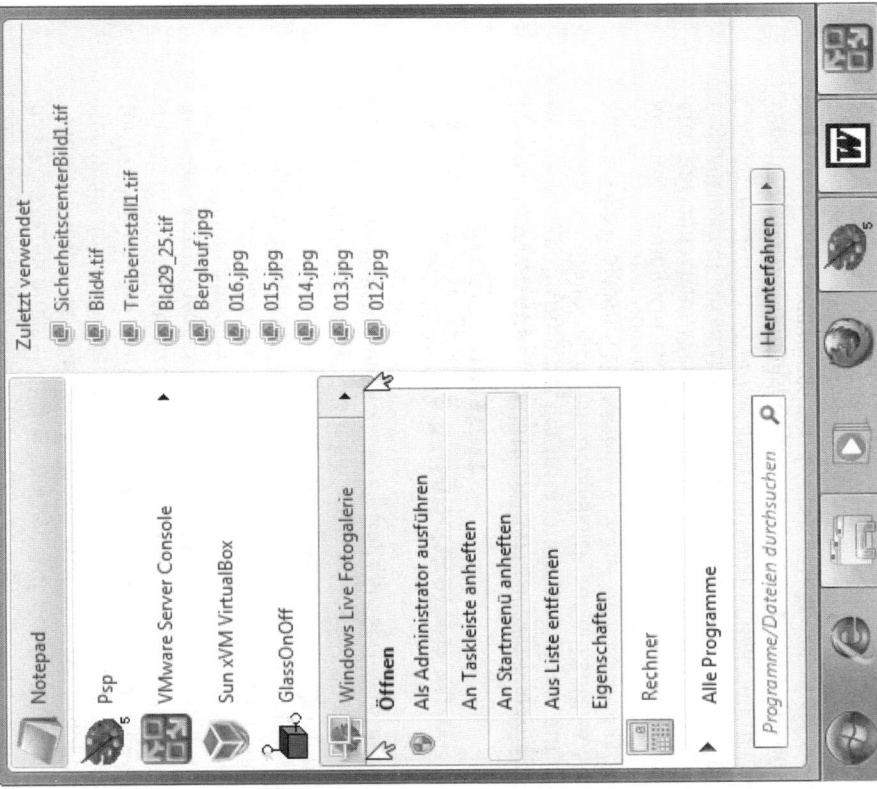

Bild 4.2: Befehle im Startmenü anheften und Sprunglisten

Die in der linken Spalte des Startmenüs auftauchenden Befehle für häufig verwendete Programme werden durch Windows automatisch verwaltet. Möchten Sie die Liste der Einträge bereinigen oder soll der Eintrag für ein häufiger benötigtes Programm fest in der linken Spalte verankert werden? Klicken Sie einen Eintrag mit der rechten Maustaste an, können Sie im Kontextmenü den Befehl *Aus Liste entfernen* wählen (Bild 4.2), um den Befehl zu entfernen. Mit dem Kontextmenübefehl *An Taskleiste anheften* fixiert Windows den Befehl am oberen Rand der linken Startmenüspalte. Der bei solchen Einträgen vorhandene Kontextmenübefehl *Von Startmenü lösen* hebt die Anheftung wieder auf. Der Anheftbereich des Startmenüs wird übrigens durch eine dünne Linie von den restlichen Einträgen getrennt.

71

Die Zahl der angezeigten Einträge in der linken Spalte des Startmenüs oder die Länge der Sprungliste, oder ob häufig benutzte Programme im Start-menü (oder in der Taskleiste) auftauchen, lässt sich einstellen (siehe *Kapitel 11*, Abschnitt »Einstellungen für Dokumentlisten anpassen«). Kli-cken Sie die Schaltfläche *Start* mit der rechten Maustaste an und wählen Sie den Kontextmenübefehl *Eigenschaften*. Auf der Registerkarte *Startmenü* (Bild 4.5, links) finden Sie zwei Kontrollkästchen in der Gruppe *Datenschutz*. Heben Sie deren Markierung auf, um die automatische Aufnahme benutz-ter Programme im Startmenü und die Speicherung aufgerufener Doku-mente in Sprunglisten zu unterbinden. Über die Schaltfläche *Anpassen* der Registerkarte öffnen Sie das Dialogfeld *Startmenü anpassen*. In diesem Dia-logfeld finden Sie eine Liste mit Optionen, um Startmenüeinträge (z. B. *Netzwerk* oder *Heimnetzgruppe*) ein- oder auszublenden (Bild 4.5, rechts). Die beiden Drehfelder in der Gruppe *Startmenügröße* ermöglichen Ihnen, die Zahl der Listeneinträge in der linken Startmenüspalte und in Sprunglis-ten von standardmäßig 10 auf andere Werte (max. 30 Einträge für häufig benutzte Programme und max. 60 Einträge pro Sprungliste) einzustellen.

4.1.3 Alternative Möglichkeiten zum Programmstart

Ist ein Programm nicht im Startmenüzweig *Alle Programme* zu finden? Viele Anwendungen richten bei der Installation ein Symbol auf dem Windows-Desktop ein. Dann reicht ein Doppelklick auf ein solches Symbol, um das zugehörige Programm zu starten.

Windows ermöglicht es, Dokumente (z. B. Texte, Fotos, Videos, Musikstücke etc.) auf einfachen Wege in der betreffenden Anwendung zu öffnen. Ein Doppelklick auf ein solches Dokumentsymbol (z. B. auf dem Desktop oder in einem Ordnerfenster) öffnet das Dokument in dem mit dem Dokumenttyp verknüpften Anwendungsprogramm. Zudem lassen sich (sofern die Anwen-dung dies unterstützt) die letzten Dokumente über die Sprunglisten von Taskleisten- und Startmenüeinträgen öffnen.

Erfahrene Benutzer kennen zudem die Möglichkeit, ein Programm direkt aus einem Ordnerfenster aufzurufen. Hierzu müssen Sie den Speicherort des Programms in einem Ordnerfenster anwählen. Programmdateien erhalten die Dateinamenerweiterung *.exe* und werden mit programmspezifischen Symbolen im Ordnerfenster angezeigt. Ein Doppelklick auf eine Programm-datei startet die Anwendung.

Möchten Sie ein Programm starten und gleichzeitig ein Dokument in der Anwendung laden? Dies lässt sich mit der als Drag&Drop bezeichneten Technik erreichen. Hierzu markieren Sie die gewünschte Dokumentdatei per Maus und ziehen diese bei gedrückter linker Maustaste zum Symbol des Anwendungsprogramms. Dies kann ein Desktopsymbol oder ein Programm-symbol in einem Ordnerfenster sein. Sobald sich das gezogene Dokument-symbol über dem Programmsymbol befindet, können Sie die linke Maus-taste loslassen. Windows erkennt dies und startet die betreffende Anwendung, die dann das Dokument automatisch öffnet.

Aus Windows XP kennen Sie vielleicht das Dialogfeld *Ausführen* zum Ausführen beliebiger Befehle oder zum Aufruf von Programmen. Der betreffende Befehl findet sich in Windows 7 im Startmenüzweig *Alle Programme/ Zubehör/Ausführen*. Sie können das Dialogfeld auch mittels der Tastenkombination ⊞ + R aufrufen.

Im Dialogfeld *Ausführen* können Sie den gewünschten Befehl in das Listenfeld *Öffnen* eintippen (Bild 4.3) und mittels der *OK*-Schaltfläche ausführen. Klicken Sie auf die am rechten Rand des Kombinationsfelds *Öffnen* angezeigte Schaltfläche, erscheint die Liste der zuletzt aufgerufenen Befehle. Durch Anklicken eines Befehls lässt sich dieser als Auswahl übernehmen. Über die Schaltfläche *Durchsuchen* des Dialogfelds lässt sich ein Zusatzdialog öffnen, in dem Sie gezielt in Laufwerken und Ordnern nach dem Programm suchen können. Sie können im Feld *Öffnen* neben Programmnamen auch einen Laufwerksnamen, einen Pfad zum Programmordner und auch Parameter wie beispielsweise den Namen eines zu ladenden Dokuments angeben. Der Befehl C:\ öffnet beispielsweise das Ordnerfenster des betreffenden Laufwerks. Im Gegensatz zum nachfolgend erwähnten Suchfeld, welches neben den Programmnamen auch die Startmenübezeichnungen zum Programmaufruf zulässt, müssen Sie im Dialogfeld *Ausführen* die genaue Befehlssequenz beachten.

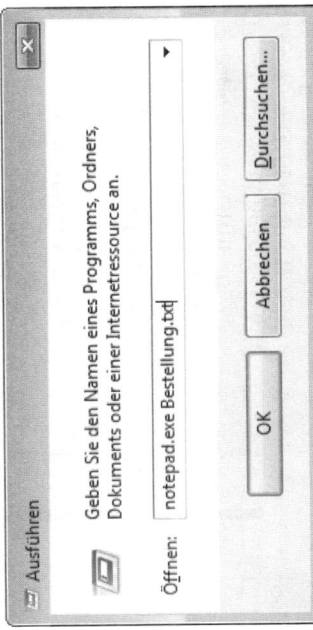

Bild 4.3: Programmaufruf über das Dialogfeld *Ausführen*

Der Befehl *Ausführen* lässt sich auch direkt in der rechten Spalte des Startmenüs einblenden (siehe den Abschnitt »Startmenü anpassen« weiter unten).

4.1.4 Anwendungen über das Suchfeld starten

Erfahrene Benutzer können Anwendungsprogramme oder Windows-Funktionen direkt über das Suchfeld des Startmenüs oder das Dialogfeld *Ausführen* (Tastenkombination ⊞ + R) aufrufen. Um den Programmeintrag im Startmenü über das Textfeld *Programme/Dateien durchsuchen*, das sogenannte Suchfeld, aufzurufen, gehen Sie folgendermaßen vor.

1. Öffnen Sie das Startmenü über die Schaltfläche *Start* und klicken Sie auf das in der linken Spalte sichtbare Textfeld mit der Beschriftung *Programme/Dateien durchsuchen* (Bild 4.4, unten rechts).

2. Anschließend tippen Sie den Namen des gewünschten Programms in das Textfeld ein. Existiert ein Programm (oder Dokument) diesen Namens, taucht ein entsprechender Eintrag in der linken Spalte des Startmenüs auf (Bild 4.4, Hintergrund).

3. Wählen Sie den gewünschten Eintrag im Startmenü per Mausklick an, um die zugehörige Anwendung zu starten.

Wenn Sie sich sicher sind, dass der eingegebene Befehl korrekt ist, können Sie diesen durch Drücken der [Enter]-Taste auch direkt ausführen. Das Textfeld *Programme/Dateien durchsuchen* durchsucht übrigens nicht nur das Startmenü, sondern auch die Ordner der Festplatte nach dem angegebenen Namen.

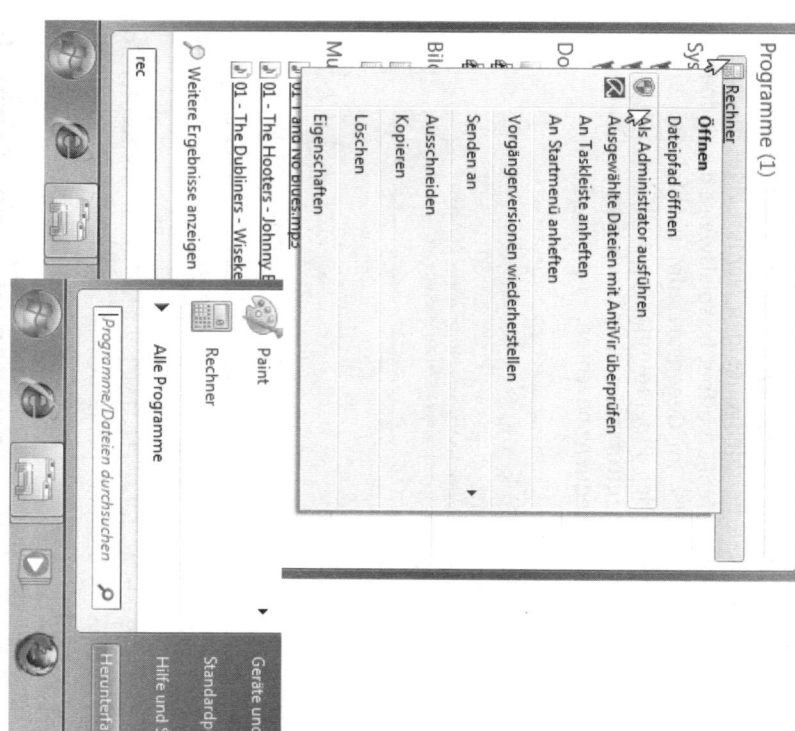

Bild 4.4: Programme über das Startmenü suchen lassen

TIPP

Manche Anwendungen (z. B. Registrierungseditor, Windows-Editor) müssen bei Zugriffen auf Systemdateien mit Administratorrechten ausgeführt werden. Wenn Sie den Befehl in das Suchfeld eintippen und dann die Tastenkombination [Strg]+[⇧]+[Enter] drücken, wird die Anwendung (ggf. nach Bestätigung der Sicherheitsabfrage der Benutzerkontensteuerung) mit Administratorrechten ausgeführt. Den gleichen Effekt erreichen Sie, wenn Sie einen bei der Suche im Startmenü aufgeführten Befehl mit der rechten Maustaste anklicken und den Kontextmenübefehl *Als Administrator ausführen* wählen (Bild 4.4). Beachten Sie aber, dass sich der Windows-Explorer, trotz Auswahl des Kontextmenübefehls, nicht mit Administratorrechten ausführen lässt.

4.1.5 Startmenü anpassen

Fehlen bestimmte Befehle (z. B. *Ausführen* oder *Heimnetzgruppe*) im Startmenü? Dies lässt sich mit wenigen Mausklicks anpassen.

1. Hierzu öffnen Sie das Kontextmenü der Schaltfläche *Start*, wählen den Befehl *Eigenschaften* und klicken auf der Registerkarte *Startmenü* auf die *Anpassen*-Schaltfläche (Bild 4.5, links).

2. Dann lässt sich in der Optionenliste des Dialogfelds *Startmenü anpassen* das Kontrollkästchen (z. B. *Befehl "Ausführen"*) oder das benötigte Optionsfeld markieren (Bild 4.5, rechts).

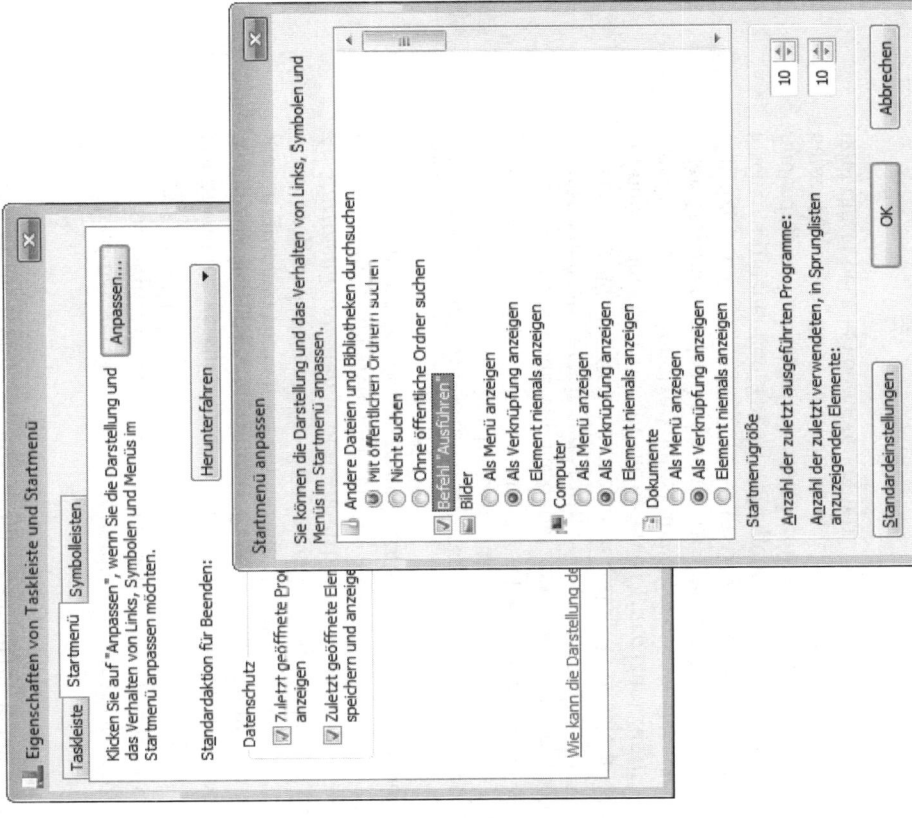

Bild 4.5: Startmenü um den Befehl *Ausführen* ergänzen

75

Wenn Sie danach das Dialogfeld sowie die Registerkarten über die OK-Schaltfläche schließen, wird die Änderung wirksam.

Auf der Registerkarte Startmenü *können Sie direkt im Listenfeld* Standard-aktion für Beenden *das Verhalten der* Beenden*-Schaltfläche anpassen (z. B. von Beenden auf Neustart umsetzen).*

Möchten Sie zusätzliche Verknüpfungen auf Programme im Startmenü (z. B. im Zweig *Alle Programme*) anlegen?

1. Ziehen Sie das Desktopsymbol oder das Symbol einer Programmdatei bei gedrückter rechter Maustaste zur Schaltfläche *Start*. Halten Sie die Maustaste weiterhin gedrückt und warten Sie, bis sich das Startmenü öffnet.

2. Zeigen Sie bei immer noch gedrückter rechter Maustaste auf den Zweig *Alle Programme*, warten Sie, bis der Zweig erscheint, und zeigen Sie dann ggf. auf Untergruppen, um deren Inhalt einzublenden. Sie müssen ggf. einen Augenblick warten, bis die Darstellung eingeblendet wird.

3. Sobald der gewünschte Startmenüzweig sichtbar wird, lassen Sie die linke Maustaste los und wählen den Kontextmenübefehl *Verknüpfungen hier erstellen.*

Dann wird die Verknüpfung im Startmenü an die betreffende Stelle eingetragen. Neben dem Startmenüzweig *Alle Programme* und dessen Programmgruppen können Sie ein gezogenes Symbol auch in der linken Spalte in der Programmliste ablegen. Dann wird das Symbol direkt über den Befehl *An Startmenü anheften* in den Anheftbereich eingetragen. Alternativ reicht es, ein Verknüpfungssymbol oder eine .exe-Datei mit der rechten Maustaste anzuklicken und den Kontextmenübefehl *An Startmenü anheften* zu wählen.

Windows 7 unterteilt Startmenüeinträge in zwei Kategorien: Einträge für alle Benutzer und Einträge für den aktuellen Benutzer. Bei manchen Programmen lässt sich daher bei der Installation wählen, ob dieses für den aktuellen Benutzer oder für alle Benutzer verwendbar sein soll. Um auf die betreffenden Ordner mit den Startmenüeinträgen zuzugreifen, klicken Sie den Eintrag *Alle Programme* mit der rechten Maustaste an. Anschließend können Sie im Kontextmenü die Befehle *Öffnen* (zum Zugriff auf den Startmenüordner des Benutzerkontos) und *Öffnen – Alle Benutzer* (für den globalen Startmenüordner) wählen. Anschließend lassen sich die Startmenüeinträge wie Dateien oder Ordner im Ordnerfenster pflegen (verschieben, löschen, umbenennen, Zugriff auf Eigenschaften). Beachten Sie aber, dass Änderungen im globalen Startmenüordner nur mit administrativen Berechtigungen durchführbar sind. Löschen Sie einen solchen Eintrag, fehlt dieser bei allen Benutzerkonten.

4.1.6   Abgestürzte Anwendung zwangsweise beenden

Normalerweise beenden Sie eine Anwendung über deren *Schließen*-Schaltfläche in der rechten oberen Ecke des Programmfensters. Manche Anwendungen besitzen auch einen Befehl *Beenden* im Menü *Datei*. Gelegentlich kann es vorkommen, dass Anwendungen nicht mehr reagieren oder Windows überlastet ist. In solchen Fällen haben Sie die Möglichkeit, eine nicht mehr reagierende Anwendung zwangsweise abzubrechen.

■   Sie können gleichzeitig die drei Tasten Strg + Alt + Entf drücken und dann in der angezeigten Seite den Befehl *Task-Manager starten* wählen.

■   Oder Sie klicken die Taskleiste mit der rechten Maustaste an und wählen den Kontextmenübefehl *Task-Manager starten*.

Windows öffnet dann das Fenster des Task-Managers (Bild 4.6).

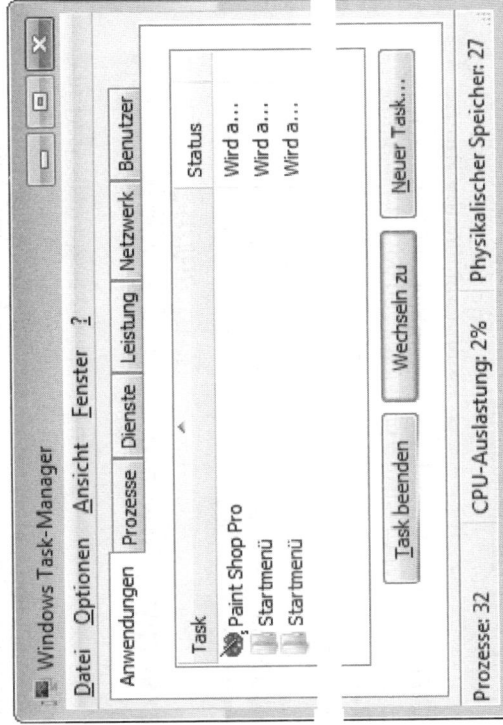

Bild 4.6:   Fenster des Task-Managers

1.   Markieren Sie auf der Registerkarte *Anwendungen* den Namen des nicht mehr reagierenden Programms in der Liste der Tasks.

2.   Klicken Sie anschließend auf die angezeigte Schaltfläche *Task beenden*.

Das Fenster des Task-Managers verschwindet und Windows fordert das Programm zum Beenden auf. Beendet sich das Programm nicht innerhalb einer bestimmten Zeit, zeigt Windows nach einiger Zeit ein Dialogfeld, über dessen Schaltfläche *Jetzt beenden* Sie den Abbruch erzwingen können. Dann entfernt Windows die Anwendung aus dem Arbeitsspeicher. Dies hat allerdings gravierende Folgen: Enthält das Programm noch ungespeicherte Daten, gehen diese beim gewaltsamen Beenden verloren.

Mit der Tastenkombination [Strg]+[⇧]+[Esc] lässt sich das Fenster des Task-Managers übrigens auch direkt aufrufen.

TIPP

Fehlt bei Ihnen die Titelleiste samt der Menüleiste im Fenster des Task-Managers? Ein irrtümlicher Doppelklick in den Bereich oberhalb der Registerreiter blendet diese Elemente aus. Ein zweiter Doppelklick auf den Bereich oberhalb der Taskliste bringt die Titelleiste samt Menü wieder zum Vorschein.

4.2 Desktopsymbole einrichten

Windows 7 enthält in der Standardkonfigurierung nur noch das Symbol des Papierkorbs (sowie ein Hintergrundbild) auf dem Desktop. Damit möchte man verhindern, dass unerfahrene Benutzer den Überblick verlieren. Erfahrene Benutzer finden es aber hilfreich, Programme direkt per Doppelklick über deren Desktopsymbole aufzurufen. Viele Programme kommen dem Benutzer entgegen und richten bei der Installation gleich ein entsprechendes Desktopsymbol ein. Nachfolgend lesen Sie, wie Sie bei Bedarf verschiedene Desktopsymbole einrichten können.

4.2.1 Startmenüsymbole auf den Desktop übernehmen

Bevorzugen Sie den direkten Zugriff auf verschiedene Anwendungen per Doppelklick auf deren Desktopsymbole? Mit wenigen Handgriffen lassen sich die gewünschten Desktopsymbole einblenden.

■ Klicken Sie einen Startmenübefehl wie *Computer*, *Systemsteuerung* etc. mit der rechten Maustaste an, lässt sich meist der Kontextmenübefehl *Auf dem Desktop anzeigen* (Bild 4.7, linkes Menü) wählen. Um das Symbol wieder vom Desktop zu entfernen, müssen Sie lediglich die obigen Schritte erneut durchführen.

■ Möchten Sie auch andere Startmenüeinträge (z. B. auf die Ordner *Musik* und *Spiele* oder auf Programme) als Symbol auf dem Desktop eintragen? Öffnen Sie das Startmenü über die Schaltfläche *Start* und suchen Sie ggf. den gewünschten Eintrag. Dieser lässt sich bei gedrückter rechter Maustaste aus dem Startmenü auf den Desktop ziehen. Nach dem Loslassen der rechten Maustaste ist der Kontextmenübefehl *Verknüpfungen hier erstellen* (Bild 4.7, rechts) zu wählen. Windows richtet dann eine Verknüpfung auf das betreffende Programm oder die Funktion auf dem Desktop ein. Ein solches Verknüpfungssymbol lässt sich später zum Papierkorb ziehen und so entfernen.

Die so auf dem Desktop abgelegten Symbole lassen sich per Doppelklick anwählen, um die zugehörige Funktion oder Anwendung zu starten.

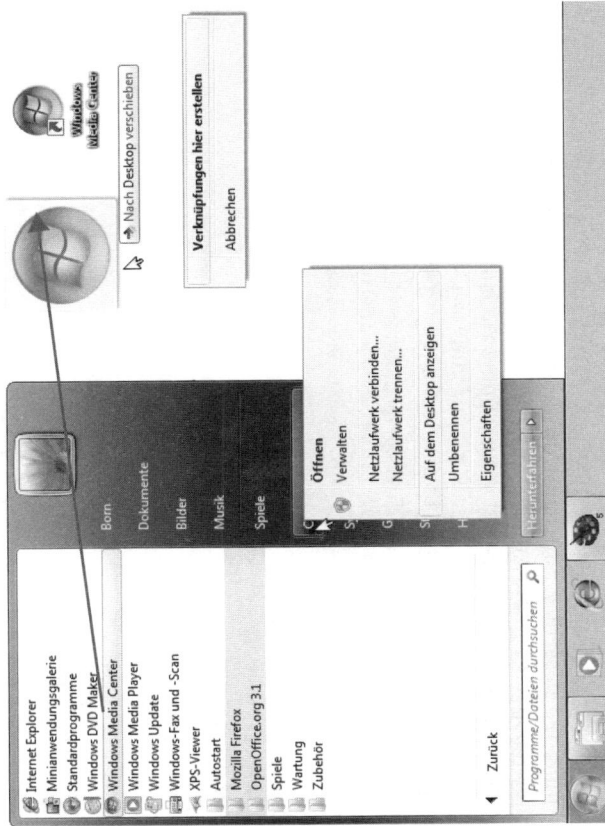

Bild 4-7:   Startmenüsymbole auf dem Desktop einblenden

HINWEIS

Verknüpfungen definieren den sogenannten Programmpfad, also den Speicherort einer Datei. Sie erkennen Verknüpfungen in der Regel an einem kleinen, in der linken unteren Ecke des Verknüpfungssymbols eingeblendeten Pfeil. Den Symboltitel einer Verknüpfung können Sie wie jeden Dateinamen umbenennen, indem Sie das Symbol markieren und dann die Funktionstaste [F2] drücken. Über den Kontextmenübefehl *Eigenschaften* lassen sich zudem die Verknüpfungseigenschaften anpassen.

Neben Startmenüeinträgen können Sie auch Verknüpfungen auf andere Dateien oder Ordner einrichten. Sie müssen nur die betreffenden Symbole bei gedrückter rechter Maustaste auf den Desktop – oder in ein Ordnerfenster – ziehen. Dann steht der gleiche Kontextmenübefehl, *Verknüpfungen hier erstellen*, zur Verfügung. Ein Doppelklick auf eine Dokumentverknüpfung öffnet das Dokument in der zugehörigen Anwendung, während eine Verknüpfung auf einen Ordner das zugehörige Ordnerfenster öffnet. Über den Kontextmenübefehl *Eigenschaften* einer Verknüpfung können Sie verschiedene Einstellungen wie den auszuführenden Befehl, den Fenstermodus beim Programmaufruf etc. anpassen (siehe *Kapitel 11*, Abschnitt »Eigenschaften einer Verknüpfung ändern«).

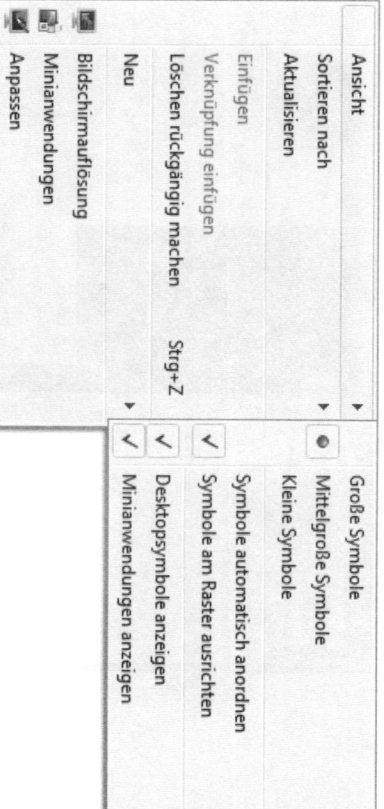

Bild 4.8:   Anpassen der Desktopeigenschaften per Kontextmenü

TIPP

Klicken Sie mit der rechten Maustaste auf eine freie Stelle des Desktops, öffnet sich das in Bild 4.8 gezeigte Kontextmenü. Über den Befehl *Ansicht* lässt sich ein Untermenü mit Befehlen zum Anpassen der Symbolgröße, zum Ausrichten am Raster oder zum Ausblenden der Desktopsymbole öffnen. Der Befehl *Automatisch anordnen* bewirkt, dass Windows die Desktopsymbole nach dem unter dem Befehl *Sortieren nach* eingestellten Modus sortiert.

Die Größe der Desktopsymbole lässt sich übrigens auch stufenlos anpassen, indem Sie die [Strg]-Taste drücken und dann das Mausrad drehen. Sind plötzlich alle Desktopsymbole verschwunden oder bereits auf dem Desktop eingerichtete Minianwendungen nicht mehr sichtbar? Dann prüfen Sie im Kontextmenü, ob im Untermenü des Befehls *Ansicht* die Befehle *Desktopsymbole anzeigen* und *Minianwendungen anzeigen* mit einem Häkchen versehen sind.

4.3 Arbeiten mit der Taskleiste

Die Windows-Taskleiste stellt verschiedene Funktionen wie die Schaltflächen zur Umschaltung zwischen geöffneten Fenstern bereit. Gegenüber früheren Windows-Versionen wurde die Taskleiste jedoch etwas überarbeitet. Nachfolgend erfahren Sie, was es bezüglich der Taskleiste zu wissen gibt.

4.3.1 Änderungen gegenüber früheren Windows-Versionen

Die Taskleiste besitzt in Windows 7 eine geänderte Funktionalität gegenüber früheren Windows-Versionen.

■ So fehlt die *Schnellstart*-Symbolleiste. Dafür tauchen in Windows 7 rechts neben der Schaltfläche *Start* diverse Schaltflächen mit den Symbolen angehefteter Programme auf (Bild 4.9).

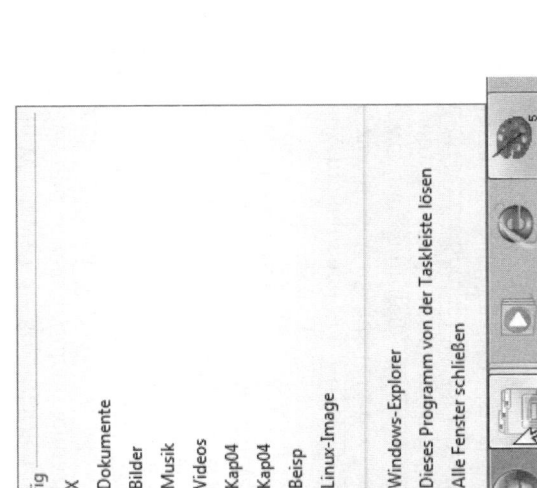

Bild 4.9:   Schaltflächen in der Taskleiste

■   Windows 7 unterscheidet bei der Taskleiste nicht mehr zwischen den Schaltflächen laufender Anwendungsfenster und den Symbolen angehefteter Programme. Ähnlich wie bei früheren Windows-Versionen werden die Symbole mehrerer Fenster einer geöffneten Anwendung zu einer Gruppenschaltfläche zusammengefasst (z. B. Schaltfläche für Ordnersymbole in Bild 4.9). Über diese Schaltflächen lassen sich die zugehörigen Anwendungen starten (sofern noch nicht laufend) oder das Fenster der laufenden Anwendung in den Vordergrund holen (siehe den Abschnitt zum Umschalten zwischen Programmen weiter unten)

■   Wählen Sie die Schaltfläche einer laufenden Anwendung mit einem Rechtsklick an (oder ziehen Sie das Symbol leicht aus der Taskleiste zum Desktop), öffnet sich eine Sprungliste (Bild 4.9). Über deren Befehle der Gruppe *Häufig* lässt sich auf die zehn zuletzt in der Anwendung geöffneten Dokumente zugreifen. Zeigen Sie auf einen Eintrag, findet sich am rechten Rand des Menübefehls eine Schaltfläche zum Schließen des Fensters. Der Befehl *Alle Fenster schließen* beendet noch laufende Anwendungen, die unter der Schaltfläche in der Sprungliste gruppiert sind. Klicken Sie einen Dokumenteintrag in der Sprungliste mit der rechten Maustaste an, lässt sich der Befehl *An diese Liste anheften* wählen, um den Befehl fest in der Gruppe *Angeheftet* aufzunehmen (siehe *Kapitel 1*).

■   Über den Befehl *Dieses Programm an Taskleiste anheften* der Sprungliste einer laufenden Anwendung lässt sich das Symbol dauerhaft an der Taskleiste anheften. Das Symbol wird neben den Einträgen für das Ordnerfenster, den Internet Explorer (sofern installiert) und den Windows Media Player angezeigt. Angeheftete Symbole lassen sich über den Befehl *Dieses Programm von der Taskleiste lösen* der Sprungliste wieder aus der Taskleiste entfernen.

Bei Bedarf können Sie in Windows 7 die Schaltflächen innerhalb der Taskleiste vertikal verschieben und so neu anordnen (einfach per Maus an die gewünschte Position ziehen). Die in früheren Windows-Versionen direkt neben der Schaltfläche *Start* befindliche Schaltfläche *Desktop anzeigen* findet sich jetzt am rechten Rand (rechts neben der Uhrzeitanzeige des Infobereichs, siehe Bild 4.12). Klicken Sie auf diese Schaltfläche, werden alle geöffneten Fenster ausgeblendet und Sie sehen den Desktop. Ein weiterer Mausklick auf die Schaltfläche blendet den vorherigen Desktopzustand mit der Anzeige der Fenster wieder ein.

TIPP

Sie können über Tastenkombinationen wie ⊞+1, ⊞+2, ⊞+3 etc. direkt auf das erste, zweite, dritte Symbol etc. der Taskleiste zugreifen und die betreffende Anwendung aufrufen. Mit ⊞+⇧+1 etc. starten Sie neue Instanzen der betreffenden Anwendung. Und die Tastenkombination ⊞+Alt+1 etc. öffnet die Sprungliste der betreffenden Schaltfläche (siehe Tabelle mit Tastenkombinationen in *Kapitel 3*).

Ziehen Sie ein Dokumentsymbol per Maus zur Taskleiste, halten Sie aber die Maustaste noch gedrückt? Dann blendet Windows eine QuickInfo mit dem Text »Anheften an <Anwendung>« ein, wobei <Anwendung> der Name der dem Dokumenttyp zugeordneten Anwendung (z. B. *Firefox*) ist. Beim Loslassen wird ggf. eine Schaltfläche für die betreffende Anwendung in der Taskleiste eingerichtet und das Dokument in die Sprungliste eingetragen. Halten Sie dagegen die ⇧-Taste gedrückt, während Sie das Symbol einer Dokumentdatei zur Schaltfläche einer Anwendung ziehen, erscheint die QuickInfo »Mit <Anwendung> öffnen«. Beim Loslassen der linken Maustaste wird das Dokument in der der Schaltfläche zugeordneten Anwendung geöffnet.

Öffnen Sie die Systemsteuerung über das Startmenü, können Sie einen der im Systemsteuerungsfenster angezeigten Befehle zu einer freien Stelle der Taskleiste ziehen. Beim Loslassen der Maustaste wird ein Systemsteuerungssymbol in der Taskleiste verankert. Klicken Sie mit der rechten Maustaste auf dieses Symbol, erscheint eine Sprungliste mit den wichtigsten Befehlen der Systemsteuerung.

4.3.2   Kontextmenübefehle der Taskleiste nutzen

Auf den nachfolgenden Seiten wird gezeigt, wie sich die in der Taskleiste angezeigten Schaltflächen geöffneter Fenster zum Umschalten zwischen Programmen eignen. Aber über das Kontextmenü der Taskleiste (Bild 4.10) sind weitere Funktionen abrufbar. Klicken Sie auf eine freie Stelle der Taskleiste und öffnen das Kontextmenü, stehen Ihnen verschiedene Befehle zur Verfügung.

Bild 4.10:   Kontextmenüs der Taskleiste

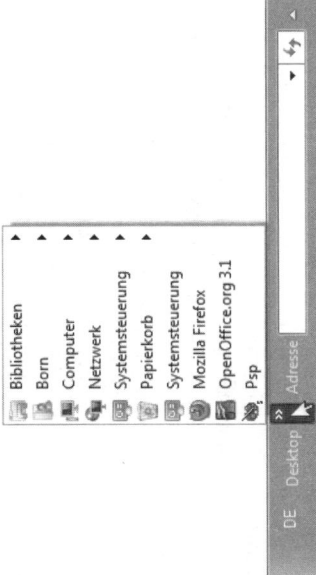

Bild 4.11:   Anpassen der Taskleiste

■ Über den Eintrag *Symbolleisten* öffnet sich ein Untermenü, in dem Sie die Namen ein-/ausblendbarer Symbolleisten (z. B. *Tablet PC-Eingabebereich*, *Adresse*) finden. Ist ein Eintrag mit einem Häkchen markiert, wird die betreffende Symbolleiste in der Taskleiste angezeigt. Sie können das Häkchen durch Anklicken des betreffenden Menübefehls setzen oder löschen. Auf diese Weise lassen sich weitere Symbolleisten ein-/ausblenden. Über den Befehl *Desktop* können Sie z. B. die Symbole des Desktops als Menüschaltfläche einblenden. Mit dem Befehl *Adresse* lässt sich ein Textfeld in der Taskleiste einblenden (Bild 4.11). Tippen Sie eine Internetadresse in dieses Textfeld ein und drücken dann die Enter -Taste, wird die Internetseite abgerufen und im Internet Explorer angezeigt. Auf ähnliche Weise können Sie Laufwerksnamen und Ordnerpfade in das Feld *Adresse* eintippen, um die zugehörige Ordnerdarstellung direkt aufzurufen.

■ Sobald Sie mit mehreren Programmen arbeiten, werden sich die einzelnen Fenster überdecken. Dies führt dazu, dass Fenster komplett hinter anderen Fenstern verschwinden, und Sie können diese weder einsehen noch anklicken. Über die drei Kontextmenübefehle *Überlappend*, *Fenster nebeneinander anzeigen* und *Fenster gestapelt anzeigen* (Bild 4.10) bietet Windows 7 Ihnen die Möglichkeit, alle geöffneten Fenster automatisch auf dem Desktop anzuordnen. Der Kontextmenübefehl *Desktop anzeigen* minimiert alle geöffneten Fenster und blendet auch die Dialoge und Eigenschaftenfenster aus.

83

Der Kontextmenübefehl *Taskleiste fixieren* steuert, ob der Benutzer die Position der Taskleiste anpassen darf. Ist der Befehl nicht mit einem Häkchen markiert, lässt sich die Taskleiste vergrößern (um mehr Platz zur Darstellung der Taskleisteninhalte zu schaffen), indem Sie den Rand per Maus zum Desktop ziehen. Zudem lässt sich die Taskleiste per Maus an den linken, rechten oder oberen Rand des Desktops ziehen. Eine am linken oder rechten Rand angeordnete Taskleiste hat bei Breitbildschirmen durchaus Vorteile (und Microsoft hat die Taskleiste so angepasst, dass z. B. die Tasten ⬆ oder ⬇ bei vertikal angeordneter Taskleiste in ihrer Wirkung entsprechend angepasst werden). Ist der Befehl *Taskleiste fixieren* nicht markiert, weisen die in der Taskleiste eingeblendeten Symbolleisten am linken Rand eine »geriffelte« Fläche auf. Über das betreffende Symbol lässt sich die Symbolleiste vertikal in der Taskleiste verschieben. Wird der Platz in der Symbolleiste knapp, können nicht alle Inhalte eingeblendet werden und am rechten Rand der Leiste erscheint das Symbol zum Einblenden der fehlenden Inhalte als Menü (siehe Symbolleiste *Desktop* in Bild 4.11). Sie können aber die Symbolleistenbreite anpassen, indem Sie die geriffelte Fläche am linken Leistenrand per Maus vertikal nach links oder rechts verschieben.

Im Normalfall empfiehlt es sich, den Kontextmenübefehl *Taskleiste fixieren* markiert zu lassen, um eine unbeabsichtigte Veränderung der Taskleiste zu verhindern.

HINWEIS

In *Kapitel 3* wurde im Abschnitt »Fensterdocking mit Aero Snap« bereits darauf hingewiesen, dass sich Fenster durch Ziehen zum rechten, linken und oberen Desktoprand andocken oder vergrößern lassen. Zudem können Sie mit der in *Kapitel 3* erwähnten Funktion Aero Shake sowie mit den dort aufgeführten Tastenkombinationen unbenutzte Fenster minimieren oder transparent schalten.

4.3.3 Infobereich und Sprachenleiste

Die Taskleiste besitzt in Windows einen sogenannten Infobereich am rechten Rand. Dort blendet das Betriebssystem die Uhrzeit sowie die Statussymbole verschiedener Geräte (z. B. Lautstärkeregelung, Netzwerkverbindung) ein (Bild 4.12). An den Symbolen des Infobereichs können Sie also direkt den Status bestimmter Geräte oder Einstellungen erkennen.

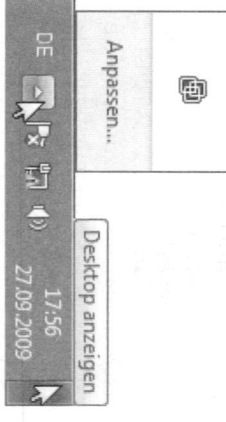

Bild 4.12: Infobereich der Taskleiste

Um möglichst viel Platz in der Taskleiste zur Verfügung zu stellen, minimiert Windows standardmäßig den Anzeigeplatz im Infobereich und versteckt die Symbole inaktiver Geräte. Dies führt dazu, dass nur die wichtigsten Anzeigen wie die Uhrzeit oder der Status des Wartungscenters sowie der Netzwerkstatus erscheinen. Die fehlenden Einträge lassen sich über die Schaltfläche *Ausgeblendete Symbole einblenden* (Bild 4.12) in einer Palette einblenden. Die erweiterte Anzeige verschwindet, sobald Sie auf eine Stelle außerhalb der Palette klicken.

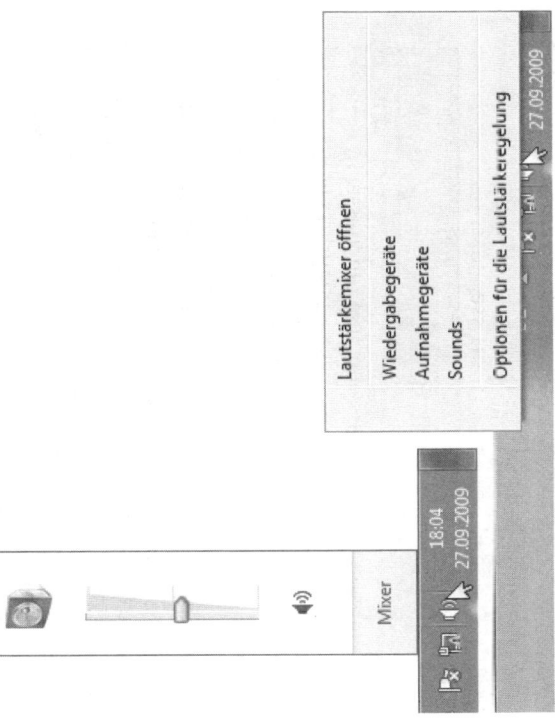

Bild 4.13: Lautstärkeanpassung im Infobereich der Taskleiste

TIPP

Eine stumm geschaltete oder falsch konfigurierte Soundausgabe wird im Symbol des stilisierten Lautsprechers entsprechend angezeigt. Klicken Sie auf das Lautsprechersymbol, blendet Windows einen Schieberegler oberhalb des Infobereichs ein (Bild 4.13, links). Über diesen Schieberegler können Sie sofort die Lautstärke regeln und mittels einer separaten Schaltfläche die Soundausgabe stumm bzw. einschalten. Ein Rechtsklick auf das Lautsprechersymbol öffnet ein Kontextmenü mit Befehlen zum Zugriff auf den Soundmixer, die Optionen der Lautstärkeregelung, die Soundschemata sowie die Einstellungen der Aufnahme- und Wiedergabegeräte. Weitere Informationen zu den Symbolen des Infobereichs finden Sie in den verschiedenen Kapiteln dieses Buches.

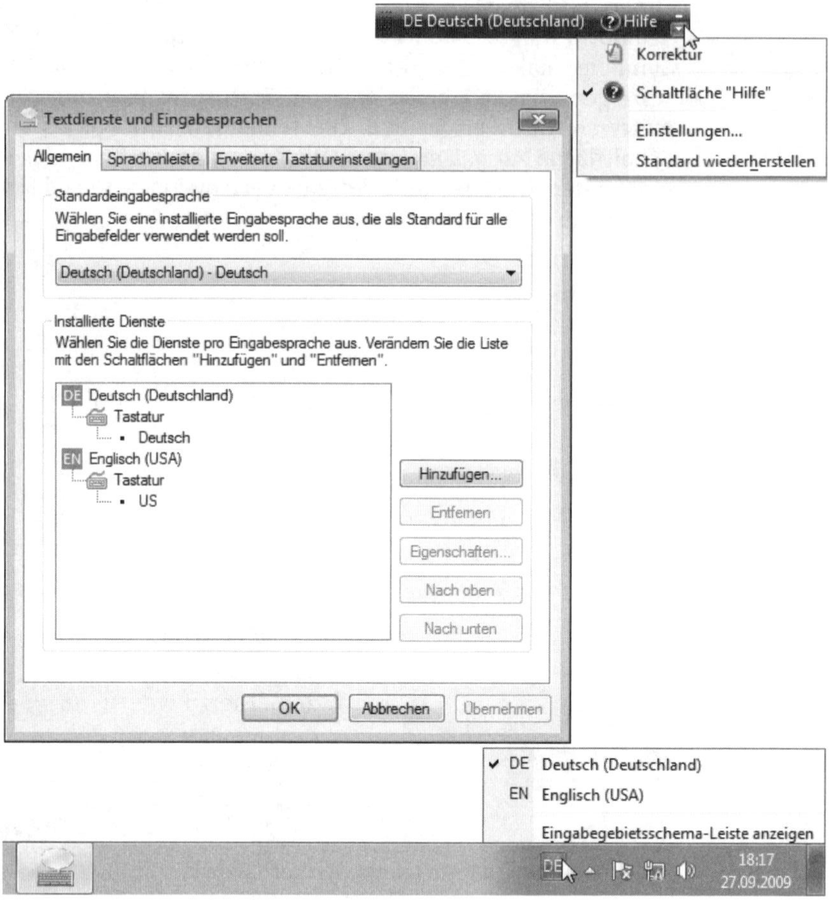

Bild 4.14: Infobereich und Eingabegebietsschemaauswahl in der Taskleiste

Eine deutsche Windows 7-Version wird bei der Installation so eingerichtet, dass die Tastatur zur Eingabe zwischen deutschen und englischen Layouts umgeschaltet werden kann. Die Spracheinstellung wird über die in der Taskleiste eingeblendete Sprachenleiste angezeigt. Standardmäßig sollte dort die Angabe *DE* zu sehen sein. Taucht der Schriftzug *EN* in der Taskleiste auf, wurde das Schema auf Englisch umgestellt. Dann lassen sich keine Umlaute mehr auf der Tastatur eingeben und die Tasten ⊠ und ⊡ sind vertauscht. Zum Umstellen des Eingabegebietsschemas klicken Sie auf den Schriftzug der minimierten Leiste (Bild 4.14, unten). Dann wählen Sie im eingeblendeten Menü den gewünschten Befehl. Anschließend wird das Tastaturlayout entsprechend angepasst.

Um die Einstellungen und Eigenschaften der Eingabegebietsschemata bzw. der Leiste anzupassen, klicken Sie in der Taskleiste auf das Symbol der minimierten Leiste und wählen den Menübefehl *EingabegebietsschemaLeiste anzeigen*. Sobald die Leiste am oberen Rand des Desktops erscheint, klicken Sie auf die Schaltfläche zum Öffnen des Menüs (Bild 4.14, oben) und wählen den Befehl *Einstellungen*. Alternativ können Sie den Kontextmenübefehl *Einstellungen* des Symbols der minimierten Leiste anwählen. Windows öffnet das Eigenschaftenfenster *Textdienste & Eingabesprachen*. Auf den Registerkarten des Eigenschaftenfensters lassen sich dann die Einstellungen anpassen und mittels der *OK*-Schaltfläche übernehmen. Brauchen Sie das Eingabegebietsschema »Englisch« nicht, markieren Sie dieses auf der Registerkarte *Allgemein* und löschen es anschließend mittels der Schaltfläche *Entfernen*. Über die Schaltfläche *Hinzufügen* können Sie nachträglich weitere Eingabegebietsschemata einrichten. Auf der Registerkarte *Erweiterte Tastatureinstellungen* können Sie Tastenkürzel zum Wechsel des Eingabegebietsschemas zuweisen und auf der Registerkarte *Sprachenleiste* wird über Optionsfelder festgelegt, ob die Eingabegebietsschemata-Leiste in der Taskleiste erscheint.

4.3.4   Uhrzeit und Datum stellen

In *Kapitel 3* wurde gezeigt, dass sich durch Zeigen auf die Uhrzeit der Wochentag in einer QuickInfo einblenden lässt. Standardmäßig gleicht Windows 7 die Uhrzeit über Zeitserver im Internet automatisch ab. Geht die Uhr falsch oder stimmt das Datum nicht, können Sie das Kontextmenü der Zeitanzeige im Infobereich öffnen und den Befehl *Datum/Uhrzeit ändern* wählen. Über die Registerkarten des Eigenschaftenfensters *Datum und Uhrzeit* lassen sich die Einstellungen ändern. Hierzu werden aber Administratorberechtigungen benötigt. Schritte zum Anpassen von Uhrzeit und Datum oder der Zeitsynchronisation sind in *Kapitel 33* beschrieben.

4.4   Arbeiten mit mehreren Programmfenstern

Windows ermöglicht es Ihnen, mehrere Programme bzw. Fenster gleichzeitig geöffnet zu halten. Anschließend können Sie zwischen den verschiedenen Programmfenstern umschalten. Hierzu gibt es verschiedene Techniken, die nachfolgend skizziert werden.

4.4.1   Programmumschaltung über Fenster und Taskleiste

Die einfachste Variante zum Umschalten zwischen verschiedenen Fenstern besteht darin, diese per Maus auszuwählen. Enthält der Desktop mehrere überlappende Fenster, die zu den gestarteten Programmen gehören, wird eines dieser Fenster im Vordergrund zu sehen sein (Bild 4.15). Dies ist das aktive Fenster, mit dem gerade gearbeitet werden kann. Die Titelleiste dieses Fensters wird farbig etwas hervorgehoben, während die Titelleisten der im Hintergrund befindlichen Fenster abgeblendet sind.

Bild 4.15:   Wechsel zwischen Programmfenstern

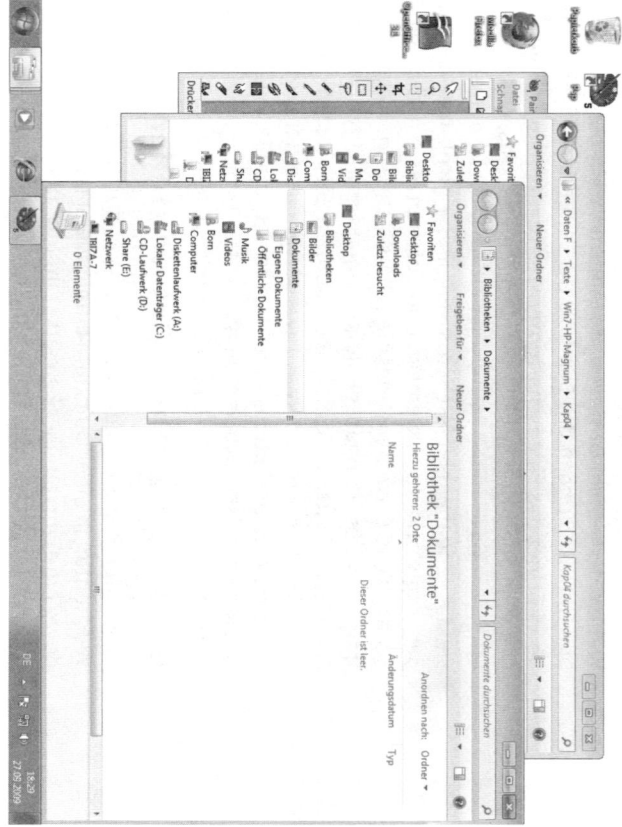

■ Um beispielsweise zu einem anderen Fenster zu wechseln, können Sie dessen Titelleiste oder einen anderen Fensterteil anklicken.

■ Häufig tritt jedoch die Schwierigkeit auf, dass die Titelleiste bzw. das komplette Fenster durch die im Vordergrund befindlichen Fenster verdeckt werden. Anstatt jetzt die Fenster über die Titelleiste zu verschieben und umständlich nebeneinander zu positionieren, schalten Sie das Fenster des gewünschten Programms durch Anklicken des Taskleistensymbols in den Vordergrund. Dies funktioniert jedoch nur, falls keine Fenster in der Taskleistenschaltfläche gruppiert sind.

■ Sind mehrere Fenster der gleichen Anwendung geöffnet, gruppiert Windows diese unter einer Schaltfläche (erkennbar an einer »gestapelten« Schaltflächenanzeige). Wurden Fenster zu Schaltflächensymbolen gruppiert, klicken Sie per Maus auf die gewünschte Schaltfläche. Bei aktivem Anzeigeschema Aero erscheint eine Miniaturvorschau der geöffneten Fenster (Bild 4.16, links). Ist Aero nicht verfügbar, öffnet Windows 7 ein Menü mit den Namen der Fenstertitel (Bild 4.16, rechts). Sie können auf eine Miniaturvorschau zeigen, um das betreffende Fenster als Vollbildvorschau auf dem Desktop einzublenden. Die Vorschau verschwindet aber wieder, sobald der Mauszeiger aus dem Bereich der Miniaturvorschau bewegt wird. Ein Mausklick auf die Miniaturvorschau (oder den angezeigten Menübefehl) holt das zugehörige Fenster in den Desktopvordergrund.

Bild 4.16:   Abrufen von Fenstern über die Aero-Miniaturvorschau bzw. ein Menü

Auf diese Weise lässt sich sehr elegant zwischen geöffneten Fenstern umschalten. Neu ist in Windows 7, dass Sie eine Vollbildvorschau eines Fensters durch Zeigen abrufen können. In *Kapitel 3* sind zudem im Abschnitt »Tasten zur Bedienung« einige Tastenkombinationen angegeben, mit denen Sie Fenster ausblenden oder transparent schalten können.

HINWEIS

Beachten Sie aber, dass geöffnete Eigenschaftenfenster mit ihren Registerkarten sowie Dialogfelder keine Symbole in der Taskleiste aufweisen. Sie können aber die nachfolgend erläuterten Methoden zur Programmumschaltung per Tastendruck verwenden, um zu einem Dialogfeld zu schalten.

TIPP

Halten Sie die [Strg]-Taste beim Klicken auf eine gruppierte Schaltfläche der Taskleiste gedrückt, holt Windows das zuletzt geöffnete Fenster der Gruppe in den Vordergrund. Weitere Mausklicks auf die Schaltfläche ermöglichen Ihnen, durch die Liste der Anwendungsfenster dieser Anwendung zu blättern.

4.4.2   Programmumschaltung auf Tastendruck

Neben den Schaltflächen der Taskleiste können Sie auch die Tastenkombination [Alt]+[⇆] zum Umschalten zwischen Programmen verwenden. Bei eingeschaltetem Aero-Anzeigeschema wird die Darstellung aus Bild 4.17 mit den Miniaturen der laufenden Programme eingeblendet.

Unbenannt - Editor

Bild 4.17:   Anzeige der laufenden Programme in der Taskliste bei aktiviertem Aero

Der Vorteil der Taskliste besteht darin, dass dort nicht nur die geöffneten Fenster als Symbole erscheinen. Auch Eigenschaftenfenster und geöffnete Dialogfelder werden aufgelistet. Sie können also über die Taskliste auch ein verdecktes Dialogfeld in den Vordergrund holen. Halten Sie die [Alt]-Taste gedrückt und tippen auf die [⇆]-Taste, wird das jeweils nächste Symbol markiert. Mit der Tastenkombination [Alt]+[⇧]+[⇆] lässt sich das vorherige Symbol in der Liste markieren. Lassen Sie die [Alt]-Taste los, verschwindet die Taskliste und das Fenster des zuletzt gewählten Symbols erscheint im Vordergrund. Das Problem ist allerdings, dass bei vielen gleichartigen Programmen unklar bleibt, was nun genau in einem Fenster hinterlegt ist – Sie erwischen beim Umschalten ggf. das falsche Programmfenster.

Bei abgeschaltetem Aero zeigt Windows 7 im Fenster der Taskliste nur die Symbole der geladenen Programme an. Sie können auch direkt per Tastatur zwischen den geöffneten Fenstern umschalten, ohne die Taskliste einblenden zu müssen. Drücken Sie hierzu die Tastenkombination Alt+Esc. Jeder Druck der Esc-Taste bei gleichzeitig gedrückter Alt-Taste holt ein anderes Fenster in den Vordergrund.

4.4.3 So nutzen Sie die Flip-3D-Umschaltung

Im Darstellungsmodus »Aero« unterstützt Windows die Programmumschaltung noch über eine besondere, als »Flip 3D« bezeichnete Funktion. Halten Sie die ⊞-Taste auf der Tastatur gedrückt. Wenn Sie dann zusätzlich die ⇆-Taste drücken, kippen die geöffneten Fenster in eine Art 3D-Darstellung (Bild 4.18).

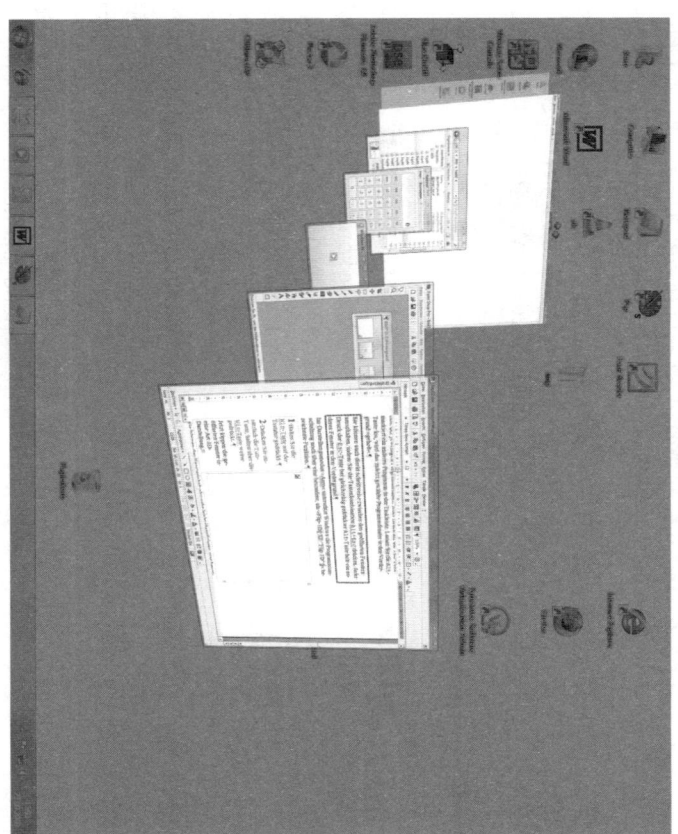

Bild 4.18: Taskwechsel mit der Flip-3D-Funktion

Sie können den Fensterinhalt also sehr leicht identifizieren, was besonders bei vielen geöffneten Fenstern ein großer Vorteil ist. Besitzt Ihre Maus ein Scrollrad, können Sie dieses drehen (oder die ⇆-Taste erneut antippen), um die schräg gekippten Fenster schrittweise in den Vordergrund zu holen. Sobald Sie die ⊞-Taste loslassen, verschwindet die 3D-Darstellung wieder und das zuletzt sichtbare Fenster wird auf dem Desktop im Vordergrund angezeigt.

5 Minianwendungen und »Erste Schritte«

Windows 7 besitzt die Möglichkeit, Minianwendungen (auch ohne die in Windows Vista obligatorische Sidebar) auf dem Desktop einzublenden. Nachfolgend werden die Funktionen zur Verwaltung von Minianwendungen sowie des Fensters »Erste Schritte« kurz vorgestellt.

5.1 Minianwendungen verwenden

In Windows 7 lassen sich noch spezielle Programme, als Minianwendungen bezeichnet, auf dem Desktop verwenden. Um eine Miniaturanwendung zu nutzen, müssen Sie diese erst auf dem Desktop einblenden.

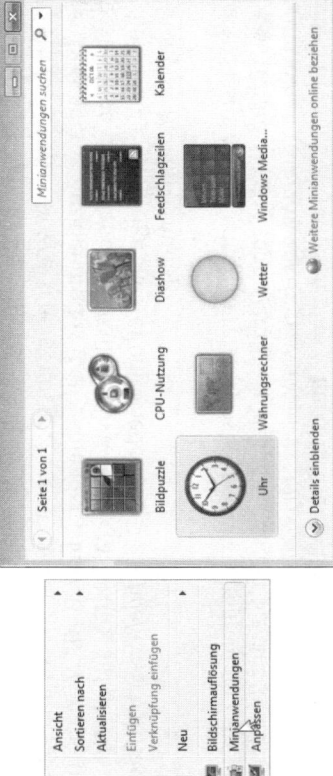

Bild 5.1: Minianwendungen einblenden

1. Klicken Sie mit der rechten Maustaste eine freie Stelle des Desktops an und wählen Sie den Kontextmenübefehl *Minianwendungen* (Bild 5.1, links).

2. Ziehen Sie das Symbol der gewünschten Minianwendung (z. B. *Uhr* oder *Kalender*) aus der Minianwendungsgalerie per Maus zum Desktop.

Sobald Sie die linke Maustaste nach dem Ziehen zum Desktop loslassen, wird die Minianwendung auf dem Desktop verankert. Alternativ können Sie das Symbol einer Minianwendung im Dialogfeld per Doppelklick anwählen (oder den Kontextmenübefehl *Hinzufügen* verwenden), um diese auf dem Desktop einzublenden. Anschließend beenden Sie das Dialogfeld durch Anklicken der *Schließen*-Schaltfläche.

Die jeweilige Minianwendung lässt sich auf dem Desktop verschieben, vergrößern und auch wieder ausblenden.

1. Zeigen Sie per Maus auf das Minifenster, um die in Bild 5.2 gezeigte kleine Leiste am rechten Rand der Minianwendung einzublenden.

2. Ziehen Sie die Minianwendung über die »geriffelte Fläche« der Leiste *Minianwendung ziehen* per Maus zur gewünschten Bildschirmposition.

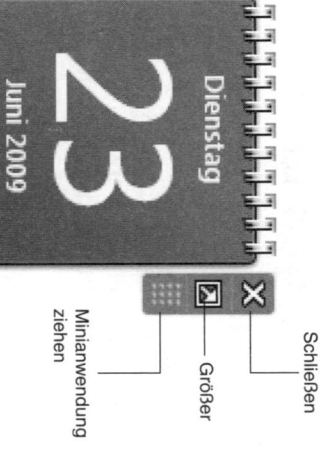

Schließen
Größer
Minianwendung
ziehen

Bild 5.2:   Leiste der Minianwendungen zum Ziehen/Schließen

Sobald Sie die linke Maustaste wieder loslassen, wird die Minianwendung an der betreffenden Desktopposition verankert. Über die *Größer*-Schaltfläche der Leiste lässt sich die Anzeigefläche vieler Minianwendungen leicht vergrößern (bei der Diashow erscheint ein größerer Anzeigebereich) und ggf. in einen besonderen Anzeigemodus (beim Kalender wird z. B. die Monats- und Tagesanzeige eingeblendet) schalten. Ein weiterer Mausklick auf die Schaltfläche stellt die vorherige Darstellung wieder her. Die *Schließen*-Schaltfläche beendet die Minianwendung.

5.1.1   Optionen der Minianwendungen anpassen

Die Minianwendungen lassen sich mit der rechten Maustaste anklicken, um ein Kontextmenü zu öffnen (Bild 5.3). Viele weisen den Kontextmenübefehl *Optionen* auf, der ein Dialogfeld öffnet, in dem Sie Optionen der Minianwendung einstellen können. Das Aussehen dieses Dialogfelds hängt von der gewählten Minianwendung ab. Bei der Diashow lassen sich z. B. die Bildstandzeiten und die Übergänge sowie der Ordner für die Bilddateien einstellen.

In Windows 7 werden Minianwendungen standardmäßig durch geöffnete Fenster verdeckt. Über den Kontextmenübefehl *Immer im Vordergrund* können Sie die Anzeigeebene aber vor die geöffneten Fenster verlagern. Der Kontextmenübefehl *Undurchsichtigkeit* öffnet ein Untermenü (Bild 5.3, rechts), über welches sich die Transparenz des Fensters einstellen lässt. Dies ermöglicht bei im Vordergrund fixierten Minianwendungen, dass dahinter liegende Desktopbereiche einsehbar sind, falls die Minianwendung nicht angewählt ist. Der Befehl *Minianwendungen hinzufügen* öffnet das Dialogfeld der Minianwendungsgalerie (Bild 5.1).

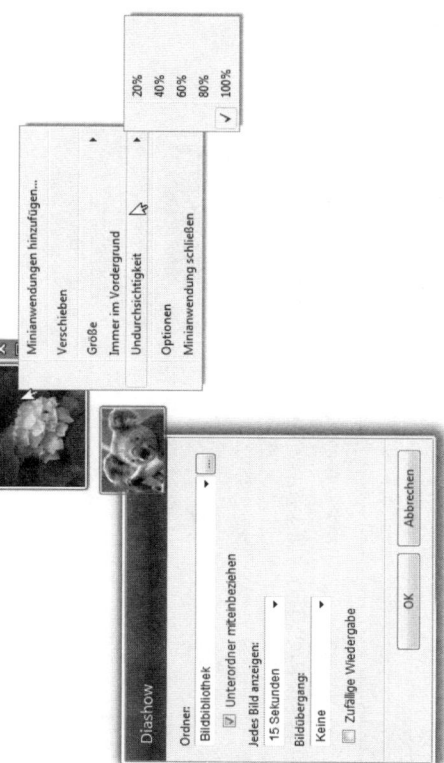

Bild 5.3:   Optionen einer Minianwendung

TIPP

Werden die Minianwendungen durch geöffnete Fenster verdeckt? Drücken Sie die Tastenkombination ⊞+M, minimiert Windows alle Fenster und Sie sehen die Minianwendungen. Mittels der Tastenkombination ⊞+Leer werden die Fenster in der Aero-Darstellung transparent und Sie können ebenfalls auf dem Desktop verankerte Minianwendungen ansehen. Sind bereits eingerichtete Minianwendungen plötzlich auf dem Desktop verschwunden? Prüfen Sie im Kontextmenü des Desktops, ob im Menü *Ansicht* der Befehl *Minianwendungen anzeigen* markiert ist. Sobald Sie die Minianwendungsgalerie aufrufen und Minianwendungen einblenden, setzt Windows automatisch die Option »Minianwendungen anzeigen«.

5.1.2   Minianwendungen installieren/ deinstallieren

Microsoft bietet die Möglichkeit, weitere Minianwendungen aus dem Internet herunterzuladen und dann zu installieren. Um neue Minianwendungen zur Minianwendungsgalerie hinzuzufügen, gehen Sie folgendermaßen vor.

1. Klicken Sie am unteren Rand der Minianwendungsgalerie auf den Hyperlink *Weitere Minianwendungen online beziehen* (Bild 5.4. Hintergrund unten).

2. Auf der dann geöffneten Internetseite suchen Sie den Hyperlink *Weitere Desktopminianwendungen*, um die Galerie der verfügbaren Minianwendungen einzublenden.

3. Anschließend klicken Sie die Schaltfläche *Download* der gewünschten Minianwendung an und bestätigen den eingeblendeten Warndialog über die *Installieren*-Schaltfläche (Bild 5.4. Vordergrund).

93

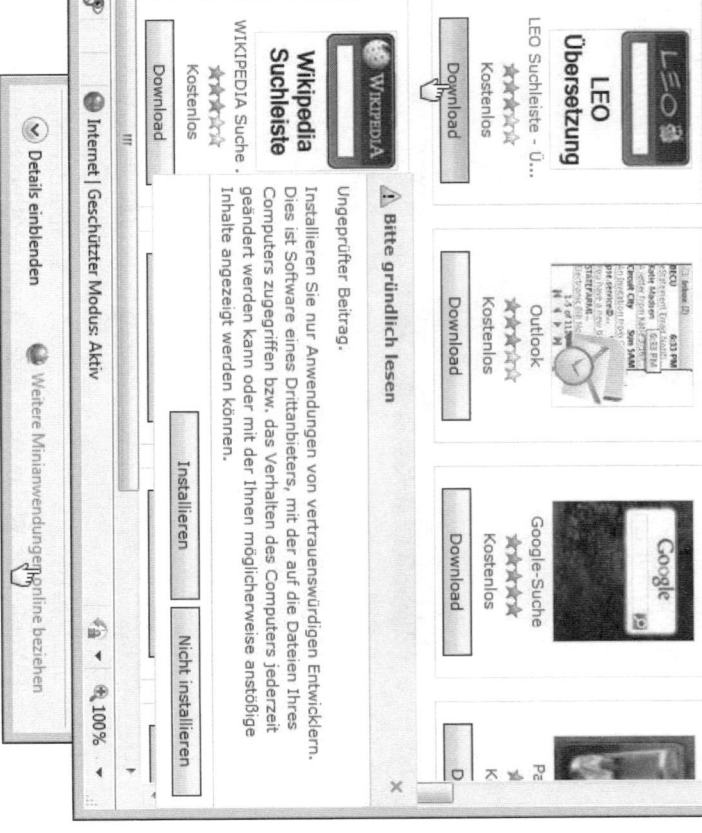

Bild 5.4: Minianwendung herunterladen

4. In weiteren Schritten müssen Sie im Dialogfeld *Dateidownload* die *Speichern*-Schaltfläche anklicken und im Dialogfeld *Speichern unter* den Zielort für die *.gadget*-Datei wählen. Sie können die *.gadget*-Datei in den Ordner *Downloads* des Benutzerkontos herunterladen lassen.

5. Nach dem erfolgreichen Download wechseln Sie zum Speicherordner und wählen die *.gadget*-Datei per Doppelklick an. Anschließend müssen Sie im Dialogfeld *Minianwendungen – Sicherheitswarnung* die *Installieren*-Schaltfläche bestätigen (Bild 5.5, links unten).

Windows richtet die Minianwendung unter dem aktuellen Benutzerkonto ein und blendet anschließend deren Fenster auf dem Desktop ein (Bild 5.5, oben rechts).

ACHTUNG

Beachten Sie, dass nicht auf Windows 7 abgestimmte Minianwendungen eventuell nicht korrekt funktionieren (speziell, wenn der Modus mit erhöhter DPI-Auflösung eingeschaltet ist). Bedenken Sie bei der Installation einer Minianwendung auch, dass diese aus vertrauenswürdigen Quellen stammen sollte. Bei der Installation benutzerspezifisch einzusetzender Minianwendungen erscheint zwar keine Sicherheitsabfrage der Benutzerkontensteuerung. Trotzdem können Gadgets aus obskuren Quellen im Hinblick auf Datenschutzaspekte kritisch sein.

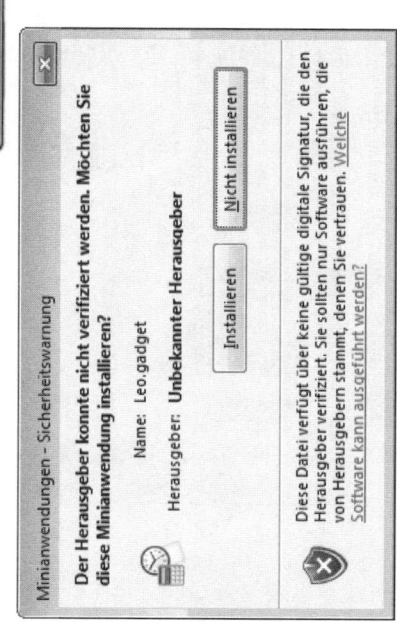

Minianwendungen – Sicherheitswarnung

Der Herausgeber konnte nicht verifiziert werden. Möchten Sie diese Minianwendung installieren?

Name: Leo.gadget

Herausgeber: **Unbekannter Herausgeber**

[Installieren]   [Nicht installieren]

Diese Datei verfügt über keine gültige digitale Signatur, die den Herausgeber verifiziert. Sie sollten nur Software ausführen, die von Herausgebern stammt, denen Sie vertrauen. Welche Software kann ausgeführt werden?

Bild 5.5: Minianwendung installieren

Gefällt eine Minianwendung nicht, lässt sich diese auf sehr einfache Art aus Windows entfernen.

1. Es reicht ein Rechtsklick auf das Symbol der Minianwendung im Fenster der Minianwendungsgalerie.

2. Anschließend ist der Kontextmenübefehl *Deinstallieren* zu wählen und dann der Sicherheitsdialog über die *Deinstallieren*-Schaltfläche zu bestätigen.

Windows entfernt die *.gadget*-Datei aus dem System. Verfügen Sie noch über die heruntergeladene Kopie, können Sie die Minianwendung aber jederzeit erneut installieren.

TIPP

Haben Sie eine der standardmäßig in Windows 7 enthaltenen Minianwendungen irrtümlich deinstalliert? Öffnen Sie die Systemsteuerung über das Startmenü und tippen Sie in das Suchfeld (in der rechten oberen Ecke) den Begriff »Mini« ein. Anschließend können Sie in der Liste der gefilterten Befehle den Hyperlink *Unter Windows installierte Minianwendungen wiederherstellen* wählen (Bild 5.6). Windows fügt dann alle im Auslieferungszustand enthaltenen Gadgets zur Minianwendungsgalerie hinzu – installierte, anwenderspezifische Einträge bleiben erhalten. Mit Windows 7 ausgelieferte Minianwendungen werden übrigens im Ordner *Programme\Windows Sidebar\Gadgets* gespeichert, während benutzerspezifisch nachinstallierte Gadgets im Benutzerprofil im Zweig *Benutzer<Konto>\AppData\Local\ Microsoft\Windows Sidebar* abgelegt werden. Dies eröffnet u.U. auch die Möglichkeit, Gadgets aus Windows Vista zu übernehmen (einfach die betreffenden Gadget-Unterordner aus den genannten Verzeichnissen übertragen). Auf diese Weise können Sie z.B. das in Windows 7 fehlende Gadget »Notizen« nachrüsten. Dieses hat z.B. gegenüber dem Windows 7-Programm »Notizen« den Vorteil, dass sich der Schriftstil ändern und die Notiz im Vordergrund anzeigen lässt. Weiterhin finden Sie auf der Webseite www.windows7gadgets.de einige Minianwendungen. Hinweise zum Erstellen eigener Minianwendungen sind in dem von mir bei Markt+Technik publizierten Titel »Windows 7 Home Premium Tricks« zu finden.

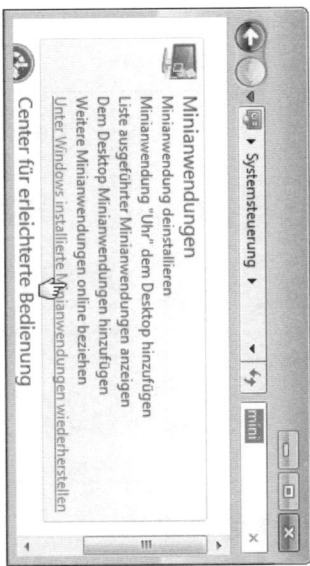

Bild 5.6: Systemsteuerungsbefehle für Minianwendungen

 TIPP

Treten beim Arbeiten mit Minianwendungen Probleme auf oder funktionieren diese nicht mehr?
Unter http://www.borncity.com/blog/category/minianwendungen/ habe ich eine Reihe von Blogbeiträgen veröffentlicht, die sich mit der Reparatur und Fehlerbehebung befassen.

5.2 Das Begrüßungscenter »Erste Schritte«

Das Begrüßungscenter mit dem Titel »Erste Schritte« ermöglicht Ihnen den Zugriff auf bestimmte Funktionen bzw. Informationen.

5.2.1 Das Fenster »Erste Schritte« im Überblick

Das Fenster *Erste Schritte* (Bild 5.7, rechts) wurde gegenüber dem Begrüßungscenter aus Windows Vista optisch etwas renoviert. Aufrufen lässt es sich z. B. über das Startmenü im Zweig *Alle Programme/Zubehör*. Weiterhin wird ein entsprechender Eintrag nach der Windows-Installation in der linken Spalte des Startmenüs angezeigt. Über die Sprungliste dieses Befehls lässt sich direkt auf die Einzelfunktionen des Programms zugreifen (Bild 5.7, links). Zudem erreichen Sie das Fenster, indem Sie die Systemsteuerung starten, in das Suchfeld den Text »Erste« eintippen und dann auf den Hyperlink *Erste Schritte* klicken.

Das Fenster *Erste Schritte* soll Ihnen den vereinfachten Zugriff auf bestimmte Funktionen zum Anpassen von Windows bzw. zur Einführung in das Betriebssystem erleichtern. Weiterhin erhalten Sie über das Programmfenster Zugriff auf verschiedene Onlineangebote von Microsoft. Zur Auswahl einer Funktion sind folgende Schritte durchzuführen.

1. Klicken Sie im unteren Teil des Fensters auf den gewünschten Eintrag, um die zugehörige Funktion aufzurufen.

2. Sobald Sie im oberen Bereich des Fensters die Informationen zur gewählten Funktion gelesen haben, können Sie auf den eingeblendeten Hyperlink (z. B. *Windows anpassen*) klicken, um die betreffende Windows-Funktion aufzurufen.

Über den Befehl *Neues in Windows 7 online abrufen* lässt sich im oberen Fensterbereich der eingeblendete Befehl *Weitere Informationen online abrufen* anwählen. Dieser öffnet ein Browserfenster, in dem Webseiten mit Informationen zu den Neuerungen von Windows 7 angezeigt werden. Der Eintrag *Windows anpassen* öffnet die Seite *Anpassung*, über die Sie den Desktophintergrund, Designs bzw. Themen, die Fensterfarbe und mehr für das lokale Benutzerkonto einstellen können. Der Befehl *Textgröße ändern* zeigt eine Seite, in der sich der DPI-Wert zur Skalierung von Texten auf dem Bildschirm für das lokale Benutzerkonto umstellen lässt.

Über den Eintrag *Windows Live Essentials online erwerben* lässt sich über den im oberen Fensterteil eingeblendeten Befehl ein Browserfenster öffnen, um die Installationsdatei für die betreffende Programmsuite kostenlos von der zugehörigen Microsoft-Webseite herunterzuladen. Diese Programmsuite stellt z. B. einen E-Mail-Client oder ein Programm zur Fotobearbeitung bereit. Deren Funktionen sind in den entsprechenden Kapiteln zur E-Mail- und Fotobearbeitung beschrieben.

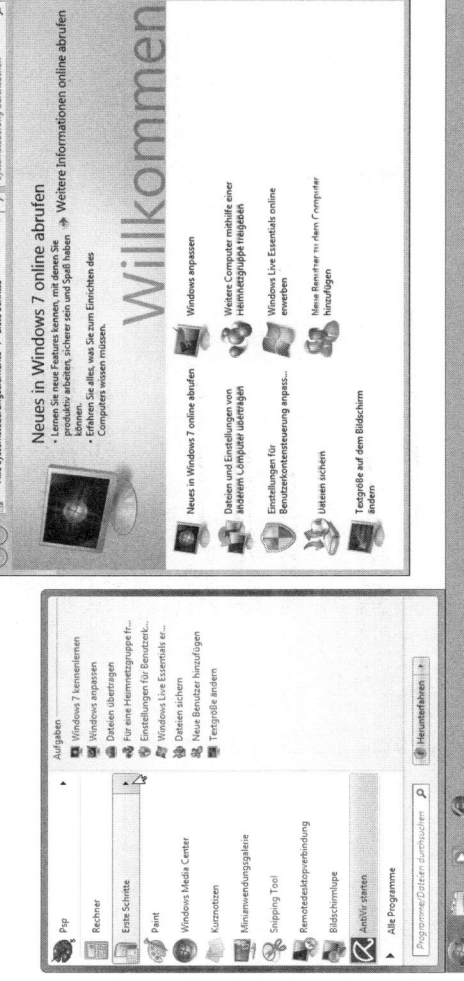

Bild 5.7: Fenster des Begrüßungscenters

Einige Einträge im Fenster *Erste Schritte* können jedoch nur mit Administratorberechtigungen ausgeführt werden. Manchmal (z. B. *Einstellungen für Benutzerkontensteuerung anpassen* oder beim Hinzufügen neuer Benutzerkonten) zeigt Windows dann den Sicherheitsdialog der Benutzerkontensteuerung, sodass Sie auch unter Standardbenutzerkonten Zugriff auf die betreffende Funktion haben.

Der Eintrag *Dateien und Einstellungen von anderem Computer übertragen* startet einen Importassistenten, mit dessen Hilfe Sie Dokumente und Einstellungen (z. B. Mailkonten) von einem anderen Rechner zur aktuellen Windows-7-Installation übertragen können. Diese Funktion lässt sich aber nur aufrufen, wenn Sie unter einem Administratorkonto angemeldet sind. Die einzelnen, über die Seite aufrufbaren Funktionen werden in den betreffenden Kapiteln des Buches separat vorgestellt.

6 Hilfe und Support

Dieses Buch wird nicht alle Fragen zu Windows 7 und dessen Programmfunktionen klären können, und nach der Lektüre bleiben sicherlich noch Fragen offen. Zudem gibt es weitere Anwendungsprogramme, die sich auf dem System einrichten und nutzen lassen. Auch dort werden möglicherweise Fragen zur Funktionalität aufkommen. Aber glücklicherweise bieten Windows und viele Programme Unterstützung durch die Hilfe an, über die Sie Details zur Bedienung nachlesen können. In diesem Kapitel lernen Sie die Windows-Hilfe kennen und erfahren, was Sie ggf. bezüglich der Hilfefunktionen von Anwendungen wissen sollten.

6.1 Die Windows-Hilfe nutzen

Windows 7 stellt mit der Funktion *Hilfe und Support* ein wichtiges Werkzeug zur Unterstützung des Benutzers bereit. Nachfolgend lesen Sie, wie diese Funktion aufgerufen und genutzt werden kann.

6.1.1 Hilfe und Support aufrufen

Zum Aufruf der Windows 7-Funktion »Hilfe und Support« haben Sie verschiedene Möglichkeiten.

■ Ist kein Fenster auf dem Desktop geöffnet oder als aktives Fenster gewählt, genügt es, wenn Sie die Funktionstaste F1 drücken.

■ Ist ein Fenster oder ein Dialogfeld geöffnet und aktiv, lässt sich die Tastenkombination ⊞ + F1 zum Öffnen der Windows-Hilfe drücken.

■ Alternativ können Sie das Windows-Startmenü öffnen und in der rechten Spalte den Befehl *Hilfe und Support* wählen.

Windows öffnet anschließend die Hilfe in einem Fenster mit dem Titel *Windows-Hilfe und Support* (Bild 6.1), in dem Sie auf die Hilfethemen zugreifen können.

6.1.2 Navigieren in den Hilfeseiten

Das Arbeiten in Hilfefenstern (*Windows-Hilfe und Support*, Bild 6.1) und der Zugriff auf Hilfethemen ist sehr einfach per Maus möglich. Die Hilfeseite zeigt blau eingefärbte Textstellen (die als Hyperlinks, d. h. Verweise auf Folgeseiten, ausgeführt sind).

■ Zeigen Sie mit der Maus auf einen Hyperlink (Text oder ein Symbol), nimmt der Mauszeiger die Form einer stilisierten Hand an. Gleichzeitig wird der Text unterstrichen dargestellt. Dies signalisiert eindeutig, dass es sich um einen Hyperlink (Verweis auf eine Folgeseite) handelt.

■ Klicken Sie auf den Hyperlink (z. B. »Erste Schritte mit dem Computer« in Bild 6.1), ruft Windows die Folgeseite der Hilfe ab. Dort finden Sie ggf. neue Hyperlinks zu Seiten mit Unterthemen. In diesem Fall klicken Sie erneut auf den Hyperlink zum gewünschten Thema.

Wiederholen Sie diese Schritte so lange, bis die gewünschte Information im Hilfefenster angezeigt wird. Über die Schaltflächen und das Suchfeld im Kopfteil des Hilfefensters erhalten Sie Zugriff auf die nachfolgend beschriebenen Funktionen.

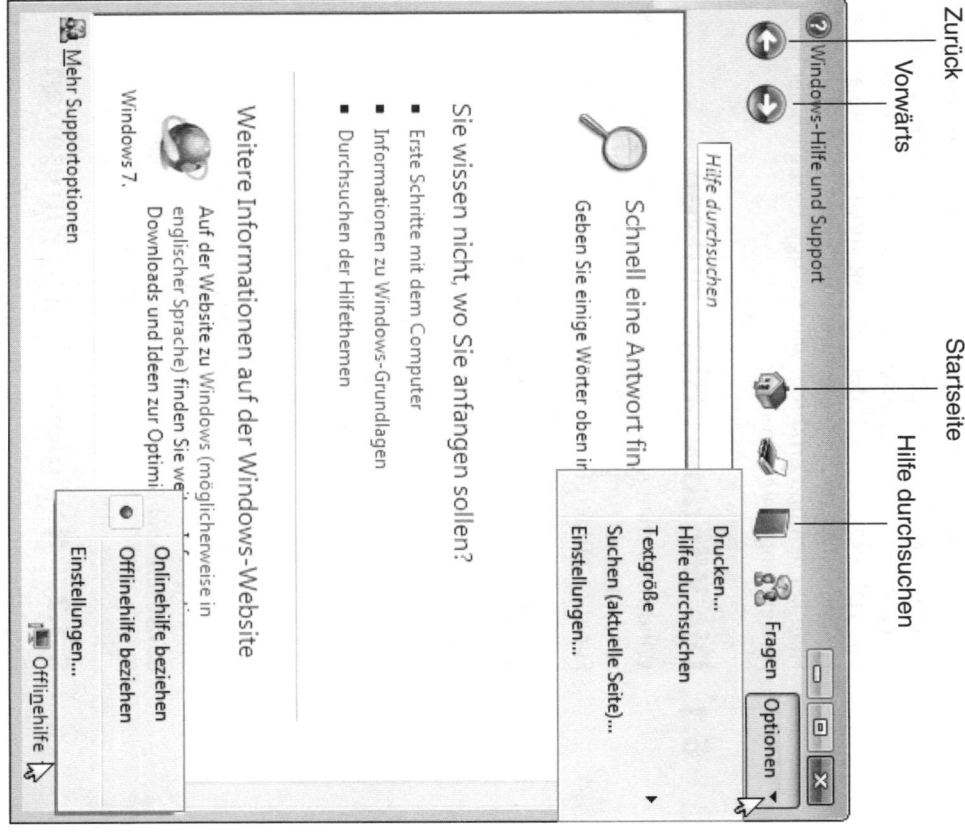

Zurück

Vorwärts

Startseite

Hilfe durchsuchen

Windows-Hilfe und Support

? Hilfe durchsuchen

Schnell eine Antwort fin

Geben Sie einige Wörter oben in

- Erste Schritte mit dem Computer
- Informationen zu Windows-Grundlagen
- Durchsuchen der Hilfethemen

Sie wissen nicht, wo Sie anfangen sollen?

Weitere Informationen auf der Windows-Website

Auf der Website zu Windows (möglicherweise in englischer Sprache) finden Sie we
Downloads und Ideen zur Optimi

Windows 7.

Mehr Supportoptionen

Drucken...
Hilfe durchsuchen
Textgröße
Suchen (aktuelle Seite)...
Einstellungen...

Onlinehilfe beziehen
Offlinehilfe beziehen

Einstellungen...

Fragen   Optionen

Offlinehilfe

Bild 6.1: Startfenster *Windows-Hilfe und Support*

- Die beiden Schaltflächen *Zurück* und *Vorwärts* ermöglichen Ihnen, zwischen besuchten Hilfeseiten vor und zurück zu blättern.

- Die mit *Startseite* bezeichnete Schaltfläche ruft die in Bild 6.1 gezeigten Inhalte der Hilfe auf.

- Über die Schaltfläche *Fragen* rufen Sie eine Hilfeseite mit weiteren Hinweisen und Hyperlinks auf, über die Sie Hilfe von Personen (über Remote-unterstützung), über Microsoft-Webseiten etc. erhalten können.

Die mit *Hilfe durchsuchen* bezeichnete Schaltfläche ruft eine Seite mit dem Inhaltsverzeichnis (Bild 6.2, links) der kompletten Hilfe im Dokumentbereich ab. Sie können dann auf eine Überschrift klicken, um die Folgeseite (Bild 6.2, rechts) mit dem gewünschten Thema anzusehen. Befinden sich dort weitere Hyperlinks mit Unterthemen, wählen Sie diese so lange an, bis die gewünschte Inhaltsseite erreicht ist.

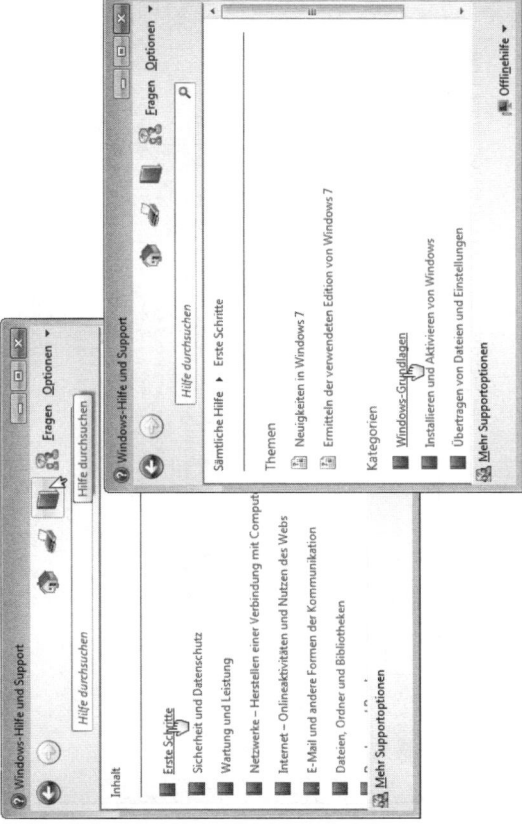

Bild 6.2: Navigieren über das Inhaltsverzeichnis der Windows-Hilfe

 HINWEIS

Die Schaltfläche *Optionen* (Bild 6.1) öffnet ein Menü mit Befehlen, um die Hilfeseite zu drucken, den Text zu durchsuchen, die Textgröße anzupassen oder die Einstellungen einzusehen. Mit der Menüschaltfläche am unteren Rand lässt sich über Befehle vorgeben, ob Hilfethemen offline nur am Rechner gesucht werden sollen oder ob die Windows-Hilfe auch Onlineinhalte von Microsoft-Webseiten mit durchsuchen und anzeigen darf. Bei einer Onlineanbindung des Rechners kann auch die Schaltfläche *Mehr Supportoptionen* in der linken unteren Ecke des Hilfefensters angewählt werden. Dann wird eine Internetseite mit entsprechenden Informationen im Hilfefenster eingeblendet. Wählen Sie im Menü *Optionen* den Befehl *Einstellungen*, erscheint ein zusätzliches Dialogfeld (Bild 6.3). Über eine Markierung des Kontrollkästchens *Eigene Suchergebnisse mithilfe der Onlinehilfe optimieren* können Sie erreichen, dass auch online verfügbare Informationen mit in der Hilfe angezeigt werden.

6.1.3 Suchen in der Hilfe

Das Navigieren über das Inhaltsverzeichnis der Hilfe (Bild 6.2, links) ist ganz hilfreich, um sich einen Überblick über bestimmte Themen zu verschaffen. Zum schnellen Nachschlagen nach einem Begriff eignet sich aber eher die Suche. Möchten Sie Zusatzinformationen zu einer Windows-Funktion, einer Option oder einem anderen Thema abrufen, sollten Sie eine Suche durchführen.

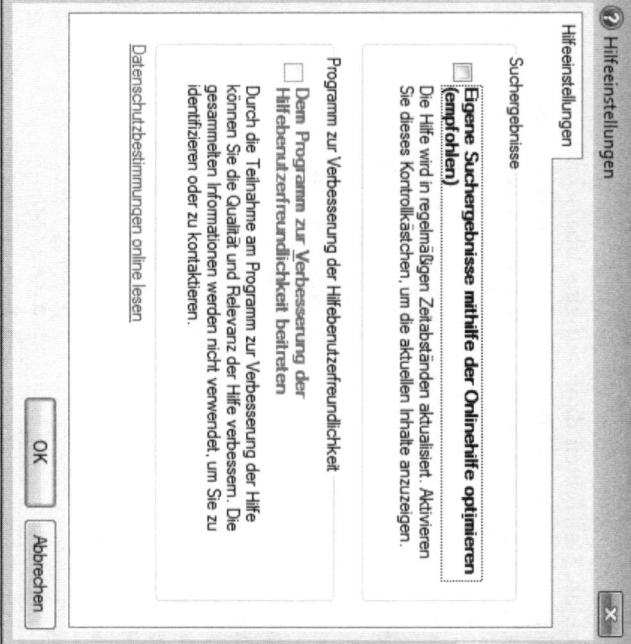

Bild 6.3: Optionen der Hilfe einstellen

1. Klicken Sie in der Symbolleiste des Hilfefensters auf das Textfeld *Hilfe durchsuchen* und tippen Sie den Suchbegriff (hier »Maus«) ein (Bild 6.4).

2. Klicken Sie anschließend auf die *Suchen*-Schaltfläche (die Lupe) rechts neben dem Textfeld oder drücken Sie die ⌷Enter⌷-Taste.

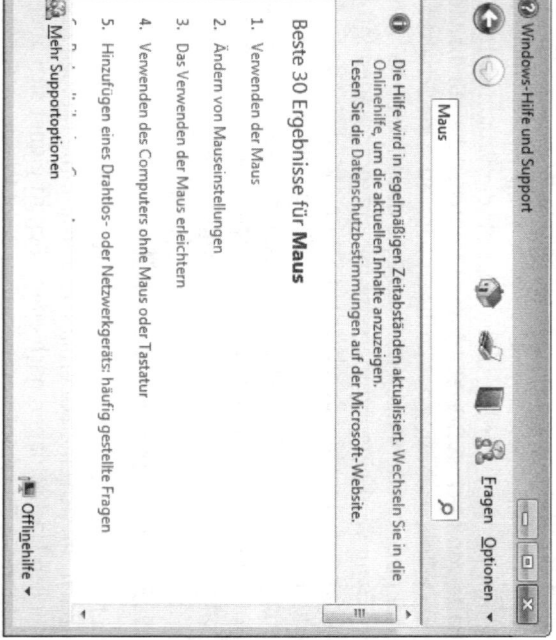

Bild 6.4: Suchen in der Hilfe

Die Hilfe wird dann die gefundenen Themen als Liste im Dokumentbereich des Fensters einblenden. Über die Hyperlinks können Sie anschließend die zugehörigen Hilfeseiten abrufen.

6.1.4   Drucken von Hilfeseiten

Gelegentlich ist es hilfreich, sich den Inhalt einzelner Hilfeseiten oder Auszüge auszudrucken.

1. Rufen Sie die gewünschte Hilfeseite auf und markieren Sie bei Bedarf den zu druckenden Ausschnitt (z. B. durch Ziehen per Maus).

2. Klicken Sie in der Symbolleiste des Hilfefensters auf die Schaltfläche mit dem Druckersymbol (Bild 6.4).

3. Im Dialogfeld *Drucken* legen Sie dann die gewünschten Druckoptionen fest und starten den Ausdruck über die *Drucken*-Schaltfläche des Dialogfelds (Bild 6.5).

Das Dialogfeld *Drucken* ermöglicht Ihnen, den Drucker und weitere Optionen zu wählen. Möchten Sie lediglich einen markierten Auszug aus der Hilfeseite drucken, müssen Sie das Optionsfeld *Markierung* auf der Registerkarte *Allgemein* des Dialogfelds aktivieren.

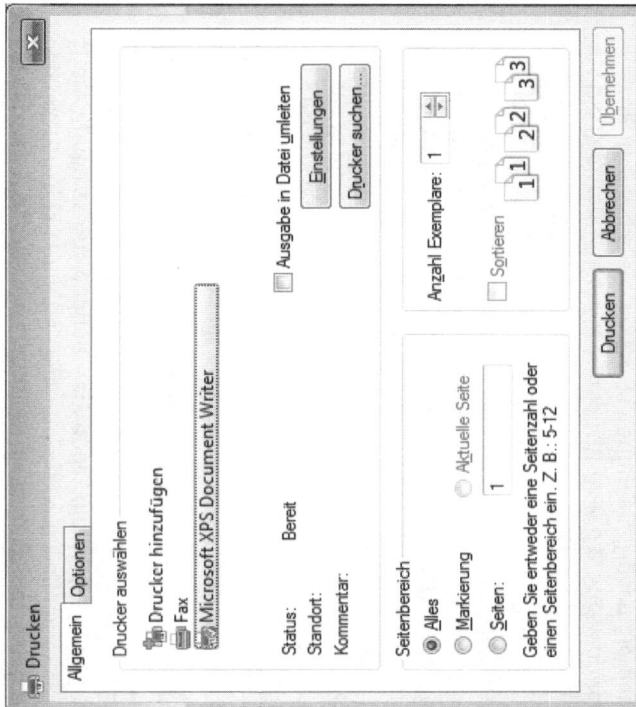

Bild 6.5:   Drucken von Hilfethemen

6.2 Hilfe für Programme gefällig?

Neben Windows bieten auch Programme häufig eine eigene Hilfe an. Diese lässt sich dann bei geöffnetem Programmfenster durch Drücken der Funktionstaste F1 aufrufen. Alternativ öffnen Sie in der Menüleiste des Programmfensters das Hilfemenü (Fragezeichen in der Symbolleiste). Im Hilfemenü müssen Sie dann einen mit Hilfe anzeigen oder ähnlich bezeichneten Befehl anklicken (Bild 6.6, links).

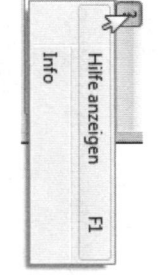

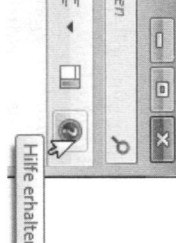

Bild 6.6:　Programmhilfe abrufen

Handelt es sich um eine an Windows 7 angepasste Anwendung ohne Menüleiste, klicken Sie auf die am rechten Rand der Symbolleiste sichtbare Schaltfläche Hilfe erhalten (Bild 6.6, rechts). In der Regel wird dann das Fenster der Programmhilfe geöffnet und Sie können auf deren Informationen zugreifen. Bei neueren Programmen entspricht die Anzeige des Hilfefensters dem Aufbau des Fensters Windows-Hilfe und Support. Handelt es sich aber um eine ältere Windows-Anwendung, verwendet dieses das in Bild 6.7 gezeigte, in zwei Spalten geteilte Hilfefenster. Die linke Spalte weist mehrere Registerkarten zum Zugriff auf die Hilfeinhalte auf, während in der rechten Spalte die Hilfeseiten eingeblendet werden.

■ Die Registerkarte Inhalt ermöglicht den Zugriff auf die Hilfe über eine Art Inhaltsverzeichnis. Holen Sie die Registerkarte in den Vordergrund, erscheint das Inhaltsverzeichnis mit den Kapitelüberschriften, denen ein geschlossenes stilisiertes Buchsymbol vorangestellt ist. Klicken Sie auf der Registerkarte Inhalt auf das Symbol eines »geschlossenen« Buches«, um zu einem Thema die untergeordneten Überschriften zu sehen. Diese werden mit einem vorangestellten geöffneten Buchsymbol dargestellt. Ein Mausklick auf das Symbol eines »geöffneten« Buches reduziert die Anzeige auf die Hauptüberschrift. Klicken Sie auf das Symbol einer Buchseite, wird deren Inhalt im rechten Teil des Hilfefensters eingeblendet. Die Navigation in einem solchen Hilfefenster ist ebenfalls über Hyperlinks möglich.

■ Die Registerkarte Index ermöglicht über das Stichwortverzeichnis einen Zugriff auf die indizierten Hilfethemen. Tippen Sie den gewünschten Begriff in das Textfeld Zu suchendes Schlüsselwort der Registerkarte ein, werden die Treffer in einer Ergebnisliste aufgeführt. Sie müssen dann das gewünschte Thema in der Liste per Mausklick markieren und können die zugehörige Hilfeseite über die Schaltfläche Anzeigen im rechten Teil des Hilfefensters abrufen.

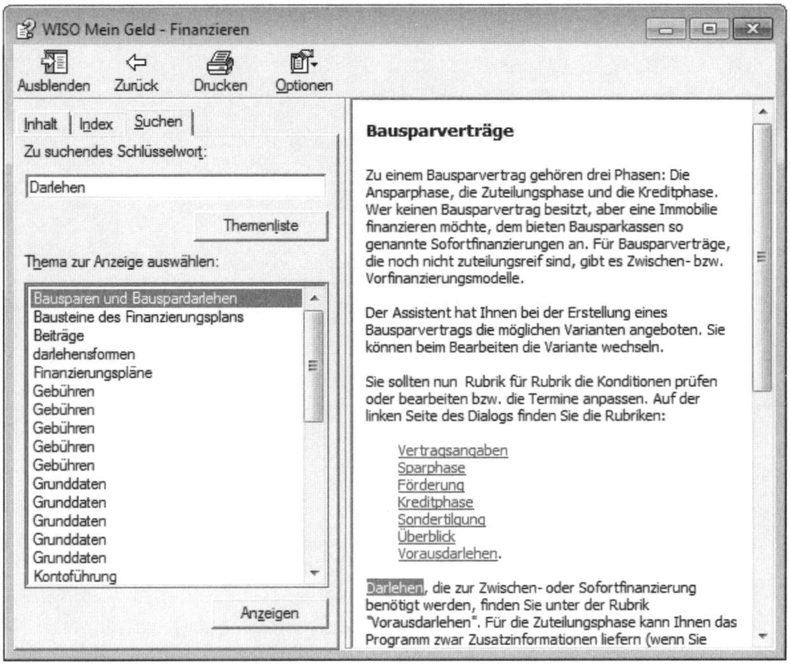

Bild 6.7: Fenster mit der Programmhilfe

Zur Suche nach Begriffen in den Texten der Hilfeseiten holen Sie die Registerkarte *Suchen* in den Vordergrund und tippen den Suchbegriff in das Feld *Zu suchendes Schlüsselwort* ein. Danach starten Sie die Suche über die Schaltfläche *Themenliste*. Gefundene Treffer müssen Sie in der Ergebnisliste *Thema zur Anzeige auswählen* per Mausklick markieren. Dann lässt sich die Hilfeseite über die Schaltfläche *Anzeigen* im rechten Teil des Hilfefensters abrufen.

Sie können die auf den Registerkarten *Index* und *Suchen* gefundenen Treffer auch per Doppelklick anwählen, um die Hilfeseite anzuzeigen. In den per Suche ermittelten Hilfeseiten wird der Suchbegriff bei jedem Auftreten im Hilfetext optisch hervorgehoben. Je nach Programm besitzt die linke Spalte des Hilfefensters noch eine Registerkarte *Favoriten*. Über Schaltflächen auf der Registerkarte *Favoriten* lässt sich eine aktuell angezeigte Hilfeseite in eine Favoritenliste aufnehmen. Dies erlaubt den schnellen Zugriff auf häufig benötigte Hilfeseiten.

HINWEIS

Manche älteren Windows-Anwendungen verwenden sogar noch Hilfedateien im HLP-Format. Dieses Format wird aber von Windows 7 nicht mehr unterstützt, da das zur Anzeige benötigte Programm *WinHelp32.exe* im Betriebssystem fehlt. Die für Windows Vista und Windows Server 2008 angebotenen Pakete lassen sich unter Windows 7 nicht installieren.

TIPP

Haben Sie Probleme mit der Windows-Hilfe oder lassen sich alte Hilfedateien nicht anzeigen? Unter http://www.borncity.com/blog/category/windows-hilfe/ habe ich mehrere Beiträge zu diversen Problemen veröffentlicht.

Windows 7 Home Premium

Teil 2 Laufwerke, Ordner & Dateien

In diesem Teil erwerben Sie das Wissen rund um den Umgang mit Laufwerken, Ordnern, Dateien und den neu in Windows 7 eingeführten Bibliotheken. Sie erfahren, wie sich die Inhalte von Speichermedien ansehen lassen und was es bei Laufwerken zu beachten gibt. In einem eigenen Kapitel wird gezeigt, wie sich Dateien und Ordner kopieren oder löschen lassen. Außerdem befassen wir uns mit der Frage, wo Dokumente unter Windows 7 gespeichert werden sollen und was es ggf. im Hinblick auf Zugriffsberechtigungen zu wissen gibt. Mit dem Brennen von Daten-CDs oder -DVDs sowie Blu-ray Discs und dem Suchen nach Dateien befassen sich eigene Kapitel. Zudem wird gezeigt, welche Funktionen Windows 7 zur Wartung und Verwaltung von Datenträgern bietet.

7 Mit Laufwerken arbeiten

In diesem Kapitel erwerben Sie das Wissen, um unter Windows 7 mit Laufwerken umzugehen. Wer sich bereits mit der Thematik auskennt, kann den Kapitelinhalt im Schnelldurchgang überfliegen.

7.1 Laufwerksinformationen abrufen

Windows 7 stellt verschiedene Funktionen bereit, mit denen Sie die auf dem Computer vorhandenen Laufwerke abrufen und deren Inhalte anzeigen können. Nachfolgend lesen Sie, wie diese Funktionen benutzt werden können.

7.1.1 Laufwerke unter Windows abfragen

Informationen über die auf Ihrem Computer vorhandenen Laufwerke liefert Ihnen das Ordnerfenster *Computer*, welches Sie über den gleichnamigen Startmenüeintrag öffnen können. Windows listet nach dem Aufruf die Laufwerke sowohl im Navigationsbereich als auch in der rechten Seite (Inhaltsbereich) des Ordnerfensters auf. Bild 7.1 zeigt ein Ordnerfenster, in dem mehrere Festplatten, verschiedene CD- und DVD-Laufwerke/-Brenner, Wechsellaufwerke (für Speichermedien von Digitalkameras und USB-Sticks) aufgelistet sind.

■   Windows verwendet unterschiedliche Symbole für die verschiedenen Laufwerkstypen (Diskettenlaufwerke, CD-/DVD-/BD-Laufwerke, Wechseldatenträger). Häufig wird über das Symbol noch zwischen verschiedenen Laufwerksarten (z. B. CD-, DVD- oder BD-Laufwerk) differenziert. Wechseldatenträger mit einem eingelegten Medium zeigt Windows 7 ggf. sogar mit einem datenträgerspzeifischen Symbol an. USB-Sticks oder externe Laufwerke werden nur angezeigt, wenn das betreffende Gerät auch angeschlossen und eingeschaltet ist. Erscheint ein neu angeschlossenes Gerät nicht sofort im Ordnerfenster *Computer*, hilft unter Umständen das Drücken der Funktionstaste [F5].

■   Die im Ordnerfenster *Computer* angezeigten Bezeichnungen für die Laufwerke können computerspezifisch voneinander abweichen (z. B. *Daten1 (K:)*, *System (C:)* etc.). Aber alle Laufwerke werden mit Buchstaben von A bis Z, gefolgt von einem Doppelpunkt, benannt. Die Buchstaben A: und B: sind für Diskettenlaufwerke reserviert. Fehlt ein entsprechendes Laufwerk, bleibt der Buchstabe unbelegt. Die erste Festplatte wird mit dem Buchstaben C: versehen. Existieren weitere Festplatten, Speicherkartenleser, USB-Speichersticks, CD-/DVD-/BD-Laufwerke sowie verbundene Netzlaufwerke, erhalten diese fortlaufend die Buchstaben *D*, *E*, *F*: bis *Z:* zugewiesen.

Die Reihenfolge der Benennung dieser Laufwerkstypen hängt davon ab, ob das Laufwerk beim Windows-Start vorhanden war oder erst später eingeschaltet wurde. Nach Möglichkeit vergibt Windows 7 zuerst Laufwerksbuchstaben an Festplatten (bzw. logische Laufwerke auf Partitionen). Danach werden angeschlossene CD-/DVD-/BD-Laufwerke und Wechseldatenträger durchnummeriert. Beachten Sie aber, dass die Laufwerksbuchstaben vom Administrator mittels der Datenträgerverwaltung neu vergeben werden können.

Die Darstellung des Ordnerfensters lässt sich vom Benutzer anpassen. Windows 7 unterteilt Datenträger nach den Kategorien »Festplatten« und »Geräte mit Wechselmedien«. In der Standardeinstellung werden diese Laufwerkstypen in zwei Gruppen im Ordnerfenster angezeigt (Bild 7.1). Sie können aber eine freie Stelle im Ordnerfenster mit einem Rechtsklick anwählen und anschließend im Kontextmenü über das Untermenü des Befehls *Gruppieren nach* die Gruppierung aufheben (Wert »(Kein)«) oder nach anderen Kriterien vornehmen.

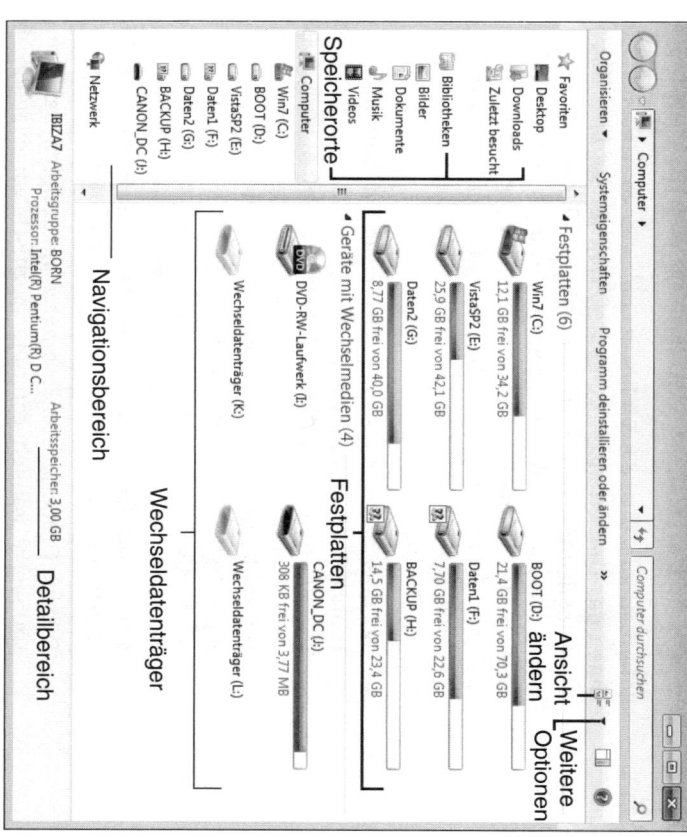

Bild 7.1: *Ordnerfenster Computer mit Laufwerksübersicht*

Die Anzeige der Laufwerke innerhalb des Ordnerfensters lässt sich dabei vom Benutzer anpassen. Sie können beispielsweise die Symbolgröße über die Schaltfläche *Ansicht ändern* sowie die rechts daneben befindliche Schaltfläche *Weitere Optionen* zwischen verschiedenen Modi (Details, Kacheln etc.) umschalten.

HINWEIS

Fehlen bei Ihnen CD-, DVD- oder BD-Laufwerke? Die Ursache kann eine fehlerhafte Software sein. In meinem Blog-Beitrag http://gborn.blogger.de/stories/1455822/ finden Sie eine Lösung für dieses Problem. Werden Speicherkartenleser nur angezeigt, falls eine Speicherkarte eingelegt ist, liegt dies dagegen an den Einstellungen für Ordnerfenster. Wählen Sie im Menü der Schaltfläche *Organisieren* den Befehl *Ordner- und Suchoptionen*. Auf der Registerkarte *Allgemein* bewirkt die Option *Alle Ordner anzeigen*, dass auch Wechseldatenträger ohne eingelegtes Medium im Navigationsbereich eingeblendet werden. Das Kontrollkästchen *Leere Laufwerke im Ordner "Computer" ausblenden* der Registerkarte *Ansicht* erzwingt dagegen das Ausblenden der Laufwerke ohne Wechseldatenträger. Ob solche Laufwerke abgeblendet erscheinen, wird über die Option *Ausgeblendete Dateien, Ordner und Laufwerke anzeigen* der Registerkarte *Ansicht* gesteuert.

7.1.2   Informationen zu Laufwerken abfragen

Um zu überprüfen, welche Kapazität ein Laufwerk aufweist und wie viel davon noch frei ist, bietet Windows 7 Ihnen verschiedene Möglichkeiten.

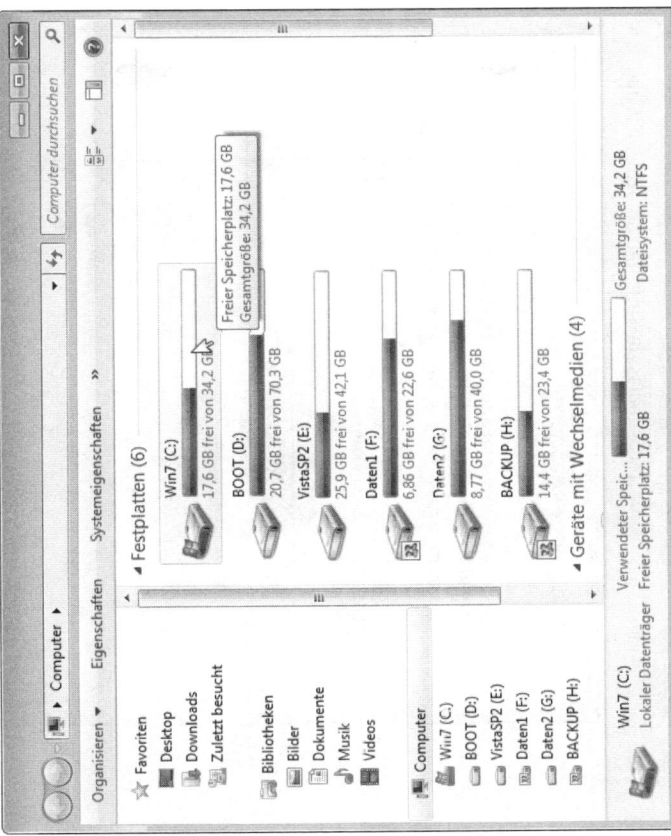

Bild 7.2:   Anzeige der Laufwerkskapazitäten

■ Stellen Sie den Anzeigemodus für das Ordnerfenster *Computer* über die Schaltfläche *Weitere Optionen* der Symbolleiste auf den Wert *Kacheln* ein, blendet Windows 7 die in Bild 7.2 gezeigte »Balkendarstellung« neben den Laufwerkssymbolen ein. Sie erkennen bereits an der grafischen Darstellung den auf dem Laufwerk belegten Kapazitätsanteil. Zudem werden die freie Kapazität, die Gesamtkapazität und das Dateisystem neben bzw. unterhalb der Balkengrafik angezeigt.

■ Zeigen Sie mit der Maus auf das Symbol einer Festplatte, blendet Windows in einer QuickInfo die Gesamtkapazität sowie den noch auf dem Datenträger verbliebenen freien Speicherplatz ein (Bild 7.2).

Markieren Sie ein Laufwerk durch Anklicken im Ordnerfenster, erscheinen außerdem der Laufwerksname und das zugehörige Symbol in der Anzeige des Detailfensters (Bild 7.2, unterer Bildrand). Zudem zeigt Windows zusätzliche Informationen wie beispielsweise die freie und gesamte Speicherkapazität sowie das verwendete Dateisystem (z. B. FAT, NTFS) an.

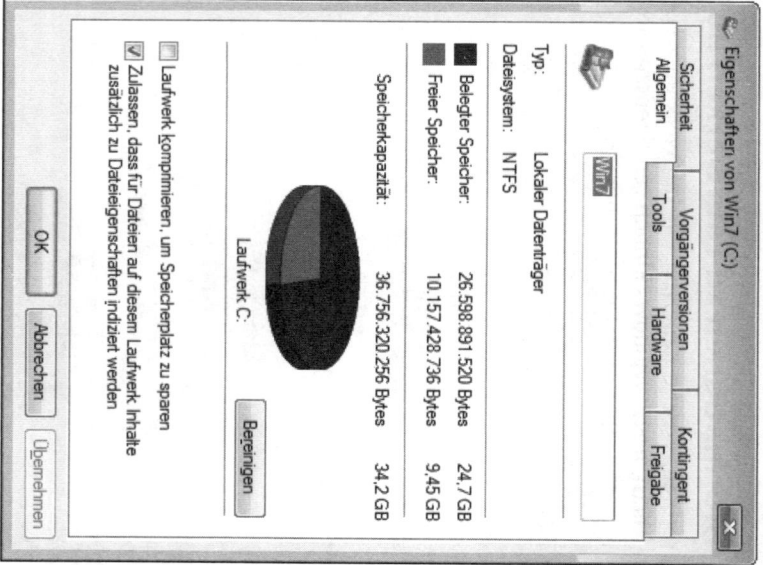

Bild 7.3: Anzeige der Laufwerkseigenschaften

1. Möchten Sie detaillierte Informationen über ein Laufwerk haben oder dessen Bezeichnung anpassen, markieren Sie es per Mausklick im Ordnerfenster *Computer*.

2. Anschließend wählen Sie die in der Symbolleiste des Ordnerfensters angezeigte Schaltfläche *Eigenschaften* aus. Alternativ können Sie den gleichnamigen Kontextmenübefehl verwenden.

Windows 7 öffnet dann das Eigenschaftenfenster des Laufwerks und zeigt auf der Registerkarte *Allgemein* die Laufwerksbezeichnung, die Laufwerkskapazität, das benutzte Dateisystem sowie weitere Informationen an (Bild 7.3).

7.1.3 Datenträgereigenschaften ändern

Bei Bedarf können Sie verschiedene Eigenschaften eines Laufwerks auf der Registerkarte *Allgemein* ändern. Jedem Medium lässt sich eine aus bis zu 32 Zeichen (Buchstaben A bis Z und Ziffern) bestehende Datenträgerbezeichnung zuweisen.

1. Zum Ändern dieser Datenträgerbezeichnung rufen Sie dessen Eigenschaftenfenster und dann die Registerkarte *Allgemein* auf.

2. Klicken Sie in das betreffende Textfeld, tippen Sie den Laufwerksnamen (z. B. »Daten«) ein und bestätigen Sie dies über die *OK*- bzw. *Übernehmen*-Schaltfläche der Registerkarte.

Zum Zuweisen einer geänderten Datenträgerbezeichnung für Festplatten ist allerdings eine Administratorberechtigung erforderlich. Führen Sie diesen Vorgang unter einem normalen Benutzerkonto aus, erscheint beim Anklicken der *OK*-Schaltfläche ein Dialogfeld *Zugriff verweigert* mit einem entsprechenden Hinweis. Klicken Sie auf die Schaltfläche *Fortsetzen* dieses Dialogfelds, wird die Benutzerkontensteuerung aufgerufen. Hier können Sie über ein zusätzliches Dialogfeld ein Administratorkonto auswählen und das zugehörige Kennwort eingeben. Anschließend wird die Datenträgerbezeichnung angepasst. Die Datenträgerbezeichnung von Wechselmedien (wie Speicherkarten oder USB-Sticks) können Sie auch unter einem Standardbenutzerkonto ändern.

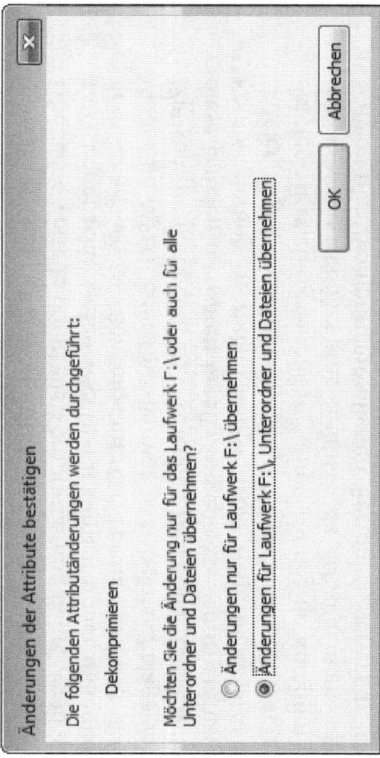

Bild 7.4: Attributänderungen bestätigen

Neben der Datenträgerbezeichnung lassen sich auf der Registerkarte *Allgemein* des Eigenschaftenfensters weitere Eigenschaften (auch als Attribute bezeichnet) anpassen.

■ Ist ein Datenträger im NTFS-Dateisystem formatiert, können Sie das Kontrollkästchen *Laufwerk komprimieren, um Speicherplatz zu sparen* (Bild 7.3) auf der Registerkarte *Allgemein* aktivieren. Sobald Sie die *OK*- oder *Übernehmen*-Schaltfläche anklicken, erscheint der Zusatzdialog aus Bild 7.4. Über die beiden Optionsfelder lässt sich festlegen, ob die Attributänderung nur auf das Hauptverzeichnis des Datenträgers oder

113

auf alle Unterordner anzuwenden ist. Beim Schließen des Dialogfelds über die OK-Schaltfläche passt Windows das betreffende Attribut an. Diese Umsetzung dauert aber bei Datenträgern, die viele Unterordner aufweisen, durchaus einige Zeit.

■ Windows 7 kann Laufwerksinhalte indizieren, um später bei der Suche nach Dateien schneller auf die relevanten Ergebnisse zugreifen zu können (siehe auch *Kapitel 12*). Neu ist dabei, dass die Indizierung für die Suche nicht nur über Dateien, sondern auch deren Inhalte (z. B. Textinhalte oder Metadaten) ausgedehnt werden kann. Markieren Sie auf der Registerkarte *Allgemein* das Kontrollkästchen *Zulassen, dass für Dateien auf diesem Laufwerk Inhalte zusätzlich zu Dateieigenschaften indiziert werden* (Bild 7.3). Auch bei dieser Attributänderung müssen Sie nach dem Anklicken der OK-Schaltfläche in einem Zusatzdialogfeld (Bild 7.4) über die betreffenden Optionsfelder festlegen, ob die Änderungen für das Laufwerk oder auch für dessen Unterordner zu übernehmen sind. Die Indizierung eines Laufwerks erfordert zudem eine Administratorberechtigung, d. h., beim Arbeiten unter einem Standardbenutzerkonto müssen Sie im Dialogfeld der Benutzerkontensteuerung ein Administratorkonto auswählen und das zugehörige Kennwort eintippen, um den Vorgang abzuschließen.

Die Verwendung komprimierter NTFS-Laufwerke ist für den Benutzer transparent, d. h., Windows schreibt die Dateien automatisch in komprimierter Form auf das Medium und entpackt diese bei Lesezugriffen. Durch die Komprimierung lässt sich die Kapazität des Mediums unter Umständen erhöhen. Erhebliche Vorteile bringt die Komprimierung dann, wenn auf einem Laufwerk ungepackte Daten wie Textdokumente oder unkomprimierte Bilder gespeichert werden. Bei Fotos im JPEG-Format, bei MP3-Musikstücken, bei Videos im MPEG- oder DivX-Format oder bei der Ablage von ZIP-Archiven (ZIP-komprimierte Ordner) tritt jedoch kein Kapazitätsgewinn mehr auf, da diese Dateien die Daten bereits in gepackter Form enthalten. Eine NTFS-Komprimierung ist zudem nur sinnvoll, wenn nicht allzu häufig auf die Dateien zugegriffen werden muss, da das ständige Entpacken von System-dateien zu Leistungseinbußen führen kann. Eine Komprimierung des Systemlaufwerks ist daher problematisch, da sich zudem im Zugriff befindliche Dateien nicht komprimieren lassen. Persönlich verwende ich eine Komprimierung eher bei Benutzerordnern oder bei zur Datenspeicherung verwendeten NTFS-Laufwerken.

> **TIPP**
>
> Das Komprimieren eines mit Dateien versehenen Laufwerks kann durchaus einige Stunden dauern. Daher empfiehlt es sich, bereits beim Anlegen eines neuen Laufwerks (bzw. nach dem Formatieren) die Komprimierung – falls diese gewünscht ist – einzuschalten. Dann ist das Laufwerk noch leer und Windows kann die Änderung in wenigen Sekunden durchführen. Kopieren Sie Dateien von einem komprimierten Laufwerk auf einen anderen Datenträger oder verschicken Sie diese Dateien per Internet, benutzt Windows automatisch die unkomprimierten Versionen. In diesem Fall sollten Sie die Dateien in ZIP-komprimierten Ordnern speichern und diese Ordner weitergeben (siehe die folgenden Kapitel).

7.1.4   Datenträger formatieren

Speichermedien wie Festplatten, Speicherkarten, USB-Sticks etc. müssen vor der ersten Benutzung formatiert werden. Das Formatieren sorgt dafür, dass Windows den Datenträger überhaupt erst benutzen kann.

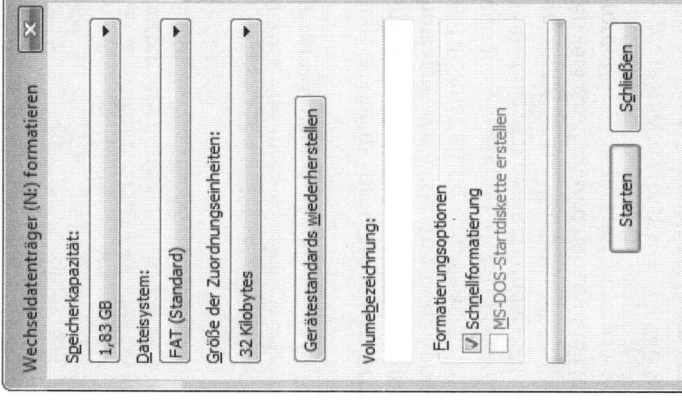

Bild 7.5:   Dialogfeld zum Formatieren

1.   Zum Formatieren eines Datenträgers klicken Sie dessen Symbol im Ordnerfenster *Computer* mit der rechten Maustaste an und rufen den Kontextmenübefehl *Formatieren* auf.

2.   Handelt es sich bei dem Datenträger um eine Festplatte, müssen Sie den Vorgang gegenüber der Benutzerkontensteuerung als Administrator in einem Zusatzdialogfeld bestätigen. Sind Sie unter einem normalen

Benutzerkonto angemeldet, fordert die Benutzerkontensteuerung Sie in einem Dialogfeld zur Auswahl eines Administratorkontos und zur Eingabe des zugehörigen Kennworts auf.

3. Im Dialogfeld zum Formatieren des Datenträgers (Bild 7.5) wählen Sie die gewünschten Optionen aus und klicken auf die Schaltfläche *Starten*.

4. Da beim Formatieren der Inhalt des Datenträgers überschrieben wird, müssen Sie in einem weiteren Dialogfeld den darin angezeigten Warnhinweis über die *OK*-Schaltfläche bestätigen (Bild 7.6).

Während des Formatierens informiert Sie Windows mit einer Fortschrittsanzeige über den Ablauf. Sobald ein Dialogfeld auf das Ende der Formatierung hinweist, können Sie dieses durch Anklicken der *OK*-Schaltfläche schließen. Anschließend ist der Datenträger leer und kann zum Speichern von Daten benutzt werden. Im Feld *Speicherkapazität* des Dialogfelds zeigt Windows einen Wert für die voraussichtliche Speicherkapazität des formatierten Datenträgers an. Windows bietet in diesem Dialogfeld zudem verschiedene Optionen zum Formatieren eines Datenträgers an.

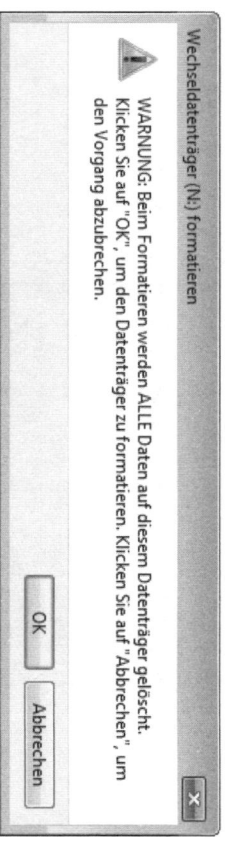

Bild 7.6: Warnung vor dem Formatieren eines Datenträgers

- Das Feld *Dateisystem* legt das beim Formatieren benutzte Dateisystem fest. Festplatten sollten mit dem NTFS-Dateisystem formatiert werden, während Wechseldatenträger wie Disketten oder Speicherkarten für Digitalkameras eine FAT-Formatierung erfordern. Beim FAT-Dateisystem wird noch zwischen den Varianten FAT, FAT32 (wird von Windows 9.x-Versionen für große Festplatten benutzt) und exFAT unterschieden. Das exFAT-Dateisystem (`http://de.wikipedia.org/wiki/ExFAT#exFAT`) ist für Flash-Speichermedien vorgesehen und hebt einige Einschränkungen des FAT32-Dateisystems auf.

- Über *Größe der Zuordnungseinheiten* lässt sich die Größe der logischen Zuordnungseinheit in Byte oder KByte wählen. Diese bestimmt u.a. die maximale Kapazität des betreffenden Mediums bei einem gegebenen Dateisystem. Im Allgemeinen sollten Sie in diesem Listenfeld den Wert *Standardgröße* belassen.

- Der im Textfeld *Volumebezeichnung* angegebene Text wird auf dem Medium als Datenträgerbezeichnung abgelegt und erscheint beim Aufrufen des Eigenschaftenfensters (Bild 7.3). Bei Festplattenlaufwerken erscheint diese Bezeichnung auch im Ordnerfenster *Computer*.

Sie können unter Windows verschiedene Formatierungsarten auf den Datenträger anwenden: Das Kontrollkästchen *Schnellformatierung* bewirkt eine sehr schnelle Formatierung des Mediums, bei der nur das Inhaltsverzeichnis überschrieben wird. Die Option steht nur dann zur Verfügung, wenn das betreffende Medium schon einmal formatiert wurde. Ist das Kontrollkästchen nicht markiert, formatiert Windows das Medium vollständig, d. h., es werden alle auf dem Medium gespeicherten Daten gelöscht.

HINWEIS

Das Kontrollkästchen *MS-DOS-Startdiskette erstellen* wird nur beim Formatieren einer Diskette (sofern noch ein Laufwerk vorhanden ist) freigegeben. Markieren Sie das Kontrollkästchen, legt Windows auf der Diskette Startdateien an. Mit der Diskette lässt sich der Computer dann mit einem minimalen MS-DOS hochfahren. Windows erzeugt beim Formatieren die Datenspuren zur Aufnahme der Dateien und legt auch ein leeres Inhaltsverzeichnis auf dem Datenträger an.

7.1.5   Datenträger kopieren

Besitzen Sie einen Computer, der noch ein Diskettenlaufwerk aufweist? Dann stellt Windows 7 Ihnen eine Funktion zum Kopieren des gesamten Datenträgers auf eine Diskette gleicher Kapazität bereit.

1. Legen Sie den Quelldatenträger in das Diskettenlaufwerk ein und öffnen Sie das Ordnerfenster *Computer.*

2. Klicken Sie im Ordnerfenster mit der rechten Maustaste auf das Symbol des Diskettenlaufwerks und wählen Sie den Kontextmenübefehl *Datenträger kopieren.*

3. Wählen Sie ggf. im Dialogfeld *Datenträger kopieren* (Bild 7.7) das Quell- und Zielmedium und klicken Sie auf die Schaltfläche *Starten.*

4. Warten Sie, bis Windows ggf. den Inhalt des Quellmediums eingelesen hat, wechseln Sie den Datenträger, sobald das entsprechende Dialogfeld angezeigt wird, und schließen Sie das Dialogfeld über die *OK*-Schaltfläche.

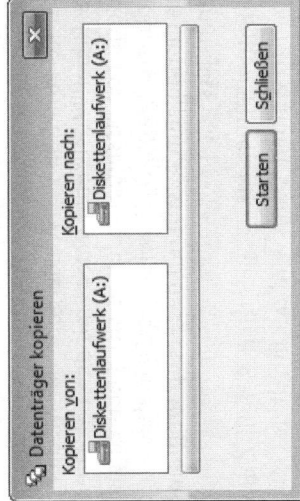

Bild 7.7:   Datenträger kopieren

Nach dem Wechsel des Datenträgers und Betätigen der Ok-Schaltfläche speichert Windows den eingelesenen Inhalt der Quelldiskette auf die Zieldiskette. Erscheint die Meldung *Kopieren erfolgreich beendet* im Dialogfeld, klicken Sie auf die Schaltfläche *Schließen* und entfernen den Datenträger aus dem Laufwerk.

ACHTUNG

Beim Kopieren einer Diskette werden die Daten des Mediums spurweise auf das Zielmedium übertragen, d. h., dort ggf. bereits vorhandene Dateien werden unwiederbringlich überschrieben. Zum Kopieren von Festplatten oder Partitionen sind Sie auf Produkte von Drittherstellern (z. B. Paragon Festplatten Manager, www.paragon-software.de, etc.) angewiesen.

TIPP

Es scheint so zu sein, dass Diskettenlaufwerke unter Windows 7 Probleme mit aktuellen Motherboards bereiten. Manchmal funktioniert das Formatieren oder Schreiben nicht. Unter http://www.borncity.com/blog/2011/01/18/diskettenlaufwerk-probleme-unter-windows-7/ beschreibe ich mögliche Lösungen.

7.2 Umgang mit Wechseldatenträgern

Moderne Computer verfügen neben Festplatten über Wechseldatenträgerlaufwerke, bei denen sich das Medium einlegen und wieder entnehmen lässt. Sie sollten daher deren Handhabung unter Windows kennen.

7.2.1 Automatische Wiedergabe, das steckt dahinter

Windows 7 besitzt eine als AutoPlay bezeichnete Funktion, die die Wiedergabe von Medieninhalten auf Wechseldatenträgern unterstützt. Betätigen Sie die Auswurftaste des Laufwerks und legen eine CD bzw. DVD ein oder stöpseln einen USB-Stick ein bzw. schieben eine Speicherkarte von einer Digitalkamera in den Speicherkartenleser, erscheint nach kurzer Zeit das Dialogfeld *Automatische Wiedergabe* (Bild 7.8).

Klicken Sie im Dialogfeld auf den gewünschten Befehl, der dem eingelegten Medieninhalt entspricht, verschwindet das Dialogfeld. Gleichzeitig ruft Windows 7 die gewählte Funktion zur Wiedergabe der Medieninhalte auf. Sie können dann z. B. Bilder, Musik oder Videos mit den betreffenden Windows-Funktionen wiedergeben lassen. Handelt es sich beim eingelegten Medium um eine Installations-CD bzw. -DVD, zeigt das Dialogfeld *Automatische Wiedergabe* ggf. eine Option zum Ausführen des Setup-Programms bzw. Installieren des Medieninhalts.

Bei Programminhalten empfiehlt es sich, den Befehl *Ordner öffnen, um Dateien anzuzeigen* zu wählen. Dann wird der Inhalt des eingelegten Mediums in einem Ordnerfenster angezeigt. Sie können dann mit dem Speichermedium wie mit einer Festplatte arbeiten und die Inhalte ansehen, verschieben, kopieren oder löschen (siehe die folgenden Kapitel).

Wenn Sie im Dialogfeld *Automatische Wiedergabe* das Kontrollkästchen *Immer für … durchführen* markieren und dann einen Befehl anklicken, merkt sich Windows dies. Beim nächsten Anmelden des Wechselmediums führt Windows 7 den betreffenden Befehl automatisch aus, ohne das Dialogfeld mit der Anfrage zu öffnen.

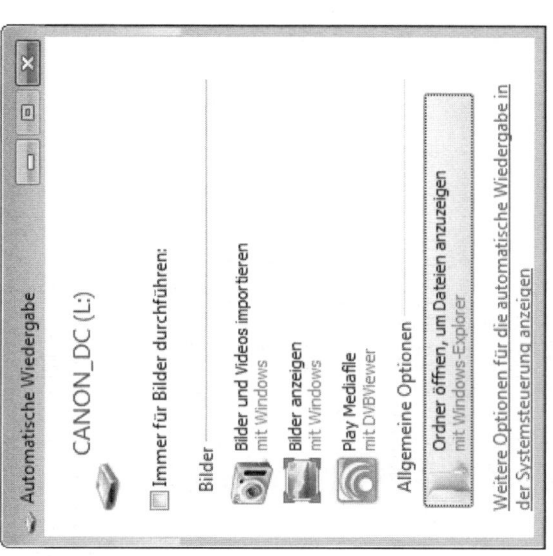

Automatische Wiedergabe

CANON_DC (L:)

☐ Immer für Bilder durchführen:

Bilder
🔲 Bilder und Videos importieren
mit Windows

🔲 Bilder anzeigen
mit Windows

🔲 Play Mediafile
mit DVBViewer

Allgemeine Optionen
🔲 Ordner öffnen, um Dateien anzuzeigen
mit Windows-Explorer

Weitere Optionen für die automatische Wiedergabe in der Systemsteuerung anzeigen

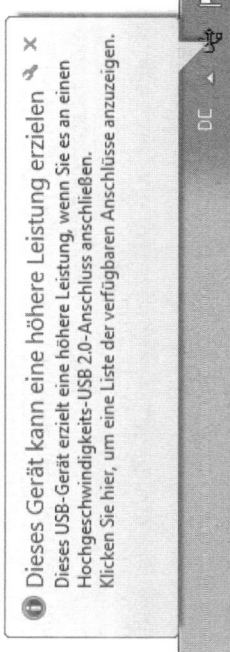

ⓘ Dieses Gerät kann eine höhere Leistung erzielen
Dieses USB-Gerät erzielt eine höhere Leistung, wenn Sie es an einen Hochgeschwindigkeits-USB 2.0-Anschluss anschließen.
Klicken Sie hier, um eine Liste der verfügbaren Anschlüsse anzuzeigen.

Bild 7.8: Automatische Wiedergabe eines Datenträgers

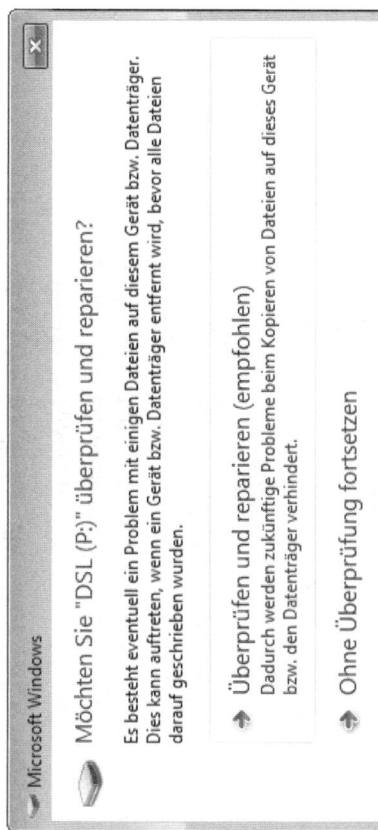

Microsoft Windows

Möchten Sie "DSL (P:)" überprüfen und reparieren?

Es besteht eventuell ein Problem mit einigen Dateien auf diesem Gerät bzw. Datenträger. Dies kann auftreten, wenn ein Gerät bzw. Datenträger entfernt wird, bevor alle Dateien darauf geschrieben wurden.

➔ Überprüfen und reparieren (empfohlen)
Dadurch werden zukünftige Probleme beim Kopieren von Dateien auf dieses Gerät bzw. den Datenträger verhindert.

➔ Ohne Überprüfung fortsetzen

Bild 7.9: Warnung bei beschädigten FAT-Datenträgern

119

Erkennt Windows 7 beim Zugriff auf einen Wechseldatenträger, dass dieser Fehler aufweist, erscheint das Dialogfeld aus Bild 7.9. Sie können dann durch Anklicken eines Befehls den Datenträger überprüfen und reparieren lassen. Bei Datenträgern, die ggf. zwischen mehreren Geräten und Betriebssystemen gewechselt werden (z. B. USB-Speicherstick, der auch unter Linux verwendet wird), sollten Sie auf den Befehl *Ohne Überprüfung fortsetzen* klicken. Nur wenn sich das Medium nicht mehr lesen lässt oder Daten beschädigt sind, sollten Sie das Wechselmedium reparieren lassen.

TIPP

Erscheint die in Bild 7.8 gezeigte Quickinfo, ist dies ein Hinweis, dass das externe Gerät über USB 1.x angeschlossen wurde oder dass sich ein entsprechendes Gerät in der Signalkette befindet. Nur mit USB 2.0-Komponenten kann die volle Leistung bei der Datenübertragung genutzt werden.

Beim Einlegen von Wechselmedien wie z. B. CDs oder DVDs in das betreffende Laufwerk versucht Windows häufig, ein bestimmtes Programm auszuführen. Zudem wechselt oft das für das CD-/DVD-/BD-Laufwerk angezeigte Symbol. In diesem Fall enthält der optische Datenträger eine Datei *Autorun.ini* im Hauptverzeichnis mit folgenden Anweisungen.

```
[autorun]
Icon=Born.ico
Open=Programmname
```

Die Anweisung *Icon* definiert das anzuzeigende Symbol, welches im *.ico*-Format im Hauptverzeichnis des Mediums liegt. Mit dem *Open*-Befehl lässt sich eine zu startende Anweisung angeben.

HINWEIS

Funktioniert die automatische Wiedergabe nicht oder tauchen verwaiste Einträge auf? Unter http://www.borncity.com/blog/2010/02/06/autoplay-handler-unter-windows-7-entfernen-und-korrigieren/ **und unter** http://www.borncity.com/blog/2010/01/17/automatische-wiedergabe-bei-wechselmedien-funktioniert-nicht-mehr/ finden sich Beiträge zu diesen Themen.

7.2.2 Automatische Wiedergabezuordnung aufheben

Haben Sie einen Standardvorgang für die automatische Wiedergabe eines Medientyps festgelegt, möchten diese Zuordnung aber wieder aufheben?

1. Klicken Sie im Startmenü auf den Befehl *Standardprogramme* und wählen Sie im gleichnamigen Dialogfeld den Befehl *Einstellungen für automatische Wiedergabe ändern*.

2. Im angezeigten Dialogfeld *Automatische Wiedergabe* öffnen Sie in der Rubrik *Medien* das zum Medientyp passende Listenfeld und wählen einen der angebotenen Befehle aus (Bild 7.10).

Sobald Sie dieses Dialogfeld über die *Speichern*-Schaltfläche schließen, werden die Vorgaben für den Medientyp gesichert.

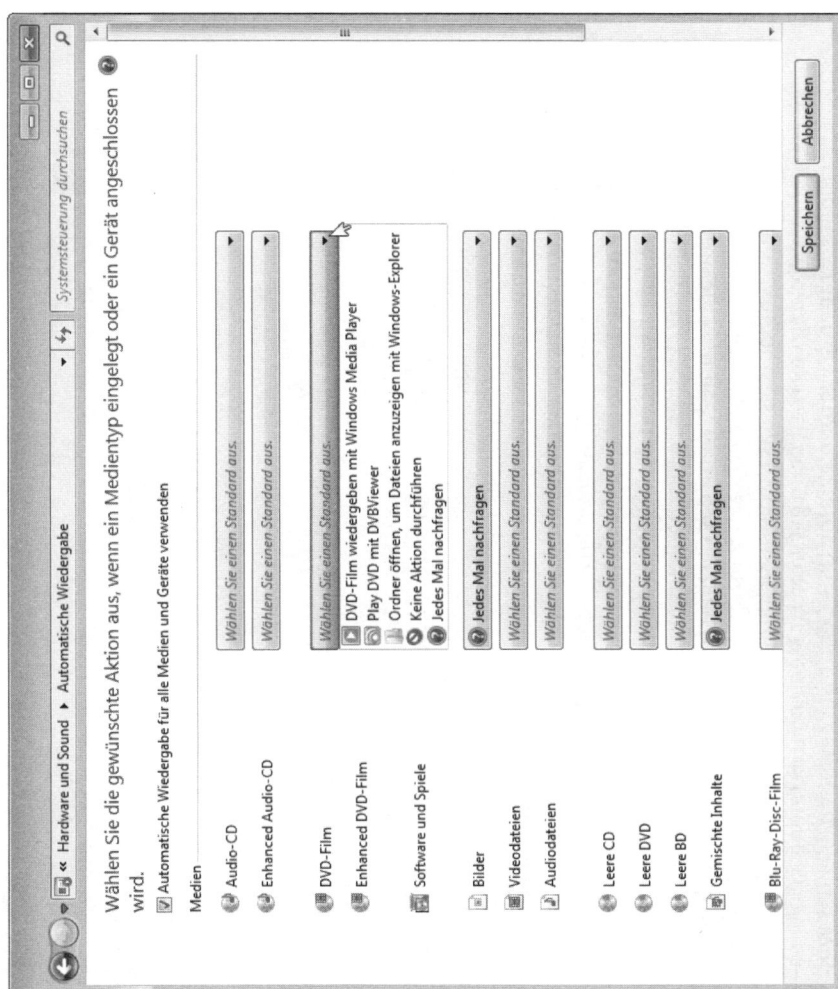

Bild 7.10: Anpassen der automatischen Wiedergabe

7.2.3   Wechseldatenträger richtig entfernen

Um eine CD oder DVD aus dem Laufwerk zu entfernen, drücken Sie in der Regel die Auswurftaste an der Laufwerksschublade. Aber Sie können den Auswurf solcher Medien auch durch Windows veranlassen.

Klicken Sie im Ordnerfenster *Computer* das Laufwerkssymbol mit der rechten Maustaste an und wählen Sie den Kontextmenübefehl *Auswerfen* (Bild 7.11). Bei CDs und DVDs fährt Windows dann die Laufwerksschublade aus und Sie können den Datenträger entnehmen. Bei Speicherkarten, die sich in einem Kartenlesegerät befinden, und USB-Speichersticks bewirkt der Befehl *Auswerfen*, dass ggf. noch im Speicher befindliche Daten auf das Medium geschrieben werden. Anschließend können Sie die Speicherkarte aus dem Laufwerk entnehmen bzw. den Speicherstick abziehen.

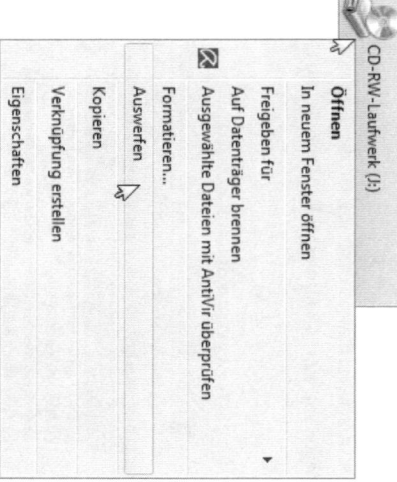

Bild 7.11: Datenträger auswerfen

HINWEIS

Windows 7 verwendet zwar intern Einstellungen, die für ein schnelles Entfernen von Wechselmedien optimiert wurden. Sie sollten aber zur Sicherheit trotzdem die Funktion *Auswerfen* anwenden, um Wechseldatenträger oder andere mobile Geräte wie MP3-Player und Festplatten, die per USB- oder FireWire-Schnittstelle an das System angeschlossen sind, sicher zu entfernen. Andernfalls kann es zu Beschädigungen an den Medieninhalten oder an der Hardware kommen, wenn das Caching für den Datenträger doch eingeschaltet sein sollte. Bei Wechseldatenträgern erkennen Sie in der Regel am Laufwerkssymbol, dass das Medium nicht mehr im Zugriff ist (die Datenträgerbezeichnung wechselt dann ggf. von der Medienbezeichnung zu »Wechseldatenträger«). Werden externe USB-Geräte ausgeworfen, blendet Windows 7 eine QuickInfo mit einem entsprechenden Hinweis im Infobereich der Taskleiste ein (Bild 7.12, links). Per USB-Anschluss mit dem Computer verbundene Geräte können Sie auch auswerfen, indem Sie in den Infobereich auf das Symbol *Sicheres entfernen* klicken (notfalls erst die Schaltfläche *Ausgeblendete Symbole einblenden*, um das Gerät anzuzeigen, Bild 7.12, rechts). Danach sollte sich das auszuwerfende Gerät über einen Befehl des eingeblendeten Menüs auswählen lassen. Ist das Gerät noch in Benutzung, erscheint ein Dialogfeld mit einer entsprechenden Nachricht. Sie müssen dann Programme und Fenster schließen und den Vorgang wiederholen.

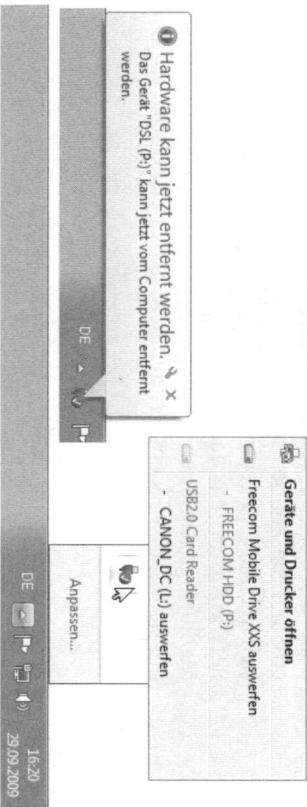

Bild 7.12: Information zum sicheren Entfernen von Hardware

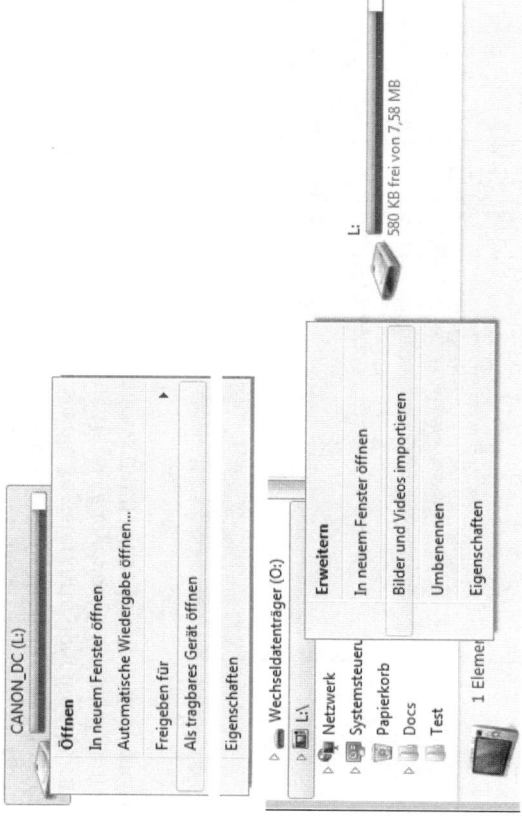

Bild 7.13: Kontextmenüs von Wechseldatenträgern

TIPP

Erscheint beim Einlegen eines Wechseldatenträgers mit Videos oder Fotos das Dialogfeld *Automatische Wiedergabe* nicht oder haben Sie dieses irrtümlich schon wieder geschlossen? Klicken Sie das Laufwerkssymbol des Datenträgers im Ordnerfenster *Computer* mit der rechten Maustaste an, lässt sich der Kontextmenübefehl *Automatische Wiedergabe öffnen* gezielt wählen (Bild 7.13, oben). Im Dialogfeld *Automatische Wiedergabe* lässt sich dann der Befehl *Bilder und Videos importieren* wählen, um den Importassistenten zu starten. Falls es Probleme gibt, können Sie den Importassistenten auch gezielt aufrufen. Hierzu müssen Sie das Laufwerkssymbol des betreffenden Mediums im rechten Teil des Ordnerfensters *Computer* mit einem Rechtsklick anwählen. Klicken Sie im Kontextmenü auf den Befehl *Als tragbares Gerät öffnen* (Bild 7.13, oben). Dann taucht im Navigationsbereich ein neues Symbol für das betreffende Laufwerk auf (Bild 7.13, unten). Klicken Sie das Symbol im Navigationsbereich mit der rechten Maustaste an, lässt sich der Importassistent über den Kontextmenübefehl *Bilder und Videos importieren* aufrufen.

7.2.4 ReadyBoost für Wechseldatenträger

Windows 7 unterstützt die sogenannte ReadyBoost-Technologie zur Optimierung der Systemleistung. Wird der Arbeitsspeicher knapp, muss das Betriebssystem ständig Daten aus dem Arbeitsspeicher auf die Festplatte auslagern, was das System verlangsamt.

Legen Sie einen Wechseldatenträger in ein entsprechendes Laufwerk ein oder stecken Sie einen USB-Speicherstick in eine USB-Buchse, zeigt das Dialogfeld *Automatische Wiedergabe* u. U. den Befehl *System beschleunigen* (Bild 7.14). Wählen Sie diesen Befehl, öffnet Windows das Eigenschaftenfenster des Laufwerks. Auf dessen Registerkarte *ReadyBoost* (Bild 7.15) markieren Sie das Optionsfeld *Dieses Gerät verwenden* und legen dann über den Schieberegler bzw. das Drehfeld einen Wert für die zu reservierende Speichergröße fest. Sobald Sie die Registerkarte über die *Ok*-Schaltfläche schließen, legt Windows 7 eine Datei *ReadyBoost.fscache* auf dem Datenträger an. In diese Datei kann Windows dann bei Bedarf Teile des Arbeitsspeichers auslagern.

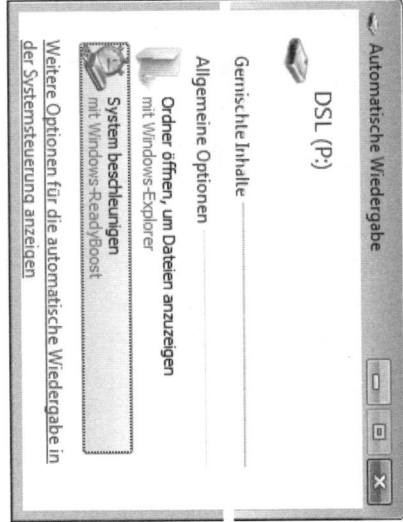

Bild 7.14: ReadyBoost-Option beim Einlegen eines Wechseldatenträgers

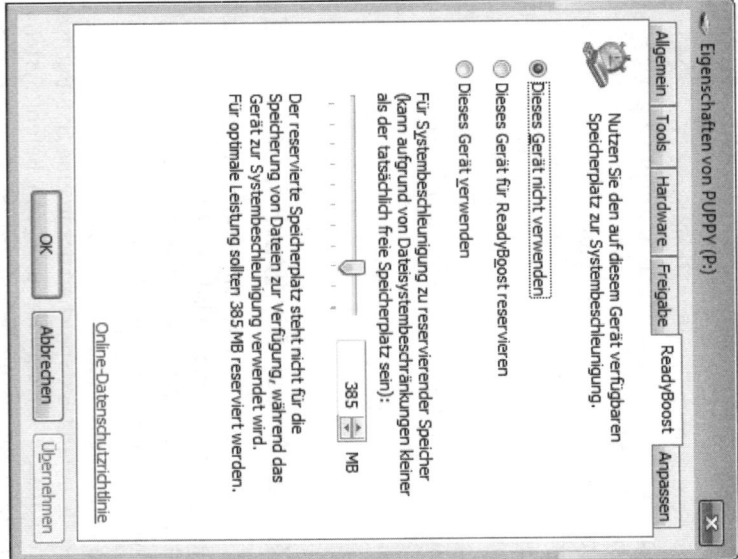

Bild 7.15: Registerkarte ReadyBoost eines Wechseldatenträgers

HINWEIS

Die ReadyBoost-Option funktioniert aber nur, wenn der eingelegte Wechseldatenträger mindestens 256 MByte an freier Kapazität aufweist. Zudem muss das Datenträgerlaufwerk zwingend an einem USB 2.0-Anschluss hängen. Die Cachedatei wird automatisch gelöscht, wenn Sie den Datenträger über die Funktion *Sicher entfernen* entfernen.

ReadyBoost bringt aber nach meinen Erfahrungen kaum einen echten Leistungsgewinn und ab 2 GByte RAM-Ausbau wirkt der Einsatz von Ready-Boost sogar nachteilig. Beim Testen mit Windows 7 musste ich die Erfahrung machen, dass von einer Handvoll USB-Sticks einer die ReadyBoost-Leistungsprüfung bestand. Andererseits wurde mir in einer virtuellen Maschine beim Zuweisen einer zweiten Festplatte sowie an realen PCs beim Anschließen einer externen Festplatte angeboten, das Medium für ReadyBoost zu verwenden. Persönlich kommt mir ReadyBoost wie ein Placebo vor, welches aus Marketinggründen bei Windows Vista eingeführt wurde, aber nicht wirklich Sinn macht. Aus diesem Grund empfehle ich den Verzicht auf diese Funktion.

8 Wissenswertes zu Ordnern, Dateien und Ordnerfenstern

Dieses Kapitel vermittelt die Grundlagen zu Ordnern und Dateien. Sie erwerben zudem das Wissen, um unter Windows 7 mit Ordnerfenstern umzugehen und Ordner samt ihren Inhalten anzusehen.

8.1 Grundwissen zu Ordnern und Dateien

In diesem Abschnitt finden Sie einige Hinweise zur Benennung von Ordnern und Dateien sowie zu den unter Windows 7 verwendeten Speicherorten.

8.1.1 Benennung von Ordnern und Dateien

Beim Schreiben von Briefen, Übernehmen von Fotos oder bei anderen Aufgaben fallen Dateien an, die in Ordnern zu speichern sind. Dateien werden unter einem eindeutigen Namen auf Datenträgern (Festplatte des Computers, CDs etc.) abgelegt. Zur Strukturierung dieser Ablage lassen sich Ordner verwenden. Bezüglich der Benennung von Ordnern und Dateien gilt Folgendes.

■ Die Namen für Dateien müssen in Windows bestimmten Regeln genügen. Ein Dateiname darf zusammen mit der Pfadangabe (Laufwerksbuchstaben und Ordnernamen) maximal 255 Zeichen lang sein. Um sich unnötige Tipparbeit zu ersparen, sollten Sie Dateinamen aber auf ca. 20 Zeichen begrenzen. Sie dürfen im Namen die Buchstaben A bis Z, a bis z, die Ziffern 0 bis 9, das Leerzeichen und verschiedene andere Zeichen verwenden. Ein gültiger Name wäre *Brief an Müller 001*. Nicht zulässig sind aber die Zeichen " / \ | < > : ? * im Dateinamen.

■ Neben dem Namen dürfen Dateien noch eine sogenannte Dateinamenerweiterung (oder kurz Erweiterung bzw. Extension genannt) aufweisen. Hierbei handelt es sich um einen Punkt, dem meist weitere (vorwiegend drei oder vier) Buchstaben folgen (z. B. *.txt*, *.bmp*, *.exe*, *.bat*, *.ini*, *.docx*, *.jpeg*, *.tiff* etc.). Diese Erweiterungen legen den Typ der Datei fest, d. h. mit welchem Programm eine Datei bearbeitet werden kann.

Standardmäßig zeigt Windows 7 die Dateinamenerweiterungen nicht an. Weiter unten erfahren Sie aber, wie Sie die betreffende Darstellung einrichten können. Sie dürfen den Dateinamen und die Erweiterung übrigens mit Groß- und Kleinbuchstaben schreiben. Dieses wird von Windows nicht unterschieden, d. h., die Dateinamen »Brief an Müller.docx« und »brief an müller.docx« werden in Windows gleich behandelt.

HINWEIS

Die Dateinamenerweiterung bestimmt den Dateityp (d. h. welche Art Daten in der Datei gespeichert werden können). Windows weist jedem Dateityp ein spezielles Symbol zu, das die Unterscheidung zwischen verschiedenen Dokumenttypen erleichtert (Bild 8.1).

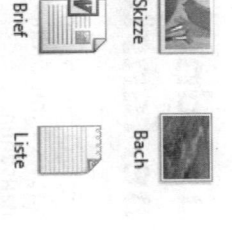

Skizze

Bach

Brief

Liste

Bild 8.1:   Symbole verschiedener Dokumenttypen

An den Symbolen der Dokumentdateien lässt sich meist erkennen, welche Daten diese enthalten (da sich das Symbol oft an das Programm zur Bearbeitung der Dokumentdateien anlehnt). Das Symbol eines stilisierten Schreibblocks – sowie die Erweiterung .txt – stehen für Dateien, die einfache Texte enthalten. Solche Dateien können Sie zum Beispiel mit dem Windows-Programm Editor erstellen. Ein stilisiertes Gemälde mit Pinseln weist auf Grafiken hin, die sich oft mit dem Windows-Programm Paint bearbeiten lassen. Dateien mit der Erweiterung .docx dienen ebenfalls zur Speicherung von Texten, die aber zusätzlich Bilder oder speziell formatierte Wörter bzw. Buchstaben (fett, kursiv etc.) enthalten können. Solche DOC-Dateien lassen sich mit dem Programm Microsoft Word oder mit dem Windows-Programm WordPad erstellen. Die Dateinamenerweiterung .exe steht für Programmdateien.

Ordner dienen zur Organisation der Dateiablage, wobei Ordner nicht nur Dateien, sondern seinerseits weitere Ordner (sogenannte Unterordner) enthalten kann. Ordner werden auf Speichermedien (Festplatten, CDs, DVDs etc.) angelegt und besitzen wie Dateien einen Namen sowie ein Symbol. Ordnernamen werden nach den gleichen Kriterien wie Dateien gebildet, wobei in der Regel die bei Dateien benutzte Dateinamenerweiterung entfällt.

Dateien und Ordner müssen mit einem eindeutigen Namen versehen werden. Sie können in einem Ordner keine zwei Ordner oder Dateien gleichen Namens ablegen. Eine Datei darf jedoch unter ihrem (gleichen) Namen in unterschiedlichen Ordnern gespeichert werden.

8.1.2   Speicherorte für Ihre Dokumente

Grundsätzlich können Sie unter Windows Dokumente bzw. Dateien auf jedem beliebigen Speichermedium (Festplatte, USB-Stick, Speicherkarte, CD etc.) in Ordnern ablegen. Windows stellt zur Ablage von Dateien aber spezielle Speicherorte für die Dokumentkategorien Bilder, Dokumente, Musik und Videos bereit. Beim Speichern von Dokumenten können Sie folgende Kriterien zur Auswahl der Speicherorte verwenden.

- *Dokumente:* An diesem Speicherort können Sie Dokumente wie Briefe, Kalkulationstabellen, Notizen, Präsentationen etc. ablegen.

- *Bilder:* Dieser Ort ist zur Aufnahme von Fotos und Grafiken, die Sie z. B. von Digitalkameras und Scannern übernehmen oder aus dem Internet oder per E-Mail erhalten, vorgesehen.

■ *Musik:* Hier können Sie Ihre digitale Musiksammlung anlegen und über spezielle Funktionen abspielen oder verwalten. Musik können Sie als Dateien von Audio-CDs kopieren oder von Musikseiten aus dem Internet herunterladen.

■ *Videos:* Besitzen Sie Videos (z. B. von Digital- oder Videokameras bzw. aus dem Internet), sollten Sie die Dateien hier ablegen.

In Windows 7 sind diese Speicherorte über den Navigationsbereich eines Ordnerfensters sowie über Befehle im Startmenü erreichbar. Der Navigationsbereich eines Ordnerfensters enthält zudem noch einen Ordner *Downloads*, der zum Speichern von Dateien, die aus dem Internet heruntergeladen wurden, dient.

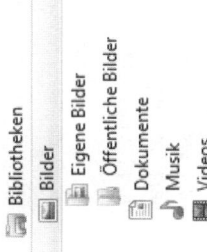

Bild 8.2:   Navigationsbereich im Ordnerfenster

Beim Aufrufen eines solchen Speicherorts in einem Ordnerfenster sehen Sie zwar sofort die dort abgelegten Dateien. Im Navigationsbereich lässt sich aber erkennen, dass sich die oben genannten Speicherorte auf jeweils zwei Ordner beziehen. In Bild 8.2 bezieht sich der Speicherort *Bilder* auf die beiden Ordner *Eigene Bilder* und *Öffentliche Bilder*. Bei *Dokumente, Musik* und *Videos* gibt es die gleiche Aufteilung in eigene und öffentliche Ordner. Über diese Ordner kann der Benutzer die Zugriffsmöglichkeiten auf die Dokumente festlegen.

■ *Private Ordner:* Für jedes Benutzerkonto wird ein sogenanntes Benutzerprofil mit verschiedenen Ordnern auf dem Systemlaufwerk angelegt. Die Ordner in diesem Profil nehmen Dateien auf, die spezifisch für das Benutzerkonto sind. Ordner wie *Eigene Bilder, Eigene Dokumente* etc. werden daher in diesem Profil gespeichert. Benutzer anderer Konten haben standardmäßig keinen Zugriff auf diese Ordner, d. h. deren Inhalt ist privat.

■ *Öffentliche Ordner:* Unter Windows wird zusätzlich ein allgemeines Benutzerprofil (Alle Benutzer) eingerichtet, welches als Speicherort für gemeinsame Daten aller Benutzer des Computers dient. Legt ein Benutzer also eine Datei in einem öffentlichen Ordner wie *Öffentliche Bilder, Öffentliche Dokumente* etc. ab, können unter anderen Benutzerkonten angemeldete Personen direkt auf diesen öffentlichen Ordner und damit auf die Dokumente (Fotos, Musik etc.) zugreifen.

Durch die Auswahl der Speicherordner kann ein Benutzer also festlegen, wer auf seine Dateien zugreifen kann. Allerdings können sich Administratoren bei Bedarf entsprechende Zugriffsrechte für die Ordner des Benutzerprofils verschaffen und die Dateien einsehen.

HINWEIS

Zur besseren Strukturierung der Dokumentablage besteht zudem die Möglichkeit, dass Benutzer sich weitere Unterordner zum Ablegen von Dokumenten erzeugen. Sie könnten also einen Ordner *Briefe* unter *Eigene Dokumente* anlegen, der seinerseits wieder die Unterordner *Privat*, *Geschäftlich*, *Rechnungen* etc. enthält. Dateien, die thematisch zusammengehören, werden dann in den betreffenden Ordnern bzw. Unterordnern abgelegt. Auf ähnliche Weise können Sie Fotos im Ordner *Bilder* oder Ihre Musiksammlungen im Ordner *Musik* strukturieren. Welche Kriterien Sie zur Aufteilung der Dateien in Ordner verwenden, bleibt Ihnen überlassen.

Das Konzept der Bibliotheken

Bild 8.2 zeigt im Navigationsbereich den Eintrag *Bibliotheken* mit den Unterelementen *Bilder*, *Dokumente*, *Musik* und *Videos*. Das Konzept der Bibliotheken zur Ordnerverwaltung wurde in Windows 7 neu eingeführt. Bibliotheken sind Verwaltungsstrukturen, über die sich der Inhalt mehrerer Ordner zusammenhängend im Ordnerfenster darstellen lässt (ohne deren Inhalt zu verändern). Einer dieser Ordner wird der Bibliothek dabei als »Standard« zugewiesen, d. h. dessen Inhalt wird beim Zugriff auf die Bibliothek (z. B. *Musik*) im Inhaltsbereich des Ordnerfensters angezeigt. Dies erleichtert die Verwaltung mehrerer Speicherorte (wie *Eigene Bilder/Öffentliche Bilder*, *Eigene Videos/Öffentliche Videos* etc.). Der Benutzer kann über das Startmenü oder den Navigationsbereich auf die Standardbibliotheken zugreifen und erhält im Ordnerfenster sofort alle Dateien aus dem privaten und öffentlichen Ordner der betreffenden Kategorie angezeigt.

Welche Ordner genau in die Bibliothek einbezogen werden, lässt sich im Navigationsbereich erkennen, da dort die Struktur der Unterordner *Eigene Bilder*, *Öffentliche Bilder* etc. eingeblendet wird. In Windows 7 sind die Standardbibliotheken *Bilder*, *Dokumente*, *Musik* und *Videos* eingerichtet und beziehen jeweils die privaten und öffentlichen Ordner der Kategorie ein. Bei Bedarf lassen sich benutzerspezifisch neue Ordner zu bestehenden Bibliotheken hinzufügen oder auch neue Bibliotheken anlegen (siehe den Abschnitt »Bibliotheken verwalten«).

Benutzerprofile und Spezialordner

Der Startmenüeintrag für das Benutzerkonto (der oberste Eintrag in der rechten Startmenüspalte mit dem Namen des Benutzerkontos) ermöglicht den direkten Zugriff auf die Ordner des Benutzerprofils. Das Benutzerprofil enthält in Windows 7 weitere Ordner zum Zugriff auf Adress- und Kontaktdaten (*Kontakte*), auf häufig besuchte Internetseiten (*Favoriten*), auf gespeicherte Suchergebnisse etc. Beachten Sie aber, dass der Ordner *Favoriten* im Benutzerprofil eines Benutzerkontos nichts mit dem Eintrag *Favoriten* im Navigationsbereich eines Ordnerfensters zu tun hat. Letzteres ist eine Ver waltungsstruktur im Ordnerfenster, um schneller auf den Desktop, zuletzt besuchte Seiten, Downloads oder benutzerdefinierte Favoriten zuzugreifen. Der Profilordner *Favoriten* verwaltet dagegen die im Internet Explorer definierten Favoriten.

Auch der Desktop ist letztendlich nichts anderes als ein spezieller, von Windows vorgehaltener Ordner, der einfach nur immer geöffnet ist und sich über den Navigationsbereich eines Ordnerfensters erreichen lässt. Auf dem Windows-Laufwerk sind noch einige Ordner wie *Programme* und *Windows* zu finden. Im Ordner *Programme* werden auf dem System installierte Anwendungsprogramme gespeichert, während der Ordner *Windows* zur Aufnahme der Windows-Dateien dient. Beide Ordner sind nicht zum Speichern von Anwenderdateien vorgesehen, Zugriffe auf einige Systemordner werden durch Windows 7 aus Sicherheitsgründen für normale Benutzer sogar explizit blockiert.

8.2   Arbeiten mit Ordnerfenstern

Zur Anzeige des Inhalts von Laufwerken und Ordnern werden in Windows die bereits mehrfach erwähnten Ordnerfenster benutzt. Nachfolgend werden die Funktionen zum Umgang mit Ordnerfenstern erläutert.

8.2.1   Zugriff auf Laufwerke und Ordner

Möchten Sie sehen, was auf einem Laufwerk an Dateien und Ordnern gespeichert ist? Benötigen Sie Zugriff auf den Inhalt eines Ordners?

■ Wählen Sie im Startmenü den Eintrag *Computer*, um das betreffende Ordnerfenster mit einer Übersicht über alle Laufwerke abzurufen. Je nach Einstellung wird Windows 7 aber nur Laufwerke anzeigen, in denen auch tatsächlich ein Datenträger eingelegt ist (siehe *Kapitel 7*).

■ Zum Zugriff auf die Bibliotheken und Ordner des Benutzerprofils samt deren öffentlichen Ordner verwenden Sie die entsprechenden Befehle wie *Bilder*, *Dokumente* und *Musik* des Startmenüs.

Im geöffneten Ordnerfenster lässt sich zudem über den Navigationsbereich (Bild 8.3) sowie die Adressleiste zwischen Ordnern navigieren. Dieser zeigt Symbole für die vier Bibliotheken (Musik, Dokumente, Bilder, Videos), die Laufwerke, Heimnetzgruppe und/oder Netzwerk sowie spezielle Ordner wie *Downloads*, *Desktop* oder zuletzt besuchte Ordner sowie die Kategorien der Systemsteuerung.

■ Um den Inhalt eines Laufwerks oder Ordners im (Inhaltsbereich des) Ordnerfenster abzurufen, reicht es, den betreffenden Eintrag im Navigationsbereich anzuklicken. Klicken Sie auf ein anderes Symbol des Navigationsfensters, erscheint dessen Inhalt in der Anzeige, d. h., Sie können auf sehr einfache Art zwischen Laufwerken und Ordnern wechseln.

■ Im Navigationsbereich werden vor den Ordner- und Laufwerkssymbolen kleine weiße und schwarze Dreiecke eingeblendet. Diese zeigen an, dass es Unterordner zum aktuellen Element gibt. Klicken Sie auf ein weißes

Dreieck, wird die Ordnerstruktur in der Navigationsleiste um die nächste Ordnerebene erweitert. Ein Mausklick auf ein schwarzes Dreieck reduziert die Anzeige der Ordnerstruktur wieder auf das Ordnersymbol.

Im rechten Teil des Ordnerfensters (Inhaltsbereich) können Sie den Inhalt von Laufwerken und Ordnern durch Doppelklicken auf das betreffende Symbol abrufen. Markieren Sie dagegen einen Ordner oder eine Datei im rechten Teil des Ordnerfensters (z. B. durch Anklicken), blendet Windows 7 am unteren Rand des Ordnerfensters (Detailbereich) Informationen zum betreffenden Element ein (Bild 8.3). Wurde das Vorschaufenster über die betreffende Schaltfläche der Symbolleiste (oder über die Tastenkombination [⊞]+[Alt]+[P]) im Inhaltsbereich eingeblendet, werden zudem weitere Informationen und ggf. eine Vorschau auf den Inhalt der angewählten Dokumentdatei angezeigt.

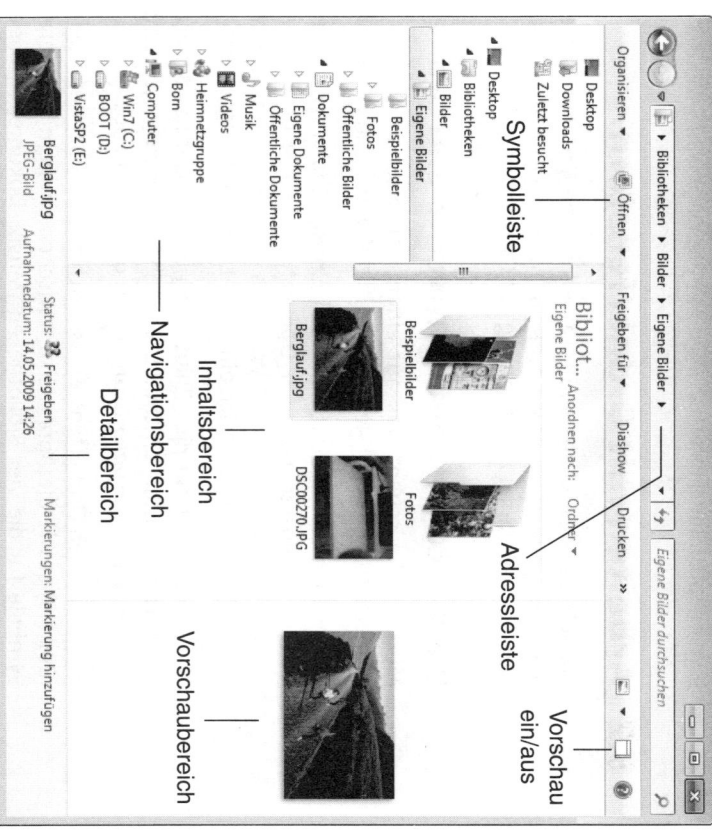

Bild 8.3:   Elemente eines Ordnerfensters

Umsteiger von Windows XP, die den Aufgabenbereich mit diversen Befehlen in der linken Spalte des Ordnerfensters gewohnt sind, können diese Befehle entweder im Menü der Schaltfläche *Organisieren* oder über Schaltflächen in der Symbolleiste des Ordnerfensters abrufen. Zudem stehen die Befehle per Kontextmenü zur Verfügung. Zudem lässt sich durch Drücken der [Alt]-Taste die Menüleiste zur Befehlsauswahl einblenden.

HINWEIS

Über den Navigationsbereich lässt sich sehr elegant innerhalb der Laufwerks- und Ordnerhierarchie navigieren. Falls Sie jedoch Laufwerks- oder

Ordnerinhalte über Doppelklicks auf die betreffenden Symbole im rechten Teil des Ordnerfensters öffnen, führt Windows 7 in der Standardeinstellung die Anzeige im Navigationsbereich nicht automatisch mit, d. h., die Ordnerhierarchie wird nicht automatisch expandiert. Beim Wechsel vom Inhaltsbereich zum Navigationsbereich ist dies etwas störend. Sie können dieses Verhalten von Windows 7 aber umstellen.

1. Klicken Sie in der Symbolleiste des Ordnerfensters auf die Schaltfläche *Organisieren* und wählen Sie im angezeigten Menü den Befehl *Ordner- und Suchoptionen*.

2. Markieren Sie auf der Registerkarte *Allgemein* des Eigenschaftenfensters *Ordneroptionen* das Kontrollkästchen *Automatisch auf aktuellen Ordner erweitern* (Bild 8.4).

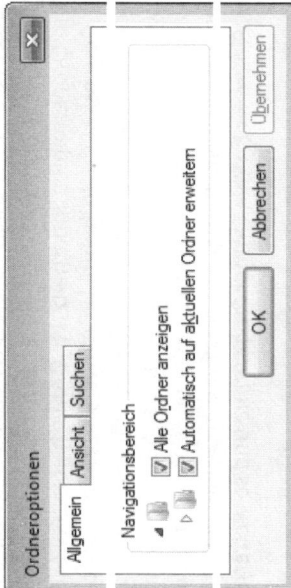

Bild 8.4: Optionen für den Navigationsbereich

Sobald Sie die Registerkarte über die *OK*-Schaltfläche schließen, blendet Windows 7 den aktuell im Inhaltsbereich angezeigten Ordner auch im Navigationsbereich ein.

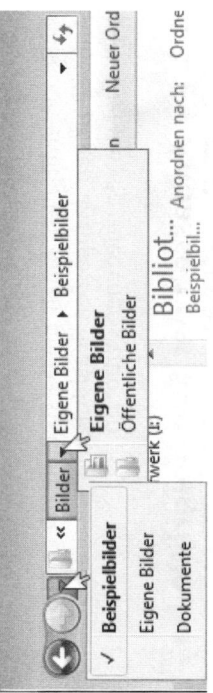

Bild 8.5: Navigieren über die Adressleiste

Windows zeigt in der Adressleiste eines Ordnerfensters die genaue Lage des aktuell gewählten Ordners innerhalb der Ordnerhierarchie an. In Bild 8.5 ist ein solcher Speicherort in der Bibliothek *Bilder* zu sehen. Möchten Sie innerhalb einer Hierarchieebene zwischen den Ordnern wechseln, können Sie in der Adressleiste auf den rechten Teil des Ordnernamens klicken. Windows öffnet dann ein Menü (Bild 8.5, rechtes Menü), in dem die Ordnernamen der betreffenden Hierarchieebene aufgelistet werden. Ein Mausklick auf einen Eintrag ruft die zugehörige Ordnerdarstellung im Fenster ab.

TIPP

Durch Drücken der ↑ -Taste (oder ⇧ + ↑) gelangen Sie übrigens zur vorherigen Ordnerebene zurück.

Haben Sie den Inhalt mehrerer Ordner und Laufwerke im Ordnerfenster abgerufen? Dann können Sie über die links neben der Adressleiste sichtbaren Schaltflächen *Zurück* und *Vorwärts* (oder über die Tastenkombinationen Alt + ← bzw. Alt + →) zwischen den einzelnen Speicherorten blättern. Öffnen Sie das Menü der (rechten) Schaltfläche *Vorwärts*, können Sie über dessen Einträge direkt auf die bereits besuchten Ordner zugreifen (Bild 8.5, linkes Menü).

HINWEIS

Der Speicherort eines Ordners oder einer Datei wird über den sogenannten Pfad angegeben (z. B. *D:\Texte\Briefe\Rechnung.docx*). Dieser Pfad ist die Aneinanderreihung der durch das Backslash-Zeichen (\) getrennten Laufwerks- und Ordnernamen innerhalb der Ordnerhierarchie. Die Adressleiste zeigt, im Gegensatz zu früheren Windows-Versionen, nicht mehr diesen Pfad, sondern die Darstellung aus Bild 8.5 an. Um den Pfad des angezeigten Ordners (Bild 8.6) anzuzeigen, müssen Sie in der Adressleiste hinter den letzten Ordnernamen klicken. Windows verwendet aber für Pfadangaben die englischen Verzeichnisnamen (z. B. *Users* für den Ordner *Benutzer* des Benutzerprofils, *Programs* für den Ordner *Programme* und so weiter).

C:\Users\Born\Pictures\Beispielbilder|

Bild 8.6: Pfadanzeige in der Adressleiste

8.3 Anpassen der Ordneranzeige

Windows ermöglicht Ihnen, die Darstellung der Ordnerfenster nach eigenen Anforderungen anzupassen. Nachfolgend erhalten Sie einen kurzen Überblick über die verschiedenen Optionen.

8.3.1 Anpassen der Symbolgröße im Ordnerfenster

Windows ermöglicht Ihnen, unterschiedliche Symbolgrößen in Ordnerfenstern zu verwenden.

1. Klicken Sie in der Symbolleiste des Ordnerfensters auf den Pfeil rechts neben der Schaltfläche *Ansicht ändern*.

2. Anschließend wählen Sie einen der Anzeigemodi im eingeblendeten Menü (Bild 8.7) oder Sie ziehen den Schieberegler per Maus zur gewünschten Symbolgröße.

Alternativ können Sie auch die Schaltfläche *Ansicht ändern* anklicken und schrittweise zwischen den Anzeigemodi wechseln. Die Modi *Mittelgroße*

Symbole, Große Symbole, Extra große Symbole und *Kacheln* zeigen bei Dokumenten wie Fotos eine Miniaturansicht der betreffenden Dateiinhalte. Bei Ordnern wird als Miniaturansicht eventuell ein Symbol des Ordnerinhalts im Symbol eingeblendet. Dies gibt Ihnen ggf. einen schnellen Überblick über Dokument- und Ordnerinhalte.

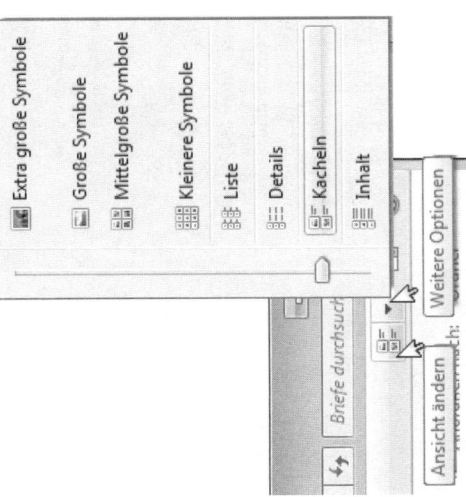

Bild 8.7: Anpassen des Darstellungsmodus für Ordnerfenster

TIPP

Ähnlich wie beim Windows-Desktop lässt sich die Symbolgröße im Ordnerfenster auch mit der Maus verändern. Halten Sie die [Strg]-Taste gedrückt und drehen Sie das Mausrädchen, passt Windows die Symbolgröße im Ordnerfenster stufenlos an.

Die Modi *Liste* und *Details* zeigen nur die von Windows für die Dateitypen benutzten Dokumentsymbole für die Dateien. In der *Details*-Ansicht werden neben den Dateinamen in zusätzlichen Spalten weitere Informationen wie Dateigrößen, Änderungsdatum etc. eingeblendet (Bild 8.8).

Welche Spalten dabei im Ordnerfenster erscheinen, hängt vom Ordnertyp und von den Einstellungen ab. Bei Bild-, Musik- und Videoordnern finden Sie beispielsweise eine Spalte mit der Bewertung der Dateien. Klicken Sie mit der rechten Maustaste auf einen Spaltenkopf der im Ordnerfenster angezeigten Detaildarstellung, lassen sich über das Kontextmenü weitere Anzeigekategorien abrufen (Bild 8.8). Ein Häkchen vor dem jeweiligen Menübefehl signalisiert, dass die Kategorie als Spalte eingeblendet wird.

TIPP

Umsteiger früherer Windows-Versionen kennen vielleicht die Möglichkeit, die Darstellung über Befehle des Menüs *Ansicht* im Ordnerfenster anzupassen. Bei Windows 7 lässt sich die Menüleiste durch kurzes Drücken der [Alt]-Taste einblenden und Sie können einen Darstellungsmodus im Menü *Ansicht* abrufen.

135

Bild 8.8: Ordnerfenster in der *Details*-Darstellung

8.3.2 Ordneranzeige sortieren und gruppieren

Die Symbole für Laufwerke, Dateien und Ordner lassen sich im Ordnerfenster über die Spaltenüberschriften oberhalb des Anzeigebereichs nach bestimmten Kriterien sortieren bzw. gruppieren.

1. Rufen Sie den Inhalt des gewünschten Speicherorts im Ordnerfenster auf und wählen Sie die gewünschte Darstellung (*Details*, *Kacheln*, *Liste*, *Große Symbole* etc.).

2. Markieren Sie einen freien Bereich im Inhaltsbereich des Ordnerfensters mit einem Rechtsklick und wählen Sie im Kontextmenü den Befehl *Sortieren nach* bzw. *Gruppieren nach*.

3. Sobald das Untermenü mit den Sortier- und Gruppierungskriterien erscheint (Bild 8.9 und Bild 8.10), legen Sie das gewünschte Sortier- oder Gruppierungskriterium fest.

Um die Anzeige nach dem Namen zu ordnen, klicken Sie im Untermenü *Sortieren nach* auf den Befehl *Name* (Bild 8.9). Analog können Sie den Befehl *Typ* verwenden, um nach Laufwerks- oder Dateitypen zu sortieren. Ist der Darstellungsmodus »Details« für ein Ordnerfenster eingestellt, reicht übrigens ein Mausklick auf einen Spaltenkopf zur Sortierung der Anzeige nach dem betreffenden Kriterium. Durch erneutes Anklicken des gleichen Spaltenkopfes lässt sich zudem zwischen einer auf- und absteigenden Sortierung (nach Name, Typ, Größe etc.) umschalten.

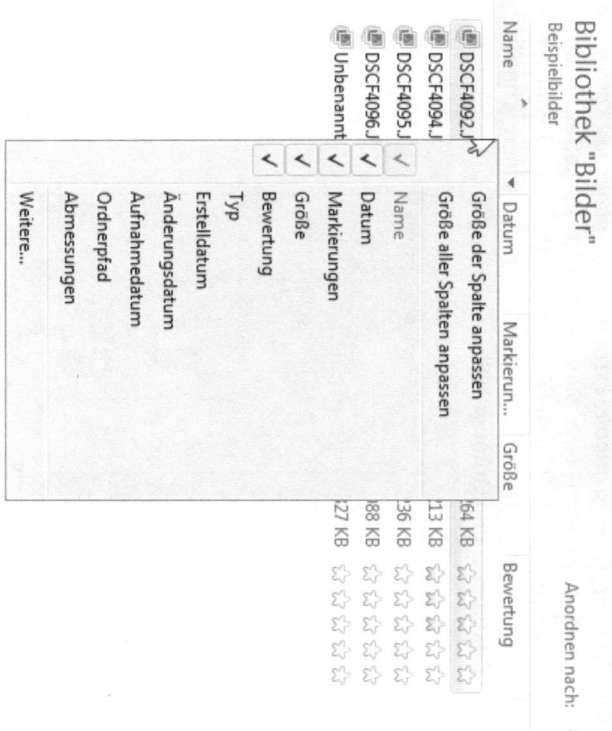

Bibliothek "Bilder"
Beispielbilder

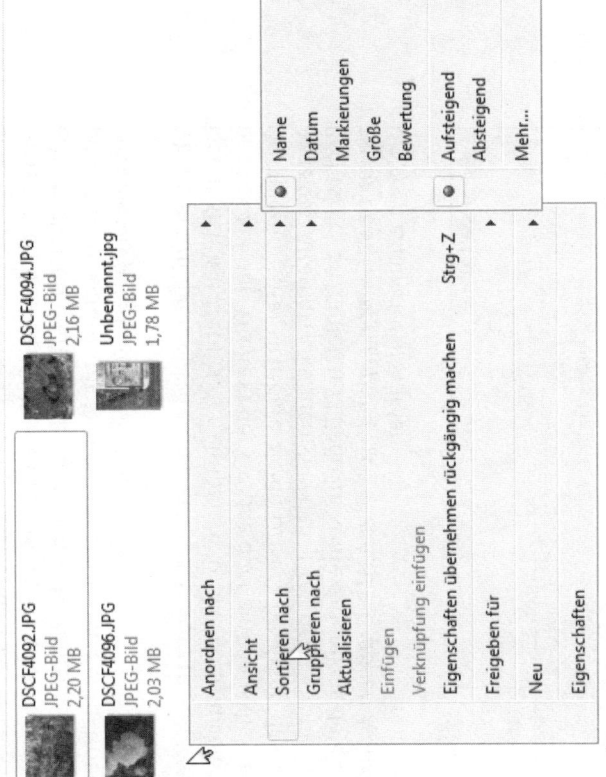

DSCF4092.JPG
JPEG-Bild
2,20 MB

DSCF4096.JPG
JPEG-Bild
2,03 MB

DSCF4094.JPG
JPEG-Bild
2,16 MB

Unbenannt.jpg
JPEG-Bild
1,78 MB

Anordnen nach

Ansicht

Sortieren nach
Gruppieren nach
Aktualisieren

Einfügen
Verknüpfung einfügen

Eigenschaften übernehmen rückgängig machen   Strg+Z

Freigeben für

Neu

Eigenschaften

Name
Datum
Markierungen
Größe
Bewertung

Aufsteigend
Absteigend

Mehr...

Bild 8.9:   Sortieren nach Name

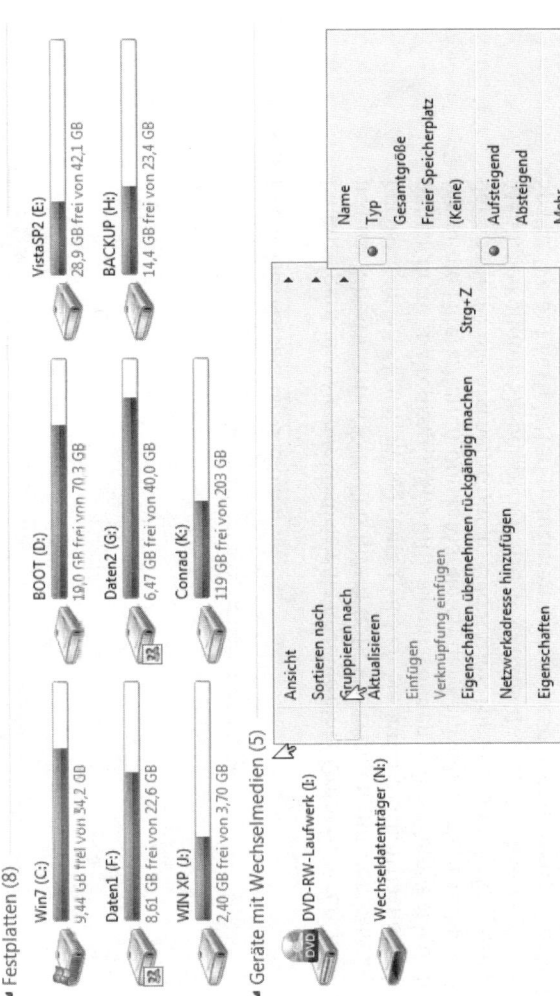

◢ Festplatten (8)

Win7 (C:)
9,44 GB frei von 54,2 GB

Daten1 (F:)
8,61 GB frei von 22,6 GB

WIN XP (J:)
2,40 GB frei von 3,70 GB

BOOT (D:)
19,0 GB frei von 70,3 GB

Daten2 (G:)
6,47 GB frei von 40,0 GB

Conrad (K:)
119 GB frei von 203 GB

VistaSP2 (E:)
28,9 GB frei von 42,1 GB

BACKUP (H:)
14,4 GB frei von 23,4 GB

◢ Geräte mit Wechselmedien (5)

DVD-RW-Laufwerk (I:)

Wechseldatenträger (N:)

Ansicht

Sortieren nach
Gruppieren nach
Aktualisieren

Einfügen
Verknüpfung einfügen

Eigenschaften übernehmen rückgängig machen   Strg+Z

Netzwerkadresse hinzufügen

Eigenschaften

Name
Typ
Gesamtgröße
Freier Speicherplatz
(Keine)

Aufsteigend
Absteigend

Mehr...

Bild 8.10:   Gruppieren nach Name

137

HINWEIS

Über den Kontextmenübefehl *Gruppieren nach* können Sie zudem über das Untermenü ein zusätzliches Gruppierungskriterium wählen (Bild 8.10). Bei einer gruppierten Ordneranzeige fasst Windows die angezeigten Informationen nach den gewählten Gruppierungskriterien zusammen. In Bild 8.10 erfolgt die Gruppierung z. B. nach den aufgeführten Laufwerkstypen (Festplatten und Geräte mit Wechselmedien). Der Kontextmenübefehl *(Keine)* hebt die Gruppierung wieder auf.

Über den Gruppierungstitel (in Bild 8.10 z. B. »Geräte mit Wechselmedien«) lassen sich die Details der Gruppierung ein- oder ausblenden. Ein Doppelklick auf den Titeltext der Gruppe oder ein Mausklick auf das vor dem Gruppierungstitel sichtbare kleine Dreieck bewirken das Umschalten der Anzeige. Alternativ können Sie den Titel der Gruppierung mit einem Rechtsklick anwählen und dann im Kontextmenü die Befehle *Gruppe reduzieren* bzw. *Gruppe expandieren* sowie *Alle Gruppen reduzieren* bzw. *Alle Gruppen expandieren* wählen.

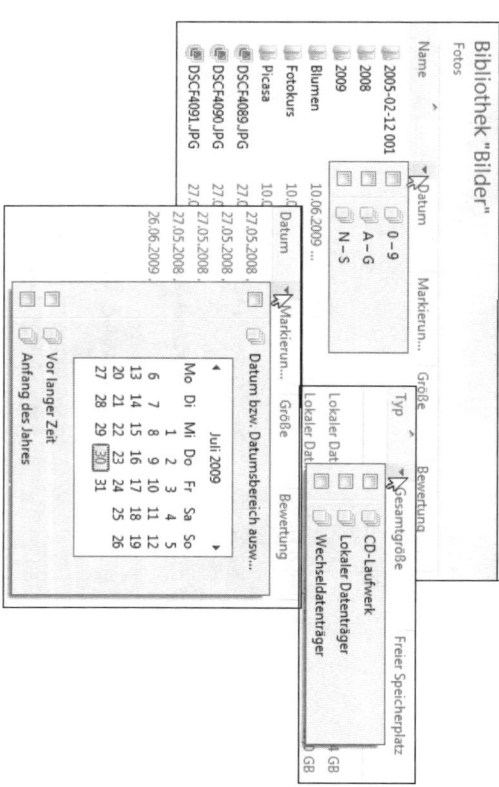

Bild 8.11: Filtern nach Namen, Typ und Datum

Im Anzeigemodus *Details* lässt sich die Anzeige eines Ordnerfensters zusätzlich nach bestimmten Kriterien filtern (z. B. alle Dateien mit dem Anfangsbuchstaben »A« im Namen). Hierzu klicken Sie auf die Schaltfläche rechts neben dem Spaltenkopf (Bild 8.11). Dann können Sie im eingeblendeten Menü die Filterkriterien durch Markieren der Kontrollkästchen wählen. Bei der Spalte *Name* erscheint das in Bild 8.11 im Hintergrund, links, gezeigte Menü. So könnten Sie beispielsweise die Darstellung der Laufwerke über die Spalte *Typ* auf Festplatten reduzieren, indem Sie das betreffende Kontrollkästchen *Lokale Datenträger* markieren (Bild 8.11, oben rechts). Wählen Sie die Menüschaltfläche der Datumsspalte aus, erscheint ein Menü mit einem Kalenderblatt zur Auswahl des Datums (Bild 8.11, unten rechts). Wie Sie die

Ordneranzeige flexibel nach diversen Kriterien filtern, ist in *Kapitel 12* im Abschnitt »Arbeiten mit speziellen Suchfiltern« beschrieben.

HINWEIS

Im Kontextmenü des Ordnerfensters (Bild 8.9) finden Sie zudem den Befehl *Anordnen nach*, über dessen Untermenü Sie die Ordneranzeige nach verschiedenen Kriterien wie »erst Ordner, dann Dateien«, Datum, Typ etc. darstellen lassen können. Der Kontextmenübefehl *Ansicht* stellt übrigens im Untermenü die Befehle der Menüschaltfläche *Weitere Optionen* bereit, über die Sie z. B. zwischen »Große Symbole«, »Details« etc. umstellen können. Das in Windows Vista eingeführte Stapeln von Dateielementen wird in Windows 7 dagegen nicht mehr unterstützt.

Klicken Sie mit der rechten Maustaste auf eine freie Stelle des Desktops (der letztendlich auch nur ein Ordnerfenster ist), lassen sich im Kontextmenü der Befehl *Sortieren nach* und eine Sortieroption im Untermenü wählen. Mit dem Kontextmenübefehl *Ansicht/Symbole automatisch anordnen* erreichen Sie, dass Windows die Desktopsymbole automatisch in der Anzeige ausrichtet. Sie können anschließend die Desktopsymbole nicht mehr an beliebige Positionen ziehen, da Windows diese sofort an die alte Position zurückschiebt. Wählen Sie den Kontextmenübefehl *Ansicht/Am Raster ausrichten*, richtet Windows die Symbole im Ordnerfenster oder auf dem Desktop an einem »gedachten« Raster aus.

8.3.3 Menüleiste und Teilfenster ein- und ausblenden

Fehlt In Ihren Ordnerfenstern der Navigationsbereich? Oder möchten Sie die in anderen Windows-Anwendungen häufig vorhandene Menüleiste zum Abrufen von Befehlen dauerhaft anzeigen?

1. Klicken Sie in der Symbolleiste des Ordnerfensters auf das Dreieck der Schaltfläche *Organisieren*.

2. Sobald sich das Menü öffnet (Bild 8.12), wählen Sie den Befehl *Layout* und klicken im Untermenü auf den gewünschten Befehl.

Ein durch ein Symbol markierter Eintrag signalisiert, dass das betreffende Element im Ordnerfenster eingeblendet wird. Durch erneute Anwahl des Befehls lässt sich das Element wieder ausblenden. Sie können also das in der linken Spalte eingeblendete Navigationsfenster oder das Detailfenster am unteren Rand des Ordnerfensters ein- bzw. ausblenden. Der Befehl *Vorschaufenster* blendet dieses in der rechten Spalte des Ordnerfensters ein. In diesem Fenster wird der Inhalt markierter Dokumentdateien verschiedener Dateitypen (z. B. Fotos) in einer Miniaturvorschau dargestellt.

HINWEIS

Sind Sie aus früheren Windows-Versionen die Menüleiste im Ordnerfenster gewohnt und nervt es Sie, unter Windows 7 jedes Mal die Alt-Taste zum Einblenden dieser Leiste drücken zu müssen? Der Befehl *Menüleiste* holt die in anderen Anwendungen gebräuchliche Menüleiste mit Befehlen wie *Datei, Bearbeiten, Ansicht* oder *Extras* permanent in die Anzeige zurück.

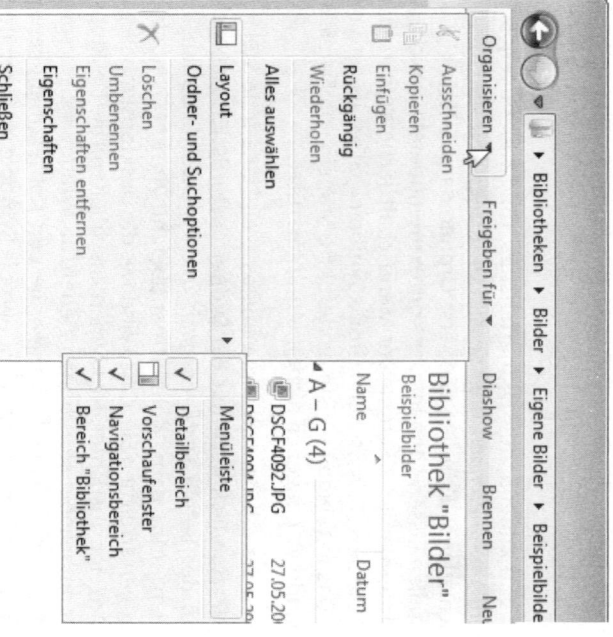

Bild 8.12: Menü *Layout* im Ordnerfenster

8.3.4 Optionen des Ordnerfensters setzen

Microsoft hat das Aussehen und die Anzeige des Ordnerfensters in Windows 7 auf die Bedürfnisse gelegentlicher Windows-Nutzer abgestimmt. Erfahrene Benutzer oder Umsteiger von früheren Windows-Versionen bevorzugen ggf. einige andere Anzeigeoptionen. So ist es z. B. häufig hilfreich, wenn die Dateinamenerweiterungen von Dateien im Ordnerfenster mit aufgeführt werden. Administratoren müssen gelegentlich auch Zugriff auf versteckte Dateien und Systemdateien bzw. Ordner haben.

1. Wählen Sie die Menüschaltfläche *Organisieren* in der Symbolleiste des Ordnerfensters und klicken Sie auf den Befehl *Ordner- und Suchoptionen*.

2. Wechseln Sie im Eigenschaftenfenster *Ordneroptionen* zur gewünschten Registerkarte (Bild 8.13), passen Sie dort die gewünschten Einstellungen an und schließen Sie das Fenster über die *Ok*-Schaltfläche.

Auf der Registerkarte *Allgemein* (Bild 8.13, links) finden Sie mehrere Optionsfeldgruppen, um das Verhalten des Ordnerfensters generell zu beeinflussen.

■ Möchten Sie, dass beim Doppelklick auf ein Laufwerks- oder Ordnersymbol dessen Inhalt in einem separaten Ordnerfenster angezeigt wird? Dann markieren Sie auf der Registerkarte *Allgemein* in der Gruppe *Ordner durchsuchen* das Optionsfeld *Jeden Ordner in einem eigenen Fenster öffnen*.

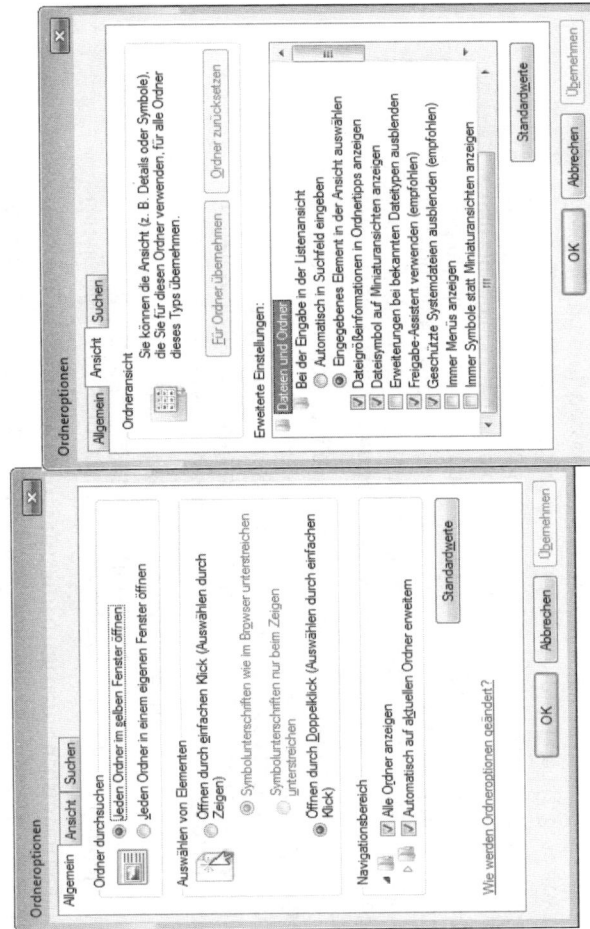

Bild 8.13:   Ordneroptionen anpassen

Möchten Sie die Elemente durch einen einfachen Mausklick öffnen (wie dies bei der Anwahl eines Hyperlinks in Webseiten der Fall ist)? Auch wenn es etwas ungewohnt ist, aber sobald Sie auf der Registerkarte *Allgemein* in der Gruppe *Auswählen von Elementen* das Optionsfeld *Öffnen durch einfachen Klick* markieren, zeigt Windows dieses Verhalten. Über die zusätzlich freigegebenen Optionsfelder lässt sich dann noch vorgeben, ob Symbolunterschriften wie im Browser oder nur beim Zeigen zu unterstreichen sind.

Die Gruppe *Navigationsbereich* ist neu in Windows 7 und ermöglicht Ihnen, das automatische Expandieren der Ordneranzeige sowie die Anzeige leerer Wechseldatenträgerlaufwerke im Navigationsbereich zu erzwingen (siehe auch den Abschnitt »Zugriff auf Laufwerke und Ordner« weiter vorne in diesem Kapitel).

Über die Schaltfläche *Standardwerte* der Registerkarte lassen sich die Voreinstellungen von Microsoft jederzeit zurückholen. Die Registerkarte *Ansicht* (Bild 8.13, rechts) weist eine Reihe von Kontrollkästchen und Optionsfeldern auf, über die Sie das Verhalten des Ordnerfensters anpassen können. Nachfolgend finden Sie eine Beschreibung, welche Bedeutung die wichtigsten Optionen besitzen.

▪ *Bei der Eingabe in der Listenansicht:* Über die Markierung der Optionsfelder steuern Sie, ob Tastatureingaben in das Suchfeld oder in die Ansicht einzufügen sind. Markieren Sie beispielsweise die Option *Automatisch in Suchfeld eingeben* und tippen in einem geöffneten Ordnerfenster einen Buchstaben per Tastatur ein, wird dieses Zeichen im Suchfeld aufgeführt. Ist die Option *Eingegebenes Element in der Ansicht auswählen* markiert, selektiert

Windows beim Eintippen eines Buchstabens automatisch das erste Element des Ordnerfensters, dessen Namen mit dem Buchstaben beginnt.

▪ *Dateigrößeninformationen in Ordnertipps anzeigen:* Ermöglicht, die Anzeige der Dateigröße eines Ordners in einer QuickInfo einzublenden, wenn der Mauszeiger über einem Ordner steht.

▪ *Dateisymbol auf Miniaturansichten anzeigen:* Ist dieses Kontrollkästchen markiert, kann Windows im Ordnerfenster (z. B. beim Ordner *Musik*) das Dateisymbol des Wiedergabeprogramms in der rechten unteren Ecke der Miniaturansicht einblenden. Dies funktioniert beispielsweise bei den von Microsoft mitgelieferten Audio- und Videodateien.

▪ *Erweiterungen bei bekannten Dateitypen ausblenden:* Dieses Kontrollkästchen ist standardmäßig markiert, d. h., Dateinamen werden ohne die zugeordnete Dateinamenerweiterung angezeigt. Erfahrene Anwender und Administratoren können von der Markierung löschen. Dann lässt sich an den eingeblendeten Dateinamenerweiterungen sofort erkennen, um welchen Dateityp es sich handelt. Dies hilft beispielsweise, schädliche E-Mail-Anhänge mit getarnten Skript- oder Programmdateien (z. B. so etwas wie *Greetings.txt.exe*) besser zu identifizieren. Bei bestimmten Dateitypen (wie beispielsweise die in Verknüpfungen benutzten LNK-Dateien) unterdrückt Windows aber immer die Dateinamenerweiterungen.

▪ *Freigabe-Assistent verwenden (empfohlen):* Windows unterstützt die Verwaltung von Freigaben in Arbeitsgruppennetzwerken über einen Assistenten. Erfahrenen Anwendern empfehle ich aber, diesen Assistenten abzuschalten, da dieser bei Freigaben von Benutzerordnern den kompletten Pfad, beginnend ab dem Ordner *Benutzer*, freigibt. Über die Registerkarte *Freigabe* erteilte Netzwerkfreigaben erscheinen dagegen direkt mit ihrem Freigabenamen im Netzwerk (siehe auch *Kapitel 30 ff*).

▪ *Geschützte Systemdateien ausblenden:* Windows zeigt geschützte Systemdateien nicht an. Um auch Systemdateien anzuzeigen, müssen Sie die Markierung des Kontrollkästchens aufheben. Allerdings hat dies den Nachteil, dass auf dem Desktop zwei geschützte Systemdateien sichtbar werden. Im Gegensatz zu Windows XP sollten Sie diese Option nur in Ausnahmefällen temporär einblenden. Denn in diesem Anzeigemodus blendet Windows auch sogenannte NTFS-Links wie *Dokumente und Einstellungen* ein, die bei einer Anwahl durch den Benutzer ein Dialogfeld mit dem Hinweis »Zugriff verweigert« liefern (was schon bei Windows Vista für Irritationen sorgte, siehe http://gborn.blogger.de/stories/861476/).

▪ *Immer Menüs anzeigen:* Markieren Sie dieses Kontrollkästchen, um die Menüleiste in Ordnerfenstern permanent einzublenden.

▪ *Immer Symbole statt Miniaturansichten anzeigen:* Markieren Sie dieses Kontrollkästchen, wenn Sie die Anzeige der Dateiinhalte in der Miniaturansicht des Ordnerfensters unterdrücken möchten.

▪ *Kontrollkästchen zur Auswahl von Elementen verwenden:* Markieren Sie diese Option, blendet Windows Kontrollkästchen zur Auswahl von Ordnern und Dateien im Ordnerfenster ein. Dies ist für Benutzer hilfreich, die (z. B. wegen motorischer Störungen) die Strg -Taste zum Markieren mehrerer Elemente in Ordnerfenstern nicht drücken können.

■ *Laufwerksbuchstaben anzeigen:* Nettes Gimmick. Durch Löschen der Markierung des Kontrollkästchens erreichen Sie, dass im Ordnerfenster *Computer* die im rechten Teil eingeblendeten Laufwerkssymbole keine Laufwerksbuchstaben mehr aufweisen.

■ *Leere Laufwerke im Ordner "Computer" ausblenden:* Markieren Sie dieses Kontrollkästchen, um Laufwerke für Wechseldatenträger, die kein Medium enthalten, im Ordnerfenster *Computer* auszublenden. Bei der Anzeige versteckter Dateien werden solche Laufwerke abgeblendet dargestellt.

■ *Ordnerfenster in einem eigenen Prozess starten:* Markieren Sie diese Option, verwendet Windows einen eigenen Prozess für Ordnerfenster. Dies kann die Systemstabilität (bei Programmfehlern) erhöhen, da sich die in getrennten Prozessen laufenden Ordnerfenster gegenseitig nicht beeinflussen. Allerdings benötigt diese Option einen erhöhten Speicherbedarf.

■ *Popupinformationen für Elemente in Ordnern und auf dem Desktop anzeigen:* Beim Zeigen auf manche Desktopsymbole oder auf verschiedene Elemente des aktuellen Ordnerfensters blendet Windows ein Popupfenster bzw. eine QuickInfo mit zusätzlichen Textinformationen ein. Diese Funktion lässt sich durch Löschen der Markierung des Kontrollkästchens abschalten.

■ *Verschlüsselte oder komprimierte NTFS-Ordner in anderer Farbe anzeigen:* Markieren Sie dieses Kontrollkästchen, zeigt Windows komprimierte Ordner auf NTFS-Laufwerken in anderen Farben an.

■ *Versteckte Dateien und Ordner:* Windows unterdrückt die Anzeige versteckter Dateien und Ordner im Ordnerfenster und in den Suchfunktionen. Markieren Sie (z. B. per Mausklick) im Zweig *Versteckte Dateien und Ordner* das Optionsfeld *Ausgeblendete Dateien, Ordner und Laufwerke anzeigen.* Dies ist für Administratoren wichtig, die auf alle Ordner und Dateien des Systems zugreifen müssen. Um auch Systemdateien anzuzeigen, müssen Sie die Markierung des Kontrollkästchens *Geschützte Systemdateien ausblenden* aufheben.

■ *Vollständigen Pfad in der Titelleiste anzeigen:* Wirkt nur auf die klassische Ordnerdarstellung (alte Windows-Darstellung), bei der die Option den Pfad zum Ordner in der Titelleiste eines Ordnerfensters einblendet.

■ *Vorherige Ordnerfenster bei der Anmeldung wiederherstellen:* Markieren Sie dieses Kontrollkästchen, werden Ordnerfenster bei der Anmeldung auf dem Desktop wiederhergestellt.

■ *Vorschauhandler im Vorschaufenster anzeigen:* Ein markiertes Kontrollkästchen ermöglicht die Anzeige von Dateiinhalten im Vorschaufenster. Löschen Sie die Markierung des Kontrollkästchens, wenn Sie die Leistung des Computers verbessern oder das Vorschaufenster nicht anzeigen möchten.

Die Schaltfläche *Standardwerte* ermöglicht Ihnen, veränderte Einstellungen auf den Auslieferungszustand zurückzusetzen. Um die Ansichtsoptionen (z. B. große Symbole in einem Ordner, Detaildarstellung in einem Unterordner) des aktuellen Ordners auf alle anderen Ordner zu übertragen, klicken Sie auf der Registerkarte *Ansicht* die Schaltfläche *Für Ordner übernehmen* an. Windows übernimmt daraufhin alle Einstellungen für alle Ordner des Systems. Mit der Schaltfläche *Ordner zurücksetzen* heben Sie diese Einstellung wieder auf. Windows kann erneut individuelle Einstellungen für den Ordner verwenden.

8.3.5 Die Ordnerdarstellung anpassen

Windows ermöglicht Ihnen, die Ordnersymbole frei zu wählen oder den Ordnertyp zu ändern. Dies beeinflusst das angezeigte Ordnersymbol sowie die Darstellung im Ordnerfenster.

1. Zum Anpassen des Ordnersymbols klicken Sie dieses mit der rechten Maustaste an und wählen im Kontextmenü den Befehl *Eigenschaften* (Bild 8.14, unten links).

2. Klicken Sie im Eigenschaftenfenster auf den Registerreiter *Anpassen* und legen Sie die gewünschten Optionen auf dieser Registerkarte (Bild 8.14, rechts) fest.

Sobald Sie die Registerkarte über die *OK*-Schaltfläche schließen oder die Schaltfläche *Übernehmen* betätigen, werden die Einstellungen wirksam. Bezüglich der Einstellungen sollten Sie Folgendes wissen.

■ Über das Listenfeld *Diesen Ordner optimieren für* der Gruppe *Ordnertyp* lässt sich eine Vorlage für den Ordnertyp wählen. Sie können zwischen den Werten *Allgemeine Elemente, Dokumente, Bilder, Musik und Videos* wählen. Der Wert bestimmt, wie der Ordnerinhalt im Ordnerfenster angezeigt wird. Bei *Bilder, Musik und Videos* werden beispielsweise Schaltflächen zur Wiedergabe angewählter Dateien in der Symbolleiste des Ordnerfensters eingeblendet. Die Unterschiede zwischen den Vorlagen bestehen auch darin, dass der Anzeigemodus beim Öffnen des Ordners im Ordnerfenster verändert wird (z. B. Modus *Details* statt *Kacheln* oder *Große Symbole*). So zeigt der Ansichtsmodus »Details« bei Medien wie Musik, Bilder oder Videos Bewertungsspalten.

■ Bei Ordnern, die Fotos und Videos enthalten, blendet Windows die Miniaturabbilder der ersten im Ordner abgelegten Dateien im Ordnerfenster ein. Sie können aber das anzuzeigende Bild gezielt aus einer Grafikdatei auswählen, indem Sie auf der Registerkarte *Anpassen* auf die Schaltfläche *Datei auswählen* der Gruppe *Ordnerbilder* klicken. In einem separaten Dialogfeld lässt sich dann eine Grafikdatei mit dem gewünschten Bild auswählen und mittels der Schaltfläche *Öffnen* übernehmen. Das Motiv erscheint jedoch nur, wenn die Darstellung im Ordnerfenster Miniaturansichten ermöglicht. Als Bilddatei können Sie alle Grafikdateien verwenden, die unter Windows als Bilddateien registriert sind (z. B. *.bmp*, *.gif*, *.jpg*, *.png*).

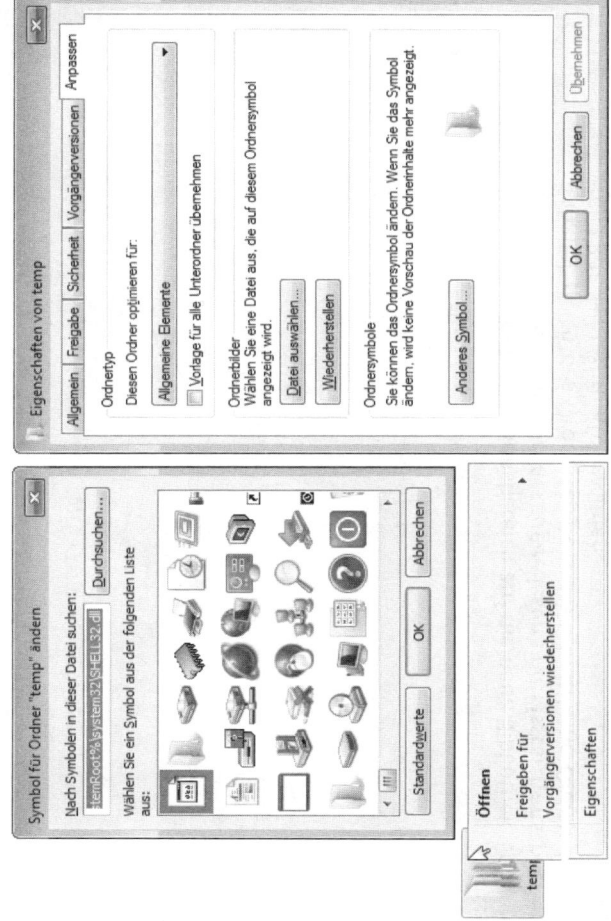

Bild 8.14:   Ordnerdarstellung und -typ anpassen

Die Schaltfläche *Anderes Symbol* der Gruppe *Ordnersymbole* öffnet ein weiteres Dialogfeld (Bild 8.14, links), in dem Sie ein beliebiges Symbol für die Ordnerdarstellung wählen können. Die Symbole lassen sich dabei aus der im Dialogfeld angegebenen Datei *Shell32.dll* oder aus beliebigen anderen Symboldateien beziehen. Klicken Sie notfalls auf die Schaltfläche *Durchsuchen* und wählen Sie die gewünschte Symboldatei aus.

TIPP

Aus Windows Vista ist der Effekt bekannt, dass die einzelnen Ordnern zugewiesenen Ordnervorlagen irgendwann »vergessen« werden. Dann kommt es bei der Ordneranzeige z. B. zum Effekt, dass plötzlich Bewertungsspalten im Ordnerfenster *Eigene Dokumente* oder ähnlichen Ordnern auftreten. Tritt der Fall unter Windows 7 auf, öffnen Sie die Registerkarte *Anpassen* über die Eigenschaften des Ordners und weisen die korrekte Vorlage erneut zu.

8.3.6   Bibliotheken verwalten

Zur Verwaltung von Ordnerinhalten wurden in Windows 7 Bibliotheken neu eingeführt. Diese lassen sich vom Benutzer individuell anpassen.

1. Um eine neue Bibliothek anzulegen, klicken Sie im Navigationsbereich des Ordnerfensters den Eintrag *Bibliotheken* mit der rechten Maustaste an und wählen den Kontextmenübefehl *Neu/Bibliothek* (Bild 8.15, Hintergrund).

2. Anschließend tippen Sie im Navigationsbereich den Bibliotheksnamen für den neu angelegten Eintrag ein (Bild 8.15, Vordergrund, rechts oben). Sobald Sie die [Enter]-Taste drücken, wird der Name für die neue Bibliothek vergeben.

Bild 8.15:   Bibliothek anlegen

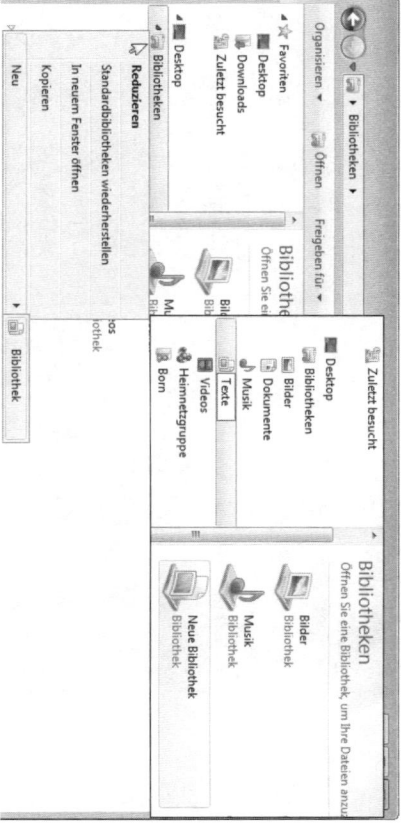

3. Klicken Sie im Navigationsbereich auf die neue Bibliothek. Solange der Bibliothek noch keine Ordner zugewiesen sind, lässt sich anschließend im Inhaltsbereich des Ordnerfensters die Schaltfläche *Ordner hinzufügen* (Bild 8.16, Hintergrund) anwählen.

4. Anschließend wählen Sie im angezeigten Dialogfeld (Bild 8.16, Vordergrund) den gewünschten Ordner und klicken auf die Schaltfläche *Ordner aufnehmen*.

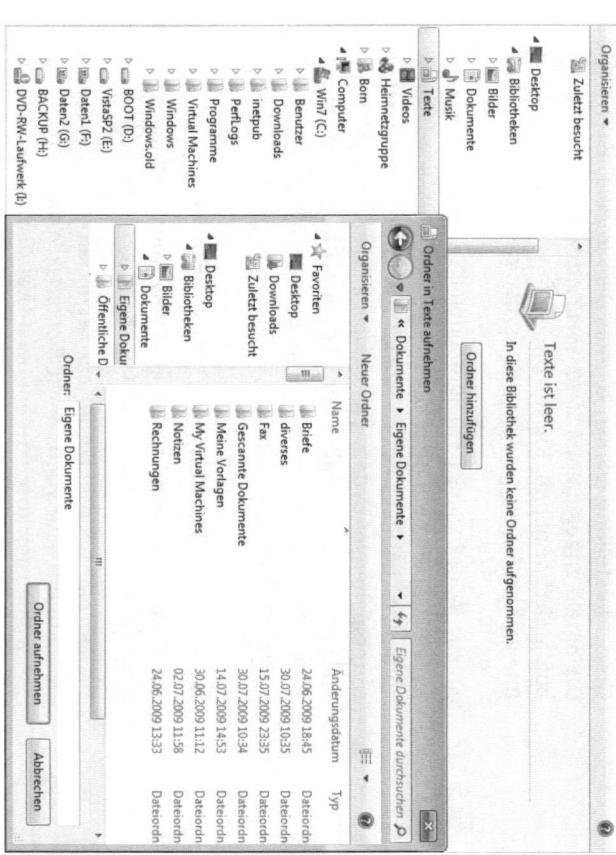

Bild 8.16:   Ordner in Bibliothek aufnehmen

HINWEIS

Die Ordner dürfen dabei auf allen lokal erreichbaren Festplatten (NTFS- und FAT-Dateisystem) liegen. Unzulässig sind jedoch nicht indizierte Ordner im Netzwerk. Das Gleiche gilt für Ordner auf Wechseldatenträgern, die nicht in der Gruppe »Festplatten« des Ordnerfensters auftauchen. Wichtig ist auch, dass der Ordner bei der Aufnahme in eine Bibliothek nicht in Bearbeitung ist (ggf. alle Anwendungen beenden), da es sonst zu einer Fehlermeldung kommt. Bei Ordnern mit vielen Dateien kann es zudem eine ganze Weile dauern, bis diese in die Bibliothek aufgenommen sind.

Ist ein Ordner im Netzwerk zur gemeinsamen Benutzung freigegeben, erscheint bei der Aufnahme in eine Bibliothek ein Dialogfeld mit der Nachfrage, ob die Freigabe auch für die Bibliothek gilt. Über den Befehl *Ja, diesen Ordner freigeben* des Dialogfelds kann ein Administrator die Ordnerfreigabe zulassen.

Bei Bedarf können Sie diesen Bibliotheksnamen später über den Kontextmenübefehl *Umbenennen* ändern oder die Bibliothek mit dem Kontextmenübefehl *Löschen* entfernen. Die Ordner und Dateien, die dieser Bibliothek zugeordnet waren, bleiben dabei natürlich erhalten! Irrtümlich gelöschte Bibliotheken lassen sich ggf. aus dem Papierkorb restaurieren (siehe das nächste Kapitel). Haben Sie irrtümlich eine oder mehrere Standardbibliotheken (Musik, Bilder, Videos, Dokumente) gelöscht? Klicken Sie den Eintrag *Bibliotheken* im Navigationsbereich mit der rechten Maustaste an und wählen Sie den Kontextmenübefehl *Standardbibliotheken wiederherstellen*.

Ordner später in Bibliotheken aufnehmen

Um zu einem späteren Zeitpunkt Ordner zu bestehenden Bibliotheken hinzuzufügen oder wieder zu entfernen, haben Sie mehrere Möglichkeiten.

■ Sie klicken den aufzunehmenden Ordner mit der rechten Maustaste an, wählen den Kontextmenübefehl *In Bibliothek aufnehmen* und dann im Untermenü den Namen der gewünschten Bibliothek (Bild 8.17, links unten).

■ Zum schnellen Entfernen eines Ordners wählen Sie dagegen im Navigationsbereich den Ordnereintrag einer Bibliothek mit einem Rechtsklick an, dann lässt sich der Kontextmenübefehl *Ort aus Bibliothek entfernen* anklicken.

Der Ordner selbst bleibt beim Entfernen aus einer Bibliothek unverändert. Möchten Sie mehr Kontrolle beim Ein- und Austragen von Ordnern in Bibliotheken?

1. Klicken Sie den Bibliothekseintrag (z. B. *Musik*) im Navigationsbereich eines Ordnerfensters mit der rechten Maustaste an und wählen Sie den Kontextmenübefehl *Eigenschaften*.

2. Im dann eingeblendeten Eigenschaftenfenster (Bild 8.17, rechts oben) finden Sie die Schaltfläche *Ordner hinzufügen*, über die sich ein Auswahldialog zum Auswählen des Ordners öffnen lässt.

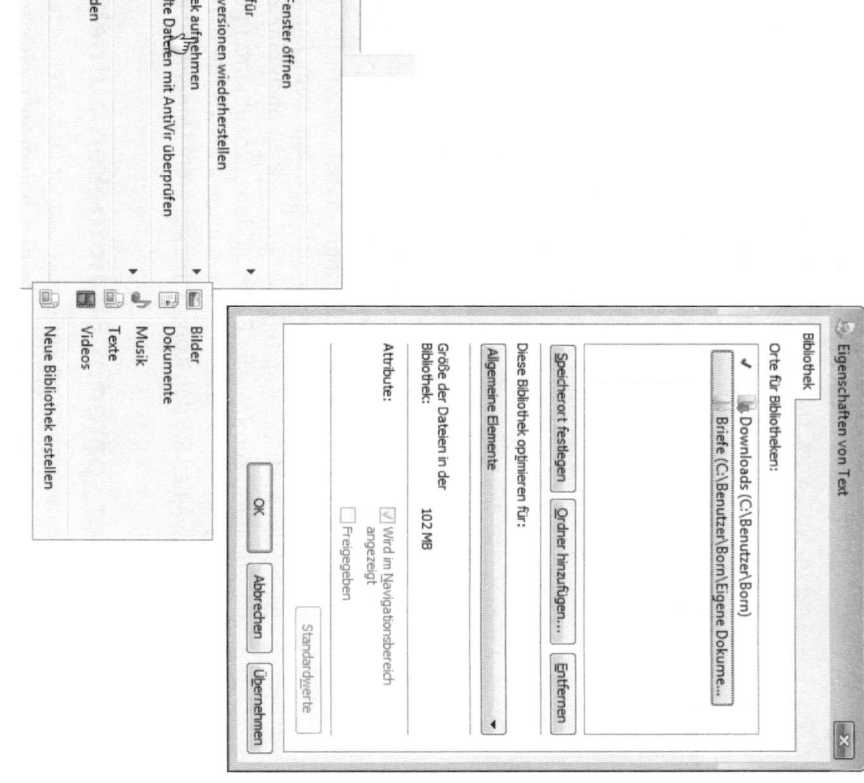

Bild 8.17:   Weitere Ordner in Bibliothek aufnehmen

Zum Umgang mit der Registerkarte *Bibliothek* möchte ich noch folgende Informationen geben.

- Bestehende Ordner lassen sich in der Liste markieren und dann mittels der *Entfernen*-Schaltfläche der Registerkarte austragen.

- Sind der Bibliothek mehrere Ordner zugeordnet, lässt sich einer als Standardspeicherort auswählen (dort speichert Windows die Dateien, falls der Benutzer keinen Unterordner wählt). Zur Auswahl markieren Sie den gewünschten Ordner und klicken auf der Registerkarte *Bibliothek* auf die Schaltfläche *Speicherort festlegen*. Der betreffende Ordner wird in der Liste mit einem kleinen Häkchen markiert.

- Über das Listenfeld *Diese Bibliothek optimieren für* können Sie eine Vorlage zuweisen. Diese bestimmt (ähnlich wie Vorlagen bei Ordnern), welche Funktionen in der Ordneranzeige für den Bibliotheksinhalt zur Verfügung stehen (z. B. Wiedergabe für Musik).

Die im unteren Teil der Registerkarte *Bibliothek* angezeigten Kontrollkästchen für Attribute werden automatisch durch Windows verwaltet und signalisieren, ob eine Bibliothek im Heimnetzwerk freigegeben ist und im Navigationsbereich angezeigt wird.

Auf diese Weise können Sie Ordner zu einer Bibliothek zuordnen. Dabei gelten die auf den vorherigen Seiten erwähnten Kriterien zur Auswahl der Ordner.

ACHTUNG

Windows bietet die Möglichkeit, mit einem Rechtsklick auf einen Bibliothekseintrag den Kontextmenübefehl *Nicht in Navigationsbereich anzeigen* zu wählen und somit die Anzeige der Bibliothek auszublenden. Fehlt bei Ihnen die Bibliothek im Navigationsbereich, klicken Sie auf den Eintrag *Bibliotheken*. Dann sollte die betreffende Bibliothek im Inhaltsbereich angezeigt werden (andernfalls wählen Sie den Kontextmenübefehl *Standardbibliotheken wiederherstellen* des Symbols *Bibliotheken*). Anschließend können Sie über den Kontextmenübefehl *Im Navigationsbereich anzeigen* der im Inhaltsbereich angezeigten Bibliothek die Darstellung im Navigationsbereich wieder zulassen. Die Kontextmenübefehle erscheinen jedoch nicht, wenn auf der Registerkarte *Ansicht* des Eigenschaftenfensters *Ordneroptionen* das Kontrollkästchen *Alle Ordner anzeigen* der Gruppe *Navigationsbereich* markiert ist. Aufrufen lässt sich das Eigenschaftenfenster *Ordneroptionen* über den Befehl *Ordner- und Suchoptionen* der Menüschaltfläche *Organisieren*.

9 Arbeiten mit Ordnern und Dateien

Dieses Kapitel widmet sich dem Umgang mit Ordnern und Dateien. Hier erfahren Sie alles, um unter Windows Dateien und Ordner anzulegen, zu kopieren, zu verschieben, umzubenennen und zu löschen.

9.1 Ordner und Dateien verwalten

Dieser Abschnitt zeigt, wie Sie Ordner und Dateien anlegen, umbenennen, kopieren oder verschieben können.

9.1.1 Neue Ordner anlegen

Windows ermöglicht Ihnen innerhalb eines Ordnerfensters, neue Ordner auf einem Speichermedium wie beispielsweise einer Festplatte anzulegen.

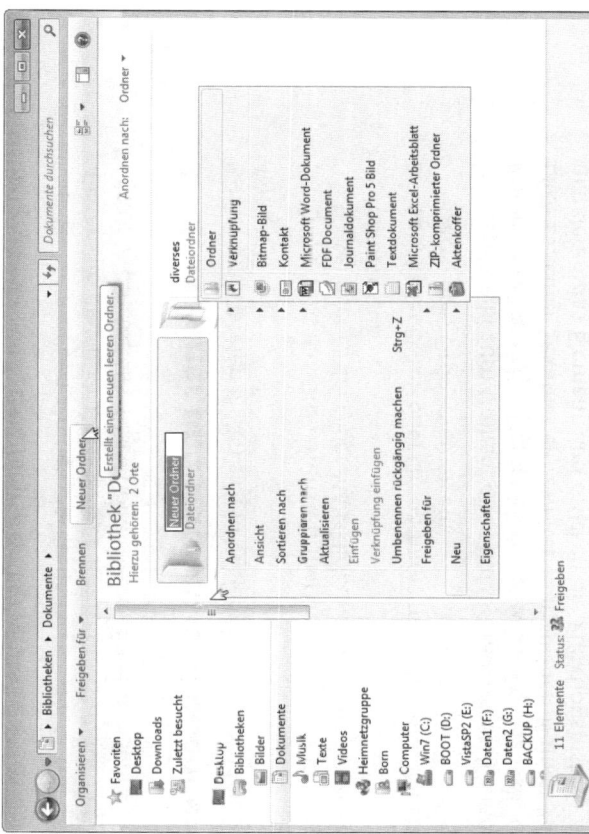

Bild 9.1: Neuen Ordner anlegen

1. Öffnen Sie das Ordnerfenster und navigieren Sie zum Speicherort, an dem der neue Ordner anzulegen ist.

2. Klicken Sie in der Menüleiste des Ordnerfensters auf die Schaltfläche *Neuer Ordner* (Bild 9.1).

3. Windows legt ein Ordnersymbol mit dem Namen *Neuer Ordner* an, und solange der Symboltitel (d.h. der Ordnername) noch markiert angezeigt wird (Bild 9.1), können Sie einen (gültigen) Namen für den Ordner eintippen.

4. Sobald der Ordnername eingegeben wurde, drücken Sie zur Übernahme des neuen Ordnernamens entweder die [Enter]-Taste oder klicken auf eine freie Stelle des Ordnerfensters.

Bezüglich der Eingabe des neuen Ordnernamens gilt Folgendes: Beim Eintippen des ersten Zeichens wird der markierte Text durch dieses Zeichen ersetzt. Über die Cursortasten [↑] und [↓] können Sie die Schreibmarke im Text positionieren und Zeichen lassen sich mittels der Tasten [Entf] und [←] rechts und links von der Schreibmarke löschen. Die Regeln zur Benennung der Ordner sind in *Kapitel 8* erläutert. Beachten Sie, dass ein Ordnername eindeutig sein muss, d. h., der Name darf nicht bereits im aktuellen Ordner für einen anderen Unterordner vergeben sein.

Alternativ können Sie eine freie Stelle im Ordnerfenster per Rechtsklick anwählen und im Kontextmenü die Befehle *Neu/Ordner* anklicken. Dieser Ansatz funktioniert auch auf dem Desktop und ermöglicht zudem, neben Ordnern auch ZIP-komprimierte Ordner anzulegen (siehe *Kapitel 10*). Weiterhin können Sie bei Bedarf über das Kontextmenü auch neue leere Dokumentdateien erzeugen – auch wenn dies üblicherweise mittels der zugehörigen Anwendungsprogramme erfolgt.

TIPP

Falls Sie dem neuen Ordner ein besonderes Symbol zuweisen möchten, können Sie dies über dessen Eigenschaftenfenster auf der Registerkarte *Anpassen* tun. Details hierzu finden Sie am Ende von *Kapitel 8*.

9.1.2   Ordner und Dateien umbenennen

Ordner und Dateien lassen sich in Windows mit folgenden Schritten umbenennen:

1. Öffnen Sie ein Ordnerfenster, markieren Sie das gewünschte Element (Datei oder Ordner) per Mausklick und rufen Sie den Befehl zum Umbenennen auf.

2. Sobald der Datei- oder Ordnername markiert wird, tippen Sie den neuen Datei- oder Ordnernamen ein.

Um den Befehl zum Umbenennen aufzurufen, haben Sie mehrere Möglichkeiten. Sie können das Element beispielsweise per Mausklick markieren und nach ca. einer Sekunde ein zweites Mal auf den Namen klicken. Oder Sie markieren das Element und drücken die Funktionstaste [F2]. Eine weitere Alternative ist, den Befehl *Umbenennen* im Kontextmenü des Elements oder im Menü der Schaltfläche *Organisieren* zu wählen (Bild 9.2).

Nach der Eingabe des neuen Namens bestätigen Sie dies mit der [Enter]-Taste oder klicken einfach auf eine Stelle außerhalb des Namenfelds. Dann übernimmt Windows die Eingabe als neuen Namen. Bei diesem neuen Namen muss es sich aber um einen gültigen Datei- oder Ordnernamen handeln. Weiterhin darf der Name noch nicht im aktuellen Ordner enthalten sein. Ist eines der beiden Kriterien nicht erfüllt, weist Windows die Änderung des Namens zurück.

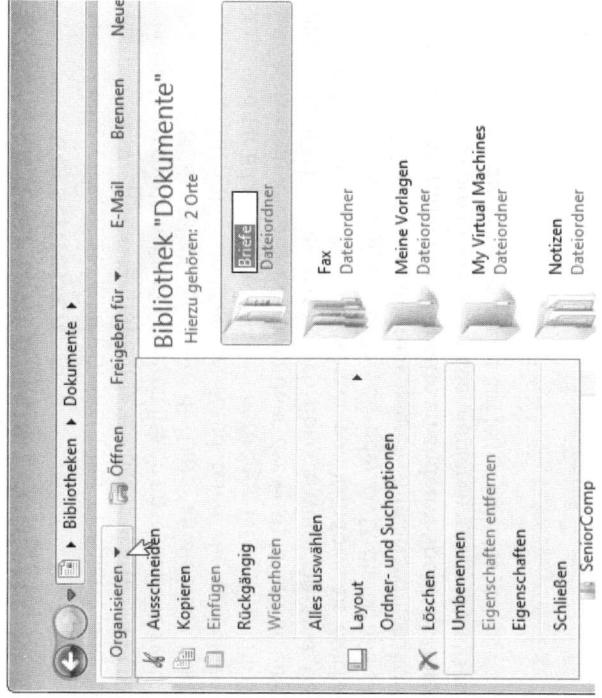

Bild 9.2:   Umbenennen einer Datei

HINWEIS

Windows markiert beim Umbenennen nur den Datei- oder Ordnernamen, nicht jedoch die optional eingeblendete Dateinamenerweiterung. Das erste eingetippte Zeichen überschreibt den kompletten Namen. Sie können diese Markierung aufheben, indem Sie nach dem Aufruf des Befehls zum Umbenennen die Tasten ← oder → drücken. Achten Sie beim Umbenennen von Dateinamen darauf, dass die ggf. eingeblendete Dateinamenerweiterung (z. B. .txt) erhalten bleibt. Drücken Sie bei geänderter oder gelöschter Dateinamenerweiterung die Enter-Taste, zeigt Windows eine Warnung. Klicken Sie auf die Ja-Schaltfläche, wird die Änderung übernommen. Dann erkennt Windows ggf. aber den Dateityp nicht mehr und das Öffnen der Datei durch einen Doppelklick auf den Dateinamen scheitert.

Sie können das Umbenennen eines Ordners oder einer Datei durch Drücken der Esc-Taste jederzeit abbrechen. Sofort nach dem Umbenennen lässt sich die Namensänderung durch Drücken der Tastenkombination Strg + Z aufheben. Der letzte Befehl lässt sich ebenfalls rückgängig machen, wenn Sie sofort nach dessen Ausführung mit der rechten Maustaste auf eine freie Stelle des Ordnerfensters klicken und im Kontextmenü den Befehl Umbenennen rückgängig machen wählen.

Wurden mehrere Dateien zum Umbenennen markiert? Dann verwendet Windows den von Ihnen eingegebenen neuen Namen zur Benennung aller markierten Elemente. Zur Unterscheidung wird aber eine Ziffer an die Namen der jeweiligen Einzelelemente angehängt. Um mehrere Dateien gezielt umzubenennen und Namensteile zu erhalten, sind Sie auf Drittprogramme oder den Befehl Rename der Eingabeaufforderung angewiesen (z. B. rename Bld01*.tif Bld03*.tif).

TIPP

154

Kapitel 9　Ordner und Dateien verwalten

9.1.3　Ordner und Dateien kopieren bzw. verschieben

Dateien lassen sich zwischen Ordnern der Festplatte oder zwischen Festplatte und Wechseldatenträgern (z. B. Speicherkarte oder USB-Stick) kopieren und verschieben. Beim Kopieren liegen anschließend zwei Exemplare der Datei vor, beim Verschieben wird die Datei an die neue Position »verschoben«. Nehmen Sie zum Beispiel Fotodateien, die von einer Speicherkarte zum Ordner *Bilder* der Festplatte übertragen werden sollen. Oder Sie möchten Musikdateien aus einem Ordner der Festplatte auf einen MP3-Player kopieren. MP3-Player lassen sich üblicherweise an eine USB-Buchse des Computers anschließen und werden von Windows als Wechseldatenträger erkannt. Drittes Beispiel ist eine CD oder DVD, die Dateien enthält, die in Ordner auf der Festplatte zu kopieren sind. Natürlich können Sie auch Dateien und Ordner der Festplatte zu anderen Speicherorten kopieren bzw. verschieben. Zum Verschieben oder Kopieren unterstützt Windows mehrere Ansätze. Hier die Schritte, wie es auf jeden Fall klappt.

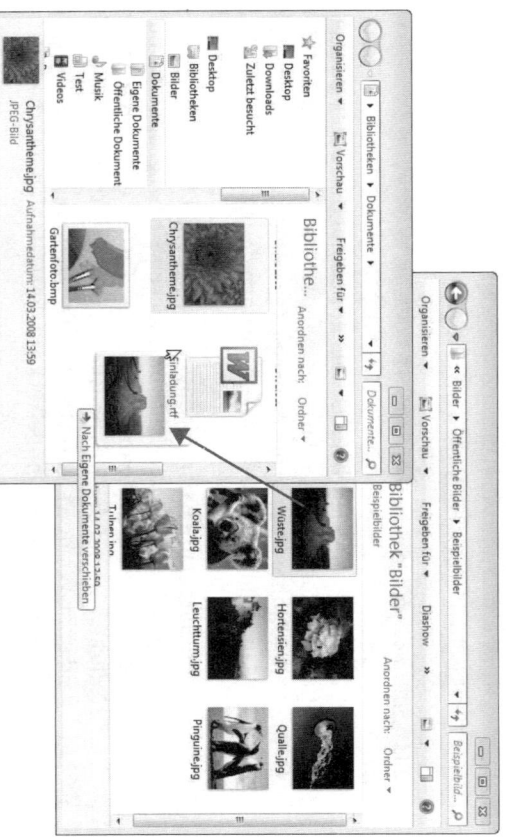

Bild 9.3: Kopieren zwischen Fenstern

1. Öffnen Sie das Ordnerfenster (z. B. *Bilder*) mit den zu kopierenden Elementen (z. B. Dateien oder Ordner).

2. Öffnen Sie zusätzlich das Ordnerfenster, in das die Elemente übertragen werden sollen (z. B. *Dokumente*).

3. Positionieren Sie die beiden Ordnerfenster nebeneinander, sodass beide Fenster zu sehen sind (Bild 9.3).

4. Markieren Sie im Ordnerfenster mit den Quelldaten eine Datei oder einen Ordner mit einem Mausklick und ziehen Sie das markierte Element bei gedrückter rechter Maustaste zum Zielfenster.

5. Lassen Sie die rechte Maustaste los und wählen Sie im Kontextmenü einen der Befehle *Hierher kopieren* oder *Hierher verschieben* (Bild 9.4).

Windows kopiert dann beim Befehl *Hierher kopieren* die betreffende Datei in den Zielordner. Wurde der Befehl *Hierher verschieben* gewählt, verschwindet das Element aus dem Quellordner und wandert zum Zielordner.

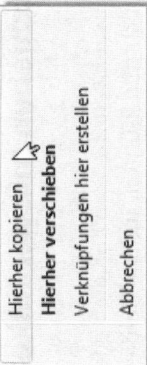

Bild 9.4: Kontextmenü beim Kopieren bzw. Verschieben

Auf diese Weise können Sie Dateien und Ordner samt Inhalt von einem Speicherort zu einem anderen Ort kopieren bzw. verschieben. Dabei ist es egal, ob die Quell- und Zielorte auf einem Laufwerk oder auf unterschiedlichen Laufwerken liegen. Dies bedeutet, das Kopieren von Dateien von einer Speicherkarte oder einem USB-Stick in Ordner der Festplatte lässt sich mit den obigen Schritten genauso gut durchführen wie das Kopieren von Dateien zwischen Ordnern der Festplatte.

Bei sehr großen Dateien oder umfangreichen Ordnern wird während des Kopiervorgangs oder beim Verschieben zusätzlich der Fortschritt in einem kleinen Dialogfeld angezeigt (Bild 9.5).

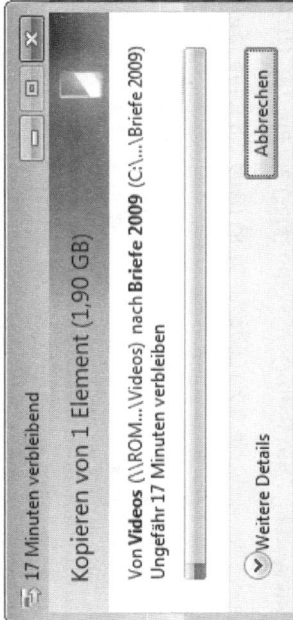

Bild 9.5: Fortschrittsanzeige beim Kopieren bzw. Verschieben größerer Datenmengen

TIPP Falls Sie lieber mit einem einzigen Fenster arbeiten, können Sie sicherstellen, dass der Zielordner im Navigationsbereich des Ordnerfensters sichtbar ist. Dann lässt sich die markierte Datei oder der markierte Ordner einfach mit der Maus zum Zielordner im Navigationsbereich ziehen.

ACHTUNG Die Ausführungen in diesem Abschnitt zum Kopieren/Verschieben setzen voraus, dass diese Operationen im eigenen Benutzerprofil, d. h. im Benutzerordner bzw. im Ordner *Öffentlich*, erfolgen. Nur dann liegen bei NTFS-Datenträgern die erforderlichen Zugriffsberechtigungen vor. Zum Zugriff auf Ordner anderer Benutzerkonten sind dagegen Administratorrechte erforderlich. Dann erscheint u. U. eine Sicherheitsabfrage der Benutzerkontensteuerung, die Sie (ggf. mit dem Administratorkennwort) bestätigen müssen. Beim Verschieben von Ordnern oder Dateien bleiben die Zugriffsberechtigungen erhalten. Um so etwas zu vermeiden, kopieren Sie Ordner und Dateien. Dann passt Windows die Zugriffsberechtigungen an den Zielordner an.

■ Befinden sich die oben beschriebenen Schritte zum Kopieren oder Verschieben von Dateien oder Ordnern auch durchführen, indem Sie die Elemente bei gedrückter linker Maustaste vom Quellfenster zum Zielfenster ziehen. Allerdings gibt es dann eine Besonderheit zu beachten.

■ Befinden sich die Quell- und Zielordner auf verschiedenen Laufwerken, kopiert Windows die per Maus gezogenen Elemente zum Zielordner.

■ Befinden sich die Quell- und Zielordner auf dem gleichen Laufwerk, werden die per Maus gezogenen Elemente dagegen verschoben.

■ Halten Sie die Ⓐ-Taste beim Ziehen der Elemente gedrückt, vertauscht Windows die obigen Regeln (d. h., Dateien werden innerhalb eines Laufwerks kopiert und zwischen Laufwerken verschoben).

■ Halten Sie die ⓐⓛⓣ-Taste beim Ziehen der Elemente gedrückt, legt Windows beim Loslassen der linken Maustaste eine Verknüpfung auf die gezogenen Elemente im Zielordner an.

Da häufig aber nicht klar ist, ob Ziel- und Quellordner auf dem gleichen Laufwerk liegen, sollten Sie die oben beschriebene Variante mit der rechten Maustaste bevorzugen.

Kopieren per (Kontext-)Menü und Zwischenablage

Arbeiten Sie lieber mit einem Ordnerfenster oder soll eine Datei bzw. ein Unterordner im gleichen Ordner kopiert werden?

1. Markieren Sie die Datei oder den Ordner mit einem Mausklick und wählen Sie im Menü der Schaltfläche *Organisieren* den Befehl *Ausschneiden* bzw. *Kopieren*. Alternativ können Sie das Kontextmenü öffnen und diese Befehle wählen.

2. Wechseln Sie im Ordnerfenster zum Zielordner und klicken Sie auf eine freie Stelle im Ordnerfenster.

3. Anschließend können Sie im Menü der Schaltfläche *Organisieren* oder im Kontextmenü den Befehl *Einfügen* wählen.

Wurde im ersten Schritt der Befehl *Ausschneiden* benutzt, verschiebt Windows das markierte Element zum Zielordner. Beim Befehl *Kopieren* wird das markierte Element dagegen in den Zielordner kopiert.

Kopieren oder Verschieben mit der linken Maustaste?

Sie können die oben beschriebenen Schritte zum Kopieren oder Verschieben

HINWEIS

Windows merkt sich den Namen des markierten Elements in der sogenannten Zwischenablage, einem internen Arbeitsspeicher des Betriebssystems. Beim Befehl *Kopieren* können Sie den Befehl *Einfügen* sogar mehrfach wählen. Dann fügt Windows das markierte Element jedes Mal in den Zielordner ein. Werden die Befehle *Kopieren* und *Einfügen* im gleichen Ordner angewandt, erzeugt Windows eine Kopie des Ursprungselements. Um die Eindeutigkeit des Ordner- oder Dateinamens beim Kopieren im gleichen Ordner zu erzwingen, fügt Windows dem neuen Namen den Text »Kopie« und ggf. eine fortlaufende Nummer hinzu.

TIPP

Statt der Menübefehle können Sie auch Tastenkürzel zum Kopieren bzw. Verschieben per Zwischenablage verwenden. Die Tastenkombination [Strg]+[X] entspricht dem Befehl *Ausschneiden*, während [Strg]+[C] das Kopieren veranlasst. Mit der Tastenkombination [Strg]+[V] wird der Inhalt der Zwischenablage wieder eingefügt.

Geht das Kopieren oder Verschieben schief, können Sie den letzten Vorgang sofort im Anschluss durch Drücken der Tastenkombination [Strg]+[Z] rückgängig machen. Beim Kopieren werden dann die Elemente im Zielverzeichnis gelöscht, während beim Verschieben die Elemente in den Zielordner zurückgeholt werden. Alternativ können Sie auf eine freie Stelle im Ordnerfenster klicken und im Kontextmenü *xxx rückgängig machen* wählen. Der Befehl *Rückgängig* steht zudem im Menü der Schaltfläche *Organisieren* zur Verfügung.

Mit dem Menü »Senden an« geht das Kopieren auch

Windows unterstützt das Kopieren von Dateien auf spezielle Laufwerke, in spezielle Ordner oder das Versenden per E-Mail über das Menü *Senden an*.

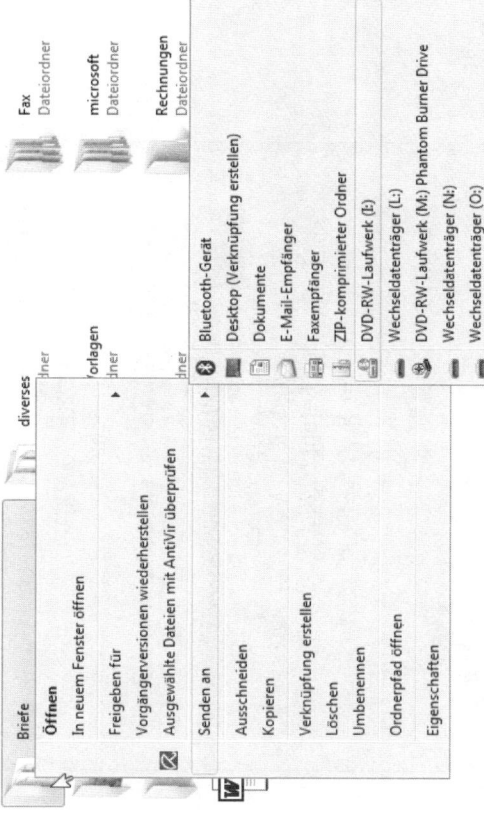

Bild 9.6:   Kopieren über *Senden an*

1. Markieren Sie die zu kopierende Datei oder den zu kopierenden Ordner im Ordnerfenster.

2. Öffnen Sie das Kontextmenü mit der rechten Maustaste und wählen Sie den Befehl *Senden an*.

3. Wählen Sie im Untermenü den Zielort für das zu kopierende Element aus (Bild 9.6).

Sie können externe Wechseldatenträger, den Ordner *Dokumente*, CD-, DVD- oder BD-Laufwerke, die als Brenner fungieren, Bluetooth-Geräte oder auch ZIP-komprimierte Ordner als Ziel wählen. Brenner als Kopierziel ermöglichen Ihnen auf sehr elegante Weise, Dateien auf Datenträger zu brennen (siehe *Kapitel 14*).

9.1.4 Was passiert, wenn die Elemente bereits vorhanden sind?

Beim Kopieren oder Verschieben von Dateien oder Ordnern kann es passieren, dass die betreffenden Elemente bereits im Zielordner vorhanden sind. Stellt Windows beim Kopieren oder Verschieben fest, dass bereits eine Datei oder ein Ordner mit dem betreffenden Namen am Zielort vorhanden ist, erscheint das Dialogfeld aus Bild 9.7 mit einer Warnung.

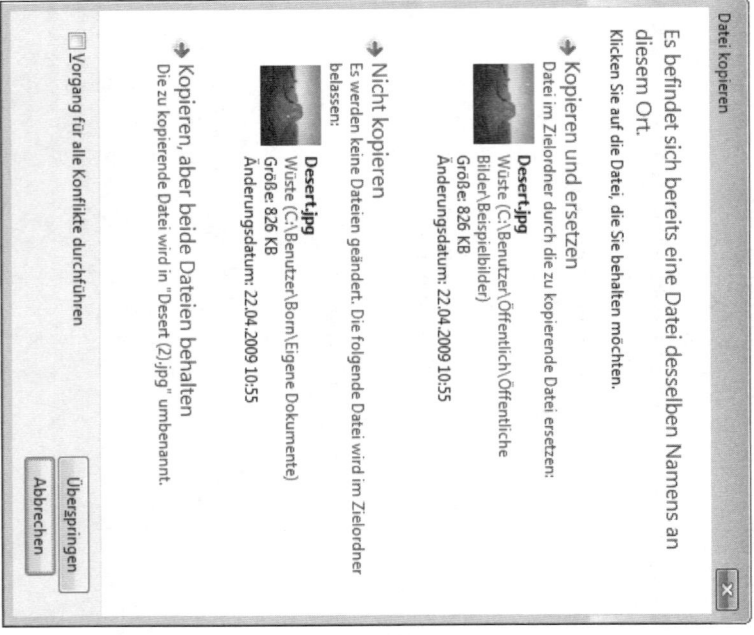

Datei kopieren

Es befindet sich bereits eine Datei desselben Namens an diesem Ort.

Klicken Sie auf die Datei, die Sie behalten möchten.

⬇ **Kopieren und ersetzen**
Datei im Zielordner durch die zu kopierende Datei ersetzen:

Desert.jpg
Wüste (C:\Benutzer\Öffentlich\Öffentliche Bilder\Beispielbilder)
Größe: 826 KB
Änderungsdatum: 22.04.2009 10:55

⬇ **Nicht kopieren**
Es werden keine Dateien geändert. Die folgende Datei wird im Zielordner belassen:

Desert.jpg
Wüste (C:\Benutzer\Born\Eigene Dokumente)
Größe: 826 KB
Änderungsdatum: 22.04.2009 10:55

⬇ **Kopieren, aber beide Dateien behalten**
Die zu kopierende Datei wird in "Desert (2).jpg" umbenannt.

☐ Vorgang für alle Konflikte durchführen

[Überspringen] [Abbrechen]

Bild 9.7: Warnung vor dem Überschreiben von Dateien

- Wählen Sie die Option *Kopieren und ersetzen,* wenn Sie sich sicher sind, dass die Elemente im Zielordner mit den Inhalten des Quellordners überschrieben werden sollen.

- Möchten Sie eine Kopie der betreffenden Elemente im Zielordner erstellen, wählen Sie den Befehl *Kopieren, aber beide Dateien behalten.* Windows stellt dann sicher, dass die zu kopierenden Elemente einen neuen Namen im Zielordner erhalten.

- Sind Sie sich unsicher, sollten Sie auf die Option *Nicht kopieren* oder die Schaltfläche *Abbrechen* klicken, um den Vorgang komplett abzubrechen.

- Sind mehrere Elemente beim Kopieren einbezogen, wird im Dialogfeld das Kontrollkästchen *Vorgang auf alle Konflikte anwenden* angezeigt. Aktivieren Sie diese Option, wendet Windows den ausgewählten Befehl auf alle Kopierkonflikte an.

Die obige Vorgehensweise gilt sinngemäß natürlich auch beim Verschieben von Ordnern und Dateien sowie beim Kopieren/Verschieben von mehreren Elementen. In diesen Fällen werden lediglich die Bezeichnungen der Optionen im Dialogfeld angepasst.

ACHTUNG

Beachten Sie, dass sich eine überschriebene Datei nicht mehr durch den Kontextmenübefehl *Rückgängig machen* auf die vorherige Fassung zurücksetzen lässt. Wenn Sie irrtümlich eine Datei im Zielordner überschreiben lassen, ist der Inhalt der Originaldatei verloren. Sie haben höchstens noch die Möglichkeit, eine ältere Fassung über die Funktion *Vorgängerversion wiederherstellen* zu restaurieren (siehe den Abschnitt »Vorgängerversion wiederherstellen« am Kapitelende).

9.1.5   Mehrere Dateien/Ordner gleichzeitig markieren

Windows ermöglicht Ihnen, mehrere Dateien oder Ordner gleichzeitig zu bearbeiten (d. h. zu kopieren, zu verschieben, zu löschen etc.). Hierzu müssen Sie diese Elemente nur vorher markieren.

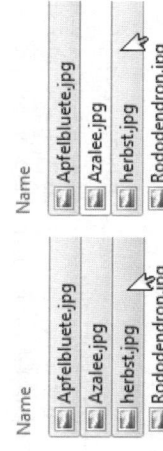

Bild 9.8:   Markieren mehrerer Elemente

- Um mehrere benachbarte Elemente gleichzeitig zu markieren, klicken Sie auf den ersten Eintrag, halten die ⇧-Taste gedrückt und klicken auf das letzte zu bearbeitende Element. Dann werden alle dazwischen liegenden Elemente markiert (Bild 9.8, links).

■ Um nicht direkt aufeinanderfolgende Elemente zu markieren, klicken Sie auf den ersten Eintrag, halten die $\boxed{\text{Strg}}$-Taste gedrückt und klicken danach auf die restlichen zu markierenden Elemente. Dann werden alle angeklickten Elemente markiert (Bild 9.8, rechts).

Sie erkennen markierte Elemente an der farbigen Hinterlegung im Ordnerfenster. Anschließend können Sie die gewünschte Dateioperation (Kopieren, Verschieben, Löschen) wie oben bzw. nachfolgend beschrieben durchführen. Wenden Sie die Funktion »Umbenennen« auf mehrere markierte Elemente an, vergibt Windows dagegen den neu eingegebenen Namen, hängt aber eine fortlaufende Nummerierung zur Unterscheidung der jeweiligen Dateien an.

9.2   Löschen und Umgang mit dem Papierkorb

Benötigen Sie Ordner oder Dateien nicht mehr, können Sie diese löschen. Der folgende Abschnitt beschreibt die entsprechenden Schritte und zeigt, wie Sie gelöschte Elemente aus dem Papierkorb zurückholen sowie die Einstellungen des Papierkorbs anpassen.

9.2.1   Dateien und Ordner löschen

Benötigen Sie einen Ordner oder eine Datei nicht mehr? Dann können Sie diese Elemente auf einfache Weise löschen.

1. Öffnen Sie das Fenster des Ordners, welches die nicht mehr benötigte Datei oder den zu löschenden Ordner enthält.

2. Markieren Sie die zu löschende(n) Datei(en) oder Ordner oder das zu löschende Dokument.

3. Öffnen Sie das Kontextmenü der markierten Elemente mit der rechten Maustaste und wählen Sie den Kontextmenübefehl *Löschen* (Bild 9.9, Hintergrund).

4. Klicken Sie im Bestätigungsdialogfeld auf die Schaltfläche *Ja*.

Windows verschiebt anschließend die markierte(n) Datei(en) bzw. den/die markierten Ordner in den Papierkorb. Je nach zu löschendem Element erscheint ggf. kurzzeitig noch ein Dialogfeld mit einer Fortschrittsanzeige, die Sie über den Löschvorgang informiert.

Alternativ können Sie im Menü der Schaltfläche *Organisieren* den Befehl *Löschen* wählen. Oder Sie drücken zum Löschen des markierten Elements die $\boxed{\text{Entf}}$-Taste. Windows lässt sich (in der Standardeinstellung) das Löschen in einem Dialogfeld sicherheitshalber bestätigen (Bild 9.9, Vordergrund).

HINWEIS

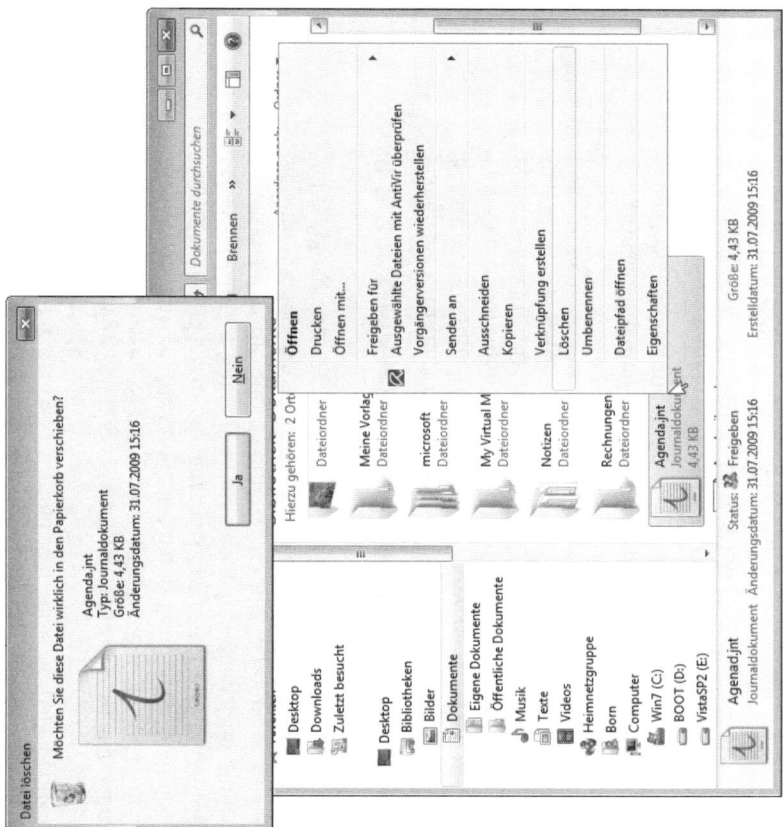

Bild 9.9: Löschen von Dateien oder Ordnern

 TIPP

Falls der Desktop zu sehen ist, können Sie Dateien und Ordner auch löschen, indem Sie diese aus dem Ordnerfenster zum Symbol des Papierkorbs ziehen. Sobald Sie die linke Maustaste über dem Symbol des Papierkorbs loslassen, werden die Elemente ohne weitere Nachfrage gelöscht. Ist der Papierkorb durch Fenster verdeckt, hilft folgender Trick: Ziehen Sie das zu löschende Element einfach in die Taskleiste zur Schaltfläche *Desktop anzeigen* und warten Sie bei weiterhin gedrückter linker Maustaste, bis alle Fenster minimiert wurden. Dann lässt sich das zu löschende Element zum Desktopsymbol des Papierkorbs ziehen.

Möchten Sie eine Datei oder einen Ordner löschen, ohne diesen in den Papierkorb zu verschieben, drücken Sie einfach gleichzeitig die beiden Tasten ⇧ + Entf . Das Dialogfeld zur Bestätigung des unwiderruflichen Löschens schließen Sie über die *Ja*-Schaltfläche. Elemente, die auf Wechseldatenträgern gespeichert sind, werden beim Löschen übrigens vollständig entfernt, da für diese Medien kein Papierkorb eingerichtet wird.

ACHTUNG

Gelegentlich weigert sich Windows, Dateien oder Ordner zu löschen. Der Grund: Diese Elemente sind möglicherweise noch in Benutzung (http://www.borncity.com/blog/2010/12/28/dateien-nicht-lschbar-da-in-benutzung/). Warten Sie einige Zeit und wiederholen Sie den Vorgang. Klappt dies immer noch nicht, müssen Sie Windows gegebenenfalls (u. U. im abgesicherten Mode) neu starten. Meist werden die in Benutzung befindlichen Elemente freigegeben und lassen sich anschließend löschen. Mit dem Tool *unlocker* lassen sich benutzte Dateien zwangsweise freigeben. Dies gilt jedoch nicht für Systemdateien, die durch Windows ständig in Benutzung sind. Diese lassen sich nur löschen, nachdem der Rechner mit einer anderen Windows-Instanz gebootet wurde.

9.2.2 Gelöschte Elemente zurückholen

Haben Sie irrtümlich eine Datei oder einen Ordner gelöscht, die/den Sie noch brauchen? Solange sich diese Datei bzw. die Dateien des Ordners noch im Papierkorb befinden, können Sie sie zurückholen. Zum Wiederherstellen einer gelöschten Datei oder eines Ordners gibt es mehrere Möglichkeiten. Bemerken Sie bereits beim Löschen den Fehler, geht die »Wiederbelebung« ganz einfach.

■ Drücken Sie die Tastenkombination (Strg) + (Z), um die letzte Dateioperation zurückzunehmen.

■ Alternativ können Sie eine freie Stelle im Ordnerfenster mit der rechten Maustaste anklicken und den Kontextmenübefehl *Löschen rückgängig machen* wählen (Bild 9.10).

■ Zudem gibt es den Befehl *Rückgängig* im Menü der Schaltfläche *Organisieren* des Ordnerfensters.

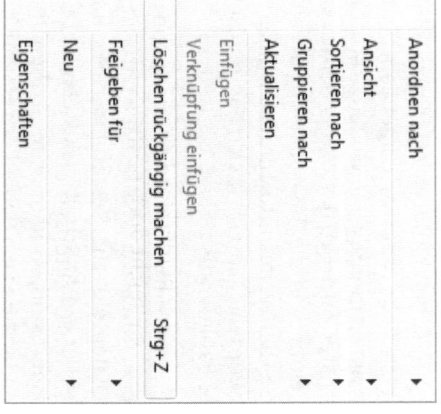

Anordnen nach	▶
Ansicht	▶
Sortieren nach	▶
Gruppieren nach	▶
Aktualisieren	
Einfügen	
Verknüpfung einfügen	
Löschen rückgängig machen	Strg+Z
Neu	▶
Freigeben für	▶
Eigenschaften	

Bild 9.10: Löschen rückgängig machen

Windows holt die zuletzt gelöschte(n) Datei(en) bzw. Ordner aus dem Papierkorb in das aktuelle Ordnerfenster zurück.

HINWEIS

Diese Methode funktioniert aber nur, wenn Sie sonst noch nichts anderes gemacht haben. Der Befehl *Rückgängig* bezieht sich ja immer auf den zuletzt ausgeführten Windows-Befehl im aktuellen Ordnerfenster. Weiterhin muss die Datei noch im Papierkorb vorhanden sein – was beim Löschen von Dateien/Ordnern auf Wechseldatenträgern nicht der Fall ist! Im Papierkorb nicht mehr vorhandene Dateielemente lassen sich aber ggf. über die Funktion *Vorgängerversion wiederherstellen* zurückholen (siehe den gleich lautenden Abschnitt am Kapitelende). Existiert keine Vorgängerversion, können Sie versuchen, gelöschte und bereits aus dem Papierkorb entfernte Dateien über Werkzeuge wie *ntfsundelete* (http:// ntfsundelete.com/) wiederherstellen zu lassen. Meine Erfahrungen mit solchen Tools sind ziemlich gemischt – aber gelegentlich klappt die Wiederherstellung (sofern die betreffenden Speicherbereiche auf dem Datenträger noch nicht überschrieben wurden).

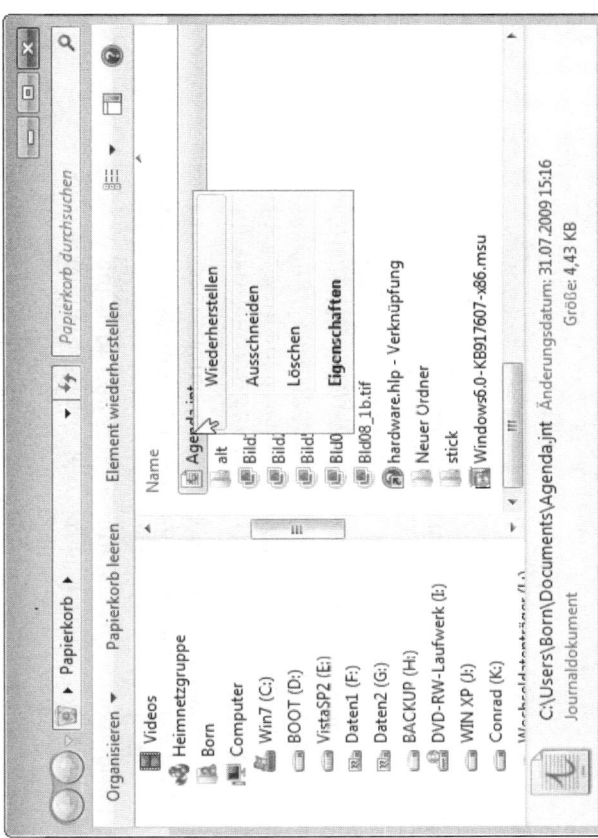

Bild 9.11: Wiederherstellen aus dem Papierkorb

Sofern Sie den Fehler erst später bemerken, gibt es eine weitere Möglichkeit, um die gelöschten Dateien vielleicht doch noch aus dem Papierkorb zu »retten«.

1. Doppelklicken Sie auf das Desktopsymbol des Papierkorbs, um das zugehörige Ordnerfenster zu öffnen.

2. Markieren Sie im Fenster des Papierkorbs die wiederherzustellende(n) Datei(en) bzw. Ordner.

3. Wählen Sie in der Symbolleiste des Ordnerfensters die Schaltfläche *Element wiederherstellen*. Alternativ können Sie das Kontextmenü mit der rechten Maustaste öffnen und den Kontextmenübefehl *Wiederherstellen* wählen (Bild 9.11).

Windows verschiebt anschließend die markierte(n) Elemente aus dem Papierkorb in den ursprünglichen Ordner zurück.

Dieses Wiederherstellen aus dem Papierkorb klappt aber nur so lange, wie die Elemente dort noch gespeichert sind. Wurde der Papierkorb z. B. zwischenzeitlich geleert, sind die Dateien verloren. Das Gleiche gilt, wenn die zu löschende Datei zu groß für den Papierkorb ist oder falls Sie Dateien auf Wechseldatenträgern löschen.

9.2.3 Den Papierkorb leeren

Beim Löschen einer Datei oder eines Ordners von der Festplatte verschiebt Windows dieses »Element« lediglich in den Papierkorb. Dadurch ist die Datei oder der Ordner zwar aus dem aktuellen Fenster verschwunden. Der von den Dateien auf dem Laufwerk benötigte Speicherplatz bleibt aber weiterhin belegt. Windows prüft zwar gelegentlich, ob der Papierkorb »voll« ist, und entfernt automatisch die ältesten als gelöscht eingetragenen Dateien. Sie können aber »nachhelfen« und den Papierkorb von Zeit zu Zeit selbst leeren.

1. Klicken Sie mit der rechten Maustaste auf das Desktopsymbol des Papierkorbs und wählen Sie den Kontextmenübefehl *Papierkorb leeren* (Bild 9.12, unten). Alternativ können Sie das Ordnerfenster *Papierkorb* öffnen und in der Symbolleiste die Schaltfläche *Papierkorb leeren* wählen (Bild 9.11).

2. Die Sicherheitsanfrage durch Windows, ob Sie den Inhalt des Papierkorbs wirklich löschen wollen (Bild 9.12, oben), bestätigen Sie über die Schaltfläche *Ja*.

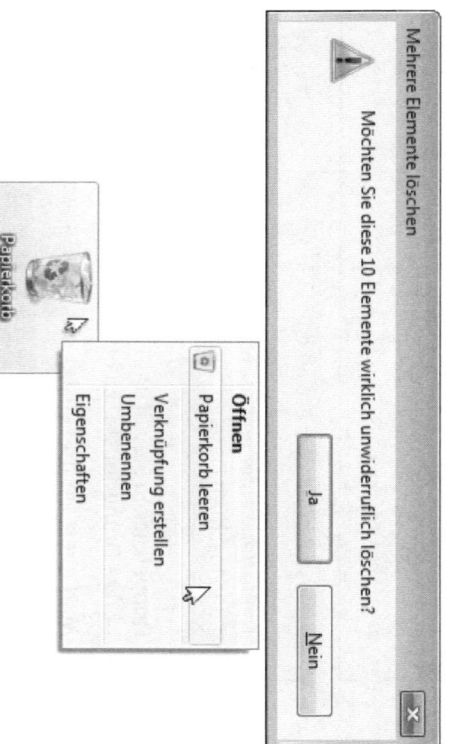

Bild 9.12: Papierkorb leeren

Die Elemente im Papierkorb werden gelöscht, der belegte Speicher wird auf dem Laufwerk freigegeben. Anschließend erscheint das Symbol eines leeren Papierkorbs. Nachdem Sie den Papierkorb geleert haben, sind die gelöschten Dateien endgültig verschwunden. Sie können übrigens am Symbol des Papierkorbs erkennen, ob dieser gelöschte Dateien enthält.

9.2.4 Die Eigenschaften des Papierkorbs anpassen

Windows reserviert für jedes Festplattenlaufwerk etwas Speicherkapazität für den Papierkorb. Je größer die Kapazität des Laufwerks ist, umso höher ist der vom Papierkorb belegte Speicherplatz. Sie können aber einstellen, ob und wie viel Speicherplatz auf einem Laufwerk für den Papierkorb reserviert wird.

1. Klicken Sie mit der rechten Maustaste auf das Desktopsymbol des Papierkorbs und wählen Sie den Kontextmenübefehl *Eigenschaften* (Bild 9.13).

2. Sobald sich das Eigenschaftenfenster des Papierkorbs öffnet, stellen Sie die gewünschten Eigenschaften auf der Registerkarte *Allgemein* ein und schließen diese über die *OK*-Schaltfläche (Bild 9.13).

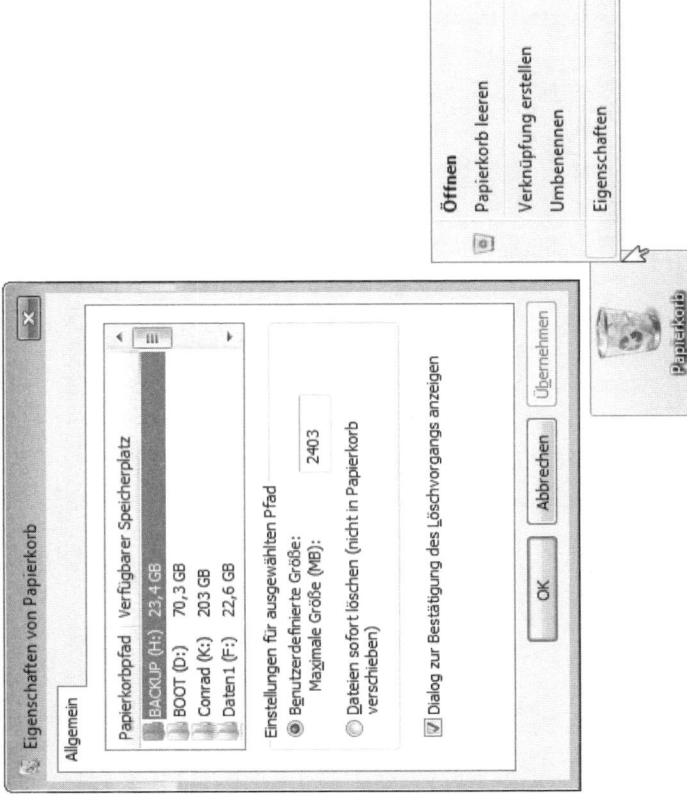

Bild 9.13: Eigenschaften des Papierkorbs anpassen

Das Kontrollkästchen *Dialog zur Bestätigung des Löschvorgangs anzeigen* steuert, ob die Sicherheitsabfrage beim Löschen von Elementen erscheinen soll. Heben Sie die Markierung auf, wenn Sie auf den Dialog verzichten möchten. Über die beiden Optionsfelder der Gruppe *Einstellungen für ausgewählten Pfad* lässt sich festlegen, wie groß der Papierkorb sein soll und ob Dateien beim Löschen in den Papierkorb sofort von der Festplatte entfernt werden sollen. Markieren Sie hierzu zuerst das Laufwerk in der Liste *Papierkorbpfad*. Danach markieren Sie das gewünschte Optionsfeld der Gruppe. Benötigen Sie die Funktion des Papierkorbs für ein Laufwerk nicht, markieren Sie das Kontrollkästchen *Dateien sofort löschen (nicht in Papierkorb verschieben)*. Alternativ können Sie auch das Optionsfeld *Benutzerdefinierte Größe* markieren und den Wert im Feld *Benutzerdefinierte Größe* geben, die Größe des Papierkorbs für das gewählte Laufwerk in Megabyte an. Stimmen Sie die Werte für die Papierkorbgröße auf die Laufwerkskapazität ab.

9.2.5   Vorgängerversionen wiederherstellen

Windows 7 Home Premium stellt eine Funktion bereit, über die Sie vorherige Versionen von Dateien und Ordner aus Sicherungskopien oder Schattenkopien zurückholen können. Sicherungskopien lassen sich mittels des Assistenten zum Sichern von Dateien anlegen. Schattenkopien werden automatisch als Teil eines Wiederherstellungspunkts der Systemwiederherstellung erzeugt. Um eine Datei auf eine vorherige Version zurückzusetzen, gehen Sie folgendermaßen vor.

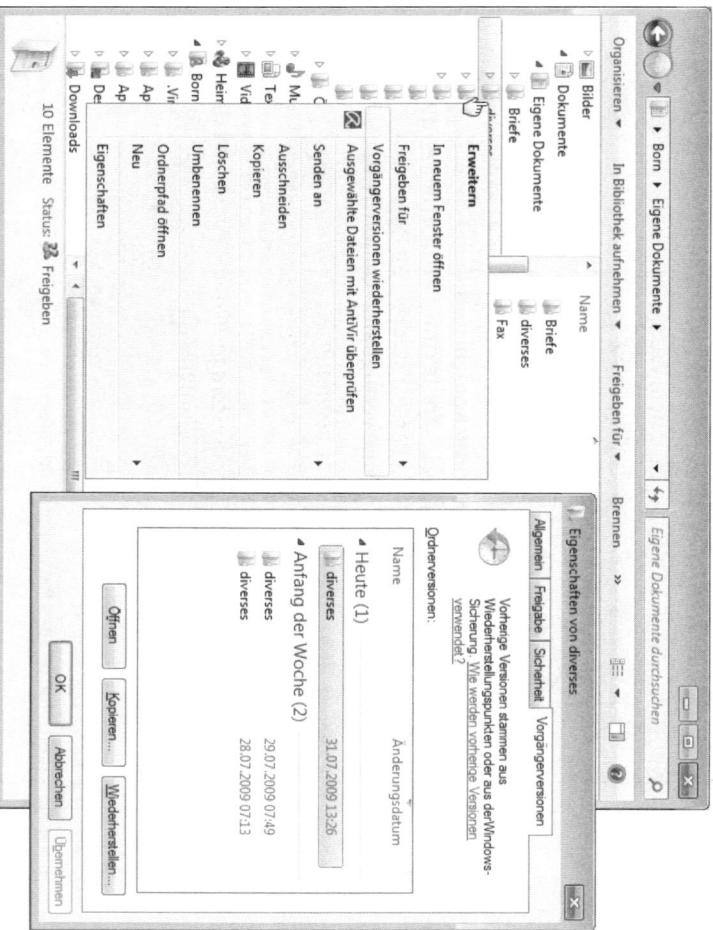

Bild 9.14:   Vorherige Version wiederherstellen

1. Klicken Sie im Ordnerfenster die Datei bzw. den Ordner mit der rechten Maustaste an und wählen Sie den Kontextmenübefehl *Vorgängerversionen wiederherstellen* (Bild 9.14, Hintergrund).

2. Wechseln Sie im Eigenschaftenfenster zur Registerkarte *Vorgängerversionen* (Bild 9.14, Vordergrund). Wird ein Sicherungspunkt gefunden, wählen Sie diesen in der Liste an.

3. Klicken Sie zur Kontrolle auf die *Öffnen*-Schaltfläche und sehen Sie im dann eingeblendeten Ordnerfenster nach, ob es sich um die gewünschte Datei handelt. Danach können Sie das Ordnerfenster schließen.

4. Klicken Sie auf die Schaltfläche *Wiederherstellen* und bestätigen Sie den Dialog mit der Warnung.

Dann wird die betreffende Datei auf die gewählte und in der Sicherungskopie oder in der Schattenkopie archivierte Version zurückgesetzt. Um die vorherige Version eines Ordners oder einer Datei parallel zur existierenden Variante zu erhalten, lässt sich die Schaltfläche *Kopieren* wählen. Dann öffnet Windows ein Dialogfeld zur Auswahl des Zielordners. Nach dem Schließen dieses Dialogfelds wird eine Kopie der älteren Fassung im Zielordner erzeugt.

Volumenschattenkopien, das steckt dahinter

Volumenschattenkopien dienen zur Speicherung älterer Versionen von Dateien und Ordnern. Dazu läuft unter Windows der sogenannte Volumenschattenkopiendienst (Volume Shadow Service, kurz VSS). Ist ein NTFS-Laufwerk in die Systemwiederherstellung oder die Sicherung einzogen, überwacht der VSS alle Dateioperationen. Werden Dateien oder Ordner angelegt, gelöscht oder im Inhalt geändert, fertigt der Dienst einen Schnappschuss (Volume Shadow Copy) auf dem Datenträger bzw. dem Sicherungsmedium an. Diese Sicherungskopien werden beim Wiederherstellen einbezogen.

Um den von Volumenschattenkopien belegten Speicherplatz einzusehen und ggf. die vom Volumenschattenkopiendienst belegte Kapazität zu begrenzen, lässt sich der Konsolenbefehl *vssadmin* verwenden. Rufen Sie die Eingabeaufforderung über den Kontextmenübefehl *Als Administrator ausführen* auf und geben Sie den Befehl *vssadmin* im Fenster dieser Eingabeaufforderung ein. Dann werden die verfügbaren Optionen aufgelistet.

- Über den Konsolenbefehl *vssadmin list shadows* lassen sich die Volumenschattenkopien auflisten und mit *vssadmin delete shadows* auch löschen.

- Mit *vssadmin Resize ShadowStorage /On=C: /For=C: /MaxSize=5GB* wird die Größe des Bereichs für Volumenschattenkopien auf 5 GByte begrenzt.

Hinweise zur Befehlssyntax des Konsolenbefehls *vssadmin* finden Sie unter http://technet.microsoft.com/en-us/library/cc754968.aspx. Zusätzlich vermittelt der (noch auf Windows Vista bezogene) Artikel http://www.mydigitallife.info/2007/06/26/how-to-change-and-limit-system-restore-storage-space-usage-size-in-vista-with-vssadmin/ einen guten Überblick über den Umgang mit dem Tool.

HINWEIS

Spezielle Dateifunktionen nutzen

Dieses Kapitel befasst sich mit speziellen Fragen zum Umgang mit Ordnern und Dateien. Sie lernen, die Eigenschaften dieser Elemente abzufragen, deren Attribute zu ändern oder mit komprimierten Ordnern und Archiven zu arbeiten. Weiterhin wird der Umgang mit dem Aktenkoffer besprochen.

10.1 Ordner- und Dateieigenschaften verwalten

Sie können nicht nur die Eigenschaften von Laufwerken abfragen (siehe *Kapitel 7*). Windows ermöglicht Ihnen auch, die Eigenschaften von Ordnern oder Dateien anzusehen und teilweise sogar über Attribute zu verändern. Nachfolgend finden Sie einen Überblick über die betreffenden Windows-Funktionen.

10.1.1 Ordner- und Dateieigenschaften abrufen

Interessiert Sie, wie viele Dateien in einem Ordner samt Unterordnern gespeichert sind? Benötigen Sie einen Überblick über den belegten Speicherplatz oder möchten Sie die Eigenschaften von Dateien ansehen? Dann gehen Sie folgendermaßen vor:

1. Klicken Sie mit der rechten Maustaste auf das Ordner- oder Datei-symbol.

2. Wählen Sie anschließend im Kontextmenü den Befehl *Eigenschaften*.

Windows öffnet das zugehörige Eigenschaftenfenster und zeigt die ermittelten Eigenschaften des Ordners oder der Datei auf verschiedenen Register-karten an.

Diese Informationen erhalten Sie bei Ordnern

Bei Ordnern zeigt die Registerkarte *Allgemein* (Bild 8.1, links) in der obersten Gruppe den Namen des Ordners, der sich bei Bedarf auch ändern lässt. In der darunter liegenden Gruppe weist die Registerkarte die Kenndaten des Ordners wie den Speicherort, die belegte Speicherkapazität auf dem Datenträger sowie die Zahl der im Ordner enthaltenen Elemente aus. Weiterhin werden noch das Datum, an dem der Ordner erstellt wurde, sowie die sogenannten Attribute *Schreibgeschützt* und *Versteckt* mit aufgeführt.

Über Attribute lassen sich verschiedene Eigenschaften von Ordnern und Dateien steuern. So kann einem Element beispielsweise ein Schreibschutz zugewiesen werden. Das Attribut *Versteckt* bewirkt, dass das betreffende Element standardmäßig nicht im Ordnerfenster angezeigt wird. Nur wenn die Anzeige versteckter Dateien eingeschaltet ist (siehe *Kapitel 8*), tauchen solche Dateien und Ordner im Ordnerfenster auf.

Die restlichen Registerkarten ermöglichen, weitere Eigenschaften abzurufen bzw. zu verändern. Auf der Registerkarte *Vorgängerversionen* können Sie auf die vorherigen Versionen eines Ordners zugreifen (siehe *Kapitel 9*). Die

Registerkarte *Freigabe* bestimmt z. B. die Freigabeoptionen des Ordners im Netzwerk. Die Registerkarte *Anpassen* ermöglicht Ihnen, die Ordnersymbole sowie den Ordnertyp zu verändern (siehe *Kapitel 8*). Die Registerkarte *Sicherheit* dient dazu, die Zugriffsrechte auf den Ordner zu beeinflussen (siehe *Kapitel 11*).

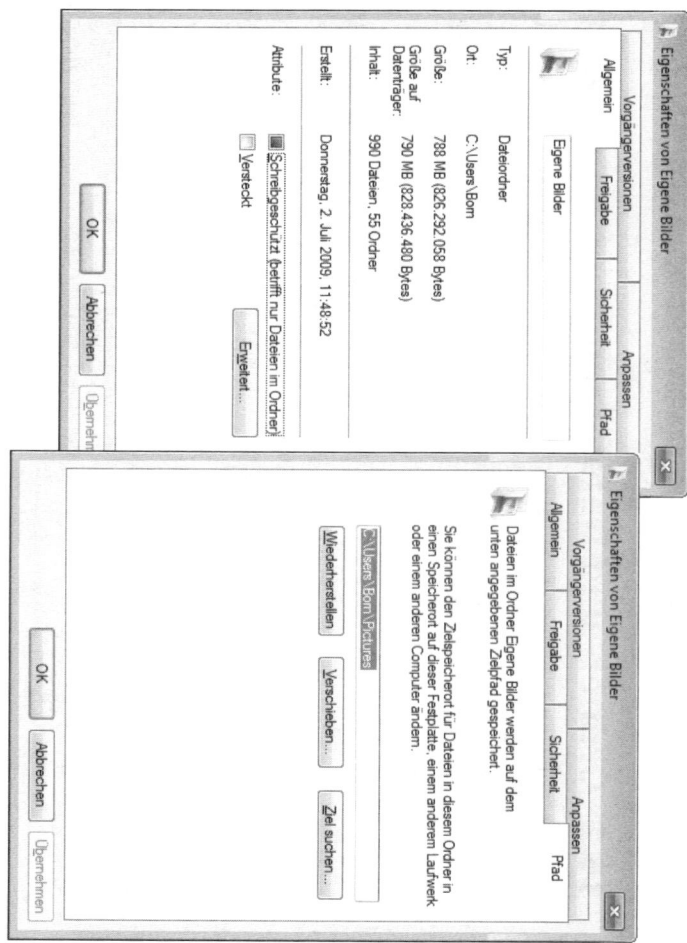

Bild 10.1:   Eigenschaften von Ordnern

Die Registerkarte *Pfad* (Bild 10.1, rechts) ist nur bei den Spezialordnern des jeweiligen Benutzerkontos (z. B. *Dokumente, Bilder, Musik, Videos*) vorhanden und ermöglicht, die Lage dieser Ordner anzupassen. Über die Schaltfläche *Verschieben* lässt sich ggf. ein anderer Ordner in einem Zusatzfenster auswählen und die Dateien des Ordners werden dann in diesem Ziel abgelegt. Die Schaltfläche *Ziel suchen* öffnet das Ordnerfenster, welches die Dateien des betreffenden Ordners momentan enthält. Über die Schaltfläche *Wiederherstellen* können Sie den Pfad auf die Herstellervorgaben zurücksetzen.

Eigenschaften bei Dateien

Die Registerkarte *Allgemein* (Bild 10.2, links) listet bei Dateien deren Namen in der obersten Gruppe auf, wobei Sie diesen auch ändern können. In der darunter liegenden Gruppe werden der Dateityp sowie das Programm zum Öffnen des Dateityps angezeigt. Weitere Gruppen listen den Speicherort der Datei, die Dateigröße sowie die auf dem Datenträger belegte Kapazität, das Erstellungsdatum sowie das Datum der letzten Änderung und des letzten Zugriffs auf. Im unteren Bereich der Registerkarte werden zudem die Attribute *Schreibgeschützt* und *Versteckt* der Datei angezeigt.

Eigenschaften von 01 Human Wheels.mp3

Allgemein | Sicherheit | Details | Vorgängerversionen

	01 Human Wheels.mp3
Dateityp:	MP3-Audioformat (.mp3)
Öffnen mit:	Windows Media Player [Ändern...]
Ort:	C:\Users\Born\Music
Größe:	504 KB (516.608 Bytes)
Größe auf Datenträger:	508 KB (520.192 Bytes)
Erstellt:	Dienstag, 26. Mai 2009, 09:37:34
Geändert:	Dienstag, 26. Mai 2009, 10:01:14
Letzter Zugriff:	Dienstag, 26. Mai 2009, 10:01:14
Attribute:	☐ Schreibgeschützt ☐ Versteckt [Erweitert...]

[OK] [Abbrechen] [Übernehmen]

Eigenschaften von 01 Human Wheels.mp3

Allgemein | Sicherheit | Details | Vorgängerversionen

Eigenschaft	Wert
Beschreibung	
Titel	Human Wheels
Untertitel	
Bewertung	☆☆☆☆☆
Kommentare	Recorded with No23 R...
Medien	
Mitwirkende Interpreten	Wild, Jack & The Small...
Albuminterpret	Various Artists
Album	A Tribute to John Melle...
Jahr	2003
Nr.	1
Genre	Rock
Länge	00:00:31
Audio	
Bitrate	128 kBit/s
Ursprung	
Herausgeber	Big Eye

Eigenschaften und persönliche Informationen entfernen

[OK] [Abbrechen] [Übernehmen]

Bild 10.2:   Eigenschaften von Dateien

HINWEIS

Die unterschiedlichen Angaben für Größe und Größe auf Datenträger berücksichtigen den Overhead zum Speichern in verschiedenen Dateisystemen. Abhängig von der beim Formatieren gewählten Clustergröße muss eine unterschiedliche Anzahl an Sektoren belegt werden, auch wenn kleine Dateien vielleicht nur wenige Bytes im ersten Cluster belegen. Dies ist auch der Grund, warum die Angabe der Größe auf dem Datenträger stark zwischen Festplatten und CD- bzw. DVDs/BDs differiert. Auf CDs, DVDs und BDs kommt ein anderes Dateisystem (ISO oder UDF) zum Einsatz, welches weniger Overhead zum Speichern der Daten benötigt.

Die Registerkarte *Sicherheit* ist nur bei Dateien, die auf NTFS-Datenträgern gespeichert sind, verfügbar und ermöglicht Ihnen, die Zugriffsrechte auf die Datei zu verwalten (siehe *Kapitel 11*). Interessant ist die Registerkarte *Details* (Bild 10.2, rechts), die bei verschiedenen Mediendateien wie Musik, Videos oder Fotos Detailinformationen zu weiteren Eigenschaften auflistet. Diese Detailinformationen werden bei bestimmten Dateiformaten (MP3, MPEG, WMA, WMV, JPEG) als Metadaten mit in den betreffenden Mediendateien gespeichert. Musikdateien können beispielsweise Angaben zum Interpreten, zum Album, zum Titel etc. enthalten. Bei Fotodateien im JPEG-Format werden die sogenannten EXIF-Daten (Kameramodell, Blende, Brennweite, Belichtungszeit etc.) der Kamera aufgelistet. Zudem können Sie verschiedene dieser Eigenschaften (z. B. Bewertung bei Fotos, Videos oder Musik, Titel, Copyright etc.) auf der Registerkarte ändern. Klicken Sie in der betreffenden Zeile auf die Spalte hinter dem Eigenschaftennamen. Dann lässt sich

171

der Wert der Eigenschaft in einem Textfeld anpassen. Mehrere Werte lassen sich durch Semikola getrennt in das Eigenschaftenfeld eingeben.

Beim Eintippen eines Eigenschaftenwerts blendet Windows gelegentlich ein Menü mit bereits früher eingegebenen ähnlichen Werten ein. Sie brauchen dann nur das Kontrollkästchen vor einem Menübefehl zu markieren, damit Windows diesen Wert im Eigenschaftenfeld übernimmt. Weiterhin können Sie manche Markierungen auch direkt im Detailbereich eines Ordnerfensters eingeben (Datei markieren und auf die angezeigten Werte im Detailbereich klicken, anschließend Eingaben vornehmen).

Möchten Sie Dokumentdateien an Dritte weitergeben, ist es unter Umständen unerwünscht, wenn persönliche Informationen in den Eigenschaften abgelegt sind. Sie können Windows aber anweisen, diese persönlichen Informationen aus der Datei zu entfernen. Klicken Sie auf der Registerkarte *Details* auf den am unteren Rand angezeigten Hyperlink *Eigenschaften und persönliche Informationen entfernen* (Bild 10.2, rechts). Markieren Sie im dann sichtbaren Zusatzdialog (Bild 10.3) das Optionsfeld *Kopie erstellen ...* und klicken auf die *Ok*-Schaltfläche, werden alle Detaileigenschaften gelöscht und das Ganze wird in einer automatisch angelegten Kopie der Dokumentdatei im aktuellen Ordner gespeichert. Über das Optionsfeld *Folgende Eigenschaften aus dieser Datei entfernen* werden die Kontrollkästchen im unteren Teil des Dialogfelds freigegeben. Sie können dann die Kontrollkästchen der zu entfernenden Informationen markieren und das Dialogfeld über die *Ok*-Schaltfläche schließen. Dann werden die Detaileigenschaften aus der aktuellen Dokumentdatei gelöscht.

TIPP

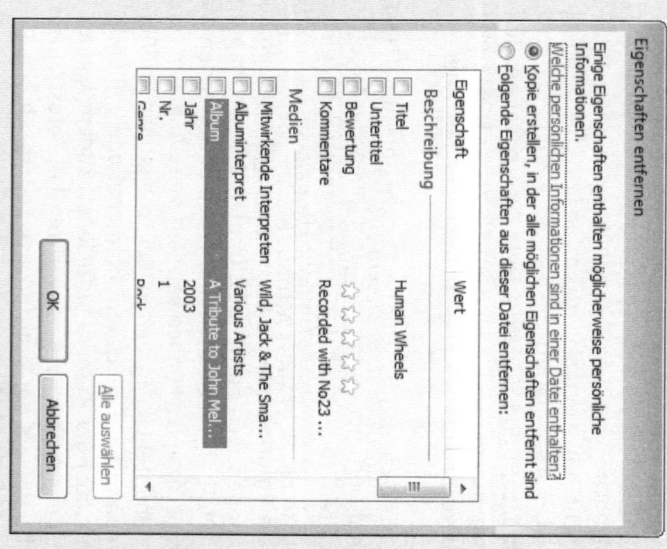

Eigenschaften entfernen

Einige Eigenschaften enthalten möglicherweise persönliche Informationen.

Welche persönlichen Informationen sind in einer Datei enthalten?

○ Kopie erstellen, in der alle möglichen Eigenschaften entfernt sind

◉ Folgende Eigenschaften aus dieser Datei entfernen:

Eigenschaft	Wert
Beschreibung	
☐ Titel	Human Wheels
☐ Untertitel	
☐ Bewertung	☆☆☆☆☆
☐ Kommentare	Recorded with No23 ...
Medien	
☐ Mitwirkende Interpreten	Wild, Jack & The Sma...
☐ Albuminterpret	Various Artists
☐ Album	A Tribute to John Mel...
☐ Jahr	2003
☐ Nr.	1
☐ Genre	Rock

Alle auswählen

OK   Abbrechen

Bild 10.3: Eigenschaften entfernen

10.1.2 Anpassen der Attribute

Über die Registerkarte *Allgemein* des Eigenschaftenfensters können Sie die Attribute von Dateien und Ordnern anpassen (Bild 10.1, Bild 10.2). Zum Setzen oder Löschen eines Attributs ist lediglich das betreffende Kontrollkästchen zu markieren bzw. dessen Markierung zu löschen.

◼ Um einen Ordner oder eine Datei mit einem Schreibschutz auszustatten, markieren Sie das Kontrollkästchen *Schreibgeschützt* auf der Registerkarte. Dateien mit dem Schreibschutzattribut lassen sich durch Anwendungsprogramme nicht mehr überschreiben.

◼ Systemordnern und Dateien wird häufig das Attribut *Versteckt* zugewiesen. Sie können das Kontrollkästchen markieren, um eigene Dateien oder Ordner mit dem Attribut auszustatten. In der Standarddarstellung werden die betreffenden Elemente in der Ordneranzeige ausgeblendet.

◼ Bei Datenträgern, die im FAT- oder FAT32-Dateisystem formatiert wurden (z. B. Speicherkarten), enthält die Registerkarte *Allgemein* noch ein drittes Attribut *Archiv*. Das *Archiv*-Attribut zeigt eine Veränderung der Datei an, d. h., diese wird bei einer Datensicherung durch ein Backup-Programm archiviert. Durch Löschen der Markierung des betreffenden Kontrollkästchens können Sie dieses Attribut für einen Ordner oder eine Datei zurücksetzen. Beim nächsten Ändern des Dateiinhalts wird das Attribut wieder gesetzt. Bei NTFS-Datenträgern finden Sie dieses Attribut in einem Zusatzdialog *Erweiterte Attribute*.

Um auf NTFS-Datenträgern das Archivattribut und weitere Attribute anzusehen bzw. anzupassen, klicken Sie auf der Registerkarte *Allgemein* auf die Schaltfläche *Erweitert* (Bild 10.2, links). Klicken Sie diese an, öffnet Windows das in Bild 10.4 gezeigte Dialogfeld *Erweiterte Attribute* (bei Dateien sieht das Dialogfeld geringfügig anders aus), in dem Sie folgende Attribute finden.

◼ *Ordner kann archiviert werden:* Dieses Kontrollkästchen setzt das Archivierungsattribut, d. h., das Element ist als geändert markiert und bei einer Datensicherung wird der Ordner oder die Datei in die Sicherung mit einbezogen (siehe *Kapitel 13*).

◼ *Zulassen, dass für Dateien in diesem Ordner Inhalte zusätzlich zu Dateieigenschaften indiziert werden:* Windows kann die Suche nach Dateielementen über einen Index vornehmen, was den Vorgang wesentlich beschleunigt. Ein markiertes Attribut bewirkt, dass das betreffende Element (Ordner oder Datei) zusätzlich nach seinen Inhalten (z. B. Wörtern bei Textdokumenten, Metadaten bei Mediendateien) indiziert wird (siehe auch *Kapitel 12*).

◼ *Inhalt komprimieren, um Speicherplatz zu sparen:* Ein markiertes Kontrollkästchen bewirkt bei NTFS-Datenträgern, dass Windows den Inhalt des Ordners oder der Datei automatisch komprimiert, um Speicherplatz zu sparen. Sinnvoll ist dies aber nur bei Ordnern oder Dateien, die nicht bereits komprimierte Daten enthalten (siehe auch Abschnitt zur Komprimierung von Datenträgern in *Kapitel 7*).

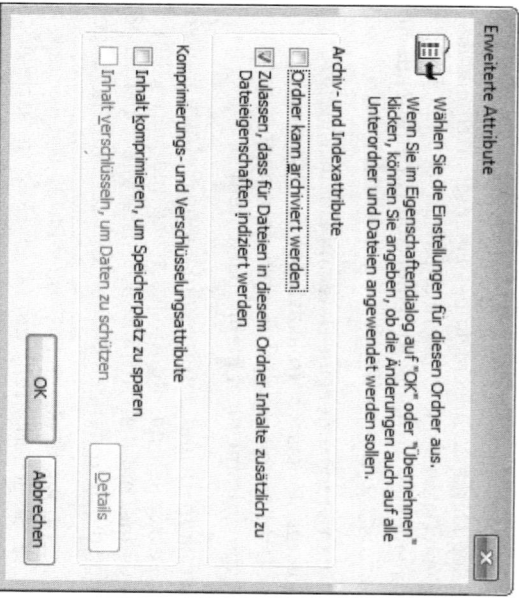

Bild 10.4: Dialogfeld *Erweiterte Attribute*

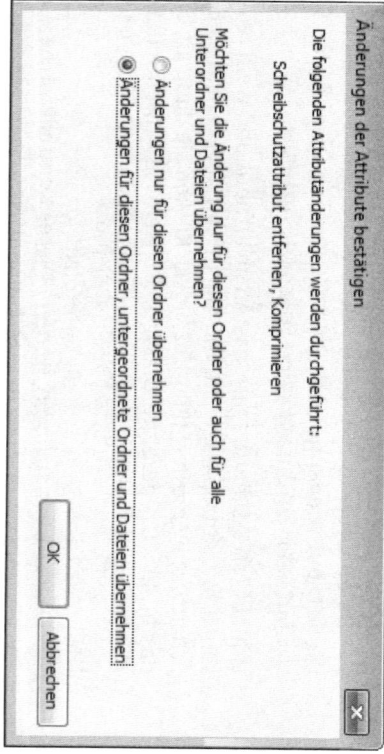

Bild 10.5: Attributänderungen bestätigen

Schließen Sie nach dem Anpassen der erweiterten Attributeinstellungen das Dialogfeld über die *OK*-Schaltfläche, bewirkt dies noch keinerlei Änderungen. Die Attributänderungen müssen Sie über die Schaltflächen *Übernehmen* bzw. *OK* der Registerkarte *Allgemein* explizit bestätigen (die Schaltfläche *Abbrechen* verwirft die Änderungen). Bei Ordnern erscheint anschließend das in Bild 10.5 gezeigte Dialogfeld. Sie müssen dann über die Optionsfelder wählen, ob die Attributänderung nur für den Ordner oder auch für die Unterordner und deren Dateien durchzuführen ist. Erst wenn Sie dieses Dialogfeld über die *OK*-Schaltfläche schließen, setzt Windows die Attribute um. Dies kann bei vielen Dateien durchaus einige Zeit dauern.

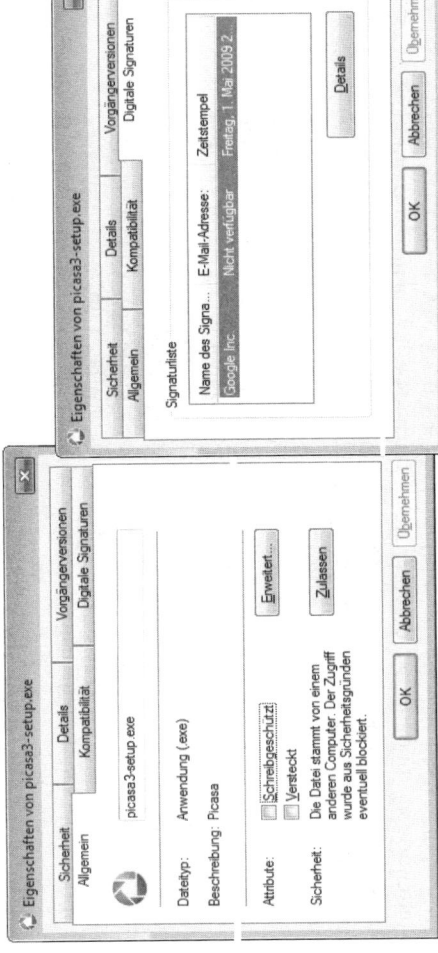

Bild 10.6: Sicherheitsattribut und Zertifikat

HINWEIS

Auf CDs, DVDs und BDs ist das Schreibschutzattribut automatisch gesetzt. Kopieren Sie schreibgeschützte Dateien von einem solchen Medium in Ordner der Festplatte, hebt Windows 7 das Schreibschutzattribut automatisch auf.

Laden Sie eine ausführbare (.exe-)Datei aus dem Internet auf einen lokalen Datenträger herunter, setzt Windows ein Sicherheitsattribut. Dieses bewirkt beim Ausführen der Programmdatei die Anzeige des Dialogfelds *Datei öffnen – Sicherheitswarnung*. Der Anwender muss dann die *Ausführen*-Schaltfläche zur Programmausführung bestätigen. Auf der Registerkarte *Allgemein* des Eigenschaftenfensters wird bei solchen Dateien die Schaltfläche *Zulassen* eingeblendet (Bild 10.6, links). Durch einmaliges Anklicken dieser Schaltfläche lässt sich das Sicherheitsattribut zurücksetzen, die Sicherheitswarnung unterbleibt dann. Auf der Registerkarte *Digitale Signaturen* (Bild 10.6, rechts) lassen sich Informationen über den Ersteller der Programmdatei, die digitale Signatur und das zugrunde liegende Zertifikat einsehen. Anhand dieser Angaben lässt sich ggf. entscheiden, ob der Ersteller der Programmdatei vertrauenswürdig ist.

TIPP

Das Kontrollkästchen *Inhalt verschlüsseln* ist in den Windows 7 Home-Versionen gesperrt, da diese Funktion (Encrypted File System, EFS) nicht unterstützt wird. Falls Sie sicherheitsrelevante oder vertrauliche Daten auf einem System speichern möchten, empfehle ich den Einsatz der Open-Source-Lösung TrueCrypt (www.truecrypt.org). Das Programm unterstützt sowohl Containerdateien (Dateien, die auf einem physikalischen Datenträger angelegt und gegenüber Windows als Laufwerk ausgegeben werden) als auch das Verschlüsseln kompletter Laufwerke (Partitionen). Containerdateien auf Datenträgern müssen aber auf NTFS-Ebene unkomprimiert vorliegen (ggf. das betreffende Attribut unter Windows abschalten).

10.2   Arbeiten mit komprimierten ZIP-Archiven

Um den Speicherplatz auf Festplatten oder Speicherkarten besser auszunutzen, unterstützt das bei Windows verwendete NTFS-Dateisystem das Komprimieren von Laufwerken, Ordnern und Dateien (siehe vorheriger Abschnitt und *Kapitel 7*). Komprimierte Dateien belegen normalerweise weniger Speicherplatz auf dem Datenträger als unkomprimierte Dateien. Das Arbeiten mit der NTFS-Komprimierung ist für den Benutzer transparent, d. h., Windows übernimmt automatisch das Packen bzw. Entpacken beim Speichern und Lesen von Dateien. Das Problem liegt aber darin, dass die Komprimierung verloren geht, wenn die Dateien auf Wechseldatenträger wie CDs, DVDs, BDs, Speicherkarten kopiert oder per E-Mail übertragen werden. Um die Komprimierung auch auf diesen Medien zu nutzen, können Sie ZIP-komprimierte Ordner zum Speichern von Dateien verwenden. Der folgende Abschnitt zeigt, wie Sie diese Funktion nutzen und was hinter ZIP-komprimierten Ordnern steckt.

10.2.1   Was sind ZIP-komprimierte Ordner?

Bei ZIP-komprimierten Ordnern handelt es sich um Archivdateien, die von Windows als spezieller Ordnertyp eingebunden und mit einem entsprechenden Symbol angezeigt werden. Sobald Sie aber die Dateinamenerweiterungen im Ordnerfenster einblenden, lässt sich erkennen, dass diese Ordner nichts anderes als ZIP-Dateien sind, die sich auch mit anderen ZIP-Programmen öffnen oder bearbeiten lassen.

Der Vorteil der ZIP-komprimierten Ordner besteht darin, dass Sie diese auch auf im FAT- oder FAT32-Dateisystem formatierten Datenträgern oder zum Archivieren auf CD/DVD/BD verwenden können. Dateien und Ordner lassen sich in ZIP-komprimierte Ordner ablegen. Die dabei von Windows angelegten ZIP-Archive enthalten die Dateien in komprimierter Form und lassen sich als Ganzes kopieren, auf CD/DVD/BD auslagern, per E-Mail versenden und auch löschen. Beim Versand per E-Mail besteht der Vorteil, dass die Übertragung schneller erfolgt. Erhalten Dritte solche ZIP-Archive, können diese sie mit einem ZIP-Programm wie FreeZip, Ultimate Zip oder der Windows-Funktion entpacken, einsehen und nutzten.

10.2.2   Einen komprimierten ZIP-Ordner anlegen

Um einen neuen komprimierten Ordner anzulegen, stehen Ihnen zwei Möglichkeiten zur Verfügung. Sie können z. B. folgende Schritte verwenden.

1. Klicken Sie mit der rechten Maustaste auf eine freie Stelle eines Ordnerfensters und wählen Sie im Kontextmenü den Befehl *Neu/ZIP-komprimierter Ordner* (Bild 10.7).

2. Benennen Sie den Ordner (letztendlich handelt es sich um eine ZIP-Datei) gemäß Ihren Wünschen um.

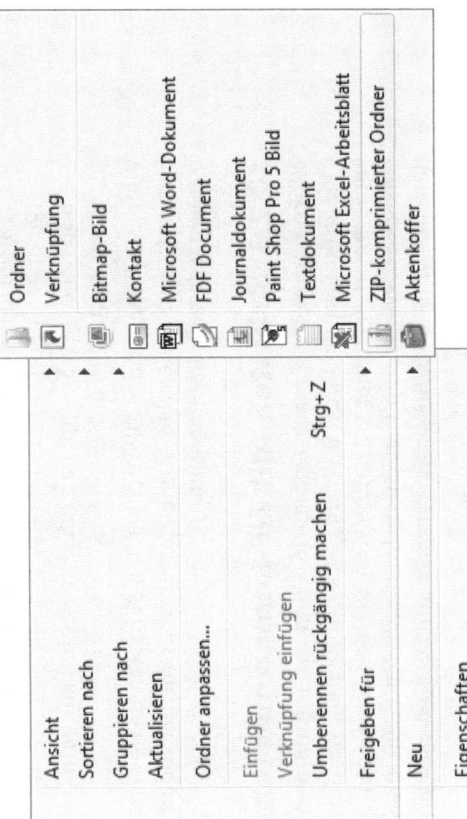

Bild 10.7:   ZIP-komprimierten Ordner anlegen

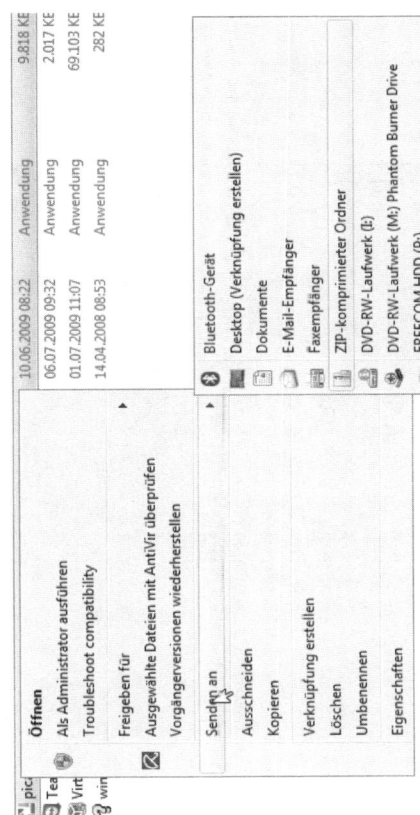

Bild 10.8:   Dateien automatisch in ZIP-komprimierten Ordner kopieren

Nach diesen Schritten liegt ein leeres ZIP-Archiv vor, welches als Ordnersymbol mit einem stilisierten »Reißverschluss« (Zipper) dargestellt wird. Sie können nun neue Dateien oder komplette Ordner (z. B. durch Ziehen mit der Maus, siehe *Kapitel 9*) in diesen Ordner kopieren. Der Ordner selbst lässt sich wie jeder andere Ordner unter Windows kopieren, verschieben oder löschen.

Möchten Sie auf die Schnelle gleich mehrere Dateien in ein ZIP-Archiv speichern, können Sie den Vorgang auch abkürzen.

1.   Sie markieren die Dateien oder die Ordner, klicken den markierten Bereich mit der rechten Maustaste an und wählen die Kontextmenübefehle *Senden an/ZIP-komprimierter Ordner* (Bild 10.8).

2. Warten Sie, bis Windows die ZIP-Datei für den ZIP-komprimierten Ordner angelegt und alle markierten Elemente zum Archiv hinzugefügt hat, und benennen Sie ggf. den neu angelegten komprimierten Ordner nach Ihren Wünschen um.

Windows benennt das ZIP-Archiv nach dem Namen des ersten eingefügten Elements. Sie können den Ordnernamen aber wie bei anderen Ordnern bzw. Dateien jederzeit umbenennen.

10.2.3 Arbeiten mit ZIP-komprimierten Ordnern

ZIP-komprimierte Ordner werden in Windows mit dem in Bild 10.9, links, gezeigten Symbol dargestellt. Um zu kontrollieren, welche Dateien im ZIP-komprimierten Ordner enthalten sind, wählen Sie dessen Symbol per Doppelklick an. Windows öffnet ein Ordnerfenster mit dem Inhalt des betreffenden Archivs (Bild 10.9).

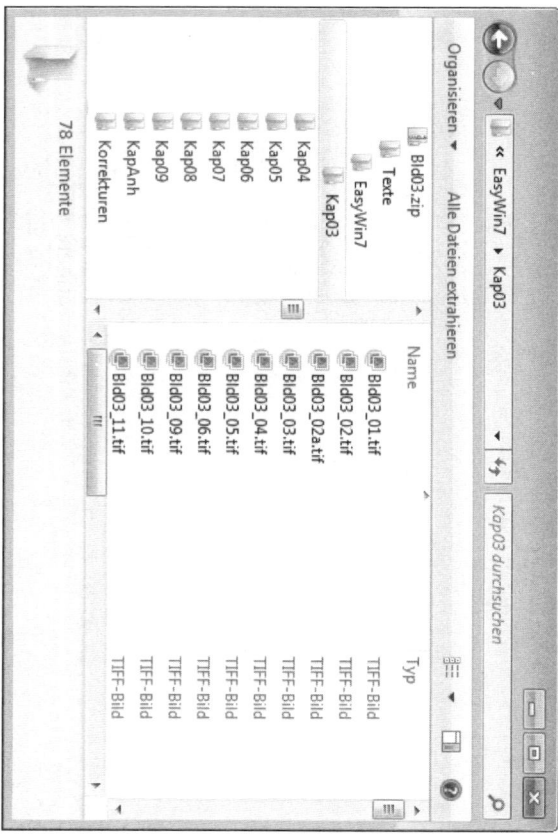

Bild 10.9: Anzeige eines ZIP-komprimierten Ordners

■ Sie sehen den Dateinamen, den Dateityp und auch die komprimierte Größe der Datei. Bei Dateien, die bereits intern eine Komprimierung verwenden (z. B. JPEG-Fotos, WMV-Videos, MP3- oder WMA-Musikdateien), bringt die zusätzliche Komprimierung nichts. ZIP-Archive haben dort den Vorteil, dass sich mehrere Dateien darin ablegen lassen. Dies vereinfacht die Handhabung beim Archivieren auf Datenträger oder die Weitergabe an Dritte, da Sie sich nur noch um die Archivdatei kümmern müssen.

■ Eine neue Datei oder einen neuen Ordner fügen Sie zum ZIP-Archiv hinzu, indem Sie diese einfach bei gedrückter linker Maustaste aus einem zweiten Ordnerfenster zum Symbol (oder geöffneten Fenster) des komprimierten Ordners ziehen. Sobald Sie die Maustaste loslassen, wird das Element komprimiert und im Archiv abgelegt.

Zum Entpacken einer Datei aus dem Archiv ziehen Sie diese einfach bei gedrückter linker Maustaste aus dem geöffneten Ordnerfenster des ZIP-komprimierten Ordners zum Windows-Desktop oder zu einem zweiten geöffneten Zielordner. Sie können die Datei auch im Ordnerfenster zu einem im Navigationsbereich angezeigten Ordnersymbol ziehen. Sobald Sie die linke Maustaste loslassen, wird die betreffende Datei extrahiert und im Zielordner abgelegt.

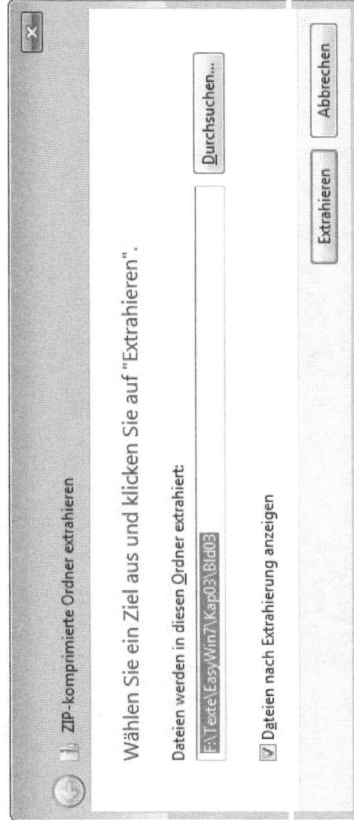

Bild 10.10:   Entpacken aller Dateien eines ZIP-komprimierten Ordners

■ Möchten Sie alle Dateien eines ZIP-Archivs entpacken, wählen Sie die Schaltfläche *Alle Dateien extrahieren* in der Symbolleiste des Ordnerfensters (Bild 10.9). Windows schlägt dann in einem Dialogfeld den Pfad und den Namen des Zielordners (Bild 10.10) vor. Über die Schaltfläche *Durchsuchen* lässt sich der Zielordner ändern. Über die Schaltfläche *Extrahieren* wird der Inhalt des Archivs entpackt.

■ Löschen können Sie einen Eintrag, indem Sie diesen per Mausklick markieren und dann den Befehl *Löschen* im Kontextmenü oder im Menü der Schaltfläche *Organisieren* wählen. Nach einer Sicherheitsabfrage, die Sie über die *Ja*-Schaltfläche bestätigen, wird das markierte Element aus dem Archiv ausgetragen. Beachten Sie, dass diese Elemente endgültig gelöscht und nicht im Papierkorb abgelegt werden.

Klicken Sie mit der rechten Maustaste auf einen Eintrag im ZIP-komprimierten Ordnerfenster, lässt sich über den Kontextmenübefehl *Eigenschaften* die Registerkarte *Allgemein* abrufen. Dort sehen Sie ebenfalls, wie viel Speicherplatz die komprimierte und unkomprimierte Datei verbraucht. Die Handhabung eines ZIP-komprimierten Ordners entspricht also dem Umgang mit normalen Dateien und Ordnern unter Windows (siehe *Kapitel 9*).

HINWEIS

Beachten Sie aber, dass die hier beschriebene Funktionalität nur vorhanden ist, falls keine anderen ZIP-Archivprogramme wie WinZip etc. installiert sind. Richten Sie ein solches Programm unter Windows ein, wird dieses ggf. Teile oder alle der oben beschriebenen Funktionen deaktivieren. Sie müssen dann die Funktionen des ZIP-Programms zum Packen und Entpacken von ZIP-Archiven verwenden! Allerdings kann dies auch einige Vorteile haben, da solche Programme in der Regel verschiedene Archivformate (*zip*, *.arc*, *.lhz* etc.) unterstützen. Zudem wird die Funktion zum Schützen einer ZIP-Archivdatei per Kennwort seit Windows Vista nicht mehr unterstützt. Versuchen Sie allerdings eine per Kennwort geschützte Datei aus einem ZIP-Archiv zu öffnen, erscheint ein Dialogfeld mit einer Kennwortabfrage. Im Kontextmenü einer solchen Archivdatei findet sich auch der Befehl *Kennwort entfernen*. Möchten Sie eine Datei mit einem Kennwortschutz in einem ZIP-Archiv ablegen, empfiehlt es sich, Programme wie WinZip zu verwenden.

Windows kann übrigens auch auf die von Microsoft verwendeten Archive mit der Dateinamenerweiterung *.cab* zugreifen. Microsoft und andere Softwarehersteller verwenden *.cab*-Archive, um Installationsdateien zu packen. Doppelklicken Sie auf das Symbol der *.cab*-Datei, wird deren Inhalt in einem Ordnerfenster angezeigt. Zum Entpacken einer Datei wählen Sie den Kontextmenübefehl *Extrahieren*. Alternativ können Sie den Kontextmenübefehl *Kopieren* wählen, um den Dateinamen in die Zwischenablage zu übernehmen. Wenn Sie dann zum Fenster des Zielordners wechseln, lässt sich die betreffende Datei mittels der Tastenkombination `Strg` + `V` oder mit dem Kontextmenübefehl *Einfügen* in diesen Zielordner extrahieren. Gegebenenfalls müssen Sie eine Warnung durch Windows, dass der Herausgeber der Datei unbekannt ist, in einem Dialogfeld quittieren, um ausführbare Dateien speichern zu können.

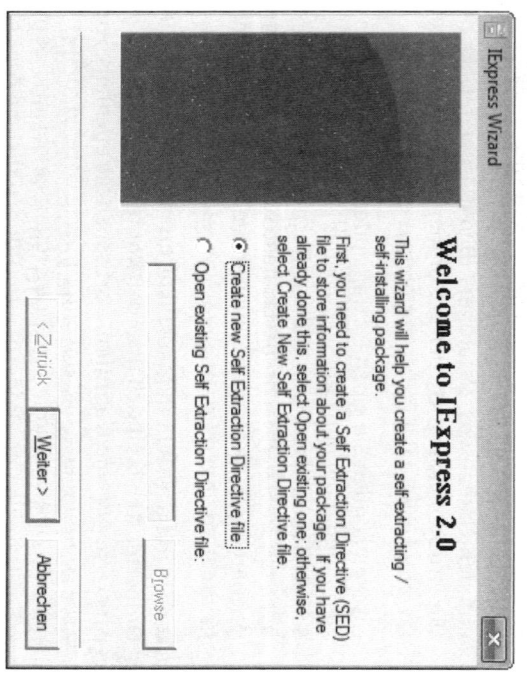

Bild 10.11:   IExpress 2.0-Startdialog

TIPP

Windows enthält das undokumentierte Programm IExpress 2.0, mit dem sich selbstentpackende Archivdateien erstellen lassen. Geben Sie in das Suchfeld des Startmenüs den Befehl *lexpress.exe* ein und drücken Sie die `Enter`-Taste. Daraufhin startet der IExpress-Assistent (Bild 10.11), der Sie dann über verschiedene Dialogfelder durch das Erstellen der selbstextrahierenden Archivdateien führt. Sobald alle Schritte durchlaufen sind, wird der Assistent über die *Fertig stellen*-Schaltfläche beendet. Eine so erstellte, selbstentpackende Archivdatei im *.exe*-Format lässt sich anschließend per Doppelklick anwählen, um den Extrahier- oder Installationsvorgang zu starten.

10.3   Der Aktenkoffer als Datencontainer

Arbeiten Sie mobil mit einem Net- oder Notebook, möchten aber Dateien auch auf einem normalen Computer führen? Oder nutzen Sie mehrere Computer, benötigen dort aber bestimmte Dokumentdateien aus dem gleichen Datenbestand? Wenn die Rechner nicht in einem Netzwerk eingebunden sind, können Sie einen USB-Stick oder, bei vorhandenen Lesegeräten, eine Speicherkarte zur Ablage der Dateien verwenden. Schwierig wird es aber, wenn Sie eine Kopie der Dateien sowohl auf dem Datenträger als auch auf dem betreffenden Rechner bearbeiten. Dann stellt sich die Frage des Datenabgleichs. Sie müssen immer wissen, welche Dateien bzw. Dokumente auf dem Speichermedium gehalten werden und was geändert wurde, um ggf. einen Abgleich durchzuführen. Windows unterstützt Sie bei diesem Vorhaben durch die Funktion des Aktenkoffers. Dies ist quasi ein Container zur Ablage von Dateien. Sie können den Aktenkoffer auf verschiedene Medien kopieren und haben dann alle im Container abgelegten Dateien dabei. Der Pfiff beim Aktenkoffer besteht aber darin, dass dieser einen Datenabgleich mit den Dateien eines zweiten Rechners oder Speicherorts ermöglicht. Nachfolgend wird kurz skizziert, wie sich die Funktion des Aktenkoffers nutzen lässt.

10.3.1   Einen Aktenkoffer einrichten

Um einen Aktenkoffer zu verwenden, müssen Sie diesen zunächst unter Windows einrichten.

1. Klicken Sie mit der rechten Maustaste auf eine freie Stelle des Desktops oder eines Ordnerfensters und wählen Sie im Kontextmenü den Befehl *Neu/Aktenkoffer* (Bild 10.12).

2. Sobald das Symbol des Aktenkoffers mit dem Text *Neuer Aktenkoffer* angelegt wurde, tippen Sie den gewünschten Namen für den Aktenkoffer (z. B. *Geschäftliches*) ein.

Wenn Sie mit der Maus auf eine freie Stelle klicken oder die Enter -Taste drücken, wird der (leere) Aktenkoffer am betreffenden Speicherort eingerichtet. Sie können auf diese Weise mehrere Aktenkoffer mit verschiedenen Bezeichnungen zur Aufnahme unterschiedlicher Inhalte anlegen. Legen Sie den Aktenkoffer auf dem Desktop ab, haben Sie sofortigen Zugriff auf dessen Inhalt und können ihn mit den gewünschten Dateien füllen.

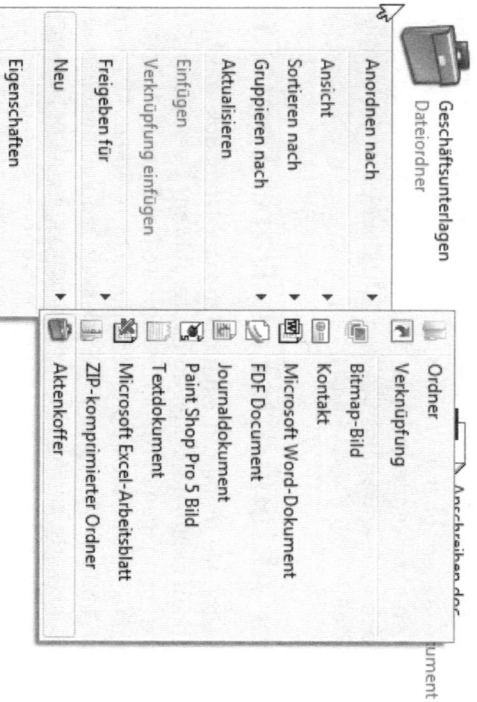

Bild 10.12:   Aktenkoffer anlegen

Füllen des Aktenkoffers

Das Füllen des Aktenkoffers funktioniert genau so wie das Kopieren von
Dateien in einen Ordner.

1. Öffnen Sie das Fenster des Aktenkoffers mit einem Doppelklick auf das
    betreffende Symbol.

2. Wählen Sie im Navigationsbereich des Ordnerfensters den Quellordner
    mit den in den Aktenkoffer zu übertragenden Dateien an.

3. Nachdem der Inhalt des Quellordners im rechten Teil des Ordnerfensters
    erscheint, sollten Sie sicherstellen, dass das Symbol des Aktenkoffers in
    der linken Spalte des Navigationsbereichs zu sehen ist.

4. Markieren Sie die gewünschten Dokumente und ziehen Sie diese bei
    gedrückter linker Maustaste zum Symbol des im Navigationsbereich
    sichtbaren Aktenkoffers (Bild 10.13).

Sobald Sie die linke Maustaste loslassen, überträgt Windows eine Kopie dieser Dokumente in den Aktenkoffer. Sie können jetzt den Aktenkoffer auf
dem Desktop belassen oder auf einen Datenträger kopieren (bzw. per Netzwerk kopieren). Durch den Aktenkoffer sind die Dokumente quasi in einer
Art »Container« abgelegt und stehen Ihnen zur Bearbeitung zur Verfügung.

HINWEIS

Sie können natürlich auch ein Ordnerfenster sowie das Fenster des Aktenkoffers nebeneinander anordnen und die gewünschten Elemente bei
gedrückter linker Maustaste zwischen den beiden Fenstern ziehen. Windows kopiert dann die Elemente zwischen Aktenkoffer und Ordner. Verwenden Sie beim Ziehen von Elementen zum Aktenkoffer die rechte Maustaste, enthält das Kontextmenü statt *Kopieren* den Befehl *Synchronkopie
erstellen*. Existieren bereits Kopien der Quellelemente im Aktenkoffer, können Sie in einem Dialogfeld wählen, ob die Kopie zu überschreiben ist.

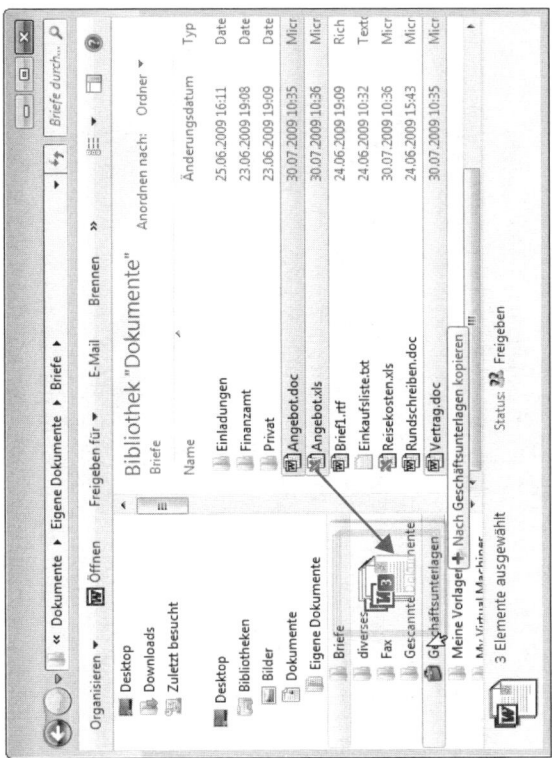

Bild 10.13:   Aktenkoffer füllen

Dokumente aus dem Aktenkoffer bearbeiten

Sobald der Aktenkoffer gefüllt wurde, können Sie ihn wie jeden anderen Ordner verwenden. Die Dateien lassen sich in Anwendungen laden und bearbeiten. Der Aktenkoffer überwacht diese Bearbeitung und unterstützt die spätere Aktualisierung.

10.3.2   Den Inhalt des Aktenkoffers synchronisieren

Das Problem beim Arbeiten mit mehreren Dokumentkopien besteht darin, dass Sie später die Änderungen synchronisieren müssen. Haben Sie z. B. Dokumente auf dem Notebook bearbeitet und möchten Sie diesen Stand auch auf der Festplatte des normalen Computers anpassen? Oder möchten Sie sicherstellen, dass der Inhalt Ihres Aktenkoffers auf dem aktuellen Stand ist? Dann müssen Sie den Aktenkofferinhalt mit den Dateien des externen Speicherorts abgleichen. Öffnen Sie das Fenster des Aktenkoffers per Doppelklick auf dessen Symbol, zeigt das Ordnerfenster die enthaltenen Dokumente. In der Ansicht »Details« listet die Spalte *Synchronkopie in* den Pfad zum Quellordner mit der Originaldatei auf. Die Spalte *Status* gibt an, ob die Kopie im Aktenkoffer verändert wurde. Zusätzlich wird das Datum der letzten Änderung in einer separaten Spalte angegeben. Zum Abgleich der Dateien des Aktenkoffers mit den Originalen auf einem Speichermedium führen Sie folgende Schritte aus:

1. Klicken Sie im geöffneten Ordnerfenster des Aktenkoffers auf die in der Symbolleiste angezeigte Schaltfläche *Alle Elemente aktualisieren* (Bild 10.14, Hintergrund). Alternativ können Sie auch einzelne Dateien markieren und die Schaltfläche *Element aktualisieren* bzw. *Ausgewählte Elemente aktualisieren* wählen.

183

2. Liegen geänderte Dateien vor, erscheint das Dialogfeld <Aktenkoffer-name> aktualisieren (Bild 10.14, Vordergrund). Sie können bei Bedarf die Aktualisierungsoptionen anpassen, indem Sie die gewünschten Einträge mit der rechten Maustaste anklicken und jeweils einen der verfügbaren Kontextmenübefehle wählen.

3. Klicken Sie anschließend auf die am unteren Dialogfeldrand angezeigte Schaltfläche Aktualisieren.

Sind alle Dateien aktuell, wird das Dialogfeld zum Aktualisieren nicht angezeigt und Sie erhalten nur einen Hinweis, dass die Dateien aktuell sind. Haben Sie das Dialogfeld irrtümlich geöffnet, können Sie es über die Abbrechen-Schaltfläche schließen, ohne irgendetwas zu verändern. Liegen Änderungen zwischen Aktenkoffer und Original vor, listet das Dialogfeld <Aktenkoffername> aktualisieren den Status dieser Dateien auf.

■ Die linke Spalte zeigt den Status der im Aktenkoffer enthaltenen Dokumente, während die rechte Spalte den Status der Originaldateien am betreffenden Speicherort angibt.

■ In der mittleren Spalte signalisiert ein Symbol, ob die Datei gelöscht wurde (rotes Kreuz). Ein grüner Pfeil zeigt eine geänderte Datei an, wobei die Richtung der Pfeilspitze signalisiert, ob das Original oder die Kopie im Aktenkoffer geändert wurde.

Der Aktenkoffer verwendet standardmäßig immer die neueste Dokumentversion zur Aktualisierung und passt die Richtung des Pfeils entsprechend an. Sie können aber über Kontextmenübefehle auswählen, ob die Kopie im Aktenkoffer oder das Original ersetzt werden soll. Der Befehl Details öffnet einen Zusatzdialog, in dem Sie über zwei Optionen die zu aktualisierende Datei wählen. Über den Eintrag Überspringen wird das betreffende Dokument von der Aktualisierung ausgenommen. Wurde eine Datei gelöscht, finden Sie im Kontextmenü des betreffenden Elements den Befehl Löschen. Wählen Sie diesen Befehl, entfernt Windows auch noch die verbliebene Datei.

Sobald Sie die Schaltfläche Aktualisieren anklicken, nimmt der Aktenkoffer den Abgleich der Dateien zwischen Aktenkoffer und Original vor. Die Dateien werden dabei in der angegebenen Richtung kopiert.

Wurden die Dokumente im Aktenkoffer und im Original geändert, lässt sich keine Aktualisierung durchführen. Übernehmen Sie notfalls die neueste Fassung und tragen Sie die »verloren gegangenen Änderungen« des anderen Dokuments manuell nach. Einige Programme wie z. B. Microsoft Word können die Differenzen zweier Dokumente anzeigen und abgleichen.

Sie sollten Dateien, die in den Aktenkoffer übertragen wurden, keinesfalls umbenennen oder die Originale in andere Ordner verschieben. Tun Sie dies trotzdem, geht die Synchronisierung verloren und ein automatischer Abgleich ist nicht mehr möglich.

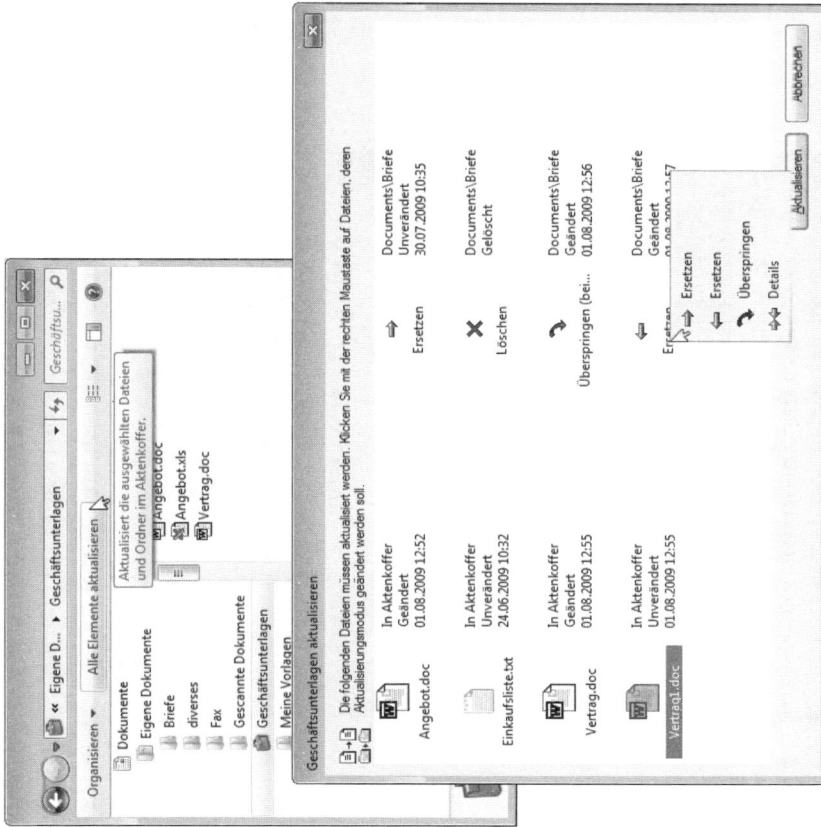

Bild 10.14: Aktenkoffer synchronisieren

10.3.3 Dokumente löschen und trennen

Benötigen Sie ein Dokument im Aktenkoffer oder im Quellordner nicht mehr, müssen Sie es gezielt löschen. Wurde ein Dokument im Quellordner gelöscht, können Sie die Kopie im Aktenkoffer auf die gleiche Weise entfernen. Oder Sie geben bei der nächsten Aktualisierung über den Kontextmenübefehl *Löschen* an, dass die Kopie auch aus dem Papierkorb zu entfernen ist.

Um die Kopie aus dem Aktenkoffer zu entfernen, reicht es aber nicht, diese zum Papierkorb zu ziehen – denn spätestens beim nächsten Synchronisieren würde der Aktenkoffer die fehlende Datei erneut anlegen. Der Kontextmenübefehl *Löschen* im Synchronisierungsdialog bringt Sie auch nicht weiter, da dann die Originaldatei auch noch gelöscht würde. Die einzige Möglichkeit, eine Datei aus dem Aktenkoffer zu entfernen und das Original zu erhalten, besteht darin, die Verbindung zum Original zu trennen.

185

1. Markieren Sie den betreffenden Eintrag im Ordnerfenster des Aktenkof-fers und wählen Sie den Kontextmenübefehl *Eigenschaften*.

2. Wählen Sie im Eigenschaftenfenster die Schaltfläche *Vom Original tren-nen* auf der Registerkarte *Aktualisierungsstatus* (Bild 10.15).

3. Bestätigen Sie den Sicherheitsdialog zum Trennen über die *Ja*-Schaltflä-che und schließen Sie die Registerkarte über die *Schließen*-Schaltfläche.

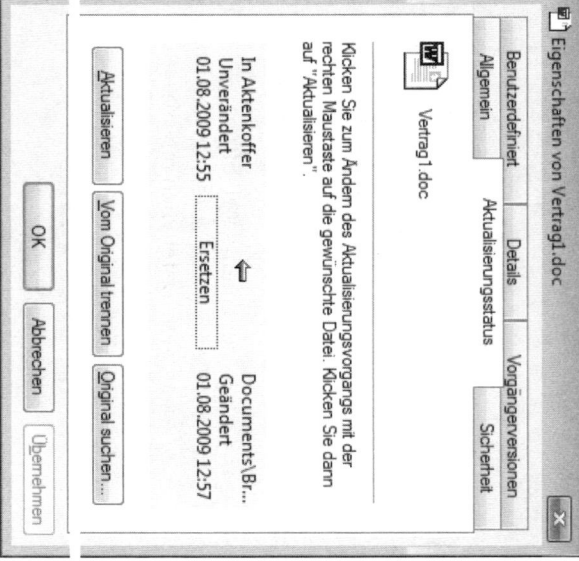

Bild 10.15: Verbindung im Aktenkoffer trennen

TIPP

Dann hebt der Aktenkoffer die Verbindung zwischen Kopie und Original auf. Sie können anschließend die nicht mehr benötigte Datei im Aktenkoffer (oder im Quellordner) löschen.

Neben dem Aktenkoffer können Sie auch das Microsoft SyncToy 2.0 zum Abgleich von Ordnern verwenden. Das Tool lässt sich kostenlos von der Internetseite www.microsoft.com/prophoto/downloads/ herunterladen.

Dateitypen, Verknüpfungen, Berechtigungen

In Windows ist für Dokumentdateien festgelegt, mit welcher Anwendung diese zu öffnen sind. Nachfolgend erfahren Sie, wie sich diese Zuordnungen mit Bordmitteln anpassen lassen und wie Sie nicht registrierte Dokumente in Anwendungen öffnen bzw. die Dokumenttypen registrieren können. Weiterhin wird im Folgenden erläutert, wie Sie die von Windows aufgezeichneten Listen der zuletzt geöffneten Dokumente verwalten (einblenden, löschen, Aufzeichnung sperren) können. Verknüpfungen ermöglichen Ihnen einen schnellen Zugriff auf Programme und Dokumente. Wie Sie Verknüpfungen einrichten oder deren Eigenschaften anpassen, ist Inhalt eines eigenen Abschnitts. Zudem werden die Funktionen zur Anpassung der Zugriffsberechtigungen bezüglich Dateien und Ordner unter Windows 7 skizziert.

11.1 Dateitypen unter Windows verwalten

Ein Doppelklick auf eine Dokumentdatei öffnet diese im zugehörigen Anwendungsprogramm. Wie Sie diese Vorgaben ändern, falls es mal Probleme gibt, oder wie Sie ggf. neue Dateitypen registrieren, wird nachfolgend gezeigt.

11.1.1 Dokumente über »Öffnen mit« laden

Erhalten Sie eine Datei, deren Dokumenttyp Windows nicht kennt (z. B. weil eine geänderte Dateinamenerweiterung benutzt wird), zeigt Windows 7 diese mit dem Symbol für unbekannte Dokumente (siehe Datei *Readme.text* in Bild 11.1, Hintergrund). Wählen Sie eine solche Datei per Doppelklick an, erscheint das in Bild 11.1 im Vordergrund gezeigte Dialogfeld. Um die Dokumentdatei einmalig zu laden oder sogar den Dokumenttyp zu registrieren, gehen Sie in folgenden Schritten vor.

1. Markieren Sie das Optionsfeld *Programm aus einer Liste installierter Programme auswählen* (Bild 11.1, Vordergrund) und klicken Sie auf die *OK*-Schaltfläche.

2. Windows öffnet daraufhin das Dialogfeld *Öffnen mit* (Bild 11.2), in dem Sie das Programm zum Öffnen der Anwendung auswählen.

Kann Windows den Dokumentinhalt erkennen (z. B. bei Textdateien), schlägt es bereits passende Anwendungen zum Öffnen vor. Bei Textdateien sind dies beispielsweise der Windows-Editor oder das Programm WordPad.

3. Ist kein passendes Programm im Dialogfeld *Öffnen mit* aufgeführt, wählen Sie die Schaltfläche *Durchsuchen*. Im dann angezeigten Ordnerfenster können Sie das gewünschte Anwendungsprogramm (*.exe*-Datei) im zugehörigen Programmordner auswählen und mittels der *Öffnen*-Schaltfläche bestätigen.

Bevor Sie das Dialogfeld *Öffnen mit* schließen, müssen Sie noch entscheiden, ob der Dokumenttyp dauerhaft für die Anwendung registriert werden soll.

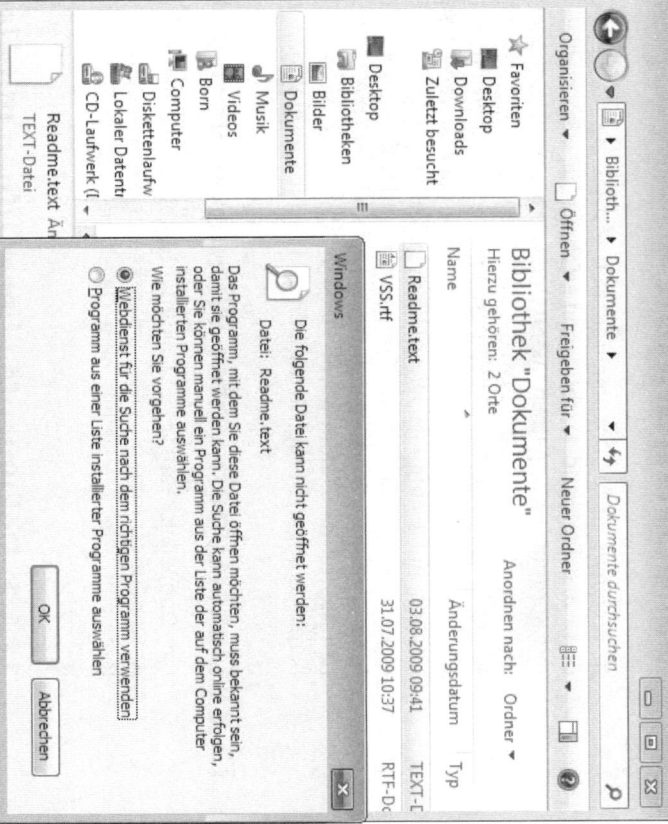

Bild 11.1:   Dialogfeld beim Doppelklick auf unbekannte Dateitypen

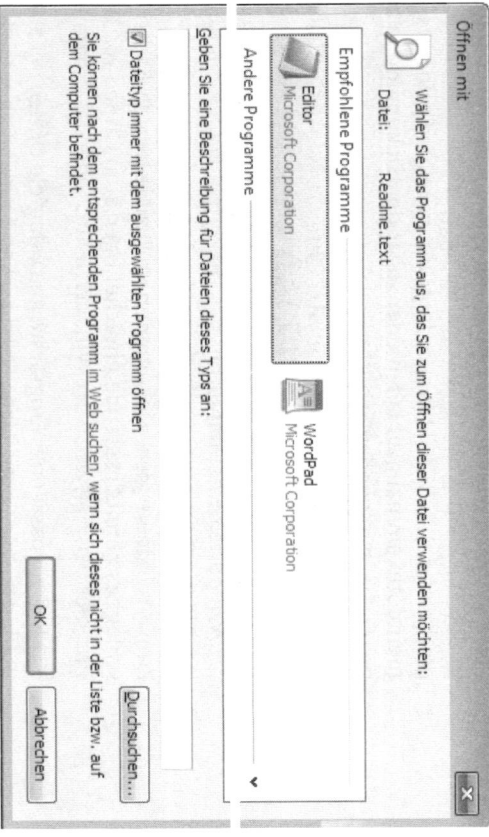

Bild 11.2:   Dialogfeld *Öffnen mit* zur Auswahl der Anwendung

4. In diesem Fall tippen Sie in das Textfeld *Geben Sie eine Beschreibung für Dateien diesen Typs an* des *Öffnen mit*-Dialogfelds einen kurzen Text für den Dateityp ein (z. B. »Textdokument«). Stellen Sie zudem sicher, dass das Kontrollkästchen *Dateityp immer mit dem ausgewählten Programm öffnen* markiert ist.

5. Danach schließen Sie das Dialogfeld über die *OK*-Schaltfläche.

Windows öffnet dann das Dokument im angegebenen Anwendungsprogramm. War das Kontrollkästchen *Dateityp immer mit dem ausgewählten Programm öffnen* markiert, registriert Windows den Dateityp. Allen Dateien mit der gleichen Dateinamenerweiterung wird dann in Windows das Symbol des gewählten Anwendungsprogramms zugeordnet und die Dokumente lassen sich zukünftig per Doppelklick öffnen. Möchten Sie dies vermeiden, müssen Sie im Dialogfeld *Öffnen mit* darauf achten, dass das Kontrollkästchen *Dateityp immer mit dem ausgewählten Programm öffnen* nicht markiert ist.

HINWEIS Wichtig ist allerdings, dass das in *Öffnen mit* gewählte Anwendungsprogramm den Dokumenttyp auch öffnen kann. Dies ist beispielsweise häufig bei Textdateien gegeben, die sich im Windows-Editor oder in WordPad ansehen lassen. Grafikprogramme unterstützen häufig verschiedene Dateitypen wie *.bmp*, *.gif*, *.tif* und *.jpg*.

11.1.2 Registrierte Dokumente über »Öffnen mit« laden

Ein Doppelklick auf eine Dokumentdatei öffnet diese immer in der unter Windows registrierten Anwendung. Gelegentlich ist es aber erwünscht, ein Dokument in einem anderen Anwendungsprogramm zu laden (z. B. wenn Sie zwei Grafikprogramme installiert haben und eines als Standard für die Dateitypen registriert ist). Statt das betreffende Anwendungsprogramm erst zu starten und dann über dessen Befehl *Öffnen* im Menü *Datei* die gewünschte Dokumentdatei zu laden, führen Sie folgende Schritte aus.

1. Klicken Sie die betreffende Datei mit der rechten Maustaste an und wählen Sie im Kontextmenü den Befehl *Öffnen mit* (Bild 11.3).

2. Wird im Untermenü die passende Anwendung angezeigt, klicken Sie den zugehörigen Befehl an. Andernfalls wählen Sie den Befehl *Standardprogramm auswählen*.

3. Im Dialogfeld *Öffnen mit* (Bild 11.2) wählen Sie die gewünschte Anwendung, passen ggf. die Optionen im Dialogfeld an und schließen das Dialogfeld über die *OK*-Schaltfläche.

Ähnlich wie im vorherigen Abschnitt beschrieben, können Sie über die Schaltfläche *Durchsuchen* des Dialogfelds *Öffnen mit* jede passende Anwendung zum Laden der Dokumentdatei auswählen. Achten Sie darauf, dass das Kontrollkästchen *Dateityp immer mit dem ausgewählten Programm öffnen* nicht markiert ist. Andernfalls wird die ausgewählte Anwendung dauerhaft zum Öffnen des Dateityps registriert und ein Doppelklick öffnet dann das Dokument in dieser Anwendung.

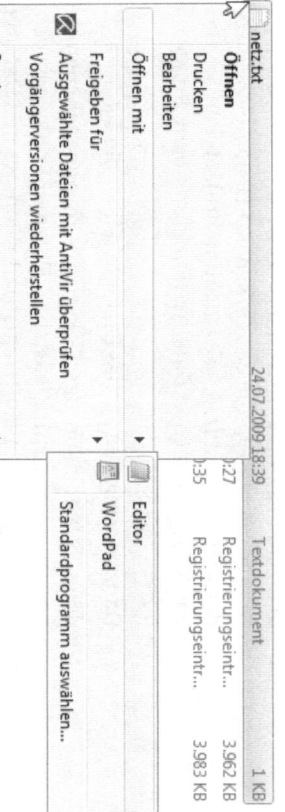

Bild 11.3:   Kontextmenü zum Öffnen eines Dokuments

TIPP

Wurde ein Dokumenttyp ungewollt über *Öffnen mit* einer Anwendung zugeordnet oder hat eine Programminstallation diese Registrierung verändert? Dies lässt sich leicht korrigieren, indem Sie die obigen Schritte verwenden. Wählen Sie die gewünschte Anwendung zum Öffnen des Dateityps und stellen Sie sicher, dass das Kontrollkästchen *Datentyp immer mit dem ausgewählten Programm öffnen* markiert ist. Dann passt Windows die Zuordnung des Dateityps zur Anwendung entsprechend an.

Die Einträge für registrierte Dokumenttypen finden sich in der Registrierung im Schlüssel *HKEY_CLASSES_ROOT*. Für jeden Dateityp ist ein Unterschlüssel mit der Dateinamenerweiterung (z. B. *.txt*) vorhanden. Dessen Standardwert gibt den Namen des zweiten Unterschlüssels an, in dem die Registrierungsinformationen für Verben wie Öffnen, Drucken etc. abgelegt sind. Erfahrene Anwender können daher auch direkt über den Registrierungseditor auf die Einstellungen für registrierte Dokumenttypen zugreifen. Details zu dieser Thematik finden Sie in dem von mir bei Markt+Technik publizierten Titel »Magnum – Windows 7 Home Premium Tricks«.

11.2   Liste der zuletzt verwendeten Dokumente anpassen

Windows 7 führt eine Liste der zuletzt verwendeten Dokumente, die den schnellen Zugriff auf diese Elemente über das Startmenü ermöglicht. Zudem ist die Möglichkeit neu hinzugekommen, über Sprunglisten auf zuletzt geöffnete Anwendungsdokumente zuzugreifen. Der folgende Abschnitt beschreibt, wie sich Anpassungen an diesen Funktionen vornehmen lassen.

11.2.1   Zugriff auf zuletzt verwendete Dokumente

Windows 7 hält eine Liste der zuletzt geöffneten Dokumente an drei Stellen vor:

- Bei entsprechender Konfigurierung kann über den Startmenübefehl *Zuletzt verwendet* eine Liste der (max. 15) zuletzt geöffneten Dokumentdateien eingesehen werden (Bild 11.4, unten rechts).

- Öffnen Sie die Sprungliste einer Taskleistenschaltfläche, führt Windows dort die letzten 10 geöffneten Dokumente dieser Anwendung auf (Bild 11.4, oben rechts).

- Klicken Sie im Startmenü bei einer auf Windows 7 abgestimmten Anwendung auf das am rechten Rand sichtbare Dreieck, lässt sich über das angezeigte Untermenü auf die letzten 10 geöffneten Dokumente zugreifen (Bild 11.4, links).

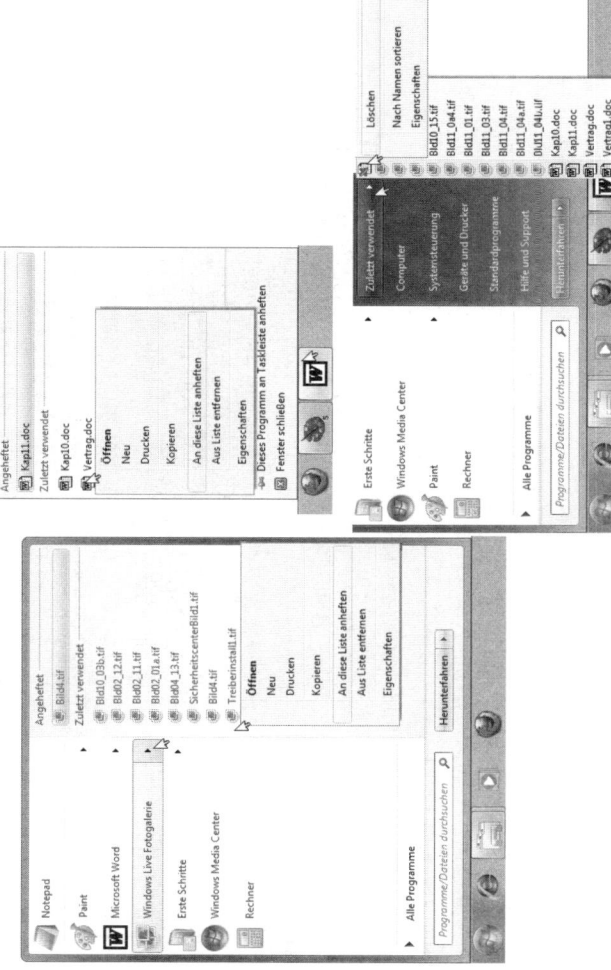

Bild 11.4:   Zugriff auf zuletzt verwendete Dokumente

Zum Öffnen des betreffenden Dokuments reicht also ein Mausklick auf den betreffenden Eintrag. Zum Pflegen der Dokumentliste stehen Ihnen im Kontextmenü der jeweiligen Einträge verschiedene Befehle zur Verfügung. Im Menü des Startmenübefehls *Zuletzt verwendet* bewirkt der Kontextmenübefehl *Löschen* das Austragen des betreffenden Eintrags. Der Befehl *Nach Namen sortieren* ermöglicht, die Dokumentliste neu zu sortieren. Bei den Sprunglisten von Taskleistenschaltflächen und Startmenüeinträgen finden Sie im Kontextmenü den Befehl *Aus Liste entfernen*. Der Kontextmenübefehl *An diese Liste anheften* fixiert den Dokumenteintrag in der Sprungliste und heftet ihn am oberen Listenrand an. Der gleiche Effekt wird erreicht, wenn Sie auf einen Eintrag zeigen und dann das Symbol des stilisierten Pins am rechten Rand anklicken. Zum Lösen eines angehefteten Eintrags wählen Sie den Kontextmenüeintrag *Von dieser Liste lösen* oder klicken auf den am rechten Rand des Eintrags beim Zeigen eingeblendeten Pins.

Beim Zeigen auf die Einträge der zuletzt verwendeten Dokumente blendet Windows eine QuickInfo mit der Pfadangabe zur Dokumentdatei ein. Ob die Dateinamenerweiterungen, wie in Bild 11.4 gezeigt, in der Liste der zuletzt verwendeten Dokumente erscheinen, hängt von den Einstellungen ab. Nur wenn die Anzeige von Dateinamenerweiterungen im Ordnerfenster eingeschaltet wurde, sehen Sie die betreffenden Erweiterungen auch im Startmenü.

11.2.2   Einstellungen für Dokumentlisten anpassen

Standardmäßig ist der Befehl *Zuletzt verwendet* im Windows 7-Startmenü zwar ausgeblendet. Windows 7 trägt trotzdem die zuletzt geöffneten Dokumente in die Liste ein. Zudem hinterlassen die Sprunglisten Dritten einen schnellen Überblick, welche Dokumente der Benutzer zuletzt in Bearbeitung hat. Möchten Sie dieses Risiko des Ausspähens minimieren, können Sie ggf. die Einträge in den Sprunglisten per Kontextmenü entfernen (siehe vorheriger Abschnitt). Soll der Eintrag *Zuletzt benutzt* im Startmenü mit angezeigt werden oder möchten Sie aus Datenschutzgründen die Aufzeichnung der zuletzt geöffneten Dokumente unterbinden?

1. Klicken Sie mit der rechten Maustaste auf die Schaltfläche *Start* und wählen Sie den Kontextmenübefehl *Eigenschaften* (Bild 11.5, unten links).

2. Löschen Sie im Eigenschaftenfenster auf der Registerkarte *Startmenü* die Markierung des Kontrollkästchens *Zuletzt geöffnete Elemente im Startmenü und in der Taskleiste speichern und anzeigen* in der Gruppe *Datenschutz* (Bild 11.5, links).

Bei der Gelegenheit können Sie auch gleich die Markierung des Kontrollkästchens *Zuletzt geöffnete Programme im Startmenü speichern und anzeigen* löschen. Dann trägt Windows die Symbole der zuletzt benutzten Programme nicht mehr in die linke Spalte des Startmenüs ein. Um die Einstellungen für Sprunglisten anzupassen und den Befehl *Zuletzt verwendet* ein-/auszublenden, führen Sie folgende Zusatzschritte aus.

3. Klicken Sie auf der Registerkarte *Startmenü* die Schaltfläche *Anpassen* an (Bild 11.5, links) und blättern Sie in der angezeigten Liste der Startmenüelemente ganz nach unten.

4. Passen Sie die Markierung der Kontrollkästchen an und stellen Sie ggf. den Wert der Drehfelder ein.

Hierbei können Sie folgende Optionen im Dialogfeld *Startmenü anpassen* (Bild 11.5, rechts) verändern.

- Setzen oder löschen Sie die Markierung des Kontrollkästchens *Zuletzt verwendet* in der Liste der Startmenüelemente, um den betreffenden Startmenübefehl ein- bzw. auszublenden.

- Ist auf der Registerkarte *Startmenü* (Bild 11.5, links) das Kontrollkästchen *Liste der zuletzt geöffneten Programme im Startmenü speichern und anzeigen* markiert? Dann legt der Wert des Drehfelds *Anzahl der zuletzt ausgeführten Programme* (Bild 11.5, rechts) die Länge der von Windows im Startmenü verwalteten Liste der zuletzt ausgeführten Programme fest.

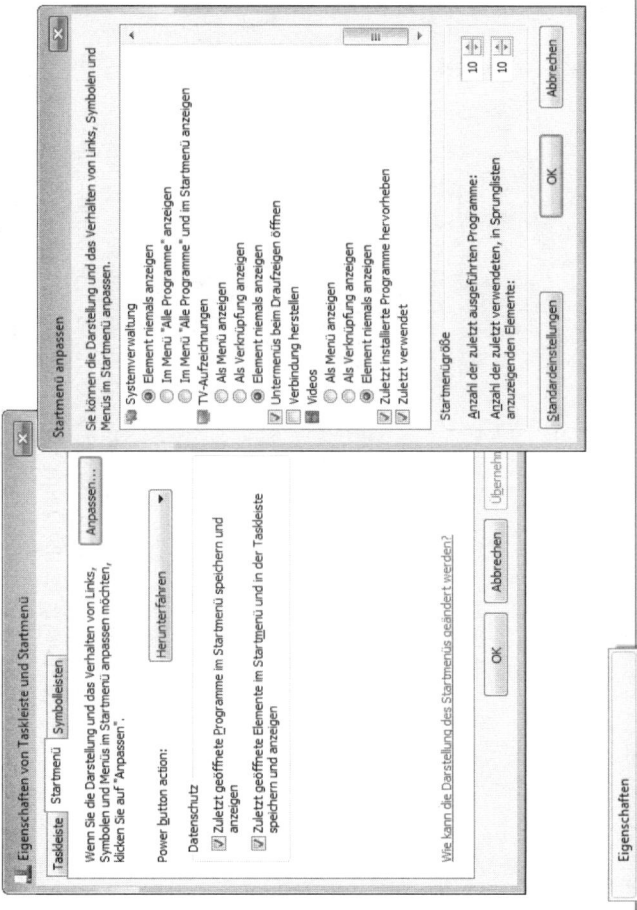

Bild 11.5:   Datenschutzoptionen für das Startmenü

■ Über das Drehfeld *Anzahl der zuletzt verwendeten, in Sprunglisten anzuzeigenden Elemente* legen Sie test, wie viele Dokumenteinträge für
Sprunglisten durch Windows 7 verwaltet werden. Die Einstellung bleibt
wirkungslos, wenn Sie die Markierung des Kontrollkästchens *Zuletzt
geöffnete Elemente im Startmenü und in der Taskleiste speichern und
anzeigen* auf der Registerkarte *Startmenü* löschen (Bild 11.5, links). Denn
dann werden sowohl die Sprunglisten als auch die Liste »Zuletzt verwendet« des Startmenüs gelöscht.

Die Änderungen werden übernommen, sobald Sie das Dialogfeld sowie die
Registerkarte über die *OK*-Schaltfläche schließen. Hinweise zum Anpassen
des Startmenüs über das Dialogfeld *Startmenü anpassen* finden Sie im
gleichnamigen Abschnitt in *Kapitel 4*.

11.3 Arbeiten mit Verknüpfungen

Verknüpfungen stellen eine elegante Methode zum schnellen Zugriff auf Programme, Dateien oder andere Elemente (z. B. Drucker, Startmenübefehle,
Einträge der Systemsteuerung etc.) dar. Solche Verknüpfungen enthalten die
Information, wo das eigentliche Zielelement abgelegt ist, und definieren das
Verknüpfungssymbol, eine optionale QuickInfo etc. In *Kapitel 4* wurde bereits
erläutert, wie sich sogenannte Verknüpfungen durch Ziehen per Maus auf
dem Desktop einrichten lassen. Nachfolgend wird diskutiert, wie Sie Verknüpfungen gezielt anlegen und deren Eigenschaften anpassen.

193

11.3.1 Verknüpfungen per Assistent einrichten

Sie können Verknüpfungen über einen Assistenten einrichten. Dies hat gegenüber der in *Kapitel 4* gezeigten Methode den Vorteil, dass sich die Verknüpfungseigenschaften mit definieren lassen.

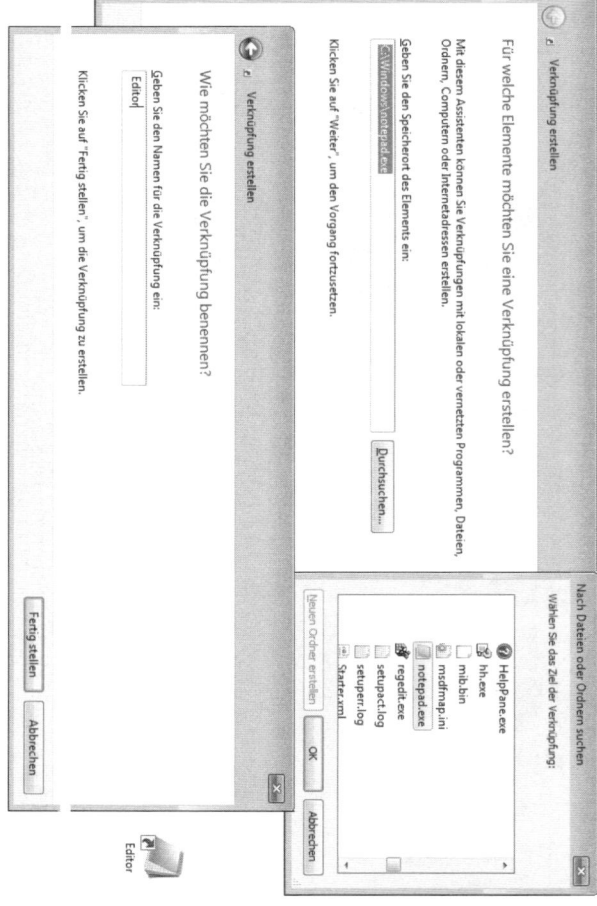

Bild 11.6: Dialogfelder zum Einrichten einer Verknüpfung

1. Klicken Sie mit der rechten Maustaste auf eine freie Stelle des Desktops oder eines Ordnerfensters und wählen Sie im Kontextmenü die Befehle *Neu/Verknüpfung*. Alternativ können Sie in einem Ordnerfenster die Alt-Taste drücken und im Menü *Datei* den Befehl *Neu/Verknüpfung* wählen.

2. Windows startet einen Assistenten, in dessen Startdialog (Bild 11.6, oben, Hintergrund) Sie die Befehlszeile zum Aufruf des gewünschten Programms mitsamt den gewünschten Optionen festlegen müssen.

3. Falls Sie den Programmpfad nicht kennen, klicken Sie auf die Schaltfläche *Durchsuchen*. Windows öffnet ein Dialogfeld (Bild 11.6, oben rechts), in dem Sie den Ordner wählen, der die Programmdatei enthält. Schließen Sie das Dialogfeld über die *Ok*-Schaltfläche und klicken Sie im Dialogfeld des Assistenten auf die Schaltfläche *Weiter*.

4. Tragen Sie im zweiten Dialogfeld des Assistenten (Bild 11.6, unten) einen Namen für die Verknüpfung in das betreffende Textfeld ein und klicken Sie dann auf die Schaltfläche *Fertig stellen*.

Der Assistent wird geschlossen und Windows richtet im aktuellen Ordner (bzw. auf dem Desktop) die neue Verknüpfung mit dem angegebenen Titel ein. In einem weiteren Schritt können Sie nun noch die Eigenschaften dieser Verknüpfung anpassen.

11.3.2   Eigenschaften einer Verknüpfung ändern

Jede Verknüpfung besitzt bestimmte Eigenschaften wie den Symboltitel, das benutzte Symbol, die Verknüpfung zur Zieldatei etc. Der Symboltitel lässt sich direkt durch Umbenennen der Verknüpfung anpassen. Die restlichen Eigenschaften werden über ein eigenes Eigenschaftenfenster geändert.

1. Klicken Sie das betreffende Verknüpfungssymbol mit der rechten Maustaste an und wählen Sie im Kontextmenü den Befehl *Eigenschaften*.

2. Wählen Sie im Eigenschaftenfenster der Verknüpfung die Registerkarte *Verknüpfung* (Bild 11.7, Hintergrund links) und passen Sie die Verknüpfungseigenschaften an.

Die einzelnen Eigenschaften der Registerkarte *Verknüpfung* besitzen folgende Bedeutung:

■ Das Textfeld *Ziel* enthält den Pfad und den Namen der Zieldatei, die bei Anwahl der Verknüpfung benutzt wird. Benötigt ein Programm z.B. bestimmte Aufrufoptionen (wie Dateinamen), sind diese in der betreffenden Zeile anzugeben. Mit *Notepad.exe Test.txt* würde beispielsweise der Windows-Editor gestartet und gleichzeitig die Textdatei *Test.txt* geöffnet. Der Zielordner, in dem die in der Verknüpfung angegebene Datei abgelegt ist, lässt sich über die Schaltfläche *Dateipfad öffnen* als Ordnerfenster öffnen.

■ Einige Anwendungen benötigen einen eigenen Ordner, in dem Bibliotheksdateien oder zusätzliche Dateien abgelegt werden. Dieser Ordner wird in das Feld *Ausführen in* eingetragen.

■ Im Startmenü und auf dem Desktop abgelegte Verknüpfungen auf Programme können Sie mit einer Tastenkombination versehen. Dann lässt sich die Verknüpfung durch Drücken der Tastenkombination direkt aufrufen. Solche Tastenkombinationen beinhalten immer die Tasten [Strg] und [Alt] sowie eine dritte Taste. Die betreffende Eigenschaft wird über das Feld *Tastenkombination* definiert. Zum Festlegen der Tastenkombination [Strg]+[Alt]+[E] klicken Sie in das Feld *Tastenkombination* und drücken dann die Taste [E]. Durch Drücken der [↩]-Taste lässt sich der Inhalt des Felds mit der Tastenkombination wieder aufheben. Windows zeigt den Text »Keine« an. Achten Sie aber darauf, nur Tastenkombinationen zu benutzen, die noch nicht durch Windows belegt sind. Weiterhin sind die Tasten [Esc], [Enter], [Leer], [Druck] oder [↩] in Windows für andere Zwecke reserviert.

■ Die zur Verknüpfung gehörende Anwendung lässt sich im Vollbildmodus (*Maximiert*), als normales Fenster oder als Symbol (*Minimiert*) öffnen. Welcher Modus benutzt wird, kann über das Listenfeld *Ausführen* eingestellt werden.

■ Das Feld *Kommentar* ermöglicht Ihnen, einen Text als Kommentar einzugeben. Dieser Feldinhalt wird später als QuickInfo angezeigt, sobald Sie mit der Maus auf das Verknüpfungssymbol zeigen.

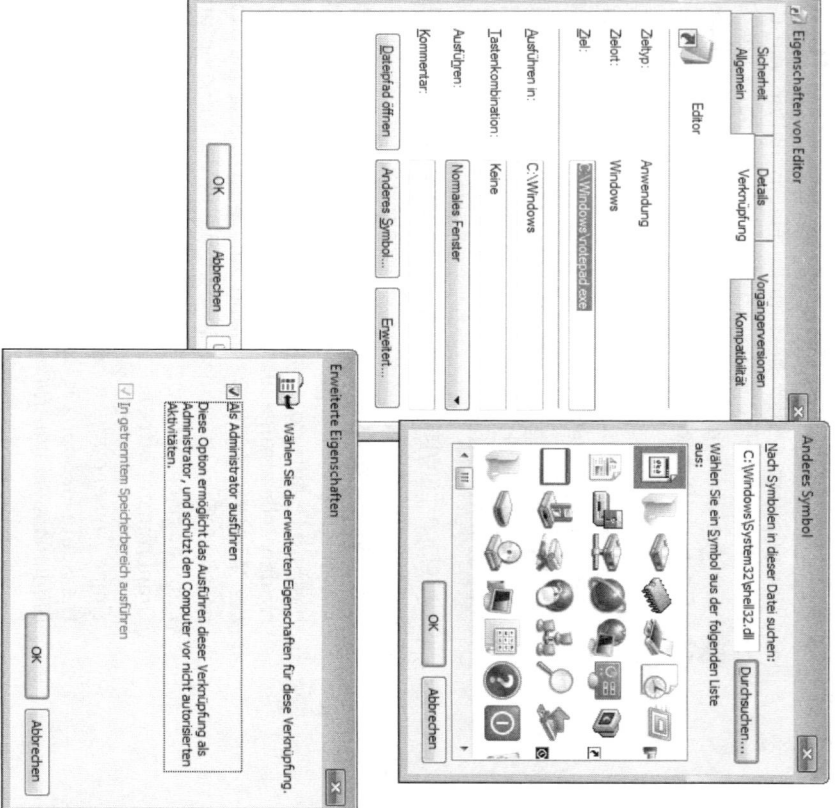

Bild 11.7: Eigenschaften einer Verknüpfung

■ Die Schaltfläche *Erweitert* öffnet das in Bild 11.7, unten rechts, gezeigte Dialogfeld. Dort können Sie (bei Programmdateien) über das Kontroll-kästchen festlegen, dass die Anwendung ausschließlich unter einem Administratorkonto aufgerufen werden darf.

■ Windows verwendet standardmäßig das Symbol der Anwendung als Verknüpfungssymbol. Klicken Sie auf der Registerkarte *Verknüpfung* auf die Schaltfläche *Anderes Symbol*, öffnet Windows das gleichnamige Dia-logfeld (Bild 11.7, oben rechts) mit den verfügbaren Symbolen. Windows-Programmdateien enthalten mindestens ein solches Symbol, meist jedoch mehrere. Bei Bedarf lässt sich im Textfeld des Dialogfelds der Pfad zu einer anderen Symboldatei (hier *shell32.dll*) angeben oder über die Schaltfläche *Durchsuchen* auswählen. Markieren Sie im Dialogfeld *Anderes Symbol* das gewünschte Symbol und schließen Sie das Dialog-feld über die *OK*-Schaltfläche.

Die Änderungen werden wirksam, sobald Sie die Registerkarte über die *Ok*-Schaltfläche schließen oder auf die Schaltfläche *Übernehmen* klicken.

> **TIPP**
>
> Die im Windows-Ordner *\System32* gespeicherten Dateien *Shell32.dll*, *Pifmgr.dll* und *Moricons.dll* enthalten eine ganze Sammlung von Symbolen. Viele *.exe*- und *.dll*-Dateien weisen ebenfalls Symbole auf.

11.4   Zugriffsberechtigungen verwalten

Über das NTFS-Dateisystem lassen sich Zugriffsrechte für Dateien und Ordner zuweisen. In Windows 7 Home Premium können Sie diese Zugriffsrechte entsprechend anpassen. Nachfolgend wird kurz erläutert, was es mit Zugriffsrechten auf sich hat und wie Sie diese anpassen.

11.4.1   Zugriffsrechte, das steckt dahinter

Beim Anlegen von Dateien und Ordnern vergibt Windows automatisch die Zugriffsrechte. Diese regeln, wer alles auf das betreffende Element zugreifen darf. Dabei lässt sich noch die Art des Zugriffs unterscheiden – z. B. nur lesen oder lesen und schreiben, bei Programmen gibt es die Berechtigung zum Ausführen oder bei Ordnern kann auch eine Berechtigung zum Anzeigen des Inhalts vergeben bzw. entzogen werden. Versucht ein Benutzer ohne entsprechende Berechtigung auf eine Datei oder einen Ordner zuzugreifen oder ein Programm zu starten, verweigert Windows dies und weist den Zugriff über ein Dialogfeld ab. Als normaler Benutzer brauchen Sie sich mit Zugriffsberechtigungen für Dateien nicht zu befassen. Sie sollten lediglich folgende Grundregeln kennen, die Windows bei auf NTFS-Datenträgern gespeicherten Dateien und Ordner anwendet.

- Legen Sie eine neue Datei oder einen neuen Ordner an, vermerkt Windows, unter welchem Konto dies passiert ist. Der Benutzer dieses Kontos ist der Besitzer des betreffenden Dateielements. Dieser enthält den kompletten Zugriff, kann diese also lesen, verändern, umbenennen, kopieren und verschieben.

- Benutzer anderer Standardkonten können auf solche Ordner oder Dateien, die z. B. im Ordner *Eigene Dokumente* oder in anderen Ordnern des Benutzerkontos gespeichert sind, in der Regel nicht zugreifen. Nur Administratoren verfügen über Berechtigungen, um auf solche Dateien zuzugreifen.

- Möchten Sie, dass andere Benutzer Ihre Dateien und Ordner einsehen, kopieren, löschen oder verändern können, legen Sie diese einfach im Ordnerzweig *Öffentlich* (z. B. *Öffentliche Dokumente*) bzw. in dessen Unterordnern ab. Windows passt dann automatisch die Zugriffsberechtigungen so an, dass alle Benutzer Vollzugriff erhalten.

- Wenn Sie einen Ordner oder ein Laufwerk in einem Netzwerk freigeben, passt Windows ebenfalls die Zugriffsberechtigungen entsprechend Ihren Vorgaben an. Bei einer Netzwerkfreigabe lässt sich beispielsweise vorgeben, ob andere Netzwerkteilnehmer die Dateien nur einsehen oder auch ändern können.

- Kopieren Sie Dateien und Ordner, gleicht Windows automatisch die Berechtigungen an die Vorgaben des Zielorts an. Beim Verschieben von Dateien und Ordnern bleiben dagegen die Berechtigungen der betreffenden Elemente erhalten (wichtig für Administratoren, falls diese Elemente von einem Benutzerkonto zu einem anderen Konto übertragen möchten).

HINWEIS

Mit diesen Regeln lässt sich problemlos mit Dateien und Ordnern auf NTFS-Dateisystemen arbeiten, ohne dass Sie sich mit den Details der Benutzerberechtigungen befassen müssen. Der Ansatz hat zudem noch den gravierenden Vorteil, dass Windows 7 automatisch sicherstellt, dass die Zugriffsrechte entsprechend den Einstellungen des Benutzerkontos vergeben werden. Daher wird von Microsoft die manuelle Veränderung der Zugriffsrechte nicht empfohlen.

Allerdings gibt es gelegentlich Gründe, Zugriffsrechte auf Dateien oder Ordner individuell zu vergeben. Wird beispielsweise ein Benutzerkonto gelöscht und die Dateien bleiben erhalten, können nur noch Administratoren auf diese Elemente zugreifen. Dann kann es hilfreich sein, wenn ein Administrator den Besitz der Dateien übernimmt oder diese in den Ordner *Öffentlich* kopiert. Erfahrene Benutzer können die Zugriffsrechte auch verwenden, um nur einigen Benutzern den Zugriff auf Dokumente in freigegebenen Ordnern zu gewähren.

Administratoren erhalten in der Regel die Möglichkeit, auf alle Dateisystemelemente zuzugreifen und dort auch Änderungen an den Berechtigungen vorzunehmen. Lediglich Dateisystemobjekte, die zum Ressourcenschutz den Besitzer »Trusted Installer« aufweisen, besitzen Einschränkungen auch für Administratoren. Diese sind Dateien, die bei der Installation im System von einem entsprechenden Dienst abgelegt wurden (z. B. im Ordner *Windows*). Hier muss der Administrator erst den Besitz des betreffenden Objekts übernehmen. Interessierte Leser möchte ich auf die beiden für Windows Vista verfassten, aber auch für Windows 7 gültigen Artikel www.wintotal.de/Tipps/index.php?id=1325 und http://dr-luthardt.de/vista.htm (ab Abschnitt »Mandatory Integrity Control (MIC)«) verweisen, wo dieser Spezialfall behandelt wird. Die Besitzübernahme von solchen Dateisystemobjekten sollte jedoch nur in Notfällen erfolgen, da der Trusted Installer einen weiteren Sicherheitsmechanismus gegen die unbeabsichtigte Manipulation von Systemdateien darstellt.

11.4.2   So können Sie Zugriffsrechte einsehen und verändern

Die aktuellen Zugriffsrechte einer Datei, eines Ordners oder eines Laufwerks lassen sich in Windows 7 Home Premium mit wenigen Mausklicks ansehen.

1. Klicken Sie den gewünschten Ordner, das betreffende Laufwerk oder die gewünschte Datei mit der rechten Maustaste an und wählen Sie den Kontextmenübefehl *Eigenschaften*.

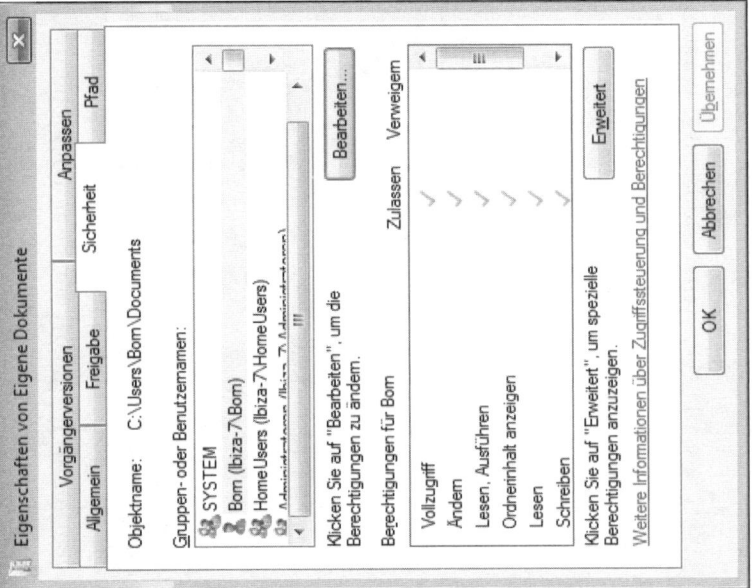

Bild 11.8: *Registerkarte Sicherheit*

2. Holen Sie im Eigenschaftenfenster die Registerkarte *Sicherheit* (Bild 11.8) in den Vordergrund, um die aktuellen Zugriffsrechte einzusehen.

In der Gruppe *Gruppen- oder Benutzernamen* werden die Namen der Gruppen- oder Benutzerkonten aufgeführt, die Zugriff auf das Objekt haben sollen. Bild 11.8 zeigt die Standardeinstellung für die Zugriffsrechte eines lokalen Ordners innerhalb des Benutzerkontos. Es haben das *SYSTEM*, die Heimnetzgruppe, die Gruppe der lokalen *Administratoren* sowie der aktuelle Benutzer, d.h. der Besitzer der Datei oder des Ordners, Zugriff. Klicken Sie auf einen der Einträge, werden die aktuellen Berechtigungen in der unteren Liste angezeigt. Dabei signalisiert ein Häkchen in der Spalte *Zulassen*, dass der Benutzer (oder ein Mitglied der betreffenden Gruppe) Zugriff auf die betreffende Kategorie hat. Ein Häkchen in der Rubrik *Verweigern* entzieht das betreffende Zugriffsrecht. Um welches Zugriffsrecht (Ändern, Lesen, Anzeigen etc.) es sich handelt, wird in den einzelnen Zeilen angegeben.

So lassen sich Berechtigungen für Benutzer/ Gruppen setzen

Um die Zugriffsberechtigung für eine auf der Registerkarte *Sicherheit* aufgelistete Gruppe oder für einen einzelnen Benutzer für eine Datei oder einen Ordner anzupassen, gehen Sie folgendermaßen vor:

199

1. Markieren Sie auf der Registerkarte *Sicherheit* im Feld *Gruppen- oder Benutzernamen* den gewünschten Gruppen- oder Benutzernamen (Bild 11.8) und klicken Sie auf die Schaltfläche *Bearbeiten*.

2. Anschließend passen Sie im Feld *Berechtigungen für xxx* des eingeblendeten Dialogfelds (Bild 11.9) die Markierung der Kontrollkästchen in den Spalten *Zulassen* und *Verweigern* gemäß Ihren Wünschen an.

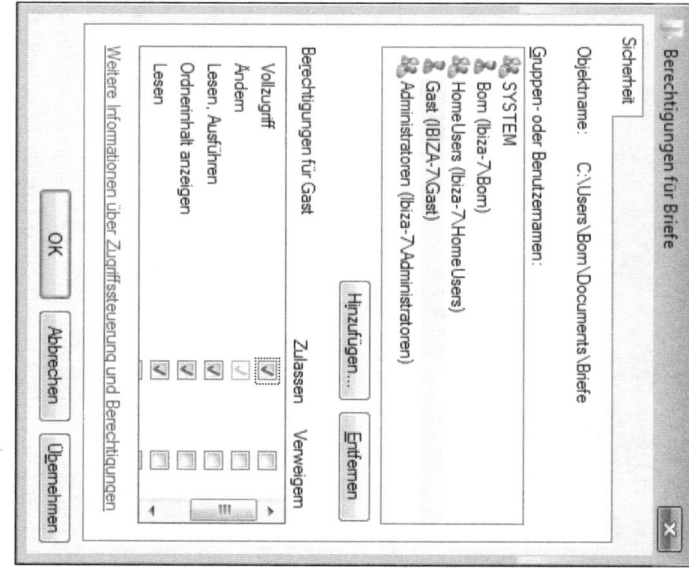

Bild 11.9:   Berechtigungen anpassen

ACHTUNG

Wird beispielsweise die Markierung der Kategorie *Ändern* in der Spalte *Verweigern* gesetzt, darf der gewählte Benutzer die betreffende Datei oder den Inhalt des Ordners nicht mehr ändern. Haben Sie eine Gruppe gewählt, wirkt sich dies auf alle Benutzer dieser Gruppe aus. Auf ähnliche Weise können Sie die Schreibberechtigungen oder die Berechtigung zum Ausführen von Programmen anpassen. Die Änderungen werden wirksam, sobald Sie die OK-Schaltfläche oder die *Übernehmen*-Schaltfläche anklicken und dann den Warndialog über die *Ja*-Schaltfläche bestätigen.

Bevor Sie die Berechtigungen ändern und Zugriffsrechte entziehen, sollten Sie sich aber über die Folgen im Klaren sein. Wenn Sie beispielsweise der Gruppe der Administratoren die Berechtigungen zum Vollzugriff entziehen und keine Änderungsrechte zulassen, kann niemand mehr die Ordner und Dateien manipulieren. Bei den von Windows angelegten Benutzerordnern wie *Eigene Dokumente* kommt es bei den Änderungen an den Berechtigungen zu Fehlermeldungen, dass meist keine Administratorrechte vorgungen.

handen sind. Nehmen Sie unter Standardbenutzerkonten nur Änderungen an Berechtigungen für Dateisystemelemente vor, die Sie selbst angelegt haben. In der Regel empfiehlt es sich, die im vorherigen Abschnitt beschriebenen Ansätze zu verwenden und Windows die Vergabe der Zugriffsberechtigungen zu überlassen.

Berechtigungsliste: Benutzer hinzufügen/ entfernen

Um weitere Benutzer (oder Gruppen) zur Berechtigungsliste hinzuzufügen, gehen Sie in folgenden Schritten vor:

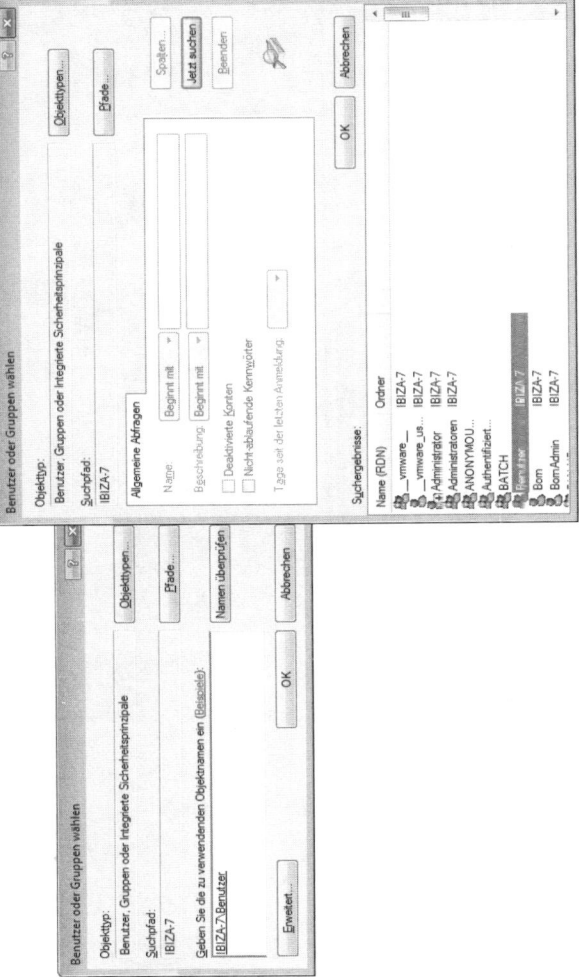

Bild 11.10:   Benutzer bzw. Gruppe hinzufügen

1. Klicken Sie im Dialogfeld *Berechtigungen für xxx* (Bild 11.9) auf die Schaltfläche *Hinzufügen* und warten Sie dann, bis Windows das Dialogfeld *Benutzer oder Gruppen wählen* öffnet (Bild 11.10, links).

2. Klicken Sie auf die Schaltfläche *Erweitert*, um die Darstellung aus Bild 11.10, rechts, zu erreichen, und betätigen Sie die Schaltfläche *Jetzt suchen*.

3. Warten Sie, bis Windows die Liste der Benutzer/Gruppen im unteren Teil des Dialogfelds vervollständigt hat, markieren Sie dann den gewünschten Eintrag und schließen Sie das Dialogfeld über die *OK*-Schaltfläche.

Der betreffende Benutzer- oder Gruppenname wird in die Liste im Dialogfeld *Berechtigungen für xxx* (Bild 11.9) eingefügt. Um Benutzer- oder Gruppennamen in dieser Liste zu entfernen, markieren Sie diese in der Liste (Bild 11.9) und bestätigen die *Entfernen*-Schaltfläche.

201

11.4.3 Erweiterte Sicherheitseinstellungen verwalten

Am unteren Rand der Registerkarte *Sicherheit* finden Sie die Schaltfläche *Erweitert* (Bild 11.8), um die erweiterten Sicherheitseinstellungen (spezielle Berechtigungen) einsehen oder anpassen, Überwachungen einrichten und den Besitz eines Elements übernehmen zu können.

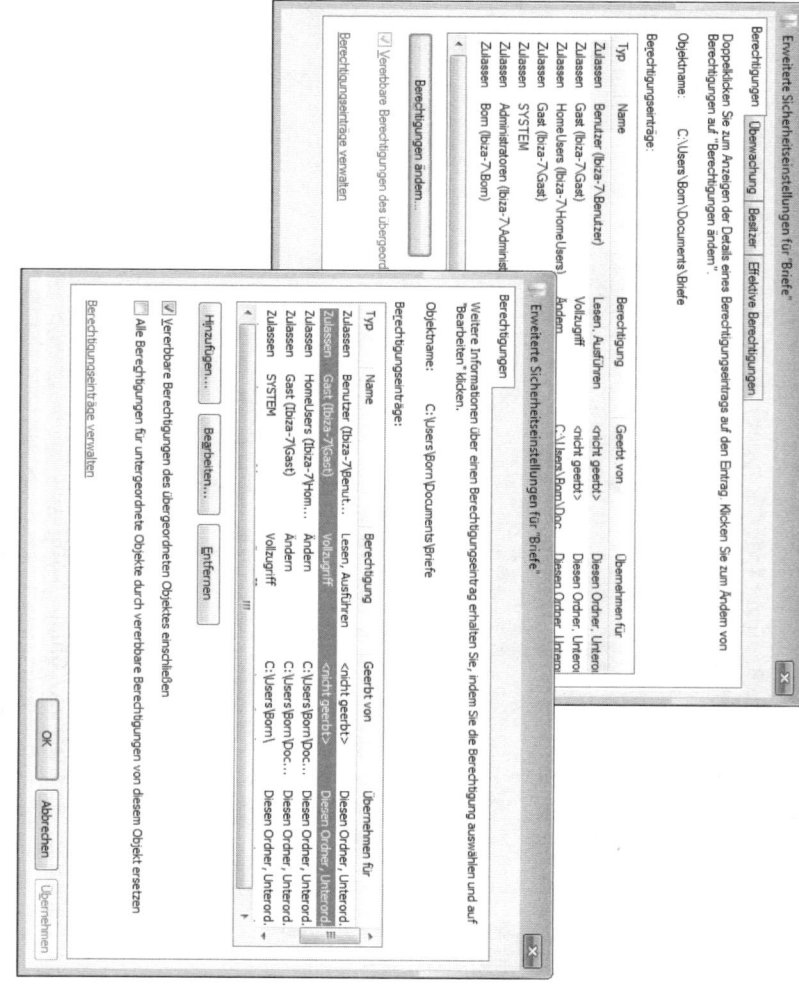

Bild 11.11: Erweiterte Berechtigungen verwalten

Windows öffnet bei Anwahl der Schaltfläche *Erweitert* das Eigenschaftenfenster *Erweiterte Sicherheitseinstellungen für xxx* (Bild 11.11, Hintergrund). Über die Registerkarte *Berechtigungen* können Sie die Berechtigungseinträge für das gewählte Element verwalten, indem Sie auf die Schaltfläche *Berechtigungen ändern* klicken (Bild 11.11, Hintergrund).

■ Um das Zugriffsrecht für einen Benutzer oder eine Gruppe komplett zu entfernen, markieren Sie den Eintrag und klicken auf die Schaltfläche *Entfernen* (Bild 11.11, Vordergrund). Dann wird im markierten NTFS-Element (Ordner, Datei) der betreffende Name gelöscht – Windows findet bei Zugriffen von diesem Konto auf das Objekt des Dateisystems die betreffenden Zugriffsberechtigungen nicht mehr und weist den Zugriff ab. Vererbte Berechtigungen lassen sich nicht löschen.

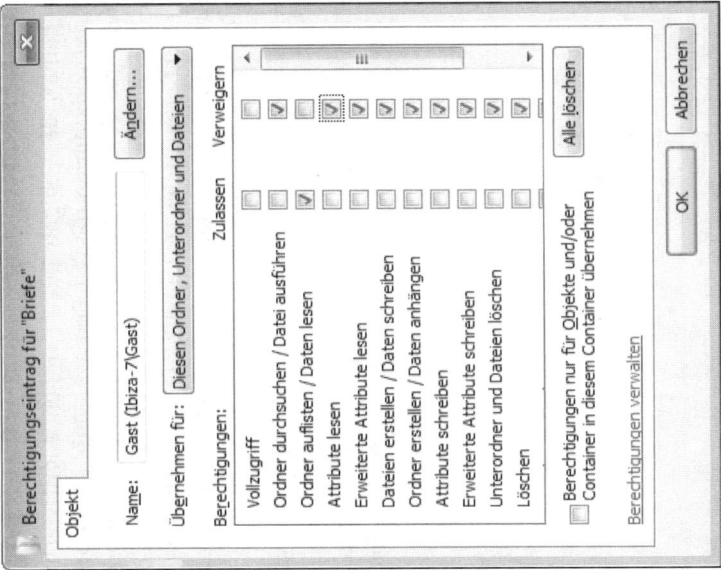

Bild 11.12:   Berechtigungseinträge für einen Benutzer/eine Gruppe verwalten

■ Möchten Sie eine neue Gruppe oder einen neuen Benutzer mit aufnehmen, klicken Sie auf die Schaltfläche *Hinzufügen*. Dann wird das Dialogfeld aus Bild 11.9, links, gezeigt und Sie können, wie auf den vorhergehenden Seiten beschrieben, mittels der *Hinzufügen*-Schaltfläche eine Gruppe oder einen Benutzernamen wählen. Anschließend gelangen Sie zu dem in Bild 11.12 gezeigten Dialogfeld, in dem Sie die Zugriffsoptionen setzen können.

■ Möchten Sie Zugriffsrechte bestehender Einträge anpassen, markieren Sie den Eintrag und klicken auf die Schaltfläche *Bearbeiten* (Bild 11.11, Vordergrund). Auch dann erscheint das Dialogfeld aus Bild 11.12, auf dessen Registerkarte *Objekt* Sie die Zugriffsberechtigungen einstellen können. Über die Schaltfläche *Ändern* der Registerkarte lässt sich ein anderer Benutzer- oder Gruppenname wählen.

Die Registerkarte *Objekt* (Bild 11.12) besitzt dabei wesentlich detailliertere Einstellmöglichkeiten für Berechtigungen als das Dialogfeld aus Bild 11.9. Sobald Sie das Dialogfeld und das Eigenschaftenfenster über die *OK*-Schaltflächen schließen, werden die Einstellungen für das Objekt übernommen.

Effektive Berechtigungen kontrollieren

Wenn Sie gemäß den obigen Erläuterungen Zugriffsrechte zugewiesen haben, kann es vorkommen, dass ein Benutzer Mitglied der Gruppe der Administratoren ist (die Vollzugriff besitzt) und gleichzeitig dem Konto individuelle Rechte zugewiesen wurden. Daher listet Windows auf der Registerkarte *Effektive Berechtigungen* des Dialogfelds *Erweiterte Sicherheitseinstellungen* für eine Zusammenstellung aller gesetzten effektiven Berechtigungen auf (Bild 11.13).

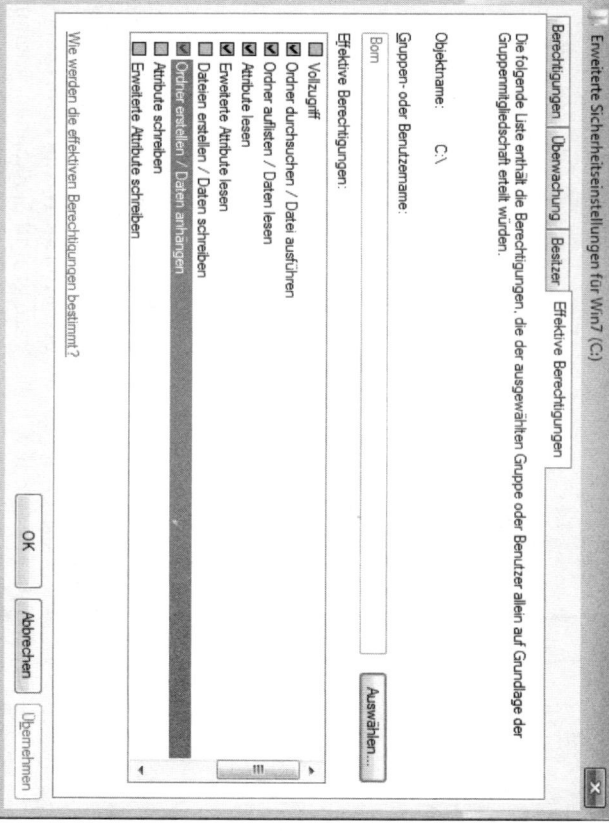

Bild 11.13: Kontrolle der effektiven Berechtigungen

Über die Schaltfläche *Auswählen* können Sie dabei verschiedene Gruppen- und Benutzernamen wählen, um die Berechtigungen anzeigen zu lassen

Den Besitz eines Objekts übernehmen

Der Benutzer, der einen Ordner oder eine Datei erstellt, ist auch der Besitzer des Objekts. Der Besitzer erhält den Vollzugriff. Wenn ein Benutzer nun nicht mehr verfügbar ist, müsste sich ein anderer Benutzer zum Zugriff an dessen Konto anmelden. Existiert das Konto nicht mehr, aber die Dateien des Benutzerkontos (z. B. *Eigene Dokumente*) sind erhalten geblieben, wird die Sache schon schwieriger. Ein Administrator kann auf den Ordner zugreifen und die Dateien in den Ordner *Öffentlich* verschieben. Dann besitzt jeder volle Zugriffsrechte.

Sie können sich aber auch unter einem Administratorkonto anmelden und den Besitz der Datei übernehmen.

1. Hierzu wählen Sie die Registerkarte *Sicherheit* und klicken auf die Schaltfläche *Erweitert* (Bild 11.8). Auf der Registerkarte *Besitzer* wird der aktuelle Besitzer gezeigt (Bild 11.14, Hintergrund).

2. Klicken Sie auf die Schaltfläche *Bearbeiten* und bestätigen Sie anschließend die Abfrage der Benutzerkontensteuerung.

3. Wählen Sie nun die Gruppe *Administratoren* oder einen anderen Benutzer, der den Besitz erhalten soll, und schließen Sie das Dialogfeld mit der Registerkarte *Besitzer* über die *OK*-Schaltfläche.

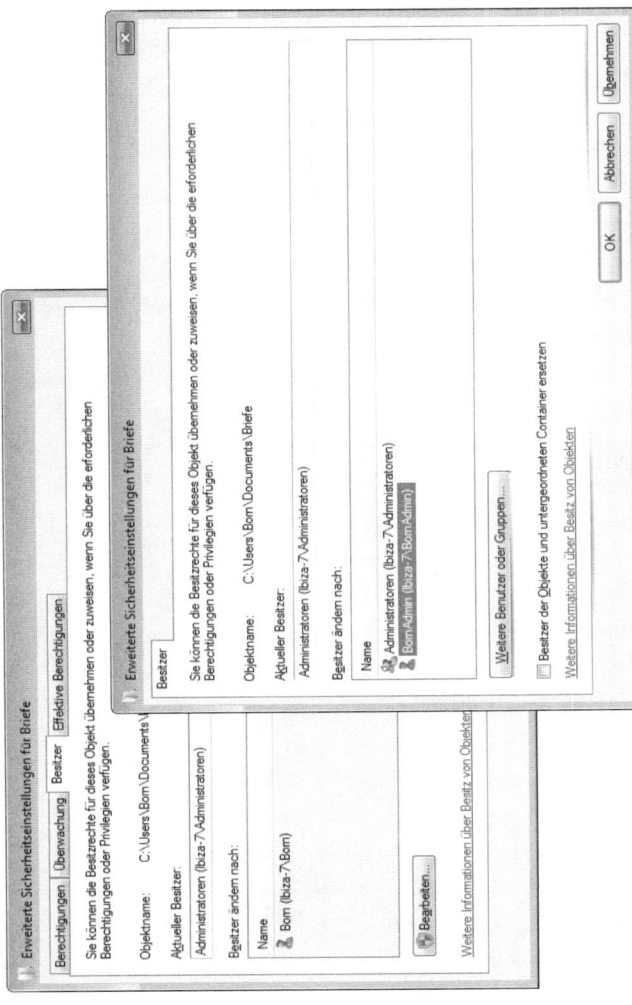

Bild 11.14: Besitzübernahme von Dateien und Ordnern

Dann geht der Besitz an der Datei bzw. am Ordner an die Gruppe der Administratoren (oder an den gewählten Benutzer) über. Allerdings müssen Sie nach der Besitzübernahme die Registerkarten schließen und neu öffnen, damit der neue Besitzer angezeigt wird.

HINWEIS

Das Eigenschaftenfenster *Erweiterte Sicherheitseinstellungen* besitzt auch noch die Registerkarte *Überwachung*, auf der Sie die Überwachung auf Zugriffe definieren können, damit Windows 7 die erfolgreichen und abgelehnten Zugriffsversuche auf das Objekt in den Ereignisprotokollen aufzeichnet.

12 Dateien und Ordner suchen

Windows 7 unterstützt Sie bei der Suche nach Dokumenten und Ordnern auf dem lokalen Computer, im Netzwerk und im Internet. In diesem Kapitel erfahren Sie, wie die Suche funktioniert und welche Optionen zur Ausweitung bzw. Anpassung der Suche verfügbar sind.

12.1 Suchfunktionen unter Windows einsetzen

Möchten Sie schnell auf ein Programm oder eine Windows-Funktion zugreifen, ohne im Startmenü lange suchen zu müssen? Nervt Sie die Navigation in der Kategorieansicht der Systemsteuerung und bevorzugen Sie einen gezielten Zugriff auf Systemsteuerungsfunktionen? Haben Sie vergessen, in welchem Ordner sich eine Datei oder ein Unterordner befindet? Suchen Sie ein Textdokument (Brief, Bericht etc.), an dessen Namen Sie sich nicht mehr erinnern, von dem Sie aber bestimmte Textstellen kennen? Möchten Sie gezielt nach Fotos, Musik oder Videos suchen, die bestimmten Kriterien entsprechen? In all diesen Fällen können Sie die Windows-Suche zur Unterstützung verwenden.

12.1.1 Suche über das Startmenü ...

Um schnell auf ein unter Windows 7 installiertes Programm oder eine Betriebssystemfunktion zuzugreifen, lässt sich das Suchfeld des Startmenüs verwenden. Zudem eröffnet dieser Ansatz neben dem schnellen Zugriff auf Startmenüeinträge auch die Suche nach Dateien, Ordnern, E-Mails, Webseiten etc.

1. Öffnen Sie das Startmenü und tippen Sie einfach den gewünschten Suchbegriff in das Suchfeld ein (Bild 12.1).

2. Windows blendet dann die Treffer in der linken Spalte des Startmenüs ein und Sie können die Einträge per Maus anklicken, um auf Funktionen, Programme und Dokumente bzw. Ordner zuzugreifen.

Bereits während der Eingabe blendet Windows 7 dabei Treffer, die dem Suchbegriff entsprechen, im Startmenü ein. Jeder eingetippte Buchstabe verfeinert den zur Suche verwendeten Filter. Geben Sie den Namen eines Programms oder Befehls ein, der im Startmenü vorkommt, taucht dieser in der linken Spalte auf. Dies ist eine schöne Sache, um schnell auf Programm- oder Funktionsnamen zuzugreifen. Statt beispielsweise mühsam über die Systemsteuerung die Benutzerverwaltung oder die Seite mit den Firewalleinstellungen aufzurufen, reichen Eingaben wie »Benutzer« oder »Fire« zum Einblenden der gewünschten Befehle. Je nach Suchbegriff tauchen aber nicht nur die Namen von Programmeinträgen des Startmenüs oder von Windows-Funktionen auf. Die Suche über das Startmenü zeigt auch Ordner, Dokumentnamen etc. an. Ist ein E-Mail-Programm wie Windows Live Mail installiert, erstreckt die Suche sich zudem auf E-Mails.

HINWEIS

Die Suche nach einem Stichwort bezieht den Dateinamen, die Dateinamenerweiterung, Textinhalte einer Dokumentdatei sowie Metadaten (Tags und andere Dateieigenschaften wie Beschriftungen von Fotos etc.) mit ein. Bei der Suche über das Startmenü werden ausschließlich indizierte Dateien (z. B. die automatisch indizierten Bibliotheken des Benutzerkontos) einbezogen.

Windows 7 gruppiert dabei die Suchergebnisse in Kategorien nach Speicherorten wie »Programme«, »Systemsteuerung«, die Namen der Bibliotheken (Dokumente, Musik etc.) oder Dateien in anderen Speicherorten (z. B. im E-Mail-Speicher). Sie erkennen also sehr einfach, um welche Trefferart (Programme oder Dateien) es sich handelt.

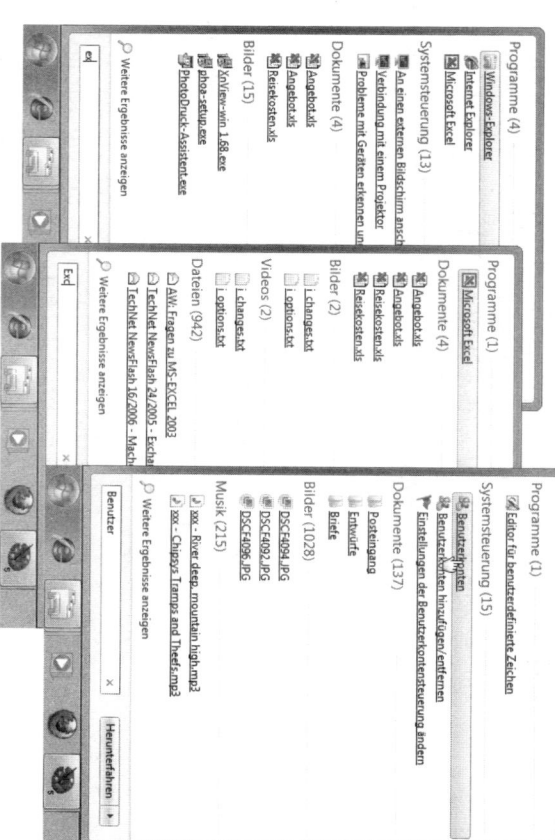

Bild 12.1: Suchen im Startmenü

TIPP

Die linke Spalte des Startmenüs bietet nur wenig Platz zur Anzeige der Treffer. Bei manchen Suchbegriffen werden weit mehr Treffer erzielt, als angezeigt werden können. Die in Klammern im Gruppennamen auftauchenden Werte (Bild 12.1) geben dabei die Gesamtzahl der Treffer an. Klicken Sie auf den im Startmenü angezeigten Kategorientitel (z. B. »Programme«, »Dokumente«, »Bilder«, »Dateien«) öffnet Windows ein Suchfenster, in dem alle Suchergebnisse der Kategorie eingeblendet werden. Werden z. B. mehrere Programme, Dokumente oder Befehle bei der Suche als Treffer aufgeführt und möchten Sie auf alle diese Elemente zugreifen? Während sich das Startmenü bei Anwahl eines Eintrags sofort wieder schließt, erhalten Sie über das Ergebnisfenster eine bequeme Möglichkeit, nacheinander auf die Treffer zuzugreifen.

Klicken Sie auf den am unteren Rand des Startmenüs eingeblendeten Hyperlink *Weitere Ergebnisse anzeigen*, öffnet sich ein Ordnerfenster, in dem die Suchergebnisse aller Kategorien aufgelistet werden (Bild 12.2). Bei Bedarf können Sie dann die Dateisuche (siehe folgende Seiten) verwenden, um die Ergebnisliste nach weiteren Kriterien zu filtern.

Möchten Sie zum Ordner wechseln, in dem eine in der Trefferliste aufgeführte Programmdatei gespeichert ist? Klicken Sie den Treffer in der Ergebnisliste mit der rechten Maustaste an und wählen Sie den Kontextmenübefehl *Dateipfad öffnen* bzw. *Ordnerpfad öffnen*. Bei Programmen gelangen Sie entweder zum Startmenüordner oder zum Ordner mit der Programmdatei. Bei Dokumentdateien wird der Ordner mit dem Speicherort des Dokuments geöffnet.

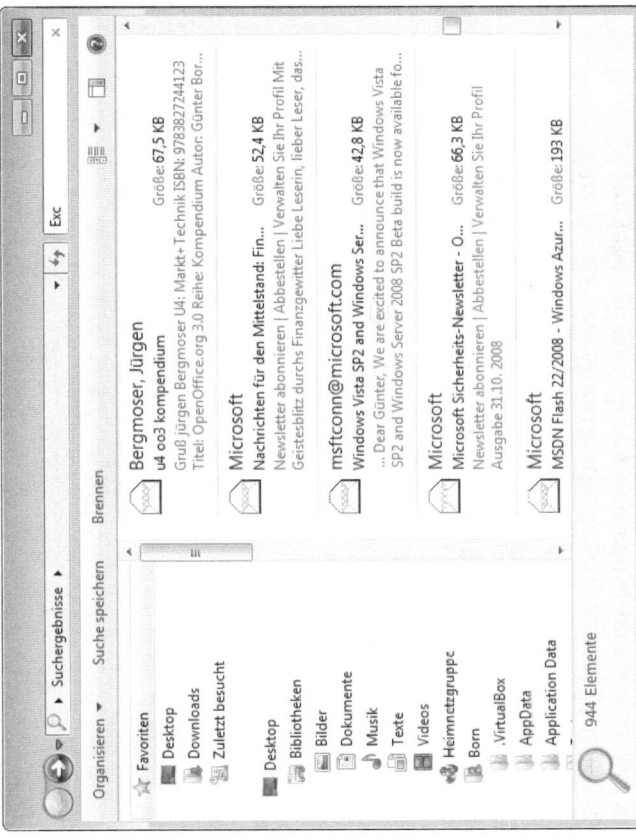

Bild 12.2:   Ergebnisanzeige im Suchfenster

12.1.2   ... und in der Systemsteuerung

Windows 7 unterstützt nicht nur die Suche im Startmenü, sondern stellt die gleiche Funktionalität in der Systemsteuerung bereit. Haben Sie die Systemsteuerung über das Startmenü aufgerufen? Statt mühsam über die Kategorienansicht zu den Befehlen zu navigieren oder zur Einzelsymboldarstellung umzuschalten, gehen Sie folgendermaßen vor.

1. Klicken Sie in das Suchfeld in der rechten oberen Ecke des Systemsteuerungsfensters.

2. Tippen Sie den gewünschten Befehl (oder einen Teilausdruck) in das Suchfeld ein (Bild 12.3).

Bild 12.3:   Suchen in der Systemsteuerung

Windows blendet dann die Treffer im Fenster der Systemsteuerung ein und Sie können die Einträge anklicken, um direkt auf die betreffenden Funktionen zuzugreifen.

TIPP

Benötigen Sie eine Funktion der Systemsteuerung häufiger, ziehen Sie den betreffenden Hyperlink bei gedrückter linker Maustaste einfach zum Desktop. Beim Loslassen der Maustaste richtet Windows ein Verknüpfungssymbol auf dem Desktop ein, über welches sich die Hauptkategorie der Systemsteuerung, die die gewünschte Funktion enthält, aufrufen lässt.

12.1.3   Suchen im Ordnerfenster

Zum Suchen nach bestimmten Dateien, Ordnern oder Dokumenten empfiehlt sich die direkte Suche im Ordnerfenster.

1. Öffnen Sie ein Ordnerfenster und wechseln Sie ggf. zum Ordner, in dem die Suche stattfinden soll. Rechts in der Suchleiste sollte der Suchort angezeigt werden (Bild 12.4, oben).

2. Klicken Sie auf das Suchfeld und tippen Sie den Suchbegriff ein (in Bild 12.4, unten, wurde der Text »B« eingegeben).

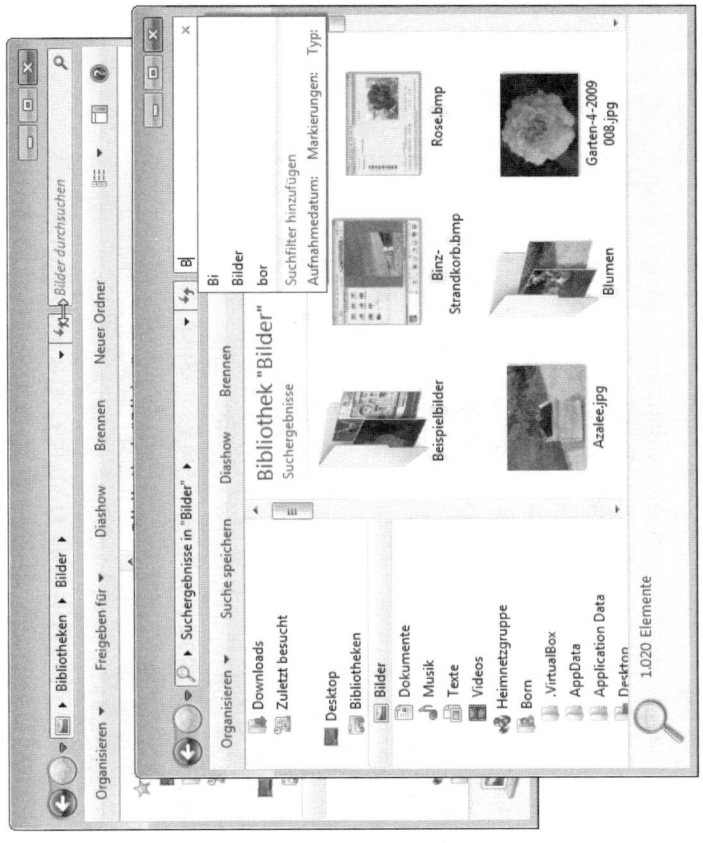

Bild 12.4:   Suchen im Ordnerfenster

Die Suchanfrage bezieht sich standardmäßig auf den aktuellen Ordner und dessen Unterordner. Bereits bei der Eingabe der ersten Zeichen eines Suchbegriffs filtert Windows die nicht zutreffenden Dateien und Ordner aus der Anzeige aus. Die Suche startet also direkt nach der Eingabe des ersten Zeichens und wird bei jedem zusätzlich eingegebenen Zeichen verfeinert. Bild 12.4, unten, zeigt die im aktuellen Ordner und dessen Unterordnern gefundenen Treffer. Farbig im Elementnamen markierte Stellen signalisieren eine Übereinstimmung mit dem eingegebenen Suchbegriff.

Gegenüber der Suchfunktion von Windows XP ergeben sich einige komfortable Neuerungen. Sie können z. B. das Teilerfeld zwischen Adressleiste und Suchfeld per Maus nach links oder rechts ziehen, um die Größe des Suchfelds anzupassen (Bild 12.4, oben). Sobald Sie mit der Eingabe des Suchbegriffs beginnen, blendet Windows eine Liste bereits eingetippter Suchbegriffe ein (Bild 12.4, unten). Bei Bedarf können Sie einen passenden Begriff durch Anklicken in das Suchfeld übernehmen. Ein Mausklick auf ein leeres Suchfeld reicht ebenfalls, um die Liste der bereits eingegebenen Filterbegriffe einzublenden. Klicken Sie auf das stilisierte Kreuz am rechten Rand des Suchfelds (Bild 12.4, unten), wird der eingegebene Filterausdruck aus dem Suchfeld entfernt – Windows zeigt wieder den ungefilterten Ordnerinhalt.

Mysteriös: Warum werden Dateien mit abweichenden Namen gezeigt?

Vielleicht werden Sie bei der Betrachtung der Ergebnisse aus Bild 12.4, unten, bezüglich der Treffer etwas stutzig. Ordner, in deren Namen der Suchbegriff vorkommt, lassen sich als Treffer erklären. Wer die Anzeige der Dateinamenerweiterungen eingeschaltet hat, erkennt auch, warum eine Datei mit der Bezeichnung »Rose.bmp« als Treffer im Ordnerfenster auftaucht. Aber wie sind die auftauchenden Grafikdateien wie »Azalee.jpg« etc. zu deuten? Weder der Dateiname noch die Dateinamenerweiterung passen zum Suchmuster. Windows hebt auch nichts farbig im Dateinamen hervor, sodass die fehlende Übereinstimmung mit dem Filterbegriff sogar bestätigt wird.

Die Erklärung für die Treffer: Windows benutzt standardmäßig eine intelligente Suche, die neben dem Datei- und Ordnernamen auch Dateiinhalte und Zusatzinformationen in die Suche einbezieht. Ein Textdokument »Einladung.txt« könnte z. B. das Stichwort »Blume« im Text aufweisen, würde also bei der Suche nach dem Muster »B« angezeigt. Bei manchen Dateien (Fotos, Musik etc.) lassen sich zusätzliche Informationen (als Markierungen bezeichnet) über Eigenschaften zuordnen (siehe *Kapitel 10.21*). Der im Beispiel benutzten Fotodatei »Azalee.jpg« wurde eine Beschriftung mit dem Text »Blume« sowie der Autorenname »Born« zugewiesen, die Datei wird also anhand dieser Markierung ausgefiltert und in der Ergebnisliste angezeigt.

12.1.4 Tipps zur Formulierung von Suchanfragen

Wenn Sie in umfangreichen Datenbeständen suchen, können Sie den Zugriff auf die gewünschten Informationen durch Wahl des Suchbegriffs und des Suchbereichs gezielt steuern. Hier einige Hinweise und Tipps zur Formulierung von Suchanfragen.

■ Navigieren Sie erst zum Hauptordner (oder zur gewünschten Bibliothek), bevor Sie eine Suche in einem Ordnerfenster starten. Dies grenzt die Suche auf die im Ordnerfenster einbezogenen Bibliotheken, Ordner und Unterordner ein. Eine Suche über das Suchfeld des Startmenüs erstreckt sich dagegen über alle erreichbaren Ordner und Speichermedien des Rechners.

■ Ist Ihnen die genaue Schreibweise einer gesuchten Datei oder eines Ordners nicht geläufig? Tippen Sie einen Datei- oder Ordnernamen ein, lassen sich auch Teilausdrücke der Art »Brief« oder »Rechnung« verwenden. Dann listet die Suchfunktion Ergebnisse auf, die mit dem betreffenden Teilausdruck übereinstimmen (also z. B. auch »Rechnungen2009« beim Suchbegriff »Rechnung«).

■ Sie können im Suchmuster Platzhalterzeichen (sogenannte Wildcards) wie das Sternchen »*« oder das Fragezeichen »?« verwenden. Der Platzhalter »*« wird bei der Suche durch beliebige Zeichen im Dateinamen ersetzt. Das Suchmuster »M*ier« würde in einem Ordner mit den drei Dokumenten »Meier«, »Maier« und »Meister« nur die beiden Ergebnisse »Maier« und »Meier« liefern. Mit dem »?« wird dagegen nur ein Zeichen im Suchmuster ersetzt.

■ Beachten Sie, dass Windows die Suchbegriffe auch auf die – normalerweise nicht angezeigte – Dateinamenerweiterung (z. B. *.bmp*, *.txt*, *.doc* etc.) ausdehnt. Der Suchbegriff »B« wird dann z. B. auch eine Bilddatei »Skizze.bmp« in der Ergebnisliste zeigen. Sie können dies nutzen, um gezielt nach Dateitypen zu suchen (z. B. indem Sie Suchmuster wie »*.doc«, »*.bmp«, »*.jpg« etc. verwenden).

■ Weiterhin bezieht Windows 7 standardmäßig auch die Dateiinhalte in die Suche mit ein. Speziell bei Textdateien oder Dateien mit Markierungen (Fotos, Videos, Musik) beeinflusst dies die Ergebnisliste ebenfalls. Sie können also nach einem Interpreten eines Musikstücks, nach Beschriftungen von Fotos etc. suchen lassen.

Wie Sie die Kriterien zur Suche eingrenzen oder mehrere Suchkriterien kombinieren, wird nachfolgend beschrieben.

HINWEIS

Gegenüber Windows Vista hat Microsoft die Suchfunktion sowie die Indexierung kräftig optimiert. Der Indexdienst läuft mit niedriger Priorität, sodass die Systembelastung gering bleibt. Sobald eine Software installiert wird, aktualisiert Windows die Indexeinträge. Zudem greift der Indexdienst auf die Journale des NTFS-Dateisystems zu, in denen Änderungen an Dateien vermerkt sind. Der unter Windows Vista auftretende Effekt, dass neue Inhalte erst nach einer Weile indexiert wurden, sollte unter Windows 7 nicht mehr vorkommen. Wie Sie den Indexdienst ein-/ausschalten, ist im Abschnitt »Indexpfade ändern« weiter hinten in diesem Kapitel beschrieben.

Werden Dateien bei der Suche nicht gefunden, sollten Sie versuchsweise die Suchkriterien ändern bzw. überprüfen. Weiterhin kann es sein, dass die Anzeige versteckter Dateien und Ordner ausgeschaltet und die Datei mit diesen Attributen versehen ist. Dann ignoriert die Suche die betreffenden Einträge. Weiterhin kann es sein, dass die Datei in einem Ordner eines anderen Benutzerkontos oder in einer anderen Bibliothek liegt, sodass Sie als Standardbenutzer keinen Zugriff darauf haben.

12.2 Erweiterte Suchoptionen einsetzen

Die im vorhergehenden Abschnitt beschriebene Suchfunktion ermöglicht Ihnen, die Ordneranzeige sehr schnell nach Dateien, Ordnern und anderen Elementen zu filtern. Windows 7 unterstützt die Steuerung der Suche über verschiedene Optionen. Nachfolgend werden die erweiterten Möglichkeiten zur Suche beschrieben.

12.2.1 Den Suchbereich erweitern

Fördert die Suche mit den auf den vorhergehenden Seiten besprochenen Techniken über das Suchfeld des Startmenüs oder das Suchfeld des Ordnerfensters nicht die gewünschten Treffer zutage? Vielleicht liegen die Informationen in einem anderen Ordnerzweig, auf einem anderen Laufwerk oder im Internet. Mit folgenden Schritten lässt sich der Suchbereich ausdehnen.

1. Bei der Suche über das Suchfeld des Startmenüs klicken Sie auf den Hyperlink *Weitere Ergebnisse anzeigen*.

2. Im Ordnerfenster mit den gefilterten Ergebnissen blättern Sie zum Ende der Ergebnisliste und klicken im Bereich *Erneut suchen in* (Bild 12.5) auf den gewünschten Suchort.

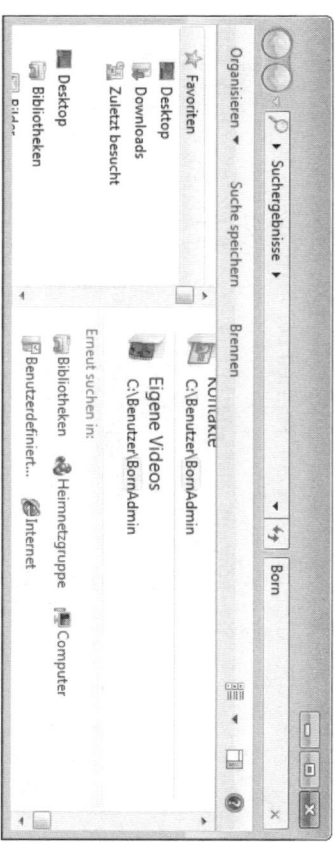

Bild 12.5: Suche erweitern

Über die im Bereich *Erneut suchen in* des Fensters *Suchergebnisse* (Bild 12.5) eingeblendeten Symbole lässt sich die Suche gezielt ausdehnen.

- Der Eintrag *Internet* mit dem Symbol des Browsers (Internet Explorer, Firefox etc.) öffnet ein Browserfenster und startet die Suche nach dem vorher eingegebenen Begriff über die Standardsuchmaschine des Browsers.

- Bei Einträgen wie *Bibliotheken*, *Heimnetzgruppe* oder *Computer* wird die Suche im Ordnerfenster an den betreffenden Speicherorten fortgesetzt.

- Wurde die Suche auf *Computer* ausgedehnt, ohne dass die gewünschten Treffer erscheinen? Dann können Sie in der Gruppe *Erneut suchen in* den nun eingeblendeten Eintrag *Dateiinhalte* anwählen, um die Suche auf diese Kategorie auszudehnen.

- Wählen Sie den Eintrag *Benutzerdefiniert*, öffnet Windows das Dialogfeld *Suchort auswählen* (Bild 12.6). Sie können dann in der Liste *Ausgewählte Orte ändern* die Kontrollkästchen der gewünschten Suchorte (z. B. Bibliotheken, Ordner des Benutzerprofils, Computer etc.) markieren. Klicken Sie auf das Feld *Oder geben Sie einen Ort hier ein*, lässt sich ein Pfad (z. B. »D:\Texte«) direkt eintippen und mittels der *Hinzufügen*-Schaltfläche in die Liste ausgewählter Orte übertragen. Eine Zusammenfassung aller Suchorte wird im unteren Teil des Dialogfelds aufgelistet. Sobald Sie die OK-Schaltfläche anklicken, schließt Windows das Dialogfeld und dehnt die Suche auf die angegebenen Orte aus.

Die Ergebnisse der betreffenden Suche werden wiederum in einem Browser- oder Ordnerfenster ausgegeben.

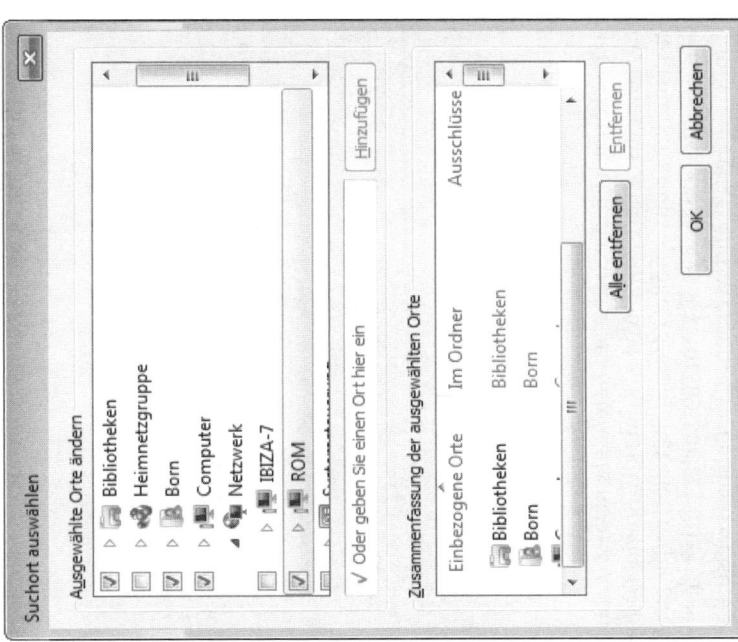

Bild 12.6: Benutzerdefinierte Suche

> **TIPP**
>
> Sie können das Fenster *Suchergebnisse* durch Drücken der Tastenkombination [⊞]+[F] öffnen. Dann wird die Suche nach Eingabe eines Filterkriteriums über alle Speicherorte des Computers vorgenommen.

12.2.2 Arbeiten mit speziellen Suchfiltern

Sie können Windows anweisen, die Suche auf bestimmte Kriterien (z. B. Dokumenttypen, Dateigrößen, Datumswerte etc.) zu beschränken. Dazu müssen entsprechende Filterkriterien zum Suchfeld hinzugefügt werden.

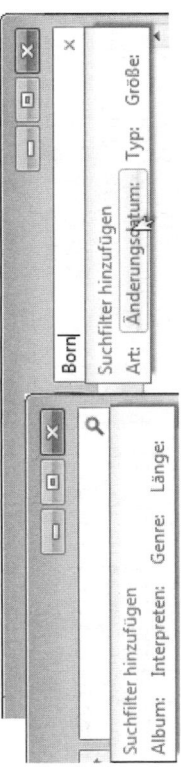

Bild 12.7: Suchfilter hinzufügen

1. Zum komfortablen Hinzufügen der Suchfilter klicken Sie auf das Suchfeld und wählen im eingeblendeten Menü einen der Einträge *Art:*, *Änderungsdatum:*, *Typ:* oder *Größe:* (Bild 12.7).

2. Anschließend legen Sie in der eingeblendeten Palette das gewünschte Filterkriterium fest (Bild 12.8).

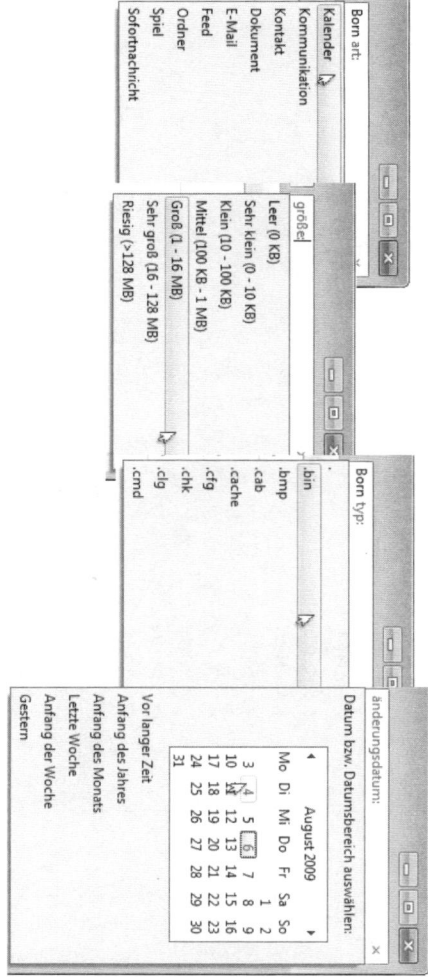

Bild 12.8: Auswahl spezieller Filterkriterien

Über »art:« können Sie die Suche auf Kalendereinträge (sofern ein kompatibles Programm installiert ist), E-Mails, Kontakte, Spiele, Ordner etc. eingrenzen. Das Filterkriterium »größe:« beschränkt die Treffer auf Dateien, die die Kriterien erfüllen. Über »typ:« kann die Suche gezielt über Dateinamenerweiterungen durchgeführt werden. Um beispielsweise das Änderungsdatum einer Datei in die Suche einzubeziehen, wählen Sie das Filterkriterium »änderungsdatum:«. Anschließend lässt sich das gewünschte Datum komfortabel über ein eingeblendetes Kalenderblatt festlegen. Bei Bedarf können Sie die Filterkriterien auch kombinieren.

TIPP

Die im aufgeklappten Menü des Suchfelds (Bild 12.7) eingeblendeten Suchfilter hängen vom angewählten Ordner ab. Wenn Sie Bibliotheken wie *Musik*, *Bilder* oder *Video* anwählen, lassen sich auch Suchfilter für Interpret, Titel etc. abrufen (Bild 12.7, links). Sie können diesen Ansatz verwenden, um bei der nachfolgend beschriebenen Suche über Eigenschaften die betreffenden Filternamen komfortabel in das Suchfeld einzufügen.

Suche nach speziellen Eigenschaften

Windows kann neben den Namen und den Dateiinhalten (bei Dokumenten mit Textinhalten) sowie den oben genannten Filterkriterien wie Datum, Typ, Größe auch spezielle Dateieigenschaften gezielt in die Suche einbeziehen. Dies könnten der Fotograf eines Fotos, ein Bildtitel, der Interpret eines Musikstücks etc. sein. Solche Dateieigenschaften lassen sich als Metadaten z. B. über Wiedergabeprogramme (Windows Media Player) an Musik- und Videodateien anhängen. Auch Programme zur Fotobearbeitung können Eigenschaften (z. B. Titel, Fotograf, Bezeichnungen etc.) in die Fotodateien als Metadaten eintragen. Zudem besteht die Möglichkeit, bestimmte Dateieigenschaften über die Registerkarte *Details* des Eigenschaftenfensters einer Datei zu definieren (siehe *Kapitel 10*).

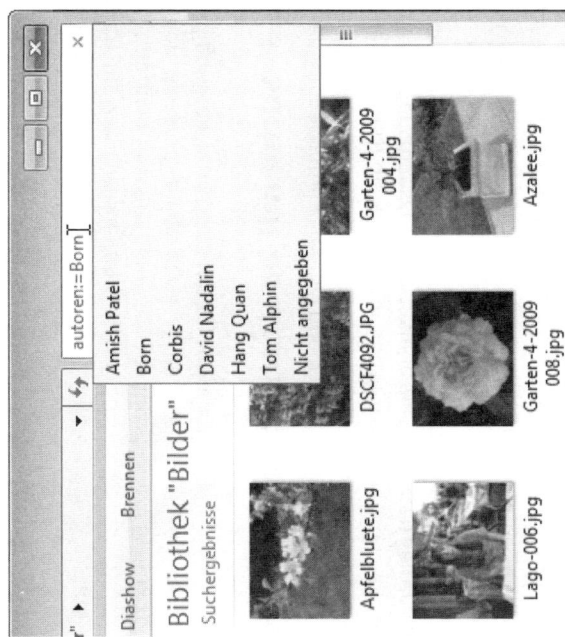

Bild 12.9: Eigenschaften in die Suche einbeziehen

Um gezielt solche Dateieigenschaften bei der Suche zu berücksichtigen, müssen Sie den Namen der Eigenschaft und deren Wert, getrennt durch einen Doppelpunkt und ein Gleichheitszeichen, in das Suchfeld eintragen (z. B. »autoren:=Born«). Zum Eingeben des Filterbegriffs haben Sie zwei Möglichkeiten:

■ Sie können den Namen der Eigenschaften interaktiv über die im vorherigen Abschnitt beschriebene Methode (Bild 12.7, links) über die Palette des Suchfelds abrufen.

■ Wird die Eigenschaft nicht in der Palette angezeigt, lässt sich der Name auch manuell in das Suchfeld eintippen.

Um beispielsweise die Eigenschaft »Autoren« in Dateien zu berücksichtigen, können Sie den Eigenschaftennamen »autoren:« in das Suchfeld eintippen. Ist diese Eigenschaft bekannt, öffnet sich ein Menü, über das Sie einen Wert für die Eigenschaft auswählen können (Bild 12.9). Die Suche wird dann nur solche Dateien liefern, deren Eigenschaft *Autoren* den betreffenden Wert aufweist. Sie können dabei alle Eigenschaftennamen im Suchfeld angeben, die auf der Registerkarte *Details* aufgeführt werden.

Beim manuellen Formulieren von Suchanfragen müssen Sie die betreffenden Eigenschaftennamen und die Syntax zur Suche kennen. Auf den Webseiten http://windowsteamblog.com/blogs/windowsvista/pages/advanced-search-techniques.aspx **und** www.microsoft.com/windows/products/winfamily/desktopsearch/technicalresources/advquery.mspx **finden Sie zwar englischsprachige Beschreibungen und Beispiele zur »Windows Search Advanced Query Syntax«. Neben einer Auflistung der englischsprachigen Eigenschaftennamen sind auch Beispiele für die nachfolgend beschriebene Verwen-**

HINWEIS

dung boolescher Ausdrücke zu finden. Allerdings erwartet ein deutschsprachiges Windows in den Suchausdrücken die deutschen Eigenschaftennamen (also autoren statt authors oder typ statt kind). Leider habe ich bis zur Drucklegung dieses Buches keinen deutschsprachigen Artikel mit einer Beschreibung der Advanced Query Syntax für Windows 7 gefunden, sodass Sie ggf. etwas experimentieren müssen, um die deutschen Eigenschaftennamen herauszufinden.

12.2.3 Suche mit booleschen Ausdrücken

Möchten Sie nach mehreren Suchbegriffen filtern (z. B. alle Dateien, die mit dem Buchstaben B beginnen, sowie die Dateien, die mit dem Buchstaben A beginnen)? Sofern die Option zur Suche mit in natürlicher Sprache angegebenen Begriffen abgeschaltet ist (siehe die folgenden Seiten), müssen Sie die Suchkriterien über boolesche Ausdrücke kombinieren.

Bild 12.10:   Suche mit booleschen Ausdrücken

Der boolesche Ausdruck im Suchfeld aus Bild 12.10 bewirkt, dass alle Dateien, die mit dem Buchstaben A oder B beginnen oder diese enthalten, bei der Suche gefunden werden. Sie können dabei die Dateinamen, den Dateityp bzw. die Dateinamenerweiterung und auch die Eigenschaften in booleschen Ausdrücken kombinieren. Der Ausdruck »Autoren:(Born OR Bach)« wird alle Dateien in der Suche auflisten, deren Eigenschaft *Autoren* entweder den Namen »Born« oder »Bach« enthält. Sie können dabei auch Dateinamen und Eigenschaften über boolesche Ausdrücke kombinieren. Die Angabe »Autor:Born AND Blumen« listet alle Dateien auf, deren Name mit *Blumen* beginnt und deren Eigenschaftenwert *Autoren* den Wert »Born« aufweist. Tabelle 12.1 enthält eine Auflistung zulässiger Operatoren in booleschen Ausdrücken.

Die Klammer im booleschen Ausdruck bewirkt, dass der Teilausdruck erst ausgewertet wird. In »Autoren:(Born OR Bach)« bedeutet dies, der Klammerausdruck bezieht sich auf die Eigenschaft *Autoren*. Wichtig ist auch, dass der boolesche Operator in Großbuchstaben angegeben wird, sonst klappt die Auswertung nicht.

ACHTUNG

Ausdruck	Bemerkung
AND	Führt einen Und-Vergleich zwischen den angegebenen Operanden aus (z. B. »Autoren:(Born AND Bach)« erkennt nur Elemente, deren Eigenschaft *Autoren* beide Werte enthält).
OR	Führt einen Oder-Vergleich zwischen den angegebenen Operanden aus (z. B. »Autoren:(Born OR Bach)« erkennt Elemente, deren Eigenschaft *Autoren* einen der beiden Werte aufweist).
NOT	Gibt an, dass das zu suchende Element den Ausdruck nicht aufweisen darf (z. B. »Autoren:NOT Born« listet alle Dateien auf, deren Eigenschaft *Autoren* nicht den Wert »Born« aufweist).
"xxx"	Die Anführungszeichen um einen Teilausdruck geben an, dass dieser Ausdruck in der genauen Schreibweise in der Datei vorkommen muss (z. B. "Sommerfest 2007").
(xxx)	Findet Dateien, die die in Klammern angegebenen Wörter enthalten (z. B. »(Born Bach)«). Klammern können auch benutzt werden, um mehrere Werte einer Eigenschaft zuzuordnen (z. B. »Autoren:(Born OR Back)«).
>	Listet Dateien auf, deren Wert größer als der angegebene Wert ist (z. B. »Datum:> 01.01.07«).
<	Listet Dateien auf, deren Wert kleiner als der angegebene Wert ist (z. B. »Größe:< 4 MB«).

Tabelle 12.1:   Operatoren in booleschen Ausdrücken

HINWEIS

Statt der in der Tabelle aufgeführten englischsprachigen booleschen Operatoren können Sie auch die deutschsprachigen Äquivalente UND, ODER, NICHT einsetzen. Sie können auch die Befehle in der Palette des Suchfelds verwenden, um mehrere Suchfilter und deren Werte als Suchausdruck abzurufen. Windows fügt die Suchfilter, getrennt durch Leerzeichen, in das Suchfeld ein. Dies wirkt dann wie eine UND-Verknüpfung.

12.2.4 Suchergebnisse sortieren

Windows zeigt die Treffer als Liste in einem Ordnerfenster an. Bei Bedarf können Sie im Kopf des Inhaltsbereichs über das Listenfeld *Anordnen nach* vorgeben, nach welchen Kriterien die Trefferliste anzuordnen ist (Bild 12.11).

Bild 12.11: Suchergebnisse nach verschiedenen Kriterien anordnen

12.2.5 Suchergebnisse speichern

Beim Schließen des Ordnerfensters mit den Suchergebnissen gehen sowohl die Ergebnisse als auch die Einstellungen verloren. Müssen Sie eine Suche häufiger durchführen, können Sie die Suchergebnisse speichern.

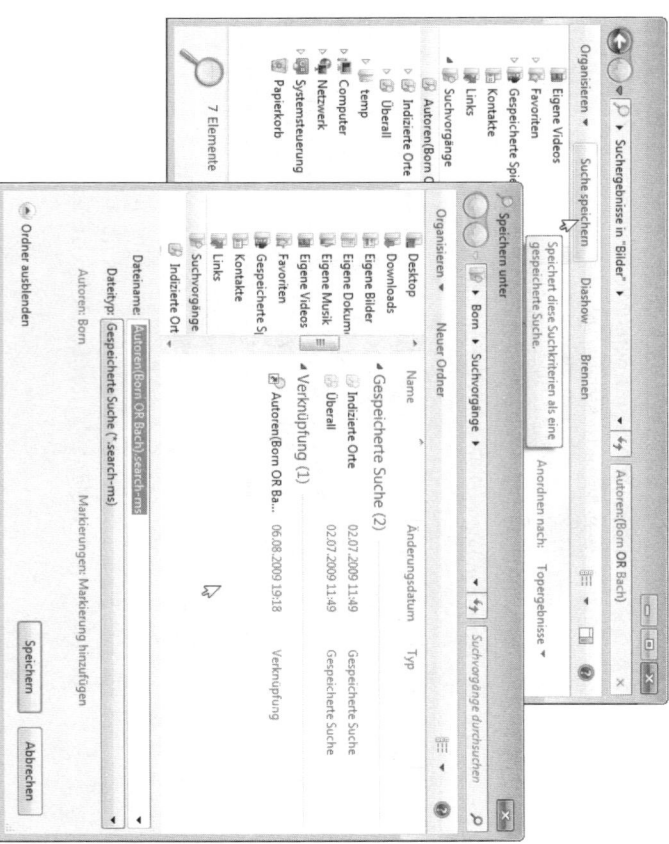

Bild 12.12: Suche speichern und erneut abrufen

1. Klicken Sie im Ordnerfenster mit den Suchergebnissen auf die in der Symbolleiste sichtbare Schaltfläche *Suche speichern* (Bild 12.12, Hintergrund).

2. Windows öffnet ein Dialogfeld *Speichern unter* zur Auswahl des Speicherziels (Bild 12.12, Vordergrund). Belassen Sie als Zielordner *Suchvorgänge*, passen Sie ggf. den Dateinamen an und klicken Sie anschließend auf die Schaltfläche *Speichern*.

Windows legt die Suchergebnisse im Zielordner ab. Der Dateiname gibt dabei auch die Suchkriterien an.

Um die gespeicherte Suche erneut zu öffnen, wählen Sie im Navigationsbereich des Ordnerfensters den Eintrag des Benutzerkontos (hier z. B. *Born*) und dann den Untereintrag *Suchvorgänge*. Anschließend lässt sich der Eintrag für die gespeicherte Suche anwählen (Bild 12.12, Hintergrund). Windows wird dann die Suche mit den gewählten Kriterien erneut durchführen und die Ergebnisse im Ordnerfenster anzeigen.

TIPP

Fehlt bei Ihnen im Navigationsbereich der betreffende Eintrag bzw. der Ordnerzweig mit dem Benutzerprofil? Oder wundern Sie sich, dass in Bild 12.12, Hintergrund, der Navigationsbereich den Papierkorb und auch die Einträge für die Systemsteuerung enthält. Dies lässt sich in Windows 7 einstellen. Ein Rechtsklick auf eine weiße Fläche des Navigationsbereichs öffnet ein Kontextmenü, in dem Sie den Befehl *Alle Ordner anzeigen* wählen. Oder Sie wählen im Menü der Schaltfläche *Organisieren* den Befehl *Ordner- und Suchoptionen* und markieren auf der Registerkarte *Allgemein* in der Gruppe *Navigationsbereich* das Kontrollkästchen *Alle Ordner anzeigen*. Dann tauchen u. a. Benutzerprofil, Papierkorb und Systemsteuerungselemente im Navigationsbereich auf.

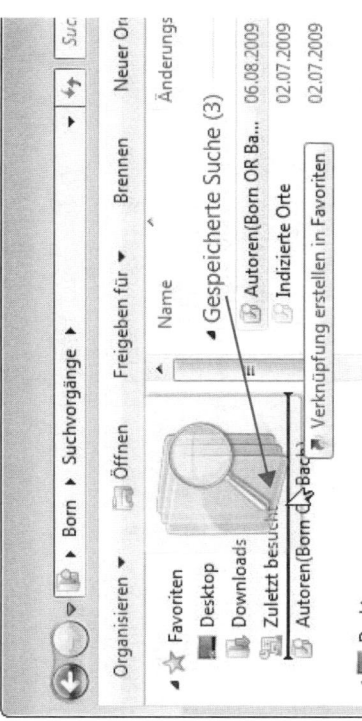

Bild 12.13: Favoriten definieren

TIPP

Benötigen Sie den Zugriff auf die Suchergebnisse häufiger, sollten Sie sich einen entsprechenden Link in der Navigationskategorie *Favoriten* einrichten. Wählen Sie hierzu im Navigationsbereich den Eintrag *Suchvorgänge*, um dessen Ordnerinhalt anzuzeigen. Anschließend ziehen Sie den Eintrag mit der gespeicherten Suche bei gedrückter linker Maustaste aus dem Inhaltsbereich des Ordnerfensters zur Kategorie *Favoriten* des Navigationsbereichs (Bild 12.13). Sobald Sie die linke Maustaste loslassen, wird ein neuer Eintrag angelegt. Dann reicht ein Mausklick auf den Eintrag, um die Suchergebnisse im Ordnerfenster abzurufen. Den Eintrag in den Favoriten löschen Sie, indem Sie diesen mit der rechten Maustaste anklicken und dann den Kontextmenübefehl *Entfernen* wählen. Dieser Trick funktioniert übrigens auch bei anderen Ordnern, Bibliotheken oder Laufwerken.

12.2.6 Anpassen der Suchoptionen

Um die Kriterien, nach denen gesucht werden soll, anzupassen, gehen Sie in folgenden Schritten vor:

1. Wählen Sie im Ordnerfenster die Schaltfläche *Organisieren* in der Symbolleiste an und klicken Sie in dem eingeblendeten Menü auf den Befehl *Ordner- und Suchoptionen*.

2. Wechseln Sie im Eigenschaftenfenster *Ordner- und Suchoptionen* zur Registerkarte *Suchen*.

3. Markieren Sie auf der Registerkarte *Suchen* (Bild 12.14) des Eigenschaftenfensters *Ordneroptionen* die gewünschten Suchoptionen und schließen Sie das Dialogfeld über die *Ok*-Schaltfläche.

Für die Optionsfelder der Gruppe *Was möchten Sie suchen* gilt Folgendes:

■ *In indizierten Orten Dateinamen und -inhalte suchen, in nicht indizierten Ordnern nur Dateinamen suchen*: Windows 7 kann Ordner zur Suche indizieren. Wählen Sie dieses Optionsfeld, um die Suche zu beschleunigen. Die Option bewirkt, dass Windows an allen Speicherorten nach Übereinstimmung des Suchbegriffs mit Datei- und Ordnernamen sucht. Die zeitaufwendige Suche in Dateiinhalten wird jedoch auf indizierte Ordner beschränkt.

■ *Immer Dateinamen und -inhalte suchen (dieser Vorgang kann einige Minuten dauern)*: Markieren Sie dieses Optionsfeld, um sicherzustellen, dass Treffer sowohl über Dateinamen als auch in allen auswertbaren Dateiinhalten gefunden werden. Diese Art der Suche ist sehr langsam, da Windows bei nicht indizierten Ordnern die einzelnen Dateien öffnen und die Markierungen bzw. bei Texten die Wörter lesen muss.

Die in Windows Vista noch vorhandene Möglichkeit einer Suche über Dateinamen ist dagegen in Windows 7 in der Suche entfallen. Über die Kontrollkästchen der Gruppe *Wie möchten Sie suchen* können Sie die Strategie der Suchfunktion beeinflussen.

■ Markieren Sie das Kontrollkästchen *Unterordner bei der Suche in Dateiordnern in Suchergebnisse aufnehmen*, durchsucht Windows 7 auch die Unterordner des aktuellen Ordners, sobald Sie einen Buchstaben in das Suchfeld eintippen.

■ Die Option *Teiltreffer finden* sollte markiert sein, damit die Suche auch Elemente findet, die das Suchmuster im Namen aufweist.

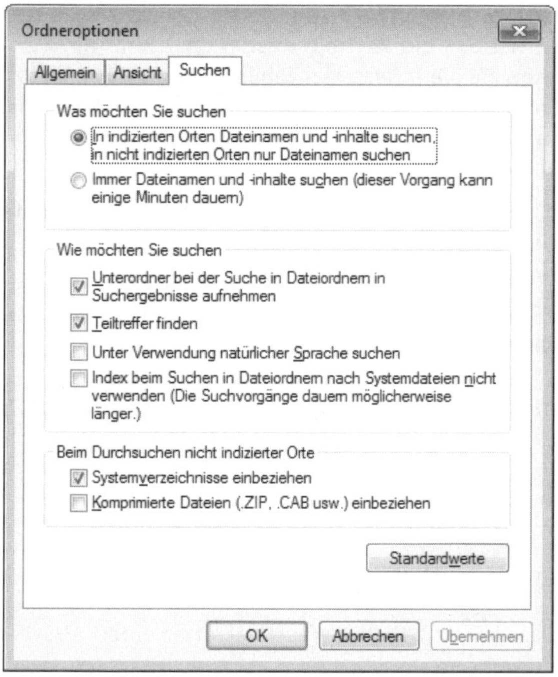

Ordneroptionen

Allgemein | Ansicht | Suchen

Was möchten Sie suchen

◉ In indizierten Orten Dateinamen und -inhalte suchen in nicht indizierten Orten nur Dateinamen suchen
○ Immer Dateinamen und -inhalte suchen (dieser Vorgang kann einige Minuten dauern)

Wie möchten Sie suchen

☑ Unterordner bei der Suche in Dateiordnern in Suchergebnisse aufnehmen
☑ Teiltreffer finden
☐ Unter Verwendung natürlicher Sprache suchen
☐ Index beim Suchen in Dateiordnern nach Systemdateien nicht verwenden (Die Suchvorgänge dauern möglicherweise länger.)

Beim Durchsuchen nicht indizierter Orte

☑ Systemverzeichnisse einbeziehen
☐ Komprimierte Dateien (ZIP, .CAB usw.) einbeziehen

Standardwerte

OK   Abbrechen   Übernehmen

Bild 12.14:   Suchoptionen anpassen

- Das Kontrollkästchen *Unter Verwendung natürlicher Sprache suchen* ermöglicht, die Suchbegriffe so zu formulieren, wie dies bei einer Frage der Fall ist (z. B. »Musik von Lennon und den Beatles«). Ist das Kontrollkästchen nicht markiert, müssen Sie die Suchbegriffe mittels boolescher Filter festlegen (siehe die vorhergehenden Seiten).

- Möchten Sie alle Dateiinhalte erneut mit dem Suchmuster vergleichen, müssen Sie das Kontrollkästchen *Index beim Suchen in Dateiordnern nach Systemdateien nicht verwenden* markieren. Dann prüft Windows die Dateiinhalte, ohne die Indexeinträge zu berücksichtigen. Dies verlangsamt aber die Suche erheblich.

In der untersten Gruppe *Beim Durchsuchen nicht indizierter Orte* können Sie über die beiden Kontrollkästchen angeben, ob Systemverzeichnisse (z. B. *Programme* und *Windows*) bei der Suche einzubeziehen sind und ob die Suche auf die Inhalte komprimierter Archivdateien auszudehnen ist. Über die Schaltfläche *Standardwerte* lassen sich die von Microsoft vorgesehenen Einstellungen zurückholen. Die Änderungen werden beim Schließen der Registerkarte über die *OK*-Schaltfläche wirksam.

12.2.7 Indexpfade ändern

Windows 7 benutzt einen Indexierungsdienst, um im Hintergrund die Ordner und Dateien auf NTFS-Datenträgern zu durchsuchen und die erforderlichen Schlüsselwörter (Datei- und Ordnernamen, Markierungen in Dateien

223

etc.) in Indexdateien zu hinterlegen. Ob ein Ordner oder eine Datei indiziert wird, lässt sich über ein Attribut festlegen (siehe *Kapitel 10*). Weiterhin bezieht Windows 7 die Inhalte der Bibliotheken (*Musik*, *Fotos* etc.) automatisch in die Indizierung ein. Durch Aufnahme eines Ordners in eine Bibliothek wird dieser also zwangsweise indiziert. Weiterhin gibt es die Möglichkeit, die Indexpfade der Suche individuell anzupassen.

1. Öffnen Sie die Systemsteuerung, tippen Sie in das Suchfeld den Begriff »Such« ein und klicken Sie anschließend auf den angezeigten Befehl *Indizierungsoptionen*.

2. Anschließend passen Sie die Einstellungen für die Indexpfade im Dialogfeld *Indexoptionen* an (Bild 12.15, links).

HINWEIS

Der Befehl *Indexierungsoptionen anpassen* findet sich auch in der Aufgabenleiste des Fensters *Leistungsinformationen und -tools*. Hierzu müssen Sie aber den Kontextmenübefehl *Eigenschaften* des Startmenüeintrags *Computer* anwählen und im Fenster *Basisinformationen über den Computer anzeigen* auf den Hyperlink *Leistungsinformationen und -tools* klicken.

Bei der Suche in nicht indizierten Ordnern erscheint im Ordnerfenster oberhalb des Inhaltsbereichs eine Informationsleiste. Klicken Sie auf die Informationsleiste, lässt sich der Ordner über einen Menübefehl in den Indexpfad aufnehmen.

Die Schaltfläche *Ändern* des Dialogfelds *Indexoptionen* öffnet den in Bild 12.15, rechts, gezeigten Zusatzdialog. Klicken Sie auf die Schaltfläche *Alle Orte anzeigen* und bestätigen Sie die Sicherheitsabfragen der Benutzerkontensteuerung, um alle verfügbaren Speicherorte einzublenden. Anschließend markieren Sie in der eingeblendeten Ordnerhierarchie die Kontrollkästchen der in die Indexsuche einzubeziehenden Ordner. Ähnlich wie beim Navigationsbereich eines Ordnerfensters können Sie eine eventuell vorhandene Ordnerhierarchie über das stilisierte Dreieck vor dem Laufwerks- oder Ordnersymbol ein- bzw. ausblenden. Die Vorgaben werden beim Schließen des Dialogfelds mittels der Ok-Schaltfläche übernommen.

TIPP

Über die Schaltfläche *Anhalten* des Dialogfelds *Indexoptionen* (Bild 12.15, links) lässt sich der Indexdienst von Administratoren stoppen. Da der Dienst aber (im Vergleich zu Windows Vista) weniger Systemleistung benötigt, dürfte dazu nur selten die Notwendigkeit bestehen.

Eine komfortable Steuerung des Indexdienstes (anhalten, starten) samt einer Übersicht über den Status liefert das Indexer Status Gadget von Brandon Paddock (http://brandontools.com). Das Gadget taucht allerdings (in der von mir getesteten Version) nicht in der Minianwendungsgalerie auf und muss ggf. zur Deinstallation manuell aus dem Gadget-Ordner unter *Benutzer\<Konto>\AppData\Local\Microsoft\Windows Sidebar* gelöscht werden (siehe *Kapitel 5*).

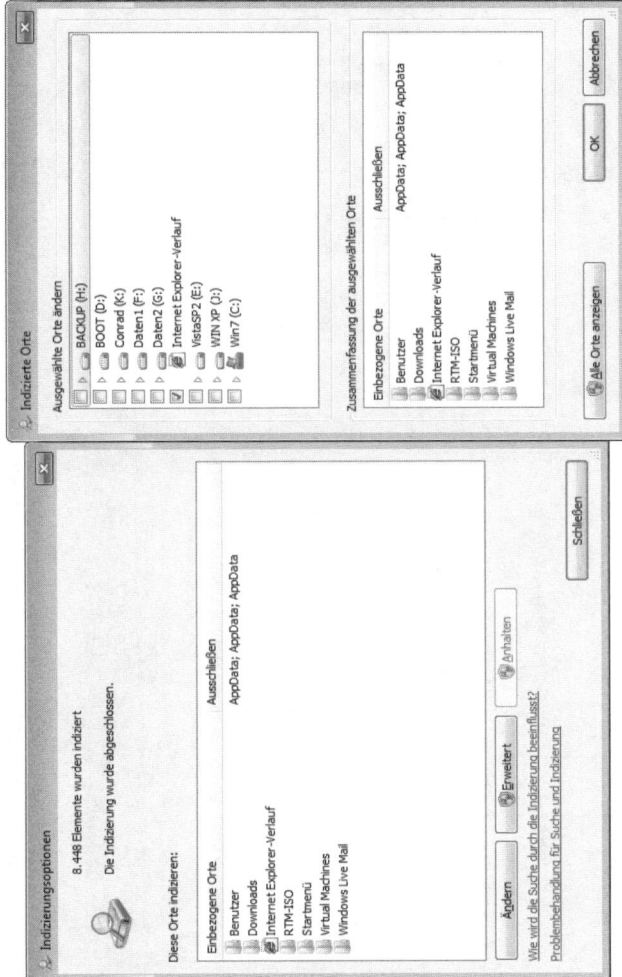

Bild 12.15:   Anpassen der Indexoptionen

Die Schaltfläche *Erweitert* des Dialogfelds *Indexoptionen* (Bild 12.15, links) öffnet nach Bestätigung der Sicherheitsabfrage der Benutzerkontensteuerung das in Bild 12.16 gezeigte Eigenschaftenfenster *Erweiterte Indexoptionen*.

▪ Auf der Registerkarte *Dateitypen* finden Sie eine Liste der in die Suche einzubeziehenden Dateitypen. Klicken Sie auf einen Eintrag, lässt sich über die beiden Optionsfelder am unteren Rand der Registerkarte vorgeben, ob nur die Dateieigenschaften (z. B. Markierungen) oder auch der Dateiinhalt zu indizieren ist. Die Indizierung des Dateiinhalts ist bei Dateien mit Textinhalten sinnvoll.

▪ Auf der Registerkarte *Indexeinstellungen* ermöglicht die Schaltfläche *Neu erstellen* der Gruppe *Problembehandlung*, ausgewählte Speicherorte neu zu indizieren oder die ursprünglichen Indexeinstellungen wiederherzustellen. Die Kontrollkästchen der Gruppe *Dateieinstellungen* beziehen sich auf verschlüsselte Dateien und auf die Behandlung von Schreibweisen mit diakritischen Zeichen (z. B. Akzente in französischen Namen, was in der deutschen Sprache weniger relevant ist). Da in Windows 7 Home Premium keine EFS- und Bitlocker-Verschlüsselung auf Dateiebene unterstützt wird, erscheint bei der Anwahl des Kontrollkästchens *Verschlüsselte Dateien indizieren* ein Dialogfeld mit dem Hinweis, dass die Datensicherheit nicht geprüft werden kann. Die Option macht daher nur Sinn, wenn Sie eine zu Windows 7 kompatible Lösung eines Drittherstellers zur Verschlüsselung einsetzen. Weiterhin können Sie den Indizierungsort, an dem die Indexdatei abgelegt wird, in der gleichnamigen Gruppe vorgeben (sinnvoll bei wenig Speicherplatz auf dem Systemlaufwerk).

225

Die Änderungen werden wirksam, sobald die Registerkarten über die *Ok*-Schaltfläche geschlossen wurden.

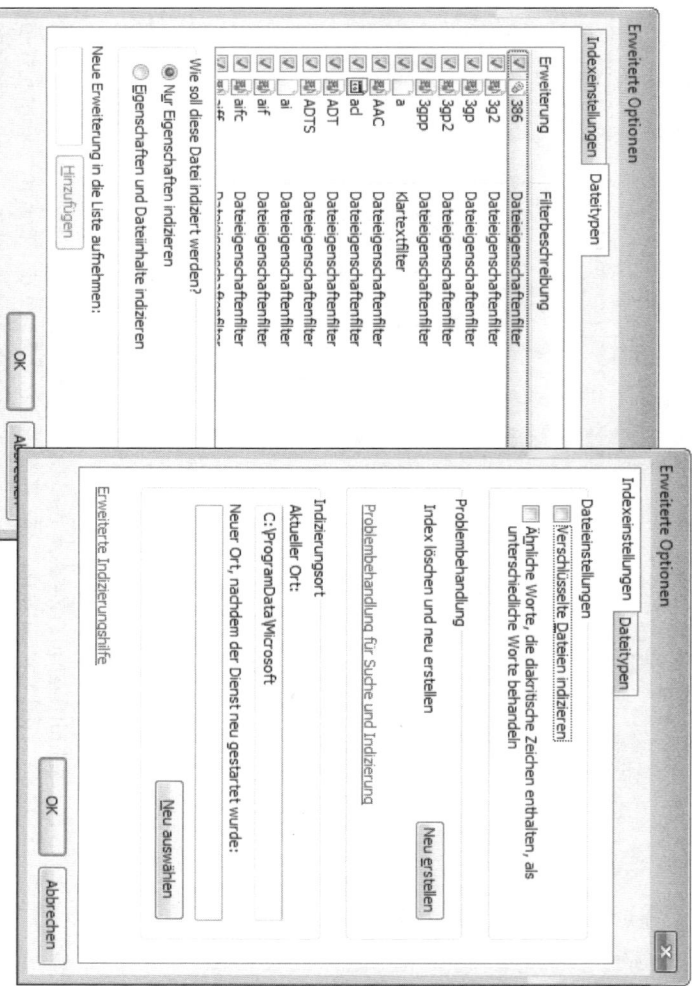

Bild 12.16:   Erweiterte Indexoptionen

 HINWEIS

Weitere Details zu bestimmten Optionen und Funktionen der Suche (z. B. welche Dateien in die Indizierung einbezogen werden), lassen sich in der Windows-Hilfe unter dem Stichwort »Suche« in der Rubrik »Suchen unter Windows: häufig gestellte Fragen« nachschlagen. Falls Sie häufig in Textdateien (z. B. in Quellcodedateien) suchen möchten, können Sie auch auf Programme wie Agent Ransak (http://www.mythicsoft.com/agentransack/) zurückgreifen, da diese für diesen Zweck optimiert sind.

Funktioniert die Suche nicht und treten Probleme auf? Der Blogbeitrag unter http://www.borncity.com/blog/2010/03/12/trouble-mit-der-windows-7-suche/ geht auf verschiedene Fehlerursachen und deren Lösung ein.

13 Datenträgerverwaltung und -wartung

In diesem Kapitel lernen Sie die von Windows 7 bereitgestellten Funktionen zur Verwaltung von Datenträgern wie Festplatten kennen und erfahren auch, wie sich Datenträger warten (z. B. bereinigen oder auf Fehler überprüfen) und sichern lassen.

13.1 Funktionen zur Laufwerkspflege

Windows 7 verfügt über einige Pflegefunktionen, die Sie auf den Inhalt von Laufwerken anwenden können.

13.1.1 Platz schaffen mit der Datenträgerbereinigung

Beim Arbeiten mit Windows sammelt sich im Laufe der Zeit eine ganze Menge Datenmüll im Papierkorb und in sogenannten temporären Ordnern an. Dieser Datenmüll lässt sich durch die Datenträgerbereinigung entfernen.

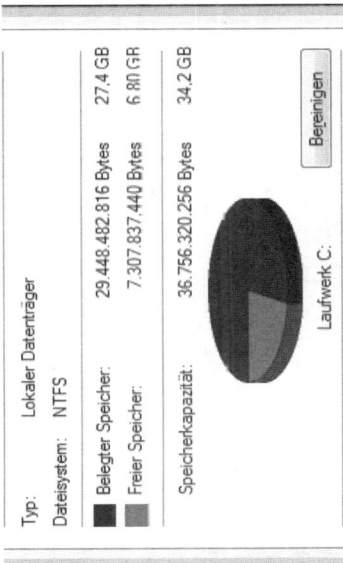

Bild 13.1: Aufrufen der Datenträgerbereinigung

1. Klicken Sie im Ordnerfenster *Computer* das gewünschte Laufwerk mit der rechten Maustaste an und wählen Sie dann im Kontextmenü den Befehl *Eigenschaften*.

2. Im Eigenschaftenfenster klicken Sie auf der Registerkarte *Allgemein* die mit *Bereinigen* bezeichnete Schaltfläche an (Bild 13.1).

3. Windows analysiert das System, was einige Zeit dauern kann. Sobald das Dialogfeld mit der Registerkarte *Datenträgerbereinigung* erscheint, markieren Sie die Kontrollkästchen der Kategorien, in denen Dateien gelöscht werden sollen (Bild 13.2, links), und klicken auf die *OK*-Schaltfläche.

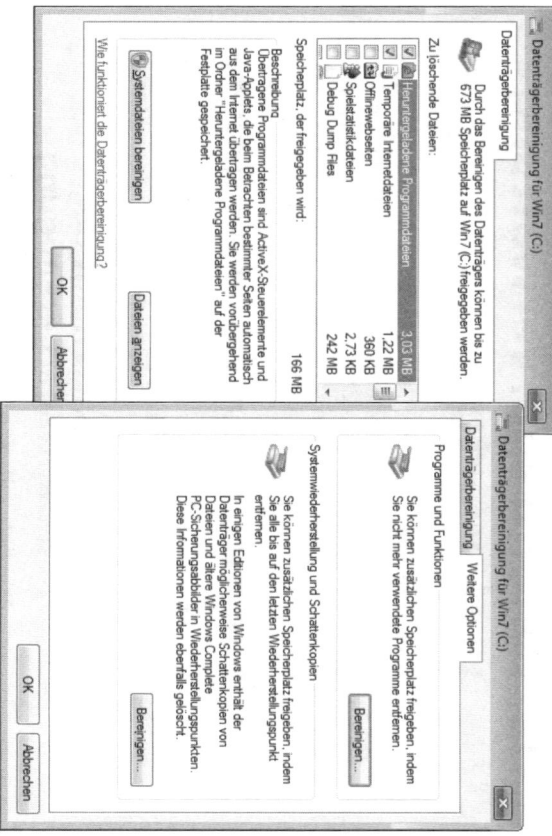

Bild 13.2: Registerkarten *Datenträgerbereinigung* und *Weitere Optionen*

Die Datenträgerbereinigung gibt für jede Kategorie die Größenordnung des belegten Bereichs an. Bei Bedarf können Sie einen Eintrag anklicken und die Schaltfläche *Dateien anzeigen* betätigen. Dann werden Ihnen die zu löschenden Dateien in einem separaten Dialogfeld angezeigt. Sobald Sie die Registerkarte über die *Ok*-Schaltfläche schließen, entfernt die Laufwerksbereinigung alle Dateien der markierten Kategorien.

Um auch Systemdateien zu bereinigen, kann ein Administrator die Schaltfläche *Systemdateien bereinigen* anwählen. Nach Bestätigung der Sicherheitsabfrage der Benutzerkontensteuerung wird die Registerkarte *Weitere Optionen* eingeblendet (Bild 13.2, rechts). Auf der Registerkarte finden Sie in der Gruppe *Programme und Funktionen* die Schaltfläche *Bereinigen*. Diese öffnet das Fenster *Programme deinstallieren oder ändern*, in dem Sie nicht mehr benötigte Programme entfernen können. Die Schaltfläche *Bereinigen* der Gruppe *Systemwiederherstellung und Schattenkopien* ermöglicht Ihnen, die Wiederherstellungspunkte bis auf den letzten Sicherungssatz zu löschen.

13.1.2 Datenträgerprüfung durchführen

Ein Problem stellen beschädigte oder fehlerhafte Dateien auf Festplatten dar. Wenn Sie den Computer einfach abschalten, ohne Windows vorher zu beenden, können Dateien beschädigt werden. Oder ein Programmabsturz bewirkt, dass die Daten nicht richtig in die zugehörige Datei geschrieben werden. Bei nicht korrekt beendeten Windows-Sitzungen führt das Betriebssystem beim nächsten Start u.U. automatisch eine Datenträgerprüfung durch. Haben Sie den Verdacht, dass das Speichermedium eventuell beschädigt ist, können Sie diese Prüfung auch manuell aufrufen.

1. Klicken Sie im Ordnerfenster *Computer* das gewünschte Laufwerk mit der rechten Maustaste an und wählen Sie den Kontextmenübefehl *Eigenschaften*.

2. Im Eigenschaftenfenster wählen Sie auf der Registerkarte *Tools* die mit *Jetzt prüfen* bezeichnete Schaltfläche der Gruppe *Fehlerüberprüfung* (Bild 13.3).

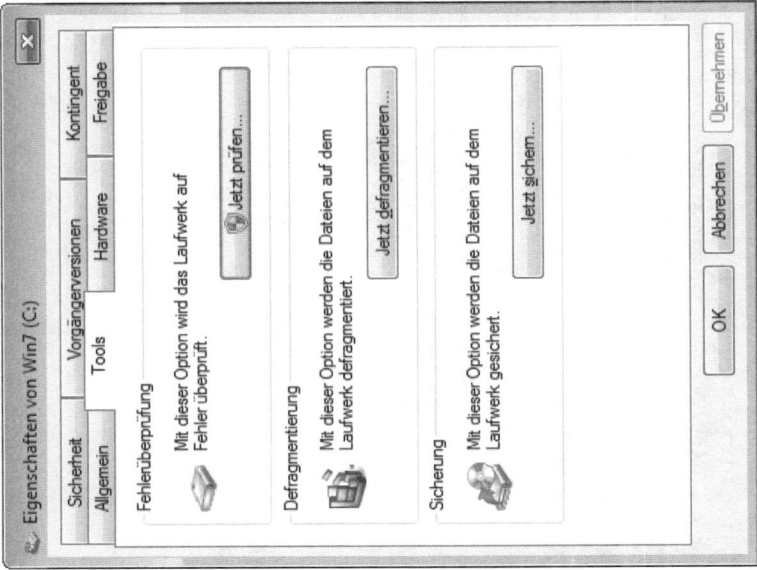

Bild 13.3:   Registerkarte *Tools* mit Optionen zur Datenträgerwartung

3. Bestätigen Sie die Sicherheitsabfrage der Benutzerkontensteuerung, um den Vorgang fortsetzen zu können.

4. Windows 7 öffnet dann das in Bild 13.4 gezeigte Dialogfeld, in dem Sie die Kontrollkästchen mit den Optionen zur Datenträgerwartung wählen.

Um lediglich festzustellen, ob ein Datenträger Fehler enthält, markieren Sie keines der angezeigten Kontrollkästchen. Mit der Option *Fehlerhafte Sektoren suchen/wiederherstellen* lassen sich über die Datenträgerprüfung beschädigte Dateien reparieren. In diesem Fall müssen Sie das zweite Kontrollkästchen *Dateisystemfehler automatisch korrigieren* nicht mehr separat markieren. Die Überprüfung beginnt, sobald Sie im Dialogfeld auf die *OK*-Schaltfläche klicken. Eine Fortschrittsanzeige informiert Sie über die einzelnen Schritte.

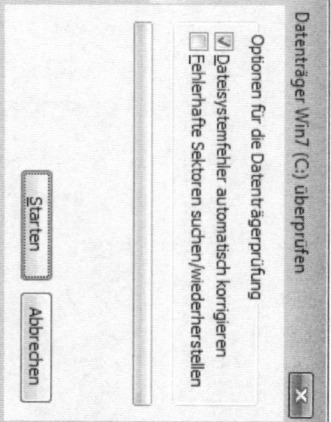

Bild 13.4: Optionen der Datenträgerprüfung

Beachten Sie, dass sich die Datenträgerprüfung nur ausführen lässt, wenn Sie über Administratorrechte verfügen. Zudem kann keine Prüfung ausgeführt werden, wenn Dateien auf dem betreffenden Laufwerk in Benutzung sind. Dann erscheint ein Dialogfeld mit einem entsprechenden Hinweis. Über die Schaltfläche *Datenträgerprüfung planen* des Dialogfelds wird die Prüfung bis zum nächsten Systemstart ausgesetzt. Beim nächsten Systemstart erfolgt dann die Überprüfung, bevor Windows 7 geladen wird. Das dafür benutzte Programm *sfc* lässt sich auch direkt im Fenster einer Konsolensitzung eines Administratorkontos aufrufen.

Mit dem Konsolenprogramm *chkdsk* lässt sich ebenfalls eine Fehlerprüfung samt Reparatur durchführen. Hierzu müssen Sie das Fenster der Eingabeaufforderung über den Befehl *Als Administrator ausführen* öffnen (siehe *Kapitel 18*). Der Befehl *chkdsk /?* zeigt die Aufrufoptionen und mit *chkdsk /r <lw:>* wird das in *<lw:>* angegebene Laufwerk einer Fehlerüberprüfung unterzogen. Das Programm *chkdsk* ist dabei so implementiert, dass es möglichst viel Arbeitsspeicher (max. 50 MByte bleiben frei) für die Prüfung reserviert. Sollte Windows 7 dabei (in extrem seltenen Fällen) mangels Arbeitsspeicher hängen oder mit einem Bluescreen abstürzen, ist der Treiber für das betreffende Laufwerk veraltet und muss aktualisiert werden.

13.1.3 Defragmentierung von Datenträgern

Beim Schreiben von Dateien werden die Daten in freie Cluster auf dem Datenträger abgelegt. Vergrößern oder verkleinern sich Dateien bzw. werden Dateien gelöscht, muss Windows jeweils Cluster freigeben oder freie Cluster für die Dateidaten belegen. Dies führt mit der Zeit dazu, dass die Daten einer Datei nicht mehr zusammenhängend in benachbarten Clustern zu liegen kommen, sondern im ungünstigsten Fall über die Cluster des Datenträgers verstreut abgelegt werden. Man bezeichnet dies als Fragmentierung. Die Fragmentierung verringert die Zugriffsgeschwindigkeit auf die Dateien, da die Schreib-/Leseköpfe des Laufwerks jeweils die einzelnen Cluster ansteuern müssen, um auf die Daten der Datei zugreifen zu können. Windows 7 führt auf NTFS-Datenträgern automatisch eine Defragmentierung im Hintergrund durch. Allerdings können auch Wechselmedien fragmentiert sein. Sie können daher als Administrator überprüfen, ob eine Fragmentierung der betreffenden Laufwerke vorliegt und deren Defragmentierung manuell anstoßen. Hierbei werden die von den Dateien belegten Cluster auf dem Datenträger in benachbarte Cluster verschoben und freie Cluster zu kompletten Blöcken zusammengefasst.

1. Um einen Datenträger zu defragmentieren, rufen Sie das Eigenschaftenfenster des gewünschten Laufwerks über das Kontextmenü auf (siehe den Abschnitt zur Datenträgerprüfung).

2. Klicken Sie auf der Registerkarte *Tools* auf die Schaltfläche *Jetzt defragmentieren* (Bild 13.3).

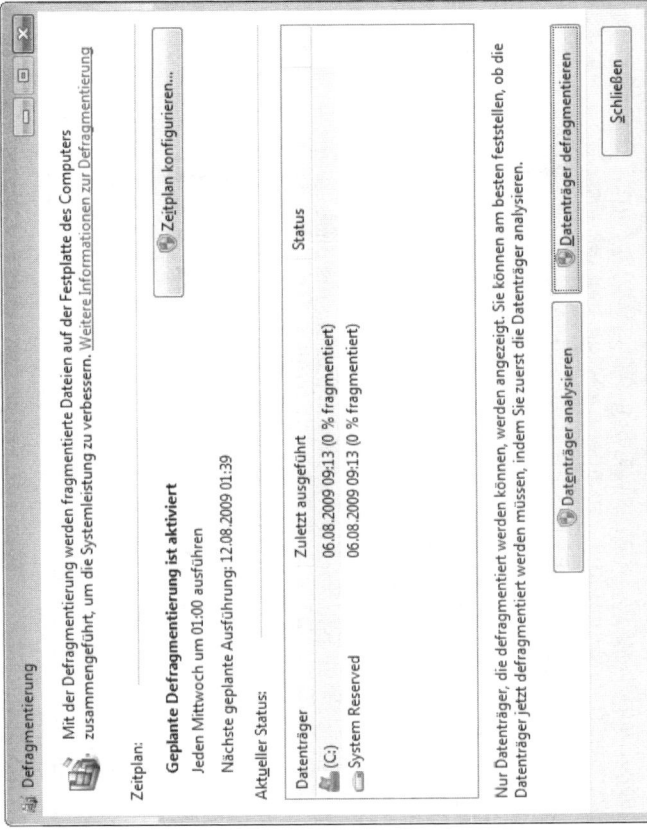

Bild 13.5: Dialogfeld zum Defragmentieren eines Datenträgers

3. Überprüfen Sie nun den Fragmentierungsstatus der gewünschten Laufwerke und stoßen Sie ggf. deren Defragmentierung an. Hierzu sind jedoch Administratorrechte samt Bestätigung über die Benutzerkontensteuerung erforderlich.

Im Dialogfeld *Defragmentierung* (Bild 13.5) wird der zum Defragmentieren eingeplante Zeitpunkt angezeigt.

■ Über die Schaltfläche *Zeitplan konfigurieren* öffnen Sie ein Dialogfeld zur Auswahl des Intervalls und des Zeitpunkts, zu dem die automatische Defragmentierung auszuführen ist.

- Wählen Sie ein Laufwerk und klicken auf die Schaltfläche *Datenträger analysieren*, erfolgt eine Prüfung, ob eine Defragmentierung erforderlich ist. Trifft dies nicht zu, wird das Dialogfeld zur Defragmentierung automatisch geschlossen.

- Die Schaltfläche *Datenträger defragmentieren* startet dagegen den Defragmentiervorgang, der im Hintergrund ausgeführt wird. Dieser Vorgang kann bei großen Laufwerken einige Stunden dauern. Sie können diesen Vorgang aber jederzeit über die Schaltfläche *Vorgang beenden des Dialogfelds* abbrechen.

Die Schaltfläche *Schließen* beendet das Dialogfeld *Defragmentierung*.

13.2 Datenträgersicherung

Windows 7 Home Premium besitzt eine Funktion zur manuellen oder automatischen Sicherung von Dateien und ggf. eines Systemabbilds durch Administratoren.

13.2.1 Grundlagen zur Datenträgersicherung

Die Datenträgersicherung von Windows 7 Home Premium wurde gegenüber dem Windows Vista-Pendant grundlegend überarbeitet. So lassen sich neben den Benutzerdaten jetzt auch Systemdateien und ein komplettes Systemabbild auf ein geeignetes Sicherungsmedium speichern. Zudem können Rettungsdatenträger (Reparaturdatenträger, d.h. eine bootbare DVD) erzeugt werden, um ein beschädigtes System im Notfall von DVD booten und reparieren zu können.

Die Datenträgersicherung muss beim ersten Start durch einen Administrator konfiguriert werden und kann dann automatische Sicherungen auf Datenträgern, die ständig im Zugriff sind (z.B. lokale Festplattenpartitionen), ausführen. Zum Starten der Sicherung gibt es mehrere Möglichkeiten.

- Sie können im Startmenü den Programmzweig *Alle Programme/Wartung* öffnen und den Befehl *Sichern und Wiederherstellen* anklicken.

- Oder tippen Sie in das Suchfeld des Startmenüs den Text »Si« ein, warten, bis die Suchergebnisse erscheinen, und klicken dann auf den Befehl *Sichern und Wiederherstellen*.

- Wählen Sie im Ordnerfenster *Computer* ein Laufwerkssymbol mit einem Rechtsklick an, gelangen Sie über den Kontextmenübefehl *Eigenschaften* zur Registerkarte *Tools*. Dort lässt sich die Schaltfläche *Jetzt sichern* wählen (Bild 13.3).

Welche Variante Sie zum Starten der Sicherung verwenden, ist eher zweitrangig. Wichtig ist lediglich, dass Sie für verschiedene Funktionen Administratorrechte benötigen.

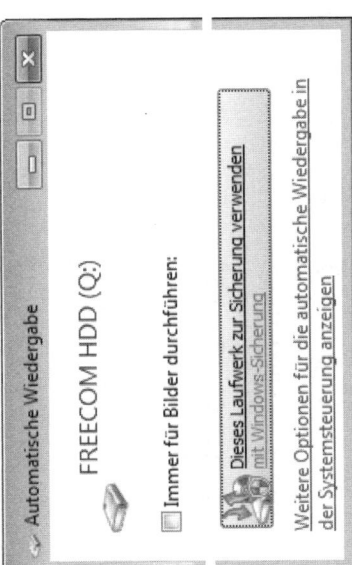

Bild 13.6:   Laufwerk zur Datensicherung verwenden

HINWEIS

Schließen Sie einen zur Datensicherung geeigneten Wechseldatenträger an den Rechner an, erscheint im Dialogfeld *Automatische Wiedergabe* der Befehl *Dieses Laufwerk zur Sicherung verwenden* (Bild 13.6). Wählen Sie diesen Befehl, um das Laufwerk automatisch zur Speicherung einer Sicherung vorzuwählen.

13.2.2   Die Datensicherung erstmalig einrichten

Die Datensicherung muss einmalig eingerichtet werden. Hierzu gehen Sie in folgenden Schritten vor.

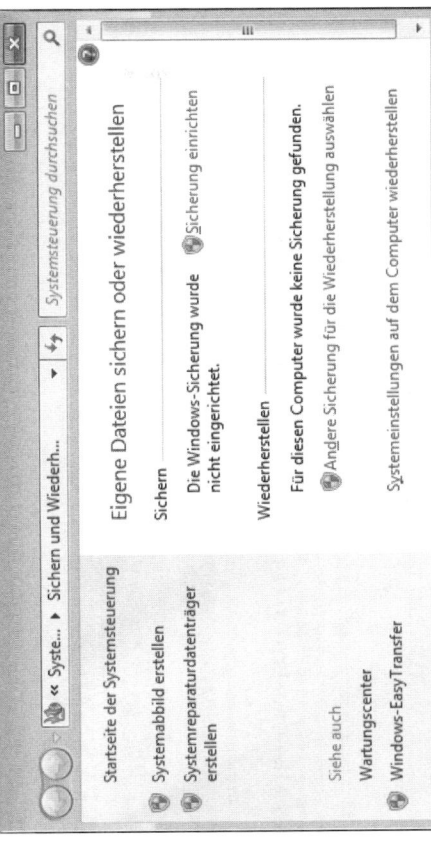

Bild 13.7:   Datensicherung einrichten

1.   Rufen Sie das Sicherungsprogramm gemäß den Ausführungen im vorherigen Abschnitt auf und klicken Sie in der angezeigten Seite *Sichern und Wiederherstellen* (Bild 13.7) auf den Hyperlink *Sicherung einrichten*.

2. Erscheint der Sicherheitsdialog der Benutzerkontensteuerung, bestätigen Sie diesen, um den Vorgang fortzusetzen, und warten, bis die Windows-Sicherung gestartet wurde.

3. Durchlaufen Sie danach die Dialogschritte des Assistenten, der die Sicherungsoptionen abfragt (siehe folgende Abschnitte).

Über die am unteren Dialogfeldrand des Assistenten angezeigte *Weiter*-Schaltfläche gelangen Sie zu den jeweiligen Folgeschritten. Die in der Titelleiste in der linken oberen Ecke des Dialogfelds sichtbare Schaltfläche zeigt dabei alle zur Speicherung der Sicherung geeigneten Laufwerke an. Sie ermöglicht Ihnen, zum vorhergehenden Dialogschritt zurückzublättern.

Auswahl des Sicherungsmediums

Als Erstes muss Windows wissen, wo die Sicherungsabbilder gespeichert werden können. Im ersten Dialogfeld (Bild 13.8) müssen Sie daher das Laufwerk auswählen, auf dem die Datensicherung abgespeichert wird. Der Assistent zeigt dabei alle zur Speicherung der Sicherung geeigneten Laufwerke an. Sie können nun ein Laufwerk wählen und die *Weiter*-Schaltfläche anklicken.

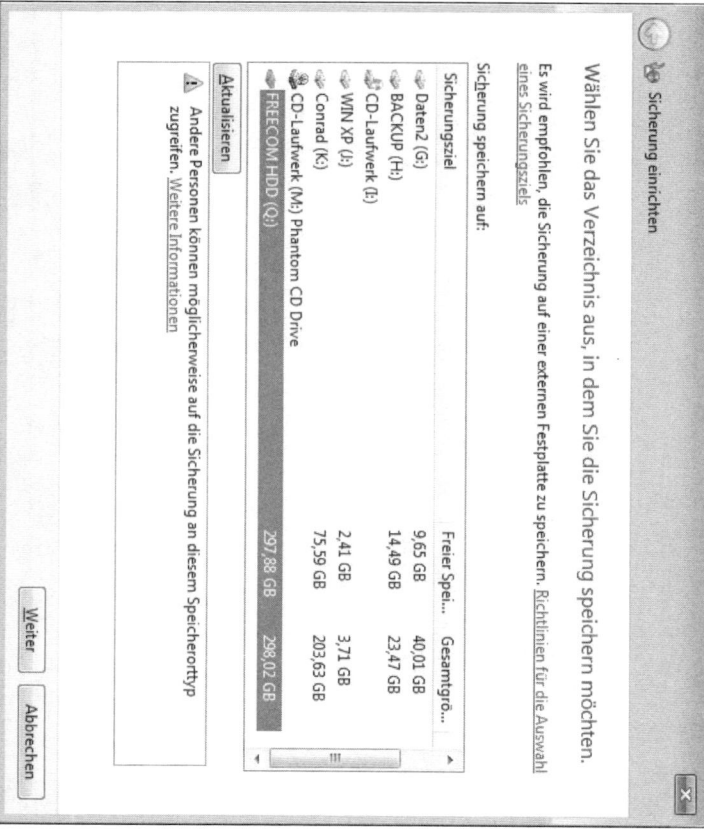

Sicherungsziel	Freier Spei...	Gesamtgrö...
Daten2 (G:)	9,65 GB	40,01 GB
BACKUP (H:)	14,49 GB	23,47 GB
CD-Laufwerk (I:)		
WIN XP (J:)	2,41 GB	3,71 GB
Conrad (K:)	75,59 GB	203,63 GB
CD-Laufwerk (M:) Phantom CD Drive		
FREECOM HDD (Q:)	297,88 GB	298,02 GB

Bild 13.8: Sicherungsziel konfigurieren

Zur Datensicherung lassen sich lokale Datenträger (Festplatten oder separate Partitionen der gleichen Festplatte mit logischen Laufwerken), Wechseldatenträger wie optische Medien (DVD, BD), Flashlaufwerke und externe Festplatten verwenden. Aus Sicherheitsgründen (möglicher Ausfall der Festplatte) empfiehlt es sich, keine logischen Laufwerke, die auf Partitionen des Systemlaufwerks liegen, als Sicherungsziel zu verwenden.

Der Assistent blendet im unteren Teil des Dialogfelds einen Hinweis ein, falls die Kapazität des Ziellaufwerks zu gering ist. Bei Auswahl eines Sicherungsziels auf FAT-/FAT32-Dateisystem erscheint ein Warnhinweis, dass andere Benutzer die Sicherungskopie einsehen können. Hintergrund ist, dass diese Dateisysteme keine Zugriffsberechtigungen unterstützen. Enthält das System sensible Daten, verwenden Sie einen NTFS-Datenträger genügend großer Kapazität zur Sicherung. Dann vergibt die Windows-Sicherung Zugriffsberechtigungen, die ein Zurücklesen auf den Kreis der Administratoren oder berechtigte Benutzer begrenzt. Die Sicherung eines Systemabbilds ist ebenfalls nur auf NTFS-Ziellaufwerken möglich (da die Zugriffsberechtigungen erhalten bleiben müssen). Die betreffende Sicherungsoption wird daher bei FAT-/FAT32-Sicherungsdatenträgern gesperrt.

Auswahl des Sicherungsumfangs

Im zweiten Dialogfeld (Bild 13.9, oben links) können Sie über Optionsfelder vorgeben, ob Windows oder der Benutzer die Auswahl der zu sichernden Dateien übernimmt.

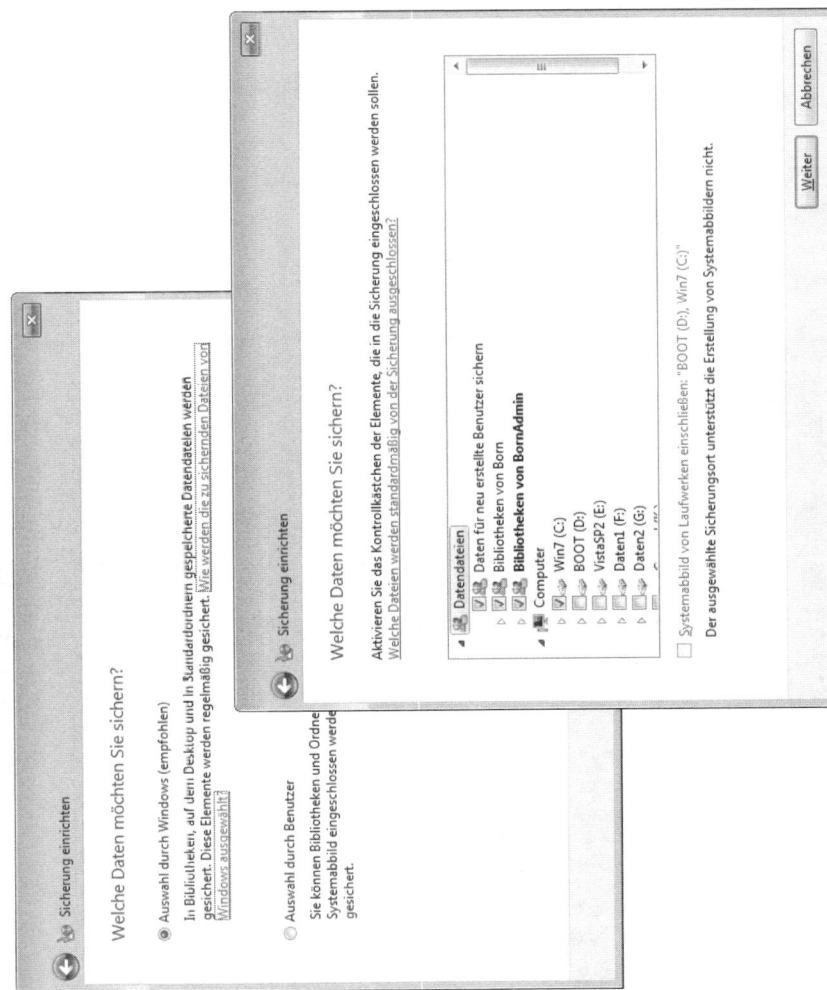

Bild 13.9: Sicherungsumfang festlegen

- Bei der automatischen Auswahl durch Windows 7 werden Datendateien, die in den Bibliotheken, auf dem Desktop und in Windows-Standardordnern für alle Personen mit einem Benutzerkonto auf dem Computer gespeichert sind, in die Sicherung einbezogen. Die Sicherung umfasst keine Speicherorte im Netzwerk und bezieht auch keine Dateien ein, die nicht auf NTFS-Datenträgern liegen.

- Bei Auswahl der Option *Auswahl durch Benutzer* können alle vom Benutzer erreichbaren Ordner einbezogen werden. Sie können im Folgedialog (Bild 13.9, unten rechts) den Umfang der Datensicherung durch Markieren der Kontrollkästchen der zu sichernden Laufwerke und Ordner vorgeben.

Auch wenn Sie das Systemlaufwerk bei der manuellen Sicherung markieren, unterlässt Windows die Sicherung von Dateien aus Systemordnern (Registrierung, Programmdateien, Windows-Systemdateien). Das Kontrollkästchen *Systemabbild von Laufwerken einschließen* wird nur freigegeben, wenn als Sicherungsziel ein NTFS-Laufwerk ausgewählt wurde. Dieses Systemabbild lässt sich zum Wiederherstellen des Computers verwenden.

Auswahl kontrollieren, Zeitplan ändern und fertig stellen

Im letzten Dialogfeld (Bild 13.10, unten links) wird ein Überblick über die ausgewählten Sicherungsquellen angezeigt.

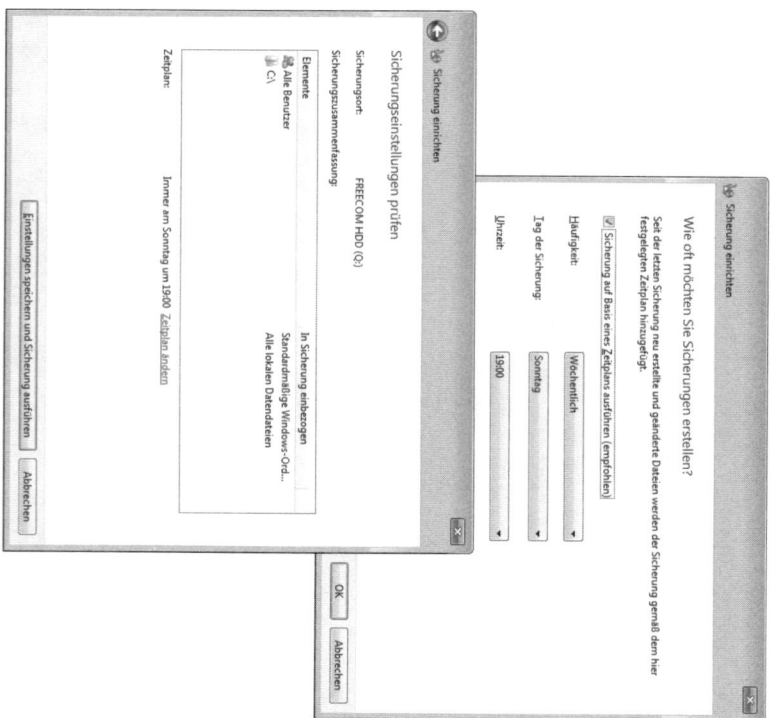

Bild 13.10:   Sicherungsumfang kontrollieren, Zeitplan ändern

Möchten Sie den Zeitpunkt und die Häufigkeit der automatischen Sicherung kontrollieren bzw. anpassen, wählen Sie in diesem Dialogfeld den Hyperlink *Zeitplan ändern* an. Anschließend lassen sich die Einstellungen wie Intervall, Zeitpunkt etc. in einem separaten Dialogfeld über Listenfelder wählen (Bild 13.10, oben rechts).

Stimmen alle Einstellungen, wählen Sie die Schaltfläche *Einstellungen speichern und Sicherung ausführen*, um das Einrichten abzuschließen. Die Sicherung wird dann eingeplant und Windows führt eine Erstsicherung durch. Bei einem Wechseldatenträger (z. B. DVD-/BD-Brenner) als Sicherungsziel werden Sie über eine QuickInfo und in einer Meldung (Bild 13.11) zum Einlegen des Wechselmediums aufgefordert. Klicken Sie auf die Schaltfläche *Weitere Informationen*, erhalten Sie in einem Dialogfeld den Hinweis, was genau zu tun ist (z. B. einen entsprechend beschrifteten Datenträger in das Laufwerk einlegen).

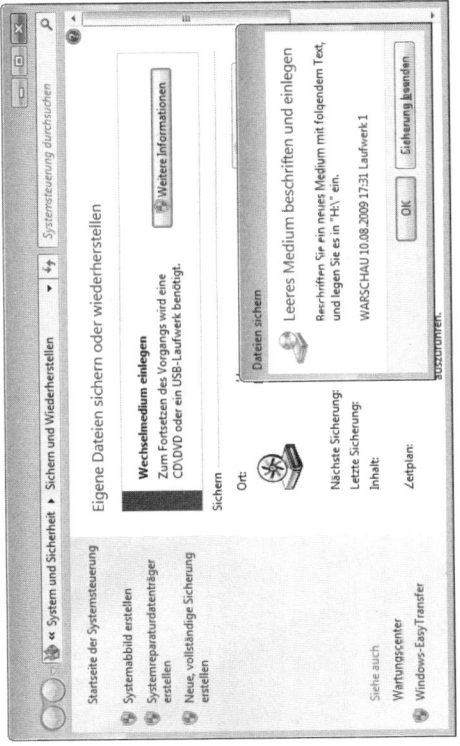

Bild 13.11:   Anforderung eines Wechselmediums

13.2.3 Sicherungseinstellungen überprüfen/anpassen

Ist die Datensicherung erstmalig eingerichtet, können Sie die Sicherungseinstellungen und den Sicherungsstatus einsehen, neue Sicherungen durchführen oder Einstellungen ändern. Hierzu rufen Sie das Programm *Sichern und Wiederherstellen* (siehe vorherige Seiten) auf.

■ Läuft eine aktuelle Datensicherung (Bild 13.12, Hintergrund oben), wird deren Status in einer Fortschrittsanzeige im Fenster angezeigt. Über die Schaltfläche *Details anzeigen* können Administratoren einen Zusatzdialog öffnen, in dem die gerade gesicherten Dateien angezeigt werden. Eine laufende Sicherung erkennen Sie übrigens auch an der Schaltfläche des Sicherungsprogramms in der Taskleiste, die entsprechend animiert angezeigt wird. Weiterhin lassen sich die Restkapazität des Sicherungsmediums und der Zeitpunkt der automatischen Sicherung erkennen.

■ Bei abgeschlossener Sicherung ermöglicht der Hyperlink *Speicherplatz verwalten* (Bild 13.12, unten) Administratoren, ein Dialogfeld (Bild 13.13, unten) zu öffnen, in dem der Sicherungsort, die vorhandene und die verbrauchte Kapazität angezeigt werden. Klicken Sie auf die Schaltfläche *Sicherungen anzeigen*, erscheint das in Bild 13.13, oben, sichtbare Dialogfeld. Dort können Sie Sicherungskopien anwählen und über die *Löschen*-Schaltfläche vom Medium entfernen.

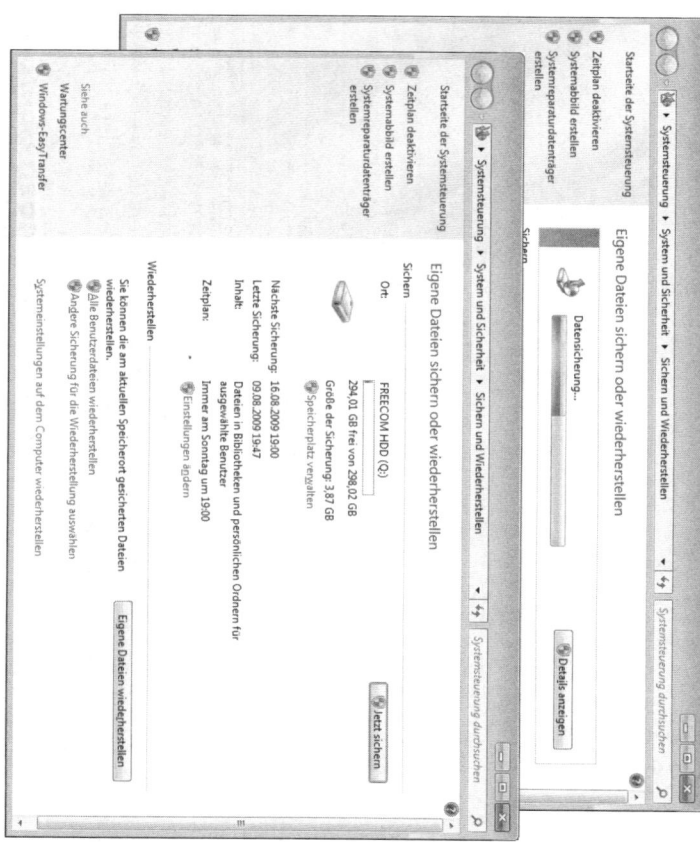

Bild 13.12:   Datensicherungsfunktionen abrufen

Der Hyperlink *Einstellungen ändern* öffnet die in Bild 13.9 gezeigten Dialogfelder, über die sich die Datensicherung einrichten lässt.

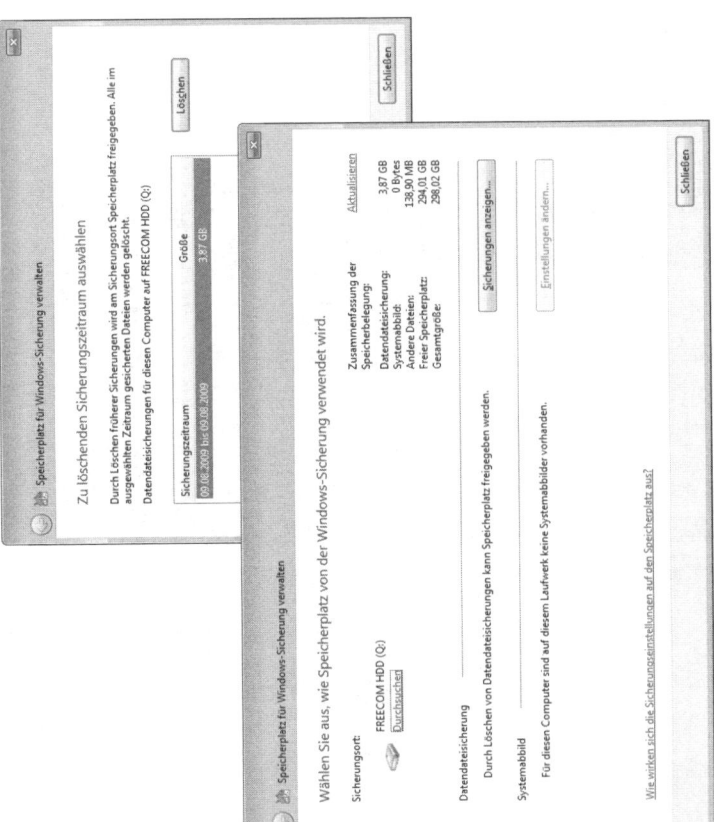

Bild 13.13:   Sicherungen einsehen und löschen

Zeitplan aktivieren/deaktivieren

Wurde das Sicherungsziel auf ein ständig zugreifbares Medium (z. B. zweites Laufwerk) gelegt, führt Windows eine zyklische Sicherung der vorhandenen Dateien durch. Diese Sicherungen können u. a. zur Wiederherstellung der vorherigen Dateiversion verwendet werden. Um die automatische Sicherung zu unterbrechen, können Administratoren in der Aufgabenleiste des Fensters *Sichern und Wiederherstellen* den Befehl *Zeitplan deaktivieren* anwählen (Bild 13.12) und die Sicherheitsabfrage der Benutzerkontensteuerung bestätigen. Zum erneuten Einschalten der automatischen Sicherung lässt sich dann der im Dialogfeld eingeblendete Befehl *Zeitplan aktivieren* anwählen.

Eine automatische Sicherung lässt sich nur auf Laufwerken vornehmen, die immer vom Rechner erreicht werden können. Wechseldatenträger sind hierzu ungeeignet.

13.2.4   Manuelle Sicherung anstoßen

Wurden die Einstellungen zur automatischen Datensicherung über die obigen Schritte definiert, können Sie jederzeit eine erneute manuelle Sicherung anstoßen. Rufen Sie das Programm *Sichern und Wiederherstellen* (Bild 13.12) auf und klicken Sie auf die Schaltfläche *Jetzt sichern*. Bestätigen Sie ggf. die

HINWEIS

Sicherheitsabfrage der Benutzerkontensteuerung. Die restlichen Schritte entsprechen dem Ablauf beim Ausführen der ersten Sicherung bzw. der anschließenden automatischen Sicherungen.

13.2.5 Sicherungen zurücklesen

Die Sicherungsfunktion schreibt die Benutzereinstellungen und -dokumente auf das Sicherungsmedium. Möchten Sie die Sicherungsdaten zurücklesen, gehen Sie in folgenden Schritten vor.

1. Rufen Sie das Sicherungsprogramm auf und wählen Sie im Programmfenster (Bild 13.12, unten) die gewünschte Wiederherstellungsfunktion.

2. Befolgen Sie anschließend die Anweisungen der Wiederherstellungsfunktion, die in Dialogfeldern die Wiederherstellungsoptionen abfragt (Bild 13.14).

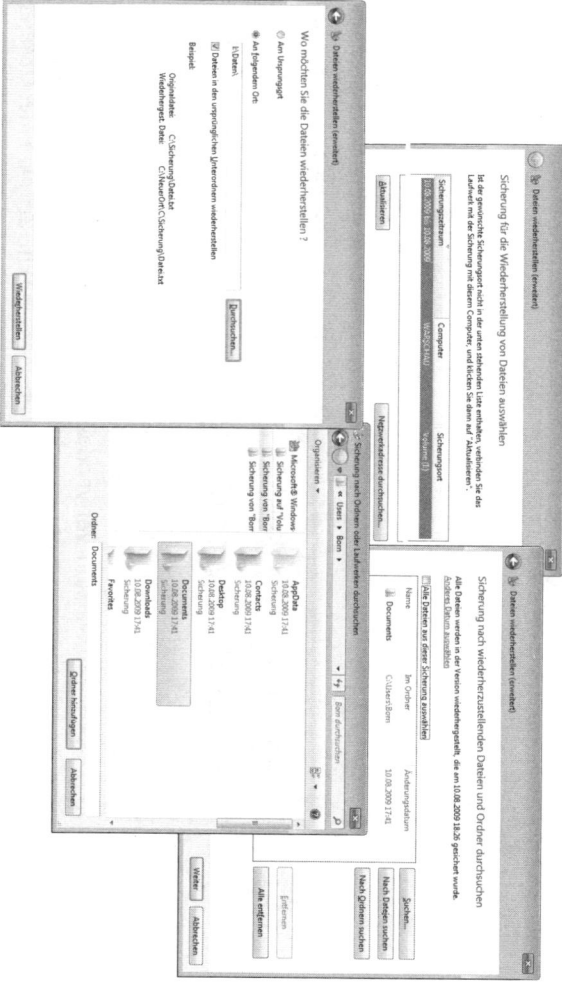

Bild 13.14: Dialogfelder beim Wiederherstellen einer Sicherung

Windows stellt dabei verschiedene Varianten zur Wiederherstellung gesicherter Daten bereit.

■ Benutzer können die Schaltfläche *Eigene Dateien wiederherstellen* anwählen. Ein Assistent führt Sie in mehreren Dialogfeldern durch die Schritte, um den Sicherungsdatensatz und den/die Zielordner auszuwählen.

■ Der Hyperlink *Alle Benutzerdateien wiederherstellen* ermöglicht Administratoren, eine Datensicherung aller Benutzerprofile auf dem Rechner wiederherzustellen.

Über *Andere Sicherung für die Wiederherstellung auswählen* erscheint das Dialogfeld aus Bild 13.14, oben links. Dort lässt sich ein angezeigter Sicherungsdatensatz zur Rücksicherung auswählen. Über eine Schaltfläche können Sie auch Sicherungsdatensätze aus dem Netzwerk beziehen (die z. B. auf anderen Windows 7-Rechnern angefertigt und lokal abgespeichert wurden). Markieren Sie die gewünschte Sicherung und klicken Sie auf die *Weiter*-Schaltfläche.

Im Dialogschritt aus Bild 13.14, oben rechts, müssen Sie über die Schaltflächen *Suchen*, *Nach Ordnern suchen* oder *Nach Dateien suchen* einen Zusatzdialog (Bild 13.14, unten rechts) öffnen. Dort lassen sich die Elemente auswählen, die aus der Sicherung auf das System zurückgelesen werden sollen. Klicken Sie anschließend auf die *Weiter*-Schaltfläche. Das nach Auswahl eines Ordners eingeblendete Kontrollkästchen *Alle Dateien aus dieser Sicherung auswählen* bezieht alle Ordner aus dem Sicherungssatz in die Rücksicherung ein. Über die *Weiter*-Schaltfläche am unteren Dialogfeldrand können Sie zum jeweils nächsten Dialogschritt blättern.

Legen Sie im Dialogschritt aus Bild 13.14, unten links, über die Optionsfelder fest, ob die Sicherungskopien über die Originaldateien zu schreiben oder in einen neuen Ordner zu kopieren sind. Beim Zurückkopieren in einen neuen Ordner lässt sich über ein Kontrollkästchen noch angeben, ob die im Sicherungsdatensatz gespeicherten Pfadangaben im neuen Ziel mit anzulegen sind. Sobald Sie die Schaltfläche *Wiederherstellen* wählen, beginnt das Zurücklesen des Sicherungssatzes. Dabei werden die gewählten Dateien zurückgelesen und auf die Medien des Systems übertragen. Sobald das Dialogfeld die erfolgreiche Wiederherstellung der Dateien meldet, schließen Sie dieses über die *Fertig stellen*-Schaltfläche. Anschließend können Sie auch das Fenster der Datensicherung (Bild 13.12) schließen.

13.2.6   Ein Systemabbild erstellen

Windows 7 Home Premium ermöglicht Ihnen, ein Systemabbild der Windows-Installation auf einer DVD oder einer zweiten Festplatte mit NTFS-Formatierung zu sichern.

1. Hierzu ist das Fenster *Sichern und Wiederherstellen* gemäß den Ausführungen auf den vorhergehenden Seiten aufzurufen und in der linken Spalte der Befehl *Systemabbild erstellen* anzuwählen (Bild 13.12).

2. Nach Bestätigung der Sicherheitsabfrage der Benutzerkontensteuerung ist das Speicherziel für das Systemabbild in einem Dialogfeld auszuwählen (Bild 13.15, oben links).

3. Klicken Sie auf die *Weiter*-Schaltfläche und bestätigen Sie im Folgedialog (Bild 13.15, oben rechts) die Schaltfläche *Sicherung starten*.

Bei einer Festplatte als Speicherziel muss diese im NTFS-Dateisystem formatiert sein. Weiterhin muss das Sicherungsmedium genügend Kapazität zur Aufnahme des Systemabbilds aufweisen. Während der Sicherung wird der Status in einer Fortschrittsanzeige dargestellt (Bild 13.15, unten).

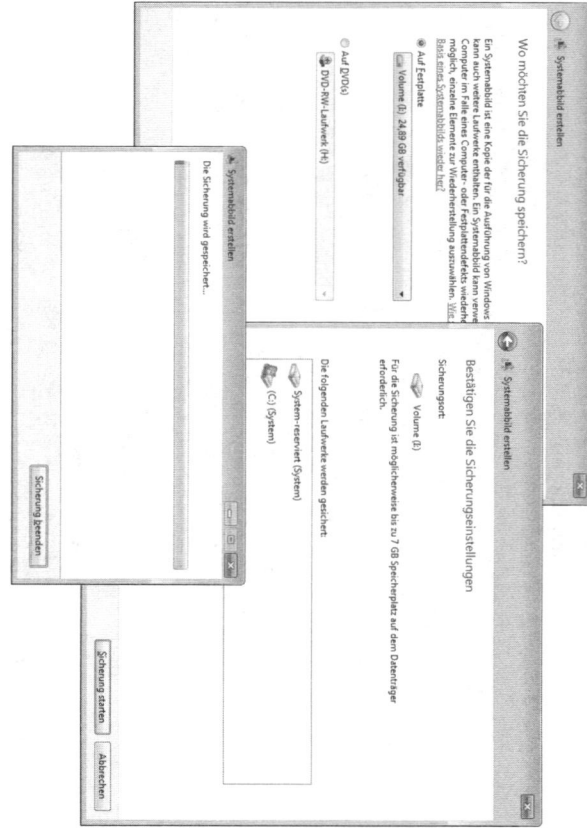

Bild 13.15: Systemabbild sichern

Nach erfolgreichem Abschluss der Sicherung erscheint noch ein Dialogfeld mit der Abfrage, ob Sie einen Systemreparaturdatenträger erstellen möchten (Bild 13.16, oben Vordergrund). Existiert dieser Datenträger bereits, lässt sich das Dialogfeld über die *Nein*-Schaltfläche abbrechen.

Zumindest auf meinen Systemen wird der DVD-Brenner von der Datensicherung fehlerhaft als »CD-Laufwerk« angezeigt (obwohl das Ordnerfenster *Computer* ein korrektes Laufwerkssymbol anzeigt). Falls die Option zum Sichern auf DVDs im Dialogfeld gesperrt ist, prüfen Sie bitte, ob der Brenner arbeitsbereit ist und ein beschreibbarer Rohling im Brenner liegt. Bei wiederbeschreibbaren DVD-Rohlingen kann es vorkommen, dass Windows Sie mehrfach auffordert, einen Datenträger größer 1 GByte einzulegen, obwohl ein leerer 4,37-GByte-Rohling verwendet wird. Hier sollten Sie das angezeigte Dialogfeld ggf. schließen und den Rohling im Ordnerfenster *Computer* über das Kontextmenü des Brenners löschen. Zumindest bei meinen Tests hat Windows 7 den wiederbeschreibbaren Rohling irgendwann nochmals gelöscht, anschließend formatiert und dann die Sicherung durchgeführt. Bei einer Sicherung auf DVD müssen Sie ggf. eine entsprechende Anzahl an Medien bereithalten. Windows zeigt während der Sicherung mehrfach ein Dialogfeld, das zum Beschriften und Einlegen weiterer DVD-Rohlinge auffordert.

Einen Systemreparaturdatenträger erstellen

Um Windows 7 bei Problemen aus einem gesicherten Systemabbild wiederherzustellen oder das System bei einem nicht mehr startenden Windows zu booten, sind Sie u. U. auf ein Reparaturmedium angewiesen. Dies kann die

HINWEIS

Installations-DVD sein. Bei vielen OEM-Systemen wird aber kein Installationsmedium mitgeliefert. In Windows 7 besteht aber die Möglichkeit, einen Reparaturdatenträger auf CD oder DVD zu erstellen.

Hierzu reicht es, das Sicherungsprogramm aufzurufen und in der Aufgabenleiste des Fensters den Befehl *Systemreparaturdatenträger erstellen* (Bild 13.16, Hintergrund links) anzuwählen. Nach Bestätigung der ggf. angezeigten Abfrage der Benutzerkontensteuerung wählen Sie im angezeigten Folgedialog (Bild 13.16, Vordergrund, unten rechts) den Brenner und klicken auf die Schaltfläche *Datenträger erstellen.*

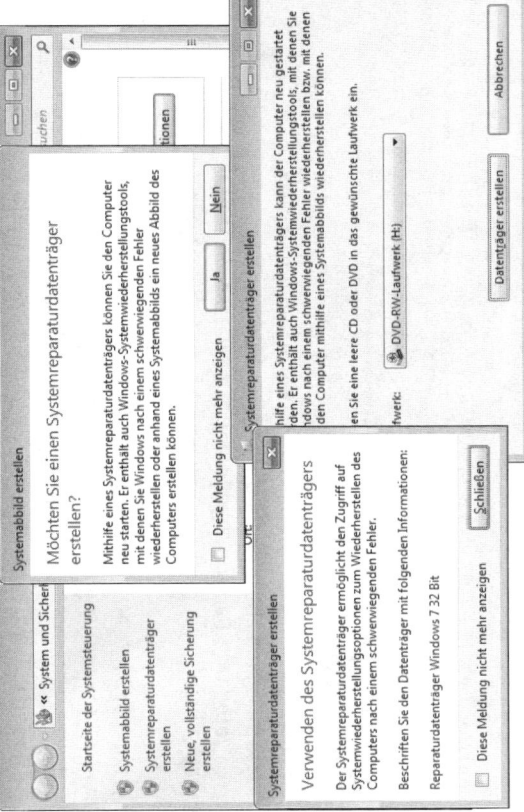

Bild 13.16: Systemreparaturdatenträger erstellen

Legen Sie auf Anforderung einen Datenträger (CD-R, DVD-R, DVD+R etc.) in den Brenner ein und warten Sie, bis das Medium gebrannt wurde. Sobald das Dialogfeld aus Bild 13.16, unten links, erscheint, schließen Sie es, entnehmen Sie den Datenträger und beschriften ihn entsprechend. Mit dem Medium lässt sich der Computer später booten und zur Rücksicherung starten.

13.2.7 **Wiederherstellung aus einem gespeicherten Systemabbild**

Verfügen Sie über ein gespeichertes Systemabbild des Computers, enthält dieses einen Schnappschuss mit allen Systemdateien, installierten Programmen, Einstellungen etc. Bei Problemen können Sie den Rechner auf dieses Systemabbild zurücksetzen und ein beschädigtes System wiederherstellen.

Beim Rücksichern eines Systemabbilds gehen aber alle Änderungen, die nach dem Erstellen der Systemabbildsicherung vorgenommen wurden (sowie die zwischenzeitlich gespeicherten Dateien), verloren. Sie haben auch keine Möglichkeit, einzelne Ordner oder Dateien aus einem Systemabbild zurückzulesen.

ACHTUNG

Windows bietet Ihnen mehrere Möglichkeiten, ein Systemabbild aus der Archivierung zurückzulesen (je nachdem, ob das System noch startet oder nicht).

Rückspeicherung über die Systemwiederherstellung

Läuft Windows noch, aber es soll ein früher gesicherter Zustand restauriert werden? Dann können Sie die Systemwiederherstellung zur Rückspeicherung verwenden (siehe auch *Kapitel 3*).

1. Tippen Sie in das Suchfeld des Startmenüs den Befehl *Wiederherstellung* ein und klicken Sie auf den angezeigten Befehl. Alternativ lässt sich der Befehl *Wiederherstellung* auch über die Systemsteuerung oder das Windows-Wartungscenter aufrufen.

2. Im Fenster *Stellen Sie einen früheren Zustand des Computers wieder her* wählen Sie den Hyperlink *Erweiterte Wiederherstellungsmethoden* (Bild 13.17, unten).

3. Wählen Sie in der Folgeseite (Bild 13.17, oben) den Befehl *Verwenden Sie ein zuvor erstelltes Systemabbild, um den Computer wiederherzustellen*, bestätigen Sie ggf. die Sicherheitsabfrage der Benutzerkontensteuerung und befolgen Sie die Anweisungen des Rücksicherungsassistenten.

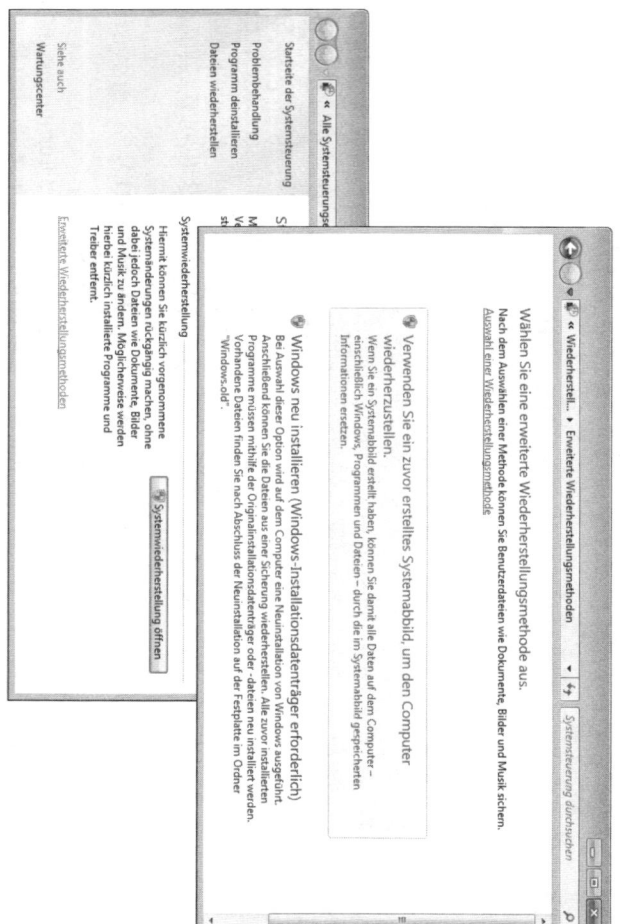

Bild 13.17: Systemwiederherstellung über ein Systemabbild

Ein Assistent bietet Ihnen an, noch eine Datensicherung vorzunehmen – die Sie aber übergehen können. Anschließend werden Sie zum Neustarten des Systems aufgefordert. Bei diesem Neustart wird ein Notfallsystem von der Festplatte geladen. Anschließend können Sie in verschiedenen Dialogfeldern das Tastaturlayout »Deutsch«, den Sicherungsdatensatz mit dem Systemabbild etc. auswählen und dann Windows aus diesem Abbild wiederherstellen lassen. Achten Sie aber darauf, dass Windows bei der Rücksicherung Zugriff auf die Datenträger mit den Systemabbildern hat.

Wenn der Rechner nicht mehr bootet

Kann der Rechner dagegen nicht mehr von der Festplatte gestartet werden, benötigen Sie den Systemreparaturdatenträger, um die Wiederherstellung mit folgenden Schritten durchzuführen.

1. Starten Sie den Computer, legen Sie sofort den Systemreparaturdatenträger in das CD- bzw. DVD-Laufwerk (oder den -Brenner) ein und lassen Sie von diesem Laufwerk booten.

2. Drücken Sie nach Aufforderung eine beliebige Taste, um den Computer vom Installationsdatenträger bzw. Systemreparaturdatenträger zu starten. Bei Bedarf müssen Sie die BIOS-Optionen zum Booten von CD/DVD umstellen (Näheres sollte sich ggf. im Handbuch zum Rechner finden).

3. Sobald der Rechner von der CD/DVD startet, wird ein Minisystem geladen und Sie können über ein Dialogfeld die Tastatursprache wählen. Dann sucht die Reparaturfunktion die vorhandenen Betriebssysteme, versucht ggf. Probleme an den Startdateien zu erkennen und zu beheben und bietet Ihnen an, das zu reparierende Betriebssystem auszuwählen (siehe Kapitel 31, Bild 31.8).

Befolgen Sie dann in den eingeblendeten Dialogfeldern die Anweisungen zur Reparatur der Windows-Installation.

HINWEIS

Zudem haben Sie die Möglichkeit, beim Booten von Festplatte die Funktionstaste F8 zu drücken (bevor das Windows-Logo auf dem Bildschirm erscheint). Sind mehrere Betriebssysteme installiert, müssen Sie das gewünschte Betriebssystem im Startmenü mittels der Cursortasten ↑, ↓ auswählen. Sobald das erweiterte Bootmenü der gewählten Windows 7-Installation angezeigt wird, ist der Befehl *Erweiterte Startoptionen* über die Cursortasten auszuwählen und dann die Enter-Taste zu drücken. Es startet ein Notfallsystem, welches in einem Dialogfeld die Auswahl der Tastatursprache ermöglicht. Danach erscheint ein Dialogfeld, in dem Sie sich mit Benutzername und Kennwort anmelden können. Über nachfolgend gezeigte Dialogfelder lässt sich im Menü *Systemwiederherstellungsoptionen* der Befehl *Systemabbild-Wiederherstellung* wählen. Anschließend befolgen Sie die Anweisungen des Programms.

In der Praxis scheint die Windows-Funktion zum Sichern bei vielen Anwendern erhebliche Probleme zu verursachen. In meinem Blog habe ich unter http://www.borncity.com/blog/2010/12/01/windows-backup-fehlerdiagnose/ eine Reihe von Hinweisen zur Behebung verschiedener Fehler zusammengefasst.

13.3   Datenträger verwalten

Windows 7 stellt die Funktion der Datenträgerverwaltung bereit, über die Sie neue Festplatten oder andere Datenträger in das System aufnehmen und deren Laufwerksbuchstaben anpassen können. Zudem bietet die Datenträgerverwaltung die Möglichkeit, Festplatten zu partitionieren und in logische Laufwerke aufzuteilen. Die Funktionen werden nachfolgend vorgestellt.

13.3.1 Die Datenträgerverwaltung aufrufen

Die Datenträgerverwaltung ist Bestandteil der Computerverwaltung – eines Werkzeugs, über das Sie verschiedene Administrationsaufgaben ausführen können. Zur Nutzung der Computer- und damit der Datenträgerverwaltung müssen Sie unter einem Konto mit Administratorrechten angemeldet sein. Sie haben verschiedene Möglichkeiten (z. B. Systemsteuerung), um die Computerverwaltung aufzurufen. Am einfachsten funktioniert der Aufruf der Computerverwaltung mit folgenden Schritten.

1. Tippen Sie in das Suchfeld des Startmenüs den Text »Computer« ein und warten Sie, bis die Treffer angezeigt werden.

2. Klicken Sie den angezeigten Befehl *Computerverwaltung* mit der rechten Maustaste an und wählen Sie den Kontextmenübefehl *Als Administrator ausführen*.

3. Sie müssen anschließend im Dialogfeld der Benutzerkontensteuerung bestätigen, dass der Vorgang fortgesetzt werden soll.

4. Im Fenster der Computerverwaltung (Bild 13.18) wählen Sie in der linken Spalte den Zweig *Computerverwaltung/Datenspeicher/Datenträgerverwaltung*.

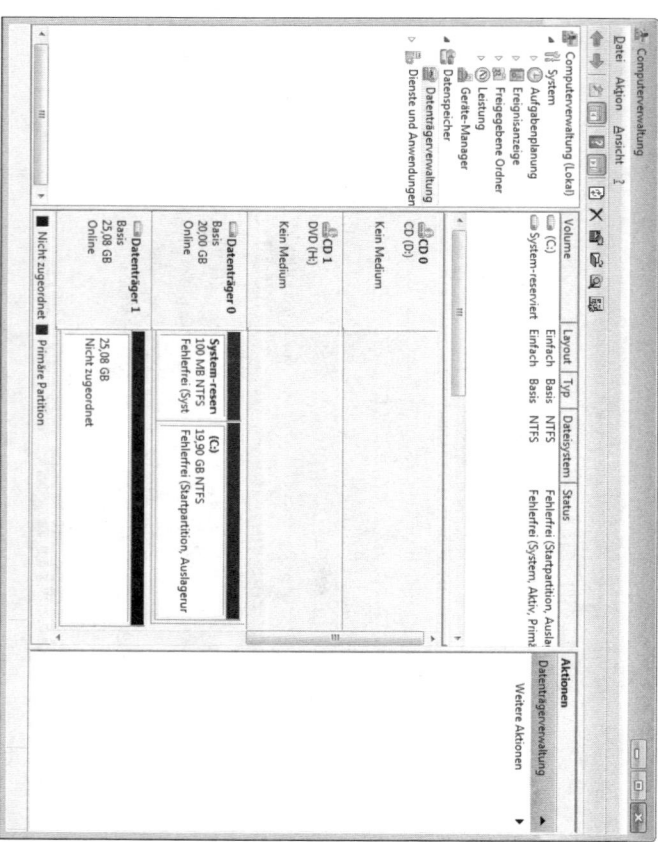

Bild 13.18:   Datenträgerverwaltung in der Computerverwaltung

Die Datenträgerverwaltung nimmt Kontakt zum betreffenden Dienst auf und ermittelt die Datenträgerkonfiguration. Die Datenträgerverwaltung zeigt dann die bereits erkannten logischen Laufwerke im oberen Teil des Fensters an (Bild 13.18). Im unteren Teil erscheinen die erkannten Datenträger (CD-/DVD-Laufwerke und physische Festplatten sowie Wechselmedien). Sie erhalten einen Überblick über die zugewiesenen Laufwerksbuchstaben, über das benutzte Dateisystem, den Fehlerstatus sowie über die Laufwerkskapazität und die freie Kapazität der Datenträger. In der Spalte ganz rechts lässt sich übrigens erkennen, ob noch Teile des Datenträgers frei sind, d.h. noch nicht als Partitionen mit logischen Laufwerken belegt wurden.

HINWEIS

Sie können in das Suchfeld des Startmenüs auch den Befehl *diskmgmt.msc* eintippen und dann die Tastenkombination Strg+⇧+Enter drücken. Nach Bestätigung der Sicherheitsabfrage der Benutzerkontensteuerung gelangen Sie direkt zum Fenster der Datenträgerverwaltung (d. h., die linke Spalte der Computerverwaltung fehlt). Persönlich finde ich aber, dass der Weg über die Computerverwaltung leichter zu merken ist.

Die Computerverwaltung und Datenträgerverwaltung werden durch die Microsoft Management Console (MMC) bereitgestellt. Diese lässt sich über sogenannte Snap-Ins erweitern. Funktional besteht kein Unterschied zwischen Computer- und Datenträgerverwaltung, da das gleiche Snap-In für die benötigten Datenträgerfunktionen benutzt wird. In der Computerverwaltung erhalten Sie lediglich über die Einträge der linken Spalte Zugriff auf verschiedene Snap-Ins, während in der Datenträgerverwaltung lediglich das benötigte Snap-In eingebunden ist. Dann entfällt die linke Spalte zum Wechseln zwischen den Verwaltungsfunktionen und in der Titelleiste erscheint der Name *Datenträgerverwaltung*. Nachfolgend wird der Begriff *Datenträgerverwaltung* synonym für beide Werkzeuge verwendet.

13.3.2 Datenträger initialisieren

Datenträger (z.B. Festplatten oder Partitionen) werden durch Windows 7 nur eingebunden, wenn diese bereits initialisiert sind. Standardmäßig erkennt die Datenträgerverwaltung nicht initialisierte Medien und zeigt ein entsprechendes Dialogfeld (Bild 13.19, Vordergrund). Wurde dieses Dialogfeld über die *Abbrechen*-Schaltfläche geschlossen, können Sie den nicht initialisierten Datenträger im Fenster der Datenträgerverwaltung mit einem Rechtsklick anwählen und den Kontextmenübefehl *Datenträgerinitialisierung* wählen (Bild 13.19, Hintergrund).

Sind mehrere Datenträger aufgeführt, wählen Sie das zu initialisierende Element durch Markieren des Kontrollkästchens aus. Dann legen Sie über die Optionsfelder das Partitionsformat fest und klicken auf die *OK*-Schaltfläche.

Bei Festplatten unter 2 Terabyte (was bei privaten Systemen meist der Fall sein sollte) wählen Sie die Option *MBR*. Dann legt Windows einen Master Boot Record auf dem Datenträger an, sodass dieser später auch zum Booten von Betriebssystemen benutzt werden kann.

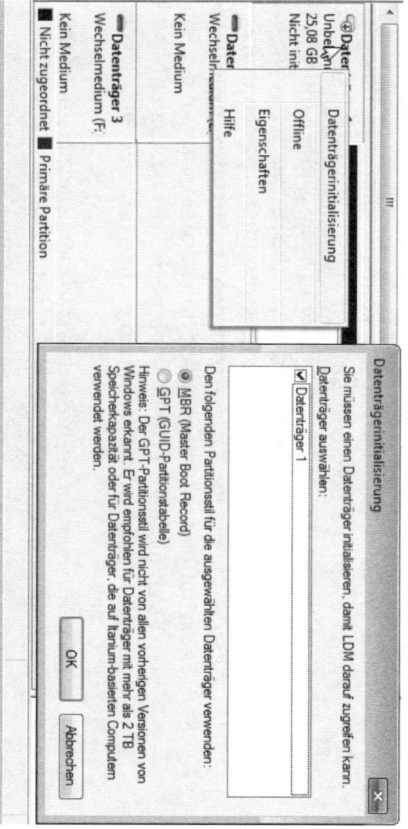

Bild 13.19: Datenträger in der Datenträgerverwaltung initialisieren

Spezielle Fragen zu Datenträgern und Volumes

Festplatten werden als Datenträger angesehen und lassen sich in Partitionen unterteilen. Eine formatierte Partition wird in der Datenträgerverwaltung als Volume bezeichnet. Datenträger lassen sich als Basisdatenträger oder logisches Volume einrichten. Bei den meisten Systemen wird eine Festplatte als Basisdatenträger konfiguriert, der primäre Partitionen, erweiterte Partitionen und logische Laufwerke enthalten kann. Ein Basisdatenträger kann entweder vier primäre Partitionen oder drei primäre Partitionen und eine erweiterte Partition aufweisen. Die erweiterten Partitionen werden benutzt, um darauf eine Vielzahl logischer Laufwerke anzulegen (während auf einer primären Partition nur ein Laufwerk eingerichtet werden kann).

Ein übergreifendes Volume ermöglicht es, ein logisches Laufwerk über mehrere Festplatten anzuzeigen und so größere Kapazitäten bereitzustellen.

Dynamische Datenträger können mehrere Festplatten innerhalb eines Computers nutzen, um dort Daten zu duplizieren und dadurch die Zuverlässigkeit bzw. Leistung zu erhöhen. Ein dynamischer Datenträger funktioniert wie eine primäre Partition auf einem Basisdatenträger, kann aber beliebig viele dynamische Volumes enthalten. Das Betriebssystem sieht nur die logischen Volumes, die sich aber auf zwei Festplatten erstrecken können. Alternativ können die Daten eines logischen Volumes auf mehreren Festplatten als Duplikate geführt werden, um eine Ausfallsicherheit zu erreichen.

Zur Erhöhung der Leistungsfähigkeit kann die Datenträgerverwaltung Stripesets anlegen. Als Stripeset bezeichnet man das parallele Ansteuern von 2 bis 32 gleich großer Partitionen oder Festplatten im Lese und Schreibzugriff. Die zu speichernden Daten werden dabei auf die im Stripeset vorhandenen Festplatten verteilt und getrennt abgespeichert. Dies bringt einen Geschwindigkeitsvorteil, hat aber den Nachteil, dass die Fehlertoleranz sich nicht erhöht. Fällt eine Partition oder Festplatte wegen eines Defekts aus, sind auch die restlichen Daten der anderen Laufwerke des Stripesets verloren.

Bei GPT-Datenträgern werden die Partitionstabellen auf der Festplatte nach einem neuen Standard (GUID Partition Table, kurz GPT) organisiert. GPT ist ein Standard für das Format von Partitionstabellen auf Festplatten, dessen Spezifikation ist Teil des EFI-Standards. Ziel dieses Standards ist es, das BIOS in Rechnern zu ersetzen und damit die gebräuchlichen MBR-Partitionstabellen zu ersetzen.

Die detaillierte Diskussion dieser Datenträgerkonzepte führt aber über den Ansatz dieses Buches hinaus.

13.3.3   Datenträger partitionieren

Größere Festplatten mit zig Gigabyte Kapazität lassen sich in mehrere Partitionen unterteilen. Dies ermöglicht es, ggf. mehrere Betriebssysteme (z. B. Windows und Linux oder mehrere Windows-Versionen) auf unterschiedlichen Partitionen zu installieren oder Daten separat vom Betriebssystem zu halten. Muss das Systemlaufwerk neu formatiert werden (z. B. wegen einer Neuinstallation des Betriebssystems), bleiben die restlichen Laufwerke mit Datendateien davon meist unberührt. Auch die Windows-Sicherungsfunktion kann ein separates (logisches) Laufwerk als Sicherungsmedium nutzen. Aus diesem Grund ist die Festplatte vieler vorkonfektionierter Systeme bereits in zwei logische Laufwerke (das Windows-Laufwerk und das Sicherungslaufwerk) partitioniert.

Den Datenträger durch Zuordnen partitionieren

Windows 7 bezeichnet das Partitionieren eines Datenträgers als »Zuordnen«. Um den Datenträger als logisches Laufwerk verwenden zu können, müssen Sie diesen nach der Initialisierung in der Datenträgerverwaltung zuordnen.

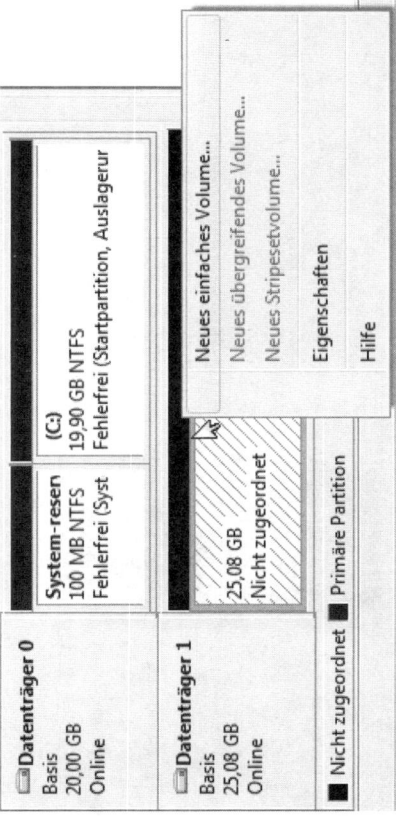

Bild 13.20:   Befehle für einen neuen Datenträger abrufen

1. Klicken Sie den betreffenden Eintrag im unteren Bereich der Datenträgerverwaltung mit der rechten Maustaste an und wählen Sie den Kontextmenübefehl *Neues einfaches Volume* (Bild 13.20).

2. Sobald die Datenträgerverwaltung den Assistenten startet, klicken Sie im Willkommen-Dialog auf die *Weiter*-Schaltfläche. Über die Schaltflächen *Weiter* und *Zurück* können Sie zwischen den einzelnen Dialogschritten wechseln.

3. Legen Sie im Dialogschritt *Volumegröße festlegen* (Bild 13.21, oben links) im Feld *Größe des einfachen Volumes in MB* die gewünschte Kapazität fest. Belegen Sie nur einen Teil des Datenträgers, falls dieser mehrere logische Laufwerke aufnehmen soll.

4. Über die *Weiter*-Schaltfläche gelangen Sie zum Folgedialog (Bild 13.21, oben rechts), in dem Sie das Optionsfeld *Folgenden Laufwerksbuchstaben zuweisen* markieren. Bei Bedarf können Sie den Laufwerksbuchstaben über das zugehörige Listenfeld anpassen und dann auf die *Weiter*-Schaltfläche klicken.

5. Im Dialogschritt *Partition formatieren* (Bild 13.21, unten links) wählen Sie das Dateisystem (NTFS, FAT) für das logische Laufwerk aus, tragen die Volumebezeichnung ein und können ggf. die Größe der Zuordnungseinheiten (Cluster) anpassen. Weiterhin lassen sich über Kontrollkästchen eine Schnellformatierung sowie eine Komprimierung des Laufwerks erzwingen.

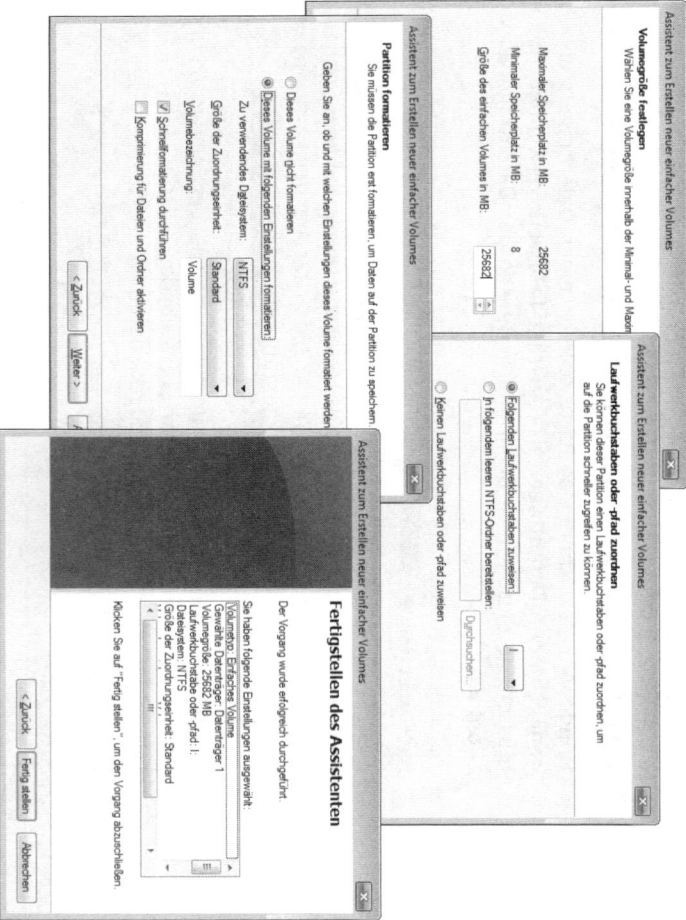

Bild 13.21: Optionen für ein neues Volume festlegen

6. Klicken Sie auf die *Weiter*-Schaltfläche und bestätigen Sie im letzten Dialogschritt (Bild 13.21, unten rechts) die *Fertig stellen*-Schaltfläche.

Die Datenträgerverwaltung wird das Laufwerk (ggf. nach einer Nachfrage) formatieren, den Laufwerksbuchstaben zuweisen und dann in das System einbinden. In der Datenträgerverwaltung erscheint das Laufwerk unter dem betreffenden Buchstaben und Volumenamen in der Liste der für Windows verfügbaren Datenträger. Gleichzeitig wird im unteren Teil des Datenträgerfensters der von der Partition belegte Anteil auf dem Datenträger grafisch dargestellt (Bild 13.22). Anschließend können Sie das logische Laufwerk unter Windows benutzen.

HINWEIS

Ein Laufwerk mit einem Master Boot Record (MBR) kann maximal vier Partitionen aufnehmen, wobei einer primären Partition immer nur ein logisches Laufwerk zugewiesen werden kann. Auf einer sekundären Partition lassen sich dagegen mehrere logische Laufwerke anlegen. Die Datenträgerverwaltung bietet das Anlegen einer sekundären Partition aber erst an, wenn drei Primärpartitionen existieren. Möchten Sie eine Festplatte nur in eine primäre und eine sekundäre Partition (mit mehreren logischen Laufwerken) unterteilen? Hier hilft ein Trick: Legen Sie neben der ersten Systempartition zwei kleinere Primärpartitionen und dann die Sekundärpartition an. Danach lassen sich die zweite und dritte Primärpartition löschen. Der freie Speicherbereich kann der ersten Primärpartition zugeschlagen werden. Die Alternative wäre, das Fenster der Eingabeaufforderung zu öffnen und dort den Befehl *diskpart* zu verwenden. Dieser Befehl unterstützt über Optionen die Vorauswahl des Partitionstyps (siehe auch »Magnum – Windows 7 Home Premium Tricks«).

Partitionen anpassen und löschen

Die Datenträgerverwaltung in Windows 7 unterstützt auch die Änderung der Partitionsgröße eines Volumes. Dies ermöglicht Ihnen, die Größe eines logischen Laufwerks einzuschränken oder, sofern noch freie Kapazität (hinter der Partition) auf dem Datenträger vorhanden ist, zu erhöhen.

1. Um Partitionseinstellungen in der Datenträgerverwaltung anzupassen, klicken Sie den Eintrag für das logische Laufwerk in der Spalte *Volume* der Laufwerksliste (oberer Teil in Bild 13.22) oder den Partitionseintrag in der Auflistung der Datenträger (unterer Teil in Bild 13.22) mit der rechten Maustaste an.

2. Anschließend wählen Sie im Kontextmenü den gewünschten Befehl aus, um die Volumegröße anzupassen, das logische Laufwerk zu entfernen, die Partition als aktiv zu markieren etc.

Die Befehle *Öffnen* und *Durchsuchen* zeigen ein Ordnerfenster, in dem der Inhalt des betreffenden logischen Laufwerks angezeigt wird. Um die Partition zu vergrößern, wählen Sie den Kontextmenübefehl *Volume erweitern* (Bild 13.22). Ein Assistent führt Sie in Dialogen durch die Schritte zum Anpassen der Partitionsgröße. Weist der Datenträger (hinter der Partition) noch unbelegten freien Speicher auf, wird dies im Dialogschritt aus Bild 13.23, links, in der Spalte *Ausgewählt* angezeigt. Sie können dann den Anteil des unbelegten Speicherbereichs über das Drehfeld *Speicherplatz in MB* reduzieren. Oder Sie klicken auf die Schaltfläche *Entfernen*, um die komplette unbelegte Partition freizugeben.

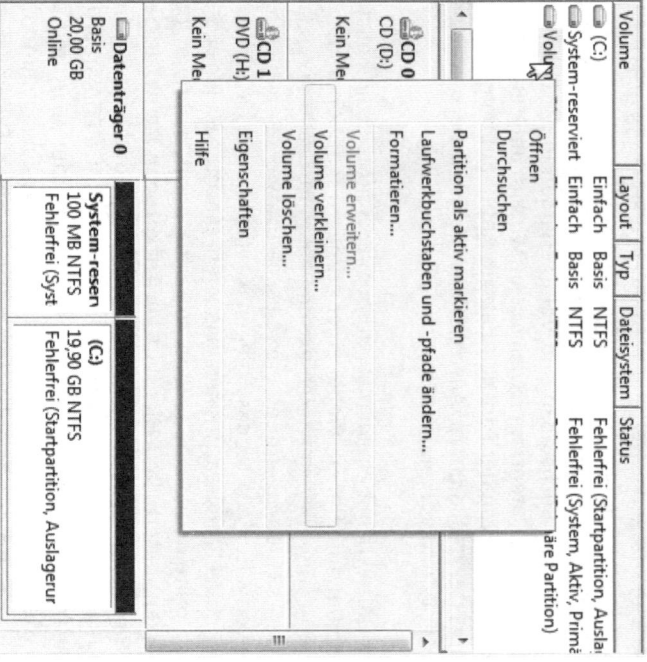

Bild 13.22:   Partition verwalten

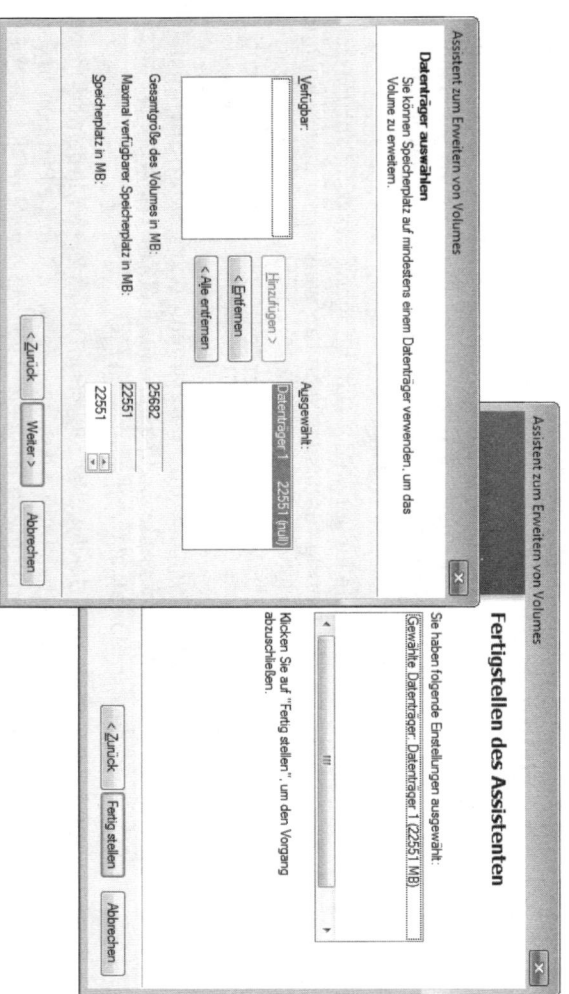

Bild 13.23:   Partition vergrößern

Blättern Sie über die Schaltfläche *Weiter* zum Folgedialog (Bild 13.23, rechts), wird die neue Kapazität angezeigt. Über *Zurück* lässt sich zum vorherigen Dialog blättern. Klicken Sie im Abschlussdialog auf die Schaltfläche *Fertig stellen*, passt die Datenträgerverwaltung die Größe des Volumes entsprechend den Vorgaben an und reduziert auch die Größe des unbelegten Partitionsbereichs.

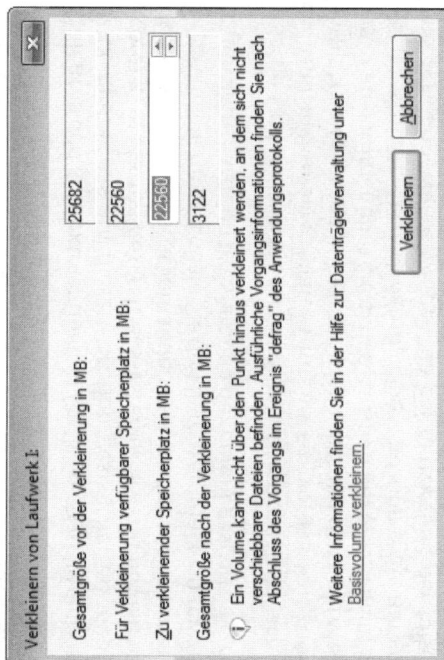

Bild 13.24: Partition einschränken

Wählen Sie den Kontextmenübefehl *Volume verkleinern* (Bild 13.22), erscheint das in Bild 13.24 gezeigte Dialogfeld. Über das Drehfeld *Zu verkleinernder Speicherplatz in MB* können Sie dann die Größe der Partition in Megabyteschritten bis zu einer minimalen Grenze reduzieren. Die Änderung wird wirksam, sobald Sie die *OK*-Schaltfläche betätigen.

HINWEIS

Bei der Änderung der Partitionsgröße mittels der Datenträgerverwaltung bleibt der Inhalt des logischen Laufwerks erhalten. Sie sind daher zum Ändern der Partitionsgröße nicht mehr unbedingt auf Tools von Fremdherstellern angewiesen. Eine Verkleinerung kann sich jedoch nur auf den freien Teil des logischen Laufwerks erstrecken. Durch Löschen nicht benötigter Dateien, Reduzieren der Papierkorbgröße, Bereinigen des Laufwerks und Entfernen von Systemsicherungspunkten kann aber ggf. weiterer Speicherplatz freigegeben werden. Der durch die Reduzierung der Partitionsgröße frei werdende Speicherplatz kann einem neuen logischen Laufwerk zugewiesen werden. Falls sich ein Datenträger nicht verkleinern lässt, obwohl noch genügend freie Kapazität angezeigt wird, sind abgespeicherte Volumenschattenkopien oder Wiederherstellungspunkte die Ursache (siehe auch meinen Beitrag http://gborn.blogger.de/stories/794180/ zu Windows Vista, der auch eingeschränkt für Windows 7 gilt).

Die Datenträgerverwaltung unterstützt nicht das Verschieben von Partitionen oder das Ändern des Formats ohne Datenverlust. Möchten Sie Partitionen einer Festplatte ohne Datenverlust verschieben, zusammenfassen oder in andere Dateisysteme konvertieren, sind Sie auf Partitionierungsprogramme von Drittanbietern (z. B. Paragon Partition Manager, www.paragon-software.de) angewiesen. Achten Sie aber darauf, eine auf Windows 7 abgestimmte Version einzusetzen, da es andernfalls zu Problemen mit formatierten NTFS-Medien kommen kann.

Über den Kontextmenübefehl *Volume löschen* können Sie den durch ein logisches Laufwerk belegten Speicherplatz auf dem Datenträger wieder freigeben. Sobald Sie die betreffende Sicherheitsabfrage von Windows über die *Ja*-Schaltfläche bestätigen, wird das Volume entfernt. Dabei geht dessen Inhalt allerdings unwiederbringlich verloren.

Wählen Sie den Kontextmenübefehl *Partition als aktiv markieren*, verwendet der Computer das auf dieser Partition gespeicherte Ladeprogramm (Boot Record) zum Starten des Betriebssystems. Es kann nur eine aktive Partition auf der (MBR-)Festplatte vorhanden sein, wobei es sich um eine primäre Partition handeln muss. Sobald Sie den Befehl einmalig angewandt haben, wird die gewählte Partition aktiviert und der Befehl gesperrt.

ACHTUNG

Logische Laufwerke oder sekundäre Partitionen lassen sich nicht aktivieren. Sind mehrere Festplatten im System vorhanden, können Sie jeder Festplatte eine primäre Partition zuweisen und diese aktivieren. Windows startet aber immer über die aktive Partition der ersten beim Booten gefundenen Festplatte. Die Aktivierung einer Partition sollte nur von erfahrenen Benutzern angewandt werden, da bei Aktivierung der falschen Partition der Computer ggf. nicht mehr starten kann.

Laufwerksbuchstaben für logische Laufwerke anpassen

Beim Neupartitionieren von Festplatten und Zuweisen von logischen Laufwerken ändern sich u. U. die Laufwerksbuchstaben für Wechselmedien wie DVD-/CD-ROM-Laufwerke. Dies kann zu Problemen führen, wenn bestimmte Funktionen oder Programme einen bestimmten Laufwerksbuchstaben verlangen. Um den Laufwerksbuchstaben für ein Wechseldatenträger- oder ein Festplattenlaufwerk zu ändern, gehen Sie folgendermaßen vor.

1. Starten Sie die Computer- bzw. Datenträgerverwaltung gemäß den obigen Hinweisen.

2. Sobald die logischen Laufwerke und Partitionen angezeigt werden, klicken Sie mit der rechten Maustaste auf das gewünschte Laufwerkssymbol und wählen den Kontextmenübefehl *Laufwerksbuchstabe und -pfade ändern* (Bild 13.22).

3. Klicken Sie im angezeigten Dialogfeld (Bild 13.25, links) auf die Schaltfläche *Ändern*, markieren Sie im Folgedialog das Optionsfeld *Folgenden Laufwerksbuchstaben zuweisen* und wählen Sie den Buchstaben im Listenfeld aus (Bild 13.25, rechts).

Sobald Sie die Dialogfelder über *Ok* schließen, wird der neue Laufwerksbuchstabe übernommen. Über die Datenträgerverwaltung können Sie jedoch nur solche Laufwerksbuchstaben zuweisen, die noch frei sind.

ACHTUNG

Laufwerksbuchstaben sollten Sie nur mit sehr großer Vorsicht anpassen, da dies unter Umständen zu Problemen mit anderen Programmen führen kann. Der Laufwerksbuchstabe für das Windows-Laufwerk C: sollte nicht umbenannt werden, da sonst das System nicht mehr booten kann.

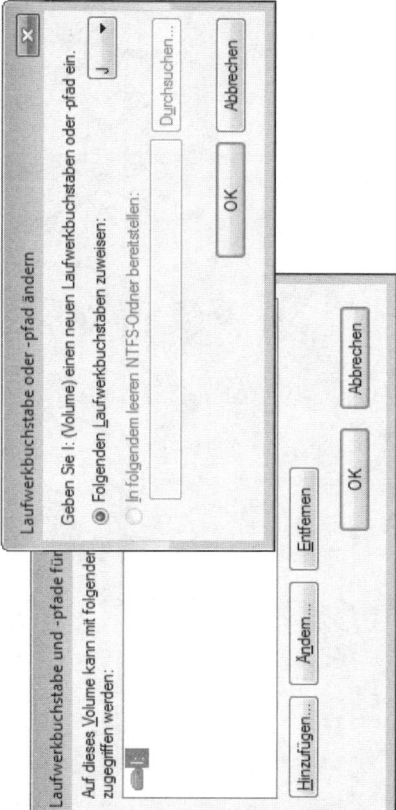

Bild 13.25:   Laufwerksbuchstaben anpassen

13.3.4 Virtuelle Festplatten verwalten

In Windows 7 unterstützt die Datenträgerverwaltung das Erzeugen und Mounten (Einhängen) von virtuellen Festplatten. Dies erleichtert die Aufteilung großer Festplatten in logische Laufwerke, ohne dass die Datenträger partitioniert werden müssen.

Virtuellen Datenträger anlegen

Zum Anlegen eines virtuellen Laufwerks auf einem vorhandenen Datenträger sind folgende Schritte erforderlich.

1. Starten Sie die Computerverwaltung als Administrator und wählen Sie die Datenträgerverwaltung an.

2. Öffnen Sie im Fenster der Computerverwaltung das Menü *Aktion* und klicken Sie auf den Befehl *Virtuelle Festplatte erstellen* (Bild 13.26, Hintergrund).

3. Im Dialogfeld *Virtuelle Festplatte erstellen und anfügen* (Bild 13.26, Vordergrund) legen Sie die Parameter der virtuellen Festplatte fest und klicken dann auf die *OK*-Schaltfläche.

Über das Feld *Ort* legen Sie den Speicherort und den Namen der virtuellen Festplatte fest. Eine virtuelle Festplatte wird als .*vhd*-Datei auf einem existierenden physischen oder logischen Laufwerk gespeichert. Über das Textfeld *Größe der virtuellen Festplatte* lässt sich die Kapazität des neuen Laufwerks vorgeben. Der Wert wird dabei mit der Einstellung des Listenfelds in MB, GB oder TB kombiniert. Weiterhin können Sie über die beiden Optionsfelder der Gruppe *Format der virtuellen Festplatte* vorgeben, dass diese eine feste oder eine dynamisch erweiterbare Größe besitzen soll. Empfohlen wird eine feste Größe, da dynamisch erweiterbare Volumes u. U. die gesamte freie Kapazität des Hostlaufwerks reservieren, auch wenn die virtuelle Festplatte nur mit wenigen MByte Daten belegt ist.

255

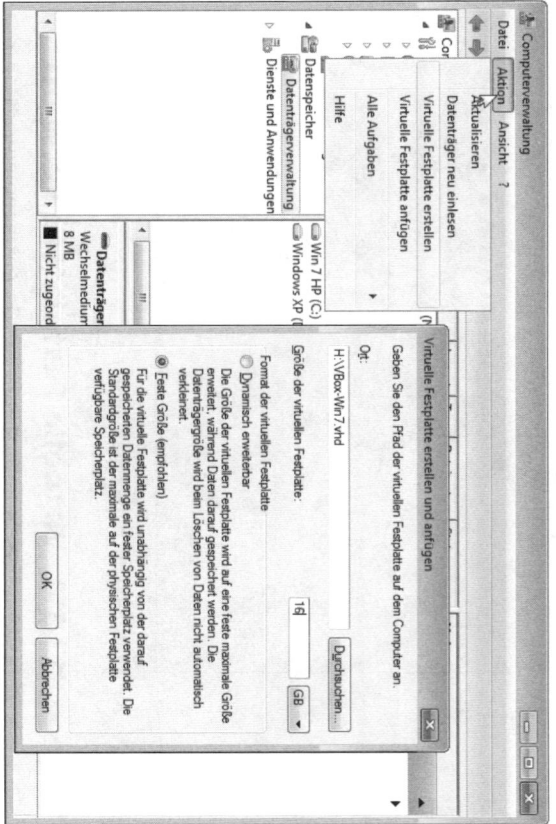

Bild 13.26: Virtuelle Festplatte erstellen

Nach dem Schließen des Dialogfelds taucht die virtuelle Festplatte im unteren Bereich der Datenträgerverwaltung auf. Sie können die Festplatte dann – wie andere physische Laufwerke – initialisieren und formatieren (siehe vorhergehende Abschnitte). Anschließend hängt die Datenträgerverwaltung die virtuelle Festplatte in das Dateisystem ein – diese taucht dann als neues Laufwerk unter dem nächsten freien Laufwerksbuchstaben im Ordner *Computer* auf.

Eine virtuelle Festplatte verhält sich wie eine eigenständige Festplatte, die Sie mit der Datenträgerverwaltung in mehrere Partitionen unterteilen können; von diesen Partitionen können Sie eine als »aktiv« markieren. Diese als aktiv markierte Partition ist sogar bootbar – und Sie können bei Bedarf auf einer solchen Festplatte sogar Windows 7 installieren. Allerdings wird das Booten von virtuellen Festplatten in Windows 7 Home Premium nicht unterstützt – da dies den Versionen Professional und Ultimate vorbehalten ist. Eine Installation von Windows 7 Home Premium wird daher an der fehlenden Bootfunktion scheitern. Allerdings besteht die Möglichkeit, Virtualisierungslösungen wie Microsoft Virtual PC 2007 (www.microsoft.com) oder Sun VirtualBox (www.virtualbox.org) unter Windows 7 zu installieren. Beide Produkte können .vhd-Dateien als Datenträger einbinden und dort gespeicherte Betriebssysteme ausführen. Auf diese Fragestellungen gehe ich in dem bei Markt+Technik erscheinenden Titel »Magnum – Windows 7 Home Premium Tricks« ein.

Virtuelle Festplatten trennen und einhängen

Eine virtuelle Festplatte lässt sich von der Windows-Datenträgerverwaltung trennen und später bei Bedarf wieder einhängen.

HINWEIS

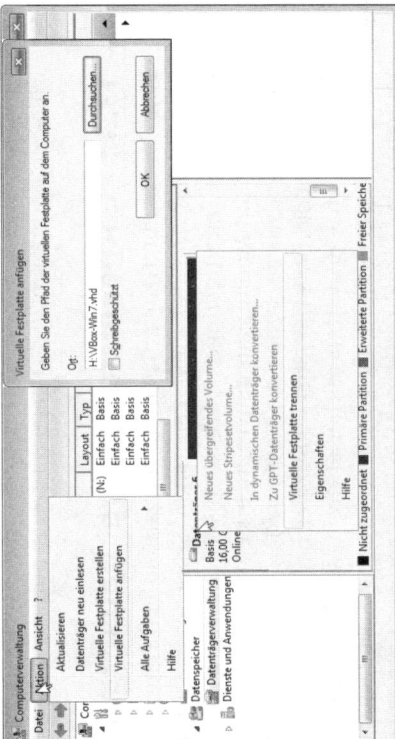

Bild 13.27: Virtuelle Festplatte trennen und einhängen

1. Zum Trennen einer virtuellen Festplatte rufen Sie die Datenträgerverwaltung auf, wählen den Datenträger der virtuellen Festplatte im unteren Bereich der mittleren Spalte mit einem Rechtsklick an und klicken dann auf den Kontextmenübefehl *Virtuelle Festplatte trennen* (Bild 13.27, unteres Menü).

2. Windows zeigt in einem Dialogfeld *Virtuelle Festplatte trennen* den Pfad zur *.vhd*-Datei und bietet über ein Kontrollkästchen *Datei für virtuelle Festplatte nach Entfernen des Datenträgers löschen* die Option zum Löschen der *.vhd*-Datei.

Die Aktion wird ausgeführt, sobald Sie das Dialogfeld über die *OK*-Schaltfläche schließen. Beachten Sie, dass beim Löschen der *.vhd*-Datei im Rahmen des Trennens alle auf diesem Laufwerk gespeicherten Daten unwiederbringlich verloren sind. Möchten Sie eine getrennte, aber nicht gelöschte *.vhd*-Datei später erneut in das Windows-Dateisystem einhängen, führen Sie folgende Schritte aus.

1. Starten Sie die Computerverwaltung und wählen Sie anschließend die Datenträgerverwaltung in der linken Spalte aus.

2. Öffnen Sie das Menü *Aktion* und wählen Sie den Befehl *Virtuelle Festplatte anfügen* (Bild 13.26, Hintergrund).

3. Legen Sie im Dialogfeld *Virtuelle Festplatte anfügen* (Bild 13.27, oben rechts) den Pfad und den Namen der *.vhd*-Datei, ggf. über die Schaltfläche *Durchsuchen*, fest.

4. Setzen oder löschen Sie bei Bedarf die Markierung *Schreibgeschützt* und klicken Sie dann auf die *OK*-Schaltfläche.

Beachten Sie, dass eine virtuelle Festplatte, die ein Betriebssystem enthält, nicht schreibgeschützt sein darf (sonst lässt sich das Betriebssystem z. B. in einer Virtualisierungslösung wie VirtualBox nicht starten).

Virtuelle Laufwerke werden (sofern sie nicht zur Installation eines Betriebssystems wie Windows 7 Ultimate dienen), beim nächsten Systemstart nicht automatisch in das Dateisystem eingehängt. Unter http://www.

HINWEIS

257

borncity.com/blog/2010/02/21/vhd-disks-automatisch-mounten/ beschreibe ich einen Ansatz, um .vhd-Dateien trotzdem automatisch zu mounten.

13.3.5 Cacheeinstellung bei Datenträgern setzen

Windows benutzt zur effizienten Verwaltung von Datenträgern wie Festplatten und Wechsellaufwerken einen Schreibcache. Dieser ermöglicht, Dateien in Zeiten geringer Prozessorauslastung auf das Medium auszulagern. Wird das Medium aus dem Laufwerk entfernt, bevor der Cachespeicher geschrieben wurde, gehen die Daten verloren. Dies ist der Grund, warum Speichermedien wie USB-Sticks oder Speicherkarten unter Windows mittels der Funktion »Auswerfen« sicher entfernt werden sollen (siehe *Kapitel 7*). Die Datenträgerverwaltung gibt Ihnen nun aber die Möglichkeit, die internen Vorgaben des Betriebssystems zum Benutzen des Cachespeichers anzupassen. Um einem Datenverlust durch zu frühzeitiges Entfernen eines Wechseldatenträgers vorzubeugen, können Sie die Verwendung des Cachespeichers für das Gerät abschalten. Andererseits sollte bei Festplatten der Schreibcache aus Leistungsgründen aktiviert sein.

1. Rufen Sie die Datenträgerverwaltung unter einem Administratorkonto auf und warten Sie, bis die Datenträger im unteren Teil des Fensters angezeigt werden.

2. Klicken Sie im Datenträgerfenster mit der rechten Maustaste auf den Eintrag für den Datenträger und wählen Sie den Kontextmenübefehl *Eigenschaften* (Bild 13.28).

3. Wechseln Sie im Eigenschaftenfenster des Datenträgers zur Registerkarte *Richtlinien* und passen Sie die Einstellungen an (Bild 13.29).

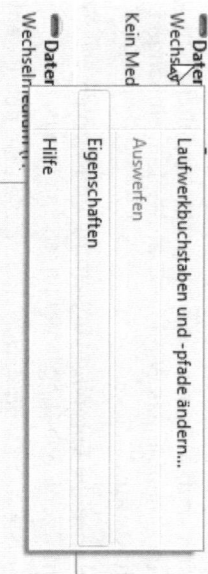

Bild 13.28:   Erweiterte Laufwerkseigenschaften abrufen

Bei Wechseldatenträgerlaufwerken können Sie das Optionsfeld *Schnelles Entfernen* markieren (Bild 13.29, links), um den Schreibcache abzuschalten. Benutzen Sie die obigen Schritte für ein Festplattenlaufwerk, finden Sie auf der Registerkarte *Richtlinien* das Kontrollkästchen *Schreibcache auf dem Gerät aktivieren* (Bild 13.29, rechts). Stellen Sie sicher, dass dieses Kontrollkästchen markiert ist, um die Schreibvorgänge für dieses Laufwerk über den Schreibcache abzuwickeln. Das zweite Kontrollkästchen *Leeren des Windows-Schreibcachepuffers auf dem Gerät deaktivieren* sollte nicht markiert sein. Wenn Sie anschließend die geöffneten Registerkarten über die Ok-Schaltflächen schließen, wird der Schreibcache für das betreffende Laufwerk abgeschaltet.

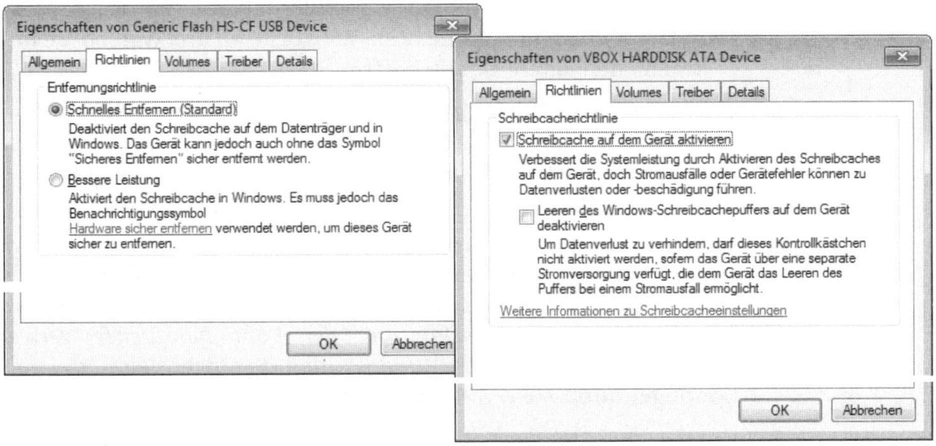

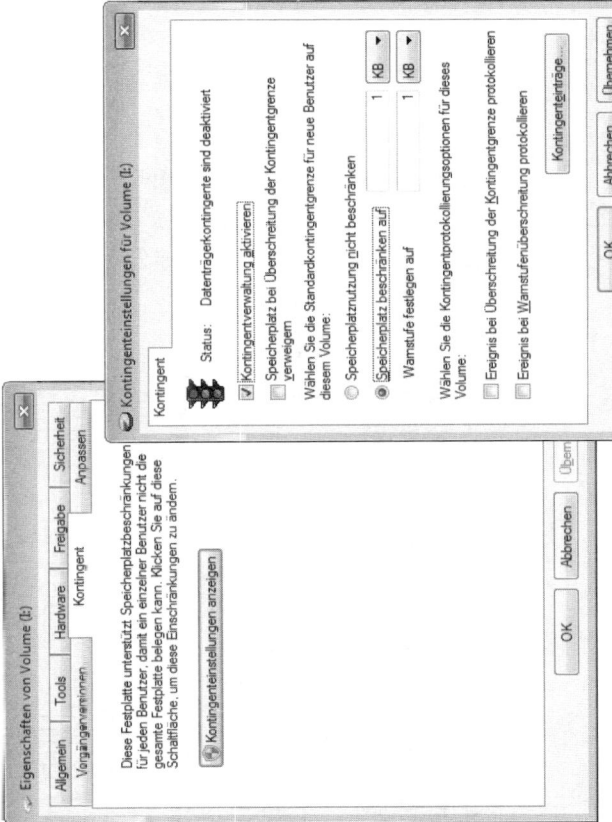

Bild 13:29: Anpassen der Cacheeinstellungen

13.3.6 Kontingente für die Datenträger vergeben

Arbeiten mehrere Benutzer an einem System, ist es ärgerlich, wenn die Festplatte von einem Benutzer mit Dateien zugemüllt wird. Bei NTFS-Laufwerken können Sie dies als Administrator verhindern, indem Sie den Benutzern einfach ein Speicherkontingent auf dem Laufwerk zuteilen. Erreicht der Benutzer die Kontingentgrenze, bleibt ihm nur die Möglichkeit, nicht benötigte Dateien zu löschen.

Bild 13:30: Festlegen der Kontingenteinstellungen

1. Öffnen Sie das Ordnerfenster *Computer*, klicken Sie das gewünschte Laufwerkssymbol mit der rechten Maustaste an und wählen Sie im Kontextmenü den Befehl *Eigenschaften*.

2. Wechseln Sie im Eigenschaftenfenster zu der, nur bei NTFS-Laufwerken vorhandenen, Registerkarte *Kontingent*. Klicken Sie ggf. auf die angezeigte Schaltfläche *Kontingenteinstellungen anzeigen* (Bild 13.30, links) und bestätigen Sie ggf. die Abfrage der Benutzerkontensteuerung.

3. Markieren Sie die Kontrollkästchen *Kontingentverwaltung aktivieren*. Dann erhält der Benutzer beim Erreichen der Kontingentgrenze einen entsprechenden Hinweis. Markieren Sie zudem das Kontrollkästchen *Speicherplatz bei Überschreitung der Kontingentgrenze verweigern* (Bild 13.30, rechts), meldet Windows dem Benutzer beim Erreichen der Kontingentgrenze ein volles Speichermedium.

4. Um den Benutzer dieser Kontingenteinträge festzulegen, klicken Sie auf der Registerkarte *Kontingent* auf die Schaltfläche *Kontingenteinträge*. Windows öffnet ein separates Dialogfeld *Kontingenteinträge für ... zur Kontingentverwaltung* (Bild 13.31, Hintergrund).

5. Klicken Sie in der Symbolleiste des Fensters auf die Schaltfläche *Neuer Kontingenteintrag*, öffnet sich das in Bild 13.31, unten rechts, gezeigte Fenster, in dem Sie den Namen des Benutzerkontos eintragen. Falls Sie den Namen nicht kennen, klicken Sie auf die Schaltfläche *Erweitert* und im darauf folgenden Fenster auf die Schaltfläche *Jetzt suchen*. Windows listet daraufhin die auf dem Rechner vorhandenen Benutzerkonten auf. Sie können einen dieser Einträge markieren und dann auf die OK-Schaltfläche klicken.

6. Schließen Sie das Dialogfeld durch erneutes Anklicken der OK-Schaltfläche, erscheint das in Bild 13.31, links, gezeigte Dialogfeld. Markieren Sie das Optionsfeld *Speicherplatz beschränken auf* und geben Sie die Grenzwerte für das Kontingent und die Warnstufe ein.

Sobald Sie die Dialogfelder über die *Ok*-Schaltfläche schließen, werden die Daten als eigener Datensatz im Fenster *Kontingenteinträge für ...* hinterlegt. Sie können die Eigenschaften dieser Einträge per Kontextmenü ansehen (mit rechts anklicken und Eigenschaften im Kontextmenü wählen). Über den Kontextmenübefehl *Löschen* wird die Kontingentierung für das Konto aufgehoben.

Sie können auf diese Weise mehreren Konten Kontingente auf dem Datenträger zuweisen und dann das Fenster über die *Schließen*-Schaltfläche verlassen. Sobald Sie die Registerkarte *Kontingent* über *Ok* schließen oder die *Übernehmen*-Schaltfläche betätigen, wird die Kontingentverwaltung aktiv.

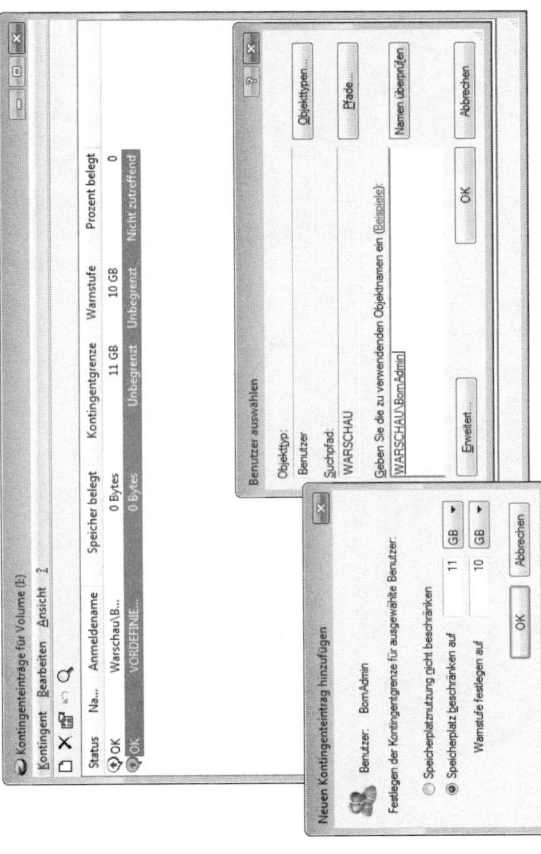

Bild 13.31: Zuweisen der Benutzerkonten zur Kontingenteinstellung

14 Brennen von Daten-CDs, -DVDs, -BDs

Windows 7 unterstützt CD-, DVD- und Blu-ray-Disc- bzw. BD-Brenner, um Daten auf entsprechende Rohlinge zu brennen. Dieses Kapitel zeigt Ihnen, wie Sie mit den Brennfunktionen umgehen.

14.1 Wissenswertes zum Brennen

Der folgende Abschnitt befasst sich mit Fragen zu den einzelnen CD-, BD- und DVD-Medien sowie zu Brennern.

14.1.1 Brenner und Rohlinge

Zum Brennen muss der Computer mindestens mit einem CD-Brenner ausgerüstet sein. Systeme, die für Windows 7 geeignet sind, besitzen aber i. d. R. einen DVD- oder BD-Brenner, die sowohl CDs als auch DVDs (und ggf. Blu-ray Discs, BDs) brennen können. Leider gibt es bei diesen Medien unterschiedliche Rohlingstypen, die nicht von jedem Brenner unterstützt werden. Zum Brennen müssen Sie daher darauf achten, geeignete Rohlinge zu verwenden. Tabelle 14.1 gibt einen Überblick über die gängigen Rohlingsformate.

Rohlingstyp	Bemerkung
CD-R	Es handelt sich um einen einmal beschreibbaren CD-Rohling. Das R steht für Recordable.
CD-RW	Diese CD-Rohlinge sind wiederbeschreibbar und lassen sich in CD/RW-Brennern ca. 1.000 Mal beschreiben und auch wieder löschen. Das RW steht für Rewriteable.
DVD-R	Einmal beschreibbare DVD-Rohlinge mit einer Kapazität von 4,7 GByte, die nach dem Minus-Standard hergestellt wurden.
DVD+R	Einmal beschreibbare DVD-Rohlinge mit einer Kapazität von 4,7 GByte, die nach dem Plus-Standard hergestellt wurden.
DVD-RW	Wiederbeschreibbare DVD-Rohlinge mit einer Kapazität von 4,7 GByte, die nach dem Minus-Standard hergestellt wurden.
DVD+RW	Wiederbeschreibbare DVD-Rohlinge mit einer Kapazität von 4,7 GByte, die nach dem Plus-Standard hergestellt wurden.
DVD-RAM	Spezieller ca. 100.000 Mal wiederbeschreibbarer Datenträger im DVD-Format, der aber nur auf speziellen Laufwerken bzw. Brennern gelesen und beschrieben werden kann.
DVD+R DL	Einmal beschreibbarer Dual Layer-Rohling mit doppelter Kapazität (8,5 GByte) nach dem Plus-Standard.

Tabelle 14.1: Rohlingstypen

Rohlingstyp	Bemerkung
DVD-R DL	Einmal beschreibbarer Dual Layer-Rohling mit doppelter Kapazität (8,5 GByte) nach dem Minus-Standard.
BD-R	Einmal beschreibbarer Single Layer-Blu-ray-Rohling mit 25 GByte Kapazität.
BD-RE	Wiederbeschreibbarer Single Layer-Blu-ray-Rohling mit 25 GByte Kapazität.
BD-R DL	Einmal beschreibbarer Dual Layer-Blu-ray-Rohling mit 50 GByte Kapazität.

Tabelle 14.1:   Rohlingstypen (Forts.)

Ältere Brenner kommen u. U. nicht mehr mit den neuesten für 8- bis 16-fache Brenngeschwindigkeit spezifizierten Rohlingen klar. Aktuelle Multiformat-brenner unterstützen aber meist die gängigen DVD-Rohlingsformate und können auch DVD-Rohlinge mit 16-facher Geschwindigkeit brennen.

CD-Rohlinge hatten ursprünglich eine Kapazität von 650 Megabyte (entspricht 74 Minuten Musik). Bei CD-Rs findet man mittlerweile praktisch nur noch 700-MByte-Rohlinge (80 Minuten Aufzeichnungszeit) im Handel. Es gibt aber spezielle CD-R-Rohlinge mit Überlänge (z. B. mit 800 MByte bzw. 90 Minuten Aufzeichnungszeit). Allerdings unterstützen nicht alle CD-bzw. DVD-Brenner bzw. die zugehörigen Brennprogramme die Verwendung solcher Überlängen.

Die Kapazität einer DVD wird durch die Zahl der Schichten (Layer) im Datenträger und durch die Möglichkeit, beide Seiten einer Datenschicht beschreiben zu können, bestimmt. DVDs gibt es deshalb mit verschiedenen Kapazitäten (4,7 GB = single-sided/single-layered; 8,5 GB = single-sided/dual-layered). Beachten Sie aber, dass die obigen Kapazitätsangaben der Hersteller auf einem Marketingtrick beruhen. Es wird 1 KByte mit 1.000 Byte statt mit den in der Computertechnik üblichen 1.024 Byte angesetzt. Die rechnerisch korrekte Kapazität ist daher immer um den Multiplikator 0,9312 geringer (z. B. 4,37 GB statt der angegebenen 4,7 GB). Ähnliches gilt sinngemäß auch für Blu-ray Discs, die mit Single Layer (25 GByte) und Dual Layer (50 GByte) Kapazität angeboten werden. Weitere Informationen zu DVD-/BD-Typen finden Sie auf Internetseiten wie www.afterdawn.com/glossary oder http://de.wikipedia.org.

Achten Sie auch darauf, dass die Rohlinge für die Geschwindigkeit der benutzten Laufwerke zugelassen sind (sonst kann es Unwuchten beim Abspielen in schnellen Laufwerken sowie Fehler beim Brennen geben). Zudem sollten Sie bei DVDs auf das Anbringen von Etiketten (Labeln) verzichten, da dies neben Unwuchten auch zum Verziehen des Rohlings führen kann. Das Medium ist dann nicht mehr abspielbar – im schlimmsten Fall zerspringt der Rohling im Laufwerk und verursacht irreparable Schäden. Besser ist es in diesem Fall, auf Brenner mit LightScribe- oder Label-

HINWEIS

Flash-Technologie auszuweichen oder bedruckbare Rohlinge zu kaufen. Dann lässt sich die Beschriftung auf die Oberfläche des Rohlings aufbringen.

Es gibt Rohlinge von Markenherstellern und preiswertere »No-Name«-Produkte. Testen Sie, ob No-Name-Ware mit Ihrem Brenner harmoniert. Wenn Sie wichtige Daten (z. B. Ihre Fotosammlung) auf CD oder DVD sichern, kommt es auf eine lange Haltbarkeit an. Die preiswerteren Rohlinge (mit grünlicher Datenschicht) besitzen eine Haltbarkeit von etwa zehn Jahren. Hochwertige Rohlinge (meist mit einer golden oder silbern verspiegelten Datenschicht) sind am problemlosesten einsetzbar und am langlebigsten (manche Hersteller garantieren 100 Jahre Lebensdauer). Unter www. feurio.de/shop finden Sie Rohlinge diverser Hersteller.

14.1.2 Brenneinstellungen für das Laufwerk anpassen

Windows benutzt beim Brennen die Festplatte zum Zwischenspeichern der Daten. Um die Brennoptionen einzustellen, gehen Sie in folgenden Schritten vor.

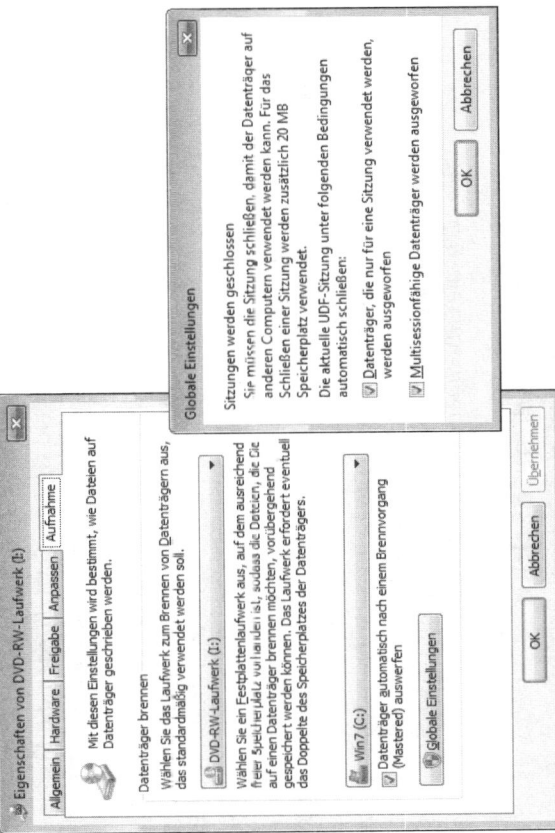

Bild 14.1: Anpassen der Brenneinstellungen

1. Melden Sie sich unter einem Administratorkonto an und öffnen Sie das Ordnerfenster *Computer*.

2. Klicken Sie im Ordnerfenster *Computer* das Symbol des Brenners mit der rechten Maustaste an und wählen Sie dann im Kontextmenü den Befehl *Eigenschaften*.

3. Im Eigenschaftenfenster wählen Sie die Registerkarte *Aufnahme* (Bild 14.1), passen die Optionen an und schließen die Registerkarte über die *OK*-Schaltfläche.

Über die oberste Schaltfläche lässt sich bei mehreren Brennern das Standardlaufwerk für Brennvorgänge unter Windows einstellen. Die zweite Schaltfläche öffnet ein Menü, über welches Sie ein Festplattenlaufwerk auswählen können, das zur Zwischenspeicherung der Daten verwendet wird. Wählen Sie ein Festplattenlaufwerk aus, das über genügend freie Kapazität zur Datenaufnahme verfügt.

Möchten Sie verhindern, dass Windows den Rohling nach dem Brennen einer Sitzung automatisch auswirft, löschen Sie die Markierung *Datenträger automatisch nach einem Brennvorgang (Mastered) auswerfen*.

Eine weitere Frage stellt das Abschließen einer Sitzung dar. Dies ist erforderlich, um das Medium auf einem anderen Computer lesen zu können. Standardmäßig schließt Windows die Sitzung ab, sobald der Rohling nach dem Brennen ausgeworfen wird. Das Abschließen einer Session belegt aber zusätzlich 20 MByte auf dem Medium. Um dieses automatische Abschließen eines Brennvorgangs beim Auswerfen eines UDF-formatierten Datenträgers zu verhindern, klicken Sie auf die Schaltfläche *Globale Einstellungen* und bestätigen die Sicherheitsabfrage der Benutzerkontensteuerung. Danach löschen Sie im Dialogfeld *Globale Einstellungen* die Markierung der beiden Kontrollkästchen und schließen das Dialogfeld über die *OK*-Schaltfläche.

Um die Sitzung nach dem Brennen manuell zu schließen, klicken Sie das Laufwerk des Brenners im Ordnerfenster *Computer* mit der rechten Maustaste an. Anschließend können Sie im Kontextmenü den Befehl *Sitzung schließen* wählen.

Während Sie die Eigenschaften samt der Registerkarte *Aufnahme* noch unter einem Standardbenutzerkonto ansehen können, müssen Sie zum Anpassen der globalen Einstellungen zwingend unter einem Administratorkonto angemeldet sein. Die Benutzerkontensteuerung zeigt zwar bei Anwahl der Schaltfläche *Globale Einstellungen* ein Administratorkonto und fragt das Kennwort ab. Windows 7 verhindert aber die Anzeige des Dialogfelds *Globale Einstellungen*.

14.1.3 RW-Medien löschen

CD-RWs und DVD+RWs bzw. DVD-RWs sowie BD-RE können mehrfach beschrieben werden. Besitzen Sie einen solchen bereits einmal beschriebenen Datenträger, den Sie erneut verwenden möchten? Dann können Sie den Datenträger vor der Wiederverwendung löschen.

1. Legen Sie den Datenträger in den Brenner ein und schließen Sie ggf. das angezeigte Dialogfeld *Automatische Wiedergabe*.

2. Anschließend öffnen Sie das Ordnerfenster *Computer*, klicken das Laufwerkssymbol des Brenners mit der rechten Maustaste an und wählen den Kontextmenübefehl *Datenträger löschen* (Bild 14.2, unten).

3. Im Dialogfeld *Datenträger kann gelöscht werden* (Bild 14.2, oben) markieren Sie ggf. das Kontrollkästchen zum automatischen Schließen des Assistenten nach Abschluss des Löschens.

4. Klicken Sie auf die *Weiter*-Schaltfläche und warten Sie, bis der Datenträger gelöscht wurde.

Das Löschen dauert bis zu einer Minute und der Ablauf wird durch eine Fortschrittsanzeige dargestellt. Anschließend können Sie das ggf. noch geöffnete Dialogfeld schließen und den Datenträger erneut zum Schreiben von Dateien verwenden.

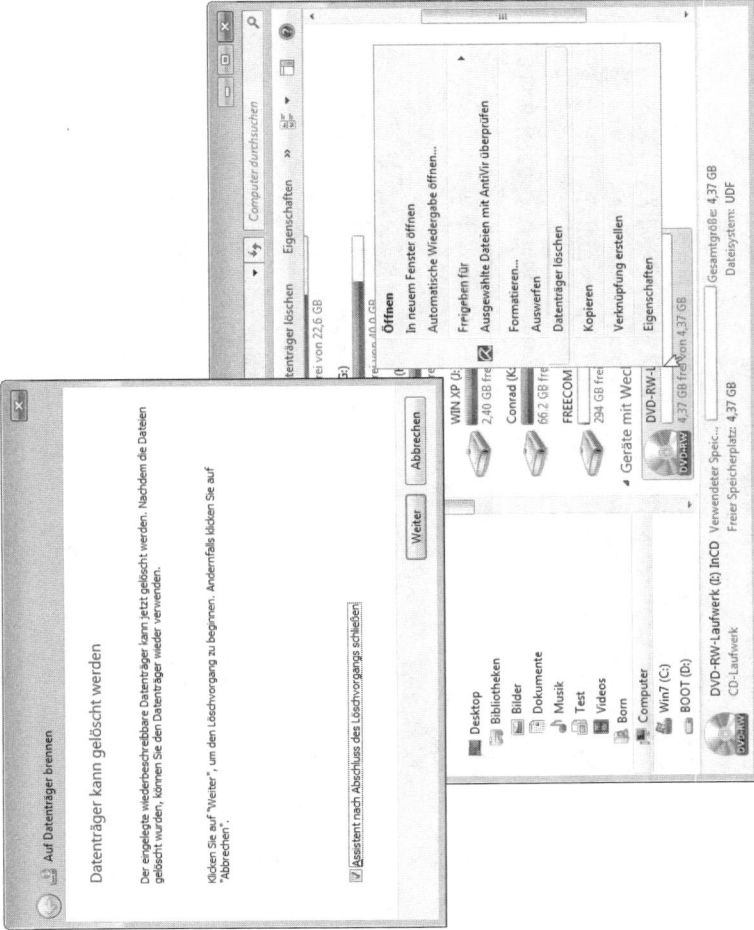

Bild 14.2: Löschen eines wiederbeschreibbaren Rohlings

14.1.4 Rohling im UDF-Dateisystem formatieren

CDs, DVDs und BDs können im ISO-Format oder im UDF-Dateiformat beschrieben werden. Das UDF-Dateiformat wurde als plattformunabhängiges Format für DVDs entwickelt, lässt sich aber auch für CDs/BDs nutzen. Windows 7 unterstützt beide Varianten beim Brennen von Daten auf CDs, BDs oder DVDs. Dabei wird das ISO-Dateisystem als »Mastered«-Modus bezeichnet, bei dem die Daten auf einen Rutsch auf das Medium gebrannt werden. Dieser Modus stellt sicher, dass die Daten-CD bzw. -DVD/-BD überall lesbar ist. Sie können Daten aber auch im sogenannten Livedateisystem

267

auf den Rohling schreiben. Dann wird das UDF-Dateisystem verwendet. Die-ser Modus erlaubt das sogenannte »Packet Writing«, mit dem sich mehrfach Dateien auf den Rohling übertragen lassen – der Rohling lässt sich quasi wie ein USB-Laufwerk verwenden. Windows 7 stellt Sie beim Einlegen eines neuen Rohlings vor die Wahl, welches Dateisystem zum Speichern der Daten verwendet werden soll (siehe die folgenden Seiten). Sie können den Rohling aber auch explizit mit folgenden Schritten für das UDF-Format vorbereiten.

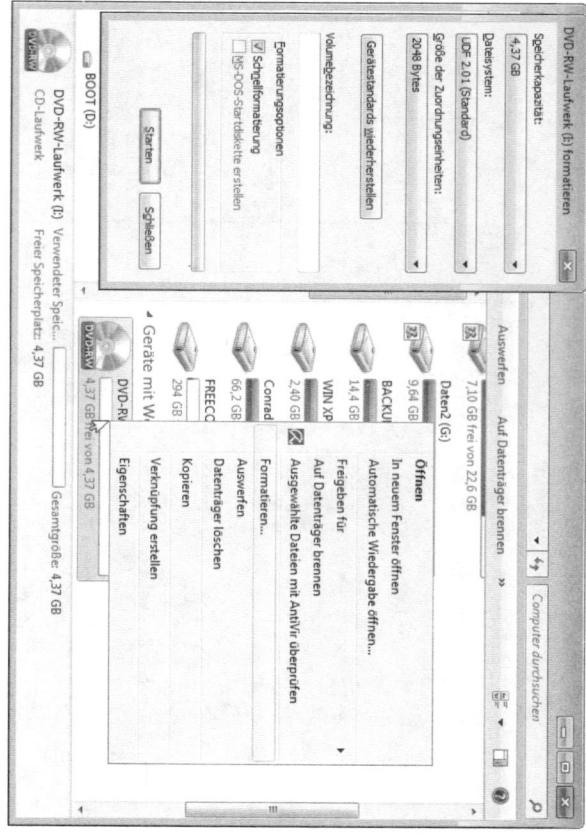

Bild 14-3: CD/DVD formatieren

1. Legen Sie den Datenträger in den Brenner ein und schließen Sie ggf. das angezeigte Dialogfeld *Automatische Wiedergabe*.

2. Klicken Sie im Ordnerfenster *Computer* das Laufwerkssymbol des Bren-ners mit der rechten Maustaste an und wählen Sie den Kontextmenü-befehl *Formatieren* (Bild 14.3, rechts).

3. Im Dialogfeld *DVD-RW-Laufwerk xxx formatieren* (Bild 14.3, links) wäh-len Sie über das Listenfeld *Dateisystem* die gewünschte Variante aus. Weiterhin können Sie die Option zur Schnellformatierung markieren, sodass die Formatierung nach wenigen Sekunden abgeschlossen ist – ohne Schnellformatierung kann die Formatierung, je nach Datenträger, Stunden dauern.

4. Geben Sie bei Bedarf einen Namen für den Datenträger in das Textfeld ein und klicken Sie auf die *Starten*-Schaltfläche.

5. Das Dialogfeld mit der Warnung, dass alle Daten beim Formatieren gelöscht werden, bestätigen Sie über die *OK*-Schaltfläche und warten dann, bis der Datenträger formatiert wurde.

Sobald die Meldung erscheint, dass der Datenträger formatiert ist, schließen Sie diesen Dialog. Anschließend können Sie den Datenträger verwenden.

HINWEIS

Der Ansatz des direkten Formatierens eignet sich beispielsweise, wenn Sie eine bereits benutzte wiederbeschreibbare CD oder DVD für das Livedateisystem vorbereiten möchten oder wenn ein Datenträger zur Datensicherung (siehe *Kapitel 13*) verwendet werden soll. Beachten Sie aber, dass durch die UDF-Formatierung ca. 20 Prozent der Bruttokapazität des Datenträgers verloren geht. Bei einer CD liegt die Nettokapazität daher bei 443 MByte.

Für das UDF-Dateisystem gibt es verschiedene Versionen, die sich über das Menü der Schaltfläche *Dateisystem* abrufen lassen. Die erste Version 1.02 lässt sich nur bei DVD-RAM nutzen und ist zur Verwendung unter Windows 98 bzw. Apple-Computer geeignet. Die Version 1.5 wird direkt ab Windows 2000 und XP unterstützt, kann unter Windows 98 oder auf Macintosh-Systemen aber nicht gelesen werden. Standardmäßig wird die, ab Windows XP und Windows 2003 Server unterstützte, Version 2.01 beim Formatieren benutzt. Diese Variante wird auch von DVD-Videorecordern beim Aufzeichnen von DVD VR-Medien verwendet. Die neueste Version 2.5 wird erst ab Windows Vista unterstützt.

14.1.5 Automatische Wiedergabe beim Einlegen leerer Rohlinge

Legen Sie einen neuen, noch leeren CD-, DVD- oder BD-Rohling in den Brenner ein, erkennt Windows 7 dies und zeigt das Dialogfeld *Automatische Wiedergabe* (Bild 14.4). Sie können dann wählen, ob Sie Dateien auf den Datenträger brennen oder eine Audio-CD bzw. Video-DVD anfertigen möchten. Der Schritt dient dazu, das Dateisystem zum Brennen des Datenträgers vorzubereiten. Möchten Sie diese Auswahl erst später treffen, können Sie das Dialogfeld der automatischen Wiedergabe über die *Schließen*-Schaltfläche beenden. Um das Medium zum Brennen von Datcien vorzubereiten, führen Sie folgende Schritte aus.

1. Wählen Sie im Dialogfeld *Automatische Wiedergabe* den Befehl *Dateien auf Datenträger brennen* (Bild 14.4).

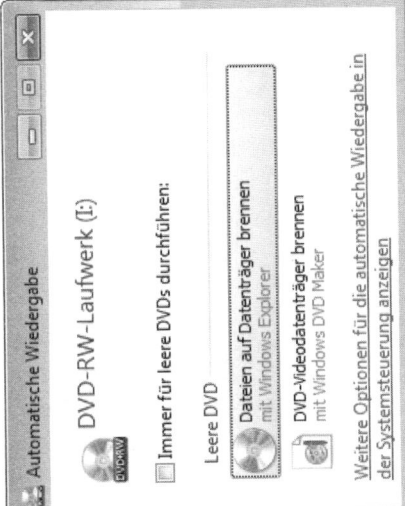

Bild 14.4:   Automatische Wiedergabe bei leeren CD-/DVD-Medien

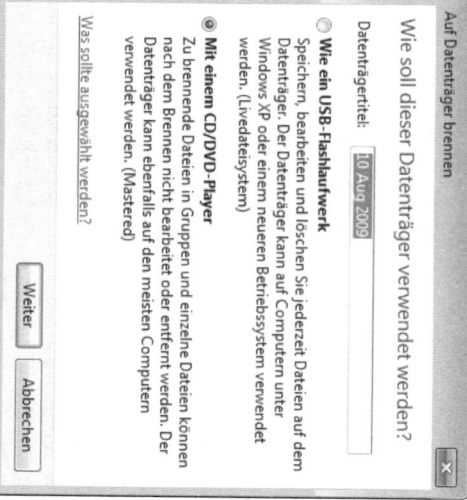

Bild 14.5: Leeren Datenträger vorbereiten

2. Klicken Sie ggf. auf das Textfeld des Dialogfelds *Auf Datenträger brennen* (Bild 14.5) und korrigieren Sie den bis zu 16 Zeichen langen Datenträgertitel entsprechend Ihren Anforderungen.

3. Markieren Sie entweder das Optionsfeld *Wie ein USB-Flashlaufwerk* (für eine Verwendung im Livedateisystem) oder das Optionsfeld *Mit einem CD/DVD-Player* (für Mastered-Betrieb) und klicken Sie im Dialogfeld auf die *Weiter*-Schaltfläche.

Den Brennmodus »Mastered« sollten Sie verwenden, um die Dateien in einem Schritt auf das Medium zu schreiben. Dann öffnet Windows sofort ein Ordnerfenster, in das Sie die zum Brennen vorgesehene Datei kopieren können (siehe unten). Um den Rohling quasi als mehrfach beschreibbaren Wechseldatenträger zu verwenden, wählen Sie dagegen die Option *Wie ein USB-Flashlaufwerk*. Dann erscheint beim Anklicken der Schaltfläche *Weiter* das in Bild 14.6 gezeigte Dialogfeld mit dem Hinweis, dass der Datenträger vorbereitet wird.

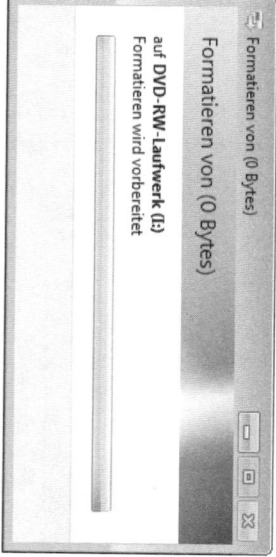

Bild 14.6: Dialogfeld beim Vorbereiten des Livedateisystems

Sobald das Dialogfeld verschwindet, können Sie den Datenträger wie einen Flash-Datenspeicher verwenden.

14.2   Daten auf CDs, DVDs oder BDs brennen

Der nachfolgende Abschnitt zeigt beispielhaft, wie Sie Daten-CDs oder -DVDs (und ggf. BDs) in den beiden Modi »Mastered« und »Livedateisystem« brennen können.

14.2.1   CDs/DVDs wie USB-Laufwerke nutzen

Wurde der Datenträger im Livedateisystem vorbereitet, können Sie diesen wie ein Wechseldatenlaufwerk verwenden. Es genügt, die gewünschten Dateien zum Symbol des Brenners zu kopieren. Sie können dazu den Befehl *Senden an* im Kontextmenü der gewählten Datei oder des Ordners verwenden. Oder Sie ziehen die Dateien und Ordner zum Symbol des Brenners im Navigationsbereich eines Ordnerfensters. Bei RW-Medien lässt sich der Datenträger sogar bei Bedarf löschen und erneut verwenden.

14.2.2   So brennen Sie Daten im Mastered-Modus auf CD/DVD/BD

Möchten Sie verschiedene Dateien (oder komplette Ordner) von der Festplatte auf eine CD, BD oder DVD sichern? Dann sollten Sie den Mastered-Modus für den Datenträger verwenden. Über diesen Modus lässt sich die Kapazität des Datenträgers bestmöglich ausnutzen und die Medien besitzen die höchste Kompatibilität beim Lesen auf anderen Systemen. Windows unterstützt verschiedene Ansätze, wie Sie beim Brennen vorgehen. Sie können, wie auf den vorhergehenden Seiten beschrieben, einen leeren Datenträger einlegen und über das Dialogfeld *Automatische Wiedergabe* zum Brennmodus »Mastered« schalten. Oder Sie wählen erst die zu brennenden Dateien aus und legen den Rohling auf Aufforderung in den Brenner ein. Das Brennen von Daten-CDs und -DVDs im Mastered-Modus lässt sich also in mehrere Schritte (Vorbereiten des Datenträgers mit Auswahl des Brennmodus, Zusammenstellung der Daten, Brennen der Daten) unterteilen. Die Vorbereitung des Datenträgers lässt sich vor oder während der Zusammenstellung der Daten durchführen.

Zusammenstellung der Daten zum Brennen

Das Zusammenstellen der Daten für das Brennen einer Datendisk ist mit wenigen Schritten möglich.

1. Öffnen Sie das Ordnerfenster (z. B. über den Startmenübefehl *Computer*) und suchen Sie den Ordner mit den zu sichernden Dateien.

2. Kopieren Sie anschließend die zu sichernden Dateien und Ordner zum Laufwerk des Brenners (z. B. über den Kontextmenübefehl *Senden an* des zu kopierenden Elements).

Sie können die zu sichernden Dateien auch im Ordnerfenster markieren (z. B. Dateien bzw. Ordner bei gedrückter [Strg]-Taste anklicken) und anschließend auf die in der Symbolleiste des Ordnerfensters gezeigte Schaltfläche *Brennen* klicken.

271

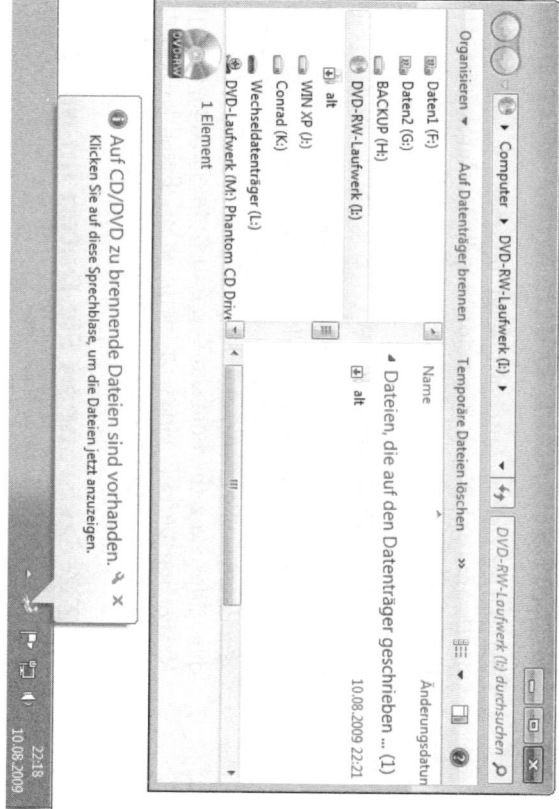

Bild 14.7: Vorbereiten zum Brennen von Dateien im Mastered-Modus

Liegen Daten als Zusammenstellung zum Brennen vor, informiert Windows Sie über eine entsprechende QuickInfo (Bild 14.7, unten) im Infobereich der Taskleiste. Dieser Hinweis ist hilfreich, da die Dateien einer Zusammenstellung im Mastered-Modus nicht sofort auf den Datenträger gebrannt, sondern in einem Zwischenspeicher auf der Festplatte abgelegt werden.

Die Zwischenspeicherung gibt Ihnen die Gelegenheit, Dateien aus verschiedenen Ordnern zum Brennen auszuwählen. Falls erforderlich, können Sie das im Infobereich eingeblendete Symbol (oder das Brennersymbol im Navigationsbereich) anklicken, um die im Zwischenspeicher zum Brennen abgelegten Dateien in einem Ordnerfenster anzusehen. Bei Bedarf lassen sich dann Dateien zum Papierkorb ziehen, um die Einträge aus der Zusammenstellung zu entfernen. Oder Sie klicken in der Symbolleiste des Ordnerfensters auf die Schaltfläche *Temporäre Dateien löschen*, um alles zu entfernen – wenn alle Originaldateien bleiben aber in beiden Fällen unverändert erhalten. Erst die gewünschten Dateien in der Zusammenstellung enthalten sind, können diese auf den Datenträger gebrannt werden.

HINWEIS

Einlegen des Rohlings vergessen?

Haben Sie vor dem Kopieren der Dateien auf das Laufwerk des Brenners vergessen, einen Rohling einzulegen? Sobald Sie Dateien zum Laufwerk des Brenners kopieren, wird die Schublade des Brenners ausgefahren und Win-

Die Zusammenstellung bleibt auch erhalten, wenn Sie sich von Windows abmelden oder den Rechner herunterfahren. Dies gibt Ihnen Gelegenheit, Daten über längere Zeit zu sammeln und abzuwarten, bis die Größe der Zusammenstellung die Kapazität des Rohlings weitgehend ausnutzt.

dows fordert Sie auf, einen beschreibbaren Rohling einzulegen. Dann müssen Sie den Rohling für das Brennen im Mastered-Modus vorbereiten.

1. Legen Sie die gewünschten Rohling (CD, DVD oder BD) in das Laufwerk ein und schließen Sie die Schublade des Laufwerks wieder.

2. Anschließend ergänzen Sie im angezeigten Dialogfeld *Auf Datenträger brennen* (Bild 14.5 links) ggf. den Datenträgertitel im betreffenden Textfeld.

3. Erweitern Sie die Dialogfelddarstellung über die Schaltfläche *Formatierungsoptionen einblenden* und markieren Sie das Optionsfeld für den Mastered-Modus. Danach betätigen Sie die *Weiter*-Schaltfläche.

Erst dann kann Windows die gewünschten Dateien in den temporären Zwischenspeicher übertragen. Sie werden über eine Fortschrittsanzeige informiert und die QuickInfo aus Bild 14.7 erscheint. Sie können dann weitere Dateien zur Zusammenstellung hinzufügen.

Brennen der Zusammenstellung auf das Medium

Um die Daten der Zusammenstellung auf den Rohling zu brennen, sind folgende Schritte auszuführen.

1. Öffnen Sie das Ordnerfenster des Brenners und klicken Sie in der Symbolleiste auf die Schaltfläche *Auf Datenträger brennen* (Bild 14.7, oberes Fenster).

2. Sobald Windows den eingelegten Rohling erkannt hat, können Sie im Dialogfeld *Auf Datenträger brennen* im Schritt »Datenträger vorbereiten« den Datenträgertitel und die Brenngeschwindigkeit korrigieren (Bild 14.8, Vordergrund).

3. Klicken Sie danach auf die Schaltfläche *Weiter*, um das Brennen zu starten.

Windows brennt anschließend die markierten Dateien über den betreffenden Brenner auf den Datenträger. Der Ablauf wird durch eine Fortschrittsanzeige im Dialogfeld *Auf Datenträger brennen* angezeigt (Bild 14.8, Hintergrund). Das Brennen kann, abhängig vom Datenträger, von der Brenngeschwindigkeit und der Menge der zu brennenden Daten, eine Weile dauern. Sobald der Brennvorgang abgeschlossen ist, wird die Schublade des Brenners ausgefahren.

4. Schließen Sie die Schublade des Brenners und klicken Sie ggf. im noch geöffneten Dialogfeld *Auf Datenträger brennen* auf die Schaltfläche *Fertig stellen.*

Ist der gebrannte Rohling beim Einfahren noch im Laufwerk, lässt sich direkt auf dessen Inhalt zugreifen. In der Regel wird Windows das Dialogfeld *Automatische Wiedergabe* öffnen und Sie können einen Befehl (z. B. *Ordner öffnen, um Dateien anzuzeigen*) auswählen. Danach wird der Inhalt des Datenträgers in einem Ordnerfenster angezeigt.

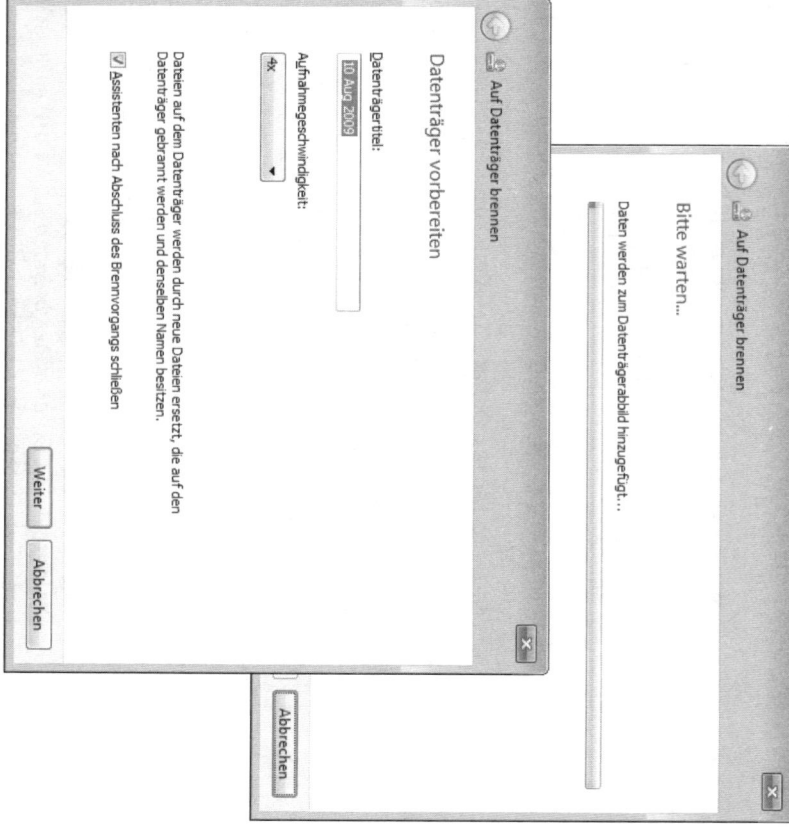

Bild 14.8: Anpassen der Brennoptionen und Brennen der Zusammenstellung

TIPP

Sie können im Mastered-Modus als Multisession erstellte Datenträger ein weiteres Mal in den Brenner einlegen. Ist noch freie Kapazität vorhanden, lassen sich weitere Dateien zur Zusammenstellung hinzufügen. Öffnen Sie das Ordnerfenster des Datenträgers, werden die bereits vorhandenen Inhalte und die neu hinzugefügten Elemente aufgeführt. Brennen Sie die Zusammenstellung erneut, fügt Windows einfach die neu aufgenommenen Dateien in eine weitere Session ein und verlinkt die bereits vorhandenen Dateien in einem modifizierten Inhaltsverzeichnis. Wird das Medium dann auf einem Rechner eingelesen, kann dieser auf alle Dateien in den verschiedenen Sessions zugreifen. Beachten Sie aber, dass ältere CD-Laufwerke Multisession-CDs nicht immer erkennen können. Zudem reduziert der Multisession-Modus die Nettokapazität des Datenträgers etwas, da zum Sessionabschluss ebenfalls ca. 20 MByte auf das Medium geschrieben werden. Wie Sie Fotos, Musik oder Videodateien auf CDs bzw. DVDs brennen und was es dabei zu beachten gibt, ist Gegenstand separater Kapitel.

14.3 ISO-Dateien brennen

Eine der Neuerungen in Windows 7 ist die Möglichkeit zum direkten Brennen von ISO-Dateien. Bei diesen ISO-Dateien handelt es sich um Abbilder des Inhalts von CDs, DVDs oder BDs, die als Datei mit der Dateinamenerweiterung .iso auf der Festplatte des Rechners abgelegt wurde. Solche ISO-Dateien lassen sich mit manchen Brennprogrammen erzeugen (falls kein Brenner vorhanden ist) und stehen oft im Internet zur Softwareverteilung als Download zur Verfügung. Die Brennoption ist zwar etwas versteckt, lässt sich aber mit wenigen Mausklicks verwenden.

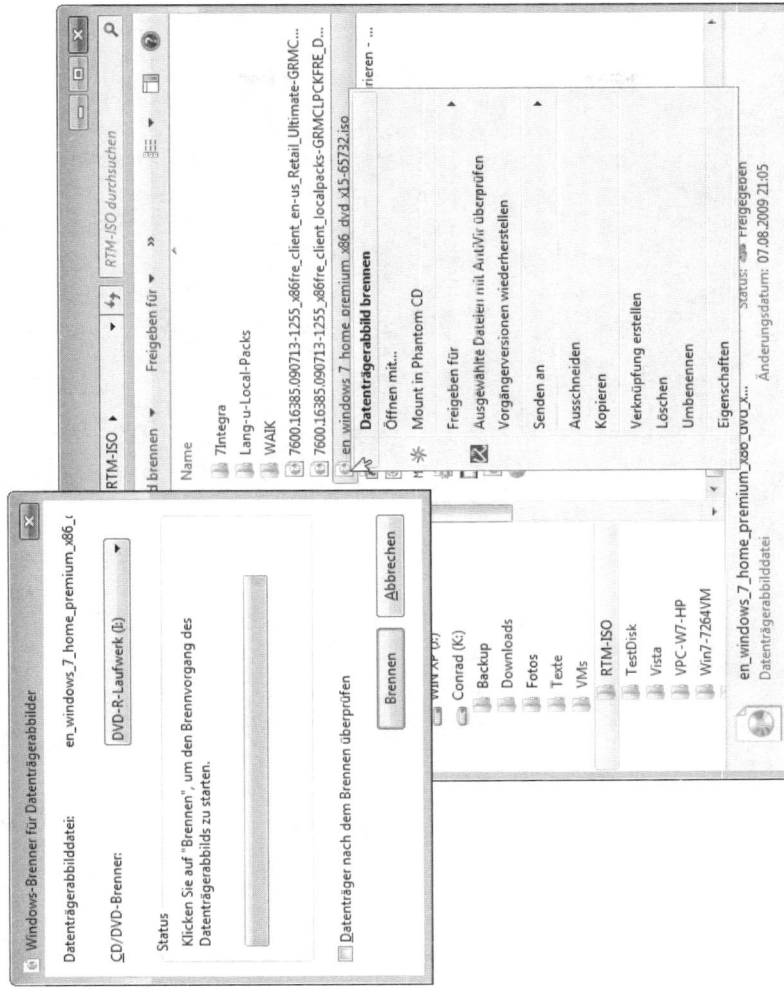

Bild 14.9: Datenträgerabbild (ISO-Datei) brennen

1. Klicken Sie die .iso-Datei im Ordnerfenster mit der rechten Maustaste an und wählen Sie den Kontextmenübefehl *Datenträgerabbild brennen* (Bild 14.9, Hintergrund).

2. Wählen Sie im Dialogfeld *Windows-Brenner für Datenträgerabbilder* (Bild 14.9, Vordergrund) ggf. das Laufwerk mit dem Brenner (sofern mehrere Brenner vorhanden sind).

3. Markieren Sie zur Sicherheit das Kontrollkästchen mit der Option zum Überprüfen des Datenträgers nach dem Brennen und klicken Sie anschließend auf die *Brennen*-Schaltfläche.

Windows fordert Sie zum Einlegen eines Rohlings in den Brenner auf und zeigt dann den Brennablauf in einer Fortschrittsanzeige. Nach einem erfolgreichen Brennvorgang entnehmen Sie dem Brenner den Rohling, beschriften diesen und schließen das Dialogfeld.

Windows 7 enthält eigentlich alle benötigten Brennfunktionen. Sofern Sie trotzdem andere Brennprogramme (z. B. Nero) einsetzen möchten, achten Sie darauf, dass die verwendete Version für dieses Betriebssystem zugelassen ist. Ein Problem im Zusammenhang mit der Installation von Brennprogrammen mit Videobearbeitungsfunktionen besteht darin, dass diese eigene DirectShow-Filter mit Decodern und Encodern für Videoformate einrichten und damit die Windows-DirectShow-Filter blockieren. Dies führt dann beim Erstellen von Video-DVDs mit Windows-Bordmitteln (z. B. Windows DVD Maker) zu allerlei Fehlfunktionen. Während des mehrmonatigen Testbetriebs habe ich unter Windows 7 das kostenlose Programm CDBurnerXPPro (www.cdburnerxp.se) problemlos einsetzen können. Das Programm unterstützt auch das Erstellen von ISO-Dateien mit Datenträgerabbildern.

Möchten Sie direkt unter Windows auf den Inhalt von ISO-Dateien zugreifen? Dann benötigen Sie einen CD- oder DVD-Emulator, welcher den Inhalt einer ISO-Datei als zusätzliches virtuelles CD-/DVD- oder BD-Laufwerk bereitstellt. Das Produkt Phantom CD lässt sich kostenlos von der Webseite www.phantombility.com/en/prod/ herunterladen und läuft auch unter Windows 7. Sie können den Inhalt einer ISO-Datei laden (mounten) und anschließend über ein virtuelles CD-Laufwerk darauf zugreifen. Vom gleichen Hersteller ist auch der kostenpflichtige Phantom Burner zu beziehen, der auch BD-Laufwerke emulieren kann.

Windows 7 Home Premium

Teil 3 Mit Windows-Anwendungen arbeiten

In diesem Teil erfahren Sie, wie sich mit den in Windows 7 enthaltenen Anwendungen arbeiten lässt. Sie lernen, was es beim Drucken unter Windows oder beim Arbeiten mit Geräten zu beachten gilt und wie Sie Druckaufträge verwalten sowie Faxen und Scannen. In separaten Kapiteln wird gezeigt, wie Sie mit verschiedenen Windows-Anwendungen beispielsweise zur Bearbeitung von Texten umgehen oder die Eingabeaufforderung verwenden.

15 Geräteübersicht, Drucken, Faxen, Scannen

In diesem Kapitel wird die in Windows 7 neue Funktion zur Geräteübersicht vorgestellt. Zudem erfahren Sie, was es im Hinblick auf die Verwaltung von Druckern und Druckaufträgen zu wissen gibt. Ein weiterer Abschnitt führt Sie in die in Windows 7 aufgenommene Funktion zum Faxen und Scannen ein.

15.1 Geräteverwaltung in Windows 7

Windows 7 besitzt eine neue Funktion, mit der Sie einen schnellen Überblick über installierte bzw. vorhandene Geräte und Drucker erhalten können. Nachfolgend werden diese Funktionen beschrieben.

15.1.1 Die Geräte- und Druckerübersicht

Möchten Sie auf einen Blick sehen, welche Drucker und Geräte an Ihrem Rechner installiert sind? Sie brauchen hierzu lediglich den Befehl *Geräte und Drucker* im Startmenü anzuwählen, um in Windows 7 das gleichnamige Fenster zu öffnen (Bild 15.1).

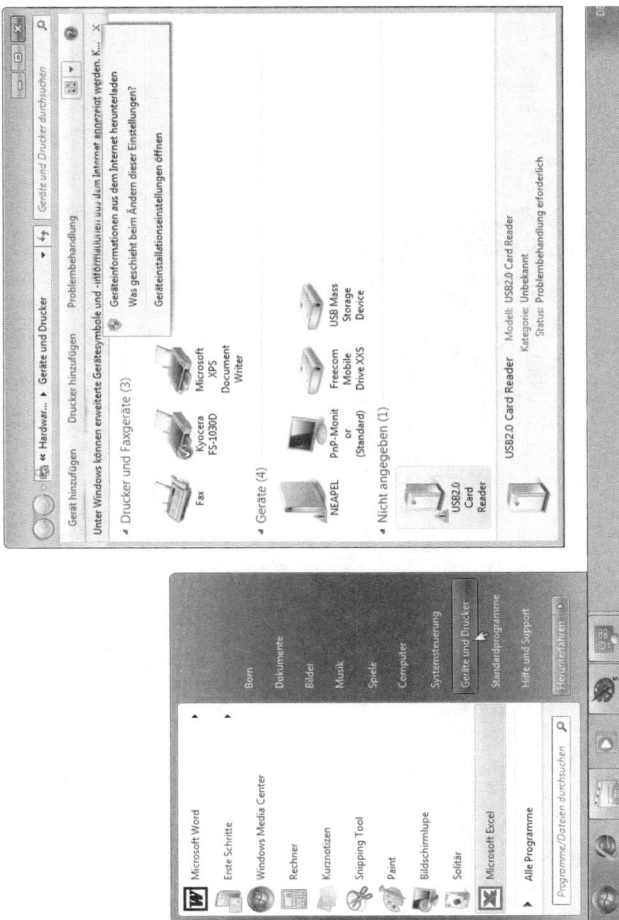

Bild 15.1: Fenster *Geräte und Drucker*

Standardmäßig listet Windows im betreffenden Fenster die installierten Drucker sowie Geräte nach Gruppen geordnet auf und zeigt auch deren Sta-

279

tus an. In Bild 15.1 ist in der Gruppe *Nicht angegeben* noch ein USB 2.0-Card-Reader aufgeführt, der mit einem Ausrufezeichen versehen ist. Windows weist darauf hin, dass ein Problem mit dem Gerät besteht. Im konkreten Fall konnte das Gerät nicht mit der optimalen Geschwindigkeit betrieben werden, weil USB 1.1-Komponenten in der Übertragungskette eingebaut waren.

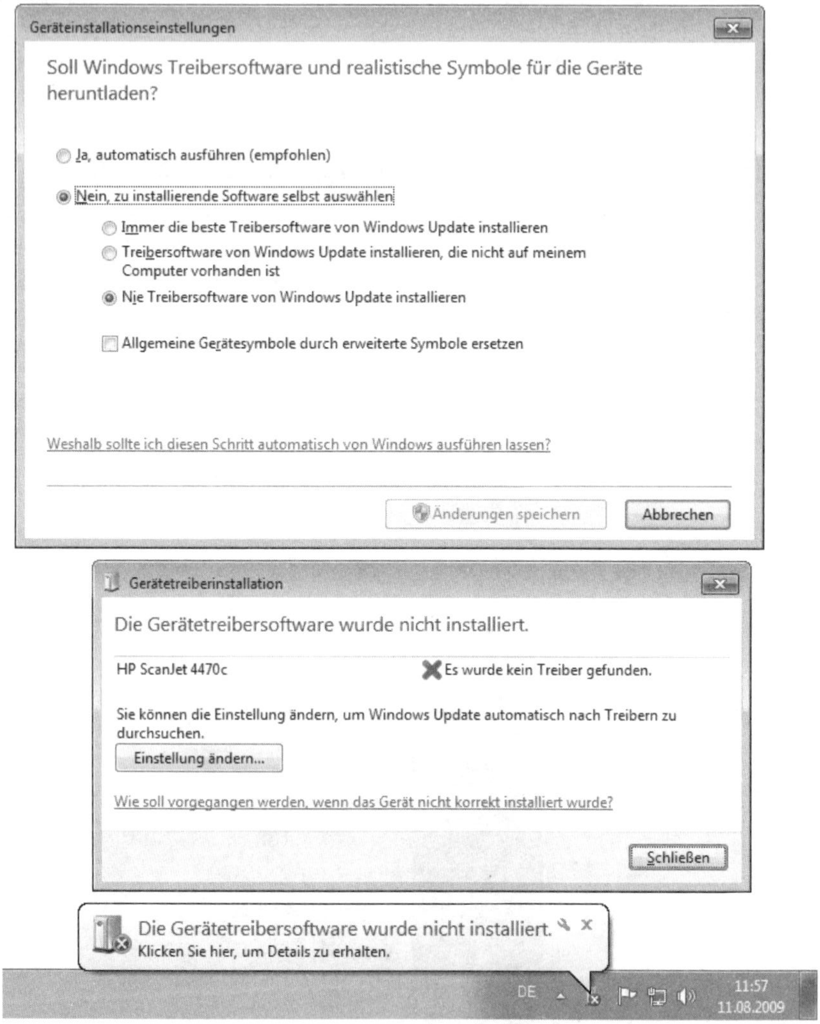

Bild 15.2:   Geräte nachinstallieren

HINWEIS

Bei neueren Geräten kann der Hersteller spezifische Gerätesymbole zum Download per Internet bereitstellen. Erscheint oberhalb des Inhaltsbereichs des Fensters eine farbige Informationsleiste mit einem entsprechenden Hinweis (Bild 15.1), können Administratoren diese anklicken und den Menübefehl *Geräteinformationen aus dem Internet herunterladen* wählen. Nach Bestätigung der Sicherheitsabfrage der Benutzerkontensteuerung

---

Geräteinstallationseinstellungen

Soll Windows Treibersoftware und realistische Symbole für die Geräte herunterladen?

○ Ja, automatisch ausführen (empfohlen)

◉ Nein, zu installierende Software selbst auswählen

   ○ Immer die beste Treibersoftware von Windows Update installieren

   ○ Treibersoftware von Windows Update installieren, die nicht auf meinem Computer vorhanden ist

   ◉ Nie Treibersoftware von Windows Update installieren

   ☐ Allgemeine Gerätesymbole durch erweiterte Symbole ersetzen

Weshalb sollte ich diesen Schritt automatisch von Windows ausführen lassen?

[Änderungen speichern]   [Abbrechen]

Gerätetreiberinstallation

Die Gerätetreibersoftware wurde nicht installiert.

HP ScanJet 4470c

✖ Es wurde kein Treiber gefunden.

Sie können die Einstellung ändern, um Windows Update automatisch nach Treibern zu durchsuchen.

[Einstellung ändern...]

Wie soll vorgegangen werden, wenn das Gerät nicht korrekt installiert wurde?

[Schließen]

Die Gerätetreibersoftware wurde nicht installiert. ✖
Klicken Sie hier, um Details zu erhalten.

DE   11:57
11.08.2009

setzt Windows die betreffende Option. Um diese Einstellung zurückzusetzen oder nachträgliche Änderungen vorzunehmen, geben Sie in das Suchfeld des Startmenüs den Text »Geräte« ein und wählen dann den gefundenen Befehl *Geräteinstallationseinstellungen ändern*. Im angezeigten Dialogfeld aus Bild 15.2, oben, lässt sich die Option durch Setzen oder Löschen der Markierung des Kontrollkästchens *Allgemeine Gerätesymbole durch realistische ersetzen* anpassen.

15.1.2 Geräte verwalten

Standardmäßig werden Drucker und Geräte beim ersten Anschließen an den Computer automatisch durch Windows erkannt und die Installation der erforderlichen Gerätetreiber erfolgt automatisch. Sie werden dann im Infobereich der Taskleiste durch eine entsprechende QuickInfo informiert (Bild 15.2). Ein Mausklick auf das zugehörige Symbol im Infobereich der Taskleiste öffnet das Dialogfeld mit den Statusinformationen zur Treiberinstallation (Bild 15.2, Mitte).

Wird kein Treiber gefunden, zeigt Windows einen entsprechenden Hinweis im Dialogfeld an. Sofern angezeigt, lässt sich dann die Schaltfläche *Einstellungen ändern* im Dialogfeld anwählen. Alternativ können Sie in das Suchfeld des Startmenüs den Begriff »Geräte« eintippen und dann den gefundenen Befehl *Geräteinstallationseinstellungen ändern* wählen. Im eingeblendeten Dialogfeld *Geräteinstallationseinstellungen* (Bild 15.2, oben) lässt sich über Optionsfelder vorgeben, dass Windows per Internet über die Updateseiten nach passenden Gerätetreibern suchen soll.

ACHTUNG

Bei manchen Geräten klappt die Hardwareerkennung nicht oder es ist vor dem Anschluss erforderlich, eine herstellerspezifische Installationsroutine auszuführen, bevor das Gerät erkannt wird. Hier sollten Sie das Handbuch des Geräteherstellers unbedingt vor der Inbetriebnahme lesen, um Näheres herauszufinden.

Geräte manuell hinzufügen

Bei Geräten, die über Funkstrecken (Bluetooth) eingebunden werden, klappt die automatische Geräteerkennung durch Windows 7 nicht (nur die Bluetooth-Einheit wird über Treiber eingebunden).

1. Um solche Geräte in Windows einzubinden, wählen Sie in der Symbolleiste des Fensters *Geräte und Drucker* die Schaltfläche *Gerät hinzufügen* (Bild 15.3, oben).

2. Windows startet einen Assistenten, der nach entsprechenden Geräten sucht (Bild 15.3, unten). Tauchen Geräte im angezeigten Dialogfeld auf, markieren Sie das gewünschte Gerät und durchlaufen über die *Weiter*-Schaltfläche die Schritte zur Gerätekopplung.

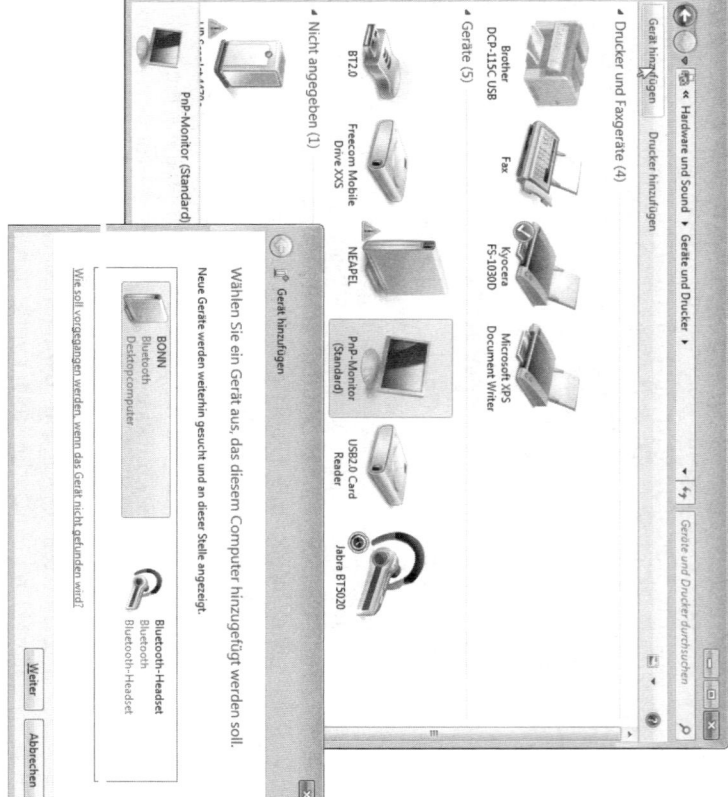

Bild 15-3: Geräte manuell hinzufügen

Die weitere Vorgehensweise hängt dann vom betreffenden Gerät ab. Bei dem in Bild 15.3, unten, eingeblendeten Headset nimmt der Assistent automatisch die Kopplung vor, wenn dieses empfangsbereit ist. Bei anderen Bluetooth-Geräten, die zum Datenaustausch geeignet sind (z. B. Handys) muss z. B. zur Gerätekopplung eine Identifizierung über einen Pin erfolgen. Details zu dieser Thematik sind in *Kapitel 29* im Abschnitt »Gerätekopplung über Bluetooth« zu finden.

TIPP

HINWEIS

Wird kein Gerät erkannt, obwohl dieses vorhanden ist, muss die Ursache ermittelt werden. Oft sind die Bluetooth-Funktionen abgeschaltet. Sie können im Dialogfeld *Gerät hinzufügen* auf den Hyperlink *Wie soll vorgegangen werden …* klicken. Windows öffnet das Hilfefenster, in dem Sie einige Tipps zur Fehlersuche finden.

WLAN-Router der Firma AVM (FRITZ!Box Phone WLAN) besitzen einen USB-Anschluss. Über einen USB-Hub lassen sich dann Drucker, Scanner, USB-Sticks und USB-Festplatten anschließen. Statt kompliziert per FTP auf Datenträger oder über Netzwerkadressen auf Drucker zuzugreifen, lässt sich bei der FRITZ!Box-Software die Funktion »USB-Fernanschluss« freigeben. Rufen Sie die Webschnittstelle der FRITZ!Box-Software über den Browser auf (die URL *fritz.box* eingeben). Navigieren Sie in den erweiterten Einstellungen zur Rubrik *USB-Geräte*, markieren Sie das Kontrollkästchen

USB-Fernanschluss aktivieren und klicken Sie auf die *Übernehmen*-Schaltfläche. Anschließend lassen sich die erkannten Gerätekategorien (Speichermedien, Drucker und Andere) in der Kategorie *USB-Fernanschluss* über Kontrollkästchen und die *Übernehmen*-Schaltfläche zum Zugriff freigeben (Bild 15.4, Hintergrund). Über einen Hyperlink in dieser Konfigurationsseite lässt sich zudem das »Programm für den USB-Fernzugang« vom AVM-Server herunterladen und unter Windows 7 installieren. Sobald Sie das Kennwort zum Zugriff auf die FRITZ!Box eintragen, scannt das Programm die an der FRITZ!Box gefundenen USB-Geräte. Über die Gerätesymbole im rechten Teil des Programmfensters lassen sich Verbindungen zu den Geräten aktivieren und erneut trennen (Bild 15.4, Vordergrund). Wird eine Geräteverbindung aktiviert, gibt der USB-Fernanschluss dieses Gerät gegenüber Windows 7 frei. Windows bindet dieses dann wie ein lokales USB-Gerät im Fenster *Geräte und Drucker* ein. Vorteile hat dieser Ansatz vor allem, falls Sie mehrere Rechner in einem Netzwerk betreiben und keine Netzwerkdrucker bzw. -festplatten einrichten möchten. Sobald der Router in Betrieb ist, können einzelne Rechner auf die betreffenden Geräte per USB-Fernzugriff zugreifen. Ganz komfortabel wird dieser Ansatz, falls mobile Geräte wie Notebooks und Netbooks per WLAN-Strecke mit diesen Geräten verbunden werden können.

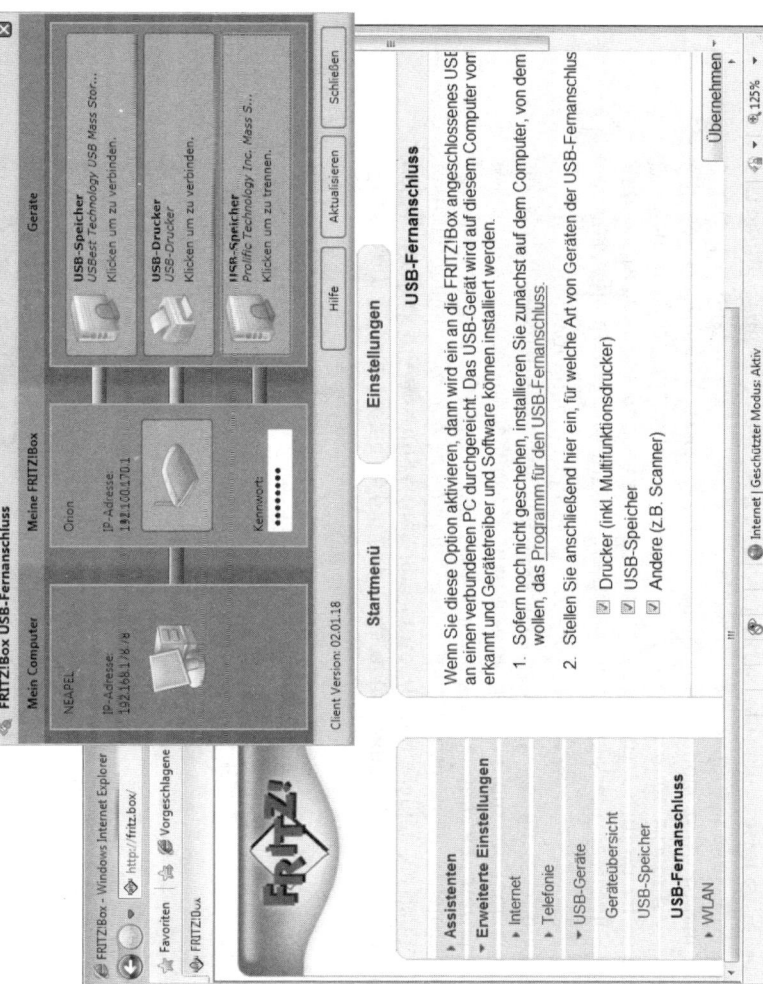

Bild 15.4: USB-Fernanschluss konfigurieren und verwenden

Gerätefunktionen abrufen

Das aus meiner Sicht Genialste am Fenster *Geräte und Drucker* besteht in der Möglichkeit, zentral auf die Funktionen der Geräte zuzugreifen. Sie brauchen nur das Gerätesymbol mit einem Klick der rechten Maustaste anzuwählen und anschließend können Sie im Kontextmenü die verfügbaren Befehle zum Aufruf der betreffenden Funktionen nutzen (Bild 15.5). Weiterhin blendet Windows nach Auswahl eines Geräts verschiedene Schaltflächen kontextsensitiv in der Symbolleiste ein.

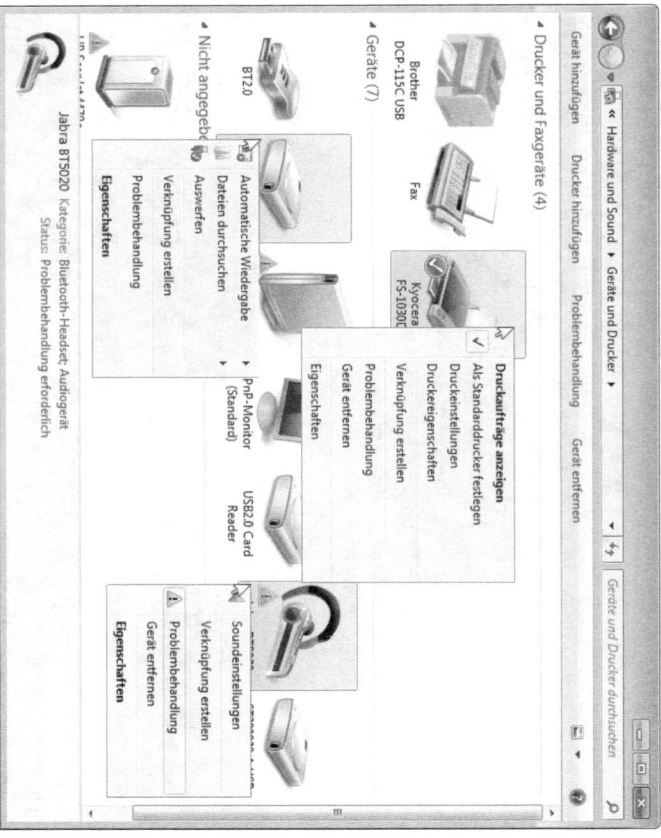

Bild 15.5:   Auf Gerätefunktionen zugreifen

Gibt es zum Beispiel Probleme mit einem Gerät (erkennbar an einem kleinen gelben Dreieck mit Ausrufezeichen im Gerätesymbol), wählen Sie den Kontextmenübefehl *Problembehandlung* (bzw. die gleichnamige Schaltfläche der Symbolleiste). Nach Bestätigung der Benutzerkontenabfrage startet ein Assistent zur Problemdiagnose. Abhängig von den gefundenen Problemen schlägt dieser dann verschiedene Maßnahmen (z. B. Neuinstallation der Gerätetreiber) vor oder führt Reparaturmaßnahmen aus.

Bei Wechseldatenträgern finden Sie dagegen Befehle, um das Dialogfeld *Automatische Wiedergabe* aufzurufen, ein Ordnerfenster zum Anzeigen der Dateien zu öffnen oder um das Medium auszuwerfen. Andere Geräte weisen z. B. Befehle zum Anpassen der Soundeinstellungen oder zur Auswahl der Bluetooth-Funktionen (z. B. Kopfhörer- oder Telefoniefunktionen) auf. Über den Befehl *Gerät entfernen* lässt sich der Eintrag aus dem Fenster entfernen. Wie Druckereinträge verwaltet werden, wird in nachfolgendem Abschnitt besprochen.

15.2   **Drucker installieren und verwalten**

Drucker werden in Windows über spezielle Steuerprogramme, die sogenannten Treiber, angesteuert. Die Druckertreiber werden dabei von den Geräteherstellern entwickelt und liegen den Geräten auf CD bei. Windows 7 enthält aber bereits die Treiber für die gängigen (aktuellen) Drucker. Ist bei der Windows-Installation ein Drucker vorhanden und eingeschaltet, wird der Druckertreiber mit eingerichtet. Schließen Sie später einen neuen Drucker an, muss der passende Treiber (vom Administrator) eingerichtet werden. Der folgende Abschnitt befasst sich mit den Funktionen zur Druckerinstallation und zum Einrichten des Druckers.

15.2.1   **Automatische Treiberinstallation durch Windows**

Moderne Drucker werden in der Regel über die USB-Schnittstelle an das System angeschlossen, ältere Drucker verwenden noch die Parallelschnittstelle. Schalten Sie den an den Rechner angeschlossenen Drucker erstmalig ein, informiert Windows Sie im Idealfall über eine QuickInfo im Infobereich, dass eine neue Gerätetreibersoftware installiert wird (Bild 15.6).

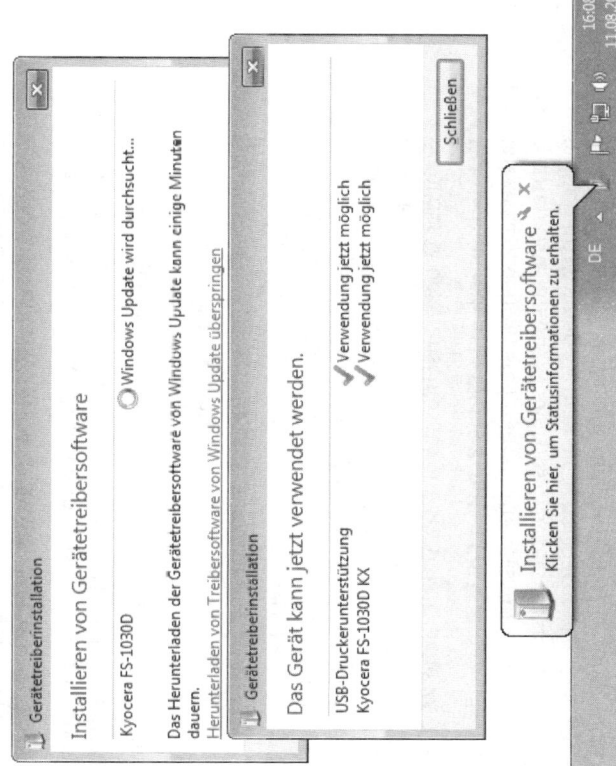

Bild 15.6:   Automatische Druckerinstallation

Klicken Sie im Infobereich auf das zugehörige Symbol, zeigt ein Dialogfeld den Fortschritt der Treiberinstallation. Bei bekannten Druckern sucht Windows in den vorkonfigurierten Installationsordnern nach dem Treiber und installiert diesen selbsttätig. Bei einem nicht unterstützten Drucker werden Sie zum Einlegen der Treiber-CD des Druckerherstellers aufgefordert. Bei

Bedarf müssen Sie ggf. den Pfad zum Medium angeben, damit Windows den Treiber findet. Statusfenster zeigen dann den Installationsablauf und den Erfolg bzw. Misserfolg an. Nach erfolgreicher Installation taucht das Symbol des neuen Druckers im Ordnerfenster *Geräte und Drucker* sowie im *Drucken*-Dialog auf. Sie können anschließend mit dem Gerät arbeiten.

15.2.2 Druckertreiber manuell installieren

Wird der Drucker durch Windows nicht automatisch erkannt? Installiert das Betriebssystem ein fehlerhaftes Gerät oder möchten Sie einen Druckertreiber installieren, zu dem es keinen physischen Drucker gibt? Letzteres ist z. B. sinnvoll, wenn Sie PostScript-Ausgaben in Dateien umleiten, um diese zum Ausdrucken an Dritte weiterzugeben. In diesen Fällen können Sie unter einem Administratorkonto eine manuelle Druckerinstallation durchführen.

1. Wählen Sie im Startmenü den Befehl *Geräte und Drucker* und klicken Sie im gleichnamigen Fenster auf die Schaltfläche *Drucker hinzufügen* (Bild 15.7, Hintergrund).

2. Windows startet einen Assistenten, der Sie durch die Schritte zur Einrichtung des neuen Druckers führt. Wählen Sie dort die gewünschten Optionen aus. Über die Schaltfläche *Weiter* können Sie in den Dialogseiten vorwärts und mit *Zurück* rückwärts blättern.

Die einzelnen Schritte zur Druckereinrichtung hängen etwas vom Umfeld und vom Druckermodell ab. Hier eine grobe Übersicht über den Ablauf.

■ Klicken Sie im Startdialog (Bild 15.7, Vordergrund) auf den Befehl *Einen lokalen Drucker hinzufügen*, um einen am Computer angeschlossenen Drucker, der nicht erkannt wird, zu installieren.

■ Im Folgedialog wählen Sie bei markiertem Optionsfeld einen Druckeranschluss über die zugehörige Menüschaltfläche (Bild 15.8, rechts oben). Parallele Schnittstellen werden mit »LPT« aufgelistet, serielle Schnittstellen tragen die Bezeichnung »COM« und beim Eintrag »USB« handelt es sich um einen USB-Anschluss. Der Eintrag »File« ermöglicht Ihnen, die Druckerausgabe generell in Dateien umzuleiten. Klicken Sie nach Auswahl des Druckeranschlusses auf die Schaltfläche *Weiter*.

■ Wählen Sie in dem in Bild 15.8, unten links, angezeigten Dialogfeld in der linken Liste den Hersteller Ihres Druckers. Anschließend klicken Sie in der rechten Liste auf das Modell des Druckers. Ist der Drucker in der Liste nicht aufgeführt, können Sie über die Schaltfläche *Windows Update* online nach weiteren Treibern suchen lassen. Verfügen Sie über einen Datenträger des Druckerherstellers mit Windows-Treibern, klicken Sie auf die Schaltfläche *Datenträger*. Windows öffnet ein Dialogfeld (Bild 15.8, unten rechts) zur Auswahl des Datenträgerlaufwerks und des Verzeichnisses mit den Druckertreibern. Wählen Sie dann den Treiberordner aus und schließen Sie das Dialogfeld zur Treiberauswahl über die *Ok*-Schaltfläche. Anschließend sollte der Drucker in einer Auswahlliste aufgeführt werden und sich auswählen lassen. Schalten Sie über die *Weiter*-Schaltfläche zum Folgedialog.

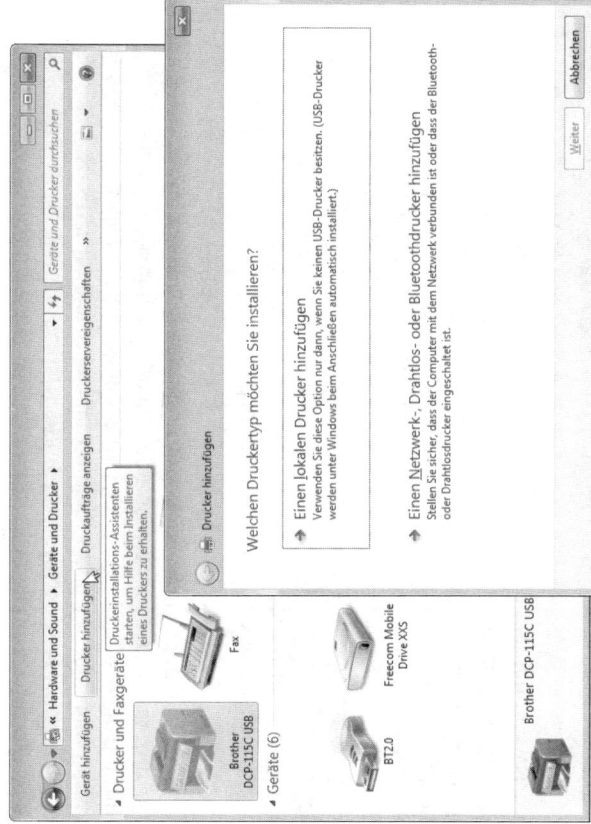

Bild 15.7: Installationsassistent für Drucker aufrufen

■ In dem in Bild 15.9, oben links, sichtbaren Dialogfeld können Sie ggf. den (vorgegebenen) Namen des Druckers anpassen. Schalten Sie über die *Weiter*-Schaltfläche zum nächsten Dialogfeld (Bild 15.9, Mitte links, Hintergrund) und warten Sie, bis die Druckerinstallation erfolgt ist.

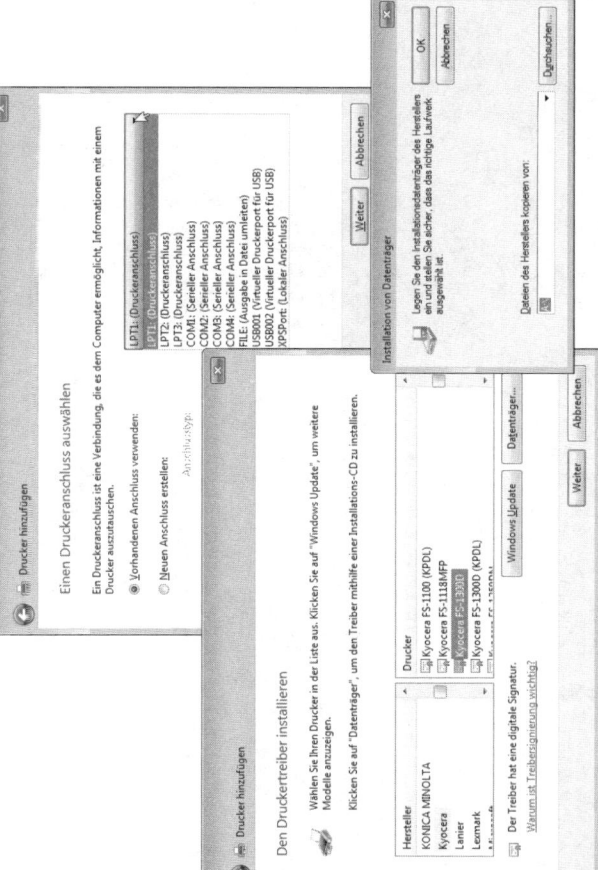

Bild 15.8: Installationsdialoge des Druckerassistenten

■ Sobald das in Bild 15.9, rechts oben, sichtbare Dialogfeld erscheint, legen Sie über die beiden Optionsfelder fest, ob der Drucker nur lokal verwendet oder im Netzwerk zur gemeinsamen Verwendung freigegeben werden soll. Bei einer Freigabe im Netzwerk können Sie in die zugehörigen Textfelder den Freigabenamen sowie einen Hinweis zum Druckerstandort eintragen. Diese Informationen werden anderen Netzwerkteilnehmern angezeigt.

■ Soll das Gerät als Standarddrucker für alle Ausgaben des Rechners verwendet werden, belassen Sie im Dialogfeld aus Bild 15.9, unten, die Markierung des Kontrollkästchens *Als Standarddrucker festlegen*. Anschließend schalten Sie den Drucker ein und klicken im Dialogfeld auf die Schaltfläche *Testseite drucken*. Warten Sie, bis die Testseite ausgedruckt wurde. Gab es Probleme beim Ausdruck, können Sie in dem angezeigten Dialogfeld (Bild 15.9, Mitte rechts im Vordergrund) über den Hyperlink *Hilfe zum Drucken* eine Hilfeseite mit Informationen zur Problemlösung aufrufen. Wurde die Seite korrekt ausgedruckt, klicken Sie auf die *Schließen*-Schaltfläche des Dialogfelds und wählen im Assistenten die *Fertig stellen*-Schaltfläche.

Nach diesen Schritten ist der Drucker eingerichtet und wird als Symbol im Ordnerfenster *Drucker* aufgeführt (Bild 15.7). Sie können das Gerät verwenden.

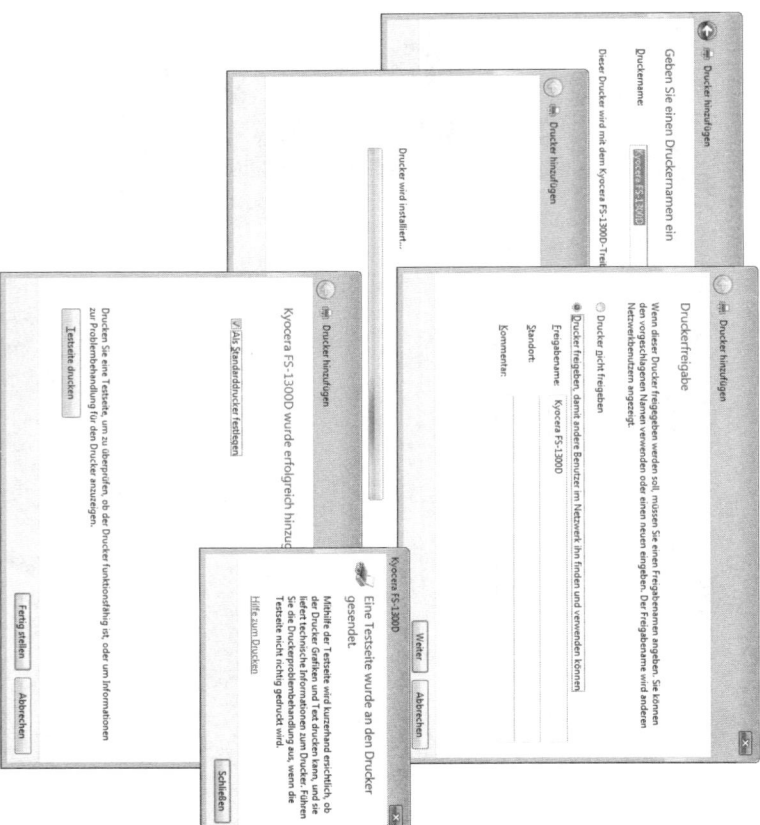

Bild 15.9: Weitere Dialogfelder zur Konfiguration des Druckers

15.2.3 Netzwerkdrucker einrichten

Arbeiten Sie in einem Netzwerk und sind auf anderen Rechnern angeschlossene Drucker zur gemeinsamen Nutzung freigegeben? Oder besitzen Sie einen Drucker, der direkt am Netzwerk hängt. Um solche Drucker über das Netzwerk nutzen zu können, muss auf dem Client ebenfalls ein Druckertreiber für das Netzwerkgerät installiert werden. Dies funktioniert ähnlich wie die Installation eines lokalen Druckertreibers.

1. Rufen Sie den Assistenten zur Druckerinstallation auf (die Schritte sind im vorhergehenden Abschnitt beim Einrichten eines lokalen Druckers beschrieben).

2. Wählen Sie im Startdialogfeld *Drucker hinzufügen* den Eintrag *Einen Netzwerk-, Drahtlos- oder Bluetoothdrucker hinzufügen* an (Bild 15.7, unten).

Windows durchsucht das Netzwerk nach freigegebenen Druckern und blendet die gefundenen Geräte in einer Ergebnisliste ein (Bild 15.10, unten im Vordergrund).

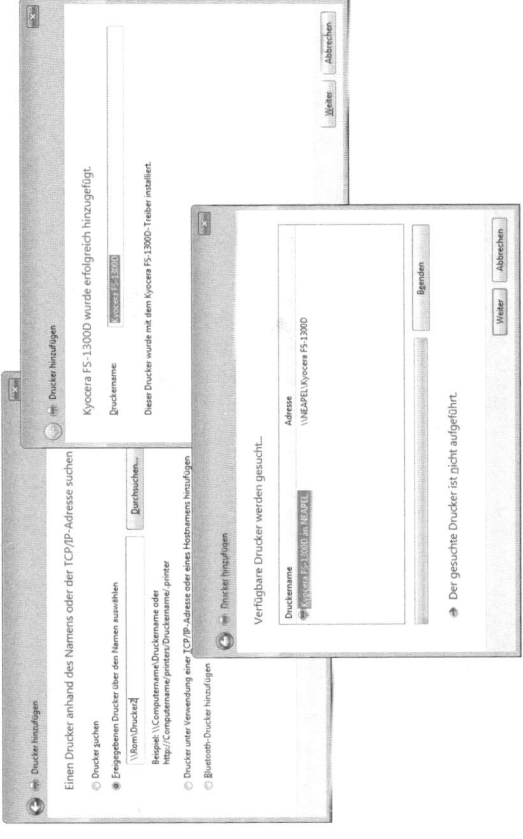

Bild 15.10: Netzwerkdruckerinstallation

3. Ist der gewünschte Drucker aufgeführt, klicken Sie auf dessen Symbol und betätigen die *Weiter*-Schaltfläche. Windows richtet dann eine Verbindung zum gewählten Drucker ein und installiert auch eine Kopie des Druckertreibers. Sie werden durch eine Fortschrittsanzeige über den Ablauf informiert.

4. Ist das Gerät in der Liste nicht aufgeführt, klicken Sie im Dialogfeld *Drucker hinzufügen* (Bild 15.10, unten) auf den Eintrag *Der gesuchte Drucker ist nicht aufgeführt.* Anschließend können Sie im Folgedialog (Bild 15.10, oben links) über die Optionsfelder nach dem Drucker suchen lassen, den UNC-Netzwerkpfad in ein Textfeld eintippen oder über die Schaltfläche

Durchsuchen aus einem Zusatzdialog übernehmen. Bei einem über TCP/IP erreichbaren Drucker markieren Sie das betreffende Optionsfeld und klicken auf die *Weiter*-Schaltfläche. Dadurch gelangen Sie zu einem Dialogfeld, in dem eine automatische Erkennung gewählt oder die Druckerdaten (IP-Adresse bzw. Hostname) eingetragen werden können. Über die *Weiter*-Schaltfläche gelangen Sie in den Modus, in dem der Assistent nach dem Drucker sucht und bei Erfolg die erforderlichen Treiber installiert.

5. Konnte der Drucker installiert werden, erscheint das in Bild 15.10, oben rechts, gezeigte Dialogfeld, in dem der Druckername aufgeführt wird. Sie können dann den Namen für den Drucker anpassen und anschließend auf die *Weiter*-Schaltfläche klicken.

Die restlichen Schritte entsprechen dem Einrichten eines lokalen Druckers. Es wird eine Dialogseite mit der Fertigmeldung angezeigt und Sie können eine Testseite ausdrucken lassen. Ist diese einwandfrei, beenden Sie den Assistenten über die *Fertig stellen*-Schaltfläche. Danach ist der Drucker zur Benutzung eingerichtet.

15.2.4   Drucker löschen

Zum Löschen eines Druckers sind nur wenige Mausklicks erforderlich. Öffnen Sie unter einem Administratorkonto das Ordnerfenster *Geräte und Drucker* (siehe vorhergehende Seiten), markieren Sie das Druckersymbol mit einem Mausklick und wählen Sie in der Symbolleiste die Schaltfläche *Gerät entfernen*. Alternativ können Sie auch den gleichnamigen Kontextmenübefehl des Druckersymbols wählen. Bestätigen Sie ggf. die angezeigte Abfrage der Benutzerkontensteuerung. Nach einer Sicherheitsabfrage, ob das Gerät entfernt werden darf, die Sie über die *Ja*-Schaltfläche bestätigen, wird der Drucker aus dem Ordnerfenster gelöscht.

Beachten Sie aber, dass Windows den Drucker nicht löschen kann, wenn noch Druckaufträge anstehen. Es wird auch nur das Druckersymbol aus dem Ordnerfenster gelöscht; die Druckertreiber bleiben weiterhin installiert. Schließen Sie den Drucker erneut an das System an, können Sie den Treiber mittels der auf den vorhergehenden Seiten erläuterten Schritte zur Druckerinstallation reaktivieren. Den Druckertreiber können Sie über die Eigenschaften des Druckerservers löschen (siehe den Abschnitt »Eigenschaften des Druckerservers anpassen« in diesem Kapitel).

15.2.5   Druckereigenschaften kontrollieren

Jeder Drucker besitzt eine Reihe von Eigenschaften. Einige davon werden bei der Installation im Assistenten festgelegt (Druckername, Anschluss etc.). Eine Kontrolle und Anpassung dieser Eigenschaften ist unter einem Administratorkonto mit folgenden Schritten möglich.

1. Öffnen Sie das Fenster *Geräte und Drucker* (siehe vorhergehende Seiten) und wählen Sie das Symbol des gewünschten Druckers per Doppelklick an.

HINWEIS

2. Im Fenster der Druckerwarteschlange wählen Sie im Menü *Drucker* den Befehl *Eigenschaften*.

Der Kontextmenübefehl *Eigenschaften* des Druckersymbols im Fenster *Geräte und Drucker* öffnet zwar ebenfalls ein Eigenschaftenfenster, das aber nur die Registerkarten *Allgemein* und *Hardware* enthält. Das von Windows über die obige Schrittfolge angezeigte Eigenschaftenfenster (Bild 15.11) des Druckers enthält verschiedene Registerkarten.

■ Auf der Registerkarte *Allgemein* (Bild 15.11, links) werden der Druckername sowie der Standort eingeblendet. Sie können diesen Namen, einen Kommentar für das betreffende Gerät sowie den Standort des Geräts anpassen bzw. angeben. Standort und der Kommentar sind bei der Benutzung des Druckers im Netzwerk durch andere Benutzer hilfreich. In der Gruppe *Funktionen* zeigt Windows Ihnen die Eigenschaften des betreffenden Druckers an. Bei Druckerproblemen können Sie die Schaltfläche *Testseite drucken* betätigen. Windows erzeugt anschließend eine Testseite und gibt diese auf dem Gerät aus (siehe auch den vorhergehenden Abschnitt zur Installation eines Druckertreibers). Betätigen Sie die Schaltfläche *Einstellungen* auf der Registerkarte *Allgemein*, öffnet Windows ein weiteres Eigenschaftenfenster mit Registerkarten, über die das Seitenformat und weitere Optionen druckerspezifisch eingestellt werden können.

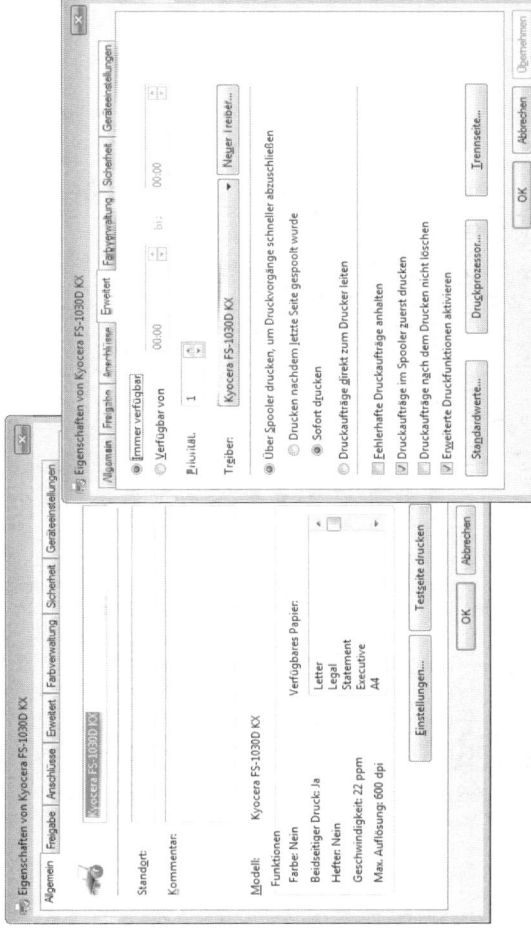

Bild 15.11: Druckereigenschaften

■ Auf der Registerkarte *Anschlüsse* werden die möglichen Druckeranschlüsse des Geräts aufgeführt. In der Regel sehen Sie dort die Ausgänge für parallele Schnittstellen (LPTx:), für serielle Schnittstellen (COMx:) sowie für Netzwerkpfade. Der aktuell benutzte Ausgang wird durch eine Markierung im Kontrollkästchen gekennzeichnet. Über die Schaltfläche

Hinzufügen können Sie sowohl einen neuen Anschlusstyp als auch einen neuen Anschluss der Liste hinzufügen. Bestehende Anschlüsse lassen sich markieren und über die Schaltfläche *Löschen* entfernen. Haben Sie einen Eintrag markiert, können Sie für parallele und serielle Ausgänge die Eigenschaften mittels der Schaltfläche *Konfigurieren* setzen. Bei einem parallelen Ausgang lässt sich die Wartezeit, die bei abgeschaltetem Drucker vergeht, bis dem Benutzer ein Fehlerdialog angezeigt wird, in Sekunden angeben. Ist der Drucker an einer seriellen Schnittstelle angeschlossen, lassen sich über die Eigenschaftenfenster die Datenübertragungsgeschwindigkeit sowie Übertragungsparameter (Datenbits, Stoppbits, Parität, Flusssteuerung) einstellen. Einige Drucker unterstützen eine erweiterte Schnittstelle (ECP = Extended Capabilities Port) zur Datenausgabe an den Drucker. Über diese Schnittstelle kann der Drucker Meldungen an die Anwendung zurückgeben und der Datentransfer erfolgt schneller. Abhängig vom verwendeten Druckertreiber und der Hardwareausstattung lässt sich die Unterstützung dieser Schnittstelle über das Kontrollkästchen *Bidirektionale Unterstützung aktivieren* zu- oder abschalten. Das Kontrollkästchen wird abgeblendet, falls der Modus nicht unterstützt wird. Betreiben Sie zwei identische Drucker an einem Rechner (z. B. einen Druckerserver)? Dann lassen sich die Druckaufträge zwischen diesen Druckern aufteilen. Markieren Sie als Erstes das Kontrollkästchen *Druckerpool aktivieren*. Anschließend können Sie die Kontrollkästchen der angezeigten Geräteanschlüsse markieren, die den Druckern zugeordnet sind.

Die Registerkarte *Erweitert* (Bild 15.11, rechts) zeigt verschiedene Optionen für die Druckausgabe. Sie finden beispielsweise die Optionsfelder *Immer verfügbar* und *Verfügbar von xx bis xx*, um die Uhrzeiten anzugeben, zu denen der Drucker verfügbar ist. Das Drehfeld *Priorität* ermöglicht Ihnen, einen Wert zwischen 1 und 99 zu setzen. Neue Druckaufträge erhalten dann den betreffenden Prioritätswert zugewiesen. Die Druckerwarteschlange verarbeitet eintreffende Druckaufträge nach der Priorität (je höher der Wert, umso höher die Priorität der Druckaufträge). Sie können über weitere Optionen z. B. auch vorgeben, ob der Druckertreiber die Ausgabe einer Anwendung erst komplett zwischenspeichert und dann mit der Druckausgabe beginnt oder ob bereits mit dem Druck der ersten Seite angefangen wird, obwohl noch Druckdaten von der Anwendung geliefert werden. Möchten Sie das Drucken im Hintergrund abschalten, markieren Sie das Optionsfeld *Druckaufträge direkt zum Drucker leiten*. Über das Listenfeld *Treiber* können Sie zwischen den installierten Druckertreibern wechseln. Die Kontrollkästchen im unteren Teil der Registerkarte erlauben es, verschiedene Druckoptionen zu setzen. Die Ausgabe der Daten an den Drucker erfolgt über einen Druckprozessor. Dieser Druckprozessor kann über die Schaltfläche *Druckprozessor* ausgewählt werden. Bei Schwierigkeiten mit dem EMF-Format lassen sich die Daten im RAW-Format des Druckers in die Zwischendateien ablegen. Die Schaltfläche *Trennseite* öffnet einen Zusatzdialog, in dem Sie optional mittels der Schaltfläche *Durchsuchen* Trennseiten festlegen können. Windows wird mit einigen Trennseiten

(Erweiterung .sep) ausgeliefert, die im Auswahldialog angezeigt werden. Ist das Textfeld *Trennseite* im Dialogfeld leer, wird keine Trennseite benutzt. Trennseiten werden zwischen einzelnen Druckaufträgen ausgegeben und können Hinweise auf den Urheber des Ausdrucks enthalten oder auf der letzten Seite einen zusätzlichen Seitenvorschub auslösen.

Die Registerkarte *Freigabe* ermöglicht Ihnen, einen Drucker zur gemeinsamen Nutzung im Netzwerk freizugeben. Die Registerkarte *Sicherheit* ermöglicht Administratoren, die Zugriffsrechte auf den Drucker zu begrenzen. Ähnlich wie bei den Zugriffsrechten auf Dateien (siehe *Kapitel 11*) sollten Sie die Verwaltung möglichst Windows überlassen. Die Registerkarte *Dienste* ist nicht bei jedem Drucker vorhanden und stellt herstellerspezifische Funktionen (z. B. zum Reinigen der Tintenpatronen) bereit. Schließen Sie das Eigenschaftenfenster über die *OK*-Schaltfläche der Registerkarte, werden Änderungen in den Einstellungen übernommen.

> **TIPP**
>
> Verwenden Sie einen Farbdrucker und möchten diesen zum Ausdruck von Fotos verwenden? Dann ist es hilfreich, wenn die Farbausgabe des Geräts kalibriert ist. Auf der Registerkarte *Farbverwaltung* lässt sich über die gleichnamige Schaltfläche ein Eigenschaftenfenster mit verschiedenen Registerkarten zur Veränderung der Farbeinstellungen öffnen.

15.2.6 Eigenschaften des Druckerservers anpassen

Die Ausgabe der Druckdaten erfolgt durch den Windows-Druckerserver. Sie können die Eigenschaften dieses Druckerservers abfragen und gegebenenfalls anpassen.

1. Markieren Sie im Ordnerfenster *Geräte und Drucker* das gewünschte Druckersymbol und klicken Sie in der Symbolleiste auf die Schaltfläche *Druckerservereigenschaften* (Bild 15.12, Hintergrund).

2. Windows öffnet ein Eigenschaftenfenster mit verschiedenen Registerkarten (Bild 15.12, Vordergrund), in denen Sie die Einstellungen einsehen und ändern können.

Auf der Registerkarte *Treiber* werden beispielsweise die installierten Druckertreiber aufgeführt. Haben Sie einen Drucker gelöscht, können Sie dessen Treibereintrag anwählen und über die Schaltfläche *Entfernen* ebenfalls löschen lassen. Auf der Registerkarte *Erweitert* werden verschiedene Optionen und die Lage des Spoolordners für Druckausgaben angezeigt. Möchten Sie bei Druckerstörungen eine Benachrichtigung in Form einer QuickInfo erhalten? Dann markieren Sie das Kontrollkästchen *Informative Benachrichtigung xxx* für den lokalen oder den Netzwerkdrucker. Um die »abgeblendeten« Eigenschaften zu ändern, müssen Sie erst die Schaltfläche *Erweiterte Eigenschaften* anwählen und die Abfrage der Benutzerkontensteuerung bestätigen. Alle vorgenommenen Änderungen werden wirksam, sobald Sie die Registerkarte über die *OK*-Schaltfläche schließen.

293

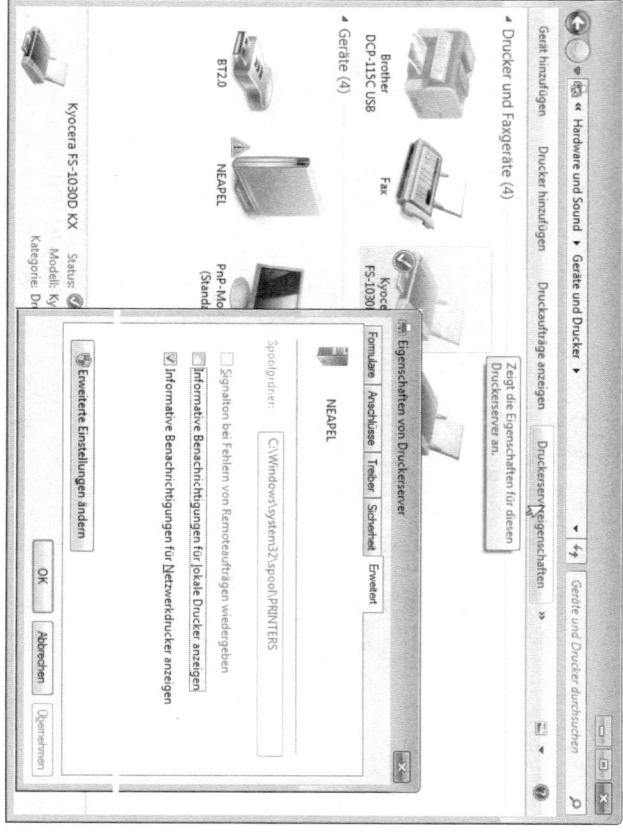

Bild 15.12: Eigenschaften des Druckerservers

15.2.7 Druckerfreigabe für das Netzwerk verwalten

Möchten Sie einen am System angeschlossenen lokalen Drucker für die allgemeine Benutzung innerhalb des Netzwerks freigeben? Dann führen Sie folgende Schritte unter einem Administratorkonto aus:

1. Wählen Sie im Fenster *Geräte und Drucker* das Symbol des freizugebenden Druckers per Doppelklick an (Bild 15.13, Hintergrund).

2. Wählen Sie im Fenster des Druckmanagers im Menü *Drucker* den Befehl *Freigeben* (Bild 15.13, Vordergrund links).

3. Wechseln Sie im Eigenschaftenfenster des Druckers zur Registerkarte *Freigabe* (Bild 15.13, Vordergrund rechts), markieren Sie das Kontrollkästchen *Drucker freigeben* und tragen Sie einen Freigabenamen in das betreffende Textfeld ein.

Windows gibt den Drucker unter dem angegebenen Namen im Netzwerk frei, sobald Sie die Registerkarte über die *OK*-Schaltfläche schließen. Anschließend können andere Benutzer im Netzwerk einen Netzwerkdrucker auf ihren Systemen einrichten und dann den freigegebenen Drucker verwenden.

Möchten Sie die Freigabe eines Druckers im Netzwerk wieder aufheben, führen Sie die obigen Schritte erneut aus, löschen aber auf der Registerkarte *Freigabe* die Markierung des Kontrollkästchens *Drucker freigeben*.

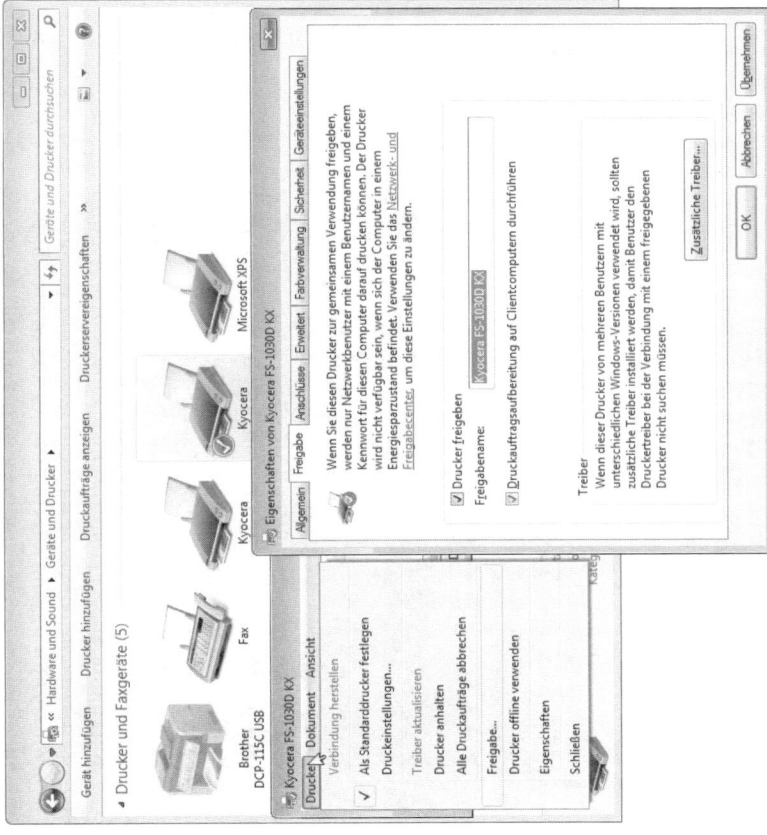

Bild 15-13:   Druckerfreigabe im Netzwerk

15.3   Wissenswertes zum Drucken

Der folgende Abschnitt erläutert, wie Sie aus Anwendungen oder von der Windows-Oberfläche drucken, wie Sie auf Druckerstörungen reagieren oder die Druckoptionen anpassen.

15.3.1   Drucken aus Anwendungen und aus Windows

Windows bietet Ihnen verschiedene Möglichkeiten zum Drucken von Dokumenten aus Anwendungsprogrammen heraus. Da die Vorgehensweise identisch ist, hier eine Übersicht.

■ Die gebräuchlichste Variante besteht darin, das in der Anwendung geladene Dokument über die in der Symbolleiste des Anwendungsfensters sichtbare *Drucken*-Schaltfläche auszudrucken. In diesem Fall wird das gesamte Dokument sofort auf dem Standarddrucker und mit den Standardeinstellungen ausgegeben. Während der Druckausgabe zeigt die betreffende Anwendung ggf. einen Statusdialog, über dessen *Abbrechen*-Schaltfläche Sie die Ausgabe stoppen können.

■ Möchten Sie die Druckoptionen oder das Ausgabegerät kontrollieren, wählen Sie dagegen den Befehl *Drucken* im Menü *Datei* oder im Menü der Anwendungsschaltfläche (z. B. *WordPad*-Schaltfläche) des Anwendungsfensters oder drücken die Tastenkombination Strg + P. Dann öffnet Windows das Dialogfeld *Drucken*, welches Ihnen Gelegenheit zur Auswahl der Druckoptionen gibt. Verwendet die Anwendung das von Windows bereitgestellte Dialogfeld, sieht dieses wie in Bild 15.14 gezeigt aus. Manche Anwendungen wie beispielsweise die Microsoft Office-Programme verwenden aber eigene Druckdialoge, die ein leicht abweichendes Aussehen aufweisen. Im Dialogfeld *Drucken* lassen sich die Druckoptionen sowie der Drucker wählen und die Druckausgabe über die *Drucken*-Schaltfläche starten.

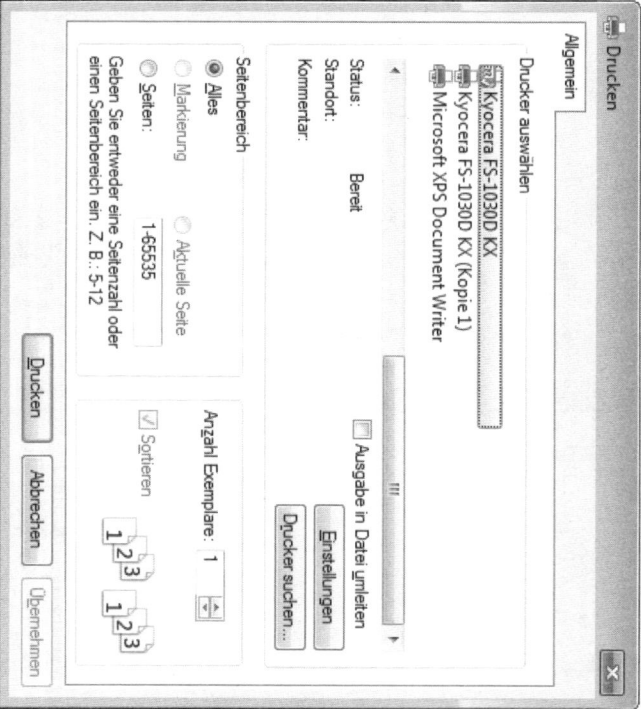

Bild 15.14: *Drucken*-Dialog einer Anwendung

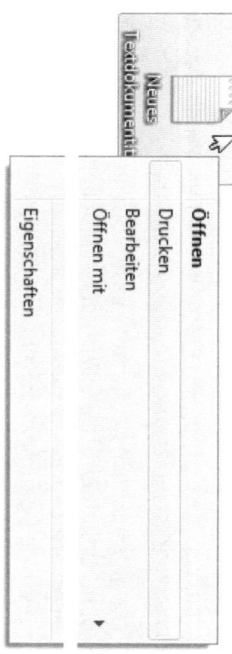

Bild 15.15: Kontextmenü mit *Drucken*-Befehl eines Dokuments

Einige Dokumentdateien lassen sich auch direkt aus Windows auf dem Standarddrucker ausgeben, ohne dass Sie dazu die zugehörige Anwendung starten müssen. Klicken Sie mit der rechten Maustaste auf eine Dokumentdatei und befindet sich im Kontextmenü der Befehl *Drucken* (Bild 15.15), können Sie das Dokument direkt aus Windows drucken. In diesem Fall startet Windows die für den Dokumenttyp passende Anwendung und veranlasst diese, das Dokument zu laden und zu drucken. In der Regel bemerkt der Benutzer davon nichts, da das Anwendungsfenster meist unsichtbar bleibt oder nur kurzzeitig auf dem Desktop erscheint.

Die Anwendung übergibt die aufbereiteten Druckdaten an Windows. Das Betriebssystem speichert diese dann in einem Druckmanager. Dies hat den Vorteil, dass der Druckvorgang bereits nach kurzer Zeit aus Sicht der Anwendung abgeschlossen ist und der Benutzer mit dem Programm weiterarbeiten kann. Der Druckmanager übernimmt dann die Aufgabe, die Druckausgabe im Hintergrund an das Ausgabegerät weiterzuleiten. Sobald die Daten an den Druckmanager weitergereicht wurden, lässt sich die Ausgabe aber nicht mehr aus der Anwendung heraus abbrechen. Es besteht aber die Möglichkeit, über den Druckmanager auf Druckaufträge zuzugreifen und diese zwangsweise zu beenden (siehe folgende Abschnitte).

Möchten Sie Bildschirmabzüge (Screenshots) unter Windows anfertigen? Sie können das Windows-Programm *Snipping Tool* für diesen Zweck verwenden. Um aber einen Screenshot des gesamten Bildschirms oder eines Fensters anzufertigen, hilft auch ein Trick. Drücken Sie die `Druck`-Taste, legt Windows ein Abbild des gesamten Desktopinhalts in der Zwischenablage ab, während die Tastenkombination `Alt`+`Druck` einen Screenshot des aktuellen Fensters in die Zwischenablage kopiert. Sie können dann das Windows-Programm Paint aufrufen, den Inhalt der Zwischenablage mit der Tastenkombination `Strg`+`V` in das Dokumentfenster einfügen und das Resultat speichern oder drucken.

15.4 Druckoptionen festlegen

Auf der Registerkarte *Allgemein* des Dialogfelds *Drucken* (Bild 15.14) lassen sich die Druckoptionen einstellen. Die Gruppe *Drucker auswählen* zeigt eine Liste der installierten bzw. verfügbaren Drucker sowie die Eigenschaften des aktuell gewählten Ausgabegeräts.

■ Beim ersten Aufruf des Dialogfelds ist der Standarddrucker gewählt. Um einen anderen Drucker auszuwählen, klicken Sie das betreffende Symbol in der Druckerliste an. Diese Wahl bleibt für die Dauer der Sitzung für das Anwendungsprogramm eingestellt. Über das Symbol *Drucker hinzufügen* lassen sich auch direkt im *Drucken*-Dialog neue Drucker installieren. Arbeiten Sie in einem Netzwerk, können Sie über die Schaltfläche *Drucker suchen* ein Ordnerfenster öffnen, in dem sich auf Netzwerkstationen und deren freigegebene Drucker zugreifen lässt. Der ausgewählte Netzwerkdrucker kann dann zur Ausgabe verwendet werden.

297

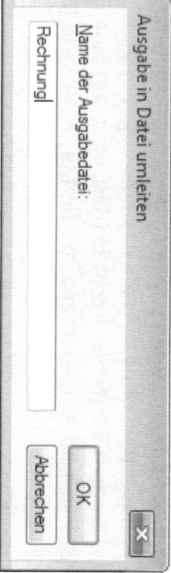

Ausgabe in Datei umleiten

Name der Ausgabedatei:

Rechnung|

OK   Abbrechen

Bild 15.16: Drucken in eine Datei

- Eine Markierung des Kontrollkästchens *Ausgabe in Datei umleiten* im Dialogfeld *Drucken* leitet die Ausgabe der Druckdaten in eine lokale Datei um. Nach dem Start des Ausdrucks werden der Name und das Zielverzeichnis der Druckdatei in einem Zusatzdialog abgefragt (Bild 15.16). Geben Sie nur einen Dateinamen in das Textfeld ein, wird die Druckdatei ohne Dateinamenerweiterung unter diesem Namen im Benutzerprofil angelegt. Sie können aber auch eine Pfadangabe der Art *C:\Text\Rechnung* eingeben. Wichtig ist jedoch, dass Sie Zugriffsrechte auf den Zielort besitzen. Einige Anwendungen verwenden ein erweitertes Dialogfeld zur Auswahl des Speicherziels. Verwenden Sie einen PostScript-Drucker, können Sie dem Dateinamen die Dateinamenerweiterung *.ps* anhängen, was bei der Ausgabe berücksichtigt wird. Solche PostScript-Dateien lassen sich beispielsweise mit dem Adobe Distiller in eine PDF-Datei überführen. Druckdateien können Sie im Fenster der Eingabeaufforderung über den Befehl *copy /B [Dateiname.ps] prn* an den Drucker weiterleiten.

- In der Gruppe *Seitenbereich* legen Sie fest, ob das Gesamtdokument (Option *Alles*) oder lediglich ein ausgewählter Bereich (*Markierung oder Seiten*) zu drucken ist. Das Optionsfeld *Markierung* wird nur freigegeben, wenn vor Aufruf des *Drucken*-Dialogfelds ein Teil des Dokuments markiert war. Ist das Optionsfeld *Seiten* markiert, muss im zugehörigen Textfeld das Seitenintervall (z. B. »10–15«) angegeben werden. Je nach Anwendung lassen sich über die Gruppe *Anzahl Exemplare* die Anzahl der gewünschten Kopien und die Sortieroption einstellen.

HINWEIS

Standardmäßig stellt Windows bereits den Drucker »Microsoft XPS Document Writer« zur Verfügung. Dies ist ein besonderer Druckkanal, der die Druckergebnisse als *.xps*-Datei auf der Festplatte speichern kann. Solche *.xps*-Druckdateien lassen sich später per Doppelklick im Internet Explorer ansehen. Microsoft propagiert das XPS-Format als Konkurrenz zum Adobe PDF-Format. Allerdings sind die Möglichkeiten der XPS-Ausgabe doch recht eingeschränkt, da sich die Ergebnisse bisher nur in Microsoft Produkten (z. B. Internet Explorer ab Version 7, Microsoft Office 2007) erzeugen bzw. ansehen lassen. Wer lieber auf das PDF-Format setzt (und dieses aus allen Anwendungen heraus per Druckfunktion erzeugen will) kann einen der frei verfügbaren PDF-Druckertreiber (z. B. *CutePDF*, www.cutepdf.com) installieren. Diese Ausgaben lassen sich mit dem kostenlosen Adobe Reader (www.adobe.de) anzeigen.

Die Schaltfläche *Einstellungen* des *Drucken*-Dialogs öffnet ein Eigenschaftenfenster mit Registerkarten wie *Layout* und *Papier/Qualität*.

- Auf der Registerkarte *Layout* lassen sich die Ausrichtung der Seite (Hoch-/Querformat) sowie je nach Druckertyp die Seitenreihenfolge oder die Zahl der Seiten pro Blatt einstellen (Bild 15.17, unten).

- Über die Registerkarte *Papier/Qualität* können Sie mithilfe eines Listenfelds die Papierquelle auswählen.

- Klicken Sie auf der angezeigten Registerkarte auf die Schaltfläche *Erweitert*, öffnet Windows ein Dialogfeld mit den erweiterten Dokumenteinstellungen für den Drucker (Bild 15.17, rechts). Durch Anklicken der einzelnen Zweige können Sie die verfügbaren Optionen wählen. Klicken Sie auf eine als Hyperlink dargestellte Textstelle, blendet Windows das verfügbare Steuerelement ein. Im Zweig *Papier/Ausgabe* lässt sich beispielsweise die Papiergröße oder die Anzahl der Kopien wählen. Die Grafikqualität bei der Druckausgabe wählen Sie ebenfalls in diesem Dialogfeld im Zweig *Grafik*.

Beachten Sie aber, dass die Optionen der Registerkarte *Layout* sowie die erweiterten Druckoptionen vom gewählten Drucker abhängen. Bei Farbdruckern finden Sie beispielsweise auf der Registerkarte *Layout* Optionsfelder zur Auswahl von Schwarzweiß- und Farbdruck oder zur Festlegung der Druckqualität.

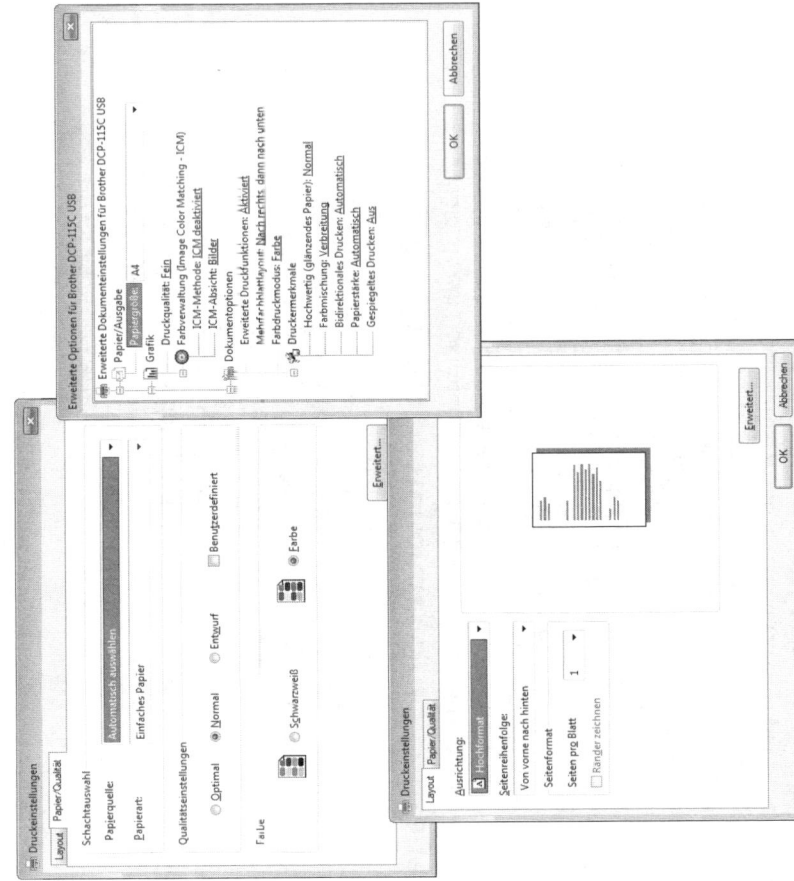

Bild 15.17:   Druckereinstellungen

15.4.1 Den Standarddrucker festlegen

Bei mehreren Druckern (dies ist bei Windows durch den XPS-Drucker quasi immer der Fall) wird eines dieser Geräte als Standarddrucker verwendet. Alle Druckausgaben (z. B. über die Schaltfläche *Drucken*) erfolgen dann an dieses Gerät.

1. Um ein anderes Gerät als Standarddrucker festzulegen, öffnen Sie das Fenster *Geräte und Drucker* über das Startmenü.

2. Klicken Sie das Symbol des gewünschten Druckers mit der rechten Maustaste an und wählen Sie den Kontextmenübefehl *Als Standarddrucker festlegen* (Bild 15.18).

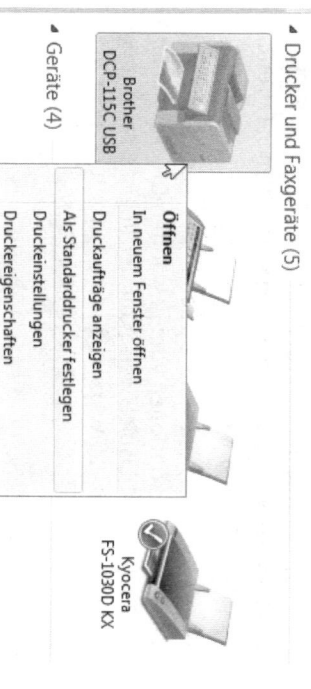

▲ Drucker und Faxgeräte (5)

▲ Geräte (4)

Brother
DCP-115C USB

Öffnen
In neuem Fenster öffnen
Druckaufträge anzeigen
Als Standarddrucker festlegen
Druckeinstellungen
Druckereigenschaften

Kyocera
FS-1030D KX

Bild 15.18: Auswahl des Standarddruckers

Den Standarddrucker erkennen Sie an der Markierung (grüner Kreis mit Häkchen) des Druckersymbols. Weiterhin wird der Befehl *Als Standard festlegen* im Kontextmenü des betreffenden Druckers durch ein Häkchen markiert.

Sie können den Standarddrucker auch direkt im Dialogfeld *Drucken* festlegen, indem Sie in der Liste *Drucker auswählen* ein Druckersymbol mit der rechten Maustaste anklicken und den Kontextmenübefehl *Als Standard festlegen* wählen.

15.4.2 Anzeige anstehender Druckaufträge

Sobald Sie ein Dokument drucken, übergibt die Anwendung die Druckdaten an den Windows-Druckmanager. Solange der Druckauftrag noch nicht abgewickelt (d. h. an den Drucker ausgegeben) ist, zeigt Windows ein stilisiertes Druckersymbol im Infobereich der Taskleiste (Bild 15.19).

Notfalls müssen Sie die Schaltfläche *Ausgeblendete Symbole einblenden* in der Taskleiste anklicken, um die komplette Palette der Symbole zu sehen. Um eine Übersicht zu erhalten, wie viele Druckaufträge anstehen, reicht es, mit der Maus auf das Druckersymbol zu zeigen. Windows blendet dann eine Quickinfo mit der Anzahl der Druckaufträge ein (Bild 15.19). Ein Mausklick auf das betreffende Symbol öffnet das Fenster des Druckmanagers, in dem Sie Details zum Druckstatus erfahren (Bild 15.20). Das Druckersymbol verschwindet automatisch aus dem Infobereich der Taskleiste, sobald alle anstehenden Druckaufträge abgewickelt wurden.

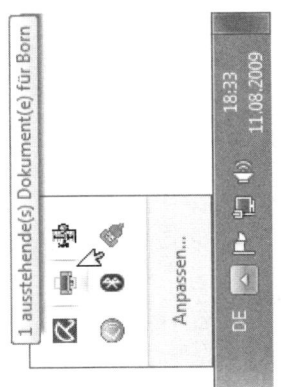

Bild 15.19:   Anzeige anstehender Druckaufträge

HINWEIS

Liegt eine Druckerstörung (Papiermangel, Papierstau etc.) vor, wird der anstehende Druckauftrag nicht abgewickelt. Das Druckersymbol bleibt dann im Infobereich der Statusleiste sichtbar und das Gerät wird das Dokument auch nicht ausgeben. Zudem kann Windows eine entsprechende Fehlerbenachrichtigung als QuickInfo ausgeben. In diesem Fall müssen Sie den Grund der Störung ermitteln. Prüfen Sie, ob der Drucker am Computer angeschlossen und eingeschaltet ist. Kontrollieren Sie auch, ob Strom vorhanden ist. Manchmal sind lockere Stecker oder gezogene Netzstecker die Ursache für Störungen. Prüfen Sie, ob der Drucker fälschlicherweise auf Offline geschaltet ist, und stellen Sie in diesem Fall den Drucker auf Online. Prüfen Sie, ob der Drucker über Papier und andere Verbrauchsmaterialien (z. B. Toner, Tinte etc.) verfügt. Das Druckerhandbuch gibt Ihnen ggf. Auskunft über mögliche Ursachen einer Störung. Sofern die Ursache der Druckerstörung nicht direkt am Drucker ersichtlich ist, können Sie den Fehlerstatus auch im Fenster des Druckmanagers erfragen (Bild 15.20). Sobald die Störung behoben ist, nimmt Windows die Druckausgabe wieder auf. Können Sie die Störung nicht beseitigen, sollten Sie ggf. den Druckauftrag aus dem Druckmanager löschen (siehe die folgenden Seiten).

Erscheint bei Ihnen bei Druckerstörungen keine QuickInfo im Infobereich der Taskleiste? Diese Funktion ist bei Windows für lokale Drucker standardmäßig abgeschaltet, lässt sich aber über die Option *Informative Benachrichtigungen für lokale Drucker anzeigen* auf der Registerkarte *Erweitert* des Druckerservers einschalten (siehe weiter oben im Abschnitt zum Anpassen der Druckerservereigenschaften).

15.5   Druckaufträge verwalten

Die im Druckmanager anstehenden Druckaufträge werden von diesem im Hintergrund an das jeweilige Ausgabegerät weitergeleitet. Solange noch Daten auszudrucken sind (das Druckersymbol ist im Infobereich der Taskleiste sichtbar), können Sie auf die Druckaufträge zugreifen und diese kontrollieren, anhalten oder abbrechen. In diesem Abschnitt erfahren Sie, wie Sie diese Funktionen nutzen.

15.5.1 Druckaufträge kontrollieren

Zur Kontrolle und Verwaltung der Druckaufträge öffnen Sie das Fenster des Druckmanagers (z. B. durch einen Mausklick auf das Druckersymbol im Info-bereich, siehe vorheriger Abschnitt, oder durch einen Doppelklick auf das Druckersymbol im Fenster *Geräte und Drucker*). Im Fenster des Druckmana-gers werden die anstehenden Druckaufträge zeilenweise aufgelistet (Bild 15.20). Der gerade in Bearbeitung befindliche Auftrag erscheint in der obersten Zeile. In mehreren Spalten liefert der Druckmanager folgende Informationen:

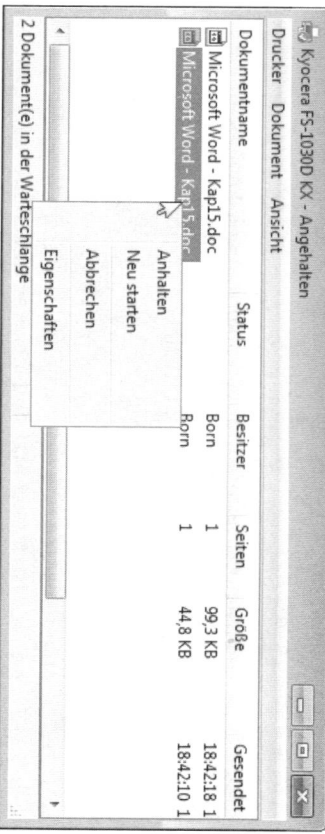

Bild 15.20: Druckaufträge und Kontextmenübefehle im Druckmanager

■ In der ersten Spalte wird der vom druckenden Programm vergebene Dokumentenname aufgeführt.

■ Die zweite Spalte *Status* zeigt Informationen über den Status des jewei-ligen Druckauftrags. Bei den noch wartenden Druckaufträgen sehen Sie, ob diese vom Benutzer angehalten wurden.

■ Die Spalte *Besitzer* meldet Ihnen in einem Netzwerk, wer dieses Doku-ment ausdrucken möchte (hilfreich bei Druckerstörungen, um den Besit-zer des Dokuments zu verständigen).

■ Die Spalten *Seiten* und *Größe* signalisieren bei längeren Dokumenten den Fortschritt des Ausdrucks.

■ Die letzte Spalte *Gesendet* gibt noch die Startzeit an, zu der das Doku-ment vom Programm zum »Ausdrucken« gegeben wurde.

Über die Menüleiste können Sie die Druckaufträge steuern und beispiels-weise die Druckaufträge anhalten, fortsetzen oder abbrechen (siehe die fol-genden Abschnitte).

TIPP

Sind die Spalten zu schmal und eine Information wird am rechten Rand abgeschnitten? Dann zeigen Sie mit der Maus auf den Spaltentrenner im Spaltenkopf und ziehen diesen bei gedrückter linker Maustaste nach rechts. Dadurch wird die Spalte breiter.

15.5.2 Druckaufträge anhalten, fortsetzen oder abbrechen

Zum Anhalten eines Druckauftrags oder zum Abbrechen klicken Sie mit der rechten Maustaste in der Spalte *Dokumentname* des Druckmanagers auf die Zeile des gewünschten Druckauftrags und wählen im Kontextmenü den gewünschten Befehl aus (Bild 15.20). Die Befehle stehen alternativ im Menü *Dokument* zur Verfügung.

Mit *Anhalten* wird die Ausgabe anstehender, aber noch nicht begonnener Aufträge angehalten und in der Spalte *Status* mit einer entsprechenden Meldung bestätigt. Dadurch lassen sich umfangreichere Druckaufträge zugunsten dringender Aufträge zurückstellen. Die Ausgabe erfolgt erst, nachdem Sie den Auftrag über den Kontextmenübefehl *Fortsetzen* erneut freigeben.

Mit dem Befehl *Abbrechen* lassen sich anstehende Aufträge (auch der aktuell in Bearbeitung befindliche) verwerfen. Gab es Probleme beim Ausdruck (z. B. Papierstau, Tintenpatrone leer), können Sie den Befehl *Neu starten* wählen. Windows gibt den Druckauftrag erneut ab der ersten Seite wieder aus. Es dauert aber immer einige Sekunden, bis der Status des Auftrags geändert und die aktualisierte Liste der Aufträge angezeigt wird.

TIPP Beim Abbrechen des aktuellen Druckauftrags sollte der Drucker eingeschaltet sein, da Windows andernfalls den Befehl nicht ausführt. War das Gerät ausgeschaltet, erhält dieses beim Einschalten meist aber einige Zeichen des unvollständigen Druckauftrags und gerät »außer Tritt«, d. h., es wird »Schrott« ausgegeben. Schalten Sie den Drucker kurz ein, warten Sie auf die Aktualisierung der Druckerwarteschlange und schalten Sie den Drucker wieder aus. Dann wird der Druckerpuffer wieder zurückgesetzt und Sie können beim nächsten Einschalten wieder drucken.

Möchten Sie alle Druckaufträge abbrechen, ist es günstiger, im Menü *Drucker* den Befehl *Alle Druckaufträge abbrechen* zu wählen (Bild 15.21). In diesem Menü können Sie auch den Befehl *Drucker anhalten* wählen. Dann unterbricht Windows die Druckausgabe. Das Anhalten des Druckers ist recht praktisch, falls dieser zeitweise nicht benutzbar ist. Sie können bei einem angehaltenen Drucker den anstehenden Druckauftrag über die Kontextmenübefehle *Neu starten* aktualisieren und über *Abbrechen* gezielt beenden. Geben Sie danach den Drucker durch erneute Anwahl des Befehls *Drucker anhalten* wieder zur Ausgabe frei.

TIPP Ist das Löschen eines Druckauftrags permanent blockiert? Unter http:// gborn.blogger.de/stories/827773/ finden Sie einen Blog-Beitrag von mir, der auch unter Windows 7 funktioniert.

Im Menü *Drucker* erkennen Sie auch, ob das Gerät als Standarddrucker eingestellt ist. In diesem Fall erscheint vor dem Befehl *Als Standarddrucker festlegen* ein kleines Häkchen. Fehlt dieses Häkchen, klicken Sie einfach auf den Befehl. Dann stellt Windows das betreffende Gerät als Standarddrucker ein.

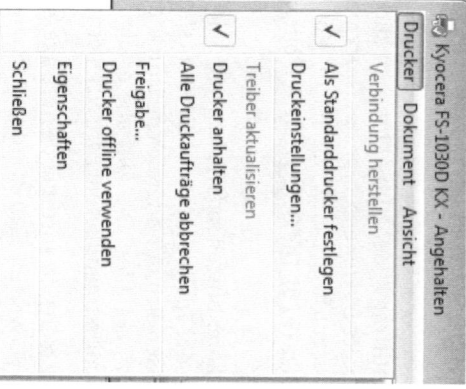

Bild 15.21: Menü *Drucker* mit den verfügbaren Befehlen

Ist der Drucker im Netzwerk zur gemeinsamen Nutzung durch Dritte freigegeben? Dann sollten Sie das Gerät zur Störungsbehebung nicht einfach abschalten. Halten Sie die Druckausgabe für den lokalen, aber im Netzwerk als Server im Netzwerk fungierenden Drucker an. Müssen Sie bereits begonnene Druckaufträge abbrechen, informieren Sie die betroffenen Besitzer. Drucken Sie selbst über ein Netzwerk? Dann klappt der Befehl *Drucker anhalten* nicht, da der Druckmanager in diesem Fall als Client arbeitet und nicht einfach die Druckausgabe des Servers anhalten kann. Verwenden Sie stattdessen den Befehl *Drucker offline verwenden*, um im Client die Druckausgabe an den Druckerserver abzuschalten. Durch erneute Anwahl der betreffenden Befehle lässt sich der Drucker wieder freigeben (ein Häkchen vor dem Befehl signalisiert, ob der Drucker offline ist).

15.5.3 Die Eigenschaften eines Druckauftrags anpassen

Druckaufträge besitzen verschiedene Eigenschaften wie eine Priorität, einen Besitzer oder ein Zeitintervall, zu dem der Auftrag ausgedruckt werden darf etc. Um diese Eigenschaften einzusehen oder anzupassen, klicken Sie den Druckauftrag im Fenster des Druckmanagers mit der rechten Maustaste an und wählen den Kontextmenübefehl *Eigenschaften*. Anschließend können Sie auf der Registerkarte *Allgemein* des Eigenschaftenfensters (Bild 15.22) die Angaben zum Druckauftrag einsehen sowie die Priorität und das Zeitfenster ändern.

Läuft ein Rechner mit dem angeschlossenen Drucker kontinuierlich durch, haben Sie die Möglichkeit, die Druckausgabe eines Auftrags zeitlich verzögert auszuführen. Setzen Sie in der Gruppe *Zeitplan* die Markierung auf das Optionsfeld *Nur von* und legen Sie in den zugehörigen Drehfeldern das Zeitintervall fest. Der Druckauftrag wird dann nur im angegebenen Zeitintervall ausgeführt. Beim Drucken mehrerer umfangreicher Dokumente ist es ggf. erforderlich, die Ausgabe einiger Dokumente vorzuziehen. Weiterhin kann es erwünscht sein, dass länger dauernde Druckaufträge in Zeiten geringer Auslastung des Rechners verlagert werden sollen. Hierzu können Sie den anstehenden Druckaufträgen über den Schieberegler unterschiedliche Prioritäten zuweisen. Der Druckmanager arbeitet dann anstehende Druckaufträge gemäß Ihren Prioritäten ab. Im Feld *Benachrichtigen* ist übrigens der Name des Besitzers aufgeführt, der bei der Ausführung des Druckauftrags zu benachrichtigen ist.

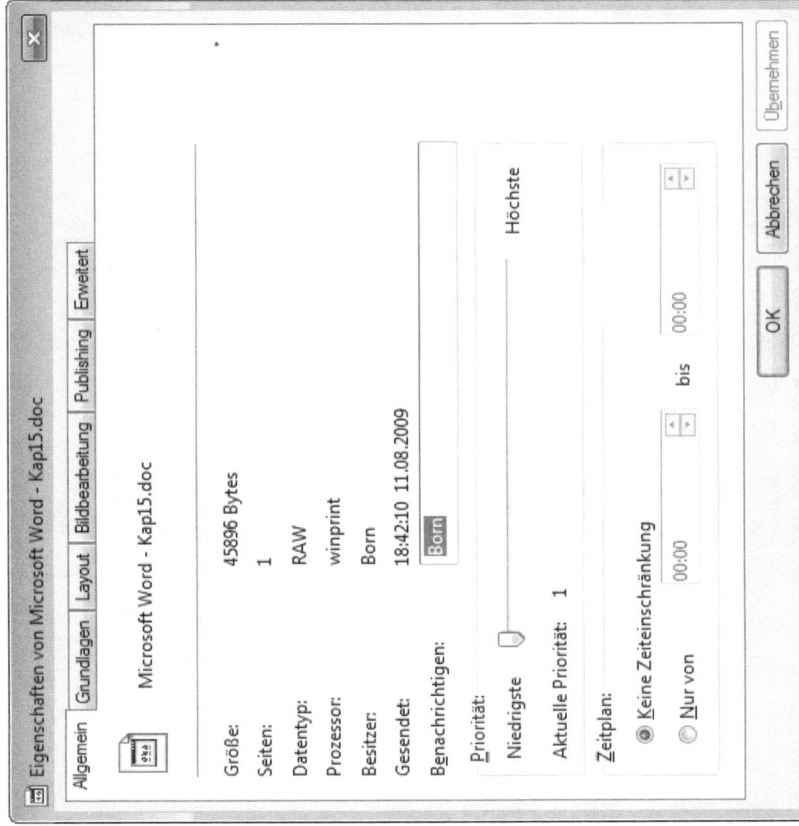

Bild 15.22: Eigenschaften eines Druckauftrags

15.6 Windows-Fax und -Scan

Windows 7 Home Premium enthält das Programm Windows-Fax und -Scan. Zudem steht im Fenster *Geräte und Drucker* das Gerät *Fax* zur Verfügung. Sofern ein Modem samt Telefonanschluss bei Ihnen verfügbar ist, können Sie den Rechner zum Versenden und Empfangen von Faxnachrichten nutzen. Das Programm zum Abrufen der Fax- und Scanfunktionen lässt sich über den Startmenüeintrag *Alle Programme* aufrufen. Nachfolgend werden die Funktionen kurz vorgestellt.

15.6.1 Einrichten der Fax-Funktionen

Bevor Sie mit dem Faxversand (bzw. -empfang) beginnen können, muss Windows-Fax und -Scan eingerichtet werden. Dabei wird das zum Faxversand benötigte Modem identifiziert und Sie können das Faxkonto einrichten. Ist Windows-Fax und -Scan noch nicht eingerichtet, startet ein Einrichtungsassistent (Bild 15.24), sobald Sie das erste Fax senden möchten. Alternativ lässt sich im Windows-Fax und -Scan-Fenster der Befehl *Faxkonten* im Menü *Extras* wählen. Im Dialogfeld *Faxkonten* (Bild 15.23) müssen Sie dann auf die Schaltfläche *Hinzufügen* klicken, um den Assistenten zu starten und den ersten Dialog abzurufen. Der Einrichtungsassistent fragt in mehreren Dialogschritten das zu verwendende Gerät ab (Bild 15.24).

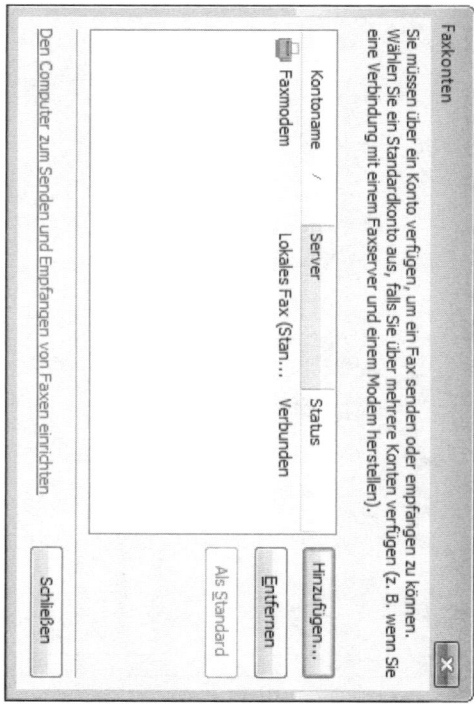

Bild 15.23:   Faxkonten einrichten

■ Im ersten Schritt (Bild 15.24, oben links) stellen Sie über die angebotenen Befehle eine Verbindung zu einem Faxserver in einem Netzwerk oder zu einem lokalen Faxmodem her. Ist ein analoges Modem im Rechner eingebaut, wird dieses automatisch identifiziert und zum Faxversand bzw. -empfang vorbereitet.

■ Im Folgedialog (Bild 15.24, Mitte links) ist bei Verwendung eines Faxservers der UNC-Netzwerkpfad in ein Textfeld einzutragen. Verwenden Sie ein lokales Modem, kann ein Name für das Modem eingetragen werden.

■ Im dritten Dialogfeld (Bild 15.24, unten links) des Einrichtungsassistenten lässt sich wählen, wie eingehende Faxnachrichten zu behandeln sind. Administratoren können die automatische Annahme oder die Benachrichtigung konfigurieren.

■ Die Warnung der Firewall für Windows-Fax und -Scan (Bild 15.24, Vordergrund rechts) bestätigen Sie über die Schaltfläche *Zugriff zulassen*. Anschließend müssen Sie die Funktion über die Benutzerkontensteuerung freigeben.

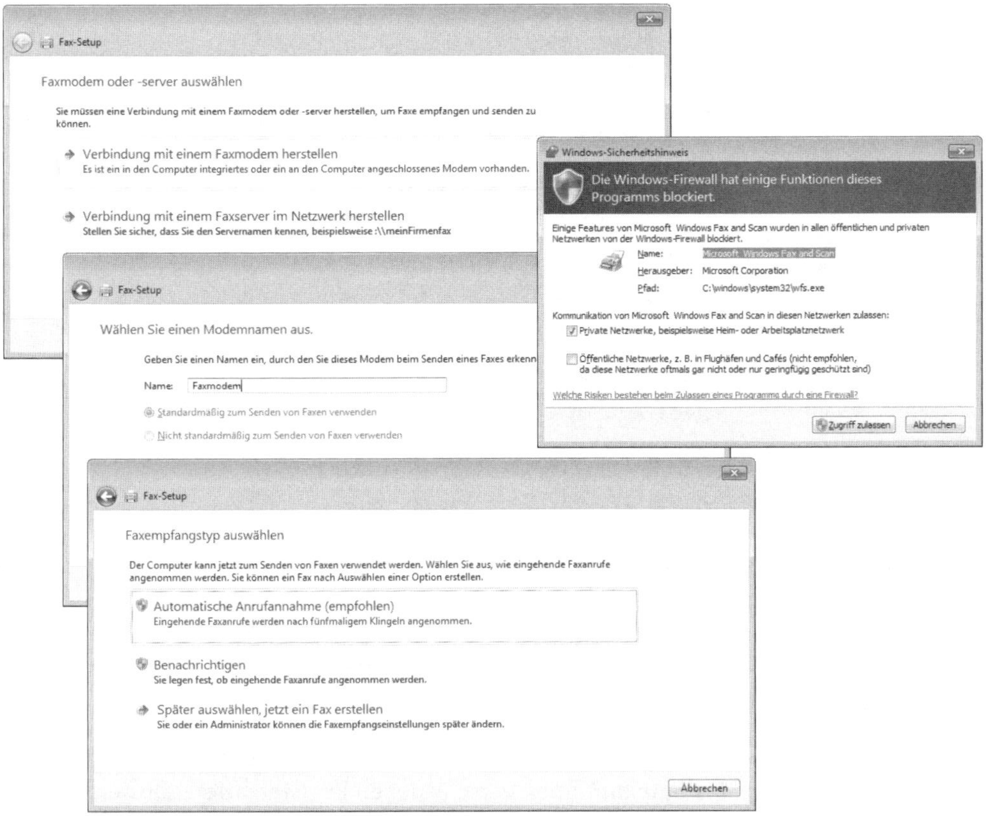

Faxmodem oder -server auswählen

Sie müssen eine Verbindung mit einem Faxmodem oder -server herstellen, um Faxe empfangen und senden zu können.

→ Verbindung mit einem Faxmodem herstellen
Es ist ein in den Computer integriertes oder an den Computer angeschlossenes Modem vorhanden.

→ Verbindung mit einem Faxserver im Netzwerk herstellen
Stellen Sie sicher, dass Sie den Servernamen kennen, beispielsweise \\MeinFirmenfax

Wählen Sie einen Modemnamen aus.

Geben Sie einen Namen ein, durch den Sie dieses Modem beim Senden eines Faxes erkennen.

Name: Faxmodem

○ Standardmäßig zum Senden von Faxen verwenden
○ Nicht standardmäßig zum Senden von Faxen verwenden

Faxempfangstyp auswählen

Der Computer kann jetzt zum Senden von Faxen verwendet werden. Wählen Sie aus, wie eingehende Faxanrufe angenommen werden. Sie können ein Fax nach Auswählen einer Option erstellen.

○ Automatische Anrufannahme (empfohlen)
Eingehende Faxanrufe werden nach fünfmaligem Klingeln angenommen.

○ Benachrichtigen
Sie legen fest, ob eingehende Faxanrufe angenommen werden.

○ Später auswählen, jetzt ein Fax erstellen
Sie oder ein Administrator können die Faxempfangseinstellungen später ändern.

Windows-Sicherheitshinweis

Die Windows-Firewall hat einige Funktionen dieses Programms blockiert.

Einige Features von Microsoft Windows Fax and Scan wurden in allen öffentlichen und privaten Netzwerken von der Windows-Firewall blockiert.

Name: Microsoft Windows Fax and Scan
Herausgeber: Microsoft Corporation
Pfad: C:\windows\system32\wfs.exe

Kommunikation von Microsoft Windows Fax and Scan in diesen Netzwerken zulassen:
☑ Private Netzwerke, beispielsweise Heim- oder Arbeitsplatznetzwerk
☐ Öffentliche Netzwerke, z. B. in Flughäfen und Cafés (nicht empfohlen, da diese Netzwerke oftmals gar nicht oder nur geringfügig geschützt sind)

Welche Risiken bestehen beim Zulassen eines Programms durch eine Firewall?

[Zugriff zulassen]   [Abbrechen]

Bild 15.24: Dialogfelder des Fax-Einrichtungsassistenten

HINWEIS

Ist eine (aktive) ISDN-Karte installiert, muss vom Hersteller ein entsprechender Treiber installiert sein, der ein Softmodem für die ISDN-Karte über eine CAPI 2.0-Schnittstelle bereitstellt (siehe auch mein Blog-Beitrag unter http://gborn.blogger.de/stories/880189/, der auch für Windows 7 gilt). Zumindest für die gängigen Produkte der Firma AVM (FRITZ!Box 7170 etc.) ließ sich die CAPI-Funktionalität hier in Tests nur mit der AVM-eigenen Software FRITZ!Fax verwenden. Sofern diese Konstellation bei Ihnen vorliegt, schauen Sie auf den Webseiten des Geräteherstellers nach, ob entsprechende Treiber angeboten werden.

Auf der Internetseite www.faxback.com bietet die Firma FaxBack das kostenlose VoIP Plug-In for Microsoft Fax an. Wird dieses installiert, steht ihnen in Windows-Fax und -Scan ein SIP T.38-kompatibles VoIP-Gateway zur Verfügung. Voraussetzung zur Verwendung dieses Gateways ist jedoch, dass der Internetprovider die betreffenden Funktionen bereitstellt. Für Privatanwender dürfte es einfacher sein, Lösungen wie FRITZ!Fax oder die Faxlösungen der Provider (E-Mail-to-Fax etc.) einzusetzen.

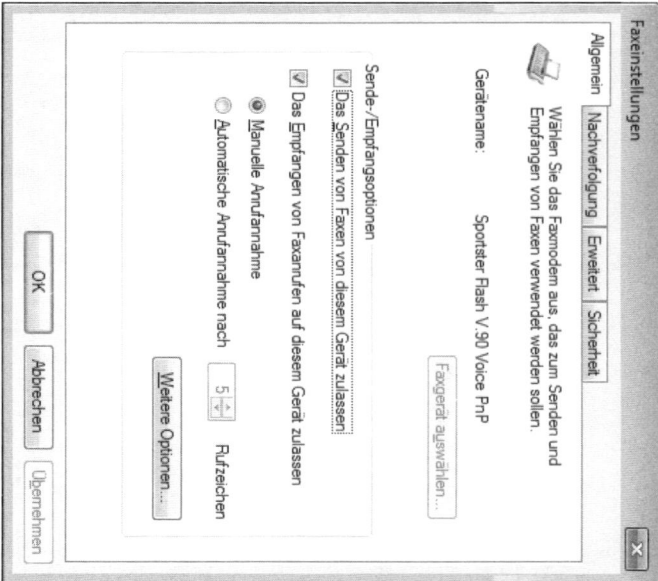

Bild 15.25:   Faxeinstellungen anpassen

Über den Befehl *Faxeinstellungen* des Menüs *Extras* lässt sich das in Bild 15.25 gezeigte Dialogfeld mit den verschiedenen Registerkarten abrufen. Auf der Registerkarte *Allgemein* können Sie einstellen, ob der Faxempfang durch das Modem unterstützt wird. Die Schaltfläche *Weitere Optionen* öffnet ein Dialogfeld, in dem Sie die Absenderkennung für Faxnachrichten eintragen können. Auf der Registerkarte *Sicherheit* lassen sich für die Benutzerkonten Zugriffsberechtigungen auf den Faxausgang festlegen.

Der Befehl *Optionen* im Menü *Extras* öffnet ein weiteres Dialogfeld, in dem Sie festlegen können, ob beim Eintreffen einer Faxnachricht eine Benachrichtigung (z. B. per E-Mail) erfolgen soll.

15.6.2   Ein Fax erstellen und senden

Zum Erstellen einer Faxnachricht gibt es mehrere Möglichkeiten. Viele Benutzer bevorzugen es, die Texte in der gewohnten Anwendung (z. B. einem Textbearbeitungsprogramm wie Microsoft Word) zu verfassen.

Dies ist kein Problem, da Windows 7 automatisch einen Fax-Druckertreiber einrichtet und den betreffenden Druckausgaben bereitstellt. In Bild 15.26 sehen Sie im Hintergrund das Fenster des Windows-Editors Notepad, bei dem die Druckfunktion aufgerufen wurde. Wählen Sie den Drucker *Fax* aus, schickt dieses Gerät die Ausgaben an Windows-Fax und -Scan. Dort wird dann eine neue Faxnachricht angelegt und die Druckausgabe als TIF-Grafikdatei angehängt (Bild 15.27, oben).

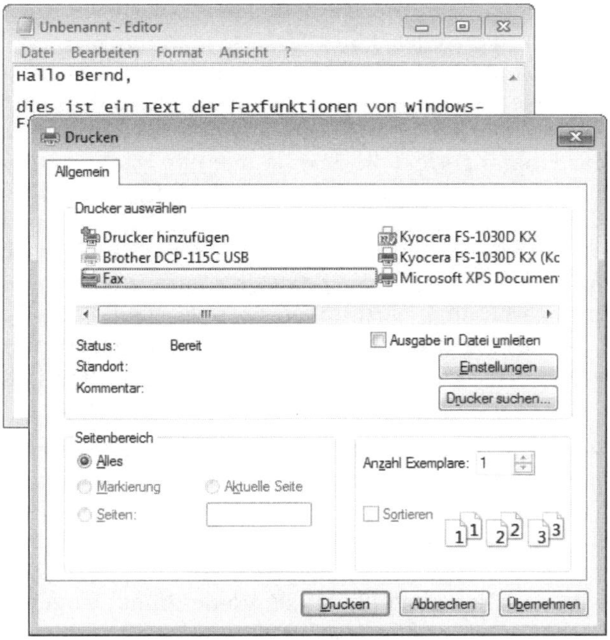

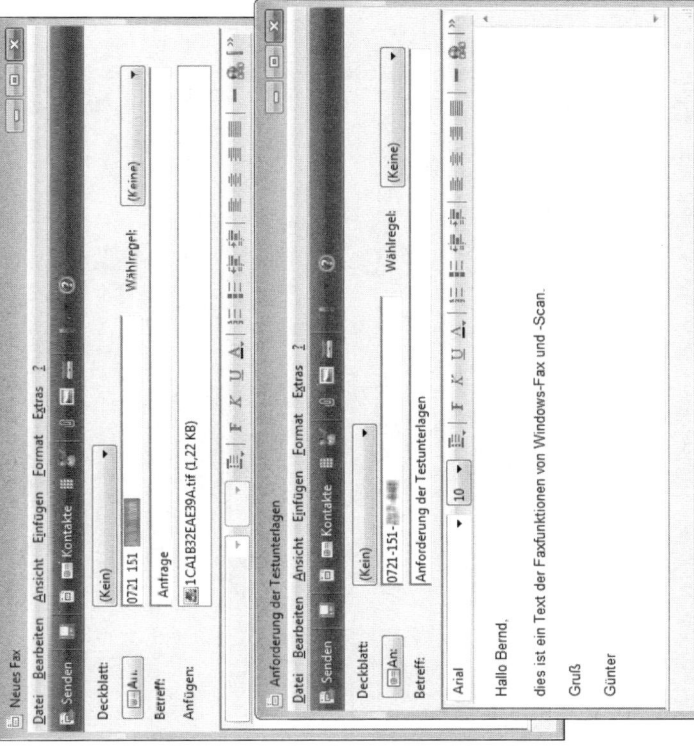

Bild 15.26: Dokument auf dem Faxausgang drucken

Bild 15.27: Neue Faxnachricht erstellen

Die andere Möglichkeit besteht darin, die Faxnachricht direkt in Windows-Fax und -Scan zu erstellen. Rufen Sie das Programm über das Startmenü auf und klicken Sie in der Symbolleiste auf die Schaltfläche *Neues Fax*. Sobald sich das Fenster zum Erstellen der Nachricht öffnet, können Sie den Betreff und den Nachrichtentext ergänzen (Bild 15.27, unten). Anschließend tragen Sie in das Empfängerfeld die Faxnummer ein. Hängt das Modem an einer Telefonanlage und wird zur Amtholung eine Ziffer (z. B. 0) benötigt, können Sie dies über die Wählregeln in Windows vereinbaren. Diese Wählregeln lassen sich dann über das Listenfeld im Fenster des Faxnachrichteneditors abrufen. Die Alternative besteht darin, die Ziffer zur Amtholung einfach vor der Empfängernummer einzutragen. Sobald Sie auf die *Senden*-Schaltfläche klicken, wird das Fenster geschlossen und die Faxnachricht im Ordner *Postausgang* des Windows-Fax und -Scan-Fensters abgelegt (Bild 15.28, Hintergrund).

Windows-Fax und -Scan verwaltet den Faxversand aus diesem Ordner automatisch. Sie können aber Einträge im Ordner *Postausgang* mit der rechten Maustaste anwählen und über Kontextmenübefehle löschen, anhalten und erneut zum Versand freigeben. Möchten Sie sich über den Status des Faxversands informieren, wählen Sie im Menü *Extras* den Befehl *Faxstatusmonitor*. Dann wird das Dialogfeld (Bild 15.28, Vordergrund) eingeblendet. Über die Schaltfläche *Details einblenden/Details ausblenden* können Sie den unteren Teil des Dialogfelds ein- bzw. ausblenden. Dort wird der Status der letzten Nachrichten angezeigt.

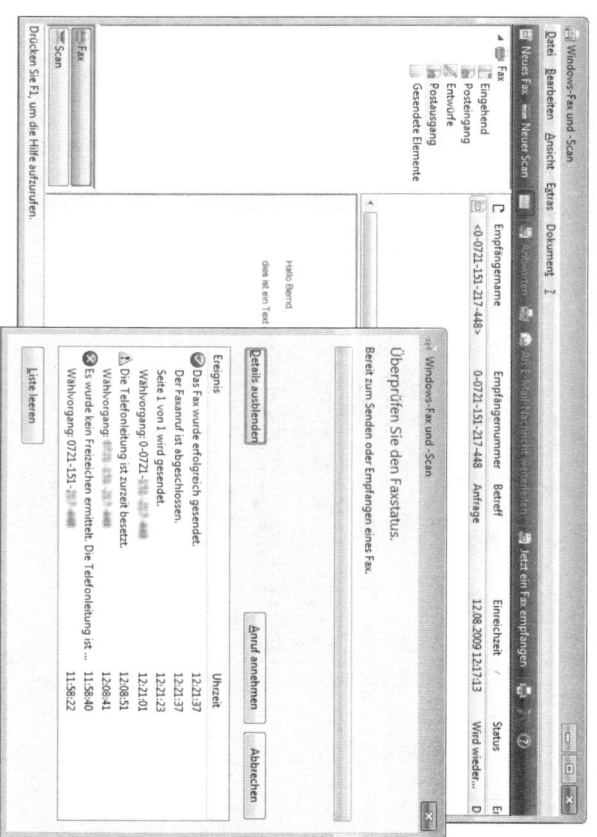

Bild 15.28: Faxnachrichten verwalten und den Status überwachen

Haben Sie das Faxmodem so konfiguriert, dass Anrufe nicht automatisch angenommen werden (dies ist z. B. hilfreich, wenn das Modem mit am normalen Telefonanschluss hängt), lässt sich ein eingehendes Fax über die Schaltfläche *Anruf annehmen* des Dialogfelds entgegennehmen. Eingehende Faxnachrichten werden im Ordner *Posteingang* abgelegt.

15.6.3 Scans mit Windows-Fax und -Scan anfertigen

Windows-Fax und -Scan ermöglicht Ihnen, Scans über einen angeschlossenen Scanner anzufertigen. Dies macht z. B. beim Einscannen von Texten und Textvorlagen Sinn (Bilder lassen sich mit der Windows-Fotogalerie einlesen, siehe *Kapitel 21*). Um eine Vorlage zu scannen, gehen Sie in folgenden Schritten vor.

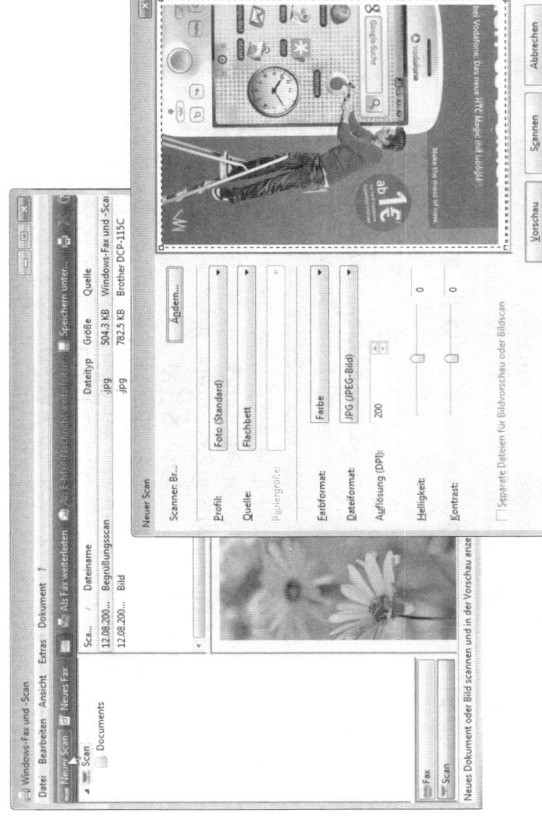

Bild 15.29: Scans in Windows-Fax und -Scan

1. Starten Sie Windows-Fax und -Scan über den Zweig *Alle Programme* des Startmenüs und klicken Sie in der Symbolleiste des Anwendungsfensters auf die Schaltfläche *Neuer Scan* (Bild 15.29, Hintergrund).

2. Wählen Sie im angezeigten Dialogfeld *Neuer Scan* (Bild 15.29, Vordergrund) über das Listenfeld *Profil* den Eintrag *Dokumente*. Soll eine Bildvorlage gescannt werden, stellen Sie das Profil auf *Foto* um.

3. Wählen Sie im Listenfeld *Farbformat* einen Eintrag aus. Für Fotos ist der Eintrag *Farbe* einzustellen, während beim Scannen von Texten die Vorgabe *Graustufen* oder *Schwarz und Weiß* genügt.

4. Stellen Sie das Dateiformat zum Speichern der gewünschten Scandatei ein und passen Sie ggf. die Auflösung in DPI an. Über die beiden Regler *Helligkeit* und *Kontrast* lässt sich ggf. die Qualität der Scans bei blassen Vorlagen verbessern.

311

5. Die Einstellungen kontrollieren Sie im Vorschaufenster, indem Sie auf die Schaltfläche *Vorschau* klicken. Dort lässt sich bei Bedarf auch die Größe des Scanbereichs vorgeben. Ist das Ergebnis in Ordnung, starten Sie den Scan durch Anklicken der Schaltfläche *Scannen*.

Warten Sie, bis Windows-Fax und -Scan die Vorlage eingescannt hat. Das Dialogfeld *Neuer Scan* verschwindet automatisch und das eingescannte Motiv taucht in der rechten Spalte des Programmfensters auf (Bild 15.29, Hintergrund). Windows-Fax und -Scan sichert die Grafikdatei mit dem Scan automatisch im Ordner *Dokumente/Gescannte Dokumente*. Sie können dann die Darstellung durch Anklicken des Eintrags im Ansichtsfenster abrufen.

TIPP

Bei Fotos, die farbig erfasst und per E-Mail oder in Farbdokumente eingebunden werden, sollten Sie als Farbformat *Farbe* und als Grafikformat *JPG* einstellen. Eine Auflösung von 200 DPI reicht für die meisten Druckerzeugnisse aus. Nur bei der Erstellung hochwertiger Fotoscans, die ggf. noch vergrößert werden müssen, ist eine höhere Auflösung von 300 oder mehr DPI beim Scannen einzustellen. Beachten Sie: Je höher die Auflösung in DPI, umso größer wird die Scandatei. Texte sollten Sie versuchsweise als *Schwarz und Weiß* oder als *Graustufen*-Bild scannen. Scans von Vorlagen, die grafisch weiterverarbeitet und in Druckqualität gespeichert werden müssen, sollten Sie dagegen im Dateiformat *TIFF* ablegen lassen. Dies führt zwar zu größeren Dateien, aber die beim JPEG-Format durch die Komprimierung auftretenden Qualitätsverluste kommen beim TIFF-Format nicht vor. Weitere Hinweise zu Grafikformaten finden Sie in *Kapitel 20 und 21*.

Verwalten der gescannten Vorlagen

Alle gescannten Vorlagen werden in der rechten Spalte des Programmfensters in chronologischer Folge aufgelistet. Das Windows-Fax und -Scan-Programmfenster stellt Ihnen eine Reihe von Funktionen zur Verwaltung und Weiterverarbeitung der gescannten Vorlagen bereit. Über die Schaltflächen der Symbolleiste, über Kontextmenübefehle sowie über die Menüleiste lassen sich die gescannten Vorlagen bearbeiten und organisieren.

■ Mit der Schaltfläche *Speichern unter* der Symbolleiste oder über den Befehl *Speichern unter* des Menüs *Datei* lässt sich ein Dialogfeld öffnen, in dem Sie den Speicherort, den Namen und das Grafikformat der anzufertigenden Kopie der Scandatei wählen können.

■ Die Schaltfläche *Als Fax weiterleiten* erzeugt eine Faxnachricht, an die die gescannte Vorlage als Grafik automatisch angefügt wird. Sie brauchen lediglich die Empfängeradresse, den Betreff und ggf. noch einen Text für das Deckblatt zu verfassen und können das gesamte Dokument als Fax versenden.

■ Ist ein mit Windows 7 kompatibler E-Mail-Client installiert, wird mit der Schaltfläche *Als E-Mail-Nachricht weiterleiten* das Fenster des Nachrichteneditors mit einer neuen Nachricht geöffnet, wobei die Grafikdatei der gescannten Vorlage als Anlage angehängt ist. Ergänzen Sie die

E-Mail-Adresse des Empfängers, die Betreffzeile und den Nachrichtentext. Anschließend lässt sich die Nachricht mit dem angehängten Scan per E-Mail versenden (siehe *Kapitel 27*).

■ Klicken Sie die im Programmfenster aufgelisteten Scaneinträge mit der rechten Maustaste an, erscheint ein Kontextmenü mit verschiedenen Befehlen (Bild 15.30). Über den Befehl *Ansicht* lässt sich eine Scandatei in der Einzelbildansicht in der Windows-Fotoanzeige (oder in der Windows Live Fotogalerie, sofern installiert) öffnen (siehe *Kapitel 27*). Mit den Befehlen *Löschen* und *Umbenennen* können Sie Scandateien aus der Liste entfernen oder mit einem neuen Namen versehen. Über den Befehl *Zoom* öffnen Sie ein Untermenü mit den Vergrößerungsfaktoren für die Darstellung in der Vorschau.

■ Wählen Sie in der linken Spalte des Programmfensters den Eintrag *Scan* mit einem Rechtsklick an, lässt sich im Kontextmenü ein neuer Dokumentordner anlegen. Ein Rechtsklick auf einen solchen neu angelegten Ordner zeigt ein Kontextmenü mit Befehlen, um diesen Ordner umzubenennen, zu löschen oder zu verschieben. Öffnen Sie das Kontextmenü einer Scandatei in der rechten Spalte des Programmfensters, lässt sich der Befehl *In Ordner verschieben* wählen. In einem Dialogfeld werden Ihnen dann die in der linken Spalte aufgeführten Ordner als Zielordner angeboten. Das Programm verschiebt die Scandateien beim Schließen des Dialogfelds in den gewählten Zielordner.

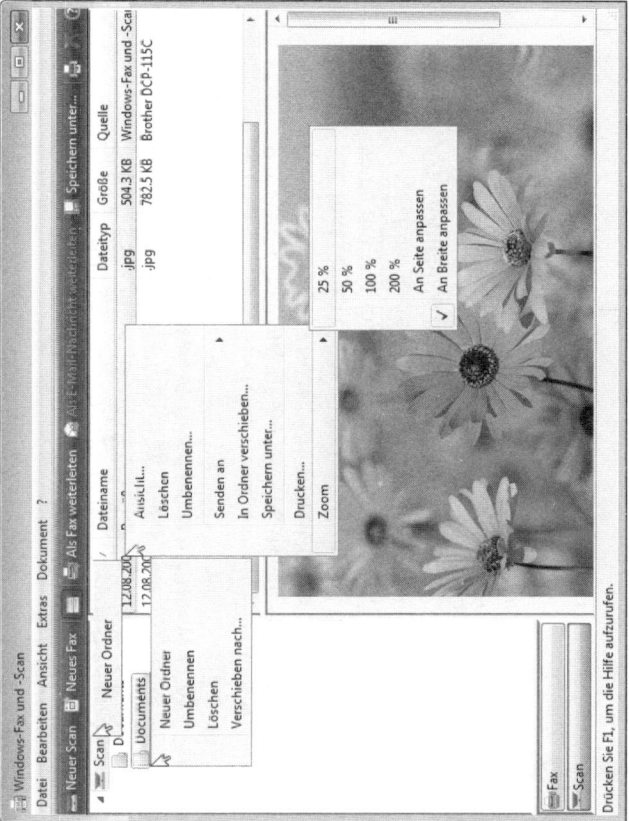

Bild 15.30: Kontextmenübefehle in Windows-Fax und -Scan

313

Über diese Funktionen können Sie die gescannten Vorlagen strukturiert in einer Ordnerhierarchie ablegen. Die unteren beiden Einträge in der linken Spalte des Anwendungsfensters gestatten, zwischen der Fax- und Scandarstellung umzuschalten.

Scanprofile festlegen – das steckt dahinter

Wenn Sie häufiger verschiedene Dokumenttypen (Fotos, Magazine, Texte etc.) einscannen, müssen Sie jeweils die Einstellungen (z. B. Farbformat und Auflösung oder das Grafikformat) im Dialogfeld *Neuer Scan* anpassen. Die Werte im Listenfeld *Profil* ermöglichen Ihnen bereits werkseitig, zwischen Fotos und Dokumenten zu wechseln. Zudem können Sie auf die zuletzt verwendeten Einstellungen zurückgreifen. Alternativ ermöglicht der Eintrag *Profil hinzufügen* im Listenfeld, die Einstellungen unter einem Namen als Profil abzuspeichern. Dann lassen sich die Einstellungen unter dem Profilnamen abrufen und zum Scannen verwenden. Um ein Profil festzulegen, wählen Sie den Wert *Profil hinzufügen* im Listenfeld *Profil*. Oder Sie verwenden den Befehl *Scaneinstellungen* im Menü *Extras*, um das Dialogfeld *Scanprofile* aufzurufen, und klicken dort auf die *Hinzufügen*-Schaltfläche. Das Dialogfeld *Neues Profil hinzufügen* entspricht im Aufbau dem Dialogfeld *Neuer Scan*. Tragen Sie in das Feld *Profilname* den Namen für das gewünschte Profil ein und stellen Sie dann die restlichen Optionen auf die gewünschten Vorgabewerte. Sobald Sie die Schaltfläche *Profil speichern* wählen, werden das Dialogfeld geschlossen und die Profildaten in eine Datei gesichert. Sie können später über den Profilnamen jederzeit auf diese Einstellungen zurückgreifen.

HINWEIS

Die Scanfunktionen von Windows-Fax und -Scan setzen auf den WIA-Treibern des Scanners auf. Leider existiert das Problem, dass Microsoft die Treiberarchitektur im Hinblick auf den Kontext, in dem Scandienste ablaufen, bereits bei Windows Vista geändert hat (für Windows 7 gelten die gleichen Voraussetzungen). Als Konsequenz werden Scanner nur dann funktionieren, wenn vom Gerätehersteller ein für Windows Vista entwickelter und freigegebener WIA-Treiber angeboten wird. Installieren Sie einen Windows XP-Scannertreiber, taucht das Gerät zwar meist in der Scannerliste auf, funktioniert aber nicht. Im besten Fall funktioniert die TWAIN-Schnittstelle des Scannertreibers (siehe auch http://www.borncity.com/blog/2009/12/03/scanner-unter-windows-7/). Dann können Sie den Scanner zumindest aus Grafikprogrammen wie Paint Shop Pro etc. ansprechen, müssen aber auf die Funktionen von Windows-Fax und -Scan verzichten. Weitere Hinweise zum Scannen finden Sie in *Kapitel 20*.

16 Zubehör zur Textbearbeitung

Windows 7 stellt einige Programme (Notepad, WordPad etc.) zur Anzeige, Erfassung und Bearbeitung von Textdateien und Textdokumenten bereit. Nachfolgend werden diese Anwendungen und ihre Funktionen kurz vorgestellt.

16.1 Arbeiten mit dem Windows-Editor

Textdateien (Dateinamenerweiterungen wie .txt, .ini, .log, .bat etc.), die ausschließlich Text enthalten, lassen sich mit dem Windows-Editor Notepad ansehen und bearbeiten.

16.1.1 Textdateien im Editor laden

Um eine Textdatei im Windows-Editor Notepad (Bild 16.1, Hintergrund) zu laden, können Sie diese per Doppelklick anwählen. Dies funktioniert aber nur, wenn der Befehl Öffnen des Dateityps mit dem Windows-Editor verknüpft ist. Andernfalls können Sie versuchsweise das Symbol der Textdatei mit der rechten Maustaste anwählen und im Kontextmenü den Befehl Bearbeiten wählen. Stehen weder die Befehle Bearbeiten noch Öffnen bereit, verwenden Sie im Kontextmenü den Befehl Öffnen mit und wählen den Windows-Editor als Anwendung zum Öffnen (siehe Kapitel 11).

Sie können das Programm Notepad.exe auch über den Eintrag Editor im Zweig Alle Programme/Zubehör des Startmenüs oder durch Eingabe des Befehls Notepad.exe in das Suchfeld des Startmenüs bzw. in das Dialogfeld Ausführen aufrufen. Anschließend lässt sich eine Textdatei per Maus aus einem Ordnerfenster in das geöffnete Fenster des Editors ziehen. Das Programm öffnet die Textdatei und zeigt den Inhalt an.

Im geöffneten Fenster des Windows-Editors (Bild 16.1) kann über den Befehl Öffnen des Menüs Datei oder über die Tastenkombination [Strg]+[O] der Öffnen-Dialog aufgerufen werden (Bild 16.1, unten). Das Dialogfeld entspricht im Aufbau weitgehend einem Ordnerfenster. Sie können über den Navigationsbereich den Ordner suchen, in dem die Textdatei gespeichert ist. Standardmäßig zeigt das Ordnerfenster nur Textdateien mit der Dateinamenerweiterung .txt an. Über die Schaltfläche neben dem Textfeld Dateiname lässt sich aber ein Menü öffnen und der Dateifilter auf Alle Dateien (*.*) stellen. Dann zeigt Windows alle Dateien im Dialogfeld Öffnen an. Anschließend lässt sich die gewünschte Textdatei markieren und abschließend über die Schaltfläche Öffnen im Editor laden.

HINWEIS Textdateien können in verschiedenen Zeichencodierungen gespeichert werden. Neben dem von Windows 7 benutzten Unicode-Zeichensatz wird der in älteren Windows-Versionen verwendete ANSI-Zeichensatz sowie der reduzierte Unicode-Zeichensatz UTF-8 (enthält 256 Zeichen der westeuropäischen Sprachen) beim Laden von Textdateien unterstützt. Der Eintrag *Unicode Big Endian* berücksichtigt die abweichende Codierung bei der Speicherung von 16-Bit-Werten auf Motorola-CPUs (dort wird zuerst das höherwertige Byte und dann das niederwertige Byte gespeichert) zum Intel »Little Endian«-Speicherformat. Die verschiedenen Varianten lassen sich über das Listenfeld *Codierung* im Dialogfeld *Öffnen* vorgeben.

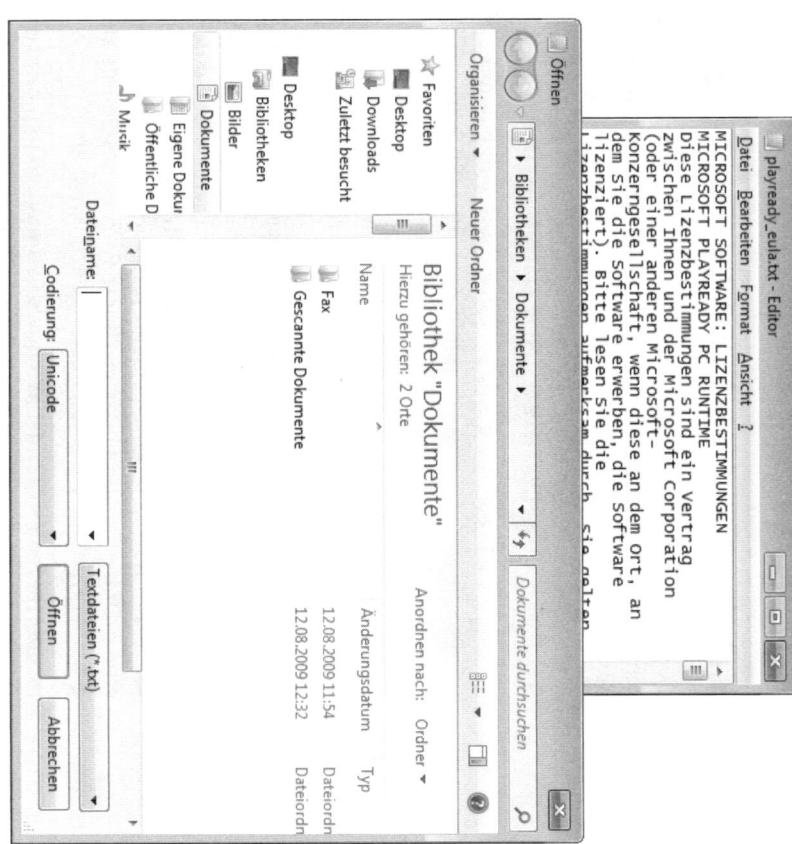

Bild 16.1:   Windows-Editor und Dialogfeld *Öffnen*

16.1.2 Speichern von Texten

Zum Speichern eines bearbeiteten Textdokuments verwenden Sie den Befehl *Speichern* im Menü *Datei* (bzw. die Tastenkombination $\boxed{\text{Strg}}$+$\boxed{\text{S}}$). Haben Sie das Dokument aus einer bestehenden Datei geladen, wird der aktuelle Inhalt des Editors in diese Datei geschrieben. Bei neuen Textdokumenten, die Sie über den Befehl *Neu* im Menü *Datei* angelegt haben, öffnet sich das Dialogfeld *Speichern unter* (Bild 16.2), in dem Sie den Zielordner und den Namen der Textdatei angeben müssen. Möchten Sie ein bestehendes Dokument in einer neuen Datei sichern, wählen Sie im Menü *Datei* den Befehl *Speichern unter*.

Bild 16.2:   Das Dialogfeld Speichern unter

Das Dialogfeld *Speichern unter* lässt sich in zwei Varianten anzeigen. Standardmäßig wird die reduzierte Darstellung (Bild 16.2, oben) benutzt, die den Ordner *Dokumente* als Speicherziel vorgibt. Über die Schaltfläche *Ordner durchsuchen* lässt sich die Dialogfelddecke zur Dialogfelddarstellung um einen Navigationsbereich und eine Ordneransicht erweitern (Bild 16.2, unten). Über diese Elemente können Sie dann zum Zielordner navigieren.

Im Feld *Dateityp* wird der zu speichernde Dateityp (standardmäßig *.txt*) vorgegeben. Bei Bedarf lässt sich hier auch der Eintrag *Alle Dateien (*.*)* abrufen. Dann müssen Sie die Dateinamenerweiterung im Dateinamen mit angeben. Tragen Sie anschließend den Namen der Dokumentdatei in das Textfeld *Dateiname* ein. Das Listenfeld *Codierung* ist standardmäßig auf *ANSI* gesetzt. Damit speichert der Editor den Text in der Zeichencodierung älterer Windows 9x-Versionen. Benötigen Sie die Dateien im Unicode-Format, lässt sich die betreffende Zeichencodierung über das Listenfeld abrufen. Hierbei gilt das Gleiche wie beim Laden von Textdateien (siehe den vorhergehenden Abschnitt).

Schließen Sie das Editorfenster ohne vorherige Speicherung der Änderungen, öffnet der Editor (wie andere Windows-Programme auch) ein Dialogfeld mit der Abfrage, ob das Dokument gesichert werden soll (Bild 16.3). Über die Schaltflächen *Speichern* bzw. *Nicht speichern* lässt sich wählen, ob die

Änderungen gesichert oder durch das Schließen des Fensters verworfen werden. Die Schaltfläche *Abbrechen* bewirkt, dass das Editorfenster zur weiteren Dokumentbearbeitung geöffnet bleibt.

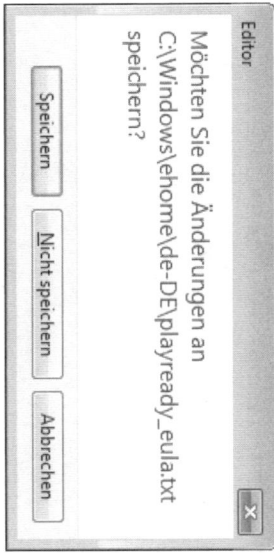

Bild 16.3:   Warnung bei ungesicherten Änderungen

HINWEIS

Ist die im Editor geöffnete Textdatei schreibgeschützt oder wird sie von einem anderen Programm benutzt, erscheint beim Speichern das Dialogfeld *Speichern unter*. Sie müssen dann die Datei unter einem neuen Dateinamen ablegen, da der Editor die Originaldatei nicht überschreiben kann.

16.1.3 Textdokumente im Editor drucken

Zum Drucken eines Textdokuments wählen Sie im Menü *Datei* den Befehl *Drucken* oder drücken Sie die Tastenkombination Strg + P. Windows öffnet das Dialogfeld *Drucken*, in dem Sie den Drucker und die Druckoptionen wählen können (siehe *Kapitel 15*). Der Windows-Editor unterstützt jedoch nur die Ausgabe des gesamten Textdokuments. Die Optionen zur Ausgabe von Seiten oder markierten Textabschnitten sind im *Drucken*-Dialog gesperrt. Beim Drucken werden die eingestellten Optionen für das Seitenformat des Editors sowie die aktuell gewählten Optionen der Schriftart im Ausdruck benutzt.

Vor dem Ausdrucken des Textdokuments lässt sich ggf. das Seitenformat einstellen. Hierzu rufen Sie über den Befehl *Seite einrichten* im Menü *Datei* des Windows-Editors das gleichnamige Dialogfeld auf (Bild 16.4).

Über die Optionen der Gruppe *Papier* lassen sich die Papiergröße sowie der Papierschacht (*Quelle*) für den Drucker vorgeben. Die Ausrichtung beim Ausdruck einer Seite wählen Sie über die beiden Optionsfelder *Hochformat* und *Querformat* in der Gruppe *Ausrichtung*.

In der Gruppe *Ränder* lassen sich Werte in Millimeter für den rechten, oberen, unteren und linken Rand vorgeben. Der Editor passt anschließend den Textbereich, in Abhängigkeit von der Blattgröße, gemäß dieser Randeinstellungen an.

Die Eingabefelder *Kopfzeile* und *Fußzeile* dienen zur Aufnahme von Steuercodes, um Seitennummern und andere Informationen auf jeder Seite mit auszudrucken (Tabelle 16.1). In der Vorschau sehen Sie die Auswirkungen jeder Änderung der Seiteneinstellungen.

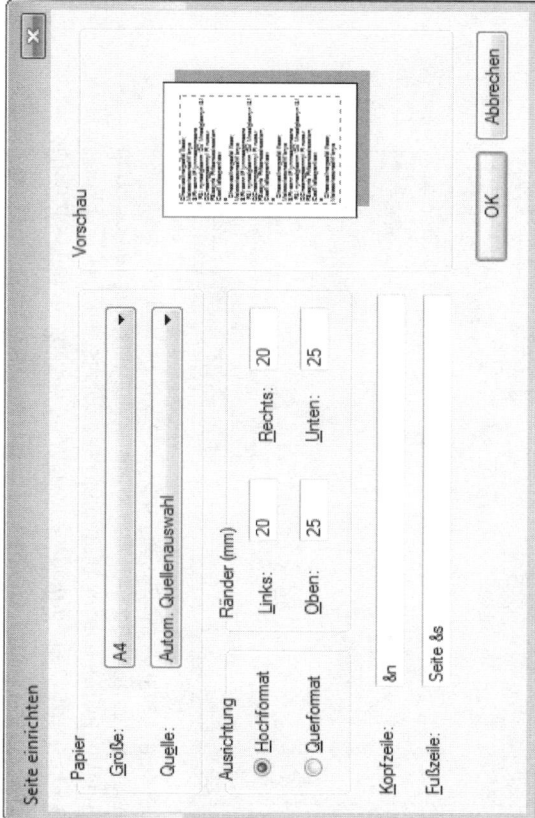

Bild 16.4: Dialogfeld *Seite einrichten*

Code	Bedeutung
&n	Der Dateiname wird zur Kopf-/Fußzeile hinzugefügt.
&d	Aktuelles Datum einblenden.
&u	Aktuelle Systemzeit einblenden.
&s	Seitennummern einfügen.
&l, &c, &r	Ausrichtung der Zelle (links, zentriert, rechts).

Tabelle 16.1: Steuercodes für Kopf-/Fußzeilen

Fügen Sie beispielsweise den Text »Datei: &n« in das Feld *Kopfzeile* ein, druckt der Editor den Namen der Textdatei auf jeder Seite mit aus. Die Angabe »Datum: &d« im Feld *Kopfzeile* bewirkt, dass hinter dem Wort »Datum:« jeweils das aktuelle Datum beim Ausdruck hinzugefügt wird. Kommt im Text der Kopf-/Fußzeile das kaufmännische Und-Zeichen (&) vor, müssen Sie dieses als && im betreffenden Eingabefeld angeben. Um die Kopf- bzw. Fußzeile auf der Seite auszurichten, können Sie jeweils eines der Steuerzeichen &l, &c, &r verwenden. Die Steuerzeichen bewirken eine linksbündige, zentrierte oder rechtsbündige Ausrichtung der betreffenden Zeile.

TIPP

Der Windows-Editor unterstützt den Schalter /p beim Aufruf. Geben Sie im Fenster der Eingabeaufforderung die Anweisung *Notepad.exe /p <dateiname>* ein, wird die angegebene Dokumentdatei automatisch in den Editor geladen und gedruckt. Der Editor wird nach dem Ausdruck automatisch beendet.

16.1.4 Suchen und Ersetzen im Textdokument

Über den Befehl *Suchen* im Menü *Bearbeiten* oder mittels der Tastenkombination `Strg`+`F` lässt sich das Dialogfeld *Suchen* aufrufen (Bild 16.5, oben). Mit dem Befehl *Ersetzen* im Menü *Bearbeiten* oder über die Tastenkombination `Strg`+`H` öffnen Sie dagegen das Dialogfeld *Ersetzen* (Bild 16.5, unten).

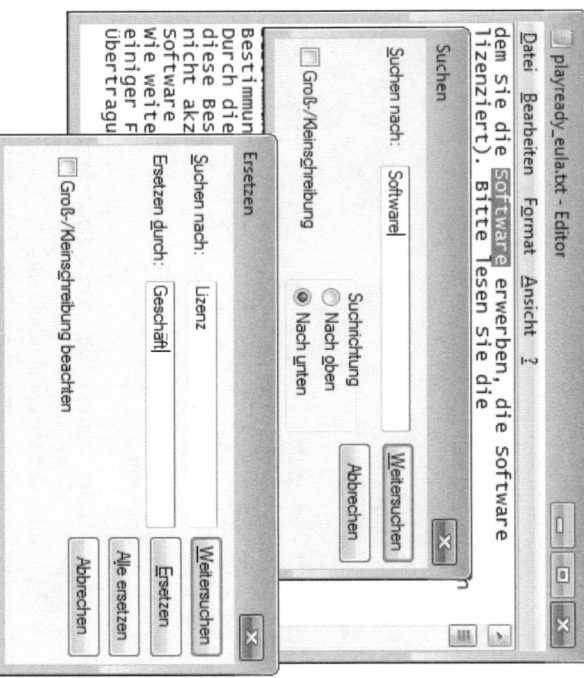

Bild 16.5: Dialogfelder *Suchen* und *Ersetzen*

Geben Sie in das Feld *Suchen nach* einen Suchbegriff ein und legen Sie bei Bedarf die Suchoptionen fest. Klicken Sie auf die Schaltfläche *Weitersuchen*, durchsucht der Editor das Textdokument ab der aktuellen Cursorposition nach dem angegebenen Muster. Die Optionen der Gruppe *Suchrichtung* legen dabei die Suchrichtung (in Richtung Dokumentanfang oder Dokumentende) fest. Durch Markieren des Kontrollkästchens *Groß-/Kleinschreibung* lässt sich bei der Suche zudem eine Unterscheidung zwischen Groß- und Kleinschreibung erzwingen. Eine mit dem Suchbegriff übereinstimmende Textstelle im Dokument wird vom Editor markiert. Über die Schaltfläche *Weitersuchen* lässt sich nach weiteren Textstellen suchen. Das Dialogfeld *Suchen* schließen Sie über die Schaltfläche *Abbrechen*.

TIPP

Bei geschlossenem Dialogfeld *Suchen* können Sie durch Drücken der Funktionstaste `F3` nach dem zuletzt benutzten Textmuster suchen lassen. Der Befehl *Weitersuchen* im Menü *Suchen* besitzt die gleiche Funktion.

Im Dialogfeld *Ersetzen* stehen praktisch die gleichen Funktionen wie beim Suchen zur Verfügung. Zusätzlich können Sie noch einen Ersetzungsbegriff im Textfeld *Ersetzen mit* vorgeben. Klicken Sie auf die Schaltfläche *Ersetzen*, wird der durch den Editor markierte Treffer mit dem im Feld *Ersetzen mit* enthaltenen Begriff ausgetauscht. Die Schaltfläche *Weitersuchen* ermöglicht, nach weiteren Textstellen zu suchen. Klicken Sie auf die Schaltfläche *Alle ersetzen*, tauscht der Editor alle gefundenen Textstellen im Dokument ohne weitere Rückfrage mit dem neuen Begriff aus. Das Dialogfeld *Ersetzen* schließen Sie über die Schaltfläche *Abbrechen*.

16.1.5 Optionen einstellen

Der Windows-Editor stellt Ihnen verschiedene Optionen zur Verfügung, mit denen sich die Darstellung im Dokumentfenster anpassen lässt.

■ Um bei überlangen Textzeilen einen Umbruch am rechten Fensterrand zu erzwingen, markieren Sie im Menü *Format* den Befehl *Zeilenumbruch*. Dann passt der Editor die Zeilenlänge automatisch der Fensterbreite an. Durch erneute Anwahl des Befehls lässt sich der Zeilenumbruch wieder aufheben.

■ Wenn Sie im Menü *Format* den Befehl *Schriftart* wählen, lässt sich im angezeigten Dialogfeld *Schriftart* die Textanzeige im Editorfenster beeinflussen (z. B. der Schriftgrad erhöhen).

Beachten Sie aber, dass sich diese Optionen – im Gegensatz zu WordPad, das die Schriftart mit im Textdokument speichert – nur auf die Darstellung im Editorfenster, nicht jedoch auf die tatsächliche Druckausgabe beziehen.

HINWEIS

Die Funktionen zum Eingeben und Korrigieren von Texten sind bei allen Textprogrammen unter Windows gleich. Hinweise, wie sich Texte eingeben und korrigieren lassen, finden Sie im nachfolgenden Abschnitt zum Programm WordPad. Hier noch einige besondere Funktionen, die sich über die Menüleiste abrufen lassen. Mit dem Befehl *Alles markieren* im Menü *Bearbeiten* des Windows-Editors können Sie den kompletten Dokumentin halt markieren. Wählen Sie den Befehl *Uhrzeit/Datum* oder drücken Sie die Funktionstaste [F5], fügt der Editor das aktuelle Datum mitsamt der Uhrzeit in den Text ein. Der Befehl *Wechseln Sie zu* bzw. die Tastenkombination [Strg]+[G] öffnet das Dialogfeld *Gehe zu Zeile*, in das Sie eine Zeilennummer eintippen können. Beim Bestätigen des Dialogfelds mit der *Wechseln*-Schaltfläche positioniert der Editor die Einfügemarke in dieser Zeile – hilfreich bei der Bearbeitung des Quellcodes von Programmen. Der Befehl wird aber gesperrt, wenn die Option *Zeilenumbruch* aktiv ist. Öffnen Sie ein Menü, werden hinter einigen Befehlen Tastenkombinationen angegeben, mit denen Sie die jeweiligen Funktionen ohne Öffnen des Menüs abrufen können.

16.2 Textbearbeitung mit WordPad

Das Windows-Programm WordPad ermöglicht Ihnen neben der Texteingabe die Gestaltung von Textdokumenten durch veränderte Schriftgröße, Fettdruck etc., was auch als Formatierung bezeichnet wird. Der nachfolgende Abschnitt skizziert die WordPad-Funktionen zur Textgestaltung.

321

16.2.1 WordPad – kurz gefasst

Um Texte mit dem Windows-Programm WordPad zu erfassen oder zu bearbeiten, rufen Sie die Anwendung über den Zweig *Alle Programme/Zubehör/WordPad* des Startmenüs auf. In Windows 7 hat Microsoft das Programmfenster (Bild 16.6) an Microsoft Office 2007/2010 angepasst.

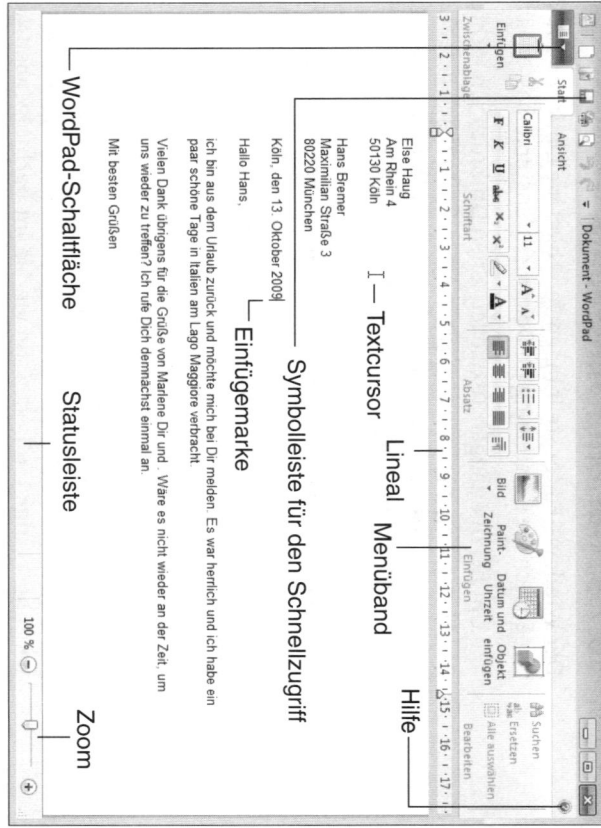

Bild 16.6: WordPad-Fenster

■ Die Titelleiste des Fensters enthält die Symbolleiste für den Schnellzugriff und zeigt den geladenen Dokumenttitel an. Die Symbolleiste für den Schnellzugriff kann Schaltflächen zum Zugriff auf häufig benötigte Funktionen (Speichern, Drucken, Rückgängig machen, neues Dokument holen) aufweisen.

■ Am unteren Fensterrand finden Sie noch die Statusleiste, in der Word-Pad ggf. Meldungen anzeigt. Zudem findet sich am rechten Rand der Statusleiste ein Schieberegler, über den der Zoomfaktor für die Anzeige des Dokumentbereichs einstellbar ist.

■ Unterhalb der Titelleiste ist ganz links die *WordPad*-Schaltfläche angeordnet. Es handelt sich um eine Menüschaltfläche, über die sich ein Menü mit Befehlen zum Öffnen oder Speichern von Dokumenten etc. öffnen lässt.

■ Weiterhin enthält der Kopfbereich des Fensters noch ein Menüband (in Microsoft Office 2007 auch als »Multifunktionsleiste« bezeichnet) mit den Registerkarten *Start* und *Ansicht*. Diese Registerkarten enthalten die Schaltflächen und Elemente, um den Text zu bearbeiten (suchen, ausschneiden etc.) und mit Formatierungen wie Schriftarten und -größen zu versehen oder die Darstellung anzupassen. Die Schaltflächen sind dabei in Funktionsgruppen wie *Zwischenablage, Schriftart, Absatz* etc. zusammengefasst.

▪ Der Dokumentbereich dient zur Aufnahme des Textes. Beim Aufruf des Programms ist der Dokumentbereich leer. Oberhalb des Dokumentbereichs wird ein Lineal angezeigt, an dem sich die Position im Text ablesen lässt. Im Dokumentfenster sehen Sie zudem die Einfügemarke (auch als Schreibmarke bezeichnet), die als blinkender schwarzer Strich im Text dargestellt wird. Weiterhin nimmt der Mauszeiger die Form des Textcursors an, sobald Sie mit der Maus auf den Dokumentbereich zeigen. Diese Marke zeigt an, wo das nächste einzugebende Zeichen auf dem Bildschirm eingefügt wird. Einfügemarken werden in Windows überall verwendet, wo Texte einzugeben sind. Die Einfügemarke haben Sie schon in den vorherigen Kapiteln (z. B. beim Umbenennen von Dateinamen) kennengelernt.

Zeigen Sie auf den Textbereich, erscheint anstelle des Mauszeigers der Textcursor. Dieser lässt sich genauso wie der Mauszeiger handhaben. Sie können mit dem Textcursor auf ein Wort zeigen, etwas markieren oder klicken.

Sie können die Anzeige in der Dokumentansicht des WordPad-Fensters per Maus zoomen, indem Sie die `Strg`-Taste drücken und dann an der Maus das Scrollrädchen verstellen. Weiterhin enthält das WordPad-Anwendungsfenster in der rechten unteren Ecke einen Schieberegler zum Anpassen des Zoomfaktors.

16.2.2 Anpassen der WordPad-Einstellungen

Der Zeilenabstand, die Art des Zeilenumbruchs oder ein fehlendes Lineal lassen sich auf der Registerkarte *Ansicht* des Menübands konfigurieren (Bild 16.7).

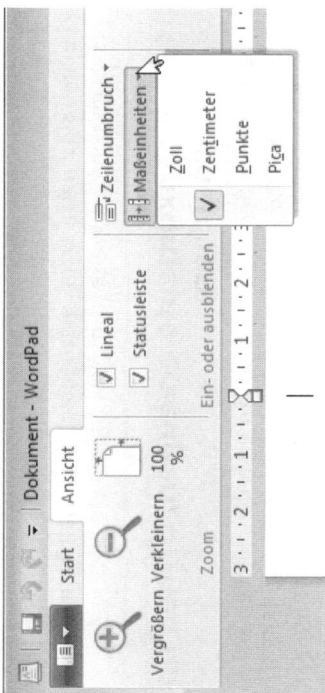

Bild 16.7:   Registerkarte *Ansicht*

Über die Kontrollkästchen lassen sich Lineal und Statusleiste ein-/ausblenden. Die beiden Menüschaltflächen *Zeilenumbruch* und *Maßeinheiten* ermöglichen über verschiedene Befehle, die betreffenden Optionen vorzugeben.

Die Symbolleiste für den Schnellzugriff lässt sich in WordPad anpassen. Klicken Sie auf die Menüschaltfläche am rechten Rand der Symbolleiste für den Schnellzugriff und markieren Sie die Einträge mit den einzublendenden Schaltflächen (Bild 16.8). Sichtbare Optionen sind beim nächsten Öffnen des Menüs mit einem Häkchen versehen und lassen sich durch erneute Anwahl wieder ausblenden.

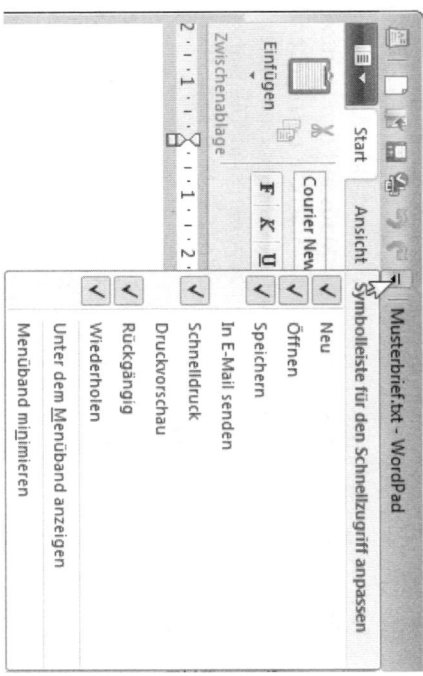

Bild 16.8:   Symbolleiste für den Schnellzugriff anpassen

Mit dem Befehl *Menüband minimieren* lässt sich das Menüband verstecken, WordPad zeigt dann nur die Leiste mit den Registerkartentiteln und blendet das Menüband erst beim Klicken auf die Titel *Start* und *Ansicht* ein. Weiterhin können Sie über Befehle wie *Unter dem Menüband anzeigen* wählen, wo die Symbolleiste für den Schnellzugriff einzublenden ist.

TIPP

WordPad besitzt keine Option, um die Reihenfolge der Schaltflächen in der Symbolleiste für den Schnellzugriff zu bestimmen. Löschen Sie die Markierung aller Schaltflächen im Menü der Schaltflächen *Symbolleiste für den Schnellzugriff anpassen* und markieren Sie anschließend alle Befehle der Reihenfolge nach. Dann erscheinen die Schaltflächen in der unter Windows gewohnten Weise (d. h. *Neu*, *Öffnen* etc.).

16.2.3   Dokumente erzeugen, öffnen und speichern

Um ein neues (leeres) Dokument zu erstellen, klicken Sie auf die *WordPad*-Schaltfläche und wählen im Menü den Befehl *Neu* (Bild 16.9). Oder Sie klicken in der Symbolleiste für den Schnellzugriff auf die ggf. eingeblendete Schaltfläche *Neu* bzw. drücken die Tastenkombination Strg+N. Liegen ungespeicherte Dokumente im WordPad-Fenster vor, erscheint ein Sicherheitsdialog. Sie erhalten dann (genau wie beim Windows-Editor) die Möglichkeit, die Änderungen zu speichern, zu verwerfen oder den Vorgang abzubrechen und zum aktuellen Dokument zurückzukehren.

WordPad listet die zuletzt geöffneten Dokumentnamen im rechten Teil des *WordPad*-Menüs auf (Bild 16.9). Klicken Sie auf einen dieser Namen im *WordPad*-Menü, um das Dokument direkt zu öffnen.

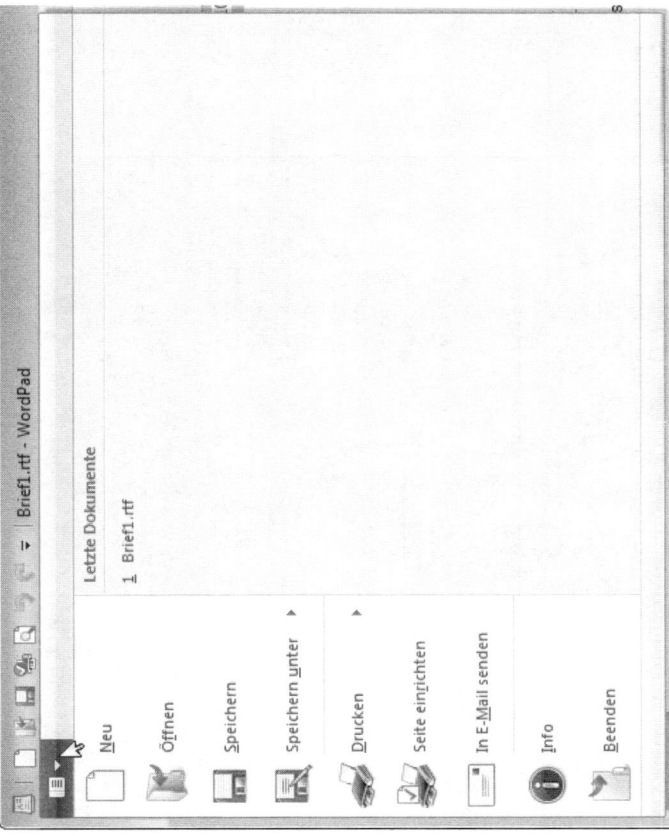

Bild 16.9:   Menü der WordPad-Schaltfläche

Zum gezielten Öffnen eines Textdokuments wählen Sie im Menü der *WordPad*-Schaltfläche den Befehl *Öffnen* oder drücken die Tastenkombination [Strg]+[O]. Alternativ lässt sich die Schaltfläche *Öffnen* in der Symbolleiste für den Schnellzugriff wählen. Im *Öffnen*-Dialogfeld können Sie dann zum Quellordner navigieren, die gewünschte Dokumentdatei auswählen und mittels der Schaltfläche *Öffnen* laden. Das Dialogfeld ist ähnlich wie beim Windows-Editor aufgebaut (Bild 16.10). WordPad unterstützt aber zusätzliche Dateiformate, die sich anhand ihrer Dateinamenerweiterungen wie *.rtf* und *.txt* über das Listenfeld *Dateityp* filtern lassen. Gegenüber früheren WordPad-Versionen ist dabei auch die Unterstützung für das von OpenOffice.org verwendete Dateiformat (*.odt*) und das Microsoft Word 2007-Format (*.docx*) hinzugekommen.

HINWEIS

Der Dokumenttyp *RTF-Format* lässt sich zur Übertragung von Textdateien zwischen unterschiedlichen Textverarbeitungsprogrammen (z. B. Microsoft Word) verwenden und unterstützt die formatierte Speicherung des Dokuments. Benutzen Sie den Dokumenttyp *Textdokumente*, um reine Textdokumente ohne weitere Formatierung zu verfassen und später zu speichern. Diese Dokumentdateien lassen sich durch den Windows-Editor öffnen und bearbeiten. Die Option *Unicode-Textdokumente* ermöglicht

Ihnen, Textdokumente im Unicode-Zeichensatz zu erstellen und zu spei-chern. Beachten Sie, dass bei den Textdokument-Formaten eine eventuell im Text enthaltene Formatierung beim Speichern verloren geht.

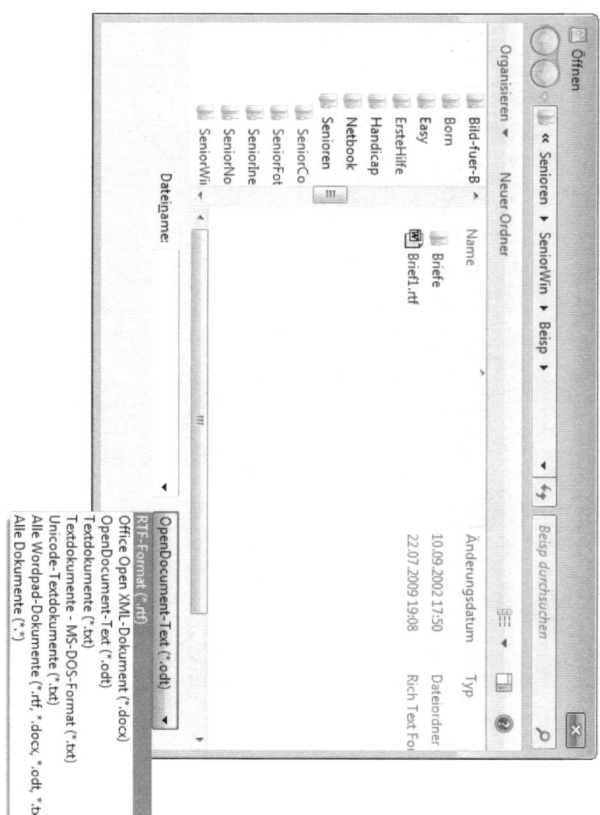

Bild 16.10: Von WordPad beim Öffnen unterstützt Dateitypen

Mit dem Wert »Alle WordPad-Dokumente« werden die unterstützten Doku-mentformate im Dialogfeld *Öffnen* gefiltert. Der Dateityp *Alle Dokumente (*.*)* des Listenfelds zur Auswahl des Dateityps zeigt alle im aktuellen Ordner abgelegten Dateien an. Enthalten diese Texte, lassen sich diese in WordPad laden und bearbeiten.

Zum Speichern eines Dokuments verwenden Sie die *Speichern*-Schaltfläche in der Symbolleiste für den Schnellzugriff oder den Befehl *Speichern* im Menü der *WordPad*-Schaltfläche bzw. die Tastenkombination [Strg]+[S]. Bei aus Dateien geladenen Dokumenten werden die Änderungen lediglich gespeichert. Bei einem neuen Dokument erscheint das Dialogfeld *Speichern unter*, in dem Sie den Speicherort, das Speicherformat und den Dokument-namen festlegen. Der Befehl *Speichern unter* im Menü der *WordPad*-Schalt-fläche ruft dieses Dialogfeld bei bestehenden Dateien ebenfalls auf und ermöglicht, bestehende Dokumente unter neuem Dateinamen zu speichern.

16.2.4 Hinweise zur Textbearbeitung

In Anwendungen zur Texterfassung und Bearbeitung (Windows-Editor, WordPad, Note etc.) können Sie weitgehend die gleichen Arbeitstechniken verwenden. Zum Eintippen von Texten verwenden Sie die Tasten des Schreibmaschinenblocks. Die Einfügemarke (auch als Schreibmarke bezeich-net) markiert die Stelle, an der die aktuell eingetippten Zeichen eingefügt werden. Der Mauszeiger nimmt innerhalb des Editorfensters ebenfalls eine besondere Form an, weshalb dieser auch als »Textcursor« bezeichnet wird.

Klicken Sie in den Text und tippen Sie etwas auf der Tastatur ein, werden die Zeichen rechts von der Einfügemarke eingefügt. Markierter Text wird dagegen durch das erste eingefügte Zeichen ersetzt. Zudem können Sie in Word-Pad die `Einfg`-Taste drücken, um zwischen dem Einfüge- und dem Überschreibmodus umzuschalten. Im Überschreibmodus werden die Zeichen rechts von der Textmarke vom eingetippten Text überschrieben.

Um ein Zeichen links von der Einfügemarke zu löschen, drücken Sie die `←`-Taste. Die Zeichen rechts von der Einfügemarke löschen Sie durch Drücken der `Entf`-Taste. Um größere Textbereiche zu bearbeiten, markieren Sie diese (auf den Textanfang klicken und die Maus bei gedrückter linker Maustaste über den Text ziehen).

Den letzten Befehl (z. B. das Löschen einer Textstelle) können Sie üblicherweise durch Drücken der Tastenkombination `Strg`+`Z` oder über den Befehl *Rückgängig* im Menü *Bearbeiten* (Windows-Editor) oder über die Schaltfläche *Rückgängig* in der Symbolleiste für den Schnellzugriff (Word-Pad) schrittweise zurücknehmen.

Bei umfangreichen Dokumenten lässt sich z. B. über die Bildlaufleisten des Dokumentfensters im Text blättern. Weiterhin können Sie die Tasten `Bild ↑` und `Bild ↓` zum Blättern verwenden. Die Positionierung der Schreibmarke im Text erfolgt durch Anklicken der betreffenden Textstelle per Maus. Alternativ können Sie die in Tabelle 16.2 aufgeführten Tastenkombinationen verwenden.

Tasten	Bemerkung
`↑`	Verschiebt die Einfügemarke im Text eine Zeile nach oben.
`↓`	Verschiebt die Einfügemarke im Text eine Zeile nach unten.
`←`	Verschiebt die Einfügemarke im Text ein Zeichen nach links in Richtung Textanfang.
`→`	Verschiebt die Einfügemarke im Text ein Zeichen nach rechts in Richtung Textende.
`Strg`+`←`	Verschiebt die Einfügemarke im Text um ein Wort nach links.
`Strg`+`→`	Verschiebt die Einfügemarke im Text um ein Wort nach rechts.
`Pos1`	Drücken Sie diese Taste, springt die Einfügemarke an den Zeilenanfang.
`Ende`	Mit dieser Taste verschieben Sie die Einfügemarke an das Zeilenende.

Tabelle 16.2:   Tastenkombinationen zum Positionieren im Text

Zum Markieren eines Textausschnitts klicken Sie auf den Textanfang, halten die linke Maustaste gedrückt und ziehen die Maus zum Ende des Textabschnitts. Außerdem wird Text markiert, wenn Sie die ⇧-Taste gedrückt halten und die Schreibmarke mittels der Cursortasten ↑, ↓, ↑, ↓ verschieben. Den gesamten Text markieren Sie, indem Sie die Tastenkombination Strg+A drücken. Markierter Text wird farbig hinterlegt. Klicken Sie neben einen markierten Textbereich, wird die Markierung aufgehoben.

Markierte Textbereiche lassen sich über die Funktionen *Ausschneiden*, *Kopieren* und *Einfügen* per Windows-Zwischenablage manipulieren.

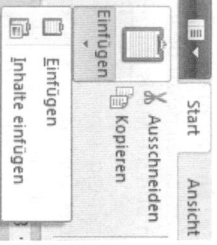

Bild 16.11: Zugriff auf die Zwischenablage in WordPad

- Ein markierter Textbereich wird durch Drücken der Tastenkombination Strg+X aus dem Dokumentbereich entfernt und in die Windows-Zwischenablage übertragen. Beim Windows-Editor lässt sich auch der Menübefehl *Bearbeiten/Ausschneiden* verwenden. In WordPad steht die Schaltfläche *Ausschneiden* in der Gruppe *Zwischenablage* der Registerkarte *Start* zum Aufrufen des Befehls zur Verfügung (Bild 16.11).

- Der Menübefehl *Bearbeiten/Kopieren* in der Menüleiste von Anwendungen (z. B. Editor) oder die Tastenkombination Strg+C kopiert den markierten Textausschnitt in die Windows-Zwischenablage, belässt den Dokumentbereich aber unverändert. In WordPad verwenden Sie die Schaltfläche *Kopieren* in der Gruppe *Zwischenablage* der Registerkarte *Start*.

- Klicken Sie auf eine Dokumentstelle, lässt sich der Text aus der Zwischenablage über die Tastenkombination Strg+V (oder beim Editor über den Befehl *Bearbeiten/Einfügen*) in das Dokument einfügen. In WordPad klicken Sie auf die Schaltfläche *Einfügen* in der Gruppe *Zwischenablage* der Registerkarte *Start*. Wählen Sie den unteren Teil der Schaltfläche *Einfügen*, öffnet sich ein Menü. Über den Befehl *Inhalte einfügen* öffnet sich ein Dialogfeld, in dem Sie auswählen können, in welchem Format der Inhalt der Zwischenablage einzufügen ist (z. B. Text ohne Formatierung, Text mit Formatierung, Grafik etc.).

Die Funktionen *Ausschneiden*, *Kopieren* und *Einfügen* stehen bei fast allen Windows-Anwendungen im Rahmen der Dokumentbearbeitung zur Verfügung.

16.2.5 Einfügen, Suchen und Ersetzen

WordPad unterstützt die Aufnahme anderer Objekte wie Bilder, Klänge etc. in ein Textdokument. Hierzu finden Sie verschiedene Schaltflächen in der Gruppe *Einfügen* der Registerkarte *Start* des Menübands (Bild 16.12).

Bild 16.12: Gruppen mit Schaltflächen zum Einfügen und Bearbeiten

■ Über die Menüschaltfläche *Bild* können Sie ein Dialogfeld öffnen, eine Grafikdatei auswählen und in den Text ein Bild einfügen. Klicken Sie das eingefügte Bild an, lässt sich dieses in der Größe über einen eingeblendeten Rahmen mit Ziehmarken durch Verschieben dieser Marken anpassen. Zudem stellt das Menü der Schaltfläche *Bild* Befehle bereit, um die Bilddatei zu wechseln oder die Größe anzupassen.

■ Die Schaltfläche *Paint-Zeichnung* öffnet das Paint-Anwendungsfenster, in dem Sie eine Zeichnung erstellen können. Beim Schließen des Paint-Anwendungsfensters wird dieses Bild im WordPad-Dokumentfenster an der Textmarke eingefügt. Ein Doppelklick auf diese Zeichnung öffnet erneut Paint, und Sie können die Zeichnung bearbeiten.

■ Über die Schaltfläche *Uhrzeit und Datum* der Symbolleiste öffnen Sie ein Dialogfeld, über welches Sie das Format zum Einfügen der aktuellen Uhrzeit und des aktuellen Datums an der Schreibmarke im Dokument wählen können.

Die Schaltfläche *Objekt einfügen* öffnet ein Dialogfeld (Bild 16.13), über welches Sie Objekte (Grafiken, Tabellen, Klänge etc.) in das Dokument einfügen können. Markieren Sie eines der Optionsfelder *Neu erstellen* bzw. *Aus Datei erstellen*, um die in Bild 16.13 gezeigten Varianten des Dialogfelds *Objekt einfügen* zu erhalten.

■ Ist das Optionsfeld *Neu erstellen* markiert, wird das Dialogfeld aus Bild 16.13, oben, gezeigt. Wählen Sie dann den Objekttyp in der gleichnamigen Liste aus. Schließen Sie das Dialogfeld über die *OK*-Schaltfläche, startet WordPad die Anwendung zum Erstellen des Objekts. Beim Schließen des Anwendungsfensters wird das Objekt im WordPad-Dokumentfenster an der Textmarke eingefügt. Ein Doppelklick auf das Objekt öffnet dieses erneut.

■ Liegt das Objekt bereits als Datei (Grafik, Tabelle etc.) vor, markieren Sie im Dialogfeld *Objekt einfügen* das Optionsfeld *Aus Datei erstellen*, um die in Bild 16.13, unten, gezeigte Darstellung zu erhalten. Über die Schaltfläche *Durchsuchen* öffnen Sie ein Dialogfeld zur Auswahl der Objektdatei. Um die Größe der WordPad-Dokumentdatei zu reduzieren, lässt sich das Kontrollkästchen *Verknüpfen* vor dem Schließen des Dialogfelds *Objekt einfügen* markieren. Dann fügt WordPad statt der kompletten Objektdaten nur die Information über die Lage der Objektdatei in das Dokument ein – was erheblich kleinere Dokumentdateien ergibt. Dieser Ansatz bedingt aber, dass Sie die Objektdatei nicht löschen, umbenennen oder verschieben sollten. Andernfalls wird die Objektdatei beim Öffnen des Textdokuments nicht mehr gefunden.

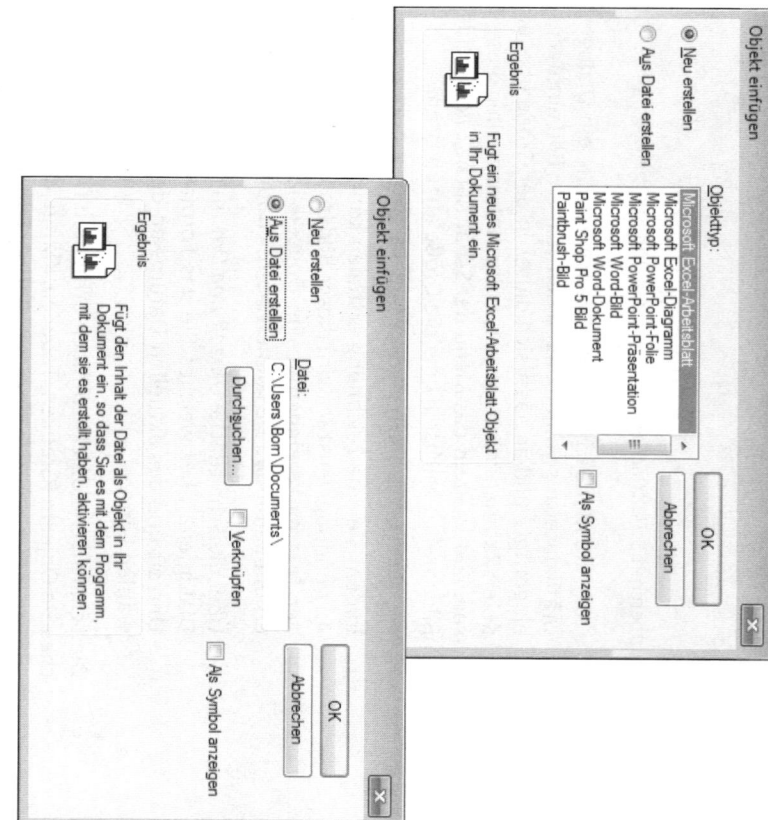

Bild 16.13:   Dialogfeld *Objekt einfügen*

Fügen Sie Objekte ein, die keine visuelle Darstellung besitzen (z. B. Klänge), müssen Sie im Dialogfeld *Objekt einfügen* das Kontrollkästchen *Als Symbol anzeigen* markieren. Dann platziert WordPad ein Symbol als Platzhalter zur Anwahl des Objekts in das Dokument ein.

Suchen und Ersetzen

WordPad stellt, ähnlich wie der Windows-Editor, Funktionen zum Suchen und zum Ersetzen bereit. Die Funktionen *Suchen* und *Ersetzen* lassen sich über Schaltflächen der Gruppe *Bearbeiten* der Registerkarte *Start* des Menübands (Bild 16.12) abrufen. Oder Sie verwenden die Tastenkombination Strg+F (F steht für Find) bzw. die Tastenkombination Strg+H zum Aufrufen. Die Dialogfelder *Suchen* und *Ersetzen* entsprechen im Aufbau den Dialogfeldern des Windows-Editors (siehe Bild 16.5) und werden in gleicher Weise gehandhabt.

16.2.6 Textformatierung mit WordPad

Im Gegensatz zum Windows-Editor ermöglicht WordPad, dem Text auch eine sogenannte Formatierung zuzuweisen, bei der Textstellen z. B. fett oder kursiv ausgezeichnet werden. Zum Zuweisen einer Formatierung verwenden Sie die Listenfelder und Schaltflächen der Gruppen *Schriftart* und *Absatz* der Registerkarte *Start* im Menüband (Bild 16.14). War ein Textbereich markiert, wird diesem das neue Format zugewiesen oder ein eventuell bereits zugewiesenes Format wieder zurückgesetzt. Ist nichts markiert, wird das betreffende Format über die jeweilige Schaltfläche oder das Listenfeld ein- und bei erneuter Anwahl auch wieder ausgeschaltet. Bei eingeschalteter Formatoption erhält neu eingetippter Text dieses Format zugewiesen.

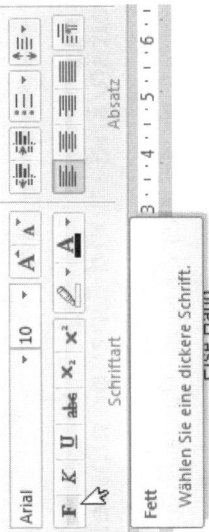

Bild 16.14:   Schaltflächen zur Formatierung

- Über die drei Schaltflächen *Fett*, *Kursiv* und *Unterstrichen* lassen sich Textstellen mit den entsprechenden Zeichenformaten auszeichnen. Weitere Schaltflächen ermöglichen Durchstreichen, Hoch-/Tiefstellen oder farbiges Auszeichnen.

- Über das Listenfeld *Schriftfamilie* können Sie die Schriftart anpassen. Wählen Sie einfach einen der angebotenen Einträge für die Schriftart wie »Arial«, »Times New Roman« etc. Die Schriftart legt die Form der Buchstaben (mit oder ohne die als Serifen bezeichneten Querstriche an den Enden der Buchstaben, Handschrift etc.) fest.

- Die Größe der Buchstaben eines Textes lässt sich über das Kombinationsfeld *Schriftgrad* verändern. Die angezeigten Werte legen den Schriftgrad in der Maßeinheit Punkt fest. Sie können diesen Wert direkt in das Feld eintippen oder Sie öffnen die Liste und wählen eine vorgegebene Größe aus.

- Absätze werden über die vier Schaltflächen *Linksbündig*, *Zentriert*, *Rechtsbündig* und *Blocksatz* der Gruppe *Absatz* am linken oder rechten Seitenrand ausgerichtet oder zentriert zwischen linkem und rechtem Rand justiert. Blocksatz bewirkt eine Ausrichtung der Zeilen am linken und rechten Rand.

- Markieren Sie Absätze, lassen sich diese über die Schaltfläche *Liste starten* mit einem Schmuckpunkt als Aufzählungssymbol versehen. Klicken Sie auf den rechten Rand der Schaltfläche, öffnet sich eine Palette zur Auswahl des Nummerierungsschemas oder des Aufzählungssymbols.

331

Weitere Schaltflächen ermöglichen es, einen Absatz nach rechts einzuziehen oder diesen Einzug wieder zu vermindern sowie den Zeilenabstand zu ändern. Neu gegenüber früheren WordPad-Versionen ist ein Befehl im Menü der Schaltfläche *Zeilenabstand*, um Absätze mit vergrößertem Zwischenraum darzustellen. Die Funktion einer Schaltfläche lässt sich durch Zeigen als QuickInfo abrufen. Die zur Formatierung des aktuell markierten Textes benutzten Schaltflächen werden von den meisten Windows-Anwendungen optisch hervorgehoben (z. B. heller dargestellt). Ein Mausklick auf die betreffende Schaltfläche hebt das zugehörige Format wieder auf. Sie können verschiedene Formate (z. B. fett, kursiv, unterstrichen) im Text kombinieren.

TIPP

Klicken Sie einen (markierten) Text mit der rechten Maustaste an, öffnet WordPad ein Kontextmenü mit Befehlen zur Textbearbeitung und -formatierung.

16.2.7   Seitenränder und Einzüge einstellen

Das Lineal ermöglicht Ihnen über die Randsteller (die kleinen Dreiecke am linken und rechten Rand, Bild 16.15), die Einzüge für Zeilen und die Seitenränder vorzugeben.

Erstzeileneinzug

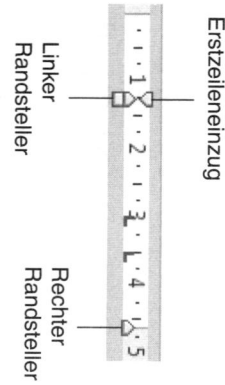

Linker
Randsteller

Rechter
Randsteller

Bild 16.15:   Randsteller

■ Ziehen Sie den linken Randsteller am Viereck per Maus nach links oder rechts, verschiebt dies beide Dreiecke am linken Rand und passt damit den linken Textrand an.

■ Ziehen Sie den oberen linken Randsteller, bestimmt dies den Einzug der ersten Zeile eines Absatzes. Ziehen Sie den unteren linken Randsteller am Dreieck per Maus nach links oder rechts, bestimmt dies den Einzug der Folgezeilen.

■ Der Randsteller am rechten Rand des Lineals begrenzt den rechten Rand der Zeile und lässt sich ebenfalls per Maus verschieben.

Sie haben alternativ die Möglichkeit, die Einzüge für den linken und rechten Rand, den Erstzeileneinzug sowie die Ausrichtung eines markierten Absatzes über den Kontextmenübefehl *Absatz* bzw. die gleichnamige Schaltfläche der Gruppe *Absatz* einzustellen. WordPad öffnet das Dialogfeld *Absatz* (Bild 16.16) mit den für die Absatzformatierung verfügbaren Optionen. Passen Sie die Werte an und schließen Sie das Dialogfeld über die *OK*-Schaltfläche.

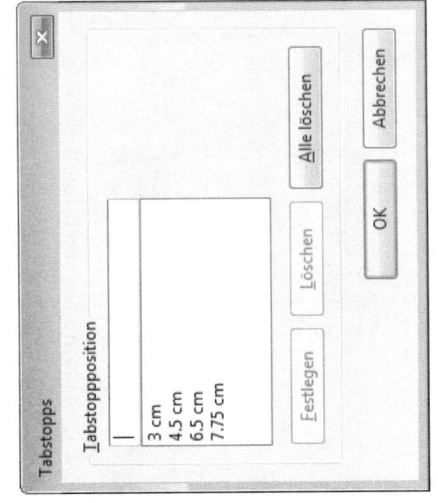

Bild 16.16: Dialogfelder *Absatz* und *Tabstopps*

16.2.8 Tabulatoren im Text nutzen

Tabulatorzeichen lassen sich in WordPad über die [⇥]-Taste eingeben. Standardmäßig rückt WordPad dann die Schreibmarke (bzw. den nachfolgenden Text) um 1,25 cm nach rechts ein. Dies gibt Ihnen die Möglichkeit, Texteinträge in Listenform einzurücken. Die in der Liste eingefügten Tabulatorzeichen bewirken, dass die Spalten immer genau an der Tabulatorposition ausgerichtet werden – bei eingefügten Leerzeichen zur Trennung der Spalteneinträge kommt es dagegen, wegen der unterschiedlichen Zeichenbreiten bei Proportionalschriften, zu kleinen Verschiebungen der Spaltenanfänge.

Um sich bei unterschiedlicher Spaltenbreite das Eintippen mehrerer Tabulatorzeichen als Spaltentrenner zu ersparen, können Sie auch feste (linksbündige) Tabulatorstopps vereinbaren. Die einzelnen Tabulatorpositionen (als Tabstopps bezeichnet) lassen sich durch Anklicken des Lineals festlegen und später per Maus verschieben. Ziehen Sie ein Tabstoppsymbol aus dem Lineal in den Dokumentbereich, wird die Marke gelöscht. In Bild 16.15 sind zwei Tabstopps im Lineal zu sehen. Die Feinjustierung der Tabstopps lässt sich auch über das Dialogfeld *Tabstopps* (Bild 16.16, rechts) vornehmen, in dem Sie die einzelnen Tabulatorpositionen setzen oder löschen können. Öffnen lässt sich dieses Dialogfeld über die Schaltfläche *Tabstopps* der Registerkarte *Absatz* (Bild 16.16, links).

 HINWEIS

Die Tabulatorpositionen beziehen sich auf den linken Rand des aktuellen Absatzes bzw. auf die Absätze des markierten Textes. Klicken Sie auf einen Absatz, zeigt WordPad die definierten Tabulatorstopps als kleine Winkel im Lineal an. Um eine Tabulatorposition für das komplette Dokument festzulegen, markieren Sie den gesamten Text (z. B. durch Drücken der Tastenkombination [Strg]+[A]) und definieren dann die Tabulatormarken.

16.2.9 Seite einrichten und Drucken

Sie können in WordPad den Befehl *Seite einrichten* im Menü der *WordPad*-Schaltfläche wählen (Bild 16.17, Hintergrund links). Dann öffnet das Programm das Dialogfeld *Seite einrichten* (Bild 16.17, Vordergrund rechts).

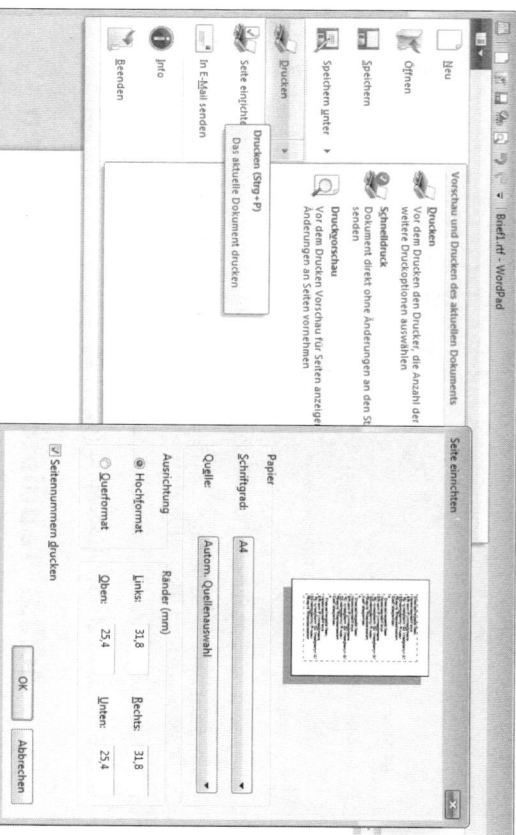

Bild 16.17: *WordPad*-Menü und Dialogfeld *Seite einrichten*

In diesem Dialogfeld können Sie die Papierquelle, die Papiergröße, die Ausrichtung des Blatts (Hoch- und Querformat) sowie die Druckränder vorgeben. Sobald Sie das Dialogfeld über die *OK*-Schaltfläche schließen, werden die Vorgaben für alle Dokumentseiten in WordPad übernommen.

Wählen Sie in der WordPad-Symbolleiste für den Schnellzugriff die ggf. einge-blendete Schaltfläche *Schnelldruck*, wird das komplette Dokument ohne weitere Nachfrage auf dem Standarddrucker ausgegeben (siehe auch *Kapitel 15*). Um Teile des Dokuments auszudrucken oder Druckoptionen zu nutzen, öffnen Sie das Menü der *WordPad*-Schaltfläche und zeigen auf den Befehl *Drucken* (Bild 16.17, Hintergrund links). Im eingeblendeten Menü können Sie dann den Befehl *Schnelldruck* (zur direkten Ausgabe) oder den Befehl *Drucken* wählen. Mit dem Befehl *Drucken* oder über die Tastenkombination [Strg]+[P] öffnet Word-Pad das Dialogfeld *Drucken*, in dem Sie verschiedene Ausgabeoptionen festle-gen können. Hinweise zu den Optionen des Dialogfelds finden Sie in *Kapitel 15*.

 TIPP

Sofern Sie Teilbereiche des Dokuments über die Option *Markierung* des *Drucken*-Dialogfelds ausgeben möchten, müssen Sie diese Bereiche vor Aufruf des *Drucken*-Dialogfelds im Dokument markieren. Andernfalls ist das Optionsfeld *Markierung* nicht wählbar.

Zur Beurteilung, ob die Dokumentformatierung Ihren Wünschen entspricht, wählen Sie dagegen den Befehl *Druckvorschau* im Menü *Drucken* der *Word-Pad*-Schaltfläche. Dann öffnet WordPad eine Druckvorschau des Dokuments, in der Sie das Layout begutachten können. Über die Schaltfläche *Druckvorschau schließen* des Menübands gelangen Sie erneut zum Bearbeitungsmodus zurück.

16.3   Weitere hilfreiche Textanwendungen

In diesem Abschnitt werden weitere hilfreiche Anwendungen zur Eingabe von Texten wie die Bildschirmtastatur (zur Simulation von Tastatureingaben), die Zeichentabelle zum Abrufen spezieller Zeichen, das Notizprogramm und spezielle Eingabehilfen vorgestellt.

16.3.1   Die Bildschirmtastatur

Windows 7 stellt Ihnen mit der Bildschirmtastatur eine Funktion zur Verfügung, mit der Sie ggf. per Maus Tastatureingaben simulieren können. Dies ist besonders hilfreich, wenn Benutzer motorische Einschränkungen haben und nur mit speziellen Zeigegeräten arbeiten können. Der andere Einsatzbereich sind Touchscreens oder tastaturlose Tablet PCs, wenn Sie statt einer Stifteingabe schnell einen kurzen Text »eintippen« möchten. Auch bei Notebooks setzen manche Anwender die Bildschirmtastatur während Präsentationen ein, um nicht ständig zwischen einem Zeigegerät und der Tastatur wechseln zu müssen.

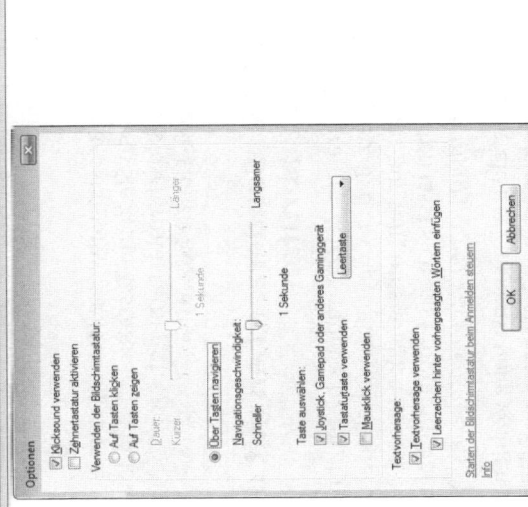

Bild 16.18:   Die Bildschirmtastatur und Optionen

Die Bildschirmtastatur (Bild 16.18, oben) rufen Sie über den Zweig *Alle Programme/Zubehör/Erleichterte Bedienung* des Startmenüs auf. Noch schneller geht es, wenn Sie in das Suchfeld »Bild« eintippen und dann den Befehl *Bildschirmtastatur* anklicken. Das Programm meldet sich mit einem Fenster, in dem eine stilisierte Tastatur gezeigt wird (Bild 16.18).

Für Tastatureingaben genügt es, die »Tasten« im Fenster der Bildschirmtastatur anzuklicken. Kombinationstasten werden abgerufen, indem Sie einfach die Tasten nacheinander anklicken (also z. B. zuerst *Umschalt* und dann *a* für den Großbuchstaben A).

Neu ist, dass die Bildschirmtastatur in Windows 7 mit einer Textvorhersage ausgestattet ist. Bereits beim Eintippen eines Zeichens werden mögliche Wörter in der obersten Zeile eingeblendet und nach weiteren eingegebenen Zeichen verfeinert. Taucht das gewünschte Wort auf, lässt es sich durch Anwählen abrufen.

Standardmäßig erwartet die Bildschirmtastatur das Anklicken der Tasten durch ein Zeigegerät. Sie können aber die Taste *Optionen* anwählen, um das gleichnamige Dialogfeld einzublenden (Bild 16.18, unten). Über das Kontrollkästchen *Textvorhersage verwenden* lässt sich die Wortvorschau zu- oder abschalten. Über die Optionsfelder der Gruppe *Verwenden der Bildschirmtastatur* lässt sich vorgeben, ob die Eingabe durch Klicken oder Zeigen auf die Zeile mit der gewünschten Taste erreicht, kann die Person durch einen Taster betätigen, wodurch der Scan in der Zeile die einzelnen Tasten schrittweise hervorhebt. Ein weiterer Tastendruck löst dann die aktuell markierte Taste aus. Dann werden die Tasten zeilenweise gescannt (optisch erkennbar). Ist die Tasten erfolgen soll. Für Menschen mit sensomotorischen Einschränkungen ist auch ein Scanmodus über die Option *Über Tasten navigieren* einschaltbar. Auf diese Weise können auch schwer motorisch eingeschränkte Menschen mithilfe der Bildschirmtastatur und der im folgenden Kapitel erwähnten Eingabehilfen den Computer bedienen.

Es ist zwar schon etwas exotisch, aber die Bildschirmtastatur ist auch hilfreich, wenn Sie keine Tastatur mit Windows-Tasten verwenden. Dann lässt sich die Bildschirmtastatur ggf. einsetzen, um über deren ⊞-Taste Funktionen wie Flip 3D abzurufen.

16.3.2 Sonderzeichen mit der Zeichentabelle abrufen

Das Programm Zeichentabelle bietet Ihnen die Möglichkeit, spezielle Zeichen wie z. B. das Copyrightsymbol oder fremdsprachige Symbole, die sich nicht oder nur sehr umständlich über die Tastatur abrufen lassen, einzugeben. Starten lässt sich das Programm über den Zweig *Alle Programme/Zubehör/Systemprogramme/Zeichentabelle* des Startmenüs.

Im Dialogfeld der Zeichentabelle wählen Sie zuerst die gewünschte Schriftart im gleichnamigen Listenfeld aus (Bild 16.19, links). Diese bestimmt die im Anzeigebereich darstellbaren Zeichen. Zeigen Sie anschließend auf eines der Anzeigefelder, wird der Unicode-Wert in einer QuickInfo eingeblendet. Ein Mausklick auf ein Zeichen ruft dieses in einer vergrößerten Darstellung ab.

Ein Mausklick auf das Zeichen und die Betätigung der Schaltfläche *Auswählen* trägt das Zeichen in das Textfeld *Zeichenauswahl* ein. Den gleichen Effekt erreichen Sie, wenn Sie ein Zeichen per Doppelklick anwählen.

Mit der Schaltfläche *Kopieren* werden die im Feld *Zeichenauswahl* befindlichen Zeichen in die Windows-Zwischenablage übernommen. Sie können dann das Fenster der Zeichentabelle über die in der rechten oberen Ecke gezeigte Schaltfläche *Schließen* beenden und die Zwischenablage über die Tastenkombination [Strg]+[V] im Anwendungsprogramm einfügen.

Die Zeichentabelle listet alle in der gewählten Schriftart unterstützten Zeichen in der Anzeigeliste auf (Bild 16.19, links). Markieren Sie das Kontrollkästchen *Erweiterte Ansicht*, erscheint der untere Bereich des Dialogfelds mit verschiedenen Optionen. Das Listenfeld *Zeichensatz* ermöglicht den Wechsel zwischen verschiedenen Zeichensätzen (Unicode, DOS, Windows). Über das Listenfeld *Gruppieren nach* lassen sich die Zeichen in Kategorien nach Unicode-Untergruppen (Japanisch, Chinesisch etc.) in der Darstellung abrufen. Sobald der Wert des Listenfelds von *(Keine Gruppierung)* auf einen anderen Wert umgestellt wird, erscheint ein separates Fenster zur Auswahl (Bild 16.19, rechts).

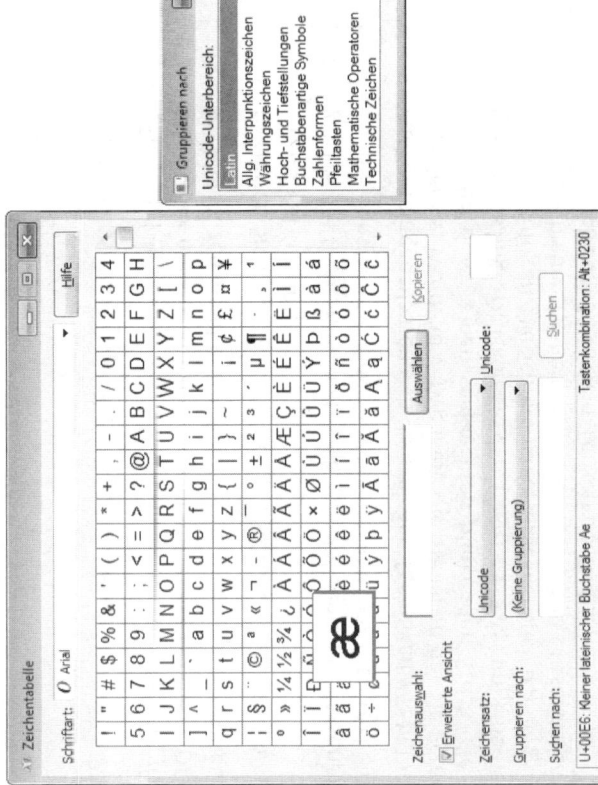

Bild 16.19: Die Zeichentabelle

Über das Textfeld *Suchen nach* können Sie in der Zeichentabelle nach einem Zeichen suchen lassen. Der Wert »griechisch« ruft beispielsweise griechische Buchstaben ab, während das kyrillische Alphabet mit »kyrillisch« adressiert wird. Mit

»Omega« würde beispielsweise nach dem Zeichen gleichen Namens gesucht, das sowohl im griechischen als auch im kyrillischen Alphabet enthalten ist.

Möchten Sie Zeichen nach deren Unicodes suchen? Auch dies ist mit Tricks im Modus *Erweiterte Ansicht* des Dialogfelds möglich. Sie müssen das Listenfeld *Zeichensatz* auf *Unicode* und das Feld *Gruppieren nach* auf (*Keine Gruppierung*) einstellen. Dann wird rechts neben dem Feld *Zeichensatz* das Feld *Unicode* freigegeben. Sie können dort den vierstelligen Unicode eintippen und dann auf die Schaltfläche *Suchen* klicken.

Der vierstellige Unicode wird in der erweiterten Darstellung in der linken unteren Ecke des Dialogfelds eingeblendet, sobald Sie ein Zeichen anklicken. In der rechten unteren Ecke finden Sie bei den direkt über die Tastatur abrufbaren Zeichen den Tastaturcode. Mit diesem Tastaturcode lassen sich die Zeichen auch direkt abrufen, indem Sie den Code bei gedrückter $\boxed{\text{Alt}}$-Taste über den numerischen Tastenblock eintippen. Eventuell müssen Sie aber vorher die Zahleneingabe über die $\boxed{\text{Num}}$-Taste einschalten. Das Zeichen A besitzt beispielsweise den Code $\boxed{\text{Alt}}$ +065, das Copyright-zeichen rufen Sie über den Code $\boxed{\text{Alt}}$ +0169 ab.

Windows 7 besitzt noch einen Editor für benutzerdefinierte Zeichen, mit dem Sie unter einem Administratorkonto selbst definierte Logos und Ähnliches erstellen können. Diesen Editor rufen Sie auf, indem Sie in das Suchfeld des Startmenüs den Befehl *eudcedit* eintippen. Die Hilfe des Programms liefert Hinweise darauf, was es bei der Gestaltung von Zeichen zu beachten gibt.

16.3.3 Arbeiten mit Kurznotizen

Sicherlich kennen Sie die kleinen gelben Haftnotizen, auf die man sich zu Merkendes notiert. Arbeiten Sie viel mit dem Computer? Dann können Sie solche Notizen direkt unter Windows erstellen und verwalten.

1. Rufen Sie im Startmenü über den Zweig *Alle Programme/Zubehör* den Befehl *Kurznotizen* auf.

2. Um im Programmfenster die Kurznotizen zu verfassen, klicken Sie auf das Fenster und tippen einfach den gewünschten Text ein.

Zur Texteingabe lassen sich die gleichen Techniken wie beim Windows-Editor oder bei WordPad verwenden. Die Stelle, an der Sie gerade Text eingeben, wird durch einen senkrechten blinkenden Strich, die Schreibmarke, gekennzeichnet. Drücken Sie die $\boxed{\text{Eingabe}}$-Taste, um eine neue Zeile in die Notiz einzufügen. Die Schreibmarke lässt sich auch über die Cursortasten im Text verschieben (siehe auch Tabelle 16.2). Die Cursortasten $\boxed{\uparrow}$ und $\boxed{\downarrow}$ dienen auch zum Blättern im Fenster der Notiz.

Möchten Sie eine weitere Notiz anlegen, klicken Sie auf die Schaltfläche *Neue Notiz*. Anschließend können Sie den Text in das neu eingeblendete Fenster eintippen. Eine nicht mehr benötigte Notiz lässt sich durch die in der rechten oberen Ecke sichtbare Schaltfläche löschen. Klicken Sie mit der rechten Maustaste auf das Fenster einer Notiz, öffnet sich ein Kontextmenü (Bild 16.20) mit Befehlen zum Arbeiten mit der Zwischenablage (Ausschneiden, Kopieren, Einfügen), zum Markieren und Löschen sowie zum Einfärben der Notizzettel.

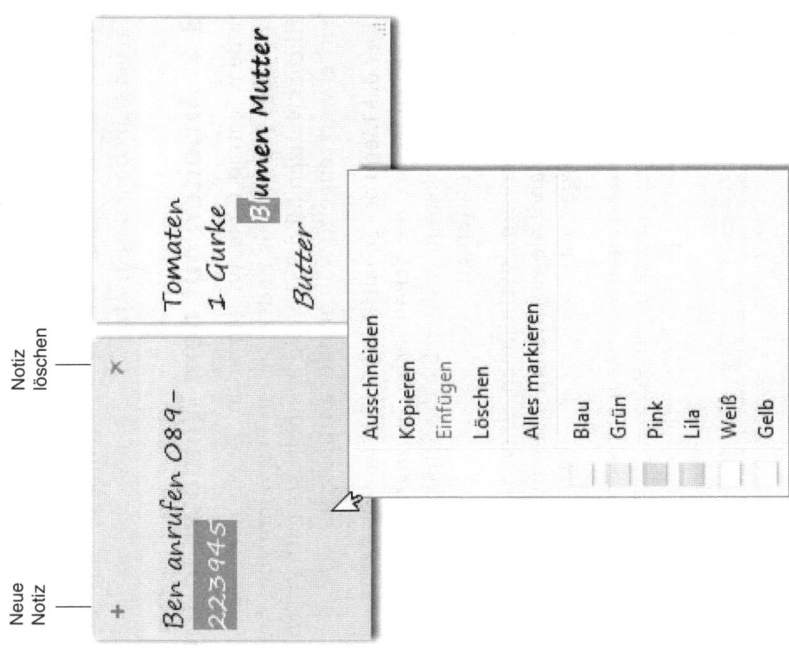

Bild 16.20:   Kurznotizen verfassen

Tasten	Bedeutung	Tasten	Bedeutung
[Strg]+[+]	Text wird tiefgestellt	[Strg]+[T]	Text durchstreichen
[Strg]+[⇧]+[+]	Text wird hochgestellt	[Strg]+[I]	Text kursiv
[Strg]+[L]	Text linksbündig	[Strg]+[U]	Text unterstreichen
[Strg]+[R]	Text rechtsbündig	[Strg]+[B]	Text fett
[Strg]+[E]	Text zentriert	[Strg]+[D]	Notiz löschen
[Strg]+[⇧]+[L]	Aufzählungszeichen	[Strg]+[N]	Neue Notiz

Tabelle 16.3:   Tasten zur Formatierung und Steuerung

Das Programm bietet keine Möglichkeit zum Anpassen der Schriftart und kann die Notizen auch nicht in Dateien speichern. Allerdings werden die Texte automatisch im Benutzerprofil unter *AppData\Roaming\Micro-soft\Sticky Notes* in der Datei *StickyNotes.snt* gesichert, stehen also auch nach einem Windows-Neustart noch zur Verfügung. Tabelle 16.3 enthält noch einige Tastenkombinationen, um den Text der Notiz zu formatieren oder Notizen anlegen und löschen zu können. Die Tastenkombinationen Strg + X , Strg + C und Strg + V zum Arbeiten mit der Zwischenablage lassen sich ebenfalls einsetzen.

16.3.4 Arbeiten mit dem Windows-Journal

Unter dem Eintrag *Windows-Journal* im Zweig *Alle Programme/Zubehör/Tablet PC* des Startmenüs finden Sie ein Programm zum Anfertigen handschriftlicher Notizen (Bild 16.21). Die Symbolleiste enthält Schaltflächen, um die Zeichenwerkzeuge zu wählen oder anzupassen.

■ Über das Menü der Schaltfläche *Stift* lässt sich die Stärke des Stiftwerkzeugs anpassen, die Schaltfläche *Textmarker* ermöglicht, Textstellen farblich zu markieren. Wählen Sie die Schaltfläche *Radierer*, können Sie Journalinhalte entfernen.

■ Das Auswahltool ermöglicht Ihnen, einen handschriftlichen Textbereich mit einer Freihandlinie einzurahmen. Der Auswahlbereich wird dann als Umrisslinie dargestellt.

■ Die Schaltfläche *Kennzeichner* stellt ein Menü zur Auswahl verschiedenfarbiger Flaggensymbole bereit. Klicken Sie anschließend in den Textbereich, wird dieser durch eine kleine stilisierte Flagge gekennzeichnet.

Bild 16.21: Notizen im Windows-Journal erstellen

Über das Menü *Einfügen* lassen sich Seiten, Textbereiche und Bilder in einem Journal einfügen. Ein Textbereich ist ein Container im Journal, in dem Sie per Tastatur Textnachrichten einfügen können. Die Notizen lassen sich über die Schaltfläche *Speichern* bzw. über den gleichnamigen Befehl und über den Befehl *Speichern unter* im Menü *Datei* in einer Journaldatei im Ordner *Dokumente/Notizen* sichern. Aus diesem Ordner lassen sich neue Notizen über Vorlagen mittels des Befehls *Neue Notiz von Vorlage* erzeugen. Das Menü *Datei* enthält auch den Befehl *Drucken*, um die Notiz auf einem Drucker auszugeben.

16.3.5 Tablet PC-Eingabebereich

Der Tablet PC-Eingabebereich unterstützt die Erkennung von handschriftlichen Eingaben auf Tablet PCs. Die als Text erkannten Eingaben können dann in eine Anwendung (z. B. Notepad, E-Mail-Programm etc.) eingefügt werden.

1. Starten Sie die Anwendung, in der Sie Texteingaben vornehmen möchten (z. B. den Windows-Editor) und rufen Sie anschließend den Eingabebereich über den Befehl *Tablet PC-Eingabebereich* im Zweig *Alle Programme/Zubehör/Tablet PC* des Startmenüs auf.

2. Wählen Sie im Fenster des Eingabebereichs (Bild 16.22) über die zwei in der linken oberen Ecke angezeigten Schaltflächen entweder das Zeichenpad oder die Bildschirmtastatur.

3. Anschließend geben Sie den Text über das gewählte Eingabemedium ein. Die Handschrifterkennung des Zeichenpads arbeitet im Hintergrund und stellt die erkannten Texte im Eingabebereich dar (Bild 16.22, oben).

4. Bei Bedarf lassen sich die Eingaben korrigieren, indem Sie auf fehlerhafte Buchstaben doppelklicken und dann die Zeichen buchstabenweise korrigieren (Bild 16.22, unten).

5. Stimmt der Text, lässt sich dieser mittels der *Einfügen*-Schaltfläche des Eingabebereichs in das Fenster der Anwendung übernehmen.

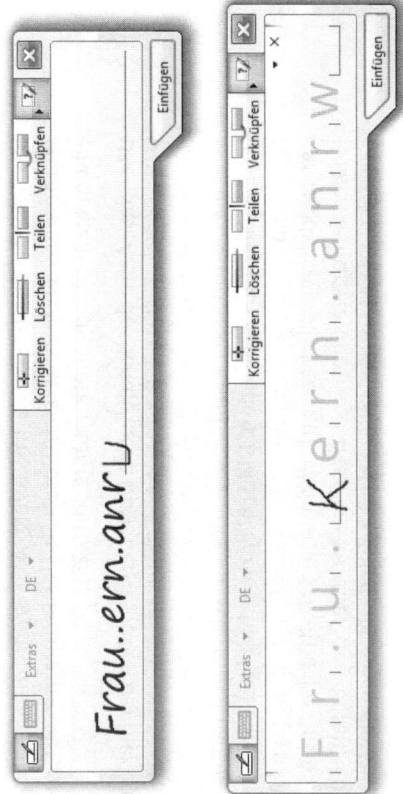

Bild 16.22: Tablet PC-Eingabebereiche

341

Nach einer Übernahme enthält der Bereich des Zeichenpads am rechten Rand Tasten, um im Anwendungsfenster mit dem übertragenen Text Zeichen zu löschen, Leerzeichen einzufügen etc.

HINWEIS

Die *Schließen*-Schaltfläche des Fensters minimiert den Eingabebereich standardmäßig am linken Bildschirmrand (es ist nur noch der Rand zu erkennen). Zeigen Sie auf diesen Rand, um anschließend den Eingabebereich durch Anklicken des minimierten Symbols wieder zu öffnen. Um das Programm endgültig zu beenden, wählen Sie im Menü der Schaltfläche *Extras* den Befehl *Beenden*. Allerdings lässt sich das Menü der Schaltfläche *Extras* während einer Eingabe nicht öffnen. Die handschriftliche Eingabe muss zum Öffnen des Menüs entweder gelöscht oder eingefügt werden. Im Menü der Schaltfläche *Extras* finden Sie zudem den Befehl *Docking*, um den Eingabebereich am oberen/unteren Bildschirmrand anzuheften. Der Befehl *Optionen* im Menü der Schaltfläche *Extras* öffnet ein Eigenschaftenfenster, über welches Sie die Einstellungen des Tablet PC-Eingabebereichs anpassen können. Im Menü der Schaltfläche *Extras* finden Sie auch Befehle, um eine zeichenweise Eingabe oder das Schreiben im Freihandstil vorzugeben. Weitere Informationen sind der Programmhilfe zu entnehmen.

TIPP

Am rechten Rand der Titelleiste lassen sich verschiedene Schaltflächen einblenden – ein-/ausschaltbar über die links neben der *Schließen*-Schaltfläche des Fensters befindliche Schaltfläche *Korrekturvideos ausblenden/einblenden*. Klicken Sie auf diese Schaltfläche, erscheint ein kleines Fenster mit einer Animation, die anzeigt, wie die betreffende Korrekturfunktion (z. B. Zeichen löschen) mit einem Eingabestift ausgeführt werden kann.

Über den Befehl *Handschrifterkennung anpassen* im Menü der Schaltfläche *Extras* oder im Zweig *Alle Programme/Zubehör/Tablet PC* des Startmenüs können Sie einen Assistenten aufrufen, der Sie in verschiedenen Dialogfeldern durch ein Training zur verbesserten Handschriftenerkennung führt.

16.3.6 Mathematik-Eingabebereich

Im Startmenü finden Sie im Zweig *Alle Programme/Zubehör* den Eintrag *Mathematik-Eingabebereich*. Rufen Sie das Programm auf, meldet es sich mit einem kleinen Eingabefenster (Bild 16.23).

Über das Menü der Schaltfläche *Optionen* lässt sich der hier links sichtbare Seitenbereich am linken bzw. rechten Rand des Eingabefensters ein-/ausblenden. Das Menü stellt auch Befehle bereit, um das Raster im Schreibbereich oder die Tasten [Entf] und [Enter] der Bildschirmtastatur in der rechten oberen Ecke ein-/auszublenden. Die *Schließen*-Schaltfläche des Anwendungsfensters minimiert dieses. Sie können aber das Anwendungssymbol im Infobereich der Taskleiste anklicken (ggf. vorher die Schaltfläche *Ausgeblendete Symbole einblenden* anwählen) und das Fenster über den Befehl *Einblenden* wieder anzeigen. Der Menübefehl *Beenden* schließt dagegen die Anwendung.

■ Zur Eingabe schreiben Sie die mathematische Formel freihändig (per Eingabestift oder per Finger auf Touchscreens) in den Eingabebereich des Fensters. Das Programm versucht die Formel zu erkennen und zeigt diese im Textbereich (am oberen oder unteren Fensterrand) an.

■ Wurden Teile der Formel fehlerhaft erkannt, klicken Sie im Seitenbereich auf die Schaltfläche *Auswählen und korrigieren*, kreisen den fehlerhaften Bereich per Stift im Eingabebereich ein und wählen aus der eingeblendeten Liste den zutreffenden Term aus.

■ Wird kein zutreffender Term angezeigt, müssen Sie die einzelnen Zeichen der bereits eingegebenen Formel entfernen. Wählen Sie im Seitenbereich die Schaltfläche *Löschen* und radieren Sie anschließend den unzutreffenden Teil der Formel im Eingabebereich aus.

■ Mittels der Schaltfläche *Löschen* lässt sich der gesamte Eingabebereich leeren, die Schaltflächen *Rückgängig* und *Wiederholen* können die letzten Eingabeoperationen zurücknehmen bzw. erneut anwenden.

Korrekt erkannte Formeln lassen sich mittels der am unteren Rand des Eingabebereichs sichtbaren Schaltfläche *Einfügen* an geeignete Anwendungen übertragen. Die optional in der Titelleiste eingeblendeten Tasten ⌫ Entf und ⏎ Enter ermöglichen, Zeichen im Text rechts von der Schreibmarke des Anwendungsfensters zu löschen bzw. neue Zeilen einzufügen.

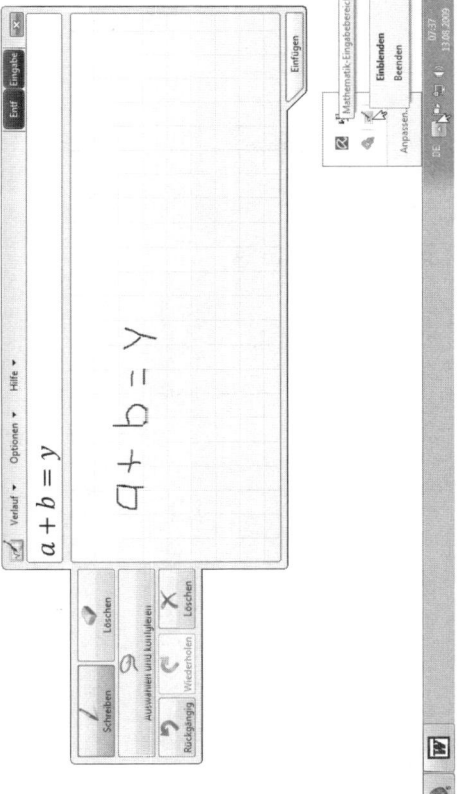

Bild 16.23:   Mathematik-Eingabebereich

TIPP

Momentan funktioniert die Übernahme der Formeln nur mit Microsoft Word 2007. Bei anderen Anwendungen (z. B. OpenOffice.org 3.1), die MathML unterstützen, klappt die Übernahme nicht. Wird das Satzprogramm LaTex verwendet, lässt sich die erkannte Formel aber in das Tex-Format konvertieren. Hierzu müssen der LaTex-Editor Inlage und der PDF-Konverter MiKTeX installiert sein. Klicken Sie bei geöffnetem LaTex-Editor im Mathematik-Eingabebereich auf die Schaltfläche *Einfügen*, sollte die Formel in den LaTex-Editor eingefügt werden.

16.3.7 Windows Live Writer

Der Windows Live Writer ist zwar kein direkter Bestandteil von Windows 7, kann aber mit den Windows Live Essentials kostenlos nachgerüstet werden (siehe *Kapitel 19* und *32*, Abschnitt »Software installieren/deinstallieren«). Das Programm ist ganz hilfreich, falls Blogs im Internet gepflegt werden. Ist Windows Live Writer installiert, lässt sich das Programm über den Zweig *Alle Programme/Windows Live/Windows Live Writer* aufrufen.

Blog konfigurieren

Beim ersten Start erscheint ein Assistent, der eine Konfigurierung des oder der zu pflegenden Blogs ermöglicht. Verwenden Sie die Schaltflächen *Weiter* und *Zurück*, um zwischen den einzelnen Dialogfeldern zu blättern.

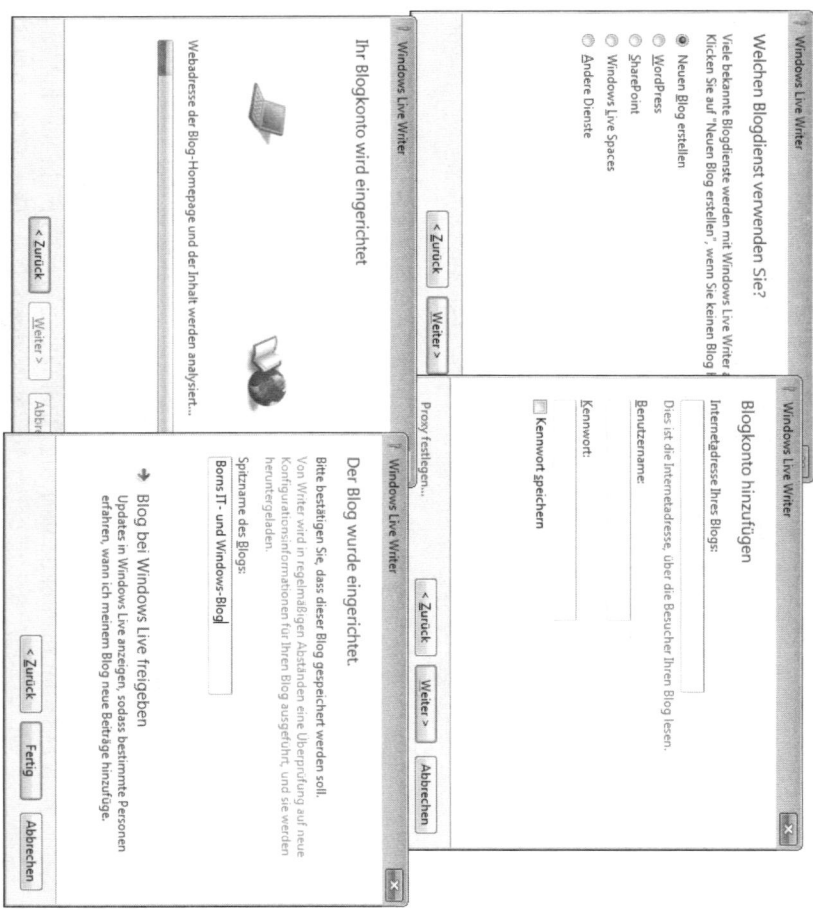

Bild 16.24: Blogzugang konfigurieren

☐ Im ersten Dialogfeld (Bild 16.24, oben links) wählen Sie über die Optionsfelder, welcher Blog konfiguriert wird. Windows Live Writer bietet den Zugriff auf bestehende Live Spaces- oder SharePoint-Blogs an, unterstützt aber auch andere Blogdienste. Zudem können Sie einen neuen Blog bei Windows Live einrichten lassen (sofern Sie ein Live ID-Konto besitzen).

■ Im zweiten Dialogfeld (Bild 16.24, oben rechts) werden die Zugangsdaten zum Blog erfragt. Sie müssen die Internetadresse des Blogs sowie den Anmeldenamen samt dem Kennwort eintragen. Ein Dialogfeld (Bild 16.24, unten links) informiert Sie über den Fortschritt beim Einrichten des Blogs.

Im Abschlussdialogfeld (Bild 16.24, unten rechts) lässt sich beim Einrichten eines neuen Windows Live-Blogs noch der Titel des Blogs eintragen. Anschließend ist der Assistent über die *Fertig*-Schaltfläche zu beenden.

HINWEIS

Die genaue Abfolge der Konfigurationsdialoge hängt vom verwendeten Bloganbieter ab. Bild 16.24 zeigt die Dialogfelder beim Einrichten eines Windows Live-Blogs. Haben Sie einen eigenen Blog (z. B. mit WordPress) eingerichtet, fragt der Assistent in zusätzlichen Dialogfeldern die Adresse des Blogs, den Typ der Blog-Software, die Zugangsdaten etc. ab. In diesem Fall sollten Sie entweder das Atom Publishing-Protokoll oder die XMP-RPC-Schnittstelle im Blog freigeben. Dies ermöglicht Windows Live Writer, die Beiträge direkt mit der Blog-Software auszutauschen. Bei Bedarf lassen sich die Einstellungen für Blogkonten über den Befehl *Konten* des Menüs *Extras* verwalten.

Bloginhalte erstellen

Sobald der Windows Live Writer (2011) für einen Blog konfiguriert wurde, können Sie im Programm neue Blogbeiträge verfassen oder bestehende Blogeinträge verwalten (Abbildung 16.25, oben). Die Darstellung lässt sich über Registerreiter, die in der unteren, linken Ecke des Dokumentbereichs eingeblendet werden, umschalten.

Über den Registerreiter *Vorschau* blendet der Writer eine Ansicht des Blogs im Dokumentbereich ein (Abbildung 16.25, unten). Beachten Sie aber, dass Dritte diese Beiträge erst sehen, nachdem diese über die im Menüband auf der Registerkarte *Start* befindliche Schaltfläche *Veröffentlichen* zum Server des Blogs hochgeladen wurden.

Wählen Sie die Registerkarte *Bearbeiten*, um Beiträge für den Blog zu erstellen (Abbildung 16.25, oben) oder zu bearbeiten. Bei einem neuen Blogbeitrag (anlegbar über das Menü der Schaltfläche *Neu* oder die Befehle des Menüs *Datei*) sind der Titel des Beitrags und dann der Text einzutragen. Über die Schaltflächen der Symbolleiste lässt sich der Inhalt des Blogbeitrags formatieren. Über die Hyperlinks des am rechten Rand gezeigten Aufgabenbereichs oder über die Menüschaltfläche *Einfügen* lassen sich Hyperlinks, Bilder, Tabellen etc. im Beitrag einfügen. Nach der Fertigstellung des Beitrags muss dieser über die Schaltfläche *Veröffentlichen* der Symbolleiste zum Server hochgeladen werden. Unveröffentlichte oder geänderte Beiträge lassen sich über die Schaltfläche *Entwurf speichern* lokal abgelegen. Die Schaltfläche *Öffnen* der Symbolleiste ermöglicht Ihnen, auf Entwürfe oder zuletzt veröffentlichte Blogbeiträge zuzugreifen und diese erneut zu laden. Weiterhin können Sie alle Funktionen des Writers über die Befehle der Menüleiste abrufen.

Bild 16.25: Blogbeiträge erstellen, verwalten und anzeigen

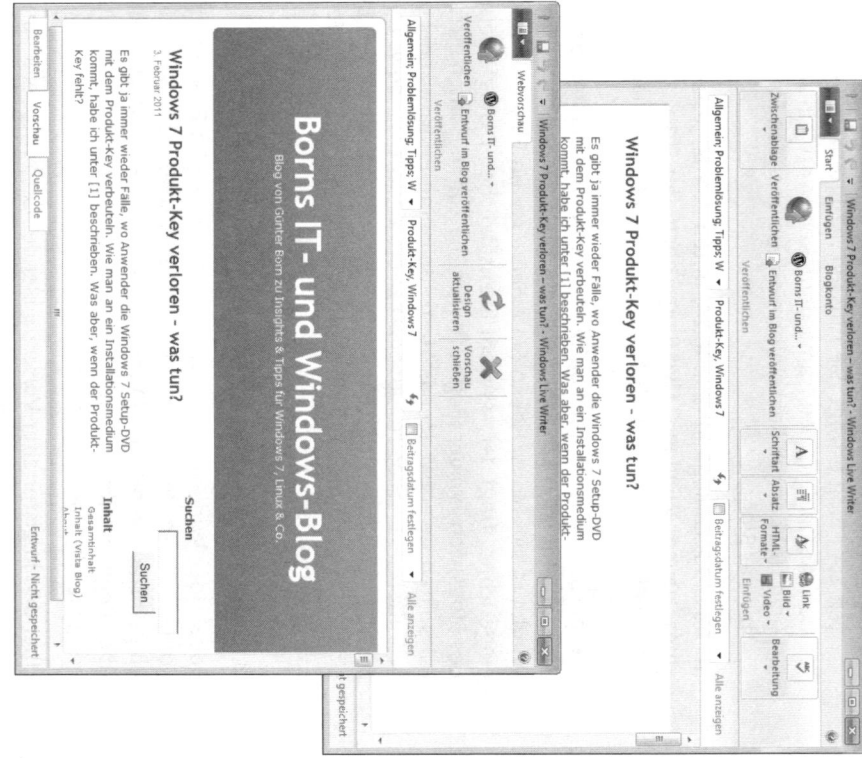

Die Menüschaltfläche *Blogkonten* der Registerkarte *Start* (Abbildung 16.26) ermöglicht Ihnen den Zugriff auf mehrere eingerichtete Blogs. Insgesamt ist der Windows Live Writer 2011 ein komfortables, durch Plug-Ins erweiterbares, Werkzeug zum Erstellen und Bearbeiten von Blogbeiträgen. Zusätzliche Hinweise zum Umgang mit dem Programm finden Sie in der Onlinehilfe zu Windows Live Writer, die sich über die Hilfeschaltfläche abrufen lässt.

 HINWEIS

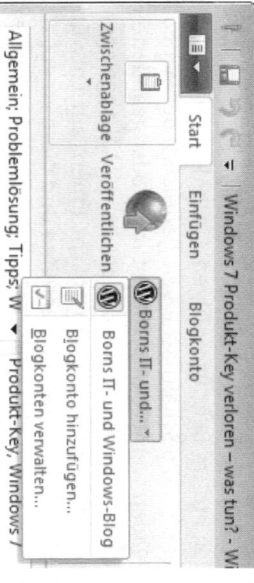

Bild 16.26: Auswahl des Blogs

17 Erleichterte Bedienung

Windows 7 stellt verschiedene Funktionen zur erleichterten Bedienung zur Verfügung. Dieses Kapitel zeigt Ihnen, wie Sie diese Funktionen einsetzen.

17.1 Arbeiten mit Eingabehilfen

Zur erleichterten Bedienung müssen bestimmte Einstellungen vorgenommen werden oder spezielle Funktionen eingeschaltet werden. Menschen mit diversen Beeinträchtigungen fällt es mitunter schwer, diese Anpassungen in den Windows-Einstellungen vorzunehmen. Windows unterstützt die Anpassung durch Assistenten. Nachfolgend wird skizziert, wie Sie Zugriff auf diese Assistenten erhalten.

17.1.1 Eingabehilfen aufrufen

Eingabehilfen lassen sich sehr komfortabel über das Center für erleichterte Bedienung starten. Dieses Center stellt auch Assistenten bereit, um spezielle Einstellungen vorzunehmen.

■ Sie können das Center für erleichterte Bedienung über das Startmenü aufrufen, indem Sie zum Zweig *Alle Programme/Zubehör/Erleichterte Bedienung* navigieren und den Programmeintrag anwählen.

■ Ist die Systemsteuerung geöffnet, klicken Sie auf die Kategorie *Erleichterte Bedienung* und in der Folgeseite auf *Center für erleichterte Bedienung*.

■ Haben Sie die Systemsteuerung von der Kategorie- in die Symbolansicht umgestellt, finden Sie dort direkt ein Symbol *Center für erleichterte Bedienung* vor. Ein Doppelklick auf das Symbol öffnet ebenfalls die in Bild 17.1 gezeigte Seite.

Natürlich lässt sich auch das Suchfeld des Startmenüs zum Aufruf verwenden. Tippen Sie den Begriff »Cen« ein und klicken Sie anschließend auf den angezeigten Befehl *Center für erleichterte Bedienung*. Das Center für erleichterte Bedienung meldet sich mit der in Bild 17.1, Vordergrund, gezeigten Seite. Die Bedienung des Programms ist recht einfach:

■ Im oberen Bereich finden Sie vier Einträge, um die Bildschirmlupe, die Bildschirmtastatur (Beschreibung in *Kapitel 16*), die Sprachausgabe und die Umschaltung auf hohen Kontrast direkt aufzurufen. Nach Anwahl des betreffenden Befehls startet die zugeordnete Anwendung (z. B. Bildschirmlupe).

■ Im unteren Bereich *Alle Einstellungen anzeigen* finden Sie eine Liste mit Befehlen, um Windows für Menschen mit unterschiedlichen (visuellen, motorischen oder anderen) Einschränkungen anzupassen und Unterstützung bei der Bedienung zu gewähren. Nach Anwahl des betreffenden Befehls öffnet sich eine Seite (Bild 17.2, unten), auf der die gewünschten Optionen über Kontrollkästchen und Optionsfelder gewählt und mittels der *OK*-Schaltfläche übernommen werden können.

■ Benutzer, die unsicher sind, welche Befehle zu verwenden sind, können im gelb eingefärbten Informationsbereich »Nicht sicher, wo Sie anfangen sollen?« den Hyperlink *Empfehlungen zur erleichterten Bedienung des Computers erhalten* anwählen. Dann startet ein Konfigurationsassistent (Bild 17.2, oben), der den Benutzer durch mehrere Schritte führt. In einzelnen Seiten lassen sich Kontrollkästchen mit zutreffenden Aussagen markieren. Über die *Weiter*-Schaltfläche am unteren Fensterrand sowie über die *Zurück*-Schaltfläche in der linken oberen Fensterecke lässt sich zwischen den Dialogschritten blättern.

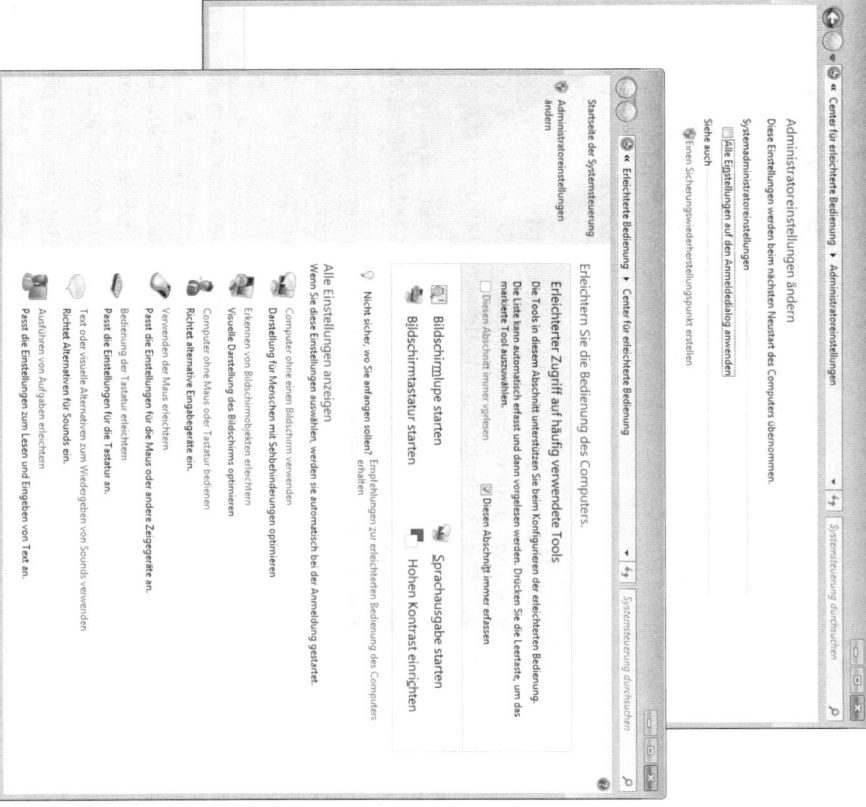

Bild 17.1:   Center für erleichterte Bedienung

Administratoren können in der Aufgabenleiste (linke Spalte) des Center für erleichterte Bedienung den Befehl *Administratoreinstellungen ändern* wählen. Dann erscheint die in Bild 17.1, Hintergrund, gezeigte Informationsseite. Über ein Kontrollkästchen lässt sich die Verwendung der Einstellungen auch beim Anmeldedialog erzwingen. Zudem besteht die Möglichkeit, vor der Umstellung des Systems einen Sicherungswiederherstellungspunkt zu erzeugen (um Windows über die Systemwiederherstellung ggf. wieder zurücksetzen zu können).

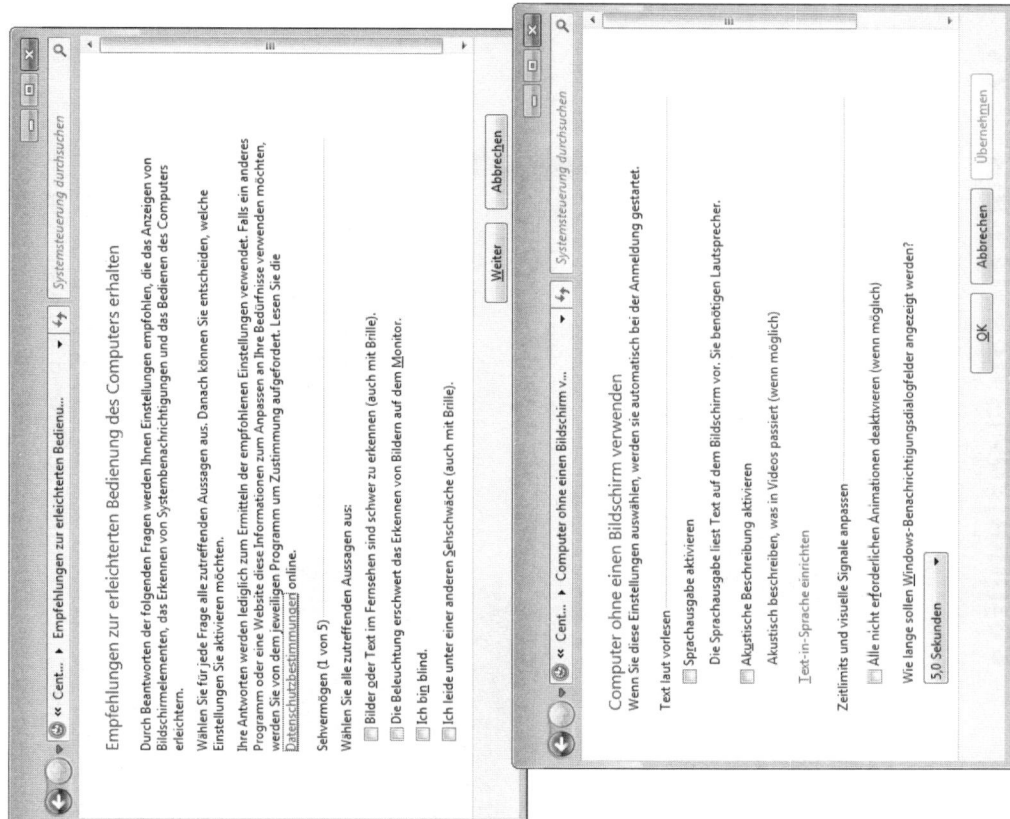

Bild 17.2: Konfigurationsseiten zur erleichterten Bedienung

17.1.2 Zugriff auf die Eingabehilfen bei der Anmeldung

Speziell bei der Benutzeranmeldung an der Willkommenseite stehen Benutzer mit bestimmten Einschränkungen vor dem Problem, dass gegebenenfalls noch kein Zugriff auf die Funktionen zur erleichterten Bedienung möglich ist. Sofern Sie diese Hilfen nicht über die Administratoreinstellungen (siehe vorherige Seite) bei der Anmeldung erzwingen, lassen sich einige Optionen auch auf der Willkommenseite abrufen.

Es genügt, in der Anmeldeseite auf die am unteren linken Desktoprand sichtbare Schaltfläche *Erleichterte Bedienung* zu klicken (Bild 17.3). Ein daraufhin eingeblendetes Dialogfeld ermöglicht es, durch Markieren verschiedener

Kontrollkästchen die gewünschten Funktionen zur erleichterten Bedienung auszuwählen. Die Bildschirmtastatur zur Eingabe des Anmeldekennworts lässt sich z.B. durch Markieren des Kontrollkästchens *Text ohne Tastatur eingeben (Bildschirmtastatur)* aktivieren. Die Option *Text auf dem Bildschirm laut vorlesen* schaltet die Sprachausgabe ein und *Elemente auf dem Bildschirm vergrößern* bringt die Bildschirmlupe zur Anzeige. Die Einstellungen werden wirksam, sobald Sie das Dialogfeld über die *OK*-Schaltfläche schließen.

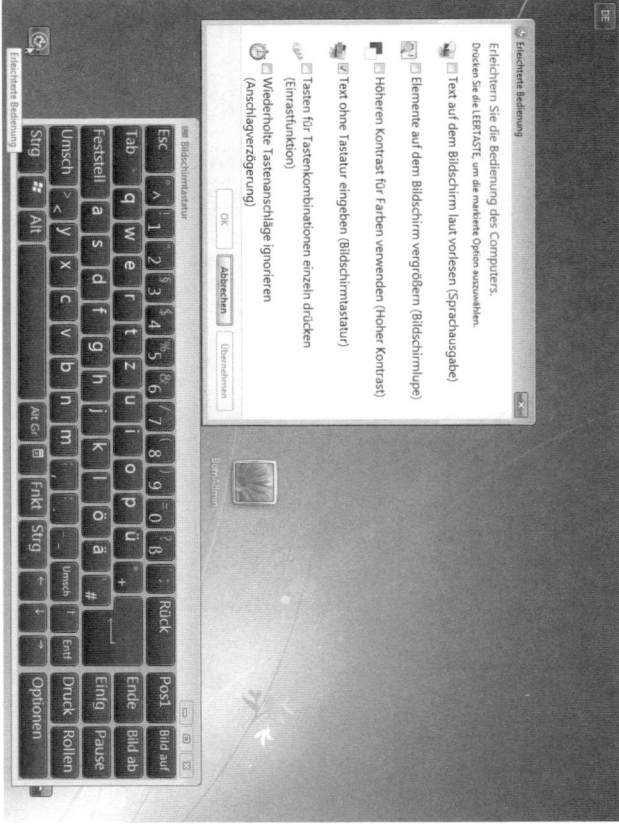

Bild 17.3: Erleichterte Bedienung bei der Anmeldung

17.2 Hinweise zu Eingabehilfen

Über die Optionen des Center für erleichterte Bedienung lassen Sie Windows 7 sehr speziell an die Bedürfnisse von Menschen mit Behinderungen anpassen. Nachfolgend möchte ich noch einige Hinweise auf spezielle Fragestellungen und Funktionen geben.

17.2.1 Barrierefrei trotz Sehbehinderung

Menschen mit einer stärkeren Sehbehinderung oder mit nur noch geringem Restsehvermögen können einerseits die in *Kapitel 34* beschriebenen Funktionen zur Anpassung der Bedienoberfläche (z.B. Bildschirmauflösung reduzieren, DPI-Auflösung erhöhen) verwenden, um Inhalt kontrastreicher oder vergrößert darzustellen. Windows unterstützt die Anpassung durch verschiedene Funktionen, von der Bildschirmlupe bis hin zu besonders kontrastreichen Anzeigeschemata. Auch Vorlesefunktionen (Screenreader) sind vorhanden. Der Befehl *Erkennen von Bildschirmobjekten erleichtern* im Center für erleichterte Bedienung zeigt die Konfigurationsseite aus Bild 17.4, in der Sie die gewünschten Optionen durch Markieren der Kontrollkästchen direkt einschalten können.

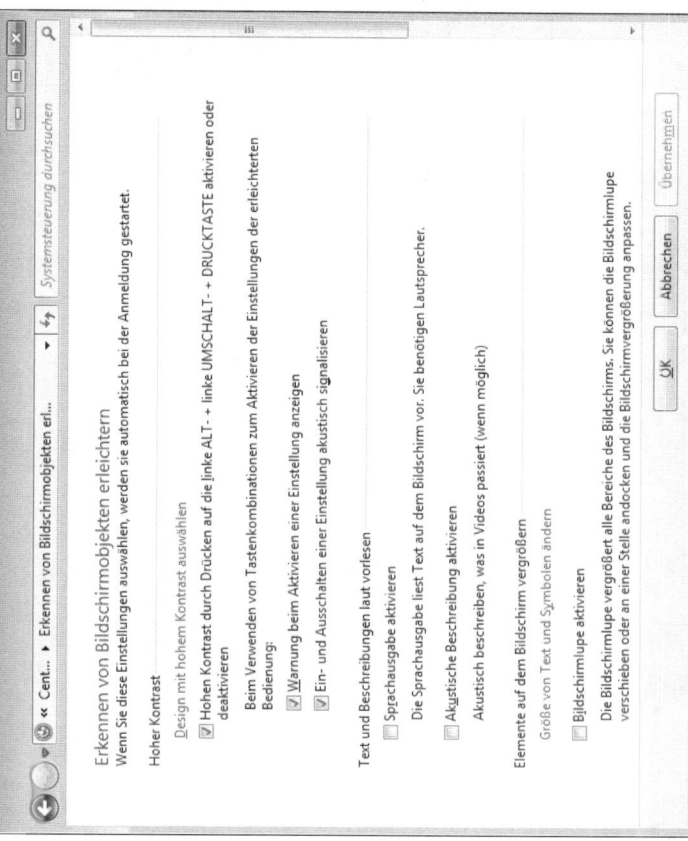

Bild 17.4: Erkennen von Bildschirmobjekten erleichtern

17.2.2   Verwendung der Bildschirmlupe

Die *Bildschirmlupe* ist bei Menschen mit starker Sehbehinderung hilfreich, um Teile des Bildschirms vergrößert anzuzeigen. Die Aktivierung kann per Startmenü (z. B. über den Zweig *Alle Programme/Zubehör/Erleichterte Bedienung/Bildschirmlupe*), über das Center für erleichterte Bedienung oder direkt durch Drücken der Tastenkombination ⊞ + + eingeschaltet werden. Das Programm zeigt einen vergrößerten Bildschirmbereich (Bild 17.5).

Die Bedienleiste *Bildschirmlupe* enthält zwei Schaltflächen mit den Symbolen + und –, über die sich die Vergrößerung schrittweise erhöhen bzw. reduzieren lässt. Den gleichen Effekt erhalten Sie bei eingeschalteter Bildschirmlupe durch Drücken der Tastenkombinationen ⊞ + + und ⊞ + –. Windows blendet aber die Bedienleiste nach kurzer Zeit aus und zeigt stattdessen ein Lupensymbol an. Ein Mausklick auf dieses Lupensymbol bringt die Bedienleiste wieder zur Anzeige. Da das Lupensymbol erfahrungsgemäß häufig übersehen wird bzw. bei starker Vergrößerung nur schwer zu finden ist, kann die Bedienleiste auch durch Anklicken der Schaltfläche der Bildschirmlupe in der Taskleiste eingeblendet werden.

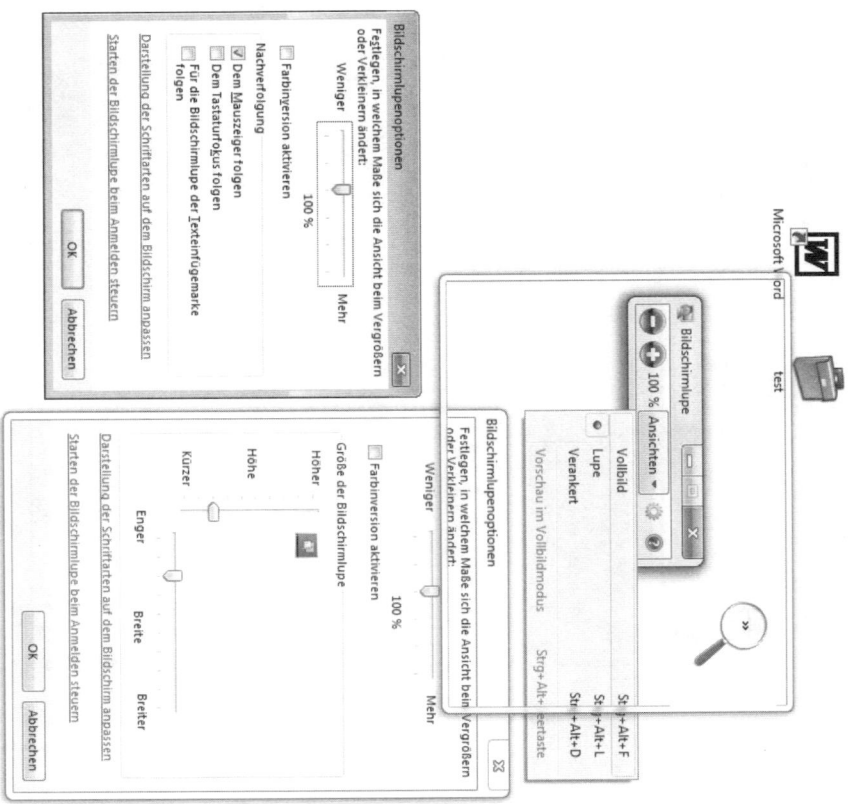

Bild 17.5: Fenster der Bildschirmlupe, Bedienleiste und Optionen

Über das Menü der Schaltfläche *Ansichten* lässt sich festlegen, wie die Bildschirmlupe verwendet werden darf.

■ Im Modus »Verankert« wird der Vergrößerungsbereich am oberen Desktoprand über die volle Bildschirmbreite eingeblendet. Der Modus lässt sich auch über die Tastenkombination [Strg]+[Alt]+[F] abrufen.

■ Beim Modus »Lupe« wird ein rechteckiger Lupenbereich zur Anzeige des vergrößerten Bildschirmbereichs angezeigt (Bild 17.5). Die Bildschirmlupe führt den Vergrößerungsbereich dabei den Mausbewegungen nach. Der Modus wird über die Tastenkombination [Strg]+[Alt]+[L] eingeschaltet.

■ Im Vollbildmodus wird der komplette Bildschirm vergrößert dargestellt. Diesen Modus empfinde ich am angenehmsten, wenn Bildschirminhalte nicht nur gelesen, sondern auch Eingaben und Bedienungen in Fenstern oder Dialogfeldern erfolgen sollen. Die Tastenkombination [Strg]+[Alt]+[D] schaltet zur Vollbilddarstellung. In diesem Modus lässt sich die Tastenkombination [Strg]+[Alt]+[Leer] drücken. Dann dunkelt Windows den Desktop ab, setzt die Vergrößerung zurück und markiert mit einem hellen Ausschnitt den momentan auf dem Desktop vergrößerten Bereich. Beim Loslassen der Tasten erscheint erneut die vergrößerte Vollbilddarstellung.

Beachten Sie aber, dass die obigen drei Modi nur im Anzeigemodus Aero verfügbar sind, im Anzeigeschema Windows 7-Basis steht nur der Modus »Verankert« bereit. Um das Verhalten der Bildschirmlupe anzupassen, lässt sich in der Bedienleiste *Bildschirmlupe* die Schaltfläche *Optionen* anklicken. Dann öffnet die Bildschirmlupe das Dialogfeld *Optionen*. Dessen Aussehen hängt vom eingestellten Anzeigemodus ab. Bild 17.5 zeigt rechts die Optionen für den Modus »Lupe«. Dort lässt sich über die Schieberegler nur die Breite und Höhe des Lupenbereichs anpassen – der Vergrößerungsbereich wird ja automatisch dem Mauszeiger nachgeführt. Abhängig von der Sehbeeinträchtigung lässt sich in diesem Modus noch das Kontrollkästchen *Farbinversion aktivieren* markieren, da diese einen starken Kontrast (schwarzer Hintergrund mit weißer Schrift) ermöglicht.

In den anderen Anzeigemodi erscheint dagegen das in Bild 17.5, links, gezeigte Dialogfeld *Optionen*. Über dessen Kontrollkästchen lässt sich vorgeben, ob die Bildschirmlupe dem Mauszeiger, dem Tastaturfokus (beim Drücken der ⇆-Taste) und/oder der Texteinfügemarke folgen soll. Sobald Sie die *Schließen*-Schaltfläche der Bedienleiste anwählen, wird die Bildschirmlupe beendet.

17.2.3   Hilfen für Tastatur und Maus

Menschen mit sensomotorischen Beeinträchtigungen oder Defiziten haben oft Schwierigkeiten, eine Maus sowie Tastatureingaben zu betätigen. Hier bieten die beiden Befehle *Verwenden der Maus erleichtern* und *Bedienung der Tastatur erleichtern* entsprechende Unterstützung.

■ Die Option *Verwenden der Maus erleichtern* öffnet das in Bild 17.6, oben links, sichtbare Fenster, in dem Sie z. B. spezielle, besser zu erkennende Mauszeiger wählen, die Funktionen der »Tastaturmaus« (Maussteuerung erfolgt über die Zehnertastatur) oder das Umschalten auf Fenster durch Zeigen aktivieren können. Die Tastaturmaus wird über das Kontrollkästchen *Maustasten aktivieren* eingeschaltet. Über den Hyperlink *Maustasten einrichten* öffnet sich die in Bild 17.6, unten links, sichtbare Konfigurationsseite, über die Sie Tastenkombinationen zum Umschalten auf die Tastaturmaus, die Beschleunigung und weitere Optionen vorgeben können.

■ Über den Befehl *Bedienung der Tastatur erleichtern* im Center für erleichterte Bedienung öffnen Sie die in Bild 17.6, oben rechts gezeigte Seite, über deren Optionen Sie ebenfalls die Maussteuerung über die Tastatur aktivieren können. Zusätzliche Optionen ermöglichen z. B., die Einrastfunktion der Tastatur (hilfreich bei Einfingerbedienung, um Tastenkombinationen wie Strg + C einzugeben), die Anschlagverzögerung (sinnvoll bei spastischem Muskeltonus oder Tremor) einzuschalten bzw. einzurichten u. s. w.

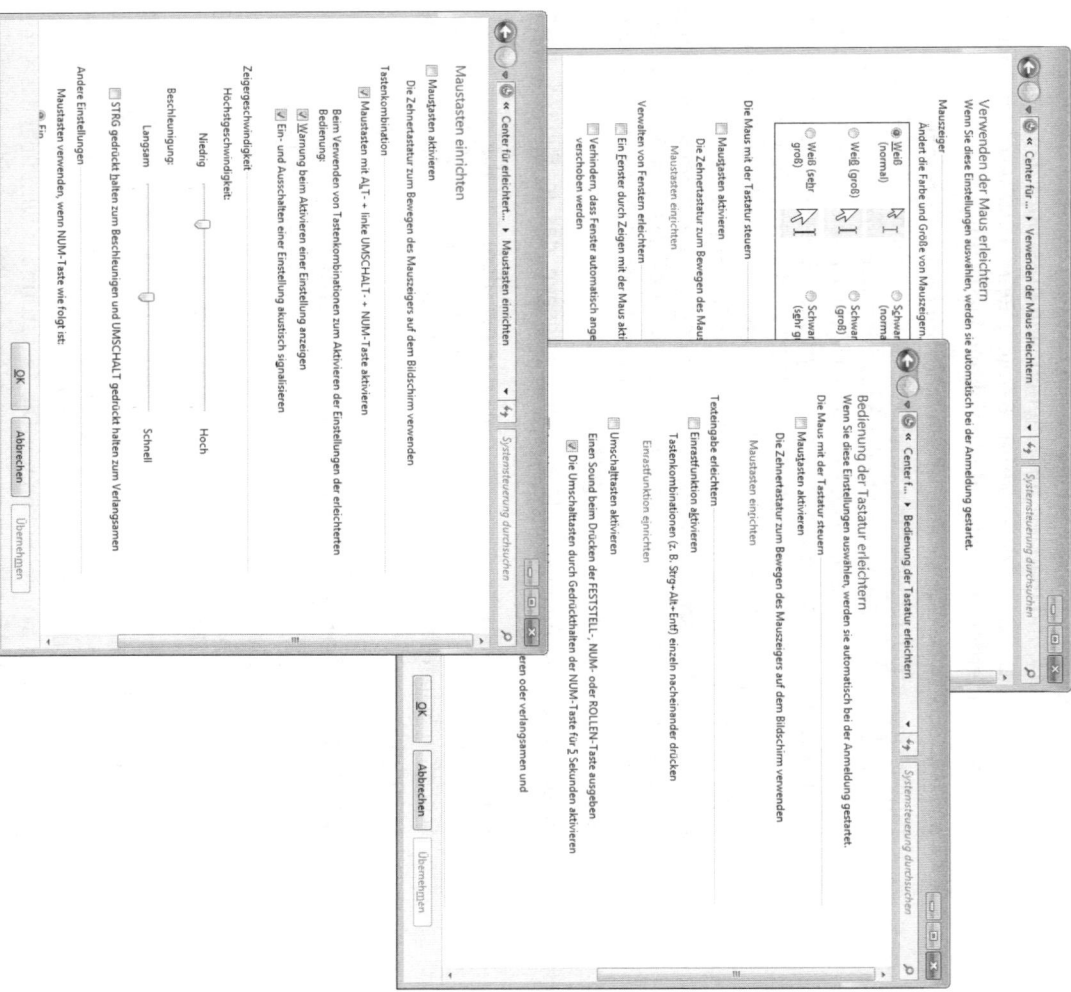

Bild 17.6: Verwenden von Maus und Tastatur erleichtern

Am Ende der betreffenden Konfigurationsseiten finden Sie Hyperlinks, über die sich Informationsseiten zu den betreffenden Optionen abrufen lassen.

17.2.4 Sprachausgabe unter Windows 7

Über das Center für erleichterte Bedienung oder das Startmenü (*Alle Programme/Zubehör/Erleichterte Bedienung/Sprachausgabe*) lässt sich die in Windows 7 integrierte Sprachausgabe starten. Die Sprachausgabe ist für blinde oder stark sehbehinderte Menschen hilfreich, meldet sie doch alle Änderungen auf dem Desktop akustisch. Sie erfahren, wenn ein Desktopsymbol markiert wurde, ob sich ein Dialogfeld oder ein Fenster auf dem Desktop öffnet oder ob die Taskleiste angewählt wurde. Bei Fenstern und Dialogfeldern wird dabei der Titel und ggf. der Dialogfeldinhalt vorgelesen. Das Gleiche gilt für Schaltflächen oder andere Elemente in Dialogfeldern. Öffnet der Benutzer ein Menü, liest die Sprachausgabe die Menübefehle vor. Zudem sagt die Spracheingabe alle Texteingaben an. Markieren Sie einen eingetippten Text, wird dieser bei manchen Anwendungen wie dem Windows-Editor oder WordPad komplett vorgelesen. Rufen Sie eine Internetseite auf, sagt die Sprachausgabe deren URL an. Zeigen Sie in der Webseite auf Hyperlinks, die mit einer QuickInfo versehen sind, wird deren Text vorgelesen. Wird ein Hyperlink angeklickt, die linke Maustaste aber gedrückt gehalten, liest Windows den Hyperlink vor.

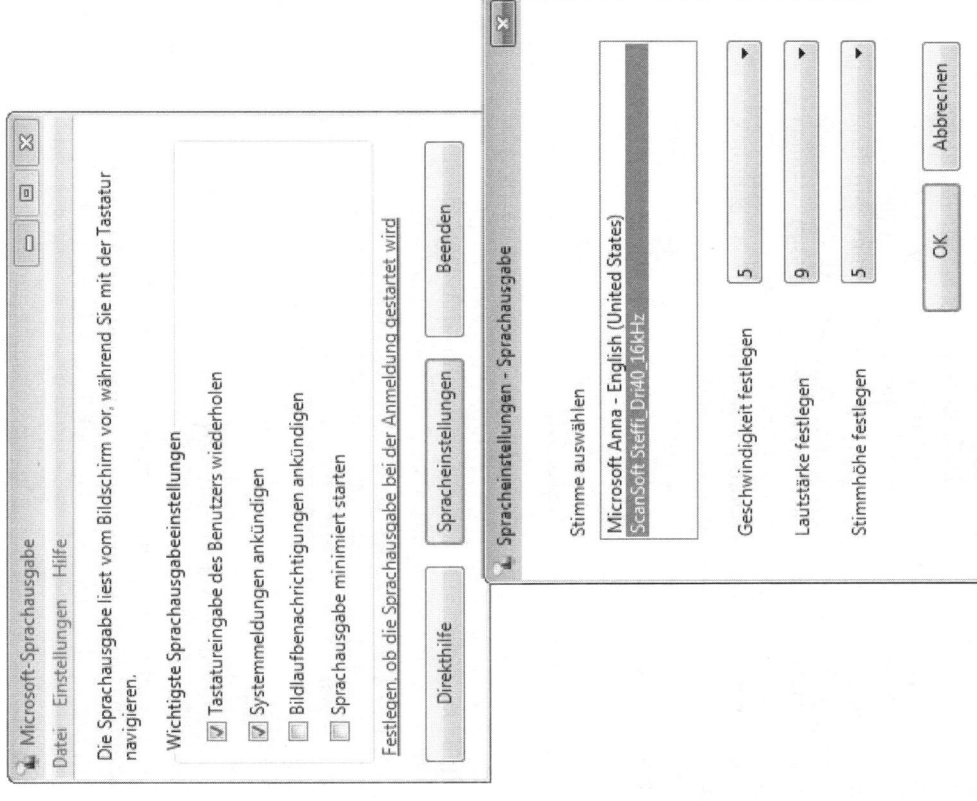

Bild 17.7: Dialogfelder der Windows-Sprachausgabe

Die Sprachausgabe meldet sich nach dem Start mit einem Dialogfeld und fordert den Benutzer zur Auswahl der Sprache auf. Das Dialogfeld lässt sich durch Drücken der Esc-Taste oder mittels der *Schließen*-Schaltfläche beenden. Anschließend sollte das in Bild 17.7, oben, sichtbare Dialogfeld mit den Optionen der Sprachausgabe erscheinen. Durch Markieren der Kontrollkästchen können Sie vorgeben, ob Tastatureingaben vorzulesen, Systemmeldungen oder Bildlaufbenachrichtigungen anzukündigen sind und ob die Sprachausgabe zukünftig minimiert starten soll. Über die Schaltfläche *Spracheinstellungen* öffnen Sie das in Bild 17.7, unten, sichtbare Dialogfeld. Dort lässt sich eine der aufgeführten Stimmen auswählen. Anschließend können Sie die Stimmhöhe, Sprechgeschwindigkeit sowie die Lautstärke anpassen und dann das Dialogfeld über die OK-Schaltfläche schließen. Die Ausgabe wird beendet, sobald Sie im Dialogfeld *Microsoft-Sprachausgabe* auf die *Beenden*-Schaltfläche klicken und auch die Sicherheitsabfrage bestätigen.

HINWEIS

Beim Aufruf der Sprachausgabe bzw. bei der Anzeige des Dialogfelds zur Auswahl des Sprechers wird das Problem aber bereits deutlich: Aus lizenzrechtlichen Gründen liefert Microsoft auch in Windows 7 nur eine englische Stimme mit dem Betriebssystem aus. Die Sprachausgabe ist daher kaum zu verstehen und Sie kommen nicht umhin, eine deutsche Stimme nachzurüsten. Problem bei diesem Ansatz ist allerdings, dass solche Stimmen lizenzpflichtig sind. Von Microsoft wurde zwar die gut verständliche deutsche Stimme Steffi (*RSSolo4German.zip*) zeitweise für die Nachrüstung eigener Programme wie AutoRoute 2006 zum kostenlosen Download angeboten. Zwischenzeitlich hat Microsoft den Download der RealSpeak-Stimme (vermutlich aus lizenzrechtlichen Gründen) entfernt. Leider werden vom Anbieter der RealSpeak-Technologie (www.nuance.com) meiner Kenntnis nach auch keine deutschen Stimmen mehr für Endkunden angeboten. Falls die RealSpeak-Stimme Steffi nicht mit einem anderen Produkt installiert wurde, müssen Sie auf andere Lösungen ausweichen.

Sie können die Datei *lhttsged.exe* (z. B. von der Internetseite www.speaktext.com/downloadtts.htm per Klick auf »German (Male and Female)«) herunterladen und ausführen. Die betreffende Datei enthält zwei deutsche Stimmen, die von Microsoft für verschiedene Produkte verwendet werden. Unter http://www.borncity.com/blog/2009/06/30/deutsche-sprach-ausgabe-in-windows-7/ finden Sie Hinweise auf Anbieter weiterer TTS-Stimmen. Bei einigen dieser Stimmen lässt sich zumindest die Funktionsfähigkeit testen. Um die Sprachausgabe kontinuierlich einsetzen zu können, muss eine Lizenz für das betreffende Sprachpaket erworben werden. Der hier skizzierte Ansatz eignet sich lediglich zum Testen der Sprachausgabe. Sofern Sie eine deutsche Stimme separat lizenzieren müssen, empfiehlt es sich, direkt auf einen kommerziell angebotenen Screenreader wie JAWS, HAL, COBRA, Virgo etc. zurückzugreifen, da diese die benötigten Stimmen für die Sprachausgabe bereits enthalten. Hier möchte ich für weiterführende Informationen auf den von mir bei Markt+Technik erschienenen Titel »Computer trotz Handicap« verweisen, der auf assistive Technologien in diesem Bereich samt Screenreadern und Zusatzgeräten wie Braillezeilen eingeht.

17.2.5 Spracherkennung und -steuerung

Für Menschen mit einer Sehbehinderung oder motorischen Beeinträchtigungen bzw. Lähmungen, die sich sprachlich mitteilen können, dürfte die Sprachsteuerung des Computers ein interessantes Thema darstellen. Neben der Steuerung von Windows ist auch die Erfassung geschriebener Texte durch Diktieren denkbar. Windows 7 wird mit einer Funktion zur Spracheingabe ausgeliefert. Um die Spracheingabe zu nutzen, muss ein Mikrofon am Computer angeschlossen und eingerichtet sein. Zudem ist die Spracherkennung zu trainieren und der Bediener muss die betreffenden Sprachbefehle kennen. Nachfolgend möchte ich kurz erläutern, wie sich die Spracherkennung von Windows 7 einrichten und verwenden lässt.

Die Spracherkennung konfigurieren

Eine Spracherkennung am Computer ist immer sprecherabhängig, d. h., die Funktion muss vor der Verwendung konfiguriert werden. Daher startet beim ersten Aufruf der Spracherkennung auch der Einrichtungsassistent. Zum nachträglichen Einrichten der Spracherkennung gehen Sie in Windows 7 in folgenden Schritten vor:

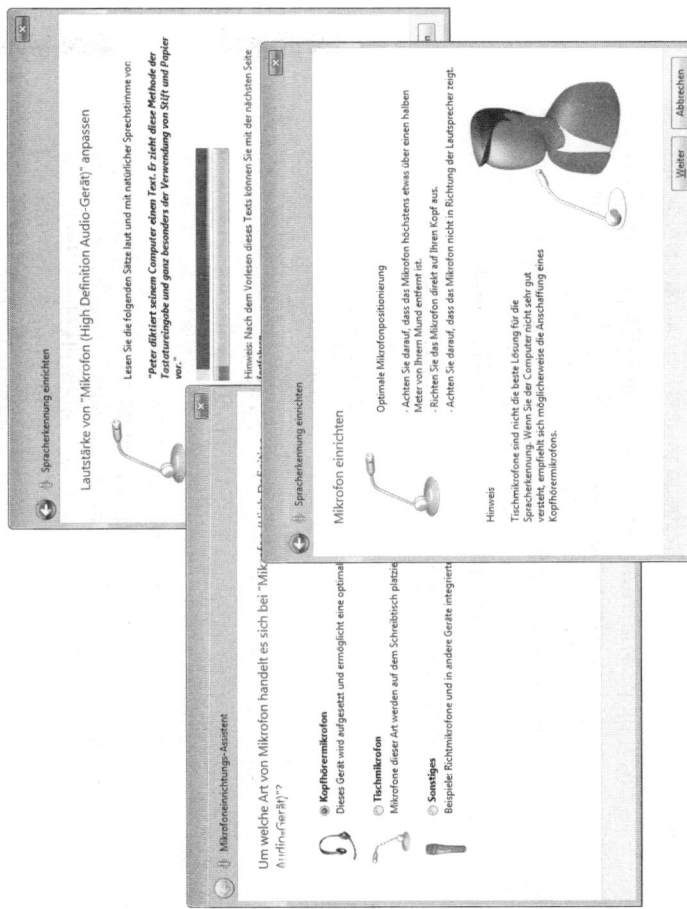

Bild 17.8: Spracherkennung konfigurieren

1. Öffnen Sie die Windows-Systemsteuerung über den entsprechenden Startmenüeintrag, tippen Sie in das Suchfeld »Sp« ein und wählen Sie dann in der Kategorie *Spracherkennung* den Befehl *Mikrofon einrichten* an.

2. Anschließend verwenden Sie die *Weiter*-Schaltfläche im Einrichtungsassistenten, um das Mikrofon einzurichten (Bild 17.8).

Sie müssen die Art des Mikrofons wählen (Bild 17.8, links) und dann einen
angezeigten Text in normaler Lautstärke vorlesen. Sie sollten dann im Fort-
schrittsbalken eine Pegelanzeige in grüner Farbe sehen. Die Pegelausschläge
müssen in den grünen Bereich reichen. Pegelausschläge im rot markierten
Bereich deuten auf eine zu hohe Lautstärke hin. Bei einem fehlenden Pegelausschlag liegt ein Fehler vor oder das Mikrofon ist ausgeschaltet (siehe folgende Erläuterungen). Sobald das Mikrofon erkannt wurde, lässt sich die
Weiter-Schaltfläche anwählen.

TIPP

Zeigt das Dialogfeld zum Testen des Mikrofons keinen Pegelausschlag?
Dann ist irgendetwas mit der Mikrofonabstimmung nicht in Ordnung. Prüfen Sie als Erstes, ob das Mikrofon an der richtigen Audiobuchse angeschlossen ist. Falls es bei einem Desktopcomputer mit dem Mikrofonan-
schluss an der vorderen Gehäusebuchse nicht klappt, schauen Sie nach, ob
eine Mikrofonbuchse an der hinteren Gehäuseseite existiert, und testen
Sie diese. Ist dort kein Fehler zu finden, klicken Sie mit der rechten Maustaste auf das Lautsprechersymbol der Taskleiste und wählen den Kontextmenübefehl *Aufnahmegeräte*. Im Eigenschaftenfenster *Sound* lässt sich
auf der Registerkarte *Aufnahme* nachsehen, ob ein Mikrofon konfiguriert
wurde. Wird auf der Registerkarte *Aufnahme* kein Mikrofoneingang angezeigt, klicken Sie eine Stelle der Registerkarte mit der rechten Maustaste
an und markieren die Kontextmenübefehle *Deaktivierte Geräte anzeigen*
sowie *Getrennte Geräte anzeigen*. Der Mikrofoneingang muss mit einem
grünen Kreis mit weißem Häkchen versehen sein. Sie können den Mikrofoneingang mit der rechten Maustaste anklicken und über den Kontextmenübefehl *Als Standardgerät wählen* entsprechend markieren. Wenn Sie
dann ins Mikrofon sprechen, sollte die Pegelanzeige auf der Registerkarte
in Form eines grünen Balkens ausschlagen. Dann ist das Mikrofon arbeitsbereit.

Stimmentraining der Sprachsteuerung

Um die Spracherkennung besser auf den Benutzer abzustimmen, lässt sich ein
Stimmentraining durchführen. Beim Erstaufruf der Sprachausgabe folgen
nach der Mikrofonkalibrierung die betreffenden Schritte. Um die Sprecher-
kennung nachträglich zu konfigurieren, starten Sie die *Sprachausgabe* (siehe
unten), klicken die Steuerleiste mit der rechten Maustaste an und wählen den
Kontextmenübefehl *Sprachlernprogramm starten* (Bild 17.9).

Die Spracherkennung startet ebenfalls einen Assistenten, der Sie in verschiedenen Dialogfeldern durch das Stimmentraining führt. Klicken Sie jeweils
auf die *Weiter*-Schaltfläche. Lesen Sie die in den einzelnen Dialogfeldern
angezeigten Texte in normaler Sprechlautstärke vor. Sobald das Dialogfeld
mit der Schaltfläche *Fertig stellen* erscheint, beenden Sie den Assistenten
über diese Schaltfläche. In den Dialogfeldern gibt die Spracherkennung
Ihnen zudem die Möglichkeit, eine Sprachreferenzkarte (mit Hinweisen zur
Sprachsteuerung) zu drucken.

Die Spracherkennung verwenden

Ist das Mikrofon eingerichtet und das Stimmentraining abgeschlossen, können Sie die Spracherkennungsfunktion verwenden. Zum Aufruf der betreffenden Spracherkennung können Sie das Startmenü (Zweig *Alle Programme/Zubehör/Erleichterte Bedienung/Windows-Spracherkennung*) oder das Center für erleichterte Bedienung verwenden. Die Spracherkennung blendet ein kleines Fenster mit einer Statusanzeige auf dem Windows-Desktop ein (Bild 17.9).

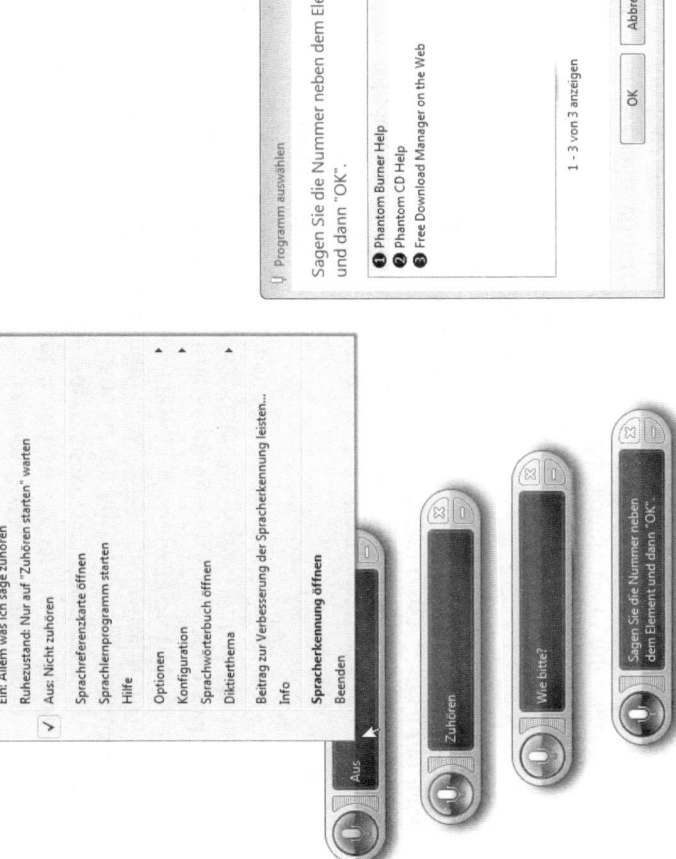

Bild 17.9:   Statusanzeige der Spracherkennung

Die Farbe der Mikrofonschaltfläche sowie ein Statustext signalisieren den Modus der Spracherkennung. Klicken Sie die Statusanzeige der Spracherkennung mit der rechten Maustaste an, erscheint das in Bild 17.9 gezeigte Kontextmenü.

- Über den Menüeintrag *Optionen* lässt sich über Untermenübefehle festlegen, ob die Spracherkennung ein hörbares Feedback geben soll, ob das Programm beim Windows-Start auszuführen ist, ob Text zur Korrektur in ein Korrekturdialogfeld einzutragen ist und ob sich die Spracherkennung immer im Diktatmodus (zur Texteingabe) befinden soll.

- Der Menüeintrag *Konfiguration* stellt im Untermenü Befehle zum Einrichten des Mikrofons, zum Stimmentraining sowie zum Zugriff auf die Seite *Spracherkennungsoptionen* (Bild 17.8, unten) der Systemsteuerung zur Verfügung.

359

Über weitere Befehle lässt sich der Zuhörenmodus der Spracherkennung ein-/ausschalten, das Sprachlernprogramm starten oder die Hilfeseite mit der Sprachreferenzkarte aufrufen. Über die Sprachreferenzkarte erhalten Sie detaillierte Erläuterungen zum Umgang mit dem Programm sowie Hinweise zum Aufrufen von Funktionen.

HINWEIS

Zum besseren Erkennen von Wörtern beim Diktat lassen sich Einträge im Sprachwörterbuch ergänzen. Rufen Sie das betreffende Dialogfeld über den Kontextmenübefehl *Sprachwörterbuch öffnen* (Bild 17.9) auf. Im Start-dialogfeld können Sie einen der angezeigten Befehle wählen, um Wörter hinzuzufügen, zu ändern oder vom Diktat auszuschließen. Die Zahl der angezeigten Befehle hängt davon ab, ob bereits Wörter vereinbart sind oder nicht. In Folgedialogfeldern lassen sich dann das Wort per Tastatur eintippen, Optionen vergeben und die Aussprache per Mikrofon erfassen. Mit einem gut abgestimmten Mikrofon und entsprechend trainierter Spracherkennung können erfahrene Sprecher das System sprachgesteuert bedienen. Kann die Spracherkennung ein Kommando nicht erkennen, erscheint ggf. ein Dialogfeld (Bild 17.9, rechts) mit möglichen Befehlen. Dann reicht es, die angegebene Nummer und das Word »OK« zum Befehls-aufruf zu sprechen.

TIPP

Lässt sich die Spracherkennung bei Ihnen nicht starten und meldet Windows 7, dass die zur Spracherkennung benutzte Sprache mit der Spra-che der Benutzeroberfläche übereinstimmen muss? Den Grund habe ich bisher nicht herausfinden können, aber unter http://www.borncity.com/blog/2010/02/23/spracherkennung-meldet-falsche-sprache/ finden Sie Hin-weise zur Behebung des Problems.

An dieser Stelle möchte ich die Einführung in die Funktionen zur erleichterten Bedienung beenden. Aus Platzgründen konnte vieles nur angerissen werden. Andererseits erfordert der Einsatz assistiver Technologien häufig auch eine Abstimmung der Hardware mit Spezialein-/ausgabegeräten. Hier möchte ich interessierte oder betroffene Leser auf den von mir bei Markt+Technik erschie-nenen Titel »Computer trotz Handicap« verweisen, der auf assistive Technolo-gien in diesem Bereich eingeht und auch Spezialhardware vorstellt.

18 Arbeiten mit der Eingabeaufforderung

Windows stellt das Fenster der Eingabeaufforderung bereit, um ältere MS-DOS-Anwendungen auszuführen oder Befehle über die Eingabeaufforderung aufzurufen. Dieses Kapitel zeigt Ihnen den Umgang mit der Eingabeaufforderung.

18.1 Die Eingabeaufforderung aufrufen und nutzen

Die folgenden Abschnitte beschreiben, wie Sie das Fenster der Eingabeaufforderung aufrufen und dann nutzen können.

18.1.1 Die Eingabeaufforderung aufrufen und beenden

Das Fenster der Eingabeaufforderung lässt sich im Startmenü über den Eintrag *Alle Programme/Zubehör/Eingabeaufforderung* öffnen. Das Fenster der Eingabeaufforderung (Bild 18.1) zeigt dann die Meldung des Befehlsprozessors.

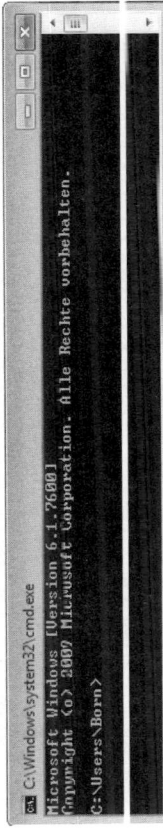

Bild 18.1: Fenster der Eingabeaufforderung

In der Zeile mit der Eingabeaufforderung werden das aktuelle Laufwerk und das aktuelle Verzeichnis angezeigt. Dieses Verzeichnis zeigt auf die Ordner des Benutzerkontos. Sie können anschließend Befehle in der Eingabezeile eingeben oder MS-DOS- sowie Windows-Programme aufrufen.

Zum Schließen der Eingabeaufforderung tippen Sie den Befehl *Exit* ein und drücken anschließend die Enter-Taste. Das Fenster der Eingabeaufforderung lässt sich zudem über die *Schließen*-Schaltfläche bzw. über den gleichnamigen Befehl des Systemmenüs schließen.

TIPP

Sie können zum Öffnen der Eingabeaufforderung auch den Text »cmd« in das Suchfeld des Startmenüs eintippen und die Enter-Taste drücken. Für viele Systemaufgaben (z.B. den schreibenden Zugriff auf Systemdateien) sind administrative Berechtigungen in der Eingabeaufforderung erforderlich. Um das Fenster mit diesen Rechten zu öffnen, tippen Sie ebenfalls den Text »cmd« in das Suchfeld des Startmenüs ein. Anschließend drücken Sie die Tastenkombination Strg + ⇧ + Enter – oder Sie warten, bis Windows den Befehl *Eingabeaufforderung* im Startmenü als Suchergebnis auflistet – und starten das Programm über den Kontextmenübefehl *Als Administrator ausführen*. Anschließend ist die Abfrage der Benutzerkontensteuerung zu bestätigen. Die Eingabeaufforderung enthält dann den Text »Administrator« in der Titelleiste. Starten Sie aus dieser Eingabeaufforderung z. B. den Windows-Editor mit dem Befehl *Notepad* [Enter], erbt das Programm eben- falls Administratorrechte. Sie können dann z. B. Systemdateien wie *hosts* etc. im Editor öffnen und anschließend auch Änderungen zurückspeichern.

Eingabeaufforderung über Verknüpfungen und Kontextmenü aufrufen

Benötigen Sie das Fenster der Eingabeaufforderung häufiger, empfiehlt es sich, eine entsprechende Verknüpfung auf dem Desktop einzurichten. Sie können hierzu das Symbol der Eingabeaufforderung aus dem Startmenü bei gedrückter rechter Maustaste auf den Desktop ziehen und im Kontextmenü den Befehl *Verknüpfungen hier erstellen* wählen.

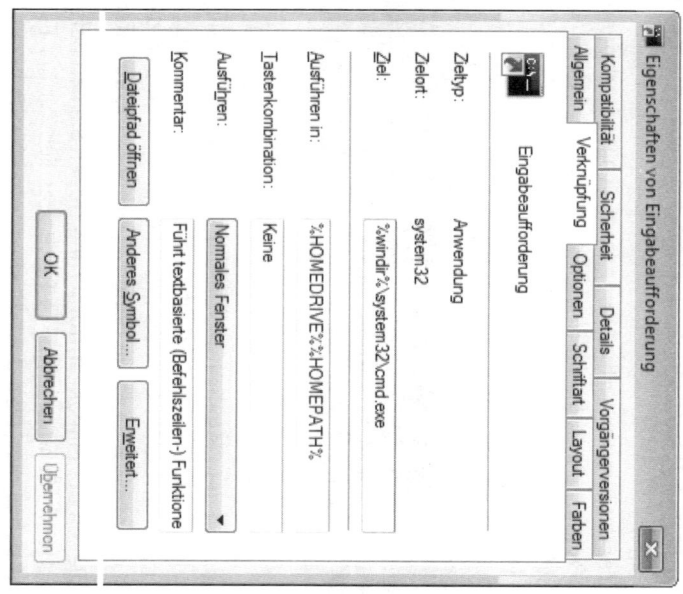

Eigenschaften von Eingabeaufforderung

| Allgemein | Verknüpfung | Optionen | Schriftart | Layout | Farben |
| Kompatibilität | Sicherheit | Details | Vorgängerversionen |

Eingabeaufforderung

Zieltyp: Anwendung
Zielort: system32
Ziel: %windir%\system32\cmd.exe

Ausführen in: %HOMEDRIVE%%HOMEPATH%
Tastenkombination: Keine
Ausführen: Normales Fenster
Kommentar: Führt textbasierte (Befehlszeilen-) Funktionen

Dateipfad öffnen   Anderes Symbol...   Erweitert...

OK   Abbrechen   Übernehmen

Bild 18.2:   Verknüpfungseigenschaften der Eingabeaufforderung

Administratoren können auch den Windows-Ordner *system32* öffnen und die Datei *cmd.exe* mit dem Kommandoprozessor bei gedrückter rechter Maustaste aus dem Ordnerfenster auf den Desktop ziehen. Anschließend ist der Kontextmenübefehl *Verknüpfungen hier erstellen* zu wählen. Beim Dop- pelklick auf dieses Verknüpfungssymbol zeigt die Eingabeaufforderung jedoch auf den Windows-Ordner *system32*.

HINWEIS

Der Unterschied zwischen der Startmenüverknüpfung und der per Drag&Drop aus dem Systemordner eingerichteten Verknüpfung besteht im Wert der Eigenschaft *Ausführen in*. Verwenden Sie die Verknüpfung aus dem Startmenü, wird die Eigenschaft *Ausführen in* über die Umgebungsvariablen *%HOMEDRIVE%%HOMEPATH%* auf das Benutzerverzeichnis gesetzt (Bild 18.2). Die über den Ordner *system32* eingerichtete Verknüpfung auf *cmd.exe* startet die Eingabeaufforderung mit dem voreingestellten Windows-Ordner *system32*. Sie können den Wert der Eigenschaft *Ausführen in* aber jederzeit auf *%HOMEDRIVE%%HOMEPATH%* setzen. Tragen Sie einen anderen Pfad in der Eigenschaft *Ziel* ein, wird dieser beim Öffnen der Eingabeaufforderung in der Befehlszeile eingestellt. Soll die Verknüpfung das Fenster mit der Eingabeaufforderung im Administratormodus öffnen, wählen Sie auf der Registerkarte *Verknüpfung* die Schaltfläche *Eigenschaften* und markieren im angezeigten Dialogfeld das Kontrollkästchen *Als Administrator ausführen*. Dann erscheint beim Aufruf das Dialogfeld der Benutzerkontensteuerung und die Eingabeaufforderung zeigt den Text »Administrator« in der Titelleiste.

Neben dem 32-Bit-Befehlsprozessor *cmd.exe* finden Sie im Ordner *system32* noch den 16-Bit-Befehlsprozessor *command.com*. Diesen sollten Sie möglichst nicht mehr verwenden.

Der Befehlsprozessor *cmd.exe* lässt sich übrigens mit verschiedenen Optionen aufrufen (z.B. *cmd /c*). Wenn Sie in der Eingabeaufforderung den Befehl *cmd.exe /?* eintippen und durch Drücken der ⎵Enter⎵-Taste ausführen, wird Ihnen eine Informationsseite mit den Aufrufoptionen und den zugehörigen Erläuterungen angezeigt. Sie können die Befehlsoptionen im Eigenschaftenfenster der Verknüpfung im Feld *Ausführen* hinterlegen, indem Sie diese an den Befehl *%SystemRoot%\system32\cmd.exe* anhängen.

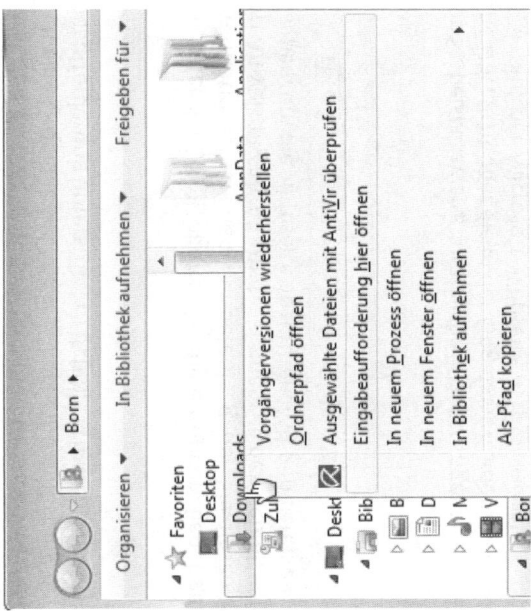

Bild 18.3:   Eingabeaufforderung aus Ordnerfenster öffnen

363

Möchten Sie die Eingabeaufforderung mit einem vorgestellten Arbeitsverzeichnis öffnen? Ganz komfortabel lässt sich dies über Ordnerfenster erreichen, indem Sie ein Ordnersymbol bei gedrückter ⇧-Taste anwählen. Anschließend lässt sich im Kontextmenü der Befehl *Eingabeaufforderung hier öffnen* wählen (Bild 18.3). Dann wird der im Kontextmenüebefehl angewählte Ordner als Arbeitsverzeichnis in der Befehlszeilenanzeige ausgegeben. Dies funktioniert bei allen Ordnersymbolen im Navigationsbereich und im Inhaltsbereich eines Ordnerfensters sowie beim Eintrag *Bibliotheken*, nicht jedoch bei den Bibliotheken *Bilder*, *Dokumente* etc.

HINWEIS

Die Kontextmenüebefehle *In neuem Fenster öffnen* und *In neuem Prozess öffnen* des Kontextmenüs (Bild 18.3) beziehen sich übrigens auf den Windows-Explorer, der als separates Fenster im gleichen Prozessraum der Windows-Shell oder als separater Prozess gestartet wird.

18.1.2 Befehle in der Eingabeaufforderung ausführen

Die Eingabeaufforderung stellt Ihnen verschiedene Konsolenbefehle zur Verfügung. Um einen Befehl auszuführen, müssen Sie diesen im Fenster der Eingabeaufforderung eintippen und durch Drücken der Enter-Taste bestätigen. Mit dem Befehl

dir Enter

veranlassen Sie zum Beispiel, dass das Inhaltsverzeichnis des aktuellen Ordners im Fenster der Eingabeaufforderung angezeigt wird. Beim Aufruf der Eingabeaufforderung wird dann der Inhalt des Ordners des Benutzerkontos (im Pfad *C:\Users*) als Verzeichnis angezeigt. Der Befehl

cd Text Enter

veranlasst den Wechsel zum angegebenen Unterordner (hier *Text*). Mit *cd ..* lässt sich eine Ordnerebene höher gehen. Eine Auflistung der im Fenster der Eingabeaufforderung unterstützten Befehle erhalten Sie, wenn Sie die Anweisung

help Enter

in das Fenster der Eingabeaufforderung eintippen. Benötigen Sie detailliertere Informationen zu einem der Befehle, geben Sie diesen als Argument in der *help*-Anweisung an. Alternativ können Sie den Befehl, gefolgt von einem */?*, eintippen, um die Hilfeseite abzurufen. Mit den Befehlen

help dir Enter

oder

dir /? Enter

erhalten Sie beispielsweise zusätzliche Erläuterungen zum *dir*-Befehl. Eine ausführliche Übersicht über die in der Eingabeaufforderung verfügbaren Befehle finden Sie auf der Microsoft-Webseite http://technet.microsoft.com/de-de/library/cc778084(WS.10).aspx (ggf. nach dem Begriff »Windows Befehlszeilenreferenz« suchen).

HINWEIS

Verzeichnisse und Ordner sind Synonyme, Ordner ist der unter Windows für Verzeichnisse benutzte Begriff. Beachten Sie, dass die Eingabeaufforderung die englischen Verzeichnisnamen auflistet, während in den Windows-Ordnerfenstern die lokalisierten Ordnernamen der Shell angezeigt werden.

Stapelverarbeitungsdateien zum Ausführen von Befehlen nutzen

Die Eingabeaufforderung von Windows 7 unterstützt nach wie vor das Ausführen von Stapelverarbeitungsdateien (Batchprogrammen). Es handelt sich dabei um Textdateien mit der Dateinamenerweiterung *.bat*, die sich im Windows-Editor erstellen und pflegen lassen. In der BAT-Datei können die im Fenster der Eingabeaufforderung zulässigen Befehle angegeben werden, wobei jeder Befehl in eine eigene Zeile geschrieben wird. Mit dem Befehl *REM* lassen sich Kommentare angeben. Die in nachfolgendem Listing gezeigte Befehlssequenz des Batchprogramms *Test.bat* zeigt den Inhalt des Benutzerordners an. Anschließend erzeugt das Programm einen neuen Unterordner *Test* im Ordner *Dokumente*, erzeugt dort eine Textdatei mit dem Verzeichnisinhalt und löscht abschließend sowohl die neue Datei als auch den neuen Ordner.

```
@Echo off
REM Anzeige des Benutzerordnerinhalts,
REM anlegen, Löschen von Ordnern
REM Wechsle zum Benutzerordner "Dokumente"
cd %HOMEDRIVE%%HOMEPATH%
REM Zeige den Ordnerinhalt an
dir

MD Test
REM Zeichne Inhalt auf Screen und schreibe dir.txt
dir
dir *.* > .\Test\dir.txt
REM Warte auf Benutzereingabe
Echo Der Ordner 'Test' wurde angelegt
Pause Bitte eine Taste drücken
del Test /q /s
rd Test
Echo Der Ordner 'Test' wurde gelöscht
Pause Bitte eine Taste drücken
REM Wir sind fertig
```

Listing 18.1:   Beispiel eines Batchprogramms

Die erste Zeile @*Echo off* unterdrückt die Anzeige der ausgeführten Befehle im Fenster der Eingabeaufforderung. Die mit *REM* beginnenden Anweisungen sind Kommentare. Der Ablauf des Stapelverarbeitungsprogramms wird durch *Pause*-Befehle unterbrochen. Erst wenn der Benutzer eine Taste drückt, setzt die Eingabeaufforderung den Programmablauf fort. Über die *Echo*-Anweisung lassen sich Informationen im Fenster der Eingabeaufforderung ausgeben.

18.1.3 Programmstart aus der Eingabeaufforderung

Neben den in den vorhergehenden Abschnitten erwähnten Befehlen des Windows-Befehlsprozessors *cmd.exe* können Sie aus dem Fenster der Eingabeaufforderung beliebige Programme aufrufen. Hierzu sind lediglich der Name der ausführbaren Datei und ggf. die benötigten Parameter als Kommando einzugeben. Um beispielsweise den Windows-Editor aus dem Fenster der Eingabeaufforderung aufzurufen, tippen Sie den Befehl *Notepad.exe* ein und drücken dann die Enter -Taste. Bei Windows-Programmen werden diese in separaten Fenstern geladen. Verwenden Sie dagegen MS-DOS-Programme (z. B. den MS-DOS-Editor *edit.com*) beim Befehlsaufruf, werden diese im Fenster der Eingabeaufforderung geladen.

Windows benutzt die Umgebungsvariable *path*, um bestimmte Standardordner für die Befehlsausführung zu berücksichtigen. Auf diese Weise lassen sich Programme direkt ohne Pfadangabe aufrufen. Der Inhalt der *path*-Umgebungsvariablen wird Ihnen angezeigt, wenn Sie in das Fenster der Eingabeaufforderung den Befehl *path* eintippen und mit der Enter -Taste abschließen. Befindet sich das auszuführende Programm nicht im aktuellen Verzeichnis oder im Pfad, müssen Sie beim Befehl für die aufzurufende Anwendung das Programmverzeichnis mit angeben.

Um eine Dokumentdatei direkt in der zugehörigen Anwendung aus dem Fenster der Eingabeaufforderung zu öffnen, geben Sie den Namen der Dokumentdatei in der Form *<pfad>\<Name>.<Erweiterung>* Enter -Taste ein (z. B. *extras.txt* oder *.\Test\dir.txt*). Windows erkennt in diesem Beispiel die Dateinamenerweiterung *.txt* und öffnet die betreffende Datei im Windows-Editor.

Der Befehlsprozessor *cmd.exe* speichert die letzten Befehle. Sie können durch Drücken der Cursortasten ↑ und ↓ zwischen den zuletzt eingegebenen Befehlen blättern und diese durch Drücken der Enter -Taste erneut ausführen. Drücken Sie die Funktionstaste F7, erscheint in der Eingabeaufforderung sogar ein Menü mit den Namen der zuletzt eingegebenen Befehle. Sie können dann mittels der Cursortasten ↑ und ↓ in der Befehlsliste navigieren und durch Drücken der Enter -Taste Befehle aufrufen. Die Esc -Taste schließt das Menü. Die Funktionstaste F3 ruft den letzten Befehl in der Eingabezeile ab. Mit der ↑ -Taste lassen sich Zeichen links von der Einfügemarke in der Befehlszeile löschen. Die Cursortaste → bringt dagegen die gelöschten Zeichen rechts von der Einfügemarke wieder in die Eingabezeile zurück. Über die Cursortaste ↑ können Sie die Einfügemarke im Befehlstext nach links versetzen. Tippen Sie neue Zeichen ein, werden diese an der aktuellen Position der Einfügemarke eingefügt oder sie überschreiben den Befehlstext rechts von der Marke. Die Umschaltung zwischen Überschreiben und Einfügen erfolgt durch Drücken der Einfg -Taste. Drücken Sie die Funktionstaste F4, erscheint eine Abfrage »Löschen bis Zeichen« und Sie können eine Zahl eintippen. Diese gibt an, wie viele Zeichen in der Befehlszeile zu entfernen sind. Mit der

Funktionstaste F9 erscheint eine Abfrage »Auszuführender Befehl« und Sie können die Nummer des auszuführenden Befehls eintippen.

Verwendung des Start-Befehls

Windows unterstützt in der Eingabeaufforderung den Befehl *Start*, mit dem sich weitere Optionen beim Aufruf einer Anwendung angeben lassen. Es gilt die folgende Aufrufsyntax:

```
Start [option] Programmname [parameter]
```

Über das Argument *[option]* unterstützt Windows 7 verschiedene Schalter. Der Befehl *start* öffnet beim Aufruf von Konsolebefehlen standardmäßig ein zweites Konsolefenster. Dabei kann der Fenstertitel beim Aufruf über die Option *"Titeltext"* angegeben werden (z. B. *start "Verzeichnis" dir* erzeugt ein zweites Fenster mit dem Titel »Verzeichnis« und der Ausgabe des *dir*-Befehls). Die Option */min* bewirkt, dass die Anwendung minimiert als Schaltfläche in der Taskleiste erscheint. Möchten Sie, dass der Befehlsprozessor auf das Beenden der aufgerufenen Anwendung wartet, geben Sie beim Aufruf zusätzlich den Schalter */wait* an. Mit den Optionen */Low*, */Normal*, */High* und */Realtime* lässt sich die Priorität zur Ausführung der betreffenden Anwendungen einstellen. Eine Übersicht über alle unterstützten Optionen erhalten Sie, indem Sie den Befehl *Start /?* im Fenster der Eingabeaufforderung eingeben.

18.1.4 Datenaustausch mit Windows per Zwischenablage

Inhalte im Fenster der Eingabeaufforderung lassen sich markieren, in die Windows-Zwischenablage kopieren und anschließend in andere Fenster von Anwendungsprogrammen (Windows oder MS-DOS-Anwendungen) übernehmen.

■ Zum Markieren von Texten im Fenster der Eingabeaufforderung klicken Sie auf das Systemmenü in der linken oberen Fensterecke und wählen den Untermenübefehl *Bearbeiten/Markieren* (Bild 18.4). Anschließend können Sie beliebige Textstellen im Fenster der Eingabeaufforderung durch Ziehen per Maus markieren.

■ Zum Kopieren des markierten Textes der Zwischenablage öffnen Sie das Systemmenü und wählen den Untermenübefehl *Bearbeiten/Kopieren*. Anschließend können Sie zum Fenster der Anwendung wechseln und den Inhalt der Zwischenablage über den Befehl *Einfügen* des Menüs *Bearbeiten* (bzw. sofern unterstützt, über die Tastenkombination Strg+V) einfügen.

■ Haben Sie Textinhalte aus dem Fenster der Eingabeaufforderung oder aus anderen Anwendungsfenstern in die Zwischenablage übertragen? Möchten Sie diesen Text (z. B. einen Befehl) in das Fenster der Eingabeaufforderung einfügen? Drücken Sie die Enter-Taste, um in eine neue Befehlszeile zu gelangen. Danach wählen Sie im Systemmenü den Untermenübefehl *Bearbeiten/Einfügen*.

18.2　Eigenschaften der Eingabeaufforderung

Haben Sie eine Verknüpfung auf die Eingabeaufforderung angelegt, können Sie über deren Kontextmenübefehl *Eigenschaften* auf das Eigenschaftenfenster zurückgreifen. Auf den verschiedenen Registerkarten finden Sie sowohl die Verknüpfungseigenschaften (siehe Bild 18.2) als auch die Eigenschaften des Anwendungsfensters. Alternativ können Sie im Systemmenü des Fensters der Eingabeaufforderung den Befehl *Eigenschaften* (Bild 18.4) wählen, um das Eigenschaftenfenster zu öffnen. Für die Registerkarten mit den Eigenschaften des Fensters der Eingabeaufforderung gilt Folgendes.

Über den Befehl *Bearbeiten* des Systemmenüs der Eingabeaufforderung können Sie auch den Befehl *Suchen* wählen. Dann öffnet sich ein Dialogfeld, über das Sie, ähnlich wie im Windows-Editor, im Fenster der Eingabeaufforderung nach Texten suchen können. Über die Bildlaufleiste oder über das Rädchen einer Maus lässt sich im Fenster der Eingabeafforderung blättern.

Auf diese Weise können Sie Teile bereits abgesetzter Befehle im Fenster der Eingabeaufforderung markieren, in die Zwischenablage kopieren und wieder in die Befehlszeile einfügen. Oder Sie transferieren die Ausgaben im Fenster der Eingabeaufforderung in das Fenster einer Anwendung, Bild 18.4 zeigt das Fenster der Eingabeaufforderung mit einem markierten Text, das geöffnete Systemmenü und ein Fenster des Windows-Editors im Hintergrund, in das Text aus der Zwischenablage eingefügt wurde.

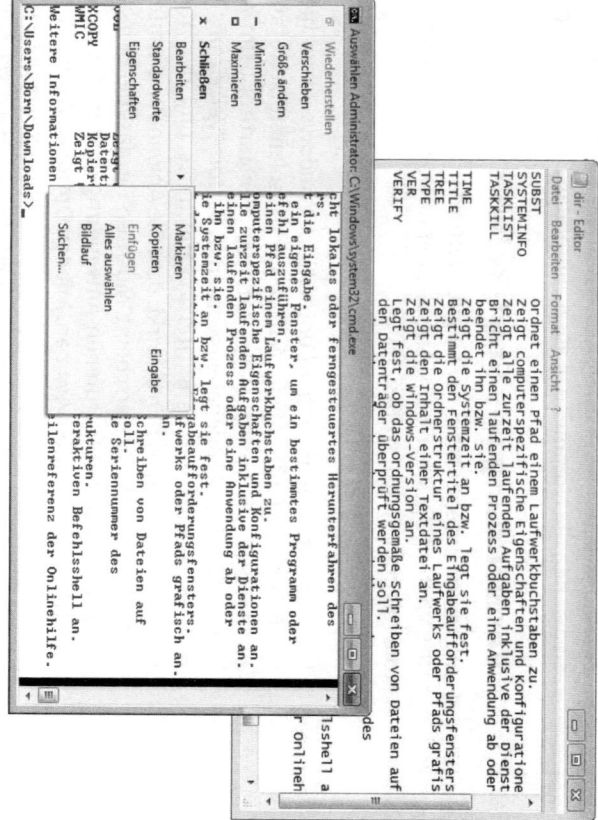

Bild 18.4:　Markieren und Kopieren in der Eingabeaufforderung

18.2.1 Registerkarte Optionen

Auf der Registerkarte *Optionen* (Bild 18.5, oben) finden Sie in der Gruppe *Cursorgröße* Optionsfelder, um die Cursorgröße einzustellen. Die Gruppe *Befehlsspeicher* definiert die Größe der einzelnen Puffer (zur Aufzeichnung eingegebener Befehle) sowie deren Anzahl.

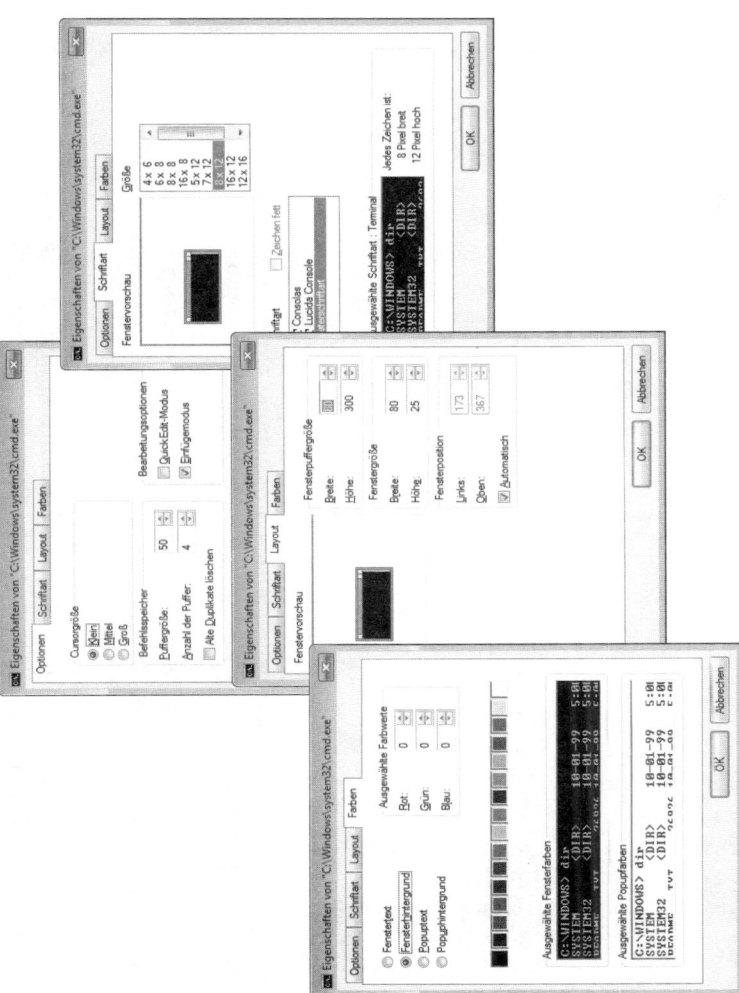

Bild 18.5:   Eigenschaften der Eingabeaufforderung

In der Gruppe *Bearbeitungsoptionen* der Registerkarte *Optionen* können Sie festlegen, wie das Fenster auf die Maus und auf die Zwischenablage reagiert. Markieren Sie das Kontrollkästchen *QuickEdit-Modus*, ermöglicht Windows, Texte im Fenster der Eingabeaufforderung direkt per Maus zu markieren. Erkennbar ist dieser Modus am Markierungszeichen, das sich von einem Unterstrich zu einem weißen Viereck ändert. Eine Markierung des Kontrollkästchens *Einfügemodus* bewirkt, dass Texte aus der Zwischenablage in das Fenster eingefügt werden. Ohne Markierung überschreibt Windows die Texte im Fenster der Eingabeaufforderung.

18.2.2 Registerkarten Schriftart, Layout und Farben

Auf der Registerkarte *Schriftart* (Bild 18.5, rechts) lässt sich festlegen, welche Schriftarten und Schriftgrößen Windows im Fenster der Eingabeaufforderung verwenden soll. Die Registerkarte *Layout* (Bild 18.5, unten) definiert die Fensterabmessungen und -position. Zusätzlich lässt sich in der Gruppe *Fensterpuf-fergröße* angeben, wie viele Zeichen pro Zeile und wie viele Zeilen der Puffer zur Zeichenausgabe aufnehmen soll. Dieser Puffer bestimmt den Bereich des Fensters, in dem Sie über die Bildlaufleiste im Fenster blättern können. Ist das Kontrollkästchen *Automatisch* markiert, positioniert Windows das Fenster beim Öffnen automatisch gemäß den Angaben auf der Registerkarte.

Die Registerkarte *Farben* (Bild 18.5, links) ermöglicht die Anpassung der Far-beinstellungen für bestimmte Fensterelemente (z. B. Hintergrund). Markie-ren Sie eines der Optionsfelder und klicken Sie dann auf ein Farbfeld der angezeigten Farbpalette, um die Farbe einzustellen. Die Änderungen der Eigenschaften werden übernommen, sobald Sie das Eigenschaftenfenster über die OK-Schaltfläche einer Registerkarte schließen.

Über den Befehl *Standardwerte* im Systemmenü des Eigenschaftenfens-ters lassen sich die Windows-Voreinstellungen wieder zurücksetzen.

19 Spiele, Jugendschutz und Programme

In diesem Kapitel werden die mit Windows 7 ausgelieferten Spiele und die Funktion Jugendschutz beschrieben. Zudem lernen Sie die Kompatibilitäts-funktion zum Anpassen älterer Programme an Windows 7 kennen und es werden einige hilfreiche Zusatzprogramme kurz vorgestellt.

19.1 Die Windows-Spiele

Windows 7 wird mit einigen Spielen ausgeliefert, mit denen Sie sich die Zeit vertreiben können. Nachfolgend erhalten Sie eine kurze Übersicht und erfahren, was es zu beachten gibt.

19.1.1 Spiele aufrufen

Die Windows-Spiele können Sie über das Startmenü auf verschiedene Arten aufrufen.

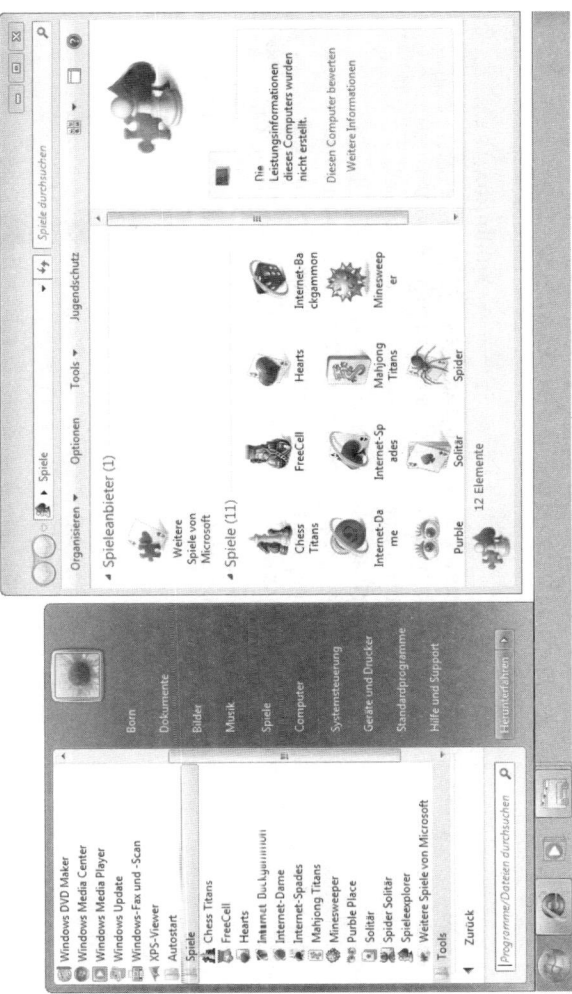

Bild 19.1: Startmenügruppe und Ordnerfenster *Spiele*

■ Öffnen Sie den Zweig *Alle Programme/Spiele* im Startmenü (Bild 19.1) und klicken Sie dann im Untermenü das Symbol des gewünschten Spiels an.

■ Alternativ besteht die Möglichkeit, in der rechten Spalte des Startmenüs den Eintrag *Spiele* anzuklicken und dann das Spiel in dem in Bild 19.1 gezeigten Ordnerfenster *Spiele* per Doppelklick aufzurufen.

371

Der Aufruf von Spielen über das Ordnerfenster *Spiele* hat den Vorteil, dass sich gleich mehrere Spiele nacheinander starten lassen. Zudem lassen sich Optionen für die Spiele über die Schaltflächen des Ordnerfensters setzen. Und Sie können über den Eintrag *Weitere Spiele von Microsoft* ggf. auf zusätzliche Onlinespiele zugreifen.

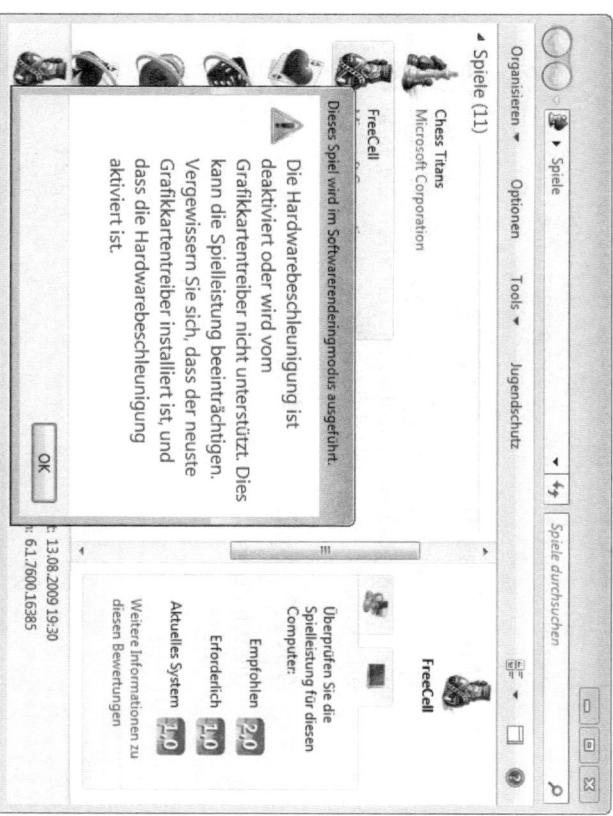

 HINWEIS

Bild 19.2: Warndialog bei ungenügender Grafikleistung und Bewertung

Die Windows-Spiele können die Hardwarebeschleunigung der eingebauten Grafikkarte ausnutzen. Wird das Spiel auf einem Rechner gestartet, der eine leistungsschwächere Grafikkarte enthält, erscheint die Warnung aus Bild 19.2, Vordergrund. Wenn Sie das Dialogfeld über die *OK*-Schaltfläche schließen, wird das Spiel in einem besonderen Modus ausgeführt, der die Grafikfähigkeiten per Software emuliert. Dies führt ggf. zu einem etwas langsameren Spielablauf und bestimmte Grafikfeatures stehen nicht zur Verfügung.

 TIPP

Fehlt der Vorschaubereich am rechten Fensterrand, öffnen Sie im Ordnerfenster *Spiele* das Menü der Schaltfläche *Organisieren* und wählen die Befehle *Layout/Vorschaufenster*. Im dann eingeblendeten Vorschaufenster (Bild 19.2, Hintergrund) zeigt Windows auf der Registerkarte *Bewertung* nicht nur den Leistungsindex der Grafikkarte an. Sobald Sie ein Spiel per Mausklick im Ordnerfenster markieren, zeigt das Vorschaufenster den minimal erforderlichen Leistungsindex und die empfohlene Bewertung an. Sie sehen dann sehr schnell, ob die Hardwarefähigkeiten der Grafikkarte für das Spiel ausreichend sind. Zudem können Sie über den Registerreiter *Bewertungen* Informationen über die Altersfreigabe dieses Spiels abrufen.

19.1.2 Spielstände speichern und abrufen

Windows 7 kann noch mit einer netten Funktion aufwarten: Sie können Spiele unterbrechen und zu einem späteren Zeitpunkt mit dem letzten Spielstand weitermachen.

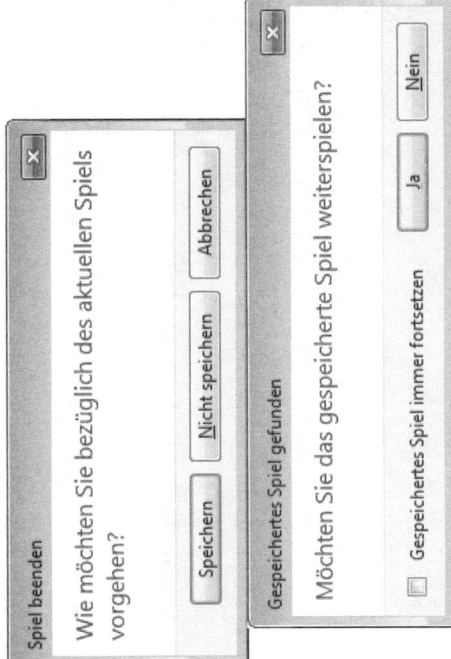

Bild 19.3: Dialogfelder beim Speichern/Wiederherstellen von Spielständen

- Beenden Sie ein Spiel über die *Schließen*-Schaltfläche, zeigt Windows 7 das in Bild 19.3, oben, abgebildete Dialogfeld. Wählen Sie die Schaltfläche *Speichern*, um den Spielstand des Programms für das aktuelle Benutzerkonto zu sichern.

- Rufen Sie ein Spiel, dessen Spielstand beim Beenden gespeichert wurde, erneut auf, erscheint das in Bild 19.3, unten, gezeigte Dialogfeld. Klicken Sie auf die *Ja*-Schaltfläche, um den gesicherten Spielstand zu laden und das Spiel fortzusetzen. Über die *Nein*-Schaltfläche beginnt das Spiel mit einem neuen Zustand.

Möchten Sie die Spielstände beim Beenden immer sichern und beim erneuten Aufruf automatisch laden, markieren Sie die in den Dialogfeldern angezeigten Kontrollkästchen.

TIPP

Möchten Sie die gespeicherten Spielstände zu einem späteren Zeitpunkt löschen? Sind Sie an einem bestimmten Spielstand häufiger gescheitert und möchten Sie diesen zum Üben speichern? Oder haben Sie einen bestimmten Spiellevel erreicht, auf dem Sie gelegentlich, aber nicht immer, weiterspielen möchten? Vordergründig kann Windows immer nur den letzten Spielstand sichern oder Sie müssen auf das Sichern verzichten und mit dem Spiel jedes Mal neu beginnen. Aber mit einem kleinen Trick ist es möglich, sowohl die gespeicherten Spielstände zu löschen als auch wahlweise unterschiedliche Spielstände abzurufen. Windows speichert die Spielstände im Ordner *Gespeicherte Spiele\Microsoft Games* des Benutzerprofils. Sie können daher (z. B. über den Kontennamen im Startmenü) das Ordnerfenster des Benutzerprofils öffnen und zum Ordner *Gespeicherte*

Spiele navigieren. Dort finden Sie für jedes Spiel, dessen Spielstand gespeichert wurde, einen Unterordner mit dem Namen des Spiels. Löschen Sie die im Unterordner befindliche Datei, wird der gespeicherte Spielstand entfernt. Um mit mehreren Spielständen zu arbeiten, können Sie die betreffende Datei umbenennen (z. B. eine Zahl voranstellen) und ggf. in einen anderen Ordner verschieben. Um später das Spiel mit dem gesicherten Spielstand zu starten, brauchen Sie diese gesicherte Datei nur in den Unterordner des Spiels unter *Microsoft Games* zurückzuschieben und entsprechend umzubenennen.

Spieloptionen, Spiele ein-/ausblenden und Verlauf anzeigen

Das Fenster *Spiele* ermöglicht Ihnen den Zugriff auf zusätzliche Optionen. Über die Schaltfläche *Tools* des Fensters öffnet sich ein Menü (Bild 19.1, Hintergrund), über dessen Befehle Sie einen direkten Zugriff auf die Einstellungen der betreffenden Funktionen der Systemsteuerung erhalten (z. B. Bildschirmauflösung anpassen).

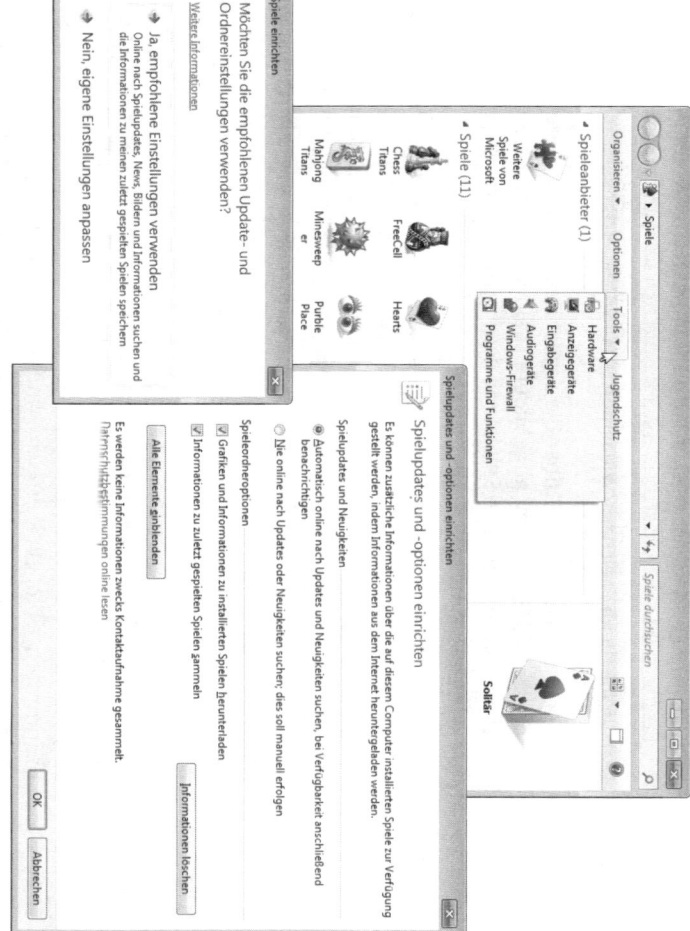

Bild 19.4:   Anpassen der Spielordneroptionen

Sie können zudem im Ordner *Spiele* die Symbole nicht benutzter Spiele ausblenden und bei Bedarf später wieder zulassen. Zum Ausblenden reicht es, das Symbol des Spiels mit der rechten Maustaste anzuklicken und den Kontextmenübefehl *Dieses Spiel ausblenden* zu wählen. Dann verschwindet das Symbol aus dem Ordnerfenster, bleibt aber im Startmenü erhalten.

Möchten Sie das Spielsymbol später wieder im Ordnerfenster *Spiele* anzeigen, wählen Sie im Ordnerfenster *Spiele* die in der Symbolleiste angezeigte Schaltfläche *Optionen* (Bild 19.4, Hintergrund). Im angezeigten Dialogfeld *Spielupdates und -optionen einrichten* (Bild 19.4, rechts) klicken Sie auf die Schaltfläche *Alle Elemente einblenden*, um alle ausgeblendeten Symbole wieder zuzulassen.

Beim ersten Aufruf des Ordners *Spiele* blendet Windows 7 das in Bild 19.4, links, gezeigte Dialogfeld ein. Verwenden Sie die Option für empfohlene Einstellungen, können Sie diese später über das hier beschriebene Dialogfeld *Spielupdates und -optionen einrichten* anpassen. Im Dialogfeld *Spielupdates und -optionen einrichten* können Sie zudem über das Kontrollkästchen *Informationen zu zuletzt gespielten Spielen sammeln* festlegen, ob der Verlauf anzuzeigen ist. Möchten Sie den Verlauf der zuletzt aufgerufenen Spiele löschen, klicken Sie auf die Schaltfläche *Informationen löschen*. Weiterhin lässt sich über Optionsfelder festlegen, ob Spiele automatisch per Internet aktualisiert werden sollen oder nicht.

TIPP

Möchten Sie als Eltern kontrollieren, welche Spiele von Ihren Kindern zuletzt aufgerufen bzw. genutzt wurden? Dann stellen Sie den Anzeigemodus des Ordnerfensters *Spiele* über die Schaltfläche *Ansichten* auf den Wert *Details*. In der Rubrik *Zuletzt gespielt* werden die Daten der letzten Spielaufrufe eingeblendet.

19.1.3 Minesweeper

Bei Minesweeper handelt es sich um ein Spiel, bei dem Sie in einem Minenfeld die sicheren Bereiche durch Anklicken einzelner Felder in möglichst kurzer Zeit markieren sollen (Bild 19.5). Erscheint in einem Feld eine Zahl, weist diese auf die Anzahl der Minen in den benachbarten Feldern hin. Die Zahl 2 signalisiert folglich zwei Minen in (maximal acht) benachbarten Feldern.

Beim Start des Spiels können Sie in einem Zusatzdialog den Schwierigkeitsgrad, der über die Zahl der zu räumenden Felder bestimmt wird, wählen. Dieser lässt sich später über den Befehl *Optionen* des Menüs *Spiel* umstellen. Klicken Sie auf ein Feld mit einer Mine, ist das Spiel leider verloren. Die Zeit seit Beginn der Räumung erscheint unten links als Digitalanzeige. Vermuten Sie auf einem Feld eine Mine, können Sie dieses mit der rechten Maustaste anklicken. Minesweeper markiert dieses Feld mit einem kleinen Fähnchen. Ein zweiter Rechtsklick zeigt ein Fragezeichen und ein weiterer Rechtsklick hebt die Markierung auf.

Um das Spiel neu zu beginnen, drücken Sie die Funktionstaste `F2` oder öffnen das Menü *Spiel* und wählen den Befehl *Neues Spiel*. Im Menü *Spiel* finden Sie verschiedene Befehle, um die Spielstärke einzustellen oder die Darstellung zu ändern. Weitere Informationen erhalten Sie über die Hilfe des Spiels, die Sie über das Menü *?* abrufen können.

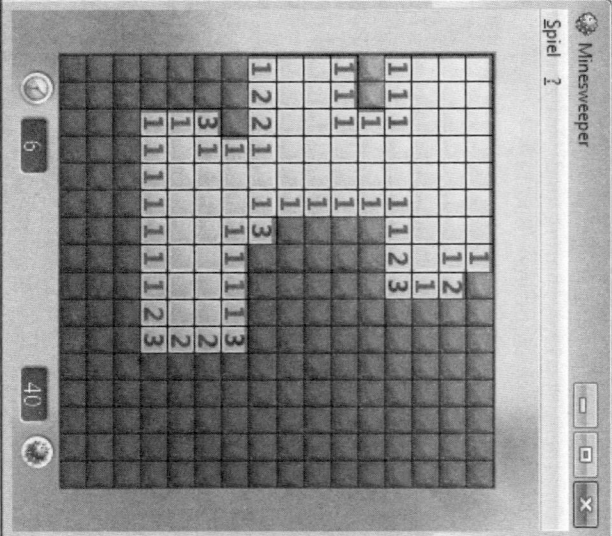

Bild 19.5:   Das Spiel Minesweeper

19.1.4   Solitär und Spider Solitär

Bei Solitär und Spider Solitär handelt es sich um Kartenspiele, die durch Windows nachgebildet werden. Im Fenster des Spiels Solitär klicken Sie auf das Menü *Spiel* und wählen den Befehl *Karten geben*. Über den Befehl *Optionen* lässt sich ein Dialogfeld öffnen, in dem Sie die Zahl der zu ziehenden Karten zwischen eins und drei einstellen sowie Zähl- und Darstellungsoptionen anpassen können. Das Programm vergibt bei einem neuen Spiel einen Satz Karten vom Ausgangsstoß. Das Ziel des Spiels Solitär ist es, aus den Karten im sogenannten Ausgangsstoß (Bild 19.6, unten) vier in der rechten oberen Ecke angezeigte Zielstöße zu legen, bei denen die Karten von As bis König sortiert abgelegt sind.

Sie müssen die Karten der sieben im unteren Bereich aufgedeckten Ausgangsstöße beginnend mit der Karte König in absteigender Reihenfolge (König, Dame, Dube, Zehn, Neun, Acht, Sieben, Sechs, Fünf, Vier, Drei, Zwei, As) auf die vier Ausgangsstöße verschieben. Dabei dürfen Sie weitere Karten durch einen Mausklick vom verdeckten Kartenstapel in der linken oberen Ecke abheben. Aufgedeckte Karten sind durch Ziehen anzulegen, wobei sich schwarze und rote Karten abwechseln müssen. Ungültige Spielzüge werden vom Programm abgewiesen. Das Spiel ist beendet, wenn Sie entweder alle Karten in der richtigen Reihenfolge in Stößen angeordnet haben oder keine Züge mehr möglich sind.

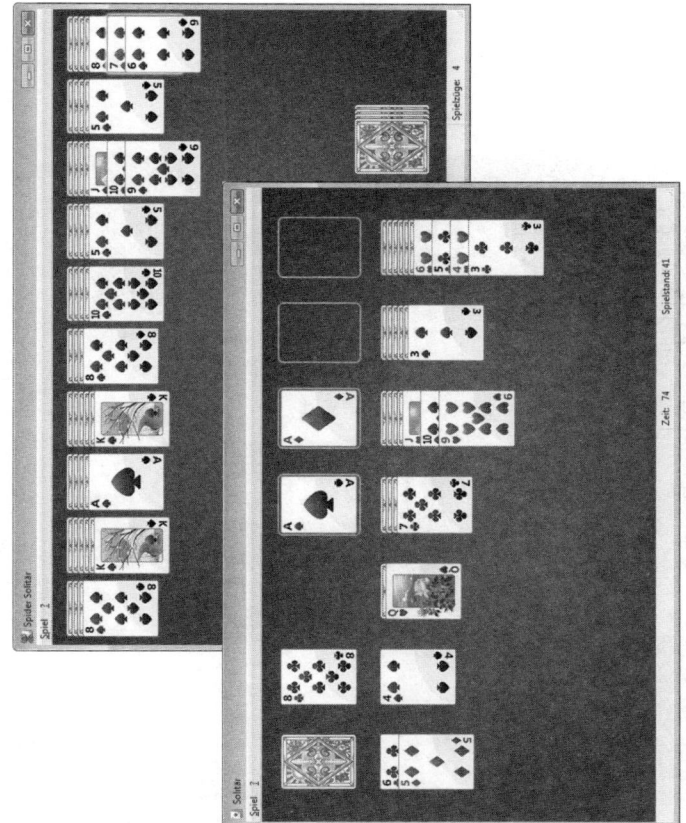

Bild 19.6: Die Spiele Solitär (Vordergrund) und Spider Solitär (Hintergrund)

Spider Solitär (Bild 19.6, Hintergrund) ist eine abgewandelte Fassung, bei der keine Zielstöße benutzt werden. Vielmehr werden die Karten in der oberen Reihe teilweise verdeckt und teilweise aufgedeckt angelegt. In der rechten unteren Ecke gibt es noch einige nicht aufgedeckte Ausgangsstöße. Die aufgedeckten Karten sind nun so in den aufgedeckten Kartenstapeln umzusortieren, dass deren Werte in absteigender Reihenfolge (König, Dame, Bube, Zehn, Neun, Acht, Sieben, Sechs, Fünf, Vier, Drei, Zwei, As) angelegt werden. Eine vollständige Reihe wird abgeräumt und in der linken unteren Ecke abgelegt. Lassen sich keine Karten auf den aufgedeckten Stößen mehr verschieben, können Sie auf die nicht aufgedeckten Kartenstapel in der rechten unteren Ecke klicken. Dann wird eine neue Reihe Karten vergeben, aufgedeckt und auf den oberen Kartenstößen abgelegt. Das Spiel ist beendet, wenn alle Karten in vollständigen Stapeln abgeräumt wurden oder wenn sich keine Karten mehr anlegen lassen.

19.1.5 FreeCell und Hearts

Windows 7 enthält die zwei weiteren Kartenspiele FreeCell und Hearts. Der Spielbereich von FreeCell (Bild 19.7, Hintergrund) besteht aus vier Zielfeldern, vier Leerfeldern und dem Kartenspiel, das zum Spielanfang in acht Reihen mit dem Bild aufgedeckt ausgegeben wird.

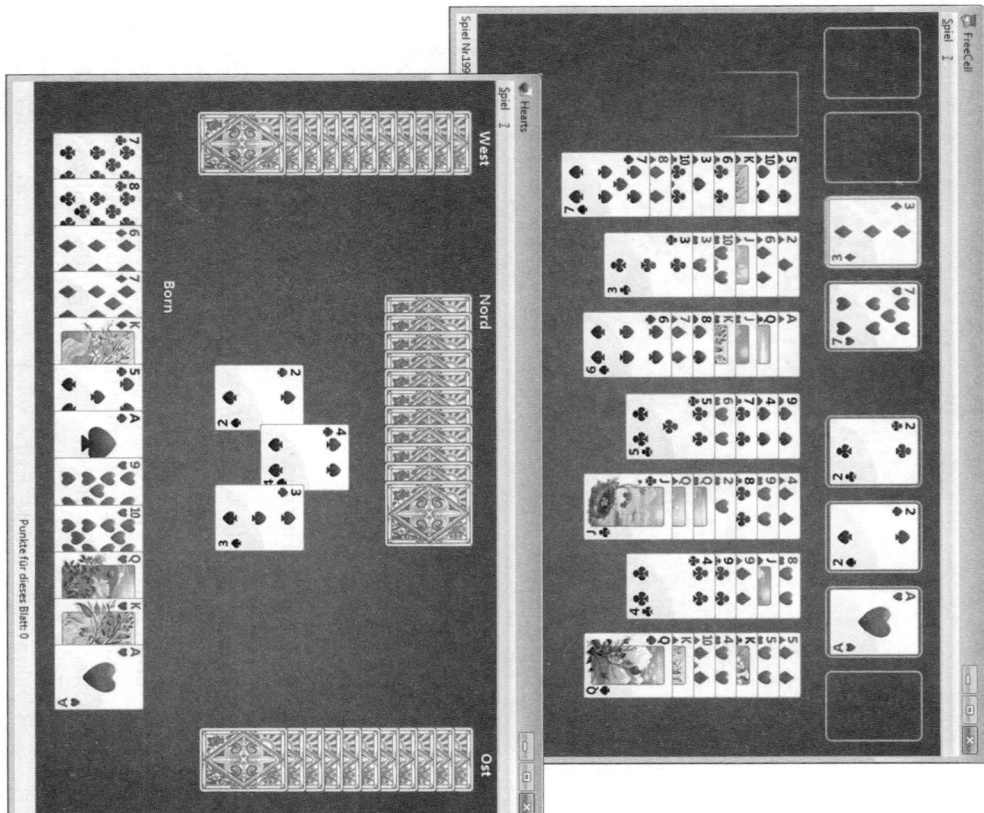

Bild 19.7:   Die Spiele Hearts (Vordergrund) und FreeCell (Hintergrund)

Bei diesem Spiel sind alle Karten, beginnend beim As in aufsteigender Reihenfolge, in die am oberen rechten Rand gezeigten Heimfelder zu schieben. Freie Felder am linken oberen Rand dürfen als Platzhalter zum Ablegen der Karten verwendet werden. Ansonsten können Sie die aufgedeckten Karten in den unteren Stapeln in absteigender Reihenfolge und jeweils mit alternierenden Farben umsortieren. Sie haben gewonnen, wenn Sie vier Kartenstapel in den Heimfeldern abgelegt haben: ein Stapel für jede Farbe in der Reihenfolge der Werte.

Beim Kartenspiel Hearts spielen Sie gegen drei andere Partner, die vom Computer simuliert werden. Ziel des Spiels ist es, die Karten loszuwerden und möglichst wenig Punkte zu erhalten. Ein Stich setzt sich aus den Karten zusammen, die die einzelnen Spieler in jeder Runde ausspielen. Wählen Sie drei Karten durch Anklicken aus, die Sie an den Mitspieler (im Uhrzeigersinn) weitergeben. Durch erneutes Anklicken lässt sich die Auswahl rückgängig machen. Sie müssen beim Ausspielen die angespielte Farbe bedienen. Wenn Sie keine Karte in der zuerst angespielten Farbe haben, können Sie eine beliebige Karte ausspielen, beim ersten Stich jedoch keine Herzkarte und nicht die Pikdame. Der Spieler, der die höchste Karte der zuerst ausgespielten Farbe spielt, erhält den Stich. Anschließend darf er die nächste Karte ausspielen. Die Farbe Herz darf nur dann als erste Karte ausgespielt werden, wenn sie bereits ausgespielt wurde. Herz gilt dann als ausgespielt, wenn die Farbe in einer vorangegangenen Runde gespielt wurde. Bei jeder vierten Runde werden keine Karten weitergegeben. Der Spieler mit der Kreuz 2 beginnt das Spiel, indem er die Kreuz 2 ausspielt. Sie erhalten Punkte, wenn Sie einen Stich machen, der Herzkarten oder die Pikdame enthält. Sobald ein Spieler über 100 Punkte hat, gewinnt der Spieler mit dem niedrigsten Punktestand.

19.1.6 Mahjong Titans, Chess Titans und Purble Place

Das Spiel Mahjong Titans ist ein altes chinesisches Brettspiel. Beim Spielstart müssen Sie das gewünschte Layout für die Spielsteine wählen. Anschließend werden die Spielsteine im gewählten Layout auf dem Spielfeld angeordnet (Bild 19.8, oben, Hintergrund). Sie können dann die Spielsteine durch paarweises Anklicken abräumen. Bedingung, ist jedoch, dass die Spielsteine »frei« sind, d. h. nach der Seite »weggezogen« werden können. Bei den meisten Spielsteinen legt das gleiche Muster die Übereinstimmung als Paar fest. Zudem gibt es noch Spielsteine für die vier Jahreszeiten, die beliebig als Paar kombiniert werden dürfen. Das Gleiche gilt für die Blumenspielsteine. Wenn Sie keine passenden Spielsteine mehr finden, können Sie sich über den Befehl *Tipp* im Menü *Datei* helfen lassen. Gibt es noch Pärchen, werden diese durch Mahjong markiert und dann entfernt. Das Spiel ist verloren, sobald keine freien Pärchen mehr abgeräumt werden können. Ziel ist es, die gesamten Spielsteine zu entfernen.

Bei Chess Titans handelt es sich um ein 3D-Schachspiel (Bild 19.8, Mitte), bei dem Sie gegen den Computer antreten. Die Figuren werden durch Anklicken ausgewählt. Dabei hebt das Programm die zulässigen Zielfelder auf dem Spielfeld optisch hervor. Sie können die Spielfigur dann durch Anklicken eines Schachfelds verrücken. Klicken Sie mit der rechten Maustaste auf das Schachbrett, lässt sich dessen Ansicht durch Ziehen per Maus im Programmfenster drehen.

Purble Place ist ein Spiel für kleine Kinder, die in einer Kuchenbäckerei arbeiten können. In der linken oberen Ecke wird eine Bildvorlage für den herzustellenden Kuchen angezeigt. Zwei mit Pfeilen versehene Schaltflächen ermöglichen, ein Förderband nach links oder rechts zu bewegen. Dann kann durch Anklicken der jeweils angezeigten Varianten die zu verwendende Form, die Füllung, der Kuchenguss und die Auflage aus Automaten abgerufen werden. Stimmt die Auswahl mit der Vorlage überein, wird der Kuchen gebacken und der Spieler erhält Punkte.

Bild 19.8: Schach und Mahjong und Internet-Dame

Bei Internet-Dame (Bild 19.8, unten), Internet-Backgammon und Internet-Spades handelt es sich um Brett- und Kartenspiele, die nur mit einer Online-verbindung gegen einen anderen menschlichen Partner gespielt werden können. Beim Aufruf des Spiels verbindet sich dieses mit einem Server und sucht einen Gegenspieler. Anschließend können Sie die Partie spielen, wobei auch eine Unterhaltung durch Austausch von Textnachrichten über die Chatfunktion des betreffenden Spiels möglich ist.

HINWEIS

Für jedes Spiel lässt sich die Hilfe über die Menüleiste abrufen. Fehlen die Spiele, müssen diese als optionale Windows-Komponenten über die Systemsteuerung nachinstalliert werden (siehe *Kapitel 32*).

19.2 Programmeinstellungen verwalten

In diesem Abschnitt lernen Sie, wie sich die Jugendschutzeinstellungen für Benutzerkonten verwalten und Kompatibilitätsoptionen für Anwendungsprogramme anpassen lassen.

19.2.1 Jugendschutzeinstellungen verwalten

Eltern können in Windows 7 die Jugendschutzeinstellungen verwalten und damit kontrollieren, welche Spiele ihre Sprösslinge nutzen. Zudem lässt sich die Verwendung verschiedener Programme limitieren. Die Verwaltung der Jugendschutzeinstellungen kann dabei nur von einem Benutzerkonto mit Administratorrechten erfolgen, wobei das durch den Jugendschutz eingeschränkte Konto zum Kreis der Standardbenutzer gehören muss. Wenn Ihre Kinder also das Administratorkennwort kennen (oder es keines gibt), ist der Jugendschutz wirkungslos. Um die Jugendschutzeinstellungen für ein Standardbenutzerkonto anzupassen, gehen Sie in folgenden Schritten vor.

1. Melden Sie sich als Administrator unter Windows 7 an und öffnen Sie das Fenster der Systemsteuerung über den entsprechenden Startmenüeintrag.

2. Wählen Sie im Fenster der Systemsteuerung in der Kategorie *Renutzerkonten und Jugendschutz* den Befehl *Jugendschutz für beliebige Benutzer einrichten*.

3. Klicken Sie im Ordnerfenster *Jugendschutz* (Bild 19.9, oben) auf den in der linken Spalte aufgeführten Hyperlink *Spielfreigabesysteme*. Sie gelangen in eine Formularseite, auf der Sie optional das Freigabesystem (Altersfreigabe) für Spiele über Optionsfelder festlegen können. Markieren Sie dort ggf. die Option *Unterhaltungssoftware Selbstkontrolle* und schließen Sie das Formular über die *OK*-Schaltfläche.

4. Klicken Sie im Ordnerfenster *Jugendschutz* (Bild 19.9, oben) auf das Symbol des zu verwaltenden Benutzerkontos. Bei Bedarf können Sie über den Hyperlink *Neues Benutzerkonto erstellen* die Benutzerverwaltung öffnen und ein Konto anlegen.

5. Legen Sie in der Formularseite *Benutzersteuerungen* (Bild 19.9, unten) die Jugendschutzeinstellungen fest und bestätigen Sie diese über die *OK*-Schaltfläche.

Die Jugendschutzeinstellungen werden über das in (Bild 19.9, unten) gezeigte Formular verwaltet.

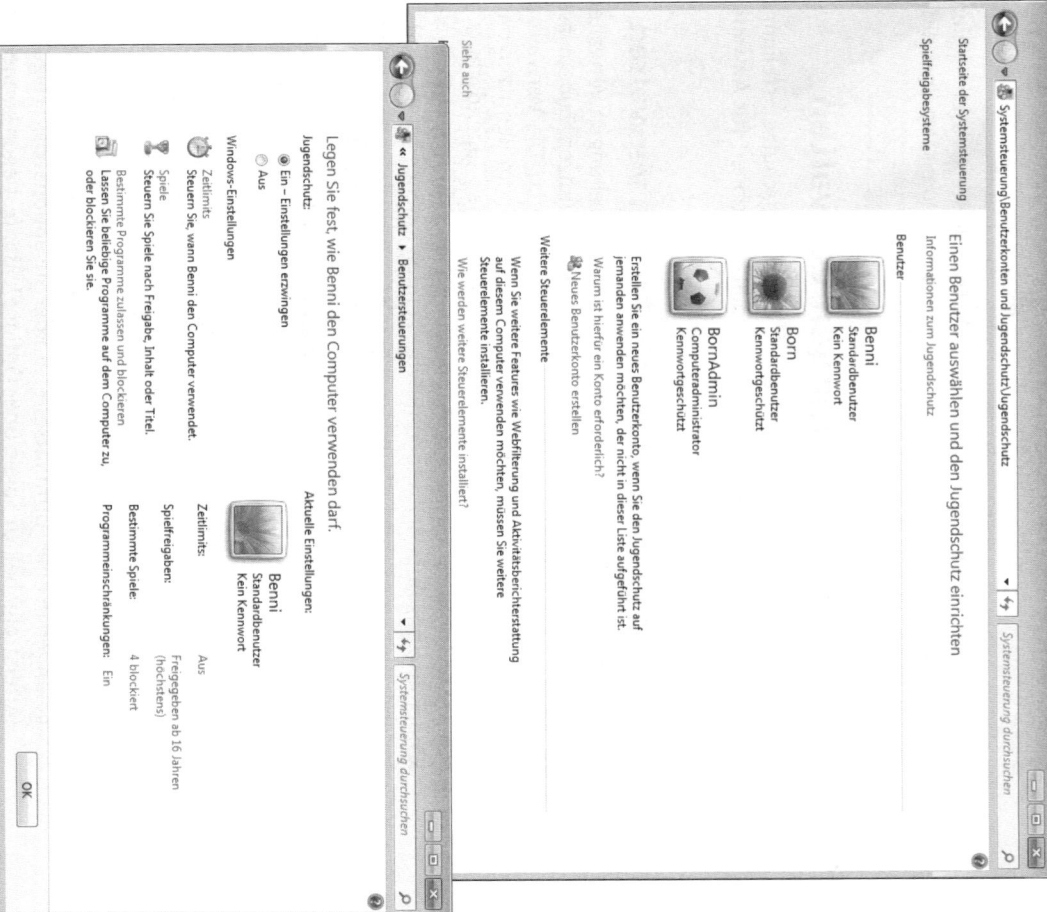

Bild 19.9:   Jugendschutzeinstellungen verwalten

- Um Spielfreigaben zu verwalten, markieren Sie das Optionsfeld *Ein – Einstellungen erzwingen* der Gruppe *Jugendschutz*. Anschließend klicken Sie in der Gruppe *Windows-Einstellungen* auf den Hyperlink *Spiele*.

- Im Folgeformular lässt sich vorgeben, ob der Benutzer Spiele aufrufen darf. Markieren Sie das Optionsfeld *Ja*. Anschließend können Sie über den Hyperlink *Spielfreigaben festlegen* ein Zusatzformular aufrufen. In diesem lässt sich über Optionsfelder vereinbaren, ob Spiele ohne Altersfreigabe (z. B. der Unterhaltungssoftware Selbstkontrolle – USK) überhaupt aufgerufen werden dürfen und welche Altersstufe für die Spielfreigabe gelten soll. Sind Spiele mit höheren Altersstufen installiert, blockiert Windows deren Aufruf für das betreffende Benutzerkonto.

- Über den Hyperlink *Bestimmte Spiele zulassen oder blockieren* (Bild 19.9, unten) können Sie ein Formular (Bild 19.10, unten) öffnen, in dem die installierten Spiele aufgeführt werden und über dessen Optionsfelder diese zugelassen oder blockiert werden können.

Die Einstellungen der Formulare sind über die *OK*-Schaltfläche des jeweiligen Fensters zu bestätigen.

- Möchten Sie die Zugangszeiten zu einem Benutzerkonto einschränken, wählen Sie im Formular (Bild 19.9, unten) den Hyperlink *Zeitlimits*. Anschließend können Sie im Folgeformular die Zeiten der Benutzung freigeben bzw. Zeitfenster blockieren (Bild 19.10, oben). Hierzu markieren Sie einfach die Zeittafeln per Maus. Blau gefüllte Zeitfelder stehen für einen blockierten Zugang, weiße Zeitfelder erlauben den Zugang. Durch erneutes Markieren eines Felds wird der Zugang abwechselnd blockiert oder freigegeben. Versucht der Benutzer sich außerhalb der freigegebenen Zeiten am Benutzerkonto anzumelden, erhält er eine entsprechende Meldung, dass ein Zugang zu diesen Zeiten nicht vorgesehen ist.

- Möchten Sie verhindern, dass Ihre Kinder bestimmte Programme unter Windows 7 nutzen, wählen Sie im Formular aus Bild 19.9, unten, den Hyperlink *Bestimmte Programme zulassen und blockieren*. Im Folgeformular *Welche Programme darf ... verwenden?* markieren Sie das Optionsfeld *... darf nur die zugelassenen Programme verwenden*. Anschließend markieren Sie in der angezeigten Liste der installierten Programme die Kontrollkästchen aller Anwendungen, die für das Benutzerkonto freigegeben sind.

Auch bei diesen Seiten verlassen Sie das Formular über die jeweilige *OK*-Schaltfläche.

HINWEIS

Gegenüber Windows Vista wurden in Windows 7 die Webinhaltsfilter aus der Jugendschutz-Funktion entfernt. Um den Aufruf bestimmter Internetseiten durch Kinder zu verhindern, lässt sich aber das Modul Windows Live Family Safety aus den Windows Live Essentials installieren und verwenden. Zudem können Sie im Internet Explorer über den Befehl *Optionen* der Menüschaltfläche *Extras* zur Registerkarte *Inhalte* gehen und dort in der Gruppe *Inhaltsratgeber* einen entsprechenden Filter zur Anzeige von Webinhalten aktivieren.

19.2.2 Anwendungen als Administrator ausführen

Manche Programme und Windows-Funktionen lassen sich nur als Administrator ausführen. Dies gilt auch für die Installation von Programmen. Anstatt sich von einem normalen Benutzerkonto ab- und am Administratorkonto anzumelden, können Sie das Programm auch unter dem Kontext eines Administratorkontos ausführen.

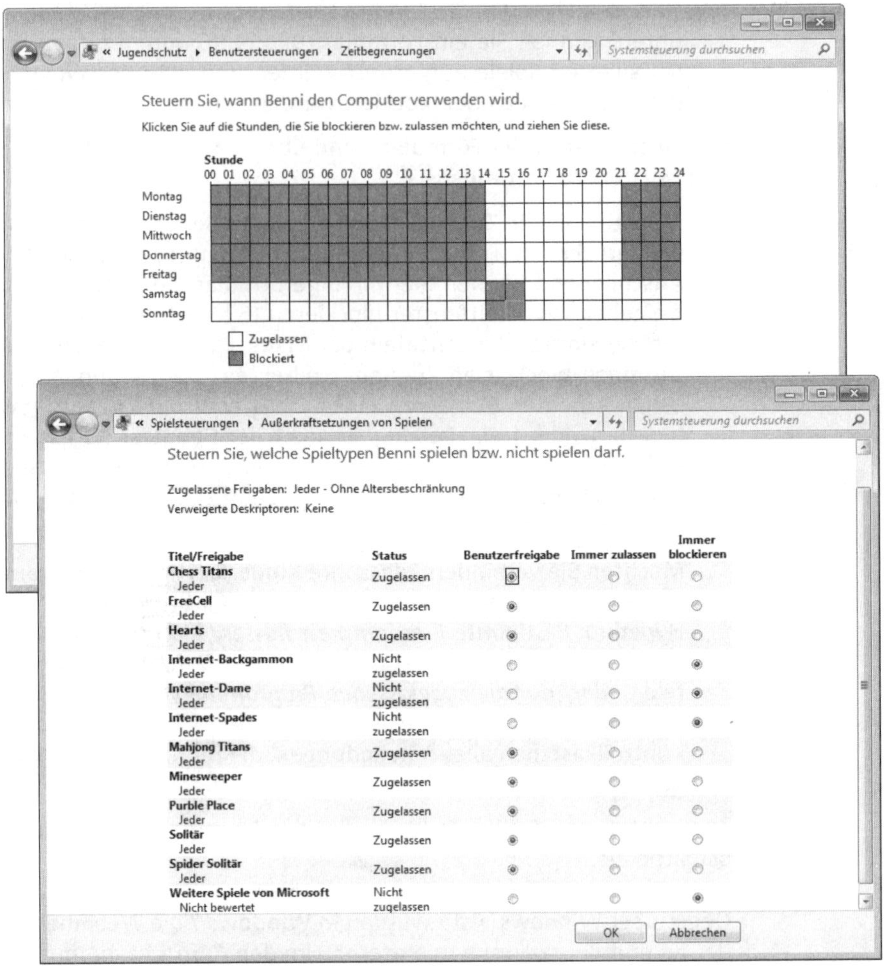

Bild 19.10: Jugendschutzeinstellungen

1. Klicken Sie das Symbol der Programmdatei oder der Verknüpfung mit der rechten Maustaste an und wählen Sie den Kontextmenübefehl *Als Administrator ausführen.*

2. Im Dialogfeld der Benutzerkontensteuerung wählen Sie ein Administratorkonto aus und tippen das Kennwort für das Konto ein.

Sobald Sie das Dialogfeld schließen, wird die Anwendung im Kontext dieses Kontos ausgeführt. Alle anderen Anwendungen laufen aber weiterhin im Kontext des normalen Benutzerkontos.

ACHTUNG

Seien Sie vorsichtig bei der Ausführung von Anwendungen aus unbekannten Quellen unter dem Kontext eines Administratorkontos. Eine solche Anwendung kann Schadprogramme wie Viren enthalten. Besser ist es, Programme von den Downloadseiten bekannter Computerzeitschriften zu beziehen. Zudem sollte immer ein aktueller Virenscanner installiert sein.

Screenshot: Zeitbegrenzungen / Spielsteuerungen

« Jugendschutz ▶ Benutzersteuerungen ▶ Zeitbegrenzungen

Steuern Sie, wann Benni den Computer verwenden wird.

Klicken Sie auf die Stunden, die Sie blockieren bzw. zulassen möchten, und ziehen Sie diese.

Stunde
00 01 02 03 04 05 06 07 08 09 10 11 12 13 14 15 16 17 18 19 20 21 22 23 24

Montag
Dienstag
Mittwoch
Donnerstag
Freitag
Samstag
Sonntag

☐ Zugelassen
▧ Blockiert

« Spielsteuerungen ▶ Außerkraftsetzungen von Spielen

Steuern Sie, welche Spieltypen Benni spielen bzw. nicht spielen darf.

Zugelassene Freigaben: Jeder - Ohne Altersbeschränkung
Verweigerte Deskriptoren: Keine

Titel/Freigabe	Status	Benutzerfreigabe	Immer zulassen	Immer blockieren
Chess Titans	Zugelassen	◉	○	○
Jeder				
FreeCell	Zugelassen	◉	○	○
Jeder				
Hearts	Zugelassen	◉	○	○
Jeder				
Internet-Backgammon	Nicht	○	◉	○
Jeder	zugelassen			
Internet-Dame	Nicht	○	◉	○
Jeder	zugelassen			
Internet-Spades	Nicht	○	◉	○
Jeder	zugelassen			
Mahjong Titans	Zugelassen	◉	○	○
Jeder				
Minesweeper	Zugelassen	◉	○	○
Jeder				
Purble Place	Zugelassen	◉	○	○
Jeder				
Solitär	Zugelassen	◉	○	○
Jeder				
Spider Solitär	Zugelassen	◉	○	○
Jeder				
Weitere Spiele von Microsoft	Nicht	○	○	◉
Nicht bewertet	zugelassen			

OK   Abbrechen

Bei älteren oder schlecht programmierten Anwendungen kann die Installation unter Windows 7 scheitern. In manchen Fällen hilft es, die Benutzerkontensteuerung temporär abzuschalten (als Administrator anmelden, in der Systemsteuerung »Benutzerkonten« eintippen, den Befehl *Einstellungen der Benutzerkontensteuerung ändern* anklicken und dann den Regler zur Benachrichtigung durch die Benutzerkontensteuerung ganz nach unten ziehen).

19.2.3   Kompatibilitätsoptionen einstellen

Bei älteren Anwendungen und Spielen gibt es eventuell Probleme bei der Ausführung unter Windows 7. Eine Möglichkeit besteht darin, das Programm versuchsweise mit Administratorrechten auszuführen (siehe vorhergehender Abschnitt). Hilft dies nichts (z. B. weil das Programm nur mit 256 Farben in der Darstellung arbeiten kann), lassen sich verschiedene Kompatibilitätsoptionen einstellen.

1. Klicken Sie das Symbol der Programmdatei oder der Verknüpfungsdatei mit der rechten Maustaste an und wählen Sie den Kontextmenübefehl *Eigenschaften*.

2. Wechseln Sie im Eigenschaftenfenster zur Registerkarte *Kompatibilität* und stellen Sie dort die gewünschten Optionen ein (Bild 19.11).

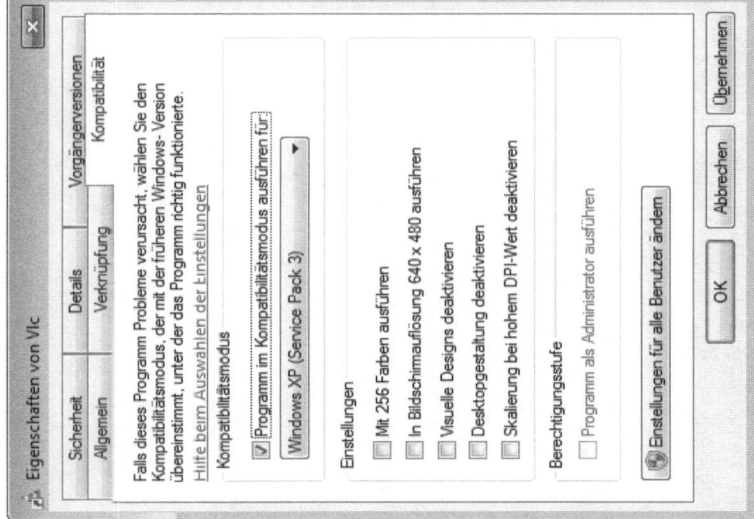

Bild 19.11: Kompatibilitätsoptionen

385

Auf der Registerkarte können Sie das Kontrollkästchen *Programm im Kompatibilitätsmodus ausführen für* der Gruppe *Kompatibilitätsmodus* markieren und dann die erforderliche Betriebssystemversion für die Anwendung über das zugehörige Listenfeld auswählen. Außerdem lassen sich in der Gruppe *Einstellungen* über verschiedene Kontrollkästchen bestimmte Optionen aktivieren (z. B. Auflösung auf 640 × 480 Bildpunkte begrenzen).

Benötigt das Programm Administratorrechte zur Ausführung, klicken Sie auf die Schaltfläche *Einstellungen für alle Benutzer anzeigen*. Dann wird eine neue Registerkarte *Kompatibilität für alle Benutzer* mit den gleichen Option wie in Bild 19.11 eingeblendet. Markieren Sie auf dieser Registerkarte das Kontrollkästchen *Programm als Administrator ausführen* und legen Sie ggf. die restlichen Kompatibilitätsoptionen fest. Beim späteren Aufruf der Anwendung fragt die Benutzerkontensteuerung dann den Namen und das Kennwort des Administratorkontos ab.

Sobald Sie das Dialogfeld über die *Ok*-Schaltfläche schließen, wird die Anwendung für den gewählten Modus konfiguriert.

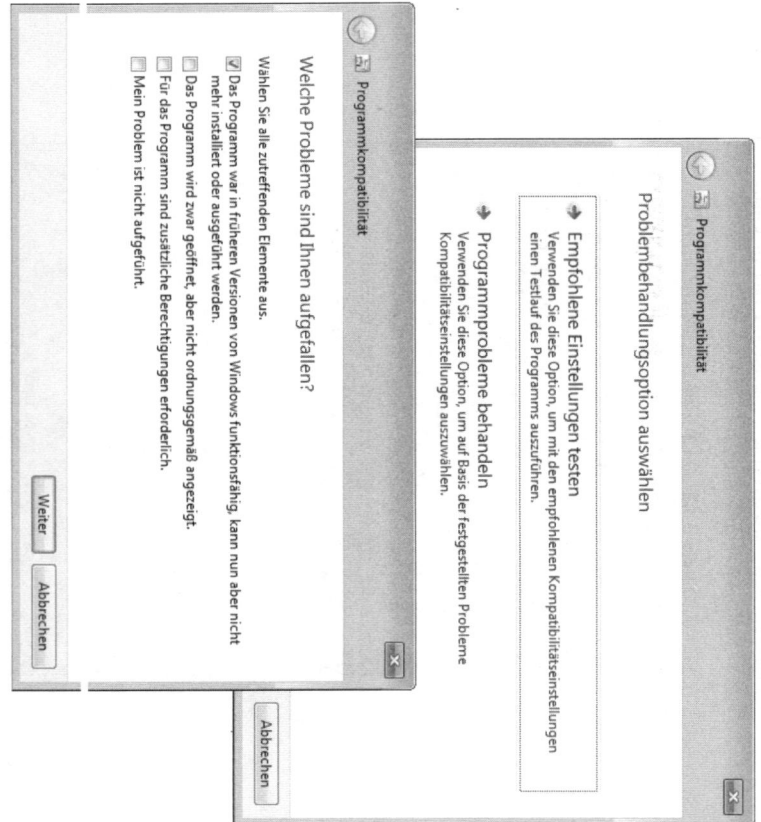

Bild 19.12:   Programmkompatibilität per Assistent einstellen

TIPP

Ist unklar, welche Kompatibilitätsoptionen für ein Programm unter Windows 7 erforderlich sind? Dann besteht die Möglichkeit, sich durch Windows unterstützen zu lassen. Klicken Sie einfach das Verknüpfungssymbol oder die *.exe*-Programmdatei mit der rechten Maustaste an und wählen Sie den Kontextmenübefehl *Behandeln von Kompatibilitätsproblemen*. Windows startet einen Assistenten, in dessen Dialogfeld *Programmkompatibilität* (Bild 19.12, oben) Sie die Befehle *Empfohlene Einstellungen testen* und *Programmprobleme behandeln* wählen können. Beim erstgenannten Befehl legt Windows selbst Kompatibilitätseinstellungen fest und zeigt anschließend das Dialogfeld zum Testen der Einstellungen an. Beim letztgenannten Befehl erscheint ein Dialogfeld (Bild 19.12, unten), in dem Sie über die Kontrollkästchen zutreffende Aussagen markieren können. Über die *Weiter*-Schaltfläche gelangen Sie zu einem Dialogfeld, in dem Sie eines der aufgeführten Betriebssysteme wählen. Danach gelangen Sie ebenfalls zum Dialogfeld zum Testen der Einstellungen. Wählen Sie im Dialogfeld die Schaltfläche *Programm starten*. Funktioniert das Programm wie gewünscht, beenden Sie es und schalten zum Folgedialogfeld des Assistenten um. Dann klicken Sie auf den Befehl *Ja, diese Einstellungen für dieses Programm speichern*. Bei Problemen lässt sich die Schrittfolge durch Anwahl des Befehls *Nein, mit anderen Einstellungen wiederholen* erneut durchlaufen. Optional gibt es zudem einen Befehl, um die Kompatibilitätsprobleme an Microsoft zu melden.

19.3   Weitere nützliche Programme

Nachfolgend werden kurz einige weitere nützliche Programme von Windows 7 beschrieben. Weitere Programme sind in den anderen Kapiteln dieses Buches erläutert.

19.3.1   Der Windows-Rechner

Im Startmenü finden Sie im Zweig *Alle Programme/Zubehör* den Eintrag *Rechner*, mit dem sich der Windows-Rechner aufrufen lässt. Standardmäßig nichts besonders Aufregendes, gibt es diesen Rechner doch bereits in allen Windows-Versionen. In Windows 7 hat Microsoft den Rechner aber mit zusätzlichen Funktionen ausgestattet (Bild 19.13).

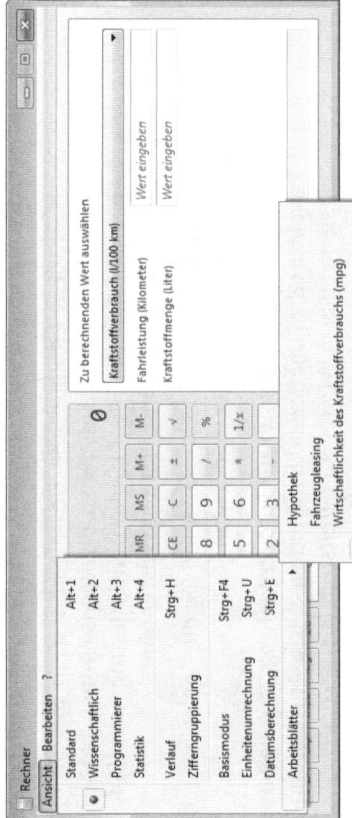

Bild 19.13: Windows-Rechner

Öffnen Sie das Menü *Ansicht*, lässt sich der Rechner zwischen den Modi *Standard*, *Wissenschaftlich*, *Programmierer* und *Statistik* umschalten. Mit dem Befehl *Verlauf* werden die letzten Rechenschritte in der Art einer Rechenmaschine im Display mit angezeigt – Sie können also Rechnungen leichter überprüfen. Der Befehl *Zifferngruppierung* blendet in der Anzeige einen Punkt hinter der Tausenderstelle ein. Neu sind auch die Funktionen *Einheitenumrechnung*, *Datumsberechnung* und *Arbeitsblätter*, die einen Erweiterungsbereich am rechten Fensterrand einblenden. In diesem Bereich lassen sich unterschiedliche Funktionen wie Einheitenumrechnung, Kraftstoffverbrauch etc. über die Befehle des Menüs *Ansicht* einblenden. Über den Befehl *Basismodus* wird der Erweiterungsbereich wieder ausgeblendet. Details zu den einzelnen Funktionen lassen sich in der Programmhilfe nachlesen (abrufbar über das ?-Menü).

19.3.2 Windows-Ergänzung: Windows Live Essentials

Bei den Windows Live Essentials handelt es sich um eine Programmsammlung, die zwar nicht im Windows-Lieferumfang enthalten ist, aber wichtige bzw. fehlende Funktionen bereitstellt. So hat Microsoft in Windows 7 das aus Windows Vista bekannte E-Mail-Programm Windows Mail entfernt. Mit Windows Live Mail aus den Windows Live Essentials steht die Funktion aber zur Verfügung. In diesem Buch wird die Version 2011 behandelt. Um Programme aus den Windows Live Essentials zu installieren, können Sie folgendermaßen vorgehen.

1. Rufen Sie über das Startmenü die Funktion *Erste Schritte* auf und wählen Sie das Symbol *Windows Live Essentials online erwerben* an. Anschließend klicken Sie im Kopfbereich des Fensters auf die eingeblendete Schaltfläche *Windows Live Essentials online erwerben* (siehe auch *Kapitel 5*).

2. Warten Sie, bis der Internet Explorer eine Verbindung zur Internetseite http://download.live.com hergestellt hat, und klicken Sie auf die Schaltfläche *Download*, um das Windows Live Essentials-Installationsprogramm in den lokalen Ordner *Downloads* der Festplatte herunterzuladen.

3. Nach dem erfolgreichen Download starten Sie die Installationsdatei (*wlsetup-web.exe*) aus dem *Downloads*-Ordner, bestätigen die Sicherheitsabfrage der Benutzerkontensteuerung und befolgen dann die Anweisungen des Installationsassistenten.

Im Dialogfeld aus Bild 19.14 markieren Sie die Kontrollkästchen der Anwendungen, die Sie installieren möchten.

■ *Fotogalerie*: Programm zur Fotoverwaltung, -anzeige und -bearbeitung, welches die Funktionen der Windows Vista-Anwendung Windows-Fotogalerie auch in Windows 7 bereitstellt (siehe *Kapitel 21*).

■ *Family Safety*: Dienst, der die Inhaltsfilterung von Webseiten als Zusatz zum Jugendschutz ermöglicht.

■ *Mail:* E-Mail-Client für Windows, der die aus früheren Versionen bekannten Programme Outlook Express (Windows XP) und Windows Mail (Windows Vista) ersetzt und mit Zusatzfunktionen wie einem Newsreader oder einem Kalendermodul aufwarten kann (siehe *Kapitel 27, 28*).

■ *Messenger:* Dient zum Austausch von Sofortnachrichten über ein Windows Live ID-Benutzerkonto mit anderen Kontakten. Persönlich bevorzuge ich aber Multimessenger-Programme wie Miranda, die auch Messengerdienste anderer Anbieter (ICQ, Yahoo, AOL, Google) unterstützen.

■ *Bing Bar:* Kleiner Zusatz für den Internet Explorer, der eine eigene Symbolleiste zum Zugriff auf Windows Live-Dienste einrichtet.

■ *Writer:* Programm zum Erstellen und Verwalten von Blogeinträgen (siehe *Kapitel 18*).

■ *Movie Maker:* Ein Programm, mit dem sich Videos importieren, schneiden und dann als Film exportieren lassen (siehe *Kapitel 22*).

■ *Live Mesh:* Das Programm dient zum Synchronisieren von Dateien und Programmeinstellungen zwischen Computern oder zwischen dem Rechner und einem Onlinespeicher in Form von SkyDrive (erfordert ein Live ID-Konto bei Microsoft). Live Mesh ermöglicht zudem Remoteverbindungen zwischen Computern.

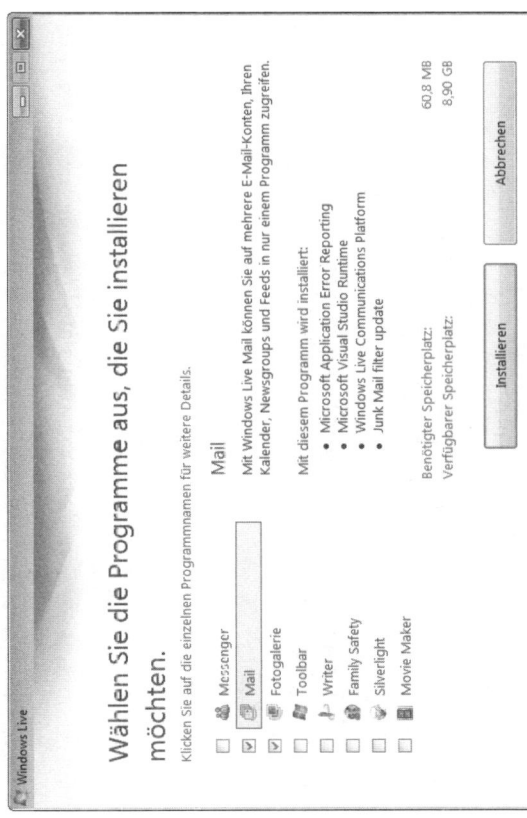

Bild 19.14: Windows Live Essentials installieren

Klicken Sie nach Auswahl der Komponenten auf die *Installieren*-Schaltfläche. Warten Sie danach, bis das Installationsprogramm die benötigten Komponenten aus dem Internet heruntergeladen und installiert hat. Möchte der Assistent die Startseite des Browsers anpassen, können Sie die Markierung der betreffenden Kontrollkästchen im Dialogfeld löschen und auf die *Weiter*-Schaltfläche klicken. Die Abfrage einer Live ID können Sie ebenfalls übergehen, da eine Anmeldung bei Windows Live zur Verwendung der Anwendungen (mit Ausnahme von Live Messenger und Family Safety) nicht erforderlich ist – es fehlen dann lediglich einige Online-Zusatzfunktionen. Im Abschlussdialogfeld beenden Sie den Assistenten über die angezeigte *Schließen*-Schaltfläche.

19.3.3 XPS-Viewer

Es handelt sich dabei um ein Hilfsprogramm, mit dem sich über den XPS-Dokument Writer erzeugte *.xps*-Dokumentdateien laden und anzeigen lassen (Bild 19.15). Alternativ kann auch der Internet Explorer zur Anzeige der *.xps*-Dokumente verwendet werden.

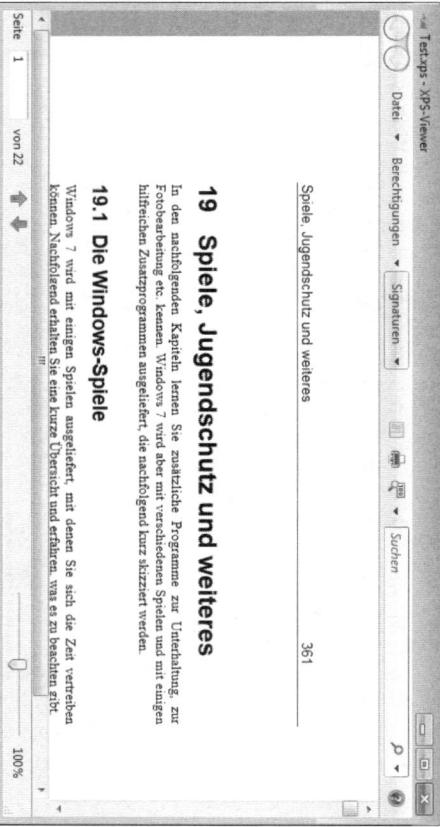

Bild 19.15: XPS-Viewer

HINWEIS

Über das Windows-Startmenü sind einige zusätzliche Hilfsprogramme aufrufbar, die aber in anderen Kapiteln dieses Buches, passend zum Kontext der bereitgestellten Funktionen, erläutert werden.

Windows 7 Home Premium

Teil 4 Multimedia: Fotos, Musik und Video

Windows 7 besitzt bereits von Haus aus eine Reihe von Multimediafunktionen. Und weitere lassen sich über die Windows Live Essentials kostenlos nachrüsten. In diesem Teil werden die Anwendungen zum Anzeigen und Bearbeiten von Fotos sowie zur Wiedergabe von Musik und Videos behandelt. Sie erfahren, wie sich das Windows Media Center verwenden lässt und wie Sie auf Wunsch Videos auf DVDs bringen können.

20 Werkzeuge zur Grafikbearbeitung

Das Windows-Programm Paint stellt einfache Funktionen zur Anzeige und Bearbeitung von Grafikdateien zur Verfügung. Mit dem Snipping Tool können Sie dagegen Bildschirmfotos (Screenshots) anfertigen. Dieses Kapitel stellt die beiden Programme und ihre Funktionen kurz vor. Zudem lernen Sie einige Arbeitstechniken, die sich auch mit anderen Grafikprogrammen einsetzen lassen.

20.1 Grundlagen zum Arbeiten mit Paint

Paint ist ein sehr einfaches Programm, um Grafikdateien (Bitmaps) laden, anzeigen und in begrenztem Umfang bearbeiten zu können. Zudem unterstützt das Programm den Zugriff auf Scanner. Nachfolgend finden Sie eine kurze Einführung in Paint.

20.1.1 Microsoft Paint im Überblick

Das Programm Paint lässt sich im Startmenü über den Eintrag *Alle Programme/Zubehör/Paint* aufrufen. Das Programm meldet sich mit dem Anwendungsfenster aus Bild 20.1. Ähnlich wie bei WordPad hat Microsoft das Programmfenster von Microsoft Paint in Windows 7 überarbeitet und an den Stil von Microsoft Office 2007 angeglichen.

■ Nach dem Start meldet sich das Programm mit einem leeren Programmfenster, welches eine Titelleiste mit der Symbolleiste für den Schnellzugriff und ein Menüband mit mehreren Registerkarten sowie die *Paint*-Schaltfläche enthält. Die *Paint*-Schaltfläche öffnet ein Auswahlmenü (Bild 20.3, Hintergrund), über das Sie Befehle zum Drucken, zum Öffnen und Speichern von Grafikdokumenten etc. erreichen. Diese Elemente kennen Sie bereits aus dem WordPad-Fenster (*Kapitel 16*).

■ Das Menüband enthält die beiden Registerreiter *Start* und *Ansicht* mit den Bedienelementen des Programms. Auf der Registerkarte *Ansicht* finden Sie Kontrollkästchen, um ein Gitter im Zeichenbereich oder Lineale im Dokumentbereich ein-/auszublenden (den gleichen Effekt erreichen Sie über die Tastenkombination [Strg]+[G]) sowie Bedienelemente, um zwischen Vollbild- und Miniaturansicht umzuschalten oder um den Zoomfaktor anzupassen. Die Registerkarte *Start* enthält alle Bedienelemente zur Auswahl von Werkzeugen, Formen, Strichstärken etc. und zum Arbeiten mit der Zwischenablage. Die Bedienelemente des Menübands sind dabei in verschiedene Gruppen unterteilt.

■ Die Statusleiste am unteren Rand liefert beim Zeichnen die Position des Mauszeigers, zeigt die Bildabmessungen in Pixel an und enthält am rechten Rand einen Schieberegler, um den Zoomfaktor für die Ansichtsvergrößerung anzupassen.

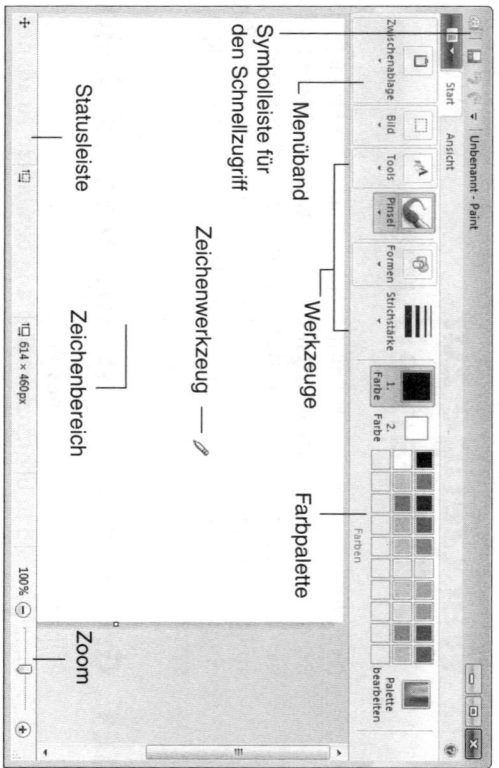

Bild 20.1: Paint-Anwendungsfenster

Beim Zeigen auf Schaltflächen des Menübands blendet Paint eine Quickinfo mit dem Funktionsnamen ein. Reicht der Platz zur Darstellung aller Bedienelemente im Menüband nicht mehr aus, fasst Paint die Elemente einzelner Gruppen zu einer Gruppenschaltfläche zusammen. Klicken Sie auf das am unteren Rand einer Gruppenschaltfläche sichtbare kleine Dreieck, blendet Paint eine Palette mit den Elementen der Gruppe ein.

Befindet sich der Mauszeiger im Zeichenbereich des Dokuments, nimmt er die Form eines Stifts, eines Kreuzes oder des zuletzt gewählten Zeichenwerkzeugs an. Die grundlegenden Arbeitstechniken zum Umgang mit Bildern in Microsoft Paint werden nachfolgend kurz skizziert.

Die grundlegende Bedienung der Elemente des Menübands erfolgt wie bei WordPad. Die Symbolleiste für den Schnellzugriff lässt sich ebenfalls wie bei WordPad vom Benutzer anpassen, d. h., es können vorgegebene Schaltflächen zum Aufruf von Funktionen ein- oder ausgeblendet werden (siehe *Kapitel 16*, Abschnitt »Anpassen der WordPad-Einstellungen«).

20.1.2 Farben wählen

Für die Werkzeuge müssen Sie eine Farbe vorgeben, wobei Paint eine Vorder- und Hintergrundfarbe unterscheidet. Diese Farben lassen sich über die Farbpalette oder das Werkzeug *Farbauswahl* einstellen.

- Klicken Sie mit der linken Maustaste auf das Feld 1. *Farbe* und dann auf die gewünschte Farbe in der Farbpalette, um die Vordergrundfarbe für ein Werkzeug festzulegen (Bild 20.2). Um die Hintergrundfarbe für das Werkzeug einzustellen, klicken Sie auf das Feld 2. *Farbe* und wählen dann die gewünschte Farbe in der Farbpalette. Dies ist etwas anders als bei früheren Paint-Versionen, wo sich die Hintergrundfarbe über die rechte Maustaste wählen ließ.

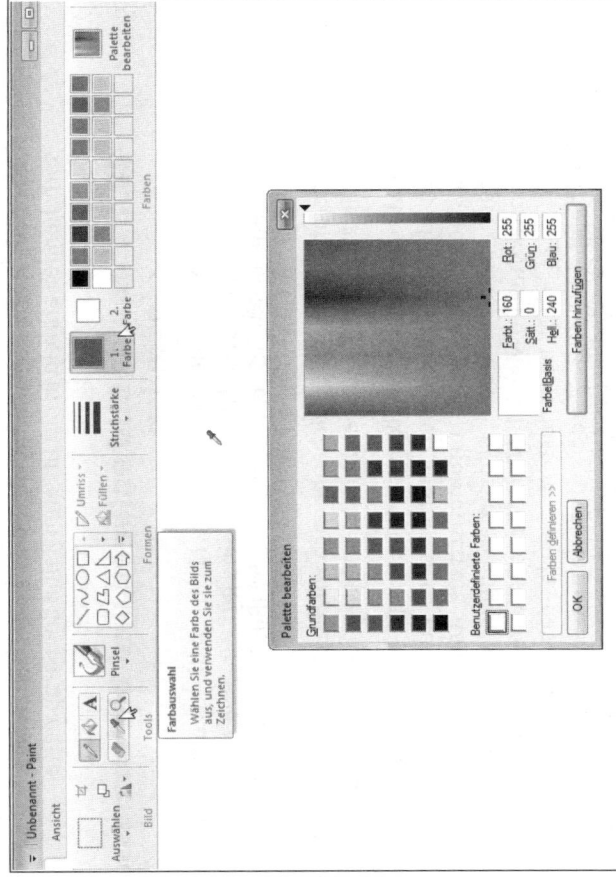

Bild 20.2:   Farbe definieren

■ Möchten Sie eine Farbe aus dem geladenen Foto oder einer Zeichnung übernehmen? Klicken Sie für die Vordergrundfarbe auf das Feld *1. Farbe* der Farbpalette, während Sie für die Hintergrundfarbe das Feld *2. Farbe* wählen. Anschließend klicken Sie in der Gruppe *Tools* der Registerkarte *Start* auf das Werkzeug *Farbauswahl* (Symbol der Pipette). Wenn Sie anschließend einen Punkt im Zeichenbereich anklicken, wird dessen Farbe in das gewählte Farbfeld übernommen.

Die aktuell gewählten Werte für die Vorder- und Hintergrundfarbe werden in den Feldern *1. Farbe* und *2. Farbe* der Gruppe *Farben* angezeigt.

Eigene Farben in der Palette definieren

Die 20 vordefinierten Farben der Farbpalette stellen eine Einschränkung dar, insbesondere da viele Bilder mindestens 256 Farben aufweisen. Sie können aber die unteren 10 Farbfelder der Palette mit benutzerdefinierten Farben belegen.

1.   Klicken Sie in der Gruppe *Farben* der Registerkarte *Start* auf die Schaltfläche *Palette bearbeiten*, um das Windows-Dialogfeld *Palette bearbeiten* (Bild 20.2, unten) zu öffnen.

2.   Klicken Sie im unteren Bereich des Dialogfelds auf ein Farbfeld der Gruppe *Benutzerdefinierte Farben* und wählen Sie anschließend über die Farbfläche oder die Farbwerte eine benutzerdefinierte Farbe aus. Anschließend klicken Sie in den Balken für die Farbhelligkeit.

3.   Klicken Sie auf die Schaltfläche *Farben hinzufügen* und schließen Sie das Dialogfeld über die *OK*-Schaltfläche.

Microsoft Paint übernimmt die benutzerdefinierte Mischfarbe in das entsprechende Farbfeld in der unteren Reihe der Farbpalette.

20.1.3 Neues Bild anlegen und Bildabmessungen einstellen

Benötigen Sie ein neues Dokument, lässt sich dieses über den Befehl *Neu* im Menü der *Paint*-Schaltfläche, über eine ggf. eingeblendete Schaltfläche *Neu* der Symbolleiste für den Schnellzugriff (Bild 20.3) oder einfach durch Drücken der Tastenkombination (Strg)+(N) abrufen. Liegen noch ungesicherte Änderungen im Paint-Zeichenbereich vor, erscheint eine Sicherheitsabfrage, ob die alten Inhalte gespeichert oder verworfen werden sollen.

Da Microsoft Paint Grafiken als Bitmaps (d. h. als Muster von Bildpunkten, auch als Pixel bezeichnet) interpretiert, übernimmt Paint beim Anlegen eines neuen Dokuments automatisch die Standardvorgaben für die Abmessungen. Sie können die Bildabmessungen aber separat über den Befehl *Eigenschaften* im Menü der *Paint*-Schaltfläche oder über die Tastenkombination (Strg)+(E) beeinflussen. Sobald das Dialogfeld *Bildeigenschaften* erscheint (Bild 20.3, Vordergrund), lassen sich die Bildabmessungen, das Maßsystem sowie die Vorauswahl zwischen Schwarzweiß- und Farbdarstellung einstellen und über die *Ok*-Schaltfläche bestätigen.

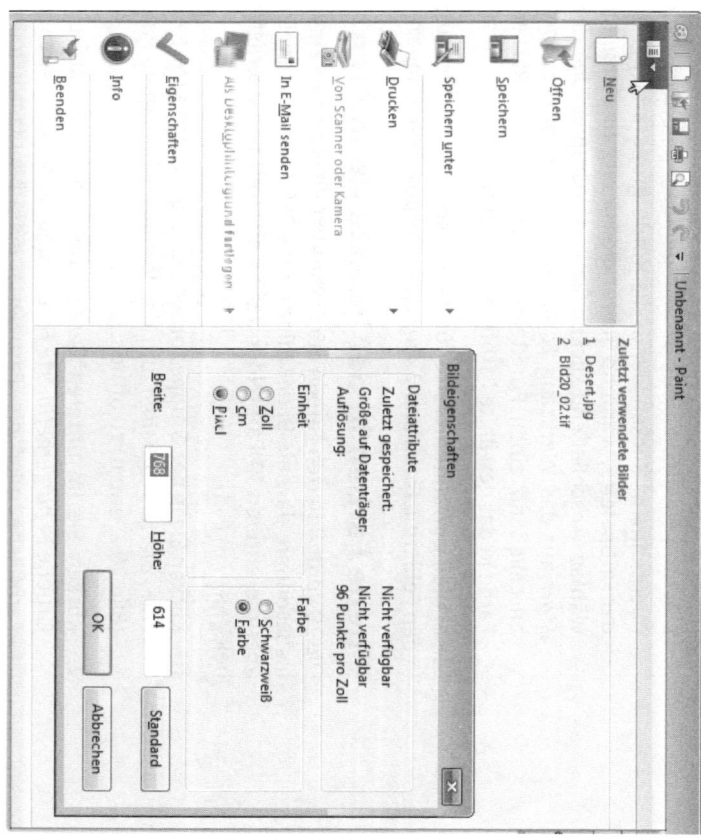

Bild 20.3: *Paint*-Menü öffnen und Bildeigenschaften ändern

20.1.4 Dateien öffnen, speichern und drucken

Mit Programmen wie Microsoft Paint können nur sogenannte Bitmapbilder erzeugt, geladen und bearbeitet werden.

1. Um in Paint eine Bitmapdatei zu laden, verwenden Sie den Befehl *Öffnen* im Menü der *Paint*-Schaltfläche (Bild 20.3, Hintergrund), oder Sie drücken die Tastenkombination ⌨Strg+⌨O bzw. wählen die *Öffnen*-Schaltfläche in der Symbolleiste für den Schnellzugriff.

2. Anschließend können Sie im Dialogfeld *Öffnen* den Speicherort und die gewünschte Datei wählen und über die *Öffnen*-Schaltfläche laden (Bild 20.4).

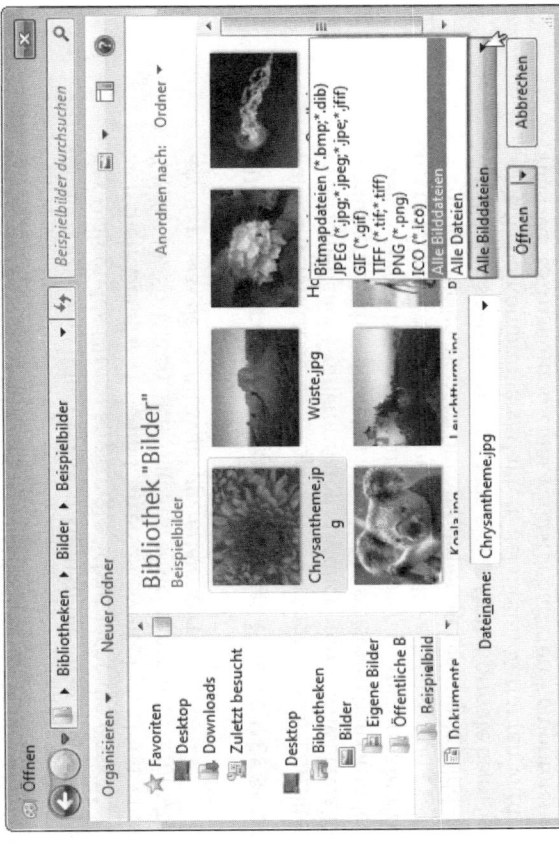

Bild 20.4: Dialogfeld zum Öffnen von Bilddateien

Das Dialogfeld *Öffnen* zeigt nur die Dateien, die dem eingestellten Dateifilter entsprechen. Dieser lässt sich aber über das Listenfeld rechts neben dem Dateinamen einstellen. Stellen Sie den Filter auf den Standardwert »Alle Bilddateien«, erscheinen im Dialogfeld alle Dateien, deren Typ den von Paint unterstützten Grafikformaten entspricht. Über die einzelnen Werte des Listenfelds lässt sich die Anzeige auf einzelne Dateitypen wie JPEG-Grafiken einschränken oder auf beliebige Dateien (Wert »Alle Dateien (*.*)«) ausdehnen. Beachten Sie bei Verwendung des Filters »Alle Dateien (*.*)«, dass Paint nur wenige Grafikformate unterstützt. Wählen Sie beispielsweise eine *.pcx*-Grafikdatei, wird das Programm diese nicht laden können.

 HINWEIS

Bilder und Grafiken lassen sich als Vektorgrafiken (aus Zeichenelementen bestehend) oder als Bitmapgrafiken (aus einzelnen Bildpunkten, Pixel, zusammengesetzt) speichern. Zudem gibt es Metagrafiken als Kombination von Vektor- und Bitmapgrafiken. Bei Bitmaps weist jeder dieser Bildpunkte eine Farbe auf, wobei die Farbtiefe die Zahl der möglichen Farbvarianten pro Bild festlegt. Bei zwei möglichen Farben (Schwarz und Weiß) handelt es sich um ein monochromes Bild, während Schwarzweißbilder meist 256 unterschiedliche Graustufen haben. Bei farbigen Bildern beginnt die Farbtiefe bei 16 oder 256 Farben und reicht über 65.568 Farben bis hin zu 16,7 Millionen Farbabstufungen pro Bild. Die Farbtiefe wird dann mit 4, 8, 16 oder 24 Bit pro Bildpunkt angegeben. Bilder mit bis zu 16,7 Millionen Farbabstufungen ermöglichen eine Echtfarbendarstellung, wie sie bei Farbfotos üblich ist. Ein Bildpunkt besteht dann aus 24 Bit Daten, wobei je 8 Bit für die Grundfarben Rot, Grün und Blau belegt sind. Man spricht auch von einer RGB-Farbdarstellung. Die Zahl der Bildpunkte pro Zeile und die Zeilenzahl bestimmt dann die Auflösung des Bildes und damit auch die Pixelzahl (z. B. 1.200 Bildpunkte x 1.600 Bildpunkte ergeben 2,1 Megapixel).

Ähnlich wie bei den Ordnerfenstern können Sie über die in der Symbolleiste des Dialogfelds *Öffnen* angezeigte Schaltfläche die Ansichten der Dateien zwischen Details, Liste und diversen Symbolansichten anpassen (siehe *Kapitel 8*). So lassen sich Miniaturansichten mit den Inhalten der Bilder abrufen, was deren Auswahl ggf. erleichtert.

Welche Grafikformate kann Paint verarbeiten?

Paint unterstützt durch entsprechende Import- und Exportfilter Bitmapbilder in verschiedenen Grafikformaten in Monochrom-, Schwarzweiß- oder Farbdarstellung. Bei Bitmapdateien kommen aus historischen Gründen verschiedene Speichervarianten in den unterschiedlichen Grafikformaten zum Einsatz. Da bei entsprechender Auflösung und 24-Bit-Farbdarstellung sehr große Datenmengen anfallen, werden unkomprimiert gespeicherte Bilddateien sehr groß. Um Platz zu sparen, unterstützen einige Grafikformate beim Speichern unterschiedliche Komprimierverfahren. Bei diesen Verfahren wird noch zwischen einer verlustfreien und einer verlustbehafteten Komprimierung unterschieden. Verlustbehaftet bedeutet, beim Speichern gehen Informationen durch das Komprimieren verloren, die sich beim nächsten Laden und dem damit einhergehenden Entpacken nicht mehr rekonstruieren lassen. Die folgende Tabelle enthält eine Übersicht über die von Paint unterstützten Grafikformate.

Dateinamen-erweiterung	Grafikformat
.bmp .dib	Ein von Windows intern benutztes Bitmapformat (BMP), welches Bilder in der Regel unkomprimiert und in Farbe speichert. Dadurch werden die Bilddateien sehr groß. Seltener wird die Dateinamenerweiterung *.dib* (Device Independent Bitmap) verwendet.
.gif	Das Graphics Interchange Format (GIF) speichert Bilder nur bis zu 256 Farben mit einer speziellen verlustfreien Komprimierung. GIF-Dateien werden häufig in Internetseiten zur Speicherung von Logos benutzt, da sie recht kompakt sind. Zudem unterstützt GIF animierte Grafiken. Fotos eignen sich weniger zur Ablage in GIF-Dateien.

Tabelle 20.1: Grafikformate unter Windows

Dateinamenerweiterung	Grafikformat
.jpeg .jpg .jpe .jfif	Das Kürzel JPEG steht für Joint Photographic Experts Group. Dieses Gremium definierte ein Format, um Fotos möglichst kompakt speichern zu können. Das JPEG-Format wird daher von den meisten Digitalkameras zur Speicherung der Farbfotos unterstützt. Beim JPEG-Format kommt eine verlustbehaftete Komprimierung zum Einsatz. Häufiges Bearbeiten und Speichern von JPEG-Fotos können daher zu einem Qualitätsverlust führen.
.png	Das Portable Network Graphics-Format (PNG) ist ein herstellerübergreifendes Grafikformat, welches als Ersatz für das mit Patenten geschützte GIF-Format geplant wurde. Es speichert Bilder mit verschiedenen Farbtiefen (bis True Color) und unterstützt eine verlustfreie Komprimierung.
.tif .tiff	Das Tag Image File Format (TIFF) ist herstellerunabhängig und dient zur Speicherung von Schwarzweiß- oder Farbbildern. Das Format kann die Bilder komprimiert oder unkomprimiert speichern und unterstützt verschiedene verlustfreie Komprimierungsverfahren. TIFF-Dateien werden gerne zur plattformunabhängigen Speicherung von Bildern (im professionellen Bereich, Werbeagenturen, Profidigitalkameras etc.) benutzt. Unkomprimierte TIFF-Dateien werden sehr groß.

Tabelle 20.1:   Grafikformate unter Windows (Forts.)

Zusätzlich lassen sich Bilder noch im .ico-Format ablegen, ein Format, das in Windows zur Speicherung von Symbolen benutzt wird. Sie können Paint also verwenden, um eigene Symboldateien für Verknüpfungen etc. anzufertigen.

Das von einigen Digitalkameras benutzte RAW-Format wird in Paint nicht unterstützt – Sie benötigen also einen RAW-Konverter des Kameraherstellers, um die Dateien z. B. in das TIFF-Format umzusetzen. Das TIFF-Format empfiehlt sich bei der Bearbeitung von Bildern zur Zwischensicherung der Ergebnisse, da dieses eine verlustfreie Speicherung ermöglicht.

Das JPEG-Format wird in der Regel von Digitalkameras im Konsumerbereich zur Speicherung von Fotos mit 16,7 Millionen Farben benutzt. Über die verlustbehaftete JPEG-Komprimierung kann die Qualität der Fotos und deren Größe beeinflusst werden. In Microsoft Paint kann die JPEG-Qualität beim Speichern jedoch nicht eingestellt werden. Daher geht bei jedem Speichern im JPEG-Format ein Teil der Fotoqualität unwiederbringlich verloren. Das Programm eignet sich daher (und wegen fehlender Retuschefunktionen) nicht sonderlich zur Bearbeitung von (JPEG-)Fotos. Lediglich Beschriftungen, Drehen oder Beschneiden sind in Paint möglich. Um Fotos zu verwalten oder zu verbessern, sollten Sie bevorzugt auf die in Kapitel 21 behandelte Windows Live Fotogalerie oder auf Grafikbearbeitungsprogramme von Drittherstellern wie Adobe Photoshop Elements zurückgreifen.

HINWEIS

Speichern von Bildern

Zum Speichern einer Grafik wählen Sie im Menü der *Paint*-Schaltfläche den Befehl *Speichern*. Alternativ können Sie in der Symbolleiste für den Schnellzugriff auf die *Speichern*-Schaltfläche klicken, oder Sie drücken die Tastenkombination [Strg]+[S]. Dann wird der Inhalt des Dokumentbereichs (bei bereits bestehenden Dateien) ohne Nachfrage gesichert. Bei neuen Dateien erscheint dagegen das *Speichern unter*-Dialogfeld (Bild 20.5).

Zum gezielten Speichern einer bestehenden Grafik in eine neue Datei ist dagegen der Befehl *Speichern unter* im Menü der *Paint*-Schaltfläche (Bild 20.3, Hintergrund) zu wählen. Oder Sie zeigen im Menü der *Paint*-Schaltfläche auf den Befehl *Speichern unter*. Dann lässt sich im Untermenü das zum Speichern gewünschte Grafikformat auswählen. Paint stellt dann den entsprechenden Dateityp im Dialogfeld *Speichern unter* ein.

Im Dialogfeld *Speichern unter* lässt sich der Zielordner wählen, der Name für die Bilddatei angeben und ggf. über das Listenfeld *Dateityp* das Grafikformat wählen. Paint unterstützt standardmäßig mehrere Grafikformate (siehe vorherige Seite) und unterscheidet im *.bmp*-Format mehrere Varianten mit unterschiedlichen Farbtiefen. Die Grafik wird beim Klicken auf die *Speichern*-Schaltfläche in der angegebenen Datei im Zielordner abgelegt.

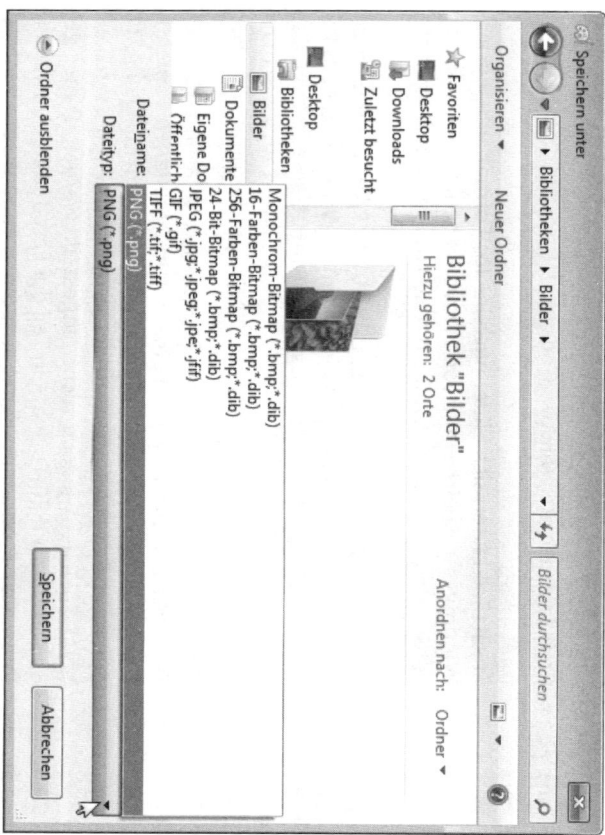

Bild 20.5: Dialogfeld zum Speichern von Bildern

HINWEIS

Ähnlich wie bei WordPad (siehe *Kapitel 16*) unterstützt Paint im Dialogfeld *Speichern unter* eine kompakte und eine erweiterte Darstellung, die sich über die in der linken unteren Ecke befindliche Schaltfläche *Ordner durchsuchen/Ordner ausblenden* wählen lässt. Paint lässt sich zur Formatkonvertierung verwenden. Sie brauchen nur eine bestehende Grafik- oder

Fotodatei zu laden und können diese anschließend in einem anderen Grafikformat speichern. Beachten Sie, dass beim Speichern im GIF-Format u. U. Farbinformationen verloren gehen, was aber durch eine Sicherheitsabfrage vor dem Speichern bestätigt werden muss. Beim Export in andere Grafikformate weist Paint zwei Einschränkungen auf. Einmal ist das Festlegen der bei GIF- und PNG-Formaten unterstützten Transparenzfarbe nicht möglich. Zudem bietet Paint beim Speichern im JPEG-Format keine Option, um die Komprimierung und damit die Qualität des gespeicherten Ergebnisses einzustellen.

Drucken und Druckvorschau in Paint

Sie können auf die Windows-Druckfunktionen für Fotos und Bilder zurückgreifen (*Kapitel 21*) oder direkt in Paint drucken. Ähnlich wie bei anderen Anwendungen gibt es auch bei Paint verschiedene Varianten, um den Ausdruck anzustoßen.

■ Klicken Sie in der Symbolleiste für den Schnellzugriff auf das ggf. eingerichtete Symbol *Drucken* oder drücken Sie die Tastenkombination Strg + P.

■ Alternativ können Sie das Menü der *Paint*-Schaltfläche öffnen und direkt auf den Befehl *Drucken* klicken (oder Sie zeigen auf diesen Befehl und wählen anschließend im Untermenü den Befehl *Drucken*).

In allen Fällen öffnet Paint das Dialogfeld *Drucken*, in dem Sie den Drucker und verschiedene Druckoptionen wählen können. Allerdings lässt sich immer nur die komplette Zeichnung drucken.

Um die Bildlage vor der Ausgabe zu beurteilen, lässt sich eine Druckvorschau abrufen. Hierzu öffnen Sie das Menü der *Paint*-Schaltfläche, zeigen auf den Befehl *Drucken* und wählen im Untermenü den Befehl *Druckvorschau*. Sofern eingerichtet, können Sie auch die Schaltfläche *Druckvorschau* in der Symbolleiste für den Schnellzugriff anklicken. Ähnlich wie bei WordPad (siehe *Kapitel 16*) können Sie die Darstellung der Druckvorschau über Schaltflächen der Registerkarte *Druckvorschau* des Menübands vergrößern oder verkleinern und dann das Dokument drucken (Bild 20.6, Hintergrund). Die Schaltfläche *Druckvorschau schließen* wechselt zum Bearbeitungsmodus von Paint zurück.

Seite einrichten

Passt das Bild nicht auf die Druckseite, können Sie in der Druckvorschau die Schaltfläche *Seite einrichten* der Gruppe *Drucken* auf der Registerkarte *Druckvorschau* anwählen. Oder Sie öffnen das Menü der *Paint*-Schaltfläche, zeigen auf den Befehl *Drucken* und wählen den Befehl *Seite einrichten* im eingeblendeten Untermenü. Im gleichnamigen Dialogfeld (Bild 20.6, Vordergrund) lässt sich zwischen einer Darstellung im Hoch- und Querformat umschalten. Weiterhin können Sie über Kontrollkästchen die Bildanzeige horizontal und vertikal zentrieren. Ist das Bild abgeschnitten, reduzieren Sie den Wert der Option *Auf ... % der Normalgröße anpassen* oder wählen die Option *Auf ... von ... Seiten anpassen*. Die Optionen werden wirksam, sobald das Dialogfeld über die *OK*-Schaltfläche geschlossen wird.

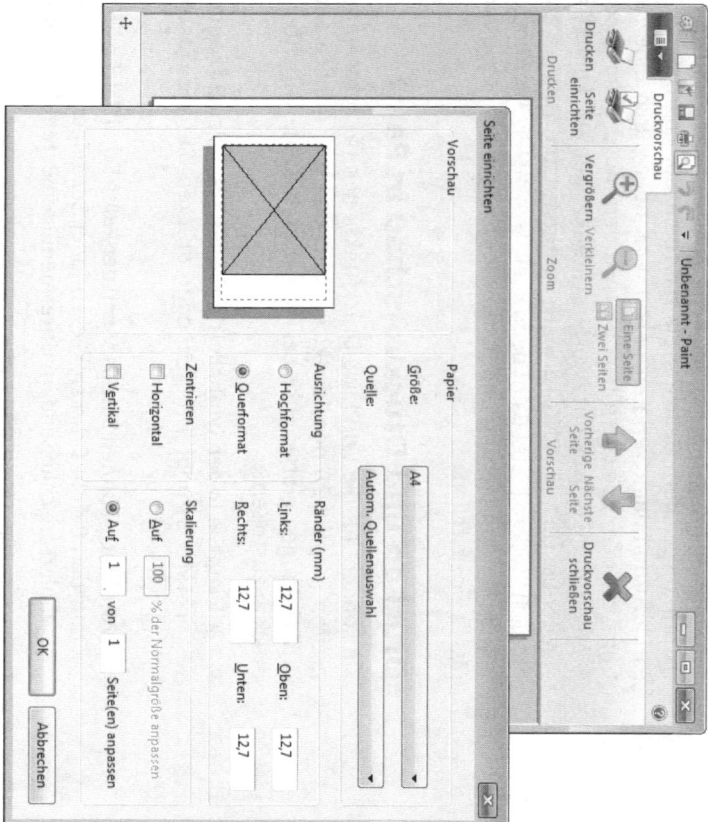

Bild 20.6: Druckvorschau und Seite in Paint einrichten

20.2   Zeichnen und Arbeiten in Paint

In Paint können Sie verschiedene Werkzeuge zum Zeichnen von Linien oder Figuren auswählen. Die Bedienung hat sich gegenüber früheren Paint-Versionen allerdings leicht geändert. Nachfolgend werden einige Paint-Arbeitstechniken skizziert.

20.2.1   Verwenden der Zeichenwerkzeuge in Paint

Die Zeichenwerkzeuge sind bei Paint auf der Registerkarte Start des Menübands in verschiedenen Gruppen untergebracht (Bild 20.7).

- Ist die Gruppe auf eine Gruppenschaltfläche reduziert, müssen Sie deren unteren Rand zum Anzeigen der ausgeblendeten Elemente anklicken.

- Beim Zeigen auf eine der Schaltflächen der betreffenden Gruppe blendet Paint eine Quickinfo mit dem Namen der zugehörigen Funktion ein (Bild 20.7, oben).

- Zum Zeichnen müssen Sie lediglich die Schaltfläche des gewünschten Werkzeugs im Menüband wählen.

- Je nach Werkzeug können Sie anschließend Pinselformen und Linienstärken über die betreffenden Gruppen anpassen sowie die Farben für die Zeichenelemente per Mausklick einstellen (siehe oben).

Bevor Sie im Dokumentbereich etwas zeichnen, führen Sie die folgenden Schritte aus:

1. Legen Sie als Erstes die Farben für den Vordergrund und den Hintergrund fest (siehe Abschnitt »Farben wählen«) und wählen Sie dann das gewünschte Zeichenwerkzeug (z. B. den Stift in der Gruppe *Tools* oder den Pinsel in der Gruppe *Pinsel*), indem Sie im Menüband auf die betreffende Schaltfläche klicken.

2. Bei Pinseln, Linien, Stift und einigen anderen Elementen können Sie danach – falls gewünscht – die Zeichenstärke über die Schaltfläche *Strichstärke* festlegen. Hierzu klicken Sie auf den unteren Rand der Schaltfläche und wählen eines der angezeigten Symbole für die Werkzeugstärke aus (Bild 20.7, oben).

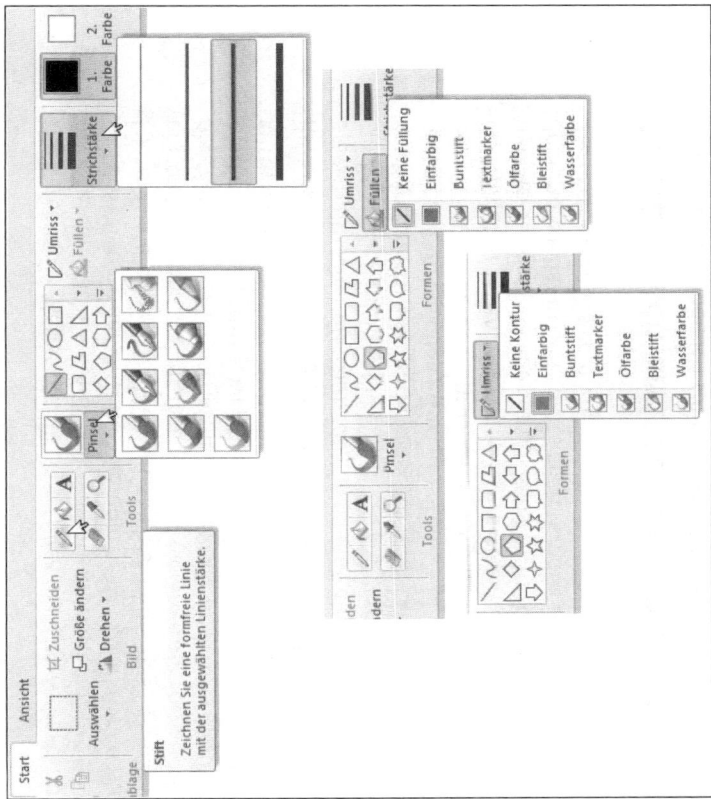

Bild 20.7: Auswahl von Werkzeugen und deren Eigenschaften

Bei den in der Gruppe *Formen* auswählbaren Elementen (Kreis, Rechteck, Stern) können Sie über die beiden Menüschaltflächen *Umriss* und *Füllen* zudem die Umrisslinie sowie eine Füllvariante nach folgenden Kriterien wählen (Bild 20.7, unten).

■ Klicken Sie auf die Menüschaltfläche *Umriss* und wählen Sie anschließend einen der angebotenen Menübefehle. Mit dem Befehl *Keine Kontur* wird die Form ohne eine Umrisslinie dargestellt. Dann sollte der Modus *Füllen* auf einen der Werte wie *Einfarbig, Buntstift* etc., jedoch keinesfalls auf *Keine Füllung*, gestellt werden.

403

Wählen Sie über die Menüschaltfläche *Füllen* den Befehl *Keine Füllung*, sollte der Umrissmodus auf einen der Werte *Einfarbig* bis *Wasserfarbe* gesetzt werden (nicht jedoch auf *Keine Kontur*). Beim Zeichnen erscheint dann die Form als Umrisslinie in der gewählten Vordergrundfarbe. Stellen Sie den Wert der Menüschaltfläche *Füllen* auf Werte von *Einfarbig* bis *Wasserfarbe*, wird die gezeichnete Form mit der betreffenden Textur in der eingestellten Hintergrundfarbe gezeichnet.

Bewegen Sie dann den Mauszeiger in den Zeichenbereich, nimmt er die Form des gewählten Werkzeugs (z. B. Stift oder Pinsel) an. Sie können anschließend im Zeichenbereich arbeiten. Möchten Sie nach Auswahl des betreffenden Werkzeugs einen Strich, eine (Freihand-)Linie oder eine Figur zeichnen, funktioniert das im Wesentlichen durch Ziehen mit der linken Maustaste.

 TIPP

Die Befehle der Menüschaltflächen *Füllen* und *Umriss* bestimmen, mit welcher Textur Flächen gefüllt bzw. deren Umrisslinien gezeichnet werden. Um die Wirkung der einzelnen Befehle besser zu erkennen, stellen Sie eine Hintergrundfarbe (z. B. Gelb) ein, zeichnen über das Formenwerkzeug ggf. ein Rechteck und stellen anschließend (solange die Form noch markiert ist) die Werte der Menüschaltflächen *Füllen* und *Umriss* auf verschiedene Modi. Sie sehen sofort, welche Wirkung Modi wie »Einfarbig« oder »Buntstift« haben.

Klicken Sie im Menüband in der Gruppe *Tools* der Registerkarte *Start* auf die Schaltfläche *Bildschirmlupe*, erscheint ein Rechteck in der Zeichnung. Ein Mausklick mit der linken Maustaste vergrößert dann die Anzeige im Zeichenbereich, während die rechte Maustaste die Vergrößerung wieder reduziert. Den gleichen Effekt erhalten Sie über den Schieberegler *Zoom* in der rechten Ecke der Statusleiste. Über die beiden Schaltflächen *Vollbild* und *Miniaturansicht* der Gruppe *Anzeige* auf der Registerkarte *Ansicht* können Sie übrigens den gesamten Bildschirm zur Anzeige der Grafik verwenden und wieder in den Paint-Fenstermodus zurückkehren. Die Esc-Taste wechselt ebenfalls vom Vollbild- in den Fenstermodus zurück.

20.2.2 Linien und Freihandlinien zeichnen

Um im Zeichenbereich Linien bzw. Striche mit der gewünschten Farbe zu zeichnen, sind folgende Schritte auszuführen.

1. Wählen Sie im Menüband (Bild 20.8) eines der Werkzeuge (Stift, Pinsel, Linie) aus und korrigieren Sie bei Bedarf noch die Strichstärke sowie die Farbe (siehe vorherige Abschnitte).

2. Zeigen Sie mit der Maus auf einen Punkt der Zeichnung, halten Sie die linke Maustaste gedrückt und bewegen Sie die Maus. Geben Sie die Maustaste am gewünschten Endpunkt wieder frei.

Die Werkzeuge *Stift* und *Pinsel* ermöglichen es, bei gedrückter Maustaste Freihandlinien unterschiedlicher Stärke zu ziehen (Bild 20.8). Paint zeichnet mit dem Pinsel die Bewegungen des Mauszeigers nach. Möchten Sie gerade

Linien im Zeichenbereich erhalten, verwenden Sie das Werkzeug *Linie*. Dann lässt sich der Anfangspunkt durch Klicken auf die Zeichnung bestimmen. Solange die Maustaste gedrückt ist, kann die Maus bewegt werden. Paint zeichnet zwischen dem Anfangspunkt und der aktuellen Position des Mauszeigers eine Linie. Erst wenn Sie die Maustaste loslassen, wird die Linie in die Zeichnung eingefügt.

Bild 20.8: Freihandlinien und Linien

Halten Sie beim Zeichnen von Linien die ⇧-Taste gedrückt, lassen sich nur horizontale, vertikale oder um 45 Grad geneigte Linien zeichnen.

Erscheint beim »Zeichnen« mit dem Werkzeug *Linie* scheinbar nichts im Zeichenbereich? Überprüfen Sie in diesem Fall die Einstellungen der Menüschaltfläche *Umriss* und stellen Sie sicher, dass der Wert nicht auf *Kein Umriss* steht. Zudem sollten Sie kontrollieren, ob die Vordergrundfarbe des Felds *1. Farbe* nicht zufällig mit der Hintergrundfarbe im Feld *2. Farbe* identisch ist.

20.2.3 Formen zeichnen

Über die Palette der Gruppe *Formen* auf der Registerkarte *Start* des Menübands können Sie neben dem Werkzeug *Linie* weitere Funktionen zum Zeichnen von Flächenelementen abrufen. Dabei lassen sich die Flächenelemente mit Umrisslinien oder gefüllt darstellen. Mit folgender Schrittfolge werden z. B. mehrere Rechtecke gezeichnet, wobei ein Rechteck zu füllen ist.

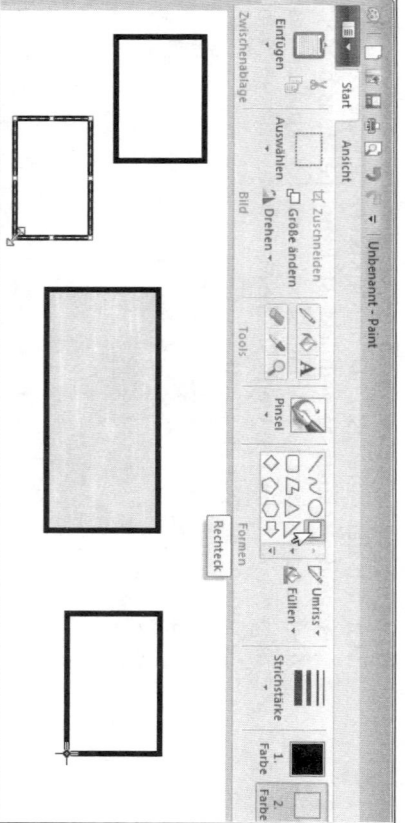

Bild 20.9: Zeichnen von Rechtecken

1. Klicken Sie in der Palette der Gruppe *Formen* der Registerkarte *Start* auf die Schaltfläche des Werkzeugs *Rechteck* (Bild 20.9) und legen Sie bei Bedarf die Farben sowie die Strichstärke der Umrisslinie fest (siehe oben). Paint benutzt beim Zeichnen einer Fläche immer die zuletzt eingestellte Linienstärke und den Füllmodus.

2. Klicken Sie in der Zeichnung auf eine beliebige Stelle, halten Sie die linke Maustaste gedrückt und ziehen Sie die Maus zu einem diagonalen Punkt. Paint zeichnet bereits beim Ziehen den Umriss des Rechtecks (Bild 20.9, rechte Figur). Lassen Sie die Maustaste los, wird das Rechteck mit der gewählten Vordergrundfarbe gezeichnet.

Nach dem Loslassen der linken Maustaste ist der Umriss der Form noch markiert (erkennbar an einer Art Schraffur der Umrisslinie, siehe unteres Rechteck in Bild 20.9). Solange diese Markierung zu sehen ist, lassen sich die Eigenschaften der Form (Linienstärke, Farben etc.) noch ändern.

■ Verschieben Sie die Ziehmarken an den Rändern der Form (Bild 20.9, linkes unteres Rechteck) per Maus, um die Größe der Form nachträglich anzupassen. Zeigen Sie auf die Mitte der Form, lässt sich diese bei gedrückter linker Maustaste in der Zeichnung verschieben.

■ Soll das Rechteck z. B. gefüllt werden, stellen Sie den Wert der Menüschaltfläche *Füllen* auf »Einfarbig«, »Buntstift« etc. um. Dann verwendet Paint die Hintergrundfarbe zum Einfärben. Ob die Figur eine Umrisslinie in der Vordergrundfarbe aufweist, wird über die Menüschaltfläche *Umriss* vorgegeben (der Wert »Keine Kontur« bewirkt, dass gefüllte Rechtecke ohne Umrisslinie erscheinen).

Sind alle Einstellungen für die gezeichnete Form angepasst, klicken Sie mit der rechten Maustaste auf die Zeichnung. Dann hebt Paint die Markierung der Form auf. Dies ist übrigens eine Änderung gegenüber früheren Paint-Versionen, wo die rechte Maustaste das Zeichnen mit der Hintergrundfarbe ermöglichte.

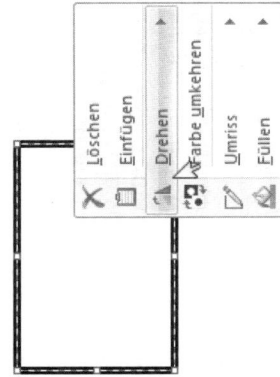

Bild 20.10:   Kontextmenü einer Form

TIPP

Solange die gezeichnete Form noch den Markierungsrahmen aufweist, können Sie diesen per Rechtsklick anwählen. Dann erscheint ein Kontextmenü (Bild 20.10) mit Befehlen, zum Löschen der Form, zum Einfügen von Inhalten der Zwischenablage, zum Drehen/Spiegeln der Form oder zum Manipulieren von Farbe, Umriss und Füllmodus.

Ähnlich wie beim Zeichnen von Linien können Sie bei Verwendung der Werkzeuge *Rechteck* und *Oval* noch beim Ziehen die ⇧-Taste gedrückt halten. Dies erzwingt das Zeichnen von Quadraten (beim Werkzeug *Rechteck*) oder Kreisen (Werkzeug *Oval*).

Die obigen Schritte demonstrieren die Techniken zum Zeichnen von Flächen. Über die Palette der Gruppe *Formen* lassen sich unterschiedliche Werkzeuge (Rechtecke, Ellipsen/Kreise, Dreiecke, Sterne, Pfeile etc.) wählen und anschließend in die Zeichnung einfügen. Allerdings sind bei einigen Werkzeugen Besonderheiten zu beachten.

▪ *Vieleck:* Bei diesem Werkzeug können Sie aus Einzelstrichen zusammengesetzte Formen (Polygone) zeichnen. Klicken Sie auf den Startpunkt des Polygons, halten Sie die linke Maustaste gedrückt und ziehen Sie die Maus zum zweiten Punkt des Polygons. Beim Loslassen der linken Maustaste verbindet Paint die beiden Punkte durch eine gerade Linie. Für weitere Liniensegmente reicht es, die Endpunkte der jeweiligen Geradenstücke anzuklicken. Paint zieht dann automatisch eine gerade Linie vom letzten Endpunkt zum angeklickten Punkt (Bild 20.11, oben). Zum Schließen des Vielecks reicht ein Doppelklick auf die Zeichnung. Dabei wird der letzte Endpunkt durch eine Linie mit dem Anfangspunkt verbunden.

▪ *Bögen:* Dieses Werkzeug (Bild 20.11, unten) ermöglicht das Zeichnen von gekrümmten Linien über sogenannte Bézierkurven. Wählen Sie das Werkzeug und legen Sie die Werkzeugstärke sowie die Farbe fest. Klicken Sie auf den Startpunkt und ziehen Sie bei gedrückter linker Maustaste eine Linie in die Zeichnung. Diese Linie lässt sich anschließend per Maus in der Art eines Gummizugs verschieben, was den Effekt einer Bogenlinie ergibt. Bewegen Sie die Maus zu einem senkrecht von der Linie befindlichen Punkt, halten Sie die linke Maustaste gedrückt und ziehen Sie die Maus von der Linie weg oder darauf zu. Ähnlich wie bei einem Gummiband, welches mit dem Finger gezogen oder gedrückt wird, krümmt Paint dann die Linie zu einem Bogen (Bild 20.11, unten). Beim Loslassen der linken Maustaste bleibt der Bogen erhalten. Sie können dann einen zweiten Punkt in der Zeichnung anklicken und den Bogen bei gedrückter linker Maustaste weiter verformen (um z. B. eine Schleife zu erzeugen). Nach dem Loslassen der Maustaste wird der Bogen als Form fixiert. Ziehen Sie den zweiten Punkt in die Gegenrichtung, wird z. B. eine wellenförmige Krümmung erreicht.

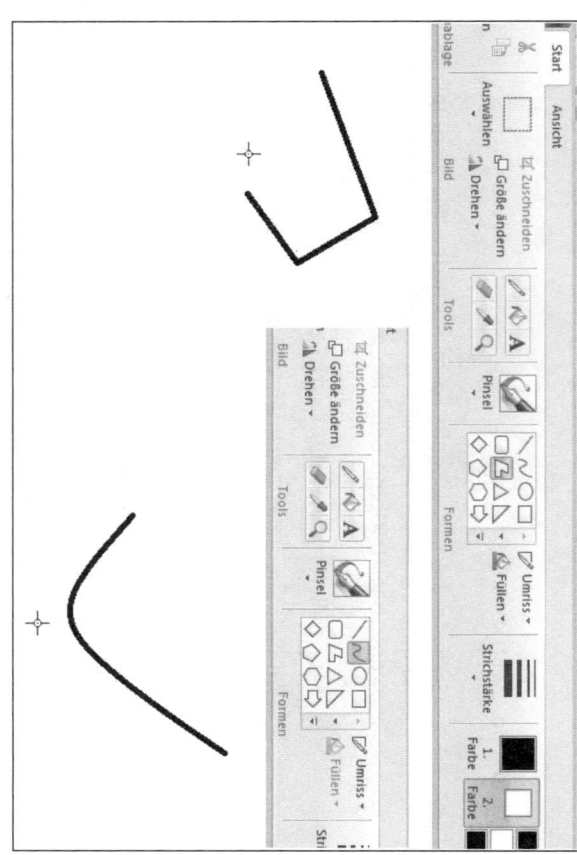

Bild 20.11: Zeichnen von Vielecken und Bögen

Mit den hier gezeigten Techniken lassen sich pfiffige bis witzige Skizzen und Zeichnungen anfertigen. Über Pfeile oder Legenden können Sie ggf. Fotos oder Scans mit Markierungen versehen und die so entstehenden Flächen mit Texten beschriften.

20.2.4 Nachträgliches Füllen einer Fläche

Möchten Sie Flächen wie das in Bild 20.9 gezeigte Vieleck nachträglich mit einer Farbe füllen? Dies ist mit folgenden Schritten möglich.

1. Setzen Sie als Erstes die Vorder- und Hintergrundfarbe über die Felder 1. Farbe und 2. Farbe der Farbpalette.

2. Wählen Sie in der Gruppe Tools der Registerkarte Start die Schaltfläche Mit Farbe füllen und klicken Sie anschließend in die Figur (Bild 20.12).

Befindet sich der Mauszeiger über dem Zeichenbereich, nimmt er bei Anwahl des Werkzeugs die Form eines Farbeimers an (Bild 20.12). Klicken Sie mit der linken Maustaste, um die Fläche mit der Vordergrundfarbe zu füllen. Möchten Sie anstatt der Vordergrundfarbe die Hintergrundfarbe zum Füllen verwenden, benutzen Sie die rechte Maustaste beim Klicken.

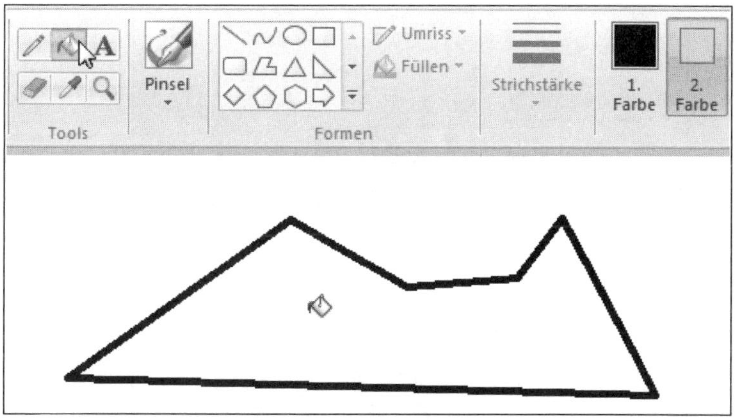

Bild 20.12:   Füllen von Figuren und Flächen

HINWEIS

Es lassen sich nur geschlossene Flächen in Paint mit dem Werkzeug in der Vorder- oder Hintergrundfarbe füllen. Ist die Fläche nicht vollständig durch eine Umrisslinie umschlossen, »läuft« die Füllfarbe in den gesamten Bildbereich hinein. Da eine Option zum Einstellen des Toleranzwerts für die Füllfarbe fehlt, lassen sich auch nur mit einer Volltonfarbe ausgefüllte Flächen mit einer anderen Farbe füllen. Bei Fotos weisen die einzelnen Pixel in der Regel unterschiedliche Farben auf, sodass die Funktion *Mit Farbe füllen* nicht funktioniert bzw. nur den Bildpunkt füllt. Fotos sollten daher in Paint möglichst nicht mit dem »Farbfüller« bearbeitet werden.

TIPP

Das zuletzt gezeichnete Element bzw. die letzten Befehle lassen sich über die Tastenkombination Strg +Z oder über die Schaltfläche *Rückgängig* in der Symbolleiste für den Schnellzugriff aus der Zeichnung löschen. Sie können diesen Befehl daher nutzen, um die Farbfüllung wieder zurückzunehmen. Mit der Schaltfläche *Wiederholen* in der Symbolleiste für den Schnellzugriff wird der letzte Befehl dagegen erneut ausgeführt.

20.2.5   Arbeiten mit dem Airbrush-Werkzeug

Das Werkzeug *Airbrush* entspricht dem Arbeiten mit einer Sprühdose, wird aber wie ein Pinsel gehandhabt. Zum Arbeiten öffnen Sie die Palette der Gruppenschaltfläche *Pinsel*, um dann das Werkzeug *Airbrush* anzuwählen (Bild 20.13).

Stellen Sie danach die Sprühstärke über die Menüschaltfläche *Strichstärke* sowie die Airbrush-Farbe über die Farbpalette ein. Ziehen Sie anschließend das Werkzeug bei gedrückter Maustaste über die Zeichnung. Dadurch wird, abhängig von der Werkzeugstärke und der Schnelligkeit der Bewegung, ein Muster in der gewählten Farbe in die Zeichnung gesprüht.

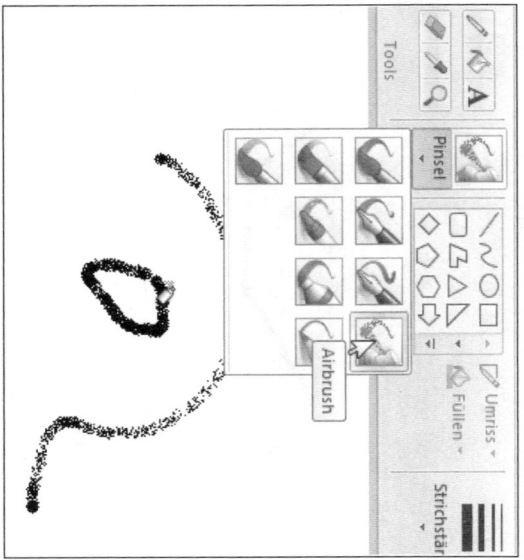

Bild 20.13:   Airbrush-Werkzeug einsetzen

20.2.6 Text in Zeichnungen einfügen

Mit Paint können Sie Texte in Fotos und Bilder einfügen. Diese Texte werden ebenfalls als Grafik abgelegt und lassen sich folglich nicht mehr ändern.

1. Legen Sie ggf. die Farben in der Farbpalette fest und wählen Sie dann das Werkzeug *Text* in der Gruppe *Tools* der Registerkarte *Start* (Bild 20.14, Hintergrund oben).

2. Zeigen Sie auf einen Punkt der Grafik und ziehen Sie bei gedrückter linker Maustaste einen Rahmen auf. Paint markiert den rechteckigen Bereich durch eine gestrichelte Linie (Bild 20.14, Vordergrund unten). Dieses Rechteck stellt den Textbereich dar. Bei Bedarf lässt sich dieser Bereich durch Verschieben der Ziehmarken vergrößern oder verkleinern.

3. Wählen Sie auf der Registerkarte *Text* des Menübands die Schriftart und die Schriftgröße über die Listenfelder der Gruppe *Schriftart*. Weiterhin können Sie ggf. die gewünschte Formatierungsoption über die angezeigten Schaltflächen vorgeben.

4. Tippen Sie den gewünschten Text ein. Paint stellt den Text in der gewählten Vordergrundfarbe und mit den eingestellten Optionen (z. B. fett) dar.

Solange der Markierungsrahmen sichtbar ist, können Sie Teile des bereits eingetippten Texts durch Ziehen per Maus markieren. Klicken Sie auf ein Farbfeld der Palette, wird diese Farbe dem markierten Text zugewiesen. Das Gleiche gilt bei der Änderung der Formatierung über die Elemente der Gruppe *Schriftart*.

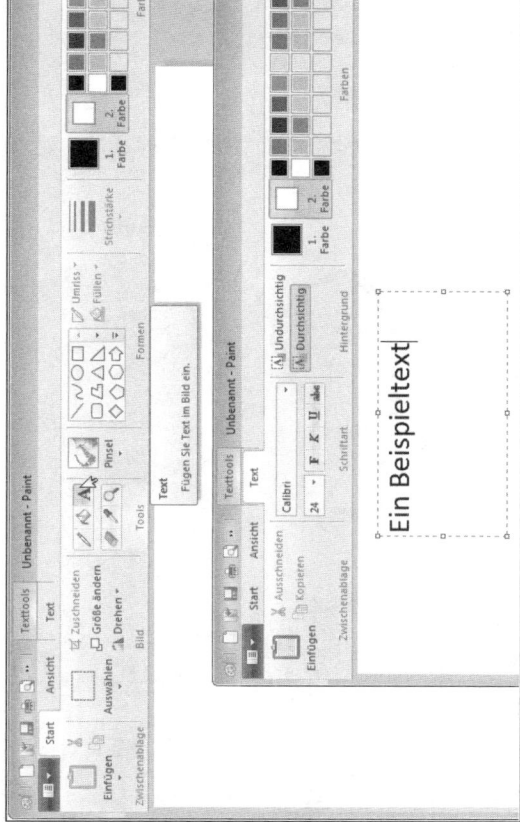

Bild 20.14: Text in Grafik einfügen

Um den Textbereich mit einer Hintergrundfarbe zu versehen, klicken Sie das Feld 2. *Farbe* und dann ein Farbfeld in der Farbpalette an. Ob der Text mit oder ohne Hintergrundfarbe dargestellt wird, lässt sich über die beiden Schaltflächen *Undurchsichtig* und *Durchsichtig* der Gruppe *Hintergrund* auf der Registerkarte *Text* festlegen. Die Schaltfläche *Durchsichtig* bewirkt, dass der Texthintergrund transparent dargestellt wird.

HINWEIS

Tippfehler lassen sich ebenfalls korrigieren, indem Sie die Einfügemarke zur betreffenden Textstelle (z. B. mit den Cursortasten oder durch Anklicken per Maus) verschieben und die Zeichen mit den Tasten (Entf) bzw. (←) löschen. Die letzten Änderungen bei der Texteingabe lassen sich (z. B. durch Drücken der Tastenkombination (Strg)+(Z)) zurücknehmen.

Sobald Sie auf einen Bereich außerhalb des durch gestrichelte Linien markierten Rahmens klicken, fügt Paint den Text als Grafik in das Bild ein. Mit dem letzten Schritt fixieren Sie den Text an der aktuellen Position in der Zeichnung. Dieser wird dann quasi als »Bild« in die Zeichnung eingebaut und lässt sich nicht mehr ändern (Sie können ihn nur noch mit dem Radierer entfernen).

20.2.7 Zeichnungsbereiche löschen

Durch den Aufbau der Grafik in einzelnen Bildpunkten lassen sich Elemente der Zeichnung wie Kreise oder Linien in Bitmapgrafiken nicht anwählen und entfernen. Falls Sie die Funktion zum Zurücknehmen der letzten Änderungen nicht anwenden können, bleibt Ihnen nur noch, die Bildteile mit dem Radierer zu löschen.

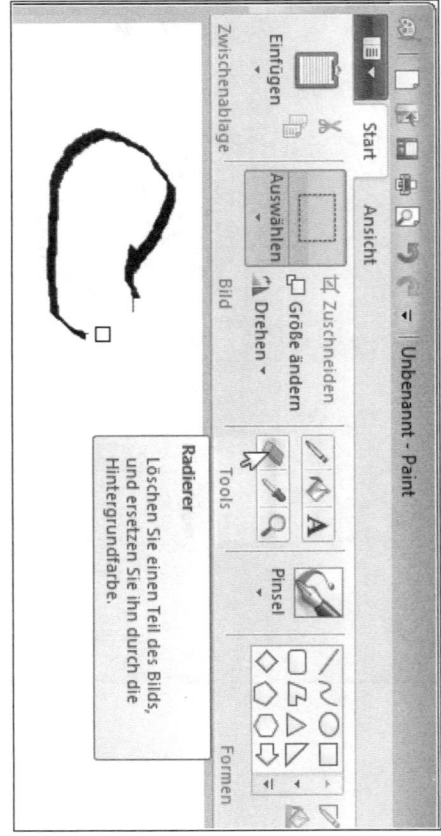

Bild 20.15:   Grafikinhalte ausradieren

1. Wählen Sie das Werkzeug *Radierer* in der Gruppe *Tools* der Menüleiste und stellen Sie ggf. die Stärke des Werkzeugs über die Schaltfläche *Strichstärke* ein.

2. Anschließend ziehen Sie den Mauszeiger bei gedrückter linker Maustaste über das Bild bzw. die zu löschenden Bildteile (Bild 20.15).

Solange Sie beim Ziehen die linke Maustaste gedrückt halten, entfernt der Radierer die betreffenden Bildpunkte. Paint setzt beim Radieren die einzelnen Farbpunkte auf die gewählte Hintergrundfarbe (Feld 2. *Farbe*) um.

20.2.8   Bildteile markieren, ausschneiden, kopieren und einfügen

Paint ermöglicht Ihnen, Teile der Zeichnung zu markieren, danach auszuschneiden oder in die Zwischenablage zu kopieren und anschließend aus der Zwischenablage in das Dokumentfenster diverser Anwendungen erneut einzufügen.

1. Klicken Sie im Menüband auf die Schaltfläche *Auswählen* (Bild 20.16) der Gruppe *Bild* und wählen Sie im geöffneten Menü den Befehl *Rechteckige Auswahl*.

2. Zeigen Sie mit der Maus in die obere linke Ecke des auszuschneidenden bzw. zu kopierenden Bereichs, halten Sie die linke Maustaste gedrückt und ziehen Sie die Maus in die diagonal gegenüberliegende Ecke des Bereichs.

Paint markiert anschließend einen rechteckigen Bereich mit einem gestrichelten Rahmen (Bild 20.16). Sobald Sie die linke Maustaste loslassen, wird diese Markierung fixiert. Einen markierten Bildbereich können Sie ausschneiden, kopieren und anschließend aus der Zwischenablage erneut in Paint oder in eine andere Anwendung einfügen.

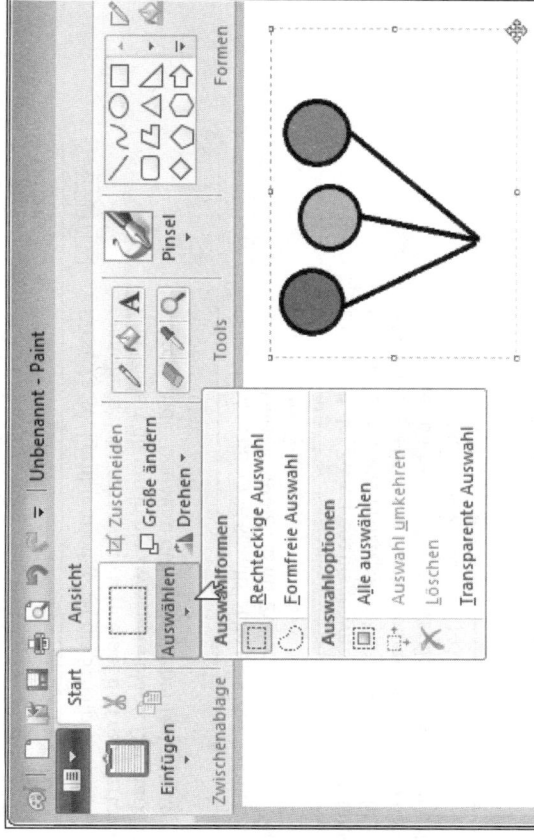

Bild 20.16: Auswahlwerkzeuge und Auswahlrechteck

Paint kennt wie viele andere Grafikprogramme eine Freihandauswahl, die Sie über den Befehl *Formfreie Auswahl* der *Auswählen*-Schaltfläche wählen können. Dann können Sie den Bildausschnitt bei gedrückter linker Maustaste mit der Maus umfahren.

Die Schaltfläche *Einfügen* der Gruppe *Zwischenablage* des Menübands weist zudem noch den Befehl *Einfügen aus* auf (Bild 20.17), der ein Dialogfeld zur Auswahl einer Grafikdatei öffnet. Diese wird dann in den Zeichenbereich eingefügt.

 HINWEIS

Die Funktionen zum Ausschneiden, Kopieren oder Einfügen lassen sich anschließend über die Schaltflächen der Gruppe *Zwischenablage* der Registerkarte *Start* des Menübands (Bild 20.17), per Kontextmenü oder über die folgenden Tastenkombinationen abrufen:

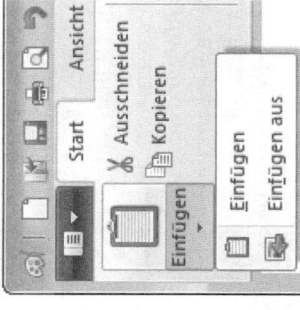

Bild 20.17: Schaltflächen der Gruppe *Zwischenablage*

Tasten	Befehle
Strg+X	Diese Tastenkombination (oder die Schaltfläche bzw. der Kontextmenübefehl *Ausschneiden*) schneidet den markierten Bereich aus und kopiert diesen in die Zwischenablage. Der markierte Bereich verschwindet und wird durch die vorher festgelegte Hintergrundfarbe ersetzt.
Strg+C	Diese Tasten oder die Schaltfläche bzw. der Befehl *Kopieren* kopiert den markierten Bereich in die Zwischenablage. Die Zeichnung wird dabei nicht verändert.
Strg+V	Der Inhalt der Zwischenablage wird mit dieser Tastenkombination oder der Schaltfläche bzw. dem Kontextmenübefehl *Einfügen* in der linken oberen Ecke des Zeichenbereichs als Markierung eingefügt. Sie können diesen markierten Bereich per Maus an jede beliebige Stelle der Zeichnung ziehen.

Tabelle 20.2: Befehle zum Arbeiten mit der Zwischenablage

3. Um markierte Bereiche auszuschneiden, zu kopieren und wieder einzufügen, müssen Sie also z. B. die Tastenkombination Strg+X oder Strg+C drücken und danach die Tastenkombination Strg+V verwenden, um den Inhalt der Zwischenablage wieder in das Fenster einzufügen.

4. Zeigen Sie per Maus auf den in der linken oberen Ecke des Fensters eingefügten (aber noch markierten) Bildbereich, können Sie diesen bei gedrückter Maustaste an die gewünschte Stelle im Zeichenbereich ziehen (Bild 20.18).

Die Markierung des Bildbereichs heben Sie auf, indem Sie auf einen Punkt außerhalb der Markierung klicken oder indem Sie die Esc-Taste drücken. Der Befehl *Alles markieren* im Menü *Bearbeiten* bzw. die Tastenkombination Strg+A ermöglicht, den gesamten Bildbereich zu markieren.

HINWEIS

In die Zwischenablage übertragene Bilder, Texte oder andere Elemente lassen sich nicht nur in Paint einfügen. Sie können ein Bild in Paint erstellen, dieses markieren und in die Zwischenablage kopieren. Anschließend wechseln Sie zum Beispiel zu WordPad, Word oder Writer und fügen das Bild mit Strg+V aus der Zwischenablage in den Text ein. Auf diese Weise können Sie Ihre Texte mit Grafiken illustrieren.

Benötigen Sie ein Bildschirmfoto (Screenshot) eines Programmfensters oder des Desktops? Neben dem nachfolgend beschriebenen Snipping Tool können Sie mittels der Druck-Taste den gesamten Bildschirm und mit der Tastenkombination Alt+Druck das aktuelle Fenster als Grafik in die Zwischenablage kopieren. Anschließend lässt sich der Screenshot über die Tastenkombination Strg+V zum Drucken und Speichern in Paint einfügen.

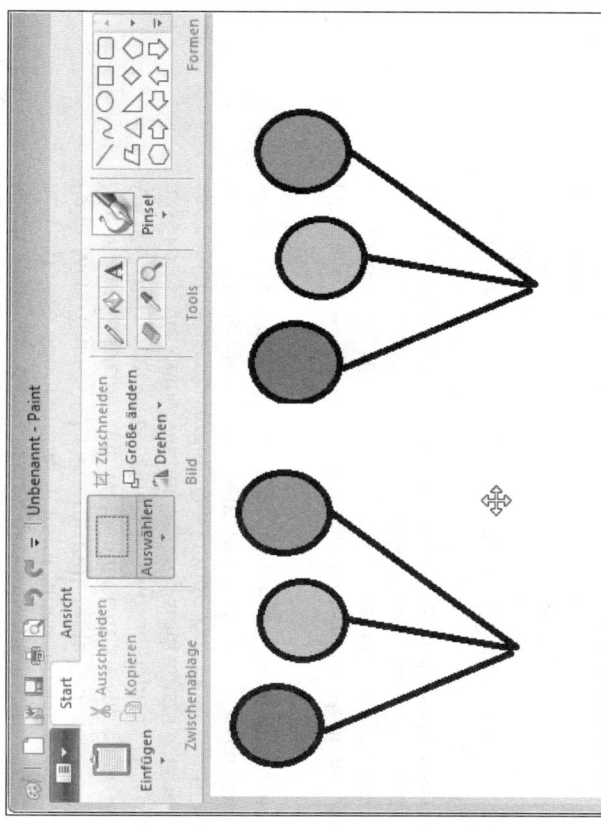

Bild 20.18:   Verschieben eingefügter Inhalte in Paint

20.2.9   Weitere Paint-Funktionen

Das Programm Paint stellt im Menüband sowie im Menü der *Paint*-Schaltfläche noch verschiedene Befehle zum Abrufen spezieller Funktionen bereit.

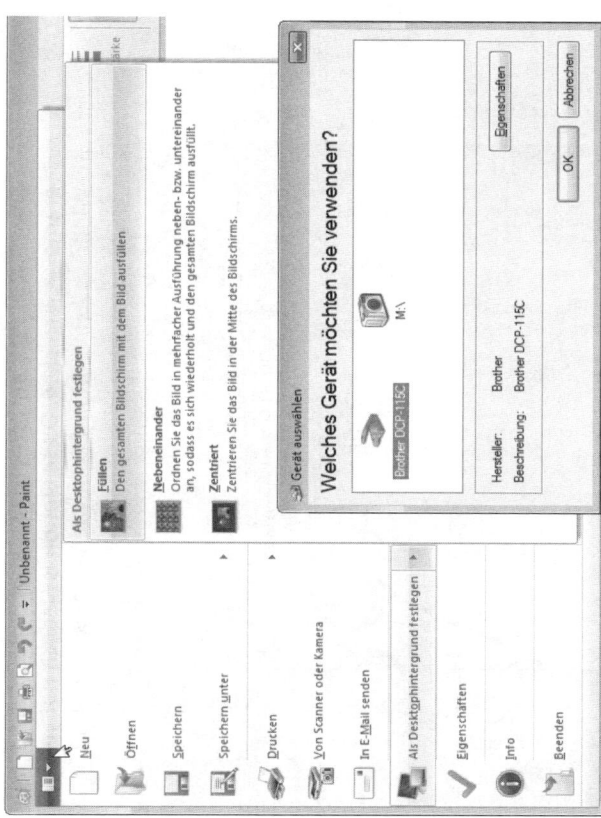

Bild 20.19:   *Paint*-Menü

415

- Möchten Sie auf dem Desktop ein Hintergrundbild einblenden? Sie können ein Foto oder ein Bild in Paint laden. Anschließend öffnen Sie das *Paint*-Menü (Bild 20.19, Hintergrund), zeigen auf den Befehl *Als Desktop-hintergrund festlegen* und wählen im Untermenü einen der Befehle *Füllen*, *Zentriert* oder *Nebeneinander*. Mit der Option *Füllen* erreichen Sie, dass Fotos, die kleiner als der Desktop sind, entsprechend in den Abmessungen angepasst werden. Die Option *Zentriert* zeigt Bilder, die kleiner als der Bildschirm sind, zentriert auf dem Desktophintergrund an. *Nebeneinander* erzwingt eine Kacheldarstellung des Bildes auf dem Desktop.

- Über den Befehl *Von Scanner oder Kamera* im Menü der *Paint*-Schaltfläche (Bild 20.19, Hintergrund) lässt sich ein Assistent zur Übernahme von Bildern über einen Scanner oder eine Kamera in den Paint-Dokumentbereich aufrufen. Sind mehrere Geräte verfügbar, zeigt Paint das in Bild 20.19, im Vordergrund einmontierte Dialogfeld zur Geräteauswahl. Bei Anwahl eines Scanners als Bildquelle startet das Dialogfeld zur Auswahl der Scanfunktionen (siehe *Kapitel 15*, Abschnitt »Scans mit Windows-Fax und -Scan anfertigen«). Der Befehl funktioniert aber nur, wenn ein funktionsfähiger WIA-Treiber für Windows 7 für das betreffende Gerät installiert ist. Eventuell hält der Hersteller Ihres Geräts einen passenden Treiber auf dessen Internetseite bereit. Wählen Sie eine mit Windows 7 kompatible Kamera aus, startet der Importassistent von Windows oder der installierten Fotosoftware (siehe *Kapitel 21*).

- Über den Befehl *In E-Mail senden* des *Paint*-Menüs erstellt Paint eine neue Nachricht und hängt die aktuelle geöffnete Bilddatei an. Sie können dann die Nachricht mit der Empfängeradresse, einem Betreff und einem Nachrichtentext ergänzen und das Ganze mit dem Mailprogramm verschicken. Diese Option ist jedoch nur verfügbar, wenn unter Windows 7 ein E-Mail-Client wie Windows Live Mail installiert ist.

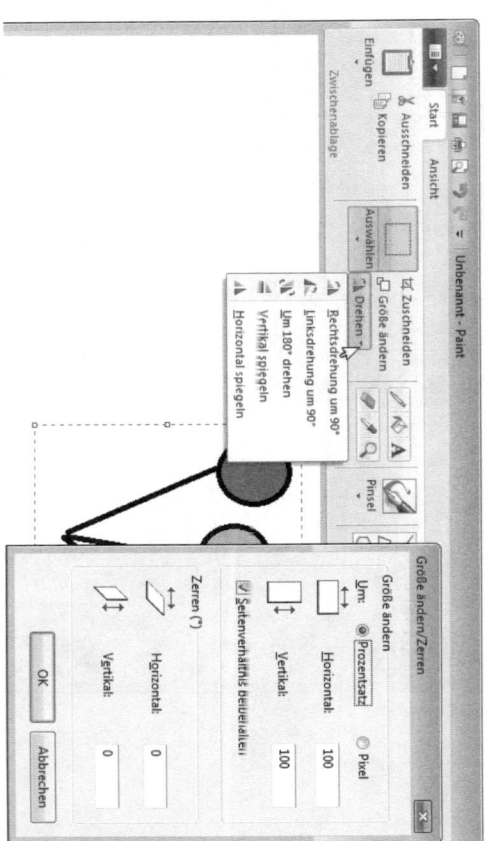

Bild 20.20:   Drehen/Spiegeln, Verzerren und Ändern der Größe

■ Die Gruppe *Bild* der Registerkarte *Start* des Menübands stellt im Menü der Schaltfläche *Drehen* (Bild 20.20, Hintergrund) Befehle bereit, um markierte Bereiche um 90 oder 180 Grad zu drehen oder zu spiegeln. Ist ein Bildbereich markiert, lässt er sich über die Schaltfläche *Zuschneiden* der Gruppe *Bild* entsprechend »freistellen« (d. h., der Bereich außerhalb der Markierung wird abgeschnitten). Klicken Sie dagegen auf die Schaltfläche *Größe ändern*, erscheint das in Bild 20.20, Vordergrund, gezeigte Dialogfeld. Über dessen Optionen können Sie das Bild verzerren und in der Größe verändern.

Klicken Sie einen markierten Bereich in der Zeichnung mit der rechten Maustaste an, enthält das Kontextmenü zudem einen Befehl, um die Farben im Bild umzukehren. Weitere Informationen zu den einzelnen Werkzeugen und Bedienelementen finden Sie in der Paint-Hilfe, die sich über die in der rechten oberen Fensterecke befindliche Hilfeschaltfläche aufrufen lässt.

20.3   Screenshots mit dem Snipping Tool erstellen

Windows 7 enthält das bereits aus Windows Vista bekannte Snipping Tool, welches das Anfertigen von Bildschirmfotos (Screenshots) unterstützt. Nachfolgend wird der Umgang mit dem Werkzeug kurz besprochen.

20.3.1   Snipping Tool aufrufen und Ausschneidetyp wählen

Aufgerufen wird das Snipping Tool über den Zweig *Alle Programme/Zubehör* des Startmenüs. Fehlt der Eintrag *Snipping Tool*, müssen Sie die Tablet PC-Funktionen in Windows hinzufügen (siehe *Kapitel 32*, Abschnitt »Windows-Funktionen aktivieren/deaktivieren«).

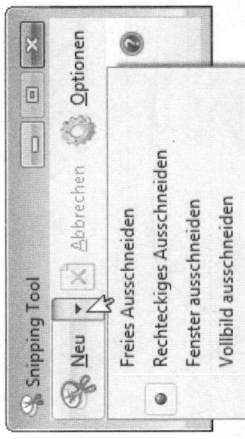

Bild 20.21:   Ausschneidetyp wählen

1. Sobald das Programm startet, erscheint das in Bild 20.21 gezeigte Programmfenster. Klicken Sie dann auf den rechten Teil der Schaltfläche *Neu* und wählen Sie im Menü den gewünschten Ausschneidetyp (Bild 20.21, Vordergrund).

2. Sobald der Bildschirminhalt abgeblendet dargestellt wird, legen Sie den Bereich, der im Screenshot enthalten sein soll, durch Klicken oder Ziehen per Maus fest.

Bei den beiden Ausschneidetypen *Freies Ausschneiden* und *Rechteckiges Ausschneiden* können Sie den gewünschten Bereich durch Ziehen mit der Maus markieren. Beim freien Ausschneiden lassen sich bei gedrückter linker Maustaste beliebige Bereiche umfahren und damit markieren.

Haben Sie die Option *Rechteckiges Ausschneiden* gewählt, klicken Sie auf die linke obere Ecke des gewünschten Bereichs und markieren bei gedrückter linker Maustaste den Rechteckausschnitt per Maus. Der auszuschneidende Bereich wird mit einem roten Rahmen markiert. Beim Modus *Fenster ausschneiden* müssen Sie das abzubildende Fenster per Maus anklicken. Sobald die Maustaste beim Ziehen oder Klicken losgelassen wird, fertigt das Snipping Tool den Screenshot an. Im Modus *Vollbild ausschneiden* wird der Screenshot dagegen direkt nach Anwahl des Befehls angefertigt.

TIPP

Stellen Sie fest, dass der Windows-Desktop nicht den gewünschten Inhalt anzeigt, klicken Sie im Fenster des Snipping Tools auf die *Abbrechen*-Schaltfläche. Anschließend können Sie die gewünschten Fenster öffnen bzw. in den Vordergrund bringen und danach das Snipping Tool erneut aufrufen.

20.3.2 Screenshot auswerten und speichern

Nach dem Anfertigen des Screenshots wird der Bildschirmabzug im Fenster des Snipping Tools angezeigt (Bild 20.22). Über die Schaltflächen der Symbolleiste des Snipping Tool-Fensters lässt sich der angefertigte Bildschirmabzug noch markieren bzw. auswerten.

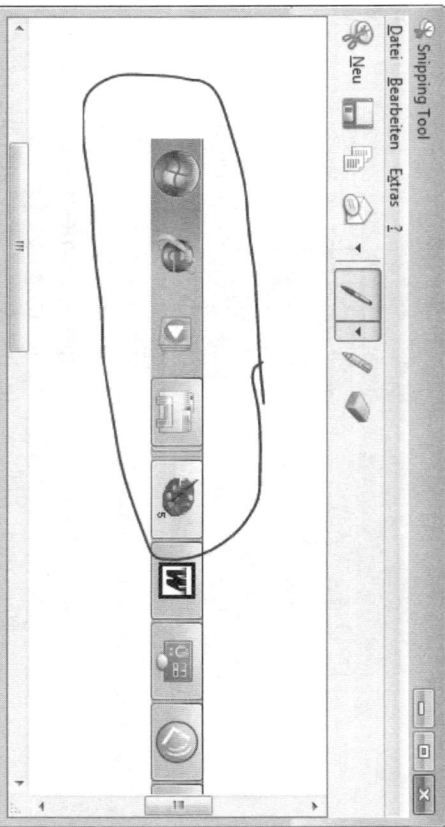

Bild 20.22:   Screenshot bearbeiten

Stift: Diese Schaltfläche ermöglicht über das zugehörige Menü, verschiedenfarbige Markierungsstifte abzurufen. Anschließend können Sie bei gedrückter linker Maustaste mit dem Stift bestimmte Bereiche des Bildschirmabzugs anzeichnen. Der Stift zieht eine dünne Linie in der gewählten Farbe.

Textmarker: Klicken Sie diese Schaltfläche an, wird der Textmarker-Modus eingeschaltet. Sie können dann den Mauszeiger bei gedrückter linker Maustaste über Bereiche des Screenshots ziehen und diese gelb markieren.

Radierer: Klicken Sie diese Schaltfläche an, wird der Radierer eingeschaltet. Sie können dann mit dem Stift oder per Textmarker ausgezeichnete Stellen anklicken und so die Markierungen wieder löschen.

Das Snipping Tool legt die Screenshots automatisch in der Zwischenablage ab. Haben Sie jedoch Markierungen im Fenster des Snipping Tools am Bildschirmabzug vorgenommen, lässt sich der modifizierte Bildschirmabzug durch Drücken der Tastenkombination `Strg`+`C` oder über den Befehl *Kopieren* des Menüs *Bearbeiten* in die Zwischenablage übertragen. Den gleichen Effekt besitzt die *Kopieren*-Schaltfläche der Symbolleiste (dritte Schaltfläche von links). Sie können dann ein Grafikprogramm oder eine andere Anwendung starten und den Inhalt der Zwischenablage über die Tastenkombination `Strg`+`V` in den Dokumentbereich einfügen.

Die Menüschaltfläche *Ausgeschnittenes senden* bzw. der Befehl *Senden an* des Menüs *Datei* ermöglicht, eine neue E-Mail-Nachricht in einem Fenster zu öffnen und das Ausgeschnittene als Anhang oder als eingefügtes Bild zu versenden. Die Variante wählen Sie über die Befehle des Untermenüs bzw. des Menüs der Schaltfläche *Ausgeschnittenes senden.*

Über die Schaltfläche *Neu* der Symbolleiste wird der Screenshot verworfen und das verkleinerte Fenster (Bild 20.21) zur Auswahl des Ausschneidetyps erscheint wieder.

Die Schaltfläche *Speichern* der Symbolleiste, die Tastenkombination `Strg`+`S` oder der Befehl *Speichern* im Menü *Datei* öffnen das Dialogfeld *Speichern unter,* um das ausgeschnittene Bild in einer Datei zu speichern.

Die *Speichern*-Funktion ermöglicht Ihnen, im Dialogfeld *Speichern unter* den Zielordner zu wählen und einen Dateinamen für die zu sichernde Datei einzutragen. Zudem lässt sich das Speicherformat wählen. Das Programm unterstützt das Speichern der Grafik im JPEG-, GIF-, PNG-Format und als HTML-Dokument. Das Speichern entspricht dabei der Vorgehensweise beim Programm Paint (siehe vorhergehende Abschnitte). Die einzige Besonderheit besteht darin, dass im Dialogfeld *Speichern unter* ein Hyperlink *Aufnahmedatum angeben* unterhalb des Listenfelds zur Auswahl des Dateityps eingeblendet wird. Klicken Sie auf diesen Hyperlink, erscheint ein Textfeld, in das Sie das Datum, an dem der Screenshot angefertigt wurde, eintragen können. Dieser wird als sogenannte Markierung mit der Grafikdatei abgespeichert. Markierungen werden in der Windows Live Fotogalerie angezeigt und können beim Suchen nach Bildern berücksichtigt werden. Sobald Sie die *Speichern*-Schaltfläche wählen, wird das Dialogfeld geschlossen und die Datei im gewählten Format unter dem angegebenen Namen im Zielordner abgelegt.

20.3.3 Optionen des Snipping Tools anpassen

Möchten Sie die Optionen des Snipping Tools anpassen, klicken Sie in der Symbolleiste des Programmfensters auf die Schaltfläche *Optionen* (Bild 20.21). Ist das Fenster mit dem angefertigten Screenshot zu sehen (Bild 20.22), wählen Sie im Menü *Extras* den Befehl *Optionen*.

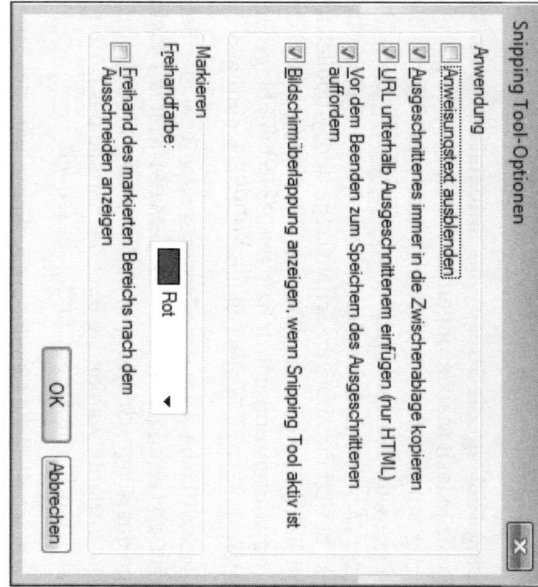

Bild 20.23:   Optionen des Snipping Tools

Anschließend können Sie im Dialogfeld *Snipping Tool-Optionen* (Bild 20.23) die gewünschten Einstellungen anpassen und dann mittels der *Ok*-Schaltfläche übernehmen. Das Dialogfeld ermöglicht Ihnen, die Farbe der Freihandmarkierungen anzupassen oder festzulegen, ob die Freihandlinie im Bildschirmabzug mit angezeigt werden soll. Weiterhin lässt sich vorgeben, ob die Screenshots automatisch in die Zwischenablage einzufügen sind.

21 Fotos verwalten und bearbeiten

Mit der breiten Verfügbarkeit von Digitalkameras und Scannern fallen Fotos in elektronischer Form an. Nachfolgend erfahren Sie, wie Sie diese Bilder auf den Computer übertragen und wie Sie ganze Fotosammlungen mit der Windows Live Fotogalerie organisieren und bearbeiten.

21.1 Fotos zum Computer übertragen

Besitzen Sie eine Digitalkamera (oder ein Fotohandy) und möchten Sie die Fotos auf den Computer übertragen, um diese dort zu speichern, zu verwalten oder zu bearbeiten? Windows ermöglicht Ihnen, Fotos von Speicherkarten, CDs/DVDs oder direkt von Geräten über verschiedene Ansätze zu übernehmen.

21.1.1 Fotoimport von Kamera oder Scanner

Die meisten Anwender bevorzugen es, die Fotos direkt von der Digitalkamera auf den Rechner zu übertragen. Papierabzüge können Sie über einen Scanner digitalisieren. Zudem kann Windows Fotos auch von Speicherkarten oder CDs/DVDs importieren und in die Windows Live Fotogalerie einsortieren. Nachfolgend erfahren Sie, was dabei beachtet werden sollte.

Diese Voraussetzungen müssen zum Import gegeben sein!

Damit Windows 7 das betreffende Gerät oder die Quelle mit den Fotos erkennt, muss dieses über ein USB-Kabel am Rechner angeschlossen und eingeschaltet sein. Manche Digitalkameras unterstützen den Digital Storage Class-Standard oder das Picture Transfer Protocol. Solche Kameras werden durch Windows 7 beim Anschluss über die USB-Schnittstelle entweder als Wechseldatenträger erkannt oder können über den Fotoimport-Assistenten direkt angesprochen werden.

Bei allen Geräten (Scannern, Fotohandys, Digitalkameras), die sich gegenüber Windows nicht als Laufwerk ausgeben, benötigen Sie einen für Windows 7 geeigneten Gerätetreiber mit WIA-(Windows Image Acquisition-)Unterstützung. Falls kein Treiber existiert, lässt sich bei Digitalkameras oder Fotohandys die Speicherkarte zum Fototransfer direkt über einen Speicherkartenleser (Bild 21.1) am Computer einlesen (siehe auch *Kapitel 9*). Dieses Vorgehen lässt sich auch nutzen, um den Inhalt von CDs oder DVDs mit Fotos in Windows zurückzulesen.

HINWEIS

Falls die Geräte einen WIA-Treiber benötigen, um durch den Import-Assistenten von Windows erkannt zu werden, ist es wichtig, dass der betreffende Treiber mindestens auf Windows Vista abgestimmt ist. Für Windows XP entwickelte WIA-Treiber funktionieren unter Windows 7 nicht (siehe auch http://www.borncity.com/blog/2009/12/23/digitalkamera-unter-windows-7-nicht-erkannt/). Bei Scannern gibt es dann höchstens die Mög-

421

lichkeit, Scans aus Anwendungen wie Paint Shop Pro heraus über die Twain-Schnittstelle zu scannen (siehe `http://www.borncity.com/blog/2009/12/03/scanner-unter-windows-7/`). Twain ist ein herstellerunabhängiger Softwarestandard zur Datenübernahme von Scannern, der von vielen Grafikprogrammen unterstützt wird.

21.1.2   So funktioniert der Fotoimport

Wie Sie Fotos von Vorlagen scannen, ist in den *Kapiteln 15* und *20* kurz erläutert. Neben dem Kopieren der Fotodateien von einer Speicherkarte per Kartenleser oder von CD/DVD (siehe *Kapitel 9*) lassen sich die Fotos auch über einen Import-Assistenten in Windows übernehmen.

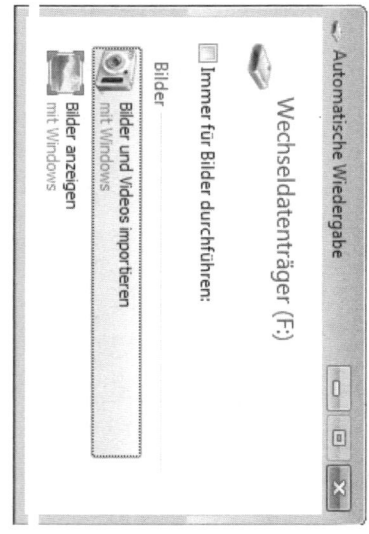

Bild 21.2:   Dialogfeld *Automatische Wiedergabe*

1.   Schließen Sie das Gerät (Kamera, Handy) per USB-Kabel an den Computer an und schalten Sie es ein oder legen Sie den Datenträger (Speicherkarte, Foto-CD/-DVD) in das entsprechende Laufwerk ein.

2. Sobald Windows das Gerät (z. B. Kamera) oder ein Medium mit Fotodateien erkennt, öffnet sich das Dialogfeld *Automatische Wiedergabe* (Bild 21.2), in dem Sie auf den Befehl *Bilder und Videos importieren* klicken.

Das Dialogfeld wird dann automatisch geschlossen, und Windows sollte den Import-Assistenten zur Fotoübernahme vom Medium starten. Bei Fotohandys klappt dies aber nur, wenn sich diese gegenüber Windows als Wechseldatenträger ausgeben.

Falls das Dialogfeld *Automatische Wiedergabe* nicht erscheint oder bereits geschlossen wurde, können Sie das Ordnerfenster *Computer* (z. B. über das Startmenü) öffnen. Klicken Sie das Symbol des Wechseldatenträgers mit der rechten Maustaste an und wählen Sie den Kontextmenübefehl *Automatische Wiedergabe öffnen*. Fehlt dieser Befehl, wählen Sie den Eintrag *Als tragbares Gerät öffnen*. Klicken Sie im Navigationsbereich des Ordnerfensters auf das neu angezeigte Laufwerkssymbol des tragbaren Geräts und wählen Sie den Kontextmenübefehl *Bilder und Videos importieren*.

Sobald das Dialogfeld *Bilder und Videos importieren* (Bild 21.3, oben) des Import-Assistenten erscheint, wird das Speichermedium nach Fotos durchsucht. Dies kann bei CDs und DVDs eine ganze Weile dauern. Der Assistent informiert Sie mit einer Fortschrittsanzeige im Dialogfeld über den aktuellen Ablauf.

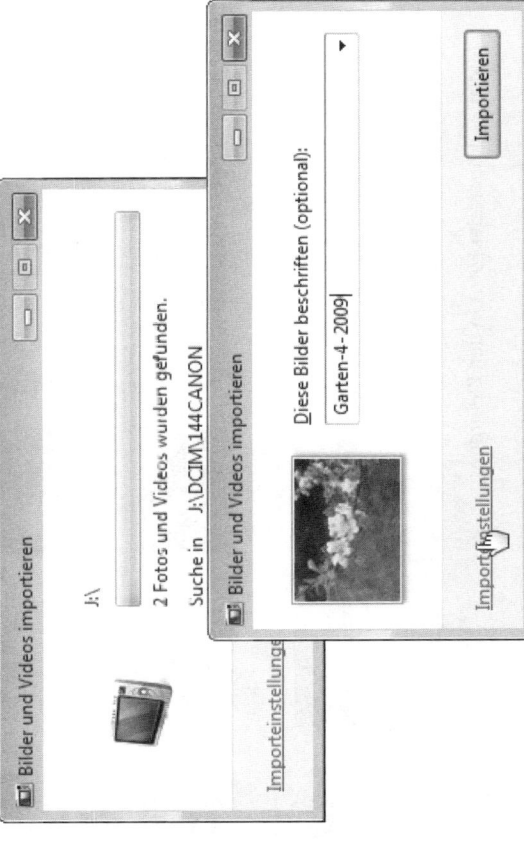

Bild 21.3: Dialogfelder des Import-Assistenten

3. Erscheint das in Bild 21.3 im Vordergrund gezeigte Dialogfeld *Bilder und Videos importieren*, klicken Sie in das Listenfeld *Diese Bilder beschriften* und tippen Sie einen Text ein. Der eingegebene Name wird vom Assistenten zur Benennung des Importordners verwendet.

4. Bei Bedarf können Sie im Dialogfeld auf den Hyperlink *Importeinstellungen* klicken und dann die Importeinstellungen im gleichnamigen Dialogfeld festlegen (siehe folgende Seiten) und das Dialogfeld über die *OK*-Schaltfläche schließen.

5. Klicken Sie abschließend auf die *Importieren*-Schaltfläche des Dialogfelds *Bilder und Videos importieren*.

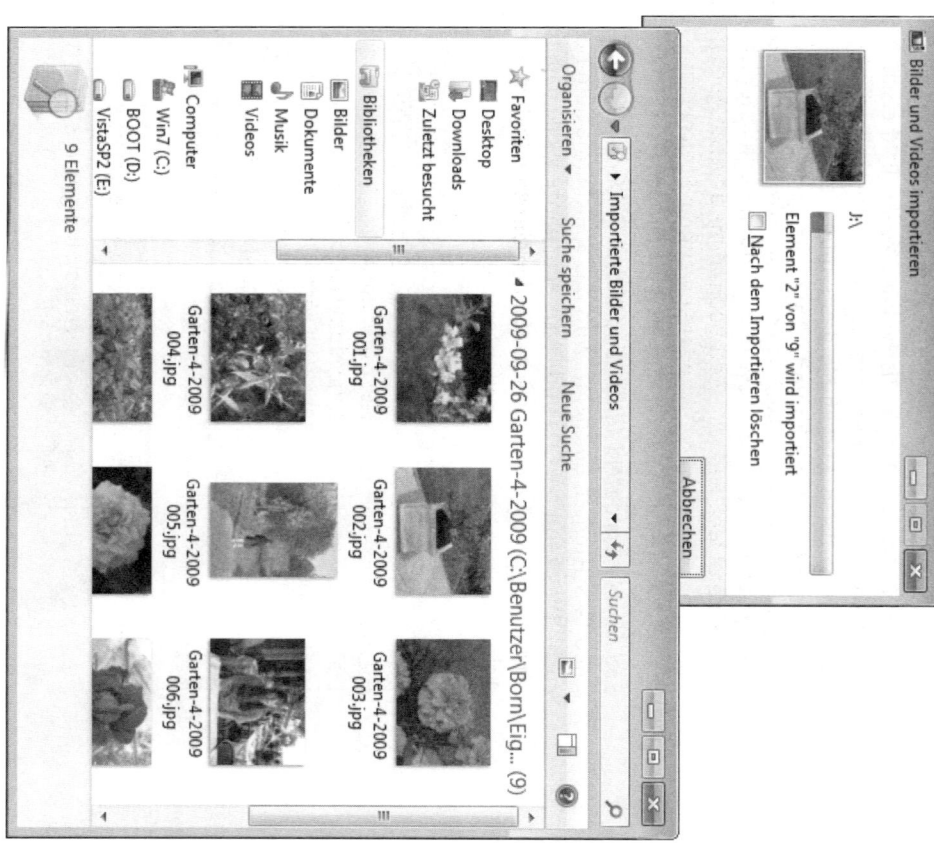

Bild 21.4: Import der Fotos in den Zielordner

Während des Imports zeigt eine Fortschrittsanzeige im Dialogfeld des Import-Assistenten (Bild 21.4, Hintergrund oben), wie viele Fotos importiert werden. Beim Import von einer Kamera oder einem Speichermedium können Sie das Kontrollkästchen *Nach dem Importieren löschen* markieren, um das Quellmedium von den Fotodateien zu bereinigen. Um sich vor Datenverlust beim Importieren zu schützen, sollte man das Löschen durch den Assistenten aber vermeiden und die Fotos nach dem Import ggf. später manuell (z. B. in einem Ordnerfenster oder mit den Gerätefunktionen) löschen.

Ist der Import abgeschlossen, öffnet Windows 7 automatisch die Bibliothek mit den importierten Fotos (Bild 21.4, unten). Das Ordnerfenster einer Bibliothek fasst dabei die Inhalte von Speicherorten zu sogenannten Gruppen zusammen. Oberhalb der importierten Fotos werden dann der Name des Fotoordners sowie dessen Pfad angegeben.

HINWEIS

Die Verwendung des Import-Assistenten von Windows besitzt aber verschiedene Nachteile. So fehlt eine Möglichkeit zur Auswahl der zu importierenden Fotos. Der Assistent überträgt eigenständig neue Inhalte des Quellmediums auf den Rechner. Problem: Löschen Sie die importierten Fotodateien wieder von Ihrem Rechner, gibt es per Import-Assistent keine erneute Möglichkeit mehr, die Originale zu übertragen. Sie müssen dann die Dateien über Ordnerfenster kopieren. Zudem muss die Kamera bzw. das Gerät zum Import eingeschaltet werden – und natürlich sind die Akkus immer dann leer, wenn die Fotoübernahme ansteht. Auch das Zurückspeichern der (bearbeiteten) Fotodateien auf die Speicherkarte (um beispielsweise über die in Elektromärkten und Drogerien aufgestellten Fotostationen Papierabzüge anfertigen zu lassen) ist nicht möglich. Mein Ratschlag: Verwenden Sie den (komfortableren) Import-Assistenten der Windows Live Fotogalerie.

Am komfortabelsten empfinde ich den direkten Zugriff auf die Speicherkarte mittels eines Speicherkartenlesers, um Fotos per Ordnerfenster hin und her zu transferieren. Die Hersteller von Digitalkameras haben sich auf den DCF-Standard (Digital Camera Format) zur Ablage der Fotodateien auf den Speichermedien geeinigt. Auf der Speicherkarte finden Sie den Ordner *DCIM*, der wiederum Unterordner aufweist. Die Unterordner mit den Bilddateien setzen sich meist aus dem Herstellernamen und einer Ziffernfolge (z.B. »136CANON«) zusammen. Dieser Ansatz ermöglicht Ihnen, die Fotos vor dem Import in einer Miniaturvorschau anzusehen, *ggf.* direkt auf der Speicherkarte zu löschen und die Dateien selektiv in Zielordner zu speichern. Zudem funktioniert auch das Zurückschreiben von bearbeiteten Fotos auf die Speicherkarte.

21.1.3 Importeinstellungen anpassen

Bei Bedarf können Sie die Importeinstellungen des Import-Assistenten von Windows über Optionen anpassen.

1. Klicken Sie hierzu im Dialogfeld *Bilder und Videos importieren* des Import-Assistenten auf den Hyperlink *Importeinstellungen* (Bild 21.3).

2. Wählen Sie im Dialogfeld *Einstellungen anpassen* über das Listenfeld *Einstellungen für:* die Datenquelle (z.B. Kameras und tragbare Geräte, CDs, Scanner).

3. Passen Sie die zugehörigen Optionen an und schließen Sie das Dialogfeld über die *OK*-Schaltfläche.

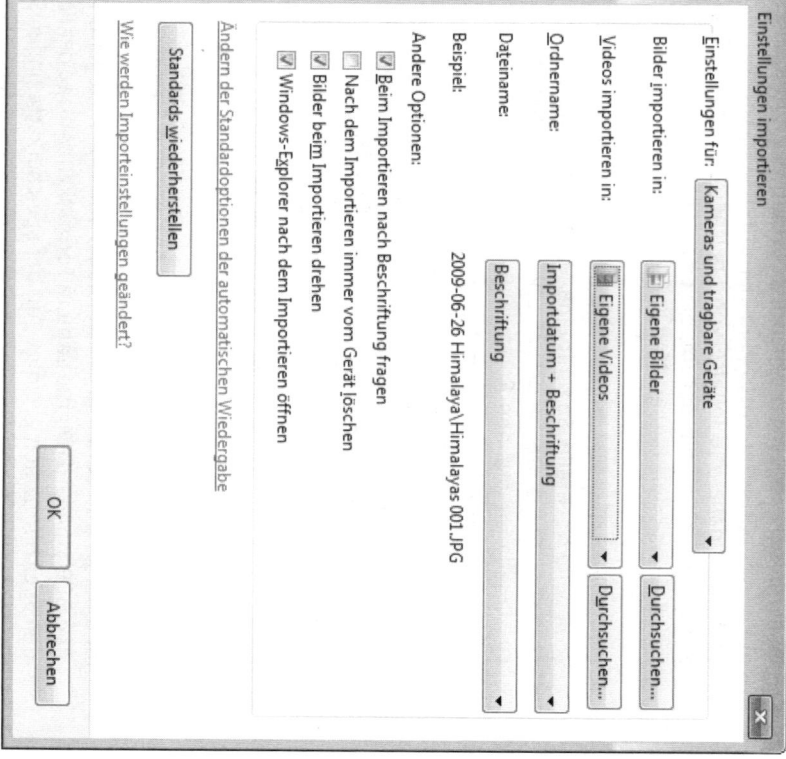

Bild 21.5: Import der Fotos in den Zielordner

Über Listenfelder wie *Bilder importieren in* und über die *Durchsuchen*-Schaltflächen geben Sie den Hauptordner vor, in den Foto- oder Videodateien zu speichern sind.

■ Das Listenfeld *Ordnername* ermöglicht die Auswahl des Schemas zur Benennung des anzulegenden Unterordners mit den importierten Dateien. Setzen Sie den Wert z. B. auf »Beschriftung«, wird der von Ihnen im Dialogfeld *Bilder und Videos importieren* eingetragene Text zur Ordnerbenennung verwendet.

■ Kameras benennen die Fotodateien mit einem herstellerspezifischen Text (z. B. IMG, PICT etc.), gefolgt von einer fortlaufenden Bildnummerierung sowie mit der Dateinamenerweiterung *.jpg*. Das Feld *Dateiname* im Dialogfeld *Einstellungen importieren* ermöglicht es, das Schema zum Umbenennen der importierten Dateien vorzugeben (z. B. »Beschriftung und eine fortlaufende Nummer«, »Ordnername einbeziehen« oder »Originalname verwenden«).

Über die Kontrollkästchen der Gruppe *Andere Optionen* legen Sie fest, ob die Beschriftung beim Import abgefragt wird, ob Fotos beim Import gedreht und vom Quellmedium gelöscht werden sollen und ob ein Ordnerfenster nach dem Importieren zu öffnen ist.

Sie sollten niemals das Kontrollkästchen *Beim Importieren nach Beschriftung fragen* im Dialogfeld *Einstellungen importieren* abschalten, da andernfalls das Anpassen der Einstellungen recht schwierig wird. Denn das Dialogfeld des Import-Assistenten mit dem Hyperlink *Optionen* erscheint bei abgeschalteter Beschriftungsabfrage nur noch kurzzeitig während der Überprüfung auf neue Fotos.

21.2   Fotoverwaltung mit der Windows Live Fotogalerie

Um Fotos oder Bilder nach bestimmten Kriterien zu organisieren und ggf. sogar zu bearbeiten, können Sie die Windows Live Fotogalerie aus den kostenlosen Windows Live Essentials installieren (siehe *Kapitel 19*). Nachfolgend wird gezeigt, wie Sie die Funktionen der Fotogalerie (Version 2011) verwenden, um die Bilder nach bestimmten Kriterien zu sortieren bzw. zu filtern und anzuzeigen.

21.2.1   Die Windows Live Fotogalerie 2011 im Überblick

Die Windows Live Fotogalerie lässt sich nach der Installation über das Startmenü im Zweig *Alle Programme* aufrufen. Das Fenster der Windows Live Fotogalerie gibt Ihnen einen schnellen Überblick über die verwalteten Fotos und bietet auch eine vergrößerte Anzeige einzelner Bilder (Bild 21.6).

▪ Der Navigationsbereich in der linken Spalte ermöglicht Ihnen, über verschiedene Kriterien (nach Ordnern und optional Aufnahmedatum sowie Beschriftungen) auf die Fotosammlung zuzugreifen. Ähnlich wie bei Ordnerfenstern genügt es, das gewünschte Navigationselement in der linken Spalte anzuklicken, um die Fotoauswahl entsprechend zu filtern.

▪ In der mittleren Spalte werden die von der Fotogalerie verwalteten Fotos als Miniaturansichten dargestellt. Die Darstellung lässt sich über die Schaltfläche *Details anzeigen/Miniaturansicht anzeigen* in der Statusleiste des Fensters umschalten. Die Spalte gibt Ihnen eine schnelle Übersicht über die vorhandenen Fotos. Der Schieberegler in der rechten unteren Fensterecke ermöglicht Ihnen dabei, die Größe der Miniaturansichten stufenlos anzupassen.

▪ Zeigen Sie mit der Maus auf eine Miniaturansicht, blendet die Fotogalerie zudem eine vergrößerte Darstellung als QuickInfo ein. Ein Doppelklick auf eine Miniaturansicht öffnet das entsprechende Bild in einer vergrößerten Darstellung als Fotoanzeige in der Fotogalerie (siehe auch folgende Seiten).

▪ Wählen Sie im Menüband auf der Registerkarte *Ansicht* die Schaltfläche *Bereich 'Markieren und beschriften'*, wird im rechten Fensterteil eine zusätzliche Spalte eingeblendet. Klicken Sie auf die Miniaturansicht eines Fotos, werden in dieser Spalte die Fotoeigenschaften (Dateiname, Aufnahmedatum, Bewertung, Beschriftungen, Bildtitel und Größe) angezeigt.

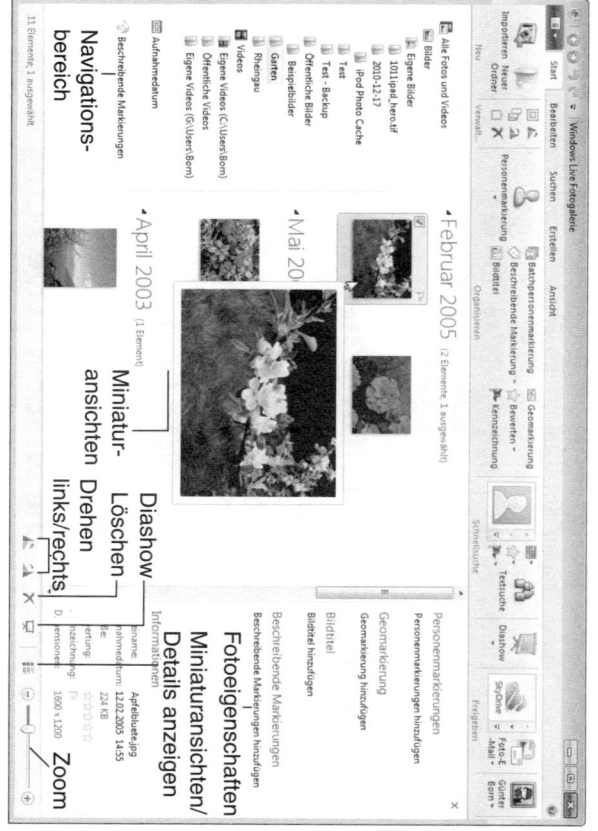

Bild 21.6: Das Fenster der Windows Live Fotogalerie

Über die drei Schaltflächen *Nach links drehen*, *Nach rechts drehen* und *Löschen* in der Statusleiste des Fensters lässt sich das in der Miniaturansicht markierte Foto um 90 Grad nach rechts oder links drehen oder in den Papierkorb verschieben (löschen).

21.2.2 Fotos in die Fotogalerie aufnehmen

Zur Verwaltung der Fotos müssen diese in die Fotogalerie »aufgenommen« werden. Sie können die Fotos direkt von Kameras oder Datenträgern importieren oder bereits auf der Festplatte angelegte Fotoordner aufnehmen.

1. Zum Fotoimport von einer Kamera oder einem Wechseldatenträger klicken Sie auf der Registerkarte *Start* des Menübands auf die Schaltfläche *Importieren* (Bild 21.7, Hintergrund oben).

2. Im Dialogfeld des Import-Assistenten (Bild 21.7, Vordergrund unten) wählen Sie das erkannte Gerät (hier eine Speicherkarte in einem Leser) und klicken auf die *Importieren*-Schaltfläche.

3. Beim Dialogfeld *Fotos und Videos importieren* (Bild 21.7, Vordergrund) können Sie über die Option *Alle neuen Elemente jetzt importieren* einen Ordnertitel angeben oder die Fotos (ähnlich wie am Kapitelanfang) nach Anklicken der *Weiter*-Schaltfläche über einen Import-Assistenten einlesen lassen.

Das Optionsfeld *Zu importierende Elemente ansehen, verwalten und gruppieren* (Bild 21.7, Vordergrund) ermöglicht Ihnen über die *Weiter*-Schaltfläche, ein Dialogfeld zur Auswahl einzelner Fotos zu öffnen und dann den Import zu starten. Der Hyperlink *Weitere Optionen* in der linken unteren Dialogfeldecke öffnet das zu Beginn dieses Kapitels beschriebene Dialogfeld (siehe Bild 21.5), in dem Sie die Importoptionen vorgeben können.

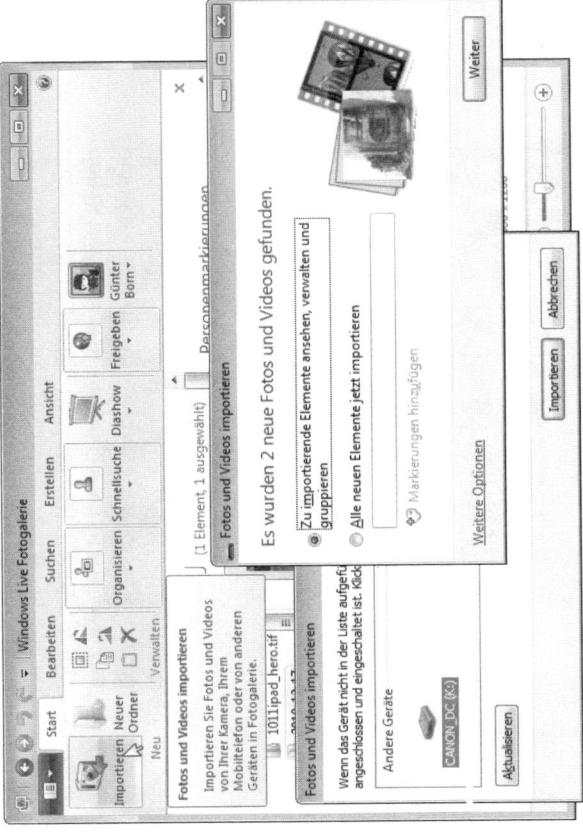

Bild 21.7:   Import in der Windows Live Fotogalerie

Die Windows Live Fotogalerie 2011 zeigt den Inhalt der Bibliothek *Bilder* an. Möchten Sie einen neuen Ordner mit Fotos zur Fotogalerie hinzufügen, geht dies mit folgenden Schritten.

1. Klicken Sie auf die Schaltfläche *Fotogalerie* und wählen Sie im Menü (Bild 21.8, Hintergrund) den Befehl *Ordner hinzufügen*.

2. Im Dialogfeld *Bilder Orte für Bibliotheken* (Bild 21.8, Vordergrund) sehen Sie bereits alle Bibliotheksspeicherorte.

3. Klicken Sie auf die Schaltfläche *Hinzufügen* und suchen Sie im eingeblendeten Dialogfeld den Fotoordner.

4. Schließen Sie das Dialogfeld über die Schaltfläche *Ordner hinzufügen* und klicken Sie im Dialogfeld *Bilder Orte für Bibliotheken* (Bild 21.8, Vordergrund) auf die *OK*-Schaltfläche.

Dann wird der Ordner zur Bibliothek *Bilder* hinzugefügt und in der Navigationsspalte der Fotogalerie angezeigt.

Die Schaltfläche *Neuer Ordner* auf der Registerkarte *Start* ermöglicht Ihnen, im Navigationsbereich der Fotogalerie einen neuen Ordner anzulegen. Sie brauchen nur einen bestehenden Ordner zu markieren und dann auf die Schaltfläche zu klicken. Anschließend geben Sie im Navigationsbereich den Namen des neuen Ordners ein. Klicken Sie Ordnersymbole im Navigationsbereich mit der rechten Maustaste an, finden Sie im Kontextmenü Befehle, um den Ordner aus der Fotogalerie zu entfernen (der Ordner wird nicht gelöscht) oder komplett von der Festplatte zu löschen.

HINWEIS

429

Möchten Sie im Navigationsbereich nicht nur Ordner, sondern auch das Aufnahmedatum und Beschriftungen zur Navigation verwenden? Klicken Sie auf die Schaltfläche *Fotogalerie* (Bild 21.8, Hintergrund) und wählen Sie im Menü den Befehl OPTIONEN. Im eingeblendeten Eigenschaftenfenster finden Sie auf der Registerkarte ANSICHT (Bild 21.9) zwei Kontrollkästchen, um Beschriftungen und Aufnahmedatum als Navigationselemente ein-/auszublenden.

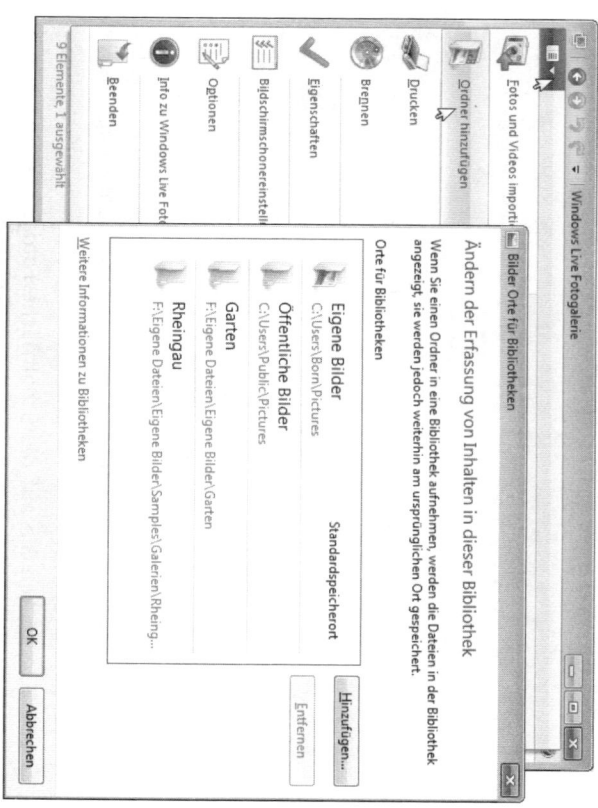

Bild 21.8:   Auswahl des einzufügenden Ordners

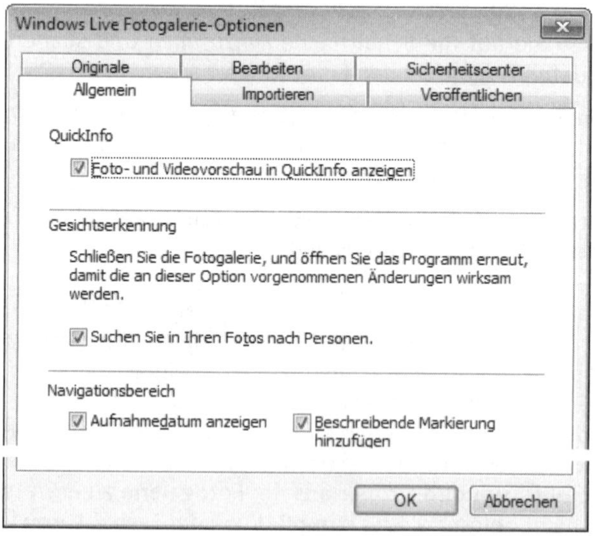

Bild 21.9:   Optionen der Windows Live Fotogalerie

21.2.3 Filtern und Sortieren in der Fotogalerie

Sind die Fotos in der Windows Live Fotogalerie aufgenommen, können Sie diese sehr komfortabel abrufen und filtern.

1. Öffnen Sie die Windows Live Fotogalerie und klicken Sie in der linken Spalte auf die Rubrik *Alle Fotos und Videos*.

2. Expandieren Sie im Navigationsbereich (Bild 21.10) der Fotogalerie den Zweig *Alle Fotos und Videos/Eigene Bilder* durch Anklicken des Dreiecks vor dem Ordnersymbol und navigieren Sie in der Ordnerhierarchie zu einem der hinzugefügten Ordner.

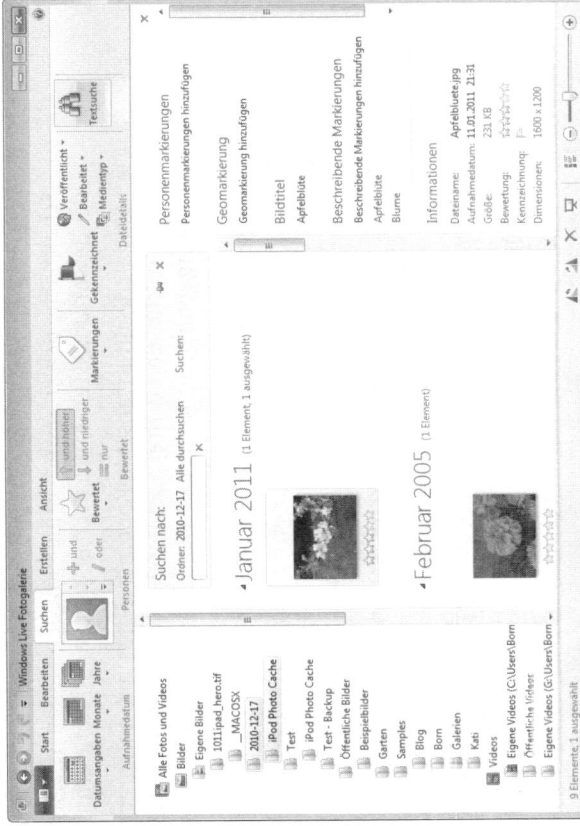

Bild 21.10: Filtern nach Ordnern

Sobald Sie ein Ordnersymbol im Navigationsbereich anklicken, zeigt die Fotogalerie nur noch die Miniaturansichten der im gewählten Ordner gespeicherten Fotos. Haben Sie vergessen, in welchem Ordner die Fotos eines Ereignisses (Geburtstag, Hochzeit, Taufe, Urlaub etc.) abgelegt wurden, kennen aber das Datum des betreffenden Ereignisses?

3. Klicken Sie im Navigationsbereich der Fotogalerie auf den (optional einblendbaren) Zweig *Aufnahmedatum* und wählen Sie dann das Aufnahmejahr, den Aufnahmemonat und ggf. den Aufnahmetag aus.

Jetzt sind in der mittleren Spalte nur noch die Miniaturansichten jener Fotos zu sehen, die an dem bestimmten Tag aufgenommen wurden. Suchen Sie Fotos zu einem bestimmten Thema (z.B. Blumenfotos)? Sofern die Fotos beschriftet (bzw. mit Markierungen versehen) sind, ist die Auswahl mit wenigen Mausklicks möglich.

4. Klicken Sie im Navigationsbereich auf den (optional einblendbaren) Zweig *Beschreibende Markierungen* und wählen Sie in der eingeblendeten Liste die gewünschte Markierungskategorie aus.

Nun werden nur noch jene Fotos als Miniaturansichten eingeblendet, deren Beschriftungen bzw. Markierungen dem angegebenen Filterkriterium entsprechen (z. B. Blumenfotos).

5. Bei Bedarf können Sie im Menüband zur Registerkarte *Suchen* (Bild 21.10) wechseln und auf die Schaltfläche *Textsuche* klicken. Klicken Sie auf das oberhalb der Miniaturansichten eingeblendete Textfeld und geben Sie einen Suchbegriff ein.

6. Oder Sie klicken im Menüband auf der Registerkarte *Suchen* auf die Schaltfläche *Bewertet* und wählen im Menü einen Befehl mit der Anzahl der Bewertungssterne, um nach Bewertungen zu filtern.

Die Fotogalerie filtert anschließend alle Fotos mit entsprechender Bewertung oder solche, deren Titel oder Beschriftung zum Suchmuster passt, und zeigt die Ergebnisse als Miniaturansichten in der mittleren Spalte an.

TIPP

Die Filterkriterien lassen sich nach der Eingabe über die im Suchfeld sichtbare Schaltfläche *Aus Filter entfernen* des Textfelds wieder entfernen.

21.2.4   Fotos markieren, bewerten und beschriften

Bei umfangreicheren Fotosammlungen wird es schwierig, gezielt bestimmte Motive zu einzelnen Themen (z. B. Tiere, Natur, Gebäude, Personen etc.) zu finden. Über die Windows Live Fotogalerie haben Sie aber die Möglichkeit, Fotos nach bestimmten Kriterien zu katalogisieren.

1. Wählen Sie im Navigationsbereich (der linken Spalte der Fotogalerie) den gewünschten Zweig per Mausklick an, um die Miniaturansichten der Fotos im mittleren Teil der Galerie einzublenden.

2. Klicken Sie die Miniaturansicht eines Fotos in der mittleren Spalte der Windows Live Fotogalerie an, um dessen Eigenschaften in der rechten Infospalte des Fensters einzublenden (Bild 21.11).

3. Klicken Sie ggf. auf der Registerkarte *Ansicht* des Menübands auf die Schaltfläche *Bereich 'Markieren und beschriften',* um die rechte Infospalte in der Windows Live Fotogalerie einzublenden.

4. Klicken Sie in der rechten Spalte der Windows Live Fotogalerie auf den gewünschten Befehl (z. B. *Bildtitel hinzufügen* oder *Beschreibende Markierungen hinzufügen*). Anschließend tippen Sie in das eingeblendete Textfeld ein Stichwort als Titel oder Markierung ein und bestätigen dies über die Enter -Taste.

Bei Personenfotos können Sie die Namen der identifizierten Personen unter *Personenmarkierungen* hinzufügen. Im Feld *Bildtitel* lässt sich ein Text zum Fotomotiv ablegen. Über die Rubrik *Beschreibende Markierungen* können Sie beliebige Texte (z.B. Aufnahmeort, Anlass der Aufnahme, Besonderheiten etc.) eintragen. Sie können dies mehrfach wiederholen, um einem Bild mehrere Stichwörter als Markierungen zuzuweisen. Beschriftungen lassen sich über den Kontextmenübefehl *Markierung entfernen* auch wieder löschen.

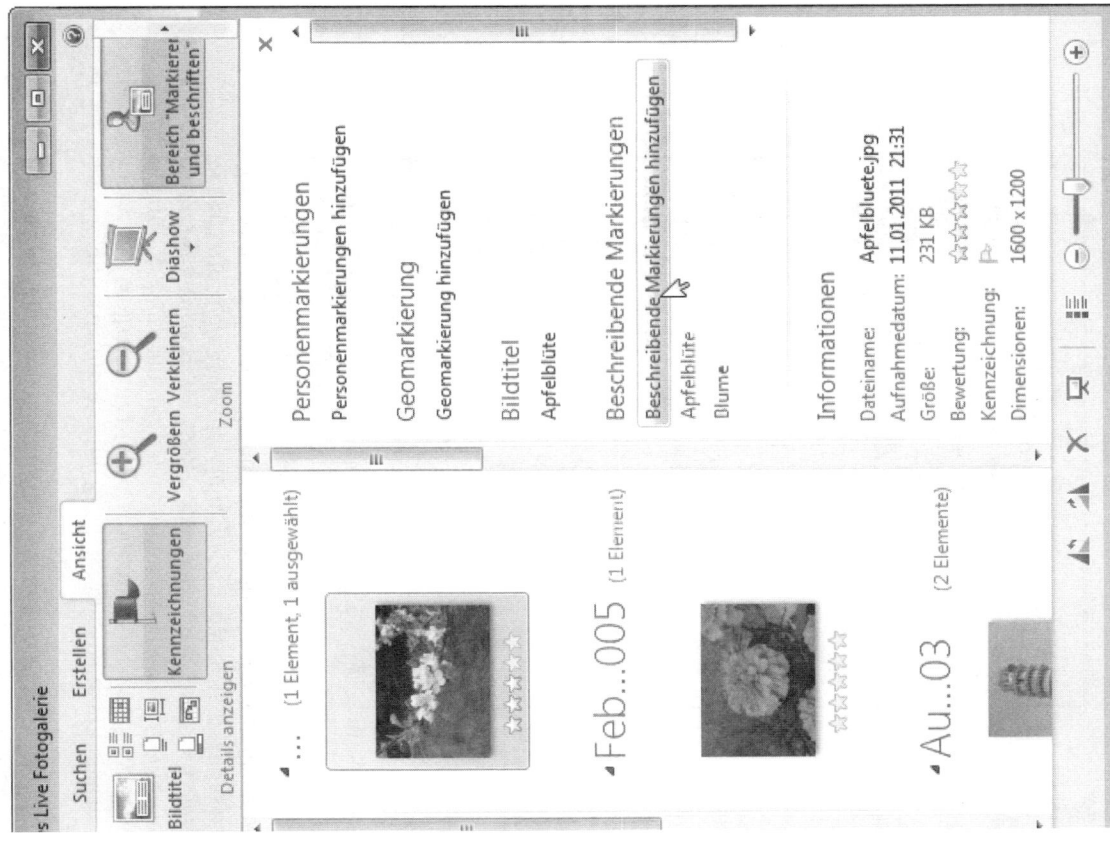

Bild 21.11:   Foto mit Titel und Beschriftung versehen

Die Rubrik *Informationen* der Infospalte enthält einige Daten wie den Dateinamen oder das aus den Exif-Informationen entnommene Kameramodell. Der Dateiname lässt sich anklicken und anpassen. Klicken Sie auf das angezeigte Aufnahmedatum, kann dieses ebenfalls (ggf. über ein eingeblendetes

TIPP

Kalenderblatt) geändert werden. Durch Anklicken eines der fünf Sterne in der Zeile *Bewertung* können Sie eine Bewertung über die Qualität des eingeblendeten Fotos abgeben. Weiterhin lässt sich in das Feld *Autor* der Name des Fotografen eintragen (siehe dazu den folgenden Tipp). Auf diese Weise können Sie jedem Foto individuelle Kennzeichen anheften. Diese Informationen lassen sich später bei der Suche in der Fotogalerie oder in Ordnerfenstern in Suchanfragen einbeziehen (siehe *Kapitel 12*).

Die Bildlaufleiste am rechten Rand der Infospalte ermöglicht Ihnen, in der Eigenschaftenliste eines Fotos zu blättern. Zeigen Sie per Maus auf den Übergang zwischen den Kategorien *Beschreibende Markierungen* und *Informationen*, lässt sich das »Teilerfeld« per Maus nach oben oder unten ziehen, um die Größe des Informationsbereichs anzupassen. Auf diese Weise können Sie den Bereich *Informationen* vergrößern, um ggf. ausgeblendete Exif-Daten einzusehen.

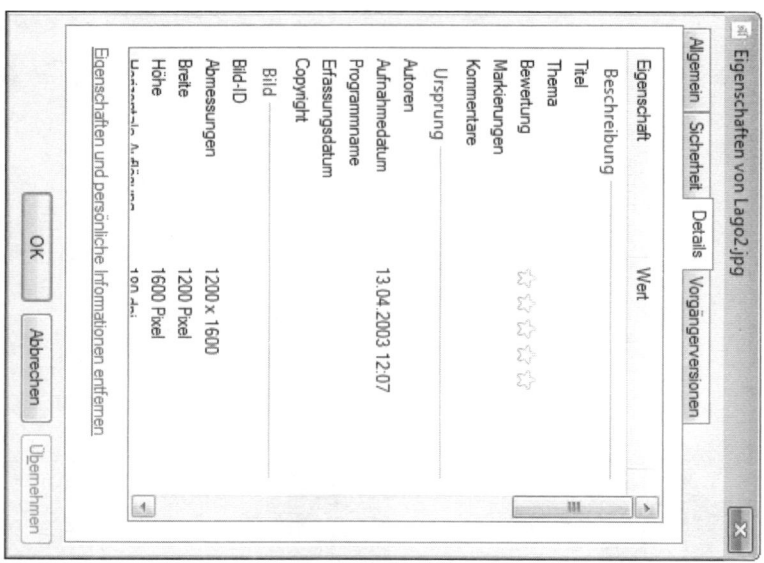

Bild 21.12: Exif-Daten und Eigenschaften eines Fotos

HINWEIS

Klicken Sie ein Foto in einem Ordnerfenster oder in der Fotogalerie mit der rechten Maustaste an, lässt sich im Kontextmenü der Befehl *Eigenschaften* wählen. Windows öffnet das Eigenschaftenfenster der Fotodatei. Auf der Registerkarte *Details* werden die Eigenschaften der Fotodatei eingeblendet

(Bild 21.12). In der Kategorie *Bild* finden Sie bei JPEG-Dateien die von der Digitalkamera eingetragenen Exif-Daten. Es handelt sich dabei um Aufnahmeparameter wie Belichtung, Blende etc. Wurden Beschriftungen eingetragen, finden Sie diese ebenfalls auf der Registerkarte vor. Bei Bedarf können Sie Eigenschaften wie den Titel, Markierungen, die Bewertung oder Angaben zu Autoren, Aufnahmedatum, Copyright etc. auch verändern. Die Änderungen werden durch Anklicken der *OK*-Schaltfläche in die Fotodatei übernommen. Der Hyperlink *Eigenschaften und persönliche Informationen entfernen* öffnet ein Eigenschaftenfenster, in dem Sie über Kontrollkästchen die zu entfernenden Werte auswählen und dann löschen lassen können.

21.3 Fotos bearbeiten

Wählen Sie eine Fotodatei per Doppelklick an, wird diese in der Standardkonfiguration in vergrößerter Darstellung in der Windows-Fotoanzeige dargestellt. Die Windows-Fotoanzeige stellt aber nur rudimentäre Funktionen zur Darstellung eines Fotos sowie zum Drehen bereit. Ist die Windows Live Fotogalerie installiert, haben Sie neben Funktionen zur Verwaltung der Fotos auch die Möglichkeit, diese in einem gewissen Umfang zu bearbeiten. Hochformatfotos lassen sich drehen, unscharfe Fotos können Sie löschen, oder zu dunkle bzw. zu helle Motive sind unter Umständen korrigierbar. Nachfolgend werden die wichtigsten Funktionen zur Fotobearbeitung mittels der Windows Live Fotogalerie kurz vorgestellt.

21.3.1 Fotos anzeigen, drehen und löschen

Die Miniaturansichten in Ordnerfenstern und in der mittleren Spalte der Windows Live Fotogalerie geben Ihnen einen schnellen Hinweis auf den Inhalt der einzelnen Fotodateien, ermöglichen aber kaum eine Beurteilung der Aufnahmen auf Schärfe oder korrekte Belichtung. Unscharfe Fotos können eigentlich gleich gelöscht werden, im Hochformat geschossene Aufnahmen müssen eventuell um 90 Grad gedreht werden. Dies ist in der Windows Live Fotogalerie (und teilweise direkt in Ordnerfenstern) mit wenigen Mausklicks möglich.

■ Um ein Foto in vergrößerter Ansicht darzustellen, wählen Sie seine Miniaturansicht in der Windows Live Fotogalerie per Doppelklick an. Dann wechselt die Anzeige zu der in Bild 21.13 gezeigten Einzeldarstellung des Fotos. Über die Schaltfläche *Datei schließen* der Registerkarte *Bearbeiten* des Menübands gelangen Sie zur vorhergehenden Darstellung mit den Miniaturansichten zurück.

■ Reicht Ihnen die Einzelbilddarstellung zur Beurteilung der Bildschärfe nicht aus, passen Sie den Vergrößerungsfaktor über den Schieberegler *Zoom* in der Statusleiste des Galeriefensters an. Die Windows Live Fotogalerie vergrößert das angezeigte Foto stufenlos um den eingestellten Zoomfaktor. Je nach gewähltem Wert erscheint im Fenster aber nur noch ein Ausschnitt des Fotos.

- Um bei einem extrem vergrößerten Foto bestimmte Ausschnitte des Motivs in der Anzeige zu sehen, klicken Sie auf den Anzeigebereich der Fotogalerie. Solange Sie die linke Maustaste gedrückt halten, lässt sich der Fotoausschnitt im Anzeigefenster durch Ziehen per Maus verschieben.

- Um schnell zur ursprünglichen Größe zurückzukehren, klicken Sie auf die Schaltfläche *An Fenster anpassen*. Die Statusleiste des Galeriefensters enthält weitere Schaltflächen zum Abrufen der Funktionen.

Die Statusleiste des Galeriefensters enthält weitere Schaltflächen zum Abrufen der Funktionen (Bild 21.13).

- Mit den Schaltflächen *Zurück* und *Weiter* blättern Sie zwischen den Fotos der aktuellen Galerieauswahl. Die Auswahl bezieht sich dabei auf die in der Fotogalerie angezeigten Miniaturansichten (z.B. einen kompletten Fotoordner oder eine zusammengestellte Fotogalerie).

Durch Zeigen auf die Bedienelemente in der Statusleiste der Galerie lässt sich eine QuickInfo mit Hinweisen zu deren Funktion abrufen.

Zurück
Weiter

Diashow   An Fenster
Drehen   anpassen
Löschen

Zoom

Bild 21.13:   Fotomotiv in der Windows Live Fotogalerie

Die automatische Wiedergabe der Fotos als Diashow in einer Vollbild-darstellung lässt sich über die mit *Diashow* bezeichnete Schaltfläche abrufen (siehe folgende Abschnitte).

Ein Foto im Hochformat können Sie über die in Bild 21.13 mit *Drehen* beschrifteten Schaltflächen um 90 Grad nach links oder rechts drehen. Die Funktion lässt sich auch abrufen, indem Sie mit der rechten Maus-taste auf das (in der Fotogalerie oder im Ordnerfenster angezeigte) Foto klicken und die Kontextmenübefehle zum Drehen wählen.

Zum Löschen eines angezeigten Fotos klicken Sie in der unteren Leiste auf die Schaltfläche *Löschen*. Alternativ können Sie das Kontextmenü eines Fotos oder einer Miniaturansicht mit der rechten Maustaste öff-nen und den Befehl *Löschen* wählen. Die Sicherheitsabfrage, ob die Datei wirklich in den Papierkorb verschoben werden darf, bestätigen Sie über die *Ja*-Schaltfläche. Das Foto wird sowohl aus der Galerie als auch aus dem Ordner entfernt.

Die meisten Schaltflächen sind übrigens auch in der Darstellung der Minia-turansichten in der Fußleiste der Fotogalerie zu sehen. Sie können daher die obigen Funktionen auch direkt in der Fotogalerie auf Miniaturansichten anwenden. Ähnliches gilt für das Kontextmenü, das sich beim Anklicken der Fotovorschau oder der Miniaturansicht per Klick mit der rechten Maustaste öffnet.

21.3.2 Fotokorrekturen, schnell und einfach

Die Windows Live Fotogalerie stellt einfache Funktionen zur Fotokorrektur bereit. Zur Fotokorrektur gehen Sie folgendermaßen vor.

1. Wählen Sie das betreffende Foto per Doppelklick an und klicken Sie in der Einzelbilddarstellung ggf. auf den Registerreiter *Bearbeiten* des Menübands (Bild 21.14).

2. Sobald die Einzelbildansicht vorliegt, klicken Sie auf der Registerkarte *Bearbeiten* des Menübands auf eine der Schaltflächen zur Korrektur.

3. Alternativ können Sie die Schaltfläche *Feinabstimmung* im Menüband wählen. Dann erscheinen rechts neben der Einzelbilddarstellung Korrek-turelemente.

Unerwünschte Korrekturen heben Sie über die auf der Registerkarte *Bearbei-ten* befindliche Schaltfläche *Auf das Original zurücksetzen* auf. Mit den

Schaltflächen *Rückgängig* und *Wiederholen* in der Symbolleiste für den Schnellzugriff (links in der Titelleiste) lässt sich die letzte Aktion zurücknehmen bzw. wiederholen. Den Korrekturmodus beenden Sie, indem Sie erneut auf die zugehörige Schaltfläche (z.B. *Feinabstimmung* oder *Belichtung anpassen*) klicken. Eine noch nicht angewählte Schaltfläche der Korrekturfunktion müssen Sie vorher per Mausklick selektieren.

HINWEIS

Sobald Sie auf der Registerkarte *Bearbeiten* die Schaltfläche *Datei schließen* anklicken, werden die vorgenommenen Änderungen in der Fotodatei gespeichert. Möchten Sie eine bereits gespeicherte Änderung zurücknehmen? Markieren Sie die Miniaturansicht des Fotos per Mausklick und wählen Sie auf der Registerkarte *Bearbeiten* die Schaltfläche *Auf das Original zurücksetzen*. Sie können dann im eingeblendeten Menü den betreffenden Befehl auswählen.

Funktionen zur Fotobearbeitung abrufen

Automatische Anpassung

Über die Menüschaltfläche *Automatisch anpassen* lässt sich eine automatische Korrektur des Fotos im Hinblick auf Belichtung (Helligkeit), Ausrichten, Rauschminderung und Farbe durchführen. Es reicht, den oberen Teil der Menüschaltfläche zum Ausführen der Korrektur anzuwählen.

Welche Autokorrekturen auszuführen sind, lässt sich in den Windows Live Fotogalerie-Optionen auf der Registerkarte *Bearbeiten* durch Markieren verschiedener Kontrollkästchen vorgeben. Die Rauschminderung ist z.B. standardmäßig nicht aktiviert. Zum Aufruf der Registerkarte *Bearbeiten* genügt es, den unteren Rand der Schaltfläche *Automatisch anpassen* anzuklicken und den

Menübefehl *Einstellungen* zu wählen. Im Eigenschaftenfenster *Windows Live Fotogalerie-Optionen* wird dann die Registerkarte *Bearbeiten* in den Vordergrund geholt.

Beim JPEG-Grafikformat lässt sich die JPEG-Qualität, die die Güte des gespeicherten Fotos und damit auch dessen Dateigröße beeinflusst, festlegen. Während in den Windows 7-Bordfunktionen keine Eingriffsmöglichkeit besteht, kann die JPEG-Qualität bei der Fotogalerie eingestellt werden. Wenn die Registerkarte BEARBEITEN im Vordergrund sichtbar ist, findet sich auch ein Schieberegler JPEG-QUALITÄT. Belassen Sie die Qualität auf *Hoch*, da beim Speichern im JPEG-Format eine verlustbehaftete Komprimierung zum Einsatz kommt. Wurde das Foto zu stark komprimiert, lassen sich Qualitätseinbußen (die beim Speichern entstehen) nicht mehr durch Hochsetzen der JPEG-Qualität korrigieren.

Fehlbelichtung korrigieren

Liegt ein leicht fehlerhaft belichtetes Foto (zu hell, zu dunkel, farbstichig) vor? Wählen Sie die Schaltfläche *Automatisch anpassen*, führt die Windows Live Fotogalerie sofort die notwendigen Korrekturen am Foto durch. Zu helle oder zu dunkle Fotos werden dann verbessert, und auch leichte Farbstiche können korrigiert werden. Falls das Ergebnis nicht gefällt, wählen Sie im Menüband auf der Registerkarte *Bearbeiten* die Schaltfläche *Auf das Original zurücksetzen*.

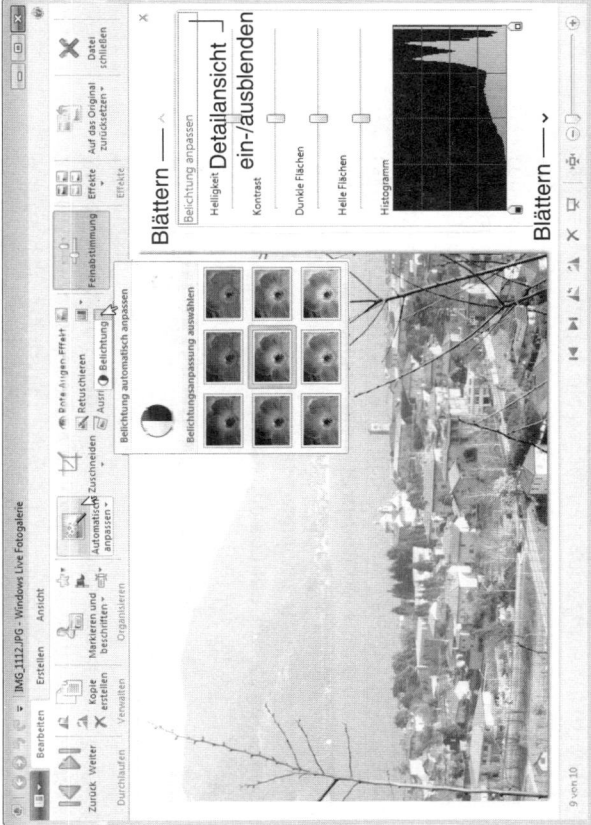

Bild 21.15:   Fehlbelichtung manuell korrigieren

Soll ein fehlbelichtetes Foto manuell korrigiert werden, stellen Sie sicher, dass die Schaltfläche *Feinabstimmung* auf der Registerkarte *Bearbeiten* des Menübands markiert ist. Dann erscheinen in der rechten Spalte der Fotogalerie die Titeltexte der verfügbaren Korrekturfunktionen. Klicken Sie auf einen Titeltext, um die Detailansicht einzublenden (Bild 21.15). Bei der Kategorie »Belichtung anpassen« können Sie die Schieberegler für Helligkeit, Kontrast etc. manuell per Maus verschieben. Für die Korrekturfunktion *Belichtung anpassen* gilt Folgendes:

- Eine individuelle Helligkeitskorrektur ist über den eingeblendeten Regler *Helligkeit* möglich, indem Sie diesen mit der Maus nach links oder rechts ziehen, um das Foto abzudunkeln oder aufzuhellen.

- Über den Regler *Kontrast* können Sie das Verhältnis zwischen hellen und dunklen Bildteilen erhöhen oder reduzieren.

- Alternativ können Sie zu helle bzw. zu dunkle Flächen im Foto durch Verschieben des Reglers verstärken bzw. abschwächen.

Das in der Kategorie *Belichtung anpassen* gezeigte Histogramm gibt die Helligkeitsverteilung des Fotos wieder. Idealerweise umfasst der als Kurve dargestellte Tonwertverlauf die gesamte Breite der x-Achse. Ist dies nicht der Fall, lassen sich die beiden Regler unterhalb des Histogramms per Maus nach rechts bzw. links zum Beginn bzw. Ende der Histogrammkurve schieben. Dadurch wird die Helligkeitsverteilung auf den gesamten Bereich gespreizt, und das Programm optimiert die Helligkeitsverteilung der Bildpunkte im Foto neu.

Farbkorrekturen vornehmen

Auch Farbkorrekturen lassen sich (bei leichten Farbstichen) manuell und halbautomatisch vornehmen. Sie können auf der Registerkarte *Bearbeiten* in der Gruppe *Anpassungen* das Dropdownmenü zur Schaltfläche *Farbe* öffnen (Bild 21.16). Anschließend lässt sich in der eingeblendeten Palette ein Farbfeld anklicken. Die Fotogalerie nimmt daraufhin die entsprechende Farbkorrektur automatisch vor. Durch Anwahl verschiedener Farbfelder lassen sich verschiedene Korrekturmodi ausprobieren.

Die Alternative besteht in der manuellen Korrektur der Farbe über Farbtemperatur, Farbton und Sättigung. Hierzu stellen Sie sicher, dass die Schaltfläche *Feinabstimmung* auf der Registerkarte *Bearbeiten* markiert ist. Dann expandieren Sie die Detailansicht der Kategorie *Farbe anpassen* (Bild 21.16, rechte Spalte). Über die bei der Kategorie *Farbe anpassen* in der Detailansicht eingeblendeten Regler (Bild 21.16) lässt sich die Farbkorrektur vornehmen:

- Verwenden Sie den Regler *Farbtemperatur*, um das Foto mit einem kälteren Blauton oder einem wärmeren Rotton zu versehen.

- Der Regler *Farbton* entfernt Farbstiche aus dem Bild, indem der Grünanteil verstärkt oder reduziert wird.

■ Der Regler *Sättigung* bestimmt, wie kräftig die Farben im Bild dargestellt werden. Ziehen Sie den Regler *Sättigung* nach links, verblassen die Farben, und Sie bekommen irgendwann ein Schwarz-Weiß-Foto. Schieben Sie den Regler weiter nach rechts, werden die Farben intensiver dargestellt.

Zum Beenden des Korrekturmodus klicken Sie erneut auf den Befehl *Farbe anpassen*.

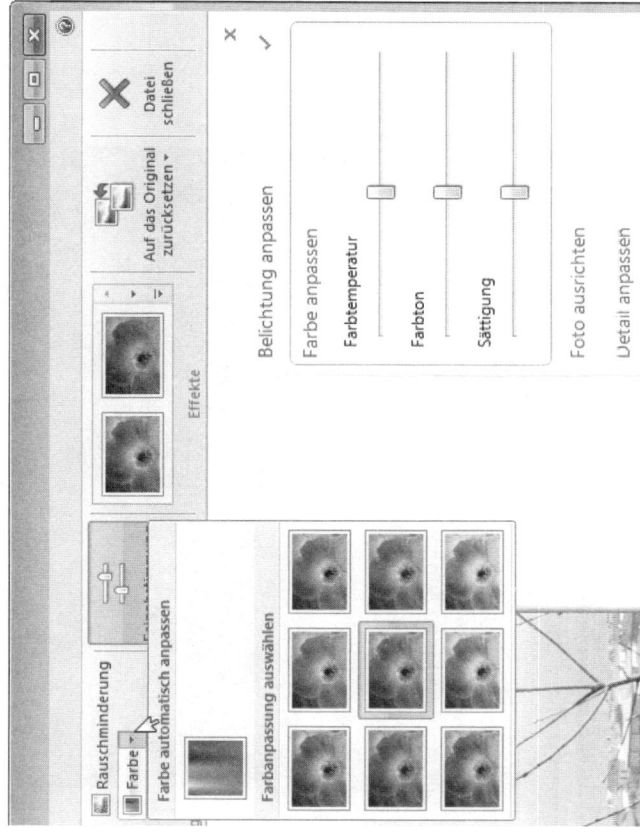

Bild 21.16: Regler zur Farbkorrektur

Rote-Augen-Korrektur für Fotos

Kompaktkameras neigen bei Blitzlichtaufnahmen von Personen dazu, die Augen unnatürlich rot darzustellen. Manche Kameras besitzen zwar eine Funktion zur Korrektur dieses Effekts, trotzdem sind die typischen roten »Zombie«-Augen auf vielen Blitzlichtaufnahmen zu sehen. In Windows Live Fotogalerie 2011 können Sie ein solches Malheur mit wenigen Mausklicks korrigieren:

1. Wählen Sie auf der Registerkarte *Bearbeiten* des Menübands die Schaltfläche *Rote-Augen-Effekt* (Bild 21.17).

2. Zeigen Sie auf einen Punkt links oberhalb der Pupille, halten Sie die linke Maustaste gedrückt und ziehen Sie den als stilisiertes Kreuz angezeigten Markierungszeiger mit der Maus diagonal nach unten rechts.

Beim Ziehen erscheint im Bildbereich ein dünner Markierungsrahmen. Sobald die linke Maustaste losgelassen wird, färbt die Korrekturfunktion die roten Farbbereiche innerhalb des Markierungsrahmens schwarz ein. Bleiben

441

rote Bereiche in der Pupille zurück, weil der Markierungsbereich zu klein gewählt wurde? Dann wiederholen Sie die Korrektur mit einem etwas größeren Markierungsrahmen.

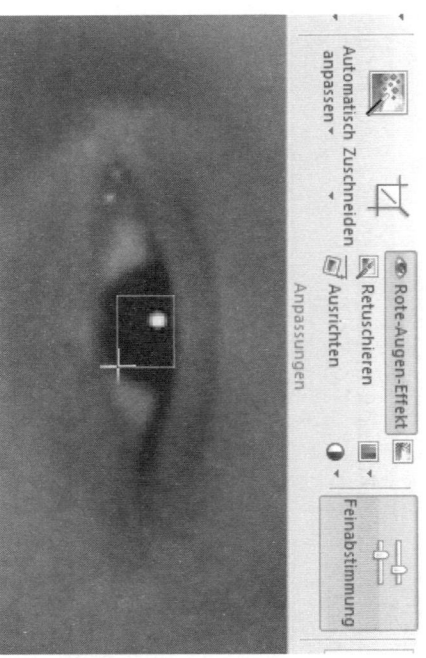

Bild 21.17: Rote-Augen-Korrektur

 TIPP

Ist der Bereich mit den Augen zu klein, lassen sich die Pupillen nur schwer markieren. Vergrößern Sie die Darstellung des Fotos über die Zoom-Schaltfläche in der Statusleiste der Galerie (siehe vorheriger Abschnitt). Wandert der Ausschnitt mit den Augen beim Vergrößern des Bildes aus dem Anzeigebereich des Fotos heraus? Drücken Sie die `Alt`-Taste (es erscheint dann eine stilisierte Hand als Mauszeiger), können Sie den Bildausschnitt bei gedrückter linker Maustaste in der Anzeige verschieben.

Detail in Fotos anpassen

Manche Fotos weisen ggf. ein digitales Pixelrauschen auf (z.B. mit hoher ISO-Empfindlichkeit angefertigte Aufnahmen). In Porträtfotos stören ggf. Pickel oder Hautrötungen, andere Fotos wirken vielleicht geringfügig unscharf. Klicken Sie auf der Registerkarte *Bearbeiten* des Menübands auf die Schaltfläche *Retuschieren*, können Sie anschließend durch Ziehen per Maus einen kleinen Ausschnitt im Bild markieren (Bild 21.18). Dann retuschiert die Fotogalerie den entsprechenden Bereich, sodass die Bildfehler weniger stark auffallen.

Wählen Sie dagegen die Schaltfläche *Rauschminderung* auf der Registerkarte *Bearbeiten*, wird das gesamte Bild durch eine Weichzeichnerfunktion bearbeitet. Klicken Sie dagegen die Schaltfläche *Feinabstimmung* auf der Registerkarte *Bearbeiten* an, lässt sich in der rechten Spalte des Fensters die Korrekturfunktion *Detail anpassen* erweitern. Dann erscheinen die in Bild 21.18 gezeigten Regler.

Verwenden Sie den Regler *Schärfen*, um die Kontraste des Fotos anzuheben (was den subjektiven Eindruck einer höheren Schärfe vermittelt). Mit dem Regler *Rauschen mindern* wird ein Weichzeichner auf das Foto angewandt. Dieser gleicht die Farbe benachbarter Bildpunkte an, sodass ein digitales Rauschen reduziert wird.

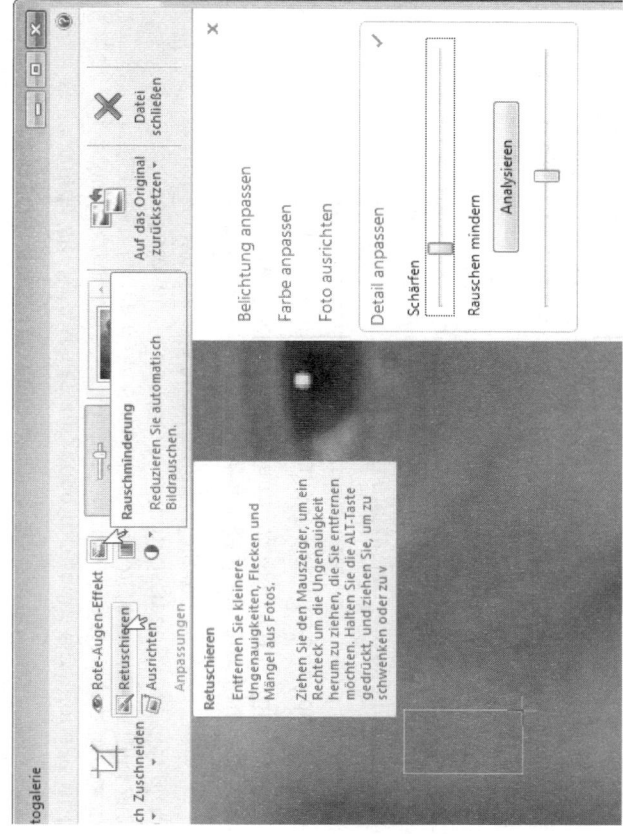

Bild 21.18: Retuschieren, Schärfen und Rauschen reduzieren

Die Schaltfläche *Analysieren* in der Detailansicht der Kategorie führt die beiden Korrekturen automatisch aus. Auch bei diesen Schritten lässt sich die
Korrektur über die Schaltfläche *Auf das Original zurücksetzen* der Registerkarte *Bearbeiten* wieder zurücknehmen.

Schwarzweißeffekte anwenden

Farbfotos lassen sich über entsprechende Funktionen in Schwarzweißaufnahmen verwandeln. Zudem gibt es bei älteren Schwarzweißaufnahmen
den Sepia-Effekt, bei dem bräunliche oder gelbliche Farbstiche auftreten.
Diese Effekte lassen sich über die Gruppe *Effekte* abrufen (Bild 21.19, Hintergrund). Klicken Sie auf die Schaltfläche *Mehr*, erscheint eine Palette mit den
Effekten (in Bild 21.19 im Vordergrund eingeblendet). Wählen Sie einfach
eines der Vorschaubilder aus, um den Effekt auf das Foto anzuwenden.

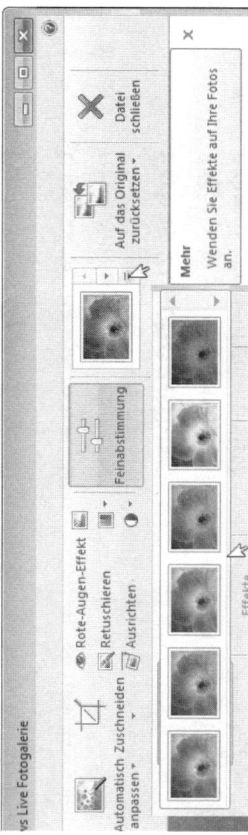

Bild 21.19: Auswahl der Schwarzweißeffekte

Fotos ausrichten

Wurde ein Foto schief aufgenommen oder eine Vorlage ist beim Scannen etwas verrutscht? Sie können auf der Registerkarte *Bearbeiten* des Menübands einfach auf die Schaltfläche *Ausrichten* klicken (Bild 21.20). Dann richtet die Fotogalerie das Motiv automatisch aus. Falls dies nicht klappt, kann auch eine manuelle Ausrichtung erfolgen.

1. Stellen Sie sicher, dass auf der Registerkarte *Bearbeiten* des Menübands die Schaltfläche *Feinabstimmung* markiert ist (Bild 21.20).

2. Klicken Sie am rechten Rand des Fensters auf den Titel *Foto ausrichten*, um die Detailansicht einzublenden.

3. Sobald das Foto mit Gitternetzlinien versehen wurde, verschieben Sie den Schieberegler in der rechten Spalte nach rechts oder links (Bild 21.20), bis der gewünschte Teil des Motivs (z.B. Horizont, Kanten) parallel zu den Linien liegt.

Anschließend können Sie die Detailansicht durch Anklicken des Titels *Foto ausrichten* wieder ausblenden. Sobald Sie auf die Schaltfläche *Datei schließen* klicken, wird die Drehung im Foto übernommen.

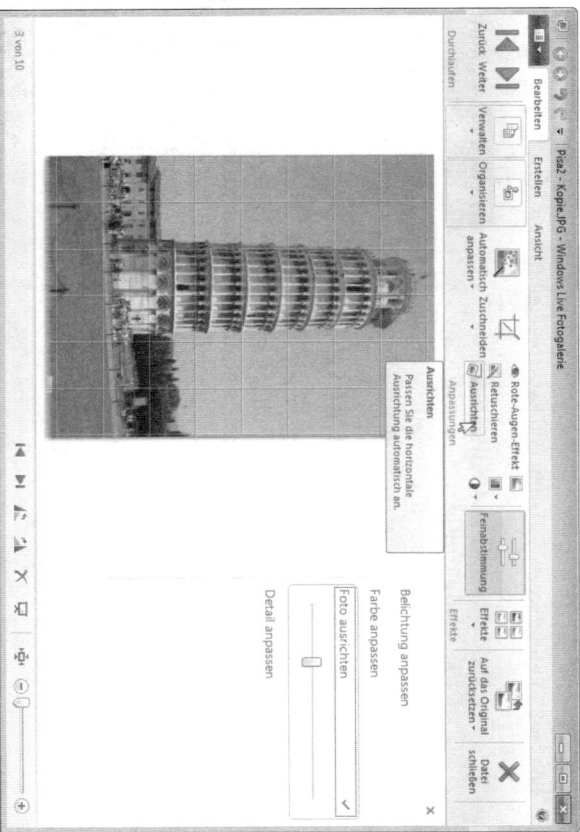

Bild 21.20:   Foto ausrichten

Fotos zuschneiden

Benötigen Sie nur einen Ausschnitt des Fotos, weil das Motiv in der Aufnahme sehr klein geraten ist?

1. Öffnen Sie die Einzelbilddarstellung und klicken Sie auf der Registerkarte *Bearbeiten* des Menübands auf den oberen Teil der Schaltfläche *Zuschneiden* (Bild 21.21).

2. Sobald das Foto mit dem Markierungsrechteck versehen wurde, verschieben Sie dessen Ränder mit der Maus auf die gewünschte Größe.

Zeigen Sie mit der Maus auf das Markierungsrechteck, nimmt der Mauszeiger die Form eines Kreuzes mit vier Pfeilen an. Dann lässt sich der Markierungsbereich bei gedrückter linker Maustaste per Maus verschieben. Soll der Markierungsbereich vergrößert oder verkleinert werden, zeigen Sie mit der Maus auf die Ziehmarken an den Ecken des Rahmens. Sobald der Mauszeiger die Form eines Doppelpfeils annimmt, lässt sich die Ziehmarke bei gedrückter linker Maustaste verschieben und damit die Größe der Markierung anpassen. Der helle Bildausschnitt ist der Teil des Fotos, der beim Zuschneiden übrig bleibt.

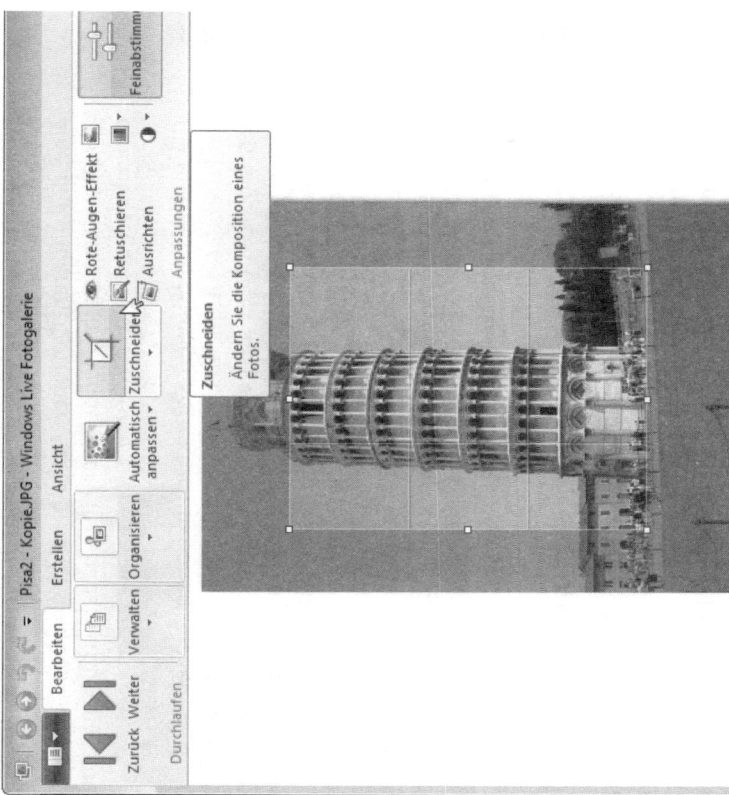

Bild 21.21: Foto zuschneiden

3. Ist der gewünschte Bereich markiert, klicken Sie erneut auf die Schaltfläche Zuschneiden, oder Sie öffnen das Menü dieser Schaltfläche und wählen den Befehl Zuschnitt anwenden.

Die Fotogalerie schneidet anschließend den markierten Bildbereich aus und zeigt diesen an. Der Ausschnitt wird gespeichert, sobald Sie die Einzelbilddarstellung über die Schaltfläche Datei schließen verlassen. Das ursprüngliche Bild lässt sich über die Schaltfläche Auf das Original zurücksetzen der Registerkarte Bearbeiten wieder zurückholen.

445

TIPP

Bei Anwahl des unteren Teils der Schaltfläche *Zuschneiden* erscheint ein Menü. Ist eine Beschnittmarkierung sichtbar, enthält das Menü Befehle wie *Zuschnitt anwenden*, *Proportion*, *Zuschneiden abbrechen* oder *Bild drehen*. Der letztgenannte Befehl dreht den Markierungsrahmen um 90 Grad. Über *Bild drehen* lässt sich der Markierungsrahmen um jeweils 90 Grad drehen. Dies ermöglicht Ihnen, Ausschnitte im Hoch- oder im Querformat zu bestimmen. Einen fehlerhaften Beschnitt können Sie jederzeit mit der Schaltfläche *Auf das Original zurücksetzen* korrigieren.

Ohne Beschnittmarkierung können Sie über den Befehl *Proportion* der Menüschaltfläche weitere Optionen abrufen. Leider gibt es in der deutschen Windows Live Fotogalerie (in der mir bis Drucklegung vorliegenden Version 2011) einen Bug. Dieser verhindert das Beschneiden, sobald als Modus nicht *Original* oder BENUTZERDEFINIERT gewählt wurde. Klickt man auf eine der anderen Optionen, ist die Funktion »Zuschneiden« nicht mehr abrufbar. Erst nach Beenden der Einzelbildansicht kann eine Freistellung erneut vorgenommen werden.

HINWEIS

Die hier beschriebenen Korrekturfunktionen reichen für die meisten Fälle der Fotobearbeitung aus. Nur wenn Sie einzelne Stellen in Fotos retuschieren möchten oder ausgefallene Funktionen zur Bildverbesserung benötigen, sind Sie auf spezielle Grafikbearbeitungsprogramme wie Adobe Photoshop Elements oder die kostenlosen Programme Gimp (www.gimp.org) bzw. FotoFiltre (www.photofiltre.com) angewiesen. Zum Aufrufen solcher Programme können Sie die Miniaturansicht oder die Fotoansicht mit der rechten Maustaste anklicken. Der Kontextmenübefehl *Öffnen mit* listet Ihnen in einem Untermenü die installierten Grafikprogramme auf. Wählen Sie einen entsprechenden Eintrag, öffnet die Fotogalerie das Foto zur Bearbeitung in der betreffenden Anwendung.

21.4   Fotos präsentieren und sichern

Windows 7 sowie die Windows Live Fotogalerie stellen Ihnen Funktionen zum Präsentieren Ihrer Fotos, zum Anfertigen von Papierabzügen sowie zum Sichern der zugehörigen Dateien bereit. In den folgenden Abschnitten lernen Sie die entsprechenden Funktionen kennen.

21.4.1   Fotos als Diashow präsentieren

Möchten Sie auf dem Computer gespeicherte Fotos und Bilder als Diashow am Computer abrufen, ist dies mit wenigen Schritten möglich.

1. Öffnen Sie einen Bildordner oder die Windows Live Fotogalerie und wählen Sie im Navigationsbereich den Ordner mit den Fotos. Möchten Sie nur eine Auswahl verschiedener Fotos in der Diashow anzeigen, müssen Sie diese im Ordnerfenster oder in der Miniaturansicht der Windows Live Fotogalerie markieren.

2. Starten Sie die Diashow, indem Sie im Ordnerfenster auf die in der Symbolleiste eingeblendete Schaltfläche *Diashow* klicken (Bild 21.22, oben).

Im Fenster der Windows Live Fotogalerie können Sie die Diashow ebenfalls über die Schaltfläche *Diashow* (Bild 21.22, unten) oder durch Drücken der Funktionstaste F12 aufrufen.

Die Diashow zeigt die Fotos als Vollbilddarstellung auf dem Bildschirm an (Bild 21.23). Die Fotos werden dabei automatisch in einem vorgebbaren Zeitintervall abgespielt – Sie benötigen weder Maus noch Tastatur zur Wiedergabesteuerung. Beim Aufruf der Diashow über die Windows-Fotoanzeige können Sie allerdings im Kontextmenü (Bild 21.23, oben) die Wiedergabegeschwindigkeit zwischen *Langsam*, *Mittel* und *Schnell* umschalten. Zudem lässt sich über folgende Tasten und Kontextmenübefehle (Bild 21.23) der Windows 7 Diashow in den Ablauf der Diashow eingreifen:

Bild 21.22:   Diashow aufrufen

- Über die Tasten ↓ und ↑ können Sie per Tastatur zum jeweils vorhergehenden oder nachfolgenden Foto umschalten.

- Zum Beenden der Diashow drücken Sie die Esc -Taste. Alternativ können Sie mit der rechten Maustaste auf das angezeigte Foto klicken, um die Anzeige über den Kontextmenübefehl *Beenden* zu verlassen.

- Klicken Sie die Diashow mit der rechten Maustaste an, öffnet sich ein Kontextmenü (Bild 21.23). Über die Befehle lässt sich die Wiedergabe der Diashow anhalten, fortsetzen, und Sie können über Kontextmenübefehle zwischen Fotos blättern.

447

Rufen Sie die Diashow über die Windows Live Fotogalerie auf, steht Ihnen statt des Kontextmenüs eine Bedienleiste zur Verfügung (Bild 21.23, unten). Diese wird eingeblendet, sobald Sie den Mauszeiger bewegen. Zudem können Sie die in der obigen Auflistung angegebenen Tasten `↑`, `→` und `Esc` zur Bedienung verwenden.

Bild 21.23:   Anzeige der Diashow (oben per Fotoanzeige, unten per Fotogalerie)

HINWEIS

Während einer laufenden Diashow können Sie jederzeit mittels der Tastenkombination `Alt`+`↹` zu anderen geladenen Programmen wechseln. Weiterhin lässt sich vor dem Aufruf der Diashow die Wiedergabe eines Musiktitels im Windows Media Player starten, um die Präsentation mit Musik zu unterlegen.

In der Windows 7 Diashow gibt es (außer der alphabetischen Benennung der Fotodateien) keine Möglichkeit, die Reihenfolge der angezeigten Fotos zu beeinflussen. Diese werden immer in der Reihenfolge der Dateinamen angezeigt. Um gezielte Folgen von Fotos zu präsentieren, müssen Sie auf Drittprogramme wie IrfanView (www.irfanview.de) ausweichen oder eine Video-DVD zur Präsentation erstellen. Eine andere Möglichkeit ist, Wiedergabelisten im Windows Media Player zur Wiedergabe einer Diashow zu verwenden (siehe in *Kapitel 22* den Abschnitt »Arbeiten mit Wiedergabelisten«).

21.4.2 Fotodruck ganz einfach

Das Drucken eines Fotos oder eines Bildes auf einem Farbdrucker lässt sich in Windows mit folgenden Schritten durchführen.

1. Öffnen Sie das Ordnerfenster oder die Windows Live Fotogalerie und wählen Sie den Ordner mit den gewünschten Fotos aus.

2. Markieren Sie die auszudruckenden Fotos und klicken Sie in der Symbolleiste des Ordnerfensters auf die Schaltfläche *Drucken*. In der Windows Live Fotogalerie 2011 klicken Sie auf die Schaltfläche *Windows Live Fotogalerie* und wählen im eingeblendeten Menü die Befehle *Drucken/Abzüge* (Bild 21.24, Hintergrund).

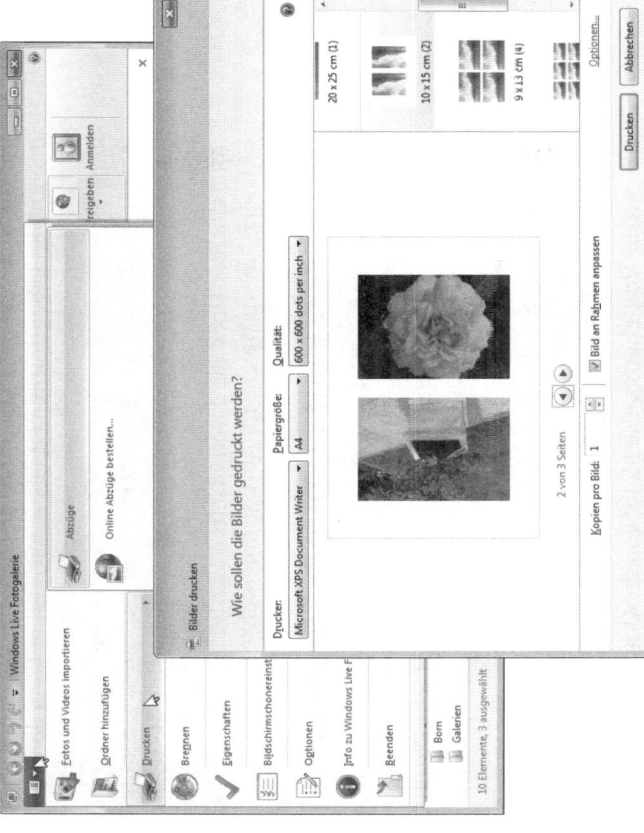

Bild 21.24: Fotodruck aufrufen und Auswahl der Druckoptionen

Alternativ können Sie die Druckfunktion in der Fotogalerie über die Tastenkombination `Strg`+`P` aufrufen.

3. Windows öffnet das Dialogfeld *Bilder drucken* (Bild 21.24, Vordergrund), in dem Sie die Druckoptionen festlegen und dann über die Schaltfläche *Drucken* bestätigen.

Oberhalb der Vorschau finden Sie im Dialogfeld Listenfelder zur Auswahl des Druckers, der Papiergröße und der Druckqualität. Der Ausdruck erfolgt in der Regel auf DIN-A4-Fotopapier. Bei den Standardfotoformaten 9 x 13 cm oder 10 x 15 cm passen vier bzw. zwei Bilder auf einen Bogen. Das gewünschte Fotoformat lässt sich über die am rechten Rand des Dialogfelds eingeblendete Liste mit den Formatschablonen (z. B. *13 x18 cm* (2)) auswählen. Unterhalb des Vorschaubereichs finden Sie Felder, um die Zahl der Kopien pro Bild vorzugeben. Der Link *Optionen* öffnet ein zusätzliches Dialogfeld, in dem Sie bei Bedarf die Druckereinstellungen anpassen können.

HINWEIS

Der Fotodruck auf einem Farbdrucker ist zwar schnell, aber auch recht teuer. In vielen Elektronikmärkten und Drogerien gibt es zwischenzeitlich Fotodruckstationen, die Papierabzüge für wenige Eurocents anbieten. Die Fotos lassen sich direkt von den Speicherkarten einlesen, ggf. bearbeiten (zuschneiden, aufhellen etc.) und dann ausdrucken. Manche Stationen bieten auch das Hochladen der Fotodateien zu einem kooperierenden Fotolabor. Alternativ können Sie über einen Internetzugang die Dienste (Internet-Print Service) diverser Fotolabors nutzen. Diese stellen entweder eine installierbare Software oder eine Internetseite bereit, über die sich Fotos hochladen und im Labor drucken lassen. Je nach Labor kann dann der Versand per Post erfolgen – oder der Kunde kann die Abzüge im lokalen Drogeriemarkt abholen. Recht beliebt sind auch Fotobücher, die von diversen Dienstleistern erstellt werden. Auf meiner Internetseite www.borncity.de findet sich in der Rubrik »Fotos« eine Liste verschiedener Dienstleister, die teilweise auch den Druck von Fotobüchern oder das Veröffentlichen von Fotoalben im Internet unterstützen. Über die Internetseite www.billige-fotos.de lässt sich übrigens eine Preisrecherche für Abzüge durchführen.

21.4.3 Fotos auf CD/DVD/BD brennen

Sie können Fotos direkt im Ordnerfenster, über die Windows-Fotoanzeige oder mittels der hier im Buch besprochenen Windows Live Fotogalerie auf CDs oder DVDs brennen. Dabei lässt sich eine einfache Daten-CD bzw. -DVD/-BD zum Sichern erzeugen oder eine Fotosammlung als Video auf CD bzw. DVD brennen.

1. Markieren Sie die betreffenden Bilder in einem Ordnerfenster oder in den Miniaturansichten der Windows Live Fotoanzeige und rufen Sie die Brennfunktion für eine Daten-CD auf.

Die genaue Vorgehensweise hängt von der Umgebung bzw. der installierten Software ab. Bei einem Ordnerfenster reicht es, die Schaltfläche *Brennen* in der Symbolleiste zu wählen, die nach dem Anklicken einen Datenträger anfordert.

Arbeiten Sie mit der Windows-Fotoanzeige, können Sie ebenfalls die Schaltfläche *Brennen* anklicken und im Menü den Befehl *Daten-CD* wählen. Bei der Windows Live Fotogalerie klicken Sie dagegen auf die Schaltfläche *Windows Live Fotogalerie* und wählen im Menü die Befehle *Brennen/CD brennen* (Bild 21.25).

2. Nachdem Windows die Fotodateien zum Brennen vorbereitet und die Schublade des Brenners ausgefahren hat, legen Sie einen geeigneten Rohling in den Brenner ein und schließen die Schublade.

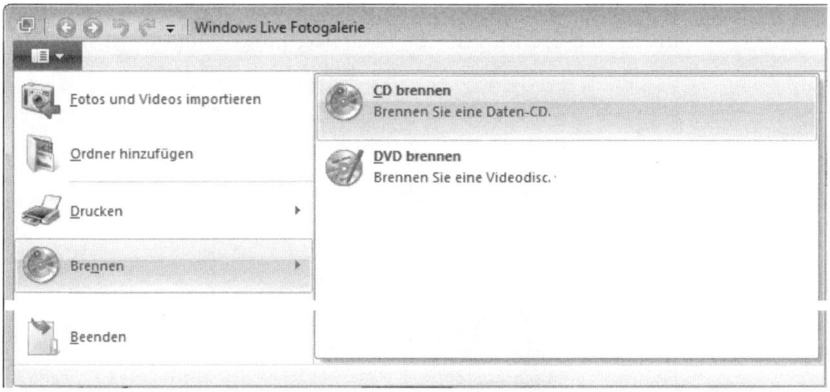

Bild 21.25: Auswahl der Brennoptionen (Windows Live Fotogalerie)

Sobald der Rohling im Brenner erkannt wurde, verschwindet das Dialogfeld *Auf Datenträger brennen*. Wählen Sie im ggf. eingeblendeten Folgedialog, wie der Datenträger vorzubereiten (Mastered oder Livedateisystem) ist. Sie können dann ggf. weitere Dateien zu einem Multisession-Datenträger hinzufügen und dann brennen oder Einzelfotos auf einem Livedateisystem-Datenträger kopieren. Die Schritte und Abläufe entsprechen dem Brennen einer Daten-CD (siehe *Kapitel 14*).

Fotos als Video-DVD brennen

Um Fotos als Diashow auf DVD-Playern oder anderen Computern wiedergeben zu können, benötigen Sie eine Video-DVD. Diese lässt sich sowohl mit der Windows-Fotoanzeige als auch über die Windows Live Fotogalerie erstellen. Hier die Schritte für die Windows Live Fotogalerie.

1. Starten Sie die Windows Live Fotogalerie 2011 und rufen Sie den Ordner oder die Zusammenstellung mit den Fotos als Miniaturansicht ab. Fotos im Hochformat müssen Sie um 90 Grad drehen.

2. Markieren Sie die Fotos, die Bestandteil der Video-DVD werden sollen, klicken Sie auf die Schaltfläche *Windows Live Fotogalerie*. Wählen Sie im eingeblendeten Menü die Befehle *Brennen/DVD brennen* (Bild 21.25).

Die Windows Live Fotogalerie startet nun den Windows DVD Maker, der Sie beim Erstellen der Video-DVD unterstützt und die Brennoptionen in Dialogfeldern abfragt. Allerdings setzt das Programm eine Aero-fähige Grafikkarte voraus und wird andernfalls nach einem entsprechenden Hinweis beendet.

HINWEIS

Falls keine Fotogalerie installiert ist, können Sie den Windows DVD Maker auch direkt über das Startmenü im Zweig *Alle Programme/Zubehör* aufrufen. Oder Sie wählen in der Windows-Fotoanzeige die Schaltfläche *Brennen* und klicken im angezeigten Menü auf den Befehl *Video-DVD*. Auch dann startet der Windows DVD Maker. In beiden Fällen müssen Sie die gewünschten Fotos manuell im Dialogfeld des Windows DVD Maker hinzufügen.

Der Windows DVD Maker unterstützt Sie beim Erstellen der Video-DVD, indem die Brennoptionen in Dialogfeldern abgefragt werden.

Bild 21.26: Bilder und Optionen für die Video-DVD festlegen

3. Wählen Sie im Dialogschritt *Bilder und Videos zur DVD hinzufügen* ggf. den Brenner über das Listenfeld der oberen Symbolleiste aus. Klicken Sie im Fußbereich auf das Textfeld *DVD-Titel* und geben Sie einen Titeltext ein (Bild 21.26).

4. Passen Sie im Dialogschritt *Bilder und Videos zur DVD hinzufügen* (Bild 21.26) die Bildanzahl und Bildreihenfolge an und klicken Sie danach auf die Schaltfläche *Weiter*.

Die Reihenfolge der Fotos beeinflussen Sie, indem Sie ein Foto markieren und es dann bei gedrückter linker Maustaste nach oben oder nach unten in der Liste verschieben. Über die Schaltfläche *Elemente hinzufügen* lässt sich ein Ordnerfenster öffnen, in dem Sie Fotodateien nachträglich auswählen und zur Zusammenstellung hinzufügen können. Unerwünschte Fotos können Sie in der Zusammenstellung markieren und mittels der Schaltfläche *Elemente entfernen* aus dem Dialogfeld *Bilder und Videos zur DVD hinzufügen* entfernen.

HINWEIS

Über den in der rechten unteren Ecke eingeblendeten Link *Optionen* öffnen Sie ein Dialogfeld zur Auswahl der Videooptionen (deutsches PAL- oder amerikanisches NTSC-Format, Seitenverhältnis 16:9 oder 4:3, Diashow mit einem Menü starten etc.).

Bild 21.27: Titel der Video-DVD festlegen

5. Im Dialogschritt *DVD kann gebrannt werden* (Bild 21.27) legen Sie die Optionen für Menütexte und Menüstile fest.

Die Schaltflächen *Menütext* und *Menü anpassen* ermöglichen Ihnen, in separaten Dialogfeldern den Titeltext anzupassen oder Videos für den Menüvordergrund und -hintergrund auszuwählen. Die Schaltfläche *Diashow* öffnet ein Dialogfeld, in dem Sie Audiodateien hinzufügen und somit die Diashow vertonen können. Die Audiodateien werden später beim Abspielen der Diashow als Tonspur wiedergegeben. Über die am rechten Rand des Dialogfelds *DVD kann gebrannt werden* angezeigte Liste lässt sich ein Menüstil für das Eingangsmenü der DVD wählen.

6. Sobald alle Optionen im Dialogfeld bestimmt sind, können Sie die Schaltfläche *Vorschau* anklicken. Dann erstellt der Windows DVD Maker eine Vorschau des Videos und simuliert in einem Dialogfeld die Wiedergabe des Videos. Das Dialogfeld bietet beispielsweise Schaltflächen, um in den Menüs des Videos zu navigieren, zwischen den Szenen (d.h. Einzelfotos) zu blättern und das Menü aufzurufen. So können Sie die Videowiedergabe vor dem Brennen testen. Das Dialogfeld lässt sich über die *OK*-Schaltfläche schließen.

7. Entspricht alles Ihren Vorstellungen, klicken Sie auf die Schaltfläche *Brennen*. Sobald der Windows DVD Maker Sie zum Einlegen einer beschreibbaren DVD in den Brenner auffordert, legen Sie ein geeignetes Medium ein, schließen die Schublade und befolgen die Anweisungen zum Brennen der DVD.

Ein Dialogfeld mit einer Fortschrittsanzeige informiert Sie über den Ablauf. Sobald die Fertigstellung der Video-DVD gemeldet wurde, können Sie das Medium dem Brenner entnehmen und ggf. noch geöffnete Dialogfelder schließen. Anschließend lässt sich die Video-DVD am Computer mit dem Windows Media Player oder über einen DVD-Players testen.

21.4.4 Weitere Funktionen der Windows Live Fotogalerie

Auf der Registerkarte *Erstellen* der Windows Live Fotogalerie finden Sie eine Reihe weiterer Funktionen, um Fotos weiter zu verarbeiten (Bild 21.28).

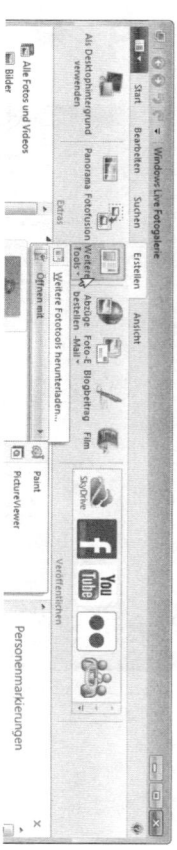

Bild 21.28: Registerkarte *Erstellen*

- ▪ *Als Desktophintergrund verwenden:* Diese Schaltfläche ist nur freigegeben, wenn genau ein Foto markiert ist. Die Schaltfläche ermöglicht es bei Windows 7 Home Premium, das Foto als Desktophintergrund zuzuweisen.

- ▪ *Panorama:* Haben Sie mit einer Kamera eine Panoramaansicht mit mehreren Einzelbildern geschossen, markieren Sie diese in der Fotogalerie. Klicken Sie danach auf die Schaltfläche *Panorama*, fügt die Fotogalerie die Einzelbilder zu einer Panoramaansicht zusammen. Anschließend erscheint ein Dialogfeld, in dem Sie den Namen des Panoramafotos sowie das Speicherziel angeben.

- ▪ *Fotofusion:* Sind mehrere ähnliche Aufnahmen eines Motivs vorhanden, lassen sich diese in der Fotogalerie markieren. Klicken Sie auf die Schaltfläche *Fotofusion*, versucht die Fotogalerie die Aufnahmen zu kombinieren. Auf der eingeblendeten Registerkarte (Bild 21.29) wird der zu kombinierende Bildausschnitt markiert. Zudem erscheint der markierte Bildteil in den markierten Fotos. Wird dann ein Motiv markiert, fügt die Fotogalerie dieses Motiv in das Ausgangsbild ein. Die Schaltfläche *Speichern* öffnet ein Dialogfeld zum Speichern der Ergebnisdatei.

- ▪ *Weitere Tools:* Öffnet ein Menü, über dessen Befehl *Weitere Fototools herunterladen* Sie weitere Fototools als Plug-Ins herunterladen können. Der Befehl *Öffnen mit* zeigt ein Untermenü mit den Namen der installierten Grafikprogramme. Durch Auswahl lässt sich das markierte Foto in diesem Programm laden.

- ▪ *Freigeben:* Die Schaltflächen dieser Programmgruppe der Registerkarte *Erstellen* ermöglichen es, Abzüge zu bestellen, eine Foto-E-Mail in Windows Live Mail mit den markierten Fotos zu erstellen oder einen neuen Blogbeitrag mit den Fotos in Windows Live Writer anzulegen. Die Schaltfläche *Film* exportiert die Bilder in den Windows Live Movie Maker, sodass aus den Fotos eine Videodatei erstellt werden kann.

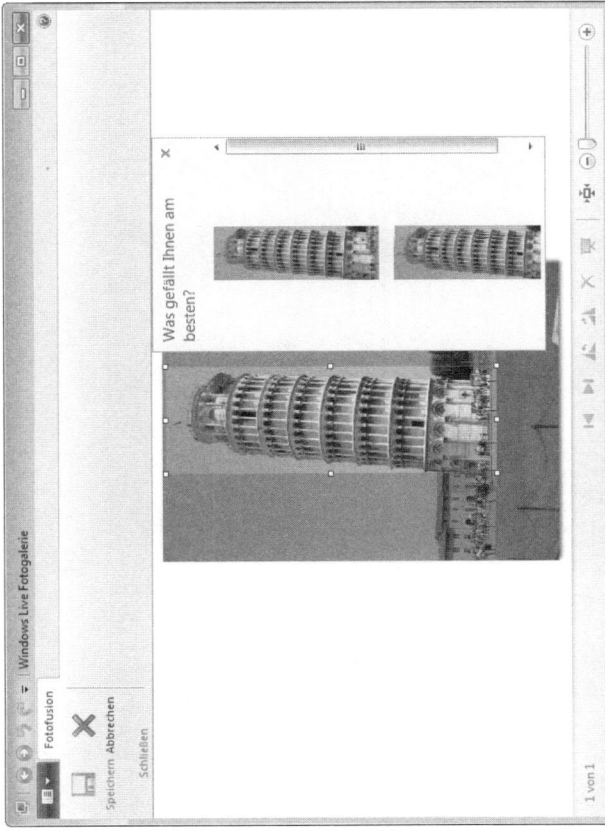

Bild 21.29: Fotofusion

- *Veröffentlichen:* Über die Einträge der Gruppe können Sie Fotos auf ein SkyDrive-Konto (erfordert eine Windows Live ID), auf die eigene Facebook-Seite (erfordert einen Facebook-Account), auf YouTube (erfordert ein Konto bei Google bzw. YouTube) oder Flickr (erfordert ein Konto bei diesem Fotodienst) hochladen. Zudem lassen sich über die Schaltfläche *Mehr* ggf. weitere Dienste in einer Palette einblenden.

Über das Menü der Schaltfläche *Mehr* der Gruppe *Veröffentlichen* lässt sich der Befehl *Eigene Dienste verwalten* wählen. Dann öffnet sich die Anmeldeseite von *live.com*, auf der Sie ein Live ID-Konto beantragen oder sich am bestehenden Konto anmelden können. Zudem ist im Menü der Befehl *Plug-In hinzufügen* verfügbar. Dieser öffnet eine Webseite, über die Sie Plug-Ins für die Windows Live Fotogalerie beziehen können. Über diese Plug-Ins lassen sich Funktionen zum Veröffentlichen auf verschiedenen Bilderdiensten ergänzen (z. B. Bilder auf ein Picasa-Konto einstellen), Bildkompositionen erstellen etc.

HINWEIS

Über die *Hilfe*-Schaltfläche in der rechten oberen Fensterecke können Sie eine Internetseite aufrufen, auf der sich weitere Informationen zu den Programmfunktionen finden lassen.

22 Musik- und Videowiedergabe

Der in Windows 7 enthaltene Windows Media Player 12 ermöglicht Ihnen, sowohl Musik-CDs als auch Video-CDs bzw. -DVDs und -BDs abzuspielen. Weiterhin können Audio- und Videodateien wiedergegeben werden. Das vorliegende Kapitel befasst sich mit der Handhabung des Windows Media Players (WMP) und mit Fragen zur Audio- und Videowiedergabe.

22.1 Media Player-Grundlagen und Technikwissen

In diesem Abschnitt lernen Sie einige Grundlagen zur Bedienung des Windows Media Players sowie zu dessen Einrichtung und Anpassung kennen.

22.1.1 Windows Media Player beim ersten Start einrichten

Wenn Sie den Windows Media Player zum ersten Mal aufrufen, erscheinen einige Dialogfelder, in denen Sie die Grundkonfigurierung des Programms festlegen können.

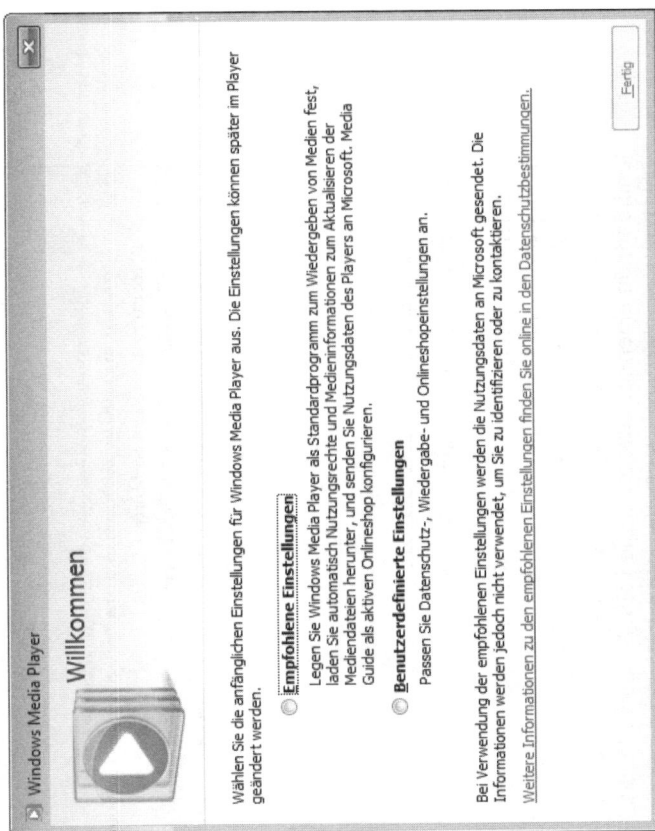

Bild 22.1: Dialogfeld zur Ersteinrichtung des Windows Media Players

Sie können im Startdialogfeld (Bild 22.1) die Option *Empfohlene Einstellungen* markieren und auf die *Fertig*-Schaltfläche klicken. Um mehr Kontrolle zu erhalten, empfiehlt sich aber, im Dialogfeld die Option *Benutzerdefinierte Einstellungen* zu markieren. Anschließend lässt sich auf die am unteren Dialogfeldrand angezeigte und mit *Weiter* bzw. *Fertig* beschriftete Schaltfläche klicken. Bei einer benutzerdefinierten Einstellung werden Sie durch verschiedene Dialogfelder geführt, in denen Sie dann die gewünschten Einstellungen festlegen können.

Im Dialogfeld zur Abfrage der Datenschutzoptionen (Bild 22.2) können Sie beispielsweise die Markierung der Kontrollkästchen *Mediennutzungsrechte automatisch erwerben* und alles in der Gruppe *Verlauf* löschen (*Eindeutige Player-ID an Inhaltsanbieter senden* ist standardmäßig bereits deaktiviert). Dies verhindert, dass Ihr Nutzungsverhalten aufgezeichnet wird.

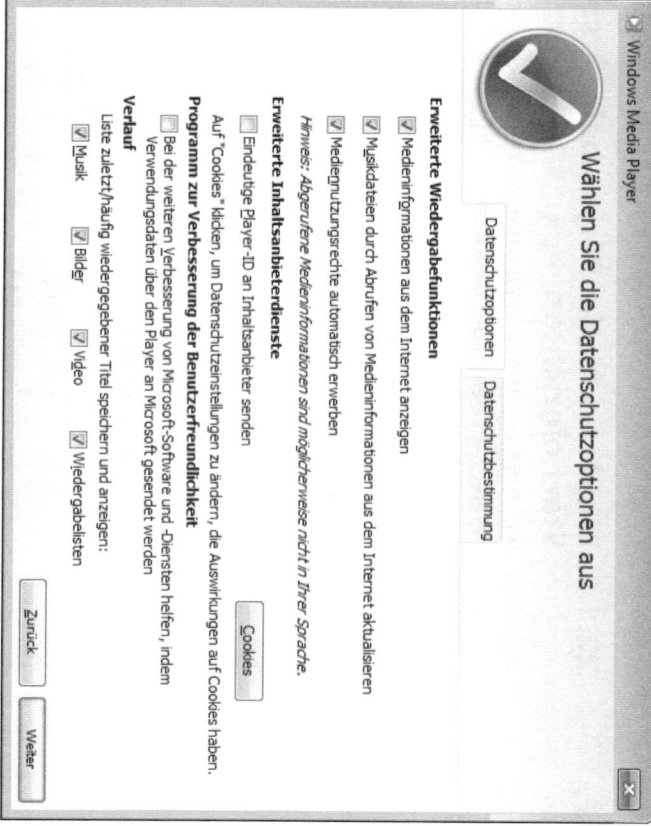

Bild 22.2: Datenschutzoptionen des Windows Media Players

In einem weiteren Dialogfeld lässt sich über Optionsfelder wählen, ob der Windows Media Player als Standard verwendet werden soll. Sind mehrere Media Player installiert, können Sie in einem Dialogschritt auch die Option zum Auswählen der dem Media Player zugewiesenen Dateitypen markieren und dann in einem Zusatzschritt die vom Windows Media Player verwalteten Dateitypen festlegen. Im Dialogfeld mit der Frage, ob ein Shop einzurichten ist, kann die Option *Jetzt keinen Shop einrichten* markiert werden.

22.1.2   So passen Sie die Optionen des Media Players an

Sie können die Einstellungen des Windows Media Players auch nachträglich verändern.

1. Starten Sie den Windows Media Player (z. B. über das Symbol in der Taskleiste, Bild 22.3 unten, oder per Startmenü).

2. Öffnen Sie das Menü der Schaltfläche *Organisieren* und klicken Sie auf den Befehl *Optionen* (Bild 22.3, Hintergrund). Fehlt die Symbolleiste, drücken Sie kurz die ⎇ -Taste und wählen Sie im Menü *Extras* den Befehl *Optionen*.

3. Anschließend rufen Sie im Eigenschaftenfenster *Optionen* (Bild 22.3, Vordergrund) die einzelnen Registerkarten ab und passen die jeweiligen Einstellungen an.

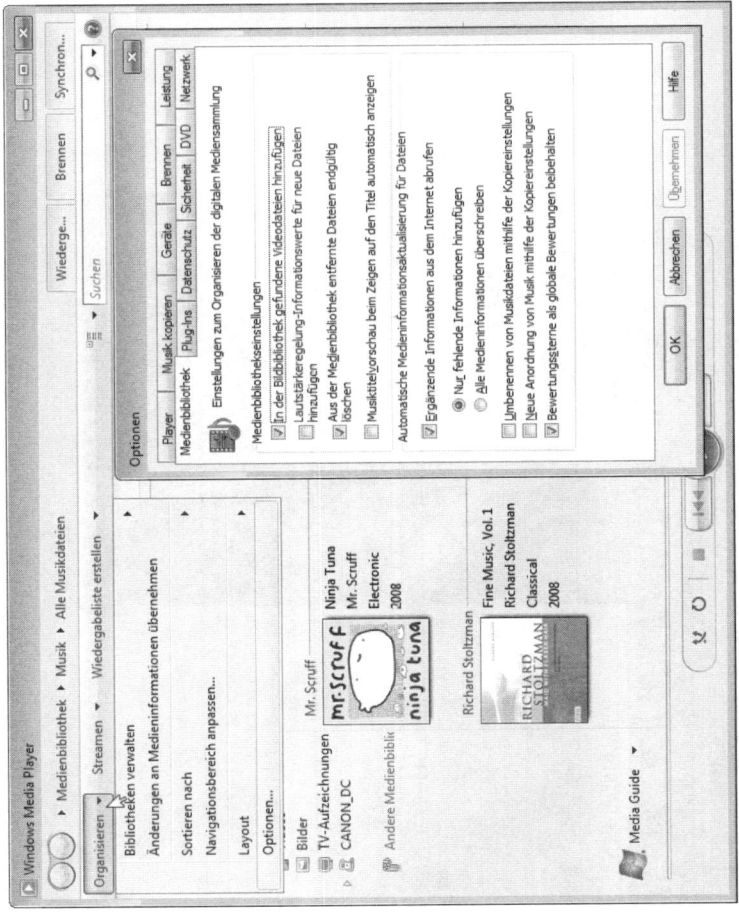

Bild 22.3:   Optionen des Windows Media Players

Auf der Registerkarte *Datenschutz* lässt sich beispielsweise vorgeben, ob Player-IDs gesendet, Wiedergabelisten aufgezeichnet oder Mediennutzungsrechte automatisch erworben werden sollen. Die Registerkarte *Musik kopieren* ermöglicht, die Formate (WMA, MP3) beim Kopieren von Musik-CDs einzustellen. Eine Beschreibung der jeweiligen Optionen erhalten Sie, wenn Sie nach Anwahl der Registerkarte die Schaltfläche *Hilfe* anwählen. Die Änderungen werden nach dem Anklicken der *OK*-Schaltfläche übernommen.

22.1.3 Kurzanleitung: Windows Media Player-Bedienung

Der Windows Media Player lässt sich zur Wiedergabe von Audio- und Video-dateien sowie zum Abspielen von Musik- und Video-CDs bzw. Film-DVDs verwenden. Die Funktionen sind ähnlich wie beim CD- oder DVD-Player organisiert. Sobald der Windows Media Player gestartet oder mit der Wie-dergabe von Musik bzw. Video begonnen wurde, erscheint das Programm-fenster (Bild 22.4).

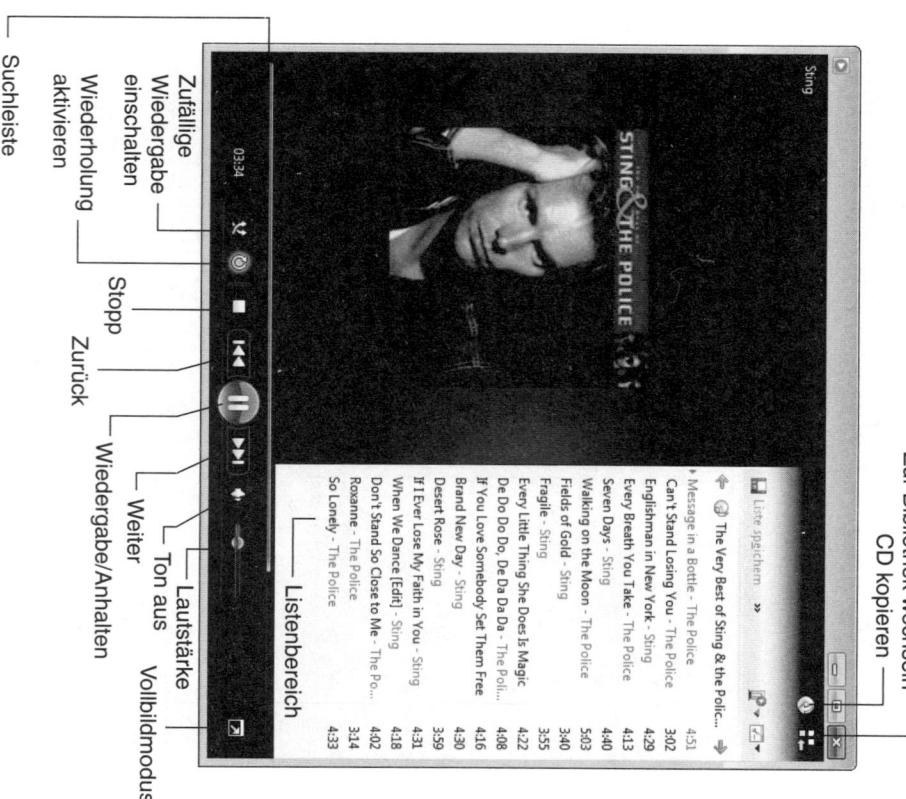

Zur Bibliothek wechseln
CD kopieren

Zufällige Wiedergabe einschalten

Wiederholung aktivieren

Suchleiste

Stopp

Zurück

Wiedergabe/Anhalten

Weiter

Ton aus

Lautstärke

Vollbildmodus

Listenbereich

Sting   03:34

Liste speichern »

The Very Best of Sting & the Polic...

► Message in a Bottle - The Police   4:51
Can't Stand Losing You - The Police   3:02
Englishman in New York - Sting   4:29
Every Breath You Take - The Police   4:13
Seven Days - Sting   4:40
Walking on the Moon - The Police   5:03
Fields of Gold - Sting   3:40
Fragile - Sting   3:55
Every Little Thing She Does Is Magic   4:22
De Do Do Do, De Da Da Da - The Poli...   4:08
If You Love Somebody Set Them Free   4:16
Brand New Day - Sting   4:30
Desert Rose - Sting   3:59
If I Ever Lose My Faith in You - Sting   4:31
When We Dance [Edit] - Sting   4:18
Don't Stand So Close to Me - The Po...   4:02
Roxanne - The Police   3:14
So Lonely - The Police   4:33

Bild 22.4:   Bedienelemente des Windows Media Players

Beachten Sie, dass sich das Fenster im Aussehen anpassen lässt und der Windows Media Player 12 zwei Darstellungsmodi (Aktuelle Wiedergabe, Bibliothek) kennt. Der in Bild 22.4 sichtbare Listenbereich am rechten Rand des Programmfensters lässt sich über den Befehl *Liste einblenden* bzw. *Liste ausblenden* selektiv anzeigen oder verstecken. Den Befehl finden Sie über ein Kontextmenü, das per Rechtsklick auf den Anzeigebereich des Windows Media Players angezeigt wird. Befindet sich der Player im Anzeigemodus »Bibliothek«, steht Ihnen zudem in der Symbolleiste die Schaltfläche *Organisieren* mit dem Befehl *Layout* zum Ein-/Ausblenden des Listenbereichs zur Verfügung. Im Listenbereich werden die Titelliste bei Musik-CDs, Filmtitel bei Video-DVDs oder die Musik- bzw. Videotitel bei Wiedergabelisten angezeigt. Ein Doppelklick auf einen Titel des Listenbereichs startet dessen Wiedergabe im Media Player.

HINWEIS

Am unteren Rand des Fensters besitzt der Media Player die Schaltflächen zur Wiedergabesteuerung.

■ Über die Schaltfläche *Wiedergabe/Anhalten* lässt sich ein Multimediatitel abspielen bzw. anhalten. Mit der Schaltfläche *Stopp* wird die Wiedergabe beendet.

■ Der Schieberegler *Lautstärke* ermöglicht Ihnen, die Lautstärke des Tons einzustellen, und ein Klick auf das Lautsprechersymbol schaltet den Ton ein oder aus.

■ Die Schaltflächen der Wiedergabesteuerung (*Zurück/Weiter*) ermöglichen Ihnen, schrittweise zwischen den Medientiteln (bei Musik zwischen den Musikstücken und bei Videos zwischen den ggf. vorhandenen Kapiteln) vor oder zurück zu gehen.

■ Klicken Sie auf die Schaltfläche *Weiter* und halten Sie die linke Maustaste länger gedrückt, wechselt der Player (bei der Wiedergabe von Videos) in den schnellen Vorlaufmodus.

■ Der Schieber der Suchleiste bewegt sich beim Abspielen der Medientitel nach rechts. Sie sehen also, welcher Teil des aktuellen Titels bereits abgespielt wurde bzw. noch wiederzugeben ist. Durch Ziehen des Schiebers mit der Maus lässt sich eine bestimmte Stelle im aktuellen Titel suchen.

■ In der rechten unteren Ecke des Programmfensters finden Sie eine Schaltfläche, um den Media Player in eine Vollbildansicht zu schalten. Diese ist bei der Videowiedergabe hilfreich. Verwenden Sie die Esc-Taste (oder einen Doppelklick auf die Anzeige), um von der Vollbildansicht zur Fensterdarstellung zurückzuschalten.

In der Bedienleiste finden Sie zudem noch zwei Schaltflächen, mit denen sich die Titel in zufälliger Reihenfolge wiedergeben bzw. wiederholen lassen.

Playerbedienung bei minimiertem Fenster

Minimieren Sie den Windows Media Player (z. B. über die entsprechende Schaltfläche in der Titelleiste), können Sie diesen direkt über dessen Schaltfläche in der Taskleiste bedienen. Zeigen Sie einfach auf die in der Taskleiste sichtbare Schaltfläche des Windows Media Players.

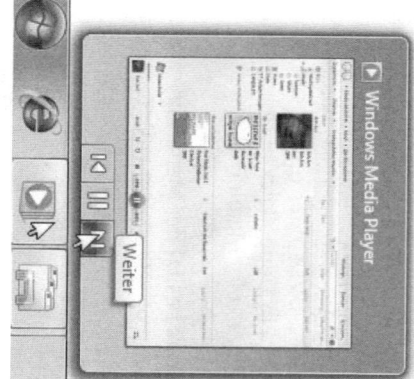

Bild 22.5:   Miniplayeransicht in der Taskleiste

Sowohl in der Aero-Vorschau (Bild 22.5) des Windows Media Player-Minifensters als auch im Menü des Basis-Anzeigeschemas werden Schaltflächen zur Bedienung eingeblendet. Über diese Schaltflächen können Sie die Wiedergabe anhalten oder fortsetzen, ohne das Media Player-Fenster öffnen zu müssen.

Anzeigevarianten des Windows Media Players 12

Das Fenster des Windows Media Players kann verschiedene Darstellungen aufweisen:

- Beim Abspielen einer Audio-CD erscheint standardmäßig der in Bild 22.6, oben, gezeigte Modus »Aktuelle Wiedergabe« mit dem Albumcover und der Titelliste (sofern bekannt).

- Geben Sie eine auf dem Computer gespeicherte Audiodatei wieder, erscheint dagegen das Fenster der Medienbibliothek (Bild 22.6, unten).

Über die in Bild 22.6 gezeigten Schaltflächen können Sie aber zwangsweise zwischen diesen beiden Modi »Aktuelle Wiedergabe« und »Bibliothek« umschalten. Zudem zeigt der Player nach dem Abspielen eines Videotitels im Modus »Aktuelle Wiedergabe« ein Menü mit Befehlen wie *Fortsetzen*, *Zur Bibliothek wechseln* und *Vorherige Liste wiedergeben*. Über den Befehl *Zur Bibliothek wechseln* lässt sich direkt zum betreffenden Anzeigemodus wechseln.

Im Anzeigemodus »Bibliothek« weist der Windows Media Player 12 einige zusätzliche Bedienbereiche auf, die in Bild 22.6, unten, benannt sind. Über die Adressleiste lässt sich z. B. zwischen den Medienbibliotheken navigieren. Die in der oberen linken Fensterecke sichtbaren Schaltflächen *Vorwärts* und

Zurück lassen sich zum Blättern zwischen bereits abgespielten Titeln verwenden (ähnlich wie beim Blättern in Ordnerfenstern oder Webseiten). Klicken Sie mit der rechten Maustaste auf das kleine Dreieck rechts neben der Schaltfläche *Vorwärts*, erscheint ein Kontextmenü mit den Befehlen der Menüleiste. Auf den folgenden Seiten lernen Sie weitere Funktionen der Bibliotheksanzeige kennen.

Sind Sie sich über die Funktion eines Bedienelements im Unklaren? Zeigen Sie mit der Maus auf das Bedienelement, erscheint eine QuickInfo mit einem Hinweis auf die betreffende Funktion. Drücken Sie kurz die Alt-Taste, wird ein Menü in der linken oberen Fensterecke geöffnet, über dessen Befehle Sie direkt auf die Funktionen des Media Players zugreifen können.

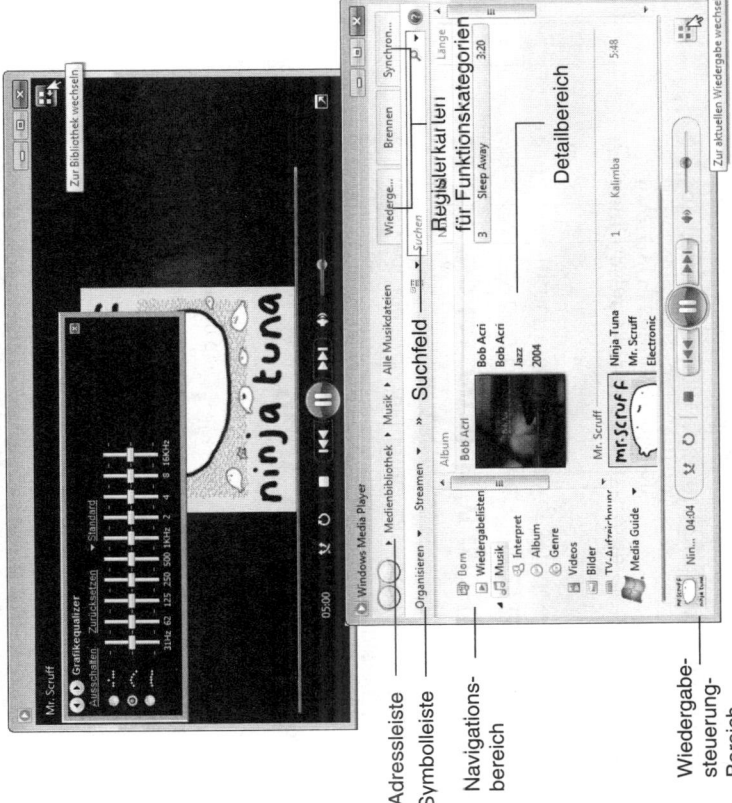

Adressleiste
Symbolleiste
Navigations-
bereich

Wiedergabe-
steuerung-
Bereich

Bild 22.6:   Umschalten zwischen den Darstellungsmodi

Durch einen Klick mit der rechten Maustaste in den Anzeigebereich des im Modus »Bibliothek« laufenden Media Players lässt sich ein Kontextmenü öffnen, in dem ebenfalls verschiedene Befehle verfügbar sind.

■ Das Untermenü des Befehls *Erweiterungen* ermöglicht verschiedene Funktionen wie Grafikequalizer, Überblenden, Stiller Modus etc. im Dokumentbereich des Fensters ein- bzw. auszublenden (siehe Einblendung in Bild 22.6, oben).

- Über den Befehl *Visualisierungen* des Kontextmenüs öffnen Sie ein Untermenü, über dessen Befehle Sie bei der Audiowiedergabe verschiedene Muster in der Anzeige des Windows Media Players anzeigen lassen können. Der Befehl *Albumcover* zeigt das Cover der eingelegten Musik-CD im Media Player an. Allerdings setzt dies eine aktive Internetverbindung zum Abrufen der Albumdaten voraus. Zudem muss das Album in den abgefragten Mediendatenbanken bekannt und mit einem Albumcover eingestellt sein. In diesem Fall fragt der Media Player auch den Interpreten sowie die Musiktitel ab und zeigt diese im Listenbereich an.

HINWEIS

Der Windows Media Player 12 unterstützt nach wie vor Designs, deren Abruf aber etwas versteckt angeordnet ist. Öffnen Sie das Menü *Ansicht* (z. B. per [Alt]-Taste) und wählen Sie den Befehl *Designauswahl*. Dann wird im Playerfenster eine Seite mit verschiedenen Designs angezeigt. Weiterhin können Sie Zusatzdesigns (Skins) über die eingeblendete Schaltfläche *Weitere Designs* aus dem Internet nachladen. Die Umschaltung zwischen dem aktuellen Design, dem Bibliotheksmodus und der aktuellen Wiedergabe ist über die Befehle des Menüs *Ansicht* oder über die Tastenkombinationen [Strg]+[1], [Strg]+[2] und [Strg]+[3] möglich.

Über weitere Befehle können Sie die Anzeige der Songtexte bei der Musikwiedergabe, das Eigenschaftenfenster *Optionen*, die Hilfe etc. aufrufen.

22.2 Musikwiedergabe im Media Player

Der Windows Media Player kann sowohl einzelne Musikdateien (z. B. MP3- oder WMA-Dateien) als auch Audio-CDs abspielen. Nachfolgend wird kurz erläutert, wie dies geschieht und was es dabei zu beachten gibt.

22.2.1   So lassen sich Musik-CDs wiedergeben

Mit einem CD- oder DVD-Laufwerk und einer Soundkarte mit angeschlossenen Lautsprechern lässt sich unter Windows 7 auch Musik von Audio-CDs hören.

1. Zum Abspielen einer Musik-CD genügt es, wenn Sie diese in das CD- bzw. DVD-Laufwerk einlegen.

2. Sobald das Medium erkannt wurde, beginnt die Wiedergabe – falls stattdessen das Dialogfeld *Automatische Wiedergabe* (Bild 22.7) erscheint, klicken Sie auf den Befehl *Audio-CD wiedergeben*.

Bei Musik-CDs zeigt der Windows Media Player das in Bild 22.7 sichtbare Fenster und die Wiedergabe der Musik-CD beginnt mit dem ersten Titel. Über die Schaltflächen der Wiedergabesteuerung am unteren Fensterrand können Sie schrittweise zwischen den Musiktiteln wechseln, die Lautstärke verändern oder die Wiedergabe anhalten (siehe den Abschnitt mit der Kurzübersicht weiter oben).

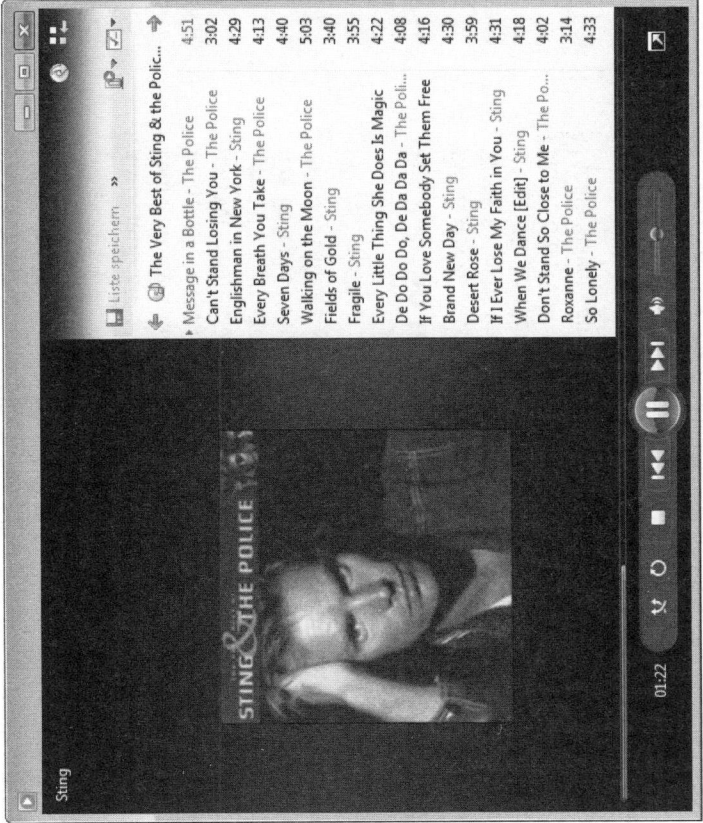

Bild 22.7:   Automatische Wiedergabe einer Audio-CD

Ist der Listenbereich am rechten Rand (anzeigbar z. B. über den Kontextmenübefehl *Liste einblenden*) sichtbar, listet der Player die Musikstücke bei unbekannten Alben als »Spur 1«, »Spur 2« etc. auf. Erkennt der Media Player das Album und konnte er die Zusatzinformationen aus dem Internet abrufen, werden Albumtitel, die einzelnen Musiktitel sowie das Albumcover eingeblendet. Einzelne Musikstücke lassen sich gezielt abspielen, indem Sie die Titel in der Wiedergabeliste per Doppelklick anwählen.

Über die Schaltflächen *Zufällige Wiedergabe* und *Wiederholen* der Bedienleiste lässt sich erreichen, dass der Windows Media Player die Titelliste in einer zufälligen Reihenfolge abspielt bzw. den aktuell wiedergegebenen Titel wiederholt.

Windows 7 ist standardmäßig so eingerichtet, dass das Dialogfeld *Automatische Wiedergabe* beim Einlegen von Audio- und Videomedien nicht mehr angezeigt wird. Vielmehr startet sofort die Wiedergabe im betreffenden Player. Sie können aber das Verhalten beim Einlegen von Medien über den Startmenübefehl *Standardprogramme* anpassen. Wählen Sie in der eingeblendeten Seite den Befehl *Einstellungen für automatische Wiedergabe ändern* und passen Sie die Werte der Listenfelder für die betreffenden Medien so an, dass dort der Text »Jedes Mal nachfragen« erscheint.

Einige Audio-CDs sind vom Hersteller mit einem Kopierschutz für Computer versehen, die das Abspielen per CD- oder DVD-Laufwerk im Windows Media Player verhindern. Zudem kann es sein, dass das Dialogfeld *Automatische Wiedergabe* beim Einlegen einer Audio-CD in das Laufwerk nicht automatisch erscheint. Sie können dann im Ordnerfenster *Computer* das Laufwerkssymbol mit der rechten Maustaste anwählen und den Kontextmenübefehl *Automatische Wiedergabe öffnen* wählen. Oder Sie starten den Windows Media Player (z. B. über die Taskleiste). Drücken Sie anschließend die `Alt`-Taste, öffnen Sie das Menü *Wiedergabe* und klicken Sie auf den Befehl *DVD, VCD oder CD-Audio*. Im dann eingeblendeten Menü lässt sich das Laufwerk mit dem eingelegten Audio- und Videodatenträger wählen.

22.2.2 So lassen sich Audiodateien wiedergeben

Musikstücke lassen sich aufzeichnen und in Audiodateien im Microsoft WMA-Format, im MP3-Format oder im WAV-Format in Dateien speichern. Weiterhin können Sie Audiodateien per Internet von Musikshops herunterladen oder von Datenträgern auf die Festplatte kopieren. Der Windows Media Player kann solche Audiodateien von der Festplatte wiedergeben.

1. Öffnen Sie den Ordner, in dem die Musikdatei gespeichert wurde (z. B. *Eigene Musik*).

2. Wählen Sie das Symbol der abzuspielenden Musikdatei im Ordnerfenster per Doppelklick an.

Windows 7 startet dann die Wiedergabe der Audiodatei im dem jeweiligen Audioformat zugewiesenen Wiedergabeprogramm. In der Regel wird dies der Windows Media Player sein.

Wenn ein anderer Player startet

Ist ein anderer Media Player als Standard für den angewählten Dateityp registriert und wird dieser beim Doppelklicken gestartet? Um Audiodateien gezielt im Windows Media Player wiederzugeben, können Sie diese im Ordnerfenster per Mausklick markieren. Kennt Windows 7 das betreffende Dateiformat, werden in der Symbolleiste des Ordnerfensters verschiedene Wiedergabeschaltflächen eingeblendet. Die Schaltfläche *Wiedergabe* startet immer den Standardplayer. Um den Windows Media Player zur Wiedergabe zu verwenden, öffnen Sie das Menü der Schaltfläche *Wiedergabe* (auf das Dreieck am rechten Rand klicken) und wählen im Menü den Befehl *Windows Media Player* (Bild 22.8).

Möchten Sie mehrere Audiodateien abspielen, markieren Sie diese im Ordnerfenster und klicken auf die Schaltfläche *Auswahl wiedergeben*. Verwenden Sie die Schaltfläche *Wiedergabe*, legt der Player eine sogenannte Wiedergabeliste der Musiktitel an und beginnt mit dem Abspielen des ersten Titels. Sollen alle Musikdateien im Ordnerfenster nacheinander wiedergegeben werden, wählen Sie im Ordnerfenster die Schaltfläche *Alle wiedergeben*.

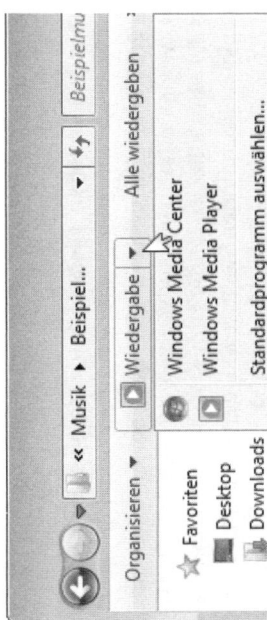

Bild 22.8:   Wiedergabe einer Audiodatei

Audioformate im Überblick

Zur Speicherung von Musik kommen verschiedene Audioformate zum Einsatz.

▪ Das WAV-Format (*wav*) speichert Audiodaten in unkomprimierter Form mit diversen Abstastraten (z. B. CD-Qualität im 16-Bit-Stereoton mit 44,1 KHz Abtastrate). Das Aufzeichnungsverfahren führt zu recht großen Dateien (ca. 10 MByte pro Minute). Dieses Format wird auf Audio-CDs zum Speichern der Musiktitel benutzt.

▪ Elektronische Musikstücke (Instrumentalstücke) werden häufig in MIDI-Dateien abgelegt. Diese sehr kompakten Dateien enthalten Angaben hinsichtlich der zu spielenden Noten und der zu verwendenden Instrumente (Stimmen). Im Internet finden sich viele im MIDI-Format aufgezeichnete Instrumentalstücke. Die Wiedergabe erfolgt über den Synthesizer der Soundkarte.

▪ Das vom Fraunhofer Institut als verlustbehaftetes Komprimierverfahren für Musikdateien entwickelte MP3-Verfahren zeichnet sich durch eine sehr hohe Klangqualität (128-Kbit-Datenrate) bei sehr kompakten Audiodateien (ca. 1 MByte pro Minute) aus. Eine neuere MP3Pro-Variante kommt mit einer 64-Kbit-Datenrate bei gleicher Klangqualität aus und reduziert die Dateigröße gegenüber MP3 nochmals um rund 50 %.

▪ Von Microsoft wurde das WMA-Format (*wma*, steht für Windows Media Audio) zur Speicherung von Audiodaten entwickelt. Der Vorteil dieses Formats besteht darin, dass es bei einer brauchbaren Klangqualität nur die Hälfte des Speicherplatzes von MP3-Dateien belegt.

Der Windows Media Player besitzt bereits alle zur Wiedergabe dieser Audioformate benötigten sogenannten Codecs (steht für Coder/Decoder, also eine Funktion zum Codieren/Decodieren im betreffenden Format). Liegt die Audiodatei in einem Fremdformat vor, kann der Windows Media Player diese nicht wiedergeben. Manchmal kann der Media Player das benötigte Audiocodec per Internet abrufen, oft sind aber separate Abspielprogramme erforderlich.

HINWEIS

Dateien im Microsoft WMA-Format, die aus Musikshops per Internet abgerufen werden können, sind häufig mit einem DRM-Schutz (Digital Rights Management) versehen. Diese Dateien lassen sich nur dann im Windows Media Player wiedergeben, wenn dieser die zugehörigen Abspiellizenzen findet. Probleme gibt es, wenn die Dateien auf einen anderen Rechner kopiert werden oder wenn Sie Windows erneut installieren. Details zum Erwerb der Abspiellizenzen oder zum erneuten Herunterladen der benötigten Abspiellizenzen finden Sie im jeweiligen Musikshop. Unter http://www.borncity.com/blog/category/windows-media-player/ finden Sie noch einige Hinweise zum Beheben von Fehlern im Windows Media Player.

22.3 Videowiedergabe im Windows Media Player

Haben Sie Videodateien zur Wiedergabe in den Ordnern der Bibliothek *Videos* gespeichert oder möchten Sie VCDs bzw. Film-DVDs am Computer abspielen? Nachfolgend wird gezeigt, wie dies funktioniert. Mit einem Projektor (Beamer) lässt sich dann sogar so etwas wie ein Heimkino in den eigenen vier Wänden realisieren.

22.3.1 Videodateien wiedergeben, so geht's

Camcorder und viele Digitalkameras oder Videohandys liefern Videodateien. Zudem lassen sich Videodateien aus dem Internet herunterladen, und TV-Sendungen können von TV-Karten mit geeigneten Programmen aufgezeichnet werden. Besitzen Sie solche Videodateien, die Sie gerne unter Windows ansehen möchten?

1. Öffnen Sie den Ordner (z. B. *Eigene Videos*), in dem die Videodateien gespeichert sind. Sie können beispielsweise über den Startmenüeintrag des Benutzerkontos auf den Ordner *Eigene Videos* zugreifen.

2. Wählen Sie das Symbol der gewünschten Videodatei per Doppelklick im Ordnerfenster an.

Bild 22.9: Wiedergabe einer Videodatei starten

Alternativ können Sie die Datei markieren, dann im Ordnerfenster die Schaltfläche *Wiedergabe* der Symbolleiste anklicken und im eingeblendeten Menü den Befehl *Windows Media Player* wählen (Bild 22.9).

Windows startet den Windows Media Player, der das Video im Medienbereich des Fensters anzeigt (Bild 22.10). Die Tonspur wird über die Soundkarte wiedergegeben. Die Bedienung erfolgt über die Schaltflächen der Wiedergabeleiste, die am unteren Rand des Playerfensters unterhalb des Videobereichs angezeigt werden (siehe Kapitelanfang).

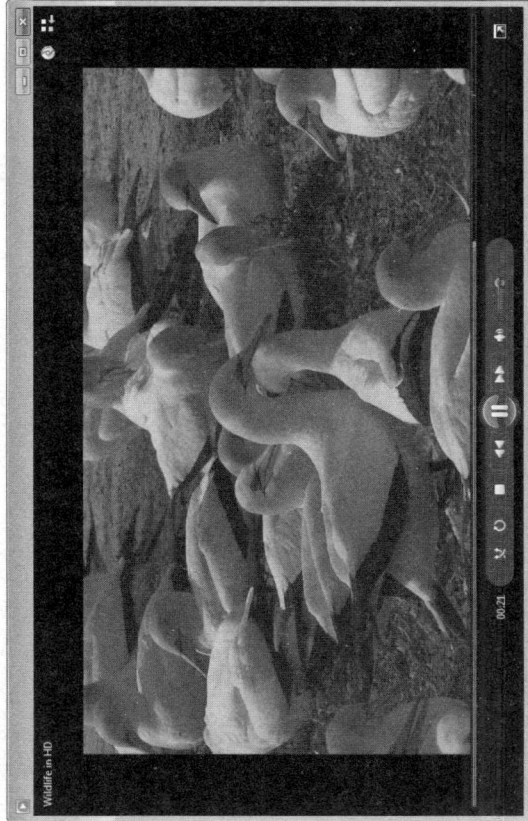

Bild 22.10:   Wiedergabe von Videodateien

Ähnlich wie bei Musikdateien können Sie auch mehrere Videodateien im Ordnerfenster über die Schaltflächen *Auswahl wiedergeben*, *Alle wiedergeben* und *Wiedergabe* abspielen. Bei Auswahl mehrerer Videodateien und Anwahl der *Wiedergabe*-Schaltfläche erstellt der Windows Media Player eine Wiedergabeliste mit den Filmtiteln. Anschließend werden diese der Reihenfolge nach in der Liste wiedergegeben.

TIPP

Bei Videos lässt sich die Bildgröße per Kontextmenü anpassen. Klicken Sie den Bildbereich mit der rechten Maustaste an und wählen Sie den Befehl *Video*. Dann lässt sich in einem Untermenü der Zoomfaktor wählen. Eine Vollbilddarstellung erreichen Sie über den Befehl *Vollbild*. Zurück zur Fensterdarstellung bringt Sie der Kontextmenübefehl *Vollbild schließen*. Schneller geht das Umschalten zwischen den beiden Modi, indem Sie den Videobereich jeweils per Doppelklick anwählen oder die Tastenkombination [Alt]+[Enter] verwenden.

22.3.2 Wiedergabe von Video-CDs, -DVDs und -BDs

Videos können auf CDs (Video-CD oder Super-Video-CD) sowie auf DVDs und BDs gespeichert sein. Windows 7 enthält bereits die zur Wiedergabe von Video-CDs und Video-DVDs benötigten Wiedergabefunktionen (MPEG-1- und MPEG-2-Decoder). Zur Wiedergabe des Inhalts einer Video-CD oder Video-DVD reicht es, das Medium in das betreffende Laufwerk einzulegen. Dann sollte standardmäßig die Wiedergabe beginnen. Bei Video-BDs brauchen Sie aber Zusatzsoftware (z. B. PowerDVD 9.x, die oft mit dem BD-Laufwerk geliefert wird) zur Wiedergabe. Erscheint das Dialogfeld *Automatische Wiedergabe*, klicken Sie auf den abhängig vom eingelegten Medium angezeigten Befehl *Video-CD wiedergeben* bzw. *DVD-Film wiedergeben*.

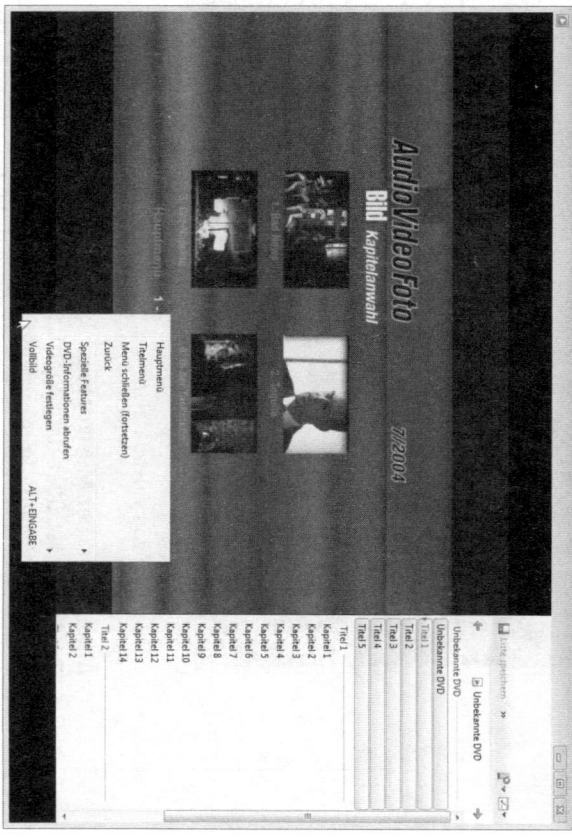

Bild 22.11: Wiedergabe einer Video-DVD im Media Player

Der Windows Media Player zeigt bei der Wiedergabe des Materials der eingelegten Video-CD oder -DVD die Darstellung aus Bild 22.11. Die weiteren Bedienschritte hängen jeweils vom Videomaterial des Datenträgers ab.

- Video-DVDs sind in der Regel mit einer Menüführung ausgestattet, die den kapitelweisen Abruf der Videoinhalte ermöglicht. Bei manchen Video-DVDs wird dann eine Navigationsstruktur mit einer Kapitelübersicht im Videobereich eingeblendet.

- Sie können die Menüstruktur aber auch über den Kontextmenübefehl *Liste einblenden* in der rechten Spalte des Playerfensters anzeigen lassen. Wählen Sie dann einen der am rechten Fensterrand eingeblendeten Titel- oder Kapiteleinträge per Doppelklick an, springt die Wiedergabe zur betreffenden Stelle im Video.

■ Weiterhin können Sie in der am unteren Fensterrand eingeblendeten Bedienleiste auf die Schaltfläche *DVD* klicken. Das eingeblendete Menü ermöglicht Ihnen, zum Hauptmenü oder zum Titelmenü der DVD zu springen, DVD-Informationen abzurufen oder die Videogröße einzustellen.

Enthält die DVD aus verschiedenen Kamerawinkeln aufgenommenes Videomaterial, lässt sich dies über entsprechende Befehle ebenso wählen wie die Sprache für mehrsprachige Video-DVDs. Die Ablaufsteuerung über die Schaltflächen der Bedienleiste entspricht der Wiedergabe von Audio- und Videodateien.

Videoformate und »Codecs«

Videodateien lassen sich in verschiedenen Videoformaten (AVI, WMV, MPEG-1, MPEG-2, MPEG-4 etc.) in lokalen Dateien oder auf CDs bzw. DVDs speichern. Die Dateinamenerweiterung gibt dabei oft einen Hinweis auf das benutzte Videoformat (*avi* = AVI-Format, *.mpg* oder *.mpeg* = MPEG-Format, *.wmv* = Windows Media-Format, eine MPEG-4-Variante, *.qt* = Apple Quick-Time-Format). Die Entschlüsselung der Videodaten erfolgt auch bei Videos durch sogenannte Decoder (landläufig auch als Codecs bezeichnet). Dies sind Softwarebausteine, die unter Windows (als DirectShow-Filter) installiert werden.

In Windows 7 liefert Microsoft bereits viele Decoder zur Wiedergabe von Videomaterial im AVI-, im MPEG-1-, MPEG-2 und MPEG-4-Format (*.wmv*, *.3gp*, *.avi*) mit. Selbst Videos im DivX-Format lassen sich direkt abspielen. Interessierte Leser finden auf der Webseite http://msdn.microsoft.com/en-us/library/dd757927(VS.85).aspx eine Übersicht über die unterstützten Medienformate und deren Dateinamenerweiterungen.

HINWEIS

Die unter früheren Windows-Versionen erforderliche (und mit vielen Nebenwirkungen daherkommende) Installation von Codec-Packs kann also weitgehend entfallen. Bei der Installation von Software zur Wiedergabe oder zur Bearbeitung von Videomaterial sollten Sie aber darauf achten, dass diese kompatibel zu Windows 7 ist. Installieren die Produkte eigene DirectShow-Filter, kann es in Windows bei der Wiedergabe oder im Windows DVD Maker zu Problemen kommen (siehe auch meinen zu Windows Vista verfassten Beitrag http://www.borncity.com/blog/2007/09/04/rger-bei-audio-und-videowiedergabe/, der auch Nachträge zu Windows 7 enthält).

Bei DVDs und Blu-ray Discs (BDs) ist zu beachten, dass die Medien und Laufwerke mit einem Regionalcode versehen sind. In Europa vertriebene DVD-Player müssen den Regionalcode 2 aufweisen. Eine DVD mit dem Regionalcode 1 ist für die USA und Kanada vorgesehen und lässt sich daher nicht auf europäischen DVD-Playern wiedergeben. Der Windows Media Player wird bei unterschiedlichen Regionalcodes zwischen DVD und Laufwerk das Abspielen verweigern. Der Windows 7 MPEG-2-Decoder unterstützt zudem nicht die Wiedergabe sogenannter Super-Video-CDs (S-VCDs). Bei Blu-ray Discs (BDs) gibt es ebenfalls Regionalcodes (A/1, B/2, C/3), wobei in Europa Medien und Player den Code B/2 aufweisen müssen.

22.4 Arbeiten mit der Medienbibliothek

Mit der Medienbibliothek können Sie Ihre Multimediadateien (Musik, Videos, Bilder etc.) komfortabel verwalten. Nachfolgend lernen Sie den Umgang mit der Medienbibliothek kennen.

22.4.1 Inhalte zur Medienbibliothek hinzufügen

Der Windows Media Player ist standardmäßig so eingestellt, dass aus Ordnern der Festplatte abgespielte Musiktitel automatisch zur Medienbibliothek hinzugefügt werden. Nur beim Abspielen von Mediendateien von CDs, DVDs und Wechseldatenträgern werden die Titel nicht eingetragen.

HINWEIS

Einstellen lässt sich dieses Verhalten über das Kontrollkästchen *Lokale Mediendateien bei Wiedergabe der Bibliothek hinzufügen* auf der Register-karte *Player* des Eigenschaftenfensters *Optionen* (aufrufbar über den Befehl *Optionen* im Menü der Schaltfläche *Organisieren*).

Ähnlich wie bei den Ordnerfenstern stellt der Windows Media Player eine Funk-tion bereit, mit der Sie Mediendateien aus vorgegebenen Ordnern zur Medienbibliothek hinzufügen können. Dies ermöglicht Ihnen eine elegante Verwaltung der auf dem Computer gespeicherten Medieninhalte.

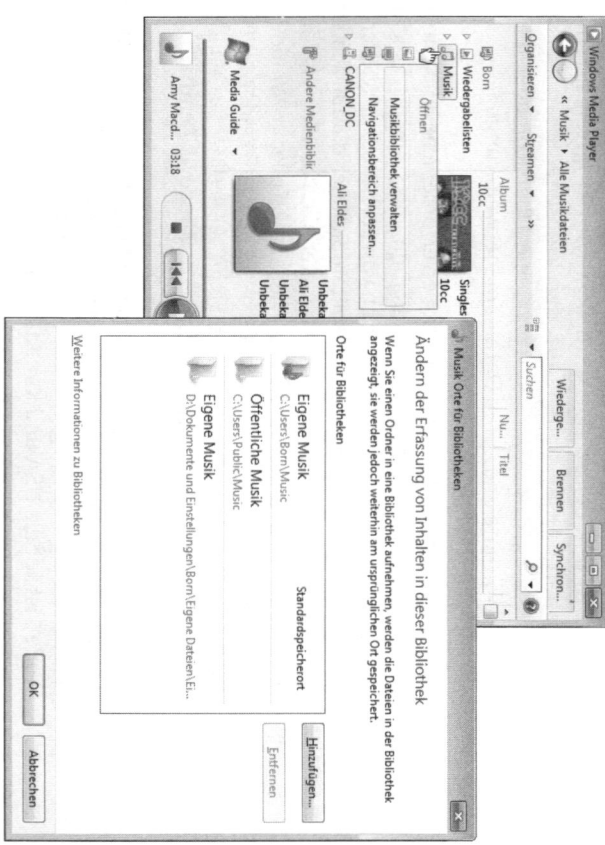

Bild 22.12:   Auswahl der zu überwachenden Ordner

1. Klicken Sie im Navigationsbereich der Medienbibliothek den Bibliothekseintrag *Musik* mit der rechten Maustaste an und wählen Sie den Kontextmenübefehl *Musikbibliothek verwalten* (Bild 22.12, Hintergrund). Alternativ finden Sie den Befehl *Bibliotheken verwalten* im Menü der *Organisieren*-Schaltfläche.

2. Im anschließend angezeigten Dialogfeld *Musik Orte für Bibliotheken* verwenden Sie die Schaltfläche *Hinzufügen* (Bild 22.12), um weitere Ordner in die Liste der Orte für Bibliotheken aufzunehmen.

Bei Bedarf können Sie einen Ordnereintrag in der Liste *Orte für Bibliotheken* per Rechtsklick anwählen. Im Kontextmenü finden Sie Befehle, um Einträge zu entfernen, in der Liste nach oben oder unten zu verschieben oder als Standardordner für die Bibliothek auszuweisen. Die *Entfernen*-Schaltfläche ermöglicht, einen markierten Ordner aus der Bibliothek auszutragen. Schließen Sie das Dialogfeld über die *OK*-Schaltfläche. Bei den restlichen Bibliothekseinträgen (*Videos*, *Bilder* etc.) können Sie die gleichen Anweisungen verwenden, um zusätzliche Ordner aufzunehmen.

HINWEIS

Bei Hinzufügen eines Ordners zur Bibliothek sollten die Dateien automatisch hinzugefügt werden. Sie können aber das Menü der Schaltfläche *Organisieren* öffnen und den Befehl *Änderungen an Medieninformationen übernehmen* anwählen. Dann aktualisiert der Windows Media Player die intern gespeicherten Medieninformationen.

22.4.2 Inhalte der Medienbibliothek abrufen

Um die Inhalte der Medienbibliothek anzusehen und die Titel wiederzugeben, gehen Sie in folgenden Schritten vor:

1   Starten Sie den Windows Media Player und wählen Sie (falls der Modus »Aktuelle Wiedergabe« erscheint) die Schaltfläche *Zur Bibliothek wechseln*.

2. Wählen Sie in der linken Spalte des Navigationsbereichs (Bild 22.13) die gewünschte Bibliothekskategorie aus (z. B. *Musik*).

3. Expandieren Sie den Zweig der Bibliothekskategorie (über die Dreiecke vor dem jeweiligen Eintrag) und klicken Sie auf einen Eintrag wie *Interpret*, *Album*, *Musiktitel* etc.

4. Sobald der Inhalt der Medienbibliothek nach diesem Kriterium im rechten Teil des Fensters erscheint, wählen Sie zum Abspielen eines Titels diesen per Doppelklick in der Liste an.

Über den Navigationsbereich des Windows Media Players können Sie also sehr bequem auf bereits abgespielte Musik, Videos, Bilder etc. zugreifen. Sie brauchen nur einen der Einträge des Bereichs anzuwählen, um die betreffenden Medieneinträge nach Kategorien geordnet abzurufen.

Bild 22.13:   Navigieren in der Medienbibliothek

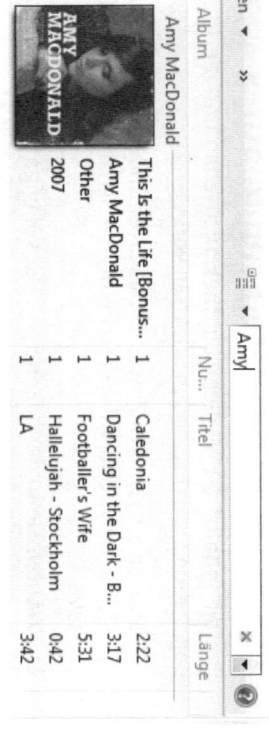

Bild 22.14:   Suchen in der Medienbibliothek

Die Navigationsleiste ermöglicht Ihnen darüber hinaus, über weitere Einträge wie *Wiedergabelisten* auf abzuspielende Titel zuzugreifen. Bei Bedarf können Sie auch den Namen eines Interpreten, Titels etc. in das Suchfeld der Symbolleiste eintippen. Der Media Player durchsucht dann die Medienbibliothek nach den entsprechenden Stichwörtern und listet Übereinstimmungen auf. Öffnen Sie das Menü der Schaltfläche *Organisieren*, finden Sie im Untermenü des Befehls *Sortieren nach* Befehle, um den Inhaltsbereich nach diversen Kriterien (z. B. Interpret, Album etc.) zu sortieren.

Möchten Sie einen Medientitel aus der Medienbibliothek entfernen? Klicken Sie den Titeleintrag mit der rechten Maustaste an und wählen Sie den Kontextmenübefehl *Löschen* aus. In einem zusätzlichen Dialogfeld können Sie über Optionsfelder wählen, ob der Eintrag nur aus der Bibliothek oder auch von der Festplatte gelöscht werden soll.

HINWEIS

474

22.4.3   Eigenschaften der Bibliothekseinträge anpassen

Die Einträge der Bibliothek werden durch Windows automatisch per Internet mit Medieninformationen (z. B. Albumtitel, Interpret etc. bei Audio-CDs) ergänzt. Falls keine Informationen gefunden werden oder diese fehlerhaft sind, können Sie auch manuell die Einträge in der Medienbibliothek ergänzen bzw. anpassen.

1.   Klicken Sie den zu ändernden Bibliothekseintrag im Detailbereich mit der rechten Maustaste an und wählen Sie den gewünschten Kontextmenübefehl (Bild 22.15).

2.   Legen Sie anschließend die gewünschten Eigenschaften im markierten Bibliothekseintrag oder in den angezeigten Dialogfeldern fest.

Über den Kontextmenübefehl *Bearbeiten* eines Musiktitels wird dieser z. B. markiert und Sie können einen neuen Titeltext eingeben. Der Befehl *Bewerten* öffnet ein Untermenü, über dessen Befehle Sie dem gewählten Bibliothekseintrag eine Bewertung zwischen einem und fünf Sternen zuweisen können. Diese Bewertung wird im Detailbereich des Media Players sowie des Ordnerfensters angezeigt. Der Befehl *Hinzufügen zu* ermöglicht, über Befehle im Untermenü den Titel zu bestehenden oder neuen Wiedergabe-, Brenn- und Synchronisationslisten hinzuzufügen.

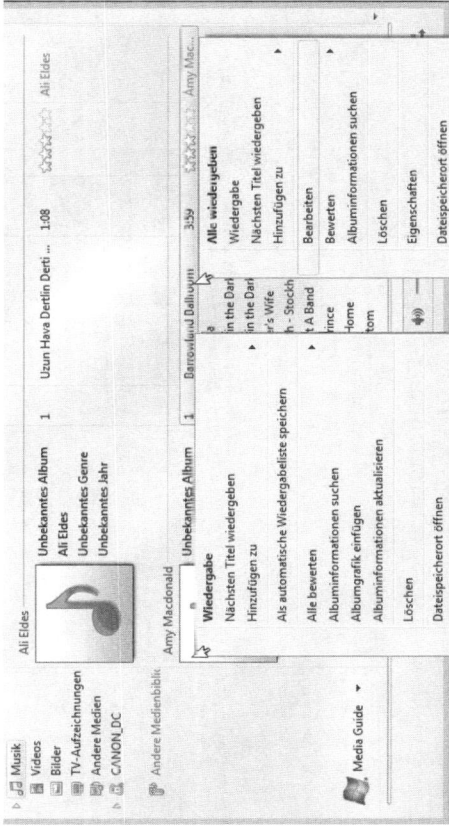

Bild 22.15:   Eigenschaften von Bibliothekseinträgen anpassen

Wird in der Bibliothek kein oder ein fehlerhafter Albumtitel für ein Musikalbum angezeigt? Sie können ein Cover in einem Grafikprogramm laden und in die Zwischenablage kopieren. Dann lässt sich dieses Cover über den Kontextmenübefehl *Albumgrafik einfügen* (Bild 22.15, linkes Menü) in die Bibliothek übernehmen. Diesen Befehl sollten Sie aber nur einsetzen, wenn das Albumcover nicht über Internetdatenbanken eingepflegt werden kann. Besser ist es, den Kontextmenübefehl *Albuminformationen aktualisieren* zu verwenden. Dieser versucht, die eingetragenen Daten über das Internet zu verifizieren und fehlende Informationen zu ergänzen.

1. Werden keine Informationen zu einem Album oder dessen Titeln angezeigt, wählen Sie den Kontextmenübefehl *Albuminformationen suchen*.

2. Verwenden Sie die *Weiter*-Schaltfläche, um zwischen den dann angezeigten Dialogfeldern (Bild 22.16) zu wechseln und einen Abgleich der
Albuminformationen vorzunehmen.

Der vom Windows Media Player gestartete Assistent (Bild 22.16) ermöglicht
nicht nur einen Abgleich der Albuminformationen mit Musikdatenbanken
im Internet, sondern auch das manuelle Einpflegen von Interpret und Titel
für den Albumtitel sowie die Musikstücke.

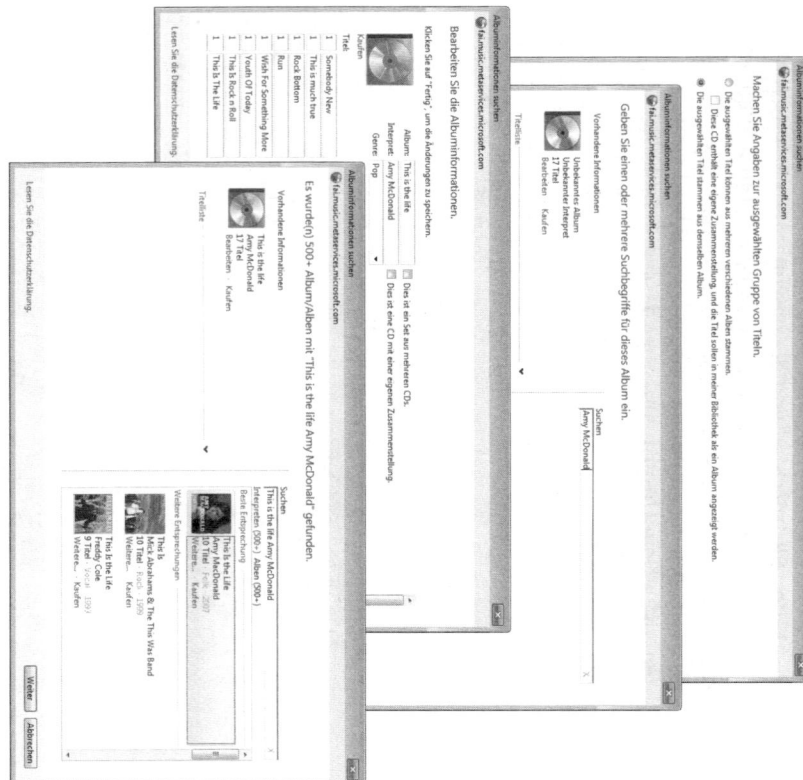

Bild 22.16: Albuminformationen ergänzen

- Im Startdialogfeld (Bild 22.16, oben) wählen Sie über Optionsfelder, ob die
Titel des Bibliothekseintrags von einem oder mehreren Alben stammen.

- Im zweiten Dialogschritt *Geben Sie einen oder mehrere Suchbegriffe für
dieses Album ein* (Bild 22.16, zweite Abbildung von oben) können Sie
einen Suchbegriff in das rechte Suchfeld eintippen. Wird das Album
gefunden, können Sie dieses im Ergebnisdialogfeld (Bild 22.16, unten
rechts) auswählen. In weiteren Dialogschritten lassen sich dann die
Albuminformationen ggf. ergänzen oder Titel auswählen und dann in
die Bibliothek übernehmen.

Um die Einträge manuell zu bearbeiten, wählen Sie im Dialogschritt *Geben Sie einen oder mehrere Suchbegriffe für dieses Album ein* (Bild 22.16, zweite Abbildung von oben) den Hyperlink *Bearbeiten* in der linken Spalte an. Im Dialogfeld *Bearbeiten Sie die Albuminformation* (Bild 22.16, unten links) können Sie anschließend die gewünschten Daten wie Interpret, Album- und Einzeltitel in den Textfeldern eintippen.

Sie können den Assistenten durchaus mehrfach aufrufen und die Informationen über die gezeigten Dialogfelder korrigieren bzw. ergänzen. Allerdings habe ich die Erfahrung gemacht, dass die betreffenden Funktionen nicht immer zuverlässig arbeiten und sich Titel eventuell nicht korrekt aus den Internetdatenbanken übernehmen lassen. Dann bleibt ggf. nur die manuelle Ergänzung im Dialogfeld *Bearbeiten Sie die Albuminformation*.

Bei Bedarf können Sie die Einträge der Bibliothek konsolidieren. Mit dem Kontextmenübefehl *Löschen* lässt sich z. B. ein Titel bzw. ein Album aus der Bibliothek austragen. In einem Dialogfeld ist dann über Optionsfelder zu wählen, ob nur der Bibliothekseintrag oder auch die auf der Festplatte gespeicherten Dateien zu entfernen sind.

Um einen gelöschten Bibliothekseintrag (oder ein komplettes Album) erneut zur Bibliothek hinzuzufügen, ziehen Sie einfach die betreffenden Musikdateien oder den kompletten Ordner per Maus aus einem geöffneten Ordnerfenster zum Bibliotheksbereich des Windows Media Players. Nach einer Nachfrage werden die Informationen in der Bibliothek aktualisiert.

Wurden Titel eines Albums als separate Einträge in die Bibliothek eingefügt? Sie können ein Album oder einen Titel im Detailbereich des Media Players per Maus zum Coverbild eines zweiten Albums ziehen. Sobald die QuickInfo »Mit ... kombinieren« erscheint, lassen Sie die Maustaste los und bestätigen im anschließend angezeigten Dialogfeld die Übernahme. Dann wird der betreffende Eintrag in der Bibliothek zum gewünschten Album verschoben.

Sie können auch im Ordnerfenster den Kontextmenübefehl *Eigenschaften* für Musik- und Videodateien wählen, zur Registerkarte *Details* wechseln und dort (ähnlich wie bei Fotos) die Dateieigenschaften anpassen. Die Eigenschaften werden in der Bibliothek des Media Players übernommen. Der Windows Media Player speichert die Bibliothekseinträge im Benutzerprofil im Zweig \Users\<Konto>\AppData\Local\Microsoft\ in einer Datenbank mit dem Namen *CurrentDatabase_372.wmdb*. Wird die Bibliothek beschädigt, können Sie diese Datenbankdatei löschen oder umbenennen). Der Windows Media Player legt beim nächsten Start eine neue Bibliotheksdatenbank an. Es führt an dieser Stelle über den Umfang des Buches hinaus, alle Details und Interna des Programms zu beschreiben. Interessierte Leser möchte ich auf ggf. noch verfügbare Ausgaben meines Markt+Technik-Titels »Fotos, Filme, Musik mit Windows Vista« verweisen. Die dort enthaltenen Informationen lassen sich fast zu 100 Prozent auf den Windows Media Player 12 von Windows 7 übertragen.

HINWEIS

22.4.4 Arbeiten mit Wiedergabelisten

Wiedergabelisten ermöglichen Ihnen, beliebige Musiktitel (oder auch Video-titel) zur Wiedergabe zusammenzustellen. Statt anschließend die Einzeltitel anzuwählen, können Sie den Windows Media Player anweisen, die kom-plette Wiedergabeliste abzuspielen. Über Wiedergabelisten lassen sich zudem die wiederzugebenden Musikstücke, Videos etc. in beliebiger Reihen-folge zusammenstellen. Um eine solche Wiedergabeliste anzulegen, gehen Sie in folgenden Schritten vor.

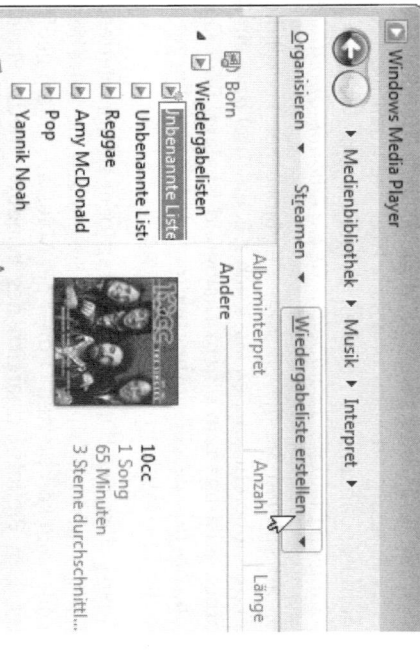

Bild 22.17:   Anlegen einer neuen Wiedergabeliste

1. Starten Sie den Windows Media Player und wählen Sie die Schaltfläche *Medienbibliothek* in der Adressleiste an.

2. Klicken Sie in der Symbolleiste des Fensters auf die Schaltfläche *Wiederga-beliste erstellen* (Bild 22.17) und tippen Sie anschließend im Naviga-tionsbereich im hervorgehobenen Feld einen Namen für die neue Wieder-gabeliste ein. Die Wiedergabeliste können Sie über Kontextmenübefehle auch nachträglich umbenennen oder löschen.

3. Klicken Sie anschließend im Navigationsbereich auf die Kategorie (z. B. *Musik*) mit den in die Wiedergabeliste aufzunehmenden Titeln (Bild 22.18).

Sie können wie in den vorhergehenden Abschnitten beschrieben vorgehen und eine Audio-CD abspielen oder mehrere Musikdateien bzw. Videos über die Schaltfläche *Alle wiedergeben* eines Ordnerfensters im Windows Media Player abspielen. Dann tauchen die Titel in der Bibliotheksanzeige auf.

4. Markieren Sie den oder die gewünschten Titel in der mittleren Spalte und ziehen Sie diese bei gedrückter linker Maustaste zur Wiedergabe-liste im Navigationsbereich (Bild 22.18).

Beim Loslassen werden die Titel in die Liste einsortiert. Wiederholen Sie die letzten Schritte, bis alle gewünschten Titel in der Wiedergabeliste aufge-führt werden.

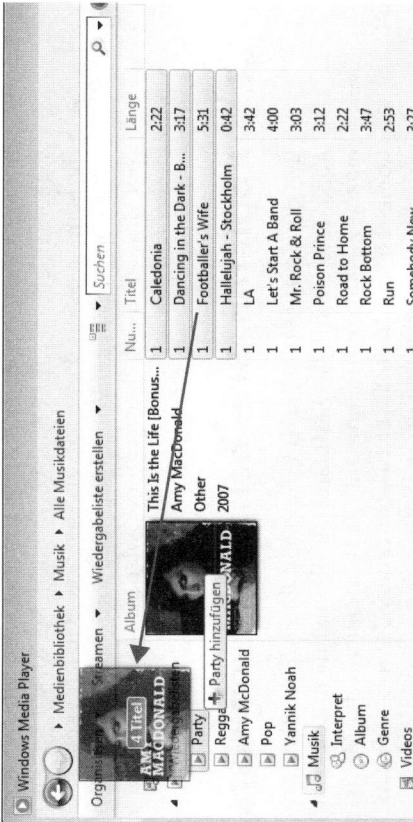

Bild 22.18:   Titel zur Wiedergabeliste hinzufügen

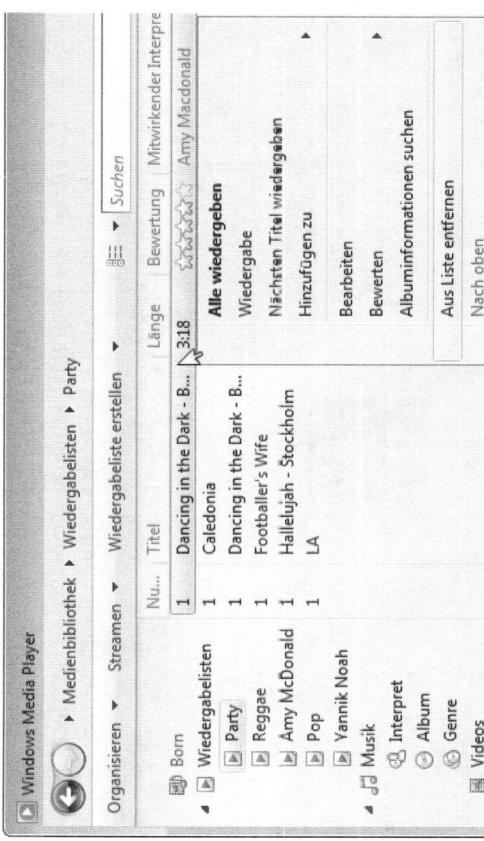

Bild 22.19:   Wiedergabeliste pflegen

5.   Sie können anschließend den Eintrag für die Wiedergabeliste im Navigationsbereich anklicken (Bild 22.19) und dann die Reihenfolge der Titel
durch Ziehen per Maus in der Wiedergabeliste sortieren. Über den Kontextmenübefehl *Aus Liste entfernen* lässt sich ein Eintrag löschen.

Wählen Sie später im Windows Media Player die Wiedergabeliste im Navigationsbereich per Doppelklick aus, startet die Wiedergabe mit dem ersten
Titel. Alternativ können Sie nach Anwahl der Wiedergabeliste einen eingeblendeten Titel per Doppelklick wiedergeben.

TIPP

Klicken Sie den Eintrag der Wiedergabeliste im Navigationsbereich mit der
rechten Maustaste an, finden Sie im Kontextmenü Befehle, um die Liste
umzubenennen, zu löschen, um die Einträge zu bewerten, um die komplette Titelliste wiederzugeben etc. Die hier am Beispiel von Musik gezeig-

ten Techniken lassen sich auch zum Erstellen von Wiedergabelisten für Videomedien oder für Bilder verwenden. Bei Anwahl der Wiedergabeliste für Fotos werden diese z. B. als Diashow wiedergegeben. Da Sie die Einträge der Fotos in der Wiedergabeliste sortieren können, lässt sich auf diesem Umweg die Reihenfolge der wiederzugebenden Motive in der Diashow festlegen.

22.5 Kopieren, Brennen, Synchronisieren

Der Windows Media Player ermöglicht Ihnen, den Inhalt von Musik-CDs als Audiodateien auf die Festplatte zu übernehmen, solche Audiodateien als eigene Zusammenstellung auf CD zu brennen oder Musikstücke zwischen Computer und MP3-Player zu übertragen. Der folgende Abschnitt zeigt, wie sich diese Funktionen nutzen lassen.

22.5.1 Musik-CD auf die Festplatte kopieren

Der Windows Media Player kann den Inhalt nicht kopiergeschützter Musik-CDs auf die Festplatte kopieren. Dann lassen sich die Musikstücke direkt von der Festplatte abspielen (siehe vorhergehende Seiten).

Bild 22.20: Kopieren von CD

1. Legen Sie die Original-CD in das Laufwerk ein, starten Sie – falls nicht automatisch geschehen – den Windows Media Player und wählen Sie anschließend im Navigationsbereich den Eintrag für das Medium per Mausklick an (Bild 22.20).

2. Sobald die Titelliste angezeigt wird, können Sie die Markierung der nicht zu kopierenden Musiktitel durch Anklicken per Maus aufheben (nur die Kontrollkästchen der zu kopierenden Titel sollten mit Häkchen markiert sein).

3. Bei Bedarf können Sie das Menü der in der Symbolleiste sichtbaren Schaltfläche *Kopiereinstellungen* öffnen (Bild 22.21). Über den Befehl *Format* lässt sich im Untermenü das gewünschte Audioformat (z. B. MP3) zum Kopieren auswählen. Die Audioqualität beim Speichern legen Sie über das Untermenü des Befehls *Audioqualität* fest.

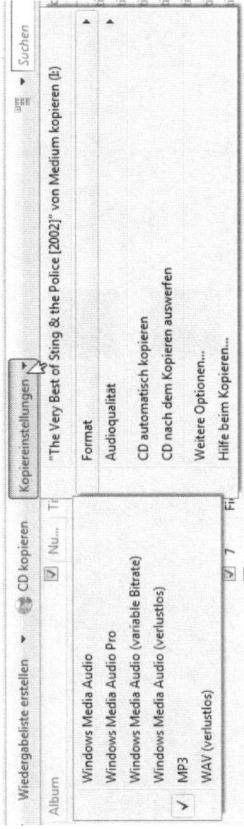

Bild 22.21: Auswahl der Kopieroptionen

4. Klicken Sie abschließend in der Symbolleiste des Playerfensters auf die Schaltfläche *CD kopieren* (Bild 22.20).

Der Windows Media Player beginnt dann mit dem Auslesen der markierten Musiktitel und kopiert diese im angegebenen Format in den Ordner *Eigene Musik*. Dabei wird für jedes Album ein eigener Unterordner und für jeden Musiktitel eine separate Datei angelegt. Eine Textanzeige in der Titelliste (Bild 22.22) informiert Sie, welcher Titel gerade kopiert wird. Über die während des Vorgangs angezeigte Schaltfläche *Kopieren beenden* können Sic den Vorgang jederzeit abbrechen.

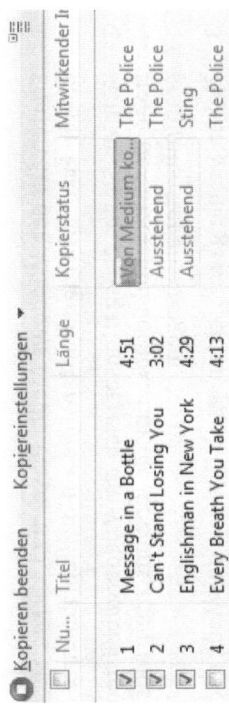

Bild 22.22: Anzeige des Kopierstatus

TIPP

Möchten Sie die Musik in einen anderen Ordner der Festplatte kopieren? Wählen Sie im Menü der Schaltfläche *Organisieren* den Befehl *Optionen*. Auf der Registerkarte *Musik kopieren* des Eigenschaftenfensters lässt sich über die Schaltfläche *Ändern* der Pfad zum Speicherort anpassen. Die Schaltfläche *Dateiname* öffnet ein Dialogfeld, in dem Sie die im automatisch erzeugten Dateinamen zu verwendenden Informationen (Interpret, Titel etc.) wählen können.

22.5.2 Musiktitel auf CD brennen

Verfügt der Computer über einen CD-, DVD- oder BD-Brenner, lassen sich auf der Festplatte gespeicherte Musikstücke mit dem Windows Media Player als Audio-CD brennen. Voraussetzung ist, dass die Musikstücke in einem von Windows Media Player unterstützten Format vorliegen und nicht kopierge-schützt sind. Führen Sie folgende Schritte zum Erstellen der neuen Audio-CD aus:

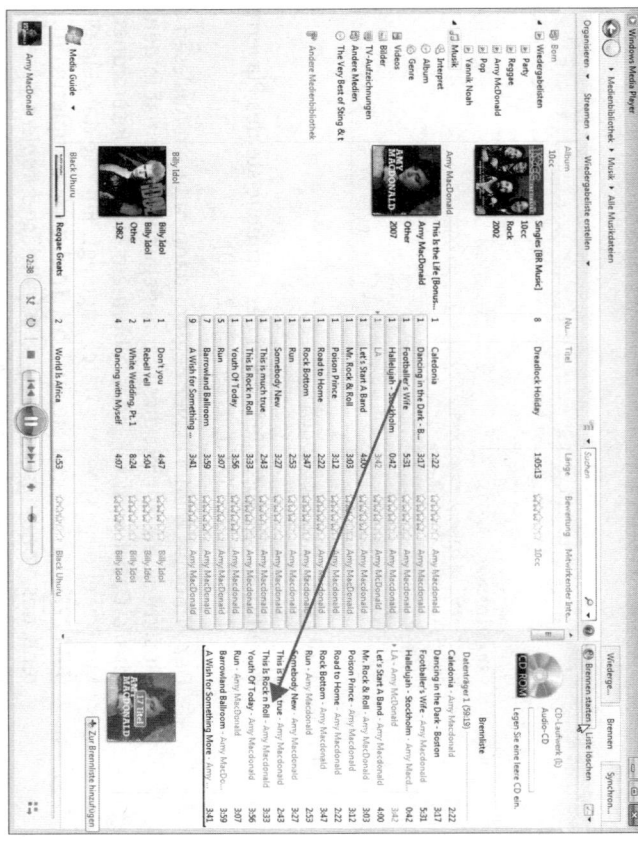

Bild 22.23: Audiodateien in Brennliste übertragen

1. Starten Sie den Windows Media Player und klicken Sie in der rechten oberen Ecke des Programmfensters auf die Registerkarte *Brennen*.

2. Wählen Sie im Navigationsbereich die Wiedergabelisten oder die Ein-träge der Medienbibliothek, um die gewünschten Musiktitel im Pro-grammfenster anzuzeigen.

3. Ziehen Sie die gewünschten Musiktitel mit der Maus nach rechts in die Brennliste (Bild 22.23).

4. Sobald die gewünschten Titel zusammengestellt sind, klicken Sie in der Brennliste auf die Schaltfläche *Brennen starten* (Bild 22.23).

Sobald die Schublade des Brenners ausgefahren wird, legen Sie einen leeren Rohling ein und schließen die Schublade. Nachdem der Rohling erkannt wurde, beginnt der Windows Media Player mit dem Brennen der Musiktitel auf das Medium. Während des Brennens werden Sie über Fortschrittsanzei-gen im Programmfenster über den Ablauf informiert (Bild 22.24). Sie können den Brennvorgang zwar über die Schaltfläche *Brennen abbrechen* jederzeit beenden – riskieren dann aber den Verlust des Rohlings. Nach dem Brennen des letzten Titels wirft der Media Player das Medium standardmäßig aus. Sie können dann den Windows Media Player beenden und die gebrannte Audio-CD nach der Entnahme aus dem Laufwerk erneut einlegen und testen.

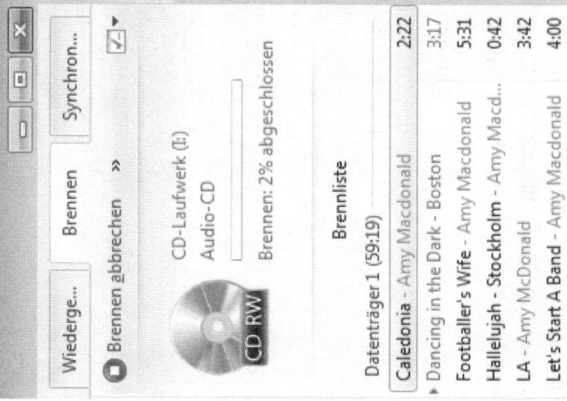

Bild 22.24: Anzeige beim Brennen der Audio-CD

Wie lässt sich eine MP3- oder WMA-Musik-CD brennen?

Standardmäßig brennt der Windows Media Player die Musiktitel als Audiospuren im Format der Audio-CDs auf den Rohling. Die Musikstücke liegen dort im WAV-Audioformat vor, benötigen also recht viel Speicherplatz. Andererseits ermöglichen sowohl das MP3- als auch das WMA-Audioformat, die Musikstücke komprimiert in Audiodateien abzuspeichern. Moderne Audio-Player oder der Windows Media Player ermöglichen es, diese MP3- und WMA-Dateien von CD oder ggf. sogar von DVD wiederzugeben. Dann werden einfach die einzelnen Audiodateien abgespielt.

Möchten Sie eine MP3- oder WMA-CD bzw. -DVD brennen? Dann öffnen Sie im Windows Media Player das Menü der Schaltfläche *Brennoptionen* (Bild 22.25) und wählen nun den Befehl *Daten-CD oder -DVD*. Anschließend gehen Sie wie oben gezeigt vor, klicken auf die Registerkarte *Brennen* und fügen die Audiodateien zur Brennliste hinzu. Wenn Sie danach den Brennvorgang starten, überträgt der Windows Media Player die Audiodateien im vorliegenden Format separat auf den Rohling. Öffnen Sie einen solchen Rohling später in einem Ordnerfenster, finden Sie dort die einzelnen Audiodateien. Sie können diese dann in einem geeigneten DVD-Player oder am Computer abspielen.

483

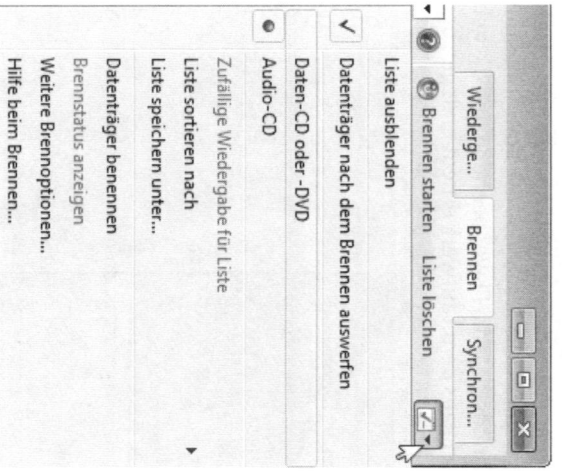

Bild 22.25: Optionen zum Brennen einer Daten-CD

Im Menü finden Sie den Befehl *Weitere Brennoptionen*, über den sich die Registerkarte *Brennen* öffnen lässt. Dort können Sie eine Angleichung der Lautstärke aller Musikstücke vornehmen oder das Unterdrücken von Pausen zwischen Tracks bei Audio-CDs zu- oder abschalten.

ACHTUNG

Gemäß Urheberrecht dürfen Sie Kopien von Musiktiteln aus legalen Quellen und für private Zwecke anfertigen. Allerdings nur dann, wenn hierfür kein wirksamer technischer Kopierschutz umgangen werden muss.

22.5.3 Musik mit einem portablen Player synchronisieren

Besitzen Sie einen MP3- oder WMA-Player und möchten Sie Musikstücke auf dieses portable Abspielgerät übertragen? Mit dem Windows Media Player aus Windows 7 ist dies kein Problem.

1. Starten Sie den Windows Media Player und verbinden Sie den portablen Media Player (MP3-Player) über die USB-Schnittstelle mit dem Computer.

2. Warten Sie, bis das portable Gerät erkannt wird, und klicken Sie im Windows Media Player auf die Registerkarte *Synchronisieren* (Bild 22.26, oben rechts).

3. Wählen Sie im Navigationsbereich Wiedergabelisten oder Einträge der Medienbibliothek aus, um deren Titellisten im Programmfenster einzublenden (Bild 22.26, links).

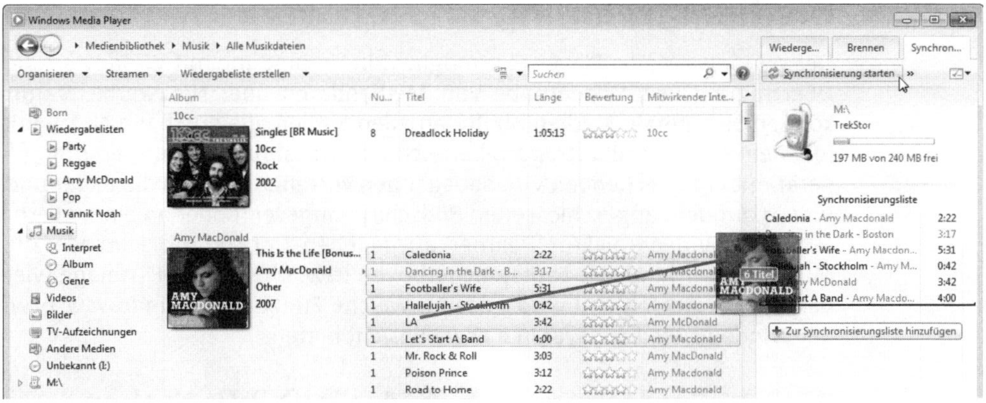

Bild 22.26: Audiodateien mit MP3-Player synchronisieren

4. Markieren Sie die gewünschten Musiktitel im Inhaltsbereich des Windows Media Players und ziehen Sie diese mit der Maus nach rechts in die Synchronisationsliste des Geräts.

5. Auf dem Player nicht mehr erwünschte Titel können Sie in der Synchronisationsliste markieren und über den Kontextmenübefehl *Aus Liste entfernen* löschen.

6. Sobald alle Musiktitel ausgewählt sind, klicken Sie in der Symbolleiste (oberhalb der Synchronisationsliste) auf die Schaltfläche *Synchronisierung starten*.

Der Windows Media Player gleicht dann die Titelliste des portablen Geräts mit der Synchronisationsliste ab, fügt neue Titel zum Player hinzu und löscht ggf. unerwünschte Titel. Eine Fortschrittsanzeige im Fenster des Windows Media Players informiert Sie über den Ablauf. Nach dem Beenden der Synchronisierung wird die Titelliste im Synchronisationsbereich gelöscht und Sie können den portablen (MP3-)Player von der USB-Schnittstelle trennen.

HINWEIS

Verbinden Sie einen MP3-Player per USB-Anschluss mit Windows 7, sollte dieser als Eintrag in der linken Spalte des Windows Media Players auftauchen. Wählen Sie den Eintrag an, werden die auf dem MP3-Player gespeicherten Titel in der mittleren WMP-Spalte angezeigt. Moderne MP3-Player mit USB-Anschluss werden von Windows 7 als Wechseldatenträgerlaufwerk erkannt. Sie können also den MP3-Player mit dem USB-Anschluss Ihres Rechners verbinden und dann dessen Inhalt in einem Ordnerfenster anzeigen. Anschließend lassen sich Dateien vom MP3-Player zur Festplatte kopieren, verschieben, löschen und auch Dateien von der Festplatte zum MP3-Player kopieren. Das Ganze entspricht dem Vorgehen beim Kopieren normaler Dateien und erfordert nicht den Start des Windows Media Players.

Sofern Sie einen iPod-Player oder ein iPhone von Apple besitzen, können Sie diesen ebenfalls per USB-Kabel mit dem Computer verbinden. Sie benötigen dann aber das kostenlose Programm iTunes von der Internetseite www.apple.com/de/itunes/, um im Apple-Store gekaufte Musik unter Windows auf den iPod zu übertragen.

22.6 Medienstreaming im Netzwerk

Der Windows Media Player 12 ermöglicht in Verbindung mit Windows 7 die Übertragung und Wiedergabe von Mediendaten über Netzwerke. Damit können Sie digitale Medieninhalte an allen Stellen, die durch ein Netzwerk (oder eine Drahtlosübertragung) erreichbar sind, abrufen. Ist das Empfangsgerät mit entsprechenden Videoausgängen versehen, werden die Bilder und Videos auf dem angeschlossenen Bildschirm angezeigt oder an einem Fernseher bzw. Videoprojektor (Beamer) ausgegeben. Der Ton zum Film oder die Musik lässt sich mittels Lautsprecherboxen bzw. über die Hi-Fi-Anlage wiedergeben. Nachfolgend wird gezeigt, welche Funktionen Windows 7 bzw. der Windows Media Player in dieser Hinsicht bieten.

22.6.1 Gerätezugriff auf Medienbibliotheken zulassen

Um anderen Teilnehmern im Netzwerk den Zugriff auf die eigenen Bibliotheken mit Musik, Videos, Fotos etc. zu ermöglichen, muss der betreffende Benutzer die Medienfreigabe zulassen (dann fungiert dessen Rechner mit dem Windows Media Player als Medienserver). Dies lässt sich in Windows 7 z. B. mit den folgenden Schritten bewerkstelligen.

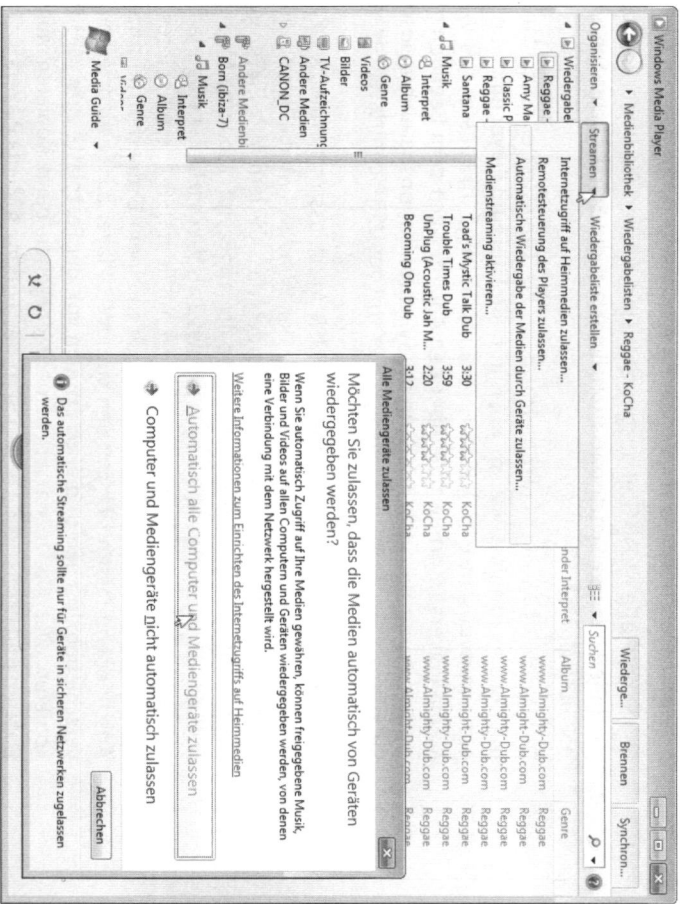

Bild 22.27: Medienstreaming zulassen

1. Öffnen Sie im Media Player das Menü der Schaltfläche *Streamen* und wählen Sie den Befehl *Automatische Wiedergabe der Medien durch Geräte zulassen* (Bild 22.27, Hintergrund).

2. Im Dialogfeld *Alle Mediengeräte zulassen* (Bild 22.27, Vordergrund) klicken Sie auf den Befehl *Automatisch alle Computer und Mediengeräte zulassen*.

Dann wird der Windows Media Player des Rechners als Medienserver konfiguriert. Öffnen Sie das Menü der Schaltfläche *Streamen* erneut, sollte der Befehl *Automatische Wiedergabe der Medien durch Geräte zulassen* markiert sein. Zum Deaktivieren der Streamingfunktion reicht es, die obigen Schritte erneut auszuführen, dann aber den Befehl *Computer und Mediengeräte nicht automatisch zulassen* (Bild 22.27, Vordergrund) zu wählen.

Der Streamingserver arbeitet innerhalb des Netzwerks als UPnP-Gerät und kann von geeigneten Empfangsgeräten erkannt und angesprochen werden. Bereits in Windows Vista unterstützte der Windows Media Player 11 die Funktionen eines Medienservers. In Windows 7 sind im Windows Media Player 12 zusätzliche Funktionen hinzugekommen, die eine Medienfreigabe ziemlich vereinfachen. Das Konzept ermöglicht sogar, dass Sie eine Medienbibliothek auf einem lokalen Rechner unter einem Benutzerkonto im Windows Media Player einrichten und diese freigeben. Dann kann von anderen Benutzerkonten auf die freigegebene Medienbibliothek zugegriffen werden.

22.6.2 Streamingoptionen anpassen

Mit den obigen Schritten überlassen Sie dem Windows Media Player, wie er das Medienstreaming einstellt. Möchten Sie die Streamingeinstellungen überprüfen oder gezielt anpassen? Dies ist ebenfalls über das Menü der Schaltfläche *Streaming* möglich.

■ Erscheint im Menü der Schaltfläche *Streamen* der Befehl *Medienstreaming aktivieren*, ist die Streamingfunktion abgeschaltet. Wählen Sie den Befehl *Medienstreaming aktivieren* und klicken Sie im dann eingeblendeten Dialogfeld (Bild 22.28) auf die Schaltfläche *Medienstreaming aktivieren*. Danach können Sie im Dialogfeld *Medienstreamingoptionen* (Bild 22.29) die gewünschten Anpassungen vornehmen.

■ Ist das Medienstreaming eingeschaltet und möchten Sie die Optionen kontrollieren, wählen Sie den Befehl *Weitere Streamingoptionen* der Menüschaltfläche *Streamen* an. Anschließend passen Sie im Dialogfeld *Medienstreamingoptionen* (Bild 22.29) die gewünschten Einstellungen an.

Das Dialogfeld *Medienstreamingoptionen* (Bild 22.29) enthält Bedienelemente, um das Streaming auf lokale Netzwerke zu begrenzen, generell zu blockieren oder einzelne Geräte innerhalb eines Netzwerks vom Zugriff auszuschließen. Hier ein kurzer Überblick über die einzelnen Optionen.

■ Im Feld *Medienbibliothek benennen* tragen Sie einen Namen ein. Die freigegebene Bibliothek taucht unter diesem Namen im Navigationsbereich des Windows Media Players anderer Netzwerkteilnehmer auf.

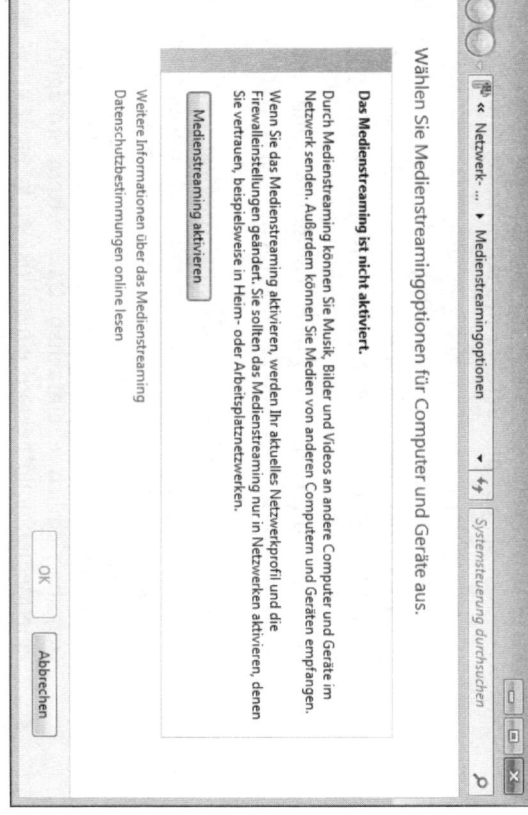

Bild 22.28: Medienstreaming in Optionen aktivieren

■ Das Listenfeld *Gerät anzeigen in* legt fest, wo der zum Streaming freigegebene Windows Media Player als Gerät auftauchen darf. Setzen Sie den Wert *Lokales Netzwerk*, taucht der Windows Media Player des Rechners mit einem eigenen Symbol im Netzwerk auf (Bild 22.29). Der Wert *Alle Netzwerke* ermöglicht den Zugriff auf den Media Player von anderen Netzwerken (z. B. von anderen Arbeitsgruppennetzwerken).

■ Über die Schaltfläche *Alle blockieren* des Dialogfelds kann die Streamingfunktion des lokalen Rechners abgeschaltet bzw. der Zugriff durch andere Geräte auf die Bibliotheken blockiert werden.

Bei Bedarf lässt sich auch festlegen, von welchen Geräten andere Benutzer auf die eigenen Bibliotheken zugreifen und Inhalte wiedergeben dürfen. Das Dialogfeld *Medienstreaming* listet alle im Netzwerk gefundenen Wiedergabegeräte auf. Der erste Eintrag *Medienprogramme auf diesem PC ...* bezieht sich auf Medienprogramme, die auf dem eigenen Rechner laufen. Meist handelt es sich um den Windows Media Player, der z. B. auch unter anderen Benutzerkonten ausgeführt werden und auf für das Streaming freigegebene Bibliotheken zugreifen kann. Zudem erscheinen die im Netzwerk gefundenen Geräte (z. B. die als Medienserver fungierenden Windows Media Player) als separate Einträge. Eine Bezeichnung der Art »Born (ROM7: Windows Media Player)« signalisiert dann, dass ein Windows Media Player auf dem Rechner mit dem Netzwerknamen »ROM7« gefunden wurde. Der Vorspann »Born:« gibt den Hinweis, dass eine Medienbibliothek mit dem betreffenden Namen zur gemeinsamen Verwendung freigegeben wurde.

Um den Zugriff eines bestimmten Geräts auf die Streamingfunktionen des eigenen Windows Media Players zu blockieren, gehen Sie folgendermaßen vor.

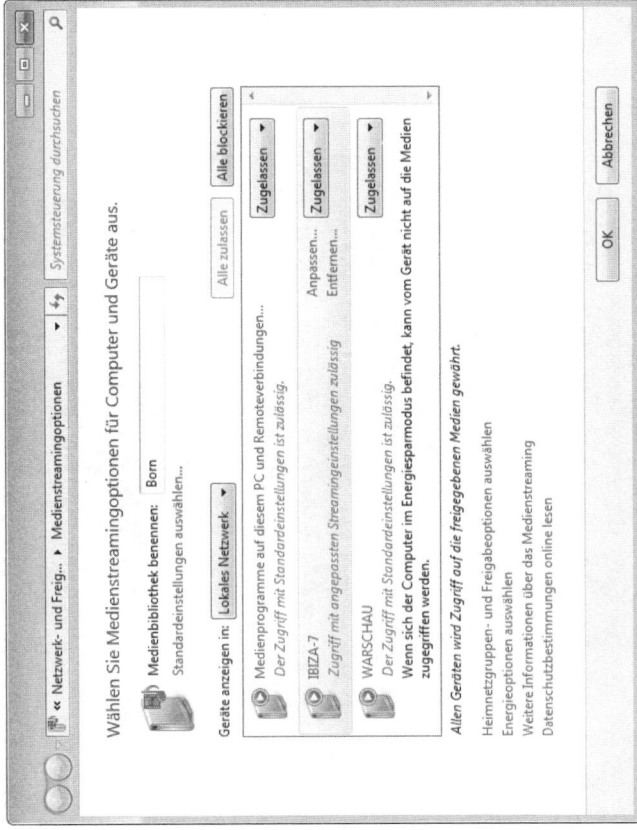

Bild 22.29:   Medienstreaming zulassen und Optionen anpassen

1. Markieren Sie den Eintrag des betreffenden Geräts im Dialogfeld *Medienstreamingoptionen* (Bild 22.29).

2. Anschließend stellen Sie das Listenfeld am rechten Rand von »Zulassen« auf »Blockiert« und klicken auf die *OK*-Schaltfläche.

Dann kann das Gerät nicht mehr auf die Bibliotheken zugreifen. Entziehen Sie dem Eintrag *Medienprogramme auf diesem PC ...* den Zugriff, können z. B. Benutzer, die sich unter anderen Benutzerkonten anmelden, nicht mehr auf Medienfreigaben des eigenen Kontos zugreifen.

Um den Zugriff eines Geräts auf die eigene Medienbibliothek lediglich zu trennen, reicht es, dessen Eintrag im Dialogfeld *Medienstreamingoptionen* (Bild 22.29) zu markieren und dann auf den eingeblendeten Hyperlink *Entfernen* zu klicken. Dies funktioniert aber nur, wenn das Gerät nicht online ist. Notfalls müssen Sie das betreffende Gerät ausschalten oder die Netzwerkverbindung trennen.

Möchten Sie die Streamingeinstellungen für ein bestimmtes Gerät detaillierter anpassen (z. B. Benutzern werden nur über Jugendfilter freigegebene Medieninhalte auf dem betreffenden Gerät angeboten), gehen Sie folgendermaßen vor.

1. Markieren Sie den Eintrag des betreffenden Geräts im Dialogfeld (Bild 22.29) und klicken Sie auf den in der Zeile eingeblendeten Hyperlink *Anpassen.*

489

2. Im Dialogfeld *Einstellungen für Mediensstreaming anpassen* (Bild 22.30) setzen Sie dann die gewünschten Optionen und schließen die geöffneten Dialogfelder über die *Ok*-Schaltfläche.

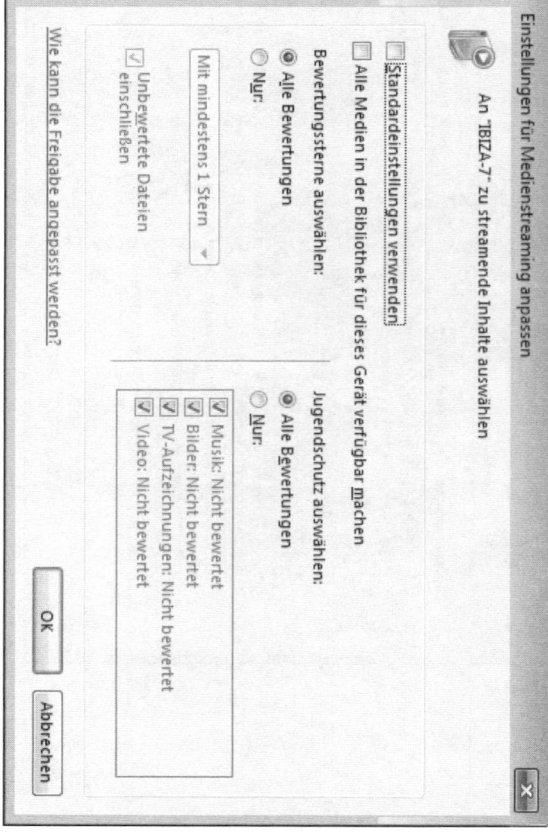

Bild 22.30: Einstellungen für Mediensstreaming anpassen

Zum Zugriff auf die Optionen müssen Sie die Markierung des Kontrollkästchens *Standardeinstellungen verwenden* löschen.

■ Über das Kontrollkästchen *Alle Medien in der Bibliothek für dieses Gerät verfügbar machen* können Sie den Zugriff auf Videos, Musik, Bilder in den eigenen Bibliotheken für das betreffende Gerät zulassen.

■ In der Gruppe *Bewertungssterne auswählen* lassen sich über die beiden Optionsfelder alle Medien mit Bewertungen (1 bis 5 Sterne) oder Medien mit einer Bewertung von mindestens x Sternen zulassen. Das Kontrollkästchen *Unbewertete Dateien einschließen* ermöglicht auch Mediendateien, die noch nicht bewertet wurden, zum Streaming freizugeben.

■ In der Kategorie *Jugendschutz* lässt sich über die Optionsfelder wählen, ob alle Bewertungen oder spezielle Bewertungen in Kategorien wie Musik, Bilder, Videos heranzuziehen sind.

Die Änderungen werden wirksam, sobald Sie das Dialogfeld über die *Ok*-Schaltfläche schließen.

HINWEIS

Gelegentlich dauert es etwas, bis Änderungen an den Medienfreigaben oder Optionen im Netzwerk wirksam werden. Sie können aber im Menü der Schaltfläche *Organisieren* den Befehl *Änderungen an Medieninformationen aktualisieren* wählen. Hilft dies nichts, empfiehlt es sich, den Windows Media Player zu beenden und sich vom Benutzerkonto abzumelden. Nach einer erneuten Anmeldung sollten die neuen Einstellungen verfügbar sein.

22.6.3 Zugriff auf andere Medienbibliotheken

Sobald das Streaming von Mediendateien zugelassen wurde, können Geräte innerhalb des Netzwerks die betreffenden Daten vom Medienserver abrufen. Im einfachsten Fall lässt sich hierzu der Windows Media Player auf einem anderen Windows-Rechner verwenden.

1. Um sich eine Übersicht über die Medienfreigaben im Netzwerk zu verschaffen, öffnen Sie über das Startmenü das Ordnerfenster *Computer* und wechseln im Navigationsbereich zum Symbol *Netzwerk*.

2. Vorhandene Medienserver werden bei eingeschalteter Geräteerkennung als UPnP-Geräte erkannt und im Inhaltsbereich des Ordnerfensters *Netzwerk* angezeigt (Bild 22.31). Dann genügt ein Doppelklick auf das betreffende Symbol, um den Windows Media Player zu starten.

Medienserver tauchen dabei mit dem Symbol eines stilisierten Rechners auf, der in der rechten oberen Ecke ein Notensymbol und einen Filmausschnitt aufweist. Im Kontextmenü eines solchen Symbols findet sich der Befehl *Media Player öffnen*.

HINWEIS

In Bild 22.31 taucht die Netzwerkstation *Rom7* gleich mit drei Symbolen auf. Das stilisierte obere Computersymbol steht für den Netzwerkrechner. Der Medienserver auf dem Netzwerkgerät *Rom7* wird dagegen als *Rom7:Born* angezeigt und besitzt im Symbol eine stilisierte Filmrolle. Die Bezeichnung »Born« wurde hier bei der Freigabe der Mediendateien im betreffenden Dialogfeld (Bild 22.29) als Name der Bibliothek eingetragen. Das dritte Symbol *Rom7*, dargestellt als stilisiertes hochkant stehendes Gerät mit grünem Kreis und weißem Dreieck, ist nur sichtbar, wenn auf dem betreffenden Rechner der Windows Media Player ausgeführt wird. Wählen Sie ein solches Symbol per Doppelklick an, erscheint ein Dialogfeld mit den Eigenschaften des Media Players. Über das Kontextmenü lässt sich über den Befehl *Medienstreamingoptionen* auf die Einstellungen (siehe Bild 22.29) des eigenen Windows Media Players zugreifen.

Sie können auch über den Navigationsbereich des Windows Media Players auf fremde Bibliotheken zugreifen. Sobald Streamingserver wie der Windows Media Player im Netzwerk erkannt werden, listet der Windows Media Player diese im Navigationsbereich im Zweig *Andere Medienbibliotheken* auf. Sie können dann den betreffenden Eintrag anwählen, den Zweig expandieren und über dessen Bibliothekseinträge die betreffenden Bibliotheksinhalte wie Musik oder Videos wiedergeben (Bild 22.32).

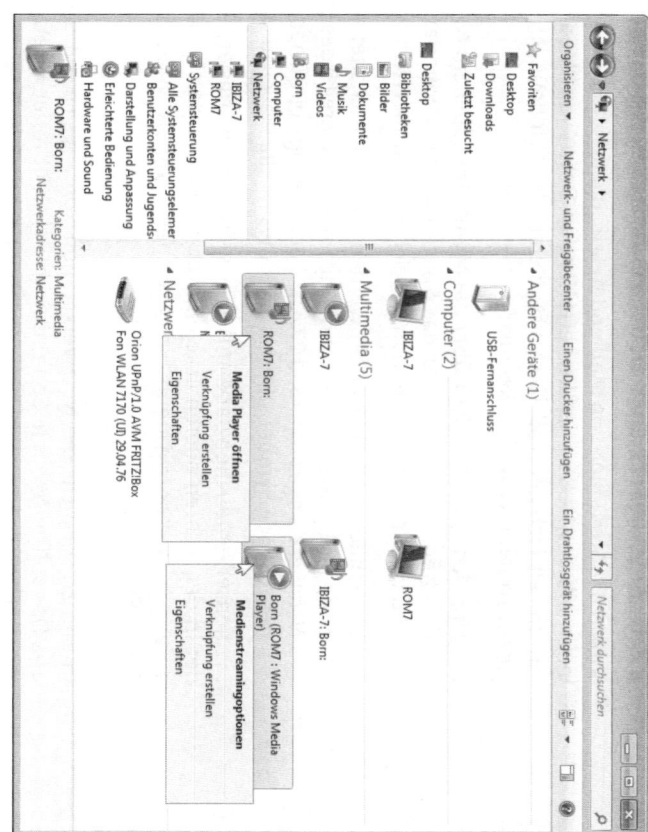

Bild 22.31:   Zugriff auf einen Medienserver im Netzwerk

Bild 22.32:   Zugriff auf andere Medienbibliotheken

22.6.4 Fernsteuerung eines Windows Media Players

In Windows 7 ist es möglich, Mediendateien per Fernsteuerung über das Netzwerk auf einem anderen Rechner per Windows Media Player wiederzugeben. Hierzu gehen Sie folgendermaßen vor.

1. Starten Sie auf dem fernzusteuernden Rechner den Windows Media Player, öffnen Sie das Menü der Schaltfläche *Streamen* und stellen Sie sicher, dass der Befehl *Remotesteuerung des Players zulassen* markiert ist.

2. Starten Sie anschließend auf dem fernsteuernden Hauptrechner den Windows Media Player, wechseln Sie ggf. zur Bibliotheksanzeige und wählen Sie in der Bibliothek einen Titel oder eine Wiedergabeliste mit den abzuspielenden Medientiteln aus.

3. Stellen Sie sicher, dass der Listenbereich sichtbar ist (notfalls blenden Sie diesen über den Befehl *Layout/Liste einblenden* der Menüschaltfläche *Organisieren* ein).

4. Öffnen Sie in der Kopfzeile des Listenbereichs die Menüschaltfläche *Wiedergeben auf* und wählen Sie den fernzusteuernden Rechner aus (Bild 22.33, Hintergrund).

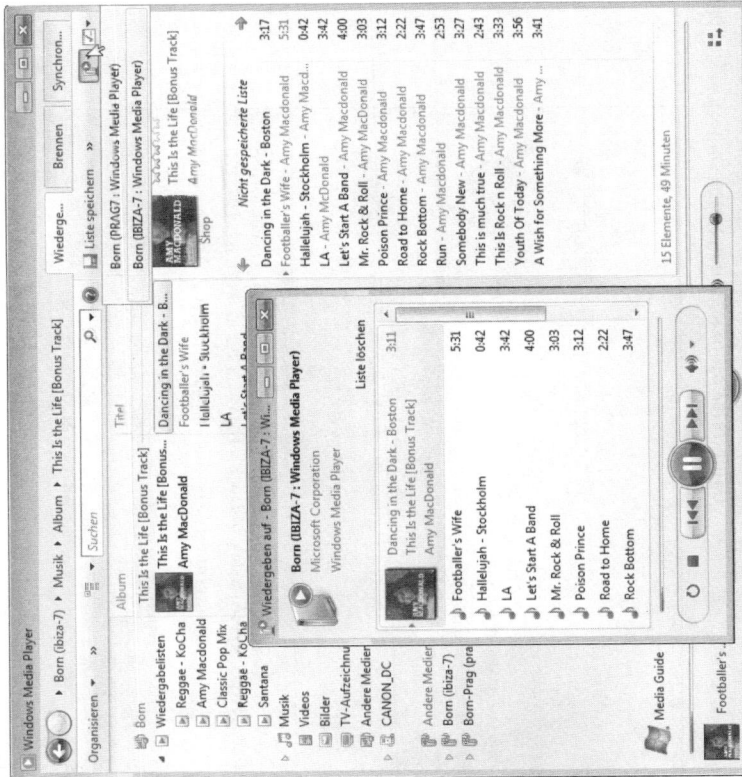

Bild 22.33: Medienwiedergabe auf anderen Rechnern

Sobald das Playerfenster erscheint (Bild 22.33, Vordergrund), erhalten Sie Zugriff auf die Steuerungsfunktionen des Players. Sie können die Titel zur Wiedergabe auswählen und die Wiedergabe über die Bedienleiste steuern.

HINWEIS *Gelegentlich dauert es etwas, bis der Abgleich über das Netzwerk vorgenommen wurde und der fernzusteuernde Rechner im Menü der Schaltfläche Wiedergeben auf auftaucht. Ist am Fernrechner der Zugriff durch Geräte freigegeben, können Sie im Navigationsbereich des eigenen Rechners versuchsweise die Medienbibliothek des Netzwerkrechners in der Kategorie Andere Medienbibliotheken anwählen. Dann greift der Windows Media Player zwangsweise über das Netzwerk auf das Gegenstück zu und dieser Rechner wird auch im Menü der Schaltfläche Wiedergeben zu aufgeführt.*

22.6.5 Internetzugriffe auf Heimmedien zulassen

Eine Neuerung in Windows 7 ist die Möglichkeit, auch per Internet auf die Bibliotheken des Windows Media Players (als Heimmedien bezeichnet) zuzugreifen und diese per Streaming wiederzugeben.

Zur Authentifizierung dieser Zugriffe benötigen Sie allerdings eine Identifikation (Online-ID) bei einem entsprechenden Diensteanbieter (z. B. Live ID). Um eine solche Online-ID mit dem Media Player zu verknüpfen, gehen Sie folgendermaßen vor.

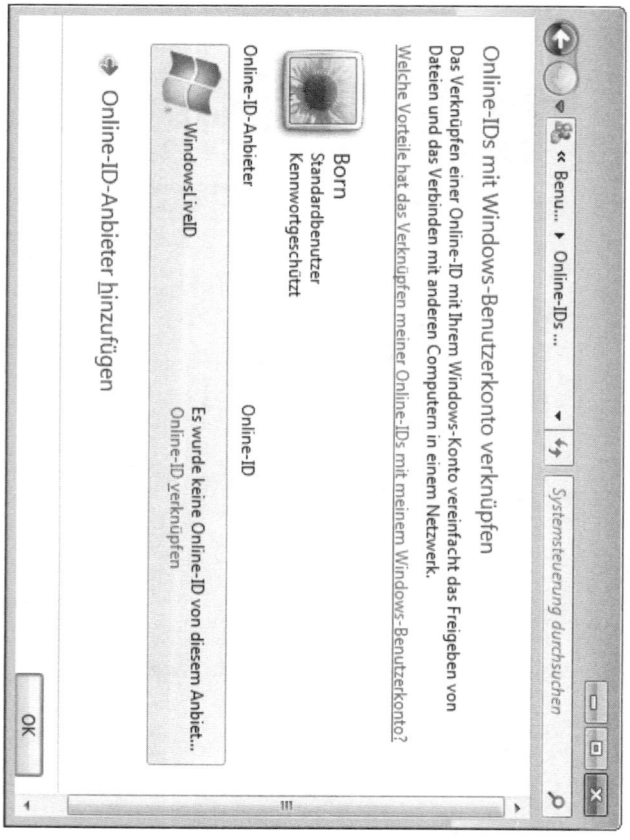

Bild 22-34: Online-ID mit Benutzerkonto verknüpfen

1. Starten Sie den Windows Media Player, öffnen Sie das Menü der Schaltfläche *Streamen* und wählen Sie den Befehl *Internetzugriff auf Heimmedien zulassen.*

2. Existiert noch keine Online-ID, wählen Sie im angezeigten Dialogfeld (Bild 22.35) den Befehl *Online-ID verknüpfen.*

3. Klicken Sie im nächsten Dialogfeld (Bild 22.34) auf den Befehl *Online-ID-Anbieter hinzufügen.*

4. In der dann angezeigten Internetseite wählen Sie einen Anbieter (z. B. Windows Live) aus und befolgen die geforderten Schritte.

Bei Windows Live muss der Windows Live Sign-In-Assistant von einer Microsoft-Internetseite heruntergeladen und installiert werden. Existiert bereits ein Online-ID-Anbieter, wird dieser im Dialogfeld aufgelistet (Bild 22.34). Sie können dann diesen Eintrag anwählen und ggf. die Anmeldeinformationen für die Online-ID verknüpfen. Bei Windows Live sind der Anmeldename und das Kennwort in ein separates Dialogfeld einzutragen. Windows 7 verknüpft dann diese Daten mit dem Benutzerkonto, sodass die Identifikation später automatisch erfolgen kann.

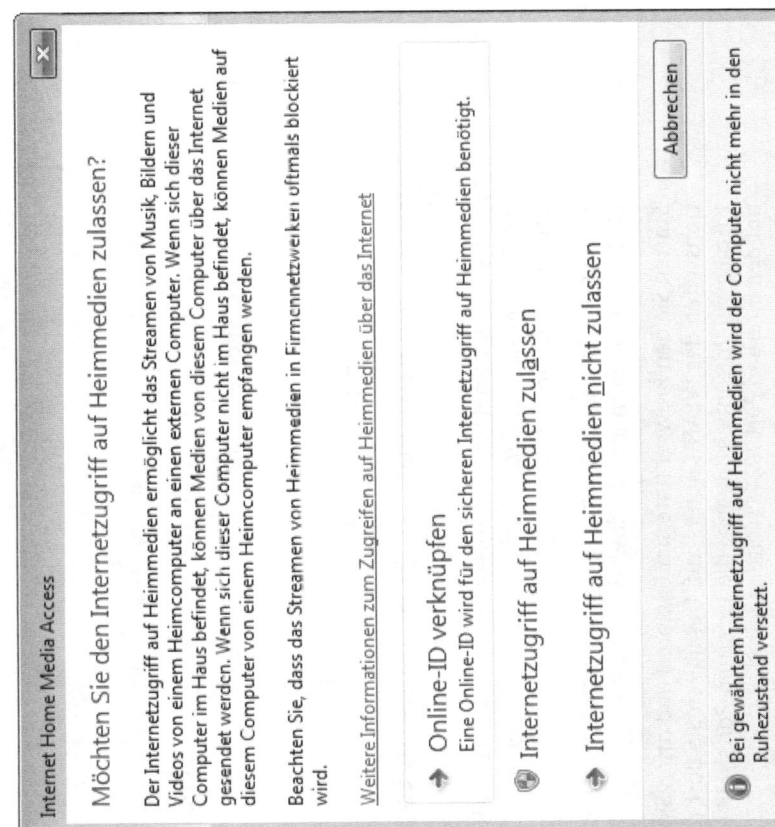

Bild 22.35: Internetzugriff auf Heimmedien zulassen

1. Zur Freigabe dieser Zugriffe auf Heimmedien starten Sie den Windows Media Player, öffnen das Menü der Schaltfläche *Streamen* und wählen den Befehl *Internetzugriff auf Heimmedien zulassen*.

2. Wählen Sie im angezeigten Dialogfeld (Bild 22.35) den Befehl *Internetzugriff auf Heimmedien zulassen* und bestätigen Sie die Sicherheitsabfrage der Benutzerkontensteuerung.

Windows passt dann die Einstellungen für den Zugriff per Internet auf die Medienbibliothek an. Sobald dieser Vorgang abgeschlossen wurde, erscheint das in Bild 22.36 gezeigte Dialogfeld.

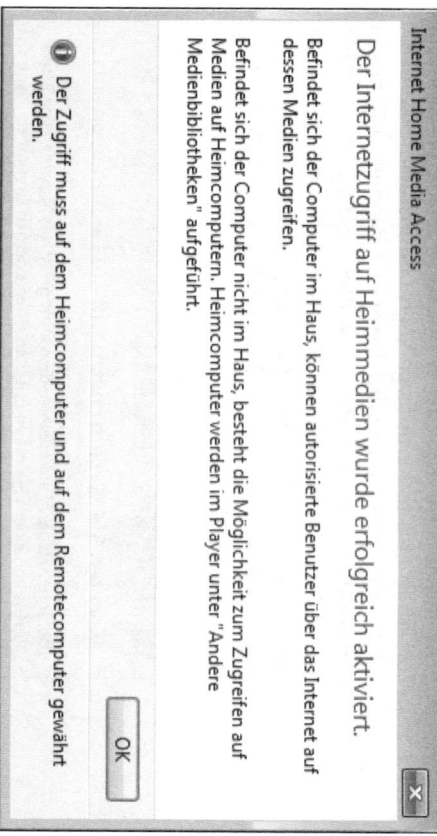

Internet Home Media Access

Der Internetzugriff auf Heimmedien wurde erfolgreich aktiviert.

Befindet sich der Computer im Haus, können autorisierte Benutzer über das Internet auf dessen Medien zugreifen.

Befindet sich der Computer nicht im Haus, besteht die Möglichkeit zum Zugreifen auf Medien auf Heimcomputern. Heimcomputern werden im Player unter "Andere Medienbibliotheken" aufgeführt.

ⓘ Der Zugriff muss auf dem Heimcomputer und auf dem Remotecomputer gewährt werden.

[OK]

Bild 22.36: Aktivierung des Internetzugriffs auf Heimmedien fertig gestellt

Um den Zugriff später wieder zu entziehen, gehen Sie mit den gleichen Schritten vor, wählen aber im Dialogfeld aus Bild 22.35 den Befehl *Internetzugriff auf Heimmedien nicht zulassen*.

Zugriff per Internet auf Heimmedien testen und einsetzen

Haben Sie den Internetzugriff auf Heimmedien auf dem als Server fungierenden Rechner gemäß den obigen Schritten freigegeben? Dann gehen Sie folgendermaßen vor.

■ Wiederholen Sie die Schrittfolge aus dem vorherigen Abschnitt auf dem als Client fungierenden Windows-Rechner.

■ Starten Sie den Browser (Internet Explorer) und rufen Sie die Konfigurationsseiten des WLAN-Routers auf. Definieren Sie dort für das TCP-Protokoll zwei Portumleitungen – die externen Ports *443* und *44656* sind auf den internen Port *10245* weiterzuleiten.

Nachdem die Portumleitung erfolgt ist und beide Rechner über deren Benutzerkonto mit einer Online-ID verknüpft sind, können Sie im Windows Media Player die Verbindung testen.

1. Klicken Sie im Windows Media Player auf die Menüschaltfläche *Streamen* und wählen Sie erneut den Befehl *Internetzugriff auf Heimnetzwerk zulassen*.

2. Im eingeblendeten Dialogfeld (Bild 22.37, links) wählen Sie den Befehl *Verbindungen diagnostizieren*.

Anschließend warten Sie, bis im Dialogfeld (Bild 22.37, rechts) die Testergebnisse angezeigt werden. Wenn die Portweiterleitung am Router korrekt vorgenommen wurde, sollte eine Verbindung bestätigt werden. In diesem Fall erfolgt der Zugriff auf die Heimmedien per Internet wie in einem lokalen Netzwerk: Sie wählen in der Navigationsleiste des Windows Media Players einfach den in der Gruppe *Andere Medienbibliotheken* angezeigten Remoterechner.

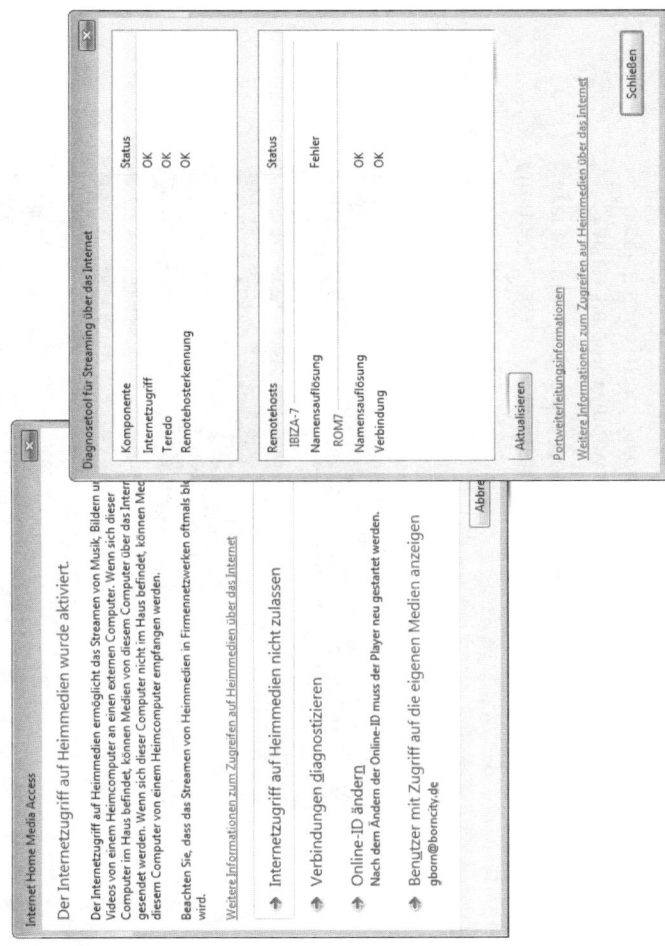

Bild 22.37: Testen des Internetzugriffs auf Heimmedien

22.6.6 Internetradio und Streaming

Der Windows Media Player lässt sich zur Wiedergabe von Internetradiostationen einsetzen. Um eine Radiostation im Internet auf dem Computer über eine schnelle Internetverbindung wiederzugeben, haben Sie zwei Möglichkeiten.

Sie können die Internetseite der Radiostation im Browser aufrufen und dort den gewünschten Radiosender auswählen. Auf der Internetseite www. surfmusik.de finden Sie beispielsweise eine gute Übersicht über Internetradiostationen (Bild 22.38, Hintergrund). Haben Sie eine Radiostation gefunden, klicken Sie den entsprechenden Hyperlink (bei surfmusik.de mit »Live« bezeichnete) an. Der Browser öffnet ein zweites Fenster mit dem eingebetteten Windows Media Player (Bild 22.38, Vordergrund). Dort finden Sie Schaltflächen, um die Wiedergabe anzuhalten, fortzusetzen und die Lautstärke anzupassen.

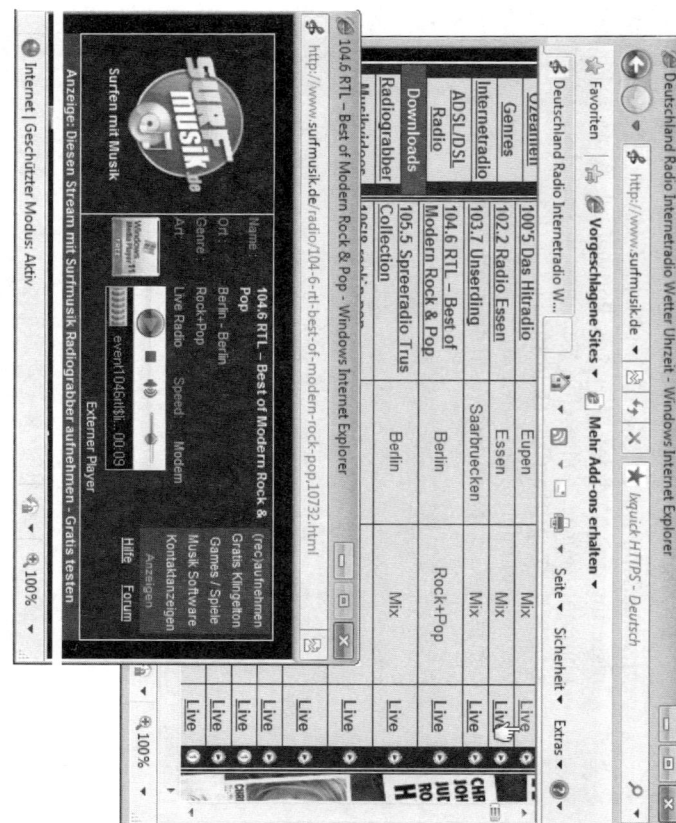

Bild 22.38:   Internetradio per Browser wiedergeben

Alternativ lassen sich Internetradiostationen auch im Windows Media Player abrufen, wenn die Möglichkeit auch etwas versteckt ist.

1. Starten Sie den Windows Media Player und wählen Sie im Navigationsbereich das Symbol *Media Guide* (Bild 22.39, Hintergrund).

2. Sobald die Media Guide-Webseite im Detailbereich angezeigt wird, klicken Sie im Kopfbereich auf den Hyperlink *Internetradio* (Bild 22.39, Hintergrund oben).

3. Navigieren Sie in der Radiostationsseite (ggf. über das Genre) zur gewünschten Radiostation und klicken Sie auf den Hyperlink *Anhören* (Bild 22.39, Vordergrund).

Der Windows Media Player stellt eine Verbindung zum Server der Radiostation her und versucht, die Daten herunterzuladen. Sind noch genügend Verbindungen frei, beginnt die Wiedergabe des Radioprogramms nach wenigen Sekunden. Sie können die Schaltflächen des Wiedergabebereichs verwenden, um die Wiedergabe anzuhalten oder fortzusetzen. Bei einigen Radiostationen kann es aber sein, dass das Programm nur wiedergegeben wird, wenn parallel die Internetseite des Senders mit eingeblendeter Werbung sichtbar ist. Andere Stationen lassen die Wiedergabe nur in einem separaten Browserfenster mit eingebettetem Player zu.

Bild 22.39: Internetradio im Media Player wiedergeben

Kennen Sie die Adresse eines Streamingservers, können Sie die [Alt]-Taste drücken, im Menü *Datei* den Befehl *URL öffnen* wählen und dann die betreffende URL in das eingeblendete Dialogfeld (Bild 22.39, Vordergrund, unten links) eintippen. Sobald Sie das Dialogfeld über die *OK*-Schaltfläche schließen, wird der Mediastream ebenfalls wiedergegeben.

Internetradiostationen können im Format des Windows Media Players oder des RealPlayers senden. Wenn Sie Internetradiostationen über einen Browser hören, kann es sein, dass die Station das RealMedia-Format verwendet (meist als Symbol des Hyperlinks zur Wiedergabe erkennbar). Um RealMedia-Sender zu hören, muss der RealPlayer unter Windows installiert sein. Persönlich verzichte ich (wegen extrem nerviger Werbung) aber auf den RealPlayer. Natürlich können Sie auch die Internetseite einer Ihnen bekannten Internetradiostation aufrufen und dort die oft angebotenen Schaltflächen zur Wiedergabe der Sendung in einem Media Player anwählen. Aus Sicherheitsgründen sollten Sie in diesem Fall aber darauf achten, dass Ihnen kein spezieller Player der Radiostation installiert wird. In diesem Fall würde ich auf das Anhören der betreffenden Station eher verzichten.

HINWEIS

23 Videoschnitt und DVD-Authoring

Mit dem Windows DVD Maker steht Ihnen ein Werkzeug zum DVD-Authoring (d. h. Filme auf Video-DVDs brennen) zur Verfügung. Um die Clips vor dem Authoring zu beschneiden, sind Sie aber auf Zusatzanwendungen angewiesen. Nachfolgend erfahren Sie, was es im Hinblick auf DVD-Authoring zu wissen gibt.

23.1 Videoimport im Überblick

Videomaterial fällt heutzutage an vielen Stellen an. Selbst preiswerte Digitalkameras oder Handys bieten einen Videomodus, um kurze Videosequenzen aufzunehmen und als MOV-, 3GP- oder AVI-Dateien auf Speicherkarten abzulegen. Besitzen Sie eine digitale Videokamera, lässt sich das Material ebenfalls auf den Computer übernehmen und schneiden. Zusätzlich können Sie Videos aus dem Internet herunterladen oder von TV-Karten Fernsehsendungen mitschneiden. Diese Videodateien lassen sich zwar auf (Data-)DVDs brennen. Zur Wiedergabe in DVD-Playern ist aber die Aufbereitung als Video-DVD geeigneter. Dazu sind ggf. mit einer Digitalkamera, einer Videokamera oder einem Fotohandy aufgenommene Clips auf den Computer zu importieren. Nachfolgend möchte ich einen kurzen Überblick über diese vorbereitenden Arbeiten geben.

23.1.1 Videogeräte anschließen

Vor dem Schnitt stellt sich die Frage, wie das Videomaterial auf die Festplatte des Computers kommt. Im Internet zum Download angebotene Videoclips lassen sich direkt im Internet Explorer auf die Festplatte herunterladen. Mit Digitalkameras aufgenommene kurze Videosequenzen werden meist als AVI-Dateien auf den Speicherkarten abgelegt. Handys und manche Geräte legen die Videos als .3GP- oder .MOV-Dateien (dies sind letztendlich MPEG-4-Videoformate) auf den Speichermedien ab. Zum Import des Videomaterials von diesen Geräten gibt es verschiedene Ansätze:

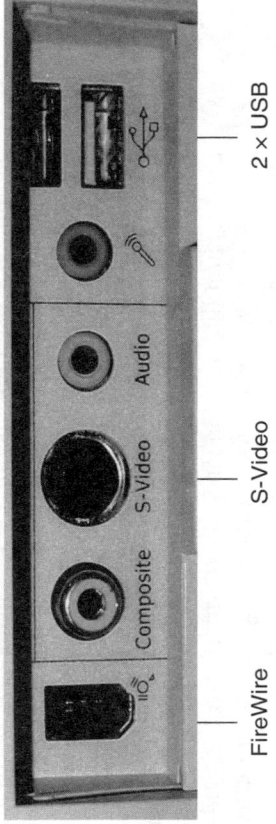

FireWire   Composite   S-Video   Audio   S-Video   2 × USB

Bild 23.1: Anschlussfeld für Videosignale

- Sie können die Speicherkarte einer Digitalkamera oder eines Fotohandys in ein Speicherkartenlesegerät einlegen oder die Digitalkamera bzw. das Handy über die USB-Schnittstelle (als Wechseldatenträgerlaufwerk) mit dem Computer verbinden.

- Die Alternative besteht darin, die Digitalkamera oder das Fotohandy per USB-Kabel an den Rechner anzuschließen und die Videodateien per Assistent importieren zu lassen.

- Digitale Videokameras (Camcorder) werden in der Regel über die sogenannte FireWire-Schnittstelle (auch als IEEE 1394 oder iLink bezeichnet) oder über USB 2.0 an den Computer angeschlossen (Bild 23.1).

Bei analogen Videokameras (Camcorder) muss der Computer die Digitalisierung des betreffenden Materials unterstützen. In diesem Fall besitzt der Rechner eine S-Video-Schnittstelle zur Erfassung analoger Videoquellen. Ein eventuell aufgezeichneter analoger Ton ist über ein separates Kabel in den Audioeingängen (Mikrofon oder Audio-In) einzuspeisen. Anschließend benötigen Sie ein Videograbberprogramm, welches die analogen Audio- und Videosignale an den betreffenden Eingängen abgreifen und aufzeichnen kann. Manche kommerziellen Schnittprogramme oder Anwendungen wie AMCap, Video DVD Maker, Nero Vision unterstützen diese Erfassung, sofern geeignete Capturetreiber vom Hersteller der Grabberkarte beigestellt wurden.

HINWEIS

Die Diskussion der Einzelheiten sprengt aber den Ansatz dieses Buches – interessierte Leser möchte ich auf den von mir bei Markt+Technik publizierten Titel »Fotos, Filme, Musik mit Windows Vista« verweisen, der detaillierter auf diese Fragen und auftretende Probleme eingeht.

23.1.2 Videoimport per Assistent

Beim Import von digitalem Videomaterial braucht Windows lediglich die betreffenden Videodateien auf die Festplatte des Rechners zu übertragen. Schließen Sie ein entsprechendes Gerät (z. B. Videokamera) an den Rechner an, wird dieses im Idealfall durch Windows erkannt. Dann erscheint das Dialogfeld *Automatische Wiedergabe* (Bild 23.2, Hintergrund oben), in dem Sie den Importassistenten über den Befehl *Bilder und Videos importieren* starten. Oder der Importassistent zur Übertragung der Videodateien startet direkt.

HINWEIS

Erscheint weder das Dialogfeld *Automatische Wiedergabe* noch das Dialogfeld des Importassistenten? Bei Geräten, die sich gegenüber Windows 7 als Wechseldatenträger ausgeben und einen direkten Zugriff auf das Speichermedium zulassen, können Sie das Ordnerfenster *Computer* öffnen. Klicken Sie das Symbol des Wechseldatenträgers mit der rechten Maustaste an und wählen Sie den Kontextmenübefehl *Automatische Wiedergabe*. Alternativ können Sie den Kontextmenübefehl *Als tragbares Gerät öffnen* wählen. Im Kontextmenü des im Navigationsbereich neu eingeblendeten Symbols für das tragbare Gerät wählen Sie dann den Befehl *Bilder und Videos importieren*.

1. Warten Sie, bis die Medieninhalte erkannt sind, und geben Sie im Dialogfeld aus Bild 23.2, Vordergrund rechts, einen Begriff für die zu importierenden Videos an.

2. Weiterhin sollten Sie auf den Hyperlink *Importeinstellungen* klicken und das Listenfeld *Videos importieren in* auf den Ordner *Eigene Videos* setzen. Die Dialogfelder des Importassistenten sind in *Kapitel 21* detaillierter beschrieben.

3. Anschließend können Sie die Übertragung über die *Importieren*-Schaltfläche starten. Die Übertragung umfangreicher Videodateien dauert ggf. einige Zeit, in der das in Bild 23.2, unten, gezeigte Dialogfeld erscheint. Bei Bedarf lässt sich das Kontrollkästchen *Nach dem Importieren löschen* markieren (obwohl sich als Maßnahme vor Datenverlust das nachträgliche manuelle Löschen empfiehlt).

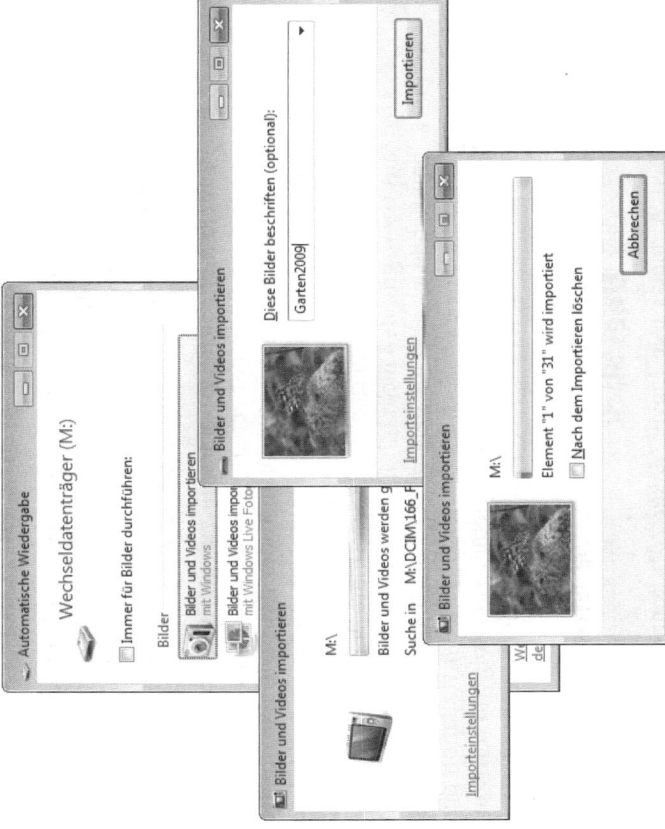

Bild 23.2:   Dialogfelder beim Videoimport

Windows erzeugt aus dem in den Importassistenten eingegebenen Begriff einen Unterordner im Zielordner (*Eigene Videos*) und legt das importierte Videomaterial darin ab.

können Sie die Videodateien direkt über Ordnerfenster in den Zielordner *Eigene Videos* kopieren oder verschieben. Dieser Ansatz hat den Vorteil, dass Sie selektiv auf das Ausgangsmaterial zugreifen und diese ggf. auch gezielt löschen können.

Zur Verwaltung vieler Videosequenzen können Sie übrigens die in *Kapitel 21* beschriebene Windows Live Fotogalerie verwenden. Das Programm kann auch Videodateien über den Befehl *Von Kamera oder Scanner importieren* des Menüs *Datei* importieren. Der Vorteil besteht darin, dass Sie im Dialogfeld des Importassistenten optional die Videoclips auswählen können. Diese werden nach dem Import automatisch in der Windows Live Fotogalerie eingeordnet und lassen sich durch einen Doppelklick auf die Miniaturansicht als Video ansehen.

23.2   Videoschnitt ganz einfach

Um einzelne Videodateien zu einem Film zu kombinieren oder Abschnitte (z. B. Werbung in TV-Aufzeichnungen) zu entfernen, benötigen Sie ein Schnittprogramm. Sie können zu kommerziellen Schnittprogrammen wie Pinnacle Video Studio, Adobe Premiere etc. greifen, um das Videomaterial zu bearbeiten. Wer nur wenig Filmmaterial bearbeiten möchte, wird sich aber nicht immer solche Programme zulegen wollen. Glücklicherweise gibt es verschiedene Alternativen, um Videomaterial zu bearbeiten. Der Hersteller des Schnittprogramms Pinnacle Studio stellt z. B. eine funktional reduzierte, aber kostenlose Version unter dem Namen VideoSpin auf der Internetseite www.videospin.de zum Download bereit. Die Einschränkungen beziehen sich u. a. auf die importierbaren Videoformate, da die betreffenden Importfilter aus Lizenzgründen nicht mit installiert werden. Für einfache Schnittaufgaben empfiehlt sich aber die Verwendung des in den Windows Live Essentials enthaltenen Movie Makers. In *Kapitel 19* ist die Installation der Windows Live Essentials-Anwendungen beschrieben. Nachfolgend wird kurz erläutert, wie Sie das Programm zum Schneiden ihrer Videos verwenden können.

23.2.1   Der Windows Live Movie Maker im Überblick

Den Windows Live Movie Maker 2011 können Sie im Startmenü über den Befehl *Alle Programme/Windows Live Movie Maker* aufrufen. Das Programm meldet sich mit dem in Bild 23.3 gezeigten Anwendungsfenster, das in verschiedene Bereiche unterteilt ist.

- Am oberen Fensterrand findet sich die Titelleiste samt der Symbolleiste für den Schnellzugriff. Darunter befindet sich das Menüband mit diversen Registerkarten, über deren Elemente Sie auf die Schnittfunktionen zugreifen können. Über die *Windows Live Movie Maker*-Schaltfläche öffnen Sie ein Menü (Bild 23.4), über das Sie Befehle zum Starten des Importassistenten, zum Einlesen und Speichern von Projektdateien etc. aufrufen können.

- Die rechte Spalte des Anwendungsfensters enthält den Projektbereich, in dem die zu bearbeitenden Videoclips, Audiodateien und Fotos als Miniaturansichten angezeigt werden. Dieser Bereich fungiert als Schnitttisch, auf dem die einzelne Videoclips in der gewünschten Reihenfolge zusammenmontiert und beschnitten werden können.

- In der linken Spalte des Anwendungsfensters ist der Vorschaubereich zu sehen. In diesem Bereich können Sie das im Projektbereich enthaltene Foto- und Videomaterial als Film abspielen und die genaue Position von Start-, End- und Schnittmarken ermitteln. Eine Suchleiste sowie Schaltflächen ermöglichen die Wiedergabesteuerung und Positionierung im abzuspielenden Clip.

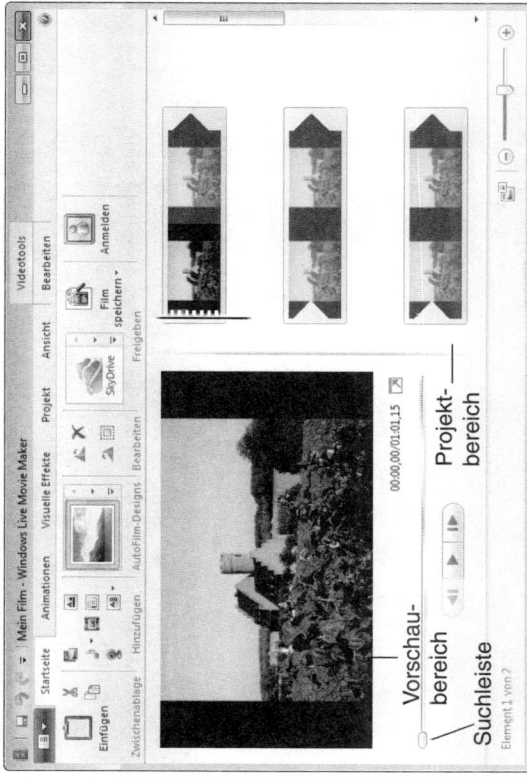

Bild 23.3: Windows Live Movie Maker-Anwendungsfenster

Am unteren Rand des Anwendungsfensters finden Sie noch die Statusleiste, über deren Schieberegler *Zoomzeitachse* Sie den Zoomfaktor für die Darstellung der Videoclips im Projektbereich beeinflussen können. Der Zoomfaktor bestimmt, wie lang die Zeitachse zur Darstellung des Clips über Miniaturbilder im Projektbereich sein soll. Die Größe der angezeigten Miniaturansichten der Clips können Sie direkt über die Menüschaltfläche *Miniaturansichtsgröße ändern* (links neben dem Schieberegler) zwischen großen Symbolen, extra großen Symbolen etc. umstellen.

Auf der Registerkarte *Ansicht* finden Sie ebenfalls eine Menüschaltfläche, um die Miniaturansichtsgröße auszuwählen. Die Schaltfläche *Seitenverhältnis* ermöglicht, die Darstellung zwischen Standard und Breitbild umzustellen. Die Schaltflächen der Gruppe *Zeitzoom* ermöglichen es, die Zeitachse der im Projektbereich angezeigten Clips anzupassen. Die Wirkung ist die Gleiche wie die des Schiebereglers in der Statusleiste.

HINWEIS

Projekte, was ist das?

Der Windows Live Movie Maker arbeitet mit sogenannten Projekten, in denen der aktuelle Bearbeitungsstand samt Informationen über die importierten Clips, durchgeführte Schnittoperationen, Anordnung der Clips etc. abgelegt werden.

■ Starten Sie den Windows Live Movie Maker, legt dieser automatisch ein neues Projekt an. Sie können aber das Menü (Bild 23.4) der *Windows Live Movie Maker*-Schaltfläche öffnen und dort den Befehl *Neues Projekt* wählen. Nach einer Sicherheitsabfrage wird das aktuelle Projekt gesichert oder verworfen.

■ Den Bearbeitungsstand des Projekts können Sie jederzeit über die Befehle *Projekt speichern* und *Projekt speichern unter* im Menü der *Windows Live Movie Maker*-Schaltfläche sichern.

■ Gespeicherte Projekte lassen sich später über den Befehl *Projekt öffnen* des gleichen Menüs im Anwendungsprogramm wieder laden. Zudem werden die zuletzt geöffneten Clips und Projektdateien im rechten Teil des Menüs der *Windows Live Movie Maker*-Schaltfläche aufgeführt und lassen sich durch Anklicken direkt öffnen.

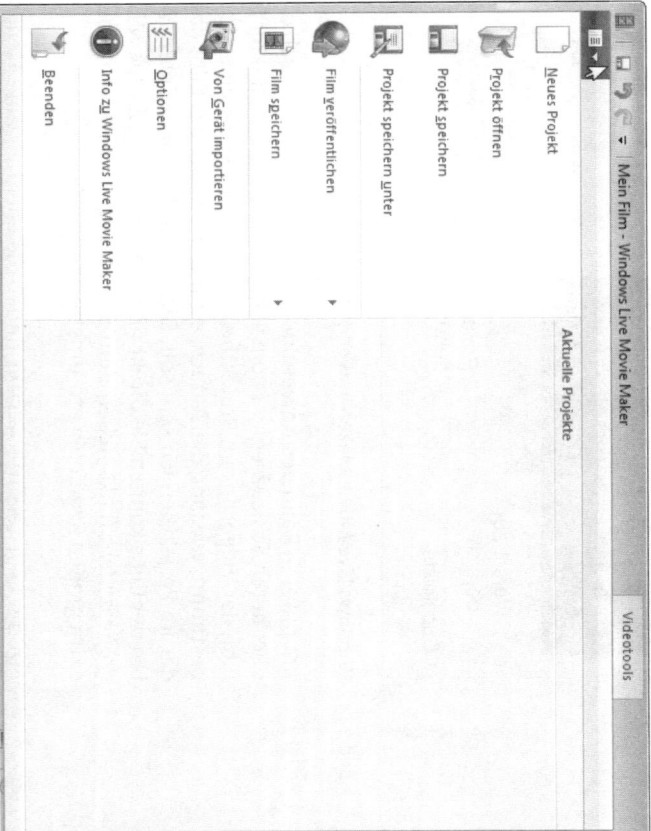

Bild 23.4: Menü der *Windows Live Movie Maker*-Schaltfläche

Im Menü der *Windows Live Movie Maker*-Schaltfläche finden Sie auch Befehle, um einen Film zu veröffentlichen oder Videomaterial zu importieren. Der Import erfolgt dabei in der Windows Live Fotogalerie (siehe *Kapitel 21*).

23.2.2   Mediendateien zum Projekt hinzufügen

Das Erstellen eines Videos erfolgt in verschiedenen Stufen. Vor dem Schnitt und dem Zusammenstellen des Films muss das Rohmaterial (Videos, Audiodateien, Bilder) im Windows Live Movie Maker zum Projekt hinzugefügt werden.

1. Klicken Sie auf der Registerkarte *Startseite* des Menübands auf die Schaltfläche *Videos und Fotos hinzufügen* (Bild 23.5, Hintergrund).

2. Anschließend navigieren Sie im angezeigten Dialogfeld (Bild 23.5, Vordergrund) zum Ordner mit den Mediendateien, wählen die gewünschte Datei aus und klicken auf die *Öffnen*-Schaltfläche.

Der Windows Live Movie Maker unterstützt den Import vieler Medienformate und greift hierzu auf die unter Windows 7 vorinstallierten DirectShow-Filter zurück. Daher lassen sich Videodateien in Formaten wie AVI-, MPEG-2 und MPEG-4 (.WMV, .MOV, .3GP etc.) importieren, sodass sich die Verwendung spezieller Programme zur Konvertierung der Videoformate erübrigt. Welche Formate unterstützt werden, lässt sich in der Programmhilfe (aufrufbar über die Hilfeschaltfläche in der Symbolleiste) im Internet nachlesen. Zudem können Sie die Dateitypen im Dialogfeld zum Medienimport erkennen, wenn Sie das Listenfeld des Dateifilters (rechts neben dem Dateinamenfeld) öffnen. Standardmäßig ist der Dateifilter im Importdialog so gesetzt, dass alle zulässigen Importdateien (Videos und Fotos bzw. Audio) angezeigt werden.

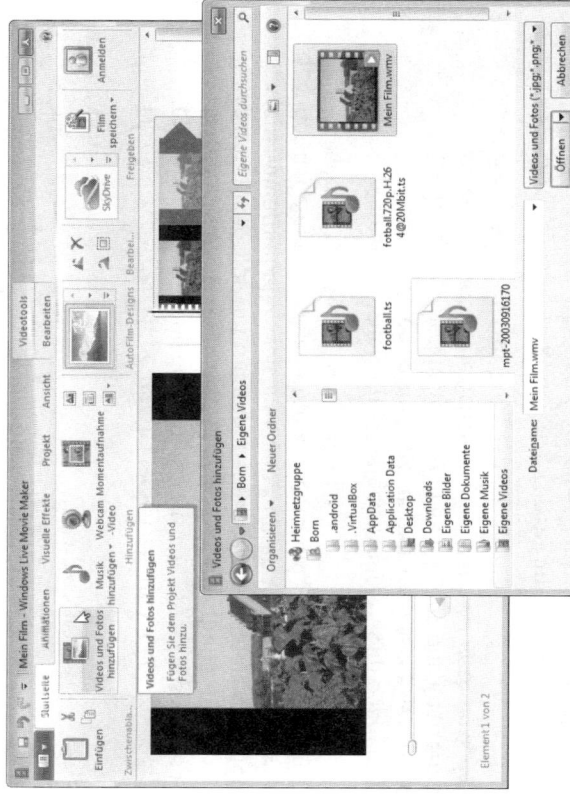

Bild 23.5:   Videos zum Projekt hinzufügen

507

TIPP

Am einfachsten geht das Hinzufügen von Elementen zum Projekt, indem Sie die betreffenden Mediendateien per Maus aus einem Ordnerfenster in den Projektbereich ziehen.

23.2.3 Videoclips anordnen und drehen

Der Windows Live Movie Maker zeigt im Projektbereich die Miniaturansichten der hinzugefügten Fotos und Videodateien an. Längere Clips werden dabei (abhängig vom gewählten Zoomfaktor) durch mehrere Miniaturbilder dargestellt (Bild 23.6). Die Aufteilung auf die einzelnen Miniaturbilder erfolgt automatisch anhand erkannter Szenen.

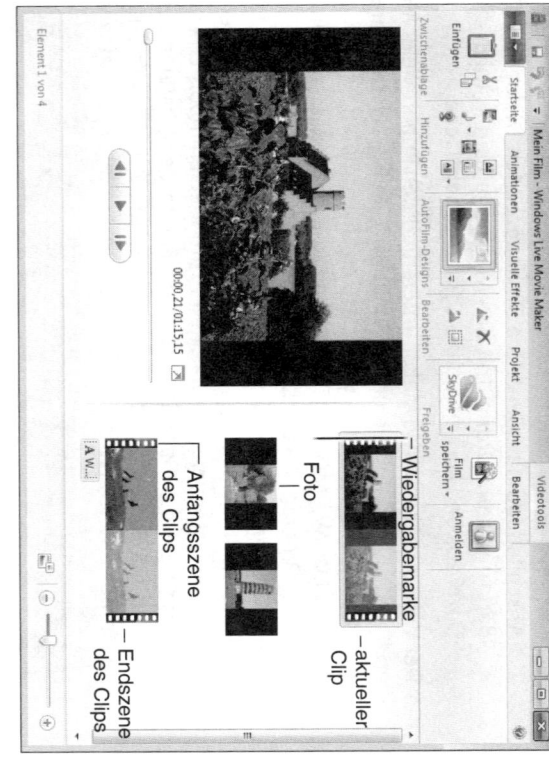

Bild 23.6: Elemente im Projektbereich

- Ob es sich bei den eingefügten Elementen um Videoclips oder Fotos handelt, erkennen Sie am Rand der Miniaturansicht. Videoclips werden mit einem stilisierten Diarand dargestellt (Bild 23.6). Den Anfang und das Ende eines längeren Videoclips mit mehreren angezeigten Szenen erkennen Sie ebenfalls am Miniaturabbild, welches einen Filmrand aufweist. Der senkrechte Strich, der bei einem der Elemente eingeblendet wird, kennzeichnet die aktuelle Wiedergabeposition in der Vorschau.

- Um einen im Querformat aufgezeichneten Clip oder ein gekipptes Foto im fertigen Video korrekt anzuzeigen, markieren Sie das Element im Projektbereich. Anschließend wählen Sie auf der Registerkarte *Startseite* des Menübands die Schaltflächen *Um 90° nach links drehen* bzw. *Um 90° nach rechts drehen*.

- Um die Reihenfolge der im fertigen Film gezeigten Clips und/oder Fotos anzupassen, markieren Sie einen Eintrag im Projektbereich und ziehen diesen bei gedrückter linker Maustaste nach oben oder unten an die gewünschte Position.

- Sollen importierte Fotos oder Clips nicht im fertigen Film auftauchen, markieren Sie diese und klicken anschließend auf der Registerkarte *Startseite* des Menübands auf die Schaltfläche *Element entfernen*. Dies ist z. B. erforderlich, wenn Sie aus einem importierten Videoclip Szenen (z. B. Werbung) herausschneiden oder Clips teilen (siehe folgende Seiten).

Klicken Sie Elemente mit der rechten Maustaste an, stehen Ihnen Befehle zum Löschen des markierten Elements, zum Ausschneiden, Kopieren und erneuten Einfügen per Zwischenablage zur Verfügung. Auf diese Weise können Sie Videoclips oder Fotos duplizieren oder neu im Projektbereich anordnen. Die Funktionen Ausschneiden, Kopieren und Einfügen lassen sich wie bei WordPad (siehe *Kapitel 16*) oder Paint (siehe *Kapitel 20*) handhaben und sind auch über die Schaltflächen der Gruppe *Zwischenablage* auf der Registerkarte *Startseite* abrufbar.

23.2.4 Videoclips beschneiden

Häufig sind Videoclips zur direkten Verwendung im fertigen Film ungeeignet. Da müssen Szenen herausgeschnitten oder Abläufe am Anfang bzw. Ende entfernt werden. Bei TV-Aufnahmen gilt es ggf. Werbeblöcke herauszuschneiden.

1. Um einen Clip zu teilen, markieren Sie ihn im Projektbereich durch einen Mausklick und lassen die Wiedergabe im Vorschaubereich zur gewünschten Stelle durchlaufen.

2. Dann klicken Sie auf der Registerkarte *Bearbeiten* (Bild 23.7) des Menübands auf die Schaltfläche *Video teilen*.

Den Clip können Sie durch Anklicken der Schaltfläche *Wiedergabe* (Bild 23.7) oder Drücken der ⌴Leer⌴-Taste im Vorschaufenster abspielen und auch wieder anhalten. Verwenden Sie die beiden Schaltflächen *Vorheriges Bild* und *Nächstes Bild* (Tasten Ⓙ und Ⓛ) des Vorschaubereichs zur Feinpositionierung innerhalb des Videos, bevor Sie eine Szene teilen. Der Videoclip wird mittels der Schaltfläche *Video teilen* an der aktuellen Stelle geteilt und im Projektbereich mit zwei Elementen angezeigt.

HINWEIS

Zur Grobpositionierung können Sie den Schieber der Zeitachse des Videobereichs (Suchleiste) mit der Maus nach links oder rechts verschieben. Allerdings gibt es beim Windows Live Movie Maker das Problem, dass dieser die Zeitachse der Suchleiste auf die Zeitdauer des fertigen Films und nicht auf das gerade angewählte Element bezieht. Nur wenn Sie einen einzelnen Clip in den Projektbereich eingefügt haben, klappt die Grobpositionierung über die Suchleiste ganz leidlich. Dies ist ein echter Rückschritt gegenüber den in früheren Windows-Versionen enthaltenen Movie Maker, wo sich die Suchleiste im Vorschaubereich auf den angewählten Clip beziehen ließ.

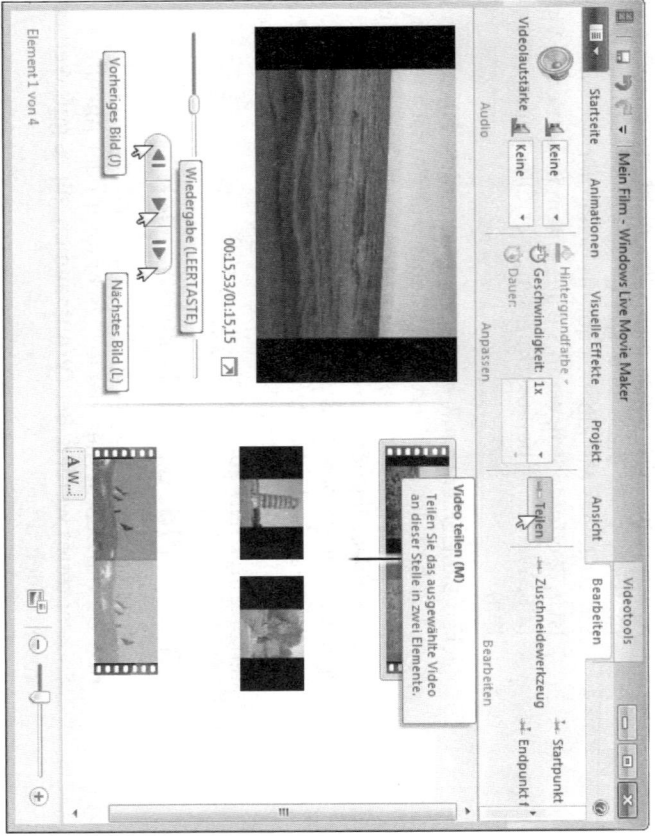

Bild 23.7: Video wiedergeben und teilen

Die obige Technik lässt sich sehr gut zum Entfernen von Werbeblöcken aus TV-Mitschnitten verwenden. Importieren Sie den Mitschnitt und lassen Sie das Video zum Beginn der Werbeeinblendung vorlaufen. Schneiden Sie den Film dann mittels der Schaltfläche *Video teilen* am Beginn des Werbeblocks. Markieren Sie den nun im Projektbereich angezeigten zweiten Clip und lassen Sie die Vorschau zum Ende des Werbeblocks vorlaufen. Dann teilen Sie den Clip erneut an dieser Stelle. Im Projektbereich sollten nun drei Clips vorliegen, von denen einer nur noch Werbung enthält. Klicken Sie dieses Element mit der Maustaste an. Dann können Sie auf der Registerkarte *Startseite* die Schaltfläche *Element entfernen* oder den Kontextmenübefehl *Löschen* wählen. Dies bewirkt, dass das Element lediglich aus dem Projekt herausgenommen und beim Erstellen des Films nicht berücksichtigt wird – der Originalmitschnitt bleibt davon unberührt.

1. Möchten Sie nur einen Ausschnitt aus einem Clip in den fertigen Film übernehmen, markieren Sie das Element im Projektbereich und lassen das Video in der Vorschau bis zum Beginn der gewünschten Szene vorlaufen.

2. Anschließend klicken Sie auf der Registerkarte *Bearbeiten* des Menübands auf die Schaltfläche *Startpunkt festlegen* (Bild 23.8).

3. Lassen Sie anschließend das Video im Vorschaufenster erneut weiterlaufen, bis das Ende der gewünschten Szene erreicht ist.

4. Danach klicken Sie auf der Registerkarte *Bearbeiten* des Menübands auf die Schaltfläche *Endpunkt festlegen.*

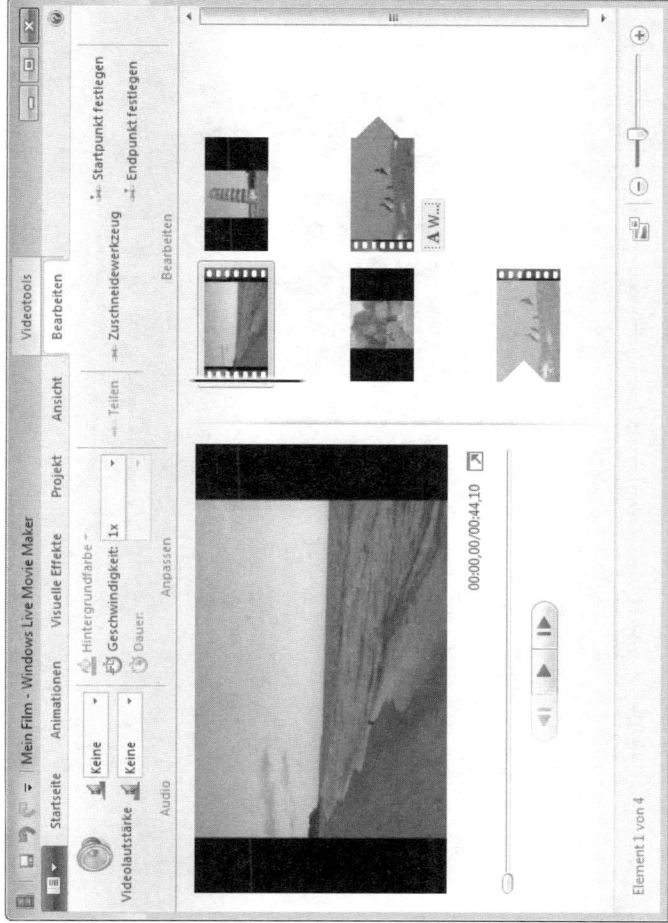

Bild 23.8: Start- und Endpunkt in einem Videoclip festlegen

Der Windows Live Media Maker setzt dann die beiden Punkte im aktuellen Clip und passt automatisch die Darstellung im Vorschaufeld an. Zu erkennen ist dies an den den im Vorschaubereich eingeblendeten Zeitmarken (die Startzeit beginnt bei 00:01 und die Endzeit wird entsprechend reduziert).

>
> HINWEIS
>
> Der Zuschnitt durch Setzen des Start- und Endpunkts hat den Nachteil, dass anschließend nicht mehr erkennbar ist, was im Clip an Szenen vor und hinter diesen Marken war. Möchten Sie eine Korrektur vornehmen, können Sie die *Rückgängig*-Schaltfläche in der Symbolleiste für den Schnellzugriff anklicken oder die Tastenkombination Strg + Z drücken. Komfortabler lässt sich ein Zuschnitt aber über das Zuschneidewerkzeug vornehmen.

Um einen Ausschnitt aus einem Videoclip komfortabel auszuwählen, empfiehlt sich die Verwendung des Zuschneidewerkzeugs.

1. Markieren Sie den gewünschten Videoclip im Projektbereich und klicken Sie auf der Registerkarte *Bearbeiten* des Menübands auf die Schaltfläche *Zuschneidewerkzeug* (Bild 23.8).

2. Anschließend setzen Sie die Start- und Endmarke, indem Sie die betreffenden Elemente in der Suchleiste des Vorschaubereichs zu den Stellen im Clip ziehen (Bild 23.9).

Bei Bedarf können Sie die Szene über die Schaltflächen des Vorschaubereichs Bild für Bild vor- oder zurückblättern. Dann lässt sich der genaue Zeitpunkt rechts oberhalb der Suchleiste ablesen und Sie können diesen Wert in das

Bild 23-9:   Arbeiten mit dem Zuschneidewerkzeug

Feld *Startpunkt* bzw. *Endpunkt* der Registerkarte *Zuschneiden* eintragen. Dies ermöglicht eine framegenaue Festlegung der Schnittmarke. Verwenden Sie die Schaltfläche *Zuschneiden speichern* der Registerkarte *Zuschneiden*, um die Änderungen im Projekt zu sichern. Die *Abbrechen*-Schaltfläche beendet ebenfalls das Zuschneiden, verwirft aber die Ergebnisse.

23.2.5   Animationen und Übergänge anwenden

Die im Projektbereich angeordneten Videoclips und für eine Diaschau aufgenommenen Fotos gehen bei der Wiedergabe abrupt ineinander über. Häufig werden beim Videoschnitt oder bei einer Diaschau jedoch Übergänge eingefügt, die einzelne Szenen oder Fotos durch Überblenden weich ineinanderfließen lassen. Der Windows Live Movie Maker stellt eine ganze Reihe von Übergängen und Animationen zur Verfügung. Um diese zuzuweisen, gehen Sie folgendermaßen vor.

1.   Markieren Sie das oder die gewünschten Elemente im Projektbereich des Anwendungsfensters.

2.   Wechseln Sie im Menüband zur Registerkarte *Animationen* (Bild 23.10) und klicken Sie in den Gruppen *Übergänge* bzw. *Schwenken und Zoomen* auf den gewünschten Eintrag.

3.   Bei Bedarf können Sie zusätzlich die Dauer des Übergangs in der Gruppe *Übergänge* der Registerkarte anpassen.

Bild 23.10.   Animationen bzw. Übergänge zuordnen

Welche Übergänge angeboten werden und ob der Bereich *Schwenken und Zoomen* verfügbar ist, hängt vom im Projektbereich gewählten Element ab. Bei Videos stehen andere Übergänge für Clips als für die Fotos einer Diaschau bereit. In Bild 23.10 ist im Hintergrund die Registerkarte *Animationen* bei einem Foto als Projektelement zu sehen, während im Vordergrund die Animationen für Videos gezeigt werden. Die Registerkarte zeigt nur einen Ausschnitt der jeweils verfügbaren Übergänge an. Klicken Sie auf die am unteren rechten Rand der Palette sichtbare Schaltfläche *Mehr*. Dann wird die Palette so erweitert, dass alle Übergänge bzw. Funktionen sicht- und abrufbar sind.

HINWEIS

Ein zugewiesener Übergang oder Effekte wie Schwenken und Zoomen werden am Anfang des betreffenden Clips im Symbol der Miniaturansicht als stilisiertes Dreieck im Projektbereich eingeblendet (Bild 23.11). Sie dürfen keinesfalls den Kontextmenübefehl Löschen zum Entfernen des Übergangs verwenden, da dieser das Element aus dem Projektbereich entfernt. Wählen Sie auf der Registerkarte Animationen die Einträge Kein Übergang bzw. Kein Effekt.

Bild 23.11: Anzeige von Effekten und Übergängen im Projektbereich

23.2.6 Visuelle Effekte zuweisen

Im Windows Live Movie Maker können Sie verschiedene visuelle Effekte (Plakatdarstellung, Schwarzweiß, Kanten) auf Videos oder Einzelbilder anwenden.

1. Wählen Sie im Projektbereich das gewünschte Element (Foto oder Videoclip) und wechseln Sie im Menüband zur Registerkarte *Visuelle Effekte* (Bild 23.12).

2. Zeigen Sie im Menüband auf einen der eingeblendeten Effekte, um die zugehörige Quickinfo abzurufen sowie den Effekt im Vorschaubereich zu beurteilen.

Sobald Sie die Schaltfläche des Effekts auf der Registerkarte *Visuelle Effekte* anklicken, wird dieser dem Element dauerhaft zugewiesen.

Den visuellen Effekt heben Sie auf, indem Sie das Element im Projektbereich anwählen und dann auf der Registerkarte *Visuelle Effekte* die Schaltfläche *Kein Effekt* anklicken. Auf der Registerkarte können Sie am rechten Rand auf die Schaltfläche *Helligkeit* klicken. Dann erscheint ein Schieberegler, über den Sie ein zu dunkles oder zu helles Video aufhellen bzw. abdunkeln können.

TIPP

Visuelle Effekte werden in der Miniaturansicht des Elements durch vier kleine Punkte in der linken oberen Fensterecke angezeigt (Bild 23.11). Über eine durch Zeigen auf die Miniaturansicht des Projektbereichs abrufbare Quickinfo lässt sich herausfinden, ob Effekte, Übergänge oder Animationen vorhanden sind.

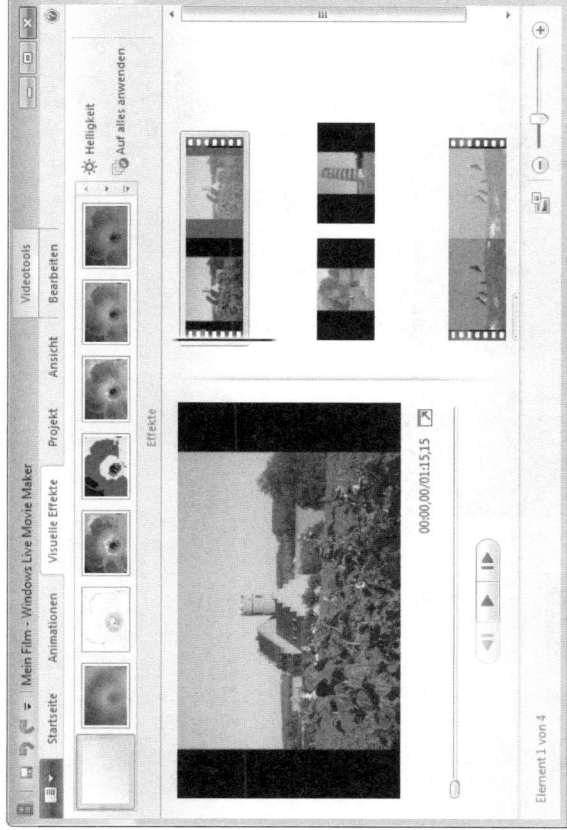

Bild 23.12: Visuelle Effekte auf Clips anwenden

23.2.7   Titel für Bilder oder Vor- und Abspann definieren

Eine besonders nette Sache ist die Möglichkeit, Titel für den Vorspann des Videos, für einzelne Bilder oder für den Abspann des Films zu definieren.

1. Wählen Sie auf der Registerkarte *Startseite* des Menübands in der Kategorie *Hinzufügen* eine der Schaltflächen *Titel, Bildtext* oder *Abspann* (Bild 23.13, Hintergrund). Falls Sie einen Bildtitel festlegen möchten, ist vorher das Bild im Projektbereich zu markieren.

2. Klicken Sie auf das im Vorschaubereich angezeigte Textfeld (Bild 23.13, Vordergrund) und geben Sie den Text für den Titel, für das Bild oder den Abspann ein. Solange der Text noch markiert ist, können Sie auf der Registerkarte *Format* dessen Formatierung über die Schaltflächen der Gruppe *Schriftart* und *Absatz* anpassen. Klicken Sie im Vorschaubereich neben das Textfeld, um dessen Markierung aufzuheben.

3. Anschließend lassen sich in der Gruppe *Anpassen* die Zeiten für den Beginn und das Ende der Anzeige des Titels in die betreffenden Drehfelder eintragen. Zusätzlich können Sie in der Gruppe *Effekte* noch Einblendeffekte für die Textanzeige auswählen.

Der Windows Live Movie Maker zeigt die definierten Texte am Anfang und Ende des Projektbereichs sowie ggf. bei Einzelbildern an. Sie können die betreffenden Platzhalter also jederzeit im Projektbereich anklicken und den Text im Vorschaubereich korrigieren. Zudem lassen sich im Projektbereich markierte Texte über die Schaltfläche *Element entfernen* der Registerkarte *Startseite* oder über den Kontextmenübefehl *Löschen* entfernen.

515

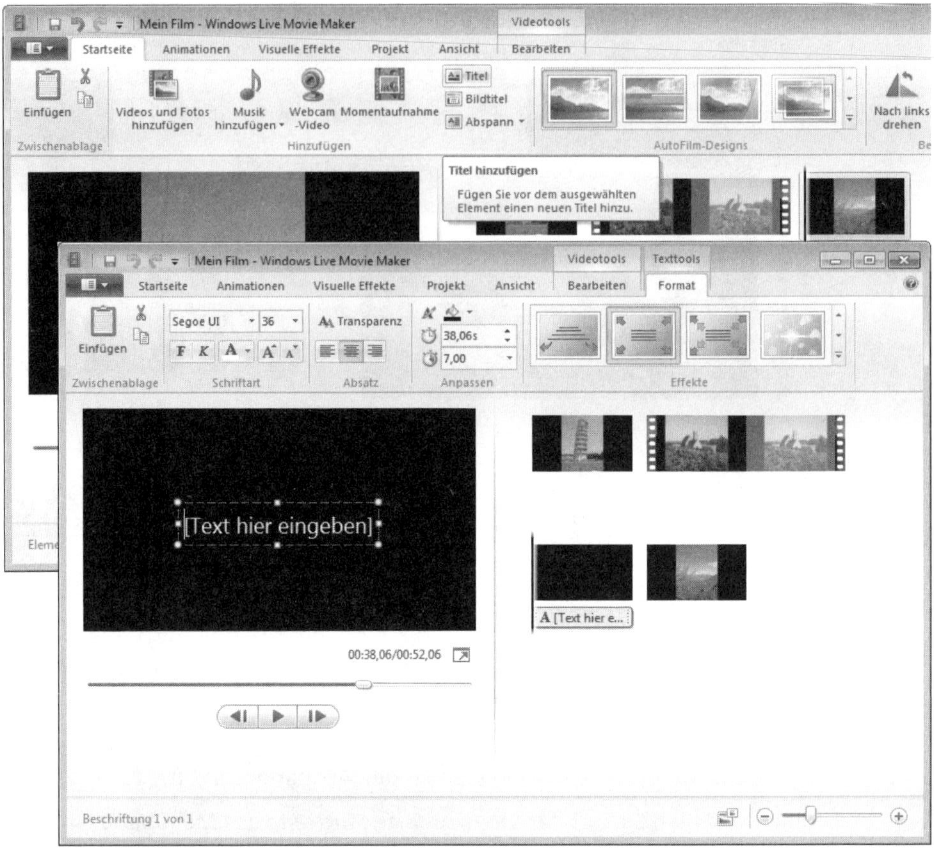

Bild 23.13: Definieren der Titel für Vor- und Abspann

TIPP

Sie können Texte aus anderen Anwendungen in die Zwischenablage übertragen. Klicken Sie dann im Projektbereich auf ein Bild oder einen Clip, lässt
sich dieser Text über die *Einfügen*-Schaltfläche der Gruppe *Zwischenablage*
im Element als Beschriftung übernehmen. Zudem gibt es die Schaltfläche
AutoFilm auf der Registerkarte *Startseite*, die alle Elemente mit Texten und
Übergängen versieht.

23.2.8 Video vertonen

Um Videoclips oder eine Diaschau mit Fotos zu vertonen, lassen sich auch
Audiodateien in den Projektbereich aufnehmen.

1. Wählen Sie auf der Registerkarte *Startseite* die Schaltfläche *Musik hinzufügen* und dann einen der angezeigten Befehle.

2. Danach ist die Audiodatei im eingeblendeten Dialogfeld auszuwählen
und über die *Öffnen*-Schaltfläche in den Projektbereich aufzunehmen.

Im eingeblendeten Menü der Schaltfläche *Musik hinzufügen* lässt sich zwischen den Befehlen *Musik hinzufügen* und *Musik an der aktuellen Stelle hinzufügen* wählen. Der letztgenannte Befehl fügt den Startpunkt des Audioclips an der aktuellen Wiedergabeposition des Videoclips ein. Sie müssen daher vor dem Hinzufügen einen Clip oder das Foto einer Diaschau anwählen – oder Sie lassen den Film im Vorschaubereich bis zur gewünschten Stelle vorlaufen, bevor Sie die Audiodatei einfügen.

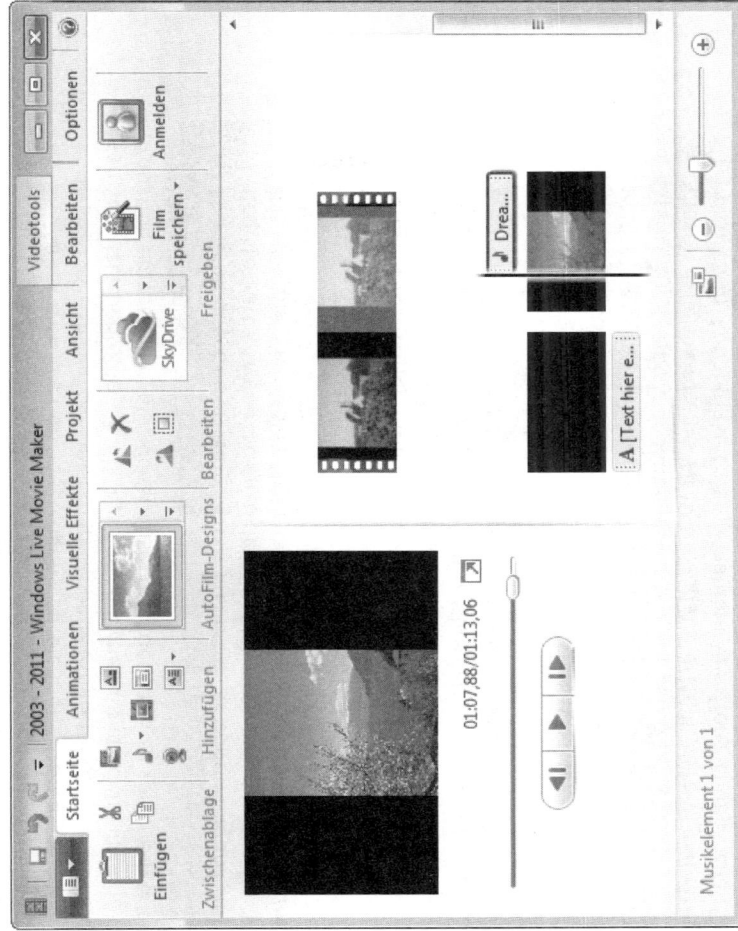

Bild 23.14: Video vertonen

Nach diesen Schritten zeigt das Programm eine Marke für die Tonspur im Projektbereich an (Bild 23.14). Sie können jetzt den Film im Vorschaubereich abspielen, um die Audiospur zu testen. Bei Bedarf lassen sich der Beginn und/oder das Ende des Audioclips über die betreffenden Drehfelder der Gruppe *Bearbeiten* auf der Registerkarte *Optionen* anpassen. In der Gruppe *Audio* der gleichen Registerkarte können Sie über die Werte der Listenfelder *Einblenden* und *Ausblenden* die Geschwindigkeit wählen, mit der die Audiospur bei der Wiedergabe auf volle Lautstärke hochgefahren und wieder abgeblendet wird. Die Schaltfläche *Musiklautstärke* blendet einen Schieberegler ein, über den Sie die Lautstärke der Audiospur anpassen können.

 HINWEIS Um einen Audioclip zu löschen, klicken Sie das Symbol mit der rechten Maustaste im Projektbereich an und wählen im Kontextmenü den Befehl *Entfernen*.

517

Auf der Registerkarte STARTSEITE finden Sie noch die Gruppe AUTOFILM-DESIGNS. Wählen Sie eines der angezeigten Felder, werden die zugehörigen Effekte (z. B. Sepia-Effekt) auf das Video angewandt.

HINWEIS

■ Es reicht, die betreffende Schaltfläche der Gruppe *Freigabe* auf der Registerkarte *Startseite* anzuklicken. Alternativ können Sie im Menü der *Windows Live Movie Maker*-Schaltfläche einen der Befehle *Film ver-öffentlichen* oder *Film speichern* anwählen. Der erstgenannte Befehl ermöglicht das Einstellen bei YouTube, auf SkyDrive etc. (Bild 23.15, links), während der zweitgenannte Befehl mehrere Optionen (Bild 23.15, rechts) zum Speichern in diversen Ausgabeformaten (z. B. auf DVD, als hochauflösende Videodatei, als E-Mail-Anhang etc.) bereitstellt. Diese Optionen erhalten Sie auch zur Auswahl angeboten, wenn Sie die Palette der Gruppe *Freigeben* öffnen (Bild 23.15).

■ Je nach Auswahl müssen Sie anschließend in einem Dialogfeld die Auf-lösung sowie die YouTube-/SkyDrive-Zugangsdaten eintragen bzw. den Zielordner sowie den Namen der Videodatei vorgeben bzw. wählen. Das in Bild 23.16 im Hintergrund gezeigte Dialogfeld erscheint sowohl beim Speichern in eine Videodatei als auch beim Veröffentlichen auf DVD. In diesen Fällen wird eine WMV-Videodatei erstellt, deren Qualität auto-matisch in Abhängigkeit der gewählten Veröffentlichungsschaltfläche eingestellt wird.

23.2.9 Freigabe des fertigen Films

Sobald Sie die auf den vorhergehenden Seiten beschriebenen Schritte zum Erstellen eines Films ausgeführt haben, können Sie das Ergebnis in eine Videodatei überführen oder im Web veröffentlichen. Im Windows Live Movie Maker wird dies als »Freigeben« bezeichnet, und auf der Register-karte *Startseite* finden Sie eine entsprechende Programmgruppe mit mehre-ren Schaltflächen (Bild 23.15). Diese ermöglichen Ihnen, den Film direkt bei YouTube einzustellen, als hochauflösende Videodatei zu speichern oder auf DVD zu brennen.

Das Erstellen des Films (auch als Rendern bezeichnet) kann, je nach gewähl-ter Wiedergabequalität und Schnelligkeit des Computers, durchaus einige Stunden betragen. Während der Aufbereitung werden Sie über eine Fort-schrittsanzeige über den Ablauf informiert. Ist der Export abgeschlossen, können Sie das angezeigte Dialogfeld (Bild 23.16, Vordergrund) über die *Schließen*-Schaltfläche verlassen. Weitere Schaltflächen bieten die Möglich-keit, die Videodatei gleich im Anschluss im Windows Media Player wiederzu-geben oder den Zielordner mit der erzeugten Videodatei zu öffnen. Bei der Ausgabe auf DVD startet der Windows Live Movie Maker anschließend den Windows DVD Maker, der dann den Film bereits als Projektelement auf-weist. Sie brauchen nur noch die Schritte zum Authoring durchzuführen (siehe den folgenden Abschnitt).

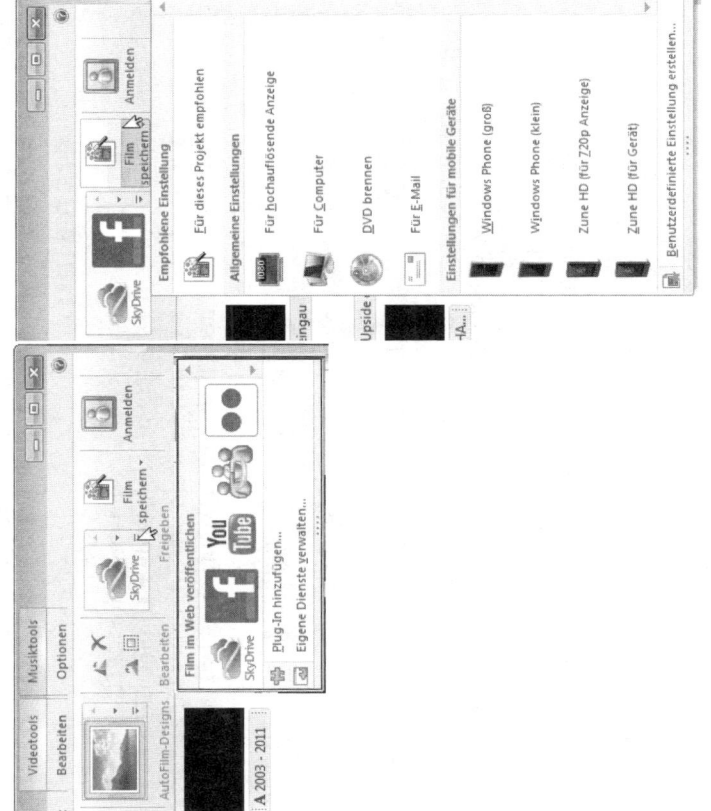

Bild 23.15:   Film freigeben oder speichern

Bild 23.16:   Film veröffentlichen

23.3   DVDs mit dem Windows DVD Maker erstellen

Video-DVDs enthalten das Videomaterial im MPEG-2-Format mit einer Auflösung von 720 x 576 Bildpunkten. Zudem können diese Medien noch Menüs
zur Navigation zwischen Kapiteln und Titeln der Videoclips enthalten. Zum
Erstellen von Video-DVDs (als DVD-Authoring bezeichnet) enthält Windows
7 den Windows DVD Maker. Das Programm lässt sich über den Befehl *Windows DVD Maker* im Zweig *Alle Programme* des Startmenüs aufrufen. Das
Aufbereiten des Videomaterials für die Video-DVD lässt sich gemäß der
nachfolgenden Beschreibung vornehmen.

23.3.1   Dem Windows DVD Maker Mediendateien hinzufügen

Sollte sich beim ersten Aufruf der Windows DVD Maker mit einem Startdialogfeld melden, wählen Sie die Schaltfläche *Fotos und Videos auswählen* an.
Dann wird das in Bild 23.17 gezeigte Dialogfeld *Bilder und Videos zur DVD
hinzufügen* zur Auswahl der Inhalte und Optionen angezeigt.

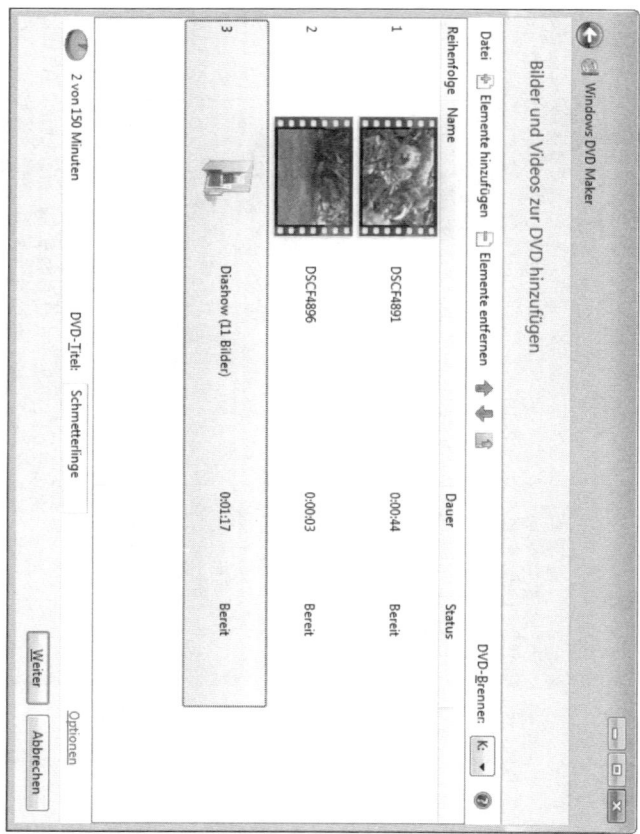

Bild 23.17:   Mediendateien zum Projekt hinzufügen

1. Legen Sie bei Bedarf über das Listenfeld *DVD-Brenner* der Symbolleiste
das Laufwerk für den Brenner fest.

2. Klicken Sie im Fußbereich auf das Textfeld *DVD-Titel* und tippen Sie
einen Datenträgertitel für die DVD ein.

3. Anschließend klicken Sie in der Symbolleiste auf die Schaltfläche *Elemente hinzufügen*. Sobald sich das Dialogfeld *Elemente zur DVD hinzufügen* öffnet (Bild 23.18), navigieren Sie zum Ordner mit den Mediendateien, wählen das aufzunehmende Material aus und klicken auf die *Hinzufügen*-Schaltfläche.

Sie können sowohl Video- und Audiodaten als auch Fotodateien in ein DVD-Projekt aufnehmen. Standardmäßig ist dabei das Listenfeld mit dem Dateifilter (rechts vom Feld *Dateiname*) auf den Wert »Alle Mediendateien« gesetzt. Bei Bedarf lässt sich der Filter für das Dateiformat aber auch auf Audio- oder Video- oder Bilddateien setzen, um die Dateiauswahl einzugrenzen. Nach Auswahl einer Videodatei oder mehrerer Fotos und dem Schließen des Dialogfelds mittels der Schaltfläche *Hinzufügen* taucht das betreffende Element im Dialogfeld des Windows DVD Makers auf (Bild 23.17).

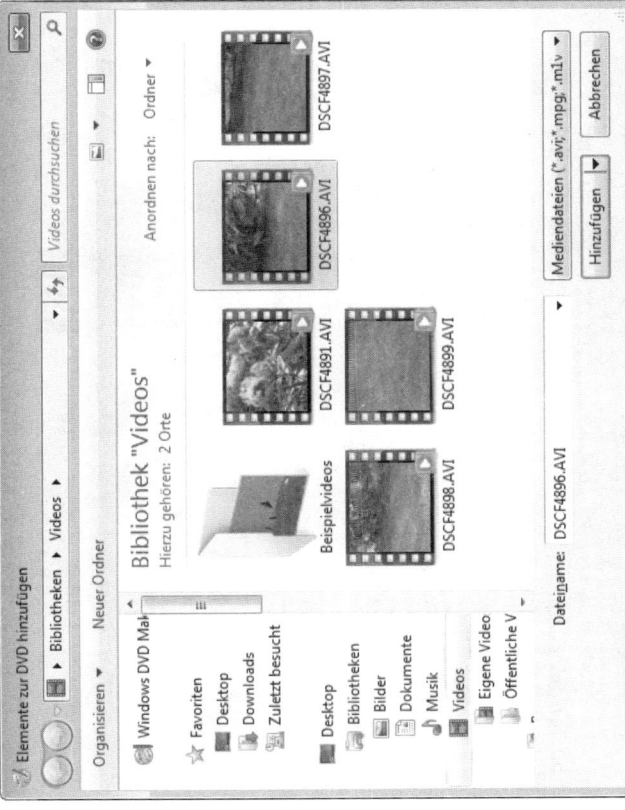

Bild 23.18: Elemente für die Video-DVD auswählen

Bei Bedarf fügen Sie über die Schaltfläche *Hinzufügen* mehrere Mediendateien zur Zusammenstellung des Projekts hinzu. Eine Anzeige in der linken unteren Ecke des Dialogfelds gibt die bereits belegte und die noch freie Kapazität auf dem Medium an (Bild 23.17).

Die Reihenfolge der hinzugefügten Elemente in der Zusammenstellung können Sie beeinflussen, indem Sie ein Element markieren und dieses dann bei gedrückter linker Maustaste in der Liste nach oben oder unten verschieben. Unerwünschte Elemente lassen sich in der Zusammenstellung markieren und mittels der Schaltfläche *Elemente entfernen* aus dem Dialogfeld *Bilder und Videos zur DVD hinzufügen* entfernen.

HINWEIS

Eingefügte Fotos werden unter einem Ordnersymbol als Diashow in der Zusammenstellung angezeigt (Bild 23.17). Um die Einzelfotos zu sortieren, wählen Sie das Symbol der Diashow in der Zusammenstellung mit einem Doppelklick an. Sie gelangen in die Ansicht der Fotoserie (Bild 23.19), in der Sie die Fotos verschieben und löschen können. Über die dann in der Symbolleiste (oberhalb der Fotoliste) freigegebene Schaltfläche *Zurück zu Videos* gelangen Sie zum vorherigen Schritt mit den Elementen der Zusammenstellung zurück.

Bild 23.19:   Fotos der Diashow sortieren

Sobald die Elemente zur Zusammenstellung hinzugefügt und die Optionen gesetzt wurden, können Sie über die *Weiter*-Schaltfläche des Dialogfelds zum nächsten Schritt übergehen.

Optionen für die Video-DVD vorgeben

Soll die DVD mit Menüs starten oder ist ein besonderes Bildverhältnis sowie eine Videonorm gewünscht? Dann klicken Sie im Dialogfeld auf den am unteren rechten Dialogfeldrand gezeigten Hyperlink *Optionen*. Es erscheint ein Eigenschaftenfenster mit zwei Registerkarten.

■ Die Registerkarte *DVD-Video* (Bild 23.20, links) ermöglicht die Festlegung der DVD-Optionen. Über die drei Optionsfelder der Gruppe *Wählen Sie DVD-Wiedergabeeinstellungen* legen Sie fest, ob die Videos auf der DVD automatisch im DVD-Player wiederzugeben sind oder ob ein Menü zur Auswahl der Kapitel des Films erscheint. Bei mehreren Elementen sollten Sie die Option zur Anzeige eines Menüs wählen, damit der Benutzer auf die einzelnen Inhalte zugreifen kann und nach dem Einlegen des Mediums nicht unversehens der erste Titel wiedergegeben wird.

■ Verfügen Sie zur Wiedergabe über Breitwandbildschirme, können Sie das *DVD-Seitenverhältnis* über das betreffende Optionsfeld auf 16:9 stellen. Ältere Fernsehgeräte benutzen aber noch das Seitenverhältnis 4:3, d. h., im Format 16:9 gebrannte DVDs werden in Breitwanddarstellung (Letterbox-Darstellung) mit schwarzen Balken am oberen und unteren Bildrand wiedergegeben.

■ Da DVD-Player und auch Fernseher sowohl NTSC als auch PAL unterstützen, ist eine Änderung des Videoformats eigentlich nicht relevant. Sinn macht eine Änderung nur, wenn das Material in gemischten Videoformaten vorliegt und bevorzugt in einem Format (z. B. PAL) codiert werden soll.

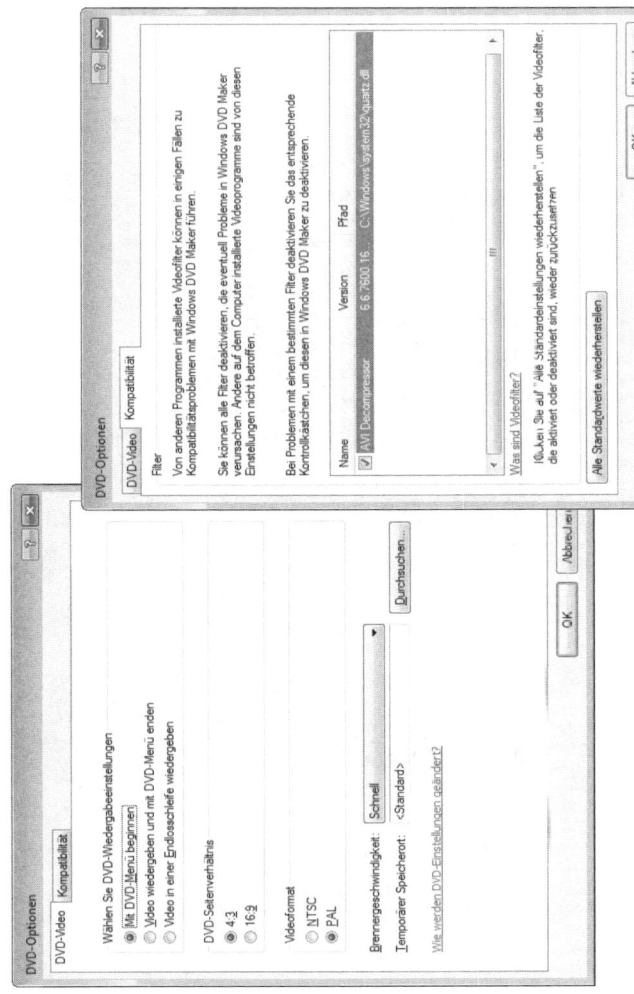

Bild 23.20: Optionen auswählen

■ Bei Bedarf können Sie noch die Brenngeschwindigkeit über ein Listenfeld anpassen, um ggf. den Rohling auf den DVD-Brenner abzustimmen. Schließen Sie das Dialogfeld über die *OK*-Schaltfläche.

Die Registerkarte *Kompatibilität* ist neu in Windows 7 hinzugekommen und zeigt die zum Bearbeiten des Videomaterials zusätzlich verwendeten Direct-Show-Filter (Encoder/Decoder). Gibt es Probleme bei der Aufbereitung des Videomaterials, kann ein fehlerhafter Fremd-Encoder die Ursache sein. Sie können dann auf der Registerkarte nachsehen, welche Filter aufgeführt sind, und die Markierung der zugehörigen Kontrollkästchen löschen. Anschließend versuchen Sie erneut, ob sich das Projekt für die Video-DVD aufbereiten lässt.

23.3.2 Menügestaltung für die DVD

Über die *Weiter*-Schaltfläche gelangen Sie zum Dialogschritt *DVD kann gebrannt werden* (Bild 23.21), in dem sich die Optionen für die Menüs der DVD anpassen lassen.

Bild 23.21: DVD-Menü gestalten

- Über die am rechten Rand des Dialogfelds *DVD kann gebrannt werden* (Bild 23.21) angezeigte Liste lässt sich ein Menüstil für das Eingangsmenü der DVD wählen. Sie können Effekte wie Umblättern, Notizbuch etc. auswählen. Diese werden wirksam, wenn der Benutzer über das Auswahlmenü zu den Kapiteln des Films blättert.

- Standardmäßig werden die DVD-Menüs als Text angezeigt. Möchten Sie Videos für den Hintergrund der Menüseite und das im Vordergrund gewählte Element verwenden oder soll die Anzeige der Menüseite vertont werden? Klicken Sie in der Symbolleiste des Dialogfelds *DVD kann gebrannt werden* (Bild 23.21) auf die Schaltfläche *Menü anpassen*. Dann erscheint das Dialogfeld *DVD-Menüstil anpassen* (Bild 23.22, unten). Über die Textfelder *Vordergrundvideo* und *Hintergrundvideo* sowie die zugehörigen *Durchsuchen*-Schaltflächen können Sie Videos für den Menüvordergrund und -hintergrund zuweisen. Im Feld *Menüvertonung* lässt sich eine Audiodatei zur Menüvertonung zuweisen. Über das Listenfeld *Szenen-Schaltflächenstile* wird mit dem eingestellten Wert das Aussehen der Menüschaltflächen beeinflusst. Das Dialogfeld ist über die Schaltfläche *Stil ändern* zu beenden.

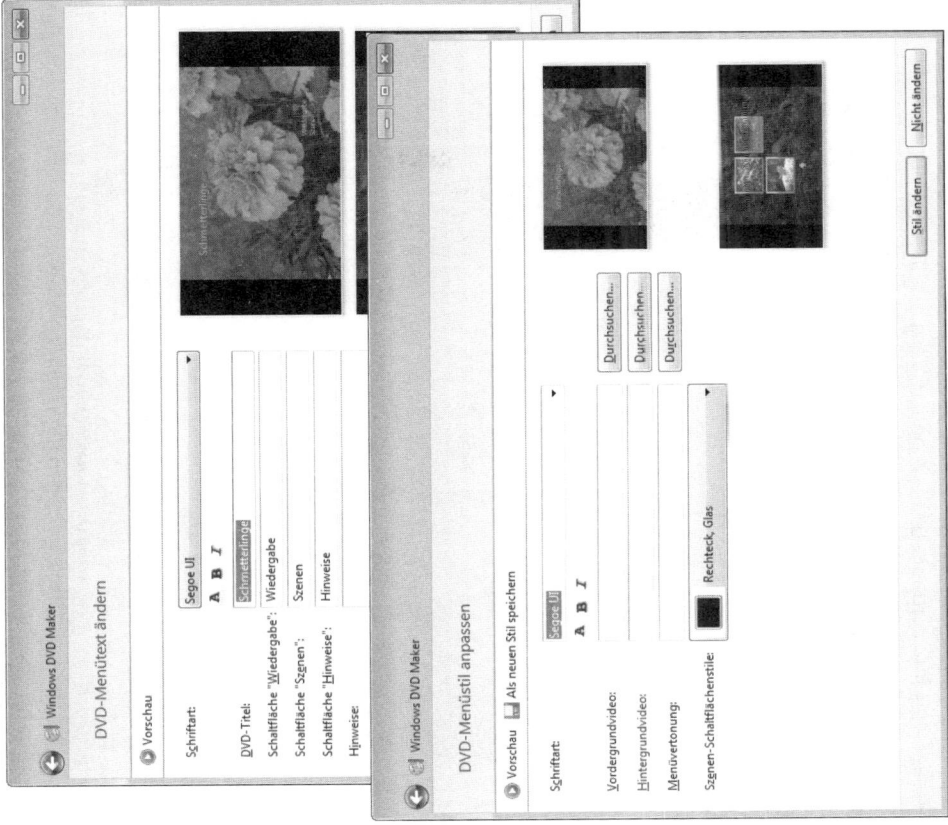

Bild 23.22:   Menütext und -stil ändern

■ Um den Text des DVD-Menüs zu ändern, klicken Sie auf die am oberen Rand des Dialogfelds *DVD kann gebrannt werden* (Bild 23.21) befindliche Schaltfläche *Menütext*. Im dann eingeblendeten Dialogfeld *DVD-Menütext ändern* (Bild 23.22, oben) können Sie die Texte für verschiedene Schaltflächen und die Hinweise korrigieren sowie die Schriftart und die Formatierung ändern. Über die Schaltfläche *Vorschau* lässt sich das Ergebnis ansehen. Schließen Sie das Dialogfeld über die Schaltfläche *Text ändern*.

■ Die Schaltfläche *Diashow* im Dialogfeld *DVD kann gebrannt werden* (Bild 23.21) öffnet ein Dialogfeld (Bild 23.23), in dem Sie Audiodateien zur Vertonung einer aus Einzelfotos bestehenden Diashow hinzufügen können. Die Audiodateien werden später beim Abspielen der Diashow als Tonspur wiedergegeben. In dem Dialogfeld finden Sie zudem Optionen, um die Standzeiten für alle Bilder, Übergangseffekte etc. einzustellen. Schließen Sie das Dialogfeld über die am unteren Rand angezeigte Schaltfläche *Diashow ändern*.

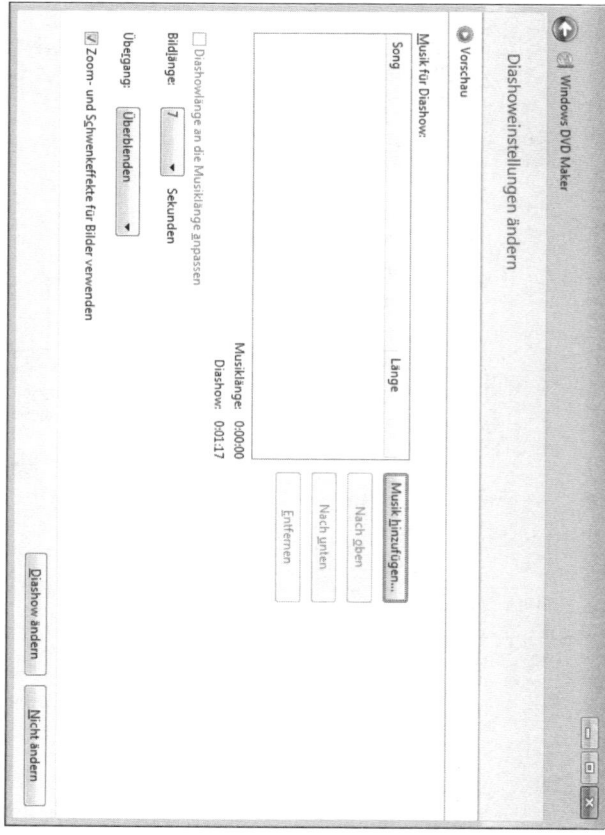

Bild 23.23: Optionen für eine Diashow festlegen

TIPP

Sobald alle Optionen in einem Dialogfeld festgelegt sind, können Sie die in der Kopfleiste des Dialogfelds angezeigte Schaltfläche *Vorschau* anklicken. Anschließend erstellt der Windows DVD Maker eine Vorschau des Videos und simuliert dessen Wiedergabe in einem Dialogfeld. Das Dialogfeld bietet beispielsweise Schaltflächen, um in den Menüs des Videos zu navigieren, zwischen den Szenen (d. h. Einzelfotos) zu blättern und das Menü aufzurufen. So können Sie die Videowiedergabe vor dem Brennen testen. Das Dialogfeld lässt sich über die *Ok*-Schaltfläche schließen.

Entsprechen die Vorgaben Ihren Vorstellungen, klicken Sie im Dialogfeld *DVD kann gebrannt werden* (Bild 23.21) auf die Schaltfläche *Brennen*. Der Windows DVD Maker fordert Sie in einem Meldungsfeld zum Einlegen einer beschreibbaren DVD in den Brenner auf. Sobald das eingelegte Medium vom Brenner erkannt wird, verschwindet das Meldungsfeld wieder. Der Windows DVD Maker codiert dann das Videomaterial als MPEG-2-Datei und brennt die Zusammenstellung als Video. Ein Dialogfeld mit einer Fortschrittsanzeige (Bild 23.24) informiert Sie über den Ablauf.

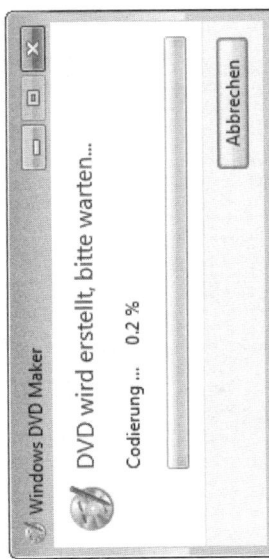

Bild 23.24:   Fortschrittsanzeige beim Erstellen einer Video-DVD

Nach Abschluss des Brennvorgangs erscheint ein Dialogfeld, in dem Sie auf Wunsch eine weitere Kopie der Video-DVD brennen können. Sie können dieses Dialogfeld schließen und die DVD dem Brenner entnehmen. Anschließend lässt sich die Video-DVD am Computer mit dem Windows Media Player oder mittels eines DVD-Players testen.

Das Dialogfeld des Windows DVD Makers bleibt auch nach dem Brennen noch geöffnet und muss über die *Abbrechen*-Schaltfläche geschlossen werden. Das Programm gibt Ihnen in einem weiteren Dialogfeld noch die Möglichkeit, die Einstellungen in einer Projektdatei zu speichern.

Nach dem erneuten Start des Windows DVD Makers haben Sie im Dialogfeld aus Bild 23.17 über die in der Symbolleiste eingeblendete Menüschaltfläche *Datei* die Möglichkeit, die Projektdatei über den Befehl *Projektdatei öffnen* zu laden. Im Menü *Datei* finden Sie auch Befehle, um die Projekteinstellungen erneut zu speichern.

HINWEIS

Im Windows Media Center finden Sie ebenfalls Funktionen, um aufgenommene Videos auf CD oder DVD zu brennen. Komfortabler wird das Authoring solcher Medien aber mit spezialisierten Programmen (z. B. Pinnacle Studio) von Drittherstellern.

24 Das Windows Media Center

Windows 7 Home Premium wird mit dem Windows Media Center ausgeliefert. Entsprechend ausgestattete Rechner lassen sich damit als Medienzentrale im Wohnzimmer zur Wiedergabe von Musik, Bildern und Videos sowie zum Ansehen von TV-Sendungen verwenden. Auch das Aufzeichnen von Videos sowie das Brennen auf DVD sind möglich. Nachfolgend erhalten Sie einen kurzen Überblick über das Windows Media Center.

24.1 Das Windows Media Center im Überblick

Das Windows Media Center wird über das Startmenü (Zweig *Alle Programme*) aufgerufen und muss beim ersten Start konfiguriert werden. Zudem lassen sich die Einstellungen auch nachträglich anpassen. Nachfolgend finden Sie eine Übersicht über die betreffenden Funktionen.

24.1.1 Was bietet das Windows Media Center?

Das Windows Media Center ist Bestandteil von Windows 7 Home Premium und wird auch standardmäßig mitinstalliert. Sie können nach dem Start über Tastatur und Maus oder über eine Fernbedienung eine Vielzahl an Funktionen zur Wiedergabe von Multimediainhalten (Fotos, Musik, Videos) abrufen.

■ Das Windows Media Center bietet Funktionen, mit denen Sie die auf dem Computer gespeicherten Fotos als Diashow wiedergeben oder Videos aus Dateien sowie von CD/DVD ansehen können. Sie können zudem Musik hören, indem Sie Audiodateien oder Audio-CDs im Media Center abspielen.

■ Ist eine TV-Empfangseinheit oder eine Radiokarte im Rechner installiert, können Sie Fernsehsendungen im Windows Media Center ansehen bzw. Radio hören. Der Vorteil beim TV-Empfang besteht darin, dass eine zeitversetzte Wiedergabe (Timeshift) möglich ist. Sie können eine laufende Sendung anhalten und zu einem späteren Zeitpunkt fortsetzen. Das Media Center zeichnet in der Zwischenzeit die Sendung auf und gibt beim Fortsetzen der Anzeige die zwischengespeicherten Teile zeitversetzt wieder.

■ Das Windows Media Center bietet eine Funktion, um Fernsehsendungen aufzuzeichnen. Optional lassen sich aufgezeichnete TV-Sendungen, Videos oder Fotos und Musik auf CD oder DVD brennen.

Über einen Internetzugang können zudem Zusatzinformationen (wie das aktualisierte Fernsehprogramm) abgerufen werden. Außerdem bietet das Windows Media Center die Möglichkeit, weitere Geräte wie die Spielekonsole Microsoft Xbox 360 über ein Netzwerk als sogenannten Media Center-Extender anzuschalten. Dann lassen sich Medieninhalte (Diashows, Musik, Videos) über das Netzwerk zu den betreffenden Geräten übertragen und Sie können über die Extender in anderen Räumen auf diese Inhalte zugreifen.

24.1.2 Voraussetzungen für das Windows Media Center

Das Windows Media Center sollte sich auf allen für Windows 7 geeigneten Rechnern verwenden lassen und Audiodateien, Musik-CDs oder Videos flüssig wiedergeben können. Allerdings sind schnellere Prozessoren (ab 2,5 GHz zu empfehlen – auf einem Netbook mit 1 GByte RAM und 1,6 GHz Atom-CPU lief die Videowiedergabe zwar ruckelfrei, aber die Bedienung und der TV-Empfang waren doch etwas zäh). Die Bedienung des Windows Media Center kann per Tastatur und Maus erfolgen. Die Software unterstützt aber auch Infrarotfernbedienungen. Am Computer muss dazu ein IR-Empfänger vorhanden sein, der durch Windows 7-Treiber eingebunden werden kann.

Ein spezieller Punkt ist der TV-Empfang über integrierte Tunerkarten oder externe USB-Empfangseinheiten. DVB-T-Empfänger (terrestrisch) werden durch das Windows Media Center direkt unterstützt. Für DVB-S (Satellit) oder DVB-C (Kabel) benötigen Sie jedoch spezielle Anpassungen der Hersteller der betreffenden Empfänger.

Um eine bereits vorhandene oder hinzugekaufte DVB-Empfangseinheit in das Windows Media Center einzubinden, muss als Erstes ein BDA-Treiber (BDA steht für Broadcasting Digital Architecture) des Herstellers für Windows 7 verfügbar sein. Einige DVB-T- und DVB-S-Karten werden standardmäßig bereits durch Windows mit entsprechenden Treibern unterstützt. In diesem Fall findet sich nach der Installation im Zweig Audio-, Video- und Gamecontroller des Geräte-Managers mindestens ein Eintrag für die Treiber der DVB-Karte bzw. des DVB-T-Sticks – manche Geräte weisen sogar zwei Einträge auf.

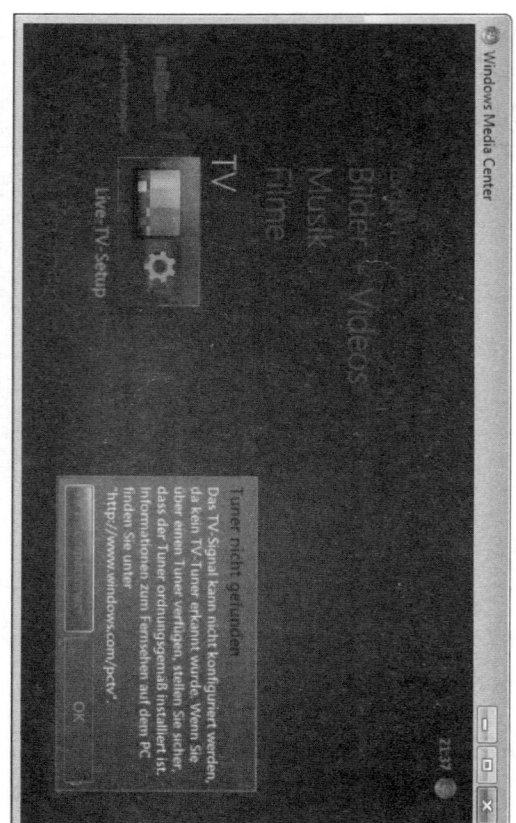

Bild 24.1:   Fehler beim Konfigurieren des TV-Empfangs

Bei einem DVB-T-Empfänger kann das Windows Media Center anschließend auf den TV-Tuner zugreifen und nach einer Konfigurierung Live-TV wiedergeben. Liefert das Setup des Windows Media Center allerdings die Fehlermeldung aus Bild 24.1, wird der DVB-Tuner trotz korrektem BDA-Treiber nicht gefunden. Dieser Fehler tritt typischerweise bei DVB-S-Lösungen auf, da diese Empfänger nicht direkt im Windows Media Center unterstützt werden.

Die DVB-S-Einbindung in das Windows Media Center erfordert ein spezielles Plug-in des Herstellers der Empfangseinheit. Anbieter wie Technotrend oder Hauppauge haben bereits vor Jahren eine entsprechende Erweiterung bereitgestellt, die die betreffenden DVB-S-Empfangskarten gegenüber dem Windows Media Center als DVB-T-Gerät ausgibt. Dann kann das Media Center über die DVB-T-Frequenztabellen auf den DVB-S-Tuner zugreifen und die entsprechenden Empfangskanäle über den BDA-Treiber selektieren.

Von Microsoft Deutschland wurde in Zusammenarbeit mit der Firma ODSoft bereits für das Windows Media Center von Windows XP eine entsprechende Lösung unter dem Namen »Universal DVB Receiver« entwickelt (www.universal-mce.de), die auch für Windows Vista/Windows 7 funktioniert. Allerdings setzt das betreffende Plug-in einen recht leistungsfähigen Prozessor (mindestens 2,5 GHz) voraus. Zudem gewähren weder Microsoft noch der Entwickler ODSoft einen Support für diese Lösung. Wer sich nachträglich eine DVB-S-Empfangskarte beschafft, sollte darauf achten, dass der Hersteller neben den BDA-Treibern auch ein entsprechendes Plug-in zum Einbinden in das Windows Media Center bereitstellt. Fehlt dieses Plug-in, können Sie versuchsweise den Universal DVB Receiver installieren und testen, ob der DVB-S-Tuner vom Windows Media Center-Setup erkannt wird. Von mir getestete DVB-S-Komponenten von TechniSat wurden leider nicht unterstützt, wogegen diverse DVB T Lösungen problemlos funktionierten.

24.1.3   Das Windows Media Center aufrufen und einrichten

Das Windows Media Center wird direkt über das Startmenü aufgerufen, indem Sie den Eintrag *Windows Media Center* im Zweig *Alle Programme* anklicken. Standardmäßig startet das Windows Media Center im Vollbildmodus, sodass sowohl der Windows-Desktop als auch die Taskleiste verschwinden.

Bild 24.2:   Darstellungsmodi beim Media Center anpassen

Sie können aber die Tastenkombination $\boxed{\text{Alt}}$+$\boxed{\leftarrow}$ drücken, um die Taskleiste aufzurufen. Dann erscheint die Windows-Taskleiste am unteren Rand des Bildschirms. Durch ein weiteres Drücken der $\boxed{\leftarrow}$-Taste lassen sich dann geöffnete Fenster in den Vordergrund schalten.

Zeigen Sie mit der Maus in die rechte obere Ecke des Windows Media Center-Bildschirms, werden die in Bild 24.2 gezeigten drei Schaltflächen sichtbar. Über die linke Schaltfläche lässt sich das Vollbildfenster des Media Center zu einer Schaltfläche in der Taskleiste minimieren und die rechte Schaltfläche schließt die Anwendung. Über die mittlere Schaltfläche wechseln Sie in den Fenstermodus des Media Center, d. h., Sie können die Inhalte weiterer geöffneter Anwendungsfenster sehen.

Betreiben Sie Ihren Rechner als Media Center, das nur per Fernbedienung gesteuert wird? Dann sollten Sie das Windows Media Center so einrichten, dass es automatisch nach dem Hochfahren von Windows im Vollbildmodus geladen wird. Hierzu wählen Sie über den Bildlauf die Kategorie *Aufgaben* und dann *Einstellungen* (Bild 24.5). Auf der Seite *Einstellungen* führt Sie der Befehl *Allgemein* zu einer Formularseite, in der Sie den Befehl *Start- und Anzeigeverhalten* wählen müssen. Die zugehörige Seite enthält ein Kontrollkästchen *Windows Media Center beim Start von Windows starten,* das Sie markieren müssen.

Erstkonfiguration des Windows Media Center

Beim ersten Aufruf des Windows Media Center werden Sie über eine Willkommensmeldung zur Konfigurierung aufgefordert. Bei diesen Schritten können Onlineinhalte wie beispielsweise ein TV-Programm abonniert und eine TV-Empfangskarte eingerichtet werden. Über die im Fenster eingeblendete *Weiter*-Schaltfläche lässt sich durch die Konfigurationsdialoge blättern.

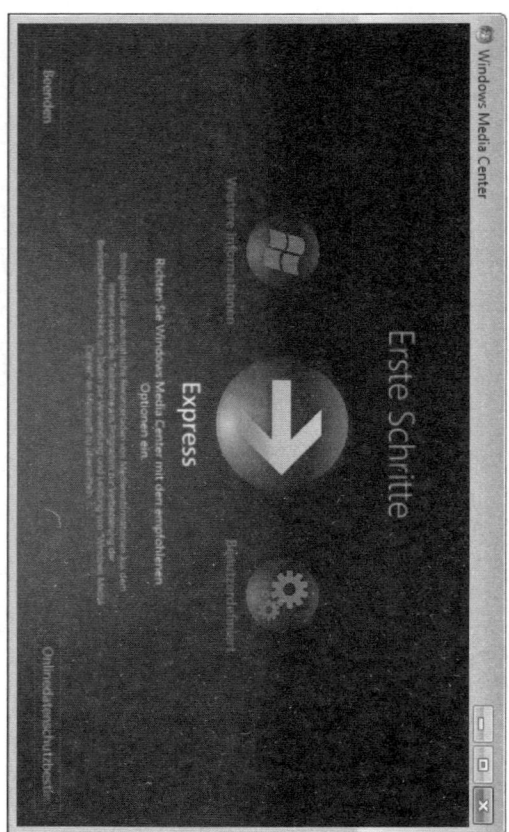

Bild 24.3: Setup-Optionen des Media Center

Sobald das in Bild 24.3 gezeigte Formular erscheint, empfiehlt es sich, die Option *Express-Setup* zu markieren und die *OK*-Schaltfläche anzuklicken. Erfahrene Anwender können über die Option *Benutzerdefiniertes Setup* die einzelnen Funktionen des Programms schrittweise konfigurieren.

HINWEIS

Sofern Sie das Setup ausführen, wird Ihnen auch der Bezug von Onlineinformationen per Internet (z. B. zum TV-Programm) angeboten. Sie sollten sich die Nutzungsbedingungen genau durchlesen, da zum Bezug solcher Informationen ein Abonnement eingegangen werden muss. Microsoft behält sich in den Nutzungsbedingungen vor, dieses Abonnement zu einem späteren Zeitpunkt in eine kostenpflichtige Leistung umzuwandeln. Sofern Sie sich über die Tragweite im Unklaren sind, empfiehlt es sich, auf den Abschluss eines Abonnements zu verzichten.

Setup nachträglich ausführen

Haben Sie das Setup beim ersten Aufruf abgebrochen oder möchten Sie die Konfiguration nachträglich anpassen, gehen Sie in folgenden Schritten vor.

Bild 24.4:   Kategorie *Aufgaben/Einstellungen* zum Setup des Media Center

1. Rufen Sie das Windows Media Center über den Zweig *Alle Programme* des Startmenüs auf.

2. Führen Sie einen Bildlauf zur Kategorie *Aufgaben* durch und wählen Sie den Punkt *Einstellungen* (Bild 24.4) an (siehe auch nachfolgenden Punkt »Das Media Center bedienen«).

3. Anschließend wählen Sie im Formular *Einstellungen* (Bild 24.5) die gewünschte Option aus.

Je nach gewählter Kategorie werden Sie über weitere Untermenüs zu den einzelnen Konfigurationsseiten geführt. Ist eine Kategorie erreicht, bietet das betreffende Formular (Bild 24.6) die verfügbaren Optionen als Optionsfelder, Kontrollkästchen und Schaltflächen an. Sie müssen dann die Optionen per Maus oder über die Fernbedienung anwählen.

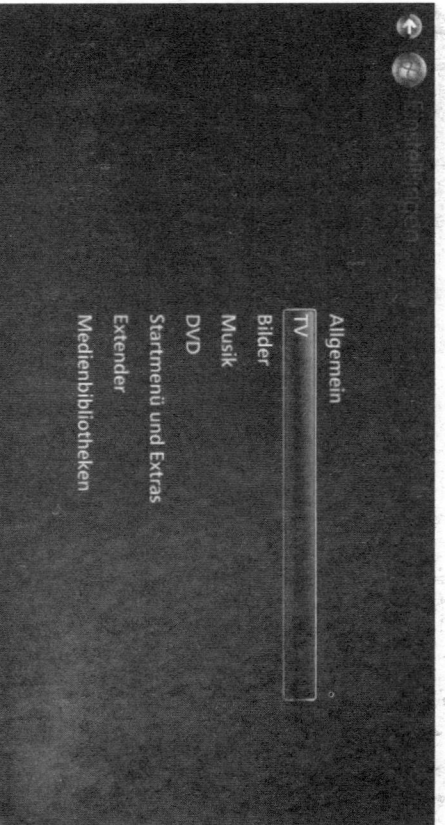

Bild 24.5: Auswahl der Setup-Optionen im Media Center

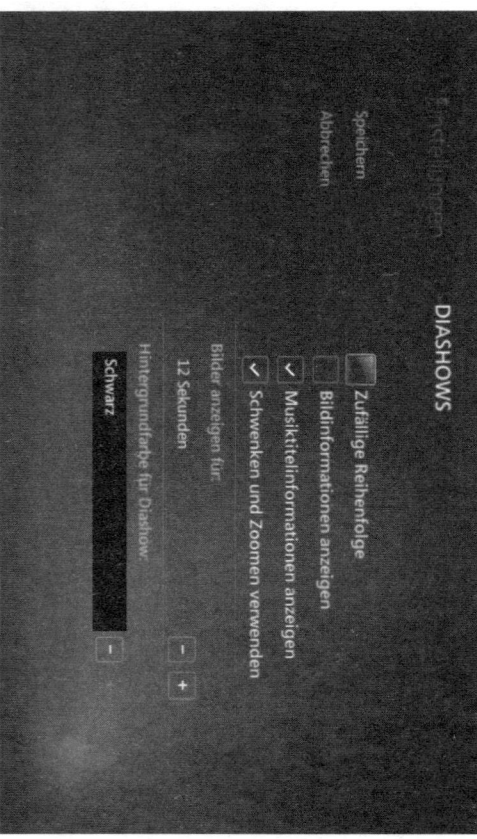

Bild 24.6: Konfigurationsformular im Media Center

Bei umfangreichen Optionen erscheinen am Ende der Optionsliste zwei als spitze Winkel ausgeführte Schaltflächen (siehe Bild 24.10), über die sich in den Optionen blättern lässt. Mit *Weiter* und *Zurück* bezeichnete Schaltflächen am unteren Seitenrand ermöglichen das Blättern zwischen verschiedenen Konfigurationsseiten. Eine mit *Speichern* bezeichnete Schaltfläche im Formular ermöglicht, die Änderungen abzulegen, die *Abbrechen*-Schaltfläche verwirft Änderungen. Zeigen Sie per Maus in die linke obere Ecke (Bild 24.5) der Seite, finden Sie eine blaue, mit einem nach links zeigenden Pfeil versehene Schaltfläche, um einen Schritt zurückzuspringen. Die zweite Schaltfläche mit dem Windows-Logo bringt Sie zur Startseite des Windows Media Center zurück.

- In der Gruppe *Allgemein* lassen sich das Start- und Anzeigeverhalten, visuelle Effekte und Sound, Optionen für die Programmbibliothek, das Windows Media Center-Setup, Jugendschutzeinstellungen und Download-Optionen festlegen sowie Informationen zum Datenschutz abrufen.

- Über das Menü *TV* der Kategorie *Einstellungen* können Sie die TV-Funktionen (z. B. ein externes TV-Gerät oder den Monitor) einrichten. Über den Befehl *TV-Signal einrichten* gelangen Sie in die Formulare, um bei einer eingebauten TV-Tunerkarte den Sendersuchlauf aufzurufen. Erst wenn dieser Sendersuchlauf erfolgreich durchgeführt wurde und Kanäle gefunden hat, lassen sich diese später über die Kanalwahl bei der TV-Anzeige abrufen.

Über die restlichen Menübefehle der Seite *Einstellungen* können Sie festlegen, wie Bilder, Musik und DVDs wiedergegeben werden sollen. Der Befehl *Extender* ist nur sinnvoll, wenn Sie einen Media Center-Extender über ein Netzwerk angeschlossen haben und dieses Gerät zum Windows Media Center hinzufügen möchten. Über *Medienbibliotheken* lassen sich zu überwachende Medienordner angeben. Musik, Bilder und Videos können dann, ähnlich wie bei der Medienbibliothek des Windows Media Players, automatisch oder manuell in das Windows Media Center eingebunden werden und lassen sich später abrufen.

24.2   Kurzanleitung zum Windows Media Center

Sobald das Windows Media Center eingerichtet wurde, können Sie über die betreffenden Funktionen Videos, Bilder, Musik und TV-Sendungen wiedergeben. Zudem besteht die Möglichkeit, Medieninhalte auf CD oder DVD zu brennen. Die Funktionen sind menügeführt und weitgehend selbsterklärend. Nachfolgend finden Sie eine Kurzübersicht zur Bedienung der Media Center-Funktionen.

24.2.1   Das Media Center bedienen

Beim Aufruf zeigt das Windows Media Center den Startbildschirm (Bild 24.7) mit den verfügbaren Funktionen und Navigationselementen. Wählen Sie das Symbol einer Funktion per Maus oder über die Fernbedienung an, gelangen Sie zur betreffenden Bedienseite, in der Sie die Einzelfunktionen abrufen können.

- Über die Steuerungstasten (↓, ↑, ↑, ↓) der Fernbedienung lässt sich dabei sowohl horizontal als auch vertikal ein Bildlauf durchführen, um durch das Funktionsmenü zu scrollen. Die aktuelle Funktion wird im Zentrum des Bildschirms mit einem Symbol eingeblendet und lässt sich über die [OK]-Taste anwählen.

- Arbeiten Sie mit der Maus, lässt sich über die (beim Zeigen) am rechten/linken und oberen/unteren Bildschirmrand eingeblendeten Navigationssymbole ein horizontaler und vertikaler Bildlauf durchführen. Ein Mausklick auf die in der Mitte des Bildschirms angezeigte Funktion ruft diese auf.

■ Alternativ können Sie die Cursortasten (⟨↑⟩, ⟨→⟩, ⟨↑⟩, ⟨↓⟩) der Tastatur zum Ausführen eines Bildlaufs und zum Abrufen der Funktionen verwenden. Die ⟨Enter⟩-Taste ruft die Funktion auf. Die ⟨↑⟩-Taste bringt Sie eine Bedienebene zurück.

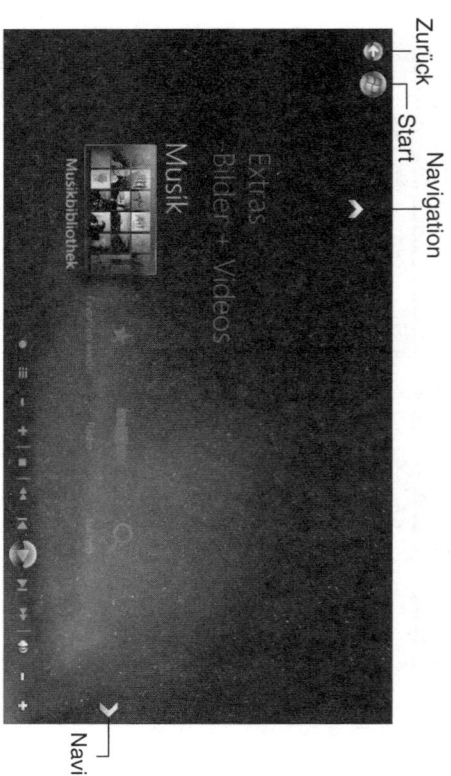

Zurück
Start
Navigation

Navigation

Bild 24.7:   Navigation in der Startseite

Die beiden beim Zeigen mit der Maus in der linken oberen Ecke eingeblendeten Schaltflächen ermöglichen Ihnen, eine Ebene zurückzugehen bzw. die Startseite aufzurufen. Am unteren Bildrand eingeblendete Elemente dienen zur Wiedergabesteuerung.

24.2.2 Live-TV empfangen

Zum Abrufen eines TV-Programms führen Sie in der Startseite einen Bildlauf zum Eintrag *TV* durch und klicken anschließend auf den Menüeintrag *Live-TV*. Oder Sie drücken auf der Windows Media Center-Fernbedienung die Taste für LIVE-TV. Sie gelangen in den Empfangsmodus für den TV-Empfänger. Voraussetzung ist, dass eine TV-Empfangskarte funktionsfähig im Rechner installiert und eingerichtet ist.

Das Windows Media Center zeigt bei Anwahl der Funktion das Fernsehbild des aktuell gewählten Kanals an. Zum Wechseln des Kanals bewegen Sie die Maus zum unteren Teil des Bildschirms, um die Bedienelemente einzublenden (Bild 24.8). Dann wählen Sie eine der beiden Tasten -/+ für die Kanalwahl an. Diese Tasten stellen jeweils den nächsthöheren bzw. niedrigeren Kanal ein. Weiterhin können Sie die Kanäle auch direkt über die Kanalnummern abrufen. Diese lassen sich per Tastatur oder über die Tasten der Fernbedienung in der Form 01, 02, 11 etc. eingeben. Die Kanalliste wird beim Sendersuchlauf automatisch eingerichtet und lässt sich über die Setup-Optionen auch individuell belegen.

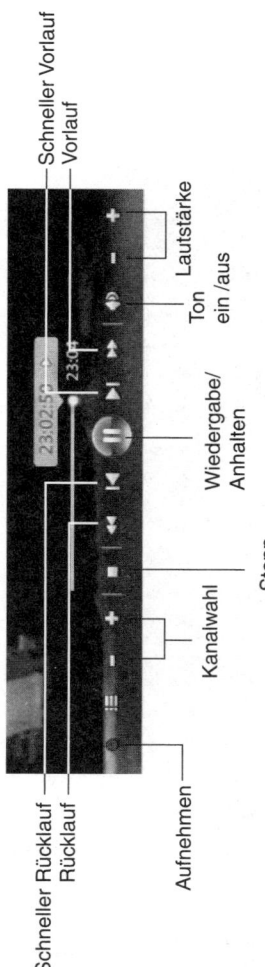

Schneller Vorlauf
Vorlauf
Lautstärke
Ton ein /aus
Wiedergabe/ Anhalten
Stopp
Kanalwahl
Aufnehmen
Schneller Rücklauf
Rücklauf

Bild 24.8: Bedienelemente beim TV-Empfang

Um die Lautstärke anzupassen, finden Sie zwei weitere Tasten im Bedienfeld am unteren Bildrand. Die Taste mit dem Lautsprechersymbol ermöglicht, den Ton stumm zu schalten.

Die Taste *Wiedergabe/Anhalten* des Bedienblocks ermöglicht Ihnen, TV-Sendungen zeitversetzt anzusehen. Hierzu bewegen Sie die Maus zur Schaltfläche *Anhalten* und klicken darauf. Das Symbol der Taste wechselt dann zu einem kleinen Dreieck und das Windows Media Center zeichnet die Sendung im Hintergrund auf. Zum Fortsetzen der Wiedergabe klicken Sie erneut auf die Taste *Wiedergabe/Anhalten*.

Bild 24.9: Anzeige beim Vor-/Zurückspulen bzw. zeitversetzter Wiedergabe

Über die rechts und links von der Taste *Wiedergabe/Anhalten* befindlichen Steuerungstasten (*Vorlauf, Schneller Vorlauf, Rücklauf, Schneller Rücklauf*) können Sie bei der Wiedergabe von TV-Sendungen und Videos innerhalb des Films vor- oder zurückspulen. Bei der zeitversetzten Wiedergabe wird die in Bild 24.9 sichtbare Leiste eingeblendet. Sie erkennen dann, welcher Zeitbereich durch das Windows Media Center erfasst wurde und welcher Zeitabschnitt gerade wiedergegeben wird.

Beenden lässt sich die Wiedergabe des Live-TV-Programms (oder eines abgespielten Videos), indem Sie links von der Taste *Wiedergabe/Anhalten* befindlichen Steuerungstasten (*Vorlauf, Schneller Vorlauf, Rücklauf, Schneller Rücklauf*) klicken – oder indem Sie in der linken oberen Ecke zur Startseite zurückspringen.

24.2.3 TV-Sendungen mitschneiden

Möchten Sie eine TV-Sendung mitschneiden, klicken Sie auf die in der Bedienleiste angezeigte Aufnahmeschaltfläche (Bild 24.8). Sobald die Seite *Manuelle Aufzeichnung* (Bild 24.10) erscheint, legen Sie ggf. die Aufzeichnungsoptionen (Häufigkeit, Zeitdauer etc.) fest und betätigen dann die mit *Aufzeichnen* beschriftete Schaltfläche in der linken Spalte.

537

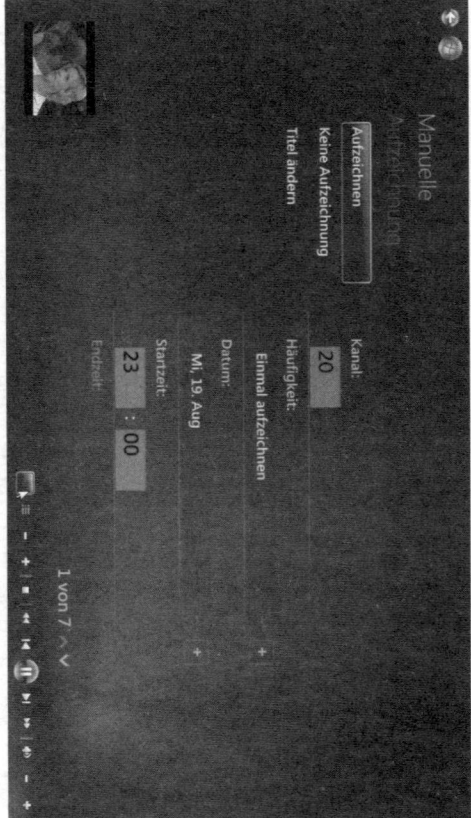

Bild 24.10: TV-Sendung aufzeichnen

Klicken Sie auf das in der linken unteren Ecke eingeblendete Miniaturbild des TV-Programms, gelangen Sie wieder in die *Live-TV*-Ansicht zurück.

Um die manuelle Aufzeichnung zu beenden, wählen Sie die Taste *Aufnehmen* im Bedienteil erneut an und klicken auf der Folgeseite *Manuelle Aufzeichnung* die mit *Keine Aufzeichnung* beschriftete Schaltfläche an.

24.2.4   Aufzeichnungen, Videos, Musik und Bilder wiedergeben

Aufgezeichnete TV-Sendungen, auf der Festplatte abgespeicherte Videos, Fotos oder Musiktitel lassen sich im Windows Media Center wiedergeben.

1. Hierzu rufen Sie die Startseite (z. B. über die in der oberen linken Ecke des Bildschirms eingeblendete Schaltfläche) auf.

2. Anschließend führen Sie einen Bildlauf im Menü der Startseite durch, um die betreffende Kategorie (*Musik*, *Bilder + Videos*, *TV*) anzuwählen (Bild 24.11).

3. Wählen Sie in den Folgeseiten die gewünschte Unterkategorie und navigieren Sie zu den Medieninhalten (z. B. *Bildbibliothek*, *Videobibliothek* etc.).

Anschließend können Sie die Medienwiedergabe über die Schaltflächen des am unteren Bildrand eingeblendeten Bedienteils steuern (siehe Bild 24.8).

■   Die Kategorie *TV* ermöglicht Ihnen über den Befehl *Live-TV* die Wiedergabe von TV-Sendungen über einen im Rechner eingebauten TV-Tuner. Unter dem Befehl *Aufzeichnungen* finden Sie auch die aufgezeichneten TV-Sendungen, die Sie durch Anwählen wiedergeben können.

Bild 24.11: Medieninhalte abrufen

■ In der Kategorie *Filme* finden Sie den Punkt *DVD wiedergeben*, über den Sie Video-DVDs auf einem DVD-/BD-Laufwerk abspielen können. Über *Filmbibliothek* können Sie auf die auf dem Computer abgelegten Videodateien zugreifen und diese wiedergeben.

■ Unter der Kategorie *Musik* finden Sie die Funktionen, um Musik aus verschiedenen Quellen wiederzugeben. Die Funktion *Musikbibliothek* listet alle im Media Center bekannten Musiktitel auf und ermöglicht deren Wiedergabe. Ist ein Radiotuner im Rechner eingebaut, ermöglicht der Befehl *Radio* den Zugriff auf Radioprogramme. Mit dem Befehl *Suchen* öffnet sich ein Formular zur Eingabe eines Suchbegriffs, über den Sie Titel in der Musikbibliothek suchen können (hilfreich bei umfangreichen Musiksammlungen).

■ Wählen Sie die Kategorie *Bilder + Videos*, um auf Fotos oder gespeicherte Videodateien zugreifen zu können. Der Befehl *Bildbibliothek* listet alle gefundenen Fotos auf und ermöglicht, diese als Diashow abzurufen. *Favoriten wiedergeben* ermöglicht Ihnen, die in der Medienbibliothek erfassten Favoriten der Medientitel wiederzugeben. Der Befehl *Videobibliothek* listet die gespeicherten Videodateien auf und ermöglicht deren Wiedergabe.

Die Funktionen lassen sich während eines Bildlaufs per Maus anwählen und mit einem Mausklick (oder der ⎡OK⎤-Taste der Fernbedienung) aufrufen. Sie werden dann über weitere Menüs durch die Optionen zum Abrufen der Funktionen geführt.

24.2.5   CD/DVD brennen

Sie können Medieninhalte wie Fotos, Videos, aufgezeichnete TV-Sendungen oder Musik direkt auf CD oder DVD brennen. Das Media Center unterstützt dabei verschiedene Formate (Audio-CD, Daten-CD/-DVD, Video-DVD, DVD-Diashow). Um die Funktion zu nutzen, gehen Sie folgendermaßen vor.

1. Wählen Sie beim Bildlauf in der Startseite des Windows Media Center das Thema *Aufgaben* und dann *CD/DVD brennen* an.

2. Legen Sie dann den angeforderten Datenträger (CD oder DVD) in den Brenner ein und bestätigen Sie dies über das in der Seite angezeigte Dialogelement.

3. Im Folgeformular *Datenträgerformat* wählen Sie das gewünschte Format. Bei CDs können Sie zwischen den Optionen *Audio-CD* und *Daten-CD* wählen. Haben Sie eine DVD eingelegt, stehen die Varianten *Daten-DVD*, *Video-DVD* und *DVD-Diashow* zur Auswahl.

4. Über die *Weiter*-Schaltfläche der Seite gelangen Sie zur Seite *Diese CD/DVD brennen*, auf der Sie über ein Textfeld eine Datenträgerbezeichnung für die CD bzw. DVD eintragen können. Der Text lässt sich per Tastatur eintippen. Bei Verwendung einer Fernbedienung müssen die Zeichen über die angezeigten Symbolfelder der Seite interaktiv abgerufen werden.

5. Die *Weiter*-Schaltfläche bringt Sie zur Seite für die Auswahl des *Speicherorts*, an dem die Medieninhalte liegen. Sie müssen eines der zum Datenträgerformat passenden Optionsfelder markieren und können über die *Weiter*-Schaltfläche schrittweise zum Quellordner und dann zur Auswahl der Einzeltitel wechseln.

Sobald die Medientitel zur Zusammenstellung hinzugefügt wurden, lässt sich dieser Modus über die in der Seite eingeblendete Option *Nein danke* verlassen. Sie finden anschließend eine Schaltfläche *DVD brennen* bzw. *CD brennen* am unteren Bildrand, über die Sie den Brennvorgang starten können.

HINWEIS

Viele Funktionen des Windows Media Center lassen sich intuitiv bedienen. Aus Platzgründen wurde das Kapitel auf eine Kurzeinführung begrenzt. Sie können Details und Hilfestellungen zu speziellen Fragen über die Windows-Hilfe abrufen (z. B. indem Sie den Begriff »Media Center« in das Suchfeld eingeben).

Windows 7 Home Premium

Teil 5 Internet & Netzwerke

Mit einem Modem, einer ISDN-Karte oder per DSL-Verbindung können Sie mit Windows ins Internet gehen. Auch eine Anbindung über Mobilfunk (Handy mit GPRS/UMTS oder Surfstick) ist möglich. Das Betriebssystem setzt eine solche Verbindung für viele Funktionen voraus. In diesem Teil wird gezeigt, wie sich ein Internetzugang über verschiedene Techniken einrichten lässt, wie Sie E-Mail-Konten konfigurieren und wie Sie auf Wunsch mehrere Rechner zu einem Netzwerk zusammenschalten. Zudem lernen Sie den Internet Explorer 8 sowie das E-Mail-Programm Windows Live Mail kennen. Und schließlich werden das Einrichten und die Verwendung eines Heimnetzwerks behandelt.

25 Internet- und E-Mail-Zugang einrichten

In diesem Kapitel erfahren Sie, wie Sie einen Internetzugang per Modem, ISDN oder DSL einrichten können. Weiterhin wird gezeigt, wie Sie E-Mail- und Newsgroup-Konten in Windows Live Mail einrichten.

25.1 Den Internetzugang einrichten

Windows 7 ermöglicht Ihnen den Internetzugang über verschiedene Technologien (Telefonleitung mit Modem, ISDN-Verbindung, GRPR-/UMTS-Mobilfunkverbindung oder DSL-Zugang). Nachfolgend wird erläutert, was es beim Einrichten des Internetzugangs zu beachten gibt.

25.1.1 Das brauchen Sie fürs Internet

Für die Internetverbindung müssen die geeignete Hardware sowie die Zugangssoftware vorhanden sein und eingerichtet werden. Zudem benötigen Sie einen Internetzugangsanbieter (Provider), über den die die Kosten für den Internetzugang abgerechnet werden. Üblicherweise werden Rechner über eine Telefonleitung mit dem Einwahlknoten eines Internetzugangsanbieters (Providers) verbunden. Als Zugangstechniken kommen folgende Varianten in Betracht:

- *Modem:* Besitzen Sie einen normalen analogen Telefonanschluss, lässt sich ein analoges Modem (Modem steht für Modulator/Demodulator) verwenden. Das externe (z. B. über USB angeschlossene) oder im Computer eingebaute Modem wird einfach über ein mitgeliefertes Telefonkabel mit der Telefonbuchse verbunden (Bild 25.1). Telefondosen der TAE-Norm (TAE ist die Abkürzung für Telefonanschlusseinheit) besitzen meist drei mit N-F-N beschriftete Anschlussbuchsen (F = Fernsprecheinheit, d. h. Telefon, N = Nebengeräte wie Modem, Fax, Anrufbeantworter). Der Stecker des Modemkabels kommt in eine der beiden N-Buchsen. Modems, die den V.90-Standard unterstützen, kommen auf eine Datenübertragungsgeschwindigkeit von bis zu 56 Kbit pro Sekunde (praktisch reduziert die Leitungsqualität die Datenrate oft auf 42 Kbit).

- *ISDN-Karte/-Box:* Sofern Sie über einen ISDN-Telefonanschluss (ISDN steht für Integrated Services Digital Network) des Telefonanbieters verfügen, kann eine sogenannte ISDN-Karte in den Computer eingebaut oder ein externes ISDN-Modem (Bild 25.1) per USB-Kabel angeschlossen werden. Ein ISDN-Anschluss hat den Vorteil, dass gleichzeitig zwei Leitungen und drei Rufnummern zur Verfügung stehen. Sie können also gleichzeitig ins Internet gehen und telefonieren. ISDN verwendet immer eine Datenübertragung von 64 Kbit pro Sekunde. Das ISDN-Modem ist über ein spezielles Telefonkabel mit der RJ-45-Buchse der ISDN-Anschlussdose (bzw. des NTBA, steht für Netzterminator Basisanschluss) zu verbinden.

Wer eine noch schnellere Datenübertragung zum Internet benötigt, kann einen ADSL-Zugang (meist als DSL-Zugang bezeichnet) bei der Telefongesellschaft beantragen. ADSL (steht für Asymetric Digital Subscriber Line) stellt eine sehr schnelle Datenübertragungsmöglichkeit (Breitband-Internetzugang mit 1000, 2000, 6000 Kbit/Sekunde oder mehr) über normale Telefonleitungen (analog oder ISDN) bereit. Zum Abtrennen der DSL-Daten von den Telefonsignalen muss ein sogenannter *DSL-Splitter* zwischen Telefonanschlussdose und Endgeräte (Telefon, Telefonanlage) geschaltet werden. Der DSL-Splitter stellt eine N-F-N-Dreifachbuchse für die Endgeräte (Telefon) sowie einen DSL-Ausgang bereit. Der DSL-Ausgang muss über ein mitgeliefertes Kabel mit dem DSL-Modem oder einem (W)LAN-Router (z. B. FRITZ!Box, FRITZ!Box Phone WLAN etc.) mit integriertem DSL-Modem verbunden werden (Bild 25.2). Ein Router hat den Vorteil, dass er gleichzeitig zur Vernetzung mehrerer Rechner über Netzwerkkabel (LAN) oder Funkstrecke (WLAN) verwendet werden kann.

■ Internetanbindung per Analogmodem oder ISDN

Bild 25.1:

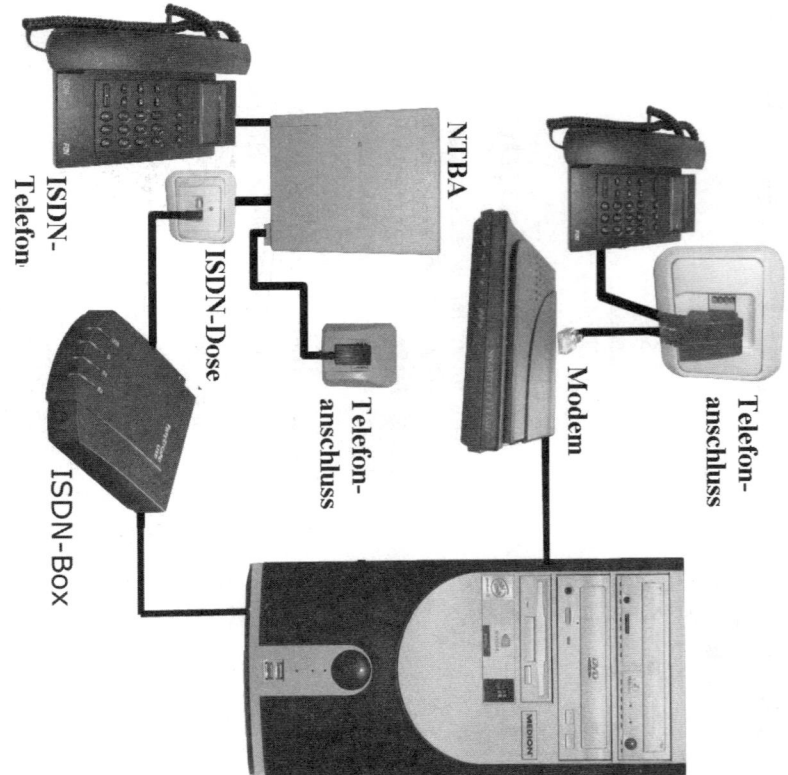

ISDN-Telefon

NTBA

ISDN-Dose

ISDN-Box

Telefon-anschluss

Modem

Telefon-anschluss

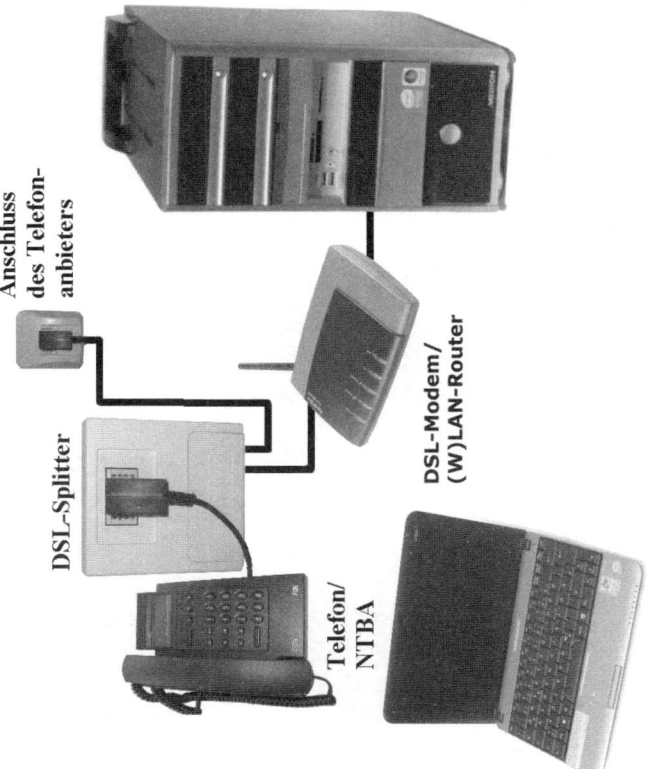

Anschluss
des Telefon-
anbieters

DSL-Splitter

Telefon/
NTBA

DSL-Modem/
(W)LAN-Router

Bild 25.2:   DSL-Anschlussschema

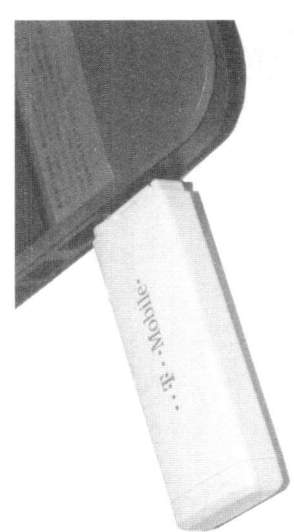

Bild 25.3:   UMTS-USB-Stick zur mobilen Internetanbindung

■ Speziell bei Mobilgeräten (Net- und Notebooks) besteht auch die Möglichkeit, eine Funkverbindung über GPRS (14 bis ca. 56 Kbit/s, mit EDGE
bis zu 220 Kbit/s), UMTS (max. 384 Kbit/s, mit HSDPA bis zu 7 Mbit/s)
mittels Handy oder UMTS-Stick zur Internetanbindung zu verwenden.
GPRS- und UMTS-Verbindungen lassen sich über Handy oder UMTS-
USB-Sticks (Bild 25.3) herstellen.

Wer nur gelegentlich ins Internet möchte, kommt sicherlich mit einem Modem aus. Besitzen Sie einen ISDN-Anschluss, verwenden Sie stattdessen eine ISDN-Karte oder eine ISDN-Box. Vielnutzer, die Programme, Musik oder Videos aus dem Internet herunterladen möchten, sind mit der DSL-Technik besser bedient. DSL besitzt den zweiten Vorteil, dass neben den bei Modem/ISDN obligatorischen zeitabhängigen Tarifen auch sogenannte Volumentarife oder Pauschaltarife (Flatrates) angeboten werden. Bei einem Pauschaltarif wird nur die monatlich heruntergeladene Datenmenge berechnet, egal wie lange eine Onlineverbindung zum Internet bestand.

Mit Ausnahme der über Netzwerkkabel angeschlossenen DSL-Modems und DSL-Router benötigen analoge Modems, ISDN-Geräte oder USB-DSL-Modems noch einen Treiber, den Sie nach dem Einbau bzw. nach dem Anschließen der Hardware installieren müssen. Die Treiber werden in der Regel mit Windows oder mit den Geräten auf CD mitgeliefert. Detaillierte Hinweise zur Treiberinstallation sollten Sie in den Geräteunterlagen finden. Eine allgemeine Beschreibung, wie Treiber installiert werden, finden Sie in *Kapitel 32*.

25.1.2   Einwahlverbindung per Analogmodem/ISDN

Besitzen Sie lediglich einen analogen Telefonanschluss oder einen ISDN-Zugang ohne Breitband-DSL-Anschluss? Nachfolgend wird kurz erläutert, wie eine Einwählverbindung für Modem oder ISDN eingerichtet werden kann.

Modemverbindung einrichten

Schließen Sie ein analoges Wählmodem (per serieller Schnittstelle oder USB) an den Rechner an, muss dieses Modem vor dem Konfigurieren der Einwählverbindung eingerichtet werden.

1. Öffnen Sie die Systemsteuerung, tippen Sie in das Suchfeld der Systemsteuerung den Begriff »Modem« ein und wählen Sie den Eintrag *Telefon und Modem* an.

2. Bei der erstmaligen Einwahl müssen Sie in das Dialogfeld *Standortinformationen* die Ortsvorwahl und den Namen für den Standort eintragen (Bild 25.4, links). Bestätigen Sie die Eingaben über die *Ok*-Schaltfläche.

3. Wechseln Sie im Eigenschaftenfenster *Telefon und Modem* zur Registerkarte *Modem*, klicken Sie auf die Schaltfläche *Hinzufügen* (Bild 25.4, rechts) und bestätigen Sie die Abfrage der Benutzerkontensteuerung.

Dann startet ein Modemeinrichtungsassistent zur Modemerkennung und Treiberinstallation. Das Modem kann automatisch ermittelt oder durch den Benutzer vorgegeben werden. Vor den nächsten Schritten müssen Sie zur Modemerkennung daher sicherstellen, dass das analoge Modem am Rechner angeschlossen und ggf. eingeschaltet ist.

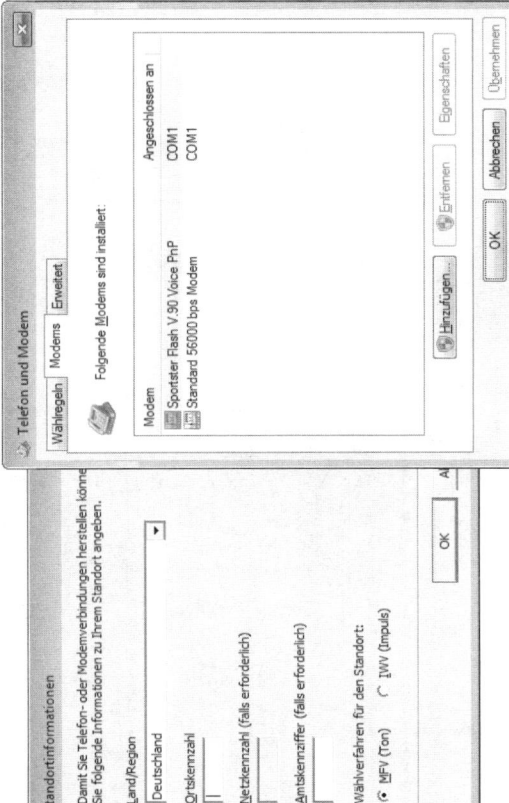

Bild 25.4: Standortinformationen und Modems

4. Falls ein Plug&Play-Modem (z. B. bei einem modernen Handy) vorhanden ist, darf im Dialogfeld des Installationsassistenten (Bild 25.5, oben links) das Kontrollkästchen *Modem auswählen* nicht markiert sein, wenn Sie auf die *Weiter*-Schaltfläche klicken.

5. Wird das Modem erkannt, schließen Sie das Dialogfeld und das Eigenschaftenfenster zur Modeminstallation über die *Fertig stellen*-Schaltfläche.

Kann Windows das Modem nicht identifizieren, blättern Sie über die *Zurück*-Schaltfläche des Dialogtelds zur Ansicht aus Bild 25.5, oben links, zurück und setzen die Installation mit folgenden Schritten fort.

6. Markieren Sie im Dialogfeld des Hardwareassistenten das Kontrollkästchen *Modem auswählen* und klicken Sie auf die *Weiter*-Schaltfläche.

7. In der Liste *Neues Modem installieren* (Bild 25.5, oben rechts) wählen Sie das Modem aus der Liste der angezeigten Modemhersteller und Gerätetypen aus. Wird das Modem nicht angezeigt, klicken Sie auf die Schaltfläche *Datenträger*, legen die Treiber-CD des Modemherstellers ein und wählen den Modemtreiber aus dem entsprechenden Treiberordner aus.

8. Über die *Weiter*-Schaltfläche gelangen Sie zum Dialogfeld aus Bild 25.5, unten, in dem Sie ggf. die COM-Schnittstelle, an der das Modem hängt, auswählen.

9. Anschließend durchlaufen Sie die weiteren Dialogfelder über die *Weiter*-Schaltfläche und lassen das Modem installieren. Klappt die Installation, lässt sich das letzte Dialogfeld über die *Fertig stellen*-Schaltfläche schließen.

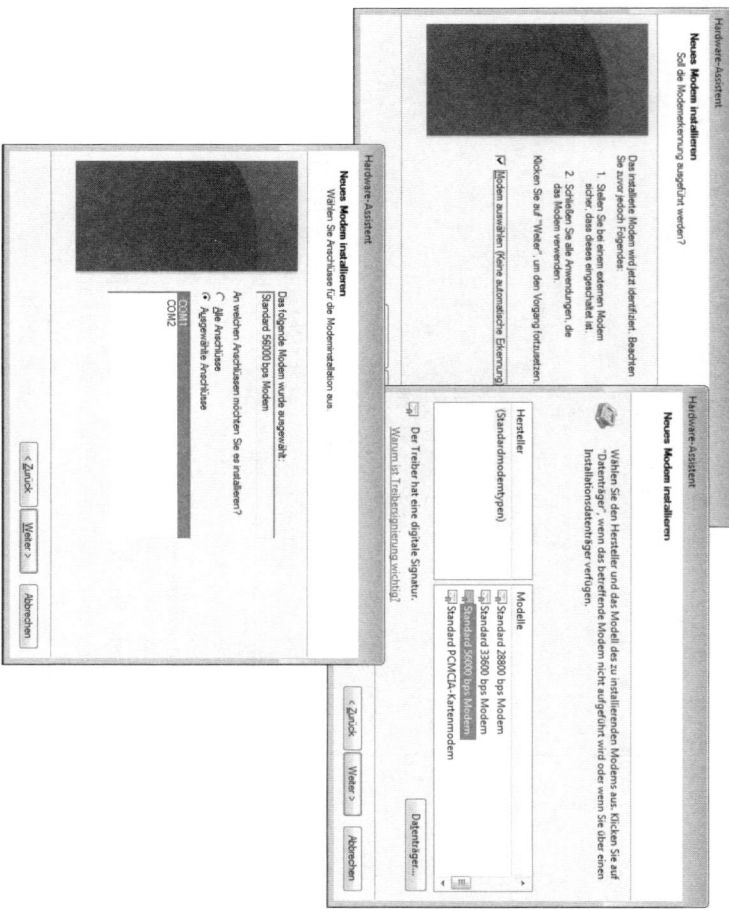

Bild 25.5: Modem einrichten

Auf diese Weise können Sie ein oder mehrere Modemtreiber installieren. Nach der Installation sollte das Modem auf der Registerkarte *Modems* auftauchen (Bild 25.4).

Die Schaltflächen *Entfernen* und *Eigenschaften* der Registerkarte *Modem* werden nach der Installation ggf. erst freigegeben, nachdem das Eigenschaftenfenster geschlossen und erneut aufgerufen wurde. Über die Schaltfläche *Eigenschaften* lässt sich auf das Eigenschaftenfenster des ausgewählten Modems zugreifen. Auf der Registerkarte *Diagnose* des Eigenschaftenfensters finden Sie Schaltflächen, um das Modem zu testen.

 HINWEIS

ISDN-Einheit einrichten

Verwenden Sie eine ISDN-Leitung zum Telefonieren und den Internetzugang, müssen Sie die Treiber für die ISDN-Einheit (ISDN-Karte oder externes Gerät mit ISDN-Funktion, z. B. FRITZ!ISDN USB) installieren. Hier liefern die Gerätehersteller in der Regel ein Installationsprogramm mit, welches die benötigten Treiber für die Hardware sowie die zur Kommunikation verwendete CAPI 2.0-Schnittstelle installiert. Wichtig ist, dass dieses Programm für Windows 7 geeignet ist. Alternativ können Sie versuchen, die Treiber für die ISDN-Einheit über den Geräte-Manager zu installieren und dabei das Treiberverzeichnis des Herstellers anzugeben. Lesen Sie ggf. in der Dokumentation zum Gerät nach, um Details zur Installation herauszufinden.

Einwählverbindung über Tarifmanager und Zugangssoftware

Um online zu gehen, benötigen Sie einen Provider, der einen zeit- oder volumenabhängigen Zugang per Wählverbindung (Modem/ISDN) bereitstellt. Sobald die oben aufgeführte Hardware funktionsfähig installiert wurde, muss eine Internetverbindung unter Windows 7 für den jeweiligen Provider eingerichtet werden. Dabei werden die Verbindungsdaten (Einwählnummer, Benutzerkennung, Passwort) sowie das für die Internetverbindung zu verwendende Gerät (Modem, ISDN) eingetragen.

Haben Sie einen Vertrag bei einem Provider wie T-Online etc. abgeschlossen, erhalten Sie eine spezielle Zugangssoftware, die Sie unter Windows 7 installieren. Bei diesem Vorgang werden die Zugangsdaten (Benutzerkennung und Passwort) abgefragt und anschließend der Zugang automatisch durch die Installationsroutine eingerichtet. Details zum Einrichten der Zugangssoftware entnehmen Sie in diesem Fall den Unterlagen des jeweiligen Providers.

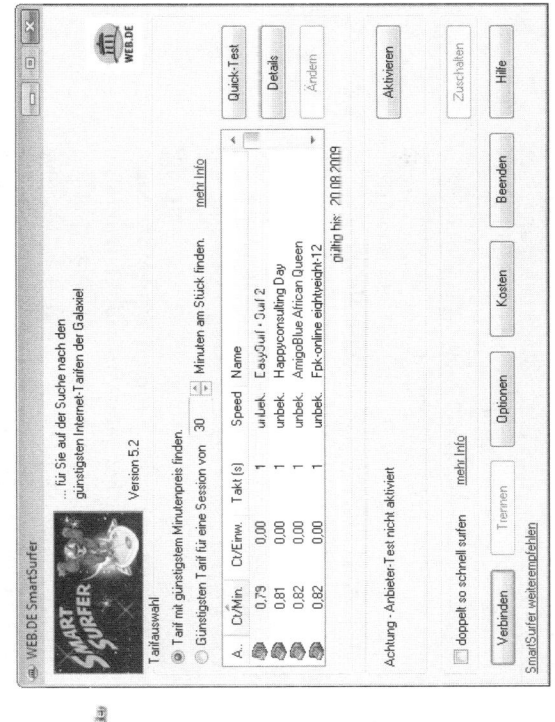

Bild 25.6:   Einwahlverbindung über Tarifmanager herstellen

Sofern Sie keinen Vertrag zum Internetzugang per Einwahlverbindung bei einem Provider abgeschlossen haben, lässt sich eine Internetverbindung über Internet-by-Call verwenden. Diese Zugänge werden durch verschiedene Provider angeboten, die anfallende Verbindungskosten direkt über die Telefonrechnung des Teilnehmers einziehen. Statt die Zugangsdaten eines solchen Providers per Hand vorzugeben, können Sie Tarifmanager wie den WEB.DE Smartsurfer (http://smartsurfer.web.de) oder den Oleco Tarifmanager (www.oleco.de) verwenden, um sich über Internet-by-Call ins Internet einzuwählen. Dieser zeigt Ihnen eine aktuelle Tarifübersicht an und ermöglicht, über verschiedene Internet-by-Call-Anbieter ins Internet zu gehen.

Es genügt, den betreffenden Tarifmanager aus dem Internet herunterzuladen oder von einer vielen Computerzeitschriften beiliegenden CD auf die Festplatte zu kopieren. Bei der anschließenden Installation richtet das Programm ein Verknüpfungssymbol auf dem Desktop ein, über welches sich eine Internetverbindung herstellen und auch wieder trennen lässt. Beim WEB.DE-Smartsurfer führt Sie ein Assistent durch die Schritte zur Einrichtung und erkennt automatisch vorhandene Modems oder ISDN-Anschlüsse.

HINWEIS

Bei der Inbetriebnahme einer ISDN-Einwahlverbindung ist lediglich darauf zu achten, dass keine Kanalbündelung verwendet wird. Eine Kanalbündelung verwendet beide ISDN-Kanäle und ermöglicht so höhere Verbindungsgeschwindigkeiten, verursacht aber auch die doppelten Kosten. Beim Smartsurfer wird dies z. B. über das Kontrollkästchen *doppelt so schnell surfen* kontrolliert, welches nicht markiert sein darf (Bild 25.6). Über die Schaltfläche *Optionen* können Sie die Einstellungen des Smartsurfers kontrollieren.

Internet-Einwählverbindungen manuell einrichten

Müssen Sie eine Einwahlverbindung per Modem oder ISDN manuell einrichten (z. B. weil keine Einwahlsoftware vorhanden ist oder ein Handy zum Internetzugang verwendet wird)? Die Schritte zum manuellen Einrichten einer Einwählverbindung sind für analoge Modems und ISDN-Zugänge gleich.

1. Öffnen Sie das Fenster der Systemsteuerung, tippen Sie den Begriff »Einwahl« in das Suchfeld ein und klicken Sie anschließend auf den angezeigten Befehl *Einwählverbindung einrichten*.

2. Im Dialogfeld *Welches Modem soll verwendet werden?* (Bild 25.7, oben) klicken Sie auf das gewünschte Gerät und dann auf die *Weiter*-Schaltfläche.

3. Geben Sie im Folgedialogfeld (Bild 25.7, unten) die Verbindungsdaten ein und klicken Sie anschließend auf die *Verbinden*-Schaltfläche.

Die Zugangsdaten werden Ihnen vom Provider des Internetzugangs mitgeteilt. Für Testzugänge lässt sich beispielsweise das Internet-by-Call-Angebot von Microsoft Network (MSN) verwenden. Dessen Verbindungskosten werden per Telefonrechnung eingezogen. Das MSN-Angebot hat die Rufnummer 0192-658 und verwendet als Benutzername und Kennwort den Text »msn«.

HINWEIS

Falls Sie sich absichern möchten, sollten Sie das Kontrollkästchen *Dieses Kennwort speichern* nicht markieren. Dann muss das Kennwort bei jedem Einwahlvorgang in das betreffende Dialogfeld eingetragen werden. Markieren Sie das Kontrollkästchen *Zeichen anzeigen*, erscheint das eingegebene Kennwort im Klartext im Kennwortfeld. Sollen auch andere Benutzer diese Einwählverbindung verwenden können, markieren Sie das Kontrollkästchen *Anderen Benutzern erlauben*, *diese Verbindung zu verwenden*. Diese Freigabe müssen Sie über das Dialogfeld der Benutzerkontensteuerung bestätigen. Erfolgt der Telefonzugang über eine Telefonzentrale und benötigen Sie zum Telefonieren eine bestimmte Ziffer zur Amtholung? Hängt das Modem oder der ISDN-Zugang ebenfalls an der Telefonzentrale, müssen Sie über die Wählregeln die Amtholung vereinbaren. Klicken Sie im Dialogfeld *Wählverbindung einrichten* (Bild 25.7, unten) auf den am rechten Rand angezeigten Hyperlink *Wählregeln*. In das dann angezeigte Dialogfeld *Standortinformationen* (Bild 25.4, links) tragen Sie die Ortsnetzkennzahl des eigenen Wohnorts und in das Feld *Amtskennziffer* die Ziffer für die Amtholung ein. Meist wird dies eine 0 oder eine 1 sein. Beim Wählverfahren sollte standardmäßig die Option *MFV* markiert sein, da zwischenzeitlich nur noch das Tonwahlverfahren zum Einsatz gelangt.

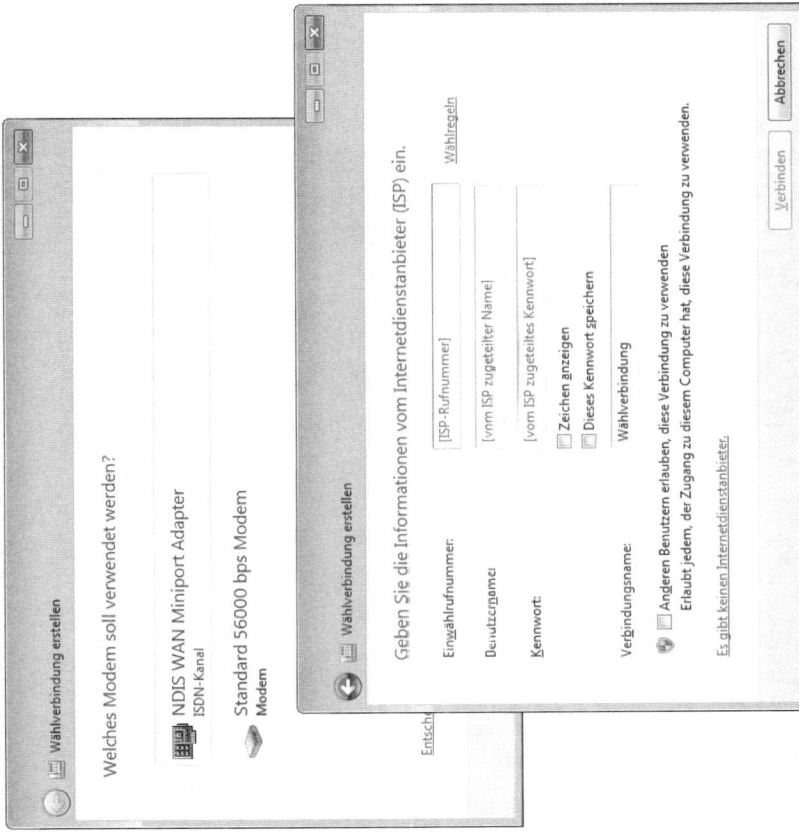

Bild 25.7:   Einwahlverbindung einrichten

Hat alles geklappt, erscheint beim ersten Aufbau der Verbindung ein Dialogfeld, das Sie über den erfolgreichen Verbindungsaufbau informiert. Dieses können Sie über die *Schließen*-Schaltfläche beenden.

GPRS-/UMTS-Einwählverbindungen

Moderne Handys lassen sich über ein USB-Datenkabel oder per Bluetooth-Verbindung zur Internetanbindung mittels GPRS, UMTS (und ggf. den Optimierungsvarianten EDGE bzw. HSDPA) einsetzen. Um sich über eine GPRS- oder UMTS-Verbindung per Handy ins Internet einzuwählen, können Sie ebenfalls eine Einwahlverbindung anlegen. Dies erfordert einerseits, dass unter Windows ein Softmodem für die Kommunikation mit dem Handy eingerichtet wurde. Einige Handys unterstützt Windows 7 automatisch mit Modemtreibern, bei anderen Gerätemodellen muss ein Windows 7-Modemtreiber vom Handyhersteller besorgt werden.

Weiterhin müssen die Verbindungsdaten des Mobilfunkanbieters konfiguriert werden. Sie können die Zugangsdaten des Mobilfunkanbieters für Datenverbindungen im Handy als Profil ablegen. Dann kann als Einwahlnummer eine Kennung der Art »*99***5#« verwendet werden, wobei die hier verwendete Ziffer 5 der Profilnummer im Handy entspricht. Wird kein Profil mit den Verbindungsdaten im Handy vorgegeben, ist der Einwahlstring »*99#« in der Einwahlverbindung zu verwenden. Die Verbindungsaufnahme über Mobilfunk funktioniert dann wie die Einwahl über Modem (siehe folgende Seiten).

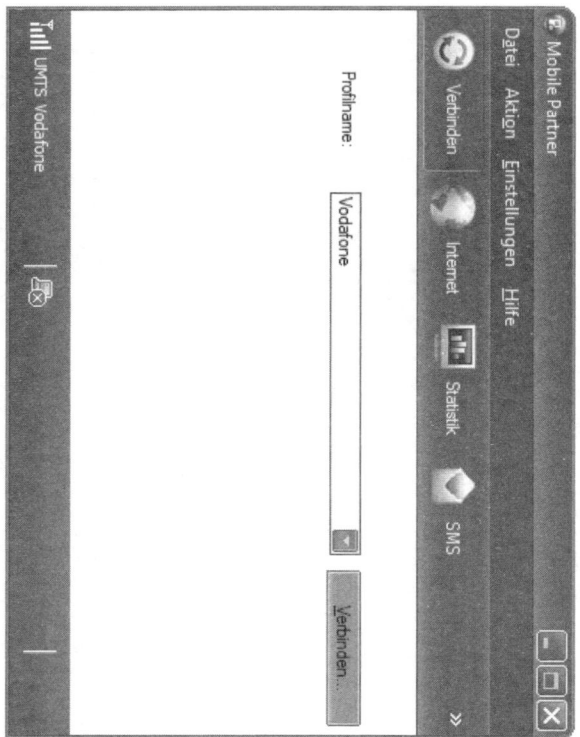

Bild 25.8:   Mobile Partner-Einwahlsoftware für UMTS-Sticks

Alternativ können Sie auch einen USB-UMTS-Stick mit einem UMTS-Modem (ggf. samt HSDPA-Unterstützung) zur mobilen Internetanbindung verwenden. Die gängigen UMTS-Sticks der deutschen Provider sind häufig mit einer fertigen Einwahlsoftware (z. B. Mobil Partner, Vodafone Connect Manager etc.) versehen. Beim ersten Einstecken des UMTS-Sticks in die USB-Buchse verhält sich dieser wie ein USB-Speicherstick. Dann startet die Installation der Modemtreiber und des Einwahlprogramms. Nach der erfolgreichen Installation wird der Datenmodus des USB-UMTS-Sticks abgeschaltet und dieser wird durch Windows als Modem erkannt. Über eine Desktop- oder Startmenüverknüpfung kann dann die UMTS-Einwahlsoftware aufgerufen werden (Bild 25.8). Diese stellt die Bedienelemente zum Aufbauen und Trennen der Verbindung sowie zur Konfigurierung der Zugangsprofile bereit. Details zum Einrichten entnehmen Sie den Unterlagen des Mobilfunkanbieters bzw. des UMTS-Sticks.

TIPP

Die Internetseite www.teltarif.de/i/gprs-config.html enthält eine Übersicht über die GPRS-/UMTS-Zugangsdaten verschiedener Anbieter. Ist die UMTS-Verbindung funktionsfähig konfiguriert, können Sie ggf. auf die Einwahlsoftware des Anbieters verzichten und die nachfolgend skizzierte Vorgehensweise zum Aufbauen und Trennen der Internetverbindung verwenden.

Einwahlverbindungen aufbauen/trennen

Das Trennen und spätere erneute Aufbauen einer Einwahlverbindung ist in Windows 7 sehr komfortabel geworden.

1. Klicken Sie im Infobereich der Taskleiste auf das Netzwerksymbol (Bild 25.9, unten rechts).

2. Wählen Sie anschließend in der eingeblendeten Palette die Netzwerkverbindung und die gewünschte Option.

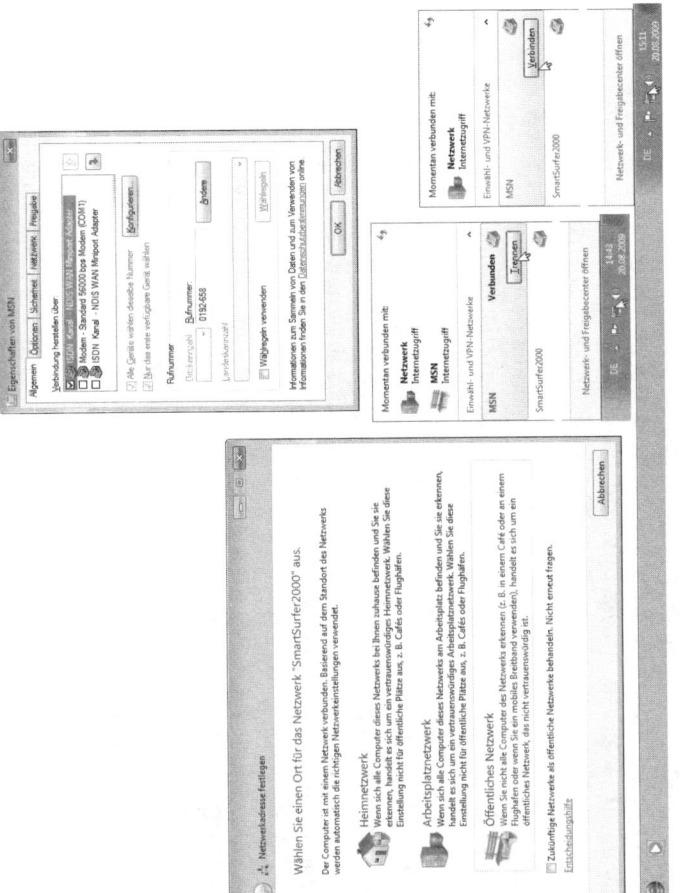

Bild 25.9: Netzwerkstandort wählen, Verbindung aufbauen und trennen

553

Bei Anwahl des Netzwerksymbols im Infobereich öffnet Windows eine Palette (Bild 25.9, unten rechts), in der alle vorhandenen Verbindungen samt ihrem Status aufgeführt werden. Klicken Sie auf die gewünschte Verbindung, lässt sich über die eingeblendete Schaltfläche *Verbinden* bzw. *Trennen* die Einwahlverbindung beenden bzw. erneut aufbauen.

HINWEIS

Bei der ersten Verbindungsaufnahme zeigt Windows das in Bild 25.9, unten links, sichtbare Dialogfeld. Wählen Sie als Netzwerkstandort für die Einwahlverbindung *Öffentliches Netzwerk*. Windows passt anhand des angegebenen Standorts die Firewalleinstellungen an und sorgt bei einem öffentlichen Netzwerk dafür, dass Geräte- und Ordnerfreigaben blockiert werden.

Eigenschaften der Einwahlverbindung kontrollieren

Um die Verbindungseinstellungen einer Einwahlverbindung zu kontrollieren, wählen Sie den Verbindungseintrag in der Liste (Bild 25.9, unten rechts) per Rechtsklick an und klicken danach auf den Kontextmenübefehl *Eigenschaften*. Dann erscheint ein Eigenschaftenfenster mit diversen Registerkarten (Bild 25.9, oben rechts).

Auf der Registerkarte *Allgemein* legen Sie das Gerät für die Verbindungsaufnahme (Liste *Verbindung herstellen über*) fest. Dies macht Sinn, wenn mehr als ein Modem oder eine ISDN-Karte vorhanden ist. Bei einer ISDN-Karte bzw. einem ISDN-Gerät werden zwei Einträge für die bereitgestellten ISDN-Kanäle angezeigt. Standardmäßig darf nur ein Kontrollkästchen markiert sein. Möchten Sie die auf den vorhergehenden Seiten angesprochene Kanalbündelung nutzen, markieren Sie auch das Kontrollkästchen des zweiten Kanals. Über weitere Felder können Sie die Rufnummer der Einwahlverbindung und die Wählregeln festlegen. Markieren Sie das Kontrollkästchen *Wählregeln verwenden*, lässt sich über die Schaltfläche *Wählregeln* das betreffende Dialogfeld öffnen. Dort können Sie z. B. einstellen, dass das Gerät eine 0 zur Amtholung in Telefonanlagen verwendet (siehe die vorherigen Seiten).

TIPP

Klicken Sie auf die Schaltfläche *Andere*, können Sie ggf. alternative Zugangsnummern für die Wählverbindung festlegen. Dies ist bei Notebooks hilfreich, wenn Sie sich von verschiedenen Orten bei verschiedenen Anbietern einwählen möchten. Sind mehrere Nummern festgelegt, lassen sich diese vor der Verbindungsaufnahme auswählen.

■ Die Registerkarte *Optionen* ermöglicht Ihnen, die Wähloptionen für die Einwahlverbindung festzulegen. Falls bei der Verbindungsaufnahme keine Informationen angezeigt werden, markieren Sie ggf. die Kontrollkästchen der Gruppe *Wähloptionen*. Das Kontrollkästchen *Windows-Anmeldedomäne einbeziehen* wird aber in der Regel zur Verbindungsaufnahme mit Internetprovidern nicht markiert. In der Gruppe *Wahlwiederholungsoptionen* können Sie übrigens auch die Leerlaufzeit einstellen, nach der das Gerät automatisch die Verbindung abbaut.

■ Die Registerkarte *Sicherheit* ermöglicht Ihnen, Sicherheitsoptionen für die Verbindungsaufnahme anzugeben. Für die meisten Internetdienste wird hier ein unsicheres Kennwort verwendet. Fragen Sie bei Bedarf beim Dienstanbieter nach den erforderlichen Einstellungen.

■ Die Registerkarte *Netzwerk* listet die bei der Verbindung benutzten Elemente (Protokolle und Dienste) auf. In der Regel brauchen Sie auf dieser Registerkarte nichts anzupassen.

■ Auf der Registerkarte *Freigabe* lässt sich die Internetverbindungsfreigabe konfigurieren. Dies ermöglicht es, den auf einem Rechner per Modem-, ISDN- oder DSL-Anschluss hergestellten Internetzugang zur gemeinsamen Nutzung in einem Netzwerk freizugeben. Dann können auch die anderen Nutzer von ihren Rechnern auf das Internet zugreifen. Markieren Sie auf der Registerkarte *Freigabe* das Kontrollkästchen *Anderen Benutzern im Netzwerk gestatten, diese Verbindung des Computers als Internetverbindung zu verwenden*. Bei Bedarf können Sie dann das Kontrollkästchen *Eine Wählverbindung herstellen, wenn ein Computer im Netzwerk auf das Internet zugreift* markieren. Dies ermöglicht Windows, automatisch die Verbindung herzustellen, wenn ein Netzwerkbenutzer eine Internetfunktion benötigt (z. B. den Internet Explorer oder das E-Mail-Programm aufruft und Internetseiten oder Mails abruft). Möchten Sie anderen Benutzern im Netzwerk gestatten, die Verbindung zu steuern, markieren Sie das untere Kontrollkästchen der Registerkarte. Dann können andere Netzwerkteilnehmer die Internetverbindung auf ihren Rechnern mit den oben beschriebenen Methoden aufbauen und auch wieder trennen.

Die Anpassung dieser Einstellungen ist in der Regel aber nur dann erforderlich, wenn der Provider spezielle Zugangsoptionen für den Internetzugang voraussetzt. Dann sollten Sie die benötigten Informationen vom Zugangsanbieter erhalten.

25.1.3 Die automatische Interneteinwahl verhindern

Um zu verhindern, dass sich Windows oder Anwendungen ungewollt ins Internet einwählen, sollten Sie die automatische Einwahl abschalten. Hierzu wählen Sie in der Systemsteuerung den Befehl *Internetoptionen* und markieren auf der Registerkarte *Verbindungen* (Bild 25.10) das Optionsfeld *Keine Verbindung wählen*.

Sobald Sie das Eigenschaftenfenster über die *OK*-Schaltfläche der Registerkarte schließen, wird verhindert, dass bei Internetverbindungsversuchen von Programmen (Internet Explorer, Windows Live Mail, Windows Media Player, Windows-Hilfe etc.) die Einwahlverbindung automatisch aufgebaut wird. Der Benutzer muss die Internetverbindung explizit herstellen, um diesen Programmen einen Zugriff auf das Internet zu gewähren.

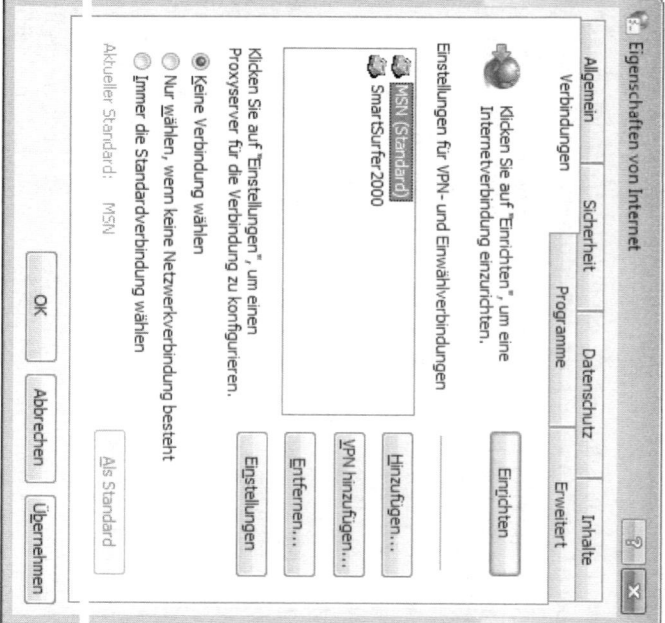

Bild 25.10:   Internetverbindungseinstellungen anpassen

25.1.4 DSL-Verbindung einrichten

Verwenden Sie einen LAN- oder einen WLAN-Router, der eine gemeinsame DSL-Verbindung für die am Router per Netzwerkkabel angeschlossenen Rechner bereitstellt? Dann sind die DSL-Zugangsdaten in der Regel am Router einzutragen. Manche Provider bzw. der Routerhersteller stellen eine Konfigurationssoftware bereit, über die Sie Zugriff auf die Konfigurationsfunktionen des DSL-Routers erhalten.

Bei AVM-Produkten wie der FRITZ!Box lässt sich die Konfigurierung sogar im Browser über Webformulare vornehmen (Bild 25.11, unten).

1. Geben Sie in der Adressleiste eines Browsers (z. B. Internet Explorer) die IP-Adresse des Routers oder die URL der FRITZ!Box (z. B. *fritz.box*) ein. Alternativ können Sie im Ordnerfenster *Computer* zum Netzwerk navigieren. Bei einem Router mit UPnP-Unterstützung (steht für Universal Plug and Play, ein Standard zur Geräteerkennung in Netzwerken) können Sie dessen Symbol mit einem Rechtsklick anwählen und den Kontextmenübefehl *Gerätewebseite anzeigen* wählen (Bild 25.11, oben).

2. Sobald die Konfigurationsseiten im Browserfenster geöffnet werden, melden Sie sich mit einem Kennwort an und rufen die Konfigurationsformulare über die angebotenen Hyperlinks ab. Dort findet sich auch eine Seite, in die Sie dann die Zugangsdaten des DSL-Anbieters eintragen müssen.

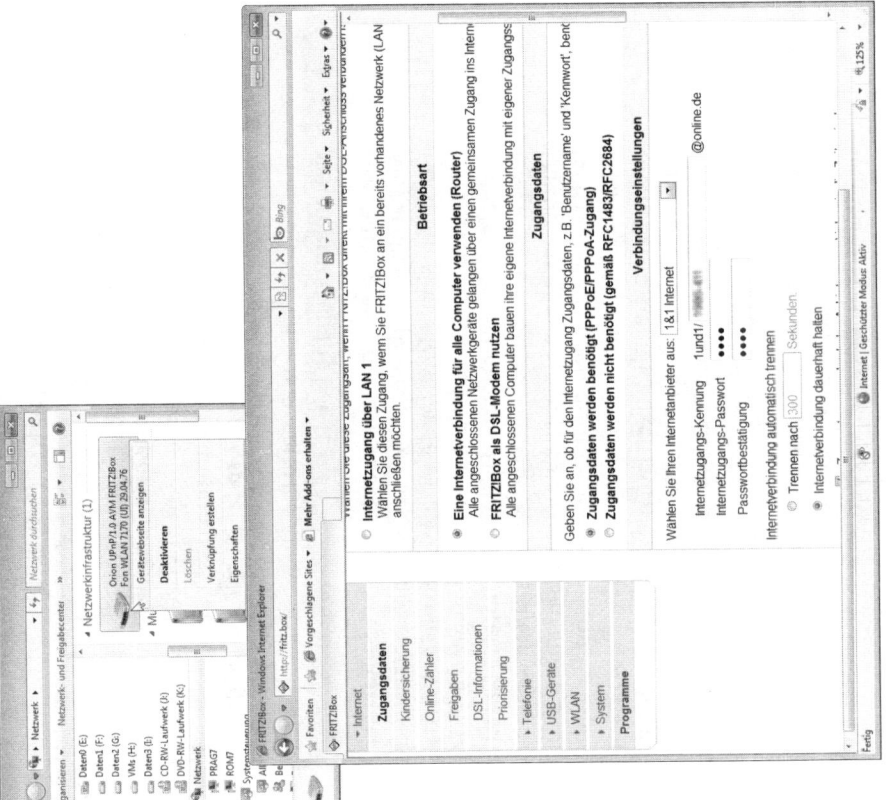

Bild 25.11:   Konfigurierung einer FRITZ!Box im Internet Explorer

Der DSL-Router baut dann über das integrierte oder externe DSL-Modem eine Verbindung zum Internet auf und stellt diese Verbindung allen über die WLAN- oder LAN-Eingänge des Routers verbundenen Rechnern zur Verfügung. Details zum Einrichten solcher Konfigurationen liefert die Dokumentation des jeweiligen Providers.

ACHTUNG

Sofern Sie einen volumen- oder verbindungszeitabhängigen DSL-Tarif besitzen, sollten Sie den Router so konfigurieren, dass dieser nur dann eine DSL-Verbindung aufbaut, wenn diese über das PPPoE-Protokoll (PPPoE steht für Point-to-Point Proctocol over Ethernet) von einem der angeschlossenen Rechner gefordert wird. Andernfalls laufen Sie Gefahr, dass horrende Verbindungskosten anfallen. Zudem verfügen Router über eine integrierte Firewall, die Sie bei Bedarf so konfigurieren müssen, dass Windows-Dienste und -Anwendungen (z. B. IP-Telefonieanwendungen, Medienstreaming im Windows Media Player) über das Internet angesprochen werden können. Auch hier bleibt, wegen der Vielzahl der möglichen Gerätevarianten, der Hinweis, die Herstellerdokumentation des Routers zu konsultieren.

Breitband-Internetzugang über Drahtlosnetzwerke (WLAN)

Windows 7 bietet Ihnen, bei entsprechender Hardwareausstattung, zusätzlich den Aufbau einer Internetverbindung über ein Drahtlosnetzwerk (WLAN) an. Solche Drahtlosnetzwerke lassen sich nutzen, um den Rechner oder Notebooks kabellos mit einem WLAN-Router zu verbinden. Die betreffenden Schritte zur Konfiguration der Drahtlosverbindung und zum Aufbau der Verbindung werden in *Kapitel 29* im Rahmen der Einrichtung von lokalen Netzwerken (LANs) besprochen. Sobald eine Drahtlosnetzwerkverbindung zum WLAN-Router (z. B. FRITZ!Box Phone WLAN) besteht, stellt dieser auch den Internetzugang bereit.

Alternativ bietet der eingebaute WLAN-Adapter bei Notebooks auch die Möglichkeit, unterwegs über sogenannte Hotspots ins Internet zu gehen. Hotspots sind nichts anderes als öffentliche WLAN-Stationen, die einen Internetzugang bereitstellen. Solche Hotspots werden von verschiedenen Anbietern in Bahnhöfen, Flughäfen, Hotels, Gaststätten etc. betrieben. Einige dieser Hotspots ermöglichen oft einen kostenlosen Internetzugang. Häufig benötigen Sie aber eine Zugangskennung (Benutzername und Passwort), über die Sie dann die Internetverbindung für Unbefugte blockiert wird. Erkundigen Sie sich beim Anbieter eines Hotspots nach den Zugangsmodalitäten. Bei kostenpflichtigen Hotspots sollten Sie nachfragen, wie die Verbindungsgebühren abgerechnet werden und wie viel eine Zeit- oder Volumeneinheit kostet – denn meist verlangen die Anbieter relativ hohe Gebühren. Um eine Verbindung zu einem Hotspot herzustellen, können Sie wie bei der Verbindungsaufnahme zu einer WLAN-Netzwerkstation vorgehen (siehe *Kapitel 29*). Allerdings weist Windows 7 Sie bei der Verbindungsaufnahme mit unverschlüsselten WLAN-Zugangspunkten darauf hin, dass die Daten ungeschützt übertragen werden. Sie müssen dann die Verbindungsaufnahme in einem Dialogfeld bestätigen und den abgefragten Netzwerkstandort auf *Öffentliches Netzwerk* setzen (Bild 25.9). Wenn Sie anschließend in einem Browser wie dem Internet Explorer eine Webseite abrufen, erscheint, je nach Hotspot-Anbieter, ein Dialogfeld oder eine Webseite, in das Sie die Benutzererkennung eintippen müssen. Erst bei erfolgreicher Anmeldung wird der Internetzugang freigeschaltet.

HINWEIS

Eine Übersicht über Hotspots finden Sie im Internet auf Webseiten wie www.hotspot-locations.de, wi-fi.jiwire.com, www.hotspotfinder.de und www.informationsarchiv.net/magazin/19. Unter www.hotspotdeutschland.de bietet ein Provider eine sehr preiswerte deutschlandweite Flatrate für Hotspots an, deren Betreiber sich diesem System angeschlossen haben.

25.2 E-Mail- und News-Konten einrichten

Verwenden Sie das Programm Windows Live Mail (oder einen anderen E-Mail-Client) zur Bearbeitung Ihrer E-Mails? Dann müssen Sie die Zugangsdaten für das E-Mail-Konto einmalig konfigurieren. Um auf Beiträge von

Newsgroups zuzugreifen, sind die Zugangsdaten des Newsgroupservers einzutragen. Nachfolgend wird das Einrichten des E-Mail- und Newsgroupzugangs beispielhaft für Windows Live Mail 2011 gezeigt.

25.2.1 E-Mail-Konten in Windows Live Mail einrichten

Um Nachrichten mit Windows Live Mail vom Server abrufen und neue Nachrichten versenden zu können, müssen die Kontendaten samt den Daten für den POP3-, SMTP- oder IMAP-Zugang abgelegt werden. Informationen zu den Zugangsdaten erhalten Sie in der Regel vom Anbieter des Postfachs (also T-Online, WEB.DE, GMX etc.). Die folgende Tabelle enthält die Adressen verschiedener Anbieter.

Anbieter	Posteingang	Postausgang
WEB.DE	pop3.web.de	smtp.web.de
GMX	pop.gmx.net	mail.gmx.net
Freenet	mx.freenet.de	mx.freenet.de
T-Online	pop.t-online.de oder popmail.t-online.de	mailto.t-online.de oder smtpmail.t-online.de

Tabelle 25.1: Kontendaten verschiedener E-Mail-Anbieter

HINWEIS

Eine umfangreiche Liste mit POP3- und SMTP-Adressen verschiedener Provider finden Sie unter www.patshaping.de/hilfen_ta/pop3_smtp.htm. Wer noch kein E-Mail-Konto besitzt, kann dieses kostenlos bei verschiedenen Freemail-Anbietern wie WEB.DE (www.web.de) oder GMX (www.gmx.net) beantragen (einfach die betreffenden Webseiten aufrufen, den Link für ein Freemail-Postfach wählen und dann die Antragsformulare ausfüllen). Bei Bedarf können Sie auch temporäre E-Mail-Adressen bei entsprechenden Dienstleistern wie www.spaml.de einrichten. Sie können solche Freemail- und temporären E-Mail-Adressen verwenden, wenn zur Nutzung eines Internetangebots eine Anmeldung mit Angabe einer E-Mail-Adresse erforderlich ist. Gelangt diese Adresse in falsche Hände und wird Werbemüll zugeschickt, landet dieser nur im Postfach der Zweitmailadresse und nicht im privat oder beruflich genutzten Postfach. Zudem bieten Freemail-Anbieter wie WEB.DE oder GMX mittlerweile selbst bei kostenlosen Postfächern einen guten Viren- und Spamschutz.

Ist Windows Live Mail aus den Windows Live Essentials installiert (siehe *Kapitel 19*), kann das Einrichten des E-Mail-Kontos mit folgenden Schritten erfolgen.

1. Starten Sie Windows Live Mail und wählen Sie in der linken Spalte des Anwendungsfensters das Symbol der Kategorie *E-Mail* (Bild 25.12, Hintergrund links).

Bild 25.12:   Zugangsdaten für ein E-Mail-Konto festlegen

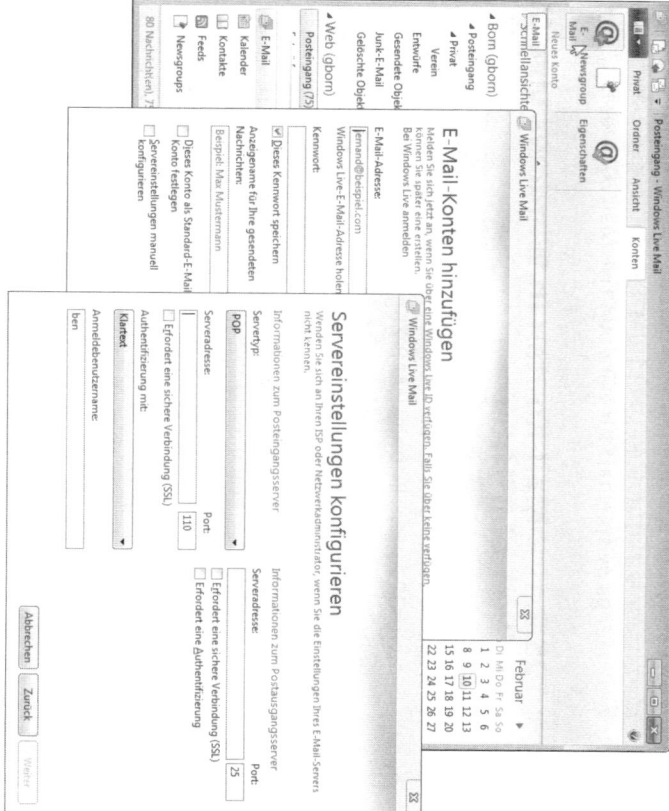

2. Danach klicken Sie auf der Registerkarte *Konten* des Menübands in der Gruppe *Neues Konto* auf die Schaltfläche *E-Mail* Bild 25.12, Hintergrund oben).

3. Anschließend tragen Sie in den Dialogfeldern (Bild 25.12, Vordergrund) des Einrichtungs-Assistenten die benötigten Kontendaten ein und verwenden die *Weiter*-Schaltfläche, um zum Folgedialogfeld zu gelangen.

4. Sobald das Abschlussdialogfeld erscheint, können Sie den Assistenten über die Schaltfläche *Fertig stellen* wieder schließen.

Nach dem Anklicken der *Fertig stellen*-Schaltfläche sollte Windows Live Mail automatisch einen Datenabgleich (als Synchronisation bezeichnet) mit dem E-Mail-Server vornehmen. Sind die E-Mail-Adresse und das zugehörige Benutzerkennwort korrekt, werden die im Postfach lagernden E-Mails abgeholt und im Ordner *Posteingang* abgelegt.

ACHTUNG

Bei manchen Freemail-Konten (z.B. Web.de) erlaubt der Anbieter das Abholen neuer E-Mails per POP3-Protokoll nur in einem Zeitintervall von 15 Minuten. Dann erhalten Sie ggf. einen entsprechenden Hinweis im letzten Dialogfeld angezeigt. Rufen Sie Nachrichten in kürzeren Zeitintervallen ab, wird Windows Live Mail eine Fehlermeldung anzeigen.

Die genaue Anzahl der zur Konfiguration gezeigten Dialogfelder hängt vom verwendeten E-Mail-Konto ab. Für die in den einzelnen Dialogfeldern einzutragenden Daten gilt Folgendes:

■ Tragen Sie im ersten Dialogfeld *E-Mail-Konto hinzufügen* (Bild 25.12, Vordergrund) die E-Mail-Adresse des Kontos sowie das passende Benutzerkennwort in die betreffenden Textfelder ein. Weiterhin lässt sich noch das Textfeld *Anzeigename* mit einem Wert belegen, der anschließend als Kontenbezeichnung in der linken Spalte des Windows Live Mail-Programmfensters angezeigt wird.

■ Kennt der Assistent die Zugangsadresse für den E-Mail-Server (z. B. bei WEB.DE, Hotmail etc.), wird u. U. sofort das Abschlussdialogfeld eingeblendet. Sind die Zugangsdaten nicht bekannt (oder haben Sie im Dialogfeld aus Bild 25.12, Vordergrund links, das Kontrollkästchen *Servereinstellungen manuell konfigurieren* markiert), werden die Serveradressen und -optionen in einem eigenen Dialogfeld (Bild 25.12, Vordergrund rechts) abgefragt. Wählen Sie im Dialogfeld den Typ des Posteingangsservers (POP3, IMAP oder HTTP) aus und geben Sie die Adressen für den Posteingangsserver sowie den Postausgangsserver in die betreffenden Felder ein. Für ein WEB.DE-Postfach lautet die POP3-Adresse z. B. *pop3.web.de*, während für den Postausgangsserver *smtp.web.de* einzutragen ist. Im Dialogfeld lässt sich zusätzlich das Kontrollkästchen *Postausgangsserver erfordert Authentifizierung* markieren. Weiterhin können Sie für Posteingangs- und Postausgangsserver vorgeben, dass eine sichere Verbindung (SSL) zu verwenden ist. Diese Option gewährleistet, dass die E-Mails beim Austausch mit dem E-Mail-Server verschlüsselt übertragen werden.

Werden mehrere E-Mail-Konten eingerichtet, lässt sich bei einem Konto das Kontrollkästchen *Dieses Konto als Standard-E-Mail-Konto festlegen* im Dialogfeld (Bild 25.12, Vordergrund links) des Assistenten markieren.

HINWEIS

Klappt das automatische Einrichten eines E-Mail-Kontos mit Angabe der E-Mail-Adresse und des Benutzerkennworts gemäß obiger Anleitung nicht? Sie können die Konteneinstellungen entsprechend den Ausführungen im folgenden Abschnitt einsehen und anpassen. Ein fehlerhaft konfiguriertes E-Mail-Konto lässt sich aber auch in der linken Spalte des Windows Live Mail-Programmfensters per Rechtsklick anwählen und über den Kontextmenübefehl *Konto entfernen* löschen. Dann können Sie die obigen Schritte zur Konfigurierung des E-Mail-Kontos erneut ausführen. Markieren Sie im ersten Dialogfeld des Assistenten das Kontrollkästchen *Servereinstellungen manuell konfigurieren*. Anschließend können Sie die Informationen für den Posteingangs- und Postausgangsserver manuell in dem Dialogfeld (Bild 25.12, Vordergrund, rechts) eingeben. In diesem Fall sollten Sie sich aber vorher beim Anbieter des E-Mail-Kontos über die genauen Details (z. B. Serveradressen, gesicherte Verbindung und Authentifizierung werden unterstützt) zur Konfigurierung des E-Mail-Zugangs informieren.

25.2.2 E-Mail-Konteneinstellungen anpassen

Möchten Sie die E-Mail-Konteneinstellungen in Windows Live Mail ansehen oder müssen Sie diese bei einem E-Mail-Konto nachträglich noch modifizieren?

1. Klicken Sie in der linken Spalte des Windows Live Mail-Programmfensters den Eintrag des betreffenden E-Mail-Kontos mit der rechten Maustaste an und wählen Sie den Kontextmenübefehl *Eigenschaften* (Bild 25.13, Hintergrund links).

2. Passen Sie im Eigenschaftenfenster (Bild 25.13, Vordergrund) auf den einzelnen Registerkarten die benötigten Einstellungen an und klicken Sie danach auf die OK-Schaltfläche.

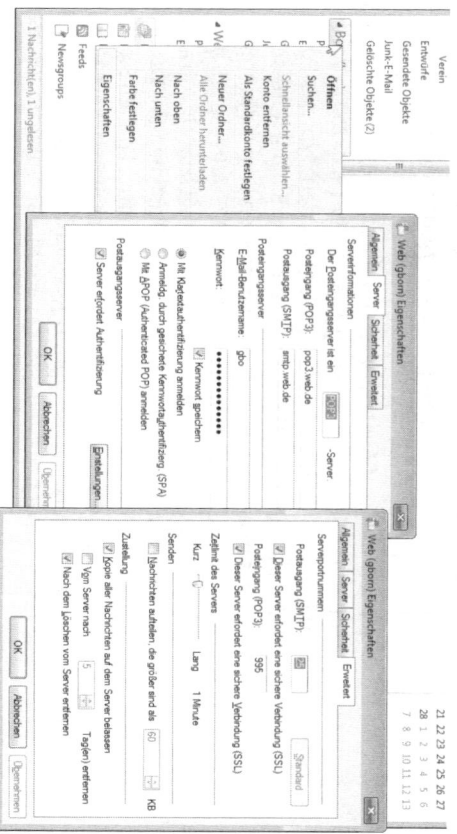

Bild 25.13: E-Mail-Konteneinstellungen einsehen

Auf den Registerkarten des Eigenschaftenfensters können Sie die folgenden Einstellungen vornehmen.

■ Markieren Sie auf der Registerkarte *Erweitert* ggf. das Kontrollkästchen *Dieser Server erfordert eine sichere Verbindung (SSL)*, um eine verschlüsselte Verbindung beim E-Mail-Versand zu verwenden. In der Gruppe *Zustellung* der Registerkarte lässt sich über Kontrollkästchen (z. B. *Kopie der Nachricht auf dem Server belassen*) vorgeben, ob die abgeholten Nachrichten vom Server gelöscht werden sollen. Dies verhindert ggf., dass das Postfach auf dem Server irgendwann »überläuft«.

■ Unterstützt der Postausgangsserver eine Authentifizierung, markieren Sie auf der Registerkarte *Server* das Kontrollkästchen *Server erfordert Authentifizierung*. Dann kann sich der Mailclient beim Postversand mit den Kontendaten authentifizieren. Ob das erforderlich ist, erfahren Sie auf den Webseiten des Anbieters.

Werden mehrere E-Mail-Konten konfiguriert und ist ein Freemail-Konto dabei, das sich nur alle 15 Minuten abfragen lässt? Dann löschen Sie auf der Registerkarte *Allgemein* die Markierung des Kontrollkästchens *Dieses Konto beim Empfangen oder Synchronisieren von E-Mails einbeziehen*. Dann kann das Konto später gezielt über das Menü der Schaltfläche *Senden/Empfangen* der Registerkarte *Privat* abgefragt werden.

25.2.3 Zusätzliche Newsgroupkonten einrichten

Windows Live Mail ermöglicht Ihnen auch, auf die Nachrichtenbeiträge von Newsgroups zuzugreifen. Sie können die Newsgroups abonnieren und dort Beiträge einstellen oder Antworten auf Beiträge verfassen. Zum Konfigurieren führen Sie folgende Schritte aus.

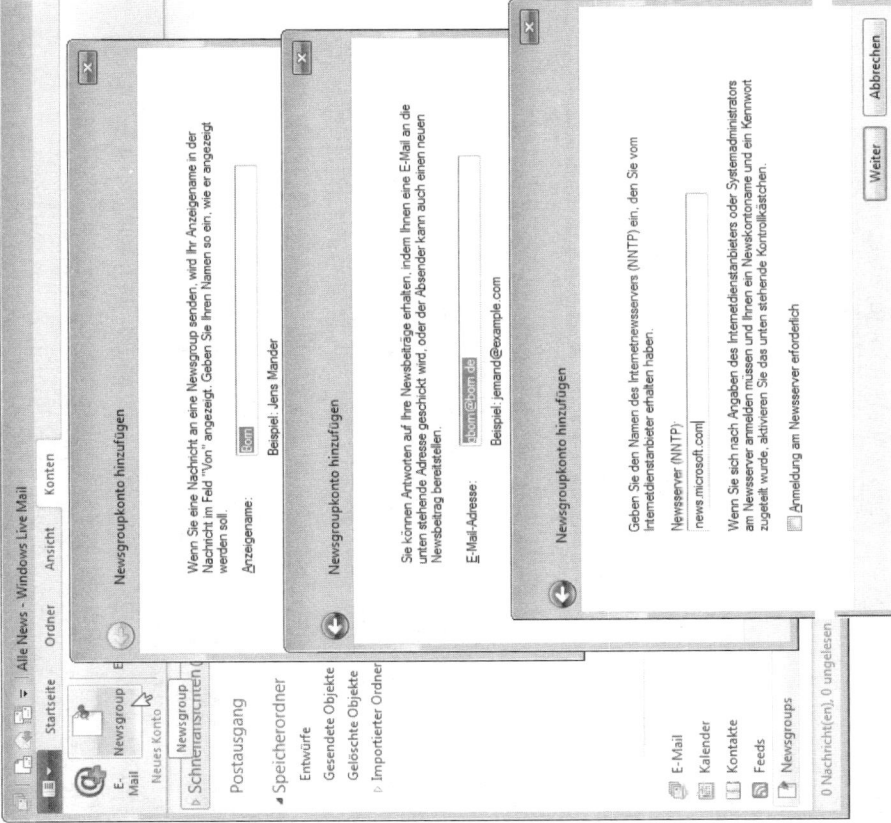

Bild 25.14: Dialogfelder zum Einrichten eines Newsgroupkontos

1. Starten Sie Windows Live Mail 2011 und wählen Sie in der linken Spalte des Anwendungsfensters das Symbol der Kategorie *Newsgroups* (Bild 25.14, Hintergrund links).

2. Danach klicken Sie auf der Registerkarte *Konten* des Menübands auf die Schaltfläche *Newsgroup* (Bild 25.14, Hintergrund).

3. Tippen Sie im Startdialogfeld des Assistenten (Bild 25.14, oben) den Namen ein, unter dem Ihre Newsgroupbeiträge erscheinen sollen. Vermeiden Sie Angaben wie »Micky Maus«, da in den meisten technischen Newsgroups reale Namen erwünscht sind. Klicken Sie auf die Schaltfläche *Weiter*.

4. Geben Sie im Dialogfeld mit dem Textfeld *E-Mail-Adresse* (Bild 25.14, Mitte) eine E-Mail-Adresse in das betreffende Feld ein und klicken Sie auf die Schaltfläche *Weiter*.

5. Im Dialogfeld aus Bild 25.14, unten, ist dann die Adresse des Newsservers einzutippen (z. B. *news.microsoft.com*) und die Schaltfläche *Weiter* anzuklicken.

Windows Live Mail nimmt Kontakt mit dem Newsserver auf und zeigt den Abschlussdialog mit der Schaltfläche *Fertig stellen*, die Sie anklicken. Bei Newsservern, die eine Authentifizierung erfordern, erscheint vorher noch ein Dialogfeld, in dem Sie den vom Serverbetreiber vergebenen Benutzernamen sowie das Kennwort eintippen müssen. Nach Anwahl der *Fertig stellen*-Schaltfläche ist das Newsgroupkonto eingerichtet, und Sie können Newsgruppen abonnieren. Nach dem Einrichten nimmt Windows Live Mail Kontakt mit dem Newsgroupserver auf. Wird der Server gefunden, können Sie die Newsgroups abonnieren. Das Abonnieren von Newsgroups ist in *Kapitel 28* beschrieben.

ACHTUNG

Problem bei Newsgroups ist zwischenzeitlich, dass es nur noch wenige freie Newsserver gibt. Der hier als Beispiel genannte Newsserver *news.mic-rosoft.com* ist z. B. zwischenzeitlich abgeschaltet, da Microsoft für Diskussionen Foren bereitstellt. Über eine sogenannte NNTP-Bridge lässt sich aber per Newsgroupreader auf die Microsoft-Foren zugreifen (siehe auch *Kapitel 28*). Unter www.disenter.com/ habe ich eine Aufstellung mit einigen »noch lebenden« Newsservern gefunden. Alternativ können Sie den Newsserver Ihres Providers (T-Online-Kunden können den Newsserver news.t-online.de nutzen) verwenden. Eine Liste weiterer freier Newsserver lässt sich mit dem Suchbegriff »free newsserver« in den einschlägigen Suchmaschinen abrufen.

HINWEIS

Der Name und die angegebene E-Mail-Adresse werden in Newsgroupbeiträgen veröffentlicht. Dies dient der Identifizierung des Autors eines Newsgroupbeitrags und ermöglicht den Lesern des Beitrags, ggf. per E-Mail zu antworten. Eigentlich eine gute Sache, die allerdings den Haken hat, dass solche Antworten mit dem Urheber samt E-Mail-Adresse für Jahrzehnte öffentlich im Internet stehen. Auf diese Weise gelangen die E-Mail-Adressen z. B. an Spamversender. Persönlich bin ich daher dazu übergegangen, als E-Mail-Adresse für Newsgroups eine Angabe der Art »nospam@discussions.microsoft.com« einzutragen. Dann kann mich zwar niemand per E-Mail kontaktieren. Aber bei Newsgroups ist dies nicht erforderlich, da die Fragen und Antworten auch in der Gruppe gestellt werden können.

26 Arbeiten mit dem Internet Explorer

Zum Surfen im Internet lassen sich in Windows 7 verschiedene Browser wie der Internet Explorer 8/9, der Firefox 3.x/4.x etc. verwenden. In diesem Kapitel finden Sie eine kurze Übersicht über die Funktionen des Internet Explorers 8 sowie einige Hinweise auf ähnliche Funktionen beim Internet Explorer 9 sowie beim Firefox 3.x/4.x.

26.1 Browser im Überblick

In den nachfolgenden Abschnitten erhalten Sie eine kurze Einführung in die Verwendung der Browser Internet Explorer und Firefox.

26.1.1 Welche Browser soll ich verwenden?

Ob der Internet Explorer 8, die Version 9 oder ein anderer Browser bei Ihnen auf dem System installiert bzw. verfügbar ist, hängt von der Konfigurierung des Betriebssystems ab. Die von Microsoft bis zur Drucklegung dieses Buches verfügbaren deutschen TechNet Windows 7-Versionen enthalten den Internet Explorer 8 als Standardbrowser. Allerdings überlässt es Microsoft (aufgrund eines EU-Wettbewerbsverfahrens) den Rechnerherstellern und Anwendern, alternative Browser für das Betriebssystem zu installieren. Hierzu wird per Update das Browserauswahlfenster als Symbol auf dem Desktop abgelegt (siehe *Kapitel 1*). So kann der Benutzer oder der Hardwareverkäufer einen alternativen Browser einrichten. Mit Veröffentlichung des Internet Explorer 9 wird diese Variante wohl als Windows Update verteilt (dies stand bei Drucklegung noch nicht fest). Aus diesen Gründen kann es durchaus sein, dass der Käufer eines fertigen Systems den Firefox oder andere Browser wie Google Chrome, Safari von Apple oder den Opera-Browser unter Windows 7 vorfindet.

Version 3.5.2. An einigen Stellen habe ich Hinweise auf Änderungen zum Internet Explorer 9 und Firefox 4.x eingefügt.

Sind vom Systemhersteller des Rechners der Browser Google Chrome sowie die Desktopsuche dieses Anbieters installiert worden? Zum Schutz der Privatsphäre empfehle ich die Deinstallation des Google Chrome-Browsers als auch der Google Desktopsuche. Diese Google-Anwendungen bringen gegenüber dem Windows 7-Funktionen keine Vorteile, eröffnen aber Google (und damit einer ganzen Armada von Drittfirmen) die Möglichkeit zum Ausspähen und Sammeln diverser privater Daten und Surfgewohnheiten. Sofern Sie den Internet Explorer aus persönlichen Gründen nicht einsetzen möchten, greifen Sie zum kostenlosen Firefox-Browser.

26.1.2 Firefox 3.x und Internet Explorer 8 im Überblick

Um Webseiten aus dem World Wide Web oder HTML-Dokumente anzusehen, müssen Sie diese in einem Browser wie dem Internet Explorer oder dem Firefox aufrufen. Beide Browser lassen sich über ggf. eingerichtete Desktopsymbole (Bild 26.1), über Schaltflächen in der Taskleiste sowie über Einträge im Startmenü aufrufen. Zur Anzeige in lokalen Ordnern oder auf CDs/DVDs gespeicherter HTML-Dokumentdateien reicht ein Doppelklick auf das betreffende Dokument. Zudem können Sie .xps-Druckdateien per Doppelklick im Internet Explorer öffnen.

Der Inhalt des Browserfensters hängt dabei von den Voreinstellungen ab. Die Bild 26.1 zeigt das Anwendungsfenster des Firefox 3.5/3.6 (Hintergrund) und des Internet Explorers 8 (Vordergrund). Auch wenn die Fenster leicht unterschiedlich aussehen, sind die wichtigsten Elemente weitestgehend identisch:

■ In der Titelleiste wird z.B. neben dem Programmnamen der Titel der geladenen Internetseite angezeigt.

■ In das Adressfeld der Adressleiste tragen Sie die Adresse (URL) der gewünschten Webseite ein. In das Suchfeld am rechten Rand der Adressleiste lässt sich ein Begriff eingeben und dann im Internet mittels einer Suchmaschine danach suchen.

■ In der Linkleiste (Firefox) bzw. Favoritenleiste (Internet Explorer) finden sich Schaltflächen, um auf vorkonfigurierte Funktionen zuzugreifen.

■ Der Internet Explorer weist eine Befehlsleiste mit Menüschaltflächen zum Zugriff auf die Programmfunktionen auf. Beim Firefox steht Ihnen in der Version ab 3.5.x eine Menüleiste mit entsprechenden Befehlen zur Verfügung – im Internet Explorer 8 lässt sich eine solche Menüleiste durch Drücken der ⎇-Taste kurzzeitig einblenden. Öffnen Sie das Menü der Schaltfläche Extras, können Sie im Internet Explorer die Menüleiste auch dauerhaft über die Befehle Symbolleisten/Menüleiste ein- und bei Bedarf wieder ausblenden.

■ Im Dokumentbereich erscheint die gerade geladene Webseite. Moderne Browser wie der Internet Explorer oder der Firefox können dabei mehrere Internetseiten gleichzeitig handhaben, wobei deren Anzeige über Registerkarten erfolgt. Durch Anklicken der betreffenden Registerreiter lässt sich die jeweilige Webseite in den Vordergrund holen.

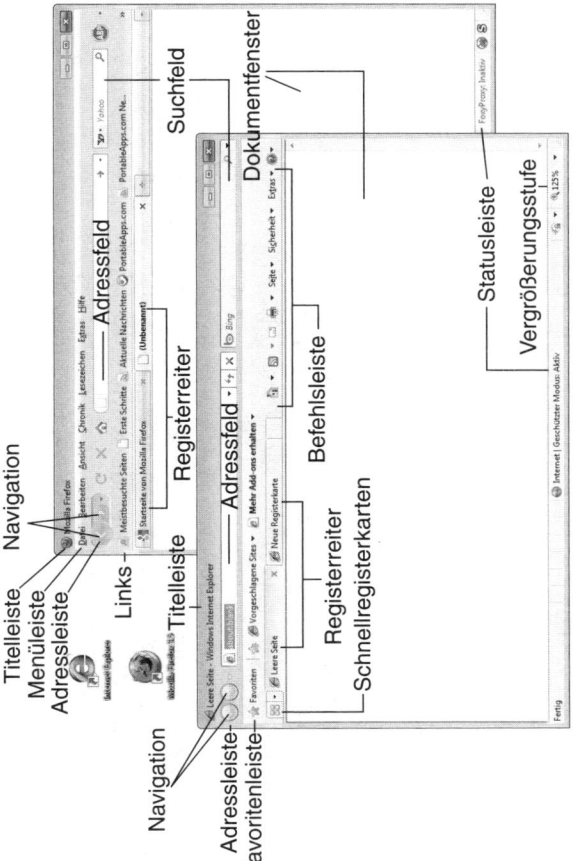

Bild 26.1: Firefox 3.5/3.6 und Internet Explorer 8 im Überblick

Am unteren Fensterrand findet sich die Statusleiste, in der der Browser den Status beim Seitenabruf, ggf. Informationen zur Sicherheitsstufe oder zu geblockten Seiten etc. einblendet. Am rechten Rand der Statusleiste finden Sie beim Internet Explorer die Menüschaltfläche *Vergrößerungsstufe ändern*. Klicken Sie auf die Schaltfläche, lässt sich über die Befehle des eingeblendeten Menüs ein Vergrößerungsfaktor für den Seiteninhalt abrufen. Beim Firefox können Sie diese Einstellung im Menü *Ansicht* über die Befehle des Untermenüs *Zoom* vornehmen.

Drücken Sie die Tastenkombinationen Strg + + und Strg + –, um den Zoomfaktor zur Anzeige des Dokumentinhalts zu erhöhen bzw. zu reduzieren. Bei einer Maus mit Rädchen können Sie den Zoomfaktor ebenfalls ändern. Halten Sie die Strg -Taste gedrückt, während Sie am Mausrädchen drehen.

Stürzen Internet Explorer oder der Firefox beim Anzeigen von Webseiten ab oder muss das Programm unvorhergesehen über den Task-Manager beendet werden (weil es nicht mehr reagiert), brauchen Sie den Browser nur neu zu starten. Anschließend bietet Ihnen das Programm an, die letzte Browsersitzung wiederherzustellen, bzw. zeigt diese automatisch an. Beim Internet Explorer können Sie über den Befehl *Letzte Browsersitzung erneut öffnen* der Menüschaltfläche *Extras* auf die betreffenden Inhalte zugreifen. Bewirken geladene Add-Ons beim Internet Explorer einen Absturz beim Aufruf? Im Startmenü finden Sie im Zweig *Alle Programme/Zubehör/Sys-*

TIPP

temprogramme den Befehl Internet Explorer (ohne Add-Ons), mit dem sich das Laden von Add-Ons beim Starten unterbinden lässt. Die gleiche Wirkung besitzt der Befehl iexplore.exe –extoff, den Sie in das Suchfeld des Startmenüs eintippen können.

HINWEIS

Beim ersten Aufruf des Internet Explorers startet ein Einrichtungs-Assistent, der Sie in verschiedenen Dialogfeldern durch die Konfigurierung führt. Dabei werden die Vorgaben für den Standardsuchanbieter, die Anzeige der Schnellinfos, den SmartScreen-Filter etc. abgefragt. Der Benutzer kann dem Assistenten die Auswahl über die Option *Expresseinstellungen* überlassen oder benutzerdefinierte Einstellungen setzen. Sie können diese Einstellungen nachträglich über den Befehl *Internetoptionen* der Menüschaltfläche *Extras* anpassen. Zudem finden Sie im dann angezeigten Eigenschaftenfenster die Schaltfläche *Zurücksetzen* auf der Registerkarte *Erweitert*, über die Sie den Internet Explorer auf die Standardeinstellungen zurücksetzen können.

26.1.3 Änderungen beim Firefox 4 und Internet Explorer 9

Verwenden Sie den Firefox 4 oder installieren Sie den Internet Explorer 9? Beide Browser besitzen ein leicht geändertes Programmfenster, wobei aber die Bedienung ähnlich wie bei den nachfolgend beschriebenen Vorgängermodellen erfolgt.

■ Beim Internet Explorer 9 klicken Sie in der rechten oberen Fensterecke auf die Schaltfläche mit dem stilisierten Zahnrad (Bild 26.2, unten), um das Menü *Extras* einzublenden. Links daneben befindet sich die *Favoriten*-Schaltfläche, die die Palette zum Zugriff auf Favoriten, abonnierte Feeds und den Verlauf ermöglicht.

■ Beim Firefox 4 finden Sie dagegen eine Menüschaltfläche *Firefox* in der linken oberen Fensterecke (Bild 26.2, oben). Klicken Sie auf diese Schaltfläche, lassen sich die gewünschten Befehle im Menü abrufen.

Wenn also auf den nachfolgenden Seiten vom Menü der Schaltfläche *Extras* (Internet Explorer) oder dem Menü *Extras* (Firefox) die Rede ist, müssen Sie bei den neuen Browsern die betreffenden Menüschaltflächen anklicken. Der Zugriff auf Suchfunktionen erfolgt beim Internet Explorer 9 über die Adressleiste (einfach den Suchbegriff im Adressfeld eintippen). Über das Menü der in der Adressleiste gezeigten Lupen-Schaltfläche können Sie auf Suchanbieter oder auf Web Slices zugreifen. Die Verwaltung der Suchanbieter kann über den Befehl *Add-Ons verwalten* der Menüschaltfläche *Extras* erfolgen.

Beide Browser besitzen standardmäßig keine Statusleiste. Ähnlich wie bei den Vorgängermodellen reicht bei beiden Browsern ein kurzes Drücken der [Alt]-Taste, um die optionale Menüleiste einzublenden. Über deren Befehle lassen sich beide Browser wie die Vorgängermodelle bedienen und konfigurieren. Im Menü *Ansicht* finden Sie z. B. den Befehl *Symbolleisten*, um zusätzliche Leisten im Fenster einzublenden. Über diesen Befehl lässt sich beim Internet Explorer 9 auch die Statusleiste wieder einblenden.

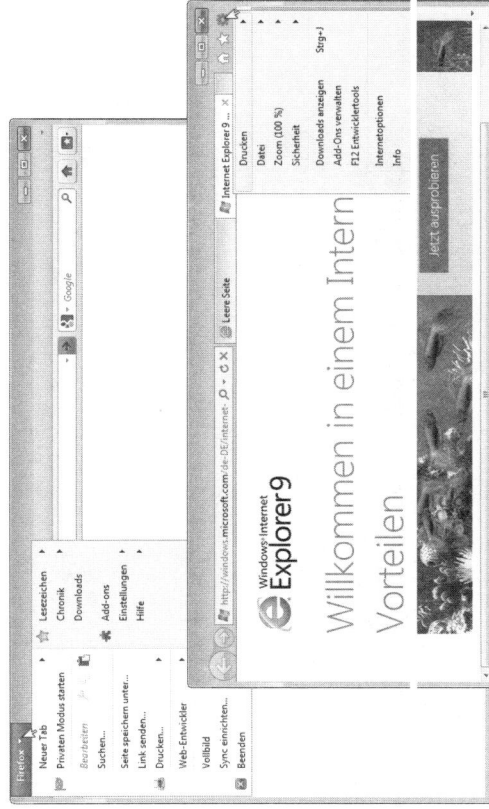

Bild 26.2:   Firefox 4 und Internet Explorer 9

Beide Browser sind nicht nur schneller als die Vorgängermodelle, sondern warten neben der leicht geänderten Benutzeroberfläche auch mit einigen Neuerungen auf. So enthält der Internet Explorer 9 einen sogenannten Tracking-Schutz, der das Protokollieren des Surfverhaltens von Werbenetzwerken unterbinden soll. Der Browser blockiert bei aktiviertem Schutz das Aufzeichnen über Cookies. Eine weitere Neuerung besteht in der ActiveX-Filterung, sodass das Surfen im Internet sicherer wird. Beide Funktionen lassen sich im Untermenü des Befehls *Sicherheit* der Menüschaltfläche *Extras* konfigurieren. Zudem lassen sich einzelne Webseiten des Internet Explorers 9 direkt als Dokumente an die Taskleiste anheften (einfach das Symbol der Webseite aus der Adressleiste zur Taskleiste ziehen).

26.1.4   Webseiten im Browser abrufen

Sobald die Internetverbindung steht und der Browser gestartet ist, können Sie Webseiten abrufen. Hierzu brauchen Sie nur die Adresse der gewünschten Webseite in das Adressfeld einzugeben und die $\boxed{\text{Enter}}$-Taste zu drücken.

Beim Eintippen der Adresse einer Internetseite öffnet der Browser das Listenfeld der Adressleiste und schlägt Adressen möglicherweise passender Internetseiten vor (Bild 26.3). Befindet sich die gewünschte Adresse in der Liste, können Sie deren Adresse durch Anklicken des Listeneintrags übernehmen. Der Browser ruft die betreffende Webseite ab und zeigt diese im Programmfenster an. Dieser Vorgang kann aber, je nach Übertragungsgeschwindigkeit, einige Sekunden dauern.

Zeigen Sie im Internet Explorer auf einen Eintrag des geöffneten Listenfelds, blendet der Browser am rechten Rand das *Löschen*-Symbol ein. Klicken Sie auf dieses Symbol, wird der Eintrag aus der Verlaufsliste gelöscht. Dies ermöglicht Ihnen, fehlerhaft eingetippte oder gegenüber Dritten als »kompromittierend« empfundene Webseitenadressen auf einfache Weise aus der Liste zu entfernen.

TIPP

569

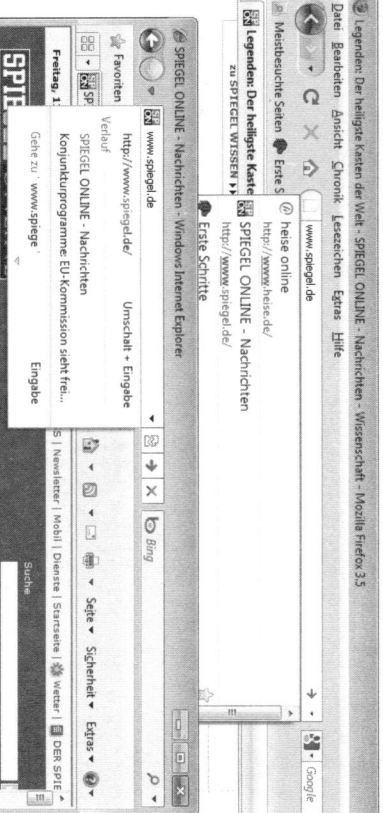

Bild 26.3:   Eingeben der Webseitenadresse

Beim Internet Explorer 8 werden neben der Liste mit bereits eingegebenen Webadressen ähnlicher Schreibweise auch Vorschläge aus der Verlaufsliste, aus den Favoriten, den RSS-Feed-Einträgen und der gesammelten Liste thematisch ähnlicher Websites eingeblendet. Damit finden Anwender die gewünschten Seiten schneller als in anderen Browsern. Klicken Sie in der Favoritenleiste auf die Menüschaltfläche *Vorgeschlagene Sites*, öffnet sich eine Palette, in der Sie ggf. eine Liste thematisch ähnlicher Webseiten finden.

Die Nutzung von Vorschlägen für ähnliche Webseiten erfordert, dass der Internet Explorer 8 Informationen über angesurfte Internetangebote sammelt und an Microsoft meldet. Im Menü der Schaltfläche *Extras* finden Sie den Befehl *Vorgeschlagene Sites*. Ist dieser markiert, verwendet der Browser die Funktion. Durch erneute Anwahl des Befehls lässt sich die Funktion deaktivieren. Zudem findet sich das Kontrollkästchen "*Vorgeschlagene Sites*" aktivieren auf der Registerkarte *Erweitert* des Eigenschaftenfensters *Internetoptionen* (Menüschaltfläche *Extras*, Befehl *Internetoptionen*).

Die Adressen von Internetseiten werden meist in der Form www.xxx.com angegeben. Das Ganze wird als Domainadresse bezeichnet und gibt dem Kenner einige Hinweise auf die Art der Website. Mit www wird meist die Hauptseite eines Webangebots versehen. Die Zeichen xxx stehen hier für den Namen der Domain (z. B. Firmennamen wie *microsoft*, *mut* etc.). Die Endungen geben einen Hinweis auf das Land (.*de*, .*at*, .*ch* etc.) oder die Organisation (.*com*, .*org*, .*net* etc.). Der Browser ergänzt die Adresse anschließend noch um den Vorspann *http://*, d. h., Sie brauchen diese Kennung nicht anzugeben. An diese Adresse schließt sich gelegentlich noch eine Buchstabenfolge mit dem Pfad zu Unterordnern auf dem betreffenden Webserver an (z. B. *www.microsoft.com/de/de/*). Manchmal taucht in diesem Zusammenhang auch der Begriff URL auf. Dieser ist aber nichts anderes als die englische Abkürzung für »Uniform Resource Location« und bezeichnet eine Adressangabe im Internet.

HINWEIS

26.1.5 Navigieren in Internetseiten

Das Navigieren in Internetseiten bzw. das Abrufen von Folgeseiten ist in einem Browser mit einfachem Mausklicks möglich. Haben Sie eine Webseite durch Eingeben der Adresse abgerufen, können Sie Folgeseiten durch Anklicken der in der Webseite enthaltenen Hyperlinks abrufen. Beim Zeigen auf Hyperlinks nimmt der Mauszeiger die Form einer stilisierten Hand an (Bild 26.4).

für EU-Vertrag

Bild 26.4:   Abrufen der Folgeseite über einen Hyperlink

Der Browser signalisiert mit der Änderung des Mauszeigers bzw. dem Symbol der stilisierten Hand, dass es sich bei der betreffenden Dokumentstelle um einen sogenannten Hyperlink handelt. Ein Hyperlink ist schlicht ein Verweis auf eine Folgeseite. Daher wird auch beim Zeigen auf einen Hyperlink die Adresse der Folgeseite in der Statusleiste des Browserfensters eingeblendet.

Zum Blättern zwischen bereits besuchten Webseiten bieten die Browser am linken Rand der Adressleiste zwei, beim Internet Explorer mit Zurück und Vorwärts beschriftete Navigationsschaltflächen (Bild 26.5).

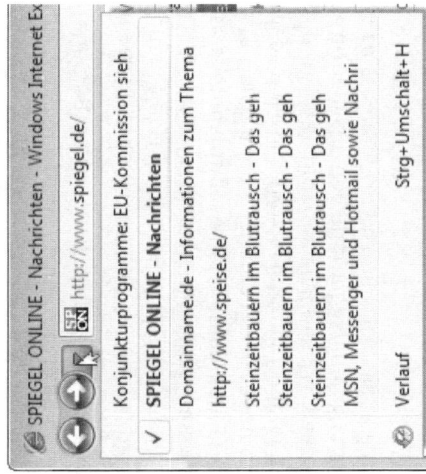

Bild 26.5:   Abrufen der besuchten Seiten über Navigationsschaltflächen

- Zeigen Sie in der Symbolleiste auf die links vom Adressfeld angezeigte Schaltfläche Zurück, blendet der Internet Explorer bereits eine QuickInfo mit dem Text Zurück zu ... ein, wobei der Titel der vorherigen Seiten mit angezeigt wird. Klicken Sie in der Symbolleiste auf die Schaltfläche Zurück, um die vorher besuchte Webseite anzuzeigen.

- Der Browser gibt die Schaltfläche Zurück nur frei, wenn während der aktuellen Sitzung bereits Folgeseiten abgerufen und diese im Dokumentfenster angezeigt wurden. Haben Sie mehrere Webseiten in Folge aufgerufen, können Sie durch mehrfaches Anklicken der Schaltfläche Zurück schrittweise durch die vorher aufgerufenen »besuchten« Webseiten zurückblättern. Gelangen Sie zur ersten aufgerufenen Webseite, wird die Schaltfläche Zurück gesperrt.

- Haben Sie über die Schaltfläche *Zurück* eine der Vorgängerseiten abgerufen, gelangen Sie über die rechts daneben befindliche Schaltfläche *Vorwärts* zur Folgeseite zurück. Durch mehrfaches Anklicken der Schaltflächen können Sie ggf. seitenweise bis zum Anfang bzw. Ende der besuchten Seitenfolge blättern. Dies funktioniert übrigens ähnlich wie beim Navigieren zwischen angesehenen Ordnern in Ordnerfenstern.

- Um gezielt zu einer Webseite zu gehen, klicken Sie auf den Pfeil rechts neben der Schaltfläche *Vorwärts* und wählen im eingeblendeten Menü direkt einen Befehl mit dem Seitentitel (Bild 26.5). Der Internet Explorer ruft die zugehörige Seite auf.

Beim Firefox sehen die Schaltflächen leicht unterschiedlich aus und sind mit *Eine Seite zurück* bzw. *Eine Seite vor* benannt. Die Schaltflächen befinden sich aber an der gleichen Stelle der Adressleiste und funktionieren genau wie beim Internet Explorer. In beiden Browsern sind die Schaltflächen zum Blättern nur freigegeben, wenn Sie bereits mehr als eine Seite in der aktuellen Sitzung besucht haben. Beim nächsten Aufruf des Browsers sind die Schaltflächen gesperrt.

Aktualisieren, Abbrechen und Kompatibilitätsmodus

Rechts neben dem Adressfeld finden Sie im Internet Explorer 8 einige Schaltflächen vor, die zur Steuerung der Seitenabrufe ganz hilfreich sind (Bild 26.6).

- Microsoft hat einiges investiert, damit der Internet Explorer 8 kompatibel zu verschiedenen Webstandards ist und sich entsprechende Seiten korrekt anzeigen lassen. Ein Problem ist allerdings, dass viele Webseiten nicht gemäß diesen Standards gestaltet wurden, sondern Tricks nutzen, um die erwünschte Darstellung in älteren Browsern zu erzwingen. Dies kann dazu führen, dass diese Seiten im Internet Explorer 8 anders dargestellt werden als in früheren Browserversionen. Die ganz links angeordnete Schaltfläche ermöglicht, den Internet Explorer 8 in einen IE 7-Kompatibilitätsmodus zu schalten. Dies ist hilfreich, wenn ältere Webseiten nicht korrekt angezeigt werden.

- Die mittlere Schaltfläche *Aktualisieren* ermöglicht, die aktuelle Webseite erneut vom Server abzurufen (hilfreich, falls der Inhalt nicht oder nicht vollständig angezeigt wird). Sie können auch die Funktionstaste [F5] drücken, um die Seite nochmals anzufordern.

- Möchten Sie das Laden der Webseite abbrechen (z. B. weil der Aufbau extrem lange dauert), klicken Sie auf die rechte *Stopp*-Schaltfläche (das Symbol mit dem roten X). Alternativ können Sie auch die [Esc]-Taste drücken.

Bild 26.6: Schaltflächen *Kompatibilitätsmodus*, *Aktualisieren* und *Stopp*

Beim Firefox finden Sie die Schaltflächen zum Aktualisieren der Webseite oder zum Abbrechen des Ladens in der Adressleiste zwischen den Navigationsschaltflächen und dem Adressfeld.

HINWEIS

Die Schaltfläche *Kompatibilitätsansicht* erscheint nur dann in der Adressleiste, wenn die betreffende Webseite Anzeigeelemente (z. B. Cascading Style Sheets) verwendet, die ggf. zu Kompatibilitätsproblemen führen können.

Möchten Sie die Webseiten einer bestimmten Site zwangsweise in der Kompatibilitätsansicht des Internet Explorers darstellen? Klicken Sie auf die Menüschaltfläche *Extras* und wählen Sie den Befehl *Einstellungen der Kompatibilitätsansicht*. Anschließend können Sie im gleichnamigen Dialogfeld (Bild 26.7) die Adresse der gewünschten Website eingeben und mittels der *Hinzufügen*-Schaltfläche zur Liste der anzuzeigenden Seiten hinzufügen. Das Dialogfeld bietet Optionen, um Einträge zu löschen oder Webseiten aus dem Intranet (lokales Netzwerk) auszuschließen. Weiterhin gibt es ein Kontrollkästchen, um alle Websites in der Kompatibilitätsansicht anzeigen zu lassen.

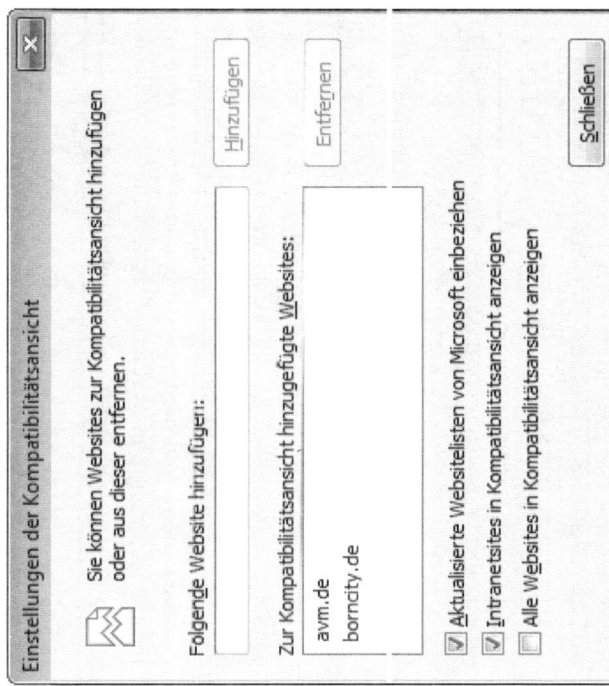

Einstellungen der Kompatibilitätsansicht

Sie können Websites zur Kompatibilitätsansicht hinzufügen oder aus dieser entfernen.

Folgende Website hinzufügen:

[Hinzufügen]

Zur Kompatibilitätsansicht hinzugefügte Websites:

avm.de
borncity.de

[Entfernen]

☑ Aktualisierte Websitelisten von Microsoft einbeziehen
☑ Intranetsites in Kompatibilitätsansicht anzeigen
☐ Alle Websites in Kompatibilitätsansicht anzeigen

[Schließen]

Bild 26.7: Einstellungen der Kompatibilitätsansicht

Browserverlauf löschen und Privatmodus nutzen

Stört es Sie, dass Dritte ggf. über die URL-Liste kontrollieren können, welche Webseiten Sie aufgerufen haben? Dann klicken Sie in der Symbolleiste des Internet Explorers auf die Menüschaltfläche *Sicherheit* und wählen den Befehl *Browserverlauf löschen*. Im gleichnamigen Dialogfeld können Sie über

Kontrollkästchen den Löschumfang festlegen und dann auf die Schaltfläche *Löschen* klicken. Beim Firefox wählen Sie im Menü *Extras* den Befehl *Neueste Chronik löschen*. Im angezeigten Dialogfeld lassen sich über die Schaltfläche *Details* Kontrollkästchen zum Markieren der zu löschenden Elemente ein-blenden. Klicken Sie anschließend auf die Schaltfläche *Jetzt löschen*, um die Surfspuren zu entfernen.

Möchten Sie beim Surfen möglichst wenig Spuren auf dem Rechner hinter-lassen und auch wenig Informationen gegenüber besuchten Internetseiten preisgeben, lässt sich der Privatmodus verwenden. Im Internet Explorer wählen Sie hierzu den Befehl *InPrivate browsen* der Menüschaltfläche *Sicher-heit*, während im Firefox der Befehl *Privaten Modus starten* des Menüs *Extras* zu verwenden ist.

26.2   Clever arbeiten mit dem Browser

Browser wie der Internet Explorer und der Firefox stellen Ihnen eine Reihe nützlicher Funktionen bereit, die das Abrufen von Webseiten, das Herunter-laden von Dateien etc. unterstützen. Auch das Drucken von Webseiten ist möglich. Nachfolgend werden die betreffenden Funktionen kurz beschrie-ben.

26.2.1   Mehrere Seiten gleichzeitig anzeigen

Je nach Verbindungsgeschwindigkeit und Datenlast auf den Internetleitun-gen dauert das Laden von Webseiten ggf. etwas länger. Manchmal ist es günstiger, gleich mehrere Seiten über die betreffenden Hyperlinks zu öff-nen. Sind die Seiten fertig geladen, können Sie diese in Ruhe lesen. Internet Explorer und Firefox bieten Ihnen verschiedene Möglichkeiten, wie Sie mehrere Webseiten gleichzeitig aufrufen.

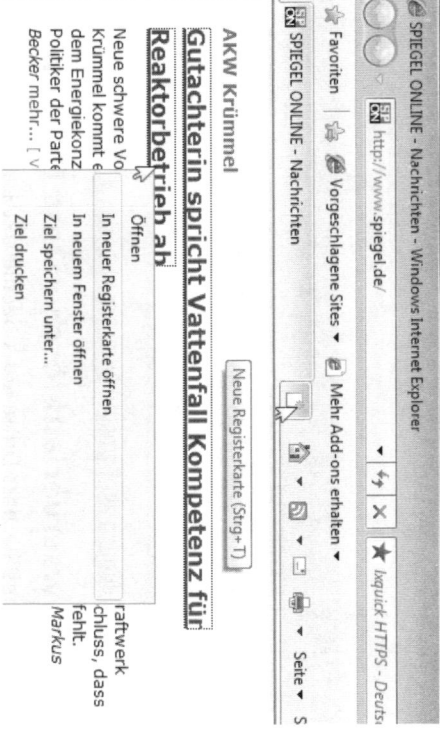

Bild 26.8:   Webseiten in neuer Registerkarte abrufen

- Sie können nach dem Abrufen der ersten Webseite auf den nächsten freien Registerreiter *Neue Registerkarte* (Bild 26.8) klicken oder die Tastenkombination `Strg`+`T` drücken. Sobald der Browser eine neue Registerkarte im Dokumentfenster anzeigt, klicken Sie auf das Adressfeld, tippen die gewünschte URL der abzurufenden Seite ein und bestätigen dies mittels der `Enter`-Taste.

- Oder Sie klicken den Hyperlink zum Abrufen der Folgeseite mit der rechten Maustaste an und wählen im Kontextmenü den Befehl *In neuer Registerkarte öffnen* bzw. *In neuem Fenster öffnen* (Bild 26.8). Beim Firefox heißen die Befehle *Link in neuem Tab öffnen* bzw. *Link in neuem Fenster öffnen*.

Dann wird die neue Webseite auf der geöffneten Registerkarte angezeigt. Bei Bedarf können Sie so gleich mehrere Webseiten auf separaten Registerkarten abrufen und dann durch Anklicken der jeweiligen Registerreiter zwischen den Dokumentseiten wechseln. Wurde die Folgeseite durch Verwendung des entsprechenden Hyperlinks in einem separaten Fenster geöffnet, lässt sich über die Taskleiste (oder durch Drücken der Tastenkombination `Alt`+`⇆`) zum Browserfenster der Hauptseite wechseln.

HINWEIS

Beim Internet Explorer 8 gibt es noch einen netten Effekt, der Browser färbt die Registerreiter thematisch zusammengehörender Webseiten (aus der gleichen Site) mit der gleichen Farbe ein und ordnet die Registerreiter auch nebeneinander an. Sie sehen also auf einen Blick, welche geöffneten Webseiten zu einem Angebot gehören.

Möchten Sie eine Registerkarte schließen, klicken Sie auf die am rechten Rand des Registerreiters eingeblendete *Tab schließen* (Firefox) bzw. *Registerkarte schließen*-Schaltfläche, oder Sie drücken die Tastenkombination `Strg`+`W`.

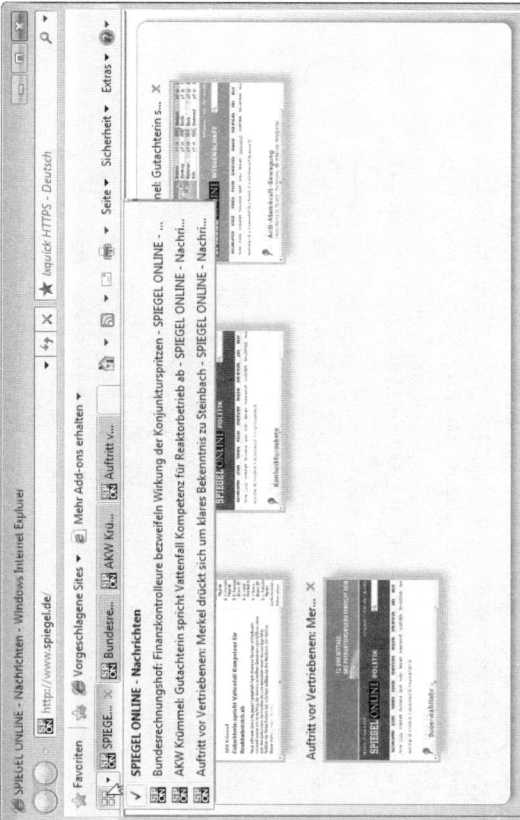

Bild 26.9:   Registerkartenübersicht abrufen

Benötigen Sie einen schnellen Überblick über die Inhalte mehrerer geöffneter Registerkarten, klicken Sie in Internet Explorer auf die neben dem ersten Registerreiter gezeigte Schaltfläche *Schnellregisterkarten* (Bild 26.9) oder drücken die Tastenkombination ⌨Strg+⌨Q. In der angezeigten Registerkartenübersicht klicken Sie auf die Miniaturansicht, um die zugehörige Seite abzurufen. Alternativ können Sie aus dem Menü der Schaltfläche *Schnellregisterkarten* öffnen und die gewünschte Seite über die angezeigten Befehle auswählen.

Das Verhalten beim Öffnen neuer Webseiten über Hyperlinks lässt sich beim Internet Explorer auf der Registerkarte *Allgemein* des Eigenschaftenfensters *Internetoptionen* über die Schaltfläche *Einstellungen* der Gruppe *Registerkarten* einstellen (siehe Kapitelende).

26.2.2 Schnellinfos, das steckt dahinter

Die neu im Internet Explorer 8 unterstützte Funktion »Schnellinfo« ermöglicht dem Benutzer den schnellen Zugriff auf bestimmte Informationen von Onlinediensten aus einer angezeigten Internetseite heraus.

1. Zum Abrufen einer Schnellinfo reicht es, wenn der Benutzer den gewünschten Begriff in der angezeigten Webseite markiert (Bild 26.10). Ist eine Schnellinfo abrufbar, wird ein entsprechendes Symbol eingeblendet.

2. Anschließend lässt sich das Menü des neben dem markierten Begriff angezeigten Symbols durch Anklicken öffnen und dann ein Befehl wählen.

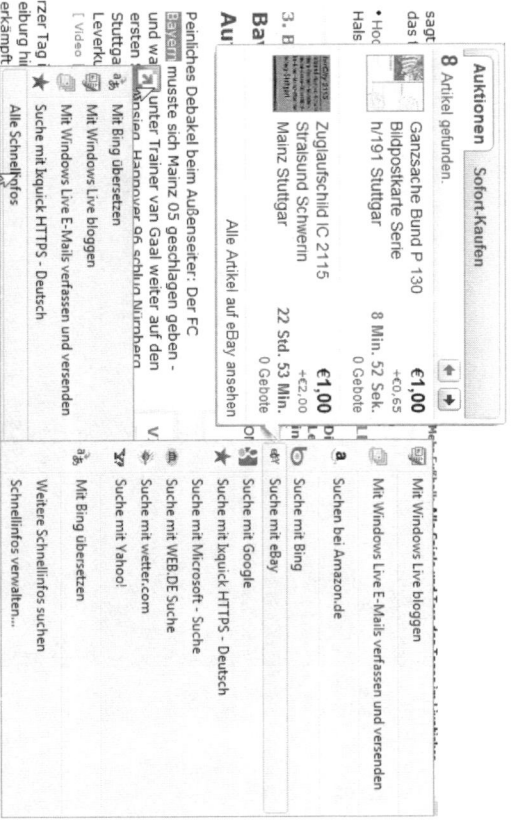

Bild 26.10:   Schnellinfos im Internet Explorer 8 abrufen

Sie finden Befehle, um den Begriff mit dem Microsoft-Dienst Bing zu übersetzen, mit Windows Live zu bloggen, per Windows Live E-Mails zu verfassen oder mittels der Standardsuchmaschine nach dem markierten Begriff suchen zu lassen. Über den Befehl *Alle Schnellinfos* blenden Sie ein Untermenü ein, in dem weitere Schnellinfo-Funktionen abrufbar sind. In Bild 26.10

wurde der Begriff »Bayern« markiert und dann der Schnellinfo-Anbieter eBay verwendet. Bei diesem Schnellinfo-Anbieter blendet der Internet Explorer gefundene Artikel dieses Anbieters in einem Infofenster ein. Der Vorteil dieser Funktion besteht darin, dass Sie Informationen abrufen können, ohne die aktuell angezeigte Webseite verlassen zu müssen. Das Verhalten hängt aber vom Schnellinfo-Anbieter ab – bei manchen Anbietern öffnet sich auch eine neue Seite zum Anzeigen der Informationen.

Schnellinfo-Anbieter verwalten

Um auf Schnellinfos zuzugreifen, müssen entsprechende Schnellinfo-Anbieter installiert sein. Zum Installieren wählen Sie im Schnellinfo-Menü den Befehl *Weitere Schnellinfo suchen* (Bild 26.10). Der Internet Explorer zeigt dann eine von Microsoft bereitgestellte Webseite an, auf der Schnellsuchanbieter aufgelistet werden (Bild 26.11, Hintergrund). Es reicht, die beim Anbieter in der Webseite gezeigte Schaltfläche *Dem Internet Explorer hinzufügen* anzuklicken und dann im eingeblendeten Dialogfeld (Bild 26.11, oben rechts) die Schaltfläche *Hinzufügen* zu bestätigen.

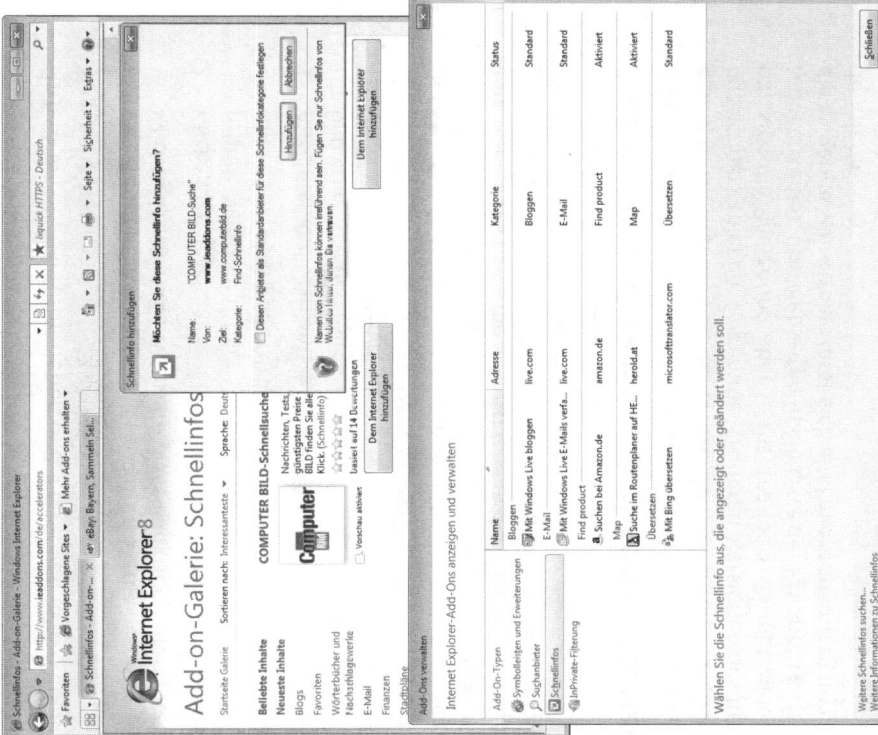

Bild 26.11: Schnellinfoanbieter installieren und verwalten

Über ein Kontrollkästchen lässt sich im Dialogfeld der Anbieter als Standard für die Schnellsuche vorgeben. Nach der erfolgreichen Installation sollte ein betreffender Eintrag im Schnellinfomenü auftauchen, der bei Anwahl dieses Anbieters eine Schnellinfo mit Treffern zum markierten Suchbegriff anzeigt.

Über den Menübefehl *Schnellinfo verwalten* (Bild 26.10) lässt sich das Dialogfeld *Add-Ons verwalten* (Bild 26.11, unten rechts) mit der Liste der Add-Ons öffnen. Dabei ist bereits die Kategorie *Schnellinfo* vorselektiert und das Dialogfeld zeigt die installierten Add-Ons für Schnellinfos, Sie können einen Eintrag in der Liste der Schnellinfoanbieter anklicken und dann im unteren Teil des Dialogfelds die Statusinformationen ansehen. Über eingeblendete Schaltflächen lässt sich das betreffende Add-On deaktivieren, als Standard wählen oder auch deinstallieren (entfernen).

26.2.3 Web Slices

Über Web Slices können Entwickler von Webseiten Teile von Internetseiten als Informationseinheiten (Slices) ausweisen. Ein Anwender hat dann im Internet Explorer 8 die Möglichkeit, solche Web Slices als RSS-Feeds zu abonnieren. Über die so abonnierten Web Slices kann der Anwender während des Surfens wichtige Informationen (z. B. Preise von eBay-Verkaufsaktionen) im Blick behalten.

1. Um ein Web Slice zu abonnieren, rufen Sie die betreffende Webseite auf. Wichtig ist, dass die Webseite diese Funktion unterstützt.

2. Klicken Sie anschließend in der Bedienleiste des Browserfensters auf die grüne Menüschaltfläche zum Abonnieren von Web Slice-Inhalten (Bild 26.12, oben) oder drücken Sie die Tastenkombination [Alt]+[J].

3. Anschließend wählen Sie den Befehl zum Abonnieren des Web Slice (in Bild 26.12, oben, ist dies der obere Befehl »MSDN Wetter«) und klicken im angezeigten Dialogfeld auf die *Zu Favoritenleiste hinzufügen*-Schaltfläche, um das Web Slice zu abonnieren.

Der Internet Explorer trägt das abonnierte Web Slice als Schaltfläche in die *Favoriten*-Symbolleiste ein. Um aktualisierte Informationen des Web Slice einzusehen, reicht es, die Schaltfläche in der *Favoriten*-Symbolleiste anzuklicken (Bild 26.12, unten). Der Browser blendet dann den Inhalt des Web Slice als separates Infofenster ein.

26.2.4 Lesezeichen für Webseiten festlegen

Gibt es Webseiten, die Sie häufiger besuchen oder die Ihnen besonders gut gefallen? Dann sollten Sie ein Lesezeichen (im Internet Explorer als Favoriten bezeichnet) anlegen. Gegenüber früheren Versionen des Internet Explorers hat sich die Bedienung aber leicht geändert. Es gibt zudem verschiedene Möglichkeiten, um Webseiten in die Liste der Favoriten aufzunehmen. Über die folgende Schrittfolge lässt sich ein Favoriteneintrag im Internet Explorer definieren.

Bild 26.12:   Abonnieren und Abrufen eines Web Slice

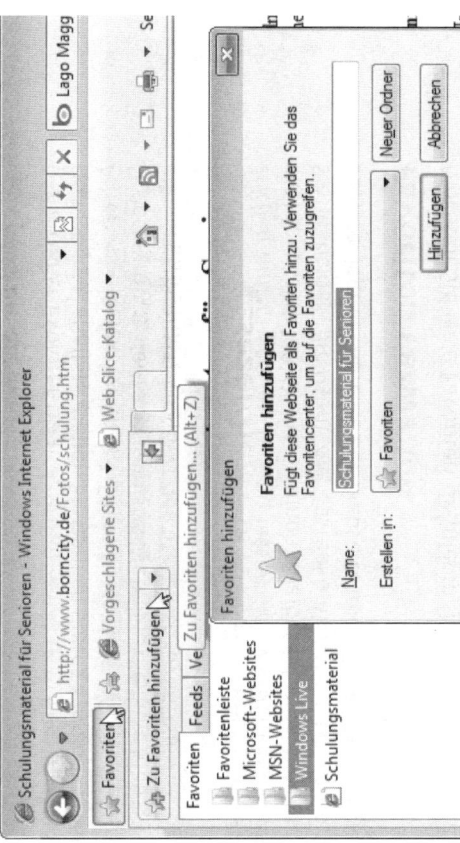

Bild 26.13:   Menüschaltfläche *Zu Favoriten hinzufügen*

1. Tippen Sie die Adresse der gewünschten Webseite in das Adressfeld des Internet Explorers ein und lassen Sie die Seite laden.

2. Klicken Sie auf die Schaltfläche *Favoriten* und dann auf die Menüschaltfläche *Zu Favoriten hinzufügen* (Bild 26.13) oder drücken Sie die Tastenkombination Strg+D.

3. Legen Sie im Dialogfeld *Favoriten hinzufügen* (Bild 26.13) den Namen für den Eintrag fest, wählen Sie ggf. einen Unterordner im Listenfeld *Erstellen in* aus und klicken Sie anschließend auf die Schaltfläche *Hinzufügen*.

Die Favoritenliste wird über Ordnersymbole (*Favoritenleiste*, *Microsoft-Websites* etc.) in Kategorien unterteilt. Das Listenfeld *Erstellen in* zeigt Ihnen die unter Favoriten vorhandene Ordnerstruktur im Listenfeld *Erstellen in* (Bild 26.13, Vordergrund) und ermöglicht Ihnen, eine bestehende Kategorie für den neuen Eintrag zu wählen.

Um benutzerdefinierte Kategorien anzulegen, klicken Sie im Dialogfeld *Favoriten hinzufügen* auf die Schaltfläche *Neuer Ordner*. In einem zusätzlichen Dialogfeld können Sie dann den Ordnernamen eintippen, über das Listenfeld *Erstellen in* einem Eintrag der Favoritenliste zuordnen und über *Erstellen* anlegen.

Der Internet Explorer trägt beim Schließen des Dialogfelds *Favoriten hinzufügen* die Adresse der Webseite unter dem angegebenen Namen in die Ordnerstruktur der Favoritenliste ein.

Sie können einen benutzerdefinierten Eintrag in der Favoritenliste auch direkt anlegen, indem Sie auf die Schaltfläche *Zu Favoriten hinzufügen* klicken und im eingeblendeten Menü den Befehl *Registerkartengruppe zu Favoriten hinzufügen* wählen (Bild 26.14). Dann erscheint ebenfalls ein Dialogfeld, um den Ordnernamen einzutippen und diesen einer Kategorie zuzuordnen.

Im Adressfeld des Browserfensters wird vor der Webadresse ein Symbol angezeigt. Öffnen Sie das Favoritencenter (z. B. über die Tastenkombination Strg+⇧+I). Ziehen Sie danach dieses Symbol per Maus aus dem Adressfeld in die Leiste des Favoritencenters zu einem der angezeigten Ordnersymbole der Favoritenliste. Wenn Sie die Maustaste loslassen, wird die URL an der betreffenden Stelle der Favoritenliste eingeblendet.

In Firefox 3.5 öffnen Sie das Menü *Lesezeichen* und wählen den Befehl *Lesezeichen hinzufügen*. Auch dann lassen sich vor dem Speichern der Lesezeichentext sowie ein Ordner in einem Dialogfeld anpassen. Alternativ können Sie in beiden Browsern die Tastenkombination Strg+D drücken. Der Browser legt die Adresse der Webseite (die URL) als Lesezeichen ab.

Favoriten verwalten

Möchten Sie viele Favoriten definieren, ist es günstiger, diese in Gruppen (Ordnern) zu verwalten. Klicken Sie hierzu auf die Schaltfläche *Favoriten*, öffnen Sie das Menü der Schaltfläche *Favoriten hinzufügen* und wählen Sie den

Befehl *Favoriten verwalten* (Bild 26.14, links). Dann öffnet sich das gleichnamige Dialogfeld (Bild 26.14, rechts), über dessen Schaltflächen Sie Favoriteneinträge löschen, umbenennen, Ordner zur Aufnahme der Favoriten anlegen und Einträge verschieben können.

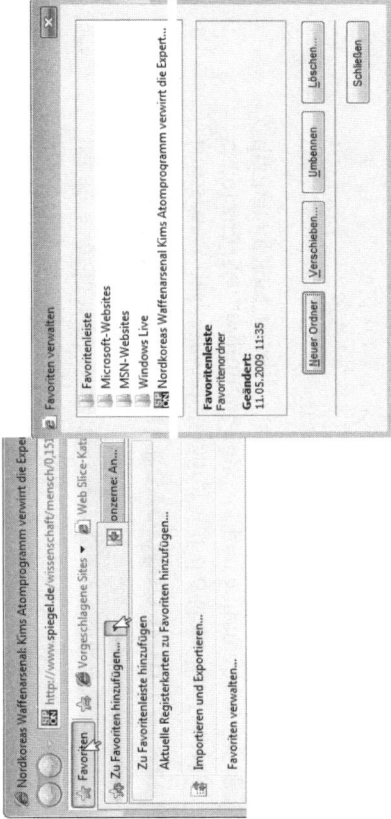

Bild 26.14:   Favoriten verwalten

TIPP

Ein Problem ist, dass erstellte Favoritenlisten beim Wechsel zu einem anderen Rechner oder bei der Neuinstallation des Betriebssystems verloren gehen. Der Internet Explorer stellt Ihnen im Menü der Schaltflächen *Favoriten/Zu Favoriten hinzufügen* den Befehl *Importieren und Exportieren* zur Verfügung (Bild 26.14). Bei Anwahl des Befehls startet ein Assistent, der Sie über verschiedene Dialogfelder durch den Im- und Export führt. Sie können den Import-/Exportmodus (Favoriten, Cookies, RSS-Feeds etc.), den zu sichernden Umfang der Favoritenliste und das Speicherziel wählen. Die Favoriten lassen sich in eine HTML-Dokumentdatei im Dokumentordner sichern und aus dieser Datei auch wieder importieren.

Im Firefox 3.5 wählen Sie im Menü *Lesezeichen* den *Befehl Lesezeichen verwalten*. Es erscheint ein Fenster mit Elementen zur Verwaltung der vorhandenen Lesezeichen.

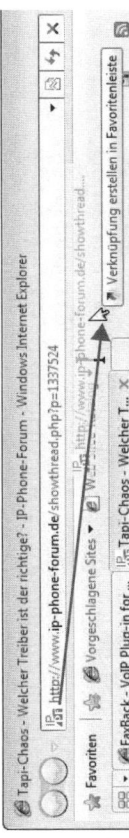

Bild 26.15:   Einträge in der Favoritenleiste anlegen

TIPP

Ziehen Sie z. B. das Symbol der Webseite per Maus aus der Adressleiste (Bild 26.15) zur Favoritenleiste (Internet Explorer) oder zur *Lesezeichen*-Symbolleiste (Firefox), richtet der Browser beim Loslassen der linken Maustaste eine Schaltfläche zum Schnellzugriff auf die Webseite ein.

Alternativ können Sie das in der Adressleiste vor der Adresse gezeigte Symbol per Maus zum Desktop ziehen. Wählen Sie das auf dem Desktop angelegte Verknüpfungssymbol per Doppelklick an, startet der Browser und zeigt die betreffende Webseite an.

Beim Internet Explorer 9 finden Sie eine eigene Schaltfläche FAVORITEN, FEEDS UND VERLAUF ANZEIGEN, um die Palette mit den entsprechenden Elementen vorübergehend im Browserfenster einzublenden.

26.2.5 Zugriff auf Favoriten und Lesezeichen

Um später per Internet Explorer auf die Liste der Favoriten (bzw. Lesezeichen) zuzugreifen und die zugehörigen Seiten abzurufen, gehen Sie folgendermaßen vor:

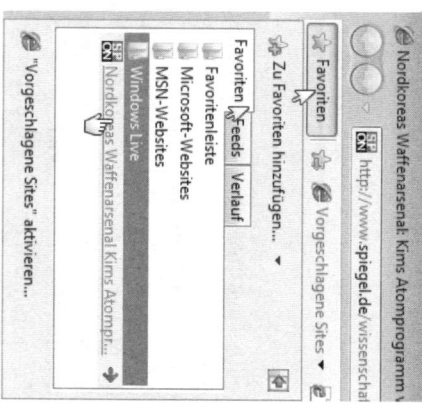

Bild 26.16:   Favoriten abrufen

1. Klicken Sie auf die Schaltfläche *Favoriten* und wählen Sie anschließend die Registerkarte *Favoriten* an (Bild 26.16).

2. Einträge mit Ordnersymbolen strukturieren die Favoritenliste. Klicken Sie auf ein Ordnersymbol, wird dessen Inhalt eingeblendet.

3. Sobald ein Lesezeichen (bzw. ein Favoriteneintrag) erscheint, können Sie es anklicken.

Die Leiste des Favoritencenters wird wieder ausgeblendet und die Webseite in den Dokumentbereich geladen.

Beim Firefox öffnen Sie das Menü *Lesezeichen* und wählen die im unteren Bereich des Menüs eingeblendeten Befehle. Auch dieser Browser verwendet Ordnersymbole, um Lesezeichen zu Gruppen zusammenzufassen. Eine Gruppe öffnen Sie, indem Sie im Menü auf das Ordnersymbol zeigen.

TIPP

Wenn Sie die Menüleiste des Internet Explorers durch kurzzeitiges Drücken der [Alt]-Taste im Browserfenster einblenden, lassen sich die Favoriten über die Einträge des Menüs *Favoriten* abrufen.

Die Registerreiter in der Kopfzeile des Favoritencenters ermöglichen Ihnen, in der Leiste auch den Verlauf oder die eingerichteten RSS-Feeds anzuzeigen. Stört es Sie, dass das Favoritencenter bei Anwahl eines Eintrags verschwindet? Klicken Sie in der Kopfzeile der Leiste auf die am rechten Rand angezeigte Schaltfläche *Favoritencenter anheften*. Das dann permanent sichtbare Favoritencenter lässt sich anschließend über die am rechten Rand der Kopfzeile eingeblendete Schaltfläche *Favoritencenter schließen* wieder ausblenden.

Im angehefteten Modus können Sie die Einträge des Favoritencenters mit der rechten Maustaste anklicken. Dann finden Sie Kontextmenübefehle, um Einträge zu löschen, umzubenennen, neue Ordner hinzuzufügen oder die Webseiten auf neuen Registerkarten zu öffnen.

26.2.6 Welche Webseiten habe ich besucht?

Haben Sie es versäumt, eine kürzlich besuchte Webseite in die Favoriten aufzunehmen, kennen aber deren Adresse nicht mehr? Um in allen (also auch durch Anwahl von Hyperlinks) besuchten Webseiten zu recherchieren, lässt sich der im Browser gespeicherte Verlauf (im Firefox als Chronik bezeichnet) verwenden.

1. Um eine kürzlich besuchte Webseite, die nicht in der Favoritenliste enthalten ist, erneut abzurufen, drücken Sie die Tastenkombination [Strg]+[H] (steht für History).

2. Anschließend können Sie sowohl im Internet Explorer als auch im Firefox die in der linken Spalte eingeblendeten Verlaufseinträge anklicken und so die zugehörige Webseite öffnen (Bild 26.17).

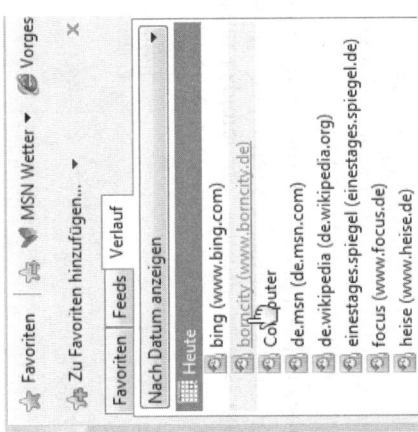

Bild 26.17: Verlauf im Favoritencenter abrufen

Sie können im Internet Explorer natürlich auch über die Schaltfläche *Favoriten* auf den Seitenbereich zugreifen und dort die Registerkarte *Verlauf* in den Vordergrund holen. Über das Listenfeld im Kopfbereich der Registerkarte *Verlauf* lassen sich die Einträge nach verschiedenen Kriterien wie Datum sortieren. Im Listenfeld findet sich auch eine Option, um nach Treffern in der Verlaufsliste zu suchen.

HINWEIS

Um zu verhindern, dass Dritte sehen, welche Webseiten Sie angesurft haben, können Sie den Verlauf im Browser löschen lassen oder den Privatmodus beim Surfen verwenden. Beide Techniken sind im Abschnitt »Browserverlauf löschen und Privatmodus nutzen« weiter vorne in diesem Kapitel beschrieben.

26.2.7 RSS-Feeds abonnieren und abrufen

Statt sich mühsam durch verschiedene Webseiten und Blogs zu hangeln, um nachzusehen, was dort an aktualisierten Informationen vorhanden ist, können Sie auf sogenannte RSS-Feeds (RSS steht für Really Simple Syndication) setzen. Bei RSS-Feeds handelt es sich um ein plattformunabhängiges XML-Nachrichtenformat, bei dem Webseiten Nachrichten an einen RSS-Reader übertragen können. Der RSS-Reader zeigt diese Inhalte dann als Nachrichtenticker oder Webseite an. Sie können interessante Nachrichten anwählen, um sich die Details als Webseite zeigen zu lassen.

Der Internet Explorer ist mit einem RSS-Reader ausgestattet. Dieser kann RSS-Feeds abonnieren, anzeigen und verwalten. Um einen RSS-Feed zu abonnieren, gehen Sie folgendermaßen vor.

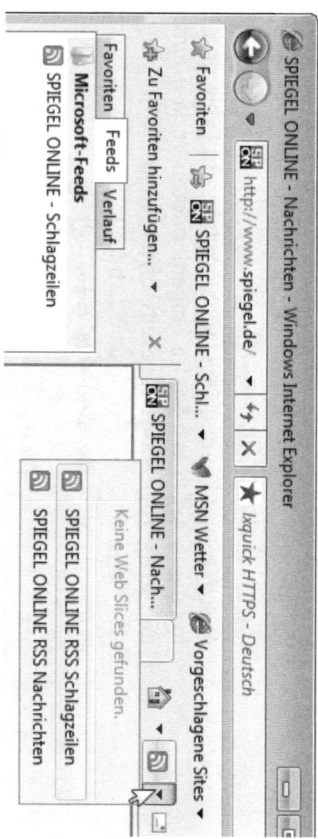

Bild 26.18: Abonnieren des RSS-Feed starten

1. Rufen Sie die gewünschte Webseite (z. B. www.spiegel.de) über das Adressfeld im Internet Explorer auf. Wichtig ist, dass diese Seite auch RSS-Feeds unterstützt – andernfalls erhalten Sie beim Abonnieren die Meldung, dass die Feed-Seite nicht angezeigt werden kann.

2. Öffnen Sie in der Symbolleiste des Internet Explorers das Menü der Schaltfläche *Feeds auf dieser Seite anzeigen* und wählen Sie einen der angezeigten Menüeinträge aus (Bild 26.18).

3. Nachdem der Browser den Inhalt der RSS-Feed-Seite im Dokumentfenster eingeblendet hat, suchen Sie das Hinweisfeld mit dem Hyperlink *Feed abonnieren* (Bild 26.19, Hintergrund) und wählen diesen an.

4. Im dann angezeigten Dialogfeld (Bild 26.19, Vordergrund) lässt sich der Name des Feeds ändern und über die Liste *Erstellen in* können Sie eine Kategorie in der RSS-Feedliste wählen. Bei Bedarf können Sie, wie bei Favoriten, die Schaltfläche *Neuer Ordner* anklicken und eine benutzerdefinierte Kategorie definieren.

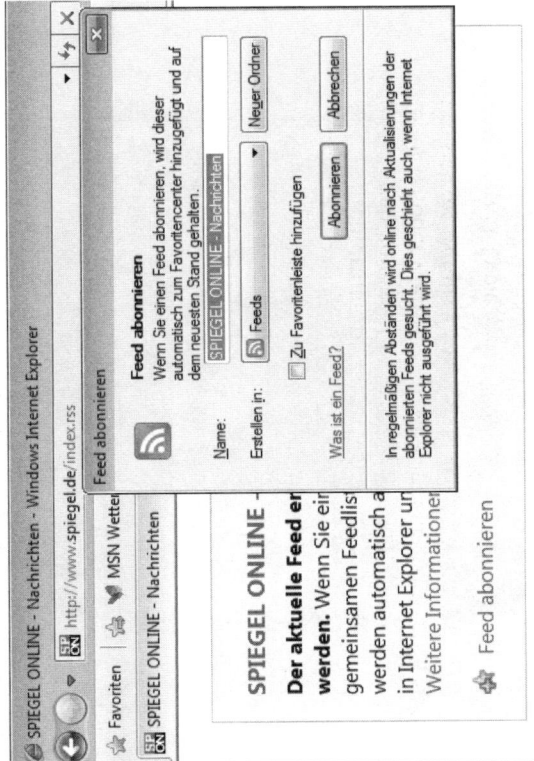

Bild 26.19: RSS-Feed abonnieren

Sobald Sie das Dialogfeld über die *Abonnieren*-Schaltfläche schließen, wird der RSS-Feed in der Feedliste des Favoritencenters abgelegt und der RSS-Reader lädt die betreffenden Daten herunter.

RSS-Feeds abrufen

Die abonnierten RSS-Feeds lassen sich im Internet Explorer über das Favoritencenter abrufen. Drücken Sie die Tastenkombination ⎇Strg+J, wird das Favoritencenter direkt geöffnet und die Registerkarte *Feeds* angezeigt (Bild 26.18). Alternativ können Sie das Favoritencenter über die Schaltfläche *Favoriten* öffnen und dann in der Kopfzeile die Registerkarte *Feeds* anwählen. Wenn Sie anschließend einen der abonnierten Einträge in der Feedliste anklicken, wird die zugehörige Seite im Dokumentfenster des Browsers angezeigt.

Die im Browser abonnierten RSS-Feeds lassen sich auch über die Minianwendung *Feedschlagzeilen* anzeigen und verwalten (Bild 26.20). Ist die Minianwendung aktiv (siehe auch *Kapitel 5*), werden die Schlagzeilen bei aktiver Internetverbindung eingeblendet. Um die Anzeige zu konfigurieren, klicken Sie die Minianwendung mit der rechten Maustaste an und wählen den Kontextmenübefehl *Optionen*. Im dann angezeigten Dialogfeld lässt sich sowohl der abonnierte Feed als auch die Zahl der angezeigten Schlagzeilen auswählen.

TIPP

Klicken Sie auf der Registerkarte *Feeds* des Favoritencenters (Bild 26.18) einen Eintrag mit der rechten Maustaste an, lässt sich dieser über Kontextmenübefehle umbenennen oder zum Beenden des Abonnements löschen.

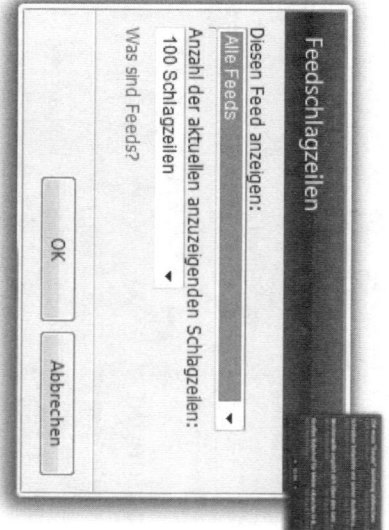

Bild 26.20:   RSS-Feed in der *Feedschlagzeilen*-Minianwendung

26.2.8   Webseiten im World Wide Web suchen

Zur Suche im World Wide Web bieten sowohl der Internet Explorer als auch der Firefox ein Suchfeld neben der Adressleiste an.

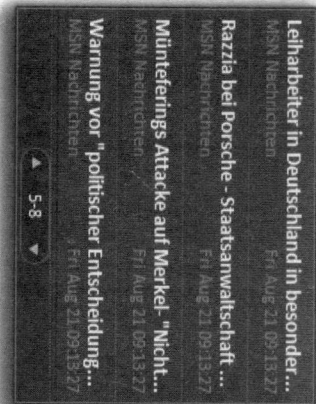

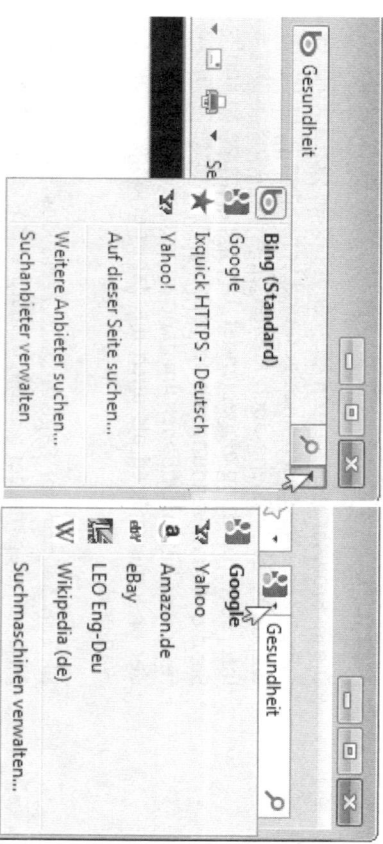

Bild 26.21:   Suchen im Web (links Internet Explorer, rechts Firefox)

1. Klicken Sie in der rechten oberen Ecke des Browserfensters in das Suchfeld und tippen Sie den Suchbegriff ein (Bild 26.21).

2. Klicken Sie auf die am rechten Rand des Suchfelds angezeigte Schaltfläche *Suchen* oder drücken Sie die Enter-Taste bzw. die Tastenkombination Alt + Enter.

Der letzte Schritt startet die Suchanfrage an der eingestellten Standardsuchmaschine. Die Tastenkombination Alt + Enter bewirkt, dass das Suchergebnis auf einer neuen Registerkarte angezeigt wird. Der Browser listet gefundene Webseiten mit einem als Hyperlink ausgeführten Seitentitel sowie einer Kurzbeschreibung in einer Ergebnisseite auf. Über die Hyperlinks lassen sich die gefundenen Dokumente im aktuellen Browserfenster oder in separaten Registerkarten öffnen.

Die obige Vorgehensweise bewirkt, dass die Suche über den im Browser eingestellten Standardsuchanbieter ausgeführt wird. Da eine Suchmaschine u. U. nicht die gewünschten Suchergebnisse liefert, ist es gelegentlich hilfreich, alternative Suchmaschinen mit den gleichen Begriffen zu konsultieren. Sowohl beim Internet Explorer als auch beim Firefox lässt sich das Menü des Suchfelds öffnen (Bild 26.21). Anschließend können Sie einen der dort aufgeführten (und installierten) Suchanbieter zur Suche auswählen und dann durch Drücken der Enter-Taste mit der Suche beauftragen. Anschließend werden alle Suchanfragen innerhalb der aktuellen Sitzung über diesen Anbieter durchgeführt.

HINWEIS

Bei den *Suchmaschinen* handelt es sich um Dienste, die Webseiten nach HTML-Dokumenten durchsuchen und bestimmte Stichworte speichern. Bei einer Abfrage werden dann alle Dokumente zusammengestellt, die die von Ihnen vorgegebenen Suchbegriffe als Stichwort enthalten. Einige dieser Seiten werden auch als *Portale* bezeichnet, da sie über eine Art Katalog Zugang zu verschiedenen Themen bieten. Adressen von Suchmaschinen sind zum Beispiel www.web.de, www.yahoo.de, www.google.de oder www.bing.de. Diese lassen sich auch direkt in das Adressfeld eintippen, um ggf. auf spezielle Funktionen (z. B. Bildersuche) des jeweiligen Suchanbieters zugreifen zu können.

Ein Problem bei der Verwendung von Suchmaschinen ist es, dass der Suchanbieter genaue Kenntnisse über die von Ihnen gesuchten Begriffe und dann angesurften Webseiten erhält. Gelingt es dem Anbieter, ggf. weitere Informationen zu sammeln, ist der Schritt zum »gläsernen Surfer«, der sich auch als reale Person identifizieren lässt, nicht mehr weit. Gerade die Firma Google hat diese Technik extrem ausgebaut, indem sie neben der populären Suchmaschine viele weitere Dienste (GMail, Blogger.com, Google Talk, Google Maps etc.) und Programme (Picasa, Google Earth, Google Chrome etc.) kostenlos anbietet. Viele dieser Funktionen erfordern eine Registrierung, sodass die Verknüpfung dieser Informationen mit Daten aus Cookies, die beim Besuch von Webseiten gesammelt wurden, und Suchanfragen extrem viel über die dahinter stehende Person verraten. Aus Gründen des Persönlichkeits- und Datenschutzes verzichtet ich seit Jahren auf die direkte Suche bei Google oder Microsofts Suchmaschinen,

TIPP

sondern greife auf Dienste wie scroogle (www.scroogle.org) und ixquick (www.ixquick.com) zurück. Diese leiten meine Suchanfragen anonymisiert an Google und/oder andere Suchanbieter weiter. Gerade ixquick bezieht mehrere Suchmaschinen in die Suche ein, was quasi der Verwendung spezieller Metasuchmaschinen wie www.metacrawler.de entspricht. Die hier genannten Suchmaschinen speichern zudem die Daten einer Suchanfrage maximal über einen Zeitraum von wenigen Stunden, sodass die Rückverfolgung von Anfragen zum Surfer kaum möglich ist.

Möchten Sie bestimmte Webseiten anonym abrufen, um keine persönlichen Informationen über sich zu verraten? Die Suchmaschine MetaCrawler (www.metacrawler.de) bietet bei allen Treffern der Ergebnisliste auch den Hyperlink *Öffne Anonym*. Über diesen Hyperlink wird die gefundene Seite durch die MetaCrawler-Suchmaschine abgerufen. Das Ergebnis wird dann an Ihren Browser weitergeleitet. Der Betreiber der angesurften Webseite bekommt dann keine Informationen über Sie.

26.2.9 Inhaltssuche in der Webseite

Möchten Sie in einer angezeigten Internetseite nach einem bestimmten Begriff suchen lassen? Dies ist sowohl im Internet Explorer als auch im Firefox mit einem kleinen Kniff möglich.

1. Drücken Sie die Tastenkombination `Strg` + `F` (stehe für Find), um die Suchleiste im Browserfenster einzublenden.

2. Klicken Sie auf das Textfeld *Suchen* und tippen Sie den gewünschten Suchbegriff ein (Bild 26.22).

Bereits beim Eintippen beginnt die Inhaltssuche innerhalb der Webseite. Übereinstimmende Begriffe werden farbig hervorgehoben. Über die Schaltflächen (z. B. *Weiter* und *Zurück* im IE) der Suchleiste können Sie bei Bedarf im Dokument in Richtung Dokumentanfang oder -ende nach weiteren Treffern suchen. Zudem lässt sich über ein Kontrollkästchen oder eine Menüschaltfläche die Suche nach ganzen Wörtern und/oder unter Berücksichtigung der Groß-/Kleinschreibung eingrenzen. Über die am linken Rand sichtbare *Schließen*-Schaltfläche können Sie die Suchleiste aus dem Browserfenster wieder ausblenden.

HINWEIS

Im Internet Explorer können Sie den Suchbegriff auch in das Suchfeld in der rechten oberen Fensterecke eintippen. Anschließend öffnen Sie das Menü der Suchleiste und wählen den Befehl *Auf dieser Seite suchen*.

26.2.10 Suchmaschine einstellen und -anbieter hinzufügen

Der Firefox verwendet Google und der Internet Explorer Bing als Standardsuchmaschine. Sie können aber jederzeit andere Suchmaschinen in die Konfigurierung aufnehmen und diese auch als Standard zur Suche vorgeben.

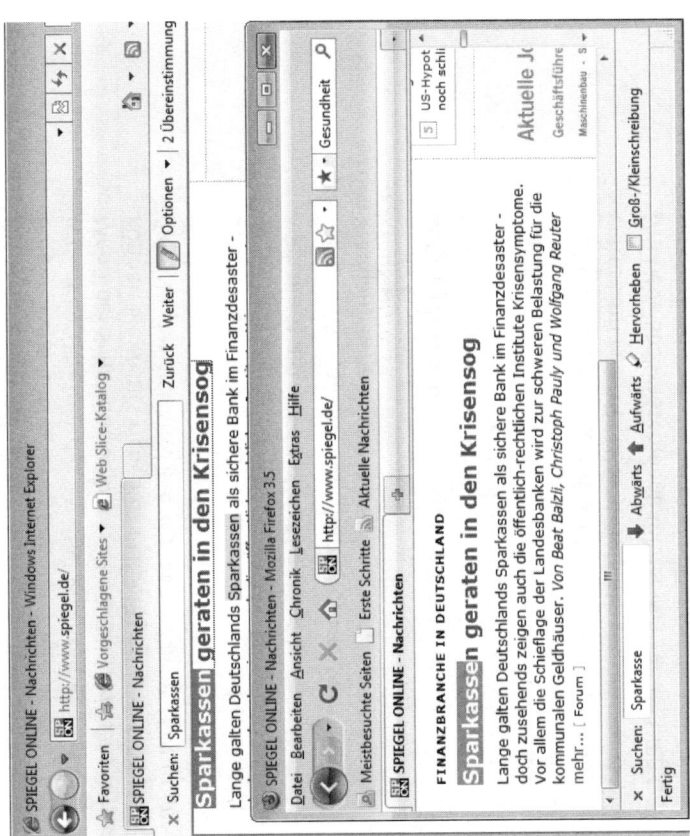

Bild 26.22: Suchen in einer Webseite

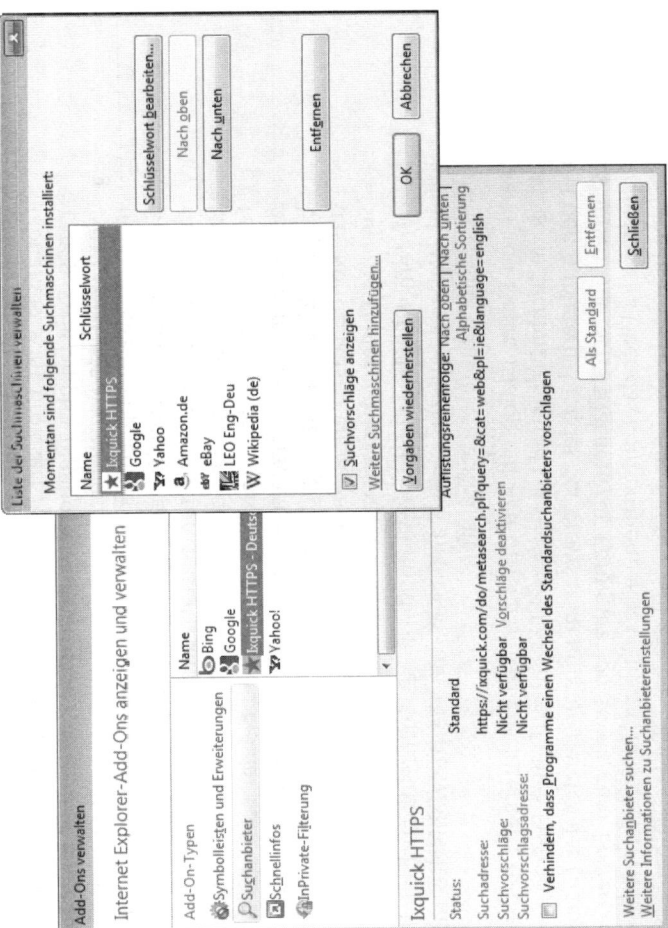

Bild 26.23: Konfigurieren der Suchmaschinen

1. Öffnen Sie das Menü des Suchfelds (Bild 26.21) und wählen Sie den Befehl *Suchanbieter verwalten* (Internet Explorer) bzw. *Suchmaschinen verwalten* (Firefox) des Menüs. Im Internet Explorer 9 wählen Sie im Menü der Schaltfläche *Extras* den Befehl *Add-Ons verwalten*. Alternativ können Sie rechts neben das Lupensymbol des Adressfelds klicken und dann in der Verlauf-Liste die Schaltfläche *Hinzufügen* wählen. Dann erscheint eine Seite mit verfügbaren Suchanbietern.

2. Sobald das in Bild 26.23 gezeigte Dialogfeld erscheint, können Sie neue Suchmaschinenanbieter hinzufügen, bestehende Anbieter löschen und auch die Standardsuchmaschine vorgeben.

Die genaue Vorgehensweise hängt etwas vom Browser ab und ob Sie den Standardsuchanbieter ändern oder einen neuen Anbieter hinzufügen möchten.

▪ Zum Anpassen des Standardsuchanbieters markieren Sie beim Internet Explorer eine Suchmaschine im Dialogfeld *Add-Ons verwalten*. Dann reicht ein Mausklick auf die Schaltfläche *Als Standard*, um den Anbieter für die zukünftige Suche zu aktivieren. Beim Firefox-Browser markieren Sie den Suchanbieter im Dialogfeld *Liste der Suchmaschinen verwalten* und klicken so lange auf die Schaltfläche *Nach oben*, bis der Name als erster Eintrag in der Liste auftaucht.

▪ Um neue Suchmaschinenanbieter wie Yahoo, WEB.DE etc. in den Browser hinzuzufügen, klicken Sie im Dialogfeld *Add-Ons verwalten* des Internet Explorers auf die Schaltfläche *Weitere Suchanbieter suchen*. Im Dialogfeld des Firefox wählen Sie den mit *Weitere Suchmaschinen hinzufügen* bezeichneten Hyperlink. Dann öffnet sich eine Suchseite, auf der (abhängig vom Browser) Add-Ons für verschiedene Suchanbieter wie Yahoo, WEB.DE etc. angeboten werden. Eine mit *Dem Internet Explorer hinzufügen* oder *Hinzufügen* (beim Firefox) beschriftete Schaltfläche in der Webseite ermöglicht es dann, den Anbieter zu installieren. Anschließend müssen Sie bei beiden Browsern in einem Dialogfeld erneut die *Hinzufügen*-Schaltfläche zur Bestätigung anklicken. Beim Internet Explorer lässt sich im Dialogfeld über zwei Kontrollkästchen zusätzlich festlegen, ob der neue Anbieter als Standard bei der Suche zu verwenden ist und ob Suchvorschläge des Anbieters beim Eintippen eines Suchbegriffs eingeblendet werden dürfen. Beim Firefox lässt sich dagegen das Kontrollkästchen *Suchvorschläge anzeigen* im Dialogfeld *Liste der Suchmaschinen verwalten* markieren (Bild 26.23).

Beim Internet Explorer können Sie im Menü des Suchfelds auch direkt den Befehl *Weitere Anbieter suchen* anklicken, um die Auswahlseite mit den Suchmaschinenanbietern aufzurufen.

Markieren Sie im Dialogfeld *Add-Ons verwalten* des Internet Explorers die Kategorie *Suchanbieter* und klicken anschließend auf einen Eintrag der Liste mit den Anbietern, blendet der Browser im unteren Bereich des Dialogfelds Optionen und Schaltflächen zur Konfiguration sowie zum Entfernen des Anbieters ein. Über das Kontextmenü eines Eintrags lassen sich weitere Einstellungen vornehmen. Beim Firefox sind dagegen die im Dialogfeld eingeblendeten Schaltflächen zur Konfigurierung zu verwenden.

Der Anbieter ixquick taucht aber (zumindest bisher) nicht in den Webseiten von Internet Explorer und Firefox als zu installierende alternative Suchmaschine auf. Um diesen Anbieter zu installieren, rufen Sie die Webseite www.eu.ixquick.com/deu/ im Browserfenster auf und klicken den Hyperlink *FÜGEN SIE IXQUICK IHREM BROWSER HINZU* an. In einer Folgeseite können Sie verschiedene Optionen wählen und dann den Suchmaschinenanbieter über eine Schaltfläche installieren lassen.

26.2.11 Download von Dateien

Manchmal werden auf einer Webseite Dateien zum Herunterladen – auch als Download bezeichnet – angeboten. Sie können dann diese Dateien aus dem Internet laden und auf Ihrem Rechner speichern. Es gibt dabei verschiedene Möglichkeiten – Sie können z. B. den Download-Link anklicken und dann die vom Browser geöffneten Dialogfelder zur Auswahl der Download-Einstellungen verwenden. Die nachfolgende Schrittfolge ermöglicht den gezielten Download und funktioniert bei fast allen Angeboten sowohl beim Internet Explorer als auch beim Firefox.

Bild 26.24:   Download einer Datei aus einer Webseite abrufen

1. Rufen Sie die Seite mit dem Download-Angebot im Internet Explorer auf (zum Test können Sie die Adresse www.borncity.de/test/ verwenden).

2. Klicken Sie auf den Hyperlink, der die Datei zum Download anbietet (Bild 26.24, Hintergrund), mit der rechten Maustaste an und wählen Sie den Kontextmenübefehl *Ziel speichern unter*.

3. Sobald das Dialogfeld *Speichern unter* erscheint (Bild 26.25, Hintergrund), lassen sich der Zielordner wählen sowie der vorgeschlagene Dateiname korrigieren. Anschließend beenden Sie das Dialogfeld über die *Speichern*-Schaltfläche.

Der Browser lädt die Datei in den angegebenen Zielordner herunter, was durchaus einige Zeit dauern kann. Während der Download durchgeführt wird, sehen Sie einen Statusdialog (Bild 26.25, Vordergrund). Markieren Sie das Kontrollkästchen *Dialogfeld nach Beendigung des Downloads schließen*, verschwindet das Dialogfeld am Ende des Downloads und Sie laufen nicht Gefahr, versehentlich auf die *Öffnen*-Schaltfläche zu klicken. Belassen Sie das Kontrollkästchen unmarkiert, bleibt das Dialogfeld nach erfolgreichem Download sichtbar und Sie können dann oder über die Schaltfläche *Ordner öffnen* direkt das Ordnerfenster für den Download aufrufen.

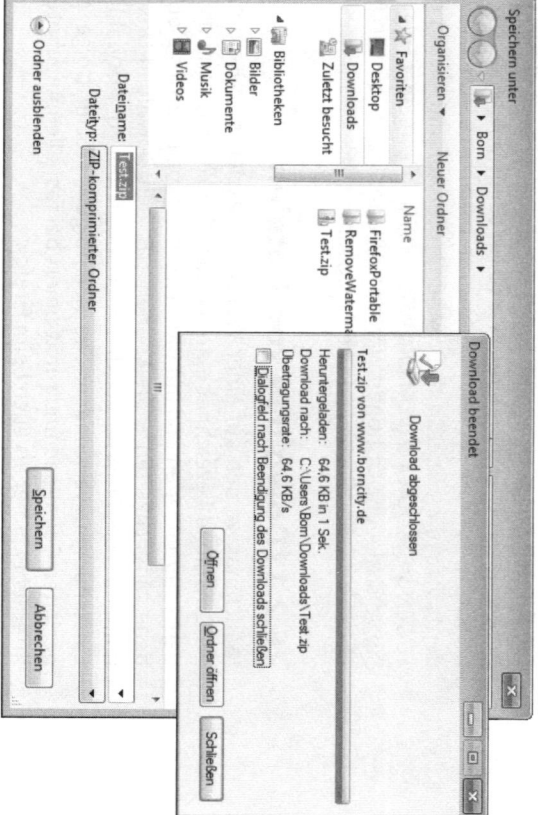

Bild 26.25: Auswahl des Download-Ziels und Statusanzeige

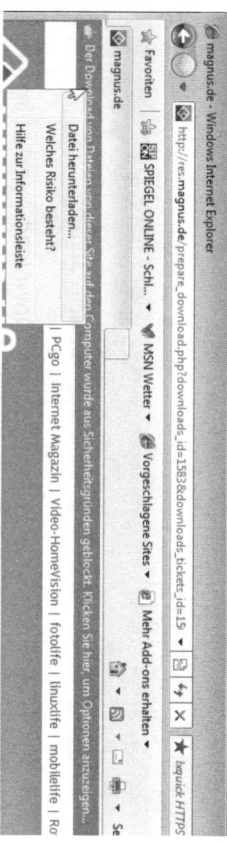

Bild 26.26: Informationsleiste bei geblocktem Download

HINWEIS

In manchen Fällen lässt sich das Kontextmenü der Download-Schaltfläche in einer Webseite nicht öffnen. Dann müssen Sie das angebotene Download-Element mit einem Mausklick anwählen. Der Internet Explorer blockiert häufig den Download und zeigt oberhalb des Dokumentbereichs eine Informationsleiste mit einem entsprechenden Hinweis an (Bild 26.26). Klicken Sie auf die Informationsleiste und wählen Sie dann den Befehl *Datei herunterladen*. Startet der Download, öffnet der Browser in den meisten Fällen ein Dialogfeld, dessen Aufbau vom verwendeten Browser abhängt (Bild 26.27). Der Internet Explorer öffnet das Dialogfeld *Dateidownload* (Bild 26.27, oben), in dem Sie auf die Schaltfläche *Speichern* klicken. Ob die linke Schaltfläche mit *Ausführen* oder *Öffnen* beschriftet ist, hängt vom Dateityp des Downloads ab. Aus Sicherheitsgründen sollten Sie auf die Anwahl dieser Schaltfläche verzichten. Beim Firefox-Dialogfeld (Bild 26.27, unten) lässt sich über Optionsfelder vorgeben, ob die Datei zu öffnen oder zu speichern ist. Sobald Sie die Schaltfläche *Speichern* bzw. beim Firefox die Option *Datei speichern* und dann die *Ok*-Schaltfläche anklicken, erscheint das Dialogfeld *Speichern unter* zur Auswahl des Zielordners.

Der Firefox-Browser speichert die Datei standardmäßig direkt im *Down-loads*-Ordner. Wählen Sie den Befehl *Einstellungen* des Menüs *Extras* an, kann im Dialogfeld *Einstellungen* die Kategorie *Allgemein* angewählt und der Speicherort angepasst werden.

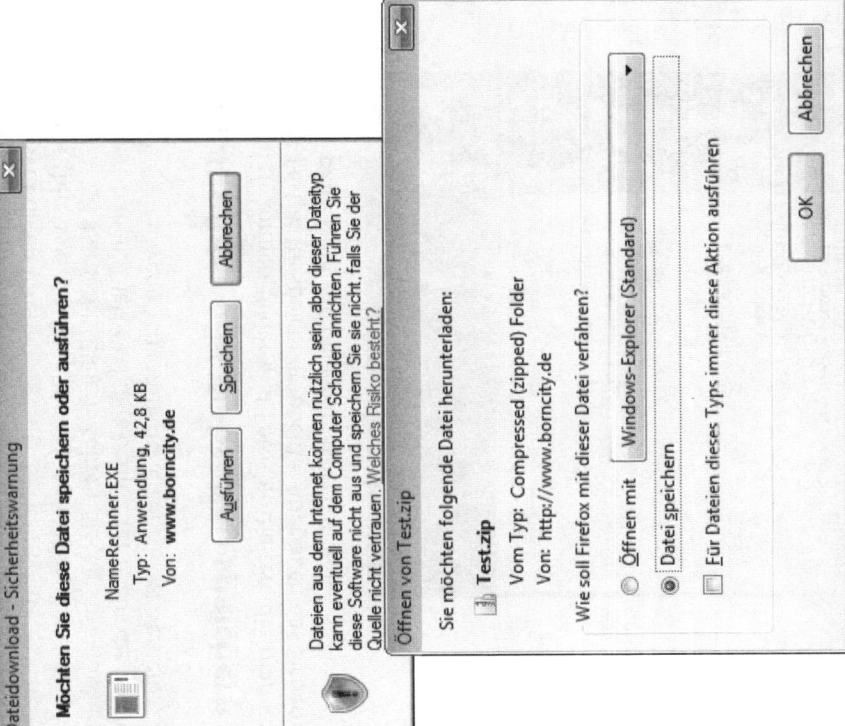

Bild 26.27: Download-Dialogfelder

TIPP

Häufig werden im Internet Dokumentdateien im Adobe PDF-Format oder als Microsoft Office-Dokumente zum Download angeboten. Klicken Sie einen solchen Download-Hyperlink an, versucht der Browser u.U., die Datei direkt als Dokument zu öffnen. Dabei kommt es immer wieder vor, dass die betreffenden Plug-ins im Internet Explorer »hängen« und das Dokument nicht angezeigt werden kann. Vermeiden lässt sich dies, indem Sie den Hyperlink mit der rechten Maustaste anklicken und den Kontext-menübefehl *Ziel speichern unter* wählen. Anschließend können Sie im geöffneten Dialogfeld *Speichern unter* ein Download-Ziel angeben, um so das Dokument unter dem angegebenen Namen als Datei zu speichern. Dieses lässt sich nach einer Überprüfung durch einen aktuellen Virenscan-ner per Doppelklick unter Windows im zugehörigen Anwendungsprogramm öffnen. Der obige Ansatz ist auch hilfreich, um zum Download angebotene Musik- oder Videodateien direkt zu speichern, statt diese im Windows Media Player zu öffnen.

ACHTUNG

Eine aus dem Internet heruntergeladene Datei kann potenziell durch Viren oder andere Schädlinge infiziert sein. Laden Sie daher Dateien nur von vertrauenswürdigen Internetseiten (z. B. Download-Bereiche von Computer-zeitschriften wie www.chip.de, www.computerbild.de, www.pcwelt.de oder www.heise.de) herunter. Zudem sollten Sie einen aktuellen Virenscanner installiert haben. Dieser schlägt beim Zugriff auf die heruntergeladenen Dateien Alarm, wenn Schadfunktionen entdeckt werden.

26.2.12 Bilder und Webseiten speichern

Webseiten können Bilder und Fotos enthalten, die man gelegentlich lokal auf der Festplatte speichern möchte. Aber auch das Sichern einer Webseite in eine lokale Datei auf der Festplatte ist möglich.

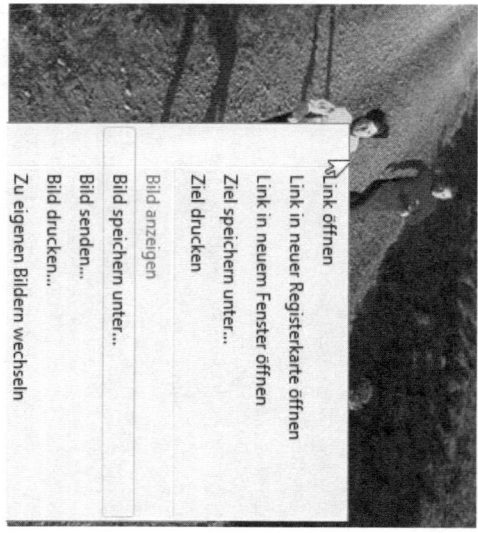

Bild 26.28: Kontextmenü für Bilder

1. Um ein Bild von einer Webseite auf dem Computer zu speichern, klicken Sie dieses im Browserfenster mit der rechten Maustaste an (Bild 26.28) und wählen den Kontextmenübefehl *Bild speichern unter* (Internet Explorer) bzw. *Grafik speichern unter* (Firefox).

2. Anschließend lassen sich im Dialogfeld *Bild speichern* (bzw. *Grafik speichern*) der Zielordner sowie der Dateiname für die Grafik anpassen und über die *Speichern*-Schaltfläche bestätigen.

Die Bilder werden üblicherweise im Ordner *Bilder* des Benutzerkontos im JPEG- oder GIF-Format (abhängig vom Ausgangsformat der Webseitengrafik) gesichert. Sie können teilweise auch das BMP-Format zum Speichern einstellen.

HINWEIS

Wählen Sie im Internet Explorer den Kontextmenübefehl *Bild drucken*, um das betreffende Bild der Webseite direkt zu drucken – hilfreich z. B. bei Landkarten, die auf Webseiten angezeigt werden. Der Kontextmenübefehl *Als Hintergrund* ermöglicht, das Bild der Webseite als Desktophintergrund abzulegen.

Beachten Sie bei der Verwendung gespeicherter Bilder und Fotos, dass diese einem Copyright unterliegen. Solange Sie die gespeicherten Grafiken nur privat nutzen, wird dies Dritte wenig interessieren. Bevor solche Fotos aber auf eigene Webseiten, in Foren etc. eingestellt oder z. B. in öffentlichen Vorführungen verwendet werden dürfen, benötigen Sie das Einverständnis des Rechteinhabers.

Bild 26.29: Speichern einer Webseite

595

1. Um eine komplette Webseite zu speichern, öffnen Sie das Menü der in der Bedienleiste des Internet Explorer gezeigten Schaltfläche *Seite* und wählen den Befehl *Speichern unter* (Bild 26.29, Hintergrund).

2. In einem Dialogfeld lassen sich dann der Zielordner, der Dateiname und auch das Speicherformat wählen (Bild 26.29, Vordergrund) und über die *Speichern*-Schaltfläche bestätigen.

Sie können den Seiteninhalt über das Listenfeld *Dateityp* als Webarchiv (.*mht*) oder als HTML-Dokument (.*htm*) sichern lassen. Beim .*htm*-Format werden enthaltene Grafiken in separaten Dateien im Zielordner abgelegt. Zudem besteht die Möglichkeit, nur die Textinhalte der Webseite als .*htm*-oder als reine Textdatei (.*txt*) zu sichern. Beachten Sie aber bei der Verwendung heruntergeladener Inhalte das Urheberrecht desjenigen, der sie erstellt hat.

Im Menü der Schaltfläche *Seite* finden Sie den Befehl *Quellcode anzeigen*, über den Sie den HTML-Quelltext im eingestellten Editor (z. B. Windows-Editor) anzeigen lassen können.

Im Firefox-Browser gehen Sie ähnlich vor, öffnen aber das Menü *Datei* und wählen den Befehl *Seite speichern unter*. Es öffnet sich ein Dialogfeld zur Auswahl des Speicherorts, des Speicherformats und des Dateinamens.

26.2.13 Webseiten drucken

Sie können den Inhalt von Webseiten oder Teile davon auf dem Drucker ausgeben, um diese zu archivieren oder später zu lesen. Klicken Sie in der Bedienleiste des Internet Explorers auf die Schaltfläche *Drucken*, wird der Inhalt der kompletten Seite sofort auf dem Standarddrucker ausgegeben. Da viele Webseiten Werbung oder Inhalte aufweisen, die für den Ausdruck nicht interessieren, ist die Ausgabe der gesamten Seite oft unerwünscht. Benötigen Sie mehr Kontrolle über den Ausdruck? Dann gehen Sie in folgenden Schritten vor:

1. Markieren Sie ggf. den auszudruckenden Teil der Seite durch Ziehen mit der Maus und klicken Sie im Internet Explorer im Menü der Schaltfläche *Drucken* auf den Befehl *Drucken* (Bild 26.30, Hintergrund).

2. Im Firefox öffnen Sie das Menü *Datei* und wählen den Befehl *Drucken*. In beiden Browsern funktioniert auch das Drücken der Tastenkombination $\boxed{\text{Strg}} + \boxed{\text{P}}$.

3. Legen Sie im Dialogfeld *Drucken* (Bild 26.30, Vordergrund) die gewünschten Optionen fest und bestätigen Sie diese über die *Drucken*-Schaltfläche.

Um beispielsweise den markierten Ausschnitt der Webseite auszudrucken, aktivieren Sie das Optionsfeld *Markierung*. Die gesamte Seite wird mit der Option *Alles* gedruckt.

TIPP

Wählen Sie als Drucker den Eintrag »Microsoft XPS Document Writer«, speichert Windows das Dokument in einen wählbaren Ordner als *.xps*-Datei. So können Sie den Inhalt der Webseite später erneut aufrufen, indem Sie die *.xps*-Datei durch einen Doppelklick auf das Dateisymbol in den Internet Explorer laden.

Der Browser druckt jetzt den Inhalt der aktuell angezeigten Dokumentseite(n) samt Grafiken aus. Dieser Ausdruck umfasst auch die nicht sichtbaren Dokumentteile, falls das Anzeigefenster kleiner als das Dokument ist.

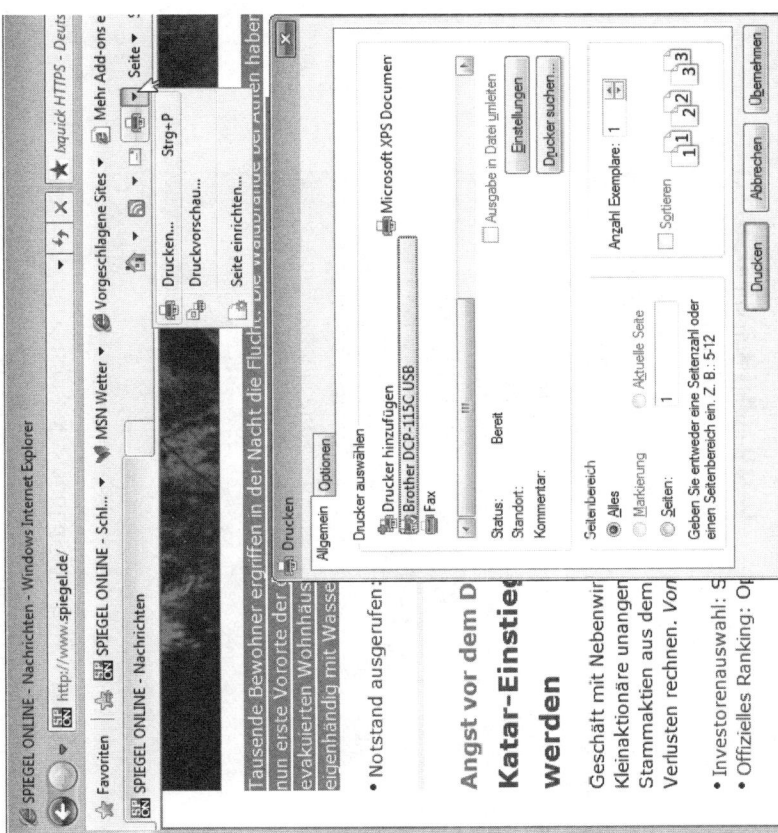

Bild 26.30: Drucken einer Webseite

Manche Webseiten sind in mehrere Teile, auch als Frames (deutsch: Rahmen) bezeichnet, unterteilt. Dann werden im Internet Explorer die Optionsfelder der Gruppe *Drucken von Frames* auf der Registerkarte *Optionen* (bzw. *Frames drucken* im *Drucken*-Dialogfeld des Firefox) freigegeben. Über diese Optionen können Sie die auf dem Bildschirm angezeigten Frames im Layout der Bildschirmansicht oder getrennt auf separate Blätter ausgeben. Weiterhin lässt sich der aktuell angewählte Frame drucken. Markieren Sie im Dialogfeld *Drucken* des Internet Explorers das Kontrollkästchen *Liste der Links drucken* auf der Registerkarte *Optionen*, druckt der Browser am Ende der Dokumentseite eine Liste mit den Adressen aller im Dokument enthaltenen

Hyperlinks. Das Kontrollkästchen *Alle durch Links verbundenen Dokumente drucken* der gleichen Registerkarte ermöglicht im Internet Explorer, eine ganze Sequenz von Dokumenten auszudrucken, die per Hyperlinks erreichbar sind. Wenden Sie diese Option aber sehr zurückhaltend und mit Bedacht an, da die Folgelinks eine Menge Druckseiten ergeben können.

Druckvorschau abrufen

Der Befehl *Druckvorschau* im Menü der Schaltfläche *Drucken* des Internet Explorers öffnet ein Fenster, in dem eine Vorschau des Ausdrucks wiedergegeben wird (Bild 26.31). Über die Schaltflächen der Symbolleiste können Sie die Seitenausrichtung ändern und das Layout beurteilen. Die Schaltfläche mit dem Druckersymbol erlaubt die Ausgaben anzustoßen.

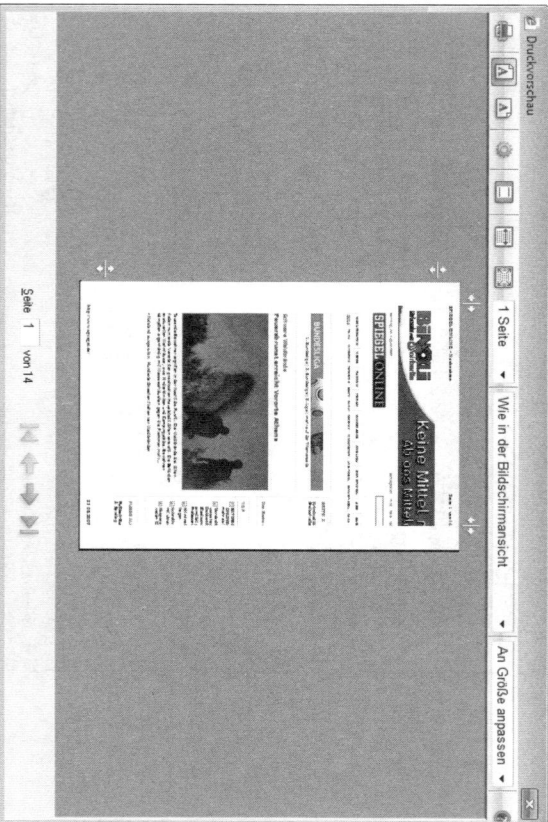

Bild 26.31: Druckvorschau einer Webseite

Druckseite einrichten

Der Befehl *Seite einrichten* im Menü der Schaltfläche *Drucken* des Internet Explorers öffnet das gleichnamige Dialogfeld (Bild 26.32). Dort können Sie das Papierformat, die Ausrichtung der Seite, die Ränder sowie den Schacht für die Papierzufuhr wählen. Über die Listenfelder *Kopfzeile* und *Fußzeile* in der Gruppe *Kopf- und Fußzeilen* können Sie unter verschiedenen Optionen wählen, um Zusatzinformationen wie die URL oder eine Seitennummer im betreffenden Bereich mit auszudrucken. Gegenüber früheren Versionen des Internet Explorers ist das Einstellen dieser Optionen sehr komfortabel geworden. Sie können über die Listenfelder jeweils bis zu drei Zusatzinformationen für die Kopf- oder Fußzeile festlegen.

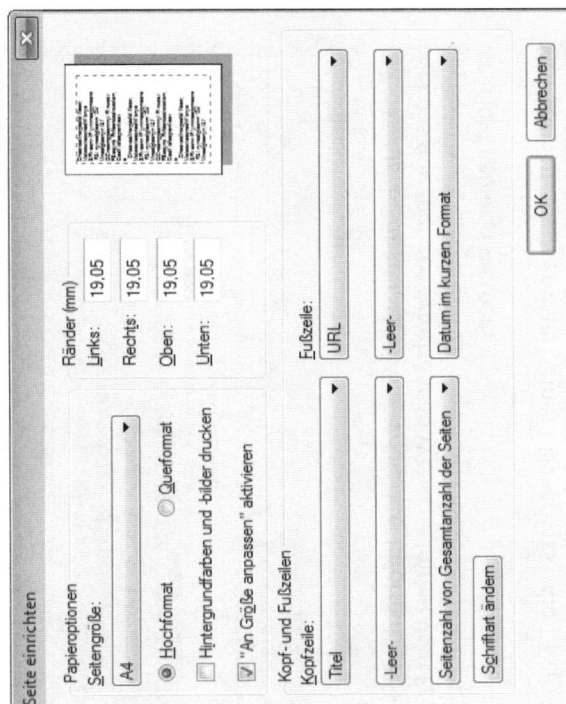

Bild 26.32: Druckseite einrichten

26.3 **Sicher surfen**

Internet Explorer und Firefox stellen verschiedene Funktionen bereit, um sicherer im Internet zu surfen, das Ausspionieren von Informationen zu unterbinden oder Optionen einzustellen. Nachfolgend werden die betreffenden Funktionen besprochen.

26.3.1 **Verwenden des Popupblockers**

Manche Webseiten öffnen beim Aufrufen im Vordergrund automatisch weitere Fenster mit Werbung, sogenannte Popups. Dies kann ziemlich nervig werden, weil Sie diese Fenster erst schließen müssen, um den Inhalt der Hauptseite anzusehen. Zudem besteht die Gefahr, dass beim Schließen dieser Fenster unerwünschte Aktionen ausgelöst werden. Sowohl der Internet Explorer als auch der Firefox besitzen einen sogenannten Popupblocker (Werbefilter), der das Einblenden bestimmter Werbefenster unterbindet. Erscheint beim Internet Explorer oberhalb des Dokumentbereichs die Informationsleiste mit dem Hinweis »Ein Popup wurde geblockt ...« (Bild 26.33)?

In diesem Fall wurde ein solches Werbefenster vom Internet Explorer unterdrückt. Manchmal ist es aber erforderlich, dass Sie den Inhalt des geblockten Fensters ansehen müssen (z. B. weil Sie ein seriöses bzw. erwünschtes Angebot mit Informationen abrufen möchten).

1. Klicken Sie auf die Informationsleiste, um das in Bild 26.33 gezeigte Menü zu öffnen.

2. Wählen Sie im Kontextmenü den Befehl *Popups vorübergehend zulassen* oder klicken Sie auf den Befehl *Popups von dieser Site immer zulassen*.

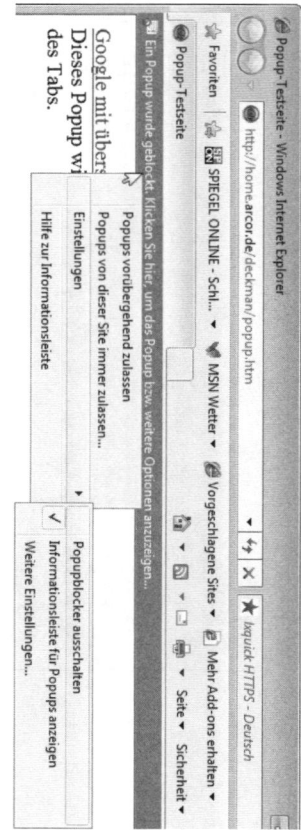

Bild 26.33: Popupblockeroptionen

Die Befehle bewirken, dass das geblockte Informationsfenster erscheint oder das Angebot der betreffenden Webseite immer vom Popupblocker freigegeben wird. Letzteres ist z. B. bei Anmeldeseiten hilfreich, die beim Aufruf vielleicht geblockt werden.

TIPP

Sie können bei Anwahl eines Hyperlinks die Tastenkombination `Alt`+`Strg` gedrückt halten, um den Popupblocker für die aufzurufende Seite temporär abzuschalten. Befehle zum Ein-/Ausschalten des Popupblockers stehen im Internet Explorer auch im Menü der Schaltfläche *Extras* unter dem Befehl *Popupblocker* zur Verfügung.

Über den Befehl *Einstellungen* lässt sich ein Untermenü öffnen, über das Sie den Popupblocker ausschalten können. Der Befehl *Weitere Einstellungen* öffnet das Dialogfeld *Popupblockereinstellungen* (Bild 26.34). In diesem Dialogfeld können Sie Ausnahmen vereinbaren, indem Sie die zuzulassenden URL-Adressen im Textfeld *Adresse der Website, die zugelassen werden soll* des Dialogfelds ablegen und die Schaltfläche *Hinzufügen* betätigen. Wenn Sie auf diese Weise z. B. die Adressen der Homebanking-Seiten eintragen, werden diese beim Aufrufen nicht blockiert, sondern wie gewohnt angezeigt. Über die Kontrollkästchen der Gruppe *Benachrichtigungen und Blockierungsstufe* lässt sich steuern, wie der Browser blockierte Fenster signalisiert und wie Popups zu blockieren sind. Über die Blockierungsebene lässt sich zudem wählen, welcher Modus (schwach, mittel, stark) beim Blockieren verwendet werden soll.

Beim Firefox-Browser wählen Sie dagegen im Menü *Extras* den Befehl *Einstellungen* und klicken im Dialogfeld *Einstellungen* auf das Symbol *Inhalt* (Bild 26.35).

Anschließend lässt sich im Dialogfeld die Markierung des Kontrollkästchens *Pop-up-Fenster blockieren* setzen oder löschen. Über eine Schaltfläche *Ausnahmen* können Sie Websites festlegen, die Popupfenster öffnen dürfen.

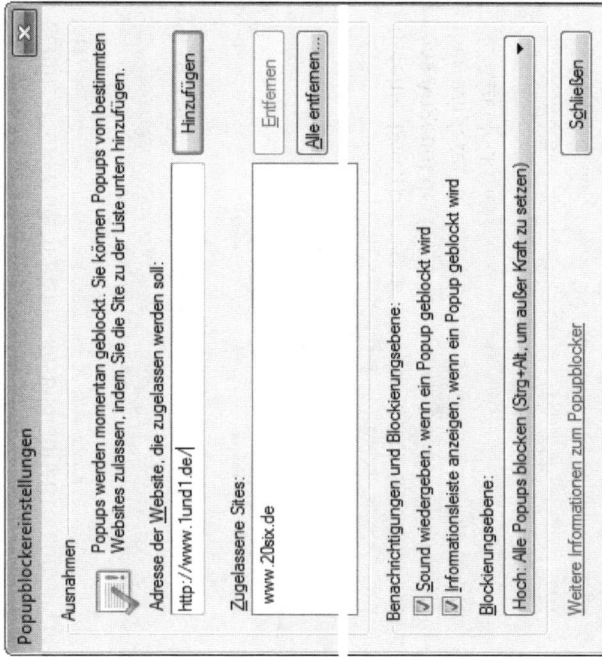

Bild 26.34: Popupblockereinstellungen beim Internet Explorer

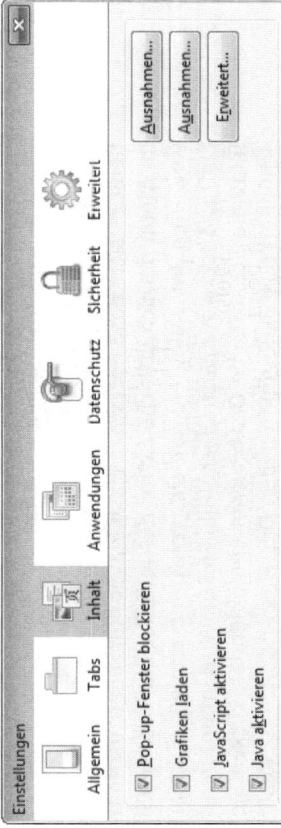

Bild 26.35: Popupblockereinstellungen beim Firefox

Layer Ads und Flash-Werbung blockieren

Zum Einblenden von Werbefenstern werden verschiedene Techniken benutzt. Im einfachsten Fall öffnet ein Skriptprogramm in der angesurften Webseite das Popupfenster. Diese Technik wird von den Popupblockern abgefangen. Häufig werden aber sogenannte Layer Ads für Werbeeinblendungen eingesetzt: Dabei wird über ein Skriptprogramm die Werbeeinblendung als Layer über den eigentlichen Seiteninhalt gelegt. In einigen Fällen bedienen sich die Layer Ads der Adobe Flash-Technik zum Anzeigen der Werbeeinblendung. Mit Layer Ads lassen sich die Popupblocker des Browsers umgehen. Sie werden also auch bei aktivem Popupblocker Werbeeinblendungen erhalten. Diese Art der Werbung über Layer Ads ist äußerst nervig. Solange die Einblendung vorhanden ist, kommt der Benutzer nicht an das Angebot der eigentlichen Webseite heran. Die Werbung verdeckt die komplette Webseite und die *Schließen*-Schaltfläche lässt sich nur finden, wenn der Benutzer über die horizontale Bildlaufleiste zum rechten Zeilenrand blättert.

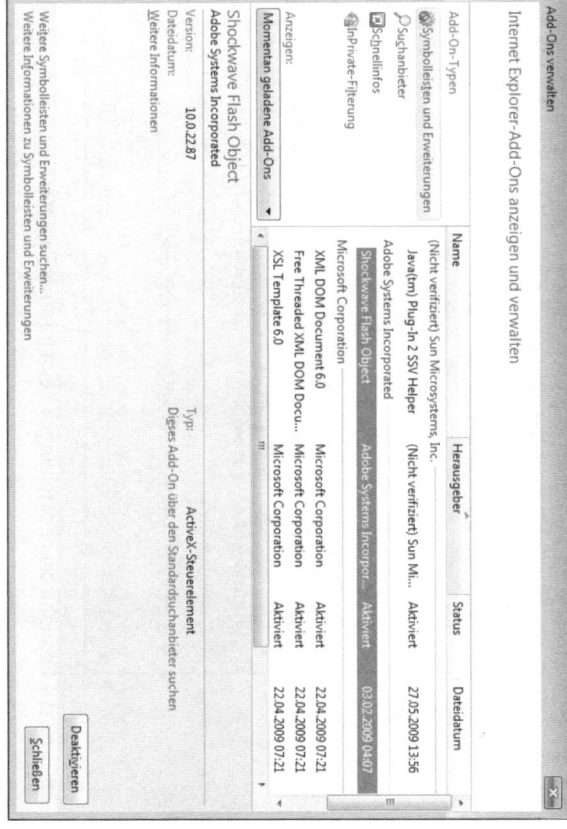

Bild 26.36: Add-Ons im Internet Explorer verwalten

Bei mit der Adobe Flash-Technik realisierten Werbeeinblendungen empfiehlt es sich, das Shockwave Flash Player-Plug-in abzuschalten. Wählen Sie im Menü der Schaltfläche *Extras* des Internet Explorer den Befehl *Add-Ons verwalten*. Im Dialogfeld *Add-Ons verwalten* suchen und markieren Sie den Eintrag *Shockwave Flash Object* (Bild 26.36). Wird im unteren Teil des Dialogfelds die Schaltfläche *Deaktivieren* eingeblendet, klicken Sie diese an und schließen das Dialogfeld wieder. Das Flash-Add-On ist deaktiviert und mit Flash realisierte Layer Ads werden wirksam geblockt. Möchten Sie später Flash-Seiten oder YouTube-Videos ansehen, schalten Sie den Flash Player über die obigen Schritte wieder ein.

Tauchen weitere Werbeeinblendungen durch Layer Ads auf? Als Radikalkur könnten Sie die Sicherheitsstufe für Internetseiten im Internet Explorer auf »Hoch« setzen (siehe folgende Abschnitte) und damit die Ausführung von Skripts, Java oder ActiveX-Komponenten deaktivieren. Leider führt dies dazu, dass andere Webseiten u. U. nicht oder nicht mehr richtig angezeigt werden. Müssen Sie eine Webseite mit Layer Ads häufiger besuchen, empfiehlt es sich, diese in die Liste der eingeschränkten Websites aufzunehmen (siehe folgende Abschnitte). Dort steht die Sicherheitsstufe automatisch auf »Hoch« und Werbeeinblendungen werden unterdrückt. Für den Firefox-Browser gibt es zudem Add-Ons wie Adblock, die aber separat installiert und eingerichtet werden müssen – und aus Platzgründen hier nicht besprochen werden können.

26.3.2 Phishingschutz durch Werbefilter

Ein anderes Problem beim Surfen sind Phishingangriffe. Gefälschte E-Mails oder Webseiten versuchen den Benutzer dazu zu bringen, persönliche oder finanzielle Informationen (z. B. Zugangsdaten für Internetkonten) preiszugeben. Typisch sind E-Mails, die vorgeblich von einer Bank, von eBay etc. stammen und eine Aufforderung enthalten, sich zur Überprüfung der Zugangsdaten oder Zahlungsvorgänge am Onlinekonto anzumelden. Ein Mausklick auf den in der E-Mail enthaltenen Hyperlink öffnet dann aber nicht die angegebene Webseite, sondern leitet Sie zu einer gefälschten Webseite um. Deren Aufmachung ähnelt meist dem erwarteten Angebot oder benutzt sogar Teile des Internetauftritts des vermeintlichen Absenders. Gibt der Benutzer nun Zugangsdaten in das Anmeldeformular der Phishingwebseite ein, werden diese Daten durch die Betrüger »abgefischt« und später zur Anmeldung am betreffenden Onlinekonto missbraucht. Dies ermöglicht den Betrügern, ggf. Bankkonten zu leeren oder Internetzugangsdaten für E-Mail- bzw. eBay-Konten etc. für kriminelle Machenschaften zu missbrauchen.

Da die Zahl der Phishingversuche sprunghaft ansteigt, sollten Sie sich entsprechend schützen. Sowohl der Internet Explorer als auch der Firefox besitzen einen eingebauten Phishingfilter. Beim Internet Explorer 8 wird die Funktion allerdings als SmartScreen-Filter bezeichnet. Wird eine bekannte Phishingseite (z. B. die Testseite www.mozilla.com/firefox/its-an-attack.html) aufgerufen, sollten sowohl der Internet Explorer als auch der Firefox-Browser eine deutliche Warnung im Dokumentbereich einblenden. Über Hyperlinks können Sie die Anzeige der Seite ablehnen oder das Laden zwangsweise zulassen.

1. Um eine aktuell geladene Webseite im SmartScreen-Filter zu überprüfen, klicken Sie in der Symbolleiste des Internet Explorers auf den rechten Rand der Schaltfläche Sicherheit und wählen im Menü die Befehle SmartScreen-Filter/Diese Website überprüfen (Bild 26.37).

2. Das Dialogfeld mit dem Ergebnis dieser Überprüfung schließen Sie über die OK-Schaltfläche.

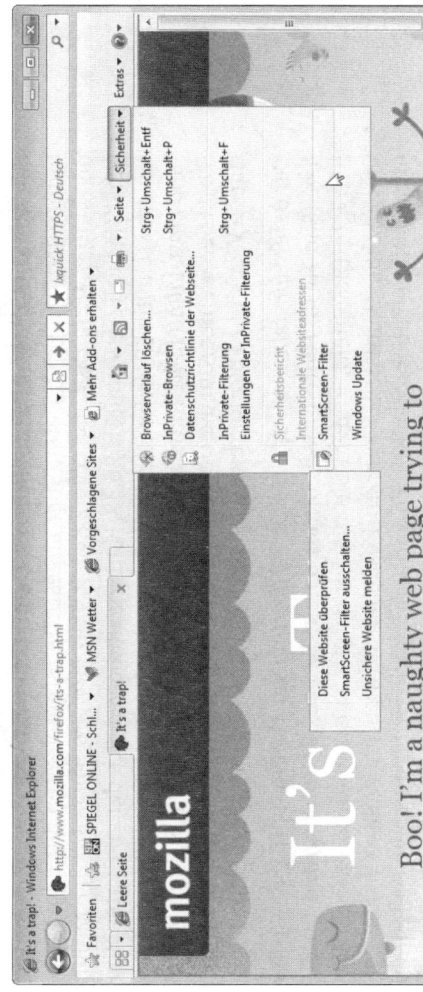

Bild 26.37: Phishingfilter aufrufen

603

Beim Aufruf des Befehls *Diese Website überprüfen* fragt der Phishingfilter einen Microsoft-Server ab, ob die gerade geladene Adresse zu einer bekannten Phishingwebseite gehört oder ob die Seite bekannte Phishingtechniken verwendet. Eine Negativmeldung stellt aber keine Unbedenklichkeitsbescheinigung dar. Im Gegenteil, aktuelle Tests aus dem Jahr 2009 zeigten, dass die Phishingfilter gängiger Browser viele kritische Webseiten nicht erkannten. Bleiben Sie also vorsichtig, wenn Sie kritische Daten (Onlinebestellungen, Anmeldung an Konten etc.) in Internetseiten eingeben.

HINWEIS

Um kein Opfer von Phishingattacken zu werden, sollten Sie einige Regeln beachten: Banken oder andere seriöse Anbieter, bei denen Sie ein Konto unterhalten, werden Sie niemals telefonisch oder per E-Mail nach Anmeldedaten oder Kennwörtern fragen! Diese Anbieter verlangen auch nicht per E-Mail mit integriertem Link, dass Sie Ihr Konto reaktivieren. Selbst beim Telefonbanking fragt die Bank bei der Authentifizierung nur einzelne Ziffern der Geheimnummer ab. Neue PIN- oder TAN-Listen werden von den Banken niemals per E-Mail verschickt, sondern immer per Post. Die Nummern sind in verschlossenen Umschlägen enthalten. Wird Ihnen ein solcher Umschlag beschädigt oder geöffnet zugestellt, sollten Sie unverzüglich die Bank bzw. den betreffenden Anbieter verständigen und die PIN/TANs sperren lassen. Klicken Sie niemals auf einen per E-Mail zugesandten Link, um eine Anmeldeseite für ein Konto abzurufen, sondern tippen Sie daher die Ihnen bekannte Internetadresse der Bank bzw. des Anbieters manuell in die Adressleiste Ihres Browsers ein. Das Gleiche gilt sinngemäß für andere Konten (E-Mail, eBay, PayPal etc.). Wichtig ist auch, dass der Rechner frei von Trojanern ist, da diese u. U. Benutzereingaben aufzeichnen und per Internet weiterleiten. Prüfen Sie unbedingt, ob aufgerufene Anmeldeseiten beispielsweise eine abgesicherte *HTTPS*-Verbindung benutzen und sich durch ein gültiges Zertifikat ausweisen können.

InPrivate-Filterung beim Internet Explorer

Am Kapitelanfang wurde bereits erwähnt, dass der Internet Explorer über das Menü der Schaltfläche *Sicherheit* einen InPrivate-Modus beim Surfen unterstützt, über den Daten über angesurfte Internetseiten auf dem Rechner aufgezeichnet werden. Über den Befehl *InPrivate-Filterung der Menüschaltfläche Sicherheit* (Bild 26.38, Hintergrund) lässt sich der InPrivate-Filterung ein-/ausschalten. Beim ersten Aufruf erscheint das Dialogfeld *InPrivate-Filterung einschalten* (Bild 26.38, Vordergrund links). Dort können Sie den Befehl *Blockieren wählen*, um die Übertragung privater Informationen an die abgerufene Website zu blockieren.

Der Befehl *Einstellungen der InPrivate-Filterung der Menüschaltfläche Sicherheit* (Bild 26.38, Hintergrund) öffnet das in Bild 26.38, Vordergrund unten, gezeigte Dialogfeld, in dem Sie die Filterstufe zwischen automatisch, aus und angepasst umstellen können. Besuchen Sie mehrere Webseiten, die ggf. Informationen über Ihren Besuch abfragen möchten, lässt sich im Dialogfeld ggf. festlegen, welche Daten an die Website übertragen werden dürfen.

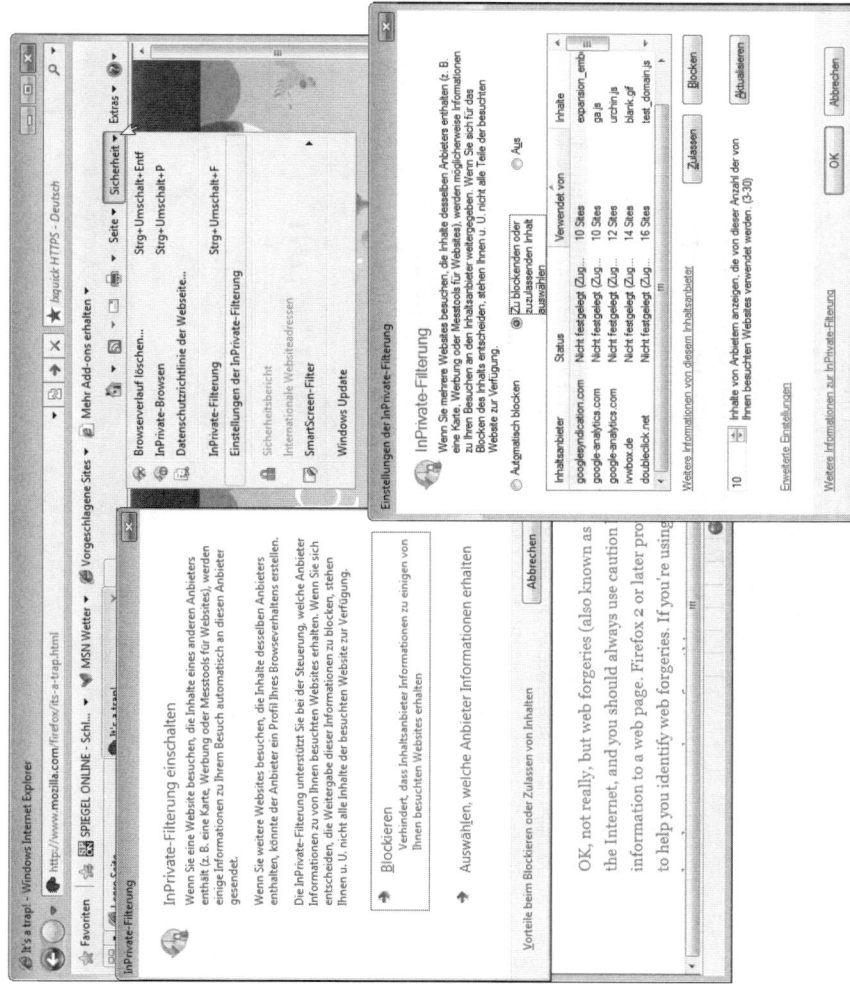

Bild 26.38: InPrivate-Filterung einschalten

26.3.3 Abgesicherte Datenübertragung zu Websites

Viele Webseiten enthalten Formulare, in die sich Daten wie Name, Adresse oder andere Angaben eintippen lassen. Bei der Übertragung an den Webserver werden die Daten u.U. über verschiedene Rechner geleitet und es besteht die Gefahr, dass Dritte die Daten mitlesen. Gerade bei Bestell- und Bezahlvorgängen oder bei der Übertragung von Daten an Anmeldeseiten (z. B. für Internetbanking) ist es wichtig, die zugehörigen Daten vor Missbrauch zu schützen. Verhindern lässt sich dies über eine sogenannte SSL-Verschlüsselung der übertragenen Formulardaten an einen HTTPS-Server. Selbst wenn Dritte die Daten abfangen, können sie wegen der Verschlüsselung damit nichts anfangen.

Achten Sie deshalb bei allen sicherheitskritischen Dateneingaben (Kreditkartendaten, Zugangsdaten für E-Mail-, Bank- oder eBay-Konten etc.) auf Webseiten darauf, dass der Anbieter eine sichere Verbindung zu einem HTTPS-Server über das HTTPS-Protokoll bereitstellt. In Bild 26.39 sehen Sie das Fenster des Internet Explorers (Hintergrund) und Firefox (Vordergrund).

605

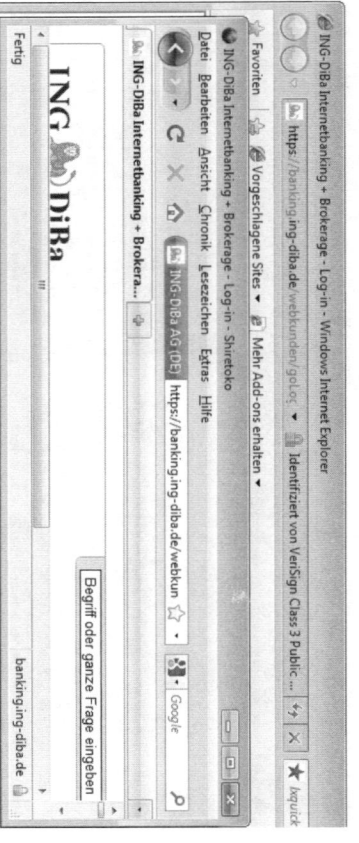

Bild 26.39:　Abgesicherte Websites

HINWEIS

Das Kürzel *https* steht für Hypertext Transfer Protocol Secure, ein Übertragungsverfahren, bei dem die Daten mit SSL (steht für Secure Sockets Layer) verschlüsselt und dann zum Server übertragen werden.

Ob eine abgesicherte Verbindung zu einem HTTPS-Webserver vorliegt, erkennen Sie daran, dass in der Adressleiste der Text »https://« anstelle von »http://« angezeigt wird. Zudem wird beim Internet Explorer das Symbol eines stilisierten Schlosses am rechten Rand der Adressleiste eingeblendet. Beim Firefox finden Sie das Symbol des Schlosses in der rechten Ecke der Statusleiste. Solange dieses Schloss angezeigt wird, besteht eine sichere Verbindung.

Website-Zertifikat überprüfen

Eine Verbindung zu einem HTTPS-Server per *HTTPS*-Protokoll stellt aber lediglich sicher, dass die von Ihnen in das Browserfenster eingetippten Daten im Internet verschlüsselt übertragen werden. Es besteht noch die Möglichkeit, dass Dritte einen *HTTPS*-Server mit gefälschten Webseiten betreiben. Sie müssen daher sicherstellen, dass beim Aufruf einer entsprechenden Webseite (z. B. Zugangsseite für Internetbanking) auch wirklich der erwartete Anbieter dahinter steht. Dies lässt sich über ein Zertifikat überprüfen.

1. Klicken Sie im Internet Explorer (Bild 26.40, Hintergrund) auf das stilisierte Schloss. Im Firefox (Bild 26.40, Vordergrund) klicken Sie auf die grün eingefärbte URL-Angabe der Adresszeile.

2. Anschließend überprüfen Sie im eingeblendeten Fenster das angezeigte Zertifikat und rufen ggf. dessen Detailinformationen auf.

Sowohl im Internet Explorer als auch im Firefox wird automatisch ein Fenster mit den wichtigsten Zertifikatsangaben eingeblendet. Über den Hyperlink *Zertifikat anzeigen* (Internet Explorer) bzw. die Schaltfläche *Weitere Informationen* (Firefox) lassen sich die Detailseiten einsehen. Beim Firefox müssen Sie im Folgedialog noch die Schaltfläche *Zertifikat anzeigen* anklicken.

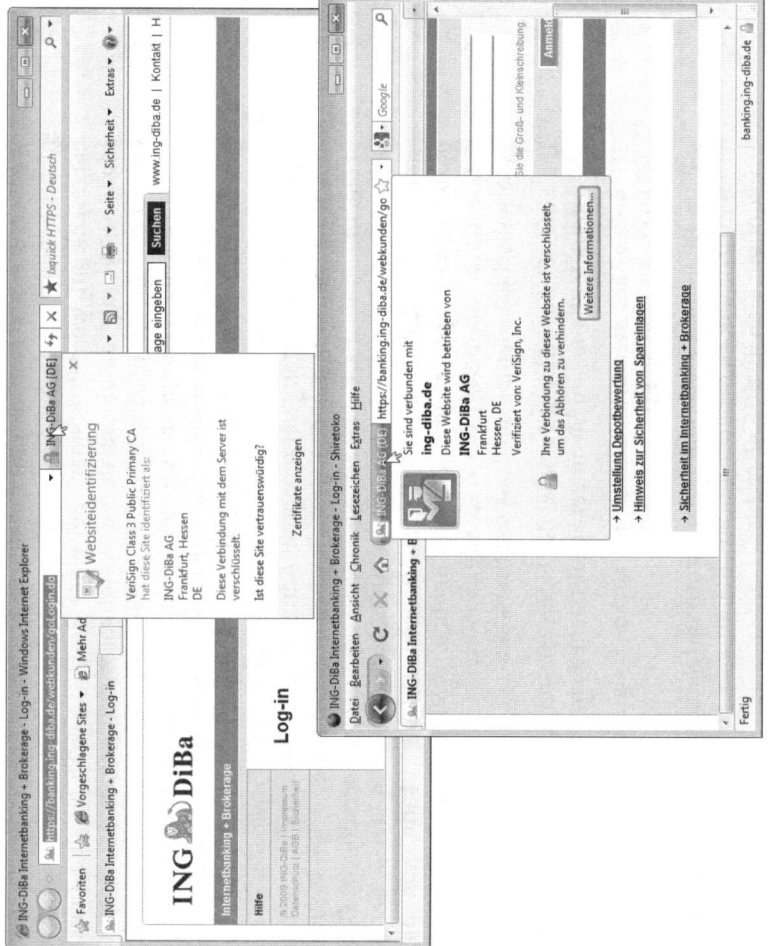

BILD 26.40:   Zertifikat einer Website überprüfen

Wichtig ist, dass das Zertifikat noch gültig und nicht abgelaufen ist und dass es auf die erwartete Person bzw. Institution ausgestellt ist. Bei einem abgelaufenen Zertifikat sollte der Browser (ähnlich wie bei den oben beschriebenen Phishingversuchen) automatisch Alarm schlagen, statt die Internetseite anzuzeigen. Wenn Sie Internetbanking nutzen, muss das Zertifikat auf die betreffende Bank oder deren Dienstleister für Internetbanking ausgestellt sein. Erkundigen Sie sich ggf. bei Ihrer Bank bzw. auf den Informationsseiten der Bank, wie das Zertifikat aussehen muss und was zu beachten ist. Ähnliches gilt bei anderen Anbietern, die HTTPS-Server betreiben.

Ob der Zertifikataussteller (Trustcenter) autorisiert ist, lässt sich ggf. auf der Webseite www.pki-page.org überprüfen. Die Internetseite der Bundesnetzagentur (www.bundesnetzagentur.de) enthält in der Kategorie »Sachgebiete/Zertifizierungsdiensteanbieter« eine Übersicht über deutsche Zertifizierungsstellen.

HINWEIS

26.3.4   Cookies, was Sie darüber wissen sollten!

Zur Wahrung Ihrer Privatsphäre beim Surfen im Internet gehört auch, dass Sie über Cookies Bescheid wissen. Der Begriff Cookies ist das englische Wort für Plätzchen oder Keks und beschreibt einen Mechanismus, bei dem ein

Webserver eine kleine Textdatei auf Ihrem Rechner abgelegt. Dies ist an sich nichts Schlimmes, da auf diesem Weg keine Schädlinge auf den Computer eingeschleppt werden können. Bei einer Bestellabwicklung sind Cookies sogar notwendig, da der Inhalt des Warenkorbs dort gespeichert wird. Die Gefahr besteht darin, dass in Cookies gespeicherte Informationen von Webservern geschickt kombiniert werden, um Ihre Surfgewohnheiten auszuspionieren. Eine Website speichert beispielsweise Informationen zu abgerufenen Seiten in einem Cookie. Der Server kann zusätzlich vom Browser noch die Betriebssystemversion, den benutzten Browser, den Provider sowie die für den Internetzugang vergebene IP-Adresse des Computers abrufen und im Cookie speichern. Geben Sie nun in einer anderen angesurften Webseite preis, könnten diese ebenfalls in einem Cookie landen. Ein Server, der den Aufbau der Cookies verschiedener Webserver kennt, kann nun diese Informationen abrufen und zu einem Benutzerprofil kombinieren. Um sich vor der Datensammelwut der Webseitenanbieter zu schützen, sollten Sie die automatische Annahme der Cookies abschalten:

1. Rufen Sie im Internet Explorer das Eigenschaftenfenster über den Befehl *Internetoptionen* im Menü der Schaltfläche *Extras* auf.

2. Auf der Registerkarte *Datenschutz* klicken Sie auf die Schaltfläche *Erweitert* (Bild 26.41, links).

3. Im Dialogfeld *Erweiterte Datenschutzeinstellungen* lässt sich die automatische Cookiebehandlung abschalten und anschließend individuell konfigurieren (Bild 26.41, rechts).

Um die Annahme von Cookies individuell zu konfigurieren, markieren Sie das Kontrollkästchen *Automatische Cookiebehandlung aufheben* im Dialogfeld *Erweiterte Datenschutzeinstellungen* und setzen z. B. die Cookieannahme auf *Bestätigen*.

Da viele Webserver Cookies voraussetzen, werden etliche Webseiten bei gesperrter Cookieannahme nicht mehr korrekt angezeigt. Sie können diese Server aber austricksen, indem Sie das Kontrollkästchen *Sitzungscookies immer zulassen* markieren. Jetzt nimmt der Browser zwar Cookies während der aktuellen Sitzung vom Server an, löscht diese aber beim Beenden des Browsers. Das Sammeln umfangreicher persönlicher Daten wird damit verhindert oder zumindest erheblich erschwert. Persönlich blockiere ich die Cookies von Drittanbietern und gebe den Modus zum Bestätigen bei Cookies von Erstanbietern vor. Dies reduziert die Zahl der Cookiebehandlungsanfragen.

Versucht ein Webserver beim Abruf der Webseite ein Cookie auf dem Rechner zu platzieren, erscheint beim Internet Explorer ein Dialogfeld mit einer Nachfrage (Bild 26.42). Sie können dann die Schaltfläche *Zulassen* oder *Ablehnen* wählen. Markieren Sie das Kontrollkästchen *Festlegung auf alle Cookies dieser Webseite anwenden*, trägt der Browser die Webseite beim Anklicken der jeweiligen Schaltfläche mit dem betreffenden Cookiemodus in eine interne (Datenschutz-)Liste ein.

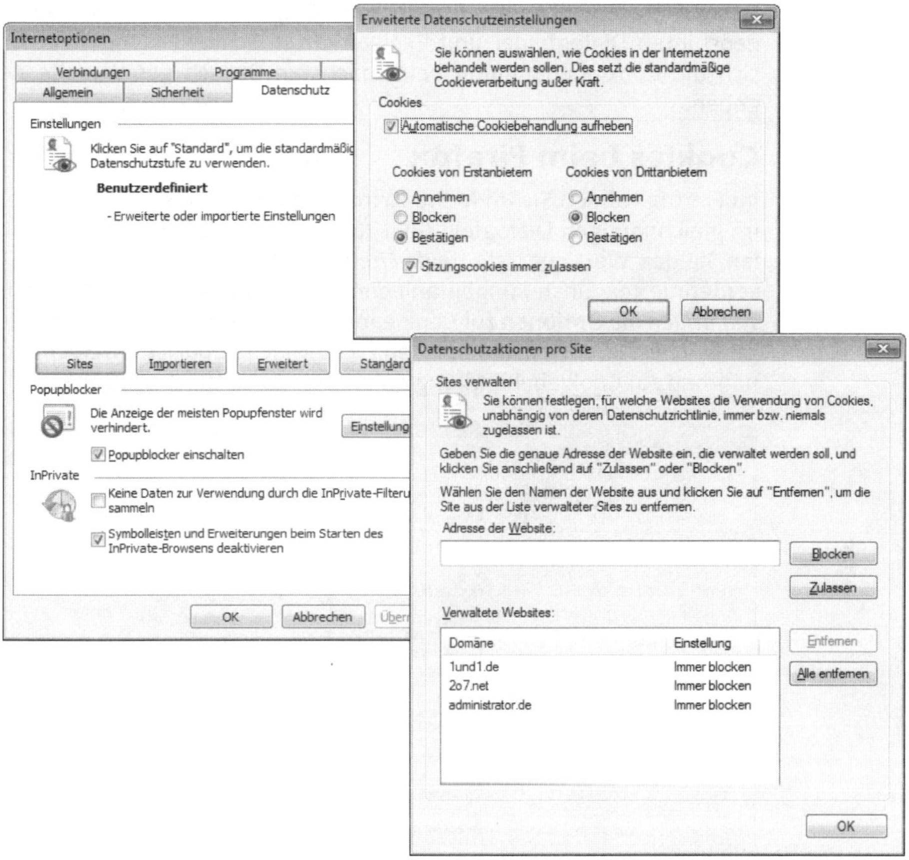

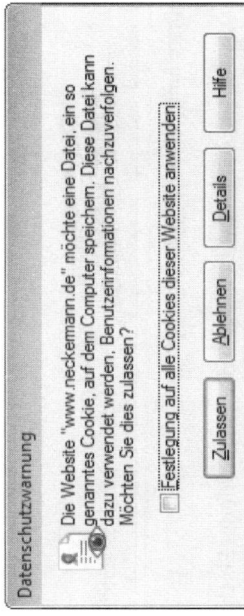

Bild 26.41: Cookieeinstellungen verwalten

Bild 26.42: Datenschutzwarnung beim Surfen in Webseiten

Über das Dialogfeld *Datenschutzhinweis* kann es Ihnen aber passieren, dass Sie eine Website zur Annahme von Cookies zulassen oder ungewollt blockieren. Sie müssen dann ggf. den betreffenden Eintrag aus der Datenschutzliste entfernen. Rufen Sie die Registerkarte *Datenschutz* auf und klicken Sie auf die Schaltfläche *Sites* (Bild 26.41, links). Es erscheint das Dialogfeld *Datenschutzaktionen pro Site* mit den bereits verwalteten Sites (Bild 26.41, unten). Markieren Sie den Eintrag der Website in der Liste *Verwaltete Websites* und löschen Sie ihn über die Schaltfläche *Entfernen*. Danach können Sie die geöffneten Dialogfelder und Registerkarten schließen. Anschließend lässt sich die Cookiebehandlung beim nächsten Besuch der Website neu vorgeben.

Cookies beim Firefox

Im Firefox wählen Sie im Menü *Extras* den Befehl *Einstellungen* und klicken im gleichnamigen Dialogfeld (Bild 26.43) auf das Symbol *Datenschutz*. Stellen Sie den Wert des Listenfelds *Firefox wird eine Chronik* auf »nach benutzerdefinierten Einstellungen anlegen«. Dann können Sie im Dialogfeld *Einstellungen* die Optionen zur Cookieannahme regeln (Listenfeld *Behalten, bis*), gespeicherte Cookielisten abrufen (Schaltfläche *Cookies anzeigen*) und Ausnahmen zur Cookiebehandlung definieren (Schaltfläche *Ausnahmen*).

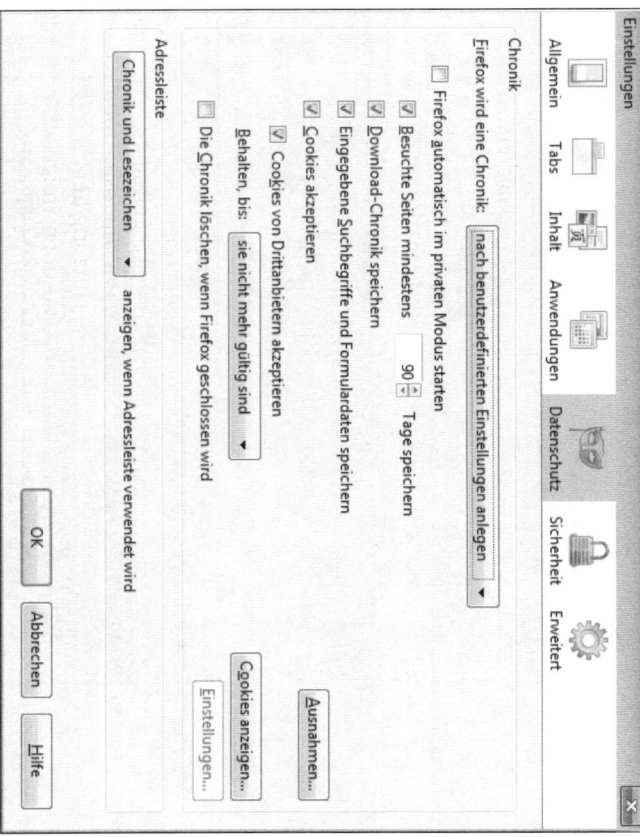

Bild 26.43: Cookieeinstellungen beim Firefox anpassen

ACHTUNG

Insider wissen, dass auch Add-Ons wie der Macromedia Flash Player (oder Silverlight) Informationen über besuchte Webseiten in Flash-Cookies (sogenannten Shared Objects) auf dem Rechner ablegen können. Leider bietet der Internet Explorer keine Möglichkeit, diese gesammelten Informationen zu löschen. Um die Einstellungen des Flash Players zu kontrollieren, ist eine trickreiche Vorgehensweise erforderlich. Im Browser muss die Internetseite www.macromedia.com/support/documentation/de/flashplayer/help/settings_manager.html aufgerufen werden. Über den auf der Seite erreichbaren Einstellungsmanager (Option *Globale Speichereinstellungen*) lässt sich die Speicherung von Flash-Cookies unterbinden. Beim

Firefox gibt es zudem die DOM Storage Objects, in denen Zusatzinformationen abgelegt werden können. Zum Blockieren dieser DOM-Cookies geben Sie in die Adresszeile des Firefox den Befehl about:config ein und bestätigen die Sicherheitswarnung. Anschließend müssen Sie in der Liste der Einstellungsnamen den Wert »dom.storage.enabled« suchen und diesen per Doppelklick auf »false« einstellen.

26.3.5 Webinhaltszonen, das sollten Sie wissen

Webseiten lassen sich im Hinblick auf Sicherheitsaspekte in verschiedene Kategorien einordnen. Eine Webseite, über die Sie Internetbanking betreiben, Webseiten bekannter Firmen etc. werden Sie sicherlich als vertrauenswürdig einstufen. Bei Webseiten unbekannter Anbieter oder gar mit zwielichtigem Charakter sollte man eher zurückhaltend sein. Der Internet Explorer benutzt sogenannte Webinhaltszonen, um Webseiten mit unterschiedlichem Vertrauensgrad zu kategorisieren:

■ *Internet:* Hierunter fallen alle Websites, die in keiner der anderen Zonen enthalten sind. Da die meisten angesurften Webseiten in diese Zone fallen, lauern hier die größten Risiken. Idealerweise sollte diese Zone mit sehr restriktiven Sicherheitseinstellungen konfiguriert werden – allerdings gibt es das Problem, dass sich bei zu starken Restriktionen viele Seiten nicht mehr richtig oder überhaupt nicht anzeigen lassen.

■ *Lokales Intranet:* Diese Zone umfasst alle Webinhalte, die sich lokal in einem Netzwerk mit Internetfunktionen (als Intranet bezeichnet) befinden. Für diese Site gibt es die Möglichkeit, die einzubeziehenden Freigaben und Server zu konfigurieren. Bei Privatanwendern besitzt diese Zone kaum Bedeutung, da in diesem Umfeld kein Intranet benutzt wird.

■ *Vertrauenswürdige Sites:* Diese Zone ist für alle Seiten vorgesehen, deren Anbieter bekannt sind und deren Inhalt Sie als vertrauenswürdig einstufen. Hierzu gehören beispielsweise Seiten mit Internetbanking-Funktionen, die Microsoft-Seiten zum Windows Update etc. In dieser Zone können Sie beispielsweise die Nutzung der für Internetbanking benötigten Java- oder JavaScript-Funktionen freigeben oder die Nutzung signierter ActiveX-Komponenten gestatten (siehe die folgenden Seiten).

■ *Eingeschränkte Sites:* In diese Zone gehören alle Webseiten, denen Sie keinesfalls vertrauen oder von denen Sie eventuell schon vorab wissen, dass diese möglicherweise schädigende Inhalte enthalten könnten. Für diese Zone sind möglichst restriktive Sicherheitseinstellungen zu wählen, um eine maximale Sicherheit zu gewährleisten. Hier könnten alle aktiven Funktionen (Active Scripting, ActiveX, Java etc.) deaktiviert werden.

Der Begriff Site kommt aus der englischen Sprache und bezeichnet ein Fabrikgelände oder einen Aufstellungsort für die Produktion. Eine Firmenpräsenz im Internet wird auch als Website bezeichnet. Die Startseite nennt man auch Homepage.

HINWEIS

Als Benutzer hat dieses Zonenkonzept den Vorteil, dass Sie diesen Zonen verschiedene Sicherheitseinstellungen zuordnen können. Hierzu gehen Sie in folgenden Schritten vor:

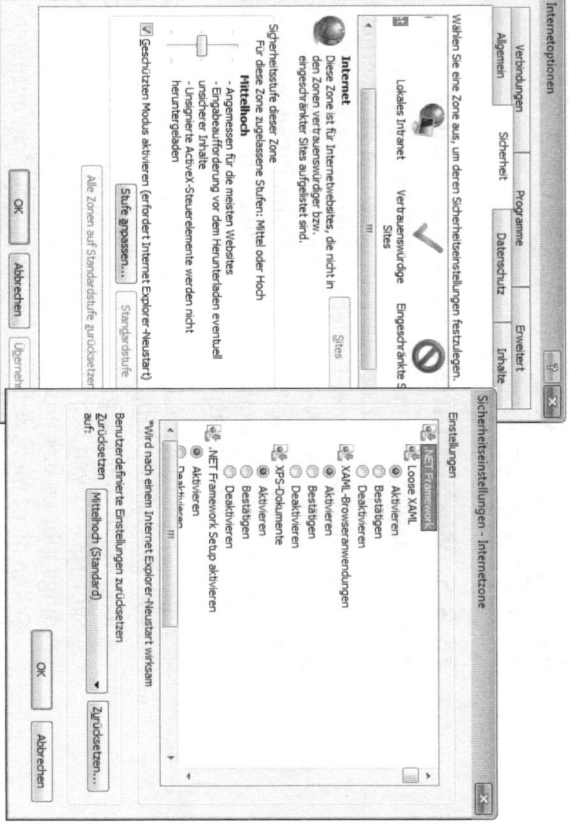

Bild 26.44:   Webinhaltszonen anpassen

1. Wählen Sie im Menü der Schaltfläche *Extras* des Internet Explorers den Befehl *Internetoptionen*.

2. Holen Sie nun im eingeblendeten Dialogfeld *Internetoptionen* die Registerkarte *Sicherheit* in den Vordergrund (Bild 26.44, links) und passen Sie die Einstellungen der verfügbaren Webinhaltszonen an.

Um die Änderungen zu übernehmen, klicken Sie auf die Übernehmen-Schaltfläche oder schließen die Registerkarte über die Ok-Schaltfläche.

In (Bild 26.44, links) sehen Sie die Registerkarte *Sicherheit* mit den Webinhaltszonen. Fehlt bei Ihnen eine Zone, verwenden Sie die horizontale Bildlaufleiste zum Blättern zwischen den Zonen. Klicken Sie auf das Symbol einer Webinhaltszone, blendet der Internet Explorer die Sicherheitsstufe dieser Zone im unteren Teil der Registerkarte *Sicherheit* ein.

Die genaue Darstellung der Registerkarte hängt davon ab, ob die Standardvorgaben oder benutzerdefinierte Einstellungen wirksam sind. Falls noch keine Anpassungen vorgenommen wurden, verwendet der Internet Explorer Standardeinstellungen für die Sicherheit der einzelnen Webinhaltszonen. Die Zone *Internet* bekommt die Sicherheitsstufe »Mittelhoch« zugeordnet. Die Zone *Lokales Intranet* weist die Sicherheitsstufe »Niedrig« auf, während die Zone *Vertrauenswürdige Sites* auf »Mittel« gesetzt ist. Nur die Zone *Eingeschränkte Sites* erhält die Sicherheitsstufe »Hoch«.

Je höher die Sicherheitsstufe für eine Zone gesetzt ist, umso sicherer ist das Surfen. Der Nachteil ist aber, dass damit die Funktionalität des Internet Explorers eingeschränkt wird. Internetbanking wird beispielsweise in der Sicherheitsstufe »Hoch« kaum noch möglich sein. Die Stufen »Niedrig« und »Sehr niedrig« lassen dagegen alle Funktionen zu, aktive Inhalte und Skriptprogramme sind zulässig (daher sind die Stufen standardmäßig für die Internetzone blockiert). Daher herrscht dort ein erhöhtes Risiko für Angriffe. Bei Standardvorgaben können Sie den Schieberegler auf der Registerkarte nach oben oder unten ziehen, um die Sicherheitsstufe einer markierten Webinhaltszone anzupassen.

Der Schieberegler in der Gruppe *Sicherheitsstufe dieser Zone* auf der Registerkarte *Sicherheit* ermöglicht aber nur eine sehr grobe Auswahl der im Browser zulässigen Funktionen. Über die Schaltfläche *Stufe anpassen* öffnet sich das in Bild 26.44, rechts, gezeigte Dialogfeld. Dort können Sie Funktionseinschränkungen wesentlich detaillierter festlegen.

HINWEIS

Sie können z. B. die Optionen zum Ausführen von ActiveX- oder Java-Komponenten sowie JavaScript auf *Deaktiviert* stellen. Dies erhöht zwar die Sicherheit dramatisch. In der Praxis wird man aber immer einen Kompromiss zwischen den Sicherheitsanforderungen und den Erfordernissen der Webseiten wählen müssen. Rufen Sie häufiger eine Website auf, die ActiveX, Plug-ins (Add-Ons) oder Java (z. B. die Microsoft Update-Seiten, YouTube, Chaträume) oder gelockerte Sicherheitseinstellungen benötigt, und vertrauen Sie dem Anbieter, können Sie diese in die Liste der vertrauenswürdigen Sites eintragen. Dort können dann Scripting oder die Ausführung von ActiveX-Komponenten oder Java-Applets zugelassen werden. Die Internetseiten unbekannter Anbieter sollten aber möglichst mit restriktiveren Sicherheitseinstellungen abgerufen werden. Websites, die mit Layer Ads arbeiten, stufe ich in der Zone der eingeschränkten Sites ein, um Werbeeinblendungen zu unterbinden.

Eine Übersicht über viele der Optionen des Dialogfelds *Sicherheitseinstellungen* finden Sie auf meiner Webseite www.borncity.de/Tricks/IE/. Das Konzept der Webinhaltszonen ist zwar ganz pfiffig, sollte Sie aber nicht vollständig in Sicherheit wiegen. Leider wurden in der Vergangenheit beim Internet Explorer (bzw. auch in alternativen Browsern) immer wieder Sicherheitslücken entdeckt, die entsprechend manipulierten Webseiten das Ausführen von Funktionen mit den niedrigsten Sicherheitseinstellungen erlaubten. Microsoft schließt solche Lücken zwar durch Sicherheitsupdates. Aber man sollte sich des (theoretischen) Risikos bewusst sein, dass ggf. weitere Sicherheitslücken vorhanden sind. Mit individuell angepassten Sicherheitseinstellungen (z. B. Scripting und aktive Inhalte deaktiviert) lässt sich das Risiko aber weitgehend eliminieren. Achten Sie beim Internet Explorer auch darauf, dass das Kontrollkästchen *Geschützten Modus aktivieren* auf der Registerkarte *Sicherheit* markiert ist. Der Browser läuft dann in einem Modus mit reduzierten Rechten, sodass keine Änderungen am System ohne Zustimmung des Benutzers vorgenommen werden können.

So stufen Sie einzelne Websites ein

Ohne Ihr weiteres Zutun werden alle angesurften Webseiten der Webinhaltszone *Internet* zugeordnet und im betreffenden Sicherheitskontext angezeigt. Setzen Sie die Sicherheitseinstellungen zu hoch, werden viele Webseiten nicht mehr korrekt angezeigt. Sie können aber bestimmte Websites den Zonen *Vertrauenswürdige Sites* und *Eingeschränkte Sites* zuordnen. Dies ermöglicht Ihnen beispielsweise, in Seiten für Internetbanking über die Zone *Vertrauenswürdige Sites* die ggf. benötigte Ausführung von Java oder Skripten zuzulassen. Häufiger angesurfte Webseiten, deren Anbieter Ihnen aber unbekannt oder nicht besonders vertrauenswürdig erscheinen, tragen Sie in die Zone *Eingeschränkte Sites* ein. Um die Adresse einer Website in die Zonen *Vertrauenswürdige Sites* oder *Eingeschränkte Sites* aufzunehmen, gehen Sie folgendermaßen vor:

1. Markieren Sie auf der Registerkarte *Sicherheit* das Symbol der gewünschten Webinhaltszone (*Vertrauenswürdige Sites* und *Eingeschränkte Sites*) und klicken Sie anschließend auf die nun freigegebene Schaltfläche *Sites* (Bild 26.44, links).

2. Im nun erscheinenden Dialogfeld *Eingeschränkte Sites* bzw. *Vertrauenswürdige Sites* tippen Sie die Adresse (URL) für die betreffende Website in das Feld *Diese Website zur Zone hinzufügen* ein (Bild 26.45).

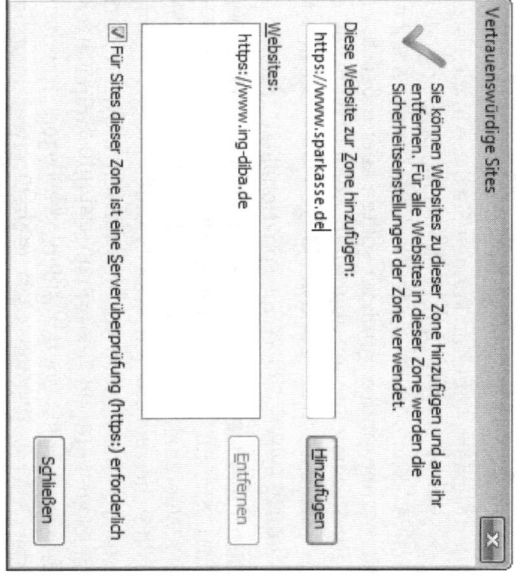

Bild 26.45: Website zu einer Zone hinzufügen

Bereits beim Eintippen einer URL wird Ihnen ggf. eine Liste bereits besuchter Websites mit ähnlichen URLs angezeigt. Erscheint die URL, können Sie die zugehörige Adresse durch Anklicken übernehmen. Zum *Entfernen* einer Website wählen Sie die betreffende Adresse (URL) in der Liste an und betätigen die *Entfernen*-Schaltfläche.

HINWEIS

Bei vertraulichen Inhalten (z. B. beim Internetbanking oder beim E-Mail-Austausch) wird das bereits oben erwähnte *https:*-Protokoll benutzt, bei dem die Seiten verschlüsselt übertragen werden. Beim Eintippen der Internetadresse (URL, Uniform Resource Location) wird der Vorspann für das Protokoll i. d. R. weggelassen. Markieren Sie aber im Dialogfeld *Vertrauenswürdige Sites* das Kontrollkästchen *Nur für Sites dieser Zone ist eine Serverüberprüfung (https:) erforderlich*, werden nur Sites in der Liste der vertrauenswürdigen Sites akzeptiert, denen das Kürzel *https://* vorangestellt ist. Der Browser prüft dann, ob die Seiten auf einem abgesicherten *https:*-Server liegen. Möchten Sie beide Protokollvarianten in der Liste der vertrauenswürdigen Sites verwenden, lassen Sie das Kontrollkästchen unmarkiert. Webseiten, die auf *https:*-Servern liegen, ist dann beim Eintragen in die Liste der vertrauenswürdigen Sites der Vorspann *https://* voranzustellen.

Verwenden Sie Firefox als Browser, wählen Sie im Menü *Extras* des Browserfensters den Befehl *Einstellungen* und markieren im Fenster *Einstellungen* das Symbol *Inhalt*. Dann können Sie verschiedene Optionen (z. B. Ausführung von JavaScript oder Java) über Kontrollkästchen ein- oder ausschalten. Anschließend wählen Sie das Symbol *Sicherheit* und markieren dort die Kontrollkästchen für die Funktionen zum Warnen vor und Blockieren als kritisch eingestufter Internetseiten. Für den Firefox gibt es Plug-ins, über die sich Java und JavaScript blockieren lassen.

Der Heise-Verlag bietet unter www.heise.de/security/dienste/browsercheck deutschsprachige Informationen rund um das Thema Sicherheit sowie Testseiten, um die Anfälligkeit verschiedener Browser (Internet Explorer, Mozilla/Firefox etc.) gegenüber bestimmten Sicherheitslücken zu überprüfen.

26.3.6 Add-Ons verwalten

Beim Internet Explorer lässt sich die Funktionalität über Add-Ons erweitern. Beim Firefox werden diese als Plugins bezeichnet. Zum Verwalten der Add-Ons wählen Sie im Internet Explorer den Befehl *Add-Ons verwalten* der Menüschaltfläche *Extras*. Im Firefox öffnen Sie das Menü *Extras* und wählen den Befehl *Add-ons*. Anschließend können Sie im eingeblendeten Dialogfeld (Bild 26.46) das Add-On wählen. Beim Internet Explorer (Bild 26.46, oben) lässt sich die Anzeige dabei über ein Listenfeld zwischen verschiedenen Kategorien umschalten. Anschließend können Sie über eingeblendete Schaltflächen die Einstellungen des Add-On anpassen oder die Funktion deaktivieren sowie das Add-On deinstallieren.

26.4 Anpassen der Browsereinstellungen

Sowohl beim Internet Explorer als auch beim Firefox lassen sich diverse Einstellungen anpassen. Einige dieser Optionen sind auf den vorherigen Seiten beschrieben. Nachfolgend finden Sie noch einige Hinweise auf verschiedene Optionen.

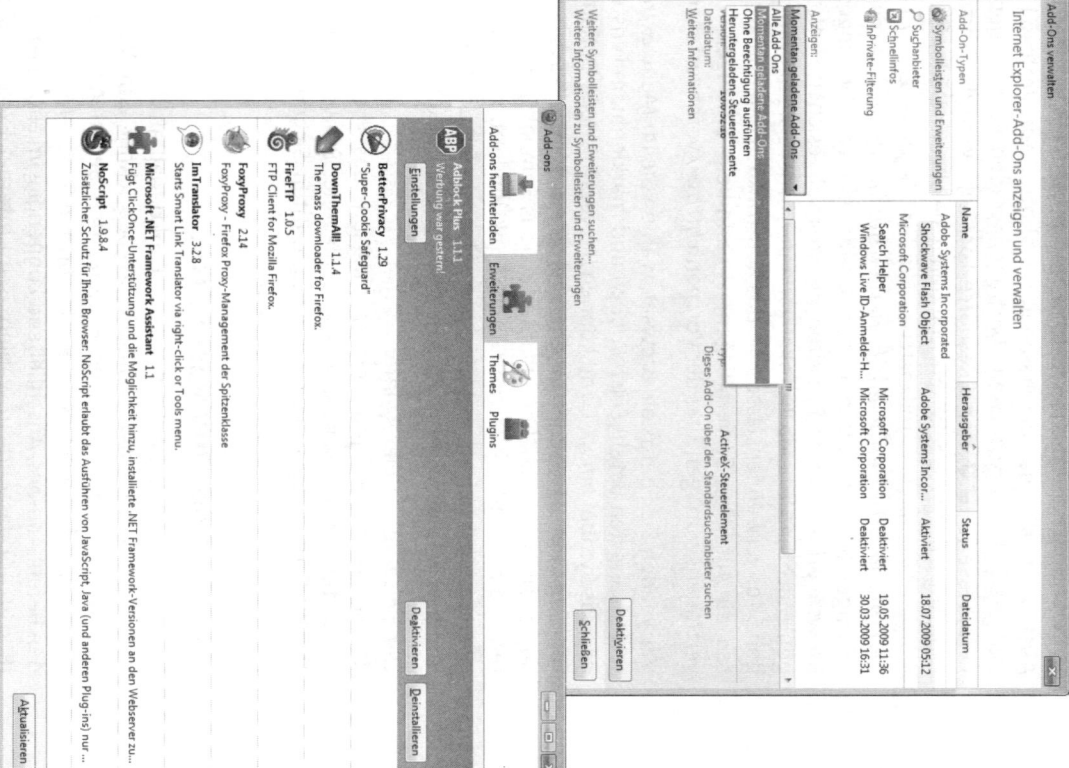

Bild 26.46: Add-Ons verwalten (Internet Explorer oben, Firefox unten)

26.4.1 Internetoptionen beim Internet Explorer

Über den Befehl *Internetoptionen* im Menü der Schaltfläche *Extras* lässt sich ein Eigenschaftenfenster (Bild 26.47) öffnen, auf dessen Registerkarten Sie das Verhalten des Browsers beeinflussen können.

Auf der Registerkarte *Allgemein* (Bild 26.47) finden Sie in der Gruppe *Start-seite* Elemente, um die Seite, mit der der Browser starten soll, vorzugeben. Rufen Sie eine Internetseite vor dem Aufruf der Registerkarte auf, lässt sich diese mittels der Schaltfläche *Aktuelle Seite* als Startseite vereinbaren. Die Schaltfläche *Standardseite* stellt eine Microsoft-Startseite ein und *Leere Seite* trägt eine leere Seite »about:blank« als Startseite ein. Die Startseite wird beim Aufruf des Internet Explorers sowie bei Anwahl der Schaltfläche *Startseite* abgerufen.

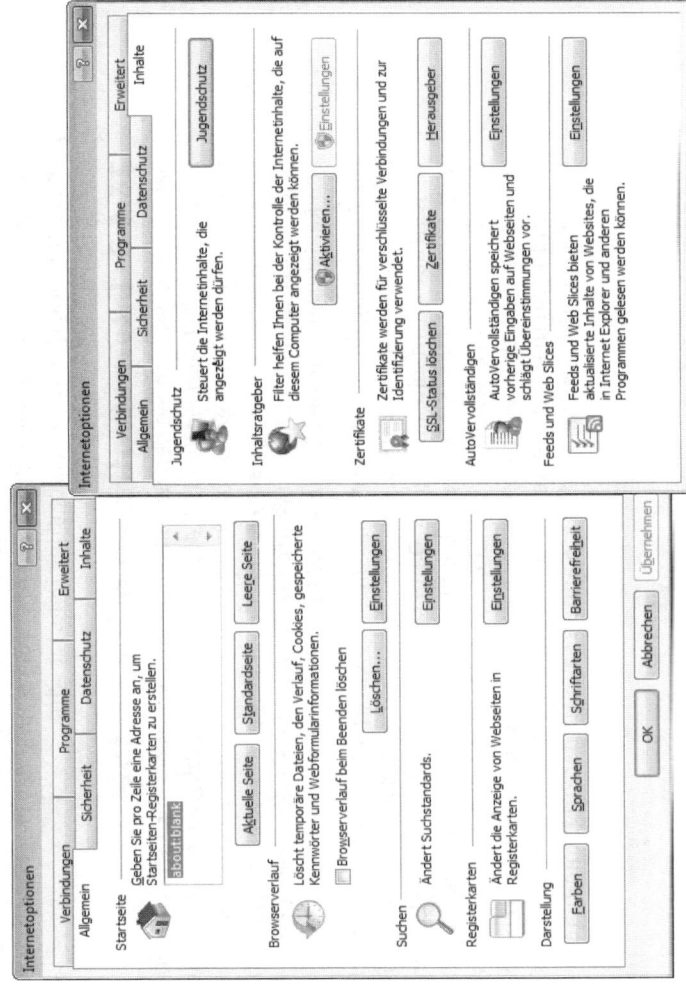

Bild 26.47:   Registerkarte *Allgemein* und *Inhalte*

TIPP

Sie können auch mehrere Startseiten (Zeilen durch ⌴Enter⌴-Taste trennen) auf der Registerkarte *Allgemein* eintragen. Dann werden diese auf separaten Registerkarten geöffnet.

In der Gruppe *Browserverlauf* lässt sich über die Schaltfläche *Löschen* das Dialogfeld zum Löschen des Verlaufs, festgelegter Cookies, temporärer Internetdateien, Formulardaten und gespeicherter Kennwörter aufrufen. Verwenden Sie die Schaltfläche *Einstellungen*, um in einem Zusatzdialog festzulegen, wann die temporären Internetdateien im Browsercache zu aktualisieren sind und wie groß der Cache sein soll.

Über die Schaltfläche *Einstellungen* der Gruppe *Registerkarten* lässt sich die Anzeige der Webseiten auf den Registerkarten beeinflussen. Die Schaltflächen der Gruppe *Darstellung* öffnen Dialogfelder zur Anpassung der Seitenanzeige.

Auf der Registerkarte *Inhalte* lassen sich die Jugendschutzeinstellungen (siehe *Kapitel 19*) sowie der Inhaltsratgeber aufrufen. Über beide Funktionen kann festgelegt werden, welche Webseiteninhalte (kein Sex, keine Gewaltszenen) abgerufen werden dürfen.

Über die Registerkarte *Erweitert* lässt sich eine Reihe von Einstelloptionen über Kontrollkästchen festlegen. Auf der Registerkarte *Programme* finden Sie die Option zur Aktivierung der Überwachung, ob der Internet Explorer der Standardbrowser ist. Die Registerkarte bietet weitere Schaltflächen zum Aufrufen der Add-On-Verwaltung oder zur Anpassung des Programms, welches zur HTML-Quellcodebearbeitung benutzt wird.

26.4.2 Internetoptionen beim Firefox

Beim Firefox wählen Sie den Befehl *Einstellungen* des Menüs *Extras*, um das Dialogfeld *Einstellungen* (Bild 26.48) zu öffnen. Anschließend müssen Sie eines der Symbole in der oberen Leiste wählen, um zu den Einstellungen der Funktionskategorie zu gelangen. In der Kategorie *Erweitert* sind die Optionen zusätzlich in Registerkarten unterteilt, die Sie über die zugehörigen Registerreiter in den Vordergrund holen müssen.

Die Anpassung der Startseite erfolgt im Firefox über die Kategorie *Allgemein* in der Gruppe *Start*. Stellen Sie den Wert des Listenfelds *Wenn Firefox gestartet wird* auf »Startseite anzeigen«. Dann lässt sich eine URL in das Feld *Startseite* eingeben. Oder Sie wählen über die zugehörigen Schaltflächen, ob die aktuelle Seite, ein Lesezeichen oder die Standardseite beim Aufruf einzublenden ist. Im Bereich *Downloads* lässt sich vorgeben, wohin die Dateien bevorzugt zu speichern sind. Weitere Hinweise zu den Firefox-Einstellungen finden Sie auf den vorherigen Seiten dieses Kapitels sowie in der Programmhilfe.

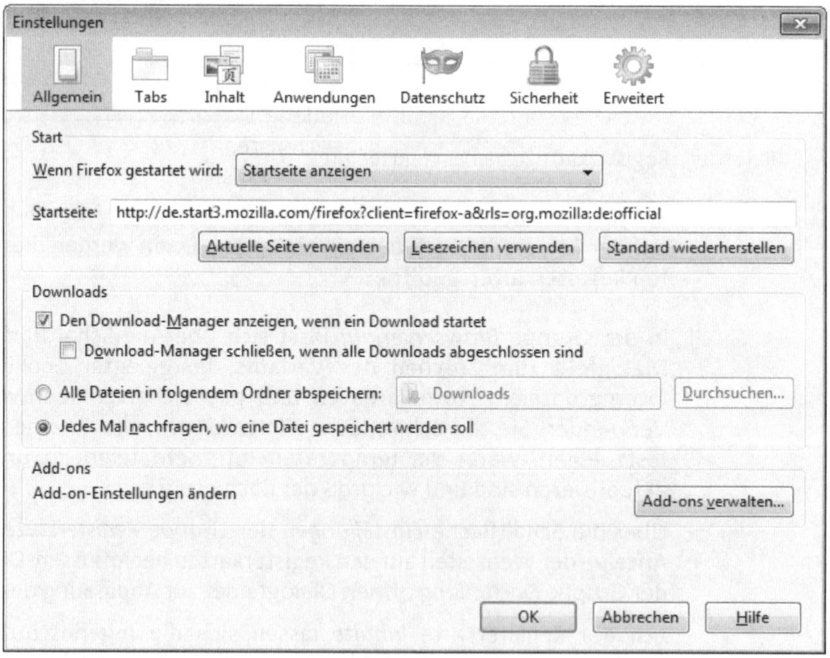

Bild 26.48: Einstellungen beim Firefox

26.4.3 Weitere Neuerungen des Internet Explorers 8

Neben den auf den vorhergehenden Seiten beschriebenen Funktionen wartet der Internet Explorer mit einigen weiteren interessanten Neuerungen gegenüber dem Internet Explorer 7 auf.

■ *Tastaturnavigation:* Über die Funktionstaste F7 oder über den Befehl *Tastaturnavigation* der Menüschaltfläche *Seite* lässt sich die Funktion der Tastaturnavigation ein- oder ausschalten. Bei eingeschalteter Tastaturnavigation kann mittels der Cursortasten (←, ↑ etc.) innerhalb der Webseite zwischen Hyperlinks und Inhalten navigiert werden. Dies verbessert den barrierefreien Zugang zu Internetangeboten.

■ *Entwicklertools:* Über die Funktionstaste F12 bzw. den Befehl *Entwicklertools* der Menüschaltfläche *Extras* lässt sich im Internet Explorer 8 ein zusätzliches Programmfenster öffnen. Entwickler von Webseiten können in diesem Fenster den HTML-Quellcode, die zur Darstellung verwendeten CSS-Definitionen sowie Skripte einsehen oder die Funktion des Profilers starten. Zudem bietet das Fenster in einer Menüleiste weitere Funktionen, um HTML-Code oder CSS-Vorgaben zu überprüfen, Skripte zu debuggen und vieles mehr.

Im Menü der Menüschaltfläche *Seite* sowie im Kontextmenü finden Sie zudem Befehle, um über den Internet Explorer 8 direkt auf die Microsoft Live-Dienste zuzugreifen. Sie können z. B. Texte im Browser markieren und dann mit Windows Live übersetzen lassen, mit Live Mail E-Mails verfassen oder über Windows Live Spaces bloggen. Im Menü der Schaltfläche *Extras* finden Sie zudem die Befehle *Symbolleisten* und *Explorer-Leisten*, über deren Untermenübefehle Sie verschiedene Leisten (Favoritenleiste, Befehlsleiste etc.) im Kopfbereich des Browserfensters (als Symbolleiste) oder in der linken Spalte des Explorer-Fensters ein-/ausblenden können.

27 E-Mail mit Windows Live Mail

Windows 7 enthält kein eigenes Programm zur E-Mail-Bearbeitung. Vielmehr stellt Microsoft Windows Live Mail aus den Windows Live Essentials für diesen Zweck bereit. Die Installation von Windows Live Essentials-Komponenten ist in *Kapitel 19* und das Einrichten von E-Mail-Konten in *Kapitel 25* besprochen. Nachfolgend wird gezeigt, wie Sie Windows Live Mail 2011 als E-Mail-Client verwenden.

27.1 Programmübersicht und -anpassungen

Die nachfolgenden Abschnitte vermitteln Ihnen einen Überblick über das Windows Live Mail-Programmfenster und zeigen, wie Sie dieses an eigene Bedürfnisse anpassen und ggf. E-Mails gezielt vom Server abrufen bzw. verschicken können.

27.1.1 Das Windows Live Mail-Fenster im Überblick

Wenn Sie nach der Installation Windows Live Mail (z.B. über das Startmenü, Zweig *Alle Programme*) aufrufen, erscheint ein Programmfenster, in dem die wichtigsten Elemente zur Postbearbeitung enthalten sind (Bild 27.1).

■ Im Menüband finden Sie mehrere Registerkarten mit Schaltflächen, um neue E-Mails anzulegen und eingetroffene Nachrichten zu beantworten, Nachrichten zu drucken, zu löschen und ggf. zu senden bzw. zu empfangen.

■ In der linken Spalte wird im oberen Bereich die Ordnerliste mit der angelegten Ordnerstruktur für die eingerichteten E-Mail-Konten eingeblendet. Sie sehen (bei einem eingerichteten Konto) mindestens die Ordner *Posteingang, Gesendete Objekte, Gelöschte Objekte, Entwürfe* sowie *Junk-E-Mail*. In den Ordnern speichert Windows Live Mail die Nachrichten und Entwürfe für dieses Postfach. Zudem gibt es noch eine Kategorie *Postausgang*, in der neue Nachrichten (bei entsprechender Einstellung) vor dem Versand gesammelt werden. Bei Bedarf können Sie aber zusätzliche Ordner zur Verwaltung der Nachrichten eines Postfachs anlegen. Eine in Klammern hinter dem Ordnernamen angegebene Zahl steht für ungelesene Nachrichten in diesem Ordner. Im unteren Bereich der linken Spalte finden Sie die Symbole zur Auswahl der Funktionskategorie (E-Mail, Newsgroups, Feeds, Kalender).

■ Der rechte Bereich des Anwendungsfensters ist für die sogenannte Nachrichtenliste, den Lesebereich und ggf. die Kalenderspalte reserviert. Wählen Sie einen Ordner in der linken Ordnerliste an, erscheint rechts die Liste der Nachrichten. Beim Postein- oder Postausgang werden alle Nachrichten mit Absenderangabe, Betreff und Datum aufgelistet. Die aktuell in der Liste gewählte Nachricht wird im Lesebereich (dessen Position wählbar ist) angezeigt. Die Bild 27.1, Hintergrund, zeigt den Standardmodus, bei dem der Lesebereich für Nachrichten am rechten Fensterrand angeordnet ist. Dann verwendet Windows Live Mail eine modifizierte Darstellung der Nachrichtenliste. Alternativ können Sie die in Bild 27.1 im Vordergrund verwendete Anordnung des Lesebereichs unterhalb der Nachrichtenliste verwenden. Dann zeigt die Nachrichtenliste eine Spaltenaufteilung, die einen schnellen Überblick über wichtige Kenndaten von Nachrichten vermittelt.

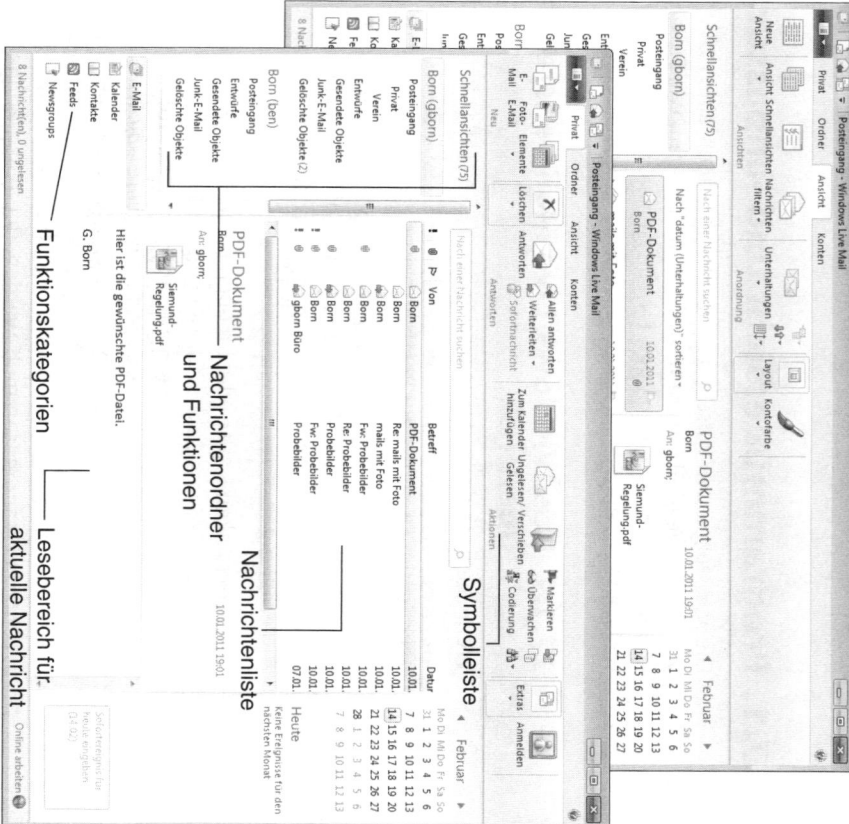

Bild 27.1: Nachrichtenaustausch im Windows Live Mail-Fenster

Die Statusleiste enthält allgemeine Informationen zum angewählten Ordner bzw. zur Funktionskategorie. In diesem Kapitel wird vorausgesetzt, dass die Kategorie *E-Mail* ausgewählt wurde. Zudem verwende ich in den Abbildungen dieses und des nachfolgenden Kapitels den Anzeigemodus, bei dem der Lesebereich unterhalb der Nachrichtenliste erscheint. Wie die Konfigurierung angepasst wird, ist nachfolgend beschrieben.

Sie können in der Ordnerliste die Ordnerkategorien für die einzelnen Postfächer mit der rechten Maustaste anwählen. Im Kontextmenü findet sich dann der Befehl *Farbe festlegen*, über dessen Untermenü Sie dem Schriftzug mit dem Kontennamen verschiedene Farben zuweisen können. Zudem lässt sich eines der Konten über das Kontextmenü als Standardkonto festlegen. Dessen E-Mail-Adresse wird standardmäßig beim Anlegen neuer E-Mails verwendet. Zeigen Sie auf einen der Kategorientitel der Ordnerliste, lässt sich über das am Zeilenanfang eingeblendete Dreieck die Detailansicht der Kategorie ein- bzw. ausblenden. Die Breite (z.B. der Ordnerliste) bzw. Höhe der einzelnen Spalten und Bereiche ändern Sie, indem Sie das Teilerfeld zwischen den Bereichen per Maus verschieben.

27.1.2   Das Windows Live Mail-Layout anpassen

Das Layout des Windows Live Mail-Fensters mit der Anordnung des Lesebereichs lässt sich vom Benutzer anpassen.

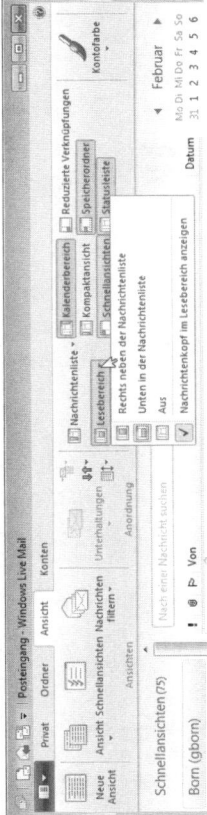

Bild 27.2:   Layout anpassen

1. Wechseln Sie im Menüband des Windows Live Mail-Fensters zur Registerkarte *Ansicht* (indem Sie auf den zugehörigen Registerreiter klicken).

2. Öffnen Sie in der Gruppe *Layout* (Bild 27.2) das *Menü* der Schaltfläche *Lesebereich* und wählen Sie die gewünschte Option aus. Passen Sie ggf. weitere Anzeigeoptionen an.

Im Menü *Lesebereich* können Sie über Befehle vorgeben, ob dieser rechts oder unterhalb der Nachrichtenliste erscheinen soll. Möchten Sie die komplette Spalte für die Nachrichtenliste verwenden, wählen Sie den Befehl *Aus* im Menü der Schaltfläche *Lesebereich*. Über die Schaltfläche *Nachrichtenliste* lässt sich wählen, ob die Ansicht automatisch ausgewählt oder mit einer bzw. zwei Zeilen anzuzeigen ist. Über *Speicherordner* können Sie vorgeben, ob diese Elemente in der linken Spalte erscheinen sollen. Über eine weitere Schaltfläche lässt sich z.B. der Bereich der Schnellansichten komplett ausblenden. Die Kompaktansicht zeigt Symbole statt der in Bild 27.1 sichtbaren Texteinträge.

HINWEIS

Falls Sie Windows Live Mail zusätzlich zur Nutzung von Newsgroupkonten oder Feeds eingerichtet haben, müssen Sie zur Anpassung der Kategoriendarstellung die obigen Schritte erneut ausführen. Dabei wählen Sie in der linken Spalte nicht den Eintrag *E-Mail*, sondern *Feeds* oder *Newsgroups*. Die auf der Registerkarte eingeblendete Schaltfläche *Kontofarbe* ermöglicht Ihnen, in einer Palette eine Farbe für den Kontentitel auszuwählen.

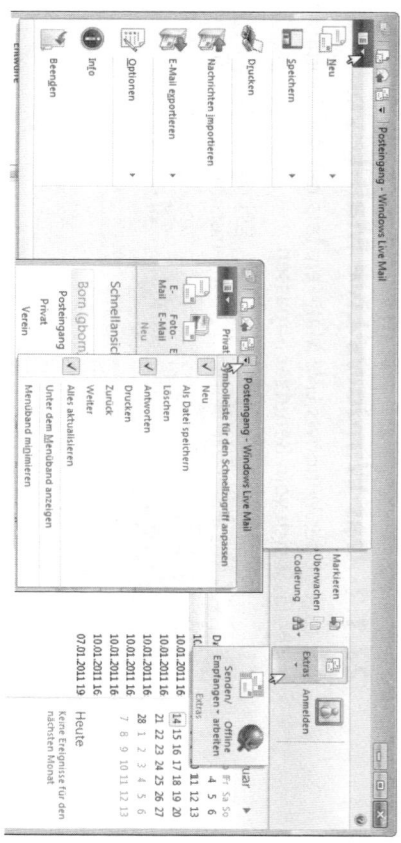

Anpassungen in Windows Live Mail 2011

In der Grundeinstellung zeigt Windows Live Mail, abhängig von der jeweiligen Situation, verschiedene Schaltflächen auf den Registerkarten des Menübands an. Reicht der Platz zur Anzeige der Schaltflächen nicht aus, wird die Gruppe zu einer Gruppenschaltfläche reduziert. Klicken Sie auf die Schaltfläche, um die ausgeblendeten Gruppenelemente anzuzeigen (Bild 27.3, Hintergrund, rechts).

Bild 27.3:   Bedienoptionen und Symbolleiste für den Schnellstart anpassen

Über die *Windows Live Mail*-Schaltfläche öffnen Sie die Backstage-Ansicht (Bild 27.3, Hintergrund, links), über deren Befehle Sie auf Optionen, Import- und Exportfunktionen, Drucken etc. zugreifen können.

Am oberen Rand der Titelleiste findet sich die Symbolleiste für den Schnellzugriff. Klicken Sie auf deren Menüschaltfläche (Bild 27.3, Vordergrund), öffnet sich ein Menü. Durch Anklicken der Befehle lässt sich eine Markierung (Häkchen) setzen oder löschen. Ein markierter Befehl blendet die zugehörige Schaltfläche in der Symbolleiste für den Schnellzugriff ein.

27.1.3   Automatikfunktionen in Windows Live Mail abschalten

Windows Live Mail ist für eine ständige Onlineverbindung vorbereitet. Daher fragt das Programm eingerichtete Postserver in zyklischen Zeitabständen ab und versucht, neue E-Mails sofort nach dem Erstellen zu versenden. Wer per Modem/ISDN oder mobil per GPRS/UMTS ins Internet geht, wird durch die ständigen Versuche, online zu gehen, sicherlich genervt sein. Aber auch bei DSL-Verbindungen ist es ggf. sinnvoll, die geschriebenen Nachrichten erst im Postausgang zu sammeln und später gezielt zum Server zu übertragen bzw. neue Nachrichten abzurufen. Sie können Windows Live Mail so anpassen, dass neue E-Mails im Postausgangsordner gesammelt und dann bei einer Sitzung versandt und eingetroffene E-Mails vom Posteingang heruntergeladen werden.

1. Klicken Sie auf die *Windows Live Mail*-Schaltfläche und wählen Sie im angezeigten Menü den Befehl *Optionen* (Bild 27.3) und dann den Untermenübefehl *E-Mail*.

2. Wechseln Sie im angezeigten Eigenschaftenfenster zur Registerkarte *Allgemein* (Bild 27.4, links) und löschen Sie die Markierung des Kontrollkästchens *Beim Start Nachrichten senden und empfangen* sowie *Nachrichteneingang alle xx Minute(n) prüfen*. Stellen Sie das Listenfeld *Falls gerade keine Verbindung mit dem Internet besteht* auf den Wert »Keine Verbindung herstellen«.

3. Wechseln Sie zur Registerkarte *Senden* und löschen Sie die Markierung des Kontrollkästchens *Nachrichten sofort senden*. Die Markierung des Kontrollkästchens *Adresse nach der dritten Antwort automatisch in das Adressbuch übernehmen* sollte ggf. gelöscht werden, um »Datenmüll« im Adressbuch zu vermeiden. Weiterhin können Sie das Optionsfeld *Nur-Text* in der Gruppe *Format für das Senden von E-Mails* markieren. Dies erzwingt das Abschalten von HTML-Mails.

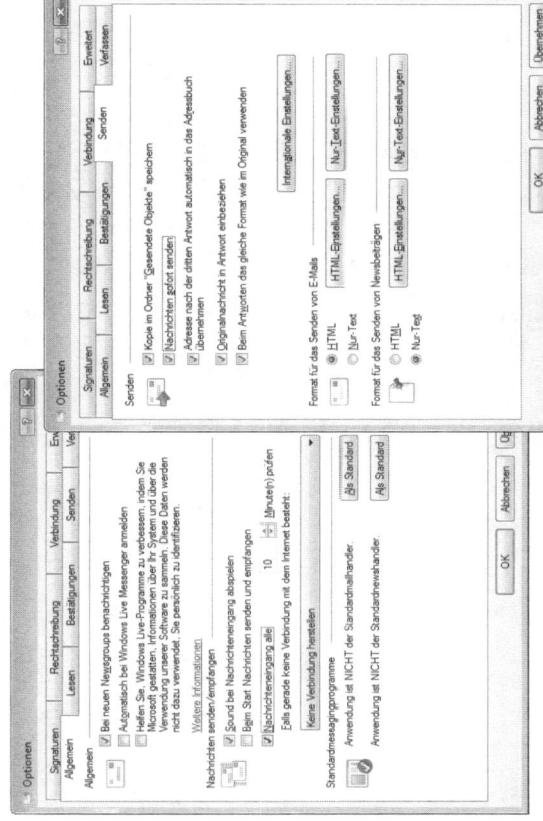

Bild 27.4: Registerkarte *Allgemein* und *Senden*

Schließen Sie die Registerkarte über die *OK*-Schaltfläche. Der E-Mail-Client sammelt zukünftig alle neu erstellten Nachrichten lokal im Postausgangsordner. Die Schritte unterbinden zudem den automatischen Abruf von Nachrichten vom E-Mail-Server durch Windows Live Mail. Sie können die Nachrichten gezielt versenden und auch neue Post abholen.

E-Mails in Textform sind sehr kompakt und bergen nicht das Risiko, Skriptcode mit Schadfunktionen zu beinhalten, weshalb ich diese bei der Kommunikation bevorzuge. Möchten Sie trotz obiger Einstellungen gelegentlich noch HTML-Mails erstellen? Auf der Registerkarte *Nachricht* des

HINWEIS

625

Nachrichten-Editors finden Sie die Gruppe RICH-TEXT (HTML) mit einer Schaltfläche. Mit dieser Schaltfläche lässt sich das Format zwischen »Nur-Text« und »Rich-Text (HTML)« umstellen, um eine HTML-Mail zu erzeugen.

Verwenden Sie eine Einwahlverbindung für den Internetzugang, können Sie im Dialogfeld *Optionen* auf der Registerkarte *Verbindung* die Schaltfläche *Ändern* wählen. Sie gelangen dann zum Dialogfeld *Internetoptionen*, in dem Sie die Einwahlverbindungsoptionen vorgeben können. Windows Live Mail verwendet (wie der Internet Explorer) die Windows-Internetverbindungs-einstellungen (siehe in *Kapitel 25* den Abschnitt »Automatische Interneteinwahl verhindern«). Über die Schaltfläche in der betreffenden Gruppe können Sie direkt auf die Optionen der Internetverbindungseinstellungen zugreifen.

E-Mails können mit Lesebestätigung verschickt werden. Der Absender erhält dann eine Benachrichtigung, wenn der Empfänger die Mail öffnet. Möchten Sie dies (im Hinblick auf Spamnachrichten) unterbinden, markieren Sie das Optionsfeld *Keine Lesebestätigungen senden* der Gruppe *Versenden von Lese-bestätigungen* auf der Registerkarte *Bestätigungen* (Bild 27.5, links). Auf der Registerkarte *Signaturen* (Bild 27.5, rechts) können Sie bei Bedarf eine Signatur festlegen. Die Schaltfläche *Erweitert* ermöglicht die Auswahl von E-Mail- und Newsgroupkonten, an die die aktuelle Signatur angehängt wird. Die Kontrollkästchen im Kopfbereich der Registerkarte ermöglichen dabei die Vorgabe, ob bei allen neuen E-Mails und beim Beantworten bestehender Nachrichten die Signatur automatisch anzuhängen ist. Auf der Registerkarte *Rechtschreibung* lässt sich vorgeben, wie eingegebener Nachrichtentext überprüft werden soll.

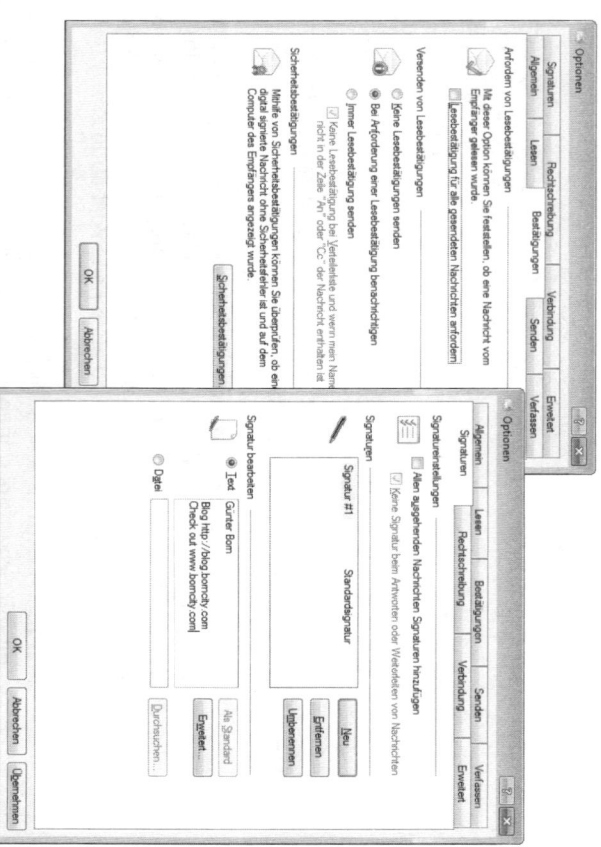

Bild 27.5:   Registerkarten *Bestätigungen* und *Signaturen*

27.1.4 Nachrichten empfangen und versenden

In der Grundkonfiguration synchronisiert Windows Live Mail beim Start und in zyklischen Abständen Nachrichten mit dem E-Mail-Server des Providers. Dies erfordert jedoch eine kontinuierliche Onlineverbindung. Wenn Sie dies nicht möchten und die Einstellungen gemäß meinen obigen Empfehlungen angepasst haben, können Sie Mails gezielt versenden bzw. empfangen.

1. Stellen Sie bei Bedarf eine Onlineverbindung her und starten Sie Windows Live Mail (z. B. über das Startmenü).

2. Klicken Sie im Menüband auf der Registerkarte *Privat* auf die Schaltfläche *Senden/Empfangen*. Falls sich ein Menü öffnet, wählen Sie den gewünschten Befehl aus (Bild 27.6, oben).

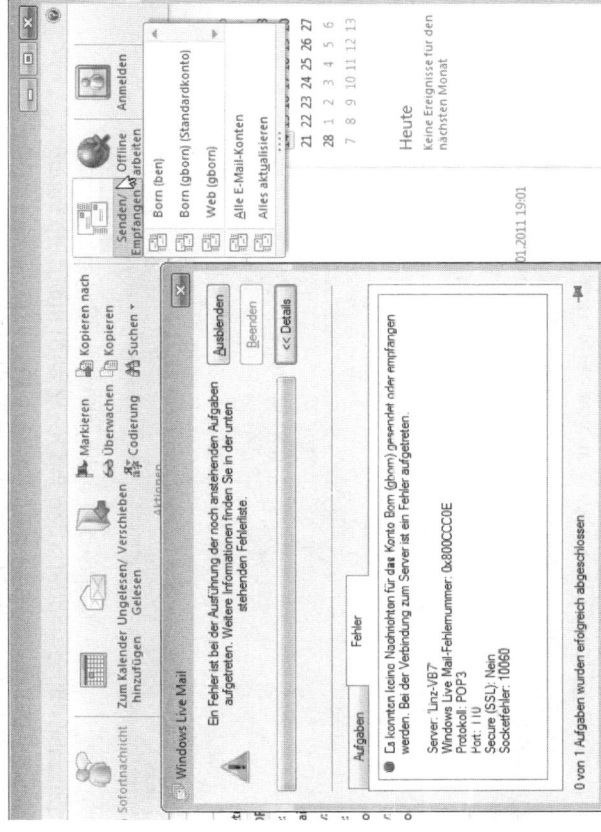

Bild 27.6: Mails senden/empfangen

Ist die Schaltfläche *Senden/Empfangen* ausgeblendet, wählen Sie die Gruppenschaltfläche *Extras* auf der Registerkarte *Privat* (oder vergrößern Sie das Anwendungsfenster). Der Inhalt des Auswahlmenüs der Schaltfläche *Senden/Empfangen* richtet sich danach, wie viele E-Mail-Konten eingerichtet wurden. Bei Bedarf können Sie wählen, ob Nachrichten nur zu empfangen (Befehl *Alle E-Mail-Konten*) oder auch Nachrichten zu versenden sind (Befehl *Alles aktualisieren*).

Windows Live Mail 2011 nimmt Verbindung mit den angegebenen Mailservern auf. Zur Autorisierung werden der für das jeweilige E-Mail-Konto gültige Benutzername und das Kennwort genutzt. Falls Sie die Option zur Speicherung des Kennworts abgeschaltet haben, wird das Kennwort bei jeder Sitzung neu in einem Dialogfeld abgefragt. Ein Kontrollkästchen *Kennwort speichern* ermöglicht Ihnen, die eingegebenen Anmeldeinformationen dauerhaft zu sichern.

TIPP

Falls das Dialogfeld zur Kennworteingabe bei der Mail-Abfrage ständig erscheint, wurden möglicherweise die Anmeldeinformationen (Benutzername oder Kennwort) falsch eingegeben. Der zweite Problemfall sind Freemail-Konten (z.B. bei WEB.DE), deren POP3-Server nur in zeitlichen Abständen (z.B. 15 Minuten) abgefragt werden dürfen. Dann verweigert der E-Mail-Server die Anmeldung trotz gültiger Benutzerdaten. In diesem Fall müssen Sie die betreffende Zeitspanne warten.

Warten Sie, bis Windows Live Mail die Post ausgetauscht hat, und trennen Sie danach ggf. die Onlineverbindung wieder. Während der Übertragung zeigt Windows Live Mail die einzelnen Schritte in einem Statusdialogfeld an (Bild 27.6, Vordergrund). Über die Schaltfläche *Details* lässt sich der untere Fensterteil mit den Registerkarten *Aufgaben* und *Fehler* ein- oder ausblenden. Treten Fehler auf, werden diese im unteren Teil der Registerkarte *Aufgaben* durch ein rotes X vor der betreffenden Zeile angezeigt. Details lassen sich auf der Registerkarte *Fehler* nachsehen.

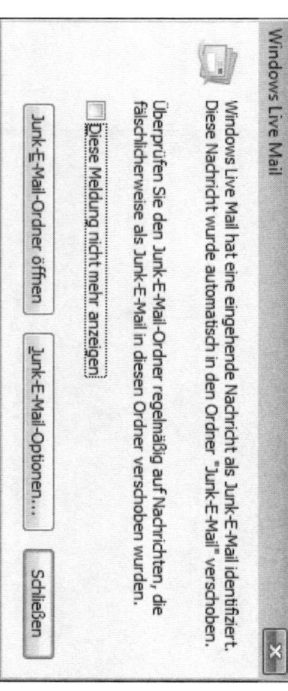

Bild 27.7:   Meldung bei erkannter Junk-E-Mail

HINWEIS

Windows Live Mail ist mit einem integrierten Spamfilter ausgestattet, der Werbemüll beim E-Mail-Empfang erkennt und in den Ordner *Junk-E-Mail* einsortiert. Trifft eine solche E-Mail ein, macht Windows Live Mail Sie in einem separaten Dialogfeld (Bild 27.7) darauf aufmerksam. Über die Schaltfläche *Junk-E-Mail-Ordner öffnen* können Sie den betreffenden Ordner sofort in der Nachrichtenliste öffnen.

27.2   E-Mails bearbeiten und verwalten

Windows Live Mail stellt Funktionen bereit, um Nachrichten offline, d.h. ohne bestehende Internetverbindung, zu lesen, zu erstellen, zu beantworten und weiterzuleiten. Nachfolgend werden die betreffenden Funktionen vorgestellt.

27.2.1   Empfangene Nachrichten lesen

Vom Mailserver abgeholte Post wird im Windows Live Mail-Posteingang des betreffenden Postfachs abgelegt. Die im Ordnerfenster hinter dem Posteingang in Klammern angezeigte Zahl gibt Ihnen die Anzahl der ungelesenen

Nachrichten an. Zum Bearbeiten der neu eingetroffenen Nachrichten sind nur wenige Schritte erforderlich.

1. Klicken Sie in der linken Spalte mit der Ordnerstruktur auf den Eintrag *Posteingang* des gewünschten Kontos, um dessen Inhalt in der (rechten) Nachrichtenliste einzublenden (Bild 27.8, Hintergrund).

2. Die Nachrichtenliste enthält für jede Nachricht eine Zeile mit der Absenderangabe, dem Betreff und dem Eingangsdatum. Wählen Sie die gewünschte Nachricht in der Nachrichtenliste mit einem Mausklick oder einem Doppelklick an.

Ein Mausklick markiert die Nachricht (Bild 27.8, Hintergrund), die dann im Lesebereich des Nachrichtenfensters eingeblendet wird. Über einen Doppelklick öffnen Sie die Nachricht in einem separaten Fenster (Bild 27.8, unten).

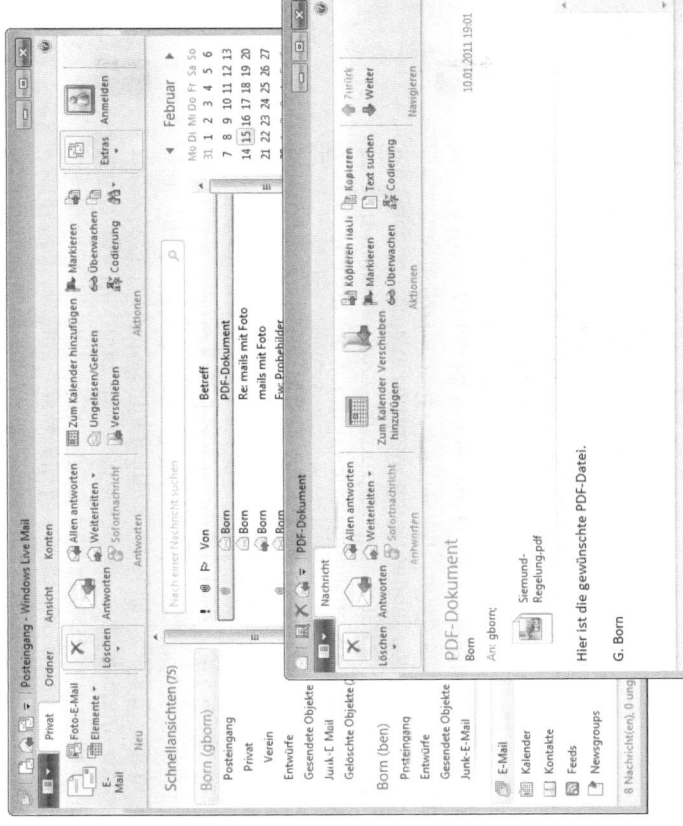

Bild 27.8: Nachrichten im Posteingang lesen

Der Kopfbereich der Nachricht enthält die Angaben über den Absender, den oder die Empfänger, das Datum der Nachricht, den Betreff etc. Sie können dann den Text der Nachricht lesen und über die Schaltflächen im Menüband des Nachrichtenfensters beantworten, drucken oder löschen. Über die Schaltfläche *Schließen* in der rechten oberen Ecke des Fensters können Sie ein separat geöffnetes Nachrichtenfenster beenden.

TIPP

Windows Live Mail verwaltet für jedes E-Mail-Konto eine separate Struktur in der Ordnerliste. Verwalten Sie mehrere E-Mail-Konten, müssen Sie deren Nachrichten mit obigen Schritten anzeigen. Allerdings findet sich in der Ordnerliste noch die Kategorie *Schnellansichten*, über deren Befehl *Ungelesene E-Mails* Sie sofort alle neu eingetroffenen und noch ungelesenen Nachrichten aus allen Postfächern komfortabel abrufen können.

Windows Live Mail besitzt die Möglichkeit, die in der Nachrichtenliste angezeigten E-Mails zu filtern. Wechseln Sie im Menüband zur Registerkarte *Ansicht*, finden Sie dort die Menüschaltfläche *Nachrichten filtern* vor. Über deren Befehle lässt sich vorgeben, ob alle E-Mails angezeigt oder gelesene bzw. ignorierte Nachrichten ausgeblendet werden sollen.

Erhalten Sie die Nachricht eines neuen Absenders und möchten Sie diesen in die eigene Kontaktliste von Windows Live-Kontakte aufnehmen? Sobald die Nachricht in einem separaten Fenster geöffnet ist, können Sie den im Nachrichtenkopf hinter der Absenderadresse eingeblendeten Hyperlink *Kontakt hinzufügen* anklicken. Es öffnet sich ein Dialogfeld von Windows Live-Kontakte, in dem Sie die E-Mail-Adresse um weitere Informationen (z.B. Name, Wohnort, Telefon) ergänzen und speichern können (siehe auch *Kapitel 28*). Die Adressübernahme ist auch möglich, indem Sie eine Nachricht in der Nachrichtenliste mit einem Klick der rechten Maustaste anwählen und den Kontextmenübefehl *Absender zu den Kontakten hinzufügen* wählen.

Hinweise zur Nachrichtenliste

Verwenden Sie die von mir vorgeschlagene Konfiguration, bei der der Lesebereich unterhalb der Nachrichtenliste angeordnet wird? Dann lassen sich der Nachrichtenliste nicht nur der Absender der Nachricht sowie der Betreff entnehmen (siehe Bild 27.8, Hintergrund). Sie erhalten auch zusätzliche Informationen zur Nachricht und können diese komfortabel verwalten.

Bild 27.9: Symbole der Nachrichtenleiste

■ Die erste Spalte der Nachrichtenliste (Bild 27.9) kann ein Symbol für die Dringlichkeit der Nachricht enthalten. Ein rotes Ausrufezeichen signalisiert eine hohe Dringlichkeit, während ein blauer Pfeil für eine reduzierte Dringlichkeit steht. Die meisten eintreffenden Nachrichten besitzen jedoch kein Symbol in der betreffenden Spalte und sind von der Dringlichkeitsstufe »Normal«.

■ In der zweiten Spalte signalisiert eine eingeblendete stilisierte Büroklammer, dass die betreffende Nachricht mit einem Dateianhang versehen ist. Diesen Anhang können Sie öffnen oder als Datei auf die Festplatte speichern.

■ Die dritte Spalte dient zur Markierung zu verfolgender Nachrichten. Klicken Sie in der betreffenden Zeile auf die Spalte, blendet Windows Live Mail eine stilisierte rote Fahne ein. Sie erkennen dadurch in der Nachrichtenliste sehr leicht alle noch zu verfolgenden Nachrichten. Ein zweiter Mausklick auf das Symbol des Fähnchens löscht dieses aus der betreffenden Zeile.

Das vor dem Namen des Absenders eingeblendete Briefsymbol signalisiert Ihnen zudem, ob die Nachricht bereits gelesen wurde (geöffneter Umschlag) oder ob es eine ungelesene Nachricht ist (geschlossener gelber Briefumschlag). Bereits gelesene Nachrichten können Sie aber per Kontextmenü auf »ungelesen« zurücksetzen (Zeile mit der rechten Maustaste in der Nachrichtenliste anklicken und im Kontextmenü den Befehl *Als ungelesen markieren* wählen). Kleine, im Briefsymbol eingeblendete und nach links oder rechts zeigende Pfeile signalisieren, ob eine Nachricht beantwortet (Pfeil zeigt nach links) oder weitergeleitet (Pfeil zeigt nach rechts) wurde.

HINWEIS

Zugesandte E-Mails sind zwar eine feine Sache, bieten aber auch Risiken. So könnte eine Nachricht schädigende Elemente (z.B. Viren, Trojaner, Dialer etc.) direkt im Nachrichtentext oder in einer angehängten Datei transportieren. Die Benutzerkontensteuerung und das Arbeiten mit Standardbenutzerkonten reduzieren zwar das Risiko, Viren oder Schädlinge unbemerkt zu installieren. Trotzdem sollten Sie ein aktuelles Virenschutzprogramm installieren, das Anlagen vor dem Öffnen überprüft. Zudem empfiehlt es sich, eintreffende E-Mail mit einer gewissen Vorsicht zu behandeln, um nicht auf jeden Schwindel oder auf Werbemüll hereinzufallen. Nachrichten von unbekannten Absendern oder mit obskuren Betreffzeilen sollten Sie ungelesen löschen. Versuchen Sie den Text der Nachricht mit gesundem Menschenverstand zu interpretieren. Eine englischsprachige Nachricht von einem guten deutschsprachigen Bekannten sollte wohl jeden stutzig machen. Auch die Aufforderung der Bank, sich wegen ungeklärter Transaktionen am Internetbanking-Konto anzumelden und die Daten zu überprüfen, sollte Misstrauen auslösen. Mit sogenannten Phishingattacken versuchen Gauner an die Bankdaten ihrer Opfer zu kommen (siehe *Kapitel 26*).

Sie können eine Nachricht mit der rechten Maustaste anklicken und im Kontextmenü den Eintrag *Eigenschaften* wählen. Auf der angezeigten Registerkarte *Details* lässt sich der Nachrichtenkopf samt Absenderkennung ablesen. Über die Schaltfläche *Quelltext* dieser Registerkarte können Sie den Nachrichtentext in einem separaten Fenster einsehen. Dabei wird der Rohzustand der Nachricht angezeigt, und Sie können erkennen, woher die Nachricht wirklich kommt und ob eine HTML-Nachricht Skripte oder andere schädigende Inhalte enthält.

27.2.2 Suchen nach Nachrichten

In Windows Live Mail 2011 können Sie nach Nachrichten suchen, indem Sie auf das Suchfeld oberhalb der Nachrichtenliste klicken und den Suchbegriff eintippen. Dann listet Windows Live Mail die Nachrichten des aktuellen Ordners, deren Betreff oder Inhalt mit dem Suchbegriff übereinstimmt, in der Nachrichtenliste auf (Bild 27.10).

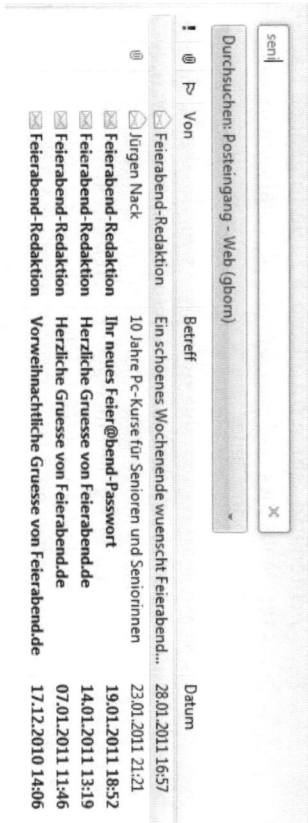

Bild 27.10: Suchen in Windows Live Mail

Wurden mehrere E-Mail-Konten angelegt, können Sie im Menüband auf der Registerkarte *Ordner* die Menüschaltfläche *Suchen* anklicken und den Befehl *Nachrichten wählen* (Bild 27.11, Hintergrund). Daraufhin öffnet Windows Live Mail das in Bild 27.11, Vordergrund links, gezeigte Dialogfeld. In dessen Textfeldern können Sie Suchbegriffe geordnet nach Kategorien eingeben. Die Schaltfläche *Durchsuchen* öffnet ein Dialogfeld *Windows Live Mail* (Bild 27.11, Vordergrund, rechts) zur Auswahl der zu durchsuchenden Ordner.

27.2.3 Eine neue Nachricht verfassen

Zum Erstellen einer neuen Nachricht sind in Windows Live Mail 2011 nur wenige Schritte erforderlich.

1. Klicken Sie im Menüband des Windows Live Mail-Fensters auf der Registerkarte *Privat* auf die Schaltfläche *E-Mail* (Bild 27.12), oder drücken Sie die Tastenkombination [Strg]+[N].

2. Windows Live Mail öffnet das Fenster des sogenannten Nachrichten-Editors (Bild 27.13), in dem Sie die Nachricht erstellen können. Haben Sie mehrere E-Mail-Konten in Windows Live Mail eingerichtet, wählen Sie im Listenfeld *Von:* das Konto aus, über das die Nachricht versendet werden soll. Ist lediglich ein einziges E-Mail-Konto vorhanden, ist das betreffende Feld nicht sichtbar.

3. Klicken Sie auf das Feld *An:* und geben Sie die E-Mail-Adresse des Empfängers ein.

Achten Sie darauf, eine gültige E-Mail-Adresse einzutragen, da die Nachricht andernfalls als unzustellbar zurückkommt. Das @-Zeichen geben Sie über die Tastenkombination [Alt][Gr]+[Q] ein. Bei Bedarf können Sie weitere

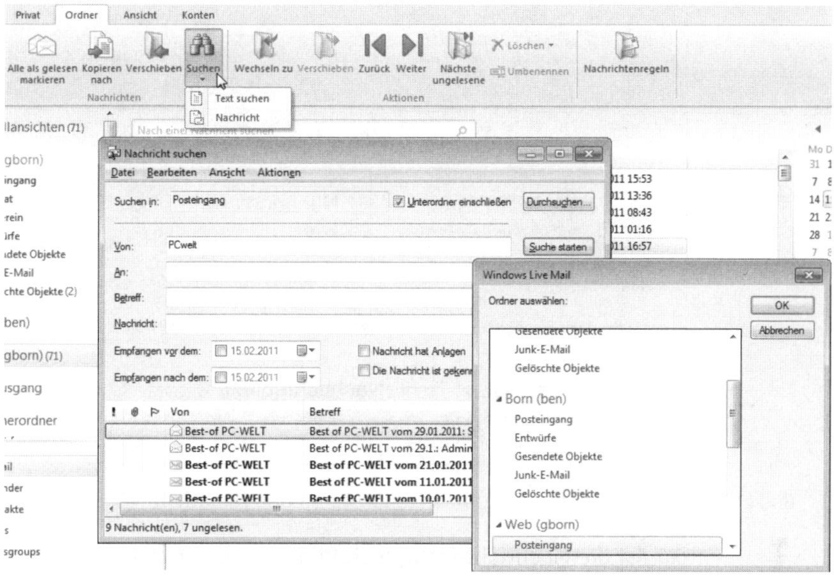

Bild 27.11:   Nachrichten suchen

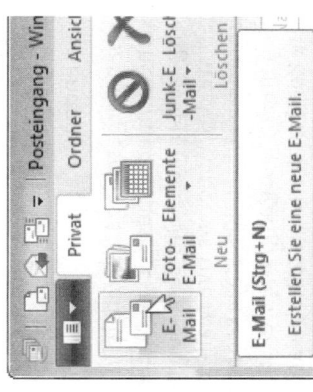

Bild 27.12:   Erstellen einer neuen Nachricht

Empfänger unter *Cc:* aufnehmen (siehe auch die folgenden Seiten). Mehrere Adressen werden jeweils durch ein Semikolon (;) getrennt. Haben Sie Empfänger in die Windows Live-Kontakte eingetragen, können Sie auch auf die Schaltflächen der Felder *An:* und *Cc:* klicken und diese Adressen übernehmen (siehe unten). Die Felder *Cc:* und *Bcc:* blenden Sie ggf. über den rechts neben der Betreffzeile sichtbaren Hyperlink *Cc und Bcc anzeigen* ein.

4.   Wählen Sie das Feld *Betreff* an und geben Sie einen kurzen Hinweistext ein. Dieser sagt dem Empfänger, worum es in der Nachricht geht.

5.   Abschließend klicken Sie in das untere Fenster und geben den Nachrichtentext ein. Bei Bedarf lässt sich dieser Text (bei HTML-Mails) noch über die Schaltflächen der Gruppe *Schriftart* auf der Registerkarte *Nachricht* formatieren.

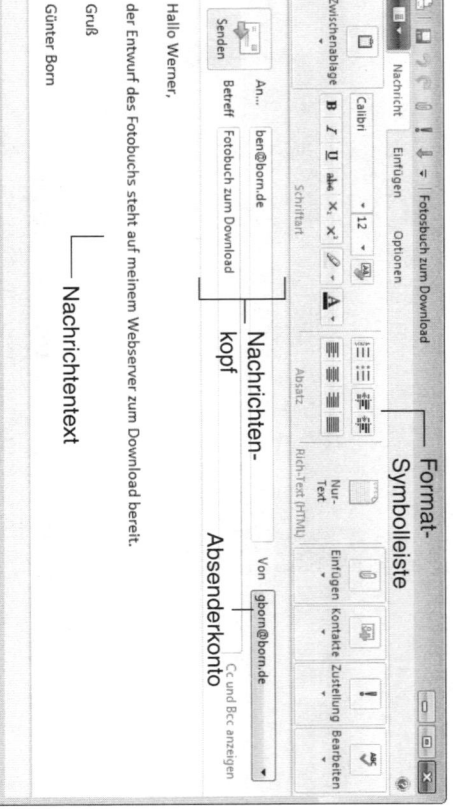

Bild 27-13:   Nachrichtenfenster zum Erstellen der neuen Nachricht

6.   Ist die Nachricht fertiggestellt, lässt sich auf Wunsch noch die Dringlichkeit gegenüber dem Empfänger durch Anwahl der Schaltflächen *Hohe Priorität* oder *Niedrige Priorität* in der Gruppe *Zustellung* der Registerkarte *Nachricht* signalisieren.

7.   Klicken Sie auf die Schaltfläche *Senden* im Fenster des Nachrichten-Editors, um die Nachricht zu versenden.

Sofern Sie die von mir weiter oben vorgeschlagenen Einstellungen verwenden, wird die mit der Schaltfläche *Senden* abgeschickte Nachricht lokal im Windows Live Mail-Postausgang gesammelt. Die Zahl der neu erstellten Nachrichten wird in der Ordnerliste des Windows Live Mail-Fensters hinter dem Symbol des Postausgangsordners aufgeführt. Sie erkennen also an den in Klammern angezeigten Zahlen im Postausgang, wie viele neue Nachrichten jeweils im Fach vorliegen. Sie können die so erstellten Nachrichten dann bei der nächsten Onlinesitzung verschicken (siehe die vorhergehenden Seiten).

E-Mail-Knigge und Tipps

Zweck der E-Mail ist die schnelle Informationsübermittlung zu einem Sachverhalt. Fassen Sie sich also kurz. Halten Sie sich beim Formulieren der E-Mails an einige Regeln (Netiquette). Verzichten Sie auf englische Abkürzungen wie BTW (by the way), FYI (for your information), CU (see you), 4u (for you) und so weiter. Diese werden nicht von jedem Empfänger verstanden. Smileys wie ;-) für ein Augenzwinkern können Sie gelegentlich einsetzen. Durchgängige Großschreibung gilt als Schreien und ist verpönt. Bleiben Sie beim Schreiben höflich, ein unfreundlicher Text ist schnell verschickt, kann aber viel Porzellan zerschlagen.

Zudem haben Sie die Möglichkeit, Nachrichten als reinen Text oder im HTML-Format zu versehen. Mit den weiter oben erwähnten Standardeinstellungen erzeugt die Schaltfläche *E-Mail* eine Textnachricht. Zum Umschalten zwischen den beiden Modi klicken Sie auf der Registerkarte *Nachricht* auf die Schaltfläche *Nur-Text* bzw. *Rich-Text (HTML)* der Gruppe *Rich-Text (HTML)*. Bei neuen Nachrichten im Rich-Text-(HTML-)Format werden die Schaltflächen der Gruppen *Schriftart* und *Absatz* oberhalb des Nachrichtentextes auf der Registerkarte *Nachricht* freigegeben. Über die Schaltflächen können Sie markierte Teile des Nachrichtentextes oder neu eingetippte Textteile wie bei Schreibprogrammen formatieren (z.B. fette oder farbige Buchstaben, Schriftgröße anpassen, Bilder einfügen etc.). Über weitere Schaltflächen lassen sich auch Hyperlinks mit Verweisen auf Internetseiten, Bilder oder Smileys einfügen. Das funktioniert alles ähnlich wie bei WordPad (siehe *Kapitel 16*). Das in früheren Windows Live Mail-Versionen verfügbare Briefpapier steht in der Version 2011 aber nicht mehr zur Verfügung.

27.2.4 Adressen aus Windows Live-Kontakte übernehmen

Das Eintippen von E-Mail-Adressen für die Empfänger einer neuen Nachricht ist sehr fehleranfällig. Windows Live Mail kann auf die in Windows Live-Kontakte abgespeicherten Kontaktdaten (Namen samt Telefonnummer und E-Mail-Adresse) zugreifen. Bei Bedarf können Sie sehr einfach E-Mail-Adressen aus den Kontakten in die Felder *An:*, *Cc:* und *Bcc:* übernehmen.

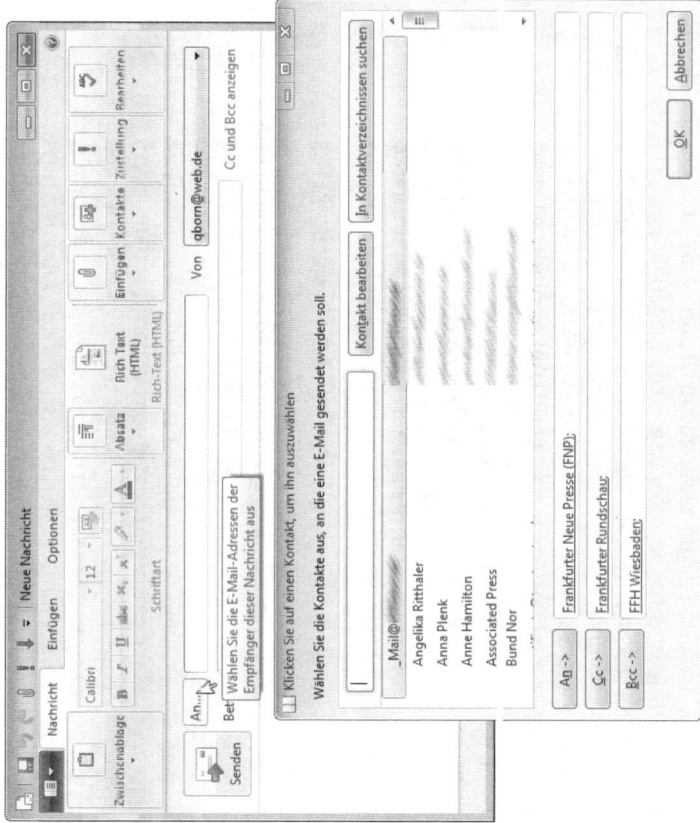

Bild 27.14: Übernahme von Adressen in die neue Nachricht

1. Öffnen Sie wie oben beschrieben das Fenster zum Erstellen der neuen E-Mail und klicken Sie auf die Schaltfläche des Felds An: (Bild 27.14, Hintergrund).

2. Wählen Sie im daraufhin eingeblendeten Dialogfeld (Bild 27.14, Vordergrund) einen Namen mit gültiger E-Mail-Adresse in der Liste der Kontakte aus. Bei umfangreichen Adresslisten können Sie den Namen auch über das Suchfeld *Kontakte durchsuchen* suchen.

3. Klicken Sie auf eine der Schaltflächen *An: ->*, *Cc: ->* oder *Bcc: ->*, um den markierten Namen in die zugehörenden Empfängerfelder des Dialogfelds zu übertragen.

4. Diesen Vorgang können Sie mehrfach wiederholen, um mehrere Empfänger auszuwählen. Anschließend verlassen Sie das Dialogfeld über die OK-Schaltfläche.

Windows Live Mail überträgt die gewählten Adressen in die betreffenden Adressfelder des Nachrichtenfensters.

Die Schaltfläche bzw. das Feld *Cc* (steht für »Carbon Copy«, also Kohlepapierdurchschlag) dient also zum Zustellen von Kopien der Nachricht an weitere Empfänger. Die in den Feldern *An* und *Cc* aufgeführten E-Mail-Adressen sind bei den Empfängern der Nachricht sichtbar. Möchten oder müssen Sie dies vermeiden (z. B. um Adressbestände vertraulich zu halten, Ihre Kontakte zu schützen oder einen Missbrauch der Verteiler durch Viren zu erschweren)? Dann tragen Sie in das Feld *An* die eigene E-Mail-Adresse ein. Die Empfänger der Nachricht fügen Sie dagegen über die Schaltfläche *Bcc* (steht für »Blind Copy«) in das gleichnamige Adressfeld ein. Bei den so verschickten E-Mails erscheint beim Empfänger nur die E-Mail-Adresse des Absenders, die aber mit der Adresse im Feld *An* identisch ist. Der Empfänger kann nicht erkennen, an wen die Nachricht sonst noch geschickt wurde (eine Übernahme einer Adressliste beim Empfänger wird dadurch unmöglich).

Foto-E-Mail erzeugen

Oft möchte man E-Mails mit Fotos versenden. Solche, auch als Foto-E-Mails bezeichnete, Nachrichten lassen sich in Windows Live Mail auf zwei Arten erstellen. Am besten erstellen Sie eine normale E-Mail, wie dies im vorhergehenden Abschnitt erläutert wurde. Anschließend klicken Sie im Nachrichten-Editor an die Stelle der HTML-Nachricht, an der das Foto einzufügen ist.

Dann wechseln Sie im Menüband zur Registerkarte *Einfügen* und klicken auf die Schaltfläche *Einzelnes Foto* (Bild 27.12, Hintergrund). Daraufhin öffnet sich das in Bild 27.15, unten, sichtbare Dialogfeld *Bild einfügen*. Sie können nun zu einem Fotoordner navigieren und ein Foto mittels der *Öffnen*-Schaltfläche in die Nachricht einfügen. Bei Bedarf lässt sich der Schritt mehrfach ausführen, um auch mehrere Fotos im Nachrichtentext unterzubringen. Versenden Sie die Nachricht, sieht der Empfänger die Fotos direkt beim Lesen des Nachrichtentexts.

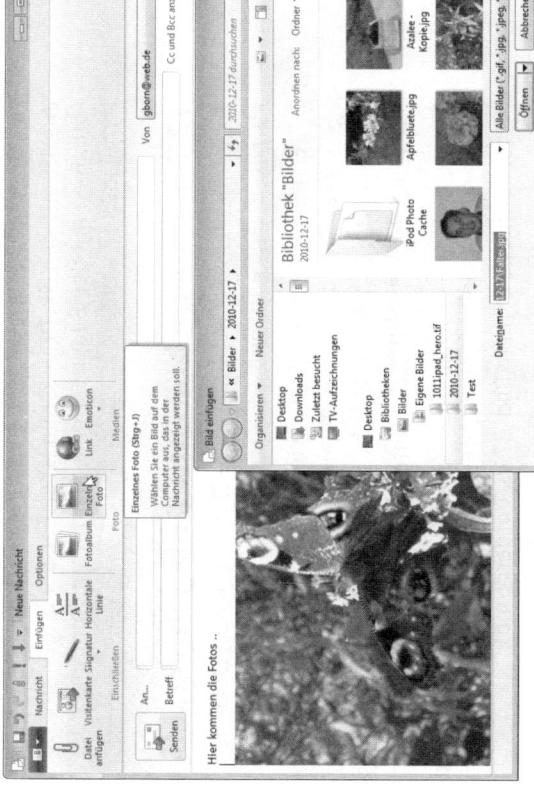

Bild 27.15:   Fotoübernahme in neue Nachricht

HINWEIS

Leider gibt es eine unschöne Eigenart von Windows Live Mail 2011: Leiten Sie eine solche Nachricht mit eingefügten Fotos an einen Dritten weiter, werden die Fotos durch das E-Mail-Programm vor dem Versenden entfernt. Andere E-Mail-Programme zeigen dieses Verhalten nicht, sondern fügen auch die Fotos bei.

Eine zweite (und in meinen Augen geschicktere) Variante zum Versenden von Fotos besteht darin, diese wie andere Dateien an die Nachricht anzuhängen (siehe folgende Seiten). Dann kann der Empfänger die Fotos als Anlage lokal speichern und ansehen oder die Nachricht mit den angehängten Fotodateien an Dritte weiterleiten.

Windows Live Mail wartet noch mit einer Besonderheit auf: Sie können auf der Registerkarte *Privat* auf die Schaltfläche *Foto-E-Mail* klicken (Bild 27.12). Windows Live Mail legt dann ebenfalls eine neue Nachricht im Fenster des Nachrichten-Editors an, öffnet aber das Dialogfeld zur Anmeldung beim Windows Live-Dienst. Anschließend erscheint ein Dialogfeld *Fotos hinzufügen* (ähnlich wie in Bild 27.15, unten). Sie können dann zu einem Fotoordner navigieren und ein oder mehrere Fotos mittels der *Öffnen*-Schaltfläche in die Nachricht einfügen. Anschließend lässt sich die Nachricht, wie auf den vorhergehenden Seiten beschrieben, fertigstellen und versenden. Im Nachrichtenfenster (Bild 27.15, Hintergrund) finden Sie aber auf der Registerkarte *Einfügen* zusätzliche Schaltflächen, um weitere Fotos oder Fotoalben aufzunehmen. Zudem lässt sich die Albumdarstellung auf der Registerkarte *Formatieren* anpassen.

Der große Nachteil der Foto-E-Mail besteht darin, dass eine Live ID zum Zugriff auf den SkyDrive-Onlinespeicher benötigt wird. Dort werden die Fotoalben mit den Bildern abgelegt, um vom Empfänger der E-Mail heruntergeladen zu werden.

27.2.5 Nachrichten mit Anlagen versehen

Sie können einer E-Mail beliebige Dateien (Fotos, Dokumente, Programme etc.) als Anlage anheften.

1. Erstellen Sie die E-Mail, wie auf den vorherigen Seiten beschrieben, klicken Sie aber noch nicht auf die Schaltfläche *Senden*.

2. Wählen Sie auf der Registerkarte *Nachricht* im Menüband des Entwurfsfensters die Schaltfläche *Datei anfügen* (Bild 27.16, Hintergrund).

3. Wählen Sie im Dialogfeld *Öffnen* den Quellordner und dann die als Anlage zu versendende Datei aus. Schließen Sie das Dialogfeld über die Schaltfläche *Öffnen* (Bild 27.16, Vordergrund).

Die Anlage wird dann mit dem Dateinamen unterhalb des Felds *Betreff* des Nachrichtenfensters angezeigt. Auf diese Weise lassen sich auch mehrere Dateien als Anlage verschicken. Sind alle Anlagen eingetragen, können Sie die Nachricht über die Schaltfläche *Senden* im Postausgang speichern bzw. direkt verschicken.

Noch einfacher geht das Einfügen, wenn Sie die gewünschte Anlage (bei gedrückter linker Maustaste) aus einem Ordnerfenster in das Fenster mit der neuen Nachricht ziehen (dann die linke Maustaste loslassen).

Denken Sie beim Versenden von Anlagen daran, dass diese ggf. per Modem/ISDN-Karte oder Mobilverbindung zum Internet übertragen und vom Empfänger auf gleiche Weise heruntergeladen werden müssen. Das Hochbzw. Herunterladen dauert in diesem Fall erheblich länger als bei DSL und wirkt sich entsprechend auf die Kosten aus.

Der Empfänger wird sicherlich fluchen, wenn das Abrufen seiner E-Mails eine halbe Stunde dauert und er dann unerwartet eine Grafikdatei einer kaum bekannten Person erhält. Schicken Sie daher niemandem eine Anlage zu, wenn Sie sich nicht sicher sind, dass dies erwünscht ist! Reduzieren Sie Bilder in der Größe, sodass diese eine vernünftige Dateigröße aufweisen. Fotos können Sie im JPEG-Format mit einer niedrigeren Qualität oder reduzierten Abmessungen speichern, wodurch sich die Dateigröße verringert. Dokumente oder Programme lassen sich mit einem Komprimierprogramm in einem ZIP-Archiv speichern, wodurch sich die Dateigröße um den Faktor 10 bis 100 reduziert. Außerdem sollten Sie sicherstellen, dass der Empfänger Ihre Dokumentdateien überhaupt öffnen kann. Nicht jeder hat das von Ihnen zum Erstellen der Datei benutzte Programm. Das Adobe-PDF-Format eignet sich z.B. sehr gut zur Weitergabe von Dokumenten. Der Empfänger benötigt aber das kostenlose Programm Adobe Reader (www.adobe.de).

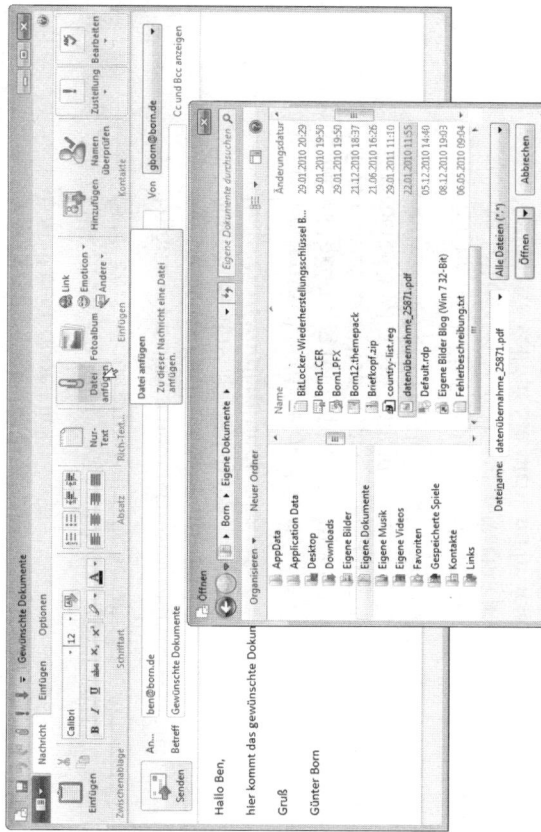

Bild 27.16: Datei als Anlage anfügen

27.2.6 Eine Nachricht beantworten oder weiterleiten

Haben Sie eine Nachricht empfangen, die Sie beantworten möchten?

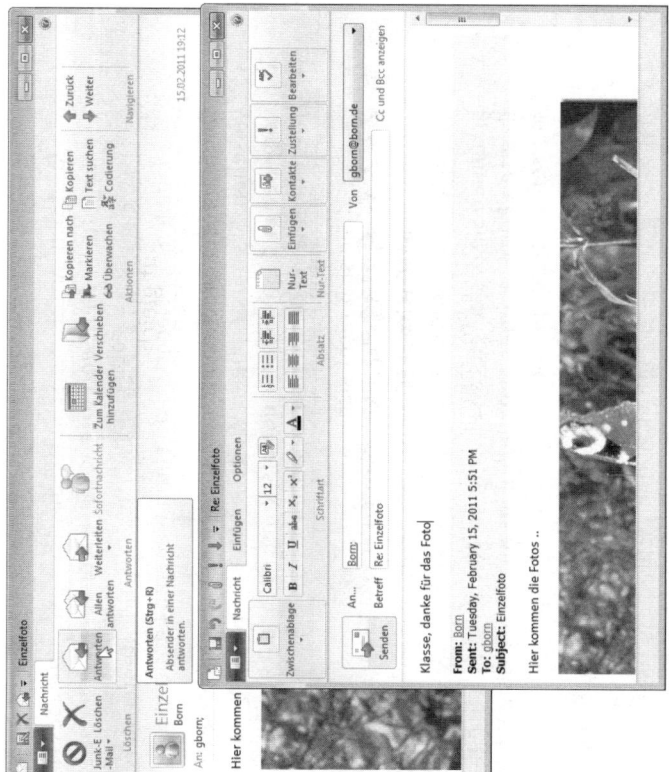

Bild 27.17: Nachricht beantworten

639

1. Markieren Sie die Nachricht in der Nachrichtenliste oder öffnen Sie die E-Mail per Doppelklick.

2. Klicken Sie im Windows Live Mail-Fenster oder im Nachrichtenfenster (Bild 27.17, Hintergrund) auf die Schaltfläche *Antworten*.

3. Ergänzen Sie die im neuen Fenster angezeigte Nachricht und klicken Sie auf die Schaltfläche *Senden*, um das Fenster zu schließen und die fertige Nachricht im Postausgang abzulegen bzw. direkt zu versenden (Bild 27.17, Vordergrund).

Der Betrefftext wird beim Beantworten mit dem vorangestellten Kürzel »Re:« (Abkürzung für Reply, also Antwort) versehen, und Windows Live Mail übernimmt den Ursprungstext als Zitat im neuen Nachrichtenfenster. Der Zitatbereich wird am Ende der neuen E-Mail aufgeführt. Sie brauchen den Antworttext lediglich an den Nachrichtenanfang einzufügen.

Wenn eine Nachricht mehrfach zwischen zwei Personen pendelt, wird der zitierte Teil der vorhergehenden Nachrichten immer länger. Im Hinblick auf die Netiquette sollten Sie nicht mehr relevante Teile im Anhang vor dem Versenden löschen (Text mit der Maus markieren und die Taste [Entf] drücken).

Sie können auch Textausschnitte als Zitate in die Antwort übernehmen und mit einer anderen Schriftfarbe oder durch am Zeilenanfang vorangestellte Zeichen (z. B. >) hervorheben. Solche Passagen erleichtern jemandem, der täglich einen »Berg« E-Mails erhält, die Arbeit ungemein, da der Bezug auf seine Nachricht gleich mitgeliefert wird.

- Erhalten Sie ein an mehrere Empfänger adressiertes Rundschreiben, lässt sich mittels der Schaltfläche *Allen antworten* des Nachrichtenfensters eine Rückantwort an alle diese Empfänger senden.

- Die Schaltfläche *Weiterleiten* des Nachrichtenfensters erlaubt Ihnen dagegen, die Nachricht an einen weiteren Empfänger zu schicken.

Der Betrefftext wird beim Weiterleiten mit »Fw:« (Abkürzung für Forward) versehen. Sie müssen beim Weiterleiten eine Empfängeradresse im Feld An vorgeben und ggf. den aus der Ursprungsnachricht als Zitat übernommenen Text mit einem Kommentar ergänzen.

27.2.7 Anlagen zur Nachricht auspacken und speichern

Wurden der Nachricht eine oder mehrere Dateien als Anlage mitgegeben, erkennen Sie das bereits an einer in der Nachrichtenliste eingeblendeten stilisierten Büroklammer. Um die Anlage anzusehen oder weiterzubearbeiten, müssen Sie diese speichern.

ACHTUNG

Eine Anlage könnte einen Virus oder einen anderen Schädling enthalten. Auch wenn die Benutzerkontensteuerung und die Standardbenutzerkonten eine gewisse Sicherheit bieten, sollten Sie wegen der potenziellen Gefahr von Schädlingen die notwendige Vorsicht an den Tag legen. Schalten Sie zur Sicherheit die Anzeige der Dateinamenerweiterungen in der Anzeige der Ordnerfenster ein. Dann können Sie potenziell gefährliche Dateitypen (Anhänge mit Dateinamenerweiterungen wie *.exe*, *.com*, *.bat*, *.pif*, *.scr*, *.vbs*, *.vbe*, *.js*, *.jse*, *.wsf*, *.htm*, *.html* und *.hta*) erkennen. Löschen Sie E-Mails von unbekannten Absendern, die mit Anhängen versehen sind und deren Nachrichtentext Ihnen nicht plausibel vorkommt. Microsoft oder andere Firmen schicken Ihnen keinesfalls ungefragt Updates oder Virenscanner zu. Speichern Sie alle Dateianhänge und lassen Sie diese vor dem Öffnen durch ein aktuelles Antivirenprogramm überprüfen.

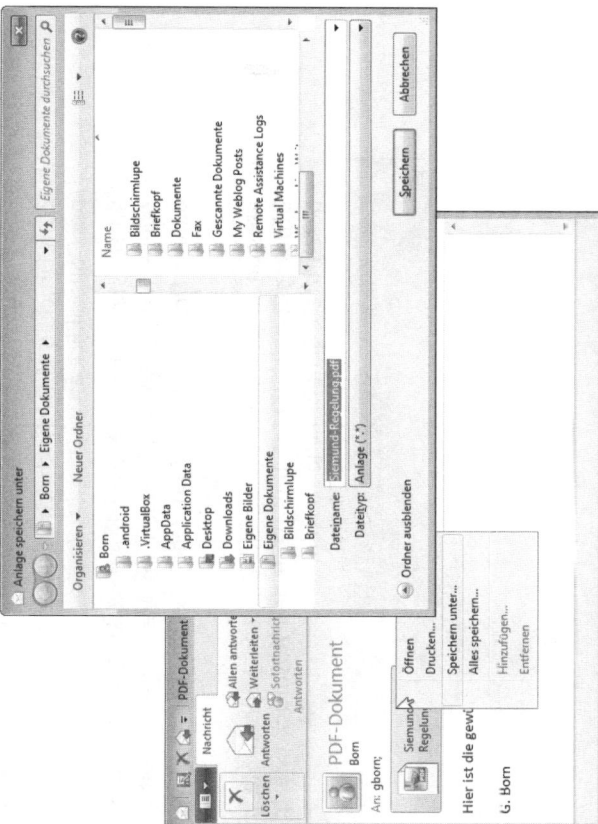

Bild 27.18: Nachrichtenanlagen speichern

1. Zum Speichern der Anlage öffnen Sie die Nachricht per Doppelklick auf die betreffende Zeile in der Nachrichtenliste des Windows Live Mail-Fensters.

2. Klicken Sie das Symbol der Anlage (Bild 27.18, Hintergrund) mit der rechten Maustaste an und wählen Sie im Kontextmenü den Befehl *Speichern unter* bzw. *Alles speichern* bei mehreren Anlagen.

3. Wählen Sie im Dialogfeld *Anlage speichern unter* den Zielordner aus, passen Sie bei Bedarf den Dateinamen der Anlage an und klicken Sie auf die Schaltfläche *Speichern* (Bild 27.18, Vordergrund).

Die Anlage wird dann im Zielordner abgelegt und lässt sich durch einen Virenscanner prüfen. Ein Programm wie Microsoft Security Essentials (www.microsoft.com/security_essentials/default.aspx?mkt=de-de) schlägt bereits beim Speichern der infizierten Datei Alarm.

TIPP

Manche Nachrichtenanhänge sind als ZIP-Archiv ausgeführt. Dann müssen Sie den Inhalt des Archivs mit der Windows-Funktion *ZIP-komprimierter Ordner* oder einem Packprogramm wie 7-Zip entpacken.

27.2.8 Nachrichten drucken, verwalten und löschen

Eingegangene Nachrichten werden in der Nachrichtenliste aufgeführt. Ausgehende Nachrichten tauchen im Ordner *Postausgang* auf. Sie können den Inhalt einer E-Mail ausdrucken oder wichtige Nachrichten in getrennten Ordnern ablegen. Diese Aufgaben lassen sich auf verschiedene Weise lösen.

1. Zum Drucken einer Nachricht wählen Sie diese in der Nachrichtenliste per Doppelklick an.

2. Im Fenster mit dem Nachrichtentext klicken Sie auf die *Windows Live Mail*-Schaltfläche und wählen im Menü des Backstage-Bereichs den Befehl *Drucken* (Bild 27.19). Oder Sie drücken die Tastenkombination `Strg`+`P`.

3. Im nun angezeigten Dialogfeld *Drucken* können Sie die verfügbaren Druckoptionen wählen und dann den Ausdruck über die mit *Drucken* beschriftete Schaltfläche starten.

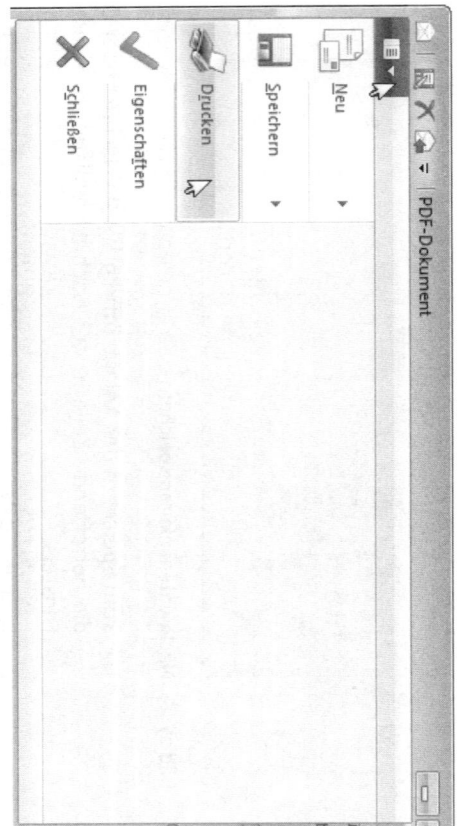

Bild 27.19: Nachricht drucken

TIPP

Sie können die Nachricht auch in der Nachrichtenliste per Rechtsklick anwählen und dann den Kontextmenübefehl *Drucken* zur Ausgabe verwenden. Ist dieser Befehl gesperrt (grau abgeblendet)? Dann haben Sie die Anzeige des Lesebereichs abgeschaltet und müssen zum Ausdrucken die obigen Schritte verwenden.

Standardmäßig stellt Windows Live Mail Ordner für den Posteingang, den Postausgang und für Entwürfe bereit. Zusätzlich finden Sie noch Ordner, die gelöschte Objekte sowie Kopien der gesendeten Nachrichten enthalten. Eingehende Nachrichten lassen sich über zusätzliche Ordner verwalten (z. B. nach Konten oder geschäftlich/privat), die Sie selbst anlegen.

1. Klicken Sie mit der rechten Maustaste auf das Symbol eines bestehenden Ordners und wählen Sie im Kontextmenü den Befehl *Neuer Ordner* (Bild 27.20, links).

2. Wählen Sie im angezeigten Dialogfeld den Eintrag des gewünschten Ordners, tippen Sie den neuen Ordnernamen in das Textfeld *Ordnername* ein und klicken Sie auf die *OK*-Schaltfläche.

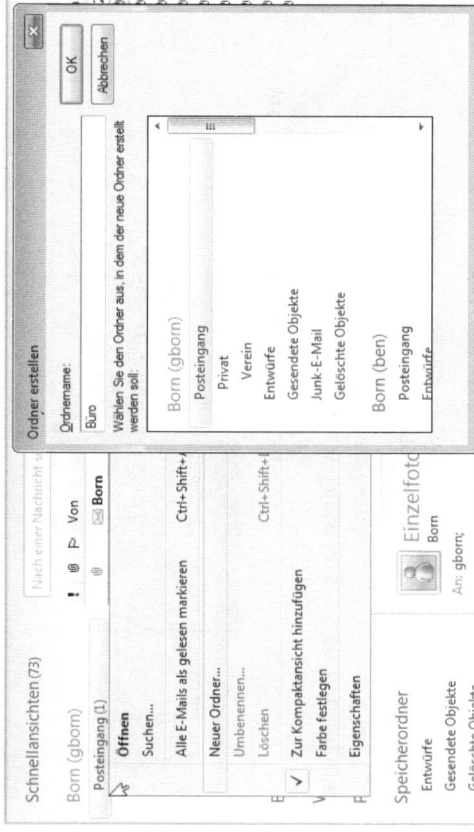

Bild 27.20: Neuen Ordner anlegen

Anschließend können Sie Nachrichten in diese Ordner kopieren oder verschieben. Möchten Sie eine neue Nachricht nicht sofort versenden, sondern zunächst zur Überarbeitung als Entwurf aufheben? Oder soll eine eingetroffene Nachricht in einen der neu angelegten Ordner verschoben werden?

1. Markieren Sie die gewünschte Nachricht in der Nachrichtenliste, klicken Sie mit der rechten Maustaste auf die markierte Nachricht und wählen Sie im Kontextmenü einen der Befehle *In Ordner verschieben* oder *In Ordner kopieren* (Bild 27.21, Hintergrund).

2. Anschließend wählen Sie im Dialogfeld *Verschieben* bzw. *Kopieren* den Zielordner und klicken auf die *OK*-Schaltfläche (Bild 27.21, Vordergrund).

Das Programm verschiebt bzw. kopiert die Nachricht in den gewählten Ordner. Das Verschieben geht in den meisten Fällen sogar noch einfacher, indem Sie die gewünschte Nachricht bei gedrückter linker Maustaste aus der Nachrichtenliste zum Ordner in der Ordnerliste ziehen und dann der Maustaste loslassen.

Gesendete Nachrichten werden in der Windows Live Mail-Grundeinstellung als Kopie im Ordner *Gesendete Objekte* abgelegt. Somit können Sie jederzeit nachsehen, ob und welche E-Mails Sie verschickt haben. Wenn dieser Ordner aber zu voll und daher unübersichtlich wird, löschen Sie einfach die Kopien,

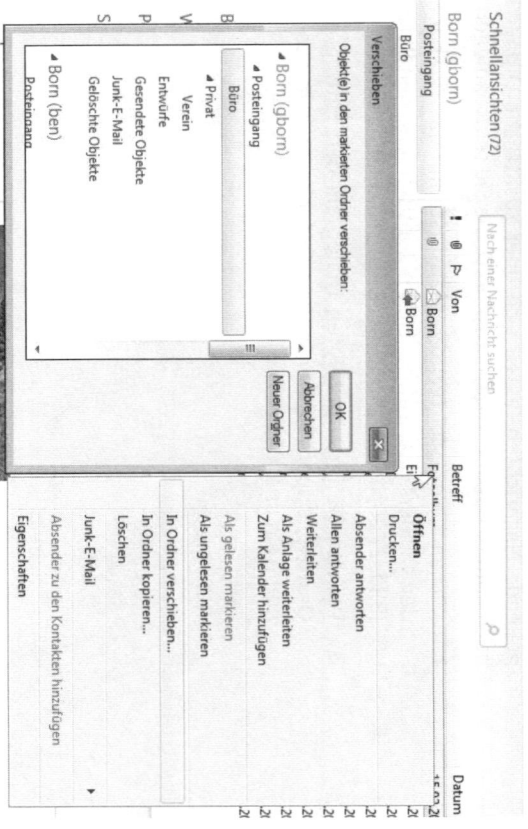

Bild 27.21:   Nachricht kopieren/verschieben

die Sie nicht mehr brauchen. Diese lassen sich mit folgenden Schritten aus den jeweiligen Ordnern entfernen.

1. Markieren Sie die zu löschende Nachricht in der Nachrichtenliste des Windows Live Mail-Fensters.

2. Klicken Sie im Menüband des Windows Live Mail-Fensters auf die Schaltfläche *Löschen* (Bild 27.22) der Registerkarte *Privat* oder wählen Sie im Kontextmenü den gleichnamigen Befehl.

Alternativ können Sie im Fenster einer geöffneten Nachricht die Schaltfläche *Löschen* auf der Registerkarte *Nachricht* verwenden. Das Löschen funktioniert übrigens für alle Ordner der Ordnerliste, nicht nur für den Posteingang. Windows Live Mail speichert die gelöschten Nachrichten aber lediglich im Ordner *Gelöschte Objekte*. Sie können also eine irrtümlich gelöschte Nachricht wieder aus diesem Ordner zurückholen. Um die Nachricht endgültig zu löschen, müssen Sie den Ordner *Gelöschte Objekte* leeren.

1. Klicken Sie den Ordner *Gelöschte Objekte* mit der rechten Maustaste an.

2. Wählen Sie im Kontextmenü den Befehl *Ordner »Gelöschte Objekte« leeren*.

Daraufhin wird der betreffende Ordner geleert, und die Nachrichten werden endgültig aus Windows Live Mail entfernt.

27.3 Reagieren auf Junk-E-Mails

E-Mail leidet unter dem Problem, dass immer mehr unerwünschte Werbemails (als Spam oder Junk-E-Mail bezeichnet) das Posteingangsfach erreichen. Windows Live Mail besitzt aber einen eingebauten Junk-E-Mail-Filter,

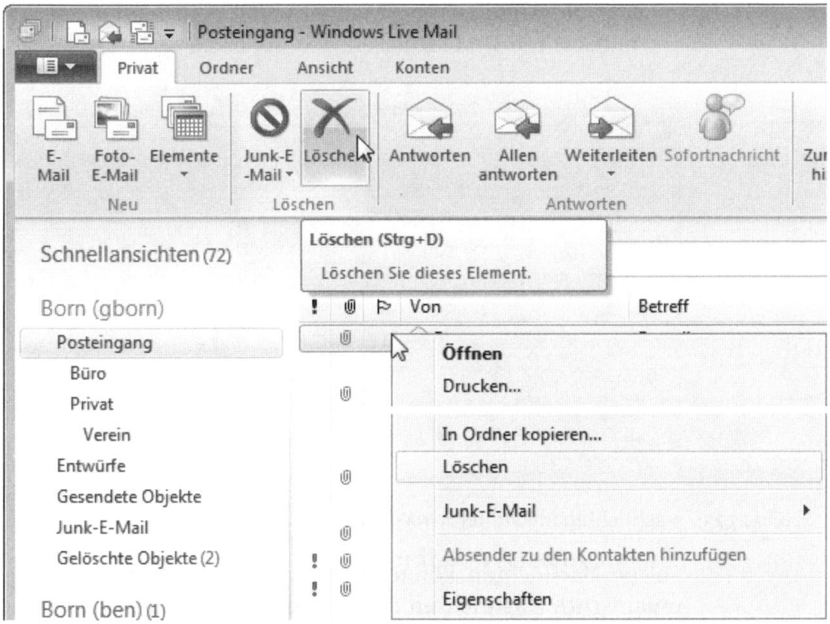

Bild 27.22: Nachricht löschen

der solche Nachrichten erkennen und im Ordner *Junk-E-Mail* ablegen kann. Nachfolgend wird beschrieben, wie Sie mit Werbemails umgehen und was es sonst noch an Verhaltensregeln beim Umgang mit E-Mails gibt.

27.3.1 So filtert Windows Live Mail Werbemüll

Der Junk-E-Mail-Filter in Windows Live Mail überprüft im Posteingang eintreffende Nachrichten auf bestimmte Begriffe und Absender. Erkannte Spammails werden in den Ordner *Junk-E-Mail* des Postfachs einsortiert (Bild 27.23). Da der Filter nicht immer zuverlässig arbeitet, kann es sein, dass Werbemüll trotzdem im Posteingang landet oder dass erwünschte Nachrichten im Ordner *Junk-E-Mail* auftauchen.

■ Die Nachrichten im Posteingang lassen sich oft anhand der Betreffzeile in erwünschte und unerwünschte E-Mails unterteilen – unerwünschte Nachrichten können sofort gelöscht oder zum Trainieren des Spamfilters genutzt werden (siehe folgende Seiten).

■ Wurden Nachrichten als Junk im Ordner *Junk-E-Mail* abgelegt, zeigt Windows Live Mail standardmäßig beim E-Mail-Empfang ein Dialogfeld (Bild 27.7), über dessen Schaltfläche *Junk-E-Mail-Ordner öffnen* Sie den betreffenden Ordner direkt öffnen können.

■ Alternativ lässt sich der betreffende Ordner auch in der Ordnerliste anwählen. In der Nachrichtenliste führt Windows Live Mail dann die Nachrichten dieses Ordners samt Betreff auf (Bild 27.23). Handelt es sich um E-Mails, die mit potenziell gefährlichen Inhalten versehen sind, versieht Windows Live Mail diese mit dem Symbol des Windows-Sicherheitscenters und färbt den Text der Nachrichtenzeile ein.

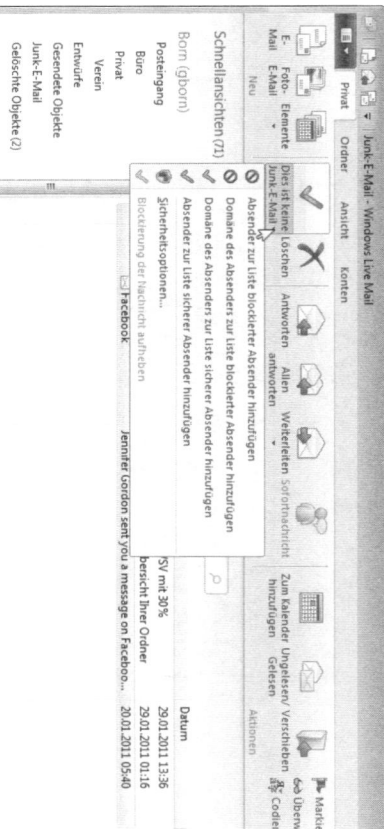

Bild 27.23: Nachrichten im Ordner *Junk-E-Mail*

Solche Nachrichten können Sie in der Regel ungelesen löschen. Tauchen erwünschte Nachrichten im Ordner *Junk-E-Mail* auf, lassen sich diese z.B. über die Schaltfläche *Dies ist keine Junk-E-Mail* auf der Registerkarte *Privat* oder direkt per Maus in den Ordner *Posteingang* zurückschieben. Das Menü der Schaltfläche *Dies ist keine Junk-E-Mail* enthält zudem verschiedene Befehle zum Klassifizieren der Nachricht.

HINWEIS

Phishingmails enthalten häufig Links, die vorgeblich den Abruf einer anscheinend sinnvollen Seite ermöglichen, aber auf gefälschte Webseiten umleiten. In Bild 27.24 ist eine solche Nachricht mit einer angeblichen Facebook-Benachrichtigung zu sehen. Da ich unter der angegebenen E-Mail-Adresse nicht registriert bin, war dies für mich auch ohne Einsortierung in den Junk-E-Mail-Ordner zu erkennen. Zeigt man per Maus auf den vorgeblichen Facebook-Link, erscheint in der Statusleiste des Nachrichtenfensters die wahre Verweisadresse – die hier auf einen ominösen Server führt. Seien Sie also vorsichtig mit dem Aufruf von Webseiten über Links, die in eintreffenden Nachrichten aufgeführt sind. Es könnte sich immer um einen Phishingversuch handeln, mit dem Sie auf fremde Webseiten gelockt und zur Eingabe von Zugangsdaten (E-Mail-Konto, Bankkonto etc.) gebracht werden sollen.

So trainieren Sie den Junk-E-Mail-Filter

Sie können als Spam erkannte, aber im Posteingang abgelegte Nachrichten zum Trainieren des Junk-Mail-Filters verwenden. Das Gleiche gilt für erwünschte E-Mails, die im Ordner *Junk-E-Mail* gelandet sind.

1. Rufen Sie den Inhalt des jeweiligen Ordners in der Nachrichtenliste des Windows Live Mail-Fensters auf und markieren Sie die betreffende Nachricht in dieser Leiste.

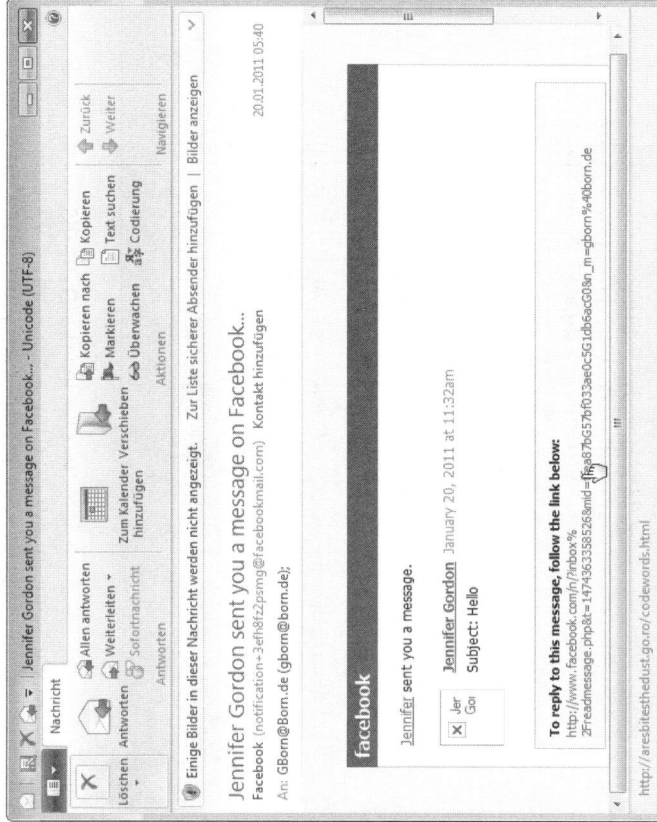

Bild 27.24: Phishingnachricht

2. Öffnen Sie das Kontextmenü über die rechte Maustaste und wählen Sie den gewünschten Befehl im Untermenü des Menüs *Junk-E-Mail*. Oder Sie verwenden das Menü der Schaltfläche *Dies ist keine Junk-E-Mail* (Bild 27.23) bzw. *Junk-E-Mail*.

Gehört die Nachricht zu bekannten Absendern, lässt sich die Absenderadresse über den Befehl *Absender zur Liste sicherer Absender hinzufügen* in eine Liste erwünschter Korrespondenzpartner aufnehmen. Deren Nachrichten werden zukünftig nicht mehr als Junk-E-Mail erkannt.

Bei offensichtlichen Werbe-E-Mails können Sie deren Absender im Junkfilter blockieren. Wählen Sie im Untermenü des Befehls *Junk-E-Mail* den Befehl *Absender zur Liste blockierter Absender hinzufügen*. Häufig benutzen Spamversender jedoch wechselnde E-Mail-Adressen, die aber von bestimmten Domains (z. B. @yahoo.com etc.) kommen. Der Befehl *Domäne des Absenders zur Liste blockierter Absender hinzufügen* bewirkt, dass zukünftig alle Nachrichten mit Absendern dieser Domäne vom Junkfilter blockiert werden. Ist Ihnen ein Fehler unterlaufen, können Sie dies über den Befehl *Blockierung aufheben* im Menü *Junk-E-Mail* wieder rückgängig machen.

27.3.2 Anpassen der Junk-E-Mail-Filterstufe

Windows Live Mail ermöglicht Ihnen, die Empfindlichkeit des Junk-E-Mail-Filters einzustellen. Hierzu öffnen Sie im Menüband auf der Registerkarte *Privat* das Menü der Schaltfläche *Junk-E-Mail* bzw. *Dies ist keine Junk-E-Mail* und klicken auf den Befehl *Sicherheitsoptionen*. Den Befehl *Sicherheits-optionen* erreichen Sie auch im Menü der *Windows Live Mail*-Schaltfläche, wenn Sie auf *Optionen* klicken.

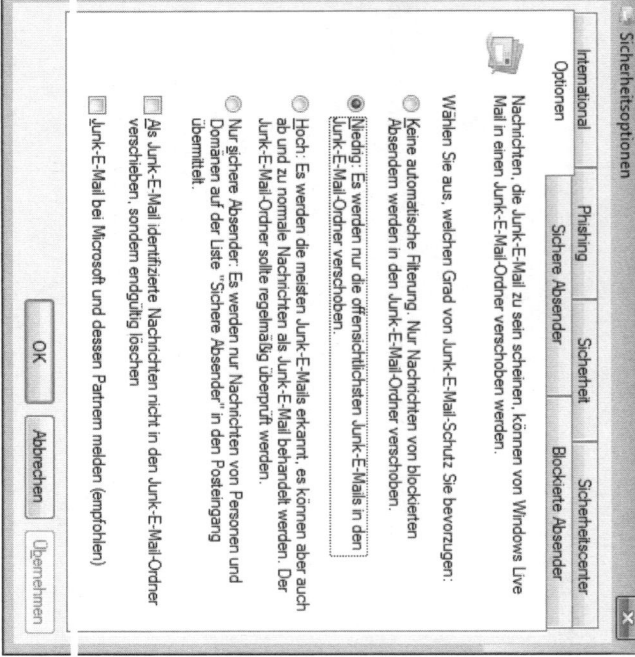

Bild 27.25:   Empfindlichkeit des Junk-E-Mail-Filters einstellen

Im Eigenschaftenfenster lässt sich auf der Registerkarte *Optionen* die Filter-stufe festlegen (Bild 27.25). Stellen Sie den Filter auf *Niedrig* oder *Hoch*, um Werbemails bereits beim Empfang zu erkennen und ggf. auszusortieren. Kön-nen Sie den Absenderkreis für Ihre zu empfangenden E-Mails fest angeben, markieren Sie das Optionsfeld *Nur sichere Absender*. Sie müssen dann die erwünschten Absenderadressen auf der Registerkarte *Sichere Absender* eintra-gen. Wählen Sie die Registerkarte und klicken Sie auf die Schaltfläche *Hinzufü-gen*. Dann lässt sich die Absender-E-Mail-Adresse in ein Textfeld eintippen und mittels der *OK*-Schaltfläche in die Liste sicherer Absender übertragen.

Auf der Registerkarte *Blockierte Absender* lassen sich die E-Mail-Adressen und -Domänen der erkannten Junkversender verwalten. Erhalten Sie nur Nachrich-ten aus dem deutschen Sprachraum? Dann können Sie zur Registerkarte *Inter-national* wechseln und dort über die Schaltfläche *Liste der blockierten Domä-nen der höchsten Ebene* eine Liste mit zu blockierenden Länderkennungen pflegen. Über die Schaltfläche *Liste der blockierten Codierungen* können zudem in bestimmten Sprachen verfasste E-Mails als Junk-E-Mails kategorisiert wer-den. Auf der Registerkarte *Phishing* finden Sie zwei Kontrollkästchen, um den Posteingang vor möglichen Phishinglinks zu schützen und solche Nachrichten sofort in den Ordner *Junk-E-Mail* zu verschieben.

HINWEIS

Manche Anbieter von E-Mail-Postfächern stellen eine Funktion zum Spamschutz bereit (z. B. 3-Wege-Spamfilter bei WEB.DE). Dann werden als Spam erkannte Nachrichten automatisch in einem Spamordner auf dem E-Mail-Server einsortiert. Der E-Mail-Client erhält bei der Abfrage des Postfachs nur noch die nicht als Spam klassifizierten Nachrichten aus dem Posteingang sowie eine Nachricht mit Hinweisen zu eingetroffenen Spammails zugestellt. Fehlerhaft einsortierte Nachrichten müssen dann in einem Browser über die Webschnittstelle des betreffenden Anbieters gelesen und ggf. in andere Ordner verschoben werden. Lesen Sie bei Bedarf die Dokumentation des Providers bezüglich Details dieser Funktionen.

Windows Live Mail bietet eine Reihe weiterer Funktionen zur E-Mail-Bearbeitung. Über das Menü der WINDOWS LIVE MAIL-Schaltfläche können Sie z. B. die Befehle zum Import und Export von Nachrichten oder Kontakten aufrufen. Zudem finden Sie auf den Registerkarten des Menübands Schaltflächen und Bedienelemente, um weitere Funktionen aufzurufen. So gibt es z. B. noch die Möglichkeit, im Menüband auf der Registerkarte *Ordner* die Schaltfläche *Nachrichtenregeln* anzuwählen. Über Nachrichtenregeln lassen sich eintreffende E-Mails automatisch in Unterordner des Ordners *Posteingang* einsortieren. Weiterhin können diese Regeln auch benutzt werden, um E-Mails parallel zum Junk-E-Mail-Filter nach Spam zu durchsuchen. Die Filterregeln lassen sich dann in einem Dialogfeld *Neue E-Mail-Regel* bzw. *Nachrichtenregeln* definieren. Allerdings ist es etwas kniffelig, korrekte Filterregeln zu formulieren. Und je mehr Regeln definiert wurden, umso langsamer wird Windows Live Mail.

27.3.3 Goldene Verhaltensregeln zum Umgang mit E-Mails

Um möglichst wenig ungebetene E-Mails mit Werbung, Kettenbriefen oder Viren-Hoaxes zu erhalten und Sicherheitsprobleme zu vermeiden, sollten Sie die folgenden Regeln beim Umgang mit elektronischer Post beherzigen:

■ Nachrichten von unbekannten Absendern oder mit obskurem Inhalt löschen Sie ungelesen. Das Gleiche gilt für Kettenbriefe und Hoaxes mit angeblichen Virenwarnungen (leiten Sie diese keinesfalls an andere E-Mail-Empfänger weiter).

■ Geben Sie Ihre E-Mail-Adresse nur an Bekannte und Geschäftspartner weiter. Geben Sie die E-Mail-Adresse nicht in Formularen von Webseiten mit Glücksspiel- oder Werbeangeboten ein (häufig sind dies Lockvogelangebote, um an E-Mail-Adressen zu gelangen). Legen Sie sich eine zweite (kostenlose) E-Mail-Adresse zu, die Sie ggf. bei einer erforderlichen Registrierung im Web angeben.

■ Öffnen Sie Nachrichten nur, wenn Sie offline sind, und antworten Sie keinesfalls auf Spammail, da dann der Absender erkennt, dass das Postfach gültig ist.

■ Unterziehen Sie E-Mail-Anlagen vor dem Öffnen immer einer Virenprüfung mit einem aktualisierten Virenscanner. Löschen Sie im Zweifelsfall Dokumente von unbekannten Absendern oder mit mysteriösem Text, ohne die Anhänge zu öffnen.

Lassen Sie vor allem Ihren gesunden Menschenverstand walten und bleiben Sie bezüglich des Inhalts zugesandter E-Mails misstrauisch. Die Gutgläubigkeit der Zeitgenossen wird von Gaunern durch Phishingmails für allerlei Betrugsversuche ausgenutzt.

28 Newsgroup-, Termin- und Kontaktverwaltung

In Windows 7 fehlt der aus Windows Vista bekannte Windows-Kalender. Sofern Sie Windows Live Mail 2011 aus den Windows Live Essentials installiert haben, steht aber eine entsprechende Kalenderfunktion zur Verfügung. Windows Live Mail enthält zudem einen Newsreader zum Zugriff auf Newsgroups sowie ein Modul zum Verwalten von Kontaktdaten. Nachfolgend erhalten Sie eine Einführung in diese Funktionen.

28.1 Newsgroup-Funktionen in Windows Live Mail

Newsgroups (Nachrichtengruppen) sind Diskussionsforen im Internet zu bestimmten Themen. Die Diskussionsbeiträge werden auf sogenannten Newsservern geführt und lassen sich mit Newsclients ansehen bzw. auch beantworten. Sobald Newsserver in Windows Live Mail eingetragen sind, können Sie über den integrierten Client Nachrichtengruppen abonnieren und auf deren Diskussionsbeiträge zugreifen. Die Konfiguration eines Newsservers in Windows Live Mail ist in *Kapitel 25* beschrieben. Nachfolgend werden die Funktionen zum Abonnieren von Gruppen sowie der Zugriff auf Nachrichtenbeiträge behandelt.

HINWEIS Microsoft hat seinen eigenen Newsgroupserver news.microsoft.com zwischenzeitlich abgeschaltet, bietet aber die sogenannte NNTP-Bridge an, um Microsoft-Foren in einem Newsreader einzublenden. Details zum Einrichten finden Sie unter www.msxfaq.de/sonst/nntpforen.htm.

28.1.1 Zugriff auf Newsgroupfunktionen

Um den Newsreader von Windows Live Mail zu verwenden, reicht es, das Symbol *Newsgroups* in der linken unteren Fensterecke anzuwählen (Bild 28.1). Windows Live Mail schaltet dann zur Newsreaderdarstellung um, bei der in der Ordnerliste die konfigurierten Newsserver (statt der Postfächer) und die ggf. abonnierten Gruppen angezeigt werden (siehe die folgenden Abschnitte).

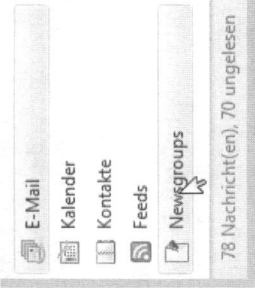

Bild 28.1: Zugriff auf Nachrichtengruppen

28.1.2 Nachrichtengruppen abonnieren

Ein Newsserver kann eine ganze Reihe von Nachrichtengruppen zu unterschiedlichen Themen verwalten. Um zu den Diskussionsbeiträgen der Gruppen zu gelangen, müssen Sie die betreffenden Nachrichtengruppen zunächst abonnieren.

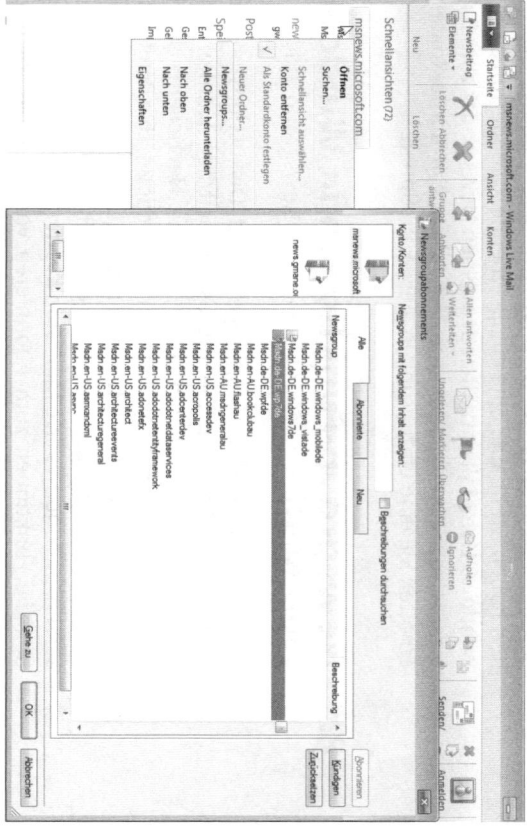

Bild 28.2:   Abonnieren von Nachrichtengruppen

1. Schalten Sie das Windows Live Mail-Anwendungsfenster in den Newsreadermodus um (siehe vorhergehender Abschnitt) und klicken Sie in der Ordnerliste des Windows Live Mail-Anwendungsfensters auf den Eintrag des gewünschten Newsservers.

2. Sind noch keine Nachrichtengruppen abonniert, erscheint automatisch ein Dialogfeld zum Abonnieren. Haben Sie dieses weggeklickt, wählen Sie im Menü der *Windows Live Mail*-Schaltfläche den Befehl *Optionen/ Newsgroups*. Sind bereits Nachrichtengruppen vorhanden, klicken Sie den Eintrag für den Newsserver in der Ordnerliste mit der rechten Maustaste an und wählen den Kontextmenübefehl *Newsgroups* (Bild 28.2, Hintergrund), oder drücken Sie die Tastenkombination Strg + W.

Windows Live Mail öffnet das Dialogfeld aus Bild 28.2, Vordergrund, in dem die auf dem betreffenden Newsserver gefundenen Nachrichtengruppen aufgelistet werden. Über die Schaltfläche *Zurücksetzen* lässt sich diese Liste erneut herunterladen.

3. Blättern Sie in der Liste der Nachrichtengruppen, um die Sie interessierenden Gruppen zu ermitteln und zu abonnieren. Bei Bedarf können Sie den Anfangsnamen der Gruppen in das Textfeld *Newsgroups mit folgendem Inhalt anzeigen* des Dialogfelds eintippen, um Gruppen zu filtern.

4. Zur Kennzeichnung eines Abonnements wählen Sie den entsprechenden Gruppennamen per Doppelklick an. Oder markieren Sie den Eintrag

und klicken auf die *Abonnieren*-Schaltfläche der Registerkarte. Der Gruppeneintrag wird durch ein vorangestelltes Dokumentsymbol gekennzeichnet. Ein abonnierter Eintrag lässt sich markieren und mittels der *Kündigen*-Schaltfläche aus der Abonnementliste austragen.

Abonnierte Newsgroups werden zudem auf der Registerkarte *Abonnierte* des Dialogfelds *Newsgroupabonnements* aufgeführt. Sobald Sie das Dialogfeld über die *OK*-Schaltfläche schließen, beginnt Windows Live Mail mit dem Abonnement der ausgewählten Nachrichtengruppen. Anschließend erscheinen die abonnierten Nachrichtengruppen in der Ordnerliste in der Kategorie des gewählten Newsservers (Bild 28.3, Hintergrund).

Abonnement kündigen

Interessiert Sie der Inhalt einer abonnierten Nachrichtengruppe nicht mehr? Zum Löschen des Abonnements einer Newsgroup sind folgende Schritte durchzuführen.

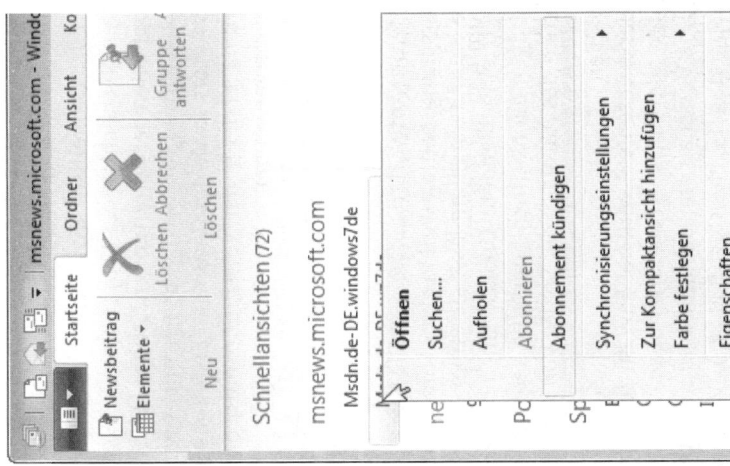

Bild 28.3: Abonnement kündigen

1. Expandieren Sie den Zweig mit der Newsgroup in der Ordnerliste und öffnen Sie das Kontextmenü der gewünschten Nachrichtengruppe (Bild 28.3).

2. Wählen Sie im Kontextmenü den Befehl *Abonnement kündigen* und bestätigen Sie die Sicherheitsabfrage zum Aufheben des Abonnements.

Der Eintrag für die Newsgroup wird aus der Liste gelöscht. Beachten Sie aber, dass Windows Live Mail die heruntergeladenen Dateien mit den Newsgroupbeiträgen nicht löscht, sondern weiterhin auf dem Windows-Laufwerk belässt. Um diese zu entfernen, klicken Sie vor dem Kündigen des Abonnements den Eintrag mit der rechten Maustaste an und wählen den Kontextmenübefehl *Eigenschaften*. Im Eigenschaftenfenster lässt sich auf der Registerkarte *Lokale Datei* die Schaltfläche *Löschen* wählen, um die Dateien von der Festplatte zu entfernen.

Sie sollten keinesfalls die Einträge für die Newsserver (z.B. »Microsoft Communities«) mit einem Rechtsklick anwählen und dann im Kontextmenü den Befehl *Konto entfernen* wählen, da dann der Eintrag für den Newsserver gelöscht wird. Wie Sie ein (gelöschtes) Newsgroupkonto anlegen, ist in *Kapitel 25* beschrieben.

28.1.3 So lassen sich Newsgroupnachrichten ansehen

Um Nachrichten einer abonnierten Newsgroup einzusehen, reicht es, den Eintrag der Gruppe in der Ordnerliste anzuklicken. Windows Live Mail lädt bei Bedarf die neuesten Nachrichten der Gruppe vom Newsserver herunter und zeigt dann die Kopfzeilen der betreffenden Gruppe im Fenster der Nachrichtenliste an (Bild 28.4, Hintergrund). Für jede Nachricht werden dabei ein Betreff, der Name des Autors sowie das Datum der Erstellung aufgeführt. Als Name des Autors wird dabei der in der Newsgroupkontokonfiguration eingetragene Benutzername verwendet.

- Nachrichten werden in Newsgroups in sogenannten Threads verwaltet, d. h., der Ursprungsbeitrag kann durch andere Besucher der Nachrichtengruppe beantwortet werden. Jeder Beitrag bzw. jede Antwort im Thread kann wiederum Antworten aufweisen. Die Hierarchie dieser Antworten auf den Ursprungsbeitrag wird in einer Threadanzeige als Baum dargestellt. Diese Baumdarstellung lässt sich über das am linken Rand der Gruppe *Betreff* eingeblendete Dreieck ein- oder ausblenden. Bei ungelesenen Beiträgen der Nachrichtengruppe hebt Windows Live Mail übrigens den Namen des Autors in der Spalte *Von* der Nachrichtenliste fett hervor.

- Der eigentliche Nachrichtentext wird bei Anwahl der Kopfzeile im Lesebereich (am rechten oder unteren Fensterrand) als Vorschau eingeblendet. Haben Sie diese Vorschau abgeschaltet oder möchten Sie den Beitrag in einem separaten Lesefenster (Bild 28.4, Vordergrund) sehen, öffnen Sie diesen durch einen Doppelklick auf den Eintrag der Nachrichtenliste. Die in der Nachrichtenliste vor der Nachricht eingeblendeten Dokumentsymbole zeigen Ihnen durch einen kleinen Pfeil an, wenn eine Nachricht durch Sie mit einem Beitrag beantwortet wurde (Bild 28.5).

- Wurde eine Nachricht mit einem Anhang auf den Newsserver hochgeladen, erscheint in einer Spalte (am rechten Rand) der Nachrichtenliste das Symbol einer Büroklammer. Beim Ansehen der Nachricht lassen sich solche Anhänge (ähnlich wie bei E-Mails) speichern. Beachten Sie aber, dass beim Zugriff auf solche Anhänge die gleichen Risiken wie beim Speichern bzw. Öffnen von E-Mail-Anlagen auftreten. Daher ist das Hochladen von Anhängen in vielen Nachrichtengruppen verpönt.

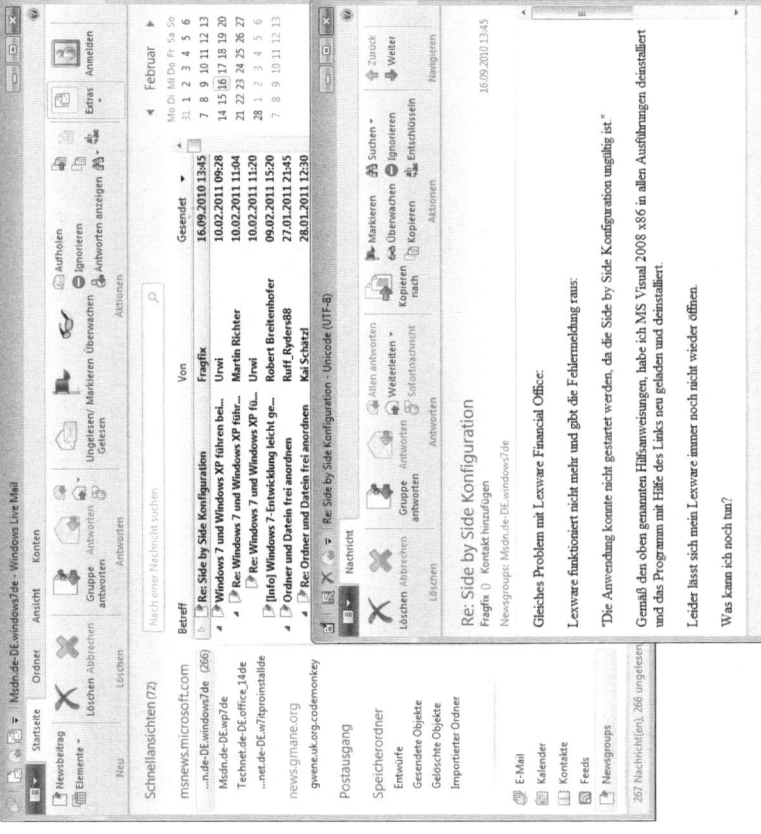

Bild 28.4: Beiträge in Nachrichtengruppen abrufen

Sie können die Nachrichten über die Spaltenköpfe der Nachrichtenliste nach Datum, Bewertung, Betreff oder Absender sortieren. Klicken Sie einfach auf den betreffenden Spaltenkopf. Der erste Mausklick sortiert in absteigender Reihenfolge, während ein weiterer Mausklick auf den Spaltenkopf die Sortierrichtung umkehrt. Ein kleines Dreieck im Spaltenkopf signalisiert, welche Spalte zur Sortierung herangezogen und in welcher Richtung sortiert wurde. Über den Befehl *Spalten* des Kontextmenüs eines Spaltenkopfs lassen sich bei Bedarf weitere Spalten ein- oder ausblenden.

Beiträge verfolgen oder ignorieren

Gut frequentierte Nachrichtengruppen weisen in kurzer Zeit viele neue Beiträge auf. Besuchen Sie die Gruppe nur sporadisch, kann es sein, dass ein Sie interessierender Beitrag durch die neuen Beiträge in der Nachrichtenliste sehr weit nach unten wandert. Sie können aber einen Nachrichtenbeitrag zur Verfolgung markieren. Hierzu klicken Sie auf die betreffende Zeile der

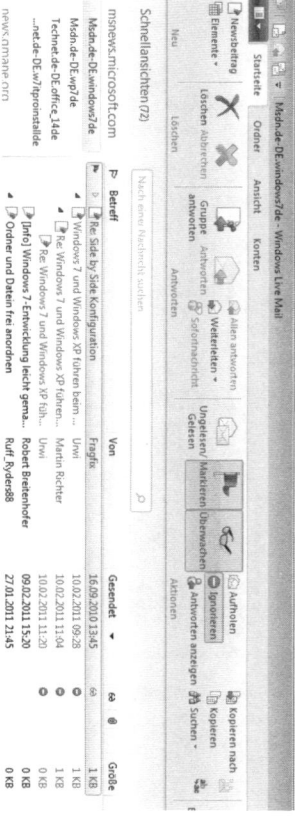

Nachrichtenliste und dann im Menüband auf der Registerkarte *Startseite* auf die Schaltfläche *Markieren*. Dann wird in der linken Spalte der Nachrichtenliste ein rotes Fähnchen angezeigt. Alternativ können Sie im Menüband auf der Registerkarte *Startseite* auf die Schaltfläche *Überwachen* klicken. Dann wird das Symbol einer stilisierten Brille in einer Spalte am rechten Rand der Nachrichtenliste angezeigt (Bild 28.5).

Klicken Sie bei einer Nachricht auf diese Spalte, blendet Windows Live Mail ein kleines Brillensymbol in der betreffenden Spalte (ggf. für den kompletten Thread) der Nachricht ein, um diese zur Nachverfolgung zu kennzeichnen (Bild 28.5). Beim Blättern in der Nachrichtenliste fallen derart markierte Beiträge direkt auf.

Bild 28.5: Kennzeichnung von Beiträgen

Häufig gibt es auch Beiträge, die Sie überhaupt nicht interessieren oder deren Inhalt ziemlich unsinnig ist. Solche Nachrichten lassen sich in der Nachrichtenliste als »zu ignorieren« kennzeichnen. Hierzu klicken Sie die betreffende Nachrichtenzeile ebenfalls in der Spalte *Beachtete Objekte* (mit dem Brillensymbol) per Maus an. Oder Sie wählen auf der Registerkarte *Startseite* die Schaltfläche *Ignorieren*. Mit dem ersten Klick auf die Spalte *Beachtete Objekte* wird die Nachricht als »zu verfolgen« gekennzeichnet. Ein zweiter Mausklick auf die Spalte zeigt dann über einen durchgestrichenen blauen Kreis, dass die Nachricht ignoriert werden soll. Gleichzeitig wird die Kopfzeile in der Nachrichtenliste abgeblendet dargestellt. Ein weiterer Mausklick auf das Symbol der als »zu ignorieren« gekennzeichneten Nachricht hebt die Markierung wieder auf.

28.1.4 Beiträge in der Newsgroup beantworten

Wenn Sie auf einen Newsgroupbeitrag antworten möchten, geht dies auf zwei Arten. Die gängige Variante besteht darin, diese Antwort in der Newsgroup zu posten. Dann steht der Beitrag in der Threadanzeige allen Besuchern zum Abrufen zur Verfügung. Die zweite Möglichkeit besteht darin, dem Verfasser des ursprünglichen Beitrags die Antwort quasi privat als E-Mail zukommen zu lassen.

1. Markieren Sie den Originalbeitrag, auf den Sie antworten möchten, in der Nachrichtenliste. Oder öffnen Sie den Beitrag im Nachrichtenfenster, indem Sie auf den Eintrag in der Nachrichtenliste doppelklicken.

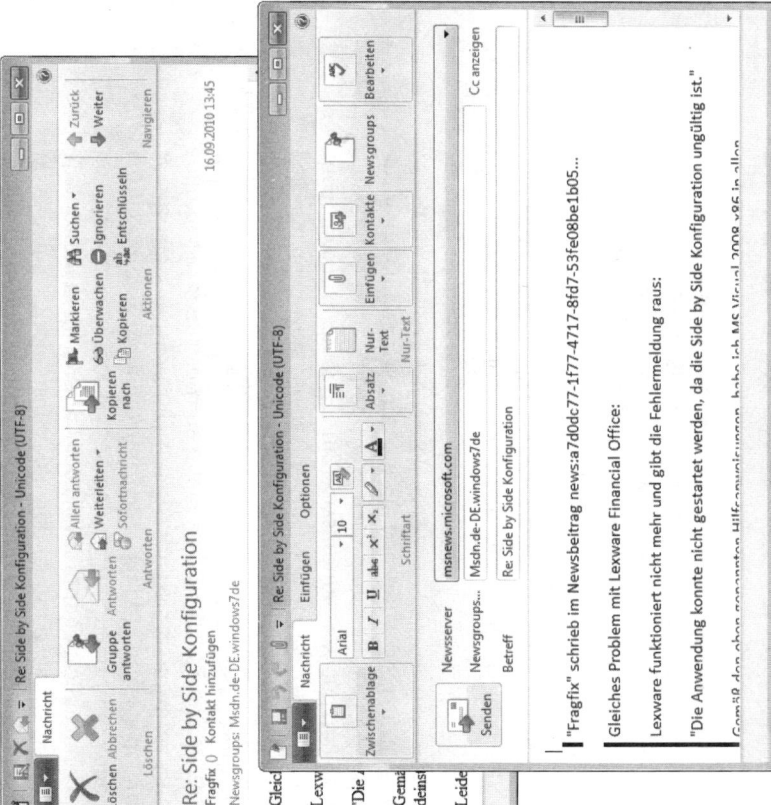

Bild 28.6:   Beiträge einer Newsgroup beantworten

2.   Klicken Sie im Menüband von Windows Live Mail auf der Registerkarte *Startseite* bzw. im Fenster des Nachrichten-Editors auf die Schaltfläche *Gruppe antworten*, wenn der Beitrag in der Newsgroup gepostet werden soll (Bild 28.6, Hintergrund). Möchten Sie dem Autor des Beitrags eine Antwort per E-Mail zukommen lassen, wählen Sie die Schaltfläche *Antworten* (sofern diese freigegeben ist).

3.   Windows Live Mail öffnet dann das Fenster des Nachrichten-Editors, in dem der Text der ursprünglichen Nachricht bereits enthalten ist (Bild 28.6, Vordergrund). Ergänzen Sie dann den Beitrag um Ihre Antwort und klicken Sie in der Symbolleiste auf die *Senden*-Schaltfläche.

Die Antwort wird dann, je nach Voreinstellung, in den Posteingang übertragen oder direkt zum Newsserver versandt.

HINWEIS

Alternativ können Sie einen Newsgroupbeitrag an eine andere E-Mail-Adresse weiterleiten, indem Sie die Schaltfläche *Weiterleiten* in der Symbolleiste wählen. Anschließend müssen Sie natürlich die Zieladresse des Nachrichtenempfängers angeben. Die Schaltfläche *Antworten* ermöglicht Ihnen, die Nachricht direkt an den Urheber des betreffenden Nachrichtenbeitrags zu senden. Diese Option steht aber bei Verwendung der NNTP-

Bridge (zum Zugriff auf Microsoft-Foren erforderlich) nicht zur Verfügung. Wegen der missbräuchlichen Verwendung der E-Mail-Adressen gehen aber immer mehr Autoren von Newsgroupbeiträgen dazu über, die direkte Beantwortung in der Newsgroup zu verlangen (und geben keine gültige E-Mail-Adresse mehr an). Auch dann klappt natürlich der Versand über die Schaltfläche Antwort nicht mehr, sodass Sie auf diese Option verzichten sollten. Die Beantwortung in der Newsgruppe hat zudem den Vorteil, dass auch Dritte von dieser Antwort profitieren können.

Der Originaltext eines Beitrags wird automatisch beim Beantworten gespiegelt und durch eine senkrechte Linie oder in den Zeilen vorangestellte >-Zeichen gekennzeichnet. Im für Newsgroups verwendeten Usenet hat es sich eingebürgert, die Antwort erst nach dem Zitieren des vorherigen Beitrags anzuhängen und das Zitat auf die relevanten Stellen zu kürzen. Details lassen sich z.B. unter web.presby.edu/~nnqadmin/nnq/nquote.html (in englischer Sprache) nachlesen.

Ein Problem sind auch die Windows Live Mail-Einstellungen für die Zeichenkodierung, die bei Sonderzeichen auf anderen Systemen zu Anzeigeproblemen führen. Unter http://piology.org/news/oe-erste-schritte.html sowie unter http://oe-faq.de/?StepbyStep finden sich kurze Anleitungen für die korrekten Newsgroupeinstellungen für Outlook Express. Dort wird auch das leidige Problem der »Kammquotings« angesprochen. In Windows Live Mail müssen Sie im Menü der Windows Live Mail-Schaltfläche den Befehl Optionen/E-Mail wählen, um die Einstellungen anzupassen.

28.1.5 Neue Newsgroupbeiträge erstellen

Anstatt auf einen bereits existierenden Beitrag in einer Nachrichtengruppe zu antworten, können Sie auch einen neuen Thread mit einem eigenen Thema eröffnen.

1. Markieren Sie in der linken Spalte die Funktionskategorie Newsgroups und klicken Sie im Windows Live Mail-Fenster den Eintrag der betreffenden Newsgroup in der Ordnerliste an.

2. Anschließend wählen Sie im Menüband des Windows Live Mail-Fensters auf der Registerkarte Startseite die Schaltfläche Newsbeitrag (Bild 28.7, Hintergrund).

3. Sobald das Fenster des Nachrichten-Editors erscheint (Bild 28.7, Vordergrund), können Sie die Nachricht verfassen und dann mittels der Senden-Schaltfläche abschicken.

Das Fenster des Nachrichten-Editors sieht ähnlich wie beim Erstellen einer neuen E-Mail aus. Statt einer E-Mail-Adresse sind aber im Kopfbereich des Fensters der Newsserver sowie die Newsgroup als Adressanten aufgeführt. Bei Bedarf können Sie aber den Hyperlink Cc anzeigen anklicken und dann einen E-Mail-Empfänger im Cc-Feld eintragen, dem eine Kopie des Beitrags zugehen soll. Ergänzen Sie das Betreff-Feld der Nachricht um einen aussagefähigen Text und geben Sie den Nachrichtentext ein.

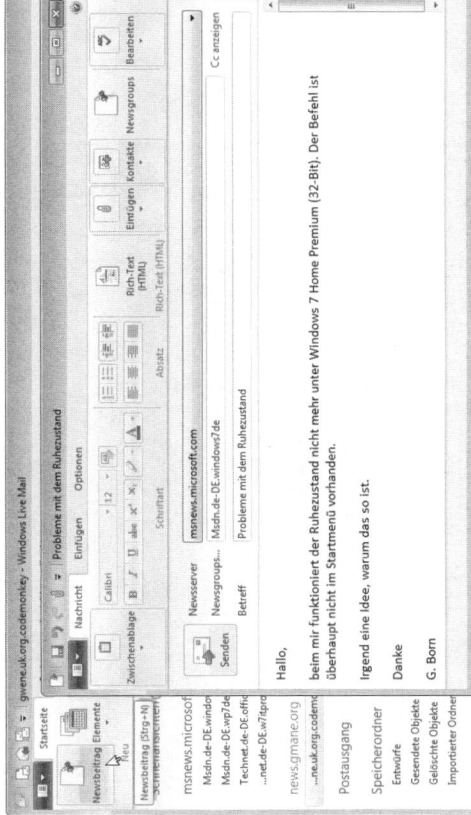

Bild 28.7:   Neuen Newsgroupbeitrag erstellen

Nach einem Klick auf die Schaltfläche *Senden* im Nachrichten-Editor wird die Nachricht verschickt. Je nach Voreinstellung hinterlegt Windows Live Mail die Nachricht dann im Postausgang oder überträgt sie zum Newsserver.

HINWEIS

Das Anhängen von Anlagen zu Newsgroupbeiträgen funktioniert wie beim Erstellen von E-Mails. Beachten Sie aber, dass nicht in jeder Nachrichtengruppe Anhänge (wegen der damit verbundenen Gefahren) erwünscht sind.

Spezialfall: Cross-Posting in mehreren Nachrichtengruppen

Nachrichtengruppen sind sehr nützlich, um Hilfe bei bestimmten Fragestellungen oder Problemen zu erhalten. Gelegentlich ist aber nicht sofort klar, in welchen Nachrichtengruppen eine Antwort zu einem Problem zu erwarten ist. Der intuitive Ansatz wäre dann, die Frage gleich in mehreren Nachrichtengruppen zu stellen, um die Reichweite potenzieller Leser zu erhöhen und so die Chance auf Beantwortung zu verbessern. Dies wird aber nicht so gerne gesehen, da eine Antwort nur in einer Nachrichtengruppe dem Beitrag zugeordnet wird. Anstatt getrennte Nachrichten in mehreren Newsgroups zu posten, können Sie die Möglichkeit eines Cross-Postings verwenden.

1. Gehen Sie wie beim Verfassen eines neuen Newsgroupbeitrags vor. Sobald das Fenster des Nachrichten-Editors geöffnet ist (Bild 28.8, Hintergrund), klicken Sie auf die im Kopfbereich eingeblendete Schaltfläche *Newsgroups*.

2. Windows Live Mail öffnet das Dialogfeld aus Bild 28.8, Vordergrund. Wählen Sie in der linken Liste die gewünschten Nachrichtengruppen aus und tragen Sie diese mittels der Schaltfläche *Hinzufügen* in die rechte Liste ein. Anschließend können Sie das Dialogfeld über die *OK*-Schaltfläche schließen.

Bild 28.8: Cross-Posting von Newsgroupbeiträgen

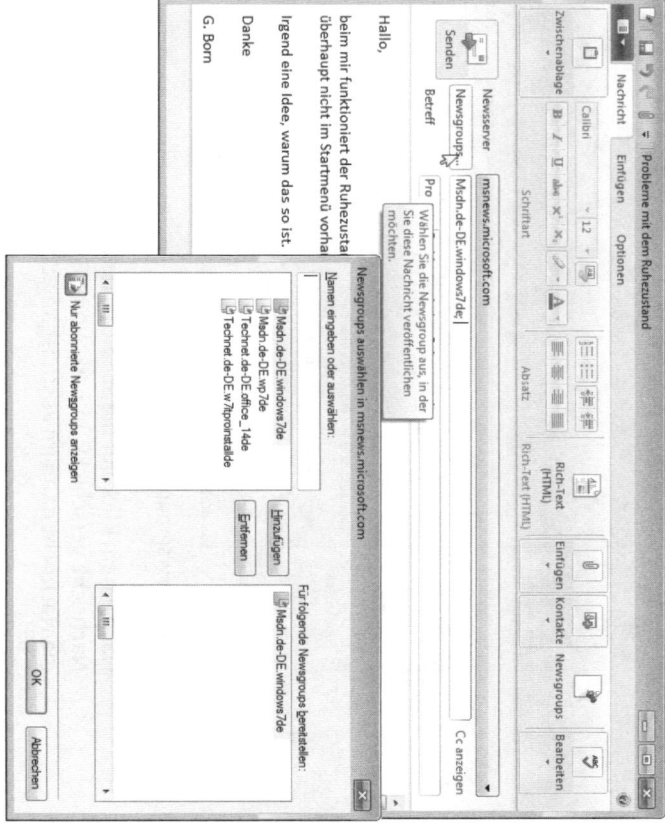

3. Klicken Sie ggf. im Kopfbereich des Nachrichtenfensters auf den Hyperlink *Cc anzeigen* und legen Sie im Feld *Rückantwort* eine Newsgroup fest, in die Leser Antworten posten sollen.

Windows Live Mail verwendet dann die angegebenen Nachrichtengruppen beim Veröffentlichen des Beitrags. Da die beim Cross-Posting benutzten Nachrichtengruppen im Beitrag enthalten sind, kann ein Newsclient Antworten in allen Nachrichtengruppen berücksichtigen.

28.2 Arbeiten mit Windows Live-Kontakten

In Windows 7 lassen sich Kontakte zwar mit der Kontaktverwaltung erfassen. Um E-Mail-Adressen in Windows Live Mail 2011 verwenden zu können, sollten Sie aber auf Windows Live-Kontakte zurückgreifen. Das betreffende Modul ermöglicht neben E-Mail-Adressen auch, weitere Daten wie Name, postalische Anschrift oder Telefonnummer zu erfassen. Diese Kontaktdaten lassen sich auch im Kalender nutzen.

28.2.1 So gelangen Sie an die Kontaktdaten

Zur Pflege und Anzeige der Kontakte klicken Sie in der linken Spalte des Windows Live Mail-Anwendungsfensters auf das Symbol *Kontakte* (Bild 28.9, Hintergrund).

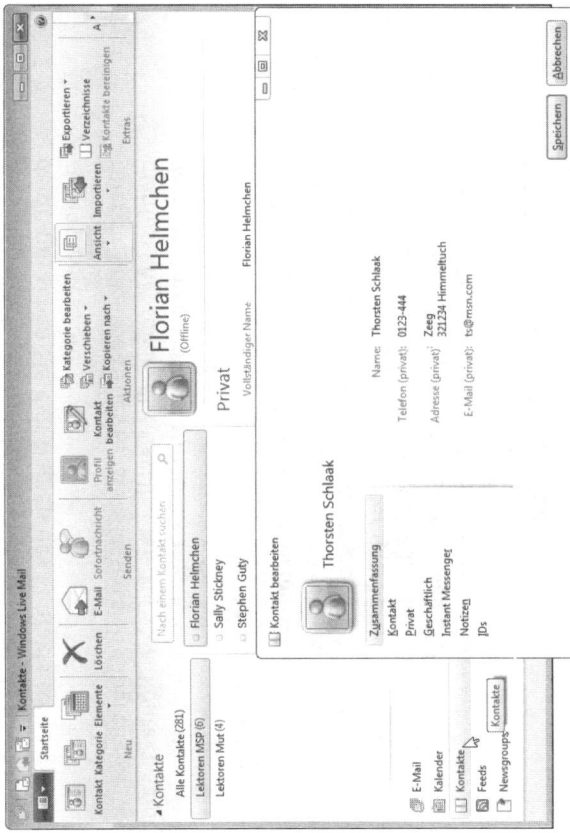

Bild 28.9:   Zugriff auf Windows Live-Kontakte

- Die linke Spalte des Programmfensters enthält den Eintrag *Kontakte* und ggf. weitere Einträge, wenn Sie die Kontakte separaten Kategorien (z. B. Privat, Geschäftlich, Verein) zugeordnet haben. Der Wert in Klammern gibt die Zahl der Kontakte in der Kategorie an.

- Klicken Sie einen Kategorieneintrag in der linken Spalte per Maus an, um die Liste der Gruppenmitglieder in der mittleren Spalte des *Windows Live-Kontakte*-Fensters einzublenden. Die Bildlaufleiste der mittleren Spalte ermöglicht Ihnen, in der angezeigten Kontaktliste zu blättern.

- Klicken Sie in das Textfeld »Nach einem Kontakt suchen« oberhalb der mittleren Spalte. Sobald Sie die ersten Buchstaben eines Kontaktnamens in das Feld eintippen, wird die Kontaktliste nach diesem Ausdruck gefiltert. Die Eingabe des Buchstabens »B« filtert dann alle Kontakte heraus, deren Name mit diesem Buchstaben beginnen.

- Ein Mausklick auf einen Kontakteintrag der mittleren Liste blendet die Kontaktdetails (Name, persönliche und geschäftliche Informationen etc.) in der rechten Spalte des Kontaktfensters ein.

Auf diese Weise können Sie sehr elegant in der Kontaktliste navigieren und die Details einsehen. Windows Live-Kontakte zeigt in der rechten Spalte immer nur die Informationen, die für einen Kontakt eingetragen wurden.

28.2.2 Kontakte bearbeiten

Um die Details eines Kontakts nachzutragen oder anzupassen, müssen Sie die Detailseite zur Kontaktbearbeitung öffnen. Am einfachsten ist es, den Kontakteintrag in der mittleren Spalte des *Windows Live-Kontakte*-Fensters per Doppelklick anwählen. Im Fenster *Kontakt bearbeiten* (Bild 28.9, Vordergrund) sehen Sie den Namen des Kontakts sowie ggf. ein dem Kontakt zugeordnetes Foto.

Über die linke Spalte des Fensters lassen sich dabei eine Seite mit der Zusammenfassung sowie die Detailseiten für den Kontakt samt privaten und geschäftlichen Daten abrufen. Es reicht, den betreffenden Eintrag für die gewünschte Kategorie in der linken Spalte des Fensters anzuklicken. Schon werden die Informationen in der rechten Spalte eingeblendet.

Bei Bedarf können Sie die Einträge für den Kontakt in den Feldern des Dialogfelds ändern (einfach auf den Wert klicken und per Tastatur ändern). Über das Listenfeld *Primäre E-Mail-Adresse der Kategorie* »Kontakt« geben Sie vor, ob die eingetragene private oder geschäftliche E-Mail-Adresse etc. in Windows Live Mail als primäre E-Mail-Adresse beim Einfügen von Empfängerdaten zu verwenden ist. Sobald Sie das Dialogfeld über die *Speichern*-Schaltfläche schließen, werden die Änderungen gespeichert.

28.2.3 Kontakte löschen

Wird ein Kontakteintrag nicht mehr benötigt, können Sie diesen aus der Kontaktverwaltung entfernen.

1. Es genügt, den zu löschenden Kontakt in der mittleren Spalte per Mausklick zu markieren. Anschließend können Sie auf der Registerkarte *Startseite* des Menübands auf die Schaltfläche *Löschen* klicken. Oder Sie wählen im Kontextmenü den Befehl *Kontakt löschen* (Bild 28.10).

2. Danach müssen Sie den angezeigten Sicherheitsdialog mit der Frage »Kontakt löschen?« über die OK-Schaltfläche bestätigen.

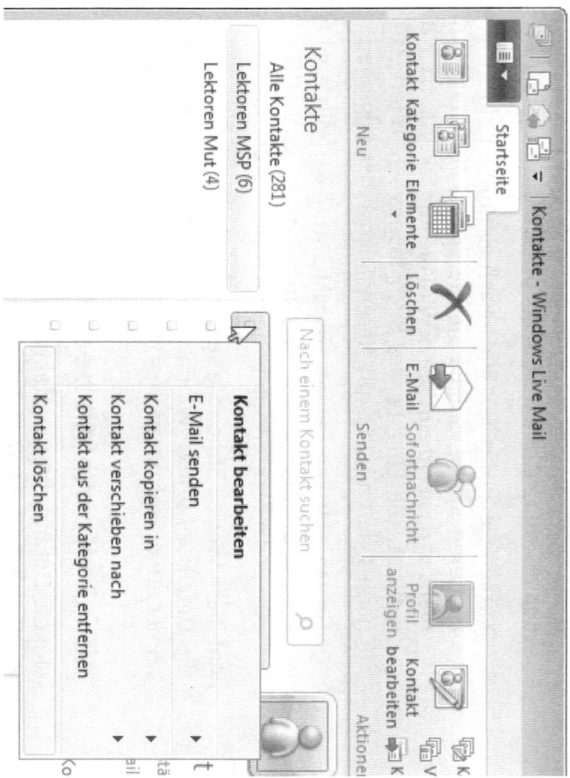

Bild 28.10:   Kontakteintrag löschen

Im Kontextmenü eines Kontakts finden Sie auch Befehle, um dessen Inhalt zu bearbeiten oder die Daten zu kopieren.

28.2.4 Kontakte neu eintragen

Zum Eintragen eines neuen Kontakts in die Windows Live-Kontakte sind nur wenige Schritte notwendig:

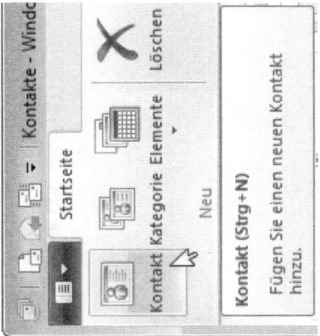

Bild 28.11: Neuen Kontakteintrag anlegen

1. Klicken Sie im *Windows Live-Kontakte*-Fenster auf die Schaltfläche *Kontakt* (Bild 28.11) der Registerkarte *Startseite*. Alternativ können Sie die Tastenkombination Strg + N drücken.

2. Anschließend tragen Sie im Fenster *Kontakt hinzufügen* (Bild 28.12) die gewünschten Kontaktdaten ein. Wählen Sie hierzu die Kategorien in der linken Spalte des Fensters an und tippen Sie die Angaben in die angezeigten Felder ein.

3. Sind alle Daten erfasst, schließen Sie das Fenster über die Schaltfläche *Kontakt hinzufügen*.

Daraufhin trägt das Programm den neuen Kontakt in die Kontaktverwaltung ein. Ob Sie Telefonnummern, Geburtstage etc. in den Kontakten mit Adressbuch verwalten, bleibt Ihnen überlassen.

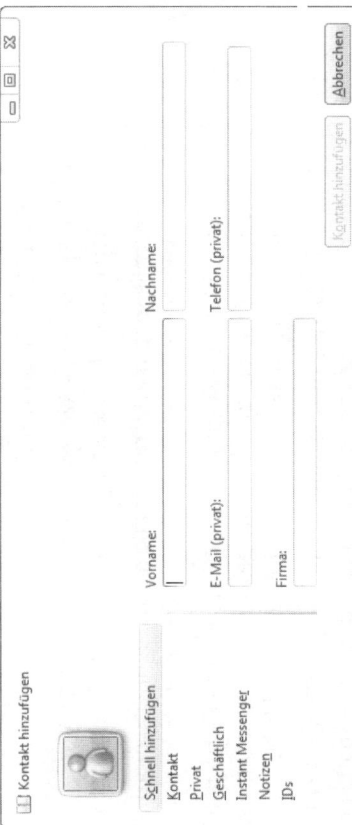

Bild 28.12: Kontaktdaten hinzufügen

HINWEIS

Um eine E-Mail-Adresse aus einer empfangenen E-Mail in die Windows Live-Kontakte zu übernehmen, klicken Sie mit der rechten Maustaste auf die Nachricht in der Nachrichtenliste des Windows Live Mail-Fensters. Dann lässt sich im Kontextmenü der Befehl *Absender zu den Kontakten hinzufügen* auswählen.

28.2.5 Kategorien für Kontakte anlegen

Bei sehr vielen Kontakten empfiehlt es sich, diese ggf. über Kategorien (Privat, Geschäftlich, Verein etc.) zu strukturieren. Hierzu müssen die Kontakte bereits eingetragen sein.

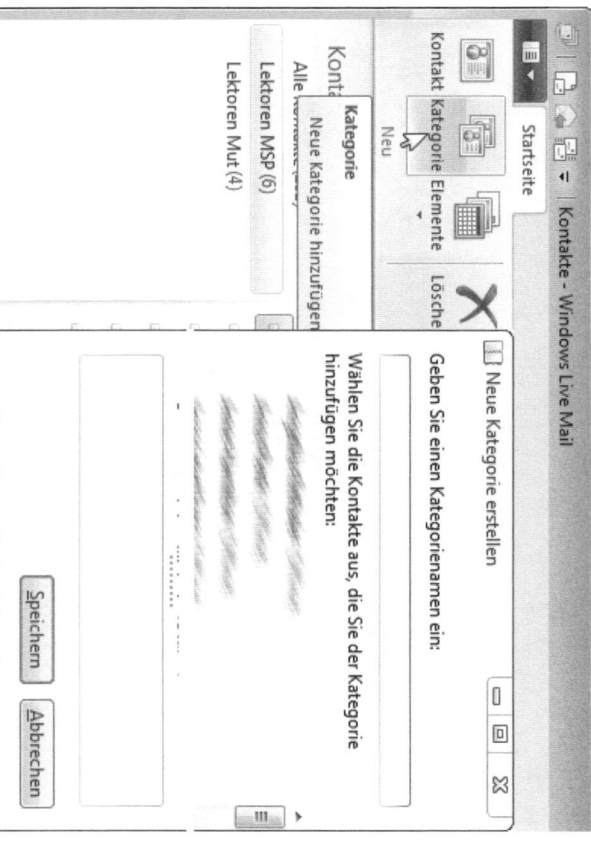

Bild 28.13:   Kategorie für Kontakte anlegen

1. Klicken Sie auf der Registerkarte *Startseite* auf die Schaltfläche *Kategorie* (Bild 28.13, Hintergrund).

2. Im Fenster *Neue Kategorie erstellen* (Bild 28.13, Vordergrund) tippen Sie einen Namen für die Kategorie in das Textfeld ein.

3. Anschließend markieren Sie alle der Kategorie zuzuordnenden Kontakte in der angezeigten Liste durch Anklicken (Bild 28.13, Vordergrund).

4. Die Kontaktverwaltung listet alle markierten Einträge im unteren Textfeld des Fensters auf. Sind die gewünschten Kontakte markiert, schließen Sie das Fenster über die *Speichern*-Schaltfläche.

Die Kontaktverwaltung ordnet dann die gewählten Kontakte der neuen Kategorie zu und zeigt diese Kategorie in der linken Spalte des Fensters *Windows Live-Kontakte*. Klicken Sie diesen Eintrag an, werden nur noch die der Kategorie zugeordneten Kontakte in der mittleren Spalte aufgelistet.

TIPP

Kategorien sind z.B. hilfreich, wenn eine E-Mail an alle Mitglieder einer Gruppe (z.B. Vereinsmitglieder) versandt werden soll. Statt einzelne Kontakte anzugeben, wird einfach die Kategorie in das Empfängerfeld *An* oder *Bcc* eingetragen. Windows Live Mail fügt dann automatisch die E-Mail-Adressen der Empfänger ein.

28.2.6 Kontaktdaten ausdrucken

Benötigen Sie einen Ausdruck Ihrer Kontaktdaten? Sobald Sie im Menü der *Windows Live-Kontakte*-Schaltfläche auf den Befehl *Drucken* klicken, erscheint ein Dialogfeld zur Auswahl der Druckoptionen (Bild 28.14).

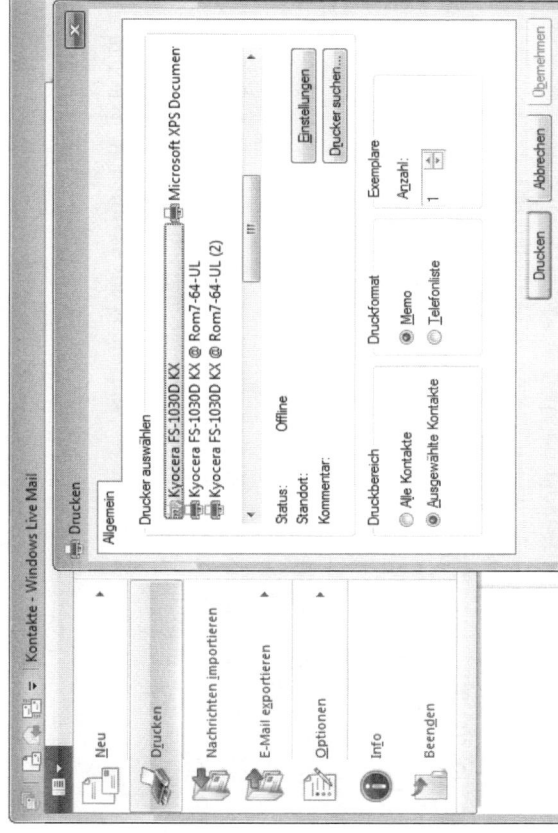

Bild 28.14:   Optionen für den Ausdruck von Kontakten

Dort lässt sich über Optionsfelder der Gruppe *Druckbereich* steuern, ob Sie alle Kontakte oder nur vorher markierte Einträge drucken möchten. Zudem können Sie wählen, ob die Ausgabe als Telefonkarten oder als Memo erfolgen soll.

28.2.7 Kontakte importieren

Besitzen Sie bereits ein Adressbuch eines anderen Programms, lassen sich dessen Daten häufig in eine Zwischendatei (im CSV-Format) exportieren. In früheren Windows-Versionen verwendete Outlook Express ein Adressbuch, dessen Daten Sie ebenfalls importieren können.

1. Wechseln Sie (sofern erforderlich) über den unteren Bereich der linken Spalte zur Kategorie *Kontakte*.

2. Wählen Sie im Menüband auf der Registerkarte *Startseite* den Befehl *Importieren* und klicken Sie im eingeblendeten Untermenü auf den Befehl mit dem passenden Importformat (Bild 28.15, Hintergrund).

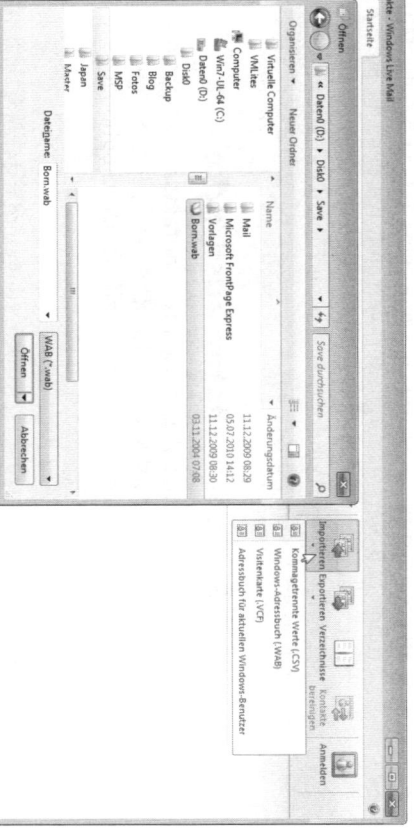

Bild 28.15: Importieren von Kontakten

3. Navigieren Sie im angezeigten Dialogfeld *Öffnen* (Bild 28.15, Vordergrund) zum Ordner mit dem Adressbuch, wählen Sie die Adressbuchdatei und klicken Sie auf die *Öffnen*-Schaltfläche.

Eine Fortschrittsanzeige informiert Sie über den Ablauf des Imports. Anschließend können Sie die Kontaktdaten im Windows Live-Kontakte-Fenster bearbeiten.

HINWEIS

Ältere Windows-Versionen speichern die Kontaktdaten in WAB-Adressbuchdateien. Bei Windows XP finden Sie diese im Zweig *Dokumente und Einstellungen* des Windows-Laufwerks in den Unterordnern des Benutzerkontos. Lassen Sie ggf. nach der Dateinamenerweiterung *.wab* suchen, um den genauen Pfad zu ermitteln. Beachten Sie aber, dass zur Suche die Anzeige versteckter Dateien eingeschaltet sein muss. Zudem benötigen Sie ggf. Administratorrechte, um auf die WAB-Dateien anderer Benutzer zuzugreifen. Manchmal ist es daher günstiger, das Windows-Adressbuch in Outlook Express oder Microsoft Outlook über den Befehl *Exportieren* des Menüs *Datei* gezielt in einen Ordner zu exportieren und später in Windows Live-Kontakte zu importieren. Windows Vista und Windows 7 können Kontakte auch im Ordner *Kontakte* des Benutzerprofils speichern. Diese Daten lassen sich über den Menübefehl *Adressbuch für aktuellen Windows-Benutzer importieren.*

28.3 Der Windows Live Mail-Kalender

Der Windows Live Mail-Kalender ist eine sehr hilfreiche Ergänzung zu Windows Live Mail, um Termine im privaten oder geschäftlichen Umfeld zu planen und abzustimmen. Nachfolgend erhalten Sie einen Überblick über die Programmfunktionen.

28.3.1 Der Windows Live Mail-Kalender im Überblick

Müssen Sie Termine mit anderen (z.B. Familienmitgliedern) koordinieren und haben bisher dazu einen Kalenderausdruck oder Terminplaner benutzt? Dann sollten Sie sich mit dem Kalender beschäftigen. Dieser ist ein hilfreiches Zusatzprogramm in Windows Live Mail 2011.

1. Um auf den Windows Live Mail-Kalender zuzugreifen, starten Sie Windows Live Mail.

2. Anschließend klicken Sie in der linken unteren Ecke des Windows Live Mail-Anwendungsfensters auf das Symbol der Kategorie *Kalender* (Bild 28.16).

Windows Live Mail schaltet zur Kalenderdarstellung (Bild 28.16) mit eingetragenen Terminen und Kalender um.

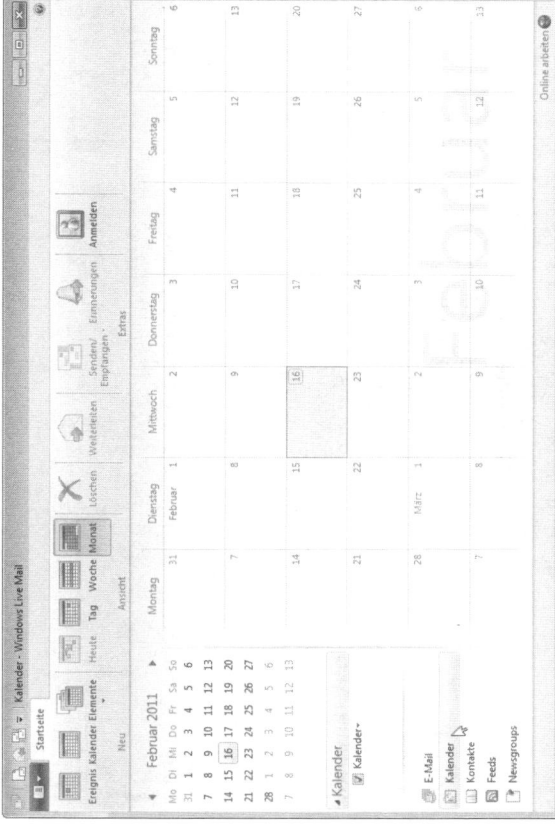

Bild 28.16:   Fenster des Windows Live Mail-Kalenders

■ Im Kopfbereich des Fensters finden Sie das Menüband mit der Registerkarte *Startseite*, über deren Schaltflächen Sie auf die Funktionen des Kalenders zugreifen können. Die Registerkarte enthält z.B. Schaltflächen zum Umschalten der Darstellung der Terminspalte.

■ Die linke Spalte des Kalenderfensters stellt den Navigationsbereich dar. Dort finden Sie einen Monatskalender sowie die Rubrik *Kalender* mit den abzugleichenden Terminkalendern und den Bereich zum Zugriff auf die Windows Live Mail-Einzelfunktionen (Kontakte, E-Mail etc.).

667

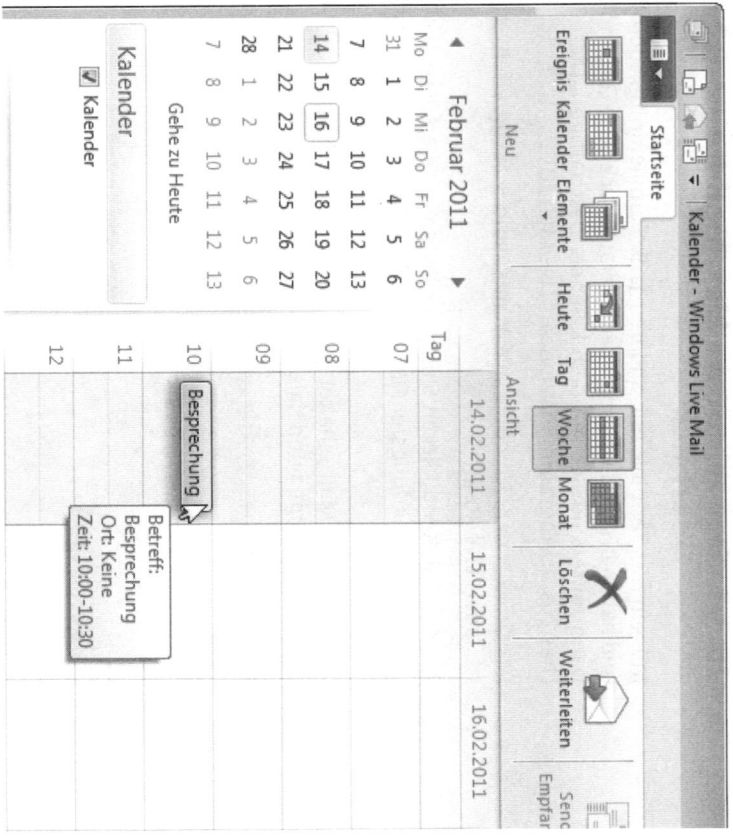

Bild 28.17: Anpassen der Kalenderdarstellung

■ In der rechten Spalte wird der Terminkalender (Terminspalte) eingeblendet. Die Bild 28.16 zeigt die Monatsdarstellung des Kalenders. Durch Anklicken der Schaltflächen *Tag* und *Woche* in der Symbolleiste lässt sich die Kalenderdarstellung zu einer Tages- und Wochenansicht umschalten. In der Tagesdarstellung weist die rechte Spalte nur die Termine des im Kalender angewählten Tages auf. Bei der Wochendarstellung (Bild 28.17) werden alle sieben Wochentage angezeigt. In der Monatsdarstellung erhalten Sie einen Überblick über alle Termine des gewählten Monats.

Wie Sie neue Kalender anlegen, Termine oder Aufgaben eintragen und die Funktionen des Kalenders nutzen, erfahren Sie auf den folgenden Seiten.

TIPP

In der Wochen- oder Monatsansicht bleibt für die Terminspalten nur sehr wenig Raum, sodass Sie die Einträge kaum ablesen können. Zeigen Sie in diesem Fall mit der Maus auf den Termineintrag, blendet der Windows Live Mail-Kalender eine Quickinfo mit den Details des zugehörigen Termins in der Anzeige ein (Bild 28.17).

28.3.2 Navigation im Kalenderblatt

Um Termine abzurufen, können Sie innerhalb der Terminspalte die Termine in der Tages-, Wochen- oder Monatsdarstellung einblenden. Benutzen Sie die vertikale Bildlaufleiste der Terminspalte, um innerhalb der Tagesplanung zwischen den Zeitintervallen (Morgen-, Vormittags-, Nachmittags- und Abendtermine) zu blättern. Der in der linken Navigationsleiste am oberen Rand eingeblendete Kalender (Bild 28.18) ermöglicht Ihnen die Navigation zwischen den Terminen der einzelnen Tage eines Monats oder zwischen Monaten eines Jahres.

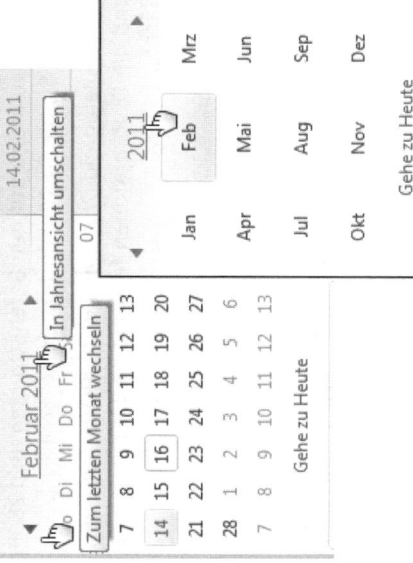

Bild 28.18:   Navigation im Kalender

■ Klicken Sie in der Monatsdarstellung des Kalenderblatts auf einen einzelnen Tag, werden alle diesem Tag zugeordneten Termine in der Terminspalte angezeigt. Dieser Datumseintrag wird durch ein dunkles Rechteck markiert (Bild 28.18, links).

■ Ein dünner Rahmen markiert das aktuelle Datum in der Monatsdarstellung im Kalenderblatt. Klicken Sie unterhalb des Kalenderblatts auf den Hyperlink *Gehe zu Heute* (wird nur eingeblendet, wenn ein anderer Tag als das aktuelle Datum gewählt ist), um direkt zu den Terminen des aktuellen Tagesdatums zu gelangen.

■ Klicken Sie auf die Monatsangabe der Kopfzeile (z.B. »Februar 2011«), wechselt die Kalenderanzeige von der (in Bild 28.18 links gezeigten) Monatsdarstellung zur (in der Bild 28.18 rechts gezeigten) Jahresübersicht. Ein erneuter Klick auf die Kopfzeile des Kalenderblatts wechselt zur Monatsansicht zurück.

■ Über die beiden mit *Zum letzten ... wechseln* (Bild 28.18, links) und *Zum nächsten ... wechseln* beschrifteten Schaltflächen am rechten/linken Rand der Kopfzeile des Kalenderblatts lässt sich zwischen den Monaten und Jahren der eingestellten Kalenderansicht blättern.

Besitzt Ihre Maus ein Rädchen, können Sie durch Drehen zwischen den Tagen des Kalenderblatts blättern.

28.3.3   Einen Terminplan ausdrucken

Nicht immer ist der Zugriff auf den Rechner mit dem Windows Live Mail-Kalender möglich. Sie können aber die Terminpläne für einzelne Tage, Wochen oder Monate ausdrucken:

1. Wählen Sie die *Windows Live Kalender*-Schaltfläche und klicken Sie im eingeblendeten Menü auf den Befehl *Drucken* (Bild 28.19, Hintergrund), oder drücken Sie die Tastenkombination ⎈Strg+P.

2. Legen Sie im Dialogfeld *Drucken* (Bild 28.19, Vordergrund) den Druckzeitraum und die Druckoptionen fest und bestätigen Sie dies über die OK-Schaltfläche.

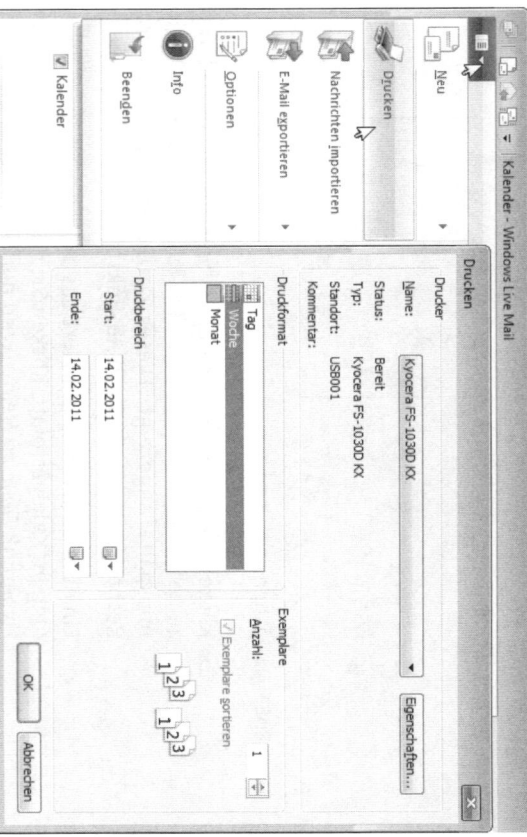

Bild 28.19:   Optionen zum Drucken eines Terminplans

Ähnlich wie beim *Drucken*-Dialogfeld anderer Anwendungen können Sie den Drucker sowie die Zahl der Exemplare wählen. Zusätzlich lässt sich aber das Intervall für den Terminplan über die Einträge *Tag*, *Woche* oder *Monat* in der Rubrik *Druckformat* einstellen.

Der Kalender stellt immer den aktuell gewählten Tag als Druckbereich ein. Bei Bedarf können Sie aber das Start- und Enddatum in der Rubrik *Druckbereich* über die beiden Felder *Start* und *Ende* anpassen. Klicken Sie auf das stilisierte Kalendersymbol am rechten Rand des Felds und wählen Sie das Datum im eingeblendeten Kalenderblatt durch einen Mausklick aus.

28.4   Terminplanung mit dem Kalender

Der Windows Live Mail-Kalender ermöglicht Ihnen, Termine für sich selbst und andere zu führen, abzurufen und abzugleichen. Nachfolgend werden die Funktionen zur Terminverwaltung besprochen.

28.4.1 Kalender neu erstellen und löschen

Standardmäßig legt der Windows Live Mail-Kalender nur ein Kalenderblatt für den Benutzer des aktuellen Kontos an. Müssen Sie Kalender für mehrere Personen (z. B. Mitarbeiter, Chef, Familienmitglieder) führen? Auch dies ist mit wenigen Mausklicks möglich.

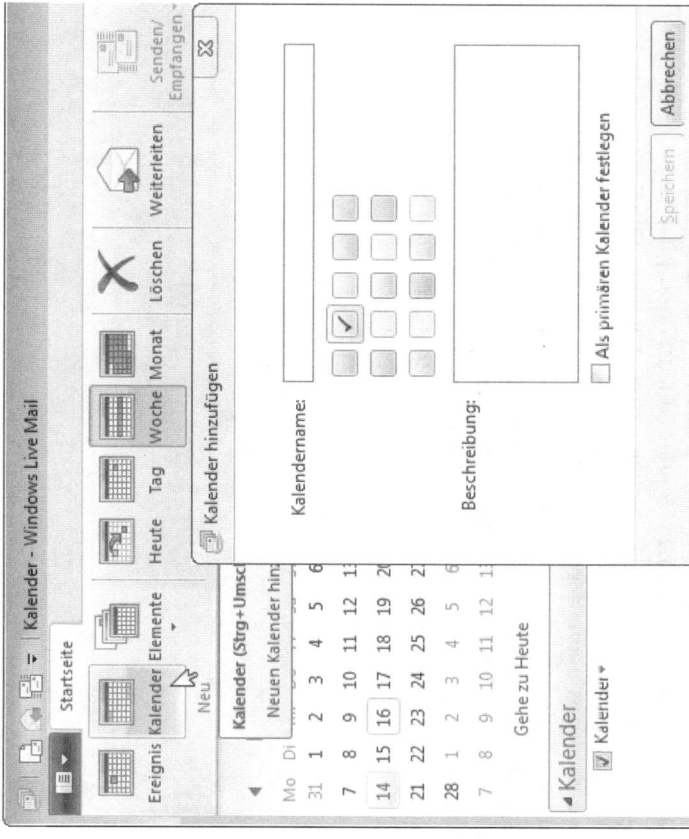

Bild 28.20:   Anlegen eines neuen Kalenders

1. Wechseln Sie ggf. in Windows Live Mail zur Kalenderansicht und klicken Sie auf der Registerkarte *Startseite* des Menübands auf die Schaltfläche *Kalender* (Bild 28.20, Hintergrund).

2. Tippen Sie im eingeblendeten Dialogfeld *Kalender hinzufügen* (Bild 28.20, Vordergrund) einen Namen für den Kalender ein und wählen Sie im Farbfeld die Kalenderfarbe (sinnvoll, falls mehrere Kalender existieren).

3. Zudem können Sie in das Feld *Beschreibung* noch einen kurzen Hinweis auf die Art des Kalenders eintragen sowie ggf. das Kontrollkästchen *Als primären Kalender festlegen* markieren, um diesen Kalender als Standard vorzugeben.

Sobald Sie das Dialogfeld über die *Speichern*-Schaltfläche verlassen, wird ein neuer Eintrag unter dem angegebenen Namen im Abschnitt *Kalender* des Navigationsbereichs geführt. Der Standardkalender wird verwendet, wenn Sie Termine direkt in der Terminspalte eintragen. Markieren Sie das betref-

671

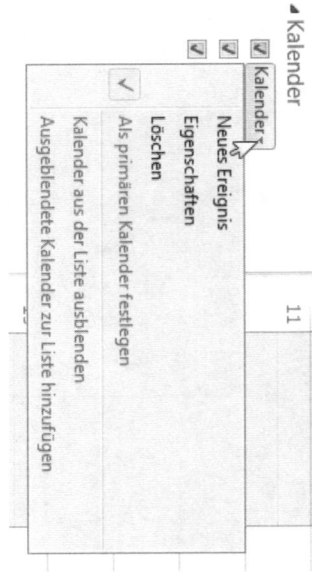

fende Kontrollkästchen in der Rubrik *Kalender*, um die Kalenderdarstellung in der Terminspalte des Kalenderfensters einzublenden. Nur ein Kalender, dessen Kontrollkästchen markiert wurde, ist auch aktiv und ermöglicht, Termine einzutragen. Durch Markieren mehrerer Kalender können Sie Termine mehrerer Personen auf sehr einfache Weise abgleichen (siehe den Abschnitt »28.4.5« weiter hinten in diesem Kapitel).

Bild 28.21:   Menü eines Kalendereintrags

Sie können auf den rechten Rand eines Eintrags in der Rubrik *Kalender* klicken, um das Menü aus Bild 28.21 zu öffnen. Nicht mehr benötigte Kalender entfernen Sie über den Befehl *Löschen*. Um einen Kalendereintrag umzubenennen oder mit einer anderen Farbe zu versehen, klicken Sie im Menü auf den Befehl *Eigenschaften*. Dann erscheint das Dialogfeld aus Bild 28.20, Vordergrund, und Sie können den Kalendernamen sowie die Farbe anpassen. Weitere Befehle ermöglichen, neue Ereignisse in den Kalender einzutragen oder den Kalender auszublenden. Ein ausgeblendeter Kalender lässt sich über den Kontextmenübefehl *Ausgeblendete Kalender zur Liste hinzufügen* eines anderen Kalendereintrags erneut anzeigen.

28.4.2 Neue Termine eintragen

Es gibt im Windows Live Mail-Kalender mehrere Wege, um neue Termine einzutragen. Verwalten Sie nur einen Standardkalender in der Terminspalte, ist es am einfachsten, den betreffenden Termin direkt in die rechte Terminspalte einzutragen.

1. Klicken Sie im Kalenderblatt des Navigationsbereichs auf den gewünschten Tag, um dessen Terminspalte rechts anzuzeigen.

2. Klicken Sie in der Terminseite auf die Anfangszeit des Termins, tippen Sie einen Text ein und drücken Sie die [Enter]-Taste.

Um die Zeitdauer des Termins festzulegen, ziehen Sie einfach den unteren Rand der Terminmarkierung bei gedrückter Maustaste nach unten (Bild 28.22).

Sofern Sie Termine für mehrere Personen verwalten möchten oder falls der Terminplan bereits sehr voll ist und Sie einen Eintrag in ein belegtes Feld einfügen möchten, empfiehlt sich folgende Vorgehensweise.

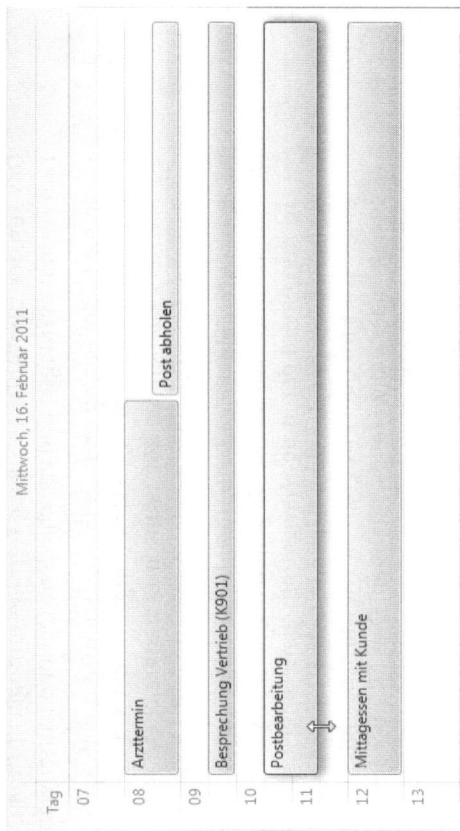

Bild 28.22: Termin direkt in Terminspalte eintragen

1. Schalten Sie die Darstellung der Terminspalte ggf. über die Schaltfläche *Tag* der Registerkarte *Startseite* auf die Tagesanzeige um (dies erleichtert die Terminverwaltung zumindest).

2. Klicken Sie in der Navigationsleiste im Kalenderblatt auf den gewünschten Termin, um dessen Termindarstellung in der Terminspalte einzublenden.

3. Sind mehrere Kalender definiert, klicken Sie in der Rubrik *Kalender* der Navigationsleiste auf den rechten Rand des gewünschten Kalenders und wählen Sie im Menü den Befehl *Neues Ereignis* (Bild 28.21).

4. Anschließend legen Sie im eingeblendeten Fenster (Bild 28.23) die Daten für den Termin fest und klicken abschließend auf die Schaltfläche *Speichern und schließen* der Registerkarte *Ereignis*.

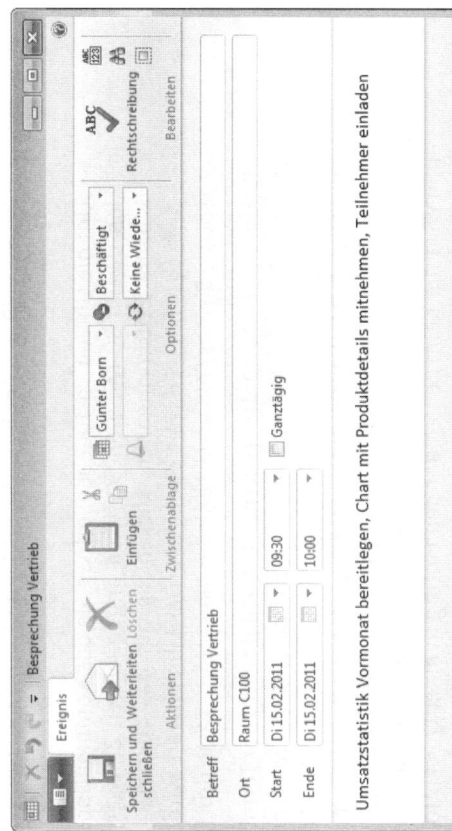

Bild 28.23: Anlegen eines neuen Termins

Das Fenster zum Anlegen neuer Termine ermöglicht Ihnen, einige Details zum Termin abzulegen und verschiedene Optionen auszuwählen.

- In die Felder *Betreff* und *Ort* lässt sich ein Text eintragen, der in der Terminspalte und in der Quickinfo eingeblendet wird. Im unteren Teil des Fensters können Sie auf Wunsch umfangreiche Informationen zum Termin, eine »To-do-Liste« zur Vorbereitung etc. ablegen.

- Das Listenfeld *Kalender auswählen* (enthält hier »Günter Born«) der Gruppe *Optionen* auf der Registerkarte *Ereignis* ermöglicht Ihnen, den Termin einem der in der Navigationsspalte angelegten Kalender zuzuweisen. Über das daneben liegende Listenfeld können Sie dem Termin einen Wert für die Verfügbarkeit wie »Beschäftigt«, »Frei«, »Unter Vorbehalt« oder »Abwesend« zuordnen. Dies hilft bei der Einplanung überschneidender Termine.

Der Windows Live Mail-Kalender versieht den betreffenden Eintrag beim Speichern im Kalender mit der eingestellten Hintergrundfarbe. Wie Sie die Zeiten und wiedergebende Termine einplanen, wird im nachfolgenden Abschnitt gezeigt.

Termininformationen und wiederkehrende Termine eintragen

Im Dialogfeld aus Bild 28.23 lassen sich die Dauer des Termins eintragen und ggf. auch sich wiederholende Termine festlegen. Anfangs- und Schlusszeit für den Termin werden über die beiden Felder *Start* und *Ende* definiert. Der Windows Live Mail-Kalender stellt automatisch die Anfangszeit auf das zuletzt in der Terminspalte angeklickte Zeitintervall. Sie können aber die Zeitdauer eines Termins über die Felder *Start* und *Ende* jederzeit manuell anpassen.

- Klicken Sie auf die Schaltfläche am rechten Rand des Datumsfelds, wird ein Kalenderblatt zum Abrufen des Datums für den Termin angezeigt. Sie können den Termin also auch anderen als den momentan angezeigten Kalenderdaten zuordnen.

- Um die Uhrzeit vorzugeben, öffnen Sie das Kombinationsfeld und wählen den in 30-Minuten-Schritten angegebenen Zeitwert. Möchten Sie kürzere Zeiten angeben, klicken Sie auf das Textfeld und geben die Anfangs- oder Endzeit direkt ein. Der Uhrzeitwert wird übernommen, sobald Sie das Feld verlassen oder die [Enter]-Taste drücken.

Markieren Sie das Kontrollkästchen *Ganztägig*, wird der Termineintrag in der obersten Zeile des Terminkalenders (oberhalb der ersten Uhrzeit) eingetragen. Dies signalisiert einen Termin für den kompletten Tag. Gleichzeitig sperrt der Kalender die Drehfelder zum Anpassen der *Start*- und *Ende*-Zeit für den Termin. Allerdings dehnt der Kalender die Markierung in der Terminspalte nicht entsprechend aus. Die Information über einen ganztägigen Termin wird nur beim Zeigen auf den Eintrag in einer Quickinfo mitgeteilt. Für Terminblocker ist es ggf. besser, den Terminbereich entsprechend durch Ziehen per Maus auch optisch zu kennzeichnen.

Bei einem bereits eingeplanten Termin bewirkt eine Markierung des Kontrollkästchens *Ganztägig* ebenfalls eine Verschiebung an den oberen Rand des Terminbereichs. Leider merkt sich der Terminkalender nicht das vorher festgelegte Intervall. Löschen Sie die Markierung des Kontrollkästchens, wird der Termin für 0:00 Uhr geplant. Sie können einen solchen Termin verschieben, indem Sie das farbige Terminfeld bei gedrückter Maustaste auf der Zeitachse nach unten ziehen. Lassen Sie die Maustaste los, sobald der Termin im richtigen Zeitfenster steht. Bei Bedarf lässt sich die Anfangs- oder Schlusszeit in der Terminspalte durch Ziehen mit der Maus oder über die Felder des Fensters (Bild 28.23) korrigieren. Das Fenster zum Anpassen der Termindetails lässt sich durch einen Doppelklick auf den Termineintrag in der Terminspalte öffnen.

Für zyklische Termine lässt sich ein Wiederholungswert (täglich, wöchentlich, monatlich etc.) über das Listenfeld *Wiederholung* (Bild 28.24, Hintergrund) zuweisen. Wird ein Wiederholungswert gewählt, trägt der Windows Live Mail-Kalender den Termin automatisch im gewählten Intervall in den Terminplan ein. Findet beispielsweise eine tägliche Besprechung statt, können Sie den Anfangs- und Schlusszeitpunkt in der Detailspalte vorgeben und dann den Wert des Listenfelds *Wiederholung* auf *täglich* setzen. Bei einer täglichen Wiederholung wird keine Unterscheidung zwischen Arbeits- und Wochentagen getroffen. Sie können aber den Wert »Jeden Wochentag« einstellen. Stellen Sie den Wert auf »Benutzerdefiniert«, öffnet die Kalenderfunktion das in Bild 28.24 gezeigte Dialogfeld. Dort lässt sich das Wiederholungsintervall in Tagen, Wochen etc. vorgeben. Über die Optionen der Gruppe *Wiederholung beenden* können Sie vorgeben, wann ein sich wiederholender Termin beendet werden soll.

Zum Löschen von Serienterminen wählen Sie den Termineintrag in der Terminspalte per Doppelklick an. Im Dialogfeld *Wiederkehrendes Ereignis bearbeiten* müssen Sie das Optionsfeld *Alle Vorkommen bearbeiten* wählen und die *OK*-Schaltfläche anklicken. Im Dialogfeld aus Bild 28.23 setzen Sie das Wiederholungsintervall einfach auf den Wert »Keine Wiederholung« zurück. Dann handelt es sich nur noch um einen Einzeltermin.

28.4.3 Teilnehmer zu Terminen einladen

Bei Besprechungen ist es u.U. ganz hilfreich, die Teilnehmer einzuladen bzw. anzugeben. Hierzu reicht es, im Fenster zum Eintragen des Termins (Bild 28.25, Hintergrund) die benötigten Termindaten einzutragen und vor dem Speichern des Termins auf die Schaltfläche *Weiterleiten* zu klicken.

Dann öffnet sich das in Bild 28.25, unten, gezeigte Fenster einer neuen E-Mail, in dem bereits die Besprechungsdaten eingetragen sind. Sie brauchen nur noch die gewünschten Teilnehmer in die Felder *An*, *Cc* etc. einzutragen und die E-Mails zu versenden (siehe *Kapitel 27*).

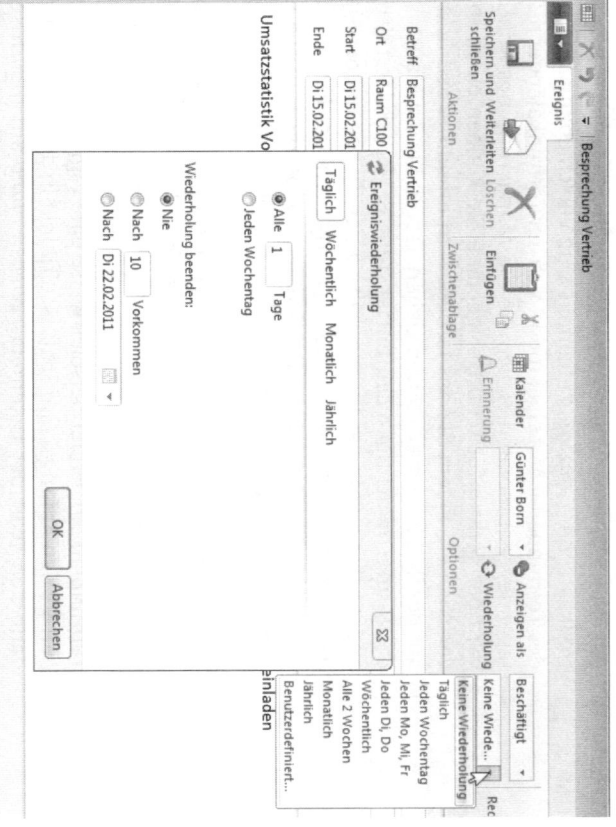

Bild 28.24: Wiederholungsoptionen für Termine

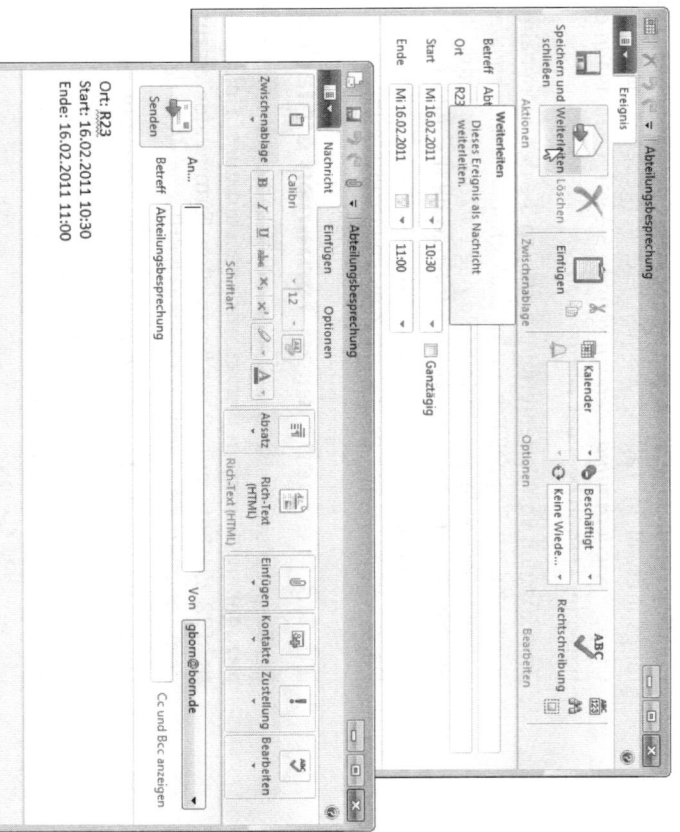

Bild 28.25: Teilnehmer zur Besprechung einladen

28.4.4 Termine verschieben, kopieren und löschen

Gibt es Termine, die Sie nicht mehr benötigen? Oder soll ein Termin auf ein anderes Datum verschoben oder kopiert werden? Dies ist mit wenigen Mausklicks erledigt.

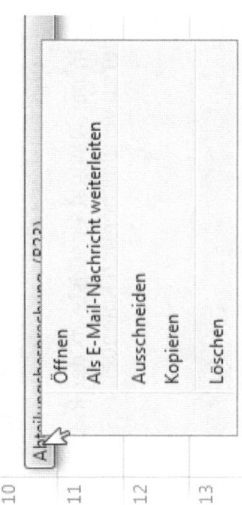

Bild 28.26: Termin bearbeiten

▪ Um einen Termin innerhalb der Terminspalte zu verschieben, ziehen Sie den Termineintrag einfach bei gedrückter linker Maustaste nach oben oder nach unten. Lassen Sie die Maustaste los, wird der Termin auf der Zeitachse für die betreffende Uhrzeit eingetragen.

▪ Zum Löschen klicken Sie den Termineintrag mit der rechten Maustaste an und wählen den Kontextmenübefehl *Löschen* (Bild 28.26).

Möchten Sie einen Termineintrag auf einen anderen Tag verschieben, lässt sich dies mit folgender Schrittfolge erreichen.

1. Klicken Sie den zu verschiebenden Termin in der Terminliste mit der rechten Maustaste an und wählen Sie den Kontextmenübefehl *Ausschneiden* aus (bzw. drücken die Tastenkombination Strg + X).

2. Wählen Sie anschließend im Kalenderblatt der Navigationsspalte den gewünschten Tag mit einem Mausklick an.

3. Dann lässt sich die Terminspalte mit der rechten Maustaste anklicken und der Kontextmenübefehl *Einfügen* wählen. Sie können alternativ auch die Tastenkombination Strg + V drücken.

Jetzt wird der Termin an der aktuellen Uhrzeit unter dem aktuell gewählten Datum eingetragen. Bei Bedarf können Sie den Termin in der Terminspalte durch Ziehen per Maus oder über dessen Einträge im Detailfenster im Terminkalender verschieben.

Um einen Termin zu kopieren, gehen Sie wie beim Verschieben vor, wählen aber statt des Kontextmenübefehls *Ausschneiden* (bzw. statt der Tastenkombination Strg + X) den Befehl *Kopieren* oder drücken die Tastenkombination Strg + C. Der Windows Live Mail-Kalender belässt dann den alten Termin, und Sie haben die Möglichkeit, eine Kopie an ein anderes Datum einzufügen.

28.4.5 Terminabgleich zwischen mehreren Personen

Wer Termine für mehrere Personen verwaltet, muss deren Terminkalender miteinander abgleichen. Im Windows Live Mail-Kalender ist dieser Abgleich sehr leicht möglich:

1. Stellen Sie sicher, dass alle zu vergleichenden Kalender im Windows Live Mail-Kalender aufgeführt werden.

2. Markieren Sie in der Navigationsleiste in der Rubrik *Kalender* die Kontrollkästchen der zu vergleichenden Kalender.

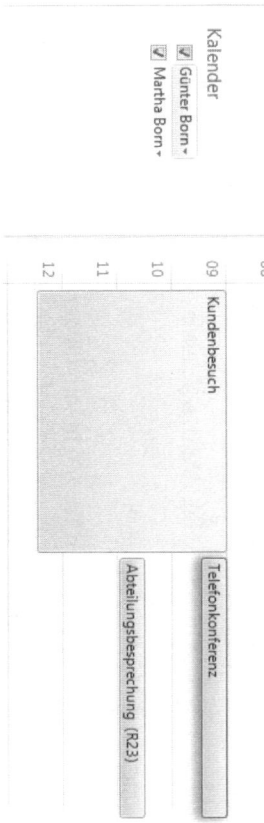

Bild 28.27: Anzeige mehrerer Terminkalender

Wenn Sie dann Daten des Terminkalenders abrufen, zeigt der Windows Live Mail-Kalender die Terminbelegung aller Kalender in der rechten Spalte des Fensters an. Sofern Sie den Kalendern unterschiedliche Farben zugewiesen haben, lassen sich die Termine der einzelnen Personen leicht unterscheiden. Sie sehen sofort, ob Termine frei sind oder ob es zu Überschneidungen kommt (Bild 28.27).

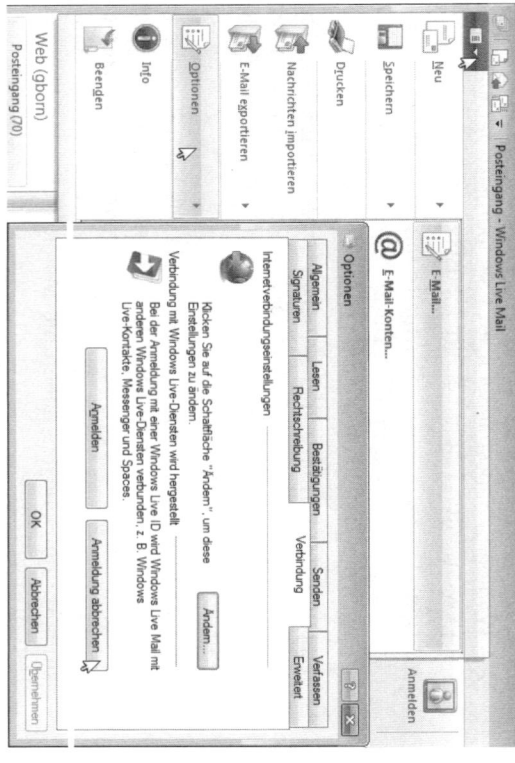

Bild 28.28: Live ID-Anmeldung beenden

Über die Kategorie *Feeds* der Navigationsspalte ist der Zugriff auf abonnierte Feednachrichten möglich. Da der Internet Explorer die RSS-Feedanzeige ebenfalls unterstützt, wird auf die weitere Erörterung dieser Funktion verzichtet. Weiterhin werden die Funktionen von Windows Live Mail durch Microsoft mitunter angepasst. Besitzen Sie ein Live ID-Konto bei Windows Live, können Sie sich über die Schaltfläche *Anmelden* der Registerkarte *Startseite* anmelden. Dann wird auch die Schaltfläche *Erinnerungen* auf der Registerkarte *Startseite* freigegeben. Zwischenzeitlich hat Microsoft aber die früher vorhandene Möglichkeit, anderen Empfängern eine Terminerinnerung zustellen zu lassen, wieder deaktiviert und verweist auf andere Anbieter zur Terminerinnerung. Wegen der sich ändernden Funktionalität verzichte ich an dieser Stelle auf die Beschreibung.

Haben Sie sich einmalig unter der Live ID angemeldet, taucht u.U. bei jedem Start von Windows Live Mail ein Dialogfeld zur Anmeldung am Live ID-Konto auf. Um dieses Dialogfeld bzw. die Anmeldung zu unterbinden, klicken Sie im Menü der WINDOWS LIVE MAIL-Schaltfläche auf den Befehl OPTIONEN und dann auf E-MAIL (Bild 28.28, Hintergrund). Im Eigenschaftenfenster OPTIONEN gehen Sie zur Registerkarte VERBINDUNG und klicken dort auf die Schaltfläche *Anmeldung abbrechen* (Bild 28.28, Vordergrund). Anschließend bestätigen Sie dies in einem weiteren Dialogfeld. Weitere Hinweise auf Probleme, die mit den Windows Live Essentials-Anwendungen auftreten können, finden Sie in diversen Blogartikeln unter http:// blog.borncity.com.

HINWEIS

Netzwerke einrichten und konfigurieren

Rechner lassen sich per Kabel oder Funkverbindung über einen DSL-(W)LAN-Router zu einem Netzwerk zusammenschalten. Dieser Router kann auch einen Internetzugang bereitstellen. Nachfolgend erfahren Sie, wie sich Netzwerke unter Windows 7 in Betrieb nehmen lassen.

29.1 Netzwerkgrundlagen – das sollten Sie wissen

Sofern Sie bisher noch nie etwas mit einem Netzwerk zu tun hatten, können Sie nachfolgend das Wissen zu den Netzwerkgrundlagen erwerben. Dies hilft Ihnen bei der Planung des eigenen Netzwerks.

29.1.1 Netzwerkvarianten im Überblick

Bei Netzwerken können die Rechner auf verschiedene Arten per WLAN-Funknetz oder Kabel zusammengeschaltet werden.

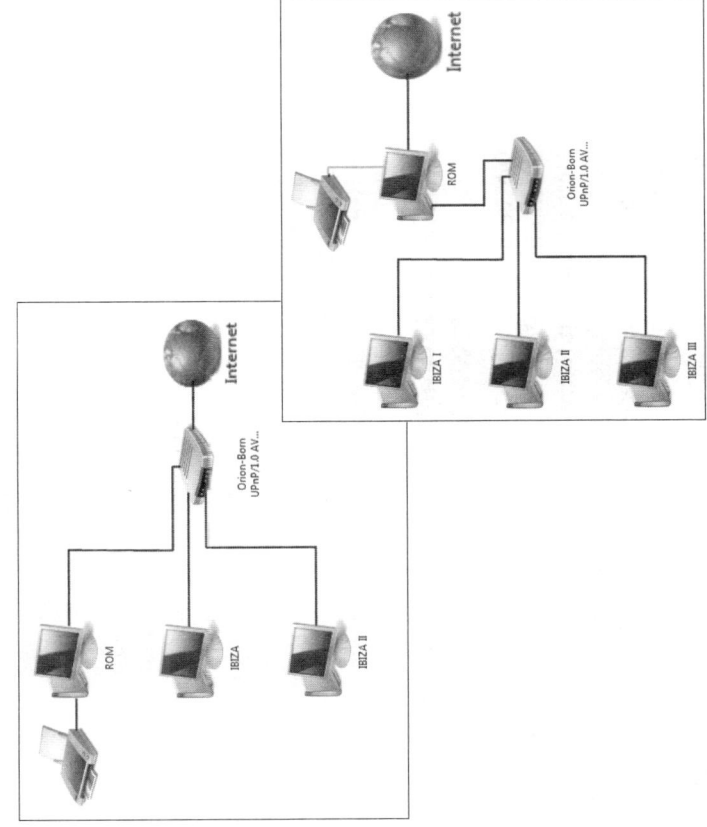

Bild 29.1: Netzwerkvarianten

■ *Arbeitsgruppennetzwerke:* Der einfachste Ansatz besteht darin, die Rechner über Netzwerkkabel oder Funkstrecken mittels eines (W)LAN-Routers zu verbinden (Bild 29.1, oben links). Alle Rechner im Netzwerk sind gleichberechtigte Teilnehmer. Ein Benutzer kann Ressourcen wie Festplatten, Verzeichnisse oder Drucker seines Rechners für andere Anwender im Netzwerk freigeben und auf im Netzwerk freigegebene Ressourcen zugreifen. Man spricht auch von Heim- oder Arbeitsgruppennetzwerken.

■ *Server-Netzwerke:* Der Vorteil der sehr einfach realisierbaren Arbeitsgruppennetzwerke schwindet, je mehr Rechner im Netzwerk vorhanden sind (die Verwaltung wird komplizierter, die Rechner müssen entsprechende Leistung für den Netzwerkverkehr bereitstellen). Bei größeren Netzwerken mit sehr vielen Rechnern und Benutzern ist es erforderlich, die Ressourcen sowie die Zugangskontrolle zentral zu verwalten. In diesem Fall kommen auf Servern basierende Netzwerklösungen zum Einsatz (Bild 29.1, unten rechts). Dann stellt ein Server (in der Abbildung mit dem Namen »ROM« versehen) die gemeinsam benutzbaren Ressourcen (Drucker, Festplatten) bereit, während die anderen Rechner, als Clients bezeichnet, nur auf den Server zugreifen. Dieses Netzwerk ist nur so lange funktionsbereit, wie der Server arbeitet. Weiterhin erhalten nur solche Teilnehmer Zugriff auf den Server, die dort als berechtigte Nutzer aufgeführt sind. Durch eine Benutzer- oder Teilnehmerliste lässt sich also sehr elegant steuern, wer mit den Daten auf dem Server arbeiten darf.

29.1.2 Netzwerkverkabelung und Netzwerkstandards

Windows 7 unterstützt in allen Varianten (also auch Business oder Ultimate) die Funktionen zur Verwaltung eines Arbeitsgruppennetzwerks (Workgroup-Netzwerk). Da moderne Rechner in der Regel einen LAN-Ausgang aufweisen und oft auch mit einem WLAN-Adapter versehen sind, lässt sich mittels der häufig vorhandenen WLAN-DSL-Router eine Vernetzung auf sehr einfache und preiswerte Weise vornehmen. Die Einbindung eines Windows 7 Home Premium-Rechners in eine Netzwerkdomäne mit einem Windows Server 2003/Windows 2008 Server wird dagegen nicht unterstützt – Sie müssen dann auf die Professional- oder Ultimate-Varianten ausweichen.

Die Vernetzung von Computern lässt sich über Kabel oder Funktechnik durchführen. Moderne Rechner sind bereits standardmäßig auf dem Motherboard mit Netzwerkunterstützung ausgestattet und weisen auf der Geräterückseite eine RJ-45-Buchse (Bild 29.2, unten) für Netzwerkverbindungen auf. Ältere Rechner lassen sich ggf. mit einer Netzwerkkarte oder einem WiFi-Drahtlosnetzwerkadapter nachrüsten.

Zur Vernetzung mehrerer Computer über Kabel wird mittlerweile fast ausschließlich die sogenannte Twisted Pair-Verkabelung (10Base2) verwendet, die verdrillte Telefonkabel (CAT-5 UTP-Kabel, maximale Leitungslänge ca. 90 m) benutzt. Für die Twisted Pair-Verkabelung bietet der Handel bereits vorkonfektionierte und ungeschirmte sogenannte Cat-5 UTP-Kabel (UTP steht für Unshielded Twisted Pair) an. Diese besitzen den in Bild 29.2, oben, gezeigten Stecker, der in die RJ-45-Anschlussbuchsen des Netzwerkausgangs passt.

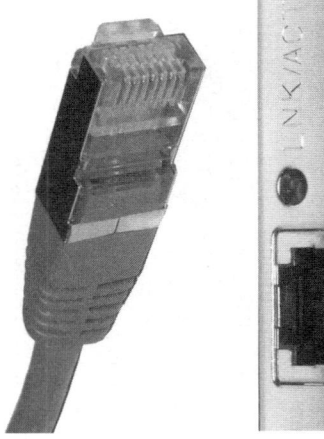

Bild 29.2: RJ-45-LAN-Buchse und RJ-45-Stecker an einem Cat-5 UTP-Kabel

Um lediglich zwei Rechner über Twisted Pair-Kabel miteinander zu vernetzen, können Sie auf sogenannte Crossover-Kabel zurückgreifen. Bei diesen Kabeln sind die Anschlüsse in einem Stecker gedreht. Sie brauchen das Kabel nur in die RJ-45-Buchsen der beiden Rechner einzustecken. Fertig ist die Netzwerkverkabelung.

Bild 29.3: DSL-WLAN-Router mit Funkanschluss (Quelle: AVM)

Um mehr als zwei Rechner zu vernetzen, wird eine sternförmige Verkabelung über CAT-5 UTP-Kabel vorgenommen. Im Knotenpunkt kommt dann ein Koppelelement zum Einsatz, das als passiver Hub, als Switch oder als (W)LAN-Router (Bild 29.3) ausgeführt werden kann. Je nach Netzwerkkarte kann über die Twisted Pair-Verkabelung ein Netzwerk mit 10 Megabit (veraltet), 100 Megabit oder 1 Gigabit Übertragungsgeschwindigkeit aufgebaut werden. Die Angabe 10/100 bei Netzwerkkarten besagt, dass die Karte wahlweise beide Geschwindigkeiten unterstützt. Bei einem gemischten Betrieb, bei dem noch die älteren 10-Megabit-Karten verwendet werden, stellen sich alle Karten im Netzwerk auf diese niedrigere Geschwindigkeit ein.

HINWEIS

Ein Hub ist nichts anderes als ein passiver Knoten, der die sternförmige Verkabelung der Rechner über CAT-5 UTP-Leitungen erlaubt. Alle Datenpakete eines Rechners werden an alle anderen Netzwerkteilnehmer geleitet, was deren Datenlast erhöht und die Übertragungsleistung reduziert. Ein Switch ist eine intelligente Verteilstation, die ebenfalls mehrere Rechner über CAT-5 UTP-Kabel sternförmig miteinander verbindet, Datenpakete aber direkt zwischen Quell- und Zielrechner vermittelt. Ein Router ist eine intelligente Koppelstation zur Vernetzung mehrerer Rechner, wobei eine Verbindung zwischen Netzwerksegmenten (z. B. lokalem LAN und externem Internet) möglich ist. Datenpakete, die an Rechner des internen Netzwerks gehen, werden direkt an die betreffenden Stationen geleitet. Datenpakete an das externe Netzwerk werden entsprechend an dieses Segment weitergeleitet. Faktisch kommen heutzutage nur noch (W)LAN-DSL-Router zur Vernetzung im privaten Bereich zum Einsatz. Der WLAN-Teil ermöglicht Funknetzwerke, während das integrierte DSL-Modem einen Breitband-Internetzugang für alle Rechner des Netzwerks bereitstellt.

Bild 29.4: Koppeladapter für die PowerLine-Technologie (Quelle: Devolo)

Sind die zu vernetzenden Rechner sehr weit auseinander, erfordert eine Verkabelung mit CAT-5 UTP-Kabeln einen gewissen Aufwand. Um die erforderlichen Installationsarbeiten zu vermeiden, bietet – neben anderen Anbietern – die Firma Devolo spezielle Adapter an (Bild 29.4), die eine Netzwerkverbindung über das lokale Stromnetz ermöglichen. Sie brauchen dann nur zwei dieser Koppelstationen in die im jeweiligen Raum vorhandenen Steckdosen zu stecken und dann diese Stationen über CAT-5-Kabel mit den RJ-45-Netzwerkanschlüssen des Rechners zu verbinden. Dann sorgt die Devolo PowerLine-Technik für die Übertragung der Datenpakete über die Stromleitung.

Bild 29.5:   WiFi-WLAN-USB-Adapter

Die zweite, sehr populäre Variante besteht in der Verwendung von Funknetzwerken (auch als WiFi-LAN bezeichnet). Hierbei werden WiFi-LAN-Netzwerkkarten bzw. WLAN-USB-Sticks (Bild 29.5) zur Vernetzung der jeweiligen Rechner benutzt.

HINWEIS

Bei Funknetzwerken gibt es mehrere Standards. Die ältere und langsamere 802.11b-Norm erlaubt eine (theoretische) Übertragungsgeschwindigkeit von 11 Megabit. Moderne WiFi-LAN-Komponenten unterstützen dagegen die 802.11g-Norm, die Übertragungsraten bis zu 54 Megabit zulässt. Zwischenzeitlich sind sogar noch schnellere WLAN-Adapter (802.11n) verfügbar. In der Praxis ist es wichtig, dass die benutzten WiFi-LAN-Adapter und Übertragungskomponenten aufeinander abgestimmt sind. Dies ist bei der 802.11b-Norm faktisch immer gegeben und bei 802.11g gibt es zwischenzeitlich auch kaum noch Probleme mit der Kompatibilität. Beachten Sie auch, dass die praktisch erreichbaren Übertragungsgeschwindigkeiten deutlich unter diesen theoretischen Werten liegen können. Vom Autor durchgeführte Versuche zeigten, dass z.B. bei einer stahlbewehrten Betondecke die Nettodatenübertragungsrate eines 54-Megabit-802.11g-Netzwerks auf unter 1 Megabyte pro Sekunde sinken kann. Der Entwurf 802.11n soll eine Bruttodatenübertragung von bis zu 150 Mbit/Sekunde ermöglichen. Zusätzlich gibt es noch die unter dem Kürzel Bluetooth firmierende Funktechnik, die mehr für Handy- oder PDA-Datenfunk zum Einsatz kommt. Bluetooth ist für Funkstrecken bis 10 Meter und eine Datenrate bis zu 1 Megabit definiert. Es gibt auch Bluetooth-Adapter für PCs, die zum Aufbau eines Minifunknetzwerks einsetzbar sind (siehe Kapitelende).

29.2   Wireless-LAN-Verbindung einrichten

Bei kabelgebundenen Netzwerken müssen Sie lediglich die Rechner mittels Netzwerkkabeln mit dem LAN-Router verbinden, fertig ist die Netzwerkinfrastruktur. Die Inbetriebnahme eines Funknetzwerks (WiFi-LAN) erfordert dagegen mehrere Schritte.

29.2.1   WLAN-Router konfigurieren

In der Regel wird ein WLAN-Router als Zugangspunkt (WLAN-Router) für das Funknetzwerk verwendet. Die einzelnen Rechner nehmen über die Funkstrecke Verbindung zum WLAN-Router auf, der dann die Daten verteilt und den Internetzugang bereitstellt. Die Hersteller statten die Geräte zwar mit einer

Grundkonfiguration aus, sodass diese beim Einschalten funktionsfähig sind. Meist sind aber ein Standardname wie »default«, »devolo« etc. für den Netzwerknamen (SSID, steht für Service Set Identifier) und eine ungesicherte Übertragung voreingestellt. Aus Sicherheitsgründen empfiehlt es sich, die betreffenden Einstellungen bereits bei der Erstinbetriebnahme des WLAN-Routers zu ändern.

HINWEIS

Theoretisch können Sie die Konfigurierung des WLAN-Routers über eine Funkstrecke vornehmen, indem Sie die WLAN-Karte in den Standardeinstellungen belassen und das Webinterface ansprechen. Da Sie aus Sicherheitsgründen die Zugangsdaten des Herstellers im WLAN-Router ändern sollten, kommt es bei diesem Vorgang zu einem Verbindungsabbruch. Da es anschließend Probleme beim erneuten Verbindungsaufbau geben kann, empfiehlt es sich, den WLAN-Router zur Konfigurierung über ein CAT-5-Netzwerkkabel mit einem Rechner zu verbinden.

Die Inbetriebnahme und Konfiguration des WLAN-Routers erfolgt herstellerspezifisch entweder über eine spezielle Konfigurationssoftware oder über den Browser.

- Stellt der WLAN-Router ein Webinterface zur Verfügung, starten Sie den Browser und tippen dann die in den Herstellerunterlagen angegebene Webadresse in das Adressfeld ein (Bild 29.6).

- Unterstützt der WLAN-Router UPnP (Universal Plug and Play), können Sie im Startmenü den Befehl *Computer* anwählen und dann im Navigationsbereich zum Symbol *Netzwerk* wechseln. Taucht das Symbol für den UPnP-Router in der Netzwerkumgebung auf, öffnen Sie dessen Kontextmenü und wählen den Befehl *Gerätewebseite anzeigen*, um die Konfigurationsseite im Browser zu öffnen.

Bei einem per Kennwort abgesicherten Gerät müssen Sie die vom Hersteller vorgegebenen (oder die vom Administrator geänderten) Anmeldedaten eintippen. Anschließend sollte eine Webseite mit den Konfigurationsoptionen des WLAN-Routers erscheinen, und Sie können die WLAN-Einstellungen vornehmen (Bild 29.6). Details zur Konfigurierung und zur Absicherung des WLAN-Routers gegen unbefugte Nutzung finden Sie in der Herstellerdokumentation sowie in den nachfolgenden Abschnitten.

HINWEIS

Aus Sicherheitsgründen sollten Sie in den Konfigurationsdialogen das herstellerspezifische Kennwort abändern. Verwenden Sie ein Kennwort, das von Dritten nicht so einfach erraten werden kann (z.B. »Swmd7Z« als Synonym für »Schneewittchen mit den sieben Zwergen«).

- Standardmäßig gibt das Gerät einen Funkkanal vor, auf dem der WLAN-Router sendet und empfängt. Kommt es zu Interferenzen mit einer Nachbar-WLAN-Station, setzen Sie den Funkkanal um drei Stufen hoch oder herunter. Fall Sie Probleme mit dem WLAN-Zugang an Notebooks haben, verwenden Sie versuchsweise die Kanäle 1 bis 9 (höhere Kanalnummern führen manchmal zu Problemen).

■ Legen Sie ggf. den Übertragungsmodus des WLAN-Routers auf die von den Geräten benötigten Funkstandards (z. B. 802.11g+b oder 802.11n) fest. Bei der Einstellung »802.11g+b« kann der WLAN-Router automatisch die Geschwindigkeit für Geräte anpassen.

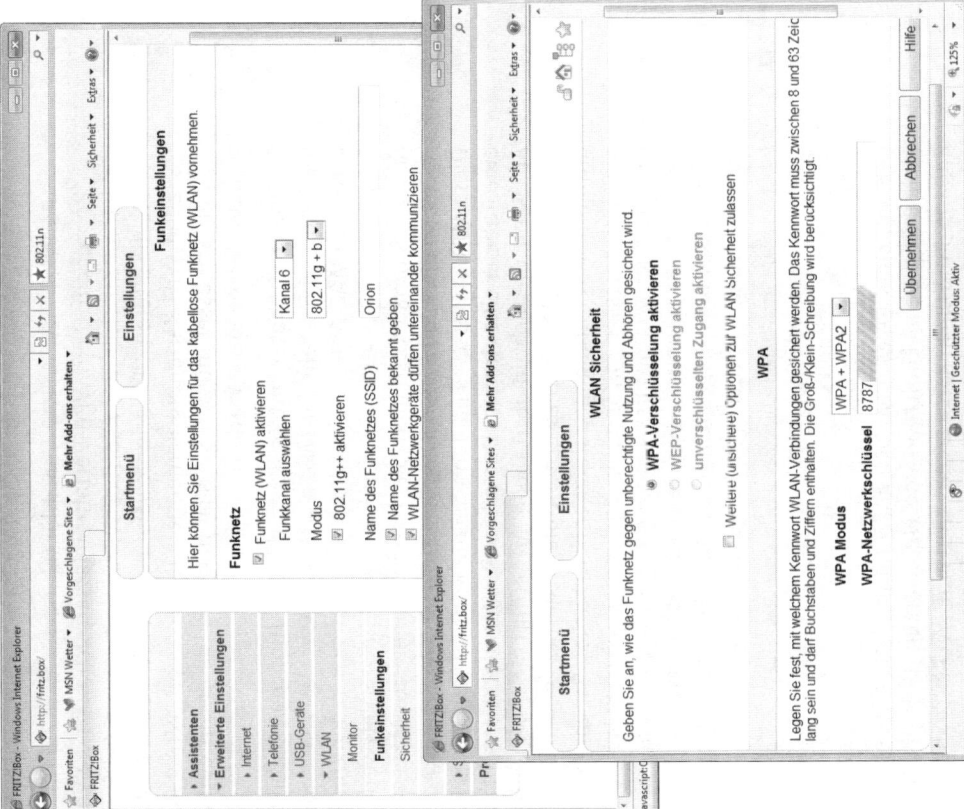

Bild 29.6:   Webseiten zur Konfigurierung des WLAN-Routers

■ Ändern Sie auch den Netzwerknamen (SSID) so ab, dass er keinen direkten Rückschluss auf die Art des Funknetzwerks zulässt. Das häufig empfohlene Abschalten der Bekanntgabe des Netzwerknamens (SSID-Broadcasting) ist in meinen Augen wenig hilfreich. Versteckte Netzwerke lassen sich mit geeigneten Mitteln durchaus für »Einbruchsversuche« aufspüren, schaffen andererseits Probleme für den regulären Betreiber. So lässt sich z. B. nicht mehr erkennen, wenn zwei WLAN-Stationen auf dem gleichen Kanal senden und sich so gegenseitig stören.

■ Der Zugriff auf den WLAN-Router ist (schon aus Gründen der sogenannten Störerhaftung bei Missbrauch durch Dritte) durch eine Verschlüsselung zu schützen. Die Übertragung der Daten zwischen den Teilnehmern des Funknetzes lässt sich mit den Methoden WEP (Wireless Equivalent Privacy), WPA (WiFi Protected Access) oder WPA2 absichern. Da eine WEP-Verschlüsselung leicht geknackt werden kann, stellen Sie die WPA- bzw. WPA2-Verschlüsselung für den Zugriff auf den WLAN-Router ein. Beim WPA-Verfahren lassen sich noch die Verschlüsselungsvarianten TKIP und AES (bei WPA2) verwenden. Bei Problemen sollten Sie die ältere TKIP-Variante versuchen, da AES bzw. WPA2 noch nicht auf allen WiFi-Karten implementiert ist. Den vom WLAN-Router angezeigten Schlüssel müssen Sie sich notieren, da er auf den anzubindenden Geräten benötigt wird.

Die meisten Router unterstützen die Filterung der Datenpakete über die MAC-Adressen (steht für Media Access Code) der verwendeten Netzwerkkarte. Die MAC-Adresse eines Rechners lässt sich in der Windows-Netzwerkübersicht als Quickinfo abrufen (siehe Abschnitt »Netzwerkübersicht anfordern«). Alternativ können Sie Informationen zu MAC-Adressen und IP-Adressen über den Befehl ipconfig /all in der Eingabeaufforderung ermitteln. Diese MAC-Adressen sind dann bei der Konfigurierung des WLAN-Routers in eine Tabelle einzutragen. Der WLAN-Router blockt anschließend alle MAC-Adressen, die nicht in der Tabelle aufgeführt sind, bei Verbindungsaufnahmen über WLAN ab. Dies erhöht die Sicherheit gegen versehentliches Eindringen Dritter und gegen Gelegenheitshacker. Beachten Sie aber, dass sich die MAC-Adressen mit Spezialprogrammen fälschen lassen. Aus Praxiserfahrung rate ich von der Verwendung einer MAC-Filterung ab. Zu häufig sind mir Fälle vorgekommen, wo Leute stunden- oder tagelang nach Fehlern beim WLAN-Zugang gesucht haben und dass die »vor langer Zeit« aktivierte MAC-Filterung schlichtweg in Vergessenheit geraten war.

29.2.2 WLAN-Verbindung unter Windows 7 herstellen

Eine der Funktionen, die mich an Windows 7 richtig begeistern, ist die Vereinfachung beim Einrichten von Netzwerken. Dies gilt besonders für den Zugang zu WLAN-Netzwerken. Um eine WLAN-Drahtlosverbindung zwischen einem Windows 7-Rechner (z. B. Notebook) und einem WLAN-Zugangspunkt (WLAN-Router, Hotspot) herzustellen, gehen Sie folgendermaßen vor.

1. Klicken Sie im Infobereich der Taskleiste auf das Symbol des Drahtlosnetzwerkadapters (Bild 29.7, unten).

Alternativ können Sie auch den Befehl Verbindung zu einem Netzwerk herstellen im Netzwerk- und Freigabecenter wählen (siehe Bild 29.19). Dann sollten in der geöffneten Palette alle gefundenen Funknetzwerke auftauchen (Bild 29.7, rechts).

Taucht Ihr WLAN-Router nicht in der Liste auf, prüfen Sie bitte, ob am WLAN-Router die Funknetzfunktion und die Bekanntgabe des Netzwerknamens eingeschaltet sind. Findet der Rechner keine Funknetzwerke, prüfen Sie, ob der WLAN-Adapter am Notebook eingeschaltet ist und ob die Treiber für den WLAN-Adapter korrekt installiert sind. Kommt keine Verbindung zustande, überprüfen Sie den benutzten WLAN-Kanal und ob ein MAC-Filter die Datenübertragung blockiert. Gelegentlich sind auch veraltete WLAN-Treiber die Ursache für Verbindungsprobleme. Ist das Funksignal sehr schwach oder kommt es häufig zu Verbindungsabbrüchen? Stahlbetondecken oder wasserhaltige Holz- und Gipskartonwände schwächen das Funksignal stark. Störungen ergeben sich durch Funktelefone, andere WLAN-Stationen, die auf dem gleichen Kanal senden sowie Mikrowellen etc. Sie müssen ggf. einen anderen Standort suchen, die Störquellen beseitigen oder den WLAN-Kanal wechseln. In meinen Blogs http://gborn.blogger.de/ und http://blog.borncity.com finden Sie mehrere Artikel, die sich mit Fragen zur Netzwerkeinbindung unter Funknetzwerken unter verschiedenen Plattformen befassen und in den Tipps zur Fehlersuche zu finden sind.

TIPP

Zeigen Sie auf einen der angezeigten Einträge für Funknetzwerke, blendet Windows 7 eine QuickInfo mit den Kenndaten (Netzwerkname, Signalstärke, Funktyp, Verschlüsselung) ein (in Bild 29.7, rechts, als Montage hinzugefügt). Die Signalstärke lässt sich an den grünen stilisierten Balken erkennen.

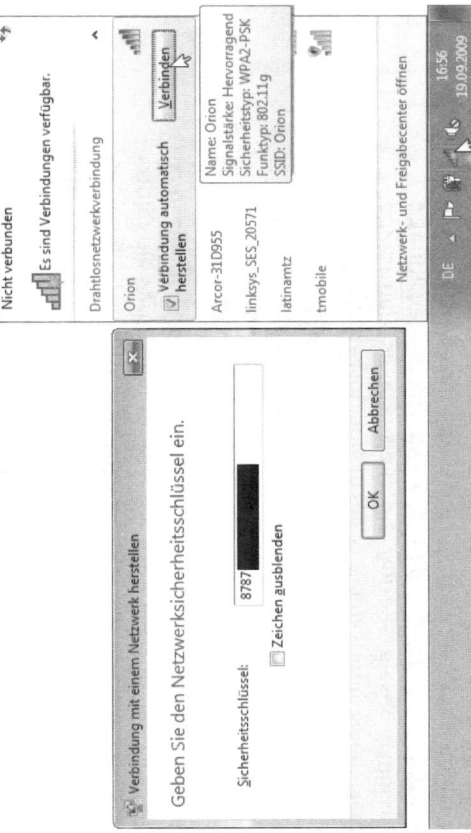

Bild 29.7: Zugriff auf ein WLAN-Netzwerk

2. Klicken Sie in der eingeblendeten Liste der Verbindungen auf den Eintrag für das gewünschte Funknetzwerk.

3. Setzen oder löschen Sie ggf. die Markierung des Kontrollkästchens *Verbindung automatisch herstellen* (Bild 29.7, rechts), um die Verbindung automatisch herzustellen, und klicken Sie danach auf die *Verbinden*-Schaltfläche.

Windows versucht, die Drahtlosnetzwerkverbindung aufzubauen. Handelt es sich um eine abgesicherte Verbindung und ist der Netzwerkschlüssel unbekannt, erscheint das in Bild 29.7, links, gezeigte Dialogfeld.

4. Tragen Sie den Netzwerkschlüssel in das Feld *Sicherheitsschlüssel* (Bild 29.7, links) ein und klicken Sie auf die Ok-Schaltfläche.

Der Netzwerkschlüssel entspricht dem Wert, der am WLAN-Router für den Zugang festgelegt wurde (siehe Bild 29.6, unten). Die Verschlüsselungsmethode (WPA, WPA2 etc.) ermittelt Windows 7 selbsttätig. Bei korrekt eingegebenem Netzwerkschlüssel wird eine Verbindung zum WLAN-Router aufgebaut. Ist das Kontrollkästchen zum automatischen Verbinden markiert, stellt Windows 7 später die WLAN-Verbindung automatisch her, sobald das Notebook in die Nähe des Zugangspunkts kommt.

Wenn Sie das Ordnerfenster *Computer* öffnen und über die Navigationsleiste zum Eintrag *Netzwerk* wechseln, können Sie über eine Schaltfläche der Symbolleiste des Ordnerfensters das Netzwerk- und Freigabecenter öffnen. Klicken Sie in der Aufgabenleiste (linke Spalte) des Netzwerk- und Freigabecenter auf den Befehl *Drahtlosnetzwerke verwalten* (siehe z. B. Bild 29.11), erscheint eine Liste aller bereits definierten WLAN-Verbindungen. Bei Bedarf können Sie Einträge mit einem Rechtsklick anwählen und diese über den Kontextmenübefehl *Netzwerk entfernen* löschen. Dies ist hilfreich, wenn ein Netzwerkschlüssel oder der Netzwerkname geändert wurde oder ein Netzwerk nicht mehr verfügbar ist.

29.2.3 Besonderheiten bei Hotspot-Verbindungen

Bei einem öffentlichen WLAN-Zugangspunkt (als Hotspot bezeichnet) erfolgt die Verbindungsaufnahme per WLAN mit den gleichen Schritten wie beim eigenen Drahtlosnetzwerk. Allerdings gibt es einige Besonderheiten.

■ Aus Sicherheitsgründen sollten Sie das Kontrollkästchen zur automatischen Verbindungsaufnahme unmarkiert lassen. Stellen Sie die WLAN-Verbindung manuell her, um sicherzugehen, dass Sie nicht unbeabsichtigt online sind.

■ Da öffentliche Hotspots in der Regel nicht mit einem Netzwerkschlüssel abgesichert sind, entfällt die Abfrage dieses Schlüssels. Ein solches öffentliches Funknetzwerk ist ungesichert, d. h., Dritte können sowohl Ihre übertragenen Daten aufzeichnen als ggf. auch per Funk auf Ihren Rechner zugreifen.

■ Windows markiert ungesicherte WLAN-Verbindungen mit einem stilisierten gelben Schild mit schwarzem Ausrufezeichen in der Netzwerkliste. Windows 7 informiert Sie bei Anwahl der Verbindung durch einen entsprechenden Hinweis (Bild 29.8, rechts) in der Verbindungsliste über die unsichere Verbindung.

■ Wenn die ungesicherte Verbindung durch Anklicken der *Verbinden*-Schaltfläche aufgebaut werden soll, zeigt Windows u.U. das in Bild 29.8, oben im Hintergrund, sichtbare Dialogfeld. Sie müssen dann erneut durch Anklicken des Befehls *Trotzdem verbinden* bestätigen, dass Sie wirklich eine Verbindung zu einem ungesicherten Netzwerk eingeben möchten.

■ Um zu verhindern, dass Dritte über das Funknetzwerk auf die Freigaben der Festplatte ihres Notebooks zugreifen können, fragt Windows im Dialogfeld *Wählen Sie einen Ort* (Bild 29.8, unten links) den gewünschten Ort aus. Klicken Sie bei einem ungesicherten öffentlichen Netzwerk auf die Option *Öffentliches Netzwerk*. Dies bewirkt, dass Windows in der Firewall das entsprechende Profil für den Standort wählt, bei dem standardmäßig die Datei- und Druckerfreigabe für das Netzwerk deaktiviert ist.

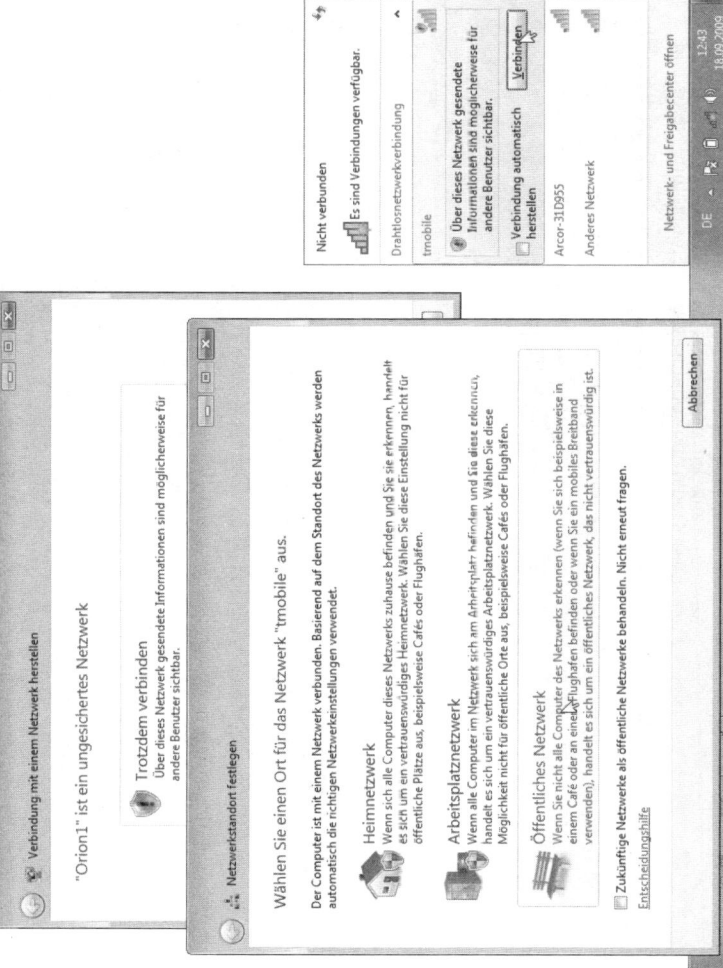

Bild 29.8:   Zugriff auf ein öffentliches WLAN-Netzwerk

 TIPP   Gelegentlich dauert es, bis eine Funkverbindung in der Liste der Verbindungen auftaucht. Sie können aber die Schaltfläche *Aktualisieren* in der rechten oberen Ecke der Palette mit den Funknetzwerken (Bild 29.8, rechts) klicken, um eine neue Suche zu starten.

ACHTUNG

Achten Sie bei der Nutzung der ungesicherten Internetverbindung darauf, dass bei Eingabe von sensiblen Daten in Internetformulare (z. B. Internet-banking, Kennwortdialoge zur Anmeldung an E-Mail-Konten etc.) immer eine sichere SSL-Verbindung (Anzeige des Vorspanns *https:* in der Adress-zeile statt *http:*) im Browser benutzt wird. Dann werden zumindest die Daten SSL-verschlüsselt zum Anmeldeserver übertragen.

Die Betreiber eines Hotspots beschränken den Zugriff auf das Internet auf einen »berechtigten Benutzerkreis«. Beim Aufruf der ersten Internetseite im Browser erscheint daher meist die Startseite des Hotspot-Anbieters mit einem Formular zur Eingabe der Benutzerkennung.

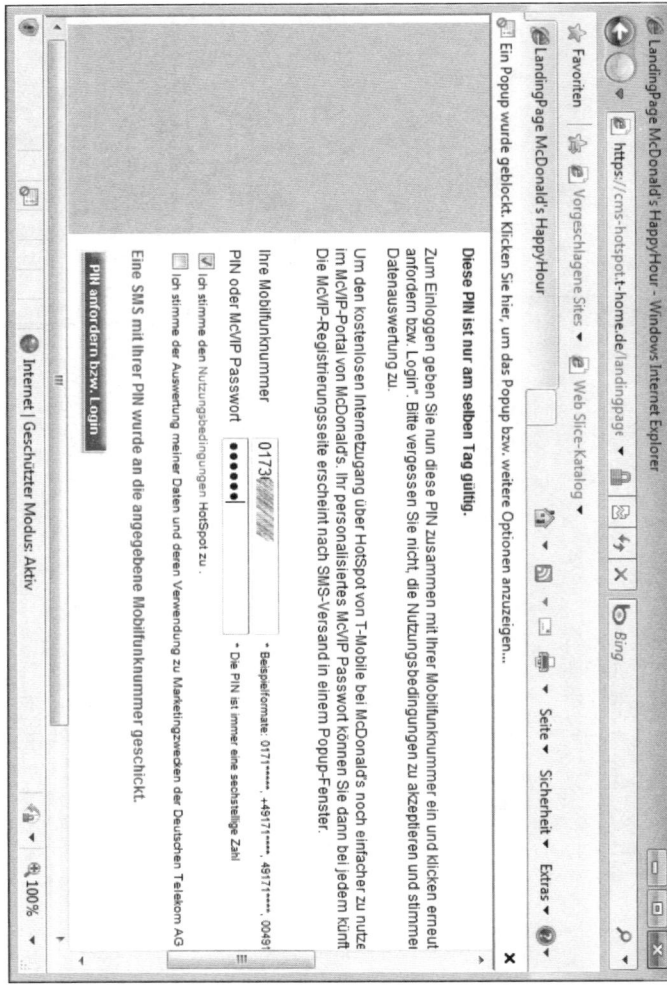

Bild 29.9:   Anmeldeseite eines Hotspot-Betreibers

Die Bild 29.9 zeigt die Anmeldeseite eines McDonald's-Hotspots, in die Sie eine Handynummer eintragen können. Über den per SMS auf das Handy übermittelten Freigabecode lässt sich dann eine Stunde kostenlos surfen. Erst bei erfolgreicher Anmeldung gelangen Sie ins Internet.

HINWEIS

Bei Hotels oder Cafés erfragen Sie die Zugangsdaten beim Betreiber, der auch die Modalitäten der Bezahlung vor Ort regelt. Erkundigen Sie sich beim Anbieter eines Hotspots nach den Zugangsmodalitäten. Bei kosten-pflichtigen Hotspots sollten Sie nachfragen, wie die Verbindungsgebühren abgerechnet werden und was eine Zeit- oder Volumeneinheit kostet.

29.2.4 Drahtlosverbindung zum WLAN-Zugriffspunkt trennen

Möchten Sie die Drahtlosverbindung wieder trennen (z. B. nach einer Anmeldung an einem Hotspot)? Gehen Sie in folgenden Schritten vor.

1. Klicken Sie im Infobereich der Taskleiste auf das Symbol für das Drahtlosnetzwerk und wählen Sie dann den Eintrag für die aktive Verbindung aus.

2. Wählen Sie die beim Eintrag für die aktive Verbindung eingeblendete Schaltfläche *Trennen* (Bild 29.10).

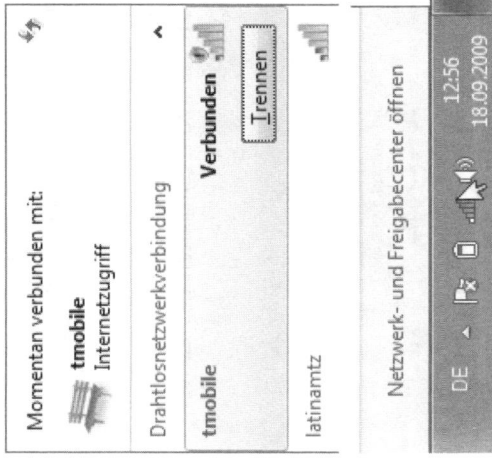

Bild 29.10: Trennen einer WLAN-Verbindung

Beim Arbeiten mit dem eigenen, abgesicherten WLAN-Netzwerk können Sie genauso vorgehen, obwohl eine Trennung dort eigentlich nicht erforderlich ist.

TIPP

Da WLAN-Strecken potenziell unsicher sind, empfiehlt es sich, unbenutzte WLAN-Geräte zu deaktivieren. Am Notebook findet sich meist eine Tastenkombination zum Abschalten des WLAN-Adapters. Am WLAN-Router gibt es eine Taste oder eine Option in den Konfigurationsseiten. Bei akkubetriebenen Geräten hat dies zudem den Vorteil, dass die Stromaufnahme sinkt, Sie also länger mobil bleiben. Zudem senkt es in allen Fällen die Strahlenbelastung durch die WLAN-Sendestationen. Im stationären Bereich empfehle ich daher, aus Gesundheits- und Sicherheitsgründen auf WLAN zu verzichten und gleich auf eine LAN-Verkabelung für das Heimnetzwerk zu setzen.

29.2.5 Ad-hoc-Netzwerk einrichten

Als Ad-hoc-Netzwerk wird die Verbindung zweier Rechner durch eine Draht-
losstrecke bezeichnet. Um diese Konfiguration einzurichten, gehen Sie auf
dem als »Server« fungierenden Rechner in folgenden Schritten vor.

1. Öffnen Sie (z. B. über das Startmenü) das Ordnerfenster *Computer* und
   wählen Sie im Navigationsbereich das Symbol *Netzwerk* an. Klicken Sie
   anschließend in der Symbolleiste des Ordnerfensters auf die Schaltfläche *Netzwerk- und Freigabecenter*.

2. Im unteren Bereich des dann geöffneten Netzwerk- und Freigabecenter
   (Bild 29.11) wählen Sie den Link *Neue Verbindung oder neues Netzwerk
   einrichten*.

3. Im Startdialogfeld des Assistenten (Bild 29.12, unten) ist der Befehl *Ein
   drahtloses Ad-hoc-Netzwerk (Computer-zu-Computer) einrichten* anzuwählen.

4. Anschließend klicken Sie auf die *Weiter*-Schaltfläche, um die weiteren
   Schritte des Assistenten zum Einrichten des aktiven Rechners im Ad-
   hoc-Netzwerk zu durchlaufen.

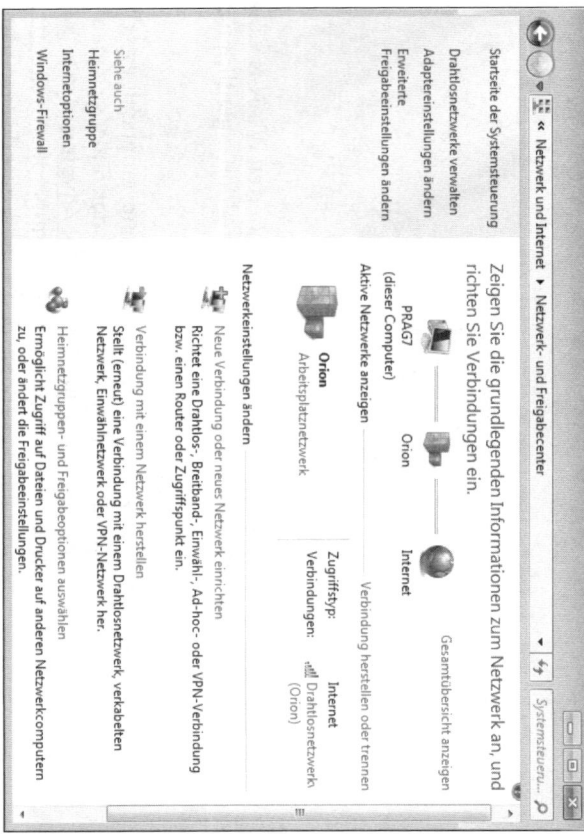

Bild 29.11: Netzwerk- und Freigabecenter

5. Sobald das in Bild 29.12, oben, gezeigte Dialogfeld des Assistenten
   erscheint, tragen Sie die benötigten Informationen ein.

6. Anschließend klicken Sie auf die *Weiter*-Schaltfläche, um die restlichen
   Dialogfelder zu durchlaufen, und beenden den Assistenten über die eingeblendete *Schließen*-Schaltfläche.

Im Dialogschritt aus Bild 29.12, oben, tragen Sie einen beliebigen Namen für das Ad-hoc-Netzwerk ein. Zudem müssen Sie den Sicherheitstyp sowie den Sicherheitsschlüssel eintragen. Als Sicherheitstyp lässt sich bei Ad-hoc-Netzwerken die einfache WEP-Verschlüsselung verwenden. Der Sicherheitsschlüssel darf nur exakt 5 oder 13 Buchstaben bzw. Ziffern aufweisen. Sicherer ist die Verschlüsselung mit »WPA2-Personal«.

HINWEIS

Bei WEP kann die Verschlüsselung entweder auf 64 Bit oder auf 128 Bit eingestellt werden. Abhängig von dieser Einstellung muss die Schlüssellänge 5 Zeichen (64-Bit-Schlüssel) oder 13 Zeichen (bei 128-Bit-Schlüssel) gewählt werden. Es empfiehlt sich, die 128-Bit-Verschlüsselung zu wählen, um die Entschlüsselung der WEP-Übertragung zumindest zu erschweren.

Zudem können Sie über ein Kontrollkästchen angeben, ob die Verbindung dauerhaft zu speichern ist. Wenn Sie den Rechner ausschließlich im Ad-hoc-Modus betreiben, können Sie die Speicherung wählen. Bei gemischtem Betrieb über WLAN- und Ad-hoc-Verbindungen verzichte ich aber auf die Speicherung, um keine unnötigen WLAN-Verbindungsprofile anzulegen.

Nach den obigen Schritten geht der betreffende Rechner in eine Art »Server-Mode« und fungiert gegenüber fremden Rechnern wie ein WLAN-Zugriffspunkt. Dabei wird der vergebene Netzwerkname ausgesendet und der Rechner wartet auf einen Verbindungsversuch eines anderen WLAN-Rechners.

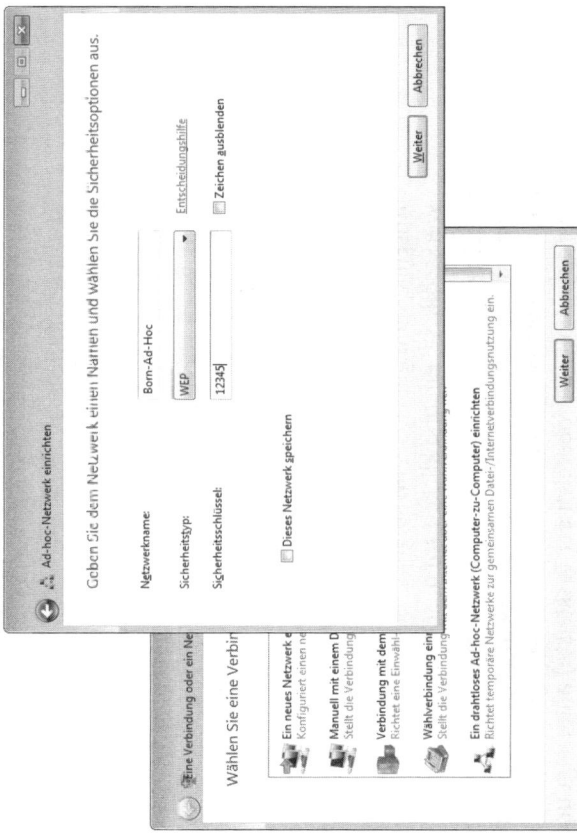

Bild 29.12:   Ad-hoc-Drahtlosnetzwerk einrichten

Um einen zweiten Rechner mit dem Ad-hoc-Netzwerk zu verbinden, gehen Sie wie bei der Verbindungsaufnahme zu einem normalen WLAN-Netzwerk vor (siehe vorhergehende Abschnitte). Sobald Sie die Auswahlliste mit den gefundenen Netzwerken über das zugehörige Symbol im Infobereich der Taskleiste öffnen, sollte das Ad-hoc-Netzwerk aufgeführt sein. Sie können dieses dann anwählen, die *Verbinden*-Schaltfläche anklicken und den am »Server« vergebenen WEP-Schlüssel eingeben. Wenn Sie anschließend ein Heimnetzwerk oder ein Arbeitsgruppennetzwerk einrichten und die Netzwerkfreigabe aktivieren (siehe folgende Abschnitte und *Kapitel 30*), sollte sich auf die Laufwerke, Drucker und ggf. die Internetfreigabe des jeweils anderen Rechners zugreifen lassen.

HINWEIS

Über das Dialogfeld *Wählen Sie eine Verbindungsoption aus* (Bild 29.12, unten) können Sie auch eine VPN-Verbindung (Virtual Private Network) zu einem VPN-Server einrichten. Diese Schritte werden hier aus Platzgründen nicht behandelt.

29.2.6 Zugang zu versteckten WLANs einrichten

Auf den vorhergehenden Seiten hatte ich den Hinweis gegeben, dass die Aussendung des Netzwerknamens am WLAN-Router nicht ausgeschaltet werden sollte. Dann lässt sich das Funknetzwerk finden und der Zugang konfigurieren. Falls Sie sich mit einem WLAN-Zugangspunkt verbinden müssen, an dem der Netzwerkname nicht angezeigt wird, gehen Sie folgendermaßen vor.

1. Öffnen Sie die Auswahlliste der Netzwerkverbindungen über das Netzwerksymbol der Taskleiste und klicken Sie auf den Eintrag *Anderes Netzwerk* (Bild 29.8).

Alternativ können Sie auch wie beim Einrichten eines Ad-hoc-Netzwerks vorgehen (siehe vorhergehenden Abschnitt) und im Fenster des Netzwerk- und Freigabecenter auf den Befehl *Neue Verbindung oder neues Netzwerk einrichten* (Bild 29.11) klicken. Dann erscheint ebenfalls die Auswahlliste mit den gefundenen Netzwerkverbindungen und Sie können auf den Eintrag *Anderes Netzwerk* klicken.

2. Im Dialogfeld des Verbindungsassistenten (Bild 29.13, oben) tippen Sie den Namen des betreffenden Funknetzwerks ein und klicken Sie auf die *Ok*-Schaltfläche.

3. Anschließend geben Sie im Folgedialogfeld (Bild 29.13, unten) den Netzwerkschlüssel ein und klicken auf die *Ok*-Schaltfläche.

Jetzt sollte die Verbindung zum Funknetzwerk aufgebaut werden. Sind Netzwerkname und -schlüssel korrekt, wird anschließend die Verbindung unter dem Netzwerknamen in der Verbindungsliste (aufrufbar über das Netzwerksymbol im Infobereich der Taskleiste) angezeigt und lässt sich wie andere WLAN-Verbindungen trennen.

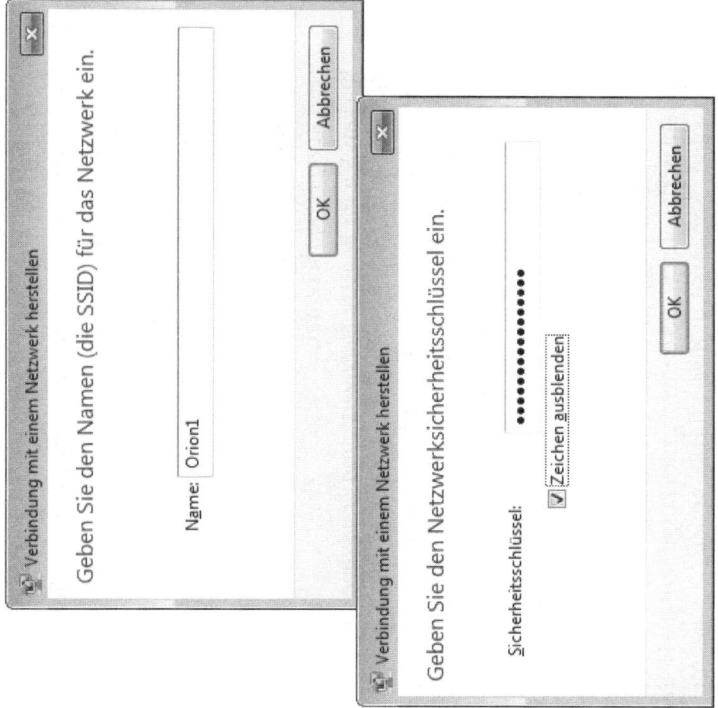

Bild 29.13: Anmeldeinformationen für ein verstecktes Netzwerk eingeben

29.3 **Das Netzwerk als Heimnetzgruppe einrichten**

Sobald Sie Ihre Rechner korrekt verkabelt oder per Funknetzwerk verbunden haben, lassen sich diese unter Windows 7 zu einer Heimnetzgruppe verbinden. Nachfolgend wird gezeigt, wie dies funktioniert und was dabei zu beachten ist.

29.3.1 **Erstinbetriebnahme des LAN-Netzwerks**

Um zwei oder mehr Rechner mit LAN-Kabeln zu einem (Heim-)Netzwerk zu verbinden, installieren Sie ggf. die Netzwerkkarten samt Treibern gemäß den Angaben der Hersteller. Zusätzlich müssen Sie die Verkabelung zwischen den Rechnern und der Koppelstation (Hub, Switch oder Router) herstellen. Sobald die Hardware samt Treibern korrekt eingerichtet und verkabelt ist, schalten Sie den ersten Rechner ein. Dann erkennt Windows 7 die Netzwerkkarte und richtet bereits eine Grundkonfiguration für das Netzwerk ein. Sie können dann die Optionen für das Heim- oder Arbeitsgruppennetzwerk gemäß den nachfolgenden Ausführungen bestimmen. In weiteren Schritten werden die restlichen Rechner für den Netzwerkbetrieb vorbereitet und in das Netzwerk integriert.

29.3.2   Eine Heimnetzgruppe einrichten

Die Funktion der Heimnetzgruppe wurde neu in Windows 7 eingeführt, um die Vernetzung einiger Rechner im Privatbereich stark zu vereinfachen. Windows 7 übernimmt weitgehend die Verwaltung der Netzwerkfunktionen, sobald ein Rechner einer Heimnetzgruppe zugeordnet wurde. Zum Betrieb einer Heimnetzgruppe müssen Sie diese auf dem ersten Rechner unter Windows 7 anlegen. Hier die Schritte, um das Ganze möglichst einfach zu halten.

1. Öffnen Sie das Startmenü, geben Sie in das Suchfeld den Begriff »Netz« ein und klicken Sie dann im Startmenü auf den angezeigten Befehl *Netzwerk- und Freigabecenter*.

2. Klicken Sie im Fenster *Netzwerk- und Freigabecenter* auf den Hyperlink der Gruppe *Aktive Netzwerke anzeigen* (Bild 29.14, oben) und wählen Sie im Dialogfeld *Netzwerkstandort festlegen* den Eintrag *Heimnetzwerk* (Bild 29.14, unten).

Der letzte Schritt muss durch die Sicherheitsabfrage der Benutzerkontensteuerung bestätigt werden. Wird dieser Schritt erfolgreich beendet, richtet Windows 7 den Rechner und dessen Netzwerkfunktionen automatisch für das Heimnetzwerk ein.

In weiteren Schritten müssen Sie nur noch festlegen, was andere Teilnehmer der gleichen Heimnetzgruppe auf Ihrem Rechner sehen (d. h. verwenden) dürfen. Zudem ist das Netzwerkkennwort zum Zugriff auf die Heimnetzgruppe zu ermitteln und zu notieren, da dieses für alle anderen Teilnehmer benötigt wird.

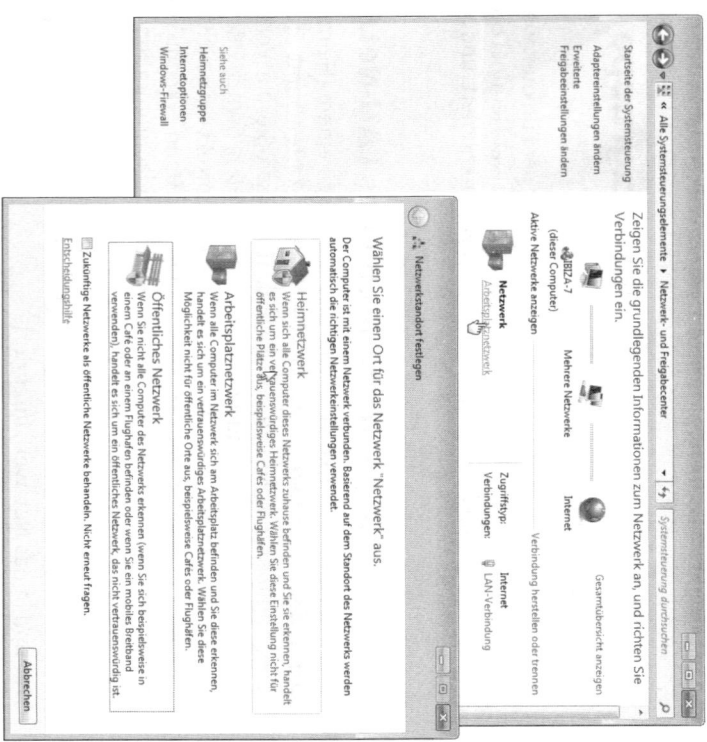

Bild 29.14:   Rechner zur Heimnetzgruppe hinzufügen

3. Markieren Sie hierzu im Dialogfeld des Einrichtungsassistenten (Bild 29.15, unten) die Kontrollkästchen der freizugebenden Objekte und blättern Sie über die *Weiter*-Schaltfläche zum nächsten Schritt.

4. Wenn das in Bild 29.15, oben rechts, gezeigte Dialogfeld erscheint, müssen Sie den von Windows angezeigten Sicherheitscode notieren und dann auf die *Fertig stellen*-Schaltfläche klicken.

In einer Heimnetzgruppe können Sie über das Dialogfeld aus Bild 29.15, unten, durch Markieren oder Löschen der Kontrollkästchen die eigenen Bibliotheken für Bilder, Musik, Dokument und Videos für den gemeinsamen Zugriff im Netzwerk freigeben. Eine Markierung des Kontrollkästchens *Drucker* ermöglicht Dritten, im Heimnetzwerk auf die an Ihrem Rechner angeschlossenen Drucker zuzugreifen und dort zu drucken. Damit sind die Heimnetzgruppe und der erste Rechner des Heimnetzwerks eingerichtet und arbeitsbereit.

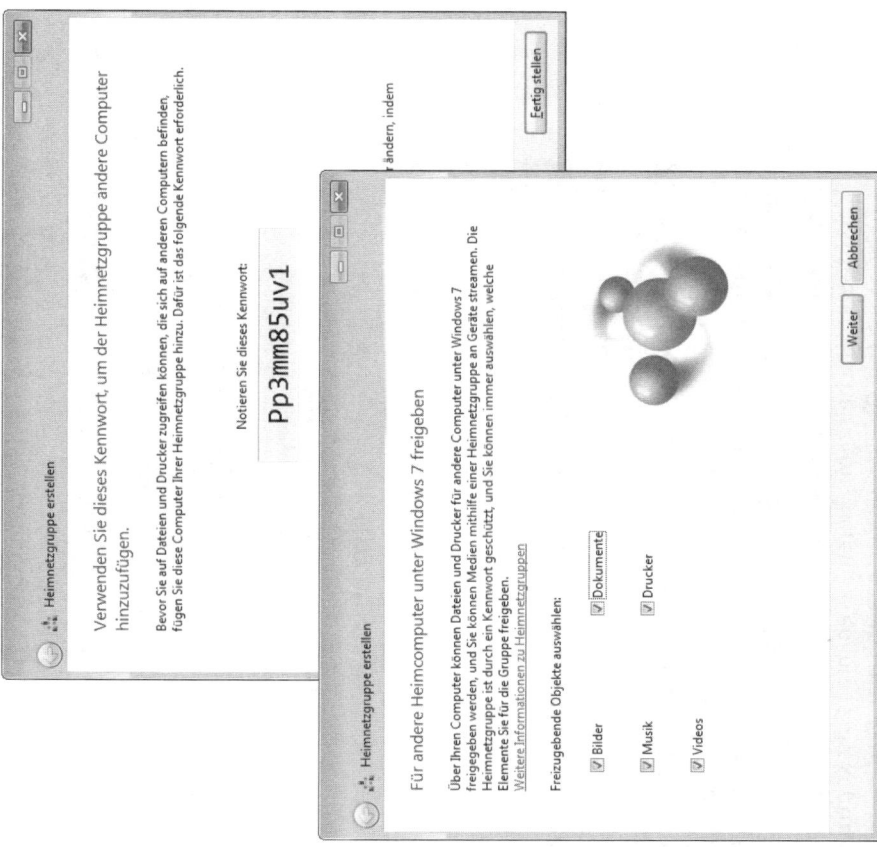

Bild 29.15: Freigaben erteilen und Netzwerkkennwort ermitteln

Ist als Netzwerkstandort »Heimnetzwerk« eingestellt, haben Sie die Rechner aber zwischenzeitlich aus dieser Gruppe entfernt (siehe Abschnitt »Heimnetzgruppe verlassen und anpassen«)? Dann können Sie im Fenster *Netzwerk- und Freigabecenter* (Bild 29.19) den Befehl *Heimnetzgruppen- und Freigabeoptionen ändern* anklicken. Es erscheint das Dialogfeld aus Bild 29.16, in dem Sie die Schaltfläche *Heimnetzgruppe erstellen* anwählen müssen. Dann startet der Assistent zum Einrichten und führt Sie über die in Bild 29.15 gezeigten Dialogfelder durch die Einrichtung der Heimnetzgruppe. Bei einem Rechner, dessen Standort auf »Öffentliches Netzwerk« oder »Arbeitsplatznetzwerk« steht, blendet Windows nur einen Hinweis ein, dass auf dem Computer keine Verbindung zu einer Heimnetzgruppe hergestellt werden kann und die Netzwerkadresse des Computers auf »Privat« umzustellen sei. Sie können dann den Befehl *Heimnetzgruppen-Problembehandlung* anwählen oder die oben beschriebenen Schritte zur Änderung des Netzwerkstandorts auf »Heimnetzwerk« befolgen.

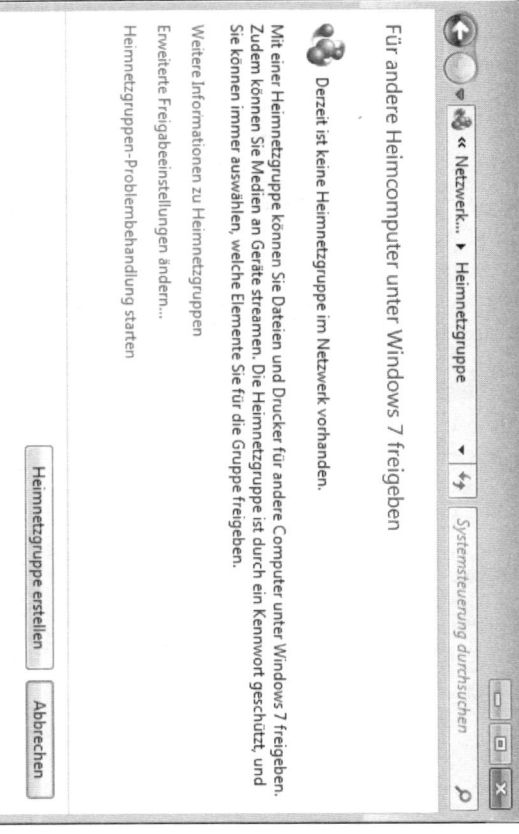

Bild 29.16:   Heimnetzgruppe erstellen

29.3.3   Rechner zur Heimnetzgruppe hinzufügen

Grundsätzlich lassen sich nur Rechner mit Windows 7 zu einer Heimnetzgruppe verbinden. Um einen zweiten Windows 7-Rechner zum Netzwerk hinzuzufügen, führen Sie auf diesem die obigen Schritte 1 bis 3 aus.

1. Wenn in Schritt 3 das Dialogfeld aus Bild 29.15, unten, des Einrichtungsassistenten erscheint, markieren Sie ebenfalls die Kontrollkästchen der freizugebenden Objekte und gehen mit der *Weiter*-Schaltfläche zum nächsten Schritt über.

Windows 7 wird das Netzwerk nach anderen Stationen des Heimnetzwerks durchsuchen. Sind bereits Heimnetzgruppenteilnehmer vorhanden, geht es mit folgenden Schritten weiter.

2. Sobald das Dialogfeld *Heimnetzgruppen-Kennwort eingeben* (Bild 29.17) erscheint, müssen Sie den Sicherheitscode für das Heimnetzwerk eingeben.

3. Wird das korrekte Kennwort eingegeben, tritt der Rechner bei Anwahl der *Weiter*-Schaltfläche der Heimnetzgruppe bei und Sie können das nächste Dialogfeld über die *Fertig stellen*-Schaltfläche schließen.

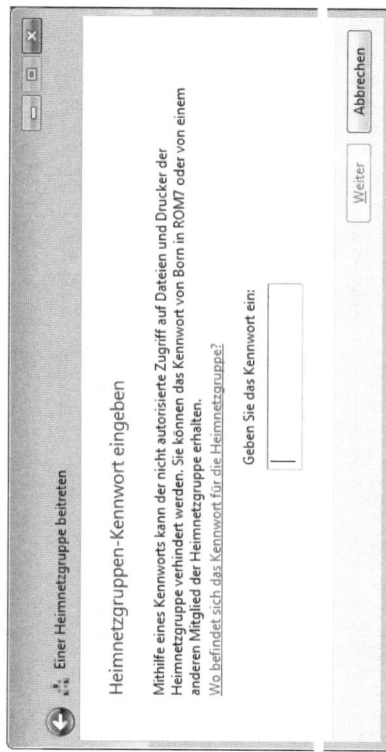

Bild 29.17:   Heimnetzgruppen-Kennwort eingeben

Zum Zugriff auf freigegebene Ordner anderer Rechner reicht es, im Navigationsbereich eines Ordnerfensters die Ordnerkategorie *Heimnetzgruppe* zu suchen. Anschließend können Sie zum gewünschten Rechner und zu den angezeigten Ordnern navigieren. Wirklich ganz einfach (siehe auch *Kapitel 30*).

> Sie können im Ordnerfenster *Computer* das Symbol *Heimnetzgruppe* anwählen. Ist der Rechner noch nicht Teil einer Heimnetzgruppe, lässt sich im Inhaltsbereich die Schaltfläche *Jetzt beitreten* anwählen und dann das Kennwort in das Dialogfeld aus Bild 29.17 eingeben. Zudem finden Sie im Fenster *Netzwerk- und Freigabecenter* die Kategorie *Verbindungen herstellen oder trennen*. Ist der Netzwerkstandort auf *Heimnetzwerk* festgelegt, lassen sich dort in der Zeile *Heimnetzgruppe* als Hyperlinks ausgeführte Befehle wie *Zum Beitreten verfügbar* oder *Beitreten* anwählen. Dann erscheinen Dialogfelder, über die Sie einer Gruppe beitreten oder die Freigaben überprüfen können.

HINWEIS

29.3.4 Heimnetzgruppe verlassen und anpassen

Windows 7 ermöglicht den Betrieb einer Heimnetzgruppe neben einem Arbeitsgruppennetzwerk. Es gibt aber sicherlich Fälle, wo der Rechner aus einer Heimnetzgruppe herausgenommen werden soll – und es ist denkbar, dass Sie die Einstellungen der Heimnetzgruppe unter Windows 7 anpassen möchten.

701

1. Tippen Sie in das Suchfeld des Startmenüs den Text »Netz« ein und klicken Sie anschließend auf den angezeigten Befehl *Netzwerk- und Freigabecenter*.

2. Im Fenster *Netzwerk- und Freigabecenter* (Bild 29.19) klicken Sie den Befehl *Heimnetzgruppen- und Freigabeoptionen auswählen*.

Windows öffnet ein Dialogfeld *Heimnetzgruppen-Einstellungen ändern* (Bild 29.18), über welches Sie die in der Heimnetzgruppe freigegebenen Bibliotheken und Drucker einsehen sowie die Einstellungen der Heimnetzgruppe ändern können.

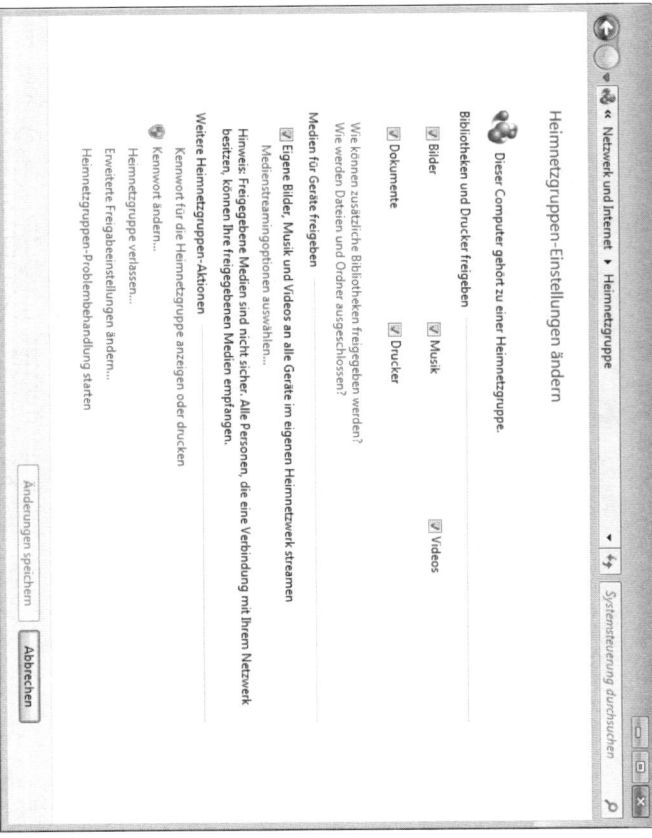

Bild 29.18: Einstellungen der Heimnetzgruppeneinstellungen verwalten

■ Haben Sie das Kennwort vergessen, klicken Sie im Abschnitt *Weitere Heimnetzgruppen-Aktionen* auf den Link *Kennwort für die Heimnetzgruppe anzeigen oder drucken*.

■ Gefällt Ihnen das von Windows vergebene Kennwort nicht, klicken Sie auf den Befehl *Kennwort ändern*, bestätigen die Abfrage der Benutzerkontensteuerung, wählen im Folgedialog den Befehl *Kennwort ändern*. Dann lässt sich im nächsten Dialogfeld ein neues Kennwort eintippen und über die *Weiter*-Schaltfläche aktivieren.

■ Wählen Sie im Abschnitt *Weitere Heimnetzgruppen-Aktionen* den Befehl *Heimnetzgruppe verlassen*, können Sie in einem zweiten Dialogfeld über verschiedene Befehle bestimmen, ob Windows 7 die Heimnetzgruppe verlassen soll oder ob lediglich die Freigaben zu ändern sind.

Die Änderungen an den Einstellungen der Heimnetzgruppe und die Freigabe der Bibliotheken können einige Sekunden dauern. Dann werden (z. B. nach Anwahl der Schaltfläche *Änderungen speichern*) die Kontrollkästchen zur Bibliotheksfreigabe gesperrt und es erscheint ein Hinweis im Dialogfeld, dass gerade die Freigaben angepasst werden. Dieser Zustand sollte aber spätestens nach 30 Sekunden beendet sein und die Darstellung aus Bild 29.18 erscheint erneut. Falls es Schwierigkeiten mit dem Beitritt zur Heimnetzgruppe gibt, wählen Sie den Befehl *Heimnetzgruppen-Problembehandlung starten* und überlassen Windows 7 das Anpassen der Konfiguration.

29.4   Netzwerke mit Arbeitsgruppen einrichten

Um ggf. mehr Kontrolle über Netzwerkfreigaben zu haben, können Sie auch ein Arbeitsgruppennetzwerk einrichten. Dieses ermöglicht zudem, andere Rechner mit Windows XP oder Windows Vista zu integrieren. Voraussetzung ist, dass Sie Ihre Rechner korrekt verkabelt oder per Funknetzwerk verbunden haben. Dann wird Windows 7 die Netzwerkfunktionen automatisch einrichten und den Rechner zu einer bestehenden Arbeitsgruppe hinzufügen. Nachfolgend wird gezeigt, wie Sie bestimmte Einstellungen anpassen und vorgehen, wenn das Netzwerk nicht funktioniert.

29.4.1   Einstellungen im Netzwerk- und Freigabecenter überprüfen

Bei der ersten Inbetriebnahme verwendet Windows 7 Standardeinstellungen für das Netzwerk (z. B. den Arbeitsgruppennamen »WORKGROUP«). Nicht immer wird das automatische Einrichten des Netzwerks klappen. Wird der Windows 7-Rechner z. B. zu einem bereits vorhandenen Netzwerk hinzugefügt, sind ggf. einige Anpassungen erforderlich. Um die Einstellungen zu überprüfen oder anzupassen, müssen Sie das Netzwerk- und Freigabecenter öffnen.

1.   Tippen Sie in das Suchfeld des Startmenüs den Text »Netz« ein und klicken Sie anschließend auf den angezeigten Befehl *Netzwerk- und Freigabecenter*.

2.   Im Fenster *Netzwerk- und Freigabecenter* (Bild 29.19) können Sie die Netzwerkkonfiguration einsehen und über die eingeblendeten Befehle anpassen.

Das Fenster des Netzwerk- und Freigabecenter (Bild 29.19) ist so etwas wie das Regiezentrum zur Analyse und Verwaltung Ihres Netzwerks. Sie finden im oberen Teil des Fensters eine Netzwerkdarstellung in grafischer Form. Diese zeigt die Verbindungen, die vom eigenen Computer zum Netzwerk und ggf. zum Internet möglich sind. Im unteren Teil des Netzwerk- und Freigabecenter finden Sie noch verschiedene Befehle, um Netzwerkeinstellungen des Netzwerks anzupassen.

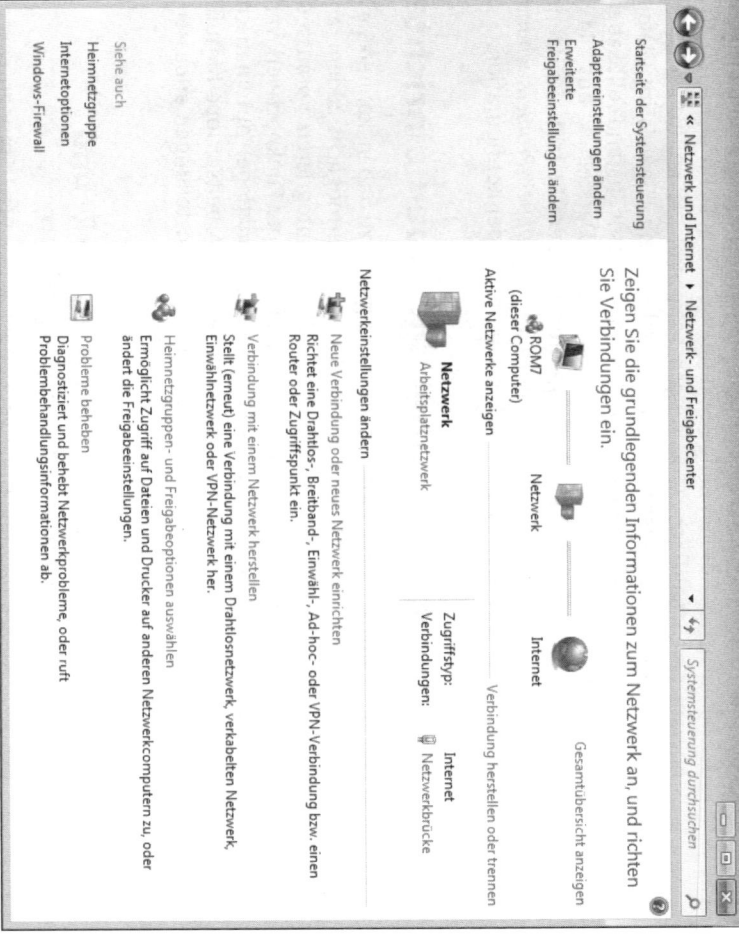

Bild 29.19:   Netzwerk- und Freigabecenter

- Über *Neue Verbindungen oder neues Netzwerk einrichten* starten Sie den Assistenten (siehe z. B. Bild 29.12, unten, im Abschnitt »Ad-hoc-Netzwerk einrichten«), über den Sie WLAN-, VPN- und Einwahlverbindungen konfigurieren können.

- Der Befehl *Verbindung mit einem Netzwerk herstellen* öffnet die Verbindungsübersicht (Bild 29.7, rechts). Diese Übersicht lässt sich aber einfacher durch Anklicken des Netzwerksymbols im Infobereich der Taskleiste einblenden.

- Der Befehl *Heimnetzgruppen- und Freigabeoptionen ändern* öffnet ein Dialogfeld (Bild 29.18), über welches Sie die in der Heimnetzgruppe freigegebenen Bibliotheken und Drucker einsehen sowie die Einstellungen der Heimnetzgruppe ändern können.

- Der Befehl *Probleme beheben* startet den Diagnoseassistenten, der in verschiedenen Schritten eine Reparatur defekter Netzwerkverbindungen versucht. Gegenüber früheren Windows-Versionen ist dieser Assistent recht leistungsfähig und hat hier in einem mehrmonatigen Betrieb die meisten Fehlkonfigurationen in meinen Testnetzwerken aufgedeckt und teilweise durch Zurücksetzen der Netzwerkadapter oder Anfordern neuer IP-Adressen vom DHCP-Server des WLAN-Routers reparieren können.

Über die Befehle der Aufgabenleiste des Netzwerk- und Freigabecenter können Sie zudem die Adaptereinstellungen einsehen und ändern sowie auf die erweiterten Freigabeeinstellungen zugreifen. Die betreffenden Funktionen werden in den folgenden Abschnitten besprochen. Beachten Sie aber, dass zum Verändern von Netzwerkeinstellungen Administratorrechte erforderlich sind. Arbeiten Sie unter einem Standardbenutzerkonto, fragt die Benutzerkontensteuerung den Namen und das Kennwort eines Administratorkontos ab. Zudem erfordern einige Änderungen, dass der Rechner anschließend neu gestartet wird.

Netzwerkübersicht anfordern

Die grafische Darstellung des Netzwerks im oberen Bereich des Netzwerk- und Freigabecenter (siehe Bild 29.19) ist nicht nur ein nettes Gimmick, sondern ermöglicht Ihnen den direkten Zugriff auf bestimmte Informationen. Doppelklicken Sie auf das Symbol des Rechners, öffnet sich das Ordnerfenster *Computer*. Ein Doppelklick auf das Netzwerksymbol öffnet das Ordnerfenster *Netzwerk* und mit dem Doppelklick auf das angezeigte Symbol *Internet* erscheint das Fenster des Internet Explorers.

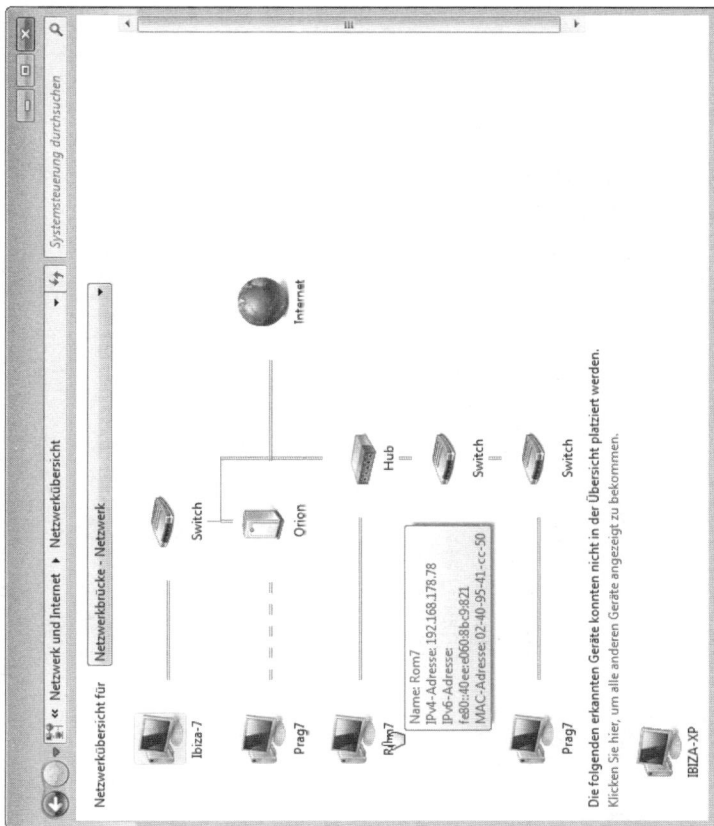

Bild 29.20: Netzwerkübersicht

■ Klicken Sie auf den Hyperlink *Gesamtübersicht anzeigen*, öffnet Windows das in Bild 29.20 gezeigte Fenster *Netzwerkübersicht*. Dort wird eine grafische Übersicht über das gesamte Netzwerk eingeblendet. Sie sehen also sofort, ob alle Netzwerkgeräte erkannt werden.

■ Zeigen Sie auf eines der eingeblendeten Symbole, erscheint eine Quick-Info mit Details zum betreffenden Netzwerkelement. Über diese Quick-Info erfahren Sie z. B. die IP- und MAC-Adressen der betreffenden Komponenten. Ein Mausklick auf ein Symbol öffnet das zugehörige Ordner- oder Browserfenster.

Tauchen Windows XP-Rechner am unteren Rand als Einzelsymbole in der Netzwerkübersicht auf? Dann müssen Sie die LLTD-Protokollerweiterung von der Microsoft-Website www.microsoft.com herunterladen. Unter http://www.borncity.com/blog/2008/08/13/lltd-protokoll-unter-windows-xp-sp3-installieren/ gehe ich in meinem Blog auf Möglichkeiten und Probleme des LLTD-Protokolls ein.

Beachten Sie aber, dass diese Netzwerkübersicht standardmäßig nur für Netzwerkübersicht auf? Dann müssen Sie die LLTD-Protokollerweiterung XP-Rechner werden nur korrekt in die Übersicht integriert, wenn das benötigte Protokoll (Link-Layer Topology Discovery (LLTD)) zur Verbindungsschicht-Topologieerkennung installiert ist. Gelegentlich kann auch ein Windows 7-Rechner kurzzeitig am unteren Rand der Übersicht auftauchen. Dann sind die Netzwerkdienste noch nicht vollständig hochgefahren, sodass die Topologieabfrage über das betreffende Protokoll scheitert.

Netzwerkstandort ändern

In der Kategorie *Aktive Netzwerke anzeigen* des Netzwerk- und Freigabecenter werden der momentane Netzwerkstandort sowie der automatisch zugeteilte Name des Netzwerks aufgelistet. Bei Verwendung eines WLAN-Routers wird der Name des Netzwerks ggf. von dem eingestellten SSID-Netzwerknamen abgeleitet. Der Netzwerkstandort signalisiert, ob sich der Rechner in einer Heimnetzgruppe, in einer Arbeitsgruppe oder in einem öffentlichen Netzwerk (z. B. Zugriff auf einen Hotspot) befindet. Der Netzwerkstandort beeinflusst das von Windows in der Firewall benutzte Profil. Die Geräteerkennung und Freigaben sollten nur in privaten Heimnetzwerken und Arbeitsgruppen eingeschaltet sein. Ist der Rechner Teilnehmer eines öffentlichen Netzwerks, werden diese Funktionen standardmäßig durch die Windows-Firewall vor Zugriffen über das Internet blockiert.

Über den Hyperlink der Gruppe *Aktive Netzwerke anzeigen* (Bild 29.19) können Sie das Dialogfeld *Netzwerkstandort festlegen* (siehe Bild 29.14, unten, im Abschnitt »Eine Heimnetzgruppe einrichten«) öffnen und den Eintrag *Arbeitsplatznetzwerk* wählen. Dann werden der Standort entsprechend umgestellt und die Firewalleinstellungen angepasst.

29.4.2 Erweiterte Freigabeeinstellungen ändern

In einem privaten Netzwerk ist es hilfreich, wenn die vorhandenen Geräte im Ordnerfenster *Netzwerk* aufgelistet werden. Dann lässt sich sofort erkennen, ob ein Gerät oder ein Rechner über das Netzwerk erreichbar ist. In einem öffentlichen Netzwerk (z. B. beim Zugriff auf Hotspots) wird die Netzwerkerkennung dagegen aus Sicherheitsgründen deaktiviert. Die Umschaltung erfolgt automatisch

matisch durch den aktuellen Netzwerkstandort. Arbeiten Sie in einem lokalen Netzwerk und ist die Geräteerkennung abgeschaltet? Oder möchten Sie die erweiterten Freigabeeinstellungen kontrollieren bzw. ändern?

1. Klicken Sie im Fenster *Netzwerk- und Freigabecenter* (Bild 29.19) in der Aufgabenleiste auf den Befehl *Erweiterte Freigabeeinstellungen ändern*.

2. Expandieren Sie ggf. im Fenster *Erweiterte Freigabeeinstellungen* (Bild 29.21) die Detailansicht der Profile »Privat oder Arbeitsplatz (lokales Profil)« und »Öffentlich«, indem Sie auf die Schaltfläche am rechten Rand des Profiltitels klicken.

3. Anschließend markieren Sie eines der Optionsfelder *Netzwerkerkennung einschalten* bzw. *Netzwerkerkennung ausschalten* und klicken auf die Schaltfläche *Änderungen speichern*.

Die Speicherung ist durch eine Sicherheitsabfrage der Benutzerkontensteuerung zu bestätigen. Auf die gleiche Weise können Sie die restlichen Optionen im Fenster *Erweiterte Freigabeeinstellungen* anpassen. Hier noch einige Hinweise zu einigen der angebotenen Optionen für die erweiterten Freigabeeinstellungen.

■ *Datei- und Druckerfreigabe:* Markieren Sie das Optionsfeld *Datei- und Druckerfreigabe einschalten* der Gruppe, um Benutzern das Freigeben von Druckern, Laufwerken, Ordnern und Dateien zu ermöglichen. Benutzer von Standardkonten können dabei die im Besitz des Benutzerkontos befindlichen Dateien freigeben. Administratoren haben die Möglichkeit, beliebige Laufwerke, Ordner und Dateien im Netzwerk freizugeben.

■ *Freigabe des öffentlichen Ordners:* Standardmäßig sind der Ordner *Öffentlich* samt den Unterordnern nicht im Netzwerk freigegeben, da dessen Inhalt ja von allen Benutzern innerhalb des Netzwerks einsehbar bzw. nutzbar wäre. Sie müssen also die Freigabe explizit über das Optionsfeld *Freigabe einschalten ...* aktivieren.

■ *Kennwortgeschütztes Freigeben:* Windows 7 gibt Dateien (und Ordner) nur für Benutzer frei, für die ein kennwortgeschütztes Benutzerkonto auf dem Rechner vorhanden ist. Sie können aber vereinbaren, dass Dateien (und Ordner) auch über einen Kennwortschutz freigegeben werden. Dann zeigt Windows beim Zugriff auf Freigaben im Netzwerk ein Dialogfeld zur Abfrage des Benutzernamens und des Kennworts.

Bei der Dateifreigabe erhalten Sie ggf. in der betreffenden Gruppe noch einen Warnhinweis, wenn die Energiesparfunktion des Rechners aktiviert ist. Bei einem im Energiesparmodus befindlichen Rechner sind nämlich keine Netzwerkzugriffe möglich. Details zum Erteilen von Freigaben in einem Netzwerk finden Sie in *Kapitel 30*.

Über weitere Optionen können Sie die Schlüssellänge für Dateifreigabeverbindungen auf 128 Bit festlegen oder Medienstreaming zulassen. Wie Sie Mediendateien im Netzwerk über einen Streamingserver freigeben und über geeignete Clients wiedergeben, wird in *Kapitel 22* besprochen. In der Kategorie *Heimnetzgruppen-Verbindungen* steuern Sie, ob die Verwaltung durch Windows 7 oder über Benutzerkonten und Kennwörter erfolgt. Bei der ersten Variante legt Windows 7 das Kennwort zum Zugriff auf das Heimnetzwerk fest. Die zweite Variante erfordert, dass auf jedem Rechner Benutzerkonten gleichen Namens samt Kennwort eingerichtet sind. Dann wird das Benutzerkonto, unter dem der Benutzer bei Netzwerkzugriffen angemeldet ist, zur Authentifizierung gegenüber dem Netzwerk verwendet.

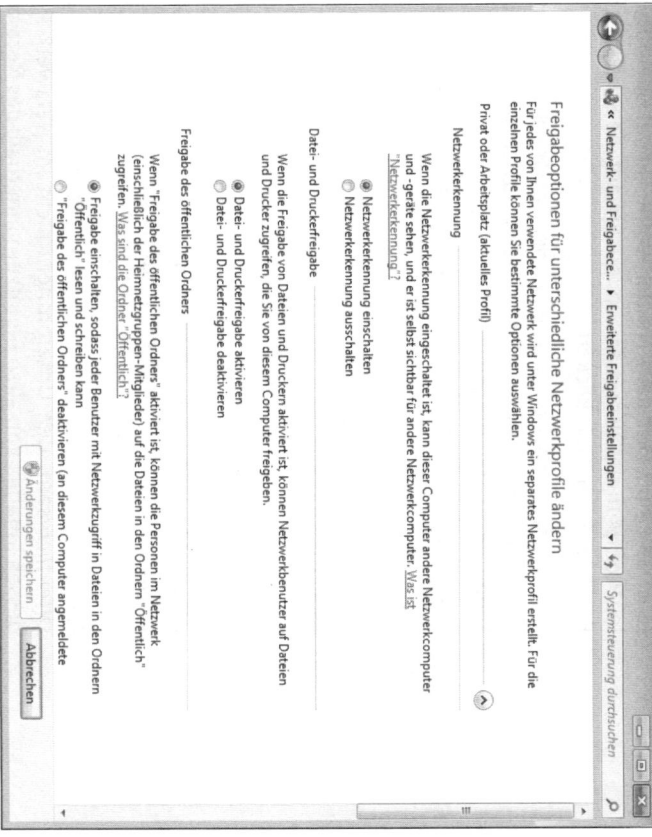

Bild 29.21:   Erweiterte Freigabeeinstellungen

HINWEIS

Persönlich verwende ich aber die Authentifizierung über den Namen des Benutzerkontos, welches ich auf allen Netzwerkrechnern anlege und mit einem Kennwort versehe. Bei der Authentifizierung über eine Kennwort-eingabe ergeben sich erfahrungsgemäß immer wieder Schwierigkeiten. Beachten Sie auch, dass Benutzer des Kontos »Administrator« nicht auf Netzwerkfreigaben zugreifen können.

29.4.3   Rechnername vergeben und Arbeitsgruppe beitreten

Der Computer muss innerhalb des Netzwerks einen eindeutigen Netzwerk-namen zur Identifizierung aufweisen. Dieser Computername wird bei der Windows-Installation in einem Dialogfeld vorgeschlagen und angelegt (siehe *Kapitel 31*). Als Arbeitsgruppenname verwenden Windows Vista und Windows 7 die Vorgabe »WORKGROUP« während Windows XP z.B. »MSHEIMNETZ« einsetzt. Betreiben Sie die Windows-Rechner in einem anders benannten Arbeitsgruppennetzwerk, können Sie dieser Gruppe explizit beitreten. Zudem lassen sich die Vorgaben von Windows für Arbeitsgruppen- und Computername ändern. Um eine eigene Arbeitsgruppe einzurichten bzw. beizutreten oder den Netzwerknamen eines Rechners anzupassen, gehen Sie folgendermaßen vor.

1. Klicken Sie im Startmenü mit der rechten Maustaste auf den Eintrag *Computer* und wählen Sie den Kontextmenübefehl *Eigenschaften*.

2. In der Seite *Basisinformationen über den Computer anzeigen* klicken Sie in der Aufgabenleiste auf den Befehl *Erweiterte Systemeinstellungen*. Anschließend bestätigen Sie die Sicherheitsabfrage der Benutzerkontensteuerung.

3. Auf der Registerkarte *Computername* des Eigenschaftenfensters *Systemeigenschaften* können Sie dann im Textfeld *Computerbeschreibung* einen kurzen Text eintippen (Bild 29.22, links). Mit dem Text können Sie anderen Netzwerkteilnehmern einen Hinweis auf die Art des Computers geben.

4. Klicken Sie danach auf die Schaltfläche *Ändern*, um das in Bild 29.22, rechts, gezeigte Dialogfeld aufzurufen.

5. Tippen Sie in das Feld *Computername* den Namen des gewünschten Computers ein. Dieser muss im Netzwerk eindeutig sein und darf max. 15 Zeichen, aber keine Leerzeichen oder Umlaute enthalten, um auch von älteren Computern im Netzwerk erkannt zu werden.

6. Möchten Sie eine neue Arbeitsgruppe einrichten oder soll der Computer zu einer bestehenden Arbeitsgruppe hinzugefügt werden, passen Sie noch den Inhalt Im Feld *Arbeitsgruppe* an.

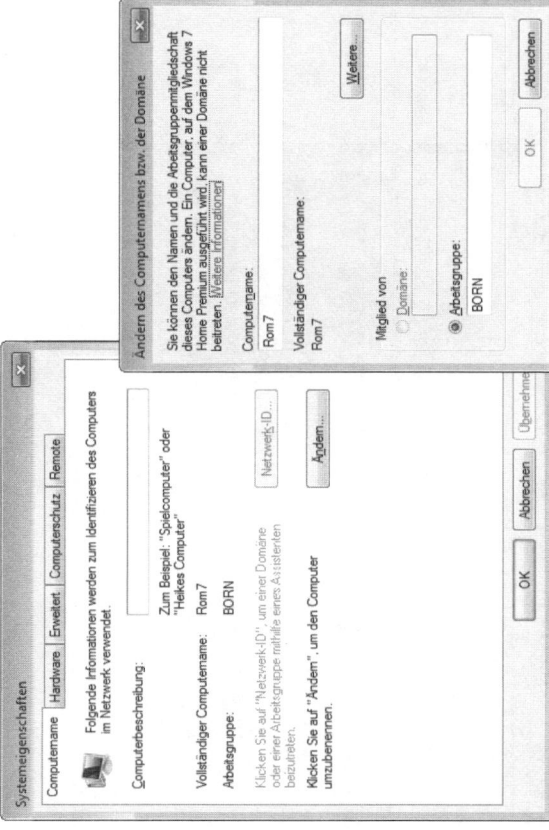

Bild 29.22: Arbeitsgruppe und Computername anpassen

Wenn Sie anschließend die Dialogfelder und Registerkarten über die OK-Schaltflächen schließen, übernimmt Windows die Änderungen in der Netzwerkkonfiguration. Haben Sie den Namen der Arbeitsgruppe geändert, werden Sie in einem Willkommendialog als Mitglied der Arbeitsgruppe begrüßt. Damit die Änderungen wirksam werden, müssen Sie den Rechner neu starten. Der Rechner wird anschließend im Netzwerk unter dem neuen Namen angezeigt und Sie sehen beim Aufruf des Ordnerfensters *Computer* bei der Navigation zum Symbol *Netzwerk* die in der Arbeitsgruppe gerade vorhandenen Rechner.

HINWEIS

Sie können die Arbeitsgruppe individuell (z. B. »Büro-Netz«, »Familien-Netz« etc.) benennen. Für die Computernamen empfiehlt es sich zur leichteren Identifizierung, die Namen von Räumen (z. B. »Arbeitszimmer«, »Kinderzimmer«) oder anderen Kategorien (z. B. »Familie«, »Spiele-PC«, »Notebook«) etc. zuzuweisen. In meinen Netzwerken benenne ich die Arbeitsstation nach europäischen Städten (z. B. »Paris«, »Berlin«, »Wien«).

Falls Sie den Namen der Arbeitsgruppe von »WORKGROUP« in einen anderen Begriff umbenennen, müssen Sie diese Änderungen an allen Rechnern der gewünschten Arbeitsgruppe mit den obigen Schritten durchführen.

29.4.4 Adaptereinstellungen einsehen

Windows 7 verwaltet alle Netzwerkadapter für Verbindungen (Einwahlverbindungen, LAN-Verbindungen, Drahtlosverbindungen) in einem Ordnerfenster. Um sich über vorhandene Adapter zu informieren oder deren Status bzw. deren Eigenschaften anzusehen, müssen Sie den betreffenden Ordner öffnen.

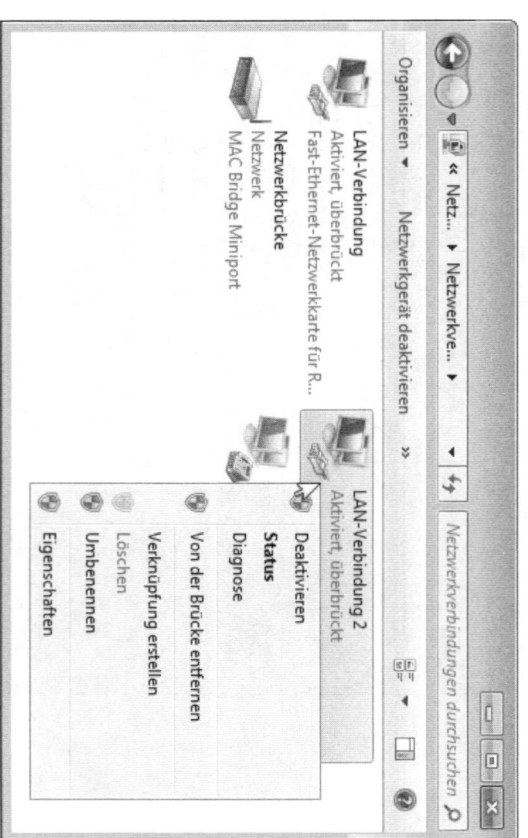

Bild 29.23:   Übersicht über Netzwerkverbindungen

1. Öffnen Sie das Ordnerfenster *Netzwerk- und Freigabecenter* (siehe vorhergehende Abschnitte).

2. Wählen Sie in der, am linken Fensterrand angezeigten Aufgabenleiste des *Netzwerk- und Freigabecenter* den Befehl *Adaptereinstellungen ändern*.

Windows öffnet das Ordnerfenster *Netzwerkverbindungen* (Bild 29.23), in dem alle auf dem lokalen Rechner vorhandenen Netzwerkverbindungen aufgeführt werden. Sie können dann die nachfolgend beschriebenen Funktionen verwenden.

Den Status einer Netzwerkverbindung abfragen/ändern

Gibt es Probleme bei einer Netzwerkverbindung oder möchten Sie wissen, ob Daten übertragen werden bzw. ob eine Einwahlverbindung aktiv ist, können Sie deren Status abfragen. Hierzu reicht entweder ein Doppelklick auf das betreffende Symbol oder Sie öffnen das Kontextmenü der Verbindung und wählen den Kontextmenübefehl *Status* (Bild 29.23). Windows öffnet das Statusfenster mit der Registerkarte *Allgemein*, auf der sich verschiedene Statusinformationen befinden (Bild 29.24).

■ In der Gruppe *Verbindung* sehen Sie die Übertragungsrate und wie lange diese Verbindung bereits besteht. Bei LAN-Netzwerkverbindungen erkennen Sie dann, ob diese Daten mit 10 oder 100 MBit übertragen. Bei Einwahlverbindungen über Modem, ISDN oder DSL sind die Informationen über die verfügbare Übertragungsgeschwindigkeit und die Verbindungsdauer hilfreich (z. B., um die Leitungsqualität abzuschätzen oder um bei einer vergessenen Onlineverbindung zu kontrollieren, wie lange diese bereits aktiv war). In den Zeilen *IPv4-Konnektivität* und *IPv6-Konnektivität* geben die Texte »Internet« und »Lokal« an, ob über das betreffende Internetprotokoll eine lokale Verbindung oder eine Internetverbindung abgewickelt wird. Bei Verwendung einer Netzwerkbrücke weisen LAN-Adapter in diesen Zeilen aber den Wert »Nicht verbunden« auf.

■ In der Gruppe *Aktivität* sehen Sie bei einer aktiven Verbindung, ob Daten übertragen werden. Dabei wird zwischen gesendeten und empfangenen Daten unterschieden. Diese Informationen ermöglichen eine sehr schnelle Diagnose, ob andere Rechner im Netzwerk erkannt werden. Sendet Windows 7 zwar über die Verbindung ins LAN, empfängt aber keine Daten, ist entweder kein Rechner im betreffenden Netzwerk vorhanden oder die Verbindung ist gestört.

Bei einer gestörten Netzwerkverbindung ist es gelegentlich hilfreich, diese über die Schaltfläche *Deaktivieren* abzuschalten. Allerdings ist für diesen Vorgang eine Administratorberechtigung erforderlich und Sie müssen den Vorgang über die Benutzerkontensteuerung bestätigen. Das Dialogfeld mit der Statusanzeige verschwindet dann und die Verbindung wird im Ordnerfenster *Netzwerkverbindungen* abgeblendet dargestellt.

Bild 29.24:   Statusanzeige einer Netzwerkverbindung

Eigenschaften einer Netzwerkverbindung einsehen

Eine Netzwerkverbindung bezieht sich auf einen Netzwerkadapter und kann verschiedene Protokolle und Dienste abwickeln. Bei Problemen oder zur Einstellung bestimmter Optionen müssen Sie die Eigenschaften einer Netzwerkverbindung abrufen. Sie können hierzu die Schaltfläche *Eigenschaften* im Statusdialog (Bild 29.24) einer Verbindung anwählen. Oder Sie öffnen das Kontextmenü der Netzwerkverbindung im Ordnerfenster *Netzwerkverbindungen* und wählen den Kontextmenübefehl *Eigenschaften* (Bild 29.23). In beiden Fällen benötigen Sie eine Administratorberechtigung und müssen die

Zum erneuten Aktivieren der Verbindung wählen Sie das Symbol im Ordnerfenster *Netzwerkverbindungen* entweder per Doppelklick an oder Sie verwenden den Kontextmenübefehl *Aktivieren*. Nach einer Bestätigung der Sicherheitsabfrage der Benutzerkontensteuerung wird Windows 7 die Verbindung wieder ins Netzwerk aufnehmen.

Hilft das kurzzeitige Deaktivieren einer LAN-Verbindung bei Störungen nicht, können Sie die Schaltfläche *Diagnose* im Statusdialog anwählen. Dann wird die Windows-Netzwerkdiagnose aufgerufen, die eine Verbindungsüberprüfung und Netzwerkdiagnose vornimmt und ggf. Vorschläge zur Behebung des Problems unterbreitet. Auf den folgenden Seiten finden Sie Hinweise, wie sich bestimmte Einstellungen anpassen und damit einhergehende Probleme beheben lassen.

Fortsetzung des Vorgangs über die Benutzerkontensteuerung bestätigen. Anschließend erscheint das Eigenschaftenfenster der Verbindung, in dem alle installierten Hardwareadapter, Protokolle und Dienste der Netzwerkverbindung auf der Registerkarte *Netzwerk* aufgelistet sind (Bild 29.25).

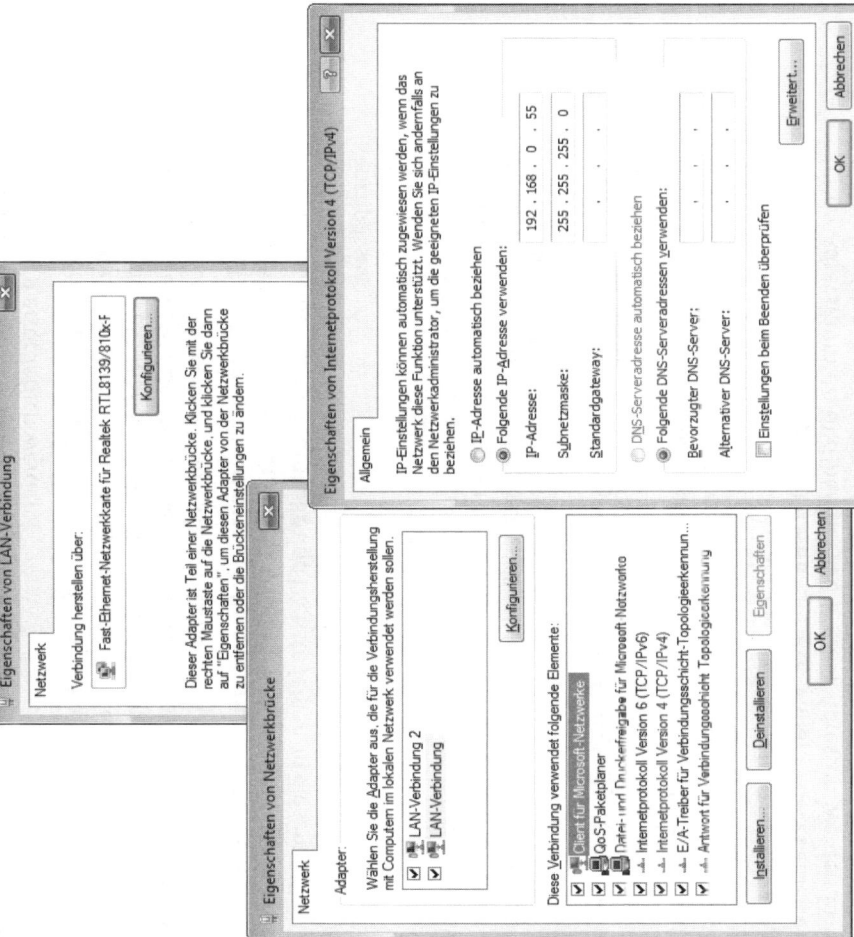

Bild 29.25: Eigenschaften einer Netzwerkverbindung

Bild 29.25 enthält die Statusanzeigen verschiedener Netzwerkverbindungen und zeigt, dass es einige Besonderheiten gibt. Standardmäßig werden für eine Netzwerkverbindung der verwendete Netzwerkadapter, die beiden TCP/IP-Protokolle IPv4 und IPv6 sowie verschiedene Dienste aufgelistet (Bild 29.25, unten links). Für die Protokolle und Dienste können Sie über die Markierung des angezeigten Kontrollkästchens steuern, ob diese für die Verbindung vorhanden sind oder nicht. Für ein lokales Netzwerk werden neben den TCP/IP-Protokollen noch die Dienste *Client für Microsoft-Netzwerke* und *Datei- und Druckerfreigabe für Microsoft-Netzwerke* benötigt. Windows 7 verwendet (wie Windows Vista) zudem die erweiterten Protokolle zur Verbindungsschichterkennung sowie den QoS-Paketplaner-Dienst zur Steuerung der Auslastung. Benötigen Sie bestimmte Dienste, Protokolle oder

Clients, die noch nicht aufgeführt sind, lassen sich diese über die Schaltfläche *Installieren* zur Verbindung hinzufügen. Allerdings bietet Windows 7 diese Komponenten nicht mehr an, d. h., Sie benötigen einen Datenträger, der die zu installierende Software enthält. Die Schaltfläche *Deinstallieren* ermöglicht Ihnen, einen markierten Eintrag in der Elementliste für die Verbindung zu entfernen. In der Praxis dürften bei Heimnetzwerken aber keine Änderungen erforderlich werden.

Über die Schaltfläche *Konfigurieren* lassen sich die Hardwareeigenschaften des Netzwerkadapters anpassen. Interessant sind vor allem die Einträge für das IP-Internetprotokoll. Markieren Sie diese, können Sie über die *Eigenschaften*-Schaltfläche die IP-Adressen sowie die Art der Adressvergabe (dynamische oder statische Zuweisung von IP-Adressen) festlegen (Bild 29.25, unten rechts).

Haben Sie eine Netzwerkbrücke im System eingerichtet, taucht in den Netzwerkverbindungseigenschaften der LAN-Karte nur noch der Hardwareadapter auf. Die Einträge für Protokolle und Dienste fehlen. In diesem Fall müssen Sie die Eigenschaften der Netzwerkbrücke aufrufen, um die IP-Einstellungen anzupassen.

HINWEIS

Windows 7 setzt auf das TCP/IP-Protokoll auf, unterstützt aber zur IP-Adressierung zwei Varianten, die ältere IPv4-Notation sowie die neuere IPv6-Notation mit erweitertem Adressraum. Aus diesem Grund finden Sie im Eigenschaftenfenster der Netzwerkverbindung die beiden Einträge für das TCP/IP-Protokoll.

Spezialfragen zur Vergabe der IP-Adressen im Netzwerk

Windows 7 setzt beim Netzwerktransfer auf das TCP/IP-Protokoll auf. Zur Identifizierung der einzelnen Rechner innerhalb der TCP/IP-Netzwerkschicht müssen diese mit einer eindeutigen IP-Adresse versehen sein. Eine IP-Adresse ist in der IPv4-Variante eine 32-Bit-Zahl, die in einer dezimalen Schreibweise im Format 192.168.0.1 angegeben wird. Die IPv6-Variante deckt einen erweiterten Adressraum ab und benutzt 128 Bit. Die Adressen werden in hexadezimaler Schreibweise (z. B. als 2001:0db8:85a3:08d3:1319:8a2e:0370:7344, siehe de.wikipedia.org/wiki/IPv6) dargestellt. Innerhalb des lokalen Netzwerks müssen die IP-Adressen eindeutig sein, da sich anderenfalls die Rechner nicht adressieren lassen.

Beim Aufbau des Netzwerks muss ein Mechanismus vorhanden sein, der den einzelnen Rechnern eine eindeutige IPv4-Adresse zuweist. Die Rechner eines lokalen (Sub-)Netzwerks erhalten dann fortlaufende IPv4-Adressen, die sich meist in der letzten Stelle unterscheiden (z. B. 192.168.0.1, 192.168.0.2, 192.168.0.3 etc.). Wird eine Internetverbindung aufgebaut, erhält das die Verbindung aufnehmende Gerät (Rechner oder DSL-Router) vom Provider ebenfalls eine weltweit eindeutige IP-Adresse zugewiesen. Über diese Adresse lässt sich der Rechner jederzeit im Internet identifizieren (d. h., beim Surfen hinterlassen Sie Ihre IP-Adresse als Datenspur). Für die IPv6-Adressen gilt sinngemäß das Gleiche, allerdings brauchen Sie sich in einem Heimnetzwerk i. d. R. nicht mit den erweiterten IPv6-Adressen auseinanderzusetzen.

Wichtig ist lediglich, dass Sie wissen, dass solche IP-Adressen dynamisch im Netzwerk zugeordnet oder statisch den einzelnen Maschinen zugewiesen werden können. Windows 7 kann die IP-Adressen über zwei Quellen beziehen:

▪ Sind nur Rechner über einen Hub oder über ein Crossover-Kabel bzw. ein Ad-hoc-Netzwerk miteinander verbunden, verwendet Windows die APIPA-Technik (APIPA steht für Automatic Private IP Addressing) zur dynamischen Vergabe der IP-Adressen im Netzwerk. Startet der erste Rechner im Netzwerk und findet er keinen DHCP-Server zur Zuteilung einer IP-Adresse, wird über einen Zufallszahlengenerator eine private IP-Adresse im Bereich 169.254.1.0 und 169.254.254.255 vergeben. Es gibt aber Fälle, wo es zu Problemen bzw. Konflikten kommt. Dann müssen Sie ggf. festlegen, welche Geräte für die Zuweisung der dynamischen IP-Adressen im Netzwerk zuständig sind. Es kann sogar sein, dass Sie die automatische IP-Adressvergabe abschalten und die IP-Adressen manuell zuweisen müssen.

▪ Sofern Sie einen WLAN-DSL-Router zur Verbindung der vernetzten Rechner und zur Herstellung der Internetverbindung nutzen, kann die IP-Adressvergabe durch den Router erfolgen. Damit die Adressvergabe klappt, muss die Funktion eines DHCP-Servers im Router vorhanden und eingeschaltet sein. Das Kürzel DHCP steht für Dynamic Host Configuration Protocol, das die dynamische Vergabe von IP-Adressen regelt. Meldet sich ein Rechner neu im Netzwerk an, fordert Windows eine IP-Adresse vom DHCP-Server an. Über die vom DHCP-Server vergebene dynamische IP-Adresse ist der Rechner im Netzwerk erreichbar. Diese Lösung sorgt dafür, dass keine IP-Adressenkonflikte im Netzwerk auftreten.

Ist der DHCP-Server im Router abgeschaltet, nutzt Windows die interne APIPA-Technik zur dynamischen Adresszuweisung. Details zu den Einstellungen des DHCP-Servers müssen Sie der Herstelleranleitung des Routers entnehmen.

ACHTUNG

Wichtig ist, dass der Router eingeschaltet ist, bevor die Rechner hochgefahren und das Netzwerk geladen wird. Andernfalls werden keine IP-Adressen zugewiesen. Sofern eine Internetverbindungsfreigabe konfiguriert wurde (siehe *Kapitel 25*, Abschnitt »Eigenschaften der Einwahlverbindung«), erhält der Rechner eine feste IP-Adresse zugeteilt. Gleichzeitig übernimmt dieser Rechner auch die Verteilung der IP-Adressen für andere Netzwerkteilnehmer. Daher muss der Rechner als Erstes innerhalb des Netzwerks hochgefahren werden. Zudem müssen Sie darauf achten, dass kein DHCP-Server innerhalb des Netzwerks aktiv ist (z. B. diese Funktion im WLAN-Router deaktivieren).

Feste IP-Adressvergabe für das Netzwerk

Ist kein DHCP-Server im Netzwerk vorhanden und möchten Sie APIPA nicht nutzen, können Sie den Rechnern eines Netzwerks auch feste IP-Adressen zuweisen. Hierzu müssen Sie die Funktion zum automatischen Beziehen der IP-Adressen abschalten und die IP-Adressenwerte für jede Netzwerkverbindung zuweisen.

1. Öffnen Sie das Eigenschaftenfenster des betreffenden LAN-Adapters (Bild 29.25, unten links) gemäß den Ausführungen auf den vorherigen Seiten.

2. Markieren Sie auf der Registerkarte *Netzwerk* des Eigenschaftenfensters den Eintrag *Internetprotokoll Version 4 (TCP/IPv4)* oder *Internetprotokoll Version 6 (TCP/IPv6)* und klicken Sie dann auf die Schaltfläche *Eigenschaften* (Bild 29.25, unten links).

3. Setzen Sie auf der Registerkarte *Allgemein* des Eigenschaftenfensters (Bild 29.25, unten rechts) die Markierung des Optionsfelds von *IP-Adresse automatisch beziehen* auf *Folgende IP-Adresse verwenden* und geben Sie danach die IP-Adresse sowie die Subnetzmaske ein.

Anschließend können Sie die geöffneten Dialoge und Registerkarten über die Ok-Schaltfläche schließen. Während der Anpassung verlangt die Benutzerkontensteuerung eine Bestätigung, dass der Vorgang fortgesetzt werden darf. Die Änderungen werden u. U. erst wirksam, nachdem Sie den Rechner neu gestartet haben.

Sie können den Rechnern die festen IPv4-Adressen 192.168.0.1, 192.168.0.2 etc. und die Subnetzmaske 255.255.255.0 zuweisen. Bei festen IP-Adressen ist es egal, welcher Rechner zuerst eingeschaltet wird, da keine Station als DHCP-Server fungiert. Zudem fährt Windows geringfügig schneller hoch, da die Abfrage des DHCP-Servers entfällt. Bei der Konfiguration einer Firewall lassen sich die IP-Adressen der Rechner vorgeben, deren Verbindungsanforderungen von der Firewall durchgelassen werden sollen. Der Nachteil der festen Adressvergabe besteht darin, dass es schnell zu Konflikten kommen kann, wenn zwei Rechnern die gleiche IP-Adresse zugewiesen wird. Sie müssen also genau Buch führen, welche Adressen vergeben werden. Kommt es in einem lokalen Netzwerk zu Adresskonflikten (diese werden über eine Fehlermeldung angezeigt), sollten Sie gemäß den obigen Schritten prüfen, ob eventuell auf zwei Rechnern die gleiche IP-Adresse konfiguriert wurde. Die feste Zuordnung von IP-Adressen ist nur bei kleineren Netzwerken mit wenigen Rechnern praktikabel, da Sie bei jeder Änderung ggf. die Konfiguration aller Rechner anpassen müssen. In der Praxis werden Sie daher entweder einen DHCP-Server im (W)LAN-Router nutzen oder Windows 7 die IP-Adressvergabe mittels APIPA ermöglichen.

HINWEIS

Falls Sie später das Netzwerk über einen Router betreiben möchten oder eine Internetverbindungsfreigabe verwenden, denken Sie daran, das Optionsfeld *IP-Adresse automatisch beziehen* erneut zu markieren. Kann ein Rechner keine Verbindung mit dem Netzwerk aufnehmen, prüfen Sie, ob diesem eventuell eine feste IP-Adresse zugewiesen wurde, während die anderen automatische IP-Adressen beziehen. Dann müssen Sie das Optionsfeld *IP-Adresse automatisch beziehen* erneut markieren.

Der Rechner muss alternative IP-Adressen verwenden

Gelegentlich kommt es vor, dass ein Rechner in wechselnden Umgebungen betrieben wird, in denen sowohl automatische IP-Adresszuweisungen über einen DHCP-Server als auch manuelle Adresszuweisungen oder alternative automatische IP-Konfigurationen erforderlich sind. Denken Sie an ein Notebook, das einmal in einem Firmennetzwerk mit DHCP-Server und dann in einem Heimnetzwerk ohne DHCP-Server aktiviert wird.

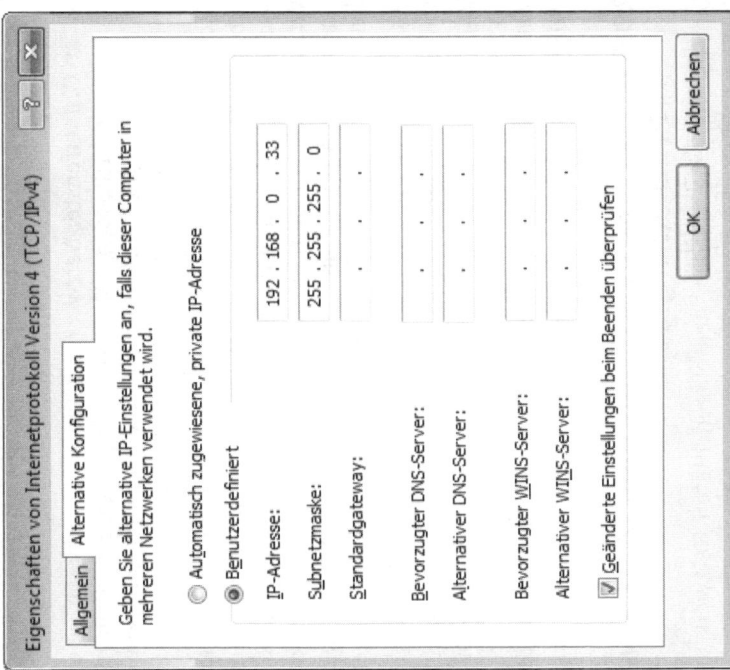

Bild 29.26:   Zuweisen alternativer IP-Adressen

Windows besitzt die Möglichkeit, wahlweise zwischen zwei IP-Konfigurationen umschalten zu können. Beim Start wird geprüft, ob eine automatische IP-Adresskonfigurierung möglich ist. Trifft dies nicht zu, greift Windows auf die Einstellungen der Registerkarte *Alternative Konfiguration* zurück (Bild 29.26). Sie können daher wie oben beschrieben vorgehen und auf der Registerkarte *Allgemein* die Option *IP-Adresse automatisch beziehen* markieren. Auf der Registerkarte *Alternative Konfiguration* markieren Sie das Optionsfeld *Automatisch zugewiesene, private IP-Adresse*. Benötigen Sie eine feste IP-Adresse, markieren Sie das Optionsfeld *Benutzerdefiniert* und tragen anschließend eine feste IP-Adresse samt Subnetzmaske in die betreffenden Felder ein.

29.4.5 Nutzen einer Netzwerkbrücke

Befinden sich zwei Netzwerkadapter im Computer und hängen diese Karten an zwei verschiedenen Netzwerksegmenten, kann auf dem betreffenden Computer zwar auf die Rechner beider Netzwerke zugegriffen werden. Damit aber ein Netzwerkverkehr zwischen den beiden Segmenten möglich wird, müssen Sie eine Netzwerkbrücke einrichten. Dann fungiert die Brücke als Gateway, das Datenpakete an das jeweils andere Netzwerksegment weiterleitet.

1. Öffnen Sie das Ordnerfenster *Netzwerkverbindungen* (Bild 29.23, siehe den vorhergehenden Abschnitt »Adaptereinstellungen einsehen«).

2. Im Ordnerfenster *Netzwerkverbindungen* markieren Sie die Symbole der zu überbrückenden LAN-Verbindungen, öffnen dann mit der rechten Maustaste das Kontextmenü und wählen den Kontextmenübefehl *Verbindungen überbrücken*.

Nachdem Sie den Sicherheitsdialog der Benutzerkontensteuerung bestätigt haben, richtet Windows die Netzwerkbrücke für die markierten Verbindungen ein und zeigt dann das Symbol der Netzwerkbrücke im Ordnerfenster *Netzwerkverbindungen*. Bei Bedarf können Sie das Kontextmenü anderer Verbindungen öffnen und den Befehl *Zu Brücke hinzufügen* wählen, um diese Verbindungen in der Netzwerkbrücke zu berücksichtigen.

Möchten Sie später eine LAN-Verbindung von der Netzwerkbrücke entfernen, öffnen Sie deren Kontextmenü und wählen den Befehl *Von der Brücke entfernen*. Sind der Brücke keine Verbindungen mehr zugewiesen, können Sie (sofern noch vorhanden) das Symbol der Netzwerkbrücke mit der rechten Maustaste anwählen und über den Kontextmenübefehl *Löschen* aus dem Fenster *Netzwerkverbindungen* entfernen.

29.4.6 Netzwerkverbindungen testen, wenn es Probleme gibt

Gibt es Probleme mit dem neu eingerichteten Netzwerk und können die Rechner keine Verbindung zueinander aufnehmen? Dann ist guter Rat teuer und Sie müssen auf Ursachenforschung gehen.

■ Überprüfen Sie in diesem Fall zuerst die Verkabelung bei LAN-Netzwerken. Die gängigen LAN-Adapter besitzen eine LED-Anzeige, die bei funktionierendem Netzwerk blinken sollte.

■ Bei Drahtlosnetzwerken ist zu überprüfen, ob diese eingeschaltet und ob die korrekten Netzwerkschlüssel für den WLAN-Zugang eingetragen sind.

■ Überprüfen Sie im Geräte-Manager, ob die vorhandenen Netzwerkadapter erkannt und korrekt mit den benötigten Treibern installiert wurden (siehe auch *Kapitel 32*).

■ Weiterhin lässt sich im Fenster des Netzwerk- und Freigabecenter der am unteren Rand aufgeführte Befehl *Probleme beheben* aufrufen. Dann analysiert ein Netzwerkdiagnose-Assistent die Probleme und macht Vorschläge zur Behebung bzw. repariert die Netzwerkeinstellungen automatisch.

■ Falls es Probleme mit dem Zugriff auf die Freigaben anderer Rechner gibt, überprüfen Sie über das Netzwerk- und Freigabecenter und die erweiterten Freigabeeinstellungen (siehe vorhergehende Abschnitte), ob Freigaben zugelassen und ob Freigaben erteilt wurden (siehe *Kapitel 30*). Nicht übereinstimmende Benutzerkontennamen oder fehlende Kennwörter sind ein beliebter Fehler bei Windows XP-Umsteigern.

Gelegentlich hilft es auch, alle Komponenten (z. B. den Router) auszuschalten und Windows neu zu starten, um Netzwerkprobleme zu beheben. Achten Sie auch darauf, aktuelle Treiber für Netzwerkkarten und WLAN-Adapter einzusetzen und aktuelle Firmware auf dem WLAN-Router einzusetzen.

Falls es Probleme beim Zugriff auf Freigaben gibt, können Sie zumindest im Fenster der Eingabeaufforderung testen, ob der Rechner auf der TCP/IP-Ebene Verbindung zu anderen Rechnern im Netzwerk oder zum Internet hat. Hierzu müssen Sie das Fenster der Eingabeaufforderung über den entsprechenden Eintrag im Zweig *Alle Programme/Zubehör* des Startmenüs öffnen. Dann können Sie über den *ping*-Befehl testen, ob ein Rechner im Internet oder im Netzwerk erreichbar ist. Der Befehl

```
ping 192.168.0.2 Enter
```

versucht, den Rechner mit der IPv4-Adresse 192.168.0.2 auf der untersten Ebene des IP-Protokolls anzusprechen. Ist dieser Rechner vorhanden und über das Netzwerk erreichbar, liefert *ping* eine entsprechende Rückmeldung (Bild 29.27). Anstelle der hier beispielhaft benutzten IP-Adresse müssen Sie beim *ping*-Aufruf natürlich die IP-Adressen in Ihrem eigenen Netzwerk verwenden.

Die IP-Adresse eines Netzwerkrechners lässt sich herausfinden, indem Sie auf diesem Rechner die Eingabeaufforderung aufrufen, den Befehl *ipconfig /all* eintippen und mit der Enter -Taste bestätigen. Der Befehl liefert meist mehrere IP-Adressen zurück, von denen sich eine auf den Netzwerkadapter bezieht (Bild 29.27). Bei einer funktionierenden Netzwerkübersicht können Sie die IP-Adressen auch als QuickInfo abfragen (siehe die vorhergehenden Seiten). Diese Adresse muss dann im *ping*-Befehl der Gegenstelle eingetragen werden.

Ist der gewünschte Rechner trotz korrekt angegebener IP-Adresse nicht im Netzwerk ansprechbar, prüfen Sie bitte die Verkabelung. Ist dort alles in Ordnung, prüfen Sie, ob die IP-Adressen korrekt zugewiesen wurden (z. B. durch feste IP-Konfiguration oder über einen DHCP-Server).

719

Bild 29.27: Befehle zum Testen der Netzwerkkonfiguration

Ist der betreffende Rechner mit *ping* über seine IP-Adresse ansprechbar, können Sie versuchsweise den NetBIOS-Namen als Parameter angeben. Dies ist der Netzwerkname, den Sie im Netzwerkassistenten eingetragen haben. Mit *ping Rom* würde dann der Rechner mit dem Namen *Rom* im lokalen Netzwerk angesprochen. Der Befehl *ping localhost* übergibt eine *ping*-Anforderung an den lokalen Rechner. Mit *ping www.borncity.de* lässt sich auch eine Internetverbindung zu einem Internetserver überprüfen. Der *ping*-Befehl zeigt Ihnen nicht nur an, wie lange der Anruf zum Server gebraucht hat. In der Antwort liefert *ping* auch gleich die IP-Adresse des betreffenden Webservers mit.

Können Sie die Rechner im Netzwerk über die IP-Adresse mit *ping* erreichen, funktionieren aber *ping*-Aufrufe mit Netzwerknamen nicht, kann ein falscher Arbeitsgruppenname die Ursache sein. Sie sollten dann die Einstellungen für den Rechnernamen und den Namen des Heimnetzwerks kontrollieren (siehe die vorhergehenden Seiten).

Bei einem Drahtlosnetzwerk kann es vorkommen, dass entweder die WLAN-Antennen oder der Adapter deaktiviert sind (bei Notebooks und WLAN-Routern lässt sich die WLAN-Funktion abschalten). Zudem reduzieren feuchte Wände oder Stahlbetondecken die Signalgüte. Die Signalstärke einer WLAN-Verbindung wird Ihnen sowohl im Dialogfeld zur Verbindungsaufnahme als auch im Netzwerk- und Freigabecenter in grafischer Form als stilisiertes Balkendiagramm angezeigt (siehe vorherige Abschnitte zur WLAN-Einrichtung). Weitere Unterstützung bei der Identifizierung und Behebung von Netzwerkproblemen liefert Ihnen die Windows-Hilfe.

Neue Erkenntnisse zu Windows 7-Netzwerkfunktionen trage ich in meinem Blog unter http://www.borncity.com/blog/category/netzwerk/ nach. Interessierte Leser finden zudem im Artikel http://www.borncity.com/blog/2010/03/08/first-aid-faq-zur-netzwerkeinrichtung/ eine Liste von Hinweisen zum Lösen von Netzwerkproblemen.

29.5 __ Gerätekopplung über Bluetooth

Bluetooth ist eine Funktechnik, über die Geräte wie Headsets, Handys, Tastaturen, Mäuse etc. oder auch Rechner Daten untereinander austauschen können. In den folgenden Abschnitten wird kurz gezeigt, wie sich Geräte über Bluetooth koppeln lassen.

29.5.1 Bluetooth im Überblick

Bluetooth-Sender werden nach ihrer Sendeleistung in verschiedene Klassen unterteilt. Klasse 1 sendet mit 100 Milliwatt und kann Distanzen bis zu 100 Metern überbrücken. In Klasse 2 reduziert sich die Funkleistung auf 2,5 Milliwatt und die Distanz beträgt bei optimalen Verhältnissen 30 bis 50 Meter. In Klasse 3 lassen sich Distanzen von 10 Metern überbrücken. Die Leistung beträgt dabei nur noch 1 Milliwatt, um Energie zu sparen.

Zudem haben sich historisch verschiedene Bluetooth-Versionen herausgebildet. Auf die ursprüngliche Version 1.0 folgte die kaum veränderte Version 1.1. In Version 1.2 wurde ein verbessertes Verfahren zum Kanalwechsel vorgesehen, während die Version 2.0 (Extended Data Rate, EDR) höhere Datenübertragungsraten zulässt. Version 2.1 vereinfacht das Verbinden der Bluetooth-Geräte untereinander.

- Um eine Bluetooth-Verbindung aufzubauen, müssen Sie die betreffende Funktion an den jeweiligen Geräten einschalten. Zudem gibt es bei einigen Geräten (z. B. Handys) die Option, das Bluetooth-Gerät für andere Geräte sichtbar zu schalten.

- Um eine Verbindung aufzubauen, müssen beide Partner die gleichen Bluetooth-Profile beherrschen. In einem Bluetooth-Profil sind die Funktionen (Dial Up, Object Push etc.), die das Gerät bietet, festgelegt. Details finden Sie z. B. unter http://de.wikipedia.org/wiki/Bluetooth.

- Wird ein Bluetooth-Gerät eingeschaltet, scannt es für ca. 30 Sekunden seine Umgebung auf weitere Sender. Wird ein zweites Bluetooth-Gerät gefunden, kann eine Kopplung (Pairing) erfolgen. Dabei müssen die Geräte die Kontaktaufnahme, als Pairing bezeichnet, zulassen. Das Pairing kann mit einem Pin-Code abgesichert werden und muss auf dem angesprochenen Gerät durch den Benutzer bestätigt werden.

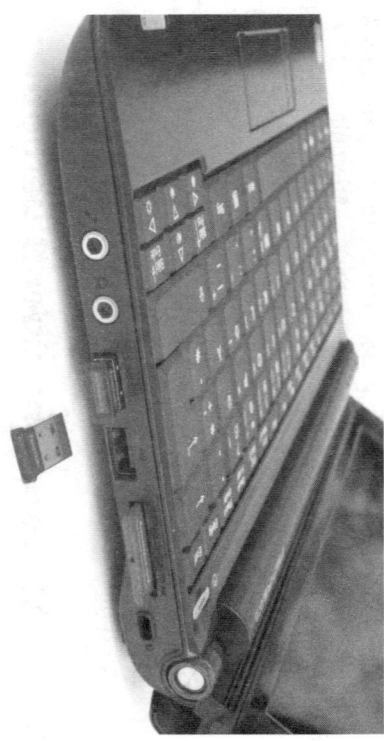

Bild 29.28:   Hama Nano-Bluetooth-Adapter

Einige Geräte wie Notebooks sind mit Bluetooth-Funktionen ausgestattet. Alternativ können Sie die Geräte mit einem USB-Bluetooth-Adapter ausrüsten. Der in Bild 29.28 gezeigte Hama Nano-Bluetooth-Adapter ist so klein, dass er fast vollständig in der USB-Buchse eines Notebooks verschwindet. Alternativ können Sie selbstverständlich auch USB-Bluetooth-Adapter anderer Hersteller einsetzen, die in der Regel aber etwas weiter aus der USB-Buchse herausstehen. Dies hat aber den Vorteil, dass der Adapter auffällt und bei Nichtgebrauch abgezogen wird.

29.5.2   Bluetooth-Geräte einsehen und Einstellungen anpassen

Sobald Sie den Bluetooth-Adapter erstmalig an den Rechner (z. B. Notebook) anschließen, werden die erforderlichen Treiber installiert. Windows 7 enthält bereits eine Bluetooth-Unterstützung, d. h., die Treiber werden in der Regel automatisch eingerichtet. Sofern Windows 7 keine Treiber für den vorhandenen Bluetooth-Adapter enthält, installieren Sie die Treiber des Adapterherstellers. Sie sollten aber darauf achten, dass diese Treiber für Windows 7 geeignet sind und dass kein Bluetooth-Stack des Herstellers installiert wird (dieser verhält sich anders als hier beschrieben und funktioniert u. U. nicht mit Windows 7). Ob die Treiber direkt installiert werden können oder ob ein Setup-Programm auszuführen ist, entnehmen Sie der Dokumentation des Bluetooth-Adapters. Sobald die Treiber installiert sind, erscheint im Infobereich der Taskleiste das Bluetooth-Symbol (Bild 29.29, unten). Gegebenenfalls müssen Sie die Schaltfläche *Ausgeblendete Symbole einblenden* anklicken, um die Palette mit dem Bluetooth-Symbol sichtbar zu machen.

Möchten Sie wissen, welche Bluetooth-Geräte gekoppelt sind, oder sollen die Bluetooth-Einstellungen des eigenen Windows 7-Rechners angezeigt werden? Wenn Sie das Bluetooth-Symbol mit einem Doppelklick anwählen oder das Kontextmenü per Rechtsklick öffnen und dann den Befehl *Bluetooth-Netzwerkgeräte anzeigen* verwenden, erscheint das in Bild 29.29, oben rechts, gezeigte Fenster. Dort werden alle gekoppelten Bluetooth-Geräte aufgeführt.

Möchten Sie die Eigenschaften des Bluetooth-Adapters einsehen oder diesen zur Erkennung durch andere Geräte freigeben? Dann wählen Sie im Kontextmenü des im Infobereich der Taskleiste angezeigten Bluetooth-Symbols den Befehl *Einstellungen öffnen* (Bild 29.29, unten). Windows öffnet das in Bild 29.29, links, gezeigte Eigenschaftenfenster *Bluetooth-Einstellungen*.

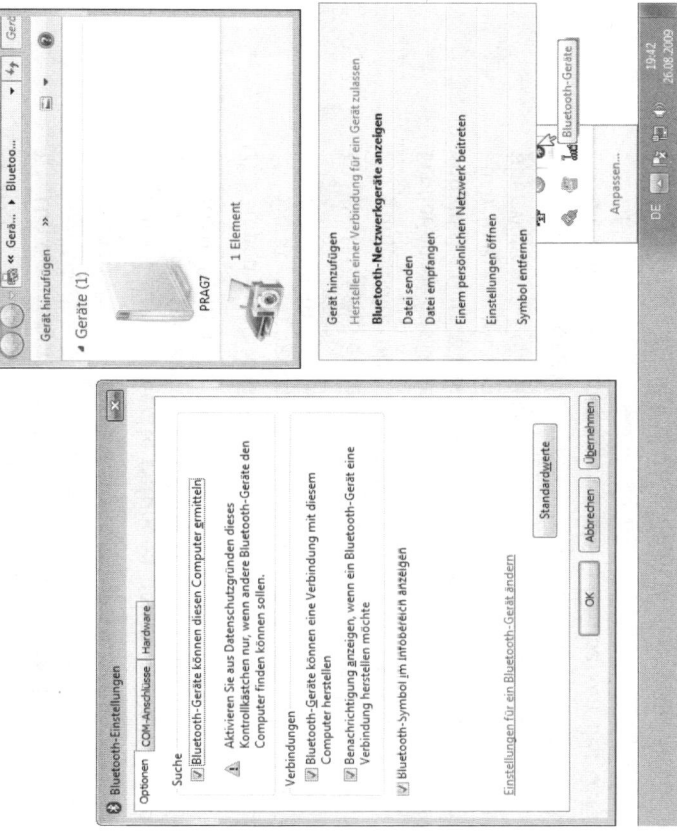

Bild 29.29: Gekoppelte Bluetooth-Geräte und -Einstellungen

Um sicherzustellen, dass der Windows 7-Rechner mit Bluetooth-Geräten gekoppelt werden kann, müssen Sie auf der Registerkarte *Allgemein* die in Bild 29.29, links, sichtbaren Kontrollkästchen markieren. Das Kontrollkästchen *Bluetooth-Geräte können diesen Computer ermitteln* ist zu markieren, wenn das System durch andere Bluetooth-Geräte gefunden werden darf. Diese Option ist aus Sicherheitsgründen normalerweise ausgeschaltet.

 HINWEIS   Falls Sie das Bluetooth-Symbol irrtümlich über den Kontextmenübefehl *Symbol entfernen* aus dem Infobereich ausgetragen haben, ist dies kein Beinbruch. Sie können im Startmenü den Befehl *Geräte und Drucker* anwählen. Im gleichnamigen Ordnerfenster sollte auch der Bluetooth-

723

Adapter als Gerät auftauchen und Sie können über dessen Kontextmenübefehl *Bluetooth-Einstellungen* auf die Eigenschaften (Bild 29.29, links) des Adapters zugreifen. Wenn Sie auf das Symbol des Bluetooth-Adapters doppelklicken, sollte übrigens auch das Ordnerfenster mit den gekoppelten Bluetooth-Geräten erscheinen.

29.5.3 Rechner oder Geräte über Bluetooth koppeln

Bevor Bluetooth-Geräte verwendet werden können, müssen diese gekoppelt werden. Sie können die Kopplung zum Windows 7-Rechner über das Gerät anstoßen oder über Windows 7 Bluetooth-Geräte auffinden und koppeln lassen.

1. Um Geräte mit dem Windows 7-Rechner per Bluetooth zu koppeln, können Sie das Gerät anweisen, den Bluetooth-Adapter des Rechners zu suchen.

2. Sobald sich die Geräte gefunden haben und die in Bild 29.30, unten, gezeigte QuickInfo unter Windows 7 erscheint, klicken Sie auf das Bluetooth-Symbol der Taskleiste.

3. Tippen Sie in das Eingabefeld des Assistenten den (vom koppelnden Gerät vorgegebenen) PIN-Code für die Bluetooth-Kopplung ein (Bild 29.30, Hintergrund links).

4. Bestätigen Sie die *Weiter*-Schaltfläche und warten Sie, bis der Bestätigungsdialog über die erfolgreiche Kopplung erscheint.

Schließen Sie das Dialogfeld des Assistenten über die *Schließen*-Schaltfläche. Sobald die Geräte gekoppelt sind, können Daten übertragen werden (siehe auch folgende Abschnitte). Um die Bluetooth-Kopplung mit einem Gerät über Windows 7 einzuleiten, gehen Sie folgendermaßen vor.

1. Stellen Sie sicher, dass das zu koppelnde Bluetooth-Gerät eingeschaltet, die Bluetooth-Funktion und die Erkennbarkeit des Geräts freigegeben ist.

2. Wählen Sie das Bluetooth-Symbol in der Taskleiste von Windows 7 per Rechtsklick an. Anschließend wählen Sie den Kontextmenübefehl *Gerät hinzufügen* (Bild 29.29, unten).

3. Sobald das Bluetooth-Gerät im Dialogfeld *Gerät hinzufügen* erscheint (Bild 29.30, Hintergrund oben), wählen Sie dieses an und klicken auf die *Weiter*-Schaltfläche. Taucht das Gerät nicht auf, ist dieses nicht arbeitsbereit oder wird nicht erkannt.

4. Tippen Sie den im Dialogfeld (Bild 29.30, unten rechts) gezeigten PIN-Code auf das zu koppelnde Gerät ein.

Versuchen Sie eine Bluetooth-Kopplung zu einem anderen Windows 7-Rechner, erscheint die in Bild 29.30, unten, gezeigte QuickInfo in der Taskleiste dieses Systems.

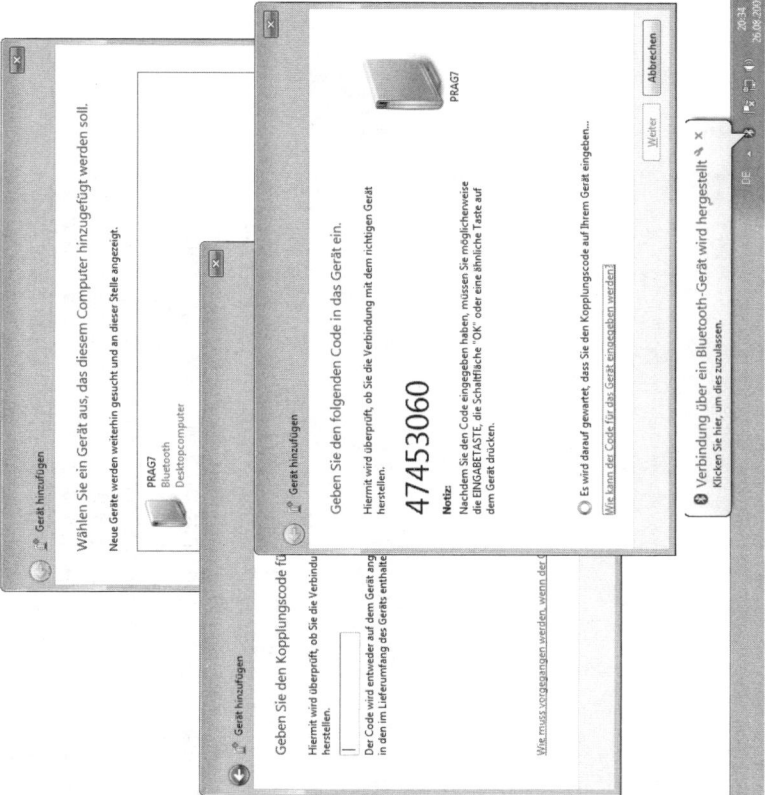

Bild 29.30:   Bluetooth-Kopplung unter Windows 7 einleiten und akzeptieren

■ Sie müssen dann auf das Bluetooth-Symbol der Taskleiste klicken und in das angezeigte Eingabefeld des Assistenten (Bild 29.30, Hintergrund links) den PIN-Code eintippen.

■ Anschließend ist die *Weiter*-Schaltfläche anzuklicken, um die Bestätigung der Kopplungsanforderung abzusenden.

Diese Kopplungsprozedur muss innerhalb einer kurzen Zeit (ca. 30 Sekunden) ausgeführt werden. Kann die Kopplung erfolgreich aufgebaut werden, zeigt Windows 7 dies in einem Abschlussdialogfeld des Kopplungsassistenten an. Andernfalls erscheint ein Fehlerdialog und Sie müssen den Vorgang wiederholen.

29.5.4   Daten austauschen

Um Daten zwischen Geräten auszutauschen oder mit dem Gerät einem Bluetooth-Netzwerk beizutreten, wählen Sie das Bluetooth-Symbol im Infobereich der Taskleiste mit der rechten Maustaste an. Im Kontextmenü (Bild 29.29, unten) lassen sich dann verschiedene Befehle abrufen.

■ Der Befehl *Einem persönlichen Netzwerk beitreten* ermöglicht, mehrere Geräte über eingerichtete Bluetooth-Verbindungen zu einem Netzwerk zu verbinden. Windows öffnet ein Dialogfeld (Bild 29.31), in dem die Verbindung aufgeführt wird. Über die Schaltfläche *Verbindung herstellen über* und deren Befehl *Direkte Verbindung* stellen Sie die Verbindung zum Personal Area Network (PAN) her. Sie können bei einer bestehenden PAN-Verbindung über die Netzwerkumgebung auf die Freigaben des anderen Geräts (in der Regel eines anderen Rechners) zugreifen. Dies entspricht den im folgenden Kapitel beschriebenen Techniken zum Arbeiten im Netzwerk. Wählen Sie das gekoppelte Gerät im Ordnerfenster per Mausklick an, lässt sich über die Schaltfläche *Die Verbindung mit einem Gerätenetzwerk trennen* der Symbolleiste das Netzwerk wieder verlassen.

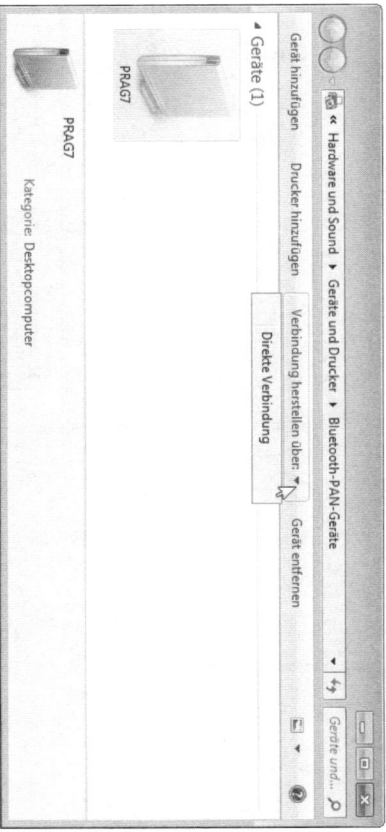

Bild 29.31: Bluetooth-Gerät auswählen und dem Personal Area Network (PAN) beitreten

■ Um eine Datei zwischen zwei Geräten zu übertragen, wählen Sie auf der Empfängerseite im Kontextmenü des Bluetooth-Symbols den Befehl *Datei empfangen* (Bild 29.29, unten). Ein Dialogfeld zeigt an, dass die Station auf die Daten wartet. Anschließend wählen Sie auf der Senderseite den Kontextmenübefehl *Datei senden* des Bluetooth-Symbols. Ein Assistent ermöglicht in zwei Dialogschritten die Auswahl des Empfängergeräts (Bild 29.32, links) und der zu sendenden Datei (Bild 29.32, oben rechts).

■ Auf der Empfängerseite wird dann die empfangene Datei in einem weiteren Dialog (Bild 29.32, unten rechts) gemeldet und mit ihrem Dateinamen angezeigt. Sie können über die *Durchsuchen*-Schaltfläche des Dialogfelds den Zielordner festlegen. Anschließend verwenden Sie die Schaltflächen *Weiter* und *Fertig stellen*, um die übertragene Datei im Zielordner zu speichern und den Assistenten zu schließen.

Auf diese Weise lassen sich per Bluetooth Dateien zwischen verschiedenen Geräten (Windows-Rechnern und/oder Handy) austauschen. Der Vorteil dieses Ansatzes besteht darin, dass der Benutzer die volle Kontrolle darüber hat, ob und welche Daten auszutauschen sind.

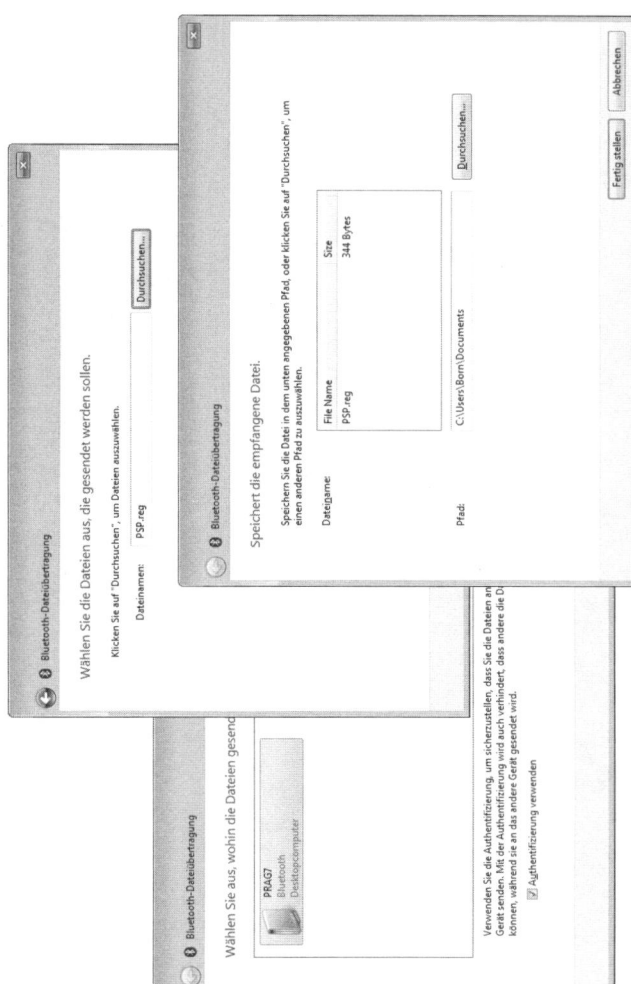

Bild 29.32: Datei per Bluetooth versenden

HINWEIS

Neben den internen Bluetooth-Funktionen von Windows können Sie auch Drittsoftware verwenden, um auf Funktionen von Bluetooth-Geräten zuzugreifen. Von der Firma Bluesoleil (`http://www.bluesoleil.com/`) gibt es z. B. eine Bluetooth-Software, die auf den Bluetooth-Stack von Windows aufsetzt und eine Reihe weiterer Funktionen bereitstellt. Auch die Kommunikationssoftware der Handyhersteller bietet meist eine Bluetooth-Unterstützung, die wesentlich mehr kann als die rudimentären Windows-Funktionen. So lässt sich auf den internen Speicher des Handys mit Kontakten, Telefonnummern etc. zugreifen. Oder die Speicherkarte des Handys wird wie ein Wechseldatenträger eingebunden und Sie können auf Ordner mit Fotos, MP3-Dateien, Videos oder Terminen zugreifen. Weiterhin ist meist die Kommunikation über Bluetooth mit einem UMTS- oder GPRS-Modem möglich. Prüfen Sie aber vor dem Einsatz solcher Software, ob diese mit Windows 7 kompatibel ist. Einige von mir getestete PC-Suiten verursachten gravierende Probleme und ließen sich nicht einsetzen.

Bei einer Bluetooth-Verbindung zu einem Handy können Sie aber prüfen, ob Windows 7 eventuell das Modem des Geräts erkennt und über eigene Treiber einbindet. Auf diese Weise konnte ich z. B. Sony Ericsson-Handys in Windows 7 einbinden und GPRS-Einwahlverbindungen aufsetzen (siehe auch *Kapitel 25*).

ACHTUNG

Seien Sie vorsichtig beim Installieren der Bluetooth-Software von Drittherstellern und stellen Sie sicher, dass ein Wiederherstellungspunkt zum Zurücksetzen des Systems existiert. Ältere Versionen der Toshiba- oder Widcomm-Bluetooth-Software überschreiben häufig den Windows 7 Bluetooth-Stack. Dann kann es zu Fehlfunktionen oder Systemabstürzen kommen.

30 Netzwerkfunktionen verwenden

Sobald ein funktionsfähiges Netzwerk eingerichtet wurde, können Sie Laufwerke, Ordner und Drucker zur gemeinsamen Nutzung freigeben sowie auf entsprechende Komponenten anderer Rechner zugreifen. Zudem stellt Windows 7 Ihnen einige Funktionen zur Verfügung, die sich innerhalb eines Netzwerks oder per Internet (z. B. FTP) verwenden lassen. Die folgenden Abschnitte zeigen, wie Sie die betreffenden Funktionen verwenden.

30.1 Freigaben im Netzwerk verwalten

Damit andere Teilnehmer über das Netzwerk auf Ihre Dateien oder den Drucker zugreifen können, müssen Sie diese Elemente zur gemeinsamen Verwendung freigeben. Nachfolgend wird gezeigt, wie Freigaben erfolgen und was dabei zu beachten ist.

30.1.1 Freigaben für das Netzwerk zulassen

Um Drucker, Laufwerke oder Ordner zur gemeinsamen Verwendung im Netzwerk freigeben zu können, muss dies durch den Administrator zugelassen werden. Die Schritte, um eine Heimnetzgruppe oder ein Arbeitsgruppennetz einzurichten und Details zum Zugriff auf das Netzwerk- und Freigabecenter, um die erweiterten Freigabeeinstellungen anzupassen, sind in *Kapitel 29* beschrieben. Wie Sie Mediendateien im Netzwerk über einen Streamingserver freigeben und über geeignete Clients wiedergeben, ist in *Kapitel 22* besprochen.

30.1.2 Ressourcen im Netzwerk freigeben

Damit andere Benutzer im Heimnetzwerk auf Laufwerke, Ordner oder Dateien zugreifen können, muss deren Besitzer (oder ein Administrator) diese als Ressourcen freigeben. Auch dies ist kein schwieriges Unterfangen. Wie Sie Drucker freigeben, können Sie in *Kapitel 15* nachlesen. Um einen Ordner oder eine Datei zur gemeinsamen Benutzung freizugeben, führen Sie die folgenden Schritte aus.

1. Öffnen Sie das Ordnerfenster *Computer* und navigieren Sie zum Ordner mit dem freizugebenden Unterordner oder der freizugebenden Datei.

2. Markieren Sie das Symbol des freizugebenden Elements (z. B. Ordner) im Ordnerfenster und wählen Sie in der Symbolleiste die Schaltfläche *Freigeben für* bzw. klicken Sie im Kontextmenü auf den Befehl *Freigeben für* (Bild 30.1).

3. Wählen Sie einen der im Untermenü angebotenen Befehle und setzen Sie ggf. die Freigabeeigenschaften.

Die genaue Vorgehensweise bei der Freigabe, die im Menü *Freigeben für* sichtbaren Befehle sowie die angezeigten Dialogfelder hängen etwas von der Netzwerkumgebung und den Windows-Einstellungen ab. Nachfolgend stelle ich die Vorgehensweise bei verschiedenen Freigabevarianten kurz vor.

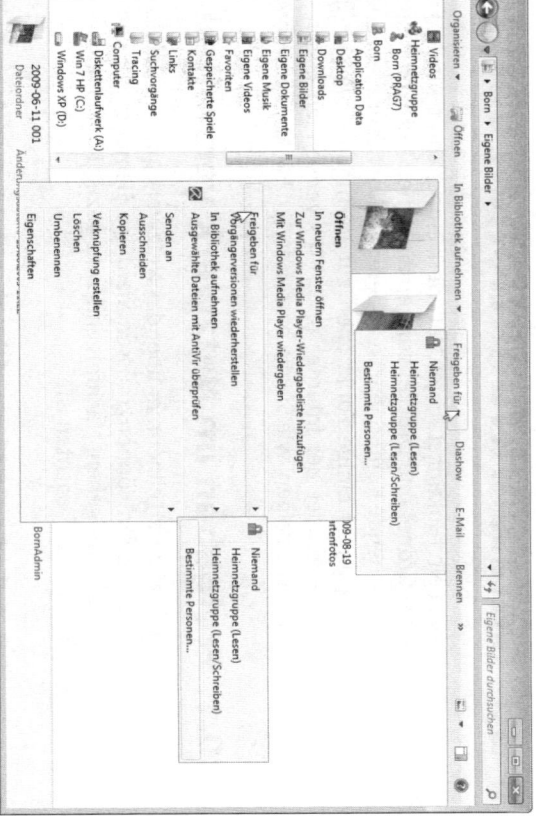

Bild 30.1: Ressourcen im Netzwerk freigeben

Freigaben in der Heimnetzgruppe

Ist der Rechner Mitglied in einer Heimnetzgruppe, kann der Benutzer die drei Befehle *Niemand*, *Heimnetzgruppe (Lesen)* und *Heimnetzgruppe (Lesen/ Schreiben)* im Menü *Freigeben für* anwählen (Bild 30.1). Für diese Befehle gilt Folgendes:

- *Niemand:* Wählen Sie diesen Befehl, um die Freigabe in der Heimnetzgruppe für das betreffende Element zu beenden. Windows öffnet ein Dialogfeld (siehe Bild 30.8 im Abschnitt »Eine Freigabe anpassen und wieder aufheben«), in dem Sie das Beenden der Freigabe nochmals explizit über einen angezeigten Befehl bestätigen und dann über die Benutzerkontenfreigabe als Administrator autorisieren müssen.

- *Heimnetzgruppe (Lesen):* Der Befehl begrenzt die Zugriffe über das Netzwerk auf reines Lesen.

- *Heimnetzgruppe (Lesen/Schreiben):* Ermöglicht, dass andere Benutzer der Heimnetzgruppe auch Dateien und Ordner ändern, löschen oder anlegen dürfen.

Entziehen Sie einem Ordner die Freigabe über den Befehl *Niemand*, blendet Windows 7 bei eingeschalteter Heimnetzgruppe das Symbol eines stilisierten Schlosses im Ordnersymbol ein. Dieses Schloss verschwindet, sobald Sie eine Zugriffsberechtigung erteilen.

HINWEIS

Die Kennzeichnung des Ordnersymbols mit dem Schlosssymbol erscheint mir etwas verwirrend, da das Symbol auf meinen Testsystemen auf diversen Partitionen bei Ordnern auftauchte, die nie im Heimnetzwerk freigegeben waren. Zudem können Benutzer eines lokalen Computers problemlos auf diese Ordner zugreifen. Eine Inspektion mit dem Befehlszeilenkommando *icacls* zeigt, dass dem Ordner die Objekt- und Container-Vererbungsrechte (OI, CI) für den Benutzer *HomeUsers* entzogen wurden. Damit können andere Benutzer einer Heimnetzgruppe nicht mehr auf die Ordner zugreifen. Bei abgeschalteter Heimnetzgruppenfunktion verschwindet das Symbol auch wieder aus den Ordnerfenstern.

Spezialfall öffentliche Ordner

Sie können die öffentlichen Ordner (*Öffentliche Bilder, Öffentliche Musik* etc.) über die Schaltfläche *Freigaben für* zur Verwendung im Netz freigeben oder diese Freigabe entziehen. Bei den öffentlichen Ordnern erscheint allerdings der Befehl *Erweiterte Freigabeeinstellungen* im Menü. Der Befehl öffnet dann die Seite *Erweiterte Freigabeeinstellung*, auf der Sie das Optionsfeld *Freigabe einschalten …* oder *"Freigabe des öffentlichen Ordners" deaktivieren* in der Gruppe *Freigabe der öffentlichen Ordner* wählen können (siehe *Kapitel 29*, Abschnitt »Erweiterte Freigabeeinstellungen ändern«).

Freigaben für Benutzer erteilen

In Arbeitsgruppennetzwerken wird man bevorzugt Freigaben für einzelne oder eventuell alle Benutzer vergeben und diese ggf. auch wieder entziehen wollen. Der Befehl *Bestimmte Personen* im Menü *Freigeben zu* (Bild 30.1) öffnet das in Bild 30.2, oben, gezeigte Dialogfeld *Personen für die Freigabe auswählen* des Freigabe-Assistenten.

1. Legen Sie in diesem Dialogfeld den Kreis der zugriffsberechtigten Personen und deren Zugriffsmöglichkeiten fest und bestätigen Sie dies über die Schaltfläche *Freigabe*.

2. Nachdem die Freigabe erfolgt ist, zeigt Windows das Dialogfeld *Der Ordner wurde freigegeben* aus Bild 30.2, unten. Schließen Sie dieses über die *Fertig*-Schaltfläche.

Bezüglich der Freigabe verhält sich Windows 7 etwas anders als z.B. Windows XP, sondern verwendet den Freigabemechanismus von Windows Vista. Um im Netzwerk auf die Freigabe eines Ordners, einer Datei oder eines Laufwerks zugreifen zu dürfen, verlangt Windows 7 (wie auch Windows XP und Windows Vista), dass die betreffende Person ein Konto mit einem Kennwort auf dem Zielrechner besitzt. In Windows 7 lässt sich die Zugriffsberechtigung aber, im Gegensatz zu Windows XP Home Edition, sehr differenziert zuweisen, d. h., Sie können im Freigabedialog festlegen, für welche Personen die Freigabe zulässig sein soll und welche Zugriffsrechte diese haben sollen.

Der Freigabe-Assistent trägt automatisch den Besitzer der Datei in das Dialogfeld *Personen für die Freigabe auswählen* ein (Bild 30.2, oben), d. h., dieser Besitzer kann ggf. von einem Netzwerkrechner auf die eigenen Dateien zugreifen. Möchten Sie auch anderen Personen den Zugriff gewähren, öffnen Sie das Listenfeld im Dialogfeld *Personen für die Freigabe auswählen*, wählen einen der angebotenen Einträge (Bild 30.3) und übertragen diesen mittels der *Hinzufügen*-Schaltfläche in die Liste der berechtigten Personen. Das Listenfeld enthält dabei bereits die Namen aller Konten, die auf dem Freigaberechner eingerichtet sind.

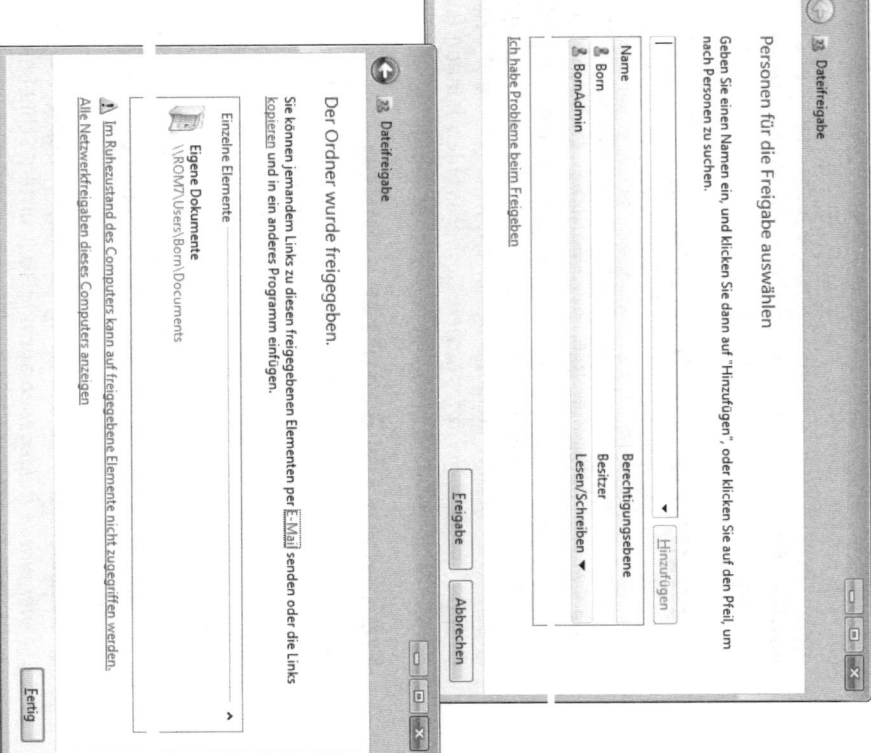

Bild 30.2: Freigabe eines Elements durchführen

Bild 30.3: Personen für die Freigabe auswählen

■ Wählen Sie individuelle Einträge mit den Namen der Benutzerkonten in der Liste, lassen sich mehrere Einzelbenutzer über die *Hinzufügen*-Schaltfläche in die Liste der Zugriffsberechtigten aufnehmen.

■ Sollen alle Benutzer mit Konten auf dem Computer per Netzwerk auf die Dateien zugreifen dürfen, wählen Sie im Listenfeld den Wert *Jeder*.

■ Mit dem Eintrag *Neuen Benutzer erstellen* des Listenfelds gelangen Sie in die Formulare der Benutzerkontenverwaltung und können ein Konto mit dem Benutzernamen der betreffenden Person einrichten.

Sobald die Liste der zugriffsberechtigten Personen im Dialogfeld vorliegt, können Sie noch für jeden dieser Einträge vorgeben, ob der betreffende Benutzer die freigegebenen Objekte nur lesen oder auch ändern bzw. neu anlegen darf. Hierzu klicken Sie in der rechten Spalte *Berechtigungsebene* auf den Pfeil zum Öffnen des Menüs und wählen einen der angegebenen Befehle aus (Bild 30.4).

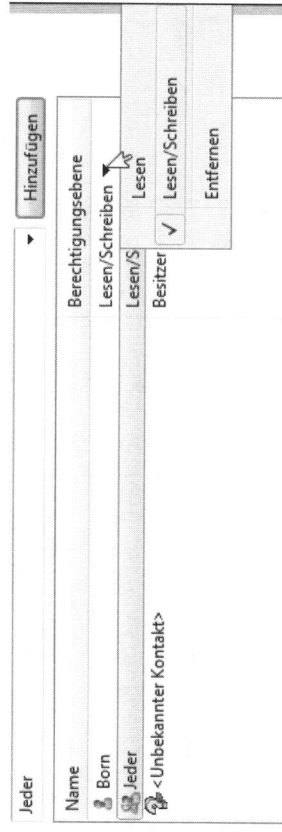

Bild 30.4:   Zuweisen der Berechtigungsebene zur Freigabe

■   Der Wert *Lesen* erlaubt dem betreffenden Benutzerkonto, nur lesend per Netzwerk auf die freigegebenen Elemente zuzugreifen.

■   Über *Lesen/Schreiben* gestatten Sie dem Nutzer des betreffenden Benutzerkontos, die Dateien und Ordner anzuzeigen, Elemente hinzuzufügen und alle Elemente zu ändern oder zu löschen.

Über den Menüeintrag *Entfernen* können Sie einen Benutzereintrag wieder aus der Liste der Zugriffsberechtigungen austragen.

Haben Sie einen Ordner oder eine Datei markiert, aber in der Symbolleiste des Ordnerfensters oder im Kontextmenü fehlt die Option zur Freigabe? In diesem Fall ist die Freigabe der betreffenden Kategorie im Netzwerk- und Freigabecenter noch gesperrt. Wechseln Sie zum Netzwerk- und Freigabecenter und geben Sie die Option *Datei- und Druckerfreigabe* frei (siehe *Kapitel 29*).

Benutzerordner wie *Eigene Dokumente*, *Eigene Musik* etc. lassen sich unter einem Standardbenutzerkonto freigeben. Zur Freigabe beliebiger Ordner benötigen Sie jedoch Administratorrechte (erkennbar am Symbol der Benutzerkontensteuerung, welches in der Schaltfläche *Freigabe* eingeblendet wird). Die hier gezeigte Verwendung des Freigabe-Assistenten hat aber aus meiner Sicht zwei entscheidende Nachteile: Das ganze Verfahren ist untransparent (speziell beim Aufheben der Freigaben). Und der Assistent gibt bei der Freigabe eines Benutzerordners wie *Eigene Bilder* gleich das ganze Verzeichnis *Users* im Netzwerk frei. Meine Empfehlung ist daher, den Freigabe-Assistenten abzuschalten und die Ausführungen im nachfolgenden Abschnitt zur Freigabe von Laufwerken zu befolgen.

HINWEIS

Freigaben auf Laufwerke erteilen

Um ein komplettes Laufwerk zur gemeinsamen Verwendung im Netzwerk freizugeben, sind praktisch die gleichen Schritte wie zur Freigabe von Ordnern oder Dateien durchzuführen. Allerdings verwendet Windows 7 keinen Assistenten für die vereinfachte Freigabe.

1. Markieren Sie das Laufwerkssymbol im Ordnerfenster des *Computer* und wählen Sie die Schaltfläche bzw. den Kontextmenübefehl *Freigeben für*. Im eingeblendeten Menü ist der eingeblendete Befehl *Erweiterte Freigabe* anzuwählen.

2. Wählen Sie im Eigenschaftenfenster des Laufwerks die auf der Register-karte *Freigabe* gezeigte Schaltfläche *Erweiterte Freigabe* (Bild 30.5, links) und bestätigen Sie die Sicherheitsabfrage der Benutzerkontensteue-rung, um den Vorgang fortzusetzen.

3. Markieren Sie im Dialogfeld *Erweiterte Freigabe* (Bild 30.5, rechts) das Kontrollkästchen *Diesen Ordner freigeben*.

4. Passen Sie bei Bedarf den Freigabenamen im zugehörigen Textfeld an, tragen Sie ggf. einen Kommentar in das Kommentarfeld ein und redu-zieren Sie – falls gewünscht – die Zahl der Benutzer.

5. Legen Sie die Zugriffsberechtigungen über die Schaltfläche *Berechtigun-gen* sowie optional die Optionen zum Zwischenspeichern über die ent-sprechende Schaltfläche fest und schließen Sie dann die Dialogfelder über die OK-Schaltfläche.

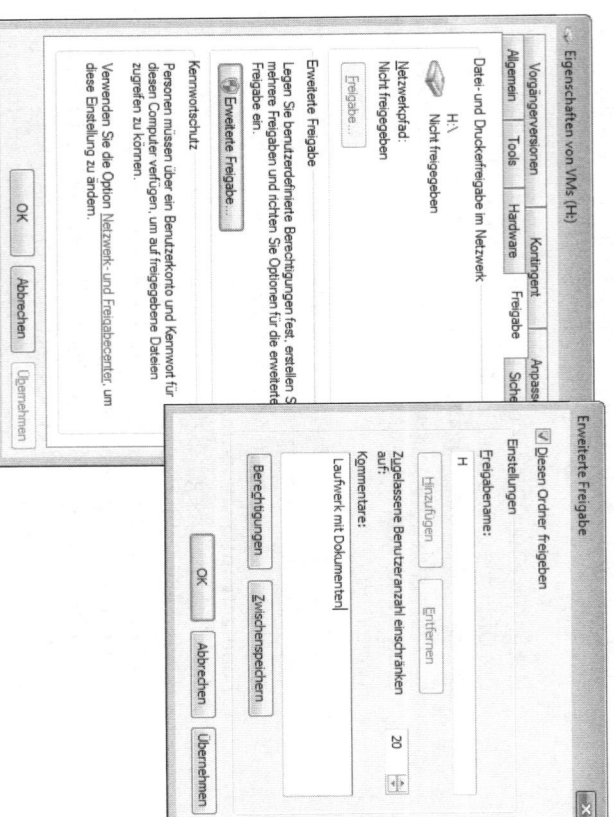

Bild 30-5: Freigeben eines Laufwerks

Windows 7 erlaubt maximal 20 Personen den gleichzeitigen Zugriff auf eine Freigabe. Sie können diese Zahl aber über das entsprechende Drehfeld reduzieren. Die Schaltfläche *Berechtigungen* öffnet die Registerkarte *Freigabeberechtigungen* (Bild 30.6, links), über die Sie Zugriffsberechtigungen durch Markieren der betreffenden Kontrollkästchen für das freigegebene Objekt auf NTFS-Dateisystemebene vergeben können (siehe *Kapitel 11*).

Über die Schaltfläche *Zwischenspeichern* öffnen Sie das in Bild 30.6, rechts, gezeigte Dialogfeld. Dort lässt sich über Optionen festlegen, was mit den freigegebenen Dateien, die ein Benutzer über das Netzwerk öffnet, passieren soll, wenn die Netzwerkverbindung nicht mehr existiert. Bei Bedarf lässt sich vorgeben, dass die vom Benutzer geöffneten Programme und Dateien oder alle Dateien der Freigabe bei einer bestehenden Netzwerkverbindung offline für den betreffenden Benutzer bereitgestellt werden. Dies bedeutet, Windows 7 legt eine Kopie der Dateien auf dem betreffenden Rechner des Nutzers ab und gleicht diese Kopie bei bestehender Netzwerkverbindung mit der Freigabe ab. Der Benutzer hat dann die Möglichkeit, diese Kopien bei bestehender Netzwerkverbindung über das Windows-Synchronisierungscenter zu aktualisieren. Diese Funktion ist aber nur für Benutzer wirksam, die von Windows XP Professional, Windows Vista Business/Ultimate oder Windows 7 Professional/Ultimate per Netzwerk auf die Freigaben zugreifen. Die Home-Varianten von Windows unterstützen keine Offlinedateien.

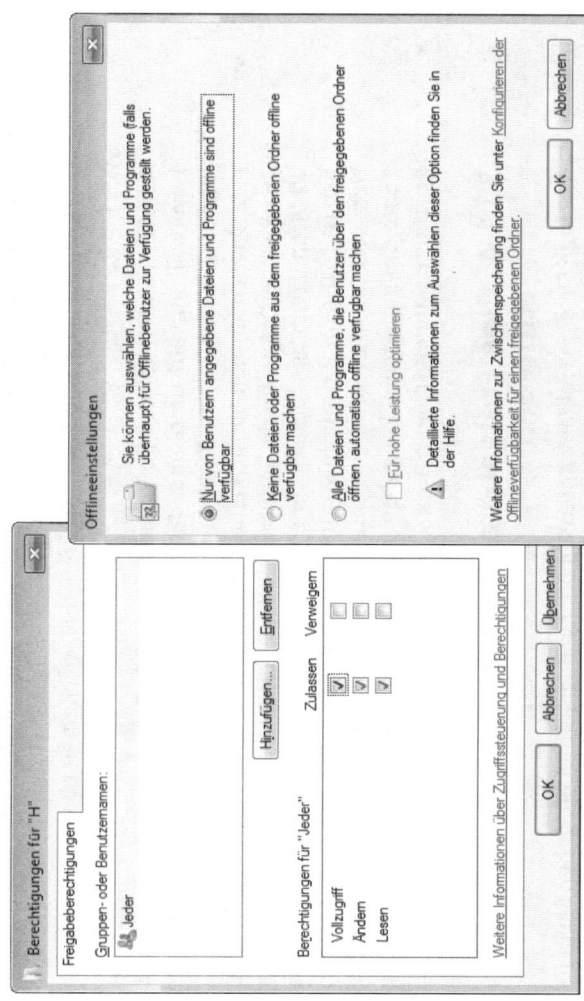

Bild 30.6:   Zugriffsberechtigungen und Offlineeinstellungen

HINWEIS

Die erweiterte Freigabe wird auch bei Ordnern und Dateien bereitgestellt, wenn Sie im Ordnerfenster das Menü der Schaltfläche *Organisieren* öffnen, den Befehl *Ordner- und Suchoptionen* wählen und auf der Registerkarte *Ansicht* die Markierung des Kontrollkästchens *Freigabe-Assistent*

735

verwenden (empfohlen) löschen. Dies hat den Vorteil, dass Sie den Freigabenamen für einen Ordner vergeben können. Netzwerkbenutzer sehen diesen Namen in den Freigaben und müssen nicht kryptisch über Verzeichnisse wie *C:\Users\Born\...* zum gewünschten Freigabeordner navigieren.

Soll der Freigabe-Assistent eingeschaltet bleiben, hilft ein Trick: Verwenden Sie einfach den Kontextmenübefehl *Eigenschaften* eines Ordners, um direkt auf die Registerkarte *Freigabe* und damit auf die erweiterten Freigabeoptionen zuzugreifen. Bei zugelassenem Freigabe-Assistent lässt sich dieser bei Ordnern übrigens über die auf der Registerkarte sichtbare Schaltfläche *Freigabe* aufrufen.

30.1.3 Überblick über Ihre Freigaben

Windows 7 kennzeichnet die Symbole freigegebener Laufwerke in der linken unteren Ecke mit zwei stilisierten Personen (Bild 30.7, Hintergrund). Bei sehr vielen freigegebenen Dateien und Ordnern geht die Übersicht aber schnell verloren. Sie haben aber zwei Möglichkeiten, sich einen schnellen Überblick über Ihre Freigaben zu verschaffen.

Öffnen Sie das Ordnerfenster *Computer* und wählen Sie im Navigationsbereich den Zweig *Netzwerk* an. Sobald Sie das Symbol des eigenen Rechners anwählen, listet Windows im Navigations- und Inhaltsbereich die freigegebenen Objekte auf (Bild 30.7, oben). Wählen Sie den Eintrag *Heimnetzgruppe* im Navigationsbereich des Ordnerfensters, erscheinen ebenfalls die freigegebenen Bibliotheken.

Administratoren können über das Startmenü (z. B. per Suchfeld) die Computerverwaltung aufrufen und den Zweig *Freigegebene Ordner* anwählen (Bild 30.7, unten). Über die Untereinträge *Freigaben, Sitzungen* und *Geöffnete Dateien* können Sie sich einen schnellen Überblick über Freigaben, auf den Rechner zugreifende Benutzer und von diesen geöffnete Dateien verschaffen. Freigaben, deren Name mit einem angehängten $-Zeichen versehen ist (z. B. *C$*), sind administrative Windows-Freigaben, die das System zur Netzwerkadministration einrichtet. Bei Bedarf kann ein Administrator über Kontextmenübefehle Freigaben aufheben, Sitzungen unterbrechen oder geöffnete Dateien schließen.

30.1.4 Eine Freigabe anpassen und wieder aufheben

Möchten Sie eine Freigabe anpassen oder wieder aufheben, gehen Sie in folgenden Schritten vor.

1. Markieren Sie das betreffende Element im Ordnerfenster und wählen Sie erneut die Schaltfläche bzw. den Kontextmenübefehl *Freigeben für*.

2. Im Untermenü klicken Sie auf den angezeigten Befehl *Niemand* und wählen im Dialogfeld *Datei/freigabe* (Bild 30.8) den Befehl *Freigabe beenden* oder *Freigabeberechtigungen ändern*.

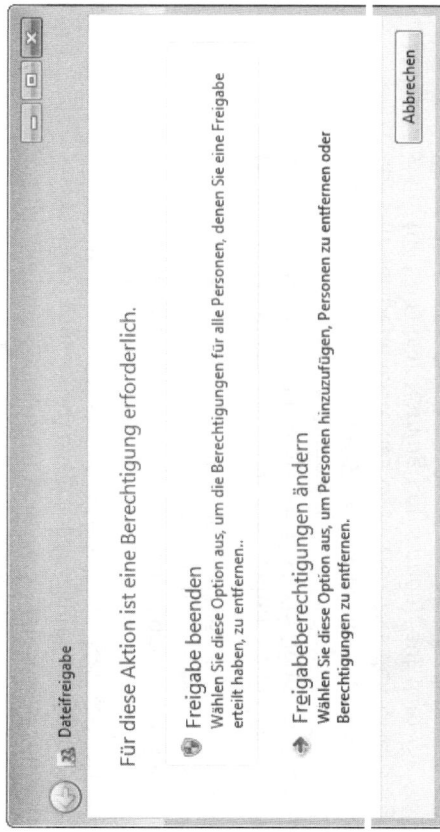

Bild 30.7: Verwaltung der Freigaben

Bild 30.8: Freigaben beenden und Berechtigungen anpassen

Das Dialogfeld erscheint nur bei aktiviertem Freigabe-Assistent, und mit dem letztgenannten Befehl gelangen Sie wieder in den Freigabedialog des Assistenten (Bild 30.2, oben), in dem Sie die Benutzer und deren Freigabeberechtigungen anpassen können.

Bei Laufwerken oder abgeschaltetem Freigabe-Assistenten wird über den Befehl *Freigabe für/Niemand* das Eigenschaftenfenster geöffnet. Auf dessen Registerkarte *Freigabe* (Bild 30.5, links) klicken Sie auf die Schaltfläche *Erweiterte Freigabe*, bestätigen die Abfrage der Benutzerkontensteuerung und löschen im angezeigten Dialogfeld die Markierung des Kontrollkästchens *Diesen Ordner freigeben* (Bild 30.5, rechts).

30.2 Zugriff auf Netzwerkressourcen

Sind Ressourcen (Drucker, Laufwerke, Ordner und Dateien) im Netzwerk freigegeben, können Sie von anderen Rechnern oder vom gleichen Rechner auf diese Freigaben zugreifen. Nachfolgend wird gezeigt, welche Möglichkeiten Windows 7 hierzu bereitstellt.

30.2.1 So greifen Sie auf Freigaben im Netzwerk zu

Windows 7 ermöglicht Ihnen, auf sehr einfache Weise in der Netzwerkumgebung zu navigieren und auf freigegebene Ordner, Laufwerke und Drucker der Arbeitsgruppen zuzugreifen.

■ Öffnen Sie das Ordnerfenster *Computer* über den betreffenden Startmenüeintrag und wählen Sie im Navigationsbereich den Eintrag *Heimnetzgruppe*. Anschließend können Sie im Inhaltsbereich einen der in dieser Gruppe vorhandenen Teilnehmer anwählen und auf dessen Freigaben zugreifen (Bild 30.9, oben links).

■ Ist der Rechner Mitglied in einer Arbeitsgruppe (oder möchten Sie auf Rechner anderer Arbeitsgruppen zugreifen), öffnen Sie ebenfalls das Ordnerfenster *Computer* und wählen im Navigationsbereich den Eintrag *Netzwerk* (Bild 30.9, Mitte). Dort finden Sie die Symbole aller im Netzwerk aktiven Rechner. Anschließend können Sie einen der angezeigten Rechner der Arbeitsgruppe anklicken, um dessen Freigaben (z. B. Ordner, Drucker) einzublenden (Bild 30.9, unten).

Freigaben erkennen Sie daran, dass unterhalb des Ordnersymbols ein stilisierter Netzwerkanschluss zu sehen ist. Ein Doppelklick auf das betreffende Symbol bringt Sie eine Ordnerebene tiefer, bis Sie auf der Ebene der Dateien angelangt sind. Markieren Sie eine Freigabe im Ordnerfenster, zeigt Windows in der Detailleiste des Ordnerfensters den UNC-Netzwerkpfad (UNC steht für Universal Naming Convention), auf dem die freigegebene Ressource liegt. Die Angabe \\Rom7 signalisiert, dass sich die Ressource auf einem Rechner mit dem Namen *Rom7* befindet. Sind auf dem Rechner keine Ressourcen freigegeben, bleibt das Ordnerfenster leer.

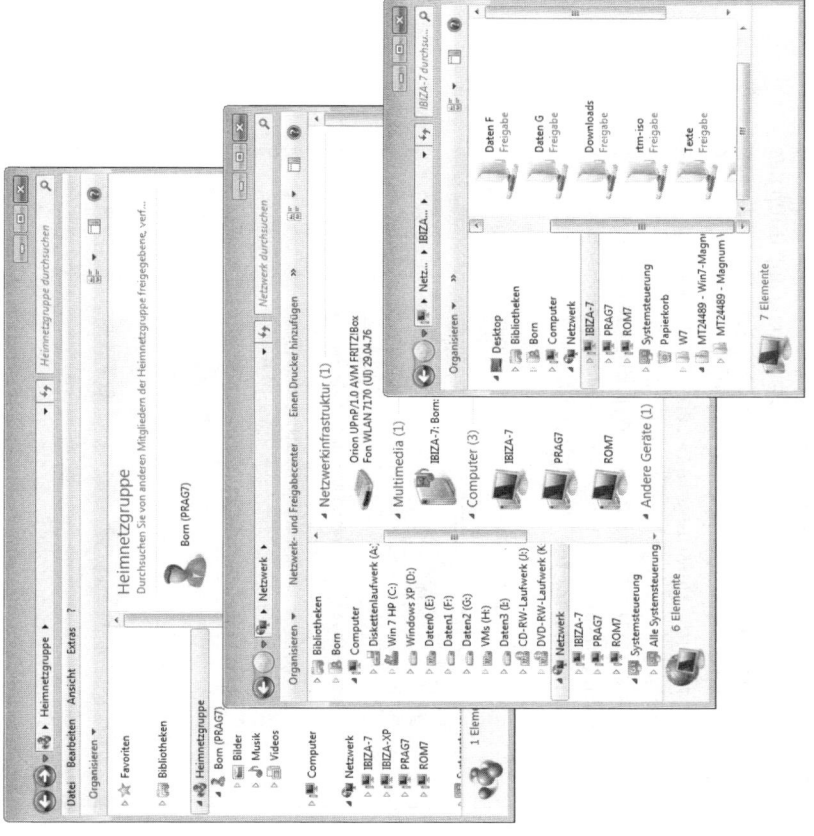

Bild 30.9: Zugriff auf Netzwerke

Falls Sie viel im Netzwerk arbeiten, können Sie über die Eigenschaften des Startmenüs auch die Befehle *Netzwerk* und *Heimnetzgruppe* im Startmenü einblenden (siehe *Kapitel 4*, Abschnitt »Startmenü anpassen«). Zudem lassen sich Desktopverknüpfungen auf das Ordnerfenster *Netzwerk* oder *Heimgruppennetz* sowie auf Netzwerkrechner anlegen (siehe auch *Kapitel 11*, »Arbeiten mit Verknüpfungen«).

Windows 7 zeigt Ihnen im Ordnerfenster *Netzwerk* alle Rechner, die im lokalen Netzwerk gefunden werden, unabhängig von der Arbeitsgruppenzugehörigkeit, an. Rechner, die Mitglieder der eigenen Arbeitsgruppe sind, werden aber schneller gefunden und angezeigt.

Ist die Netzwerkerkennung abgeschaltet, werden keine Rechnersymbole und Geräte in der Netzwerkumgebung angezeigt. Sie können die Geräteerkennung dann aber über die unterhalb der Symbolleiste des Ordnerfensters angezeigte Informationsleiste temporär oder dauerhaft über die erweiterten Freigabeeinstellungen (siehe *Kapitel 29*) einschalten.

TIPP

739

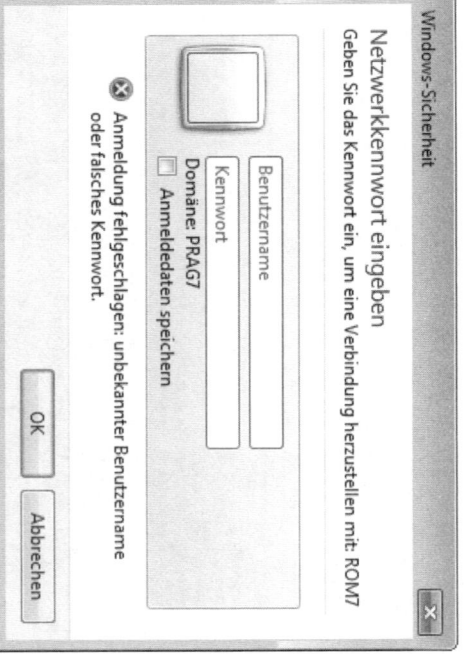

Bild 30.10: Dialogfeld zur Eingabe eines Netzwerkkennworts

 HINWEIS

Beachten Sie, dass Sie zum Zugriff auf die freigegebenen Ressourcen entsprechende Zugriffsberechtigungen benötigen. Mit Ausnahme des Ordners *Öffentlich* ist zum Zugriff auf Freigaben ein mit einem Kennwort versehenes Konto auf dem jeweiligen Freigaberechner erforderlich. Versuchen Sie, von einem Benutzerkonto, das kein Kennwort aufweist, auf eine freigegebene Ressource zuzugreifen, erscheint ggf. ein Anmeldedialog mit einer Abfrage des Benutzerkontos und des zugehörigen Kennworts (Bild 30.10). Sie müssen dann den Namen eines auf der Zielmaschine vorhandenen Benutzerkontos mit Zugriffsberechtigung auf die Freigabe samt Kennwort eingeben, um sich am betreffenden Rechner anmelden zu können. Besitzen Sie kein Zugriffsrecht auf ein freigegebenes Element, wird Ihnen eine Fehlermeldung mit dem Hinweis angezeigt, dass Sie keine Berechtigungen besitzen.

Das Symbol *Users* in einer Freigabe bedeutet, dass Ordner eines Benutzerkontos (z. B. *Dokumente*, *Musik* etc.) freigegeben wurden. Windows verwaltet diese Ordner im Zweig C:\Users. Das Symbol *Public* bedeutet dagegen, dass Unterordner im Ordner *Öffentlich* auf dem betreffenden Rechner freigegeben sind. Unter einem Standardbenutzerkonto angemeldete Benutzer können über diese beiden Symbole zu den jeweils freigegebenen Ordnern navigieren. Benutzerkonten mit Administratorrechten erhalten unter Windows 7 auch über das Netzwerk Zugriff auf alle Ordner einer Freigabe. Dies hat den etwas merkwürdigen Effekt, dass Sie unter dem Ordnersymbol *Users* die Unterordner aller Benutzerkonten einsehen können. Wählen Sie einen Benutzerkontenordner (z. B. *Born*) per Doppelklick an, zeigt das Ordnerfenster alle für das Benutzerkonto verfügbaren Unterordner (*Dokumente*, *Musik*, *Videos* etc.) – und nicht nur den freigegebenen Unterordner. Gleiches gilt für den Ordner *Public*, falls dieser freigegeben wurde. Dies lässt sich durch Abschalten des Freigabe-Assistenten vermeiden, da die bei der erweiterten Freigabe vergebenen Freigabenamen im Netzwerk auftauchen.

30.2.2 Netzlaufwerke verbinden und trennen

Arbeiten Sie lieber mit Laufwerkssymbolen im Ordnerfenster *Computer*, anstatt über das Ordnerfenster *Netzwerk* navigieren zu müssen? Oder unterstützen ältere Programme nur Zugriffe auf Laufwerke? Dann können Sie einem im Netzwerk freigegebenen Ordner einen Laufwerksnamen zuweisen.

1. Öffnen Sie ein Ordnerfenster, navigieren Sie zum *Netzwerk* und dann zum freigegebenen Element (Laufwerk oder Ordner), das einem Netzlaufwerk zugewiesen werden soll.

2. Klicken Sie das Ordnersymbol der Freigabe mit der rechten Maustaste an und wählen Sie den Kontextmenübefehl *Netzlaufwerk zuordnen* (Bild 30.11, oben).

3. Passen Sie im Listenfeld *Laufwerk* des Assistenten ggf. den vorgeschlagenen (freien) Laufwerksbuchstaben an (Bild 30.11, unten). Im Feld *Ordner* ist bereits der UNC-Netzwerkpfad der Freigabe sichtbar.

4. Soll das Netzlaufwerk bei der nächsten Anmeldung am Computer automatisch zugewiesen werden, markieren Sie das Kontrollkästchen *Verbindung bei Anmeldung wiederherstellen*. Dies setzt aber eine gültige Netzwerkverbindung zum Freigaberechner beim Systemstart voraus.

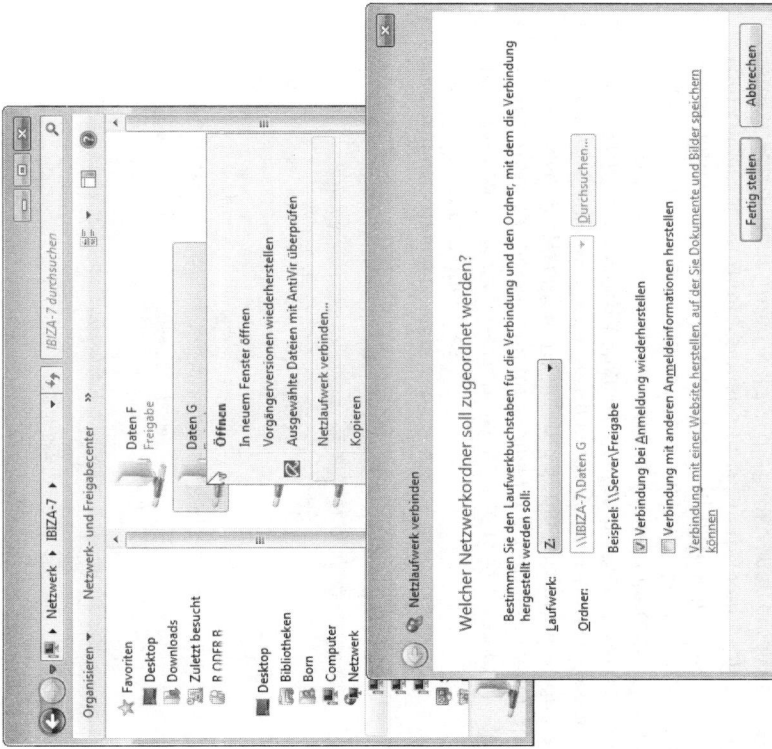

Bild 30.11: Netzlaufwerk definieren

741

Zudem können Sie das Kontrollkästchen *Verbindung mit anderen Anmelde-informationen herstellen* wählen, um mit einem anderen Benutzernamen auf die Freigabe zugreifen zu können. Sobald Sie das Dialogfeld über die Schaltfläche *Fertig stellen* schließen, richtet Windows das Laufwerkssymbol im Ordnerfenster *Computer* ein (Bild 30.12). Weiterhin wird die Ressource in einem Ordnerfenster geöffnet. Über das Laufwerkssymbol des Ordnerfens-ters *Computer* können Sie zukünftig direkt auf die Netzwerkressource zugreifen.

Und das Laufwerk wieder trennen

Um eine bestehende Verbindung für ein Netzlaufwerk wieder aufzuheben, wählen Sie im Ordnerfenster *Computer* das Symbol des Netzwerklaufwerks mit der rechten Maustaste an und wählen Sie im Kontextmenü den Befehl *Trennen* (Bild 30.12). Windows trennt die Verbindung zur Netzwerkressource und entfernt das Laufwerkssymbol aus dem Ordner *Computer*.

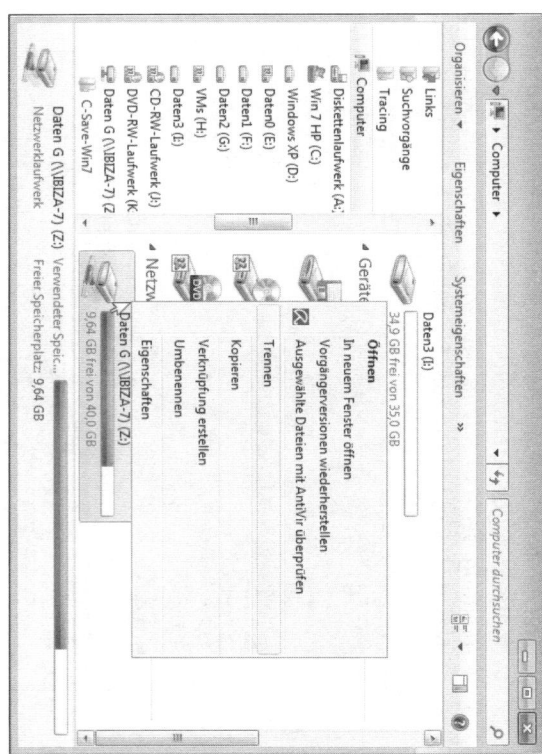

Bild 30.12:   Netzlaufwerk trennen

HINWEIS

In Windows 7 Home Premium ist noch das Programm Synchronisations-center über das Startmenü unter *Alle Programme/Zubehör* aufrufbar. Auf-gabe dieser Anwendung ist eigentlich die Synchronisation von Offlineda-teien im Netzwerk. Während das Programm unter Windows 7 Ultimate seinen Dienst wie vorgesehen verrichtet, bleiben die in der Aufgabenleiste des Synchronisierungscenter sichtbaren Befehle unter Windows 7 Home Premium wirkungslos und es lassen sich auch keine Synchronisationspart-nerschaften einrichten. Die Ursache ist, dass Windows 7 Home Premium (im Gegensatz zu Professional und Ultimate) keine Offlinedateien unter-stützt. Aus diesem Grund werden die Funktionen des Synchronisationscen-ter in diesem Buch nicht behandelt.

30.3   Zugriff auf FTP-Server

Über einen Internetzugang lässt sich auf FTP-Server zugreifen, um Dateien zu transferieren. Nachfolgend wird kurz skizziert, wie sich die FTP-Funktionen von Windows 7 verwenden lassen.

30.3.1   So greifen Sie auf einen FTP-Server zu

Zum Transfer von Dateien zwischen einem lokalen Computer und einem Internetserver wird das FTP-Protokoll genutzt. Sie benötigen einen FTP-Client, um sich am FTP-Server anzumelden und Dateien anzusehen sowie zwischen Server und lokalem Computer zu übertragen.

Der ftp-Befehl der Eingabeaufforderung

Im Fenster der Eingabeaufforderung steht der Befehl *ftp* für diesen Zweck zur Verfügung. Mit der Eingabe *ftp* Enter starten Sie das Programm. Sobald sich der Client mit dem >-Zeichen meldet, lässt sich eine Befehlsübersicht durch Eintippen von ? abrufen. Dann können Sie sich über die Befehle des *ftp*-Kommandos am Server anmelden und Dateien austauschen. Mit dem *bye*-Kommando wird der FTP-Client beendet und Sie gelangen zur Eingabeaufforderung zurück. Der Vorteil dieses Ansatzes besteht darin, dass sich solche Befehlsfolgen ggf. in Batchdateien oder durch Umleitung der Ein-/Ausgaben automatisieren lassen. Für den normalen Benutzer ist der Umgang mit dem *ftp*-Kommando auf der Ebene der Kommandozeile aber etwas gewöhnungsbedürftig. Alternativ lassen sich die nachfolgenden Ansätze für FTP-Zugriffe verwenden.

So lässt sich der FTP-Client im Internet Explorer aufrufen

Zum (lesenden) Zugriff auf einen FTP-Server können Sie das Fenster des Internet Explorers (oder eines anderen Browsers) öffnen und in das Adressfeld die FTP-Adresse in der Form *ftp://ftp.xxx.com* eintippen. Die Zeichen *xxx* stehen hier für den Namen des FTP-Servers. Sobald Sie die Eingabe über die Enter-Taste bestätigen, versucht der Browser, Kontakt mit dem FTP-Server aufzunehmen. Um sich mit einem Benutzernamen samt Kennwort an einem FTP-Server anzumelden, ist die URL in der Form *ftp://Passwort:User@ftp.xxx.com* einzugeben.

Existiert der FTP-Server und akzeptiert dieser einen anonymen Zugang ohne Benutzerkennung und Passwort bzw. akzeptiert er die beim Aufruf angegebenen Benutzerdaten, wird der Verzeichnisinhalt des Stammordners als Webseite eingeblendet (Bild 30.13, oben links). Sie können dann über Hyperlinks zwischen den Verzeichnissen navigieren und Dateien durch Anklicken der Hyperlinks downloaden. Allerdings ist das Arbeiten nicht allzu komfortabel. Öffnen Sie in der Symbolleiste des Browserfensters das Menü der Schaltfläche *Seite*, lässt sich der Befehl *FTP-Site in Windows-Explorer öffnen* wählen. Nachdem Sie einen Sicherheitsdialog bestätigt haben, erscheint der Inhalt des FTP-Servers in einem Ordnerfenster (Bild 30.13, unten rechts).

Direktzugriff auf den FTP-Client

Wer sich den »Schlenker« über den Browser sparen möchte, kann auch den direkten (undokumentierten) Weg über ein Ordnerfenster wählen. Öffnen Sie ein Ordnerfenster (z. B. *Computer*), klicken Sie auf das Ende des Adress-felds, tippen Sie die FTP-Adresse in das Adressfeld ein und drücken Sie die Enter-Taste. Der Vorspann *ftp://* ist sogar entbehrlich, Sie können die Adresse direkt in der Form *ftp.xxx.de* eingeben. Es können aber um eine gültige FTP-Adresse (z. B. *ftp.pearson.de*) handeln. Kann ein Kontakt zum FTP-Server hergestellt werden, erscheint dessen Stammverzeichnis im Ord-nerfenster (Bild 30.13, unten rechts).

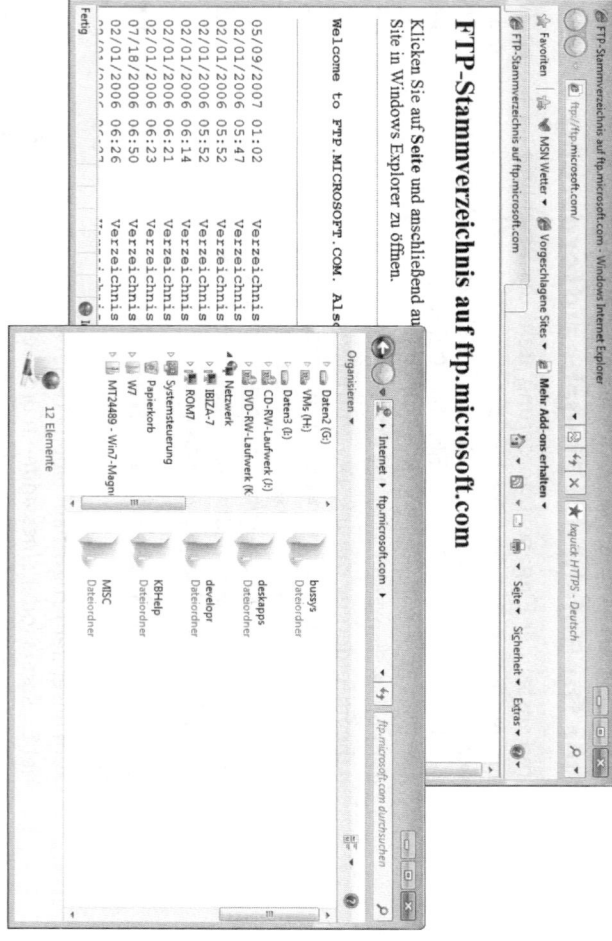

Bild 30.13: Zugriff auf einen FTP-Server

Zugriff auf einen FTP-Server

Sie können anschließend im Ordnerfenster des FTP-Clients wie in jedem anderen Ordnerfenster navigieren und Unterordner durch Doppelklicken öffnen. Mit einer entsprechenden Berechtigung lassen sich in diesem Ord-nerfenster Unterordner anlegen sowie Ordner und Dateien umbenennen oder löschen. Das funktioniert ebenfalls wie bei lokalen Ordnerfenstern (z. B. über Kontextmenübefehle).

Zum Herunterladen von Inhalten des FTP-Servers auf die lokale Festplatte ziehen Sie einfach die gewünschten Dateien und Ordner aus dem FTP-Fens-ter in das Fenster eines lokalen Ordners. Zum Hochladen neuer Dateien zie-hen Sie diese per Maus aus dem Ordnerfenster des lokalen Quellordners in das geöffnete Ordnerfenster des FTP-Clients. Es funktioniert also alles wie beim Kopieren auf lokalen Ordnern. Schließen Sie das FTP-Ordnerfenster, wird die Verbindung zum FTP-Server abgebaut. Bricht die Onlineverbindung ab, kann der FTP-Client auch nicht mehr auf den Server zugreifen.

Windows 7 speichert dabei die von Ihnen eingetippten FTP-Adressen. Rufen Sie das Ordnerfenster später erneut auf und tippen Sie den Text *ftp.* in das Adressfeld ein, listet Windows die bekannten FTP-Adressen im Adressfeld auf. Sie können dann den Eintrag durch Anklicken übernehmen. Bei Bedarf können Sie beim Aufruf des FTP-Servers auch den Benutzernamen und das Kennwort in der im Abschnitt »So lässt sich der FTP-Client im Internet Explorer aufrufen« aufgeführten Form mit in der URL angeben.

30.3.2 Interaktive Anmeldung am FTP-Server

Erfordert der FTP-Server eine Anmeldung mit Benutzername und Kennwort zur Autorisierung? Dann führen Sie folgende Schritte aus.

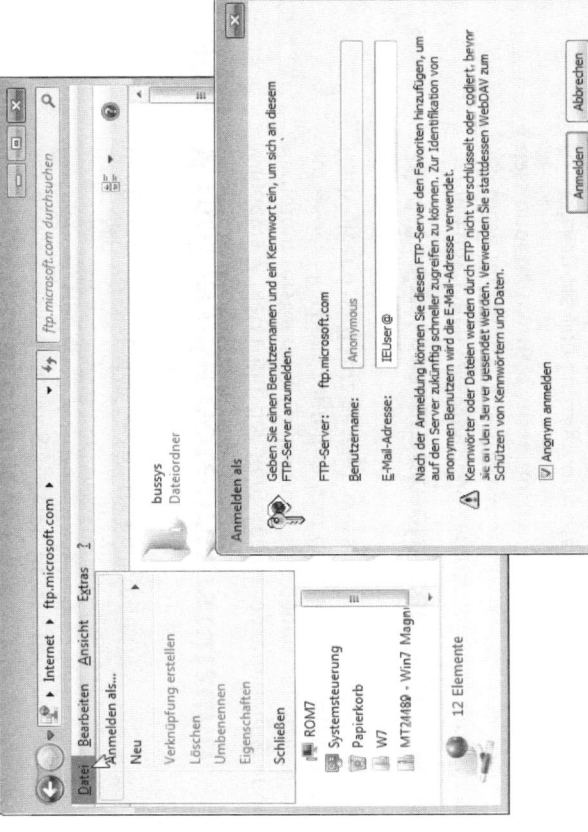

Bild 30.14: Anmeldung am FTP-Server

1. Sobald Sie eine Verbindung zum FTP-Server aufgebaut haben, blenden Sie die Menüleiste durch Drücken der Alt-Taste ein.

2. Anschließend wählen Sie im Menü *Datei* den Befehl *Anmelden als* (Bild 30.14, Hintergrund).

3. Geben Sie im Dialogfeld *Anmelden als* den Benutzernamen und das Kennwort ein, markieren Sie ggf. die Kontrollkästchen und schließen Sie das Dialogfeld über die *Anmelden*-Schaltfläche (Bild 30.14, Vordergrund).

Manche FTP-Server erlauben eine anonyme Anmeldung mit dem Benutzernamen *anonymous* und einem leeren Kennwort. Markieren Sie dann das Kontrollkästchen *Anonym anmelden*. Andernfalls heben Sie die Markierung auf und tragen den Benutzernamen und das Kennwort in die entsprechenden Felder ein. Sobald Sie die *Anmelden*-Schaltfläche anklicken, wird der Dialog geschlossen und der FTP-Client versucht eine Anmeldung am FTP-Server. Im Erfolgsfall wird dann das für den betreffenden Benutzernamen freigegebene FTP-Verzeichnis im Ordnerfenster eingeblendet und Sie können mit dem FTP-Client wie oben beschrieben arbeiten.

TIPP

Um ggf. Ordner auf einem FTP-Server verschieben oder einfach komfortabler arbeiten zu können, empfiehlt sich der Einsatz eines FTP-Clients von Fremdanbietern. Sie können z. B. FileZilla unter source forge.net/projects/filezilla herunterladen und unter Windows 7 einsetzen.

Sie können im Ordnerfenster *Computer* in der Symbolleiste die Schaltfläche *Netzlaufwerk verbinden* anwählen. Dann öffnet sich das in Bild 30.11, unten, gezeigte Dialogfeld zur Definition eines Netzlaufwerks. Klicken Sie auf den als Hyperlink ausgeführten Befehl *Verbindung mit einer Website herstellen...*, startet ein Assistent. Dieser führt Sie in verschiedenen Dialogfeldern durch die Schritte zum Einrichten einer FTP- oder WebDAV-Verbindung (WebDAV ist eine Festplatte im Internet).

30.4   Windows-Remoteunterstützung

Windows 7 bietet mit der Remotedesktopverbindung und der Windows-Remoteunterstützung Funktionen, mit denen Benutzer über ein Netzwerk auf andere Rechner zugreifen und dort den Desktop übernehmen können. Nachfolgend wird kurz gezeigt, wie sich diese Funktionen nutzen lassen.

30.4.1   Systemremoteeinstellungen anpassen

Damit Funktionen wie Windows-Remoteunterstützung funktionieren, müssen diese für externe Zugriffe explizit freigegeben werden. Dies verhindert, dass unbefugte Dritte Missbrauch mit den Funktionen treiben.

1. Klicken Sie den Eintrag *Computer* im Startmenü mit der rechten Maustaste an und wählen Sie den Kontextmenübefehl *Eigenschaften*.

2. Wählen Sie in der Aufgabenleiste des Fensters mit den Basisinformationen über den Computer den Eintrag *Remoteeinstellungen* (Bild 30.15, Hintergrund links) und bestätigen Sie die Sicherheitsabfrage der Benutzerkontensteuerung.

3. Markieren Sie auf der Registerkarte *Remote* das Kontrollkästchen *Remoteunterstützungsverbindungen mit diesem Computer zulassen* (Bild 30.15, rechts oben).

4. Klicken Sie auf die Schaltfläche *Erweitert*, markieren Sie im Zusatzdialog *Remoteunterstützungseinstellungen* das Kontrollkästchen *Remotesteuerern dieses Computers zulassen* (Bild 30.15, unten) und schließen Sie die Dialogfelder und Registerkarten.

Mit diesen Vorgaben erlaubt Windows 7 sowohl Remoteunterstützungsverbindungen als auch die Steuerung des Computers über einen anderen Rechner.

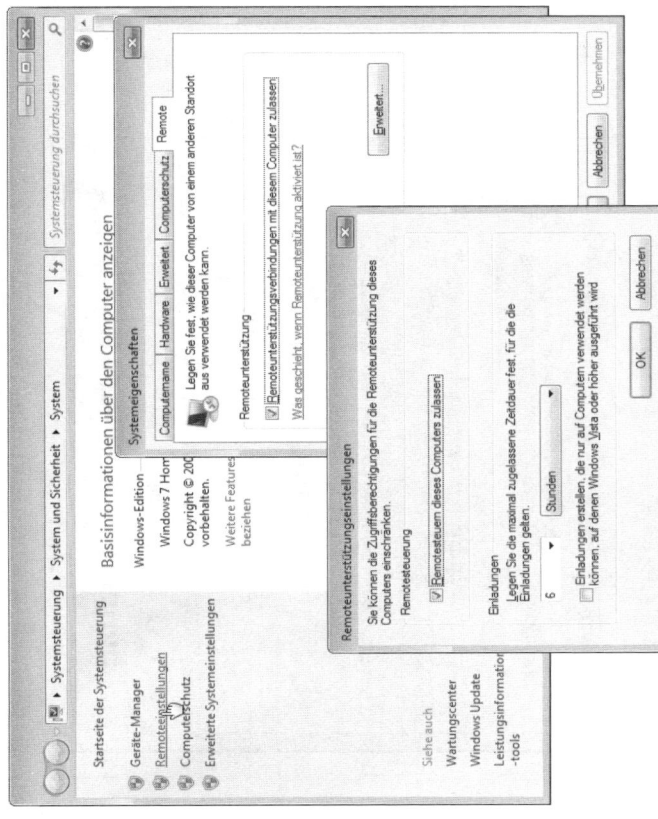

Bild 30.15: Remoteverbindungseinstellungen

HINWEIS

Die bei Windows XP Professional, Windows Vista Business/Ultimate und Windows 7 Professional/Ultimate vorhandenen Optionen der Gruppe Windows 7 Professional/Ultimate fehlen in Windows 7 Home Premium, da diese Version nur Remotedesktop fehlen in Windows 7 Home Premium, da diese Version nur ausgehende Remotedesktopverbindungen zu den vorgenannten Windows-Varianten unterstützt.

30.4.2 Remotedesktopverbindung nutzen

Bei Windows 7 finden Sie den Befehl *Remotedesktopverbindung* im Startmenü in der Gruppe *Alle Programme/Zubehör*. Dieses Programm ermöglicht Ihnen, den Desktop eines anderen Windows-Rechners einzusehen und bei Bedarf sogar zu übernehmen. Dann können Sie auf dem übernommenen Rechner Anwendungen ausführen oder einem Anwender Hilfestellung geben.

1. Starten Sie das Programm *Remotedesktopverbindung* über das Startmenü und warten Sie, bis das gleichnamige Fenster erscheint (Bild 30.16). Die hier gezeigte erweiterte Darstellung lässt sich über die in der linken unteren Ecke gezeigte Schaltfläche *Optionen* ein- oder ausblenden.

2. Stellen Sie ggf. auf den Registerkarten *Anzeige*, *Lokale Ressourcen*, *Programme*, *Erweitert* und *Leistung* die Verbindungsoptionen ein.

3. Tippen Sie auf der Registerkarte *Allgemein* in das Feld *Computer* den Namen eines im Netzwerk erreichbaren Computers oder dessen IP-Adresse ein. Bei Bedarf können Sie zudem den Benutzernamen für die Anmeldung angeben.

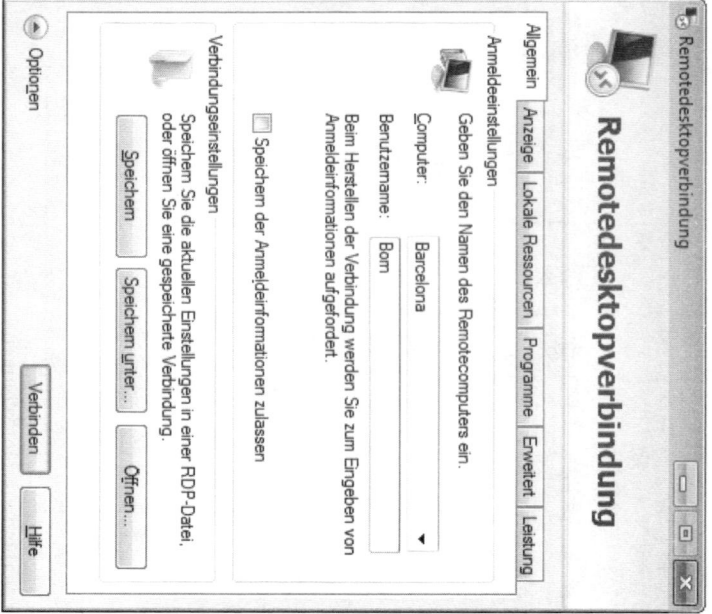

Bild 30.16: Remotedesktopverbindung herstellen

Sobald Sie auf die Schaltfläche *Verbinden* klicken, nimmt Windows 7 Kontakt zum betreffenden Rechner auf. In einem Anmeldedialog müssen Sie sich mit einem Benutzernamen und einem Kennwort am betreffenden Rechner anmelden und ggf. das Dialogfeld bei Zertifikatsproblemen über die *Ja*-Schaltfläche schließen. Kann die Anmeldung abgeschlossen werden, erscheint auf dem Windows 7-Rechner der Desktop des angewählten Rechners. Sie können dann nicht nur den Desktop dieses Remoterechners einsehen, sondern auch Programme aufrufen und mit dem Remoterechner arbeiten (Bild 30.17). Um die Verbindung zum Remoterechner zu beenden, klicken Sie auf die *Schließen*-Schaltfläche der am oberen Desktoprand eingeblendeten Leiste (Bild 30.17).

HINWEIS

Damit die Remotedesktopverbindung zustande kommt, muss dies auf dem betreffenden Rechner zugelassen werden. Ein eventuell angemeldeter Benutzer wird dabei zwangsweise abgemeldet. Allerdings ist die Remotedesktopverbindung unter Windows 7 Home Premium von begrenztem Wert, da nur ausgehende Verbindungen zu Rechnern mit Windows XP Professional, Windows 2003 Server, Windows Vista Business/Ultimate und Windows 7 Preofessional/Ultimate zulässig sind. Die Home-Versionen von Windows Vista/Windows 7 besitzen dagegen keine Optionen, um eine Remotedesktopverbindung freizugeben.

Eine sehr komfortable Alternative, die per Internet auch in den Home-Versionen funktioniert, ist der TeamViewer. Der ca. 3 Mbyte umfassende Client lässt sich von der Internetseite www.teamviewer.com/de/ für den nicht kommerziellen Einsatz kostenlos herunterladen und ohne Installation ausführen. Beim Start auf dem ersten Rechner zeigt ein Dialogfeld einen Zugangscode und ein Kennwort an. Diese Daten müssen in ein TeamViewer-Anmeldefenster auf dem Remoterechner eingetippt werden. Anschließend kann der Desktop des jeweils anderen Rechners auf dem Client angezeigt werden.

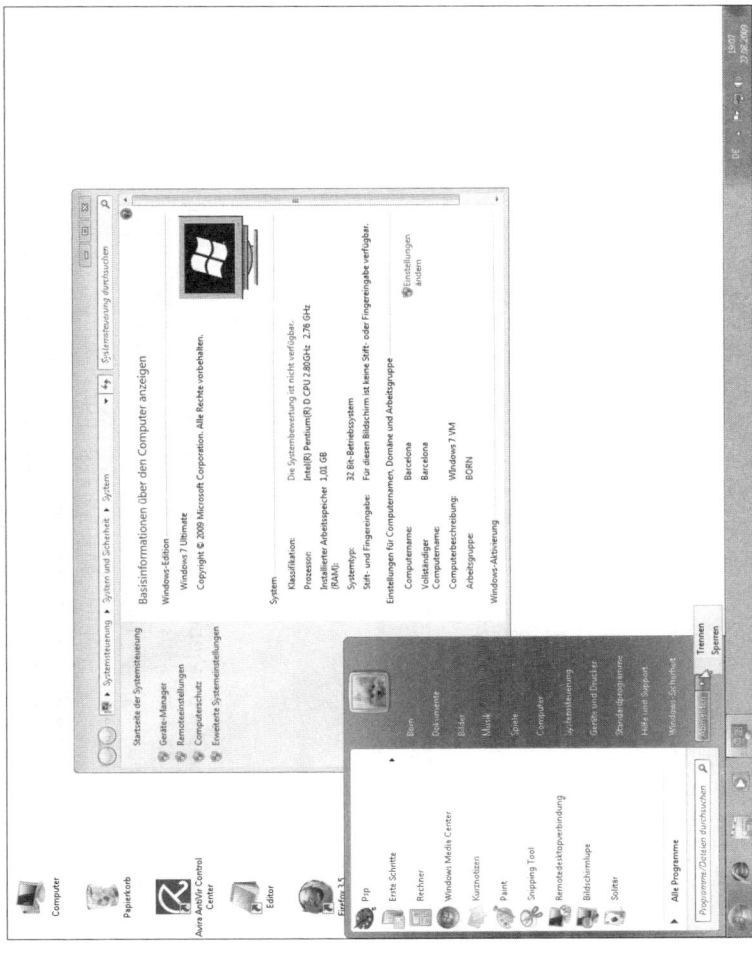

Bild 30.17: Anzeige eines Remotedesktops

30.4.3   Windows-Remoteunterstützung

Windows 7 besitzt die Möglichkeit zur Remoteunterstützung, mit der ein anderer Benutzer über das Netzwerk oder über das Internet den Desktop ansehen und bei Bedarf sogar übernehmen kann. Dies funktioniert zwischen allen Windows 7- und Windows Vista-Varianten und ermöglicht, Dritten ggf. Hilfestellung bei Problemen oder Unterstützung bei der Lösung einer Aufgabe zu gewähren. Für diesen Fall ist es erforderlich, dass die Remoteunterstützung auf dem jeweiligen Rechner unter Windows freigeschaltet wurde (siehe vorhergehenden Abschnitt »Systemremoteeinstellungen anpassen«). Die Remoteunterstützung läuft in mehreren Schritten ab.

Schritt 1: Einladung aussprechen

Um beispielsweise Unterstützung bei einem Problem durch Dritte zu erhalten, gehen Sie folgendermaßen vor.

1. Starten Sie das Programm *Windows-Remoteunterstützung* über den Zweig *Alle Programme/Zubehör/Wartung* des Startmenüs auf dem Computer, der Unterstützung anfordern will.

2. Sobald der Startdialog des Assistenten erscheint (Bild 30.18, links), klicken Sie auf die Option *Eine vertrauenswürdige Person zur Unterstützung einladen.*

3. Wurde vorher noch keine Einladung ausgesprochen, wählen Sie im Folgedialog (Bild 30.18, rechts) eine der angebotenen Optionen. Sie können eine Einladungsdatei per E-Mail versenden.

Um Unterstützung im lokalen Netzwerk zu erhalten, empfiehlt es sich, die Unterstützungsoption *Einladung als Datei speichern* zu wählen. Dann lässt sich im dritten Dialogschritt die Einladungsdatei in einem Ordner speichern.

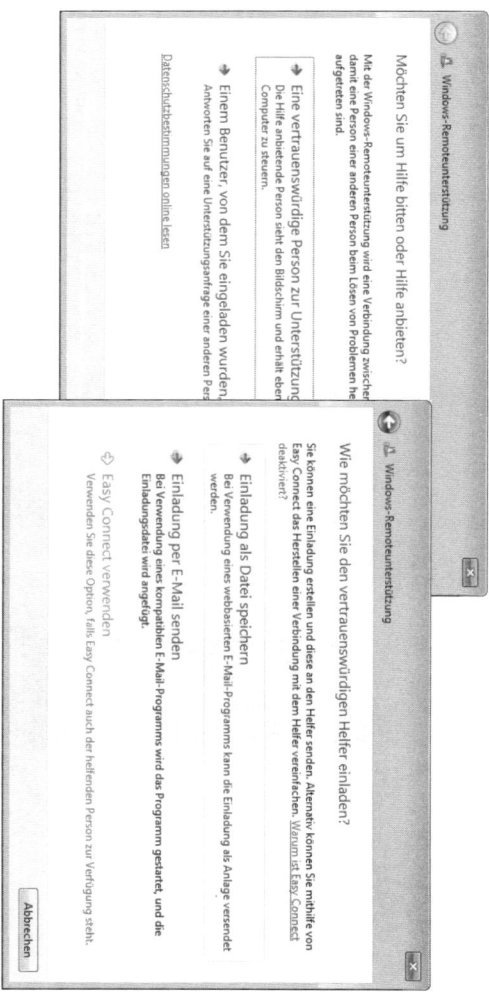

Bild 30.18: Einladung für eine Remotedesktopunterstützung erstellen

Nach dem Schließen des Dialogfelds notieren Sie sich das von *Windows-Remoteunterstützung* angezeigte Kennwort (Bild 30.19) und lassen dieses sowie die Einladungsdatei dem Benutzer am Remoterechner zukommen. Sie können diese Datei in einen freigegebenen Ordner kopieren bzw. verschieben oder per E-Mail versenden. Gleichzeitig wird die Steuerleiste der Windows-Remoteunterstützung geöffnet (Bild 30.19) und der Benutzer muss auf die Annahme der Einladung warten.

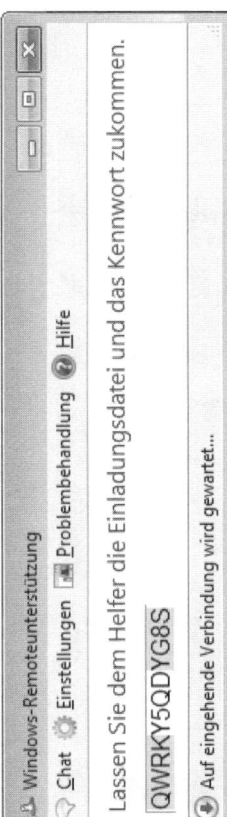

Bild 30.19: Steuerleiste der Remoteunterstützung

 HINWEIS

Die Funktion EasyConnect wird freigegeben, wenn Sie im Suchfeld des Startmenüs »Problem« eingeben, dann den Befehl *Problembehandlung* anwählen und in der Symbolleiste des angezeigten Fensters den Befehl *Einen Freund fragen* wählen. Ein Assistent führt Sie in Dialogfeldern durch die Schritte, um eine vertrauenswürdige Person für eine Remoteverbindung einzuladen.

Schritt 2: Einladung akzeptieren und Steuerung übernehmen

Sobald der Eingeladene Zugriff auf die Einladungsdatei (z. B. per E-Mail oder über einen freigegebenen Ordner im Netzwerk) erhält, kann er diese durch einen Doppelklick öffnen. Windows öffnet ein Dialogfeld (in Bild 30.20, im Vordergrund links, gezeigt), in dem der Eingeladene das Kennwort zum Zugriff auf die Remoteunterstützung eingeben muss. Sobald dieses Dialogfeld über die *OK* Schaltfläche geschlossen wurde, lädt Windows auf dem Rechner des Eingeladenen das Fenster der Windows-Remoteunterstützung.

Gleichzeitig erscheint auf dem Desktop des einladenden Benutzers ein Hinweis auf den Versuch der Verbindungsaufnahme (Bild 30.20, Vordergrund rechts). Sobald der Benutzer die Anfrage über die *Ja*-Schaltfläche freigibt, zeigt die Windows-Remoteunterstützung auf dem System des Eingeladenen den fremden Desktop an (Bild 30.20, Hintergrund). Die betreffende Person kann dann den Desktop ansehen und ggf. über die Schaltfläche *Chat* in der Steuerleiste oder per Telefon Hilfestellung anbieten.

Um auf dem fremden Desktop auch eingreifen und Programme ausführen zu können, klickt der Eingeladene in der Steuerleiste auf die Schaltfläche *Steuerung anfordern* (Bild 30.20). Der Einladende muss diese Anforderung erneut in einem Dialogfeld über die *Ja*-Schaltfläche bestätigen. Danach kann der Eingeladene mit dem Desktop des fremden Rechners arbeiten.

- Über die Schaltfläche *Freigabe beenden* können beide Seiten die Übernahme der Steuerung beenden.

- Über die Schaltfläche *An Bildschirmgröße anpassen* der Steuerleiste lässt sich ggf. der gesamte Desktop des Einladenden im Fenster der Windows-Remoteunterstützung skalieren.

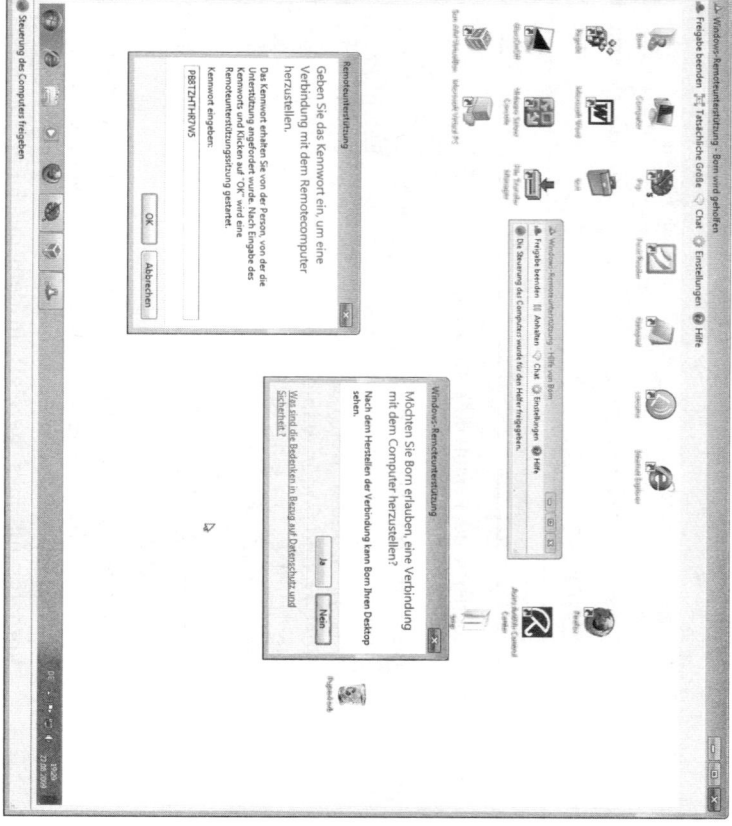

Bild 30.20:   Anzeige des Remotedesktops und Anmeldedialoge

■ Mittels der Schaltflächen *Anhalten* und *Fortsetzen* in der Steuerleiste des Remotecomputers kann der Einladende die Anzeige seines Desktops beim Helfer unterbrechen und erneut zulassen.

Sobald einer der Partner das Fenster der Windows-Remoteunterstützung beendet, wird die Verbindung getrennt.

HINWEIS

Neben den hier beschriebenen Programmen können Sie auch Windows Live Mesh aus den Windows Live Essentials 2011 für Remoteverbindungen einsetzen. Hierzu ist Windows Live Mesh auf den zwei beteiligten Maschinen zu starten. Anschließend muss eine Anmeldung bei Windows Live ID erfolgen. Über diese Anmeldung am Live ID-Netzwerk erhalten die Instanzen von Live Mesh die benötigten Daten zur Verbindungsaufnahmen. In einem Dialogfeld lässt sich dann am oberen Fensterrand der Befehl *Remote* wählen. Dann können Remoteverbindungen (Abbildung 30.21) mit dem Computer zugelassen und zu einem zweiten Rechner aufgebaut werden. Eine Remoteverbindung wird in einem separaten Fenster angezeigt und ermöglicht auch die komplette Steuerung des betreffenden Rechners.

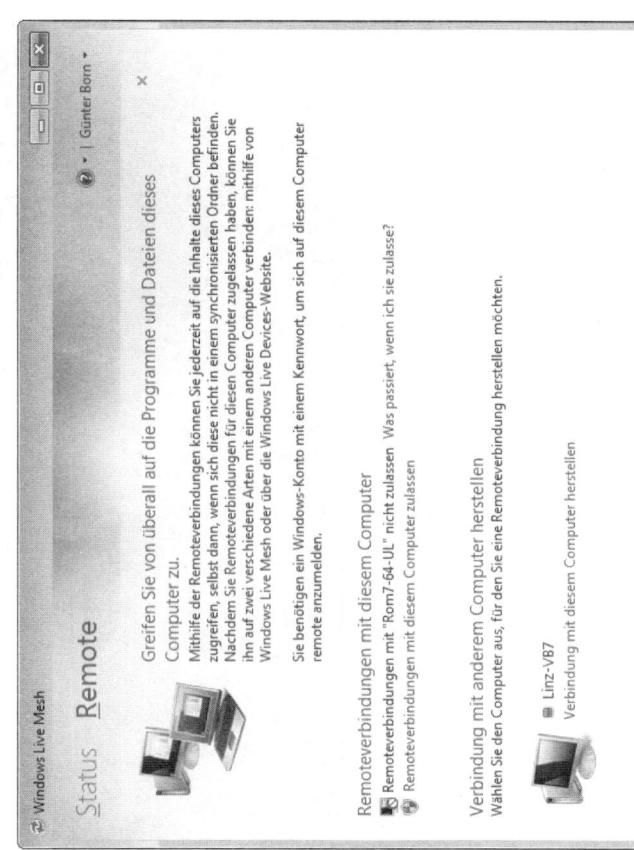

Windows Live Mesh

? ▾ | Gunter Born ▾

Status Remote

Greifen Sie von überall auf die Programme und Dateien dieses Computer zu.

Mithilfe der Remoteverbindungen können Sie jederzeit auf die Inhalte dieses Computers zugreifen, selbst dann, wenn sich diese nicht in einem synchronisierten Ordner befinden. Nachdem Sie Remoteverbindungen für diesen Computer zugelassen haben, können Sie ihn auf zwei verschiedene Arten mit einem anderen Computer verbinden: mithilfe von Windows Live Mesh oder über die Windows Live Devices-Website.

Sie benötigen ein Windows-Konto mit einem Kennwort, um sich auf diesem Computer remote anzumelden.

Remoteverbindungen mit diesem Computer

- Remoteverbindungen mit "Rom7-64-UL" nicht zulassen Was passiert, wenn sich sie zulasse?
- Remoteverbindungen mit diesem Computer zulassen

Verbindung mit anderem Computer herstellen

Wählen Sie den Computer aus, für den Sie eine Remoteverbindung herstellen möchten.

- Linz-VB7
  Verbindung mit diesem Computer herstellen

Bild 30.21: Remotezugriff in Windows Live Mesh

Windows 7 Home Premium

Teil 6 Installation, Wartung & Administration

In den Kapiteln dieses Teils wird gezeigt, wie sich Windows 7 auf einem Rechner installieren und anschließend über Windows Update auf dem aktuellen Stand halten lässt. Weitere Kapitel behandeln die Installation von Gerätetreibern und Software und befassen sich mit der Systemsteuerung. Außerdem werden die Benutzerverwaltung zum Erstellen von Benutzerkonten, die Anpassung der Benutzeroberfläche und die Sicherheitsfunktionen vorgestellt.

31 Windows installieren und pflegen

In diesem Kapitel finden Sie Hinweise, wie Sie Windows 7 Home Premium installieren. Weitere Abschnitte skizzieren die Aktivierung von Windows und gehen auf die Aktualisierung des Betriebssystems ein. Andere behandelte Themen sind die Verwendung der Systemwiederherstellung, um Änderungen rückgängig zu machen, sowie die Übernahme von Voreinstellungen von anderen Rechnern.

31.1 Windows-Installation

Dieser Abschnitt befasst sich mit den Schritten zur Windows-Installation und zeigt, was es dabei zu beachten gibt.

31.1.1 Vorbereitungen zur Installation

Bevor Sie mit der Installation des Betriebssystems beginnen, sollten Sie einige Vorbereitungen treffen.

■ *Prüfung der Hardwarevoraussetzungen:* Das Betriebssystem benötigt zur Installation bestimmte Hardwarevoraussetzungen. Stellen Sie sicher, dass die Mindestanforderungen bezüglich Hauptspeicherausbau, Prozessorgeschwindigkeit und freier Festplattenkapazität erfüllt sind (siehe *Kapitel 1*). Microsoft stellt unter winqual.microsoft.com/HCL/Default.aspx die Hardwarekompatibilitätsliste (HCL) mit Informationen zu unterstützten Geräten bereit. Sie können auf der Webseite über ein Suchfeld gezielt überprüfen, ob bestimmte Geräte unterstützt werden. Wenn Sie neue Geräte anschaffen, achten Sie darauf, dass diese Gerätetreiber für Windows 7 mitbringen bzw. als für dieses Betriebssystem geeignet ausgewiesen werden.

■ *Prüfung der Softwarevoraussetzungen:* Windows 7 Home Premium lässt sich auf einem geeigneten Rechner jederzeit neu installieren. Die Installations-DVD kann beim Systemstart gebootet werden (Bootoptionen im notfalls im BIOS des Rechners anpassen). Weiterhin kann eine bestehende Installation von Windows Vista auf Windows 7 Home Premium aktualisiert werden (Details finden sich in einem Dokument »Windows 7 Upgrade Paths«, ggf. unter www.microsoft.com nach diesem Namen suchen). Dann können die vorhandenen Einstellungen übernommen werden. Falls das Setup-Programm von Windows 7 Home Premium das Upgrade verweigert, ist dagegen eine Neuinstallation erforderlich.

Bezüglich der Anwendungssoftware müssen Sie ggf. zu neuen Windows 7- oder zumindest Windows Vista-kompatiblen Versionen der Programme wechseln. Speziell bei älteren Microsoft Office-Versionen arbeiten nicht alle Funktionen zuverlässig unter Windows 7. Microsoft Office 2003 oder das freie OpenOffice.org 3.x und deren Nachfolgeversionen lassen sich aber problemlos installieren und betreiben. Sie können zur Überprüfung auf Kompatibilitätsprobleme den Microsoft Windows 7 Upgrade Advisor unter Windows XP und Windows Vista einsetzen. Das Programm lag bis zur Drucklegung dieses Buches nur als Betaversion vor, lässt sich aber über eine Internetsuche von der Microsoft-Internetseite www.microsoft.com herunterladen.

Windows 7 führt bei der Installation ebenfalls eine minimale Prüfung durch, ob die Hardwarevoraussetzungen (z. B. genügend freier Speicherplatz auf der Festplatte) für den Einsatz gegeben sind. Allerdings ist diese Prüfung nicht allzu aussagekräftig, was bestimmte Hardwarekomponenten betrifft. Falls Treiber fehlen, werden die Geräte nicht eingerichtet.

Sofern Sie beabsichtigen, eine bestehende Windows Vista-Installation zu aktualisieren (wovon ich persönlich eher abrate – nutzen Sie die Gelegenheit, ein sauberes System zu bekommen), sollten Sie das System entsprechend vorbereiten.

- Nutzen Sie die Gelegenheit zum Aufräumen des Systems und deinstallieren Sie alle Programme, die zukünftig nicht mehr benötigt werden.

- Rufen Sie die Datenträgerbereinigung auf, um alle temporären Dateien und den Inhalt des Papierkorbs von den Laufwerken des Systems zu entfernen.

- Führen Sie ggf. eine Defragmentierung durch und lassen Sie eine Fehlerüberprüfung der Datenträger ausführen. Festplattenlaufwerke sollten im NTFS-Dateisystem formatiert sein (das Systemlaufwerk muss das NTFS-Format aufweisen).

- Möchten Sie Windows 7 parallel zu einem bestehenden Windows XP/ Windows Vista installieren, stellen Sie sicher, dass eine genügend große Partition zur Installation vorhanden ist. Zur Partitionsaufteilung lassen sich spezielle Programme wie Paragon Partition Manager verwenden.

- Führen Sie vor der Installation eine Virenprüfung durch. Deaktivieren Sie anschließend die Software zum Virenschutz (am besten ist es, die Software sogar komplett zu deinstallieren).

- Sichern Sie alle wichtigen Daten (Dokumente) und Systemeinstellungen. Im Idealfall legen Sie ein komplettes Backup des Windows-Laufwerks mit einem entsprechenden Sicherungsprogramm an.

Notieren Sie die Kennwörter von E-Mail-Konten und Zugängen zu Internetaccounts etc. Stellen Sie auch sicher, dass Sie über die Installationsmedien und Installationsschlüssel aller Anwendungen verfügen, die nach dem Upgrade auf Windows 7 ggf. weiterbenutzt werden müssen. Laden Sie vor dem Upgrade nach Möglichkeit bereits die Windows 7-Treiber (oder zumindest Windows Vista-Treiber) für im System nachträglich eingebaute Hardware oder angeschlossene Geräte aus dem Internet und brennen Sie das Ganze auf eine CD oder DVD (bzw. kopieren es auf einen USB-Memory-Stick).

31.1.2   Neuinstallation auf einem Rechner ohne Betriebssystem

Um Windows 7 Home Premium (oder andere Varianten) auf einem System ohne vorhandenes Betriebssystem zu installieren, schalten Sie den Rechner ein, legen Sie die Windows-Installations-DVD in das Laufwerk ein und stellen Sie sicher, dass die BIOS-Einstellungen das Booten vom DVD-/BD-Laufwerk unterstützen. Danach führen Sie folgende Schritte aus.

1. Starten Sie den Computer neu. Während des (im Textmodus ablaufenden) Bootvorgangs werden Sie u. U. aufgefordert, eine Taste zu drücken, um von der DVD zu booten und um das Setup auszuführen. Sobald Sie dies bestätigen, lädt das Setup-Programm das Basis-System vom Installationsmedium. Der Status des Ladevorgangs wird in einer Fortschrittsanzeige dargestellt.

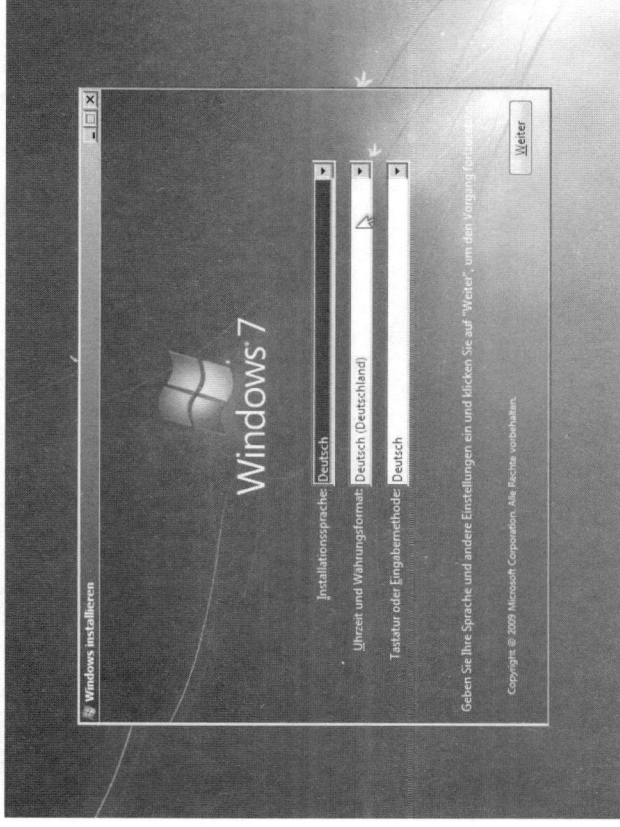

Bild 31.1:   Auswahl der Installationssprache und Zeitformate beim Setup

2. Sobald der grafische Teil des Setup-Programms das Dialogfeld aus Bild 31.1 anzeigt, wählen Sie die gewünschte Installationssprache, das Format zur Anzeige von Uhrzeit und Datum sowie das Tastaturlayout und klicken auf die *Weiter*-Schaltfläche.

3. Zeigt das Setup-Programm das Dialogfeld aus Bild 31.2, oben, klicken Sie auf die Schaltfläche *Jetzt installieren.*

4. Erscheint das Dialogfeld zur Anerkennung der Lizenzbedingungen, lesen Sie sich diese durch. Anschließend markieren Sie das Kontrollkästchen *Ich akzeptiere die Lizenzbedingungen* und klicken auf die *Weiter*-Schaltfläche.

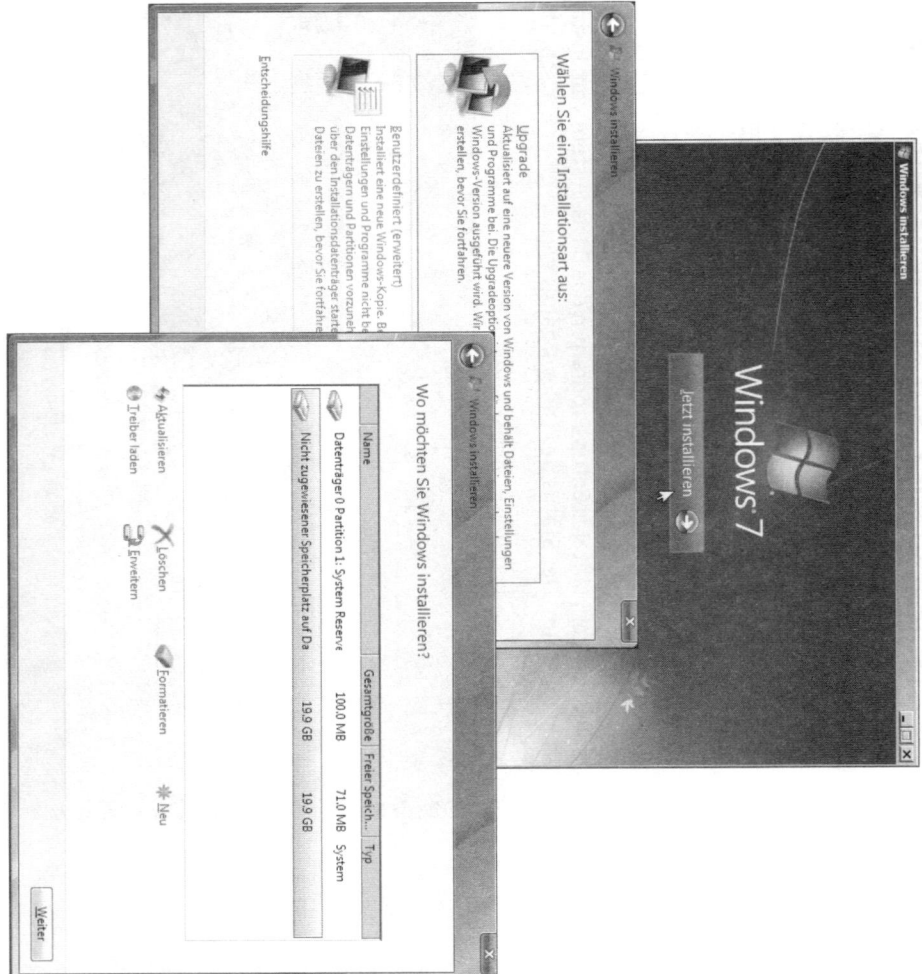

Bild 31.2:   Installation starten und Installationsoptionen wählen

5.   Das Setup-Programm zeigt dann das Dialogfeld *Wählen Sie eine Installa-tionsart aus* (Bild 31.2, Mitte links), in dem Sie die Installationsart durch Anklicken der Option *Benutzerdefiniert* auswählen.

Die Option *Upgrade* wird nur freigegeben, wenn Sie das Windows-Setup-Programm von einer upgradefähigen Windows-Variante (z. B. Windows Vista Home Edition) aufgerufen haben. Zudem muss noch genügend freie Speicherkapazität (ca. 10 GByte, möglichst mehr) auf der Festplatte vorhan-den sein, um Windows 7 installieren zu können. Bei einer Neuinstallation lässt sich nur die Option *Benutzerdefiniert (erweitert)* zur auswählen.

6.   Das Setup-Programm zeigt dann das Dialogfeld zur Auswahl des Instal-lationsziels (Bild 31.2, unten rechts), in dem Sie die Partition zur Installa-tion und ggf. weitere Optionen auswählen müssen.

Bei einer Neuinstallation bzw. benutzerdefinierten Installation benötigt das Setup-Programm die Angabe, auf welcher Partition das Betriebssystem zu installieren ist. Wichtig ist dabei, dass die gewählte Partition genügend freie

Kapazität zur Installation aufweist. Bei einer vorhandenen Installation reicht der freie Speicherplatz oft nicht aus, um die temporär zu kopierenden Installationsdateien zwischenzuspeichern. Denn das Setup belässt in der Regel die alten Dateien auf der Partition und benennt das Windows-Verzeichnis in *Windows.old* um.

Enthält die Festplatte nicht mehr genügend freie Kapazität, können Sie über die am unteren Rand des Dialogfelds eingeblendeten Schaltflächen (z. B. *Erweitern, Neu, Löschen, Formatieren*) Partitionen löschen, formatieren und neu zuweisen. Sofern die Partitionen bereits Daten enthalten, verzichten Sie auf die Formatierung, da diese Daten ansonsten verloren gehen.

HINWEIS

Windows 7 unterstützt bereits SATA-Controller zur Ansteuerung entsprechender Festplatten. Bei manchen Systemen gibt es aber Probleme mit diesen Treibern. Bei Bedarf können Sie über eine Schaltfläche noch spezielle Treiber (z. B. die SATA2-Treiber des Motherboard-Herstellers) für die Festplatte von einem USB-Stick oder einer separaten CD nachladen.

Sind mehrere Partitionen vorhanden, können Sie einen der angebotenen Einträge wählen. Falls Sie Windows 7 auf einem System mit bestehendem Betriebssystem oder vorhandener Datenpartition installieren, achten Sie darauf, dass Sie nicht irrtümlich die falsche Partition auswählen. Windows 7 lässt sich z. B. auf einer getrennten Partition parallel zu Windows XP oder Windows Vista installieren.

Bei der Installation auf einer leeren Festplatte legt das Setup-Programm automatisch eine ca. 100 MByte große Systempartition an (in Bild 31.2, unten rechts, der Datenträger 0). Diese Partition nimmt die Windows-Startdateien und den Bootmanager auf und wird bei einer in Windows Vista Ultimate bzw. Windows 7 Ultimate unterstützten Verschlüsselung des Systemlaufwerks durch BitLocker benötigt. Installieren Sie Windows 7 dagegen im Dualboot-Modus auf einem System mit einem vorhandenen Betriebssystem, tauscht das Setup-Programm lediglich den Bootmanager auf dem aktiven Bootlaufwerk aus und speichert dort auch seine Startdateien.

Sobald das Dialogfeld zur Auswahl des Installationsziels über die *Weiter*-Schaltfläche verlassen wird, beginnt das Setup mit dem Kopieren der Dateien und der Installation des Betriebssystems. Windows 7 wird über eine neue Technik installiert, bei der die Dateien vom Installationsmedium direkt auf die Installationspartition kopiert werden können. Der Vorgang wird in einem Statusdialog angezeigt (Bild 31.3). Sie müssen dann warten, bis alle Schritte durchlaufen wurden und das System neu startet. Anschließend können Sie die im folgenden Abschnitt beschriebenen Schritte zum Einrichten des Systems durchführen.

HINWEIS

Häufig ist Windows 7 Home Premium auf Consumersystemen vorinstalliert, und es wird kein Installationsdatenträger mitgeliefert. Unter http://www.borncity.com/blog/2010/12/04/windows-7-iso-download-wo-gibts-die/ beschreibe ich einen Ausweg aus diesem Dilemma. Wie sich ggf. eine »universelle Installations-DVD« für unterschiedliche Windows 7-Varianten schaffen lässt, erläutere ich unter http://www.borncity.com/blog/2011/02/12/universal-win-7-installations-dvd-basteln/.

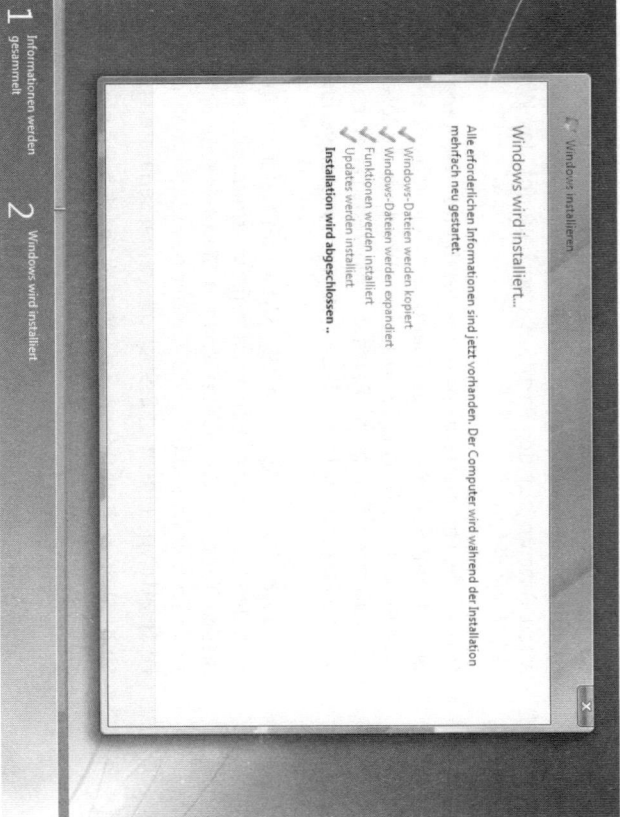

Bild 31.3: Anzeige des Installationsablaufs

Erstkonfiguration nach der Installation

Sobald die Installationsdateien vom Setup-Programm auf die Partition kopiert und die Funktionen eingerichtet wurden, startet der Rechner ggf. mehrfach neu. Anschließend werden Sie durch die Dialoge zur Erstkonfiguration geführt.

■ Im ersten Dialogschritt (Bild 31.4, oben links) müssen Sie den Namen des ersten Benutzerkontos eintragen. Dies ist das Administratorkonto, welches zur Systemverwaltung benutzt wird. In diesem Dialogfeld leitet Windows (bei Systemen mit Netzwerkanschluss) bereits einen Computernamen anhand des eingetippten Benutzernamens ab. Sie können diesen Namen ggf. anpassen (siehe *Kapitel 29*, »Rechnername vergeben und Arbeitsgruppe beitreten«). Klicken Sie anschließend auf die *Weiter*-Schaltfläche.

■ Im zweiten Dialogschritt (Bild 31.4, unten rechts) gibt Windows Ihnen die Gelegenheit, ein Kennwort für das Administratorkonto anzugeben. Sie sollten auf jeden Fall ein solches Kennwort verwenden, um den Rechner vor Unbefugten zu schützen und das Benutzerkonto z. B. innerhalb eines Netzwerks als kennwortgeschützt (und damit vertrauenswürdig) auszuweisen. Das Kennwort muss zur Sicherheit zweimal in die dafür vorgesehenen Felder eingetippt werden. Notieren Sie sich ggf. dieses Kennwort, da es zur Verwaltung des Systems unbedingt gebraucht wird. In einem dritten Textfeld lässt sich ein Hinweis als Kennworterinnerung ablegen. Wie Sie ein vergessenes Kennwort zurücksetzen, ist in *Kapitel 35* (Stichwort »Kennwortrücksetzdiskette«) erläutert. Klicken Sie auf die *Weiter*-Schaltfläche, um zum Folgedialog zu gelangen.

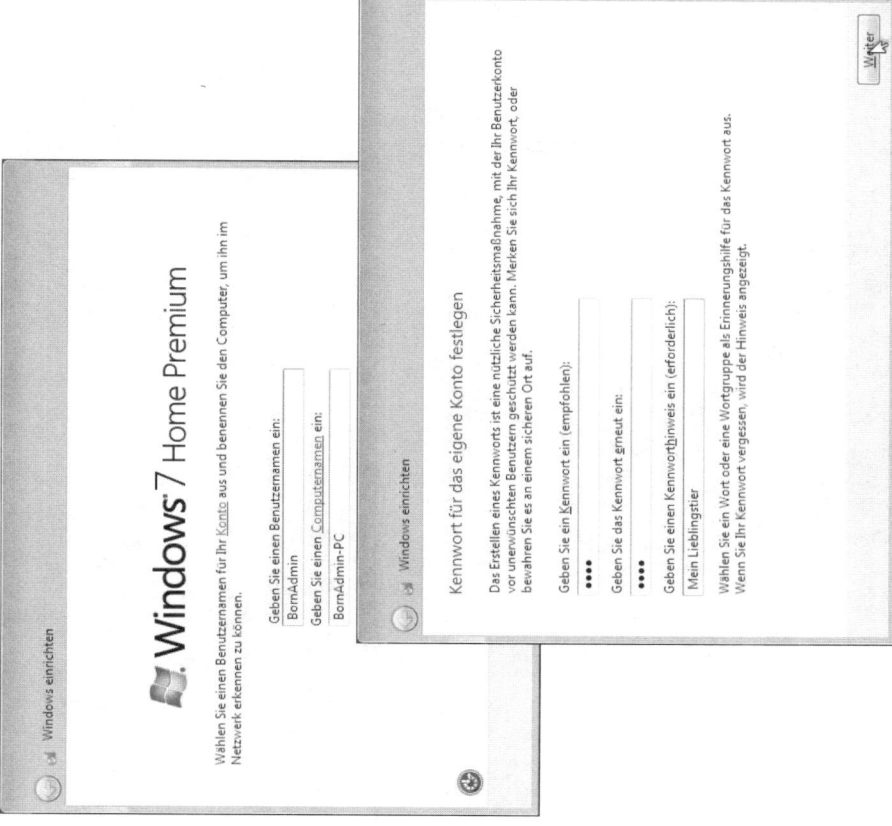

Bild 31.4: Festlegen des Benutzerkontos und des Computernamens

■ Im Folgedialog (Bild 31.5, oben links) fordert Windows Sie zur Eingabe des Produktschlüssels (Windows-Product Key) auf. Sie müssen diesen Schlüssel in der auf der Produktverpackung aufgedruckten Form eintippen. Der Einrichtungsassistent wandelt Kleinbuchstaben automatisch in Großbuchstaben um und ergänzt während der Eingabe auch die Bindestriche zwischen den Zifferngruppen.

■ Möchten Sie Windows 7 nicht automatisch nach der Installation über eine bestehende Internetverbindung aktivieren? Dann sollten Sie die Markierung des Kontrollkästchens *Windows automatisch aktivieren, wenn eine Internetverbindung besteht* (Bild 31.5, oben links) deaktivieren. Sie haben in diesem Fall später Gelegenheit, das Produkt gezielt per Internet oder über das Telefon zu aktivieren.

763

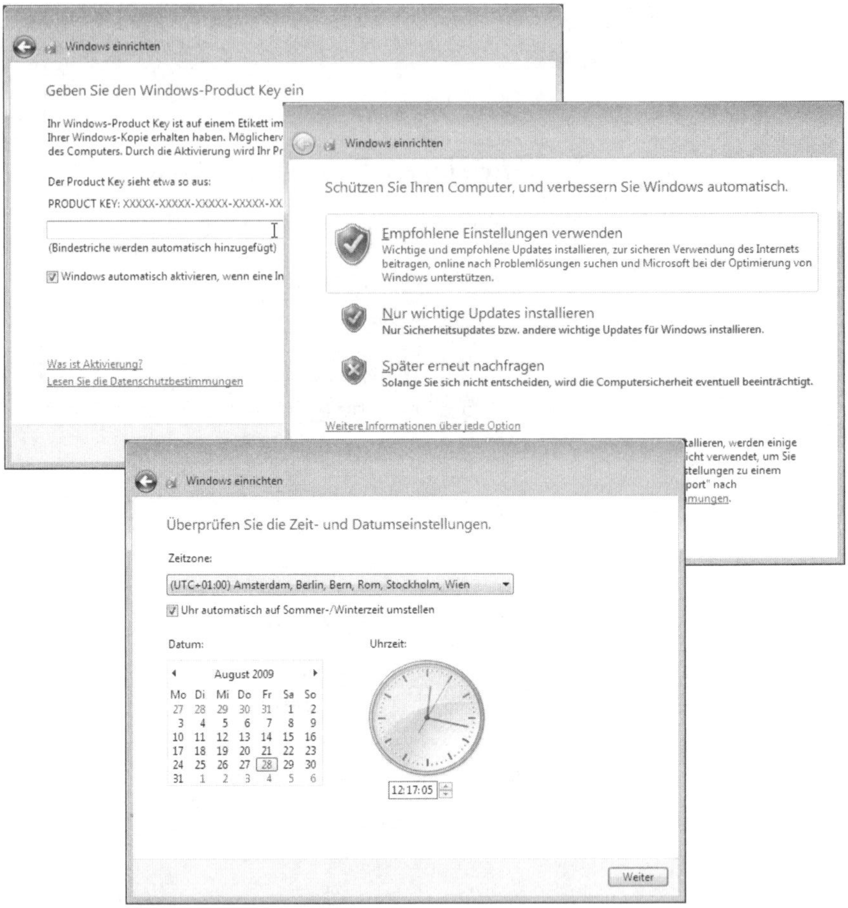

Bild 31.5:   Produkt Key, Update-Einstellungen und Zeitzone festlegen

Die Produktaktivierung wurde in Windows 7 gegenüber früheren Windows-Versionen geändert. Die Installations-DVD enthält alle Windows 7-Varianten der jeweiligen 32- oder 64-Bit-Ausgabe – die Freischaltung der Windows 7-Variante erfolgt anhand des eingegebenen Produktschlüssels. Bei einigen Installationsmedien ist es möglich, die Eingabe des Produktschlüssels mittels der Weiter-Schaltfläche zu übergehen. Dann wird eine 30-Tage-Testversion eingerichtet. Erst mit Ablauf dieser 30 Tage müssen Sie einen gültigen Lizenzschlüssel eintragen (wird bei der Aktivierung in einem Dialogfeld abgefragt) und das Betriebssystem aktivieren. Je nach Installationsdatenträger kann während des Einrichtens auch ein Dialogfeld erscheinen, in dem sich die zu installierende Variante (z. B. Windows 7 Home Premium, Windows 7 Business, Windows 7 Ultimate) auswählen und installieren lässt.

Der Testzeitraum von 30 Tagen lassen sich bis zu drei Mal verlängern, indem Sie das Fenster der Eingabeaufforderung über den Kontextmenü-befehl Als Administrator ausführen aufrufen und dann den Befehl slmgr –rearm eingeben. Müssen Sie Windows 7 wegen Problemen neu installieren, haben aber den Product verloren? Unter http://www.borncity.com/ blog/2011/02/02/windows-7-produkt-key-verloren-was-tun/ beschreibe ich, was man in dieser Situation tun kann. Eine beschädigte Windows 7-Installation lässt sich ggf. durch ein sogenanntes Inplace Upgrade reparieren (siehe Hinweise unter http://www.borncity.com/blog/2011/02/16/faq-und-tipps-zur-windows-7-installation/).

▪ Windows erwartet in einem weiteren Dialogfeld (Bild 31.5, oben rechts) die Festlegung, wie mit Updates zu verfahren ist. Sie können auf die Option *Empfohlene Einstellungen verwenden* klicken. Die Update-Einstellungen lassen sich auch nachträglich anpassen (siehe die folgenden Abschnitte).

▪ Sobald das Dialogfeld aus Bild 31.5, unten, erscheint, stellen Sie ggf. über die Steuerelemente das aktuelle Datum und die Uhrzeit ein. Weiterhin müssen Sie ggf. die Zeitzone anpassen (für Deutschland verwenden Sie die Zeitzone »UTC+01:00«) und dann auf die *Weiter*-Schaltfläche klicken.

Windows beginnt mit dem Einrichten des Benutzerkontos und zeigt den Ablauf in einem Willkommen-Dialogfeld mit einer Fortschrittsanzeige. Nach kurzer Zeit sollte der Windows-Desktop des Administratorkontos angezeigt werden – die Installation ist abgeschlossen. Sie können dann weitere Benutzerkonten einrichten oder Anpassungen vornehmen. Bei einem vorhandenen Netzwerk wird auch das Dialogfeld zur Abfrage des Netzwerkstandorts erscheinen (siehe auch *Kapitel 29*, z. B. Abschnitt »Eine Heimnetzgruppe einrichten«).

31.1.3 System auf Windows 7 aktualisieren

Sofern ein upgradefähiges Windows Vista auf Ihrem Rechner installiert ist und dieser die Hardwareanforderungen von Windows 7 erfüllt (siehe vorhergehende Abschnitte), können Sie das System auch direkt auf Windows 7 Home Premium aktualisieren.

1. Starten Sie den Rechner mit der betreffenden Windows-Installation, melden Sie sich an und legen Sie die Windows 7-Installations-DVD in das DVD-Laufwerk ein.

2. Falls das Setup über die Autostart-Funktion nicht automatisch aufgerufen wird, öffnen Sie das Ordnerfenster *Arbeitsplatz* bzw. *Computer*, wählen das DVD-Laufwerk an und starten das Setup-Programm von der Installations-DVD mit einem Doppelklick.

3. Anschließend führen Sie die im vorhergehenden Abschnitt beschriebenen Schritte aus und befolgen die Anweisungen des Installationsassistenten.

Im Dialogfeld *Wählen Sie eine Installationsart aus* (Bild 31.2, Mitte links) müssen Sie die Option *Upgrade* anklicken. Bei einem zum Upgrade fähigen System wird der Assistent die Installation fortsetzen. Ist nicht genügend freier Speicher vorhanden oder gibt es sonst ein Problem, erhalten Sie entsprechende Hinweise.

Bei Windows XP wird kein direktes Upgrade auf Windows 7 unterstützt. Sie könnten aber den Umweg wählen und Windows XP erst auf Windows Vista upgraden und dann das Upgrade auf Windows 7 vornehmen. Bei vorhande-

HINWEIS

nen Windows-Installationen gibt es aber meist das Problem, dass veraltete
Treiber, nicht mehr benutzte Programme und Installationsreste (Dateien,
Registrierungseinträge) von längst entfernten Anwendungen vorhanden
sind. Dies sind alles andere als optimale Voraussetzungen für einen saube-
ren Windows-Betrieb. Aus diesem Grund empfehle ich eine Neuinstallation.
Wie eine Windows 7-Upgrade-Version sauber auf einer formatierten Festplatte installiert werden kann, ist unter http://www.heise.de/ct/artikel/
Der-Upgrade-Trick-849648.html beschrieben. Anwendungsdateien und Einstellungen für den Desktop etc. lassen sich ggf. mit dem Windows-Programm Easy Transfer (siehe folgende Abschnitte) übernehmen.

31.1.4 Windows 7 im Dualboot-Modus installieren

Sie können neben Windows 7 auch Versionen von Windows Vista oder Windows XP auf der Festplatte halten. Sie müssen lediglich Folgendes beherzigen.

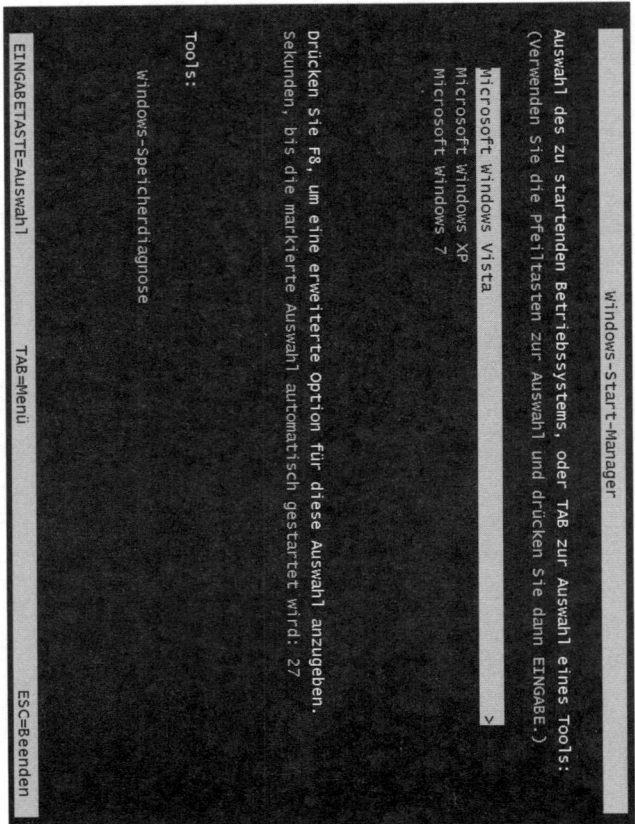

Bild 31.6:   Bootmenü zur Auswahl des Betriebssystems

■ Sorgen Sie dafür, dass die älteren Betriebssysteme bereits funktionsfähig auf dem Rechner installiert sind.

■ Wichtig ist, dass für Windows 7 eine eigene Partition in ausreichender
Größe auf der Festplatte vorhanden ist.

■ Beim Windows 7-Setup müssen Sie die Installationsart *Benutzerdefiniert
(erweitert)* wählen (Bild 31.2, Mitte links) und bei der Auswahl des Instal-
lationsziels (Bild 31.2, unten rechts) eine Partition vorgeben, auf der noch
kein Windows installiert ist.

Nachdem Windows 7 über die auf den vorhergehenden Seiten beschriebenen Installationsschritte eingerichtet wurde, erscheint beim Booten des Systems ein Bootmenü, über das Sie dann die gewünschte Betriebssystemversion auswählen können (Bild 31.6).

HINWEIS

Windows 7 ersetzt bei der Installation den Bootlader *NTLDR* älterer Windows XP-Versionen und verwendet beim Systemstart den neuen (auch von Windows Vista benutzten) Bootlader *BootMgr*. Wurde eine Windows XP-Version im Bootmenü gewählt, übergibt der Vista-Bootlader die Kontrolle an *NTLDR*. Dieser lädt dann Windows XP. Bei Windows Vista kann dagegen der Bootlader von Windows 7 das Betriebssystem direkt aufrufen. Die Bootlader werden als versteckte Systemdateien im Hauptverzeichnis der Bootpartition gespeichert. Möchten Sie Windows 7 vom System entfernen, können Sie das System mit der Wiederherstellungskonsole der Windows XP-Installations-CD booten. Anschließend lassen sich die Befehle *fixboot* und *fixmbr* aufrufen, um den Bootrecord der Partition und den Master-Bootrecord auf die alte Windows-Version zurückzusetzen. Beim Dualboot-Betrieb mit Windows Vista lässt sich ein Programm wie *EasyBCD* (http://neosmart.net/dl.php?id=1) zur komfortablen Bereinigung der Booteinträge in der BCD-Datenbank verwenden.

31.1.5   Anpassen des Bootmenüs

Die Einträge im Bootmenü lassen sich über das bordeigene Windows 7-Programm *bcdedit* pflegen. Um das Programm aufzurufen, klicken Sie den Startmenüeintrag *Alle Programme/Zubehör/Eingabeaufforderung* mit der rechten Maustaste an und wählen den Kontextmenübefehl *Als Administrator ausführen*. Sobald das Fenster der Eingabeaufforderung geöffnet wird, geben Sie den Befehl *bcdedit* Enter ein, um die aktuellen Einstellungen abzurufen. Mit *bcdedit /?* lässt sich eine Hilfeseite mit den Aufrufoptionen anzeigen.

TIPP

Das Programm *bcdedit* ist etwas umständlich in der Bedienung. Auf der Internetseite www.vistabootpro.org lässt sich das Programm *VistaBootPro* kostenlos herunterladen. Das Programm bietet eine grafische Oberfläche, unter der sich das Bootmenü sichern, laden und anpassen lässt. Alternativ können Sie aber auch das im vorherigen Hinweis erwähnte EasyBCD für diesen Zweck einsetzen.

Optionen des Bootmenüs ändern

Um lediglich die Zeitdauer zur Anzeige des Bootmenüs sowie das Standardbetriebssystem anzupassen, melden Sie sich als Administrator an und führen dann folgende Schritte aus.

1. Klicken Sie im Startmenü den Befehl *Computer* mit der rechten Maustaste an und wählen Sie den Kontextmenübefehl *Eigenschaften*.

2. Im Fenster *System* wählen Sie in der Aufgabenleiste den Befehl *Erweiterte Systemeinstellungen* (Bild 31.7, Hintergrund oben) und bestätigen die Sicherheitsabfrage der Benutzerkontensteuerung.

3. Wählen Sie auf der Registerkarte *Erweitert* die Schaltfläche *Einstellungen* in der Gruppe *Starten und Wiederherstellen* an (Bild 31.7, links unten).

4. Passen Sie im Dialogfeld *Starten und Wiederherstellen* (Bild 31.7, rechts unten) die Einstellungen für das Bootmenü an.

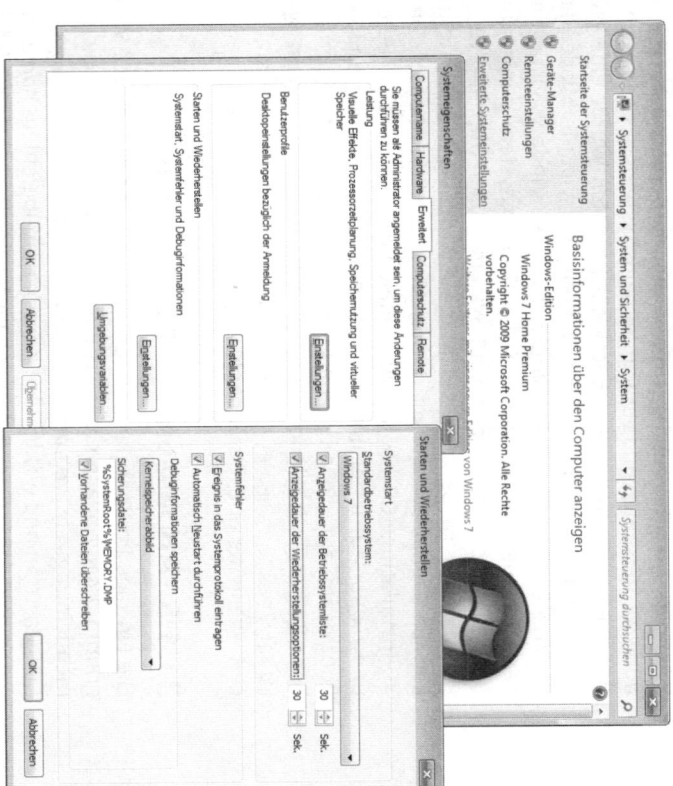

Bild 31.7: Anpassen der Bootmenü-Optionen

Über ein Listenfeld können Sie das Standardbetriebssystem für das Bootmenü einstellen. Ist das Kontrollkästchen *Anzeigedauer der Betriebssystemliste* markiert, lässt sich im zugehörigen Drehfeld festlegen, wie viele Sekunden das Bootmenü zu sehen ist. Die Einstellungen werden übernommen, sobald Sie die Dialogfelder und Eigenschaftenfenster über die *OK*-Schaltfläche schließen.

31.1.6 Reparatur eines defekten Bootrecords

Wurde der Bootrecord auf der Festplatte durch die Installation einer anderen Windows-Version überschrieben oder startet Windows 7 nicht mehr? Sie können dann versuchen, diese Installation zu reparieren.

1. Legen Sie die Windows-7-Installations-DVD (oder den Reparaturdatenträger des Hardwareherstellers) in das Laufwerk ein und lassen Sie das System von dieser DVD booten. Sie müssen notfalls die BIOS-Optionen anpassen und nach einer Aufforderung auf dem Bildschirm beim Booten eine Taste drücken, um das Setup per DVD auszuführen.

2. Wählen Sie im Windows-Setup-Dialogfeld die Installationssprache und das Tastaturlayout (siehe Bild 31.1) und klicken Sie auf die *Weiter*-Schalt-

fläche. Im Dialogfeld aus Bild 31.8, unten links, müssen Sie auf den Link *Computerreparaturoptionen* klicken.

3. Das Reparaturprogramm beginnt mit der Analyse der Festplatte und zeigt gefundene Windows 7-Installationen in einem Dialogfeld *Systemwiederherstellungsoptionen* an (Bild 31.8, Mitte rechts).

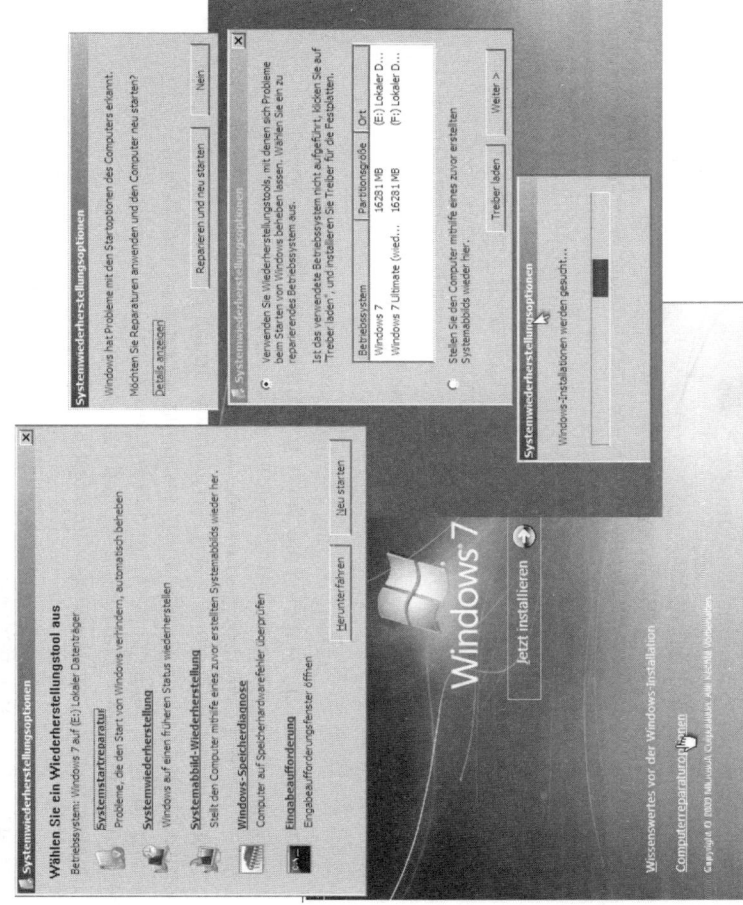

Bild 31.8: Reparatur einer beschädigten Windows 7-Installation

Werden Startprobleme gefunden, versucht Windows, diese automatisch zu reparieren, und zeigt das Dialogfeld aus Bild 31.8, oben rechts an. Dann brauchen Sie nur noch einen Neustart auszuführen und können testen, ob das System wieder funktioniert. Falls keine Reparatur erforderlich ist, hängt die weitere Vorgehensweise vom Problem und dessen Lösungsmöglichkeit ab.

Wird keine Reparatur ausgeführt, wählen Sie im Dialogfeld *Systemwiederherstellungsoptionen* (Bild 31.8, Mitte rechts) die zu reparierende Betriebssystemvariante und die Reparaturoption aus.

■ Besitzen Sie eine Systemsicherung (siehe *Kapitel 13*, Abschnitt »Datenträgersicherung«), und soll das System aus dieser Sicherung wiederhergestellt werden? Markieren Sie das Optionsfeld *Stellen Sie den Computer mithilfe eines zuvor erstellten Systemabbilds wieder her* und klicken Sie auf die *Weiter*-Schaltfläche.

- Soll eine Wiederherstellung oder ein anderer Reparaturansatz versucht werden, belassen Sie die Markierung des Optionsfelds *Verwenden Sie Wiederherstellungstools ...* und klicken auf *Weiter*-Schaltfläche.

- Anschließend zeigt Windows im Dialogfeld *Systemwiederherstellungsoptionen* (Bild 31.8, oben links) eine Auswahl verfügbarer Reparaturbefehle an. Klicken Sie auf den gewünschten Befehl und befolgen Sie die Anweisungen der betreffenden Funktion.

Mit dem Befehl *Systemstartreparatur* können Sie die Startdateien erneut reparieren lassen. Bei einem defekten Bootsektor wird dieser neu geschrieben. Über *Systemwiederherstellung* lässt sich die gleichnamige Funktion aufrufen, und Sie können Windows 7 in einen früheren Zustand zurücksetzen (siehe auch folgende Abschnitte). Die Option *Systemabbild-Wiederherstellung* ermöglicht, ein mit dem Programm *Sichern und Wiederherstellen* (siehe *Kapitel 13*) erzeugtes Systemabbild zurückzulesen. Weiterhin haben Sie die Möglichkeit, über weitere Befehle die Eingabeaufforderung zu öffnen oder eine Windows-Speicherdiagnose durchzuführen.

31.1.7 Windows 7 aktivieren

Haben Sie die automatische Aktivierung per Internet während der Installation abgeschaltet? Oder wurde Windows 7 ohne Produktschlüssel installiert? Windows 7 muss innerhalb einer Frist von 30 Tagen nach der Installation beim Hersteller aktiviert werden, damit dieser das Produkt zur weiteren Nutzung freischaltet. Bei fehlender Aktivierung erinnert Windows Sie während der folgenden Tage sporadisch durch eine Quickinfo an die Aktivierung (Bild 31.9, unten). Nach Ablauf der Aktivierungsperiode fällt das Betriebssystem in einen funktional reduzierten Modus zurück und Sie müssen die Aktivierung durchführen.

Klicken Sie auf das der Quickinfo zugeordnete Symbol, erscheint das in Bild 31.9, unten, dargestellte Dialogfeld. Über die Option *Windows jetzt online aktivieren* führt das Betriebssystem die Aktivierung über Modem, ISDN oder DSL per Internet durch. Sie müssen den Vorgang dabei über die Benutzerkontensteuerung bestätigen. Bei fehlendem Product Key wird dieser in einem weiteren Dialogfeld abgefragt. Eine erfolgreiche Aktivierung wird Ihnen über das Dialogfeld aus Bild 31.9, oben rechts, signalisiert.

HINWEIS

Verfügt das System über keinen Onlinezugang, können Sie die Aktivierung auch telefonisch durchführen. Hierzu klicken Sie das Symbol *Computer* im Startmenü mit der rechten Maustaste an und wählen den Kontextmenübefehl *Eigenschaften*. Im dann eingeblendeten Fenster *System* (Bild 31.10, Hintergrund unten) finden Sie in der Spalte mit den angezeigten Systeminformationen die Rubrik *Windows-Aktivierung*. Bei einem noch nicht aktivierten System ist dort ein Hyperlink zum Aufruf der Produktaktivierung zu sehen. Rufen Sie den Aktivierungsdialog (Bild 31.10, Mitte) über diesen Hyperlink auf, zeigt dieser u.a. den Eintrag *Andere Aktivierungsmethoden anzeigen*. Bei Anwahl dieses Befehls lässt sich in einem der Folgedialoge der Befehl *Automatisches Telefonsystem verwenden* anwählen. Bei dieser Vorgehensweise werden Ihnen in einem Dialogfeld eine anzurufende Telefonnummer genannt und eine Aktivierungsziffernfolge angezeigt (Bild 31.10, rechts). Beim Anruf fragt ein Sprachcomputer die Aktivierungsziffernfolge ab (diese ist über die Tasten des Telefons einzutippen). Anschließend diktiert der Sprachcomputer Ihnen eine zweite Ziffernfolge, die Sie in die betreffenden Felder des Aktivierungsdialogs eintippen müssen. Bei korrekter Eingabe lässt sich Windows 7 anschließend über die *Weiter*-Schaltfläche aktivieren. Gibt es Probleme mit der Aktivierung, finden Sie unter http://www.borncity.com/blog/2011/01/22/kleine-windows-7-aktivierungs-faq/ Hinweise, was zu tun ist.

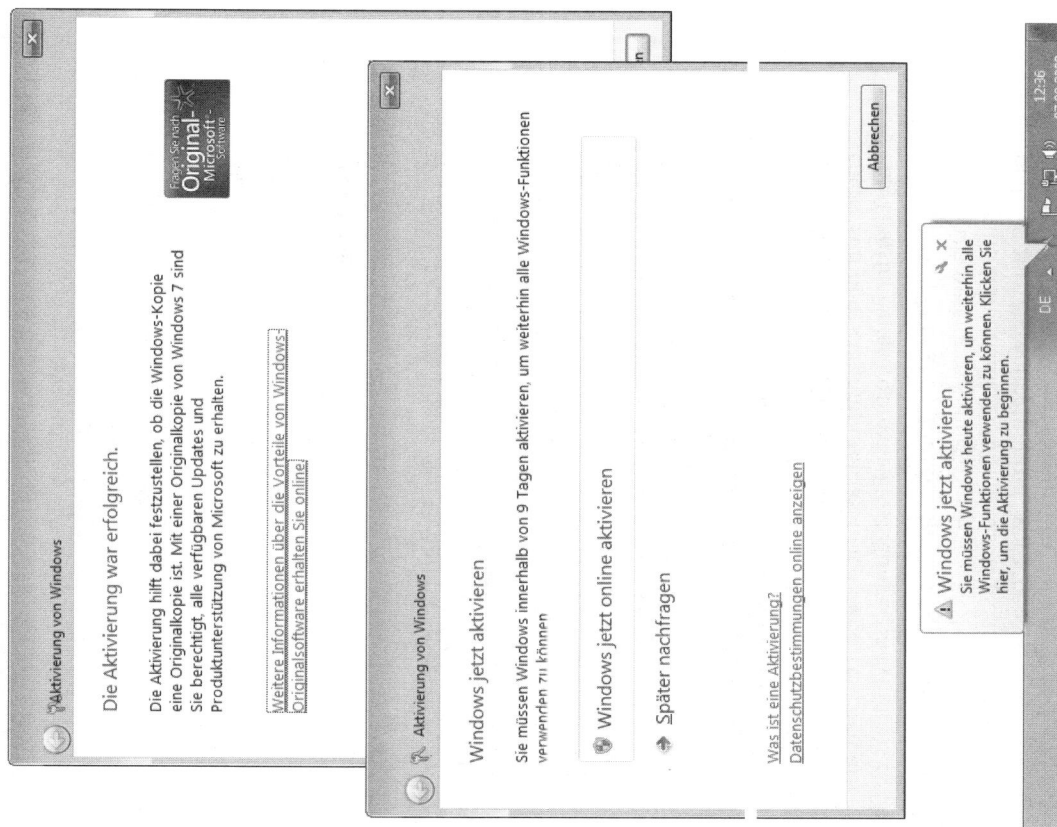

Bild 31.9: Aktivierungserinnerung und Aktivierung

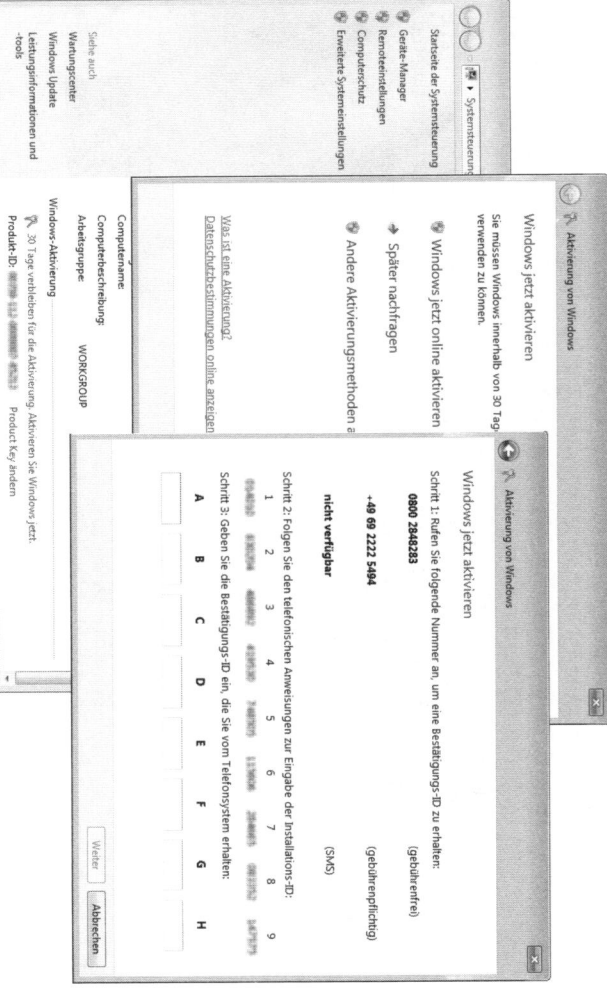

Bild 31.10: Aktivierung per Telefon

TIPP

Im Fenster *System* (Bild 31.10, Hintergrund links) finden Sie in der Kategorie *Windows-Aktivierung* noch den Hyperlink *Product Key ändern*. Wählen Sie diesen Hyperlink an und bestätigen Sie die Sicherheitsabfrage der Benutzerkontensteuerung, erscheint das Dialogfeld zur Eingabe des Produktschlüssels. Dies ist hilfreich, falls Sie über Produktschlüssel für mehrere Systeme verfügen und diese gezielt einzelnen Rechnern zuweisen möchten.

31.1.8   Einstellungen mit Windows-EasyTransfer übernehmen

Über den Startmenüeintrag *Alle Programme/Zubehör/Systemprogramme/ Windows-EasyTransfer* lässt sich das Programm Windows-EasyTransfer vom Administrator starten. Das Programm kann auf einem Quellcomputer ausgeführt werden und dort die Daten von Programmen in eine Transferdatei speichern. Auf dem Zielcomputer lässt sich diese Transferdatei durch Windows-EasyTransfer einlesen, um die Einstellungen in Windows zu übernehmen.

Ein Assistent (Bild 31.11) führt Sie durch die Schritte zum Transfer. In verschiedenen Dialogfeldern können Sie den Transfer anstoßen, die Quell- oder Zielmaschine wählen, die Verbindungsart (Netzwerk, EasyTransfer-Kabel, Festplatte) zur Datenübernahme vorgeben und die zu übernehmenden Einstellungen festlegen. Folgen Sie den Schritten des Assistenten und wählen Sie die betreffenden Optionen, um die Einstellungen eines Systems auf Windows 7 zu übertragen.

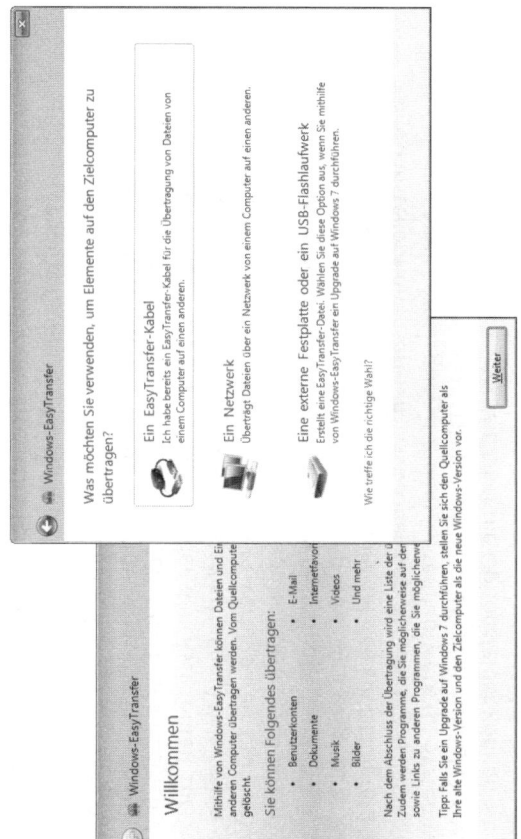

Bild 31.11:   Windows-EasyTransfer

31.2   Die Systemwiederherstellung verwenden

Windows 7 verfügt über die Funktion der Systemwiederherstellung, mit der das Betriebssystem wichtige Dateien gezielt als Wiederherstellungspunkte speichern kann. Solche Wiederherstellungspunkte werden automatisch vom Computer als Prüf- oder Installationswiederherstellungspunkte bei der Installation von Treibern bzw. Programmen angelegt. Zusätzlich besteht die Möglichkeit, gezielt Wiederherstellungspunkte anlegen zu lassen. Bei Bedarf haben Sie dann die Möglichkeit, Windows 7 über die Systemwiederherstellung auf einen solchen Wiederherstellungspunkt zurückzusetzen. Dies ist hilfreich, wenn nach der Installation eines Treibers, einer Software oder nach einer Systemänderung Fehlfunktionen im System auftreten. Nachfolgend wird kurz erläutert, wie Sie Wiederherstellungspunkte anlegen und zum Zurücksetzen des Systems nutzen.

31.2.1   Systemwiederherstellung aufrufen und konfigurieren

Der Aufruf der Systemwiederherstellung erfordert, dass Sie über eine Administratorberechtigung verfügen. Der Aufruf kann über mehrere Wege erfolgen.

■ Wählen Sie im Startmenü den Befehl *Alle Programme/Zubehör/Systemprogramme/Systemwiederherstellung*. Daraufhin erscheint direkt der Startdialog des Wiederherstellungsassistenten, über den Sie das System auf Sicherungspunkte zurückstellen können.

■ Die Alternative besteht darin, den Startmenübefehl *Computer* mit der rechten Maustaste anzuklicken und den Kontextmenübefehl *Eigenschaften* anzuwählen. Im Fenster *System* (Bild 31.12, Hintergrund) wählen Sie in der Aufgabenleiste den Befehl *Erweiterte Systemeinstellungen*

773

und wechseln im Eigenschaftenfenster *Systemeigenschaften* zur Registerkarte *Computerschutz* (Bild 31.12, Vordergrund).

In allen Fällen müssen Sie beim Aufruf der Systemwiederherstellung die Sicherheitsabfrage der Benutzerkontensteuerung bestätigen. Auf der Registerkarte *Computerschutz* finden Sie Schaltflächen, um einen Wiederherstellungspunkt anzulegen (*Erstellen*) oder den Assistenten zur Systemwiederherstellung aufzurufen (*Systemwiederherstellung*). Weiterhin werden Ihnen auf der Registerkarte die im System verfügbaren Laufwerke aufgelistet. Durch Markieren oder Löschen der Kontrollkästchen vor den Laufwerkseinträgen können Sie festlegen, ob das betreffende Laufwerk in die Sicherung der Wiederherstellung aufgenommen wird. Neu gegenüber Windows Vista ist die Schaltfläche *Konfigurieren*, über die sich ein Dialogfeld (Bild 31.13) mit Einstelloptionen öffnen lässt. Über den Schieberegler lässt sich die maximale Speicherbelegung auf dem Systemlaufwerk für Systemwiederherstellungspunkte vorgeben. Die Schaltfläche *Löschen* ermöglicht, Wiederherstellungspunkte zu entfernen. Über die Optionsfelder können Sie vorgeben, ob Wiederherstellungspunkte und Volumenschattenkopien zur Wiederherstellung verwendet werden.

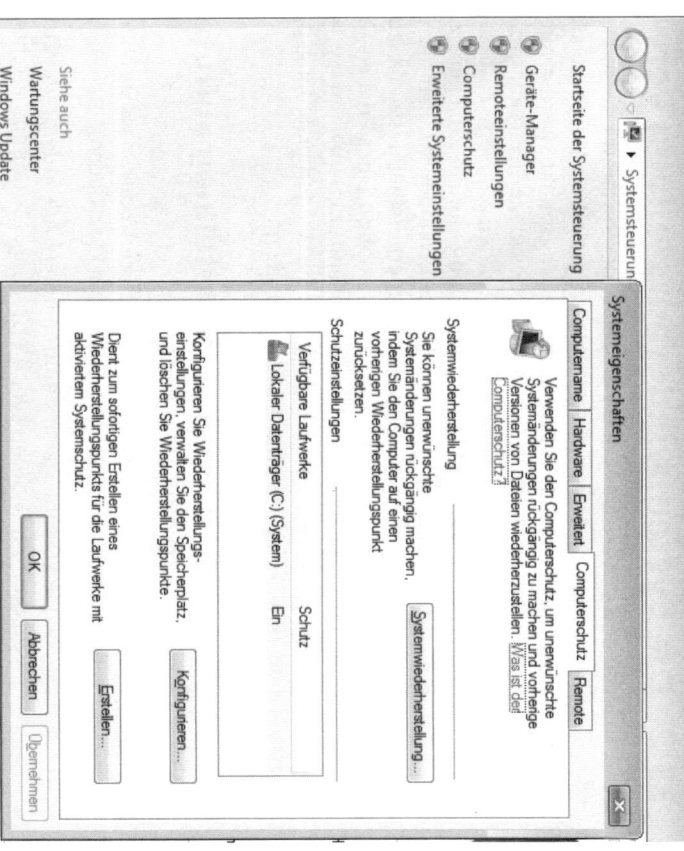

Bild 31.12:   Fenster *System* und Registerkarte *Computerschutz*

Die Systemwiederherstellung bezieht nur Windows-Einstellungen und Systemdateien sowie installierte Programmdateien in die Sicherung ein. Dies ermöglicht Ihnen, das System bei Problemen auf einen früheren Zustand zurückzusetzen, ohne dass zuletzt empfangene E-Mails oder

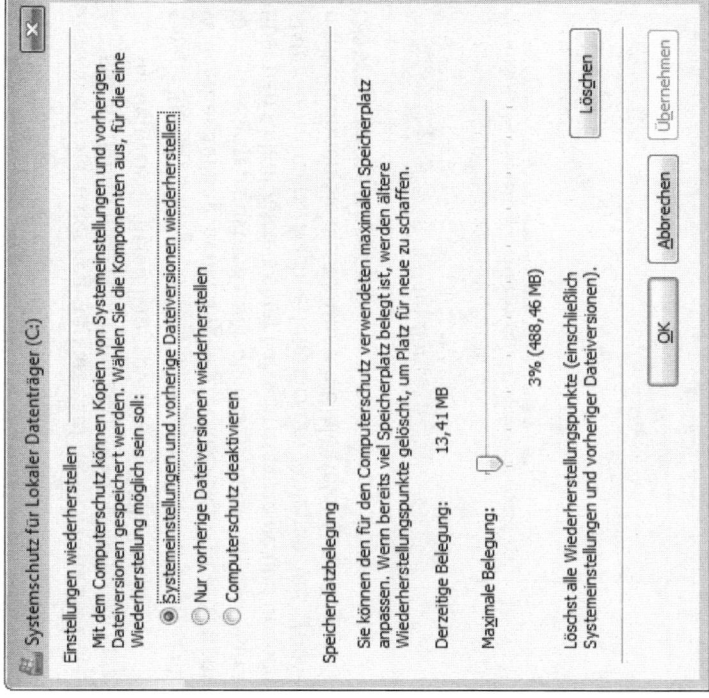

Bild 31.13: Einstellungen der Systemwiederherstellung anpassen

erstellte Dokumente verloren gehen. Die Wiederherstellungspunkte werden in einem geschützten Bereich des jeweiligen (NTFS-)Laufwerks abgelegt. Ist nicht genügend freie Kapazität vorhanden, werden die ältesten Wiederherstellungspunkte gelöscht. Laufwerke, die unter 300 MByte freie Laufwerkskapazität oder weniger als 1 GByte Gesamtkapazität aufweisen, bezieht Windows 7 nicht in die Systemwiederherstellung ein.

TIPP

Haben Sie auf dem System eigene Partitionen mit logischen Laufwerken zur Speicherung größerer Dokumente (z. B. Videos, Fotosammlungen etc.) angelegt? Da die Systemwiederherstellung keine von Benutzern angelegten Dokumentdateien einbezieht, können Sie Laufwerke, die zur Sicherung Ihrer benutzerspezifischen Dokumente herangezogen werden, von der Sicherung ausnehmen.

31.2.2   So können Sie einen Wiederherstellungspunkt anlegen

Möchten Sie den aktuellen Systemzustand in einem Wiederherstellungspunkt sichern? Umsteiger von Windows XP werden die Option zum Sichern im Startdialog des Assistenten vergeblich suchen. Manuelle Wiederherstellungspunkte lassen sich auf der Registerkarte *Computerschutz* mit folgenden Schritten anlegen.

1. Rufen Sie die Registerkarte *Computerschutz* (Bild 31.12, Vordergrund) über die im vorhergehenden Abschnitt beschriebenen Wege auf.

2. Klicken Sie in der Registerkarte auf die Schaltfläche *Erstellen* und geben Sie im dann eingeblendeten Dialogfeld *Computerschutz* einen Namen für den Wiederherstellungspunkt ein (Bild 31.14).

Sobald Sie das Dialogfeld über die *Erstellen*-Schaltfläche schließen, wird der Wiederherstellungspunkt angelegt. Dabei sichert die Systemwiederherstellung die Systemzustände auf allen zugelassenen Laufwerken. Sie werden über den Ablauf mittels einer Fortschrittsanzeige und über einen Abschlussdialog informiert. Nach erfolgreichem Anlegen des Wiederherstellungspunkts können Sie die geöffneten Dialogfelder und Registerkarten über die OK-Schaltfläche schließen.

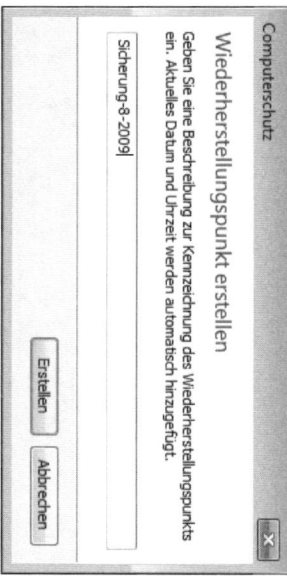

Bild 31.14: Wiederherstellungspunkt benennen

TIPP

Sie sollten vor der Installation einer neuer Software oder vor Änderungen am System bzw. vor dem Anpassen der Windows-Registrierung manuell einen Wiederherstellungspunkt anlegen. Halten Sie das System frei von Schädlingen (Viren, Trojaner etc.), Andernfalls werden diese Schädlinge ggf. mit im Wiederherstellungspunkt gesichert und Sie schleppen die Schädlinge beim Wiederherstellen des Systems erneut ein!

31.2.3 System auf einen Wiederherstellungspunkt zurücksetzen

Möchten Sie das System auf einen Wiederherstellungspunkt zurücksetzen? Dies ist z. B. sinnvoll, wenn nach der Installation neuer Hard- und Software oder nach Anpassungen am System Probleme auftreten. Zum Wiederherstellen eines definierten Zustands mittels der Systemwiederherstellung gehen Sie folgendermaßen vor.

1. Rufen Sie die Systemwiederherstellung über den Befehl *Alle Programme/Zubehör/Systemprogramme/Systemwiederherstellung* des Startmenüs auf und bestätigen Sie die Sicherheitsabfrage der Benutzerkontensteuerung.

2. Verwenden Sie die *Weiter*-Schaltfläche, um zwischen den Dialogfeldern zu blättern. Wählen Sie im Dialogfeld aus Bild 31.15, unten links den gewünschten Wiederherstellungspunkt aus. Liegt dieser länger in der Vergangenheit, müssen Sie das Kontrollkästchen *Weitere Wiederherstellungspunkte anzeigen* markieren.

3. Klicken Sie auf die *Weiter*-Schaltfläche, bestätigen Sie die Auswahl des Sicherungspunkts im Abschlussdialog (Bild 31.15, oben rechts) und klicken Sie auf die Schaltfläche *Fertig stellen*. Den Warndialog, dass die Systemwiederherstellung erst nach Abschluss des Vorgangs beendet werden kann, bestätigen Sie über die *Ja*-Schaltfläche.

Nun erscheint eine Fortschrittsanzeige, die den Ablauf bei der Vorbereitung der Systemwiederherstellung zeigt. Windows stellt dabei die Informationen zur Wiederherstellung zusammen, fährt das System herunter und setzt beim Neustart das Betriebssystem auf den Zustand des gewählten Wiederherstellungspunkts zurück. Sie werden beim Start über eine Statusanzeige über den Vorgang informiert. Ein Statusdialog informiert Sie, wenn das System erfolgreich zurückgesetzt wurde.

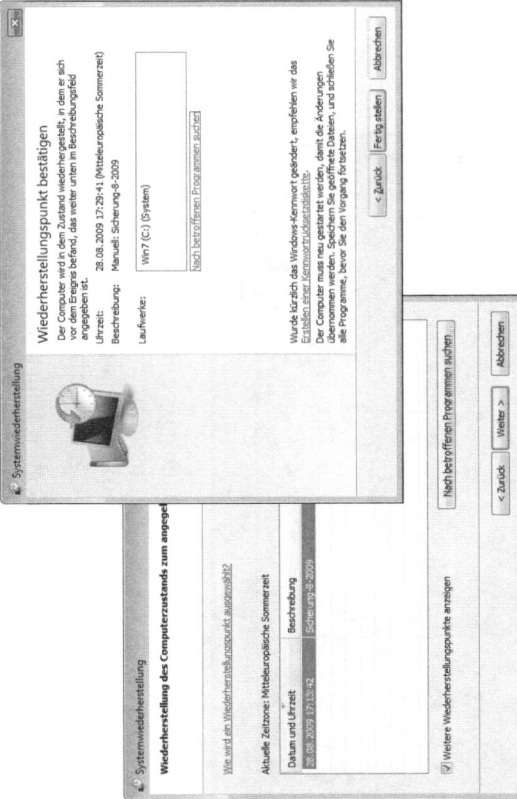

Bild 31.15: Auswählen und bestätigen des Wiederherstellungspunkts

 HINWEIS   Sie können die Systemwiederherstellung auch aus dem Computerreparaturmodus des Installations-/Reparaturdatenträgers (siehe den Abschnitt »Reparatur eines defekten Bootrecords« in diesem Kapitel) oder im abgesicherten Modus (siehe nächster Abschnitt) aufrufen.

System auf den letzten funktionierenden Zustand zurücksetzen

Ging etwas beim Starten von Windows 7 schief und lässt sich das Betriebssystem nicht mehr hochfahren? Wurde Windows nicht heruntergefahren, sondern durch Ausschalten oder durch einen Absturz ungeplant beendet? Das Betriebssystem besitzt einen Mechanismus, der das erfolgreiche Hochfahren und Beenden intern protokolliert. Stellt der Lader des Betriebssystems fest, dass der letzte Start nicht erfolgreich war, erscheint das Bootmenü mit den erweiterten Startoptionen. Falls einige in Bild 31.16 gezeigte

Befehle nicht vorhanden sind, drücken Sie die Funktionstaste F8, um das vollständige Menü einzublenden.

■ Wählen Sie dann in diesem Menü den Befehl *Letzte als funktionierend bekannte Konfiguration (erweitert)* und bestätigen Sie dies über die Enter-Taste. Windows 7 wird dann mit der zuletzt als funktionierend erkannten Sicherung der Registrierungsdateien hochgefahren.

■ Bei Problemen mit bestimmten Hardwaretreibern oder nicht mehr funktionierenden Einstellungen auf der Ebene des Benutzerkontos oder des Netzwerks können Sie den Befehl *Abgesicherter Modus* oder eine der Varianten wählen. Dann startet Windows in einem Modus mit reduzierter Bildschirmauflösung und eingeschränkter Funktionalität. Sie können dann ggf. Installationsschritte von Treibern oder Software sowie Konfigurationsänderungen rückgängig machen oder das System über die Systemwiederherstellung zurücksetzen.

Sofern es keine Probleme mit dem Windows-Start gegeben hat und das Menü lediglich erscheint, weil der Rechner ohne vorheriges Herunterfahren abgeschaltet wurde (z. B. bei Stromausfall), können Sie den Befehl *Windows normal starten* wählen, um zum Willkommendialog mit der Anmeldung zu gelangen.

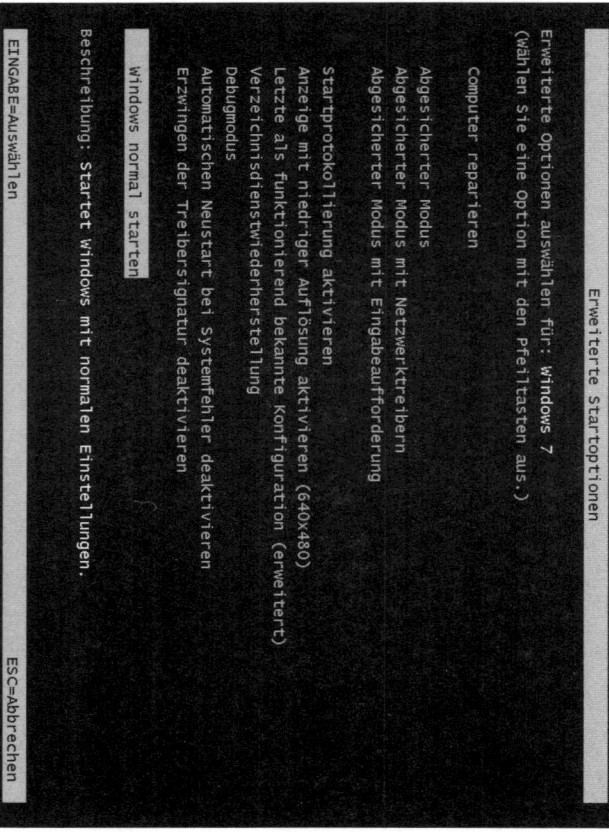

```
                                    Erweiterte Startoptionen

Erweiterte Optionen auswählen für: Windows 7
(Wählen Sie eine Option mit den Pfeiltasten aus.)

    Computer reparieren

    Abgesicherter Modus
    Abgesicherter Modus mit Netzwerktreibern
    Abgesicherter Modus mit Eingabeaufforderung

    Startprotokollierung aktivieren
    Anzeige mit niedriger Auflösung aktivieren (640x480)
    Letzte als funktionierend bekannte Konfiguration (erweitert)
    Verzeichnisdienstwiederherstellung
    Debugmodus
    Automatischen Neustart bei Systemfehler deaktivieren
    Erzwingen der Treibersignatur deaktivieren

    Windows normal starten

Beschreibung: Startet Windows mit normalen Einstellungen.

EINGABE=Auswählen                                            ESC=Abbrechen
```

Bild 31.16: Erweiterte Bootoptionen

31.3 Windows aktualisieren und pflegen

Windows 7 unterstützt die Aktualisierung über das Internet. Dabei werden ggf. sicherheitskritische Aktualisierungen und Fehler behoben. Die betreffenden Funktionen werden nachfolgend besprochen.

31.3.1 So erfahren Sie von Updates und führen diese aus

Ist das System für eine automatische Suche nach Updates konfiguriert, ohne dass die Installation automatisch erfolgen darf (siehe folgende Seiten), prüft Windows 7 bei jeder Onlinesitzung, ob Updates auf den Microsoft-Update-Servern vorliegen. Wird eine anstehende Aktualisierung erkannt, blendet Windows eine Benachrichtigung in Form einer QuickInfo im Infobereich der Taskleiste ein (Bild 31.17).

Bild 31.17:   Benachrichtigung über anstehende Updates

Rufen Sie das Update nicht ab, erscheint diese QuickInfo mit einer Update-Erinnerung in regelmäßigen Abständen in der Anzeige. Um das Update zuzulassen, brauchen Sie nur das zur QuickInfo gehörende Symbol im Info-bereich der Taskleiste einzublenden. Dieses Symbol bleibt übrigens sichtbar, auch wenn die QuickInfo wieder verschwindet. Windows öffnet nach Anwahl des Update-Symbols das in Bild 31.18, Vordergrund, gezeigte Fenster.

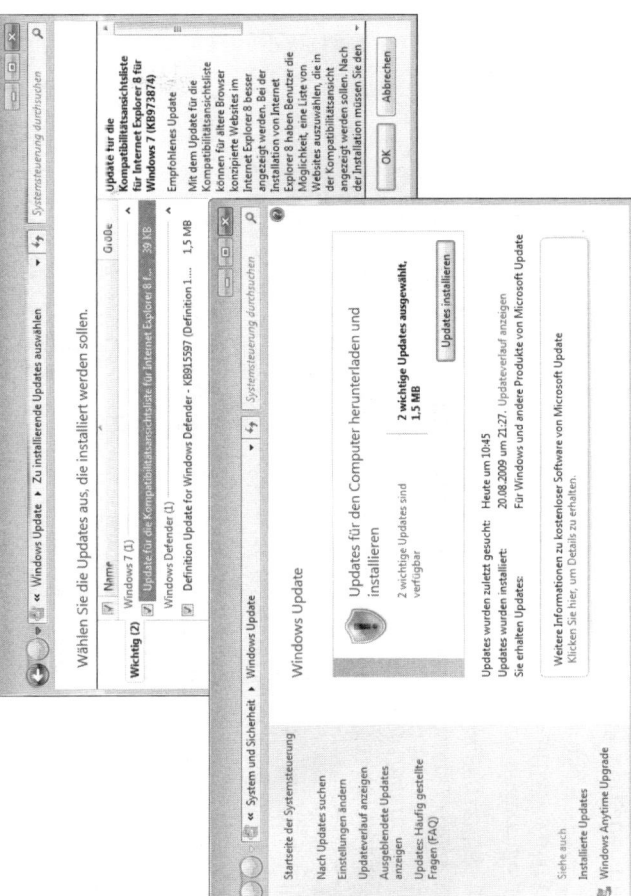

Bild 31.18:   Updates abrufen und ausführen

779

Das Fenster zeigt Ihnen die Anzahl der Updates, deren Download-Größe und die Wichtigkeit an. Sie können also abschätzen, wie lange ein Download dauert und ggf. unwichtigere Updates zurückstellen. Trennen Sie beim Download eines Updates eine Modem-, ISDN- oder DSL-Verbindung, ist dies kein Problem. Windows kann einen begonnenen Download eines Updates bei der nächsten Onlinesitzung fortsetzen.

Möchten Sie wissen, welche Aktualisierungen anstehen, klicken Sie im Fenster *Windows Update* auf den Hyperlink *... Updates sind verfügbar*. Dann öffnet sich das in Bild 31.18, Hintergrund, gezeigte Dialogfeld mit einer Übersicht über die Update-Pakete. Sie können dann einzelne Pakete abwählen, indem Sie die Markierung des zugehörigen Kontrollkästchens löschen. Über die am linken oberen Fensterrand befindliche Schaltfläche lässt sich zum vorherigen Dialogfeld zurückgehen.

Der Download der Update-Pakete beginnt, sobald Sie die Schaltfläche *Updates installieren* anklicken. Das Update läuft in mehreren Schritten ab, bei denen die Aktualisierungsdateien heruntergeladen und dann installiert werden. Der Ablauf wird in einer QuickInfo sowie im Fenster *Windows Update* über eine Statusanzeige angezeigt. Ist ein Neustart nach dem Update erforderlich, wird dies über ein separates Dialogfeld mitgeteilt. Über Schaltflächen können Sie dann diesen Neustart ausführen oder zurückstellen. Bei einem zurückgestellten Neustart erhalten Sie in zyklischen Zeitabständen eine Erinnerung durch ein Dialogfeld.

Je nach Einstellung kann Windows die Updates auch automatisch, ohne Nachfrage durch den Benutzer, durchführen. Ist die automatische Installation der Updates abgestellt, blendet Windows ggf. auch ein Update-Symbol in der Schaltfläche *Herunterfahren* ein und die Aktualisierung erfolgt beim nächsten Herunterfahren des Systems.

31.3.2 Update-Einstellungen ändern

Bereits bei der Installation fordert Windows 7 von Ihnen, die Einstellungen für die automatische Aktualisierung (Update) zu wählen (siehe Bild 31.5). Sie können aber auch zu einem späteren Zeitpunkt die Update-Einstellungen an Ihre Erfordernisse anpassen.

1. Tippen Sie in das Suchfeld des Startmenüs den Text »Update« ein und wählen Sie den eingeblendeten Befehl *Windows-Update*.

2. Klicken Sie in der Aufgabenleiste des Fensters *Windows Update* (Bild 31.18, Vordergrund) auf den Befehl *Einstellungen ändern*.

3. Anschließend wählen Sie im Fenster *Einstellungen ändern* die gewünschten Optionen (Bild 31.19), klicken auf die *Ok*-Schaltfläche und bestätigen die Sicherheitsabfrage der Benutzerkontensteuerung.

Über das Listenfeld *Wichtige Updates* können Sie die Vorgaben für Updates einstellen.

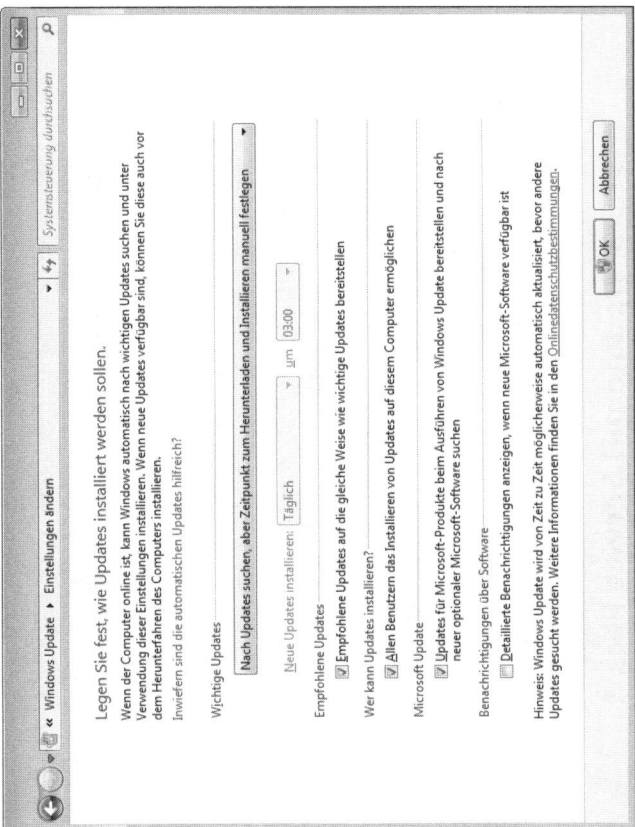

Bild 31.19: Anpassen der Update-Optionen

■ Die Option *Updates automatisch installieren (empfohlen)* ist standardmäßig durch Windows aktiviert, erfordert aber eine ständige Onlineverbindung, da der Update-Zeitpunkt über ein Drehfeld anzugeben ist. Diese Einstellung ist für Anwender empfehlenswert, die sich bezüglich der Aktivierung um nichts kümmern möchten. Hilfreich ist auch eine Breitbandverbindung, um die Updates möglichst zügig herunterzuladen.

■ Wer lieber die Kontrolle darüber behalten möchte, was Microsoft an Updates auf den Rechner schiebt, sollte die Option *Updates herunterladen, aber Installation manuell ausführen* wählen. Dann wird zumindest vor der Installation gefragt, ob die Updates durchgeführt werden sollen. Dies gibt Ihnen Gelegenheit, die Installationspakete auszuwählen und Update-Vorgänge mit einem erforderlichen Neustart in Zeiten zu legen, in denen nicht mehr am System gearbeitet wird.

■ Sofern Sie nur eine Modem- oder ISDN-Verbindung besitzen und die volle Kontrolle über Updates benötigen, markieren Sie das Optionsfeld *Nach Updates suchen, aber Zeitpunkt zum Herunterladen und Installieren manuell festlegen*. Dann können Sie den kompletten Update-Vorgang schrittweise kontrollieren.

Die Option *Nie nach Updates suchen (nicht empfohlen)* sollte nach Möglichkeit nicht markiert werden. Windows 7 enthält Sicherheitslücken und Fehler, die mit der Zeit bekannt werden und durch Microsoft mit Aktualisierungen (als Patches bezeichnet) geschlossen werden. Sie sollten sich daher zumindest von Windows Update über anstehende Aktualisierungen informieren lassen. Die Option *Nie nach Updates suchen (nicht empfohlen)* macht eigentlich nur Sinn, wenn Sie ein System ohne Internetzugang betreiben und Aktualisierungen über CDs bzw. DVDs installieren können.

Microsoft trennt die anstehenden Aktualisierungen in verschiedene Kategorien wie Sicherheitsaktualisierungen, kritische Updates und empfohlene Updates. Standardmäßig bezieht die automatische Update-Funktion nur Sicherheitsaktualisierungen und kritische Updates zur Fehlerbehebung ein. Um auch empfohlene Updates für Microsoft-Anwendungen bzw. Pro-grammerweiterungen in die Update-Suche einzubeziehen, sollten Sie das Kontrollkästchen *Empfohlene Updates auf die gleiche Weise wie wichtige Updates bereitstellen* markieren. Standardmäßig werden manuelle Updates nur unter Administratorkonten ausgeführt. Durch Markieren des Kontrollkästchens *Allen Benutzern das Installieren von Updates auf diesem Computer ermöglichen* erhalten auch Benutzer von Standardkonten eine entsprechende Benachrichtigung und können diese Updates installieren. Weiterhin können Sie über ein Kontrollkästchen auch Updates für weitere Microsoft-Produkte aktivieren.

31.3.3 Update mit Service Pack 1

Microsoft stellt mit Service Packs eine weitere Möglichkeit zum Update von Windows 7 bereit. Ein Service Pack enthält in der Regel in gesammelter Form alle Updates, die bis zum Release des Pakets vorliegen. Je nach Service Pack können zusätzliche Funktionen in Windows nachgerüstet werden.

Das Service Pack 1 für Windows 7 aktualisiert nur den Kern von Windows 7. Für Sie als Benutzer ändert sich daher durch die Installation des SP1 nichts an der Windows 7-Funktionalität. Trotzdem empfiehlt sich die Aktualisierung, da das Service Pack 1 eine Reihe von Verbesserungen im Hinblick auf die Stabilität einiger Komponenten sowie Fehlerbereinigungen enthält.

Windows 7 und Windows Server 2008 R2 basieren auf dem gleichen Kern, sodass sich das Service Pack 1 für beide Betriebssysteme einsetzen lässt. Das Service Pack 1 steht sowohl über Windows Update als auch als Downloadpaket (zum Aktualisieren mehrerer Systeme) im Downloadbereich der Webseite http://www.microsoft.com zur Verfügung. Achten Sie beim Download darauf, die zu Windows 7 passende 32- oder 64-Bit-Variante auszuwählen.

Vorbereitungen zur Installation

Die Installation des Service Pack 1 sollte in geeigneter Weise vorbereitet werden, um Probleme im Ablauf zu vermeiden (siehe http://www.borncity.com/blog/2011/02/25/kardinalfehler-bei-der-sp1-installation/).

- Wurde auf dem System bereits eine Vorabversion des Service Pack 1 installiert, muss diese vor der Installation der finalen Version komplett deinstalliert werden. Hintergrund ist, dass die Release Candidates mit einer zeitlichen Laufzeitbeschränkung versehen sind, die dann zu Problemen führt. Deinstallieren Sie zudem jegliche Software, die zukünftig nicht mehr gebraucht wird.

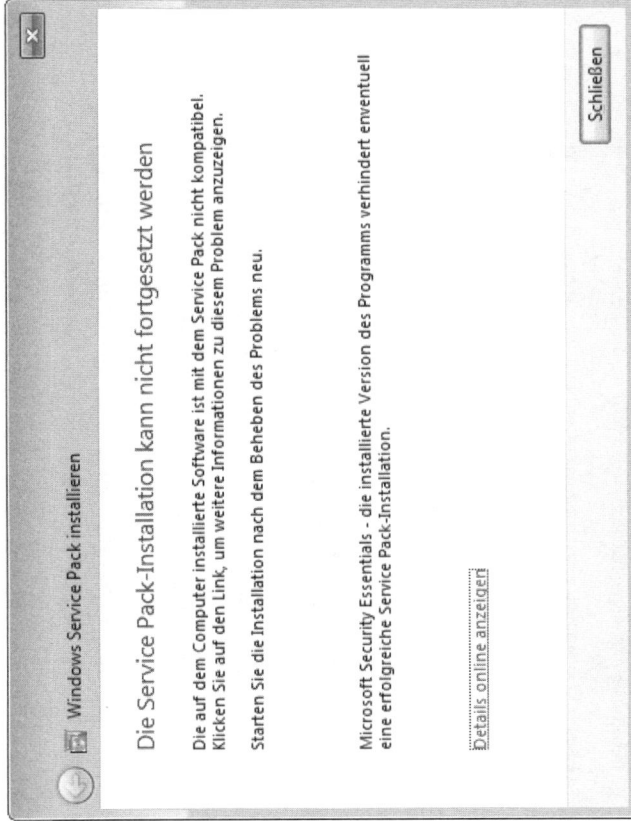

Bild 31.20: Fehler bei Installation des Service Pack 1

■ Vor der Installation des Service Pack 1 sollten Sie zumindest die wichtigen Dokumente und Einstellungen auf eine externe Festplatte oder ein anderes Sicherungsmedium (DVD, USB-Stick, Netzwerkordner) sichern. Optimal ist es, eine komplette Systemabbildsicherung auszuführen, um bei auftretenden Problemen mit wenigen Handgriffen zum Ausgangszustand zurückzukehren.

■ Stellen Sie sicher, dass alle Treiber vor der Installation des Service Pack 1 auf dem aktuellen Stand sind. Nicht mehr verwendete Software sollte deinstalliert werden. Stellen Sie sicher, dass auch genügend freier Speicher auf dem Systemlaufwerk vorhanden ist. Bei 32-Bit-Systemen sollten 1,8 GByte Speicher frei sein, bei 64-Bit-Systemen empfiehlt sich ein freier Speicherbereich von 3,3 GByte. Sofern auf dem Rechner Language Packs zur Sprachanpassung installiert sind, wird ggf. zusätzlicher freier Speicher benötigt.

■ Falls Sie Microsoft Security Essentials als Virenschutz verwenden, achten Sie darauf, dass das Programm auf dem aktuellen Stand ist. Andernfalls wird die Installation mit dem Dialogfeld aus Bild 31.20 abgebrochen. Falls Sie auf Sicherheitslösungen von Drittanbietern setzen, empfiehlt es sich ggf., das betreffende Paket vor der Installation des Service Pack 1 zu deinstallieren und (falls vorhanden) ein Removal-Tool des Herstellers über das System laufen zu lassen.

Wenn Sie ein Notebook bzw. portables Gerät mit dem Service Pack 1 aktualisieren möchten, stellen Sie sicher, dass dieses am Stromnetz hängt. Je nach Hardwareausstattung kann die Installation des Service Pack 1 durchaus wesentlich länger als eine Stunde dauern.

Die heruntergeladene Setup-Datei des Service Pack 1 ermöglicht Ihnen, beim Aufruf verschiedene Parameter anzugeben. Mit der Eingabe <dateiname> / help lässt sich ein Dialogfeld mit den verfügbaren Optionen anzeigen (Bild 31.21). Der Parameter <dateiname> steht hier für den Namen der Service Pack 1-Setup-Datei.

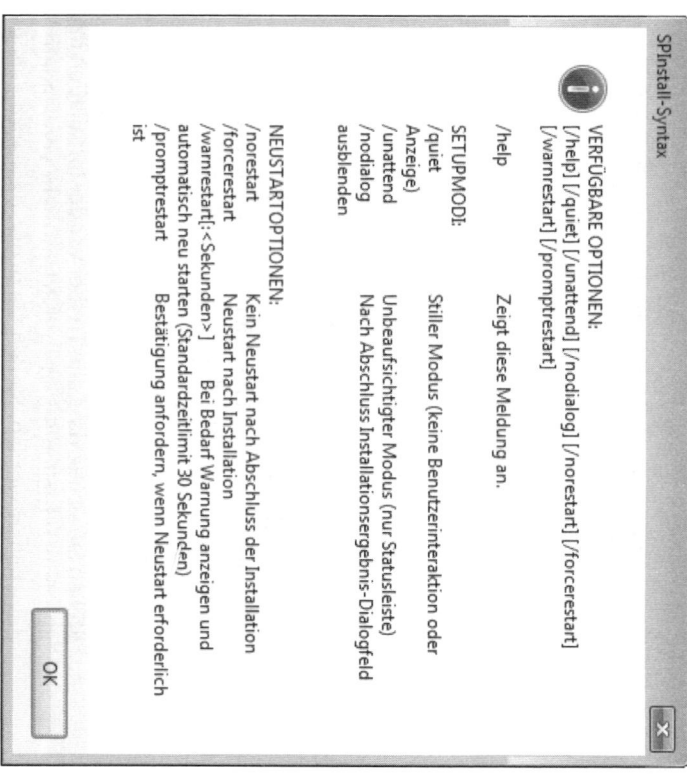

SPInstall-Syntax

VERFÜGBARE OPTIONEN:
[/help] [/quiet] [/unattend] [/nodialog] [/norestart] [/forcerestart]
[/warnrestart] [/promptrestart]

/help   Zeigt diese Meldung an.

SETUPMODI:
/quiet   Stiller Modus (keine Benutzerinteraktion oder
/unattend   Anzeige)
/nodialog   Unbeaufsichtigter Modus (nur Statusleiste)
                         Nach Abschluss Installationsergebnis-Dialogfeld
ausblenden

NEUSTARTOPTIONEN:
/norestart   Kein Neustart nach Abschluss der Installation
/forcerestart   Neustart nach Installation
/warnrestart[:<Sekunden>] Bei Bedarf Warnung anzeigen und
                         automatisch neu starten (Standardzeitlimit 30 Sekunden)
/promptrestart   Bestätigung anfordern, wenn Neustart erforderlich
ist

OK

Bild 31.21:   Aufrufoptionen zur Installation des Service Pack 1

Installation ausführen

Sofern Sie das Service Pack 1 nicht über Windows Update beziehen (in diesem Fall läuft die Installation automatisch ab), stellen Sie sicher, dass alle Programme beendet sind. Dann melden Sie sich an einem Administratorkonto an und führen die Setup-Datei, ggf. mit den gewünschten Aufrufoptionen, aus. Sofern kein Autoattended-Mode gewählt wurde, werden Sie anschließend von einem Assistenten (Bild 31.23) in verschiedenen Dialogfeldern durch den Vorgang der Installation geführt. Verwenden Sie die Weiter-Schaltfläche, um die einzelnen Schritte zu durchlaufen.

In einem Dialogschritt sind die Lizenzbedingungen zu bestätigen. Weiterhin können Sie in einem Dialogfeld über ein Kontrollkästchen wählen, ob erforderliche Neustarts automatisch durchgeführt werden sollen. Der Setup-

Assistent legt anschließend einen Systemwiederherstellungspunkt an und beginnt mit dem Entpacken des Installationspakets. Anschließend wird die Aktualisierung des Systems ausgeführt. Dieser Vorgang kann durchaus längere Zeit dauern und wird durch eine Fortschrittsanzeige im Dialogfeld signalisiert. Während des Updates sollten Sie nicht am System arbeiten, da dies die Aktualisierung beeinträchtigen kann. Zudem können bei dem ggf. erforderlichen Neustarts Daten verloren gehen.

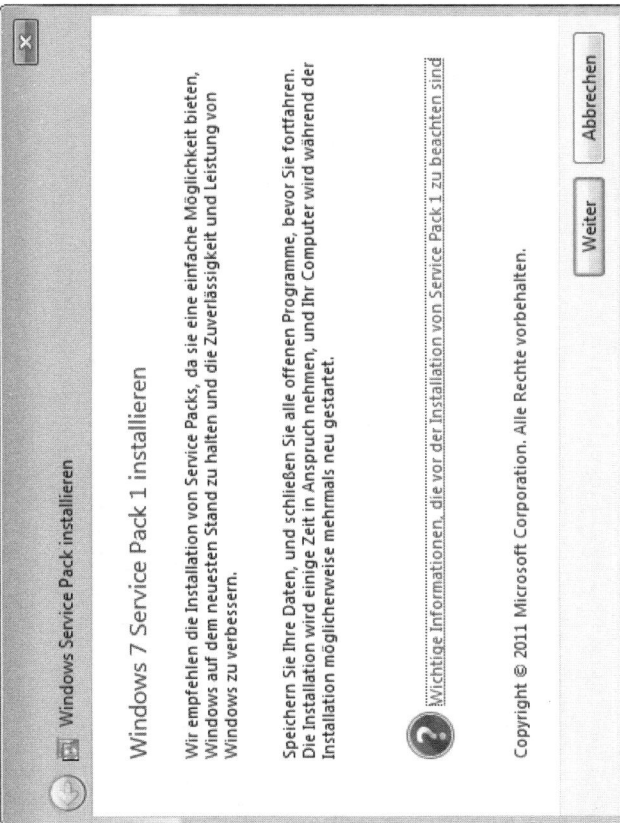

Windows 7 Service Pack 1 installieren

Wir empfehlen die Installation von Service Packs, da sie eine einfache Möglichkeit bieten, Windows auf dem neuesten Stand zu halten und die Zuverlässigkeit und Leistung von Windows zu verbessern.

Speichern Sie Ihre Daten, und schließen Sie alle offenen Programme, bevor Sie fortfahren. Die Installation wird einige Zeit in Anspruch nehmen, und Ihr Computer wird während der Installation möglicherweise mehrmals neu gestartet.

Wichtige Informationen, die vor der Installation von Service Pack 1 zu beachten sind

Copyright © 2011 Microsoft Corporation. Alle Rechte vorbehalten.

Weiter   Abbrechen

Bild 31.22: Installation des Service Pack 1

HINWEIS

Treten Probleme beim Deinstallieren des Release Candidate oder beim Installieren des Service Pack auf? Unter `http://www.borncity.com/blog/2011/02/16/faq-und-tipps-zur-windows-7-installation/` findet sich eine kleine FAQ, die im Abschnitt zum SP1 einen Link zu einer von Microsoft-Mitarbeitern zusammengestellten Infoseite enthält.

Ist SP1 installiert?

Um zu überprüfen, ob das Service Pack 1 erfolgreich installiert wurde, klicken Sie das Symbol *Computer* mit der rechten Maustaste an und wählen den Kontextmenübefehl *Eigenschaften*. Auf der Seite *Basisinformationen über den Computer* wird Ihnen in der Kategorie »Windows-Edition« nicht nur die Windows 7-Variante angezeigt, sondern auch die Version des installierten Service Pack.

785

HINWEIS

Soll das Service Pack 1 wieder deinstalliert werden? Solange die Installationsdateien nicht gelöscht wurden, können Sie in der Systemsteuerung den Befehl *Programme deinstallieren* wählen. Wählen Sie in der Aufgabenleiste des Dialogfelds den Befehl *Installierte Updates anzeigen*. Sobald die Liste der Updates angezeigt wird, markieren Sie den Eintrag *Service Pack für Microsoft Windows (KB976932)* und klicken auf die *Deinstallieren*-Schaltfläche. Bei Problemen können Sie auch die Systemwiederherstellung aufrufen und das System auf den automatisch erstellten Systemsicherungspunkt zurücksetzen.

Bei der Installation des Service Pack speichert Windows alte Versionen von Dateien in einem Sicherungsbereich. Sie können die Datenträgerbereinigung über die Eigenschaften des Systemlaufwerks aufrufen und dann die Schaltfläche *Systemdateien bereinigen* wählen. Nach Bestätigen der Benutzerkontensteuerung finden Sie im Dialogfeld *Datenträgerbereinigung* auf der gleichnamigen Registerkarte den Eintrag *Service Pack-Sicherungsdateien*. Sofern das System mit installiertem Service Pack einige Zeit stabil läuft, können Sie den mehrere Hundert Megabyte umfassenden Speicherbereich in der Datenträgerbereinigung freigeben. Allerdings ist nach diesem Schritt eine Deinstallation des Service Pack-Pakets nicht mehr möglich.

Bei der Installation des Service Pack 1 bleiben auf dem Systemlaufwerk Ordner mit Namen wie *0b74d83d905a3c7b31ce1240* mit den Installationsdateien zurück. Diese Dateien werden benötigt, um bei einer Systemdateiprüfung ggf. beschädigte Systemdateien zu restaurieren. Brechen Sie die Installation des Service Pack 1 wegen Problemen ab und führen Sie den Vorgang (z. B. nach einem Neustart des Systems) erneut durch? Dann erzeugt Setup einen neuen Ordner, und der im vorherigen Durchlauf angelegte Ordner mit den Installationsdateien (Umfang 1 GByte und mehr) bleibt zurück. Vor dem erneuten Aufruf des Setup-Programms empfiehlt es sich daher, den zurückgebliebenen Ordner des vorherigen Durchlaufs zu löschen.

31.4 Windows Anytime Upgrade, was ist das?

Microsoft bietet für Besitzer von Windows 7 Home Premium die Möglichkeit an, zur nächsthöheren Produktversion zu wechseln. Bei Windows 7 Home Premium wäre dies dann die Ultimate-Edition. Hierzu benötigen Sie aber einen entsprechenden Produktschlüssel, den Sie direkt über eine Microsoft-Internetseite beziehen können. Rufen Sie über den Startmenüzweig *Alle Programme/Zubehör* das Programm *Windows Anytime Upgrade* auf. Dann erscheint ein Dialogfeld (Bild 31.23), in dem Sie eine Option zur Eingabe des neuen Produktschlüssels abrufen können. Befolgen Sie die Anweisungen des Assistenten und führen Sie einen Neustart des Systems aus. Da beim Setup für alle Windows 7-Varianten der gleiche Code installiert wird, reicht die Eingabe des entsprechenden Produktschlüssels, damit die neuen Features beim Neustart freigeschaltet werden.

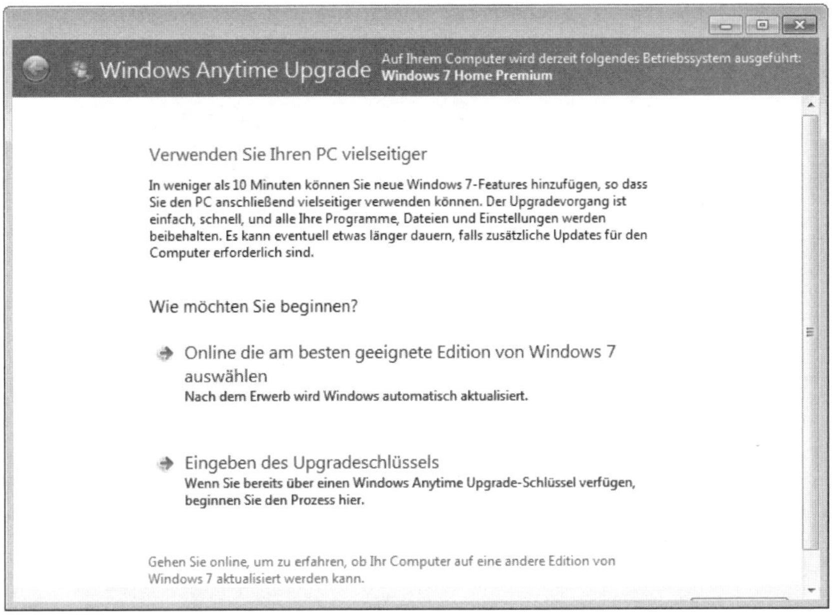

Windows Anytime Upgrade Auf Ihrem Computer wird derzeit folgendes Betriebssystem ausgeführt: **Windows 7 Home Premium**

Verwenden Sie Ihren PC vielseitiger

In weniger als 10 Minuten können Sie neue Windows 7-Features hinzufügen, so dass Sie den PC anschließend vielseitiger verwenden können. Der Upgradevorgang ist einfach, schnell, und alle Ihre Programme, Dateien und Einstellungen werden beibehalten. Es kann eventuell etwas länger dauern, falls zusätzliche Updates für den Computer erforderlich sind.

Wie möchten Sie beginnen?

⬆ Online die am besten geeignete Edition von Windows 7 auswählen
Nach dem Erwerb wird Windows automatisch aktualisiert.

⬆ Eingeben des Upgradeschlüssels
Wenn Sie bereits über einen Windows Anytime Upgrade-Schlüssel verfügen, beginnen Sie den Prozess hier.

Gehen Sie online, um zu erfahren, ob Ihr Computer auf eine andere Edition von Windows 7 aktualisiert werden kann.

Bild 31.23: Windows Anytime Upgrade

32 Hard- und Softwareinstallation

Zum Betrieb von Hardware benötigt Windows entsprechende Treiber. Zudem lassen sich unter dem Betriebssystem neue Softwarekomponenten einrichten bzw. installierte Komponenten wieder entfernen. Das vorliegende Kapitel befasst sich mit der Frage, wie sich neue Hard- und Software (mit Administratorberechtigungen) installieren und ggf. wieder entfernen lässt.

32.1 Geräteinstallation unter Windows

Dieser Abschnitt beschreibt, was Sie bei der Installation von Hardware bzw. den zugehörigen Treibern beachten sollten.

32.1.1 Automatische Treiberinstallation

Sobald Sie ein neues Gerät an den Windows 7-Rechner anschließen, sollte dieses durch das Betriebssystem erkannt werden. Das Gleiche gilt nach dem Einbau einer neuen Komponente. Windows sollte diese nach dem nächsten Hochfahren und Anmelden erkennen. In beiden Fällen startet ein Hardware-Assistent zur Geräteinstallation und informiert Sie über eine Quickinfo-Anzeige im Infobereich der Taskleiste, dass neue Hardware gefunden wurde und dass die Treiberinstallation erfolgt (Bild 32.1, unten).

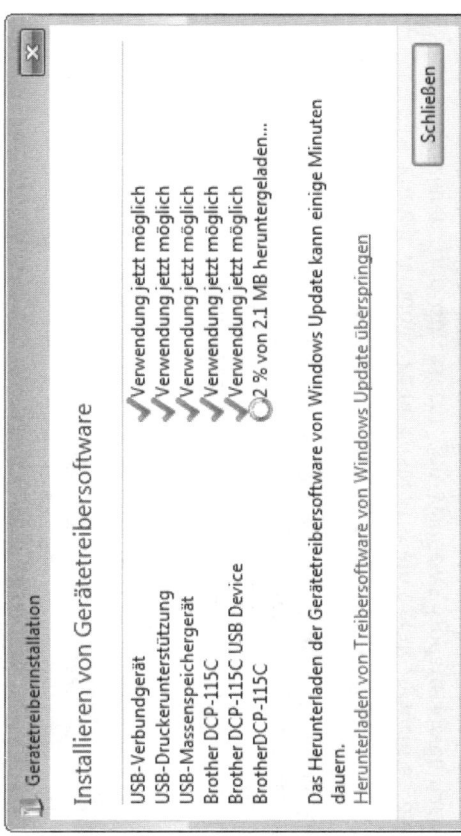

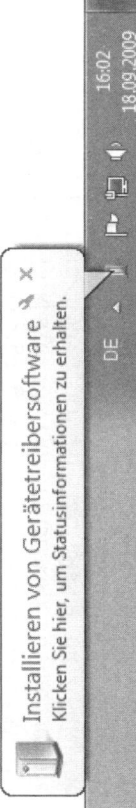

Bild 32.1: Informationen während der Treiberinstallation

Um mehr Details zur Treiberinstallation zu erhalten, wählen Sie das im Infobereich der Taskleiste zur Quickinfo gehörende Symbol per Mausklick an.
Windows öffnet dann ein Dialogfeld (Bild 32.1, oben), in dem Sie während
der Treiberinstallation über die Art des erkannten Geräts sowie über den
Ablauf informiert werden.

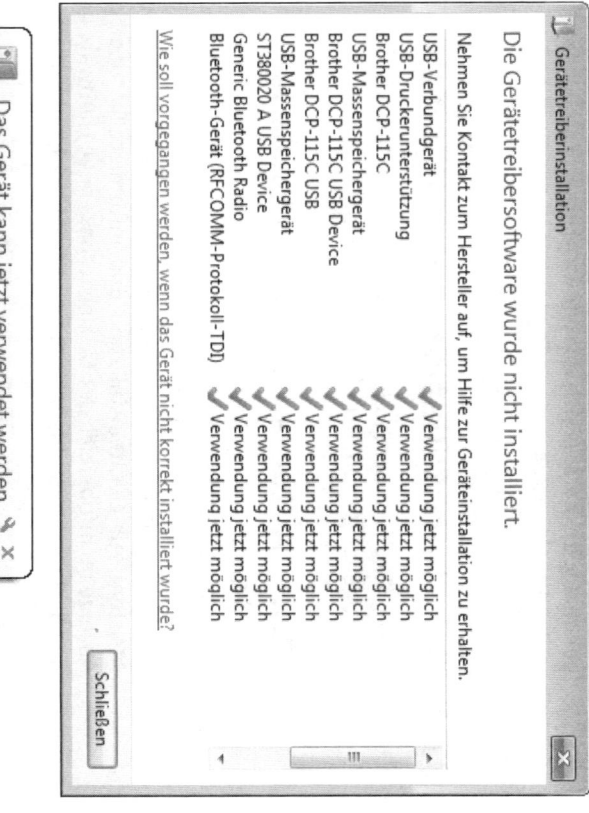

Bild 32.2:   Informationen bei der Treiberinstallation

Gerätetreiber wird nicht gefunden

Enthält Windows keine Treiber für ein Gerät, versucht es, dieses zu identifizieren, und durchsucht den Windows Update-Server nach aktualisierten
Treibern (Bild 32.3). Schlägt dies fehl und kann Windows keinen Treiber
installieren oder gibt es Probleme bei der Installation, erscheint nach dem
Abschluss des Vorgangs die in Bild 32.3, unten, gezeigte Quickinfo im Infobereich der Taskleiste. Mit einem Mausklick auf die betreffende Schaltfläche
im Infobereich lässt sich der Statusdialog mit zusätzlichen Informationen
öffnen (Bild 32.3, oben). Sie müssen dann entscheiden, wie Sie bei der Treiberinstallation weiter vorgehen möchten. Sie können die Treiberinstallation
zurückstellen und sich auf den Internetseiten des Herstellers nach aktuellen
Treibern für Windows 7 umsehen. Gibt es keine Windows 7-Treiber, besteht

Im Idealfall unterstützt Windows 7 bereits das betreffende Gerät und stellt
intern die benötigten Treiber bereit. Dann läuft die Treiberinstallation automatisch ab und Sie werden im Installationsdialog über den Erfolg oder auch
Misserfolg informiert (Bild 32.2, oberes Dialogfeld und Quickinfo).

ggf. die Möglichkeit, Treiber für Windows Vista (oder eingeschränkt für Windows XP) aus dem Internet herunterzuladen. Anschließend können Sie den Treiber gezielt über den Geräte-Manager installieren (siehe folgende Abschnitte zum Aktualisieren von Gerätetreibern).

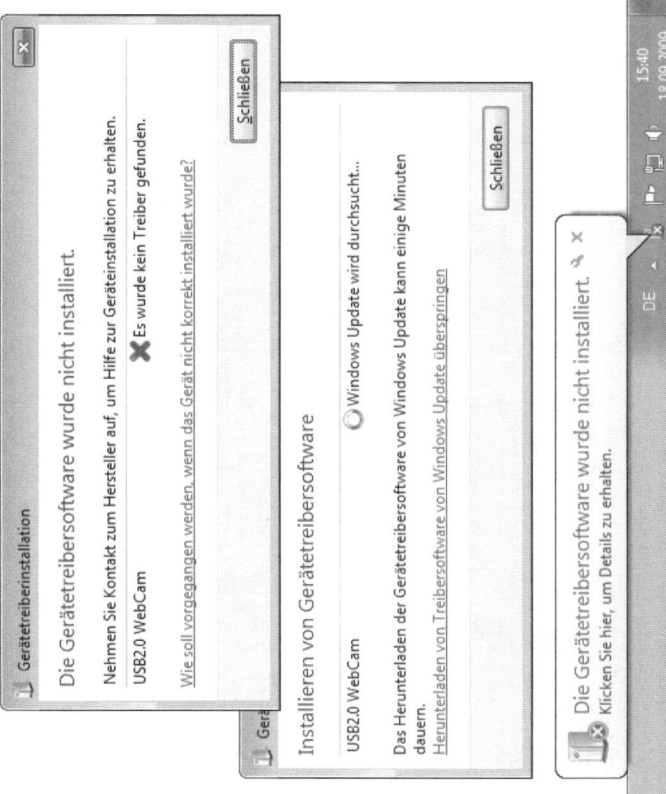

Bild 32.3:   Fehler bei der Treiberinstallation

32.1.2 Übersicht über die Hardware mit dem Geräte-Manager

Bei der Installation neuer Hardwarekomponenten bzw. nach dem Entfernen von Geräten kann es zu Konflikten und Fehlern kommen. Manchmal wird kein Treiber installiert. Gelegentlich ist eine Treiberaktualisierung erforderlich oder ein Gerät muss deaktiviert werden. Eine Übersicht über die installierte Hardware samt deren Status liefert Ihnen der Geräte-Manager. Dieser ist auch die zentrale Instanz zur Behebung von Geräteproblemen. Zum Aufrufen des Geräte-Managers haben Sie mehrere Möglichkeiten.

■ Öffnen Sie das Kontextmenü des Startmenüeintrags *Computer* und wählen Sie den Befehl *Eigenschaften* (Bild 32.4, Hintergrund). In der Aufgabenleiste des Fensters *System* wählen Sie den Befehl *Geräte-Manager*.

■ Alternativ können Sie in das Suchfeld des Startmenüs den Text »Geräte« eintippen und dann den angezeigten Befehl *Geräte-Manager* wählen.

Abweichend zu früheren Windows-Versionen erfordert dies keine Administratorberechtigungen. Das Programm weist Sie lediglich in einem Dialogfeld darauf hin, dass Sie sich nicht im Administratormodus befinden.

Der Geräte-Manager zeigt alle im System installierten Geräte samt deren Status nach Kategorien geordnet (z. B. Computer, Datenträger, Grafikkarte etc.) in einem Hardwarebaum an (Bild 32.4, Vordergrund). Bei Bedarf können Sie die Zweige mit den angezeigten Geräten per Doppelklick auf den Namen der Gerätekategorie expandieren oder einklappen.

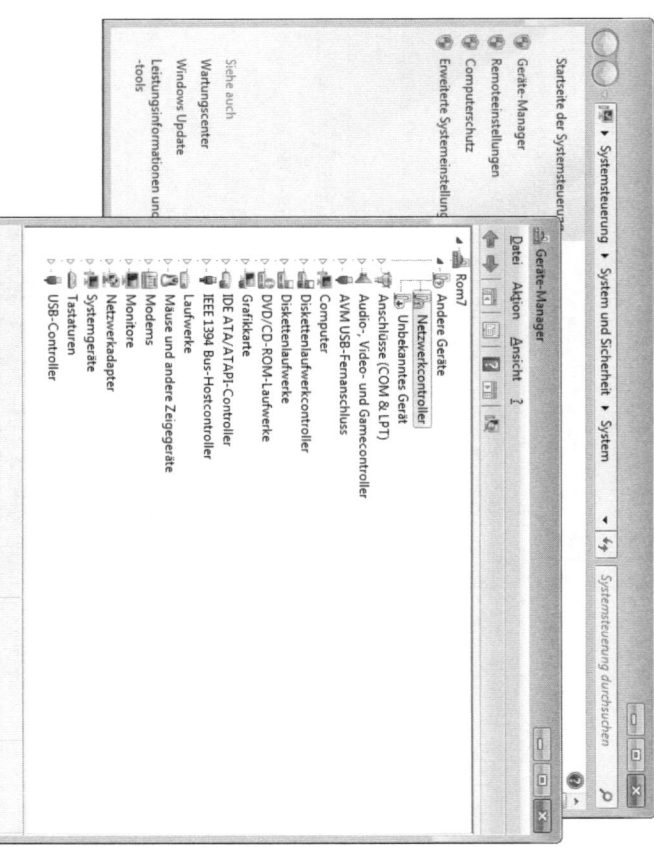

Bild 32.4: Geräte-Manager aufrufen

Die Symbolleiste des Fensters enthält (u. U. erst bei Anwahl eines Geräts) Schaltflächen, um nach geänderter Hardware zu suchen, oder Geräte zu deaktivieren, zu aktivieren und zu deinstallieren. Im Menü *Ansicht* finden Sie übrigens einige Befehle, um die Anzeige nach bestimmten Kriterien zu sortieren oder ausgeblendete Geräte anzuzeigen.

Bei Problemen mit einem Gerät expandiert Windows beim Öffnen des Geräte-Managers die betreffenden Zweige automatisch. Ein gelbes Ausrufezeichen im Symbol des betreffenden Geräts weist auf ein Treiberproblem hin, das die Gerätefunktion beeinträchtigt (meist ist kein Treiber installiert). Deaktivierte Geräte werden durch einen nach unten zeigenden Pfeil im Gerätesymbol gekennzeichnet.

32.1.3 Treibereigenschaften anzeigen

Um sich über die Eigenschaften eines Treibers zu informieren, suchen Sie den betreffenden Geräteeintrag im Geräte-Manager. Anschließend reicht ein Doppelklick auf das Symbol des betreffenden Geräts, um dessen Eigenschaftenfenster zu öffnen. Alternativ können Sie das Gerätesymbol mit einem Rechtsklick anwählen und den Kontextmenübefehl *Eigenschaften* anklicken.

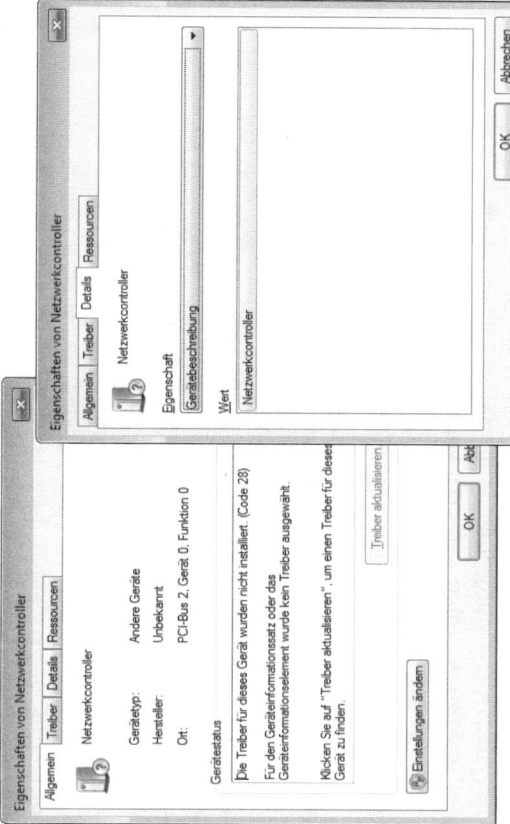

Bild 32.5:   Treibereigenschaften anzeigen

Der Geräte-Manager öffnet ein Eigenschaftenfenster (Bild 32.5), auf dessen Registerkarten Sie Informationen über den Treiber erhalten. Die Registerkarte *Allgemein* informiert Sie über den Treiberstatus und liefert ggf. auch Hinweise auf einen vom Treiber an Windows gemeldeten Fehlercode (Bild 32.5, links). Wurde der Geräte-Manager nicht über ein Administratorkonto aufgerufen, können Sie über die Schaltfläche *Einstellungen ändern* die entsprechenden Berechtigungen anfordern. Dieser Vorgang muss über die Benutzerkontensteuerung bestätigt werden. Dann werden alle Schaltflächen zum Aktualisieren, Aktivieren/Deaktivieren oder Deinstallieren von Gerätetreibersoftware freigegeben.

Auf der Registerkarte *Details* können Sie über das Listenfeld *Eigenschaft* verschiedene Informationen abrufen, die das Gerät oder der installierte Treiber bei der Abfrage durch Windows liefert. Bei Geräten, zu denen Windows keine Treiber findet, hilft eventuell der auf der Registerkarte *Details* ermittelte Gerätetyp bei der Suche nach Treibern im Internet.

32.1.4   Treiber deaktivieren, aktivieren oder deinstallieren

Über den Geräte-Manager lassen sich Treiber deaktivieren. Dann wird das Gerät durch Windows nicht benutzt. Zum Deaktivieren sind folgende Schritte erforderlich.

1. Wählen Sie das betreffende Gerätesymbol per Doppelklick im Geräte-Manager an und verschaffen Sie sich ggf. über die Schaltfläche *Einstellungen ändern* der Registerkarte *Allgemein* administrative Berechtigungen (siehe vorheriger Abschnitt).

2. Wechseln Sie zur Registerkarte *Treiber*, klicken Sie dort auf die Schaltfläche *Deaktivieren* (Bild 32.6, Hintergrund) und bestätigen Sie das Dialogfeld mit der Sicherheitsabfrage über die *Ja*-Schaltfläche.

Anschließend wird das Gerät deaktiviert und im Geräte-Manager mit einem nach unten zeigenden Pfeil gekennzeichnet. Möchten Sie das Gerät später erneut verwenden, führen Sie die gleichen Schritte aus, wählen aber auf der Registerkarte *Treiber* die Schaltfläche *Aktivieren*. Anschließend befolgen Sie die Anweisungen des Aktivierungsassistenten.

Um einen Gerätetreiber zu deinstallieren, führen Sie die obigen Schritte aus, um sich administrative Rechte zu verschaffen.

1. Um einen Gerätetreiber zu deinstallieren, führen Sie die obigen Schritte aus, um sich administrative Rechte zu verschaffen.

2. Klicken Sie auf der Registerkarte *Treiber* auf die Schaltfläche *Deinstallieren* (Bild 32.6, Hintergrund).

3. Im Folgedialog *Deinstallation des Geräts bestätigen* (Bild 32.6, rechts) markieren Sie das ggf. vorhandene Kontrollkästchen *Die Treibersoftware für dieses Gerät löschen* und klicken auf die *OK*-Schaltfläche.

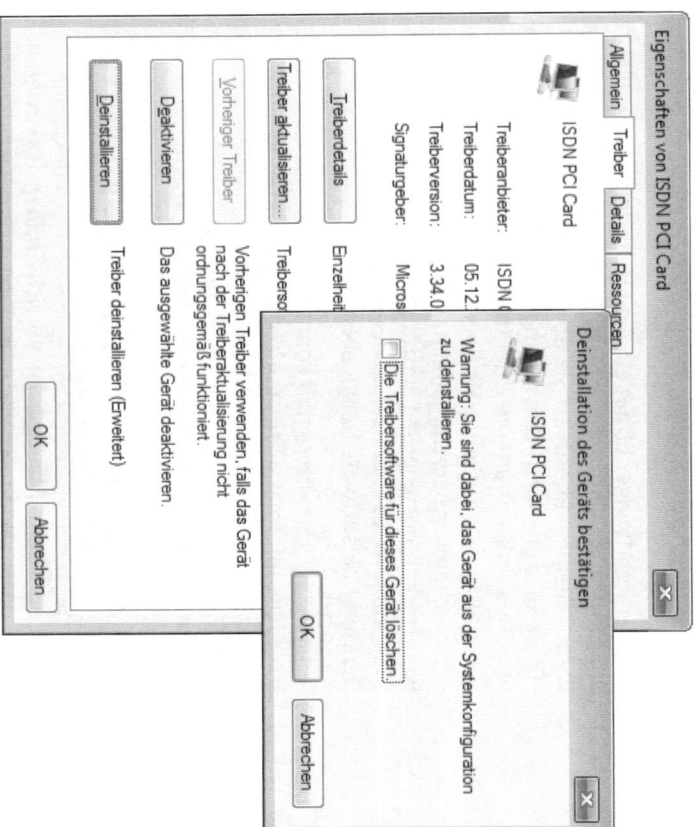

Bild 32.6:   Treiber im Geräte-Manager deinstallieren

Eine Fortschrittsanzeige informiert Sie über die Deinstallation des Treibers. Sobald diese Deinstallation abgeschlossen wurde, fahren Sie das System herunter und bauen die betreffende Hardwarekomponente aus. Bei per USB angeschlossenen Geräten ziehen Sie dieses von der USB-Buchse ab.

32.1.5 Treiber aktualisieren oder installieren

Konnte Windows keinen Treiber für ein angeschlossenes oder eingebautes Gerät finden bzw. installieren? Gibt es Probleme mit einem Treiber und verfügen Sie über eine neuere Fassung vom Gerätehersteller? Die Aktualisierung des Treibers erfolgt über den Geräte-Manager und die Registerkarte *Treiber*.

1. Wählen Sie das betreffende Gerätesymbol im Geräte-Manager per Doppelklick an oder verwenden Sie den Kontextmenübefehl *Eigenschaften*.

2. Klicken Sie auf der Registerkarte *Allgemein* (Bild 32.5) auf die Schaltfläche *Einstellungen ändern*, um Administratorberechtigungen zu erlangen.

3. Klicken Sie auf der Registerkarte *Treiber* (Bild 32.6, links) auf die Schaltfläche *Treiber aktualisieren*.

4. Anschließend befolgen Sie die auf den folgenden Seiten erläuterten Schritte des Installationsassistenten zur Treiberinstallation.

HINWEIS

Im Eigenschaftenfenster können Sie mittels der Registerkarten auch Details zu den von einem Treiber belegten Ressourcen abfragen. Geht etwas bei der Treiberaktualisierung schief, können Sie über die Schaltfläche *Vorheriger Treiber* auf der Registerkarte *Treiber* zur Vorgängerversion zurückgehen.

Die Treiberinstallation erfolgt in Windows durch einen Assistenten, der Ihnen verschiedene Möglichkeiten zur Aktualisierung bietet.

■ Sobald das Dialogfeld aus Bild 32.7, oben, erscheint, können Sie den Befehl *Automatisch nach aktuellem Treiber suchen* anwählen. Windows durchsucht den Computer sowie Windows Update (bei bestehender Internetverbindung) nach geeigneten Treibern.

▪ Kann Windows den Treiber im Treibercache des Computers oder im Windows Update-Bereich finden, wird die betreffende Datei ggf. heruntergeladen und installiert. Der erfolgreiche Abschluss der Treiberinstallation wird in einem Dialogfeld angezeigt.

Sie müssen dann die geöffneten Dialogfelder über die *Schließen*-Schaltfläche beenden. Anschließend können Sie das Gerät auf seine Funktionsfähigkeit überprüfen. Bei einigen Geräten muss nach der Treiberinstallation ein Neustart ausgeführt werden. Windows 7 informiert Sie über diese Notwendigkeit. Sie sollten ggf. auch die Dokumentation des Geräteherstellers konsultieren. Manche Hersteller erwarten, dass vor dem Einbau des Geräts ein Installationsprogramm ausgeführt wird. Dieses hinterlegt die Gerätekennung in Windows. Nur mit dieser Kennung ist der Hardware-Assistent anschließend in der Lage, das Gerät korrekt zu identifizieren und die benötigten Treiber zu installieren. Manche Hersteller liefern auch einen Setup-Assistenten auf einem Installationsmedium aus, der die komplette Treiberinstallation übernimmt.

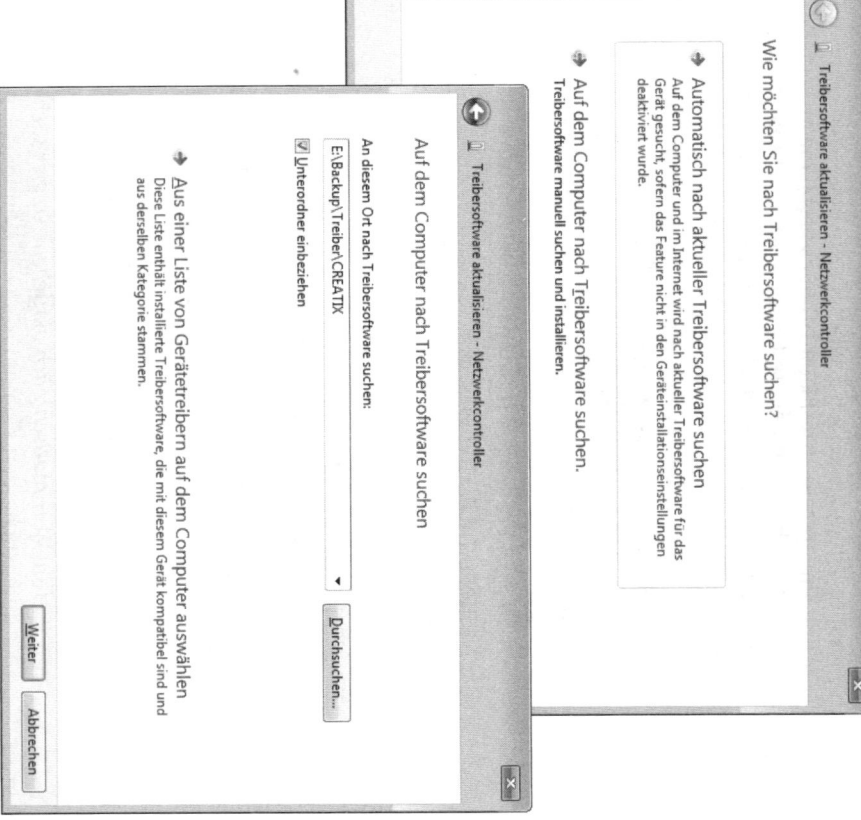

Bild 32-7: Dialogfelder zur Treiberinstallation

 HINWEIS

Sie können übrigens vorgeben, ob Windows bei neuen Geräten über das Internet nach neuen Treibern suchen soll. Klicken Sie das Symbol *Computer* im Startmenü mit der rechten Maustaste an und wählen Sie den Kontextmenübefehl *Eigenschaften*. Im Fenster *System* wählen Sie in der Aufgabenleiste den Befehl *Erweiterte Systemeinstellungen* und bestätigen die Sicherheitsabfrage der Benutzerkontensteuerung. Im Eigenschaftenfenster *Systemeigenschaften* lässt sich auf der Registerkarte *Hardware* die Schaltfläche *Geräteinstallationseinstellungen* wählen. Im Folgedialog können Sie über Optionsfelder vorgeben, ob Windows Gerätetreiber und realistische Gerätesymbole aus dem Internet herunterladen soll. Die Einstellungen lassen sich auch über das Fenster *Geräte und Drucker* anpassen (siehe *Kapitel 15* im Abschnitt zur Geräteverwaltung).

Hat der Gerätehersteller keinen Treiber an Microsoft ausgeliefert, wird die Suche auf dem Computer oder über Windows Update ergebnislos abgebrochen. Windows 7 meldet dies im Dialogfeld des Assistenten. Verfügen Sie über eine Treiber-CD des Herstellers oder haben Sie Treiber von der Internetseite des Herstellers heruntergeladen?

1. In diesem Fall klicken Sie in der linken oberen Ecke des Dialogfelds auf die Schaltfläche *Zurück* und wählen anschließend im Dialogfeld aus Bild 32.7, oben, den Befehl *Auf dem Computer nach Treibersoftware suchen*.

2. Im Dialogfeld *Auf dem Computer nach Treibersoftware suchen* (Bild 32.7, unten) können Sie dann den Pfad zum Ordner mit den Treiberdateien einstellen. Über die *Durchsuchen*-Schaltfläche lässt sich ein Dialogfeld zur Auswahl des Treiberordners wählen. Schließen Sie das Dialogfeld über die *OK*-Schaltfläche.

3. Markieren Sie im Dialogfeld *Auf dem Computer nach Treibersoftware suchen* ggf. das Kontrollkästchen *Unterordner einbeziehen* und klicken Sie auf die *Weiter*-Schaltfläche.

Der Hardware-Assistent sucht am angegebenen Speicherort nach den Treibern. Der Ansatz hat den Vorteil, dass Sie auch eine eingelegte Treiber-CD oder ein entpacktes Archiv mit Treiberdateien als Pfad angeben können. Dann sucht Windows anhand der Gerätekennung den richtigen Treiber aus der Treibersammlung heraus. Wird ein passender Treiber gefunden, beginnt der Hardware-Assistent mit der Installation. Dabei gelten die gleichen Abläufe wie bei der automatischen Treiberinstallation (siehe die vorhergehenden Seiten).

Werden keine neueren Treiber gefunden, meldet der Assistent dies in einem Dialogfeld. Das Gleiche gilt, falls keine passenden Treiber vorhanden sind. Bei älteren Treibern meldet Windows 7, dass deren Installationsmodus nicht unterstützt wird. Wissen Sie, um was für ein Gerät es sich handelt und verfügen Sie über Treiber? Dann klicken Sie in der linken oberen Ecke des Dialogfelds auf die Schaltfläche *Zurück* und gehen folgendermaßen vor.

1. Wählen Sie im Dialogfeld *Auf dem Computer nach Treibersoftware suchen* (Bild 32.7, unten) den Befehl *Aus einer Liste von Gerätetreibern auf dem Computer auswählen*.

2. Wählen Sie im Folgedialog aus der Geräteliste die Gerätekategorie (Bild 32.8, oben links) und klicken Sie auf die *Weiter*-Schaltfläche.

3. Sobald im nächsten Dialogschritt die Gerätevarianten eingeblendet werden (Bild 32.8, oben rechts), wählen Sie das gewünschte Gerät aus.

4. Besitzen Sie eine Treiber-CD, klicken Sie auf die Schaltfläche *Datenträger* und wählen in den Folgedialogen den Pfad zum Datenträger sowie die Treiberdatei aus (Bild 32.8, unten). Nach dem Schließen der Dialogfelder sollte sich das Gerät im Dialogfeld aus Bild 32.8, oben rechts, auswählen lassen.

Sobald Sie das Gerät ausgewählt haben und im Dialogfeld die *Weiter*-Schaltfläche betätigen, versucht Windows, den Treiber zu installieren. Mit etwas Glück klappt dies und das Gerät funktioniert dann unter Windows 7.

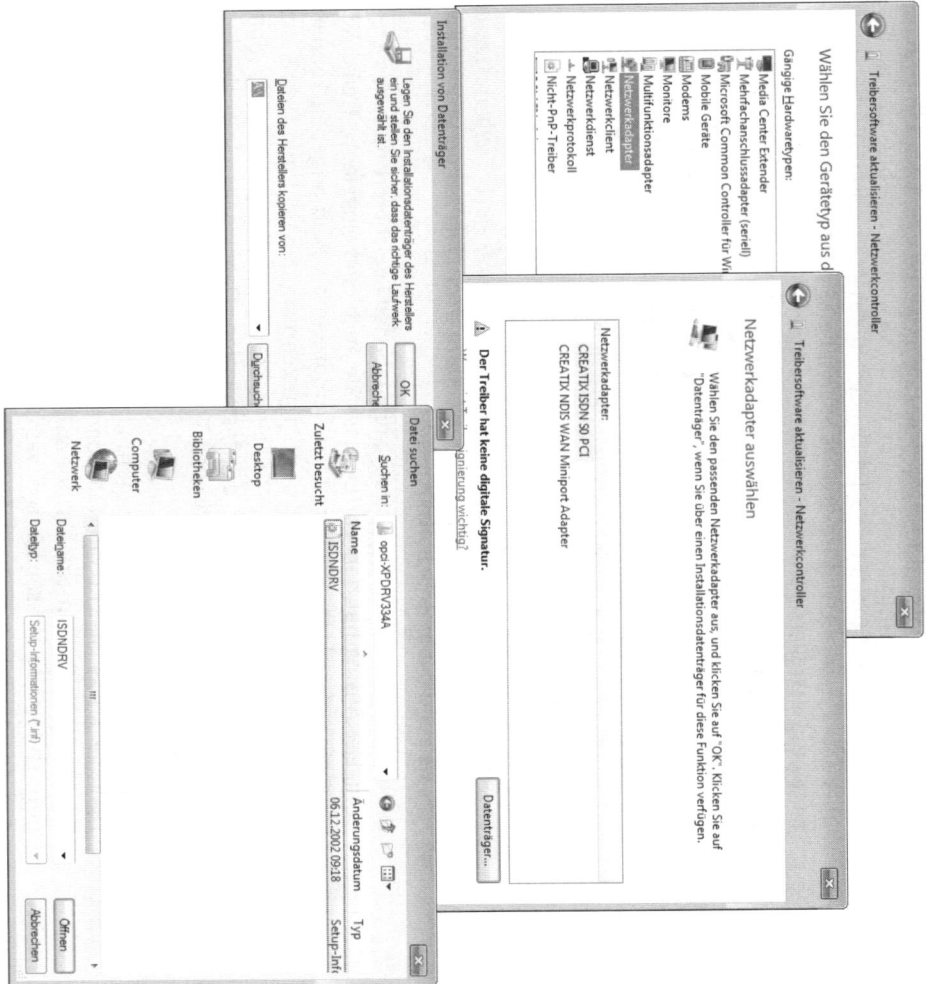

Bild 32.8:   Manuelle Auswahl eines Geräts und des Treibers

Probleme bei der Treiberinstallation

Bei der Installation eines Gerätetreibers, der nicht von Microsoft für Windows 7 freigegeben wurde, kann es zu einigen Problemen kommen. Im Dialogfeld aus Bild 32.8, oben rechts, ist bereits eine Warnung zu erkennen, dass der Hersteller des Treibers diesen nicht digital signiert hat. Windows 7 warnt dann bei der Installation des Treibers (Bild 32.9) und fragt, ob dieser wirklich installiert werden soll. Wenn Sie der Quelle, von der der Treiber heruntergeladen wurde, trauen, können Sie auf die Schaltfläche *Diese Treibersoftware trotzdem installieren* klicken. Es besteht aber das Risiko, dass der Treiber nicht funktioniert oder die Systemstabilität beeinträchtigt. In den 64-Bit-Versionen von Windows 7 sind signierte Treiber daher erforderlich.

Liefern die Gerätehersteller ein Installationsmedium mit, das nur ältere Treiber für Windows XP enthält? Sie können diesen Treiber installieren lassen. In vielen Fällen wird das Gerät auch unter Windows 7 funktionieren.

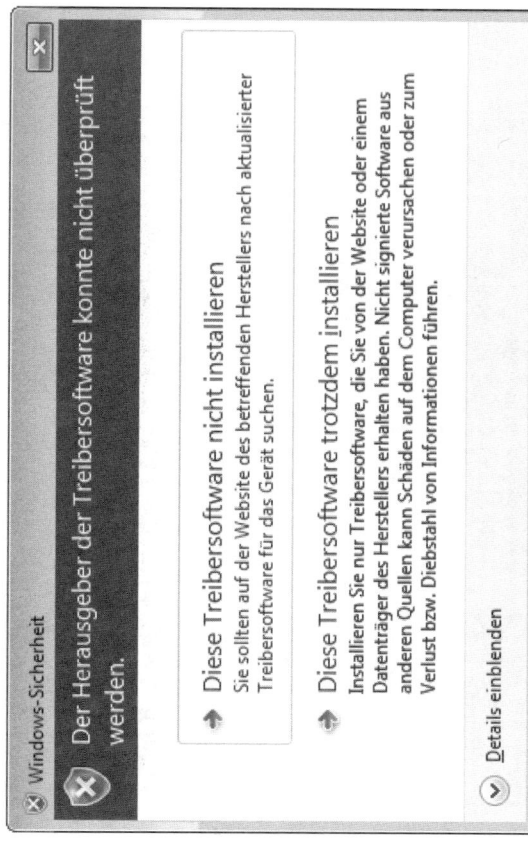

Bild 32.9:   Warnung bei unsignierten Treibern

Probleme gibt es aber beim Einbinden von Scannern (oder Digitalkameras), die vom Hersteller ohne Windows 7-Treiber ausgeliefert werden. Wird ein WIA-Treiber für Windows XP installiert, taucht das Gerät vielleicht in der Geräteliste des Ordners *Geräte und Drucker* auf. Allerdings funktioniert das Gerät nicht korrekt, wenn kein auf Windows Vista bzw. Windows 7 abgestimmter WIA-Treiber installiert ist. Solche Treiber sind zwingend erforderlich, da die Microsoft-Entwickler den Sicherheitskontext für WIA-Dienste (seit Windows Vista) von Local System auf Local Service geändert haben. Grundsätzlich wird daher jeder für Windows XP oder frühere Windows-Versionen entwickelte WIA-Treiber unter Windows 7 den Dienst versagen – Sie können dann das Gerät bestenfalls über Grafikprogramme im TWAIN-Modus nutzen.

32.2   Software installieren/deinstallieren

Die folgenden Abschnitte beschreiben, wie sich optionale Windows-Funktionen zum System hinzufügen lassen und wie Sie installierte Programme wieder entfernen können.

32.2.1   Windows-Funktionen hinzufügen/ entfernen

Windows 7 wird mit zusätzlichen Funktionen ausgeliefert, die aber nicht alle aktiviert sind. Sie können diese Funktionen bei Bedarf aktivieren und diese auch schnell wieder entfernen.

1. Öffnen Sie das Fenster der Systemsteuerung über den betreffenden Startmenüeintrag und klicken Sie dann auf den Befehl *Programme*.

2. Im Folgeformular wählen Sie in der Rubrik *Programme und Funktionen* den Befehl *Windows-Funktionen aktivieren oder deaktivieren* (Bild 32.10, Hintergrund) und bestätigen die Sicherheitsabfrage der Benutzerkontensteuerung.

3. Warten Sie, bis Windows eine Liste der verfügbaren Funktionen in einem Dialogfeld anzeigt (Bild 32.10, Vordergrund). Expandieren Sie ggf. den betreffenden Zweig und setzen oder löschen Sie die Markierung der Kontrollkästchen.

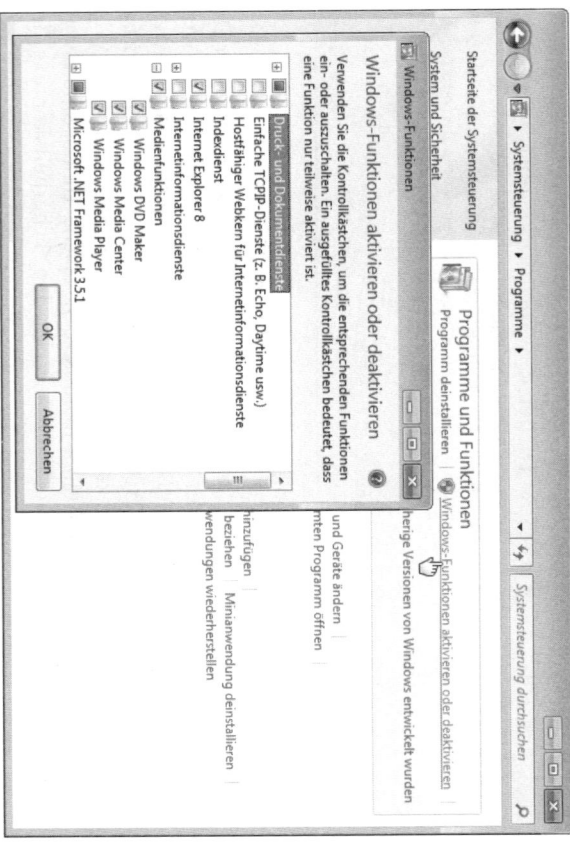

Bild 32.10:   Windows-Funktionen ein-/ausschalten

Sobald Sie das Dialogfeld über die *OK*-Schaltfläche schließen, werden die markierten Funktionen eingeschaltet. Vorher deaktivierte Kontrollkästchen bewirken, dass die Funktionen abgeschaltet werden.

HINWEIS

Gegenüber früheren Windows-Versionen weist das Dialogfeld wesentlich mehr Einträge auf. Sie können beispielsweise den Internet Explorer 8, den Windows DVD Maker oder das Windows Media Center deaktivieren.

32.2.2   Programme installieren/deinstallieren

Zum Installieren neuer Software reicht es meist, den Datenträger mit den Installationsdateien in ein Laufwerk einzulegen und das Setup-Programm auszuführen. Das Gleiche gilt für aus dem Internet heruntergeladene Setup-Programme. Wie Sie ältere Programme ggf. über Kompatibilitätsoptionen auf Windows 7 abstimmen, ist in *Kapitel 19* beschrieben. Legt das Programm bei der Installation entsprechende Deinstallationsinformationen unter Windows ab, lässt es sich später bei Bedarf auch wieder deinstallieren.

1. Öffnen Sie das Fenster der Systemsteuerung über den betreffenden Startmenüeintrag und klicken Sie dann auf den Befehl *Programm deinstallieren* in der Gruppe *Programme*.

2. Im Folgeformular (Bild 32.11) wählen Sie den gewünschten Eintrag in der Programmliste per Maus an und klicken dann in der Symbolleiste auf die Schaltfläche *Deinstallieren/ändern*.

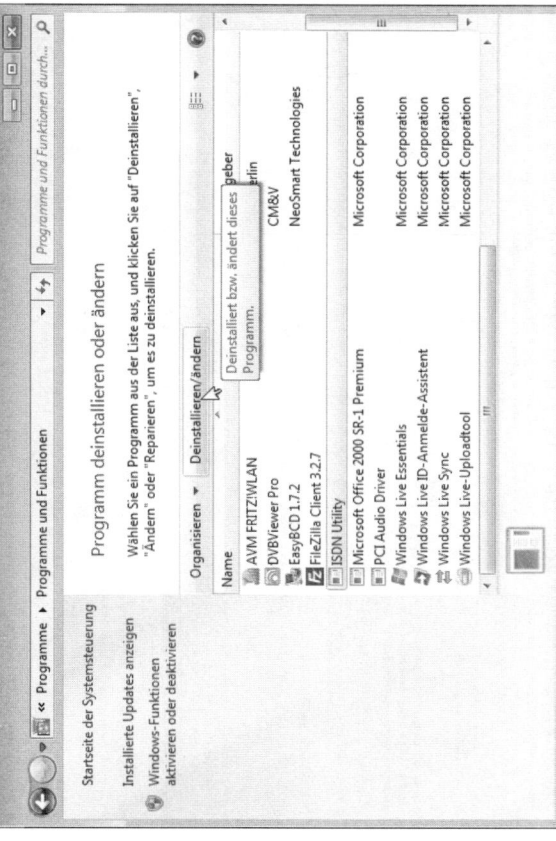

Bild 32.11:   Programme deinstallieren

Anschließend befolgen Sie die Anweisungen des Deinstallations- oder Wartungs-Assistenten. Je nach Anwendung ermöglicht dieser Assistent Ihnen, den Funktionsumfang des Programms zu verändern, das Programm zu reparieren oder zu entfernen. Manche Programme weisen auch Schaltflächen wie *Reparieren* oder *Ändern* im Dialogfeld *Programme und Funktionen* zum Aufrufen des betreffenden Assistenten auf.

32.2.3   Standardprogramme festlegen

Windows 7 erlaubt Ihnen, die Standardprogramme für bestimmte Aufgaben im Betriebssystem einzustellen. So ist es nicht zwingend erforderlich, dass der Internet Explorer zum Surfen im Web benutzt wird.

1. Um die Voreinstellungen des Betriebssystems anzupassen, öffnen Sie das Startmenü und wählen den Befehl *Standardprogramme*.

2. Klicken Sie im Dialogfeld *Standardprogramme* (Bild 32.12, oben) auf den Link *Standardprogramme festlegen*.

3. Anschließend passen Sie im Dialogfeld *Standardprogramme festlegen* (Bild 32.12, unten) die gewünschten Optionen an.

Wählen Sie das gewünschte Standardprogramm in der angezeigten Liste aus und klicken Sie in der rechten Spalte des Dialogfelds auf eine Option. Sie können z. B. vom aktuell gewählten Programm unterstützte Dateitypen auf dieses umleiten. Dann öffnet ein Doppelklick auf eine Dokumentdatei diese im Standardprogramm.

Bild 32.12: Standardprogramme anpassen

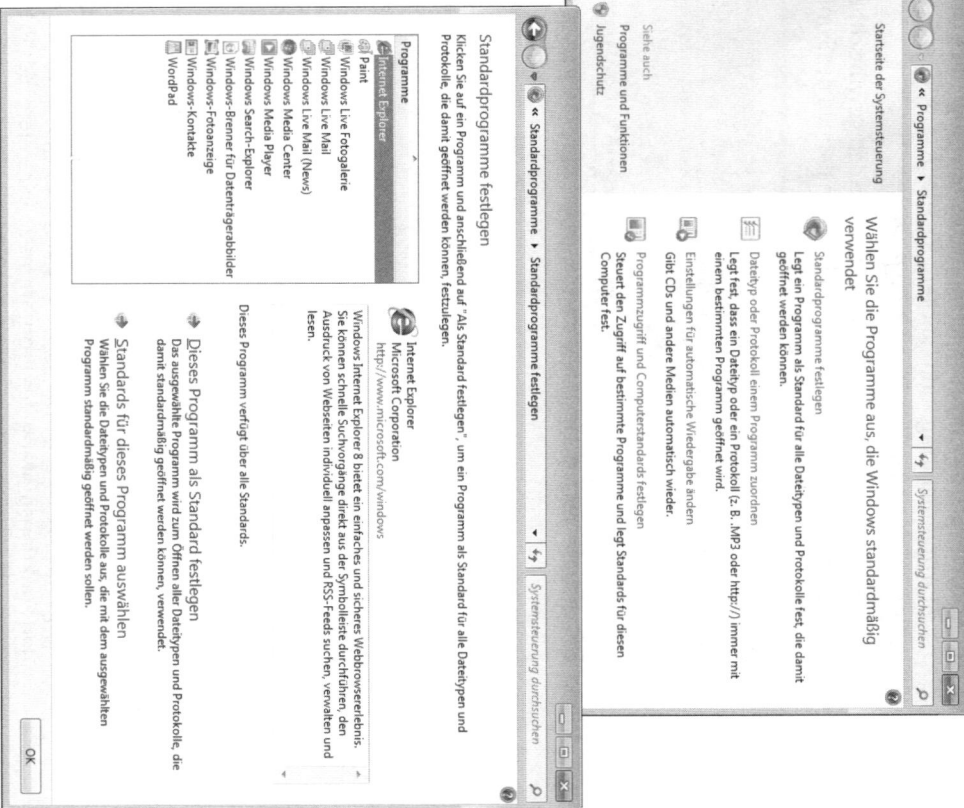

32.2.4 Dateitypenzuordnung anpassen

In *Kapitel 11* wird gezeigt, wie Sie Dateitypen über den Befehl *Öffnen mit* einer Anwendung zuweisen können. Windows 7 bietet alternativ die Möglichkeit, über die Option *Standardprogramme* einzelne Dateitypen auszuwählen und Anwendungen zuzuordnen.

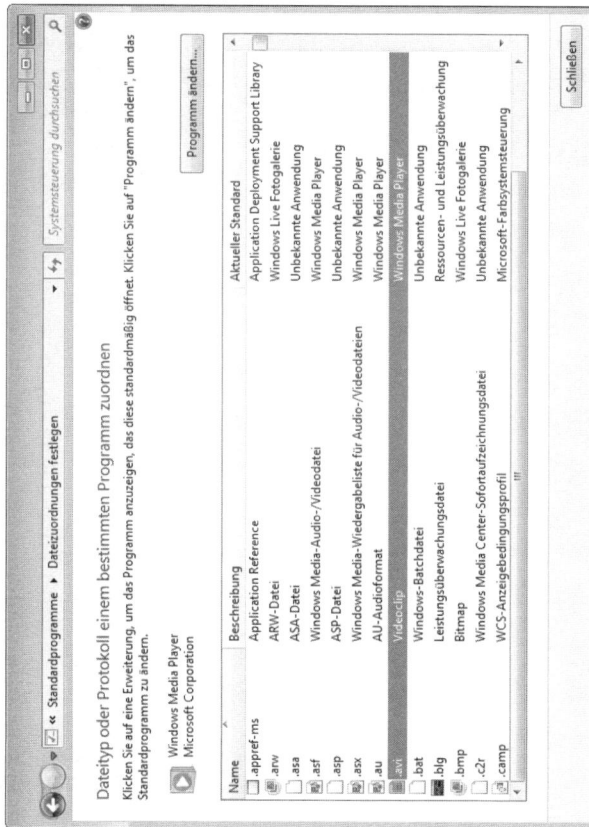

Bild 32.13: Dateitypen zuordnen

1. Wählen Sie im Startmenü den Befehl *Standardprogramme* und klicken Sie im gleichnamigen Dialogfeld (Bild 32.12, oben) auf den Befehl *Dateityp oder Protokoll einem Programm zuordnen*.

2. Markieren Sie im Dialogfeld *Dateityp oder Protokoll einem Programm zuordnen* (Bild 32.13) den gewünschten Dateityp und klicken Sie auf die Schaltfläche *Programm ändern*.

3. Anschließend wählen Sie im Zusatzdialogfeld *Öffnen mit* die Anwendung, die diesem Dateityp zuzuordnen ist.

Die Änderungen werden beim Schließen des Dialogfelds übernommen. Mit dieser Vorgehensweise lassen sich nicht nur Dateitypen neuen Anwendungen zuordnen. Am Ende der Liste finden Sie auch Einträge für Protokolle, über die Sie auf die gleiche Weise Anwendungen zuordnen können. Falls also beim Anklicken einer *mailto:*-Links das E-Mail-Programm nicht mehr aufgerufen wird, überprüfen Sie den Eintrag des *MAILTO*-Protokolleintrags in der Liste.

 HINWEIS

Die Anpassung der automatischen Wiedergabe im Dialogfeld *Programmstart* ist in *Kapitel 7* beschrieben. Über den Befehl *Programmzugriff und Computerstandards festlegen* öffnen Sie nach Bestätigung der Sicherheitsabfrage der Benutzerkontensteuerung einen Zusatzdialog, in dem Sie den Standardbrowser, das Standard-E-Mail-Programm etc. vorgeben können.

Startet beim Doppelklick auf eine *.exe*-Datei ein anderes Programm? Unter http://support.microsoft.com/kb/950505/de bietet Microsoft eine Fixlt-Lösung zum Reparieren an. Haben Sie über *Öffnen mit* eine fehler-

hafte Dateitypenzuordnung vorgenommen oder ist die Zuordnung für
.exe-Dateien verloren gegangen? Unter http://www.sevenforums.com/
tutorials/19449-default-file-type-associations-restore.html finden Sie
.reg-Dateien der populärsten Dateitypen zum Download. Per Import im
Registrierungs-Editor lassen sich die Windows 7-Vorgaben wiederherstellen.

33 Systemsteuerung und Mobilbetrieb

Die Systemsteuerung stellt die Funktionen zum Anpassen diverser Windows-Einstellungen bereit. In diesem Kapitel lernen Sie den Umgang mit der Systemsteuerung kennen und finden Hinweise, wie Sie bestimmte Einstellungen für Windows 7 Home Premium anpassen. Zudem geht das Kapitel auf das Mobilitätscenter sowie die Funktion des Projektors ein.

33.1 Einführung in die Systemsteuerung

In diesem Abschnitt wird gezeigt, wie sich die Funktionen der Systemsteuerung abrufen und die Darstellung anpassen lässt.

33.1.1 Die Systemsteuerung im Überblick

Die Systemsteuerung von Windows 7 lässt sich zentral über den Startmenübefehl *Systemsteuerung* aufrufen. Das Programm meldet sich mit dem in Bild 33.1, unten, gezeigten Fenster.

■ Das Fenster enthält die nach verschiedenen Kategorien geordneten Befehle der Systemsteuerung. Jede Kategorie besteht aus einem Titeleintrag und einigen häufig benötigten Befehlen. Zeigen Sie auf den Hyperlink eines Titeleintrags, blendet die Systemsteuerung eine Quick-Info mit Zusatzinformationen zur Nutzung der betreffenden Kategorie ein (Bild 33.1, unten).

■ Klicken Sie auf einen der Titeleinträge, zeigt die Systemsteuerung die Folgeseite (Bild 33.1, oben) mit allen Befehlen oder Optionen der jeweiligen Kategorie. Enthält diese Seite Titeleinträge, lässt sich über diese zur nächsten Unterseite, in der die die verfügbaren Optionen oder Befehle aufgeführt werden, navigieren.

■ Innerhalb einer Unterseite zeigt die Systemsteuerung unterhalb des Kategorientitels häufig benötigte Befehle als Hyperlinks an. Klicken Sie auf einen dieser Hyperlinks, gelangen Sie direkt zur Seite mit den entsprechenden Optionen.

■ In der linken Spalte der Fenster wird häufig eine Aufgabenleiste eingeblendet. Dort bietet Ihnen die Systemsteuerung Hyperlinks zum Aufrufen weiterer Funktionen an.

Sie können also durch Anklicken der Hyperlinks sehr komfortabel im Fenster der Systemsteuerung navigieren und die gewünschten Funktionen abrufen. Über die beiden Schaltflächen *Zurück* und *Vorwärts* in der oberen linken Fensterecke können Sie zwischen den bereits besuchten Seiten der Systemsteuerung blättern. Die Adressleiste des Fensters ermöglicht Ihnen, direkt zur übergeordneten Ebene zurückzugehen. In der Aufgabenleiste finden Sie nach Anwahl einer Unterseite zudem den Hyperlink *Startseite der Systemsteuerung*, über den Sie jederzeit zum Eingangsformular zurückspringen können.

Bild 33.1: Fenster der Systemsteuerung

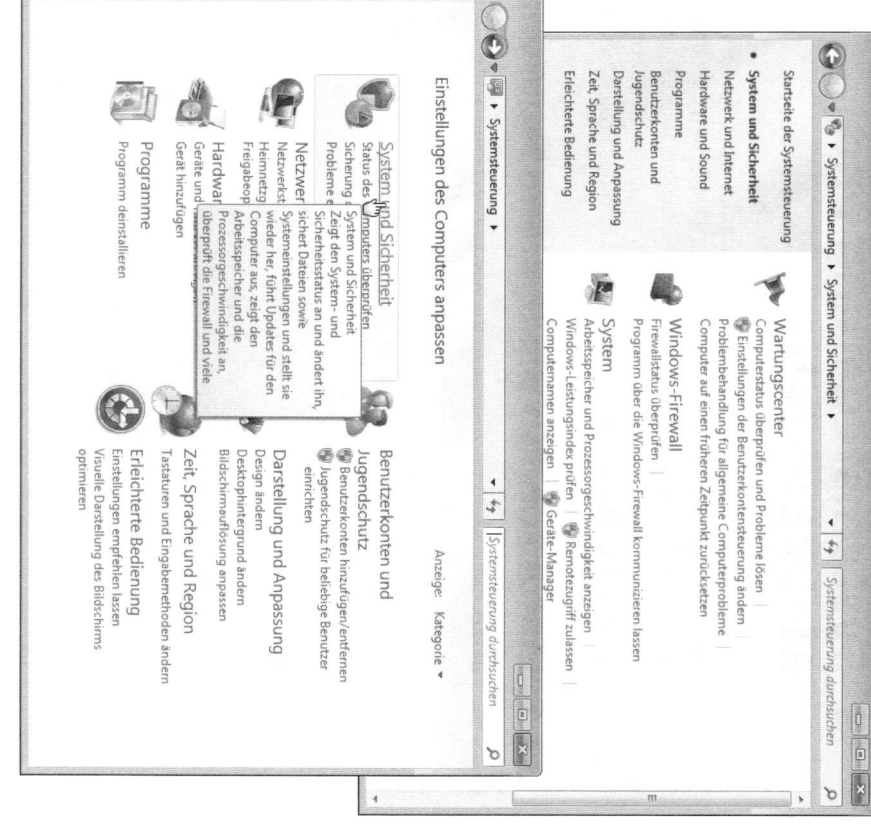

33.1.2　Einzelsymbolansicht und Suchfunktion

Obwohl die Navigation innerhalb der Systemsteuerung durch Anordnung der Befehle sehr übersichtlich und schnell geworden ist, stören sich erfahrene Benutzer und Umsteiger von älteren Windows-Versionen vielleicht an dieser Bedienphilosophie.

Bevorzugen Sie die aus einzelnen Symbolen bestehende Darstellung der Systemsteuerung, die Sie vielleicht aus früheren Windows-Versionen kennen (Bild 33.2, unten)? Dann stellen Sie den Wert der Schaltfläche Anzeige über das betreffende Menü von »Kategorie« auf »Große Symbole« oder »Kleine Symbole« um. Beachten Sie aber, dass sich in Windows 7 viele der Dialogfelder zur Anpassung bestimmter Einstellungen geändert haben. Bei Anwahl eines Symbols im Fenster der Systemsteuerung kann es sein, dass Sie die aus früheren Windows-Versionen bekannten Eigenschaftenfenster mit Registerkarten angezeigt bekommen. Bei manchen Einträgen erscheint dagegen eine Formularseite zur Anpassung der betreffenden Systemeigenschaften. Die für meinen Geschmack effizienteste Möglichkeit zum Zugriff auf Funktionen der Systemsteuerung besteht in der Verwendung der Suchfunktion. Es genügt, in das Suchfeld in der oberen rechten Fensterecke zu klicken und einen Teilbegriff einzutippen. Bereits während der Eingabe filtert Windows die möglichen Befehle und zeigt diese im Fenster der Systemsteuerung an (Bild 33.2, oben).

Bild 33.2: Einzelsymbolansicht und Suche in der Systemsteuerung

Verschiedene Funktionen der Systemsteuerung (z. B. Anpassen von Internet- oder Ordneroptionen, Netzwerkfunktionen etc.) werden in anderen Kapiteln, im Kontext zum jeweiligen Thema, behandelt. Nachfolgend finden Sie daher die Beschreibung ausgesuchter Funktionen der Systemsteuerung, mit denen sich weitere Windows-Einstellungen anpassen lassen. Beachten Sie bei der Verwendung der Systemsteuerung, dass Sie für Änderungen, die sich auf das gesamte System auswirken (dazu gehört auch das Stellen von Uhrzeit und Datum), Administratorrechte benötigen. Das heißt, Sie müssen bei vielen Funktionen die Sicherheitsabfrage der Benutzerkontensteuerung bestätigen und ggf. ein Administratorkonto samt Benutzerkennwort angeben.

33.2 Zeit, Sprache und Region anpassen

Über die Kategorie Zeit, Sprache und Region ermöglicht Ihnen die Systemsteuerung, sowohl das Stellen von Uhrzeit und Datum als auch Anpassungen an den Sprach- bzw. Regionseinstellungen vorzunehmen.

33.2.1 Datum und Uhrzeit stellen

Windows zeigt in der rechten unteren Bildschirmecke sowie in den Minianwendungen für die Analoguhr und den Kalender die Uhrzeit bzw. das Datum
an. Standardmäßig wird die Uhrzeit mit einem Zeitserver abgeglichen. Falls
die Uhr trotzdem falsche Werte zeigt, müssen Sie diese Einstellungen überprüfen und ggf. anpassen. Hierzu haben Sie gleich zwei Möglichkeiten,
wobei Sie aber Administratorberechtigungen benötigen.

- Sie können in Windows 7 die Systemsteuerung öffnen und die Kategorie
  Zeit, Sprache und Region wählen. Anschließend klicken Sie im Folgeformular auf den Hyperlink Datum und Uhrzeit stellen.

- Klicken Sie im Infobereich der Taskleiste auf die angezeigte Uhrzeit und
  wählen Sie im eingeblendeten Kalenderblatt mit der Uhr den Hyperlink
  Datum- und Uhrzeiteinstellungen ändern.

In beiden Fällen öffnet Windows 7 das Eigenschaftenfenster Datum und Uhrzeit (Bild 33.3, links). Zum Anpassen der Uhrzeit oder des Datums gehen Sie
folgendermaßen vor.

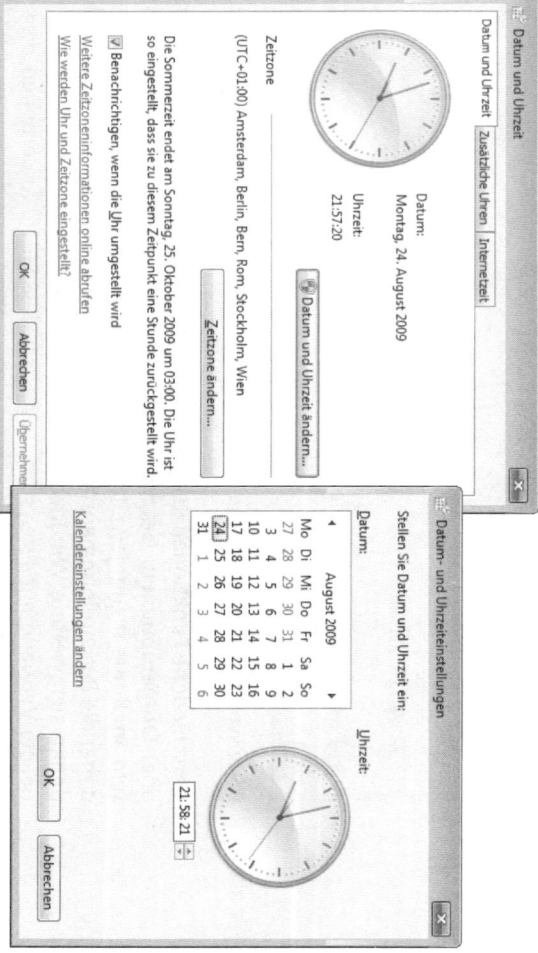

Bild 33-3:　Uhrzeit und Datum anpassen

1. Klicken Sie im angezeigten Eigenschaftenfenster auf der Registerkarte
   Datum und Uhrzeit auf die Schaltfläche Datum und Uhrzeit ändern und
   bestätigen Sie anschließend die Sicherheitsabfrage der Benutzerkontensteuerung.

2. Passen Sie im Dialogfeld *Datum- und Uhrzeiteinstellungen* (Bild 33.3, rechts) das Datum und/oder die Uhrzeit an und schließen Sie die Dialogfelder und Registerkarten über die *Ok*-Schaltflächen.

Zum Ändern des aktuellen Datums können Sie die Einträge im Kalenderblatt mit der Maus anklicken. Ein Klick auf einen Tag stellt diesen als aktuelles Datum ein. Die Schaltflächen rechts und links in der Kopfzeile des Kalenderblatts ermöglichen es Ihnen, zwischen den Monaten zu blättern.

Ein Mausklick auf den angezeigten Monatsnamen wechselt zur Jahresübersicht, weitere Mausklicks zeigen die Jahrzehntübersicht und schließlich die Jahrhundertübersicht an. Auf diese Weise können Sie auch den Monat und das Jahr auswählen.

Um die Uhrzeit anzupassen, markieren Sie den Wert für die Stunden, für die Minuten oder für die Sekunden im Drehfeld. Dann lässt sich der neue Wert eintippen oder über die Schaltflächen des Drehfelds einstellen.

HINWEIS Drehfelder sind Steuerelemente, die die Anpassung numerischer Werte erlauben. Sie können den Wert direkt in das Drehfeld eintippen oder über die am rechten Rand des Drehfelds angezeigten Schaltflächen (die kleinen Dreiecke) schrittweise erhöhen bzw. verringern.

33.2.2 Anpassen der Zeitzone

Die Zeitzone legt fest, wie die Uhrzeit und das Datum anzuzeigen sind und ob eine automatische Umstellung auf die Sommer-/Winterzeit erfolgen soll.

1. Um die Zeitzone der Uhrzeitanzeige anzupassen, melden Sie sich unter einem Administratorkonto an und gehen wie beim Ändern des Datums oder der Uhrzeit vor, klicken aber auf der Registerkarte *Datum und Uhrzeit* auf die Schaltfläche *Zeitzone ändern* (Bild 33.3, links).

2. Im Dialogfeld *Zeitzoneneinstellungen* können Sie dann die Zeitzone über das betreffende Listenfeld wählen. Für Deutschland, Österreich, die Schweiz, Luxemburg, Liechtenstein und Südtirol sollte der Wert auf »UTC+01:00« stehen. Weiterhin ist das Kontrollkästchen *Uhr automatisch auf Sommer-/Winterzeit umstellen* zu markieren.

Die Änderungen werden übernommen, sobald Sie das Dialogfeld über die *OK*-Schaltfläche schließen und dann auf der Registerkarte auf *Übernehmen* klicken.

TIPP Benötigen Sie eine schnelle Übersicht über Ortszeiten von verschiedenen Ländern? Wechseln Sie im Eigenschaftenfenster *Datum und Uhrzeit* zur Registerkarte *Zusätzliche Uhren* (Bild 33.5, rechts). Hier können Sie zwei zusätzliche Uhren mit abweichenden Zeitzonen samt Namen vorgeben. Markieren Sie die Kontrollkästchen und legen Sie die gewünschten Einstellungen fest. Wenn Sie die Registerkarte über die *OK*-Schaltfläche schließen, lassen sich die unterschiedlichen Zeiten über eine QuickInfo im Infobereich der Taskleiste abrufen (Bild 33.5, rechts unten). Alternativ können Sie die Uhrzeit über beliebig viele Minianwendungen auf dem Desktop einblenden, wobei dort über die Optionen die Zeitzone individuell einstellbar ist.

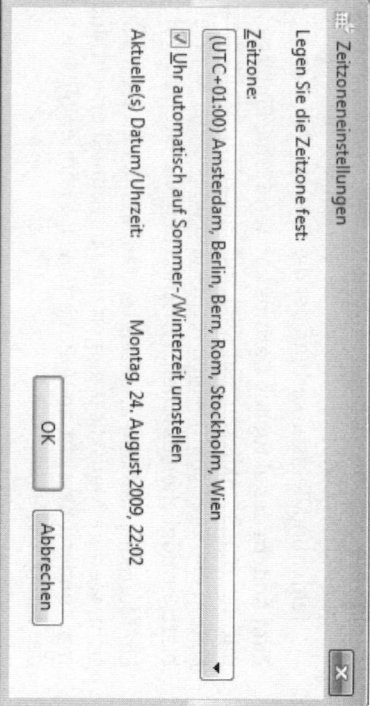

Bild 33-4: Zeitzone anpassen

33.2.3 Internet-Zeitsynchronisation anpassen

Windows 7 kann bei einer bestehenden Internetverbindung eine automatische Zeitsynchronisation über Zeitserver vornehmen. Dies verhindert, dass die Uhr gravierend falsch geht. Zum Anpassen der betreffenden Einstellungen rufen Sie das Eigenschaftenfenster *Datum und Uhrzeit* gemäß den obigen Anweisungen auf. Wenn Sie zur Registerkarte *Internetzeit* wechseln (Bild 33.5, Hintergrund links), sehen Sie, wann die nächste Synchronisierung erfolgen soll. Klicken Sie auf die Schaltfläche *Einstellungen ändern* und bestätigen die Sicherheitsabfrage der Benutzerkontensteuerung, können Sie im Dialogfeld *Internetzeiteinstellungen* (Bild 33.5, unten links) diese Synchronisierung über die Markierung des Kontrollkästchens zu- oder abschalten. Zudem lässt sich der Zeitserver anpassen und über die Schaltfläche *Jetzt aktualisieren* können Sie einen Abgleich mit dem Zeitserver vornehmen.

TIPP

Ersetzen Sie die voreingestellte Adresse des Zeitservers `time.windows.com` durch die Adresse einer zuverlässigeren Variante (z. B. `time.nist.gov`).

33.2.4 Regions- und Sprachoptionen anpassen

Windows sowie Anwendungsprogramme verwenden zur Darstellung des Datums und der Uhrzeit sowie für Zahlen und Währungsangaben bestimmte Einstellungen. Diese Einstellungen beeinflussen u. U. auch die Art, wie Listen sortiert und durchsucht werden. Standardmäßig richtet Windows 7 die Regions- und Spracheinstellungen nach den bei der Installation gewählten Gebietsschemata ein. Sie können diese Einstellungen aber bei Bedarf einsehen und anpassen.

1. Wählen Sie in der Systemsteuerung die Kategorie *Zeit, Sprache und Region* und klicken Sie im Folgeformular auf den Befehl *Region und Sprache*.

2. Anschließend passen Sie die gewünschten Einstellungen auf den Registerkarten des Eigenschaftenfensters *Region und Sprache* (Bild 33.6, links) an.

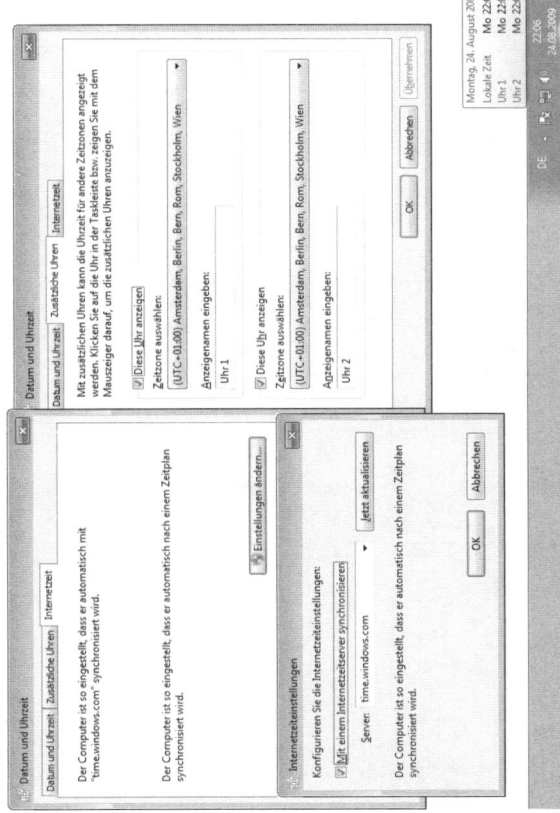

Bild 33.5:   Internetzeiteinstellungen anpassen und zusätzliche Uhren verwenden

Auf der Registerkarte *Formate* wird das gewählte Gebietsschema (in der Regel Deutschland) im Listenfeld *Format* eingeblendet. Sie haben aber die Möglichkeit, das Format über das betreffende Listenfeld auf abweichende deutschsprachige Gebietsschemata (z. B. Österreich oder Schweiz) umzu- stellen. Weiterhin lassen sich die Formatvorgaben zur Anzeige von Datum und Uhrzeit über entsprechende Listenfelder umstellen. Windows-Anwen- dungen verwenden diese Formateinstellungen zur Darstellung von Zahlen und Währungsbeträgen. Hat eine Anwendung Probleme bei der Darstellung oder Berechnung von Zahlen bzw. Währungsbeträgen, können Sie versuchs- weise die Einstellungen anpassen, indem Sie auf der Registerkarte *Formate* die Schaltfläche *Weitere Einstellungen* anklicken. Windows öffnet dann das in Bild 33.6, rechts, gezeigte Eigenschaftenfenster, auf dessen Registerkar- ten Sie festlegen können, welche Darstellungsoptionen von Windows zu verwenden sind.

- Die Registerkarte *Zahlen* enthält die Vorgaben, wie Dezimalpunkt und Tausendertrennzeichen anzuzeigen sind. Weiterhin werden das Listen- trennzeichen, das Maßsystem sowie die Zahlendarstellung (Vorzeichen, Dezimalstellen) etc. festgelegt.

- Die Anzeige von Währungsbeträgen bestimmen Sie über die Felder der Registerkarte *Währung*. Neben dem Tausendertrennzeichen (Feld *Sym- bol für Zifferngruppierung*) und dem Dezimaltrennzeichen lässt sich bei- spielsweise das Währungssymbol und dessen Position angeben.

- Das Format der Zeitanzeige (z. B. das Trennzeichen sowie Zeitangaben mit bzw. ohne Sekundenanzeige) wird über die Felder auf der Register- karte *Uhrzeit* festgelegt. Die Listenfelder der Gruppe *Zeitformate* enthal- ten Zeichenketten, die das Format der Stunden-, Minuten- und Sekun- denanzeige vorgeben.

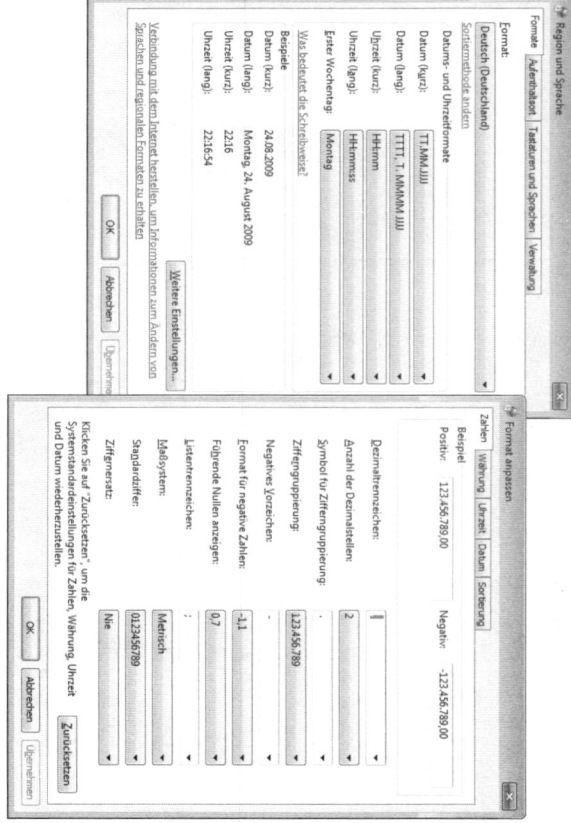

Bild 33.6:   Regions- und Sprachoptionen anpassen

HINWEIS

■ Auf der Registerkarte *Datum* können Sie die Formatierung der Datumsanzeige beeinflussen (Schreibweisen für kurze oder lange Datumsangaben). Zudem lässt sich auf dieser Registerkarte das »Jahrtausendproblem« bei zweistelligen Jahresangaben lösen. Über die Gruppe *Kalender* wird ein Zeitintervall (Standard ist 1930 bis 2029) vorgegeben, um zweistellige Jahreszahlen in vierstellige Zeitangaben umzusetzen (die Jahreszahl 55 steht für 1955, während die Angabe 11 in 2011 konvertiert wird).

■ Auf der Registerkarte *Sortierung* lässt sich die Sortierreihenfolge zwischen »Wörterbuch« und »Telefonbuch« umstellen. Diese Vorgabe wird von Anwendungen zur Sortierung von Listen benutzt.

Die Einstellungen werden übernommen, sobald Sie das Eigenschaftenfenster über die OK-Schaltfläche schließen.

Auf der Registerkarte *Aufenthaltsort* des Eigenschaftenfensters *Region und Sprache* (Bild 33.6) können Sie den aktuellen Aufenthaltsort (z. B. das Land), an dem Sie sich aufhalten, wählen. Der Standort wird von verschiedenen Diensten wie Wettervorhersagen oder Nachrichtentickern abgefragt, um regionsspezifische Informationen zu liefern. Auf der Registerkarte *Verwaltung* lässt sich die Sprache für Programme vorgeben, die nicht mit dem in Windows verwendeten Unicode kompatibel sind. Weiterhin können Sie dem Standardbenutzerkonto und Systemkonten das Tastaturlayout und die Anzeigesprache zuweisen. Dies ermöglicht beispielsweise ein von den Benutzerkonten abweichendes Tastaturlayout in der Willkommensseite mit den Anmeldeelementen. In der Regel brauchen Sie diese Einstellungen aber in Windows nicht anzupassen.

33.2.5 Tastaturen und Sprachen ändern

Auf der Registerkarte *Tastaturen und Sprachen* (Bild 33.7, oben) klicken Sie auf die Schaltfläche *Tastaturen ändern*, um das Eigenschaftenfenster *Textdienste und Eingabesprachen* (Bild 33.7, unten) aufzurufen.

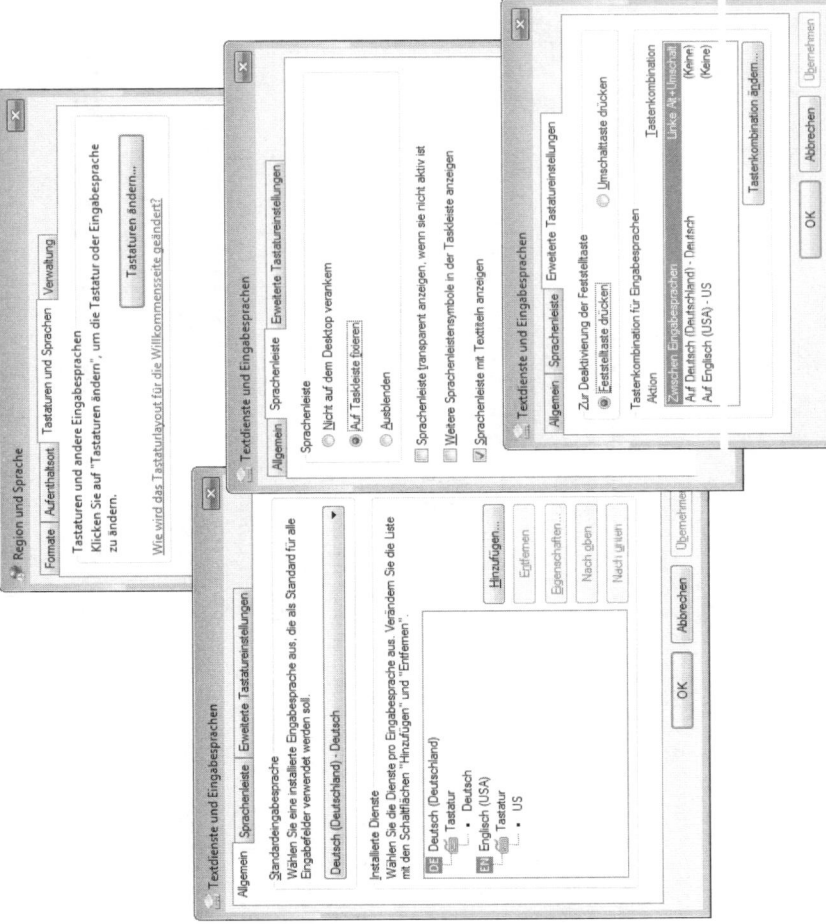

Bild 33.7: Tastaturen und Sprachen anpassen

- Auf der Registerkarte *Allgemein* (Bild 33.7, unten links) des Eigenschaftenfensters lässt sich die Standardeingabesprache über ein Listenfeld aus den installierten Diensten wählen. Standardmäßig werden die beiden Layouts bzw. Sprachen Deutsch und Englisch installiert, d. h., das Tastaturlayout sowie die Anzeigen lassen sich zwischen diesen beiden Sprachen umstellen. Bei Bedarf können Sie über die Schaltfläche *Hinzufügen* und *Entfernen* weitere Ein-/Ausgabesprachen hinzufügen bzw. nicht mehr benötigte Sprachen entfernen.

- Auf der Registerkarte *Sprachenleiste* (Bild 33.7, Mitte) können Sie vorgeben, ob die Sprachanzeige neben dem Infobereich der Taskleiste oder auf dem Desktop sichtbar sein soll und ob Texttitel als QuickInfo eingeblendet werden können.

■ Auf der Registerkarte *Erweiterte Tastatureinstellungen* (Bild 33.7, unten rechts) können Sie vorgeben, mit welcher Taste sich die Feststelltaste deaktivieren oder wie sich zwischen den verschiedenen Eingabesprachen umschalten lässt.

Die Änderungen werden übernommen, sobald Sie die Registerkarte über die *OK*-Schaltfläche schließen oder auf die *Übernehmen*-Schaltfläche klicken.

33.3 Hardware, Sound, Tastatur und Maus anpassen

Windows ermöglicht Ihnen, verschiedene Optionen der Tastatur oder der Maus anzupassen. Weiterhin können Sie auf verschiedene Hardwarekomponenten oder die Soundeinstellungen über die Systemsteuerung zugreifen. Hierzu rufen Sie die Systemsteuerung über das Startmenü auf und wählen auf der Startseite den Eintrag *Hardware und Sound*. Anschließend zeigt das Fenster der Systemsteuerung eine Liste mit Symbolen, über die Sie auf verschiedene Geräteeinstellungen und Funktionen zugreifen können (Bild 33.8). Wählen Sie den Titel einer Kategorie an, öffnet Windows das zugehörige Eigenschaftenfenster mit allen Registerkarten zum Anpassen der betreffenden Optionen. Klicken Sie auf einen der in der Gruppe angezeigten Hyperlinks, gelangen Sie direkt zum Dialogfeld mit den Einstelleigenschaften.

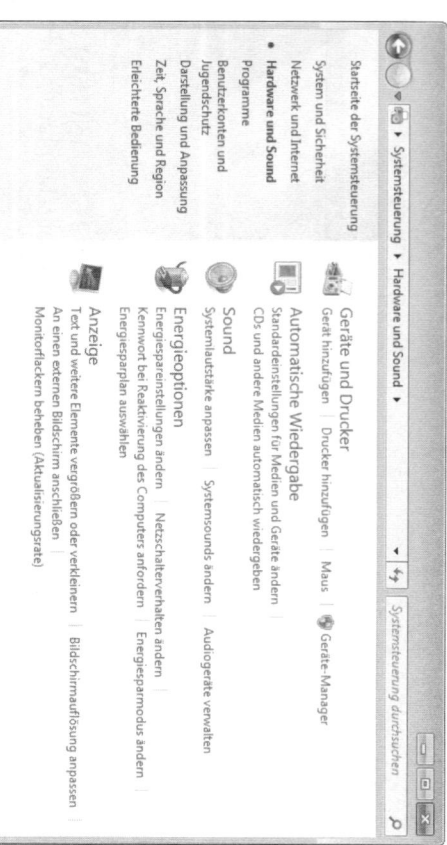

Bild 33.8: Kategorie *Hardware und Sound* der Systemsteuerung

Nachfolgend finden Sie eine kurze Übersicht, wie sich verschiedene Geräteoptionen für Tastatur und Maus über die betreffenden Einträge der Startmenüseite anpassen lassen. Weitere auf der Seite abrufbare Funktionen werden in anderen Kapiteln, im Kontext der betreffenden Anwendung, behandelt.

33.3.1 Mauseinstellungen anpassen

Die Anpassung der Mauseigenschaften erfolgt über den Hyperlink *Maus* der Gruppe *Hardware und Sound* im Fenster der Systemsteuerung. Windows öffnet ein Eigenschaftenfenster mit mehreren Registerkarten (Bild 33.9). Für die Registerkarte *Tasten* gilt Folgendes:

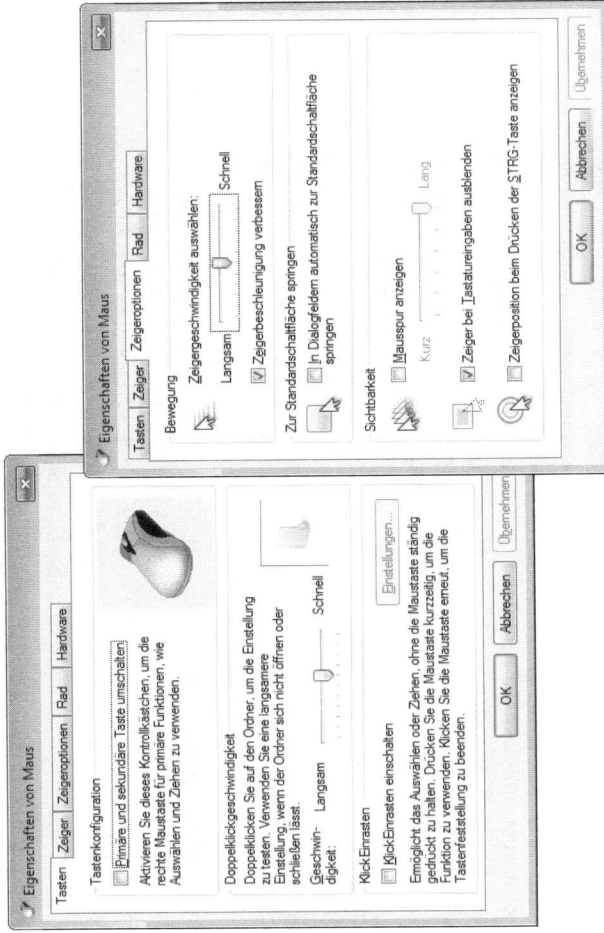

Bild 33.9: Mauseigenschaften

■ Die Umstellung der Maus für Linkshänder erfolgt auf der Registerkarte *Tasten* (Bild 33.9, links), indem Sie das Kontrollkästchen *Primäre und sekundäre Taste umschalten* in der Gruppe *Tastenkonfiguration* markieren. Standardmäßig ist die Maus für Rechtshänder eingestellt.

■ Die Doppelklickgeschwindigkeit lässt sich in der Gruppe *Doppelklickgeschwindigkeit* auf der Registerkarte *Tasten* (Bild 33.9, links) einstellen. Ziehen Sie den Schieberegler per Maus in die gewünschte Richtung. Ob ein Doppelklick erkannt wird, können Sie im Testfeld mit dem Ordnersymbol probieren. Durch einen Doppelklick öffnen und schließen Sie den Ordner.

■ Die Option *KlickEinrasten einschalten* ermöglicht das Markieren oder Ziehen per Maus, ohne dabei ständig die Maustaste gedrückt halten zu müssen. Markieren Sie das entsprechende Kontrollkästchen und passen Sie ggf. die Einstellungen über die Schaltfläche *Einstellungen* an.

Die Registerkarte *Zeigeroptionen* bietet Optionen zur Beeinflussung der Darstellung des Mauszeigers bei Bewegungen (Bild 33.9, rechts).

■ Der Schieberegler der Gruppe *Bewegung* auf der Registerkarte ermöglicht Ihnen, die Geschwindigkeit einzustellen, mit der der Mauszeiger über den Bildschirm verschoben wird.

- Markieren Sie das Kontrollkästchen In Dialogfeldern automatisch zur *Standardschaltfläche springen*, setzt Windows den Mauszeiger auf die vom Programmierer der Anwendung vorgesehene Standardschaltfläche eines Dialogfelds.

- Die Gruppe *Sichtbarkeit* ermöglicht Ihnen über das Kontrollkästchen *Mausspur anzeigen*, den Mauszeiger bei jeder Mausbewegung als Spur entlang der Bewegungsrichtung darzustellen. Die Länge dieser Mausspur lässt sich über den Schieberegler definieren.

- Die Option *Zeiger bei Tastatureingaben ausblenden* der Gruppe *Sichtbarkeit* ermöglicht Windows, den Mauszeiger bei Tastatureingaben zu unterdrücken. Optional markieren Sie das Kontrollkästchen *Zeigerposition beim Drücken der STRG-Taste anzeigen*. Dann lässt sich der Mauszeiger vom Benutzer einblenden.

Die Zeigeroptionen sind bei einigen Displays hilfreich, wenn der Mauszeiger nur schlecht erkennbar ist. Die von Windows verwendeten unterschiedlichen Zeigerformen für verschiedene Aktivitäten lassen sich auf der Registerkarte *Zeiger* einstellen. Sie können über ein Listenfeld zwischen verschiedenen Schemata wählen. Weiterhin lässt sich jeder Mauszeiger in der Liste *Anpassen* markieren und über die Schaltfläche *Durchsuchen* durch einen neuen Zeiger aus einer Mauszeigerdatei ersetzen. Bei den Mauszeigern muss es sich um Dateien mit den Dateinamenerweiterungen *.ani* oder *.cur* handeln. Die ANI-Dateien enthalten animierte Mauszeiger, während CUR-Dateien statische Zeiger definieren. Windows speichert eine Auswahl dieser Dateien im Windows-Unterordner \Cursors.

Über das Kontrollkästchen *Zeigerschatten aktivieren* lässt sich der Mauszeiger mit einem Schatten versehen. Bei Bedarf können Sie mittels der Schaltfläche *Speichern unter* ein Schema unter neuem Namen sichern.

Welche Zeigerform den einzelnen Mausaktionen zugeordnet ist, sehen Sie in der auf der Registerkarte angezeigten Liste. Markieren Sie einen Eintrag, wird der zugehörige Zeiger im Vorschaufeld in der rechten oberen Ecke der Registerkarte dargestellt. Dieses Vorschaufeld ist insbesondere bei animierten Mauszeigern aus ANI-Dateien hilfreich. Bei Windows 7 können Designs die Zeiger beeinflussen. Um dies zu verhindern, deaktivieren Sie das Kontrollkästchen *Zulassen, dass Mauszeiger durch Designs geändert werden*.

Auf der Registerkarte *Rad* können Sie bei einer Maus mit einem Rädchen die Größe des vertikalen und horizontalen Bildlaufs beeinflussen. Die Drehfelder geben den Scrollwert in Zeilen bzw. Zeichen für die Drehung des Rades um einen Schritt vor. Die Registerkarte *Hardware* wird bei verschiedenen Geräten eingeblendet und ermöglicht, diverse hardwarespezifische Einstellungen des Geräts anzuzeigen und ggf. zu konfigurieren. Außerdem finden Sie auf dieser Registerkarte Optionen, um das Eigenschaftenfenster zur Treiberaktualisierung einzublenden. Bei der Maus lässt sich über diese Registerkarte beispielsweise die Erkennung eines Rädchens einstellen.

33.3.2 Anpassen der Tastatureinstellungen

Um die Tastatureinstellungen anzupassen, tippen Sie in das Suchfeld der Systemsteuerung den Begriff »Tastatur« ein und klicken in der Ergebnisseite auf den Befehl *Tastatur*. Windows öffnet ein Eigenschaftenfenster, auf dessen Registerkarte *Geschwindigkeit* Sie verschiedene Einstellungen vornehmen können (Bild 33.10).

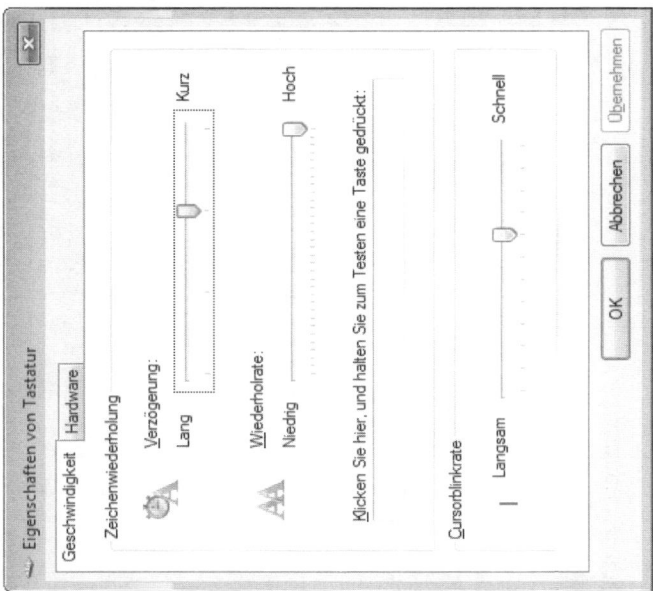

Bild 33.10:   Tastatureinstellungen

Halten Sie eine Taste längere Zeit gedrückt, wird das Zeichen nach einer gewissen Verzögerungsdauer mehrfach ausgegeben. Die Verzögerung und die Wiederholrate lassen sich über die Schieberegler der Gruppe *Zeichenwiederholung* auf der Registerkarte *Geschwindigkeit* verändern. Das Ergebnis lässt sich direkt überprüfen, indem Sie das Eingabefeld anklicken und dann testweise eine Taste gedrückt halten.

Über den Schieberegler der Gruppe *Cursorblinkrate* können Sie die Blinkfrequenz des Eingabecursors (bei der Texteingabe) verändern. Über die Registerkarte *Hardware* lässt sich der Tastaturtreiber aktualisieren.

HINWEIS
Wird ein Gamecontroller am Computer angeschlossen und ist ein Treiber installiert, können Sie auf der Startseite der Systemsteuerung den Befehl *Hardware und Sound* und in der Folgeseite *Geräte und Drucker* wählen. Anschließend sollte der Gamecontroller in der Geräteliste aufgeführt werden und Sie können auf dessen Eigenschaften zugreifen (siehe auch *Kapitel 15*). Dort lassen sich der bevorzugte Gamecontroller sowie dessen Eigenschaften einstellen.

33.3.3 Audiogeräte konfigurieren

Zum Zugriff auf Audioeinstellungen wählen Sie die Kategorie *Hardware und Sound* in der Systemsteuerung. Dann können Sie direkt über den Befehl *Audiogeräte verwalten* der Kategorie *Sounds* (Bild 33.8) auf das Eigenschaftenfenster *Sound* aus Bild 33.11 zugreifen.

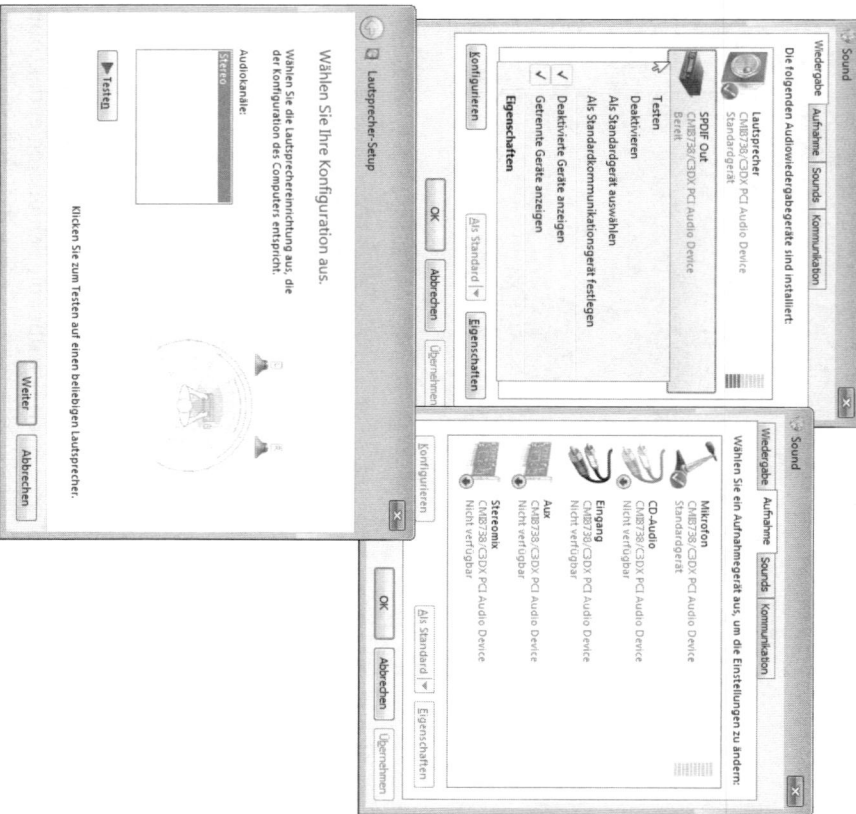

Bild 33.11: Audioeinstellungen anpassen

■   Die Registerkarte *Wiedergabe* (Bild 33.11, links oben) führt alle im System gefunden Wiedergabegeräte für Sound auf. Sobald Sie das betreffende Gerät in der Liste anklicken, lässt sich über die Schaltfläche *Konfigurieren* der in Bild 33.11, links unten, gezeigte Zusatzdialog öffnen. In diesem Dialogfeld können Sie das Lautsprecher-Setup ausführen, um z. B. die Mehrkanaltonausgabe abzugleichen. Die Schaltfläche *Als Standard* legt das betreffende Ausgabegerät für alle zukünftigen Audioausgaben fest. Bei vielen Anwendungen lässt sich aber über die Art des Ausgabegeräts individuell wählen. Über die Schaltfläche *Eigenschaften* öffnen Sie ein zusätzliches Eigenschaftenfenster, über dessen Registerkarten Sie Pegel einstellen, auf Treibereigenschaften zugreifen oder erweiterte Optionen anpassen können.

Wurden Aufnahmegeräte oder Audioeingänge vom System erkannt, werden sie im Eigenschaftenfenster *Sound* auf der Registerkarte *Aufnahme* eingeblendet (Bild 33.11, rechts). Über die Schaltfläche *Konfigurieren* können Sie für ein ausgewähltes Aufnahmegerät eine spezielle Dialogseite öffnen, über die sich die Mikrofoneinstellungen anpassen lassen. Auf der Dialogseite finden Sie außerdem Optionen, um die Spracherkennung zu konfigurieren oder das Lernprogramm für die Spracherkennung zu starten. Details zu den einzelnen Optionen des Dialogfelds liefert die in der rechten oberen Dialogfeldecke eingeblendete Hilfe-Schaltfläche. Die Schaltfläche *Als Standard* legt das Aufnahmegerät für alle Audioaufnahmen fest. Über die Schaltfläche *Eigenschaften* öffnen Sie ein zusätzliches Eigenschaftenfenster, über dessen Registerkarten Sie den Eingangspegel des Mikrofons regeln oder auf die Treibereigenschaften zugreifen.

Die Einstellungen werden beim Schließen des Eigenschaftenfensters über die *OK*-Schaltfläche wirksam.

HINWEIS

Klicken Sie mit der rechten Maustaste auf einen Eintrag der Registerkarten *Wiedergabe* und *Aufnahme*, lassen sich im Kontextmenü getrennte und ausgeblendete Geräte anzeigen. Der Eintrag *Stereomix* auf der Registerkarte *Aufnahme* stellt die digitalen Audiosignale vom Ausgang der Soundkarte bereit. Dieser Kanal lässt sich z. B. von Audioaufzeichnungsprogrammen verwenden, um das Signal des Audioausgangs (z. B. bei der Wiedergabe von Streamingdaten wie Webradio) mitzuschneiden.

Die Registerkarte *Kommunikation* stellt verschiedene Optionsfelder bereit, über die Sie vorgeben, wie die Lautstärke anderer Sounds zu reduzieren ist, sobald Sie den PC für Telefongespräche verwenden.

Über den Befehl *Systemlautstärke anpassen* der Systemsteuerungskategorie *Sounds* öffnen Sie das Dialogfeld des Mixers, über dessen Schieberegler Sie die Ausgabelautstärke anpassen können. Diese Anpassung lässt sich aber auch über das im Infobereich der Taskleiste eingeblendete Lautsprechersymbol vornehmen (siehe *Kapitel 4*).

33.3.4   Soundereignisse konfigurieren

Windows kann bestimmten Ereignissen wie auftretende Fehler, Programme schließen etc. akustische Ausgaben zuweisen. Diese Sounddateien werden wiedergegeben, sobald das Ereignis auftritt. Das Zuweisen der Sounddateien zu den betreffenden Systemereignissen erfolgt auf der Registerkarte *Sounds* (Bild 33.12).

Diese Registerkarte öffnen Sie über den Befehl *Systemsounds ändern* der Systemsteuerung (Bild 33.8). Die Registerkarte zeigt Ihnen in der Liste *Programmereignisse* die unterstützten Ereignisse sowie die zugeordneten Sounddateien. Eine zugeordnete Sounddatei ist durch einen stilisierten Lautsprecher vor dem jeweiligen Ereignis dargestellt. Markieren Sie den betreffenden Eintrag, zeigt Windows den Namen der betreffenden WAV-Datei im Feld *Sounds* an. Über die Schaltfläche *Testen* (links neben der Schaltfläche *Durchsuchen*) lässt sich die Sounddatei abspielen.

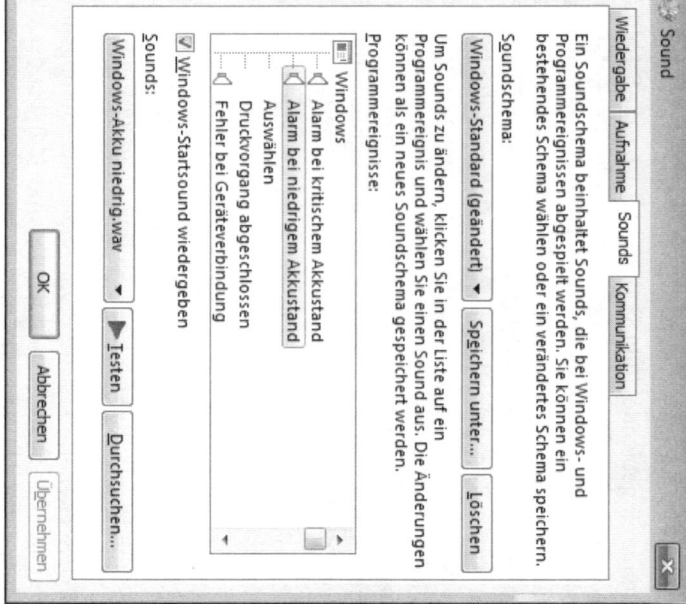

Bild 33.12: Soundereignisse definieren

1. Um ein akustisches Signal für ein Ereignis festzulegen, markieren Sie den betreffenden Eintrag in der Liste *Programmereignisse* der Registerkarte *Sounds*.

2. Anschließend öffnen Sie das Listenfeld *Sounds*, wählen eine der vorhandenen WAV-Dateien aus und bestätigen dies über die Schaltfläche *Übernehmen*.

Um eine zugewiesene Sounddatei vom Ereignis zu trennen, setzen Sie den betreffenden Eintrag im Listenfeld *Sounds* auf »(Kein)« zurück. Die definierten Zuweisungen lassen sich über die Schaltfläche *Speichern unter* als Audioschema unter einem Namen ablegen. Wählen Sie später ein solches Soundschema im Listenfeld *Soundschema* aus, genügt ein Mausklick auf die Schaltfläche *Übernehmen*, um die Einstellungen zu setzen.

HINWEIS

Die unter Windows installierten Audiodateien für Soundereignisse werden im Windows-Ordner *Media* abgelegt. Sie können Systemereignissen aber jede beliebige Sounddatei im WAV-Format zuweisen. Beachten Sie jedoch, dass durch das Abspielen der Sounds die Systemleistung beeinträchtigt wird.

33.4 Energieoptionen und -sparpläne

Windows 7 bietet Ihnen verschiedene Möglichkeiten zum Einstellen von Energieoptionen (als Energiesparpläne bezeichnet). Zudem können Sie das Verhalten der Tasten zum Herunterfahren des Geräts oder des Notebookdeckels anpassen. Nachfolgend erhalten Sie einen Überblick über diese Funktionen.

33.4.1 Anzeige des Energiezustands bei Notebooks

Net- und Notebooks können Sie am Stromnetz oder über Akku betreiben. Daher ist es hilfreich, auf einen Blick zu erkennen, über welche Energiequelle das Gerät betrieben wird.

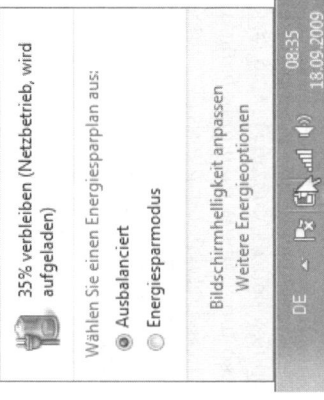

Bild 33.13: Anzeige des Energiestatus bei Notebooks

Betreiben Sie das Notebook am Stromnetz, wird dies durch ein Symbol mit einem stilisierten Stecker samt Batterie im Infobereich der Taskleiste angezeigt. Im Akkubetrieb erscheint dagegen das Symbol einer stilisierten Batterie im Infobereich. Das Symbol zeigt dabei sogar den Ladezustand des Akkus an. Zeigen Sie im Infobereich auf das eingeblendete Symbol der Energiequelle, erscheint eine QuickInfo mit dem Ladezustand. Wählen Sie das Symbol per Mausklick an, zeigt Windows eine erweiterte Darstellung (Bild 33.13), in der Sie den Energiesparplan über Optionsfelder umstellen können. Hierbei besitzen die Optionen folgende Bedeutung:

■ *Ausbalanciert*: Dieser Modus ist für Notebooks optimal geeignet, da er einerseits die volle Leistung bei der Nutzung des Geräts garantiert, andererseits aber in Phasen der Inaktivität in einen energiesparenden Modus umschaltet.

■ *Energiesparmodus*: Verwenden Sie die Option, um die Akkuladung des Notebooks bestmöglich auszunutzen. Der Rechner wird durch Verringerung der Systemleistung energiesparend betrieben.

■ *Höchstleistung*: Gewährleistet eine maximale Systemleistung und beste Reaktionsfähigkeit des Geräts, bedingt aber eine schnellere Abnahme der Akkuladung im Mobilbetrieb.

Gegenüber Windows Vista ergibt sich aber die Änderung, dass die Optionsfelder *Energiesparmodus* und *Höchstleistung* für den Energiesparplan nur wechselseitig angezeigt werden (siehe auch folgender Abschnitt). Über die in der Palette eingeblendeten Hyperlinks *Bildschirmhelligkeit anpassen* und *Weitere Energieoptionen* können Sie direkt auf die betreffende Einstellseite zugreifen.

HINWEIS

Vom Gerätehersteller oder Benutzer können ggf. weitere Energiesparpläne definiert werden, die dann ebenfalls als Optionsfeld angeboten werden. Sie können die Akkulaufzeit des Systems durch einige Maßnahmen verlängern. Benutzen Sie im Akkubetrieb kein DVD-Laufwerk und schalten Sie Bluetooth- oder WLAN-Adapter bei Nichtbenutzung ab. Windows 7 reduziert bereits automatisch die Helligkeit der Anzeige, um Energie zu sparen. Verzichten Sie auf leistungsfressende Anwendungen wie Spiele oder Programme zur Audio- und Videowiedergabe.

33.4.2 Energieoptionen anpassen

Windows bietet verschiedene Optionen zum Energiemanagement, die sich über die Systemsteuerung oder die Hyperlinks aus Bild 33.13 abrufen lassen. Öffnen Sie die Systemsteuerung über das Startmenü und wählen Sie in der Startseite den Befehl *Hardware und Sound*. Auf der Folgeseite lässt sich dann der Befehl *Energiespareinstellungen ändern* wählen, um das Dialogfeld aus Bild 33.14, oben, zu öffnen. Der Befehl *Energiesparmodus ändern* öffnet dagegen direkt das Dialogfeld aus Bild 33.14, unten rechts.

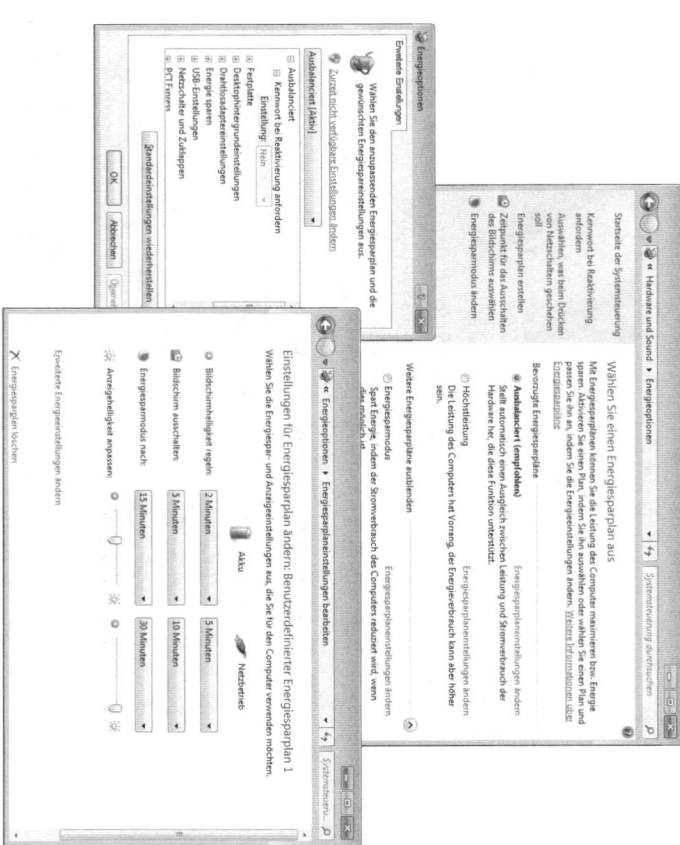

Bild 33.14:   Energiesparplan einsehen und anpassen

Im Fenster *Energieoptionen* (Bild 33.14, oben) erkennen Sie an der Markierung des betreffenden Optionsfelds den momentan eingestellten Energiesparplan. Durch Anklicken eines Optionsfelds wählen Sie zwischen den bevorzugten Energiesparplänen. Standardmäßig tauchen nur zwei bevorzugte Energiesparoptionen auf. Sie können aber über die am rechten Rand der Kategorie *Weitere Energiesparpläne auswählen* sichtbare Schaltfläche die Detailanzeige mit weiteren Energiesparplänen einblenden. Bei Net- und Notebooks enthält die Seite *Energieoptionen* am unteren Rand noch einen Schieberegler, über den Sie die Bildschirmhelligkeit vorgeben können.

Möchten Sie die Einstellungen für den Energiesparmodus des Geräts ändern, wählen Sie im Fenster *Energieoptionen* (Bild 33.14, oben) den beim jeweiligen Optionsfeld eingeblendeten Hyperlink *Energiesparplaneinstellungen ändern*. Windows öffnet die in Bild 33.14, unten rechts, sichtbare Seite *Energiesparplaneinstellungen*. Bei mobilen Geräten stehen zwei Spalten für Einstellungen mit Akku- und mit Netzbetrieb zur Verfügung, während bei Desktoprechnern nur die Optionen für Netzbetrieb vorhanden sind. Über die Listenfelder wählen Sie die Wartezeit bei inaktivem Gerät bis zum Ausschalten des Bildschirms oder bis zum Aktivieren des Energiesparmodus. Bei Notebooks finden Sie zusätzliche Listenfelder, um die Wartezeit bis zum Reduzieren der Bildschirmhelligkeit vorzugeben, und zwei Schieberegler *Anzeigehelligkeit anpassen*, um die Einstellungen für Akku- und Netzbetrieb separat vorzugeben.

Klicken Sie in der Seite *Energiesparplaneinstellungen* (Bild 33.14, unten rechts) auf den Hyperlink *Erweiterte Energieeinstellungen ändern*, öffnet sich das Eigenschaftenfenster *Energieoptionen* aus Bild 33.14, unten links. Über das Listenfeld auf der Registerkarte *Erweiterte Einstellungen* können Sie die verschiedenen Energiesparpläne (Energiesparmodus, Ausbalanciert, Höchstleistung) abrufen. Dann lassen sich in der angezeigten Liste zusätzliche Einstellungen für verschiedene Geräte, Adapter sowie Funktionen festlegen und über die *OK*-Schaltfläche bestätigen. Im Zweig *Netzschalter und Zuklappen* finden Sie Optionen, über die Sie vorgeben können, was beim Zuklappen des Notebookdeckels oder bei Anwahl der Funktion *Beenden* passieren soll.

Um eigene Energiesparpläne anzulegen, wählen Sie in der Aufgabenleiste des Fensters *Energieoptionen* (Bild 33.14, oben) den Befehl *Energiesparplan erstellen*. Windows öffnet eine Seite, in der Sie den Basis-Energiesparplan (*Ausbalanciert, Energiesparmodus, Höchstleistung*) über Optionsfelder wählen können. In einem Textfeld ist der Name für den neuen Energiesparplan einzutragen. Die *Weiter*-Schaltfläche zeigt dann das Dialogfeld aus Bild 33.14, unten rechts, in dem Sie die Wartezeiten bis zum Abschalten des Bildschirms und dem Einsetzen des Energiesparmodus etc. für den neuen Energiesparplan festlegen. Über die *Erstellen*-Schaltfläche wird der Energiesparplan unter dem angegebenen Namen abgelegt und lässt sich später nutzen. Rufen Sie später die Seite mit diesem Energiesparplan auf, enthält diese am unteren Rand einen Befehl *Energiesparplan löschen* (Bild 33.14, unten rechts), um den Eintrag wieder zu entfernen.

33.4.3 Netzschalterverhalten ändern

Sie können das System normalerweise durch Drücken des Netzschalters oder bei Notebooks durch Zuklappen des Gehäusedeckels herunterfahren. Einige Geräte besitzen zudem eine Energiespartaste. Windows ermöglicht Ihnen, das Verhalten dieser Tasten anzupassen.

1. Öffnen Sie die Systemsteuerung über das Startmenü und wählen Sie in der Startseite den Befehl *Hardware und Sound*.

2. Klicken Sie auf der Folgeseite auf den Befehl *Netzschalterverhalten ändern* der Gruppe *Energieoptionen*.

3. Anschließend passen Sie im Dialogfeld *Systemeinstellungen* (Bild 33.15) die Werte der beiden Listenfelder an.

Über die Werte lässt sich vorgeben, ob der betreffende Schalter deaktiviert wird, den Energiesparmodus aufruft oder das System herunterfährt.

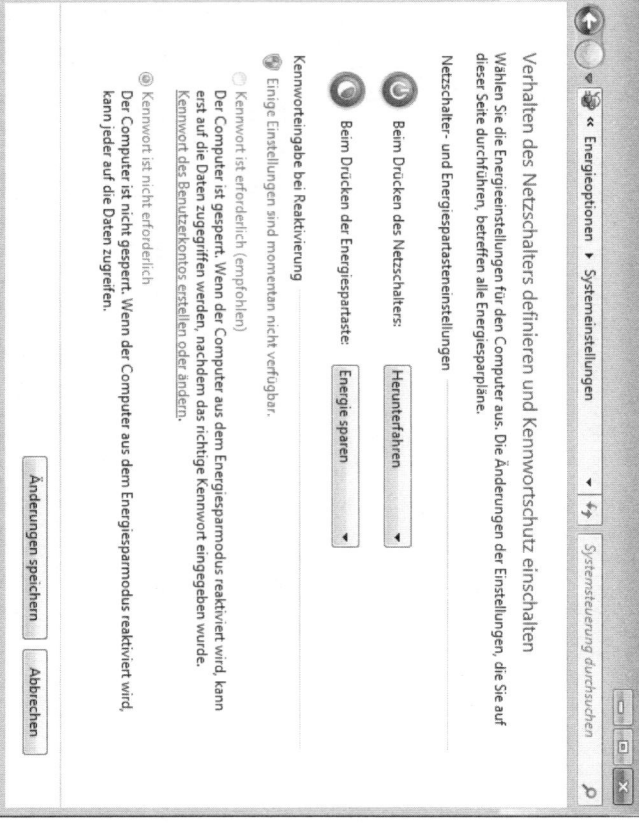

Bild 33.15: Netzschalterverhalten ändern

33.5 Schriftarten ansehen und verwalten

Windows wird mit verschiedenen Schriftarten installiert. Auch Anwendungen können zusätzliche Schriften einrichten.

33.5.1 Schriftarten ansehen

Einen Überblick über die installierten Schriftarten erhalten Sie, indem Sie in der Systemsteuerung auf die Kategorie *Darstellung und Anpassung* klicken und in der Folgeseite den Eintrag *Schriftarten* anwählen.

Windows listet in der in der in Bild 33.16, oben, gezeigten Seite die installierten Schriftarten auf. Schriftfamilien (Schriftschnitte für fett, halbfett, kursiv, fett kursiv etc.) werden dabei durch ein gestapeltes Symbol angezeigt. Ein Doppelklick auf das Symbol schaltet dann in eine Darstellung um, in der nur die Mitglieder der Schriftfamilie im Fenster auftauchen.

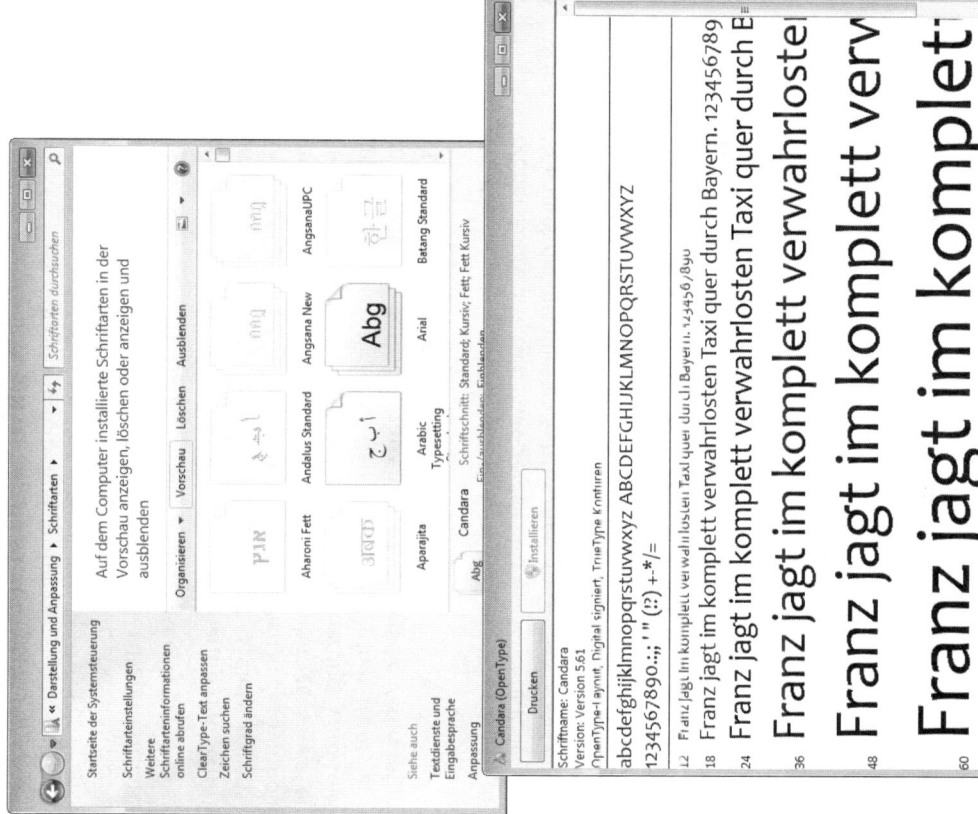

Bild 33.16: Übersicht über installierte Schriftarten

Möchten Sie sich die Schriftart ansehen, klicken Sie den betreffenden Eintrag in der Seite an und wählen Sie danach die Schaltfläche *Vorschau* in der Symbolleiste des Fensters. Windows öffnet dann das in Bild 33.16 im Vordergrund, unten, gezeigte Fenster, in dem ein Beispieltext in verschiedenen Schriftgraden angezeigt wird und sich über eine Schaltfläche drucken lässt.

33.5.2 Schriftarten verwalten

Windows 7 stellt verschiedene Funktionen zur Verwaltung der Schriftarten bereit. Im Internet und auf Datenträgern werden zusätzliche Schriftarten angeboten, die sich unter Windows installieren und anschließend in allen Anwendungen nutzen lassen. Um eine neue Schriftartendatei unter Windows zu installieren, klicken Sie diese mit der rechten Maustaste an und wählen den Kontextmenübefehl *Installieren*. Alternativ können Sie die Schriftartendatei bei gedrückter linker Maustaste in das Fenster *Schriftarten* ziehen. Die Installation muss über die Benutzerkontensteuerung bestätigt werden. Anschließend erscheinen die in der Datei enthaltenen und nun installierten Schriftarten im Ordnerfenster *Schriftarten*.

Manche Anwendungen müllen Ihr System häufig mit Schriftarten zu. Zum Entfernen einer installierten Schriftart reicht es, diese im Fenster *Schriftarten* anzuwählen und dann die Schaltfläche *Löschen* in der Symbolleiste des Fensters zu betätigen. Nach einer Sicherheitsabfrage sowie einer separaten Bestätigung über die Benutzerkontensteuerung wird die ausgewählte Schrift unwiderruflich aus dem Windows-Ordner *Fonts* entfernt. Bei verknüpft installierten Schriftarten wird lediglich die Verknüpfung entfernt, die Originaldatei aber unverändert belassen.

HINWEIS

Windows kopiert beim Installieren die Schriftartendateien in den Systemordner *Fonts* des Windows-Verzeichnisses. Möchten Sie vermeiden, dass Windows die installierten Schriftarten im Ordner *\Fonts* ablegt? Klicken Sie in der Aufgabenleiste des Ordnerfensters *Schriftarten* auf den Befehl *Schriftarteinstellungen*. Anschließend markieren Sie im Dialogfeld *Schriftarteinstellungen* (Bild 33.17) das Kontrollkästchen *Installation von Schriftarten über eine Verknüpfung zulassen*. Dann legt Windows bei Schriftarteninstallationen zukünftig lediglich Verknüpfungen auf die Schriftartendateien des Fremdordners im Ordner *\Fonts* an.

In vielen Programmen lassen sich beim Verfassen von Texten die zu verwendenden Schriftarten zuweisen. Unterstützt ein Programm dies, kann es die nicht zu den Spracheinstellungen passenden Schriftarten in der Fontauswahl ausblenden.

1. Um die Filterung der Schriftarten generell abzuschalten, können Sie im Fenster *Schriftarten* in der Aufgabenleiste den Befehl *Schriftarteneinstellungen* wählen.

2. Im Dialogfeld *Schriftarteneinstellungen* (Bild 33.17) ist die Markierung des Kontrollkästchens *Schriftarten auf der Grundlage der Spracheinstellungen ausblenden* aufzuheben.

Manuell lassen sich die Schriftarten ein-/ausblenden, indem Sie einen Eintrag in der Schriftenseite markieren. Dann können Sie in der Symbolleiste die mit *Ausblenden* bzw. *Einblenden* beschriftete Schaltfläche anwählen, um den Modus umzuschalten.

HINWEIS

In der Aufgabenleiste des Ordnerfensters *Schriftarten* finden Sie weitere Befehle, um die ClearType-Funktion zur Schriftartenanzeige ein-/auszuschalten, den Schriftgrad für die Anzeige durch Änderung des DPI-Grads anzupassen oder die Zeichentabelle aufzurufen. Über den Befehl *Weitere Schriftarteninformationen online abrufen* lässt sich eine Webseite zum Thema »Fonts für Windows« abrufen. Die Windows Hilfe- und Supportseiten enthalten unter dem Stichwort »Schriftarten« ebenfalls einige Informationen rund um das Thema.

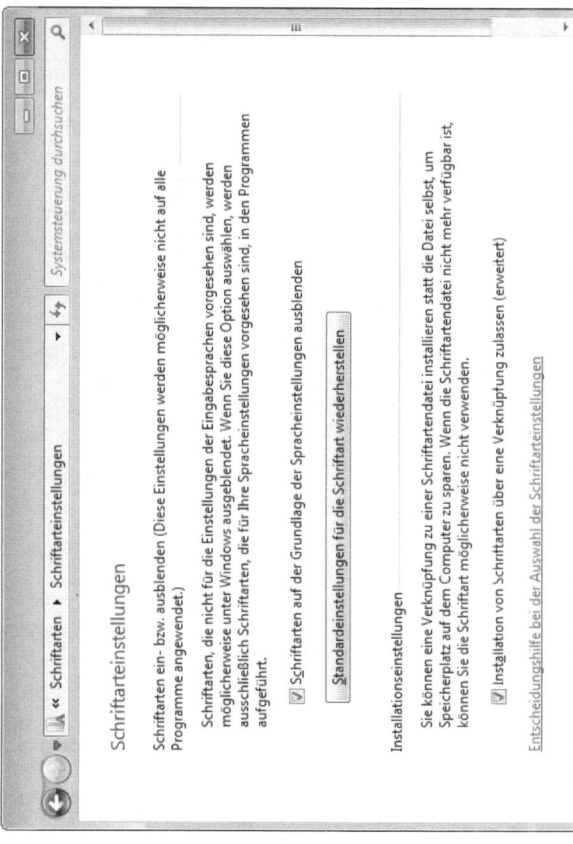

Bild 33.17:   Schriftarteinstellungen anpassen

33.6   Mobilitätscenter und Projektor

Windows 7 stellt bei Net- und Notebooks ein eigenes Mobilitätscenter zur Unterstützung des Mobilbetriebs bereit. Zudem gibt es die Funktion des Windows-Projektors, die das Wiedergeben von Bildschirminhalten auf angeschlossenen Projektoren (Beamer, Zweitbildschirm) erleichtert. Nachfolgend erhalten Sie einen Überblick über diese Funktionen.

33.6.1   Das Mobilitätscenter

Bei Notebooks wird im Startmenü im Zweig *Alle Programme/Zubehör* der Befehl *Windows-Mobilitätscenter* eingeblendet. Wählen Sie den Befehl an, erscheint die in Bild 33.18 gezeigte Seite.

Über dieses können Sie schnell bestimmte Einstellungen Ihres Notebooks wie die Lautsprecherlautstärke anpassen, den Akkustatus oder den Status Ihrer drahtlosen Netzwerkverbindung überprüfen sowie die Helligkeit eines angeschlossenen Bildschirms einstellen.

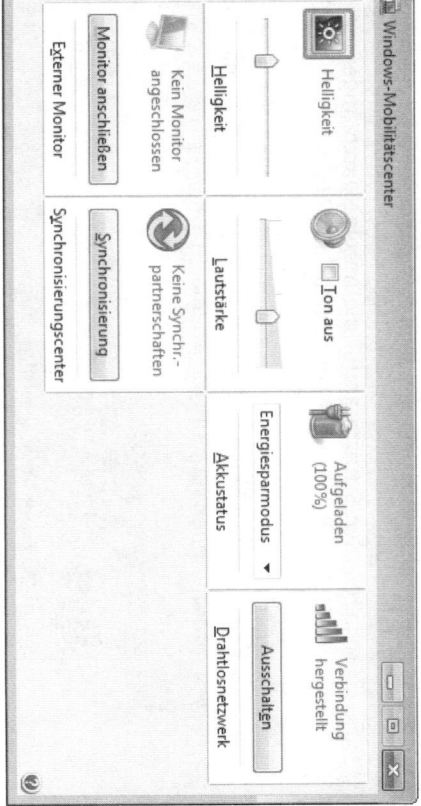

Bild 33.18:   Windows-Mobilitätscenter bei Notebooks

33.6.2 Verwenden des Windows-Projektors

Eine Neuerung ist die Funktion des Windows-Projektors, die den Umgang mit angeschlossenen Projektionsgeräten vereinfacht. Hierzu muss ein zweiter Bildschirm, ein TFT-Fernsehgerät oder ein Projektor am zweiten VGA- oder DVI-Ausgang der Grafikkarte angeschlossen sein, damit Windows die Bildschirmausgabe auf diese Geräte umleiten kann.

Wählen Sie im Startmenü im Zweig *Alle Programme/Zubehör* den Befehl *Verbindung mit einem Projektor*. Alternativ können Sie die Tastenkombination ⊞ + P drücken, um die in Bild 33.19 gezeigte Palette auf dem Bildschirm des Rechners bzw. Notebooks anzuzeigen. Anschließend können Sie die Bildschirmausgabe durch Anklicken des gewünschten Felds in einen der angebotenen Modi (z. B. Ausgabe auf externen Projektor und intern benutzten Monitor) umschalten.

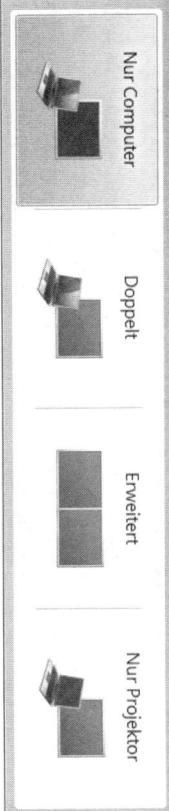

Bild 33.19:   Steuerung der Ausgabe auf den Projektor

34 Anpassen der Benutzeroberfläche

Windows stellt über die Systemsteuerung sowie über Kontextmenüs Funktionen zum Anpassen diverser Eigenschaften der Benutzeroberfläche bereit. In diesem Kapitel wird gezeigt, wie Sie solche Einstellungen anpassen.

34.1 Anpassen der Windows-Anzeige

In diesem Abschnitt erfahren Sie, wie sich verschiedene Einstellungen zur Darstellung der Fenster und des Windows-Desktops in Windows 7 ändern lassen und wie Sie einen Bildschirmschoner einrichten.

34.1.1 Windows-Design verwenden

Microsoft installiert Windows 7 mit einem speziellen Design, welches den Desktophintergrund, die Farben von Fenstern und das Aussehen weiterer Desktopelemente vorgibt. Zum schnellen Wechseln des Windows-Aussehens können Sie zwischen verschiedenen, von Microsoft bereitgestellten Designs umschalten.

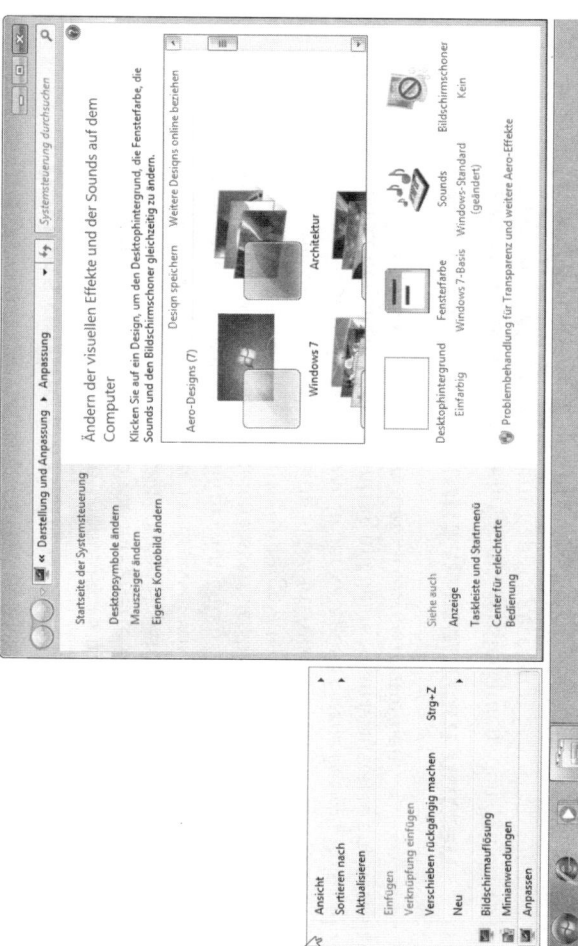

Bild 34.1: Auswahl eines Windows-Designs

1. Klicken Sie eine freie Stelle des Desktops mit der rechten Maustaste an und wählen Sie den Kontextmenübefehl *Anpassen* (Bild 34.1, links).

2. Wählen Sie in der angezeigten Seite *Ändern der visuellen Effekte und der Sounds auf dem Computer* (Bild 34.1, rechts) das gewünschte Design aus.

Das Design wird aktiviert, sobald Sie den betreffenden Eintrag in der Seite anklicken. Sie erkennen dies am sofort umgeschalteten Desktophintergrund. Windows 7 stellt Ihnen dabei verschiedene Designs aus unterschiedlichen Bereichen (Architektur, Cartoons, Landschaften etc.) bereit.

Wechsel zwischen Aero- und Basis-Anzeigemodus

Bei den Designs wird zwischen zwei Kategorien unterschieden: Designs, die für das Anzeigeschema Aero geeignet sind und mit transparenten Fenstern sowie den in den Anfangskapiteln dieses Buches beschriebenen Aero-Effekten wie Minivorschau in der Taskleiste aufwarten können. Die zweite Kategorie umfasst Basisdesigns und Designs mit hohem Kontrast. Basisdesigns sind vor allem hilfreich, falls eine geringe Leistungsfähigkeit des Grafikprozessors zu spürbaren Verzögerungen beim Bildaufbau führt. Über die Kategorie *Basisdesigns und Designs mit hohem Kontrast* können Sie auch eine klassische Anzeige des Desktops erreichen.

Persönlich nutze ich Basisdesigns auch aus ergonomischen Gründen, da die Desktop- und Fensterelemente wesentlich besser als bei Aero erkennbar sind. Sobald Sie ein Basisdesign anwählen, wird Aero abgeschaltet. Durch Anwahl eines Aero-Designs wird das Aero-Anzeigeschema reaktiviert. Designs mit hohem Kontrast sind für Menschen mit visuellen Handicaps von Vorteil. Das in *Kapitel 17* beschriebene Center für erleichterte Bedienung greift bei manchen Optionen auf solche Designs zurück.

Designs online beziehen

Microsoft bietet sogenannte Theme-Packs mit besonderen Designs für verschiedene Länder mit und ohne integrierte Diashow an. Hierzu müssen Sie lediglich in der Seite *Anpassung* auf den Hyperlink *Weitere Designs online beziehen* (Bild 34.2, Mitte) klicken. Im Browser wird dann eine Microsoft-Internetseite angezeigt, von der Sie die gewünschten Designs kostenlos herunterladen können. Die *.themepack*-Dateien lassen sich als Download in beliebige Ordner speichern. Wählen Sie eine so heruntergeladene Datei per Doppelklick an, wird diese installiert und gleichzeitig aktiviert. Anschließend finden Sie ein solches Design auf der Seite *Anpassung* in der Kategorie *Eigene Designs* (Bild 34.2). Klicken Sie den betreffenden Eintrag mit der rechten Maustaste an, lässt sich das Design über den Kontextmenübefehl *Löschen* entfernen.

Designs speichern und gemeinsam nutzen

Sie können die Einstellungen für die Fensterfarben, den Windows-Hintergrund etc. mit den in diesem Kapitel gezeigten Schritten anpassen. Windows trägt diese Änderungen in der Kategorie »Eigene Designs« unter dem Namen *Nicht gespeichertes Design* ein (Bild 34.2, Mitte).

Markieren Sie das Design und klicken Sie auf den Hyperlink *Design speichern*, öffnet sich das in Bild 34.2, oben, gezeigte Dialogfeld *Design speichern unter*. Tippen Sie einen Namen in das Textfeld ein und schließen Sie das Dialogfeld über die *OK*-Schaltfläche, wird das Design in Windows unter diesem Namen registriert und taucht zukünftig auch mit dem Namen im Fenster *Anzeige* auf.

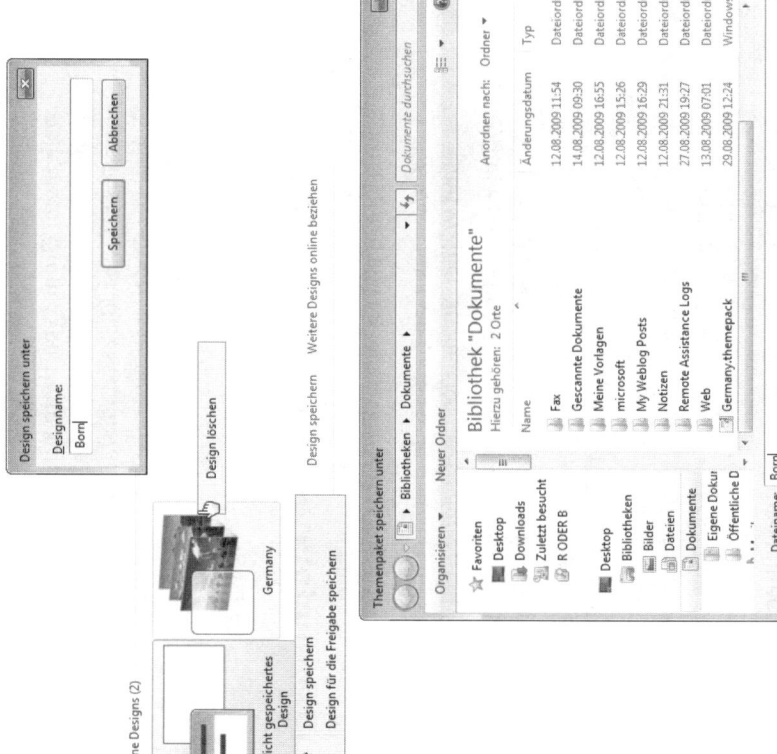

Bild 34.2:   Windows-Designs speichern, freigeben und löschen

Haben Sie ein Design gespeichert, suchen Sie ggf. nach einer Möglichkeit, dieses wieder im Fenster *Anzeigen* zu entfernen. Klicken Sie auf den Eintrag des gespeicherten Designs und öffnen Sie dessen Kontextmenü, findet sich dort kein Eintrag zum Löschen. Sie müssen erst ein anderes Design anwählen, dann das gespeicherte Design mit der rechten Maustaste anklicken, bevor der Kontextmenübefehl *Design löschen* erscheint. Die Designs werden übrigens im Benutzerprofil im Pfad *\Users\<Konto>\AppData\Local\Microsoft\Windows\Themes* gespeichert. In weiteren Unterordnern finden Sie auch die Desktophintergrundbilder, die mit verschiedenen Local- und Theme-Packs installiert werden.

Haben Sie ein besonders schönes oder beliebtes Windows-Design (mit eigenen Hintergründen, Sounds, Mauszeigern, Anzeigeeinstellungen etc.) entworfen, welches auch andere Benutzer verwenden möchten? Klicken Sie das Design in der Seite *Anpassen* mit der rechten Maustaste an, lässt sich der Kontextmenübefehl *Design für die Freigabe speichern* wählen (Bild 34.2, Mitte). Dann öffnet sich das in Bild 34.2, unten, gezeigte Dia-

831

logfeld, über welches Sie das Design in einer *.themepack*-Datei in einem beliebigen Ordner speichern können. Ist dieser Ordner im Netzwerk freigegeben, können andere Benutzer auf die *.themepack*-Datei zugreifen und diese per Doppelklick installieren. Bei Bedarf können Sie die Datei auch per E-Mail versenden oder über die eigene Windows Live-Präsenz anderen zur Verwendung anbieten. Unter `http://blogs.msdn.com/e7/archive/2009/06/03/creating-saving-sharing-themes-in-windows-7.aspx` finden Sie einen englischsprachigen Artikel mit einigen Anregungen.

34.1.2 Anpassen des Desktophintergrunds

Windows 7 ermöglicht Ihnen die Verwendung diverser Bildmotive oder einer unifarbenen Fläche als Desktophintergrund.

1. Klicken Sie eine freie Stelle des Desktops mit der rechten Maustaste an und wählen Sie den Kontextmenübefehl *Anpassen* (Bild 34.1, links).

2. Klicken Sie in der angezeigten Seite *Anpassung* auf den am unteren Rand gezeigten Befehl *Desktophintergrund* (Bild 34.1, rechts).

3. Stellen Sie in der nun angezeigten Seite (Bild 34.3, oben) das Listenfeld *Bildpfad* auf die gewünschte Kategorie (Bilder, einfarbige Hintergründe etc.) ein.

4. Wählen Sie eines der in der Seite eingeblendeten Motive aus (Farbfeld, Hintergrundbild etc.) und schließen Sie das Dialogfeld über die Schaltfläche *Änderungen speichern*.

Sie können die von Windows bereitgestellten Bilddateien als Desktophintergrund verwenden. Bei den Bildkategorien lässt sich über die Schaltfläche *Durchsuchen* aber auch ein Dialogfeld zur Auswahl eines Bildordners und einer Bilddatei öffnen. Dabei können Sie Grafiken im BMP-, JPEG- oder PNG-Format als Desktophintergrund laden. Sobald eine Bilddatei als Desktophintergrund gewählt wurde, erscheint am unteren Rand des Dialogfelds eine Menüschaltfläche (Bild 34.3, unten). Über die Befehle dieser Schaltfläche bestimmen Sie, ob das Bild gekachelt, auf Desktopgröße skaliert oder in Originalgröße zentriert etc. auf dem Desktop angezeigt werden soll.

Beachten Sie bei der Auswahl von Hintergrundbildern, dass sich dadurch die Erkennbarkeit von Desktopelementen ggf. verschlechtert. Besser geeignet sind einfarbige Hintergründe, die sich über den Wert *Einfarbig* des Listenfelds *Bildpfad* wählen lassen. Anschließend können Sie die Farbe des Hintergrunds durch Anklicken eines der eingeblendeten Farbfelder wählen.

Wählen Sie im Listenfeld *Bildpfad* den Wert »Bildbibliothek«, werden die Ordner der Bibliothek *Bilder* aufgeführt. Sie können dann unterhalb der Bildliste dem Wert *Bild ändern alle* ein Zeitintervall vorgeben und das Kontrollkästchen *Mischen* markieren. Daraufhin wird auf dem Desktop eine Diashow vorgeführt.

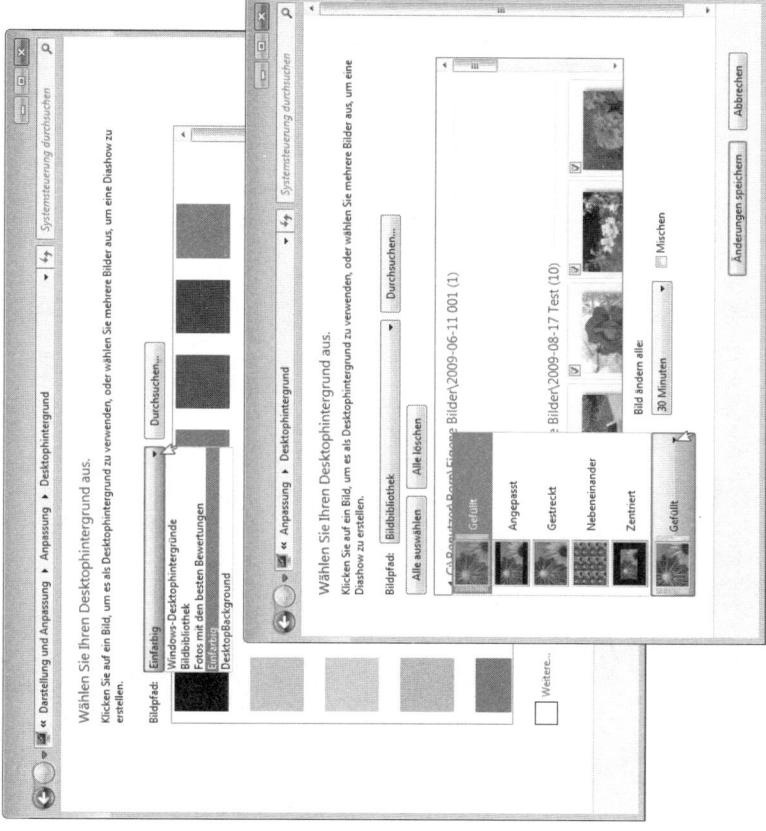

Bild 34.3: Anpassen des Desktophintergrunds

34.1.3 Fensterfarbe und -darstellung beeinflussen

Die Farbe der auf dem Windows-Desktop angezeigten Fenster und Dialogfelder sowie deren Darstellung lassen sich in gewissen Grenzen benutzerspezifisch einstellen.

1. Rufen Sie die Seite *Anpassung* (Bild 34.4, unten) über den Kontextmenü-
    befehl *Anpassen des Desktops* auf.

2. Klicken Sie im unteren Bereich der Seite *Anpassung* auf den Befehl *Fens-
    terfarbe* und passen danach in der Seite *Fensterfarbe und -darstellung* die
    gewünschten Optionen an.

 HINWEIS Der Hyperlink *Sounds* (Bild 34.4, unten) öffnet das gleichnamige Eigenschaftenfenster. Auf dessen Registerkarte *Sounds* können Sie dem Design
ein Soundschema zuordnen (siehe auch *Kapitel 33*).

Welche Darstellung beim Aufruf des Befehls *Fensterfarbe und -darstellung*
erscheint, hängt vom eingestellten Windows-Farbschema ab. Ist Aero aktiviert, erscheint das Dialogfeld *Fensterfarbe und -darstellung* (Bild 34.4,
oben).

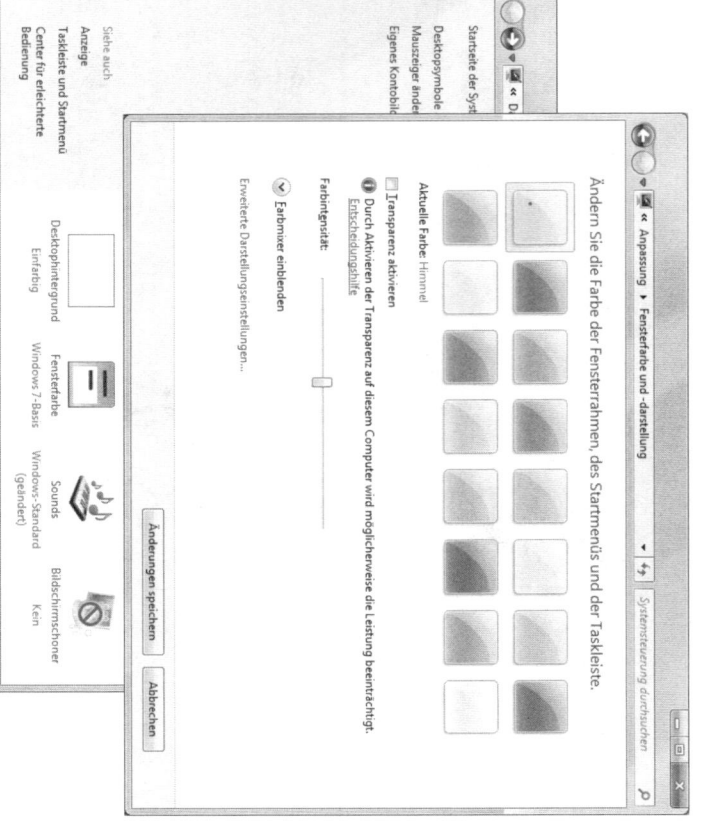

Bild 34.4: Seite *Fensterfarbe und -darstellung*

■ Durch Anklicken eines der Farbfelder lässt sich die Fensterfarbe ändern. Der Schieberegler *Farbintensität* ermöglicht Ihnen, die Farbintensität der gewählten Farbe einzustellen.

■ Mit der Schaltfläche *Farbmixer einblenden* können Sie das Dialogfeld um eine Gruppe von drei Schiebereglern erweitern, um eine individuelle Farbe einzustellen.

■ Das Kontrollkästchen *Transparenz aktivieren* steuert, ob Fenster transparent auf dem Desktop angezeigt werden oder nicht.

Die Änderungen werden übernommen, sobald Sie die Schaltfläche *Änderungen speichern* anklicken.

■ Über den Hyperlink *Erweiterte Darstellungseigenschaften* lässt sich das Eigenschaftenfenster *Darstellungseinstellungen* mit der Registerkarte *Darstellung* aufrufen (Bild 34.5). Dieses Eigenschaftenfenster erscheint auch bei Anwahl des Befehls *Fensterfarbe* in der Seite *Anpassungen*, falls der Anzeigemodus Aero nicht aktiv ist, sondern ein Basisschema eingestellt wurde.

■ Auf der Registerkarte *Fensterfarbe und -darstellung* können Sie ein Element (z. B. Desktop) im Listenfeld *Element* auswählen. Windows gibt die für das betreffende Element verfügbaren Eigenschaften wie Schriftart, Größe, Farbe etc. frei.

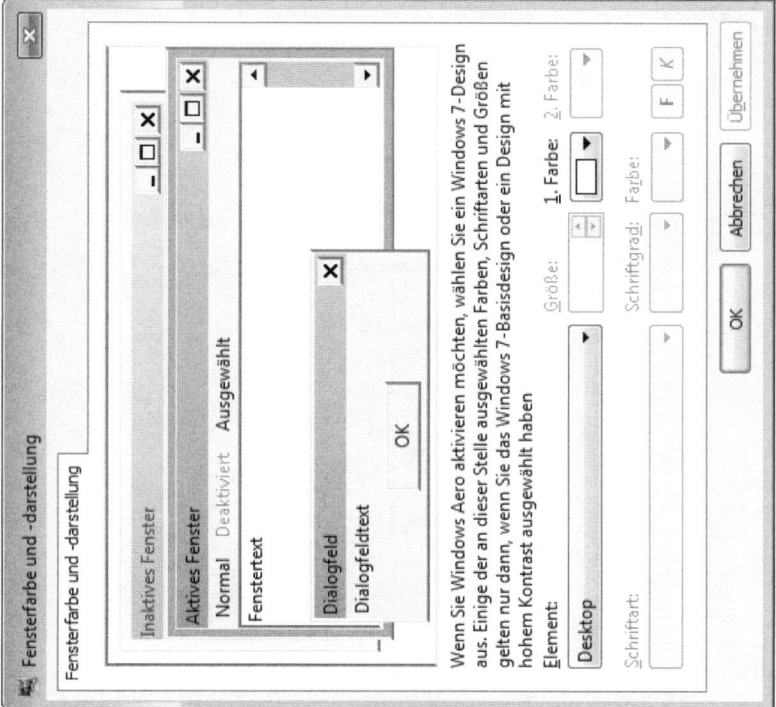

Bild 34.5:   Erweiterte Darstellungseigenschaften

■ Legen Sie die gewünschten Einstellungen für diese Eigenschaften über die betreffenden Steuerelemente fest. Die Wirkung der jeweiligen Eigenschaft wird sofort in der Vorschau auf der Registerkarte angezeigt.

Mit der Schaltfläche *OK* wird die eingestellte Eigenschaft übernommen und die Registerkarte geschlossen.

34.1.4   Aero reparieren

Funktioniert das Anzeigeschema Aero nicht mehr, können Sie dieses über einen Assistenten reparieren lassen. Öffnen Sie das Fenster *Anpassung* (Bild 34.6, unten) und klicken Sie auf den bei Aero-Problemen am unteren Fensterrand angezeigten Befehl *Problembehandlung für Transparenz und weitere Aero-Effekte*.

Sobald der Assistent startet, klicken Sie im angezeigten Dialogfeld auf den Befehl *Erweitert* und markieren das Kontrollkästchen *Reparaturen automatisch anwenden* (Bild 34.6, oben links). Über die *Weiter*-Schaltfläche starten Sie die Problemdiagnose und -behebung. Das Ergebnis wird in einem weiteren Dialogfeld gezeigt (Bild 34.6, Vordergrund).

836

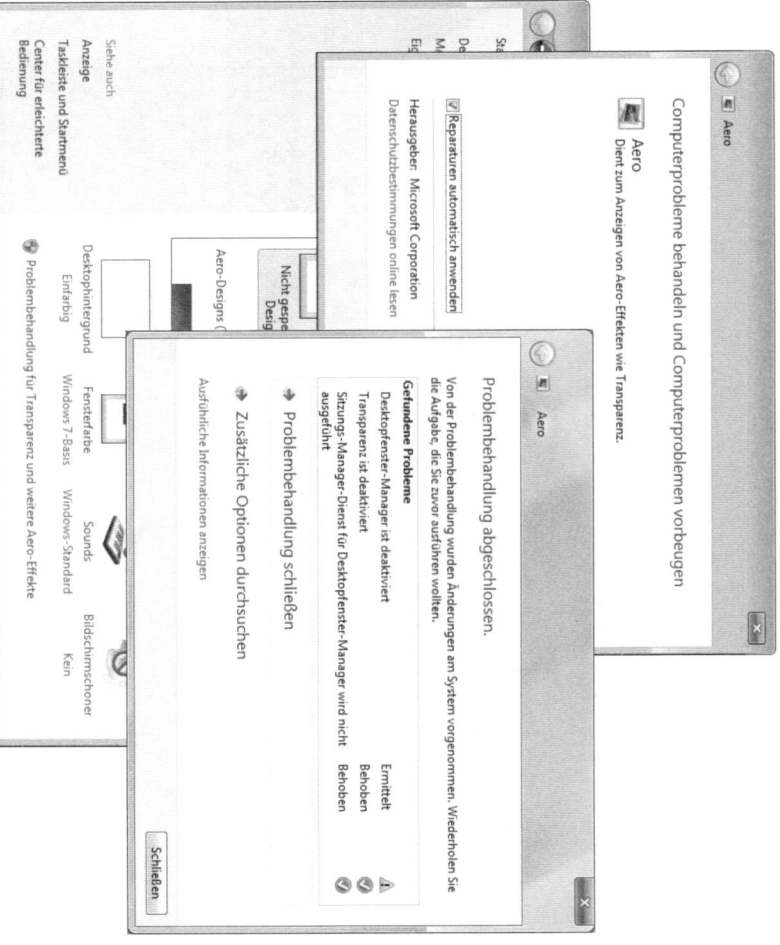

Bild 34.6: Aero reparieren lassen

 HINWEIS

Veraltete Grafiktreiber können die Umstellung auf Aero verhindern. Eine andere Ursache sind ältere Windows-Anwendungen, die eine Aero-Anzeige während der Ausführungszeit abschalten. Wie Sie bestimmte visuelle Effekte wie Maus- und Menüschatten abschalten, ist in *Kapitel 37* im Abschnitt »Erweiterte Systemeinstellungen ändern« besprochen. Sind Sie eventuell von Aero-Snap genervt und möchten dieses Feature abschalten? Öffnen Sie das Center für erleichterte Bedienung und wählen Sie den Befehl *Ausführen von Aufgaben erleichtern*. In der Folgeseite ist das Kontrollkästchen *Verhindern, dass Fenster automatisch angeordnet werden* ... zu markieren und über die OK-Schaltfläche zu bestätigen.

34.1.5 Den Bildschirmschoner konfigurieren

Windows 7 enthält einige Bildschirmschoner, die bei einem unbenutzten Computer aktiv werden können. Dies ist bei modernen LCD-Displays als Schutz vor dem Einbrennen von Logos oder Masken zwar nicht mehr erforderlich. Auch das automatische Abmelden bei unbenutztem Rechner ist über die erweiterten Einstellungen der Energieoptionen (Option *Energiesparmodus/Kennwort bei Reaktivierung*) möglich (siehe *Kapitel 33*). Trotzdem wird so mancher Anwender auf Bildschirmschoner nicht verzichten wollen.

1. Wählen Sie im Kontextmenü den Befehl *Anpassen* und klicken Sie auf der Seite *Anpassung* (Bild 34.6, unten) auf den Hyperlink *Bildschirmschoner*.

2. Stellen Sie im angezeigten Dialogfeld (Bild 34.7) das Listenfeld *Bildschirmschoner* auf den gewünschten Wert ein. Je nach Bildschirmschoner können Sie die Schaltfläche *Einstellungen* anklicken und verschiedene Optionen anpassen.

3. Anschließend stellen Sie den Wert für die Wartezeit ein, bis der Bildschirmschoner bei inaktivem Rechner in Aktion tritt.

4. Möchten Sie, dass bei aktiviertem Bildschirmschoner eine Neuanmeldung am Benutzerkonto erforderlich wird, markieren Sie das Kontrollkästchen *Anmeldeseite bei Reaktivierung*.

Der Bildschirmschoner wird aktiv, sobald Sie das Dialogfeld über die *OK*-Schaltfläche schließen. Ein unbenutzter Computer wird nach Ablauf der eingestellten Wartezeit den Bildschirmschoner aktivieren. Tippen Sie eine Taste an der Tastatur an oder bewegen Sie die Maus, erscheint die Willkommenseite oder der Desktop, je nachdem, ob eine Anmeldung gefordert wird oder nicht.

HINWEIS Über den Bildschirmschoner »Fotos« können Sie eine Diashow auf dem Desktop eines unbenutzten Systems anzeigen lassen. Wie Sie den Bildschirm in Arbeitspausen über einen Energiesparplan in den Energiesparmodus versetzen, wird in *Kapitel 33* erläutert.

34.2 Die Eigenschaften der Grafikkarte anpassen

Über das Eigenschaftenfenster *Anzeigeeinstellungen* lässt sich die Auflösung der Grafikkarte vorgeben. Über dieses Eigenschaftenfenster erhalten Sie auch Zugriff auf weitere Optionen, die nachfolgend kurz erläutert werden.

34.2.1 Anpassen der Anzeigeauflösung/-eigenschaften

Möchten Sie die Bildschirmauflösung anpassen oder kontrollieren? Soll die Darstellung (z. B. bei einem Notebook) auf einen externen Bildschirm oder Projektor umgestellt werden?

1. Klicken Sie mit der rechten Maustaste auf eine freie Stelle des Desktops und wählen Sie den Kontextmenübefehl *Bildschirmauflösung*.

2. Passen Sie auf der angezeigten Seite (Bild 34.8) die gewünschten Eigenschaften an und klicken Sie auf die *OK*-Schaltfläche.

Die Bildschirmauflösung lässt sich über den Schieberegler der Menüschaltfläche *Auflösung* in Stufen (800 x 640, 1152 x 864 Pixel etc.) verstellen. Es werden nur solche Werte angeboten, die von der Grafikkarte unterstützt werden.

Bild 34.7:   Anpassen der Bildschirmschoner-Optionen

Unterstützt die Grafikkarte mehrere Monitore und ist ein externes Anzeigegerät angeschlossen, können Sie die Anzeige über das Listenfeld *Anzeige auf* den gewünschten Monitor umschalten. Die Schaltfläche *Erkennen* ermöglicht, den zweiten Monitor zu erkennen und über die Schaltfläche *Identifizieren* wird das Anzeigegerät ermittelt, auf dem die Ausgabe erfolgt. Windows blendet dann kurzzeitig eine Ziffer (1 oder 2 für erstes und zweites Anzeigegerät) auf dem Desktop ein.

34.2.2   Erweiterte Optionen der Grafikkarte einstellen

Über den Hyperlink *Erweiterte Einstellungen* auf der Seite *Bildschirmauflösung* (Bild 34.8) lässt sich ein Eigenschaftenfenster (Bild 34.9) mit verschiedenen Registerkarten öffnen. Auf der Registerkarte *Grafikkarte* (Bild 34.9, unten links) werden Informationen zur Grafikkarte angezeigt und Sie können über die Schaltfläche *Eigenschaften* auf weitere Einstellungen zugreifen. Die Schaltfläche *Alle Modi auflisten* listet die von der Grafikkarte unterstützten Darstellungsmodi auf.

Ändern Sie die Darstellung auf dem Bildschirm.

Systemsteuerung durchsuchen

« Anzeige ▸ Bildschirmauflösung

Erkennen
Identifizieren

Erweiterte Einstellungen

Anzeige: 1. Anzeigegerät auf: VGA ▾

Auflösung: 1280 × 1024

Hoch

1768 × 992
1600 × 1200

1280 × 1024
1280 × 960

1152 × 864

1024 × 768 (empfohlen)

800 × 600

Niedrig

Text und weitere Elem
Welche Anzeigeeinst

OK   Abbrechen   Übernehmen

Bild 34.8: Anzeigeeinstellungen

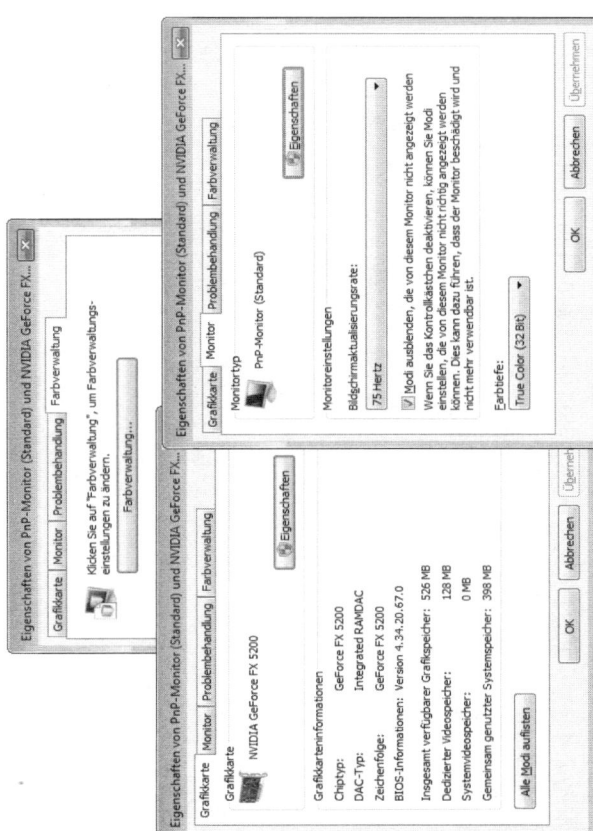

Eigenschaften von PnP-Monitor (Standard) und NVIDIA GeForce FX…

Grafikkarte | Monitor | Problembehandlung | Farbverwaltung

Klicken Sie auf "Farbverwaltung", um Farbverwaltungs-einstellungen zu ändern.

Farbverwaltung…

Eigenschaften von PnP-Monitor (Standard) und NVIDIA GeForce FX…

Grafikkarte | Monitor | Problembehandlung | Farbverwaltung

NVIDIA GeForce FX 5200

Eigenschaften

Grafikkarteninformationen

Chiptyp: GeForce FX 5200
DAC-Typ: Integrated RAMDAC
Zeichenfolge: GeForce FX 5200
BIOS-Informationen: Version 4.34.20.67.0

Insgesamt verfügbarer Grafikspeicher: 526 MB
Dedizierter Videospeicher: 128 MB
Systemvideospeicher: 0 MB
Gemeinsam genutzter Systemspeicher: 398 MB

Alle Modi auflisten

OK   Abbrechen   Übernehm

Eigenschaften von PnP-Monitor (Standard) und NVIDIA GeForce FX…

Grafikkarte | Monitor | Problembehandlung | Farbverwaltung

Monitortyp

PnP-Monitor (Standard)

Eigenschaften

Monitoreinstellungen

Bildschirmaktualisierungsrate:

75 Hertz ▾

☑ Modi ausblenden, die von diesem Monitor nicht angezeigt werden können
Wenn Sie das Kontrollkästchen deaktivieren, können Sie Modi einstellen, die von diesem Monitor nicht richtig angezeigt werden können. Dies kann dazu führen, dass der Monitor beschädigt wird und nicht mehr verwendbar ist.

Farbtiefe:

True Color (32 Bit) ▾

OK   Abbrechen   Übernehmen

Bild 34.9: Erweiterte Eigenschaften der Grafikkarte

Auf der Registerkarte *Monitor* (Bild 34.9, unten rechts) kann die Bildschirmaktualisierungsrate der Grafikkarte für den angeschlossenen Monitor und die Farbtiefe angepasst werden. Der Wert sollte bei Röhrenbildschirmen mindestens 75 Hertz betragen, um eine flimmerfreie Anzeige zu erreichen. Je nach gewählter Auflösung können aber auch höhere Werte eingestellt werden. Bei Flachbildschirmen sind aber Werte unter 60 Hertz für eine flimmerfreie Darstellung ausreichend.

HINWEIS

Über die Schaltfläche *Farbverwaltung* der gleichnamigen Registerkarte (Bild 34.9, oben) lassen sich ggf. Farbprofile für die Ausgabegeräte (z. B. Drucker) verwalten. Es erscheint ein separates Eigenschaftenfenster (Bild 34.10) mit mehreren Registerkarten, auf denen Sie Farbprofile angeben können. Sie benötigen dann vom Hersteller gelieferte ICM-Dateien, die Sie für das Gerät laden und zuweisen können. Die Farbverwaltung bewirkt, dass Farben möglichst realitätsnah auf dem Ausgabegerät dargestellt werden. Ausführliche Hinweise zur Farbverwaltung liefert die Windows-Hilfe, die direkt über einen in Dialogfeld der Farbverwaltung eingeblendeten Hyperlink aufgerufen werden kann. Falls ggf. Fotos in der Windows-Fotoanzeige mit einem Farbstich wiedergegeben werden, können Sie dieses Problem durch Löschen des Farbprofils beheben (siehe auch meinen Blogbeitrag unter http://gborn.blogger.de/stories/884367/ zu Windows Vista, der auch für Windows 7 gilt).

Bild 34.10:   Farbverwaltung für Geräte

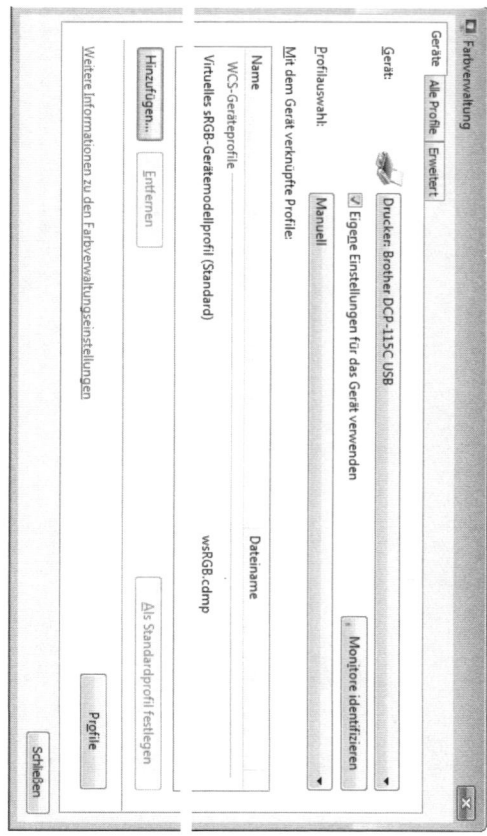

34.2.3 DPI-Auflösung der Schriftgröße anpassen

Die Schriften auf dem Desktop oder in Fenstern werden standardmäßig mit einer Auflösung von 96 dpi (dpi ist die Abkürzung für Dots per Inch und bedeutet Punkte pro Zoll) dargestellt, was für normale Zwecke ausreicht. Bei Bedarf können Sie aber eine höhere Auflösung für Schriften vereinbaren.

1. Öffnen Sie die Seite *Bildschirmauflösung* (Bild 34.8) über den gleichnamigen Kontextmenübefehl des Desktops und klicken Sie auf den Befehl *Text und weitere Elemente vergrößern*.

2. Markieren Sie in der Seite *Die Lesbarkeit auf dem Bildschirm erleichtern* (Bild 34.11, oben) eines der Optionsfelder. Optional können Sie in der Aufgabenleiste den Befehl *Benutzerdefinierte Textgröße (DPI) festlegen* wählen und dann die DPI-Einstellung über das Listenfeld des Dialogfelds (Bild 34.11, unten) ändern.

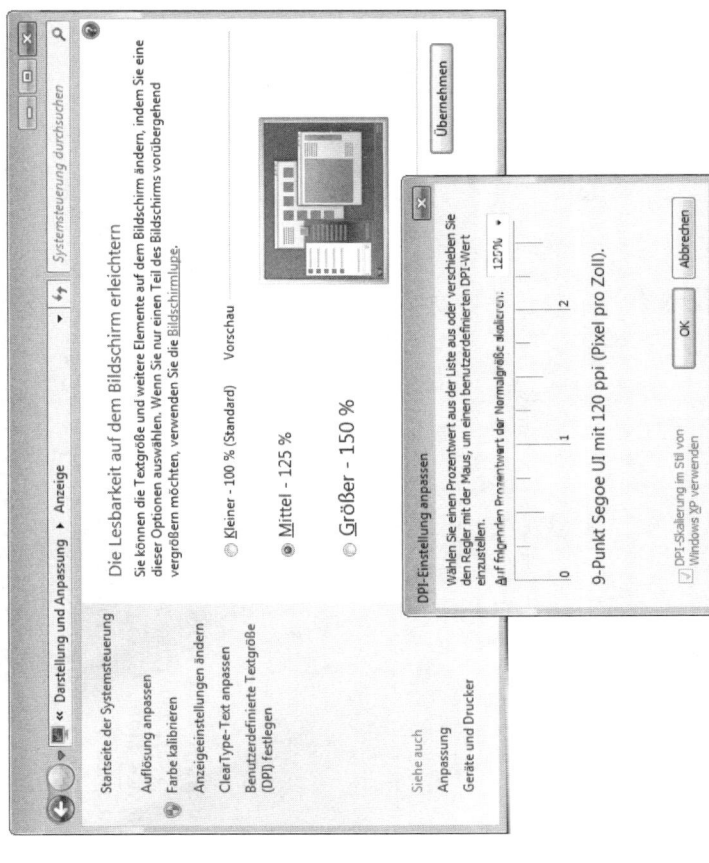

Bild 34.11: DPI-Auflösung für Schriften anpassen

Die Änderungen werden übernommen, sobald Sie das Dialogfeld über die *OK*-Schaltfläche schließen und dann auf der Seite die *Übernehmen*-Schaltfläche anklicken. Anschließend müssen Sie sich vom Benutzerkonto ab- und dann wieder anmelden. Mit höheren DPI-Werten werden die Schriften größer dargestellt, sodass Sie diese besser erkennen können. Allerdings passen dann auch weniger Inhalte auf den Bildschirm.

HINWEIS Über die Befehle der Aufgabenleiste erhalten Sie Zugriff auf die Bildschirmauflösung und die Farbverwaltung. Zudem lässt sich die ClearType-Funktion ein- oder ausschalten (siehe auch *Kapitel 33* im Abschnitt zur Schriftartenverwaltung).

34.3 Taskleisten- und Desktopsymboleigenschaften

Die Taskleiste, der Infobereich, das Startmenü und die Desktopsymbole lassen sich ebenfalls über verschiedene Eigenschaften in ihrem Verhalten bzw. Aussehen anpassen. Nachfolgend finden Sie eine kurze Übersicht über die betreffenden Funktionen.

34.3.1 Desktopsymbole anpassen

Standardmäßig ist nach der Windows 7-Installation auf dem Desktop lediglich das Papierkorb-Symbol zu sehen. Sie haben aber die Möglichkeit, eigene Symbole (ggf. als Verknüpfungen) auf dem Desktop einzublenden. Microsoft hat daher die Optionen zum Anpassen der Symbole sowie zum Anzeigen zusätzlicher Symbole wie Netzwerk etwas versteckt. Um sich über die betreffenden Optionen zu informieren und ggf. Anpassungen vorzunehmen, gehen Sie folgendermaßen vor.

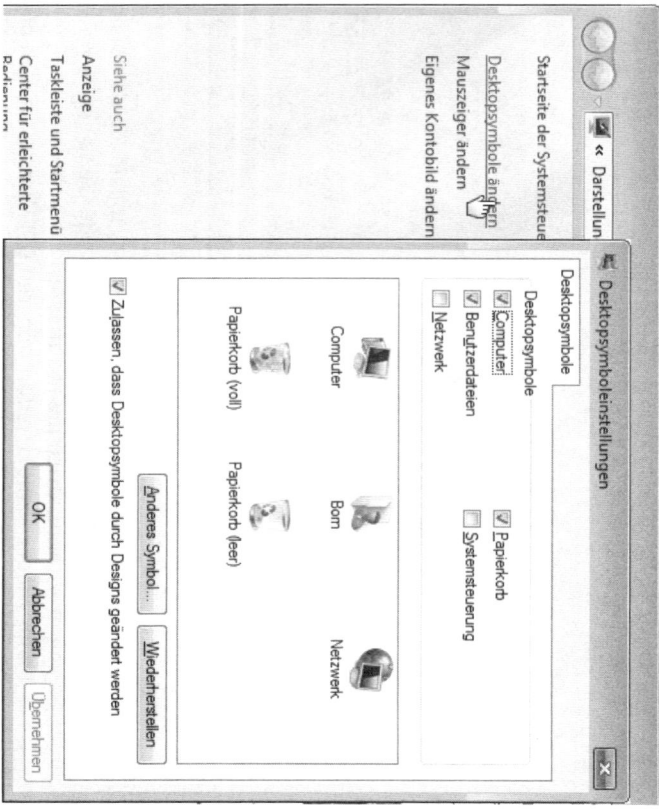

Bild 34.12: Desktopsymbole anpassen

1. Öffnen Sie, z. B. über die am Kapitelanfang erläuterten Schritte, die Seite *Anpassung* (Bild 34.12, Hintergrund) und klicken Sie in der Aufgabenleiste auf den Befehl *Desktopsymbole ändern*.

2. Passen Sie auf der Registerkarte *Desktopsymbole* (Bild 34.12, Vordergrund) die gewünschten Optionen an und schließen Sie das Eigenschaftenfenster über die OK-Schaltfläche.

Über die Kontrollkästchen der Gruppe *Desktopsymbole* lassen sich verschiedene Symbole wie *Papierkorb*, *Netzwerk* oder das Symbol des Benutzerordners auf dem Desktop ein- oder ausblenden.

Wählen Sie eines der auf der Registerkarte angezeigten Symbole an, können Sie diesem über die Schaltfläche *Anderes Symbol* eine andere Symboldatei zuweisen. Sie können sich also ein spezielles Symbol für einen leeren oder geöffneten Papierkorb auf dem Desktop zaubern. Über das Kontrollkästchen *Zulassen, dass Desktopsymbole durch Designs geändert werden* steuern Sie, ob Designs andere Symbole einblenden können.

TIPP Die Symbole *Computer* und *Systemsteuerung* können dagegen auch über den Kontextmenübefehl *Auf dem Desktop anzeigen* des betreffenden Startmenüeintrags ein- oder ausgeblendet werden.

34.3.2 Taskleiste und Infobereich anpassen

Windows 7 erlaubt Ihnen, die Eigenschaften der Taskleiste und speziell des Infobereichs benutzerspezifisch anzupassen. So können Sie beispielsweise die Uhrzeitanzeige ausblenden oder regeln, wie mit inaktiven Symbolen im Infobereich zu verfahren ist.

1. Klicken Sie mit der rechten Maustaste auf die Schaltfläche *Start* und wählen Sie im Kontextmenü den Befehl *Eigenschaften*.

2. Passen Sie anschließend die Optionen (Bild 34.13) auf der Registerkarte *Taskleiste* an. Ein markiertes Kontrollkästchen aktiviert die betreffende Eigenschaft.

Sobald Sie das Eigenschaftenfenster über die *OK*-Schaltfläche schließen, werden die Änderungen wirksam.

■ Möchten Sie verhindern, dass Benutzer die Taskleiste beim Klicken irrtümlich auf dem Desktop verschieben, markieren Sie das Kontrollkästchen *Taskleiste fixieren*. Bei fixierter Taskleiste lässt sich diese weder vom unteren Rand des Desktops zum oberen, rechten oder linken Desktoprand ziehen noch durch Ziehen am Rand in der Höhe verändern. Sie können diese Eigenschaft auch über das Kontextmenü der Taskleiste schnell anpassen.

■ Das Kontrollkästchen *Taskleiste automatisch ausblenden* erlaubt Windows, die Taskleiste automatisch auszublenden, falls der Desktop komplett zur Anzeige benötigt wird. Die Taskleiste wird dann automatisch angezeigt, falls der Benutzer per Mauszeiger in den Bereich der ausgeblendeten Taskleiste kommt.

■ Mit *Kleine Symbole verwenden* erzwingen Sie eine Taskleistendarstellung, die sich mehr an früheren Windows-Versionen orientiert.

■ Das Kontrollkästchen *Aero Peek für die Desktopvorschau verwenden* ist nur bei aktiviertem Aero freigegeben und ermöglicht Ihnen, die Desktopvorschau beim Zeigen auf Miniaturansichten (siehe *Kapitel 4*) der Taskleiste ein-/auszuschalten.

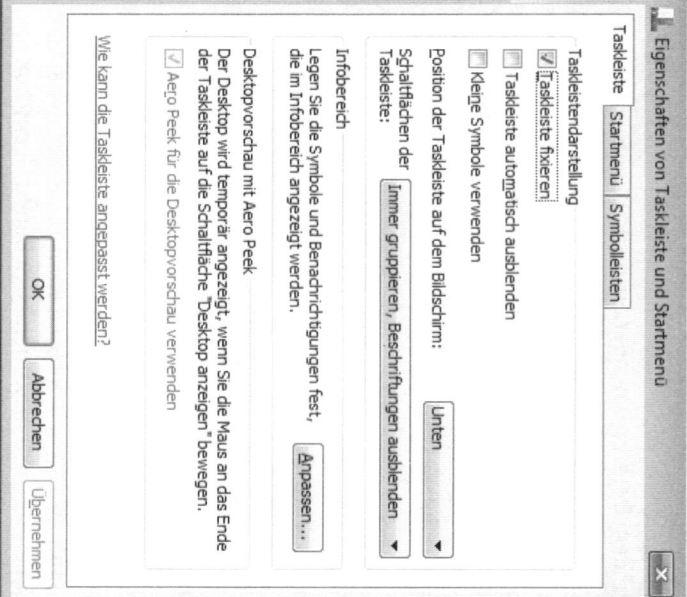

Bild 34.13: Eigenschaften der Taskleiste anpassen

■ Über das Listenfeld *Schaltfläche der Taskleiste* können Sie vorgeben, dass Windows Elemente der Taskleiste immer gruppiert, Beschriftungen ausblendet oder nur gruppiert, wenn die Taskleiste voll ist. Standard ist »Immer gruppieren, Beschriftungen ausblenden«.

Alle Einstellungen werden wirksam, sobald Sie die Registerkarte über die *OK*-Schaltflächen schließen.

 HINWEIS

Auf der Registerkarte *Symbolleisten* des Eigenschaftenfensters finden Sie eine Liste mit vordefinierten Symbolleisten. Durch Markieren der Kontrollkästchen lassen sich Elemente wie der Desktop, eine Adressleiste, eine Links-Leiste oder der Tablet PC-Eingabebereich in der Taskleiste einblenden. Diese Elemente lassen sich auch über das Kontextmenü der Taskleiste über den Befehl *Symbolleisten* ein-/ausblenden.

Eigenschaften des Infobereichs anpassen

Um die Eigenschaften der im Infobereich eingeblendeten Symbole sowie das Anzeigeverhalten zu ändern, müssen Sie auf der Registerkarte *Taskleiste* die Schaltfläche *Anpassen* der Gruppe *Infobereich* anwählen (Bild 34.13).

Windows öffnet dann die in Bild 34.14, unten, gezeigte Seite. Über die Listenfelder der Spalte *Verhalten* einzelner Symbole können Sie vorgeben, wie Windows deren Benachrichtigungssymbole im Infobereich anzeigen soll. Sie können vorgeben, ob das Symbol immer eingeblendet, immer ausgeblendet oder nur im inaktiven Zustand versteckt werden soll.

Das automatische Ausblenden inaktiver Symbole im Infobereich der Taskleiste steuern Sie über eine Markierung des Kontrollkästchens *Immer alle Symbole und Benachrichtigungen auf der Taskleiste anzeigen* (Bild 34.14, unten). Klicken Sie auf den Hyperlink *Systemsymbole aktivieren oder deaktivieren*, wird die Anzeige der Seite auf die Darstellung aus Bild 34.14, oben, umgestellt. Über die Listenfelder der Spalte *Verhalten* können Sie vorgeben, ob die Systemsymbole *Uhr, Lautstärke, Netzwerk, Stromversorgung und Wartungscenter* im Infobereich einzublenden sind.

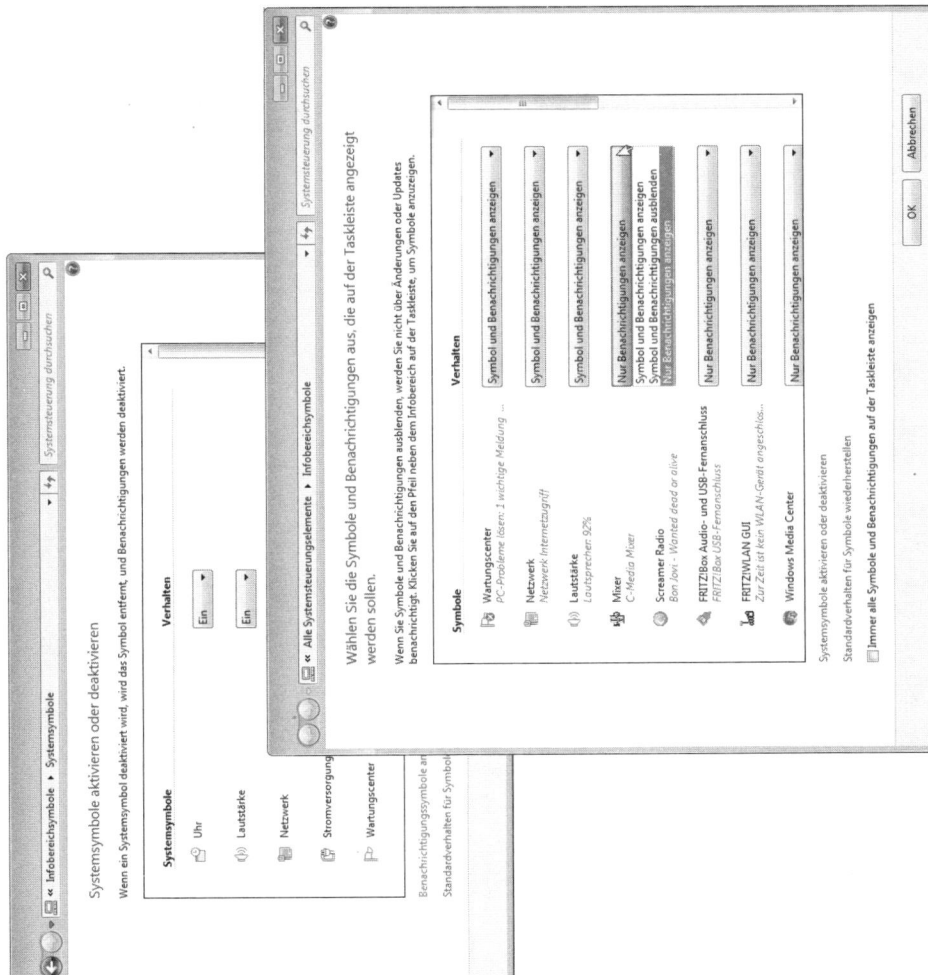

Bild 34.14: Benachrichtigungssymbole des Infobereichs anpassen

Über den Hyperlink *Standardverhalten für Symbole wiederherstellen* setzen Sie die Einstellungen auf die Vorgaben bei der Installation zurück. Alle Einstellungen werden wirksam, sobald Sie das Dialogfeld über die *OK*-Schaltflächen schließen.

35 Die Benutzerkontenverwaltung nutzen

Windows 7 stellt komfortable Funktionen zur Verwaltung der Benutzerkonten bereit, über die Anwender die Einstellungen des eigenen Kontos und Administratoren die Eigenschaften aller Benutzerkonten pflegen können. Die folgenden Abschnitte beschreiben, wie Benutzerkonten angelegt und verwaltet werden.

35.1 Verwaltung des eigenen Benutzerkontos

In *Kapitel 2* ist im Abschnitt »Benutzerkonten – das sollten Sie wissen« erwähnt, dass Windows 7 zwischen Administratoren und Standardbenutzern unterscheidet. Zur Absicherung gegen Missbrauch sollten Konten mit einem Kennwort geschützt werden, und es empfiehlt sich, unter Standardbenutzerkonten zu arbeiten. Der folgende Abschnitt erläutert, wie sich die Einstellungen des aktuellen Benutzerkontos anpassen lassen.

35.1.1 Eigenschaften des Benutzerkontos anpassen

Jeder Benutzer kann komfortabel auf die Einstellungen des eigenen Benutzerkontos zugreifen und Kennwörter oder andere Einstellungen ändern.

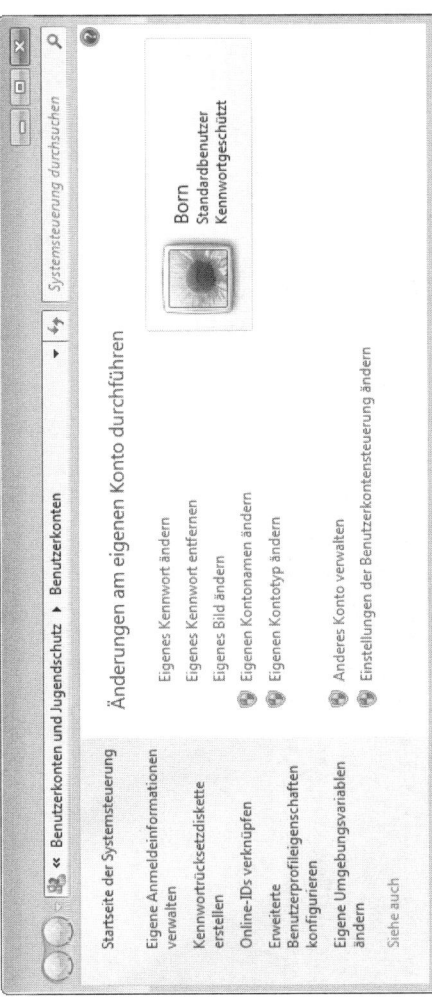

Bild 35.1: Änderungen am Benutzerkonto durchführen

1. Öffnen Sie das Startmenü, tippen Sie in das Suchfeld »Benutzer« ein und klicken Sie auf den angezeigten Befehl *Benutzerkonten*.

2. Anschließend wählen Sie in der Seite *Benutzerkonten* (Bild 35.1) die Hyperlinks *Eigenes Kennwort ändern*, *Eigenes Kennwort entfernen* etc. und passen in der Folgeseite die Eigenschaften an.

Die Seite aus Bild 35.1 lässt sich auch schneller aufrufen, indem Sie das Startmenü öffnen und dann auf das am oberen Rand gezeigte Kontobild klicken. Befehle auf der Seite *Benutzerkonten*, denen ein stilisiertes Schild als Symbol vorangestellt ist, erfordern beim Aufrufen Administratorberechtigungen (z. B. *Anderes Konto verwalten*).

Zur Absicherung des Rechners gehört auch, dass alle Benutzerkonten mit einem Kennwort versehen sind. Sie können als normaler Benutzer nur das Kennwort für das eigene Benutzerkonto festlegen bzw. ändern.

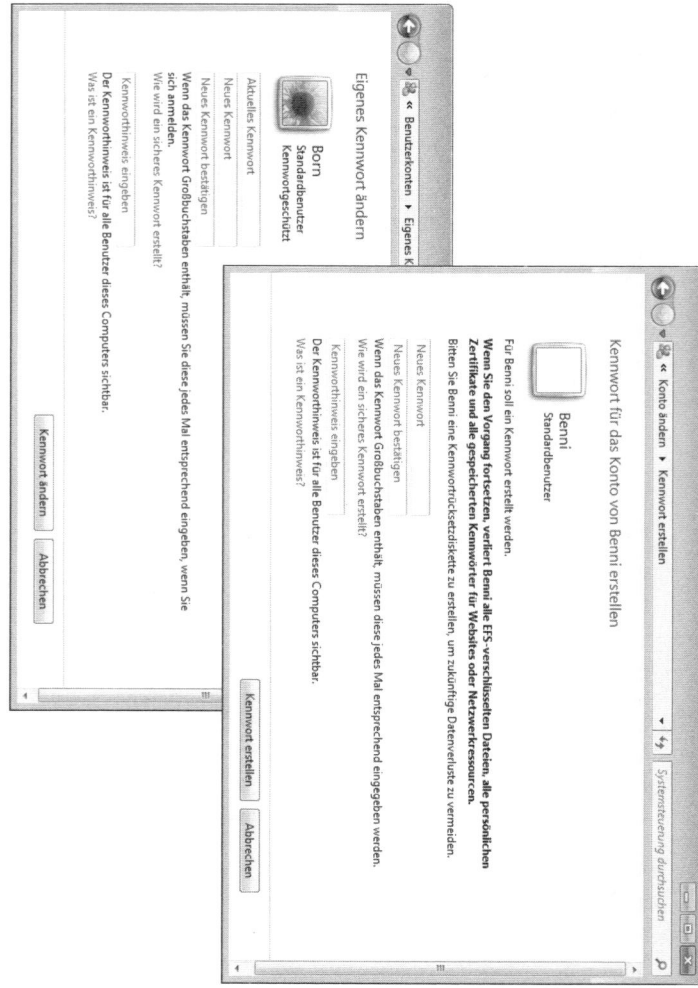

Bild 35.2: Seite zur Eingabe des Kennworts

- Ist noch kein Kennwort vorhanden, klicken Sie auf den Hyperlink *Kennwort erstellen*. Anschließend tippen Sie auf der angezeigten Seite (Bild 35.2, oben) das Benutzerkennwort in die beiden oberen Textfelder *Neues Kennwort* und *Neues Kennwort bestätigen* ein. Die eingegebenen Zeichen werden in den Kennwortfeldern als Punkte angezeigt. Die zweifache Eingabe stellt sicher, dass Sie sich nicht durch Tippfehler von der Benutzung des eigenen Kontos aussperren. Tragen Sie bei Bedarf noch einen kurzen Text für einen Kennworthinweis in das Feld *Kennworthinweis eingeben* ein. Dieser Hinweis lässt sich bei der Anmeldung am Konto abrufen, wenn die Kennworteingabe fehlgeschlagen ist. Das Kennwort wird angelegt, wenn Sie die Schaltfläche *Kennwort erstellen* auf der Formularseite betätigen.

■ Sie können als angemeldeter Benutzer das Kennwort des eigenen Benutzerkontos zum Schutz vor Missbrauch jederzeit über den Hyperlink *Eigenes Kennwort ändern* umsetzen (Bild 35.1). Tippen Sie in der angezeigten Seite (Bild 35.2, unten) das alte Benutzerkennwort in das oberste Textfeld *Aktuelles Kennwort* ein. Anschließend fügen Sie das neue Kennwort zweimal in die beiden darunter liegenden Textfelder *Neues Kennwort* und *Neues Kennwort bestätigen* ein. Tragen Sie bei Bedarf noch einen kurzen Text für einen Kennworthinweis in das betreffende Feld ein und bestätigen Sie dies durch Anklicken der Schaltfläche *Kennwort ändern*. Das Kennwort wird nur dann geändert, wenn Sie das alte Kennwort korrekt im Formular angegeben haben. Dies verhindert, dass ein Scherzbold das Kennwort auf einem unbeaufsichtigten Computer verstellt.

■ Möchten Sie das Benutzerkonto zukünftig trotz entsprechender Nachteile (z. B. bei einer Netzwerkanmeldung) ohne Kennwort verwenden? Klicken Sie in der Seite aus Bild 35.1 auf den Befehl *Eigenes Kennwort entfernen*. Anschließend tippen Sie in das Textfeld ein und klicken auf die Schaltfläche *Kennwort entfernen*. Das Kennwort wird ausgetragen und Sie können sich zukünftig durch Anklicken des Benutzerkontensymbols auf der Willkommenseite am Konto anmelden.

■ Möchten Sie das von Windows bei der Anmeldung und im Startmenü verwendete Bild für das eigene Benutzerkonto ändern? Klicken Sie in der Seite aus Bild 35.1 auf den Befehl *Eigenes Bild ändern*. Klicken Sie im angezeigten Dialogfeld auf eines der angegebenen Kontenbilder. Bei Bedarf können Sie den Hyperlink *Nach weiteren Bildern suchen* anklicken und über das anschließend geöffnete Dialogfeld weitere Bilder in Ordnern der Festplatte suchen. Klicken Sie anschließend auf die Schaltfläche *Bild ändern*, um das Bild dem Konto zuzuweisen und die Seite zu schließen.

Sie gelangen bei der Anwahl der betreffenden Schaltflächen (z. B. *Bild ändern*) jeweils zur Verwaltungsseite *Benutzerkonten* (Bild 35.1) zurück.

ACHTUNG

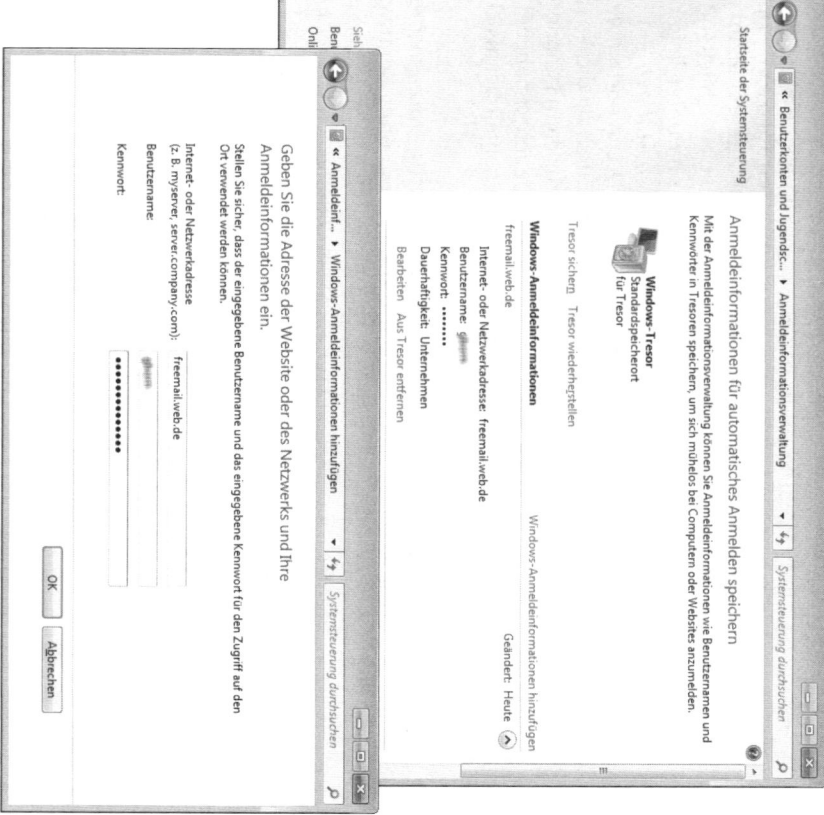

Bild 35.3: Windows-Tresor

HINWEIS

In der Aufgabenleiste der Seite *Änderungen am eigenen Konto durchführen* (Bild 35.1) finden Sie noch weitere Befehle zum Anpassen spezieller Kontoeinstellungen. Der Befehl *Eigene Anmeldeinformationen verwalten* öffnet die in Bild 35.3, oben, gezeigte Seite des Windows-Tresors. Dort tauchen alle Kennwörter auf, die Sie bei einer Anmeldung über Kennwortdialogfelder gespeichert haben. Sie können die Hyperlinks auf der Seite anklicken und die Adressen von Webseiten samt den zugehörigen Anmeldeinformationen eingeben (Bild 35.3, unten). Der Befehl *Erweiterte Benutzerprofileigenschaften konfigurieren* zeigt die auf dem Computer gespeicherten Profile (im Heimbereich mit Arbeitsgruppennetzwerken nicht relevant). Über den Befehl *Eigene Umgebungsvariablen ändern* öffnet sich ein Dialogfeld, über das Sie Umgebungsvariablen für das Benutzerkonto festlegen können. Solche Werte werden gelegentlich von älteren Anwendungen ausgewertet. Systemweite Umgebungsvariablen definieren Sie dagegen in den erweiterten Systemeigenschaften (siehe *Kapitel 37*, Abschnitt »Umgebungsvariable einsehen und ändern«). Wie Sie ein Konto mit Online-IDs (z. B. Möglichkeit zur Anmeldung am Windows Live ID-Konto) verknüpfen, ist in *Kapitel 22* im Abschnitt zum Medienstreaming über das Internet beschrieben.

Hilfe, ich habe mein Kennwort vergessen

Verwenden Sie ein kennwortgeschütztes Benutzerkonto, ist der Zugang nur noch nach Eingabe des korrekten Kennworts möglich. Wurde das Benutzerkennwort vergessen und hilft der Kennworthinweis nicht weiter, können Sie sich nicht mehr am Konto anmelden. Sofern Sie eine Kennwortrücksetzdiskette erstellt haben, lässt sich das Konto damit freischalten (siehe nächster Abschnitt). Ist keine Kennwortrücksetzdiskette vorhanden, besitzt nur noch der Administrator die Möglichkeit, das Kennwort für das betreffende Konto zurückzusetzen (siehe unten). Der Benutzer kann sich anschließend unter dem neuen Kennwort anmelden und dieses nach erfolgreichem Zugang zum Benutzerkonto wieder verwenden.

TIPP

Bei Änderungen des Kennworts durch den Administrator geht u. U. der Zugriff auf gespeicherte Anmeldeinformationen für Internetkonten verloren. Sie können den ganzen Aufwand vermeiden, indem Sie eine Kennwortrücksetzdiskette für vergessene Kennwörter erstellen.

35.1.2 Eine Kennwortrücksetzdiskette erstellen

Bei kennwortgeschützten Konten ist es wichtig, dass Sie dieses Kennwort nicht vergessen. Um nicht auf die Unterstützung eines Administrators angewiesen zu sein, lässt sich eine sogenannte Kennwortrücksetzdiskette erstellen. Diese enthält die Anmeldeinformationen in verschlüsselter Form und ermöglicht Ihnen im Notfall den Zugang zum System. Auch wenn viele PCs kein Diskettenlaufwerk mehr haben, lassen Sie sich von dem Begriff Diskette nicht abschrecken. Sie können auch einen USB-Stick oder eine für Digitalkameras oder MP3-Player benutzte Speicherkarte für diesen Zweck verwenden. Wichtig ist lediglich, dass über ein Wechseldatenträgerlaufwerk auf das Speichermedium zugegriffen werden kann.

1. Hierzu legen Sie einen leeren und formatierten Datenträger in das Wechseldatenträgerlaufwerk ein und rufen die Seite *Änderungen am eigenen Konto durchführen* (Bild 35.4, Hintergrund links) gemäß den Hinweisen am Kapitelanfang auf.

2. Wählen Sie in der Aufgabenspalte des Fensters den Befehl *Kennwortrücksetzdiskette erstellen*.

3. Sobald der Assistent startet, klicken Sie im Willkommen-Bildschirm auf die *Weiter*-Schaltfläche und wählen im Folgedialog (Bild 35.4, Hintergrund unten) das Laufwerk zum Speichern der Rücksetzinformationen aus.

4. Klicken Sie erneut auf die Schaltfläche *Weiter*, geben Sie im Dialogschritt *Aktuelles Benutzerkontokennwort* Ihr Kennwort ein (in Bild 35.4, oben) und klicken Sie wieder auf *Weiter*.

5. Sobald der Assistent im Statusdialog meldet, dass die Kennwortrücksetzdiskette erstellt wurde, klicken Sie auf die *Weiter*-Schaltfläche und dann im Abschlussdialog auf die *Fertig stellen*-Schaltfläche.

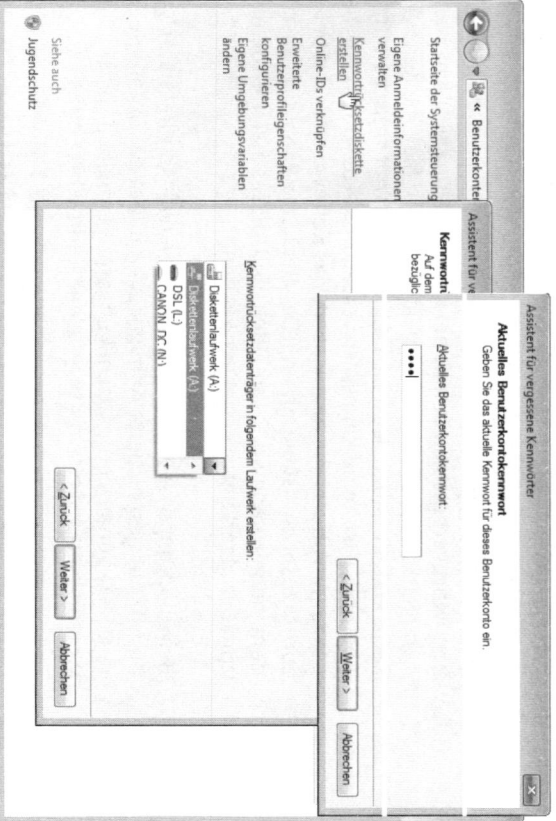

Bild 35.4: Kennwortrücksetzdiskette erstellen

Der Assistent wird beendet und Sie können dem Medium dem Laufwerk entnehmen. Beschriften Sie den Wechseldatenträger entsprechend und bewahren Sie ihn an einem sicheren Ort auf.

Kennwort von Diskette zurücksetzen

Haben Sie Ihr Kennwort vergessen, verfügen aber über eine Kennwortrücksetzdiskette? Dann lässt sich mittels dieses Datenträgers eine Anmeldung ohne das alte Kennwort bewerkstelligen.

1. Tippen Sie im Anmeldedialog ein falsches Kennwort für das Benutzerkonto ein, um die Anzeige *Der Benutzername bzw. das Kennwort ist falsch* zu erhalten. Bestätigen Sie die unterhalb der Meldung angezeigte *OK*-Schaltfläche.

2. Legen Sie die Kennwortrücksetzdiskette (bzw. das betreffende Medium) in das Wechseldatenträgerlaufwerk ein und klicken Sie auf der Anmeldeseite auf den nun (unterhalb des Kennwortfelds) sichtbaren Hyperlink *Kennwort zurücksetzen*.

3. Sobald der Assistent startet, gehen Sie über die Schaltfläche *Weiter* zum Folgedialog, wählen das Laufwerk mit dem Medium aus und klicken erneut auf *Weiter*.

4. Im Folgedialog müssen Sie ein neues Kennwort zweimal eingeben. Zudem können Sie einen Kennworthinweis eintragen. Klicken Sie auf die *Weiter*-Schaltfläche und dann auf *Fertig stellen*, um den Assistenten zu schließen.

Anschließend können Sie sich mit dem gerade im Assistenten eingegebenen neuen Kennwort auf der Willkommenseite am Benutzerkonto anmelden.

Bei diesen Schritten werden die Konteneinstellungen so zurückgesetzt, dass Zertifikate und Passport-Kennwörter gültig und weiter benutzbar bleiben.

35.2 Benutzerkontenverwaltung für Administratoren

Administratoren können unter dem eigenen Benutzerkonto nicht nur Treiber, Software und Updates installieren sowie Internetverbindungen einrichten. Windows ermöglicht es diesem Personenkreis auch, auf Dateien anderer Benutzer zuzugreifen sowie Benutzerkonten für alle Benutzer des Systems zu pflegen (anlegen, ändern oder löschen). Natürlich kann ein unter seinem Benutzerkonto angemeldeter Administrator auch die im vorhergehenden Abschnitt beschriebenen Techniken nutzen, um eigene Kontoinformationen zu bearbeiten. Die folgenden Abschnitte beschreiben die Funktionen, um Einstellungen anderer Konten zu bearbeiten.

35.2.1 Benutzerkonten hinzufügen und entfernen

Das Anlegen oder Entfernen eines Benutzerkontos lässt sich in der Windows-Benutzerkontenverwaltung mit wenigen Schritten erledigen.

1. Öffnen Sie das Fenster der Systemsteuerung über das Startmenü und klicken Sie in der Rubrik *Benutzerkonten und Jugendschutz* auf den Befehl *Benutzerkonten hinzufügen/entfernen* (Bild 35.5, Hintergrund).

2. Bestätigen Sie den Sicherheitsdialog der Benutzerkontensteuerung. Sind Sie als Standardbenutzer angemeldet, müssen Sie ein Administratorkonto samt Kennwort angeben.

3. Windows öffnet das Fenster *Zu änderndes Konto auswählen*, das alle bereits existierenden Konten samt deren Kontotypen und -eigenschaften anzeigt (Bild 35.5, links). Klicken Sie auf den unterhalb der bestehenden Konten als Hyperlink eingeblendeten Befehl *Neues Konto erstellen*.

4. Geben Sie auf der Folgeseite (Bild 35.5, unten rechts) in das zugehörige Textfeld den Namen (z. B. Vorname der Person) für das neue Konto ein. Markieren Sie eines der Optionsfelder (*Administrator* oder *Standardbenutzer*), um den Kontotyp des Benutzers festzulegen.

Sobald Sie die Schaltfläche *Konto erstellen* anklicken, schließt Windows die Seite und legt das Konto unter dem eingegebenen Namen und mit dem Kontotyp an. Der Kontotyp erscheint dann in der Kontenübersicht.

HINWEIS

Meldet sich der betreffende Benutzer zum ersten Mal am betreffenden Konto an, legt Windows die Einstellungen für das Startmenü, für den Desktop und die Ordner des Benutzerkontos (*Dokumente, Bilder* etc.) neu an. Da das neue Konto kein Kennwort besitzt, muss der Benutzer dieses bei der ersten Anmeldung bestimmen (siehe vorherige Abschnitte), oder Sie legen dieses als Administrator fest.

Bild 35-5:   Anlegen eines neuen Benutzerkontos

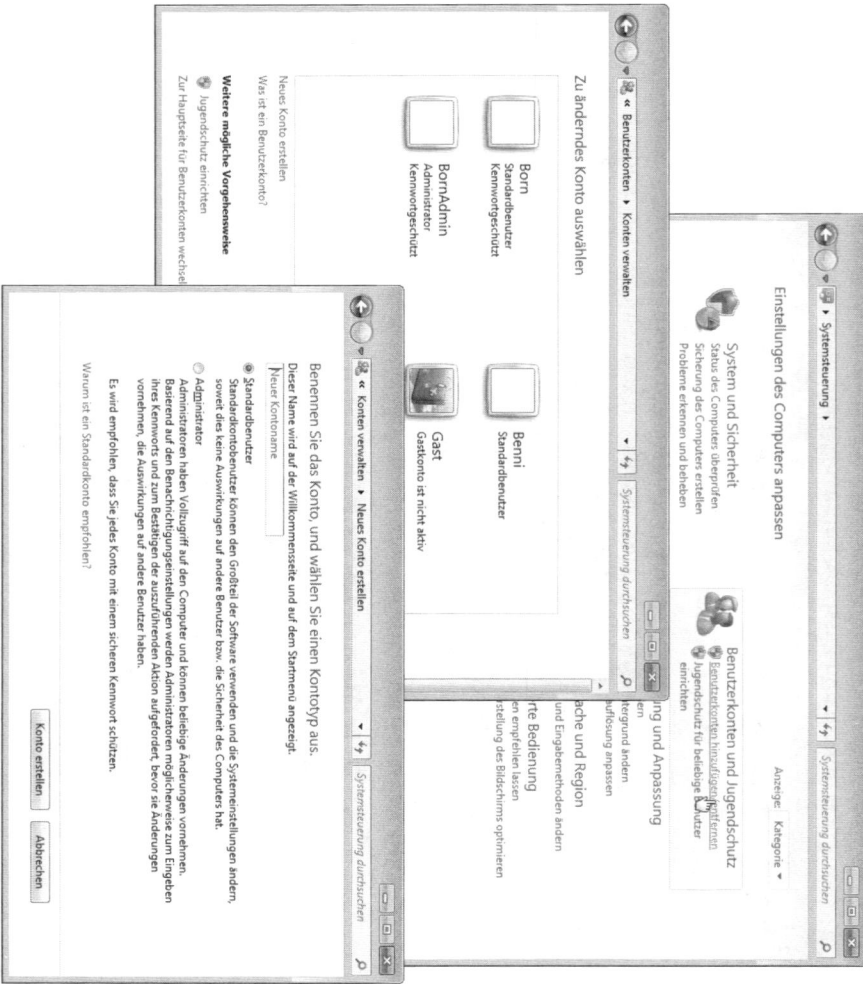

35.2.2   Benutzerkonteneinstellungen anpassen

Ein Administrator kann auf alle Benutzerkonten zugreifen und deren Einstellungen anpassen. Rufen Sie die Seite *Zu änderndes Konto auswählen* mit der Liste aller bereits existierenden Konten (Bild 35.5, links) gemäß den Schritten auf der vorherigen Seite auf und wählen Sie dann das Symbol des zu löschenden Kontos. Anschließend wählen Sie in der Seite des betreffenden Benutzerkontos (Bild 35.6, oben) die Befehle, um die Kontoeigenschaften anzupassen.

■ Wird ein Benutzerkonto nicht mehr benötigt, wählen Sie den Befehl *Konto löschen* (Bild 35.6, oben). Um die Dateien, die der Benutzer bereits angelegt hat, noch zu verwenden, klicken Sie im Folgedialog auf die Schaltfläche *Dateien behalten* (Bild 35.6, Mitte). Benötigen Sie die Daten jedoch nicht mehr und möchten den dadurch belegten Speicherplatz auf der Festplatte freigeben, wählen Sie die Schaltfläche *Dateien löschen* und bestätigen Sie dies in der letzten Seite über die Schaltfläche *Konto löschen*.

Hat ein Benutzer das Kennwort für ein Benutzerkonto vergessen und verfügt nicht über eine Kennwortrücksetzdiskette? Oder haben Sie ein neues Benutzerkonto angelegt und möchten Sie dieses sofort mit einem Kennwort versehen? Klicken Sie in der Seite aus Bild 35.6, oben, auf den Befehl *Kennwort ändern*. Geben Sie auf der Folgeseite (Bild 35.6, unten) das neue Kennwort in die beiden Felder *Neues Kennwort* und *Neues Kennwort bestätigen* ein, ergänzen Sie ggf. den Kennworthinweis und klicken Sie auf die Schaltfläche *Kennwort ändern*.

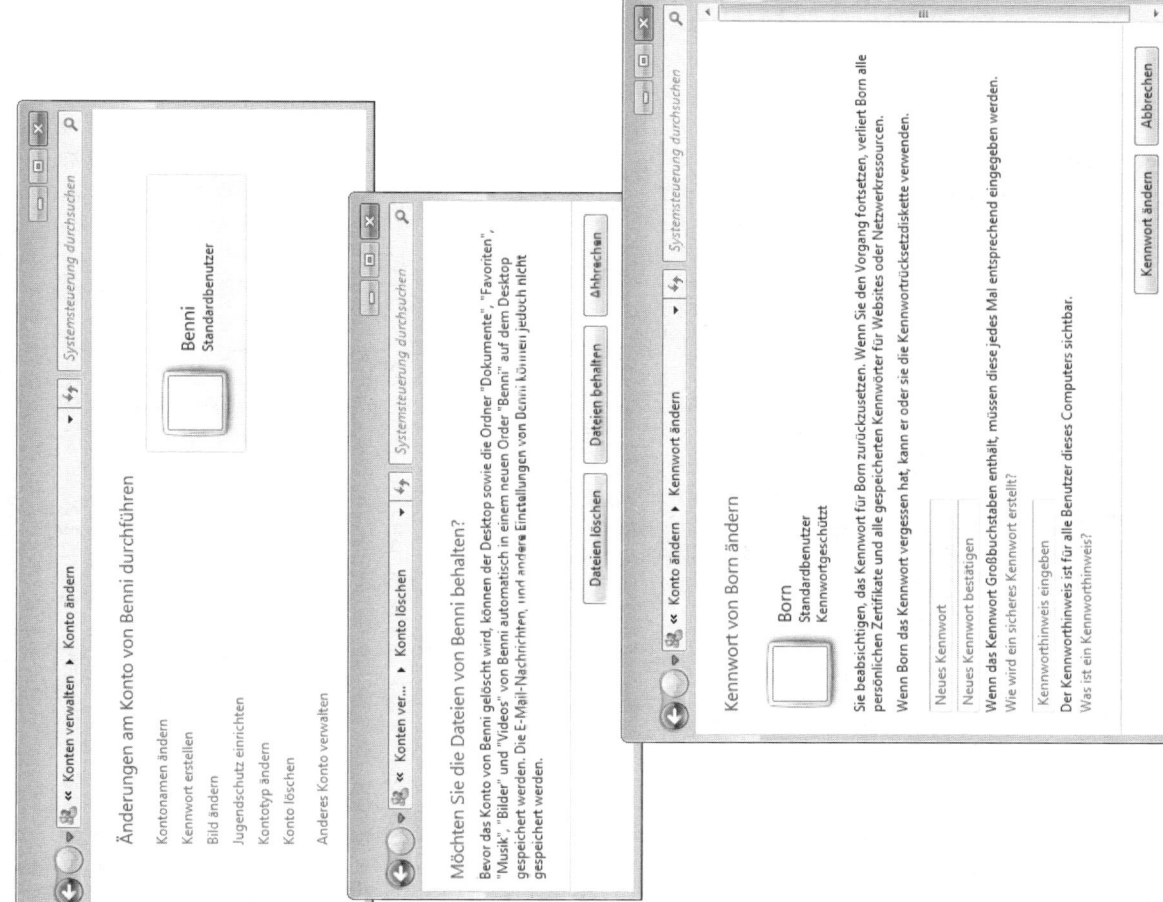

Bild 35.6: Benutzerkonten anpassen

TIPP

Vor dem Entfernen eines Kontos, dessen Dateien Sie behalten möchten, empfehle ich, diese in die öffentlichen Ordner zu verschieben. Dieses Verschieben in den Ordner *Öffentlich* stellt sicher, dass alle Benutzer Zugriff auf diese Dateien erhalten, ohne dass Sie die Zugriffsrechte explizit anpassen müssen.

Als Administrator können Sie die Einstellungen (Bild, Kontotyp, Kontoname) des aktuell gewählten Benutzerkontos durch Anwahl des betreffenden Befehls ändern. Das Umsetzen des Kontobilds funktioniert wie weiter oben im betreffenden Abschnitt beschrieben. Beim Umsetzen des Kontotyps über den Befehl *Kontotyp ändern* haben Sie über die angezeigten Optionsfelder die Auswahl zwischen *Administrator* und *Standard* für den Kontotyp. Beachten Sie aber, dass aus Sicherheitsgründen nur ein Administratorkonto pro System vorhanden sein sollte. Soll der Name eines Benutzerkontos geändert werden, wählen Sie den Befehl *Kontonamen ändern* und tragen Sie den neuen Kontonamen in das betreffende Formular ein. Sobald Sie dies über die betreffende Schaltfläche der Seite bestätigt haben, führt Windows die Änderungen am Konto aus. Bei geändertem Kontonamen erscheint dieser auch im Anmeldedialog.

ACHTUNG

Persönlich empfehle ich Ihnen, auf das Umbenennen von Benutzerkonten zu verzichten. Die Benutzerkontenverwaltung ändert nur den intern in Windows benutzten »vollständigen Benutzernamen«, während der interne Windows-Benutzername auf dem ursprünglichen Wert verbleibt. Zudem kann Windows den Ordnernamen des Benutzerprofils nicht ändern. Dies kann bei Eingriffen in das System zu allerlei Problemen führen, wenn der ursprüngliche Name unbekannt ist.

35.2.3 Das Gastkonto aktivieren

Windows 7 Home Premium besitzt ein spezielles Gastkonto, unter dem sich mehrere Benutzer als Gast am Rechner anmelden können. Dieses Gastkonto zeichnet sich dadurch aus, dass der Benutzer keine Rechte zur Veränderung der Computereinstellungen erhält. Standardmäßig ist dieses Konto abgeschaltet, lässt sich aber jederzeit aktivieren. Sie müssen lediglich die Seite *Zu änderndes Konto auswählen* mit der Liste aller bereits existierenden Konten öffnen (Bild 35.5, links). Klicken Sie auf das Symbol des Gastkontos und wählen Sie auf der Seite des Gastkontos die Schaltfläche *Einschalten*.

Windows gibt dann dieses Konto zur Benutzung frei. Um das Konto zu deaktivieren, gehen Sie entsprechend vor, wählen aber im Fenster des Kontos den Befehl *Gastkonto ausschalten*. Die Benutzerkontenverwaltung besitzt keine Funktionen, um das Gastkonto mit einem Kennwort zu versehen.

35.2.4 Einstellungen der Benutzerkontensteuerung anpassen

Windows 7 ermöglicht Administratoren, die Einstellungen der Benutzerkontensteuerung anzupassen, sodass ggf. weniger Sicherheitsabfragen der Benutzerkontensteuerung erscheinen.

Es reicht, im Suchfeld des Startmenüs den Text »Benutzer« einzutippen und dann den Befehl *Einstellungen für Benutzerkontensteuerung ändern* zu wählen. Nach einer Bestätigung durch die Benutzerkontensteuerung können Sie in der Einstellseite der Benutzerkontensteuerung (Bild 35.7) die Benachrichtigungsstufe über den Schieberegler anpassen und mittels der *OK*-Schaltfläche übernehmen. Nach einer erneuten Bestätigung der Benutzerkontensteuerung werden die Änderungen wirksam. Persönlich empfehle ich aber, die Einstellung auf der höchsten Sicherheitsstufe zu belassen, da sich in den anderen Stufen Schadsoftware unbemerkt Administratorrechte verschaffen und so das System kompromittieren kann. Windows trägt dem Rechnung, indem die untersten Benachrichtigungsstufen nur wählbar sind, wenn Sie unter einem Administratorkonto angemeldet sind.

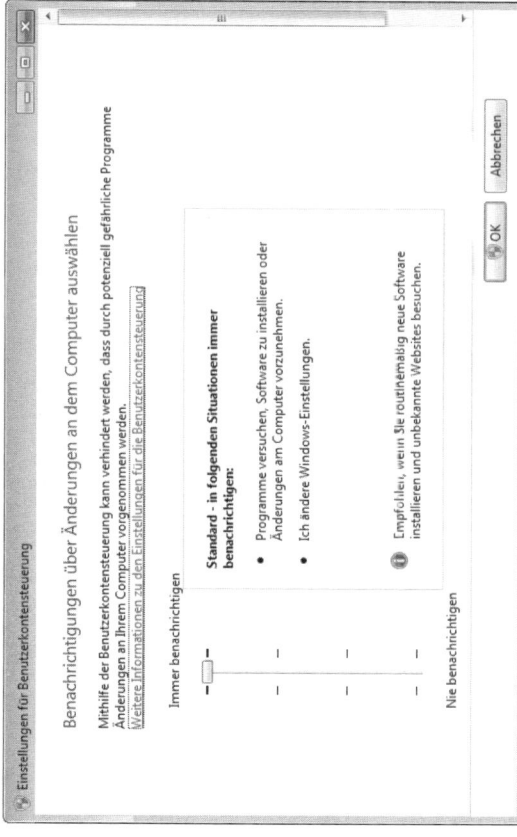

Bild 35.7:   Einstellungen für Benutzerkontensteuerung anpassen

857

36 Windows-Sicherheit

Obwohl Microsoft Windows 7 hinsichtlich des Themas Sicherheit stark verbessert wurde, sollten Sie sich als Benutzer trotzdem einige Gedanken über das richtige Verhalten und die Absicherung des Systems machen. In diesem Kapitel finden Sie Hinweise, wie Sie Ihren Computer gegen Einflüsse von außen abschotten und die in Windows 7 eingebauten Sicherheitsfunktionen nutzen können.

36.1 Einführung in Sicherheitsfunktionen und -fragen

Dieser Abschnitt befasst sich mit Fragen zur richtigen Absicherung eines Windows 7-Systems und zeigt, wie Sie die Sicherheit des Betriebssystems mit dem Wartungscenter überprüfen.

36.1.1 Diese Risiken lauern auf Computerbenutzer

Jeder Computerbenutzer sollte zumindest die gemeinsten Fallen und größten Risiken kennen, denen er als Anwender ausgesetzt ist.

- In aus dem Internet heruntergeladenen Programmen, in Anhängen von E-Mails oder in über Datenträger weitergegebenen Dateien können Schädlinge wie Viren, Trojaner oder Würmer enthalten sein. Die Benutzerkontensteuerung sowie das Konzept der Standardkonten schränken zwar die Verbreitungsmöglichkeiten ein. Wer jedoch unter Administratorkonten arbeitet und die Sicherheitsabfragen ohne Nachdenken bestätigt, öffnet solchen Schädlingen alle Türen.

- Manche dieser Dateien können auch sogenannte Dialer enthalten, die Internetverbindungen über teure Telefonnummern (30 Euro pro Einwahl oder 2 Euro pro Minute) herstellen. Solche Dialer installieren sich aber auch über angesurfte Webseiten. Wenn Sie unter Standardbenutzerkonten surfen, können sich diese Dialer nicht unbemerkt im System einnisten. Zudem bleiben Dialer auf Systemen, die ausschließlich über DSL ins Internet gehen und kein Modem oder ISDN besitzen, wirkungslos.

- Fehler im Betriebssystem oder in Anwendungsprogrammen führen dazu, dass der Rechner bereits bei einer bestehenden Internetverbindung mit Würmern infiziert werden kann. Dieses Risiko lässt sich nur durch Installation angebotener Windows-Updates begrenzen.

- Anwendungen, die Makros oder Skripts unterstützen, können durch entsprechende Dokumentdateien mit Viren oder anderen Schädlingen infiziert werden. Hier helfen nur ein aktueller Virenscanner und die Absicherung der Anwendung gegen das unbeabsichtigte Ausführen von Makros bzw. der Verzicht auf das Ausführen von Makros und Skripts aus vertrauenswürdigen Quellen.

36.2 Maßnahmen zur Erhöhung der Sicherheit!

Jeder Windows-Benutzer sollte im eigenen Interesse verschiedene Maßnahmen zur Erhöhung der Computersicherheit treffen.

■ Halten Sie die Software des Computers auf dem aktuellen Stand, d. h., installieren Sie alle Windows-Updates und auch alle Aktualisierungen für die benutzten Anwendungen. Die Verwendung der in Windows integrierten Update-Funktion ist in *Kapitel 31* beschrieben. Nur so können Sie sicherstellen, dass bekannte und vom Hersteller durch Patches behobene Sicherheitslücken auch auf Ihrem System geschlossen werden.

■ Nutzen Sie die in Windows, im Internet Explorer, in Windows Live Mail und in Anwendungsprogrammen eingebauten Sicherheitsfunktionen, die das Ausbreiten von Schadprogrammen verhindern. Dazu gehört z. B. die Verwendung des Windows-Wartungscenter (siehe folgende Abschnitte), die Nutzung von Standardkonten und der Benutzerkontenverwaltung oder das Festlegen der Ausführungssperre für in Office-Dokumenten enthaltene Makros. Dann haben Viren und andere Schadprogramme weniger Chancen zur Verbreitung.

■ Verwenden Sie den in Windows integrierten Windows Defender sowie ein aktuelles Virenschutzprogramm, das Viren und andere Schädlinge erkennen und deren Ausbreitung auf dem Rechner verhindern kann. Wichtig ist allerdings, dass die Signaturdateien des Virenschutzprogramms auf dem aktuellen Stand gehalten werden, da andernfalls neue Viren etc. nicht erkannt werden können.

Lassen Sie auch Ihren gesunden Menschenverstand walten, denn die Tricks der Betrüger werden immer ausgebuffter. Viren, die als angebliche Grußkarte oder Programmverbesserung per E-Mail verschickt werden, lassen sich vom Anwender durchaus unter Administratorkonten unter Umgehung der

■ Werbefinanzierte Programme (sogenannte Adware oder Spyware) enthalten Werbe- oder Spionageprogramme, die bei Internetsitzungen entweder Werbung anzeigen oder die Surfgewohnheiten des Benutzers ausspionieren und an Empfänger im Internet weitergeben. Adware-Blocker erkennen solche Programme und können diese entfernen.

■ Cookies, Webbugs und andere Mechanismen erlauben, beim Surfen im Internet oder beim Verbreiten von E-Mails gewisse Informationen über den Benutzer zu sammeln und zu Datenprofilen zu verdichten. Der Anwender wird so mehr und mehr zum gläsernen Surfer. Diese Risiken lassen sich durch die Sicherheitsfunktionen des in Windows 7 enthaltenen Internet Explorers eingrenzen.

Auch ungefragt zugeschickte Werbe-E-Mails (auch als Spam bezeichnet) nerven durch ihre schiere Menge ungemein. Mit der zunehmenden Anzahl von Internetteilnehmern werden zudem betrügerische Angriffe für krimielle Kreise immer attraktiver. Lesen Sie ggf. in *Kapitel 26* und *Kapitel 27*, welche Funktionen es zur Absicherung gibt.

Sicherheitsabfrage der Benutzerkontensteuerung installieren. Gefälschte Webseiten, die Kreditkartennummern oder Geheimzahlen von Scheckkarten abfischen, Internetangebote, die sich nur nach Eingabe einer Adresse, Telefonnummer oder E-Mail-Adresse nutzen lassen, sind Beispiele solcher Fallen. Hier noch ein paar Tipps, was zu beherzigen ist.

■ Beziehen Sie Programmdateien nur aus vertrauenswürdigen Quellen (z. B. renommierte Webseiten, CDs/DVDs in Büchern oder Zeitschriften etc.) und unterziehen Sie jede über das Internet oder von externen Speichermedien auf das System übernommene Datei einer Prüfung durch einen aktuellen Virenscanner.

■ Ungefragt zugesandte E-Mails unbekannter Absender sollten Sie sofort löschen (es sei denn, Sie erhalten solche Nachrichten planmäßig – z. B. Kundenanfragen etc.). Öffnen Sie E-Mail-Anhänge keinesfalls durch einen Doppelklick auf das betreffende Symbol im Nachrichtenfenster. Vielmehr sollten Sie die Anhänge erst speichern, dann einer Virenprüfung unterziehen und erst danach öffnen. Schalten Sie die Anzeige der Dateinamenerweiterungen in Ordnerfenstern ein (siehe *Kapitel 8*).

Mit etwas Wissen, genügend Vorsicht und gesundem Menschenverstand lassen sich viele Risiken erkennen und umgehen. Details zu den obigen Punkten, mit denen sich die Computersicherheit verbessern lässt, sind in den verschiedenen Kapiteln dieses Buches behandelt.

36.3 Das Windows-Wartungscenter

Microsoft hat in Windows 7 das bereits aus Windows XP/Windows Vista bekannte Sicherheitscenter zum Wartungscenter ausgebaut. Dieses überwacht verschiedene Sicherheitseinstellungen und informiert Sie, wenn Sicherheitsprobleme auftreten. Im Folgenden wird die Funktion des Wartungscenter näher erläutert.

36.3.1 Warnung bei erkannten Sicherheitsmängeln

Zweck des Wartungscenter ist es, den Benutzer auf eventuell vorhandene gravierende Sicherheitslücken in Windows hinzuweisen. Dazu überwacht das Wartungscenter die folgenden Kategorien:

■ *Firewall:* Das Wartungscenter prüft, ob die in Windows integrierte Firewall eingeschaltet ist. Alternativ kann eine zum Wartungscenter kompatible Firewall von Drittherstellern installiert und benutzt werden. Dann wird deren Funktion überwacht. Eine Firewall verhindert unerwünschte Zugriffe aus dem Internet auf den lokalen Computer.

■ *Windows Updates:* Diese Windows Update-Funktion ermittelt bei Online-sitzungen, ob Aktualisierungen für das Betriebssystem vorhanden sind, meldet sich bei anstehenden Updates und kann diese automatisch aus dem Internet einspielen (siehe *Kapitel 31*). Das Wartungscenter überwacht, ob die Funktion auf *Updates automatisch installieren (empfohlen)* steht. Das Wartungscenter meldet, wenn das Update abgeschaltet oder auf einen anderen Modus umgestellt wurde.

- *Schutz vor schädlicher Software:* Ohne ein von Drittanbietern bereitgestelltes Virenschutzprogramm ist Windows gegenüber Schädlingen wie Viren oder Würmern ungeschützt (siehe vorherige Abschnitte). Das Wartungscenter überwacht, ob ein Virenscanner installiert ist, und veranlasst den Virenscanner bei Onlinesitzungen zur Prüfung, ob dieser noch aktuell ist. Fehlender Virenschutz oder abgelaufene Signaturdateien werden gemeldet. Allerdings setzt dies voraus, dass der Virenscanner mit Windows 7 kompatibel ist und die betreffenden Schnittstellen des Wartungscenter kennt. Der im Betriebssystem integrierte Windows Defender kann das System auf das Vorhandensein schädlicher Software (Malware) überprüfen und diese ggf. entfernen. Das Wartungscenter überwacht den Windows Defender und meldet, wenn eine Aktualisierung der Signaturdateien erforderlich wird – bzw. führt automatisch eine Aktualisierung durch.

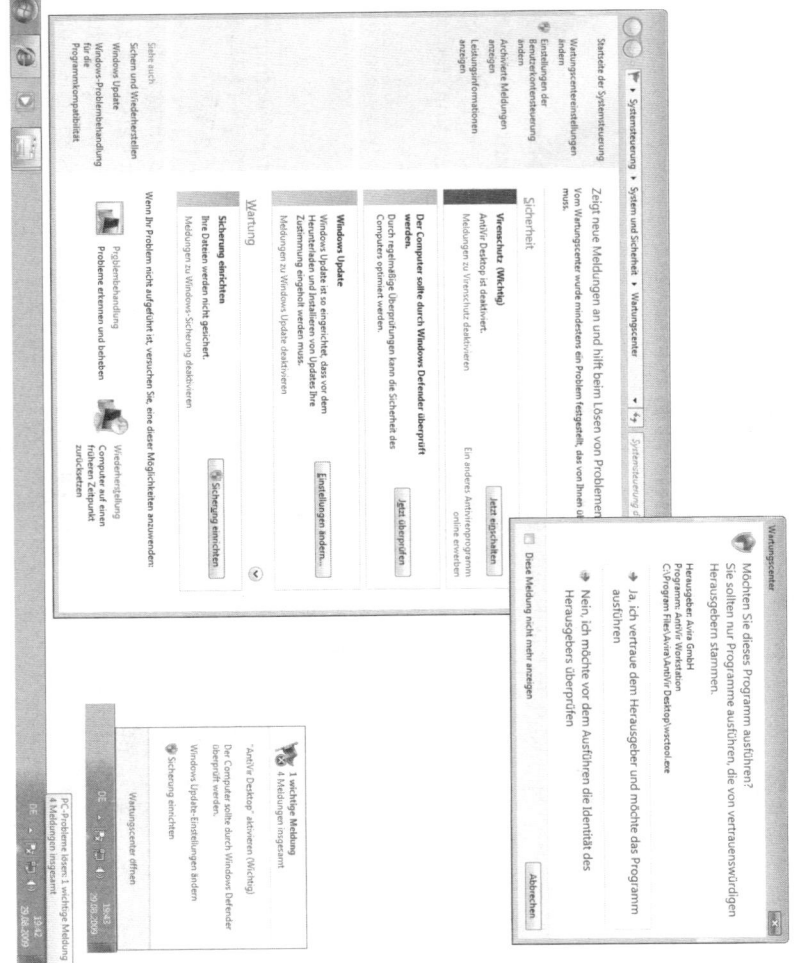

Bild 36.1: Warnung des Wartungscenters

- *Weitere Sicherheitseinstellungen:* Im Bereich *Wartung* werden die Sicherungseinstellungen überwacht. Weiterhin können Sie über Symbole auf die Problembehandlung und die Wiederherstellung zugreifen.

Kündigen sich Sicherheitsprobleme an (z. B. abgelaufene Virensignaturdatei, abgeschalteter Virenscanner, fehlende kritische Betriebssystemaktualisierungen) oder gibt es eine Sicherheitslücke (kein Virenscanner, Firewall abgeschaltet), blendet Windows das Symbol der Windows-Sicherheitswarnung im Infobereich der Taskleiste ein (Bild 36.1, unten rechts). Zeigen Sie auf das Symbol, erscheint eine QuickInfo mit weiteren Informationen. Ein Mausklick auf das Symbol zeigt ein Fenster mit weiteren Details an. Über die angezeigten Hyperlinks können Sie direkt auf die Funktionen zum Beheben des Sicherheitsproblems zugreifen. Ist der Virenscanner z. B. deaktiviert, lässt er sich direkt über einen Hyperlink einschalten. Ein Dialogfeld mit einer Sicherheitsabfrage (Bild 36.1, oben rechts) fordert den Benutzer aber zur Bestätigung auf.

Sicherheitseinstufung auf einen Blick

Um nähere Informationen zu gemeldeten Sicherheitsproblemen zu erhalten oder die Sicherheitseinstellungen anzupassen, genügt ein Klick auf das Symbol der Windows-Sicherheitswarnung im Infobereich der Taskleiste. Anschließend wählen Sie den Hyperlink *Wartungscenter öffnen* an. Dann erscheint das Fenster des Wartungscenters (Bild 36.1, links) auf dem Desktop. Alternativ können Sie die Systemsteuerung öffnen und in der Gruppe *System und Sicherheit* den Befehl *Computerstatus überprüfen und Probleme lösen* anwählen. In der rechten Spalte dieses Fensters sehen Sie sofort den Status der überwachten Kategorien.

- Ein gelber Balken weist auf eine ggf. reduzierte Sicherheit hin. Dies ist beispielsweise der Fall, wenn Sie die automatische Update-Funktion so einstellen, dass Sie bei anstehenden Updates vor dem Download und vor der Installation zustimmen müssen. Windows signalisiert Ihnen mit dem gelben Balken, dass Sie diese Kategorie unter Sicherheitsaspekten im Auge behalten sollten.

- Eine mit roter Farbe markierte Kategorie weist dagegen auf ein potenzielles Sicherheitsproblem (z. B. abgeschaltete Firewall, fehlender Virenscanner) hin. Sie sollten diesem Punkt dann schnellstmöglich nachgehen.

Taucht eine überwachte Funktion nicht im Wartungscenter auf, bedeutet dies, dass bei dieser alles in Ordnung ist. Über die runde, am rechten Rand der jeweiligen Kategorie sichtbare Schaltfläche *Details ein-/ausblenden* können Sie Detailinformationen anzeigen lassen oder verstecken (einfach die Schaltfläche anklicken). In der Aufgabenleiste finden Sie auch Befehle und Schaltflächen, um die Einstellseite oder das Eigenschaftenfenster der überwachten Komponenten sowie die Seite zum Anpassen der Wartungscentereinstellungen aufzurufen.

Einstellungen des Windows-Wartungscenter ändern

Um die Einstellungen des Windows-Wartungscenter zu ändern, klicken Sie in der Aufgabenleiste des Fensters (Bild 36.1) auf den Hyperlink *Wartungscentereinstellungen ändern*. In dem daraufhin eingeblendeten Dialogfeld (Bild 36.2) können Sie über Kontrollkästchen wählen, welche Meldungen im Infobereich und im Wartungscenter einzublenden sind.

Bild 36.2: Benachrichtigungsmodus des Windows-Wartungscenters ändern

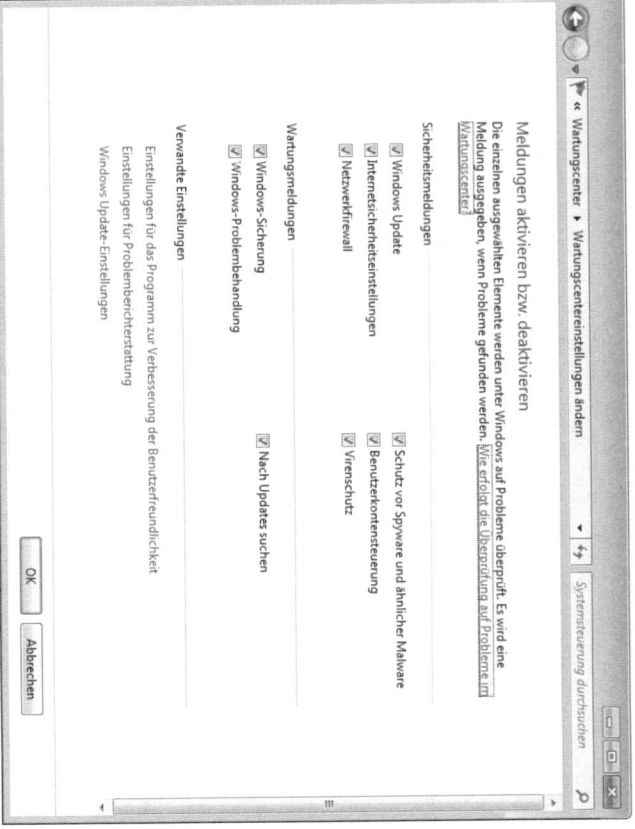

36.4 Nutzen der Windows-Firewall

Windows 7 enthält eine integrierte 2-Wege-Firewall, die den Nachrichtenverkehr gegenüber dem Netzwerk und gegenüber öffentlichen Netzwerken (Internet) filtern kann. Standardmäßig ist die Windows-Firewall eingeschaltet und wird durch die erweiterten Netzwerkeinstellungen sowie die Auswahl des Netzwerkstandorts gesteuert. Die folgenden Abschnitte geben einen kurzen Überblick über die Funktionen der Windows-Firewall.

36.4.1 Was macht die Firewall?

Ein Rechner, der mit einem lokalen Netzwerk oder mit dem Internet (z. B. per Modem, ISDN, DSL oder WLAN) verbunden ist, lässt sich über seine eindeutige IP-Adresse identifizieren. Entsprechende Programme können über diese IP-Adresse aus dem Netzwerk und aus dem Internet auf den Rechner zugreifen. Ohne Firewall ist der Rechner im Internet für Dritte zu sehen. Diese können dann Sicherheitslücken des Betriebssystems nutzen, um auf den Computer zuzugreifen. Ein Einbruch in einen Rechner über die Internetverbindung eröffnet die Möglichkeit zum Einschleusen von Trojanern, Viren und mehr.

Eine Firewall überwacht den Datenverkehr zwischen dem Internet bzw. dem Netzwerk und dem Computer. Jedes Datenpaket, das über das TCP/IP-Protokoll nach draußen ins Internet geht, und jedes aus dem Internet eintreffende Datenpaket wird von der Firewall gefiltert. Über ein Regelwerk entscheidet die Firewall dann, ob die Nachricht über den betreffenden Port dem Dienst zugestellt wird oder nicht. Nur wenn der Benutzer einen Port für eine Anwendung freigibt, leitet die Firewall die Nachrichten der betreffenden Dienste weiter.

HINWEIS

Ports sind Kommunikationskanäle im TCP/IP-Protokoll, über die der Datenaustausch zwischen dem Internet/Netzwerk und verschiedenen Diensten des Computers abgewickelt wird. Die Portnummern innerhalb der transportierten Nachrichten steuern die Weiterleitung an die jeweiligen Dienste.

Neben der Windows-Firewall gibt es Produkte von Drittherstellern (Security-Pakete) mit funktional erweiterten Möglichkeiten. Aus praktischer Sicht macht es aber in meinen Augen keinen Sinn, ein solches Paket wegen der enthaltenen Firewall zu kaufen. Diese ist nicht sicherer oder unsicherer als die Windows-Firewall. Investieren Sie das Geld lieber in einen Virenscanner der betreffenden Hersteller. Router, mit denen mehrere Rechner über DSL ins Internet gehen können, bieten in der Regel auch eine integrierte Firewall, die eingehende Datenpakete filtert. In diesem Fall sollten Sie auf diese externe Firewall zurückgreifen, da diese weniger anfällig für Beeinflussungen durch Schädlinge ist, die sich auf dem Rechner eingenistet haben.

36.4.2   Programme möchten Ports freigeben

Die Windows 7-Firewall ist standardmäßig eingeschaltet und überwacht eingehende (sowie teilweise ausgehende) Daten nach bestimmten Regeln. Versucht ein der Firewall unbekanntes Programm auf dem lokalen Computer Ports der Firewall zu öffnen, meldet die Firewall dies über ein Dialogfeld (Bild 36.3).

■ Trauen Sie dem Programm, d. h. soll für dieses eine Kommunikation aus externen Netzwerken zugelassen werden, klicken Sie auf die Schaltfläche *Zugriff zulassen*. Sie benötigen dazu eine Administratorberechtigung bzw. müssen die Freigabe über eine Sicherheitsabfrage der Benutzerkontensteuerung bestätigen. Dann trägt die Firewall diese Ausnahme in ihre interne Regelliste ein. Die Sicherheitswarnung unterbleibt zukünftig.

■ Die Windows 7-Firewall verwendet mehrere Profile für die unterschiedlichen Netzwerkstandorte (Heimgruppennetz, Arbeitsgruppennetz und öffentliches Netz). Über Kontrollkästchen können Sie im Dialogfeld aus Bild 36.3 festlegen, ob die Kommunikation nur aus dem internen Netzwerk oder auch aus einem öffentlichen Netzwerk (Internet) zulässig sein soll – Letzteres ist nicht empfohlen.

Wenn Sie ein bekanntes Programm gestartet haben und das Dialogfeld *Windows-Sicherheitshinweis* (Bild 36.3) erscheint, müssen Sie entscheiden, ob Sie die Kommunikation in der Firewall freigeben. Die durch die Firewall geblockten Verbindungen beeinflussen die Funktionsfähigkeit der betreffenden Anwendung. Internettelefonie mit eingehenden Anrufen ist z. B. nur möglich, wenn die Firewall die betreffenden Anfragen zum Telefonieprogramm durchlässt. Ähnliches gilt ggf. für Filesharingprogramme oder andere Anwendungen, die über das Internet angesprochen werden müssen.

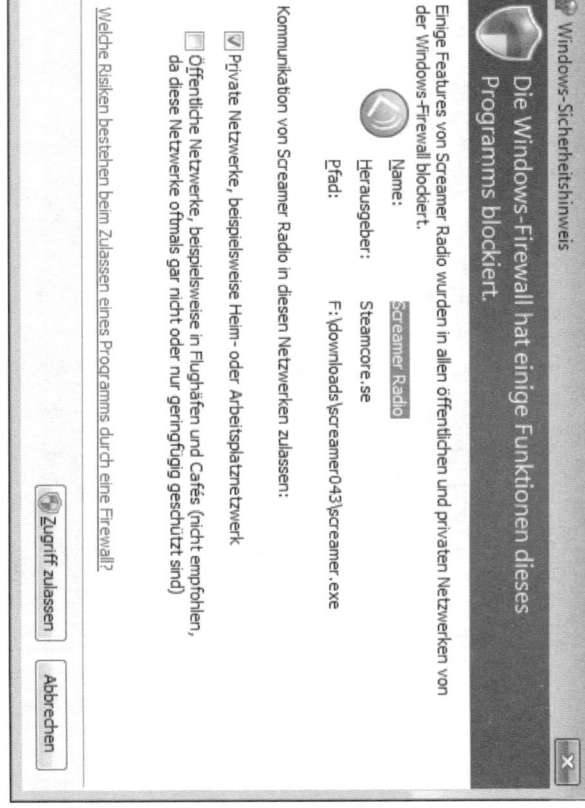

Bild 36.3: Windows-Sicherheitshinweis der Firewall

36.4.3 Firewallstatus prüfen und anpassen

Um sich über den Status der Windows-Firewall zu informieren, öffnen Sie das Startmenü, tippen in das Suchfeld den Begriff »Firewall« ein und klicken dann auf den angezeigten Befehl *Windows-Firewall*. Dann öffnet sich die in Bild 36.4 gezeigte Seite. Über die beiden Profile »Heim- oder Arbeitsplatznetzwerk (privat)« und »Öffentliche Netzwerke« sehen Sie sofort den Status der Firewall. Ein grüner Balken signalisiert, dass die Firewall für diese Netzwerkstandorte aktiv ist. Über die Schaltfläche am rechten Rand des Profilteils lassen sich die Details mit dem Status aus- und wieder einblenden. Über die Befehle in der Aufgabenleiste der Seite können Administratoren auf die Einstellungen der Firewall zugreifen.

Ein Programm oder Feature durch die Windows-Firewall zulassen

Wählen Sie den Befehl *Ein Programm oder Feature durch die Windows-Firewall zulassen*, erscheint die Seite aus Bild 36.5, oben, in der die Windows-Firewall die aus Ausnahmen eingetragenen Programme auflistet. Administratoren können die Schaltfläche *Einstellungen ändern* anwählen und die Abfrage der Benutzerkontensteuerung bestätigen. Dann werden die Kontrollkästchen freigegeben. Durch Aktivieren der betreffenden Kontrollkästchen lässt sich für die beiden Netzwerkprofile »Heim/Arbeit (Privat)« und »Öffentlich« steuern, ob der betreffende Port oder die Anwendung als Ausnahme zugelassen ist. Bei nicht markierten Kontrollkästchen ist die Kommunikation der als Ausnahmen eingetragenen Programme dagegen blockiert.

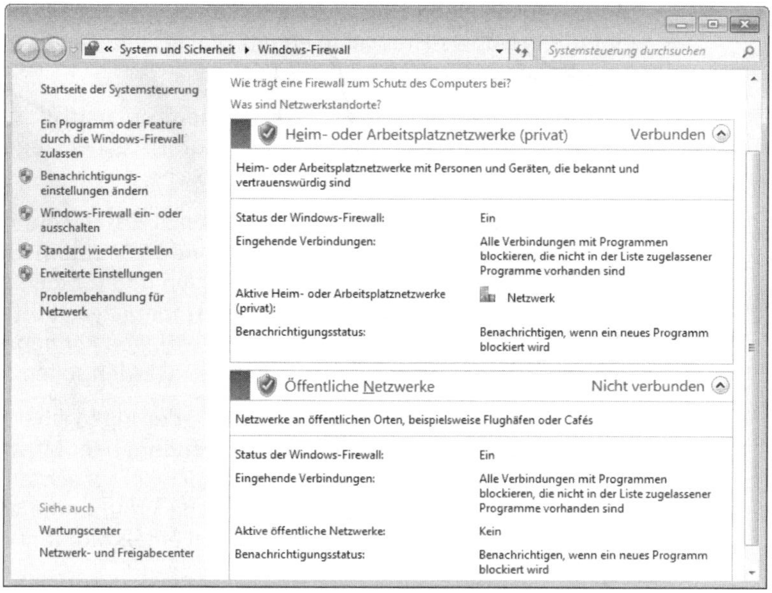

Bild 36.4:   Seite mit den Windows-Firewalleinstellungen

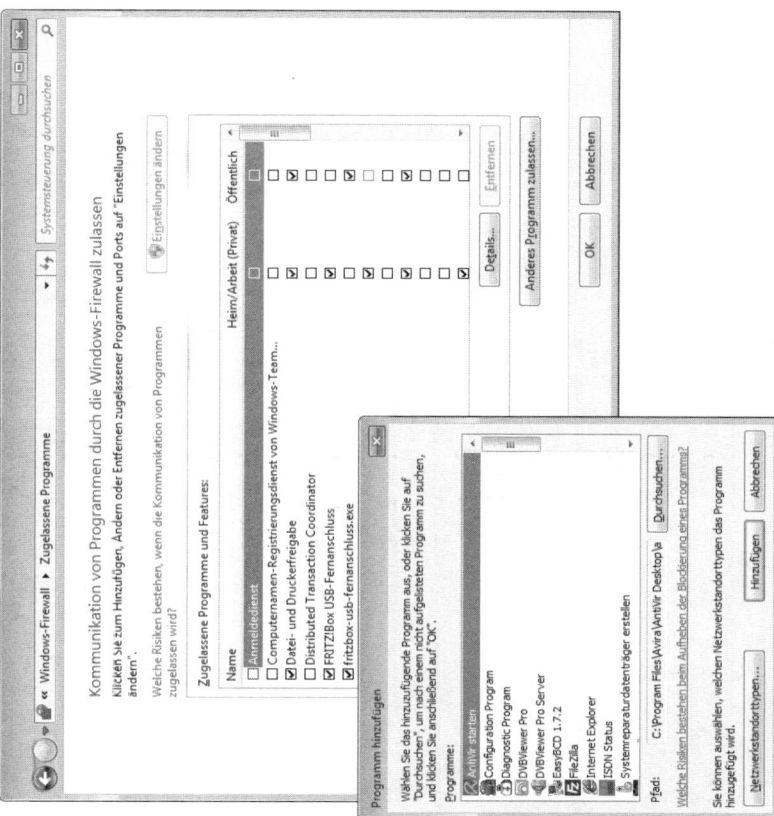

Bild 36.5:   Einstellung der Firewallausnahmen

■ Markieren Sie einen Eintrag und klicken Sie auf die Schaltfläche *Details*, gibt die Windows-Firewall in einem Dialogfeld einige Hinweise auf das betreffende Programm oder das Feature.

■ Über die Schaltfläche *Entfernen* können Sie markierte Einträge, die durch Software oder den Benutzer zur Liste der zugelassenen Programme hinzugefügt wurden, wieder löschen.

■ Über die Schaltfläche *Anderes Programm zulassen* können Sie das Dialogfeld *Programm hinzufügen* öffnen (Bild 36.5, unten). Dort lassen sich lokal installierte Anwendungen auswählen und für die Kommunikation freischalten. Die Schaltfläche *Netzwerkstandorttypen* öffnet ein Dialogfeld, in dem Sie über Kontrollkästchen festlegen können, ob nur private oder auch öffentliche Netzwerke gefiltert werden sollen.

Über die *OK*-Schaltfläche können Sie die Änderungen übernehmen. Diese Option sollte aber nur von erfahrenen Anwendern benutzt werden. Bei fehlendem Hintergrundwissen sollten Sie lediglich darauf achten, dass die Windows-Firewall aktiv ist. Geben Sie nur solche Programme als Ausnahmen frei, denen Sie trauen und deren Funktionen eine Kommunikation mit dem Internet unbedingt erfordern.

Firewall ein-/ausschalten, Benachrichtigungseinstellungen ändern

Über die beiden *Benachrichtigungseinstellungen ändern* und *Windows-Firewall ein- oder ausschalten* lässt sich die in Bild 36.6 gezeigte Konfigurationsseite öffnen. Auch hier werden wieder zwei Profile für Heim-/Arbeitsplatznetzwerk und öffentliche Netzwerke unterschieden. Über Optionsfelder können Sie entscheiden, ob die Firewall für die betreffenden Standorte ein- oder ausgeschaltet sein soll.

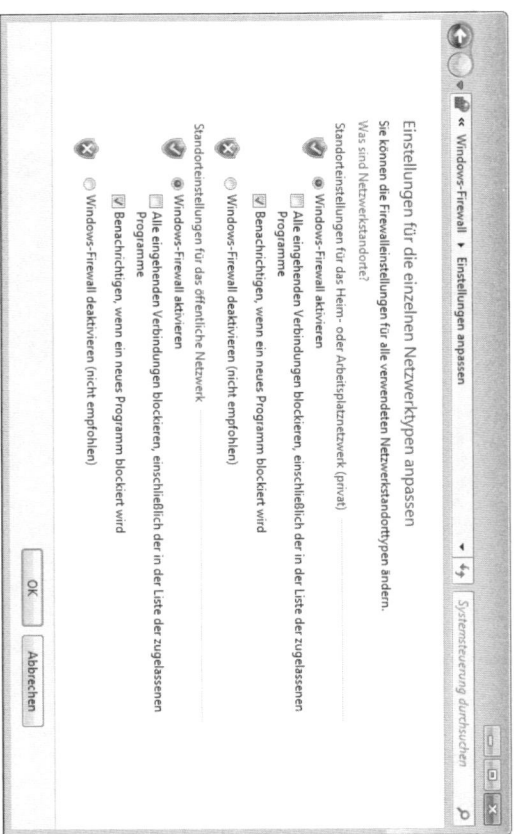

Bild 36.6:   Firewall ein-/ausschalten

Dort sollte aus Sicherheitsgründen die Option *Windows-Firewall aktivieren* markiert sein, damit die Windows-Firewall für das betreffende Profil arbeiten kann. Ist zusätzlich das Kontrollkästchen *Alle eingehenden Verbindungen blockieren, einschließlich der in der Liste der zugelassenen Programme* markiert, lässt die Firewall keine Ausnahmen zu und blockiert alle eingehenden Verbindungen (bietet also maximale Sicherheit). Durch Markieren des Kontrollkästchens *Benachrichtigen, wenn ein neues Programm blockiert wird* stellen Sie sicher, dass die in Bild 36.3 gezeigte Meldung erscheint, sobald eine Anwendung versucht, Ports für eine eingehende Kommunikation freizugeben. Die Änderungen werden beim Anklicken der *OK*-Schaltfläche übernommen.

36.4.4   Firewall mit erweiterter Sicherheit

Die Firewall in Windows 7 besitzt die Möglichkeit, auch ausgehende Verbindungen zu blockieren. Die Konfigurierung erfolgt über die Microsoft Management Console (MMC). Diese können Sie über den Befehl *Erweiterte Einstellungen* in der Aufgabenspalte der Windows-Firewall öffnen. Oder Sie tippen den Befehl *Firewall* in das Suchfeld des Startmenüs ein und wählen dann den angezeigten Befehl *Windows-Firewall mit erweiterter Sicherheit*. Sofern Sie unter einem Administratorkonto angemeldet sind, können Sie in das Suchfeld des Startmenüs auch den Befehl *wf.msc* eingeben und die [Enter]-Taste drücken. Das Snap-In meldet sich mit dem in Bild 36.7, Hintergrund, gezeigten Fenster. In der linken Spalte finden Sie die Kategorien für die Firewallregeln, die Zweige für die Überwachung etc.

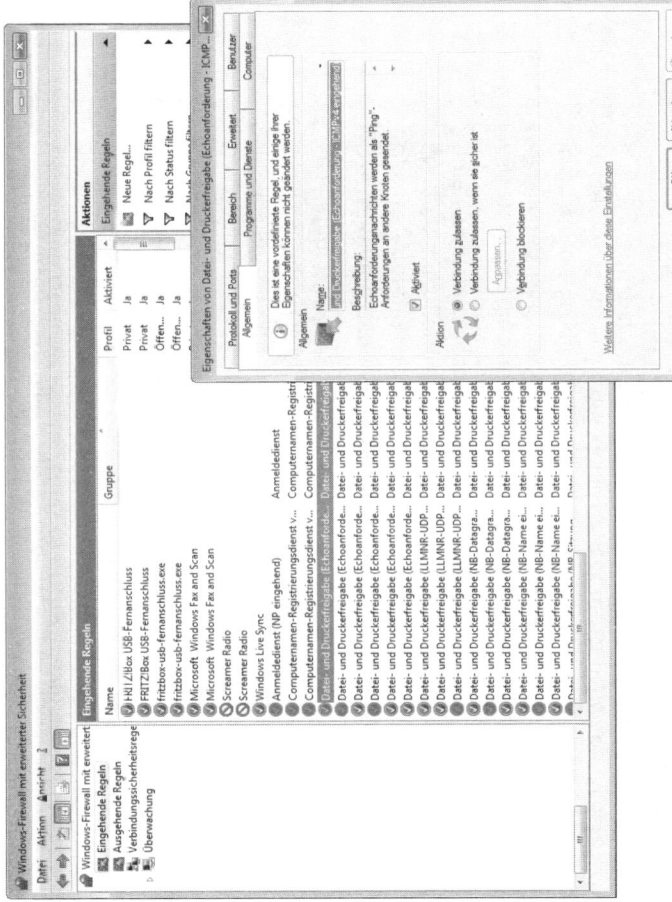

Bild 36.7:   Windows-Firewall mit erweiterter Sicherheit

Wählen Sie in der linken Spalte die Kategorie *Eingehende Regeln* oder *Ausgehende Regeln*, taucht eine ganze Liste an freigegebenen Anwendungen auf (Bild 36.7, Hintergrund). Ein Doppelklick auf einen solchen Eintrag öffnet das in Bild 36.7, Vordergrund, gezeigte Dialogfeld, über dessen Registerkarten Sie die Regeln für ausgehende Verbindungen anpassen können. Auf diese Weise lassen sich auch ausgehende Verbindungen durch die Windows-Firewall blockieren.

Möchten Sie neue Regeln für ein- oder ausgehende Verbindungen festlegen, markieren Sie in der linken Spalte eine der oberen drei Kategorien und können anschließend in der rechten Spalte den Befehl *Neue Regel* wählen. Die MMC startet einen Assistenten, der Sie in verschiedenen Dialogschritten bei der Definition der Firewallregel unterstützt. Die detaillierte Diskussion der entsprechenden Funktionen sprengt den Ansatz dieses Buches. Klicken Sie in der linken Spalte auf den Eintrag *Windows-Firewall mit erweiterter Sicherheit*. Dann lassen sich in der mittleren Spalte mehrere Hyperlinks mit Online-dokumentationen von Microsoft zu diesem Thema abrufen.

Sie können die Wirksamkeit der Windows-Firewall testen, indem Sie beispielsweise die Webseite http://security.symantec.com aufrufen und dort einen Security-Scan mit Firewalltest ausführen lassen.

36.5   Den Windows Defender nutzen

Über den Windows Defender können Sie Ihren Computer auf Schadprogramme untersuchen und diese auch entfernen. Selbst wenn das Programm keinen Virenscanner ersetzt, trägt es doch zur Verbesserung der Sicherheit bei.

36.5.1   Systemprüfung mit dem Windows Defender

Der Windows Defender sollte in zyklischen Abständen ausgeführt werden, um das System auf schädliche Programme zu untersuchen. Hierzu können Sie in das Suchfeld des Startmenüs den Text »Defender« eintippen und dann den Befehl *Windows Defender* wählen.

Der Windows Defender informiert Sie in der Startseite (Bild 36.8), ob ein Update erforderlich ist und wann die letzte Überprüfung auf Schadprogramme durchgeführt wurde. Zudem finden Sie Schaltflächen, um die Prüfung einzuleiten oder Optionen festzulegen.

Klicken Sie auf die Schaltfläche *Jetzt prüfen*, um eine Überprüfung des Systems einzuleiten. Ist diese Schaltfläche nicht vorhanden, können Sie in der Symbolleiste auf die Schaltfläche *Überprüfung* klicken, um eine Schnellüberprüfung zu starten. Wählen Sie das kleine Dreieck rechts neben der Schaltfläche *Überprüfung*, öffnet sich ein Menü, über dessen Befehle Sie die Prüftiefe (Schnell-überprüfung, vollständige und benutzerdefinierte Überprüfung) vorgeben können.

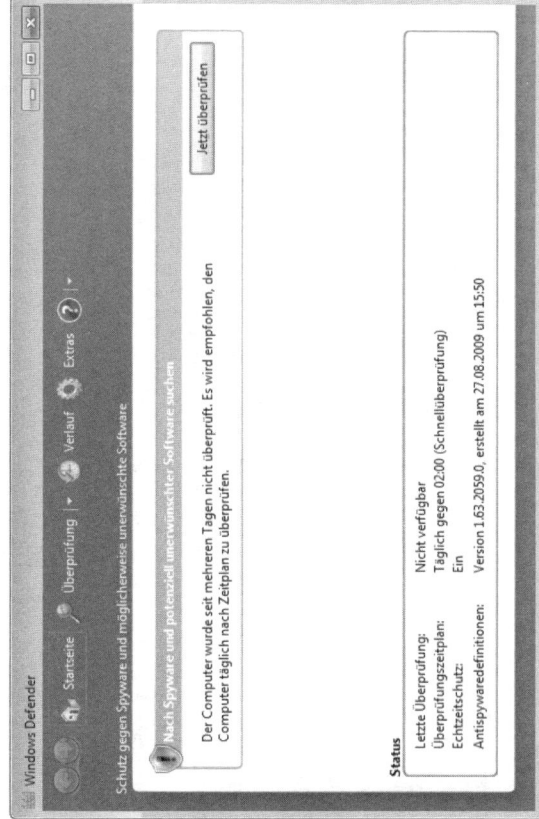

Bild 36.8:   Startseite des Windows Defender

Das Programm beginnt mit dem Scan des Systems und zeigt die gescannten Dateien sowie die Ergebnisse im Programmfenster an. Da der Scan durchaus einige Zeit dauern kann, lässt sich die Prüfung mittels einer Schaltfläche abbrechen. Sie können den Vorgang später über die in der Startseite eingeblendete Schaltfläche fortsetzen. Das Ergebnis dieser Überprüfung wird im Programmfenster eingeblendet. Der Windows Defender kann dabei schädliche Software in einen Quarantänebereich verschieben. Um sich über das Ergebnis der Prüfung detaillierter zu informieren, klicken Sie in der Symbolleiste des Fensters auf die Schaltfläche *Verlauf*. Der Defender führt in einer Liste ggf. unerwünschte Software auf. Durch Anwahl eines Eintrags lassen sich im unteren Feld der Verlaufsanzeige nähere Informationen zur betreffenden Schadroutine abfragen.

HINWEIS

Ist der Windows Defender nicht mehr aktuell, erkennt das Programm dies und zeigt beim Aufruf eine entsprechende Benachrichtigung in der Startseite an. Sie können dann die angezeigte Schaltfläche *Jetzt nach Updates suchen* im Startfenster anwählen, um per Internet nach verfügbaren Aktualisierungen suchen zu lassen. Allerdings verteilt Microsoft Defender-Signaturdateien automatisch über Windows-Update, sodass der Windows Defender bei einem System mit Internetzugang in der Regel aktuell ist.

36.5.2   Optionen des Windows Defender anpassen

Um die Prüfeinstellungen des Windows Defender einzusehen bzw. anzupassen oder im Quarantänebereich isolierte Software zu inspizieren, wählen Sie im Fenster des Defender die Schaltfläche *Extras* (Bild 36.9). Das Programm blendet dann die in Bild 36.9 im Hintergrund sichtbare Informationsseite im Anwendungsfenster ein.

871

■ Über den Eintrag *Unter Quarantäne* lässt sich die Darstellung des Qua-
rantänebereichs im Anwendungsfenster aufrufen.

■ Der Befehl *Zugelassene Elemente* ermöglicht Ihnen, eine Liste erwünschter, aber vom Windows Defender erkannter Problemprogramme einzusehen bzw. zu pflegen.

■ Das Symbol *Optionen* öffnet die in Bild 36.9, rechts unten, gezeigte Formularseite, über deren Optionen Sie die Prüfeinstellungen und automatische Überprüfungszyklen einstellen können.

Details zu den einzelnen Optionen liefert die Programmhilfe, die sich über
die Hilfeschaltfläche in der Symbolleiste des Fensters abrufen lässt.

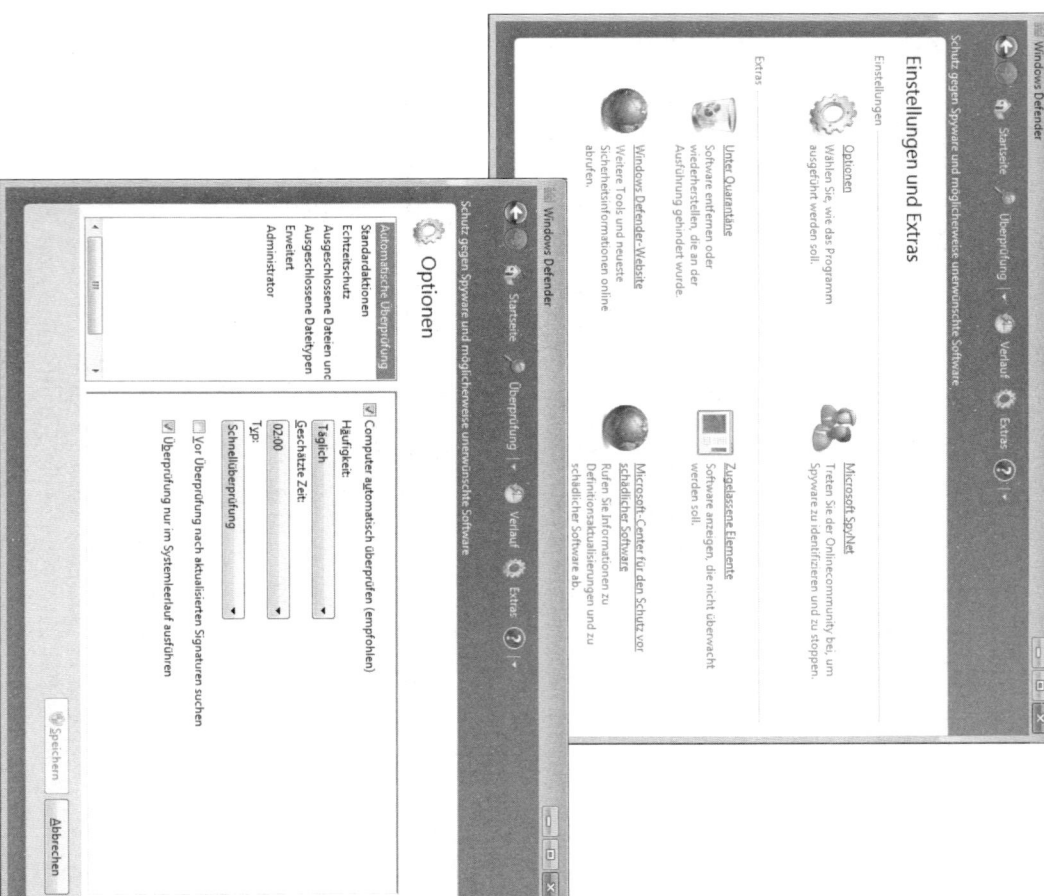

Bild 36.9: Optionen des Windows Defender anpassen

37 Systemverwaltung und -optimierung

Windows 7 stellt einige Funktionen bereit, mit denen sich das System im Hinblick auf seine Leistung überwachen und analysieren lässt. Zudem können Administratoren einige Verwaltungswerkzeuge nutzen sowie Einstellungen am System vornehmen. Die folgenden Seiten stellen einige dieser Werkzeuge und Funktionen vor.

37.1 Leistungsanalyse unter Windows

Als Administrator sollten Sie die Werkzeuge kennen, die Windows 7 Ihnen zur Leistungsanalyse bereitstellt. Nachfolgend werden die Funktionen zur Systemübersicht und zur Leistungsanalyse kurz erläutert.

37.1.1 Computerdetails anzeigen

Recht informativ ist die Informationsseite *Basisinformationen über den Computer anzeigen* (Bild 37.1). Zum Aufrufen reicht es, den Startmenüeintrag *Computer* mit einem Rechtsklick anzuwählen und den Kontextmenübefehl *Eigenschaften* zu wählen. Auf der Seite werden Ihnen sehr übersichtlich die wichtigsten Informationen über den Computer bereitgestellt.

■ In der Rubrik *Windows-Edition* sehen Sie auf einen Blick, welches Windows in Ihrem Rechner werkelt. Zudem können Sie bei Bedarf über den Hyperlink *Weitere Features mit einer neuen Edition von Windows 7 beziehen* ein Dialogfeld öffnen, um einen Produktschlüssel für eine höhere Windows 7-Version zu beziehen und/oder einzugeben und das System umzustellen (siehe *Kapitel 1* und *Kapitel 31*).

■ Unter *System* werden Ihnen der Prozessortyp, der Arbeitsspeicherausbau, die Betriebssystemvariante (32 oder 64 Bit) sowie der Windows-Leistungsindex angezeigt. Der im Leistungsindex angegebene Wert liefert Ihnen nützliche Hinweise, ob Windows 7 optimal auf dem Computer laufen kann. Ein Leistungsindex von 1.0, der auf die Grafikkarte zurückzuführen ist, gewährleistet z. B. meist ein vernünftiges Arbeiten, erlaubt aber nicht die Nutzung der Aero-Benutzeroberfläche. Im Bürobereich reicht ein Leistungsindex von 2.0 in der Regel aus. Ein Gesamtleistungsindex von unter 3.0 ist ein Hinweis darauf, dass ggf. eine Komponente wie die Grafikkarte schwächelt. Für Spiele oder Multimediaanwendungen sollten Rechner einen Leistungsindex über 3.0 aufweisen. Nachfolgend erfahren Sie, wie sich der Leistungsindex aktualisieren und detaillierter analysieren lässt.

■ Die Rubrik *Einstellungen für Computernamen, Domäne und Arbeitsgruppe* fasst die für den Netzwerkbetrieb relevanten Daten zusammen. Über den Hyperlink *Einstellungen ändern* können Administratoren nach Bestätigung der Sicherheitsabfrage der Benutzerkontensteuerung das

Eigenschaftenfenster *Systemeigenschaften* aufrufen. Auf der Registerkarte *Computername* lassen sich der Netzwerkname des Rechners
anpassen sowie die Arbeitsgruppe zuordnen (siehe *Kapitel 29*).

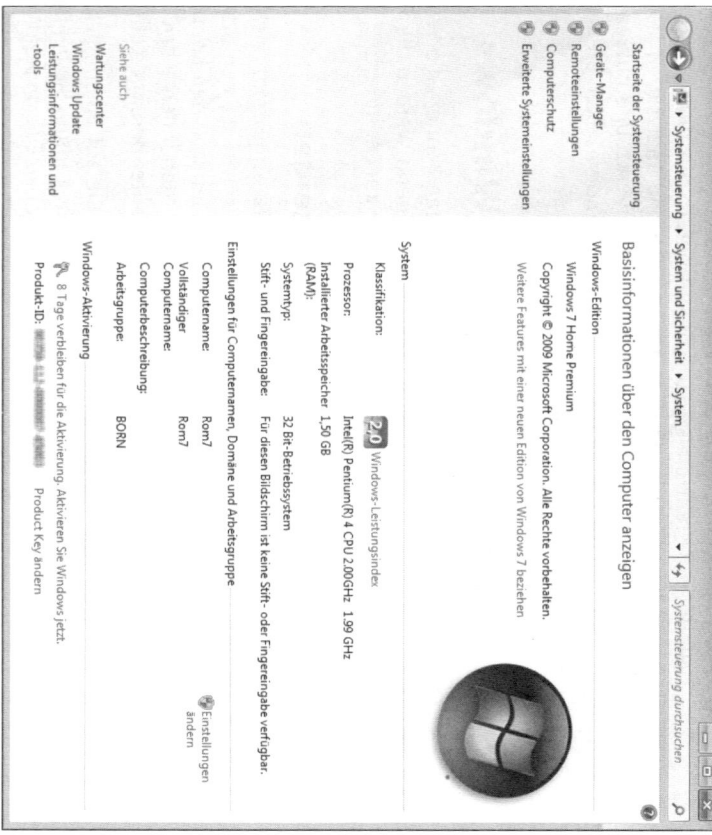

Bild 37.1: Basisinformationen über den Computer anzeigen

Aktualisierung der Leistungsbewertung

Haben Sie neue Hardware in das System eingebaut oder möchten Sie sich
detaillierter über den Leistungsindex informieren? In diesem Fall klicken Sie
in der Seite *Basisinformationen über den Computer anzeigen* auf den Hyperlink *Windows-Leistungsindex*. Dann erscheint die Seite mit den Details zur
Bewertung und Verbesserung des Leistungsindex (Bild 37.2). Über den
Hyperlink *Bewertung aktualisieren* lässt sich eine erneute Leistungsanalyse
durchführen.

In der untersten Rubrik *Windows-Aktivierung* erkennen Sie an einem eingeblendeten Logo, ob eine gültige Windows-Version auf dem Rechner installiert ist. Zudem können Sie dort ggf. das Produkt aktivieren (siehe *Kapitel 31*)
oder den Produktschlüssel ändern.

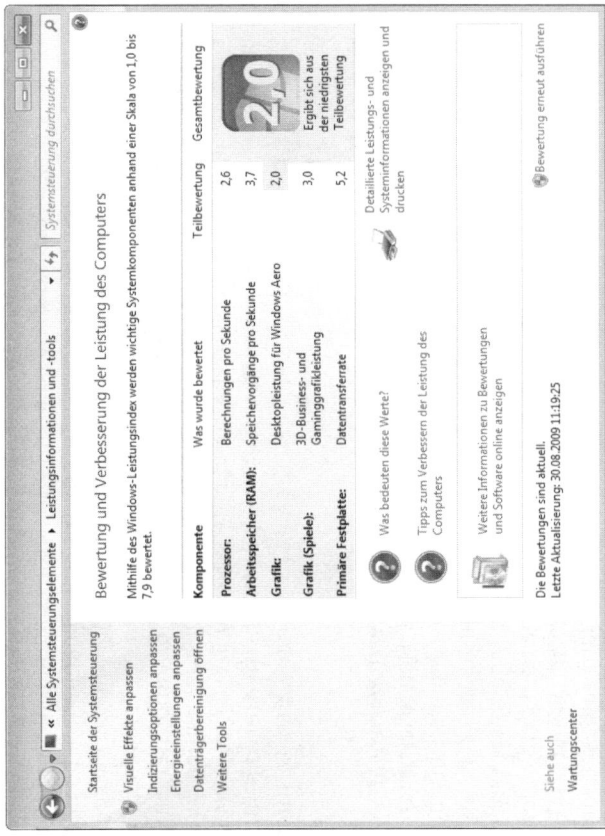

Bild 37.2: Computerleistung bewerten und verbessern

Die auf der Seite angezeigten Leistungsindizes (die Skala wurde gegenüber Windows Vista von 5,9 auf 7,9 ausgedehnt) geben Ihnen einen Hinweis auf »Problemzonen« Ihres Rechners. Eine langsame oder stark defragmentierte bzw. volle Festplatte, ungenügender Arbeitsspeicher oder eine schlappe Grafikkarte drücken den Gesamtleistungsindex. Windows verwendet immer das schlechteste Ergebnis für die Bewertung. Bei der Grafik wird die Leistung in zwei Kategorien unterteilt. Die Kategorie *Grafik (Spiele)* ist wirklich nur relevant, wenn Sie aufwendige 3D-Businessgrafiken oder ressourcenfressende Spiele nutzen. Für die Anzeige von Fenstern oder Fotos sowie für die Wiedergabe von Videomaterial ist die Kategorie *Grafik* (Desktopleistung für Aero) relevant. Bild 37.2 zeigt die Daten eines von mir produktiv eingesetzten älteren Rechners, in dem eine relativ schwache Grafikkarte (NVIDIA GeForce FX 5200) eingesetzt wird. Für die täglichen Büroarbeiten, die Wiedergabe von Videos etc. reicht die Leistung allemal aus. Zudem schalte ich Aero in der Regel aus ergonomischen Gründen ab.

Über den Hyperlink *Detaillierte Leistungs- und Systeminformationen anzeigen und drucken* können Sie die Bewertung als druckbare Seite abrufen. Ein Ausdruck ist z. B. hilfreich, um bestimmte Optimierungsmaßnahmen auf ihren Erfolg hin zu überprüfen. Interessant sind auch die Hyperlinks in der Aufgabenleiste des Fensters *Leistungsinformationen und -tools* (Bild 37.2), über die sich direkt auf verschiedene Windows-Funktionen zur Leistungsoptimierung (z. B. *Visuelle Effekte anpassen*) zugreifen lässt (siehe auch die folgenden Abschnitte).

Haben Sie das Gefühl, dass der Rechner langsamer geworden ist oder dass sich die Leistung durch Optimierungsmaßnahmen verbessern ließe? Gerade bei langsamen Festplatten oder knappem Arbeitsspeicher kann eine Optimierung einen Leistungsgewinn bringen. Klicken Sie auf den Hyperlink *Tipps zum Verbessern der Leistung des Computers*. Windows öffnet ein Hilfefenster und zeigt Ihnen eine Informationsseite mit verschiedenen Vorschlägen zur Optimierung. Das Defragmentieren der Festplatte oder eine Laufwerkbereinigung (siehe *Kapitel 13*), das Deaktivieren von Autostartprogrammen (siehe folgende Abschnitte), die Aufrüstung des Arbeitsspeichers oder der Grafikkarte können den Leistungsindex verbessern.

HINWEIS

Der Eintrag *Weitere Informationen zu Bewertungen und Software online anzeigen* führt zu einer Internetseite des Herstellers, auf der die Informationen rund um Windows 7 präsentiert werden. Persönlich empfinde ich die Seite als wenig sinnvoll, waren doch zu der Zeit, als dieses Buch geschrieben wurde, nur englischsprachige Inhalte vorhanden. Mein Rat: Lesen Sie vor dem Softwarekauf die Angaben auf der Produktverpackung. Das Produkt sollte explizit als kompatibel mit Windows 7 ausgewiesen sein. Meist werden die Anforderungen an Hard- und Software mit angegeben, d. h., Sie erkennen sehr schnell, ob das Produkt auf Ihrem System läuft.

37.1.2 System- und Leistungsanalyse mit dem Task-Manager

Der Windows Task-Manager stellt nicht nur eine Registerkarte *Anwendungen* bereit, über die Sie eine Auflistung laufender Programme erhalten und diese auch beenden können. Über die restlichen Registerkarten des Task-Managers können Sie sich gezielt über laufende Prozesse und Dienste informieren, nachsehen, welche Benutzer angemeldet sind, und auch Leistungsinformationen zum System bzw. zum Netzwerk anzeigen.

TIPP

Aufrufen lässt sich der Task-Manager mittels der Tastenkombination Strg + Alt + Entf, wobei Sie dann auf der gezeigten Seite den Befehl *Task-Manager* wählen müssen. Alternativ lässt sich die Tastenkombination Strg + ⇧ + Esc zum direkten Aufruf verwenden. Persönlich benutze ich die schnellere Aufrufmethode über den Kontextmenübefehl *Task-Manager starten* der Windows-Taskleiste.

Stört Sie das im Vordergrund fixierte Fenster des Task-Managers? Sie können dieses über die Schaltfläche *Minimieren* zu einer Schaltfläche in der Taskleiste verkleinern. Dann ist aber die Anzeige weg. Die bessere Lösung: Klicken Sie mit der rechten Maustaste auf das Task-Manager-Symbol im Infobereich der Taskleiste und wählen Sie im Kontextmenü den Befehl *Immer im Vordergrund*. Dann wird die zwangsweise Anzeige im Vordergrund jeweils ein- oder ausgeschaltet – ein Häkchen signalisiert den eingeschalteten Modus.

Sobald Sie ein Programm ausführen, startet Windows die zugehörigen Prozesse. Auf der Registerkarte *Prozesse* (Bild 37.3, links) sehen Sie, welche Prozesse im Arbeitsspeicher gehalten werden. Für jeden Prozess wird der Name (der zugrunde liegenden Anwendung), der Benutzer, die CPU-Auslastung in Prozent sowie die Speichernutzung angezeigt. In der Statusleiste des Dialogfelds sehen Sie zusätzlich die Anzahl der laufenden Prozesse, die aktuelle CPU-Auslastung sowie die aktuelle Speichernutzung. Lässt sich eine Anwendung mehrfach starten, werden deren Prozesse in der Regel in entsprechender Anzahl in der Prozessliste auftauchen.

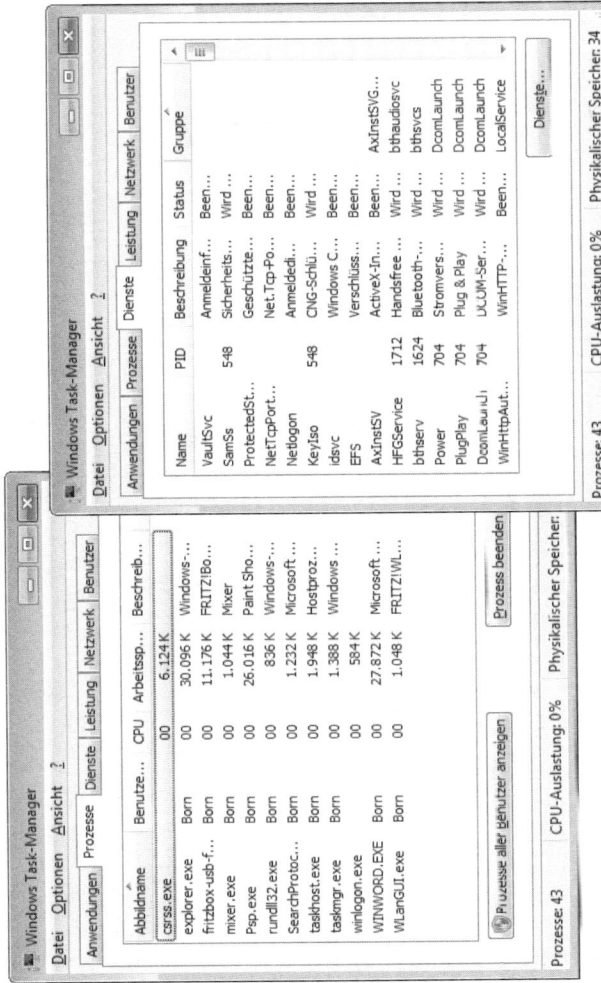

Bild 37.3:   Prozesse und Dienste im Task-Manager

Verwenden Sie die Schaltfläche *Prozesse aller Benutzer anzeigen* und bestätigen Sie die Sicherheitsabfrage der Benutzerkontensteuerung, tauchen auch die momentan geladenen Anwendungsprozesse anderer Benutzerkonten auf. Erfahrene und unter einem Administratorkonto angemeldete Benutzer können einen Prozess per Mausklick markieren und dann über die Schaltfläche *Prozess beenden* aus dem Speicher entfernen. Hilfreich ist dies, wenn Prozesse von Anwendungen hängen. Manche Anwendungen (z. B. Microsoft SQL Server, Adobe Photoshop Elements, Faxdienste etc.) starten auch automatisch Prozesse (Autostartprogramme), die es der Anwendung ermöglichen, schneller auf bestimmte Ereignisse zu reagieren. Benötigen Sie diese Anwendungen vorübergehend nicht, lässt sich durch Abbrechen der Prozesse Arbeitsspeicher freigeben. Beachten Sie aber, dass durch das Beenden »falscher« Prozesse die Systemstabilität bzw. -funktionalität beeinflusst werden kann. Wenn Sie den Windows-Explorer (Eintrag *explorer.exe*) beenden, verschwindet z. B. der komplette Windows-Desktop samt Startmenü und Taskleiste. Den Windows-Explorer können Sie auf der Registerkarte *Anwendun-*

gen über die Schaltfläche *Neuer Task* und die Eingabe des Befehls *explorer.exe* erneut aufrufen, um die Benutzeroberfläche wieder anzuzeigen.

Möchten Sie die Anzeige der Prozessliste nach verschiedenen Kriterien sortieren, klicken Sie einfach auf den betreffenden Spaltenkopf. Über die Spalte *CPU* werden die Prozesse z. B. geordnet nach der CPU-Nutzung aufgelistet.

TIPP

Sind Sie sich unsicher, welcher Prozess zu einer bestimmten Anwendung gehört? Dann wechseln Sie zur Registerkarte *Anwendungen*, klicken mit der rechten Maustaste auf die Zeile mit der gewünschten Anwendung und wählen im Kontextmenü den Befehl *Zu Prozess wechseln*. Der Kontextmenübefehl *Wechseln zu* öffnet dagegen das betreffende Anwendungsfenster. Der Kontextmenübefehl *UAC-Virtualisierung* auf der Registerkarte *Prozesse* zeigt übrigens an, ob die Benutzerkontensteuerung eine Datei- und Registrierungsvirtualisierung für den Prozess vornimmt, bei der Schreibvorgänge auf Systemverzeichnisse und -registrierungsschlüssel in Elemente des Benutzerprofils umgeleitet werden (siehe auch die Erläuterungen und weiterführenden Links in http://gborn.blogger.de/stories/861476/, die auch für Windows 7 gelten).

Unter Windows 7 laufende Anwendungen werden als Prozess mit normaler Priorität im Speicher ausgeführt. Klicken Sie einen Prozess auf der Registerkarte *Prozesse* mit der rechten Maustaste an, lässt sich über den Kontextmenübefehl *Priorität festlegen* ein Untermenü mit den verfügbaren Prioritätsebenen öffnen. Wählen Sie dann den gewünschten Befehl aus, um die Prozesspriorität zu erhöhen oder herabzusetzen. Prozesse mit niedrigerer Priorität erhalten nur dann Rechenzeit, wenn Prozesse übergeordneter Prioritätsebenen ruhen. Auf der Prioritätsebene *Echtzeit* werden anstehende Aufgaben sofort ausgeführt.

Die Registerkarte *Dienste* (Bild 37.3, rechts) zeigt Ihnen eine Auflistung aller unter Windows laufenden Dienste. Dienste sind Programme, die vom System im Hintergrund ausgeführt werden und über kein Programmfenster verfügen. Über das Kontextmenü eines Eintrags lassen sich Dienste anhalten, beenden und auch wieder starten. Zudem können Administratoren über die Schaltfläche *Dienste* zur Verwaltungsfunktion *Dienste* der Microsoft Management Console (MMC) wechseln.

Die Registerkarte *Benutzer* listet alle momentan am System angemeldeten Benutzer auf. Sie können über das Kontextmenü eines Benutzereintrags den Benutzer zwangsweise abmelden (Befehl *Trennen*) oder diesem eine Nachricht zukommen lassen. Beachten Sie aber, dass beim Trennen eines Benutzers laufende Anwendungen beendet werden. Dann gehen u. U. ungesicherte Änderungen von in Anwendungen geladenen Dokumenten verloren. Über den Befehl *Verbinden* können sich Administratoren direkt am betreffenden Benutzerkonto anmelden und ggf. laufende Anwendungen gezielt mit Sicherung geänderter Daten beenden. Mit dem Befehl *Nachricht senden* lässt sich dem Benutzerkonto eine kurze Textinformation senden, die der Benutzer bei der nächsten Anmeldung zu sehen bekommt.

Grafische Anzeige der Leistungsverläufe anzeigen lassen

Die Registerkarte *Leistung* bietet Ihnen die Möglichkeit, die CPU- und Speichernutzung im zeitlichen Verlauf und als Augenblickswerte abzurufen. Eine Grafik gibt Ihnen Hinweise, wie die Auslastung der CPU über ein Zeitintervall aussieht (Bild 37.4, links). Über die Schaltfläche *Ressourcenmonitor* können Administratoren zudem das entsprechende Analysewerkzeug aufrufen (siehe folgende Abschnitte).

Auf der Registerkarte *Netzwerk* (Bild 37.4, rechts) zeigt Ihnen der Task-Manager die Auslastung einer Netzwerkverbindung als Augenblickswert und mit dem zeitlichen Verlauf an. Dadurch lassen sich eventuelle Engpässe beim Datentransfer über das Netzwerk feststellen.

TIPP

Ist der Task-Manager aktiv, blendet dieser eine grafische Anzeige der CPU-Auslastung im Infobereich der Taskleiste ein. Sie können also die Prozessorauslastung während des Betriebs bequem bei minimiertem Fenster des Task-Managers verfolgen. Zeigen Sie auf das Symbol im Infobereich, blendet Windows eine QuickInfo mit dem genauen Wert der CPU-Auslastung in der Anzeige ein.

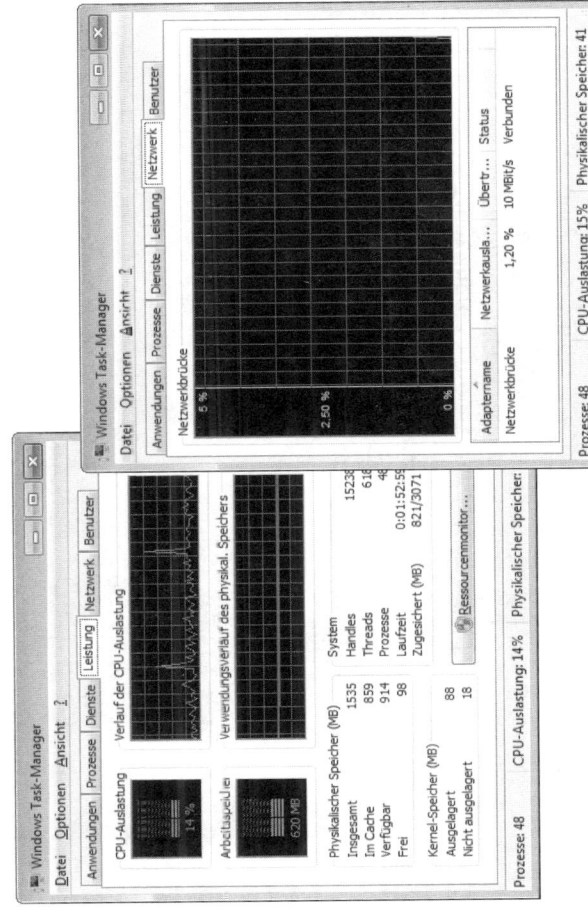

Bild 37.4:   Computerleistung und Netzwerkauslastung im Task-Manager

37.2   Systemeinstellungen anpassen

Die nachfolgenden Abschnitte bieten Ihnen einen Überblick, wie Sie als Administrator über bestimmte Funktionen die Systemeinstellungen anpassen oder die Leistungseinstellungen des Systems beeinflussen können.

37.2.1 Erweiterte Systemeinstellungen ändern

Windows 7 ermöglicht Administratoren den Zugriff auf die erweiterten Systemeinstellungen, über die sich nicht nur die Optionen des Bootmenüs (siehe *Kapitel 31*) einstellen, sondern auch Umgebungsvariablen, die Lage der Auslagerungsdatei, Systemoptimierungen und visuelle Effekte anpassen lassen.

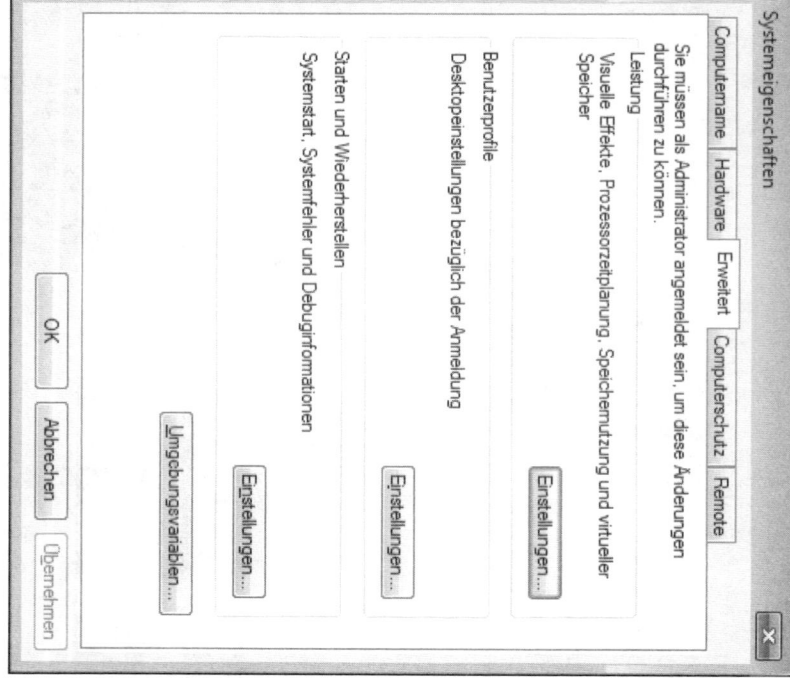

Bild 37.5:   Registerkarte *Erweitert* der Systemeigenschaften

1. Zum Zugriff auf diese Einstellungen klicken Sie den Startmenüeintrag *Computer* mit der rechten Maustaste an und wählen den Kontextmenübefehl *Eigenschaften*.

2. Klicken Sie in der Aufgabenleiste der angezeigten Seite *Basisinformationen über den Computer anzeigen* (Bild 37.1) auf den Eintrag *Erweiterte Systemeinstellungen*.

Nachdem Sie die Sicherheitsabfrage der Benutzerkontensteuerung bestätigt haben, können Sie im Eigenschaftenfenster *Systemeigenschaften* auf der Registerkarte *Erweitert* (Bild 37.5) die nachfolgend beschriebenen Funktionen anpassen.

Visuelle Effekte anpassen

Klicken Sie auf der Registerkarte *Erweitert* (Bild 37.5) die Schaltfläche *Einstellungen* in der Gruppe *Leistung* an. Im dann eingeblendeten Eigenschaftenfenster *Leistungsoptionen* können Sie auf der Registerkarte *Visuelle Effekte* (Bild 37.6) die Systemleistung des Computers im Hinblick auf die Darstellung optimieren bzw. anpassen.

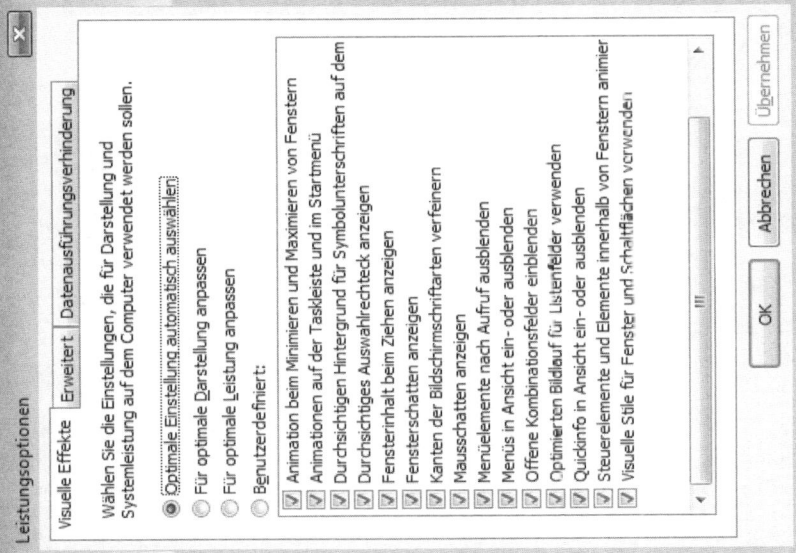

Bild 37.6: Registerkarte *Visuelle Effekte*

Markieren Sie eines der Optionsfelder, um die Optimierung für eine optimale Darstellung oder optimale Leistung vorzunehmen. Das Optionsfeld *Benutzerdefiniert* wird markiert, sobald in der angezeigten Liste Einstelloptionen geändert wurden. Durch Aktivieren der Kontrollkästchen können Sie verschiedene visuelle Effekte wie Mausschatten, durchsichtige Titel in Desktopsymbolen etc. ein- oder ausschalten.

Leistungsoptionen einstellen

Windows kann die Systemleistung auf das Ausführen von Anwendungen oder auf die bevorzugte Ausführung von Hintergrunddiensten optimieren. Sie können Windows auf der Registerkarte *Erweitert* (Bild 37.7, oben links) der Leistungsoptionen vorgeben, wie die Optimierung erfolgen soll. Markie-

881

ren Sie eines der Optionsfelder, um die Prozessorzeit den Anwendungen oder den Hintergrunddiensten bevorzugt zuzuteilen. Bei einem Betrieb als Desktoprechner (typisch für Windows 7 Home Premium-Systeme) sollte die Option *Programme* markiert sein.

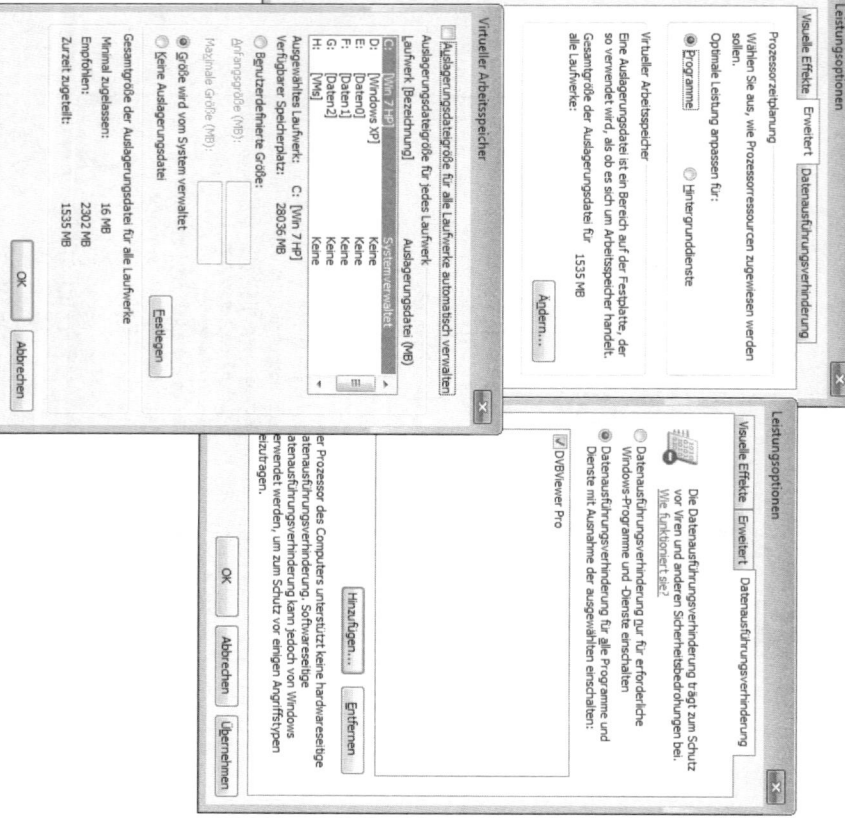

Bild 37.7:   Leistungsoptionen, virtueller Arbeitsspeicher und Datenausführungsverhinderung

Optionen für die Auslagerungsdatei setzen

Windows legt automatisch eine Auslagerungsdatei auf dem Systemlaufwerk ab, um bei Speichermangel Teile des Arbeitsspeichers in diese Datei auszulagern. Falls die Kapazität der Festplatte zu klein ist oder bei vorhandener zweiter Festplatte, kann die Anpassung der Auslagerungsdateieinstellungen hilfreich sein. Sie müssen auf der Registerkarte *Erweitert* (Bild 37.7, oben links) des Eigenschaftenfensters *Leistungsoptionen* die Schaltfläche *Ändern* in der Gruppe *Virtueller Arbeitsspeicher* wählen. Dann öffnet Windows das Dialogfeld *Virtueller Arbeitsspeicher* (Bild 37.7, unten links), in dem die Lage und Größe der Auslagerungsdatei aufgeführt werden. Löschen Sie die Markierung des Kontrollkästchens *Auslagerungsdateigröße für alle Laufwerke automatisch verwalten*, um die Optionen anpassen zu können.

Wählen Sie als Erstes das gewünschte Laufwerk aus, das die Auslagerungsdatei aufnehmen soll. Anschließend setzen Sie die gewünschten Optionen (z. B. minimale und maximale Größe der Auslagerungsdatei) für dieses Laufwerk. Sobald Sie das Dialogfeld über die *OK*-Schaltfläche schließen, werden die Einstellungen übernommen und nach dem nächsten Systemstart wirksam.

Datenausführungsverhinderung nutzen

Viren und andere Schadprogramme benutzen häufig die Technik, Programmcode im Datenbereich des Arbeitsspeichers abzulegen, um dann durch Überschreiben fremder Arbeitsspeicherbereiche diesen Code durch das Betriebssystem zur Ausführung zu bringen. Der Zugriff auf fremde Arbeitsspeicherbereiche kann bei manchen Prozessoren hardwaremäßig überwacht und blockiert werden. Windows kann diese Versuche aber auch softwaremäßig erkennen und die betreffenden Programme blockieren.

Hierzu stellt Windows 7 die Registerkarte *Datenausführungsverhinderung* im Eigenschaftenfenster *Systemoptionen* zur Verfügung (Bild 37.7, rechts). Standardmäßig wird die Datenausführungsverhinderung nur für die Windows-Programme, wo dies erforderlich ist (meist ältere Anwendungen), eingeschaltet. Gibt es Probleme mit einer solchen Anwendung und wird diese ständig beendet? Dann können Sie das Optionsfeld *Datenausführungsverhinderung für alle Programme und Dienste mit Ausnahme der ausgewählten einschalten* markieren. Anschließend klicken Sie auf die Schaltfläche *Hinzufügen* und nehmen die betreffende Anwendung in die Liste der durch die Datenausführungsverhinderung nicht überwachten Programme auf. Die Datenausführungsverhinderung überwacht die Speicherzugriffe der betreffenden Anwendungen nicht. Die in Windows 7 enthaltenen Anwendungen lassen sich nicht in die Ausnahmeliste aufnehmen. Änderungen auf der Registerkarte werden nach einem Systemstart wirksam.

Systemweite Umgebungsvariablen einsehen und anpassen

Auch Windows 7 unterstützt noch das Konzept der Umgebungsvariablen, die in Zeiten von MS-DOS benutzt wurden, um Informationen global für Programme bereitzustellen. Zum Pflegen der Umgebungsvariablen wählen Sie auf der Registerkarte *Erweitert* des Eigenschaftenfensters *Systemeigenschaften* die Schaltfläche *Umgebungsvariablen* (Bild 37.5).

Im Dialogfeld *Umgebungsvariablen* finden Sie die beiden Gruppen *Benutzervariablen für <Benutzername>* und *Systemvariablen* vor (Bild 37.8). Über die Schaltflächen *Neu*, *Bearbeiten* und *Löschen* können Sie die Umgebungsvariablen der jeweiligen Gruppen pflegen. Mit der Schaltfläche *Neu* öffnen Sie beispielsweise ein Dialogfeld, um eine neue Umgebungsvariable unter Angabe eines Namens und des Werts anzulegen.

Bild 37.8: Umgebungsvariablen anpassen

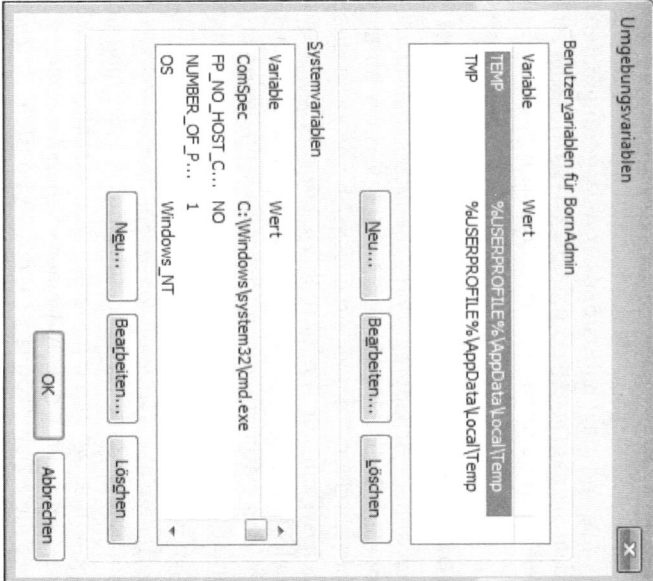

Die Umgebungsvariablen der Gruppe *Systemvariablen* stehen unter allen Benutzerkonten zur Verfügung und lassen sich durch Anwendungen abfragen. Die Benutzervariablen beziehen sich immer auf das betreffende Benutzerkonto. Da die meisten Windows-Anwendungen aber die Registrierung oder zwischenzeitlich Konfigurationsdateien von .NET Framework (Assembly Manifeste) verwenden, nimmt die Bedeutung von Umgebungsvariablen stark ab.

Umgebungsvariablen, die nur im Kontext eines Benutzerkontos gelten sollen, werden dagegen über die Seiten zur Verwaltung eines Benutzerkontos verwaltet (siehe *Kapitel 35*).

Verhalten bei Systemfehlern anpassen

Windows 7 ist so voreingestellt, dass bei kritischen Fehlern ein Neustart des Systems ausgeführt und ein Fehlerabbild erzeugt wird. Um dies zu ändern, klicken Sie auf der Registerkarte *Erweitert* (Bild 37.5) die Schaltfläche *Einstellungen* in der Gruppe *Starten und Wiederherstellen* an. Dann erscheint das gleichnamige Dialogfeld (Bild 37.9), in dem sich nicht nur die Optionen für das Bootmenü (siehe *Kapitel 31*) einstellen lassen. Im unteren Teil des Dialogfelds können Sie über Kontrollkästchen festlegen, wie Windows auf Systemfehler reagieren soll. Die Option *Automatisch Neustart durchführen* bewirkt, dass Windows 7 nach kritischen Systemfehlern automatisch einen Neustart durchführt. Persönlich schalte ich diese Option ab, um bei Fehlern einen Hinweis zu erhalten und ggf. eine Fehlernummer notieren zu können.

Startet das System nicht mehr, z. B. weil ein Treiber einen Absturz beim Hochfahren oder im Betrieb verursacht, können Sie Windows im abgesicherten Modus, ohne Treiber zu laden, starten und die Option deaktivieren. Weiterhin können Sie Fehlerereignisse in das Systemprotokoll aufnehmen oder Debuginformationen in eine Sicherungsdatei schreiben lassen. Diese Datei wird ggf. von der Fehlerberichterstattung an Microsoft übertragen.

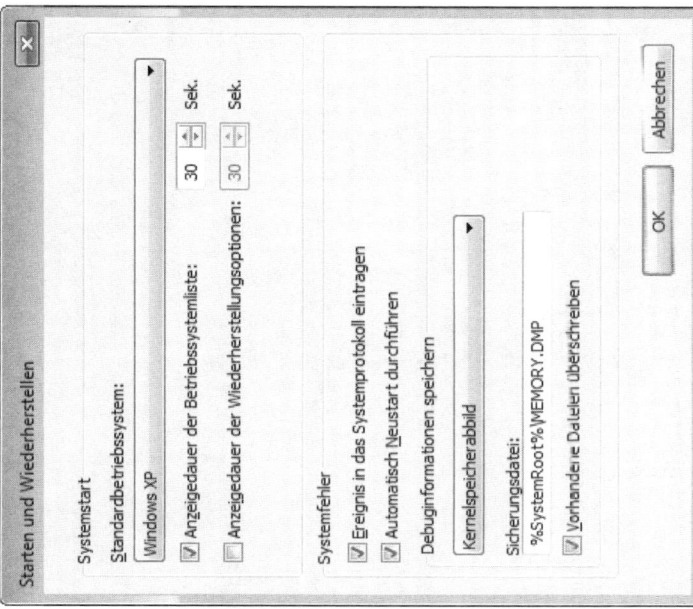

Bild 37.9:   Optionen zum Starten und Wiederherstellen

37.2.2 Das Programm Systemkonfiguration verwenden

Über den Eintrag *Systemkonfiguration* des Ordners *Verwaltung* (Bild 37.12, oben) lässt sich das gleichnamige Programm aufrufen. Alternativ können Sie das Startmenü öffnen, den Text »System« eintippen und den Befehl *Systemkonfiguration* wählen. Nach einer Bestätigung der Benutzerkontensteuerung erscheint das in Bild 37.10 gezeigte Eigenschaftenfenster. Die Registerkarten der Systemkonfiguration bieten Optionen, um die Starteinstellungen anzupassen sowie die beim Systemstart auszuführenden Programme bzw. Dienste zu deaktivieren.

■ Die Registerkarte *Tools* ermöglicht Ihnen, eine Reihe von Systemfunktionen zur Systemverwaltung zentral aufzurufen. Klicken Sie auf einen Eintrag, wird der komplette Befehl im Feld *Ausgewählter Befehl* eingeblendet und lässt sich über die *Starten*-Schaltfläche ausführen.

885

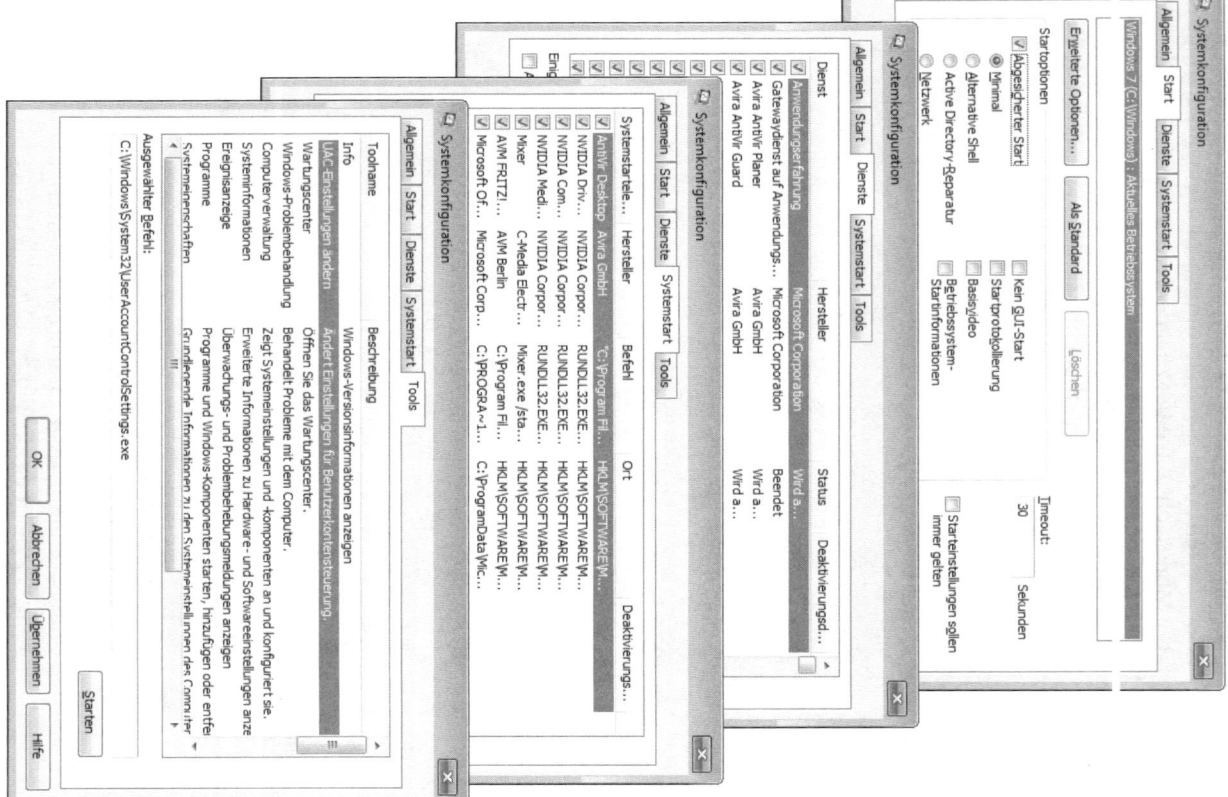

Bild 37.10: Optionen zur Systemkonfiguration

■ Auf der Registerkarte *Allgemein* können Sie einen benutzerdefinierten Systemstart oder einen Diagnosestart einplanen, bei der bestimmte Dienste und Autostartelemente (die ggf. Probleme bereiten und das Hochfahren verhindern) beim Laden abgeschaltet werden.

- Die Registerkarte *Start* zeigt Ihnen gefundene Windows-Versionen und ermöglicht Ihnen eine komfortable Auswahl der Startoptionen für die ausgewählte Windows-Version. Über die Schaltfläche *Erweiterte Optionen* öffnet sich ein Dialogfeld, über das Sie bestimmte CPU-Optionen wie die Zahl der CPU-Kerne vorgeben können.

- Die Registerkarte *Systemstart* zeigt Ihnen alle Anwendungen, die automatisch beim Systemstart (z. B. über den *Run*-Schlüssel in der Registrierung) gestartet und im Hintergrund ausgeführt werden. Da diese Programme auf Kosten der CPU-Leistung und des Arbeitsspeichers gehen (und ggf. auch unerwünscht sind), lassen sich diese bei Problemen durch Löschen der Markierung der zugehörigen Kontrollkästchen deaktivieren.

Abgeschaltete Autostartprogramme werden erst beim nächsten Neustart des Systems berücksichtigt. Bei jedem Systemstart erhalten Sie zudem eine (abschaltbare) Benachrichtigung über diese blockierten Programme. Details zu den einzelnen Optionen liefert die *Hilfe*-Schaltfläche.

37.3 Verwaltungs- und Überwachungsfunktionen

Windows 7 stellt noch eine Sammlung von Verwaltungs- und Überwachungsfunktionen für Administratoren bereit. Nachfolgend werden diese Funktionen in einem kurzen Überblick vorgestellt.

37.3.1 Absicherung durch die Benutzerkontensteuerung

Eine der Neuerungen von Windows 7 ist die Benutzerkontensteuerung (auch UAC bzw. User Access Control genannt), die alle Vorgänge absichert, die kritisch für das System sind oder die eine Administratorberechtigung erfordern. Dazu gehört das Anpassen von Systemeinstellungen genauso wie das Installieren von Programmen. Ist eine Autorisierung durch den Benutzer erforderlich, blendet die Benutzerkontensteuerung den Desktop (in der Standardeinstellung) ab und zeigt einen Bestätigungsdialog im Vordergrund an. Der Benutzer muss dann die Fortsetzung des Vorgangs durch geeignete Eingaben autorisieren. Erfolgt dies nicht innerhalb einer gewissen Zeit, sperrt die Benutzerkontensteuerung den Aufruf der betreffenden Funktion.

Je nach Situation zeigt die Benutzerkontensteuerung unterschiedliche Dialogfelder (Bild 37.11), die vom Benutzer zur Autorisierung eines Vorgangs bestätigt werden müssen. Ist der Benutzer unter einem Standardkonto angemeldet, erscheint das in Bild 37.11, in der Mitte, angezeigte Dialogfeld, in dem (bei mehreren Administratorkonten) sowohl ein Administratorkonto gewählt als auch das dazugehörige Kennwort eingegeben und über die *Ja*-Schaltfläche bestätigt werden müssen. Arbeitet der Benutzer bereits unter einem Administratorkonto, erscheint u. U. keine Nachfrage der Benutzerkontensteuerung oder zur Bestätigung des Vorgangs braucht nur die *Ja*-Schaltfläche des in Bild 37.11, links unten einmontierten Dialogfelds bestätigt zu werden. Die Benutzerkontensteuerung warnt Sie zudem über die Hintergrundfarbe des im Dialogfeld angezeigten Texts vor möglichen Risiken. Ein gelber Texthintergrund (Bild 37.11, links unten) signalisiert, dass der Herausgeber unbekannt ist. Ein dunkelblauer Farbverlauf (Bild 37.11, oben) zeigt an, dass der Herausgeber über ein Zertifikat identifiziert wurde.

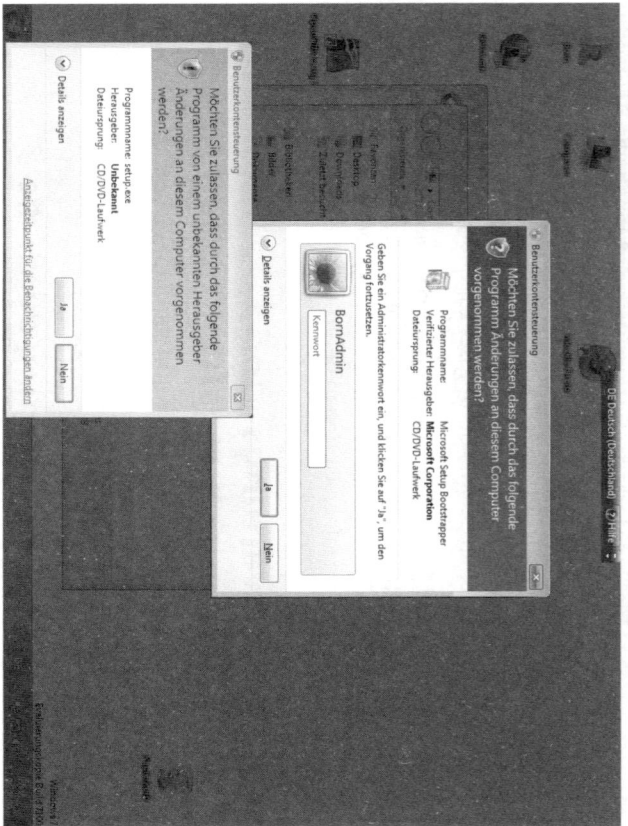

Bild 37.11: Dialogfelder der Benutzerkontensteuerung

Bei vielen Befehlen der Systemsteuerung zeigen die Seiten durch ein vorangestelltes stilisiertes Schild, dass eine Administratorberechtigung über die Benutzerkontensteuerung abgefragt wird. In *Kapitel 35* finden Sie Hinweise, wie sich das Verhalten der Benutzerkontensteuerung anpassen lässt.

37.3.2 Aufrufen der Verwaltungs- und Leistungstools

Windows 7 bietet dem Administrator weitere Werkzeuge zur Verwaltung des Systems oder zur Leistungsanalyse. Diese lassen sich über die Systemsteuerung abrufen, indem Sie in der Startseite die Kategorie *System und Sicherheit* anklicken.

- Wählen Sie in der Folgeseite *System und Sicherheit* den Kategorietitel *Verwaltung* (Bild 37.12, Hintergrund), öffnet Windows das Ordnerfenster *Verwaltung* (Bild 37.12, Vordergrund), in dem Sie Verknüpfungen auf verschiedene Verwaltungsfunktionen wie die Aufgabenplanung, die Computerverwaltung etc. erhalten. Über Funktionen wie die Computerverwaltung lassen sich bestimmte Systeminformationen abrufen und Einstellungen anpassen.

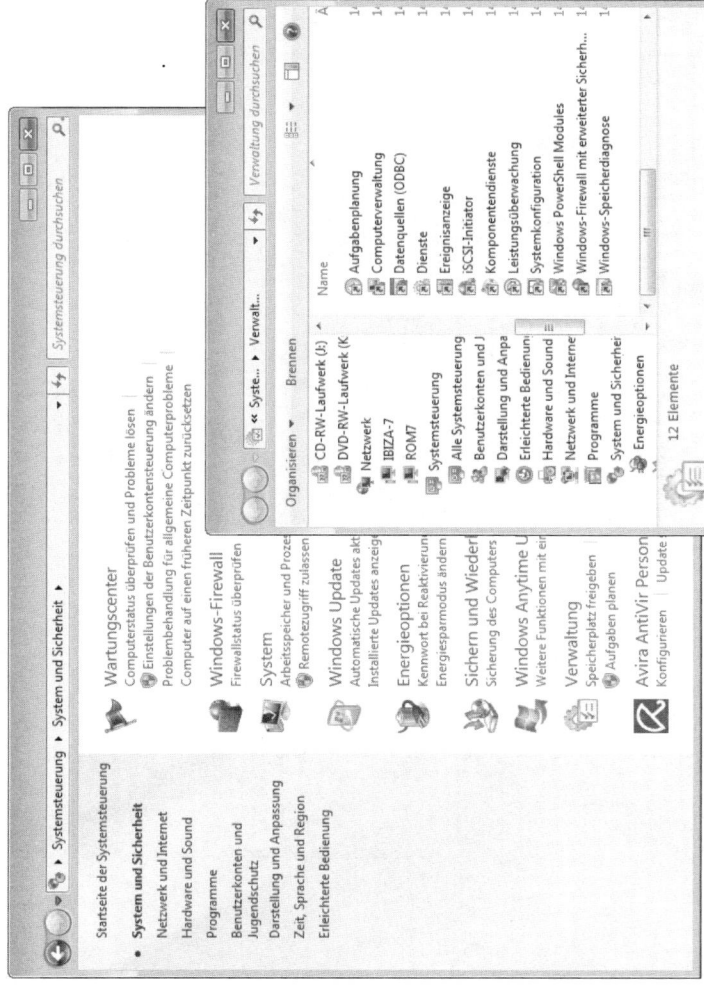

Bild 37.12: Aufrufen der Verwaltungsfunktionen

■ Klicken Sie dagegen in der Systemsteuerungsseite System und Sicherheit auf den Befehl *Problembehandlung für allgemeine Computerprobleme* (Bild 37.12, Hintergrund), öffnet Windows die Seite aus Bild 37.13, oben, in der Sie verschiedene Optionen wählen und Reparaturassistenten aufrufen können.

■ Tippen Sie dagegen in das Suchfeld der Systemsteuerung den Begriff »Leistung« ein und klicken anschließend auf den angezeigten Befehl *Leistungsinformationen und -tools*, gelangen Sie zur Seite *Bewertung und Verbesserung der Leistung des Computers* (vergleiche ggf. Bild 37.2, am Kapitelanfang). Klicken Sie in der Aufgabenleiste auf den Befehl *Weitere Tools*, erscheint die Seite aus Bild 37.13, unten. Auf dieser Seite stellt Ihnen Windows Befehle zum Aufrufen verschiedener Tools zur Leistungsanalyse und -verbesserung zur Verfügung.

Einige der über diese Seiten erreichbaren Werkzeuge sind in anderen Kapiteln dieses Buches beschrieben (z. B. *Kapitel 13* nutzt die Datenträgerverwaltung bzw. die Computerverwaltung zur Konfigurierung von Laufwerkspartitionen). Ausgesuchte Funktionen werden in den nachfolgenden Abschnitten kurz vorgestellt.

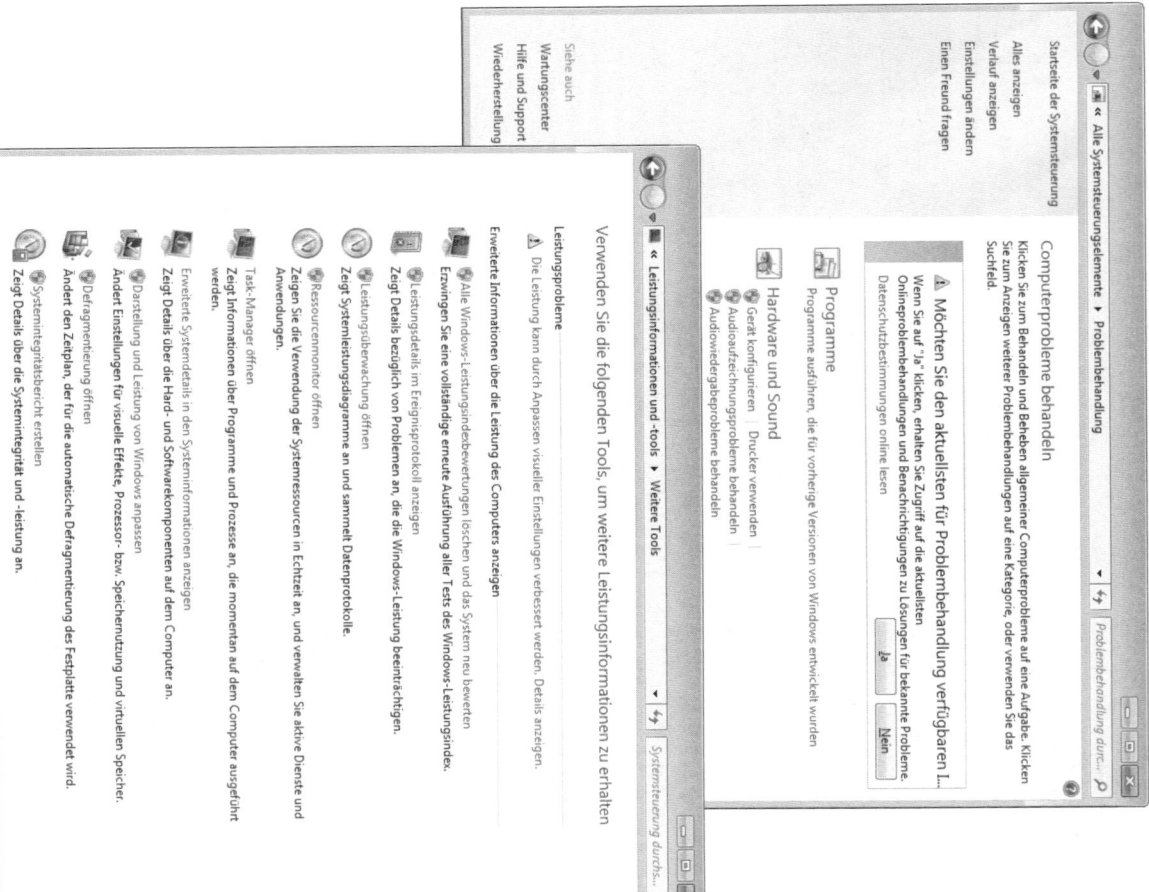

Bild 37.13: Leistungsanalysetools und Problembehandlung

37.3.3 Leistungs-, Zuverlässigkeits- und Systeminformationen

Windows 7 besitzt integrierte Werkzeuge, um Leistungs-, Zuverlässigkeits- oder Systeminformationen in Form von Berichten zusammenzustellen. Diese sind zur Diagnose von Problemen und für den Support durch den Hersteller hilfreich.

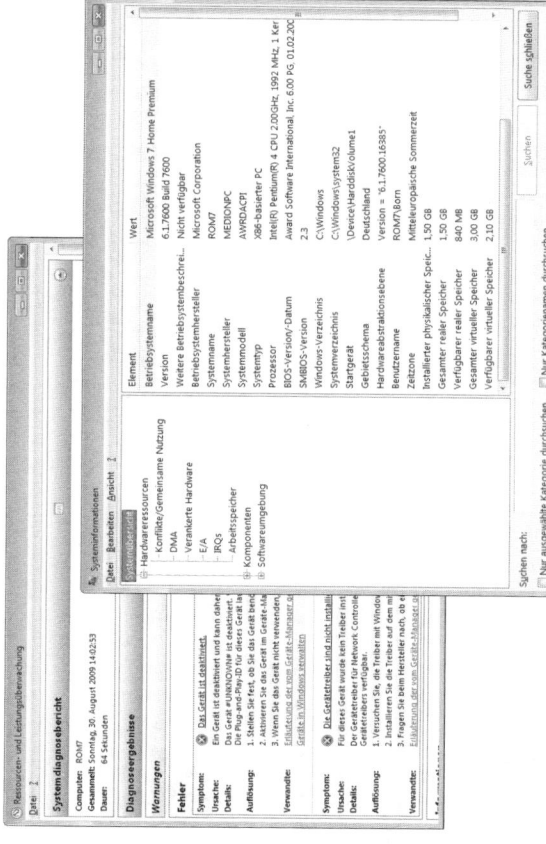

Bild 37.14:   Informationen zum System, zur Leistung und zur Zuverlässigkeit

■ Benötigen Sie eine detaillierte Übersicht über die aktuellen Systemeinstellungen? Wählen Sie im Fenster *Weitere Tools* den Befehl *Erweiterte Systemdetails in den Systeminformationen anzeigen* (Bild 37.13). Dann wird das Fenster aus Bild 37.14, rechts unten, eingeblendet. In der linken Spalte sind die verfügbaren Kategorien aufgelistet. Durch Anklicken eines Eintrags blendet das Programm die jeweiligen Informationen in der rechten Spalte ein. Weiterhin haben Sie die Möglichkeit, gezielt über das Suchfeld und die zugehörige Schaltfläche nach Informationen in der Systemkonfiguration nachzuschlagen. Über die Befehle der Menüleiste lassen sich verschiedene Zusatzfunktionen abrufen. So können Sie beispielsweise die Informationen als Bericht in Textdateien speichern.

■ Die Zuverlässigkeit und Leistungsfähigkeit des Systems lässt sich über den Eintrag *Systemintegritätsbericht erstellen* der in Bild 37.13 gezeigten Seite aufrufen. Nach Bestätigen der Sicherheitsabfrage der Benutzerkontensteuerung analysiert die betreffende Anwendung das System und liefert einen detaillierten Bericht über den Sicherheitsstatus oder über Treiber- und Systemprobleme (Bild 37.14, oben links).

Über die Hilfe der jeweiligen Programmfenster können Sie zusätzliche Informationen zur Anwendung, Systeminformationen oder zur Zuverlässigkeits- und Leistungsüberwachung abrufen.

37.3.4 Zugriff auf den Ressourcenmonitor

Über den Befehl *Ressourcenmonitor öffnen* auf der Seite *Weitere Tools* (Bild 37.13, unten) öffnet sich nach einer Bestätigung der Abfrage der Benutzerkontensteuerung der Ressourcenmonitor (Bild 37.15).

Gegenüber früheren Windows-Versionen hat Microsoft die Darstellung des Programms etwas geändert. Über mehrere Registerkarten lässt sich auf verschiedene Ressourceninformationen zugreifen. Auf der Registerkarte *Übersicht* erhalten Sie in der linken Spalte eine Übersicht über die CPU-Auslastung, zur Datentransferrate bei Netzwerk- und Datenträgerzugriffen sowie zur Arbeitsspeicherauslastung. Am rechten Rand blendet das Programm zudem den grafischen Verlauf der Auslastung ein.

37.3.5 Die Leistungsüberwachung verwenden

Die Leistungsfähigkeit des Systems lässt sich über den Eintrag *Leistungsüberwachung öffnen* auf der Seite *Weitere Tools* (Bild 37.13) aufrufen. Alternativ können Sie die Verknüpfung *Leistungsüberwachung* im Ordnerfenster *Verwaltung* wählen (Bild 37.12, oben). Sie müssen allerdings als Administrator angemeldet sein, um die Funktion nutzen zu können. Nach Bestätigen der Sicherheitsabfrage der Benutzerkontensteuerung erscheint das in Bild 37.16 gezeigte Fenster.

Über die Struktur in der linken Spalte können Sie verschiedene Darstellungen und Informationen zur Leistungsüberwachung abrufen. Klicken Sie auf den Eintrag *Leistung*, erscheint die Textdarstellung der Systemleistung aus Bild 37.16, oben links. Wählen Sie den Zweig *Leistung/Überwachungstools/Leistungsüberwachung*, wird auf der Windows-Systemmonitor in der rechten Spalte angezeigt (Bild 37.16, unten links). Dieser lässt sich zur Leistungsanalyse heranziehen, indem Sie z. B. die Prozessorauslastung oder die Speichernutzung weiterer Kenngrößen überwachen und grafisch aufzeichnen lassen. Um die Funktionen des Systemmonitors zu nutzen, gehen Sie folgendermaßen vor:

Bild 37.15:　Ressourcenmonitor

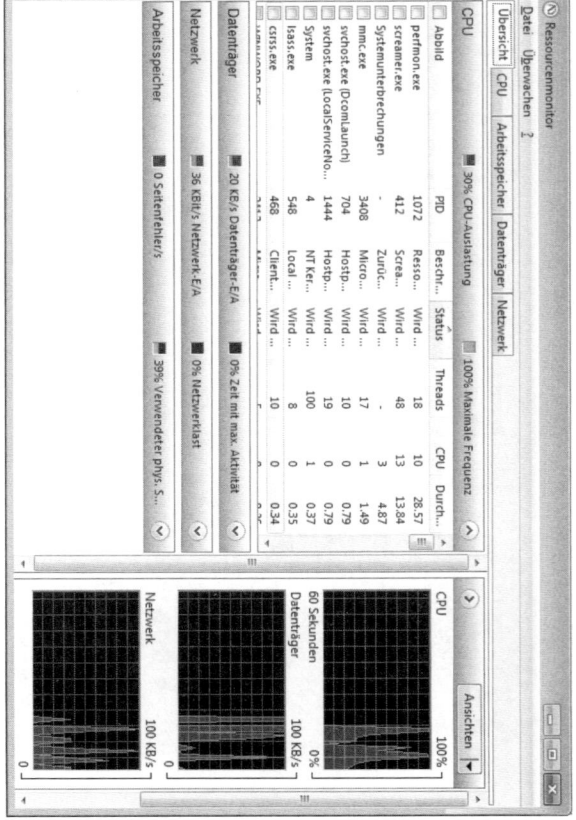

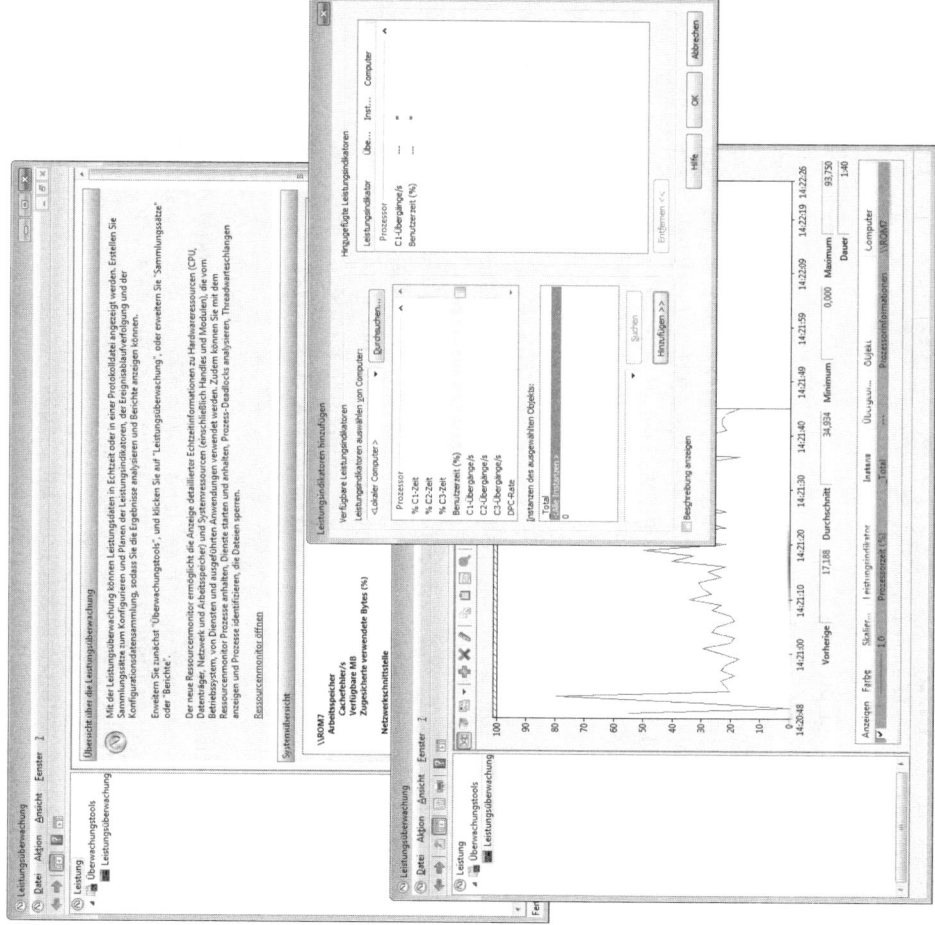

Bild 37.16:   Leistungsüberwachung

1. Wählen Sie in der linken Spalte den Eintrag zur Anzeige des Systemmonitors – im rechten Fenster muss die grafische Darstellung des Systemmonitors sichtbar werden.

2. Klicken Sie in der Symbolleiste des Fensters auf die Schaltfläche *Hinzufügen* (Schaltfläche mit dem Pluszeichen). Der Systemmonitor öffnet anschließend ein Dialogfeld zur Auswahl der Leistungsindikatoren (Bild 37.16, Vordergrund, rechts).

3. Wählen Sie im Dialogfeld den Computer (z. B. *<Lokaler Computer>*) und klicken Sie in der oberen linken Liste auf eine der Kategorien mit dem gewünschten Leistungsindikator. Wählen Sie danach in der unteren Liste die gewünschte Instanz mit einem Mausklick an.

4. Fügen Sie den Indikator mittels der *Hinzufügen*-Schaltfläche zur Liste *Hinzugefügte Leistungsindikatoren* hinzu.

Wiederholen Sie diese Schritte, um ggf. mehrere Indikatoren in die Überwachung aufzunehmen. Sobald alle Indikatoren definiert sind, können Sie das Dialogfeld *Leistungsindikatoren hinzufügen* über die *Ok*-Schaltfläche schließen. Der Systemmonitor wird die Daten in der Grafikanzeige berücksichtigen. Über weitere Schaltflächen des Anwendungsfensters können Sie Leistungsindikatoren entfernen oder die Werte in Dateien speichern. Weitere Informationen zur Zuverlässigkeits- und Leistungsüberwachung liefert die Programmhilfe.

37.3.6   Dienste verwalten

Windows 7 benutzt eine Reihe von als Dienste bezeichneten Programmen, die im Hintergrund laufen und bestimmte Funktionen bereitstellen. Die Verwaltung dieser Dienste erfolgt über einen eigenen Manager (Bild 37.17), der sich über den Eintrag *Dienste* im Ordner *Verwaltung* (Bild 37.12) – oder direkt über die Schaltfläche *Dienste* auf der gleichnamigen Registerkarte des Windows Task-Managers – aufrufen lässt. Voraussetzung ist aber, dass Sie als Administrator angemeldet sind. Die Verwaltung der Dienste erfolgt über die sogenannte Microsoft Management Console (MMC).

Diese zeigt im rechten Fenster zwei Registerkarten mit den am unteren Rand angeordneten Registerreitern *Erweitert* und *Standard*. Klicken Sie auf den Registerreiter *Standard*, listet Windows 7 lediglich die Dienste in der rechten Fensterhälfte auf. Die Registerkarte *Erweitert* weist im rechten Teilfenster eine Spalte für Zusatzinformationen auf (Bild 37.17). Bei Anwahl eines Dienstnamens wird in der Spalte eine Beschreibung zum betreffenden Dienst eingeblendet.

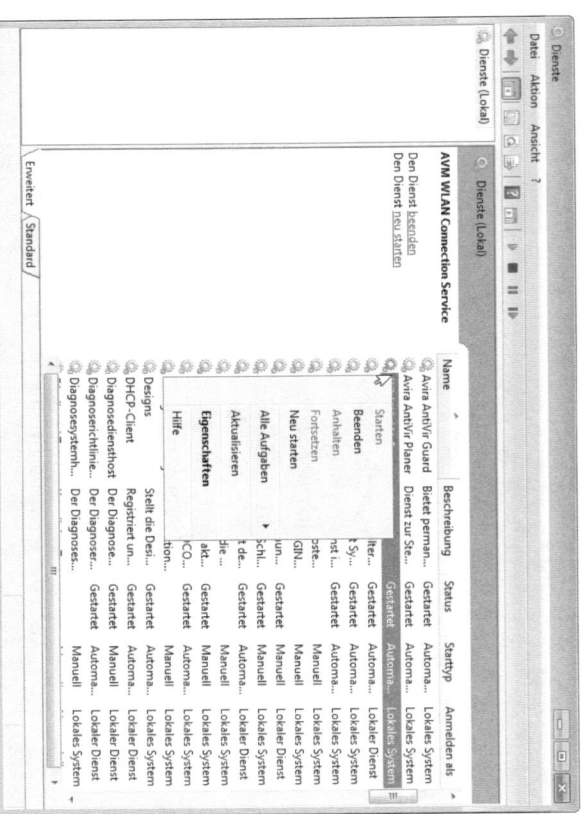

Bild 37.17:   Dienste verwalten

In beiden Varianten zeigt die Microsoft Management Console die Liste der im System bekannten Dienste. Für jeden Dienst erscheinen der Name, eine Beschreibung, der aktuelle Status sowie der Starttyp. In der Spalte *Anmelden als* wird außerdem angegeben, wie der Dienst unter Windows angemeldet wird. In dieser Spalte finden Sie in der Regel den Eintrag *Lokales System*, d. h., der Dienst wurde vom System gestartet.

Klicken Sie mit der rechten Maustaste auf einen in der Liste aufgeführten Dienst, erscheint ein Kontextmenü mit Befehlen zum Starten, Anhalten und Beenden dieses Dienstes. Über den Kontextmenübefehl *Eigenschaften* öffnet die Microsoft Management Console das Eigenschaftenfenster dieses Dienstes mit verschiedenen Registerkarten (Bild 37.18):

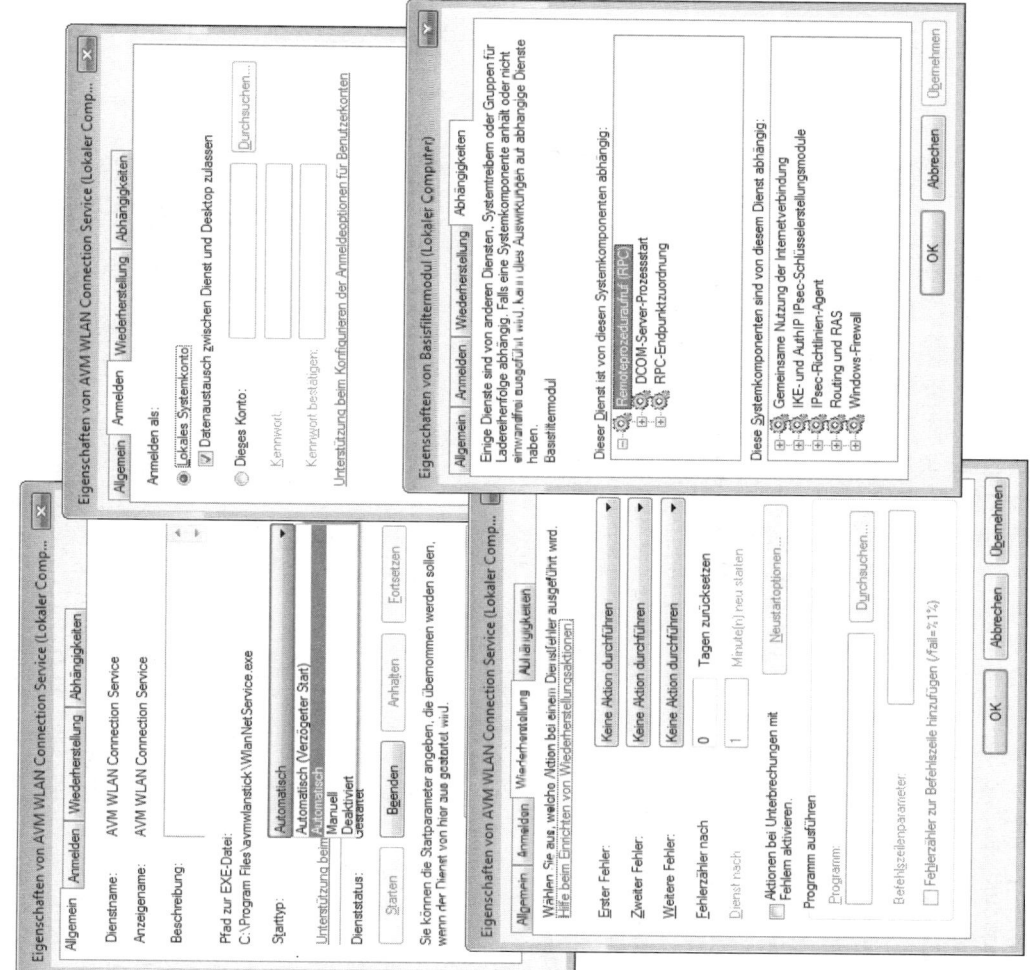

Bild 37.18: Eigenschaften eines Dienstes

■ Auf der Registerkarte *Allgemein* (Bild 37.18, links oben) wird der Anzeigename sowie der Pfad zur EXE-Datei des Dienstes aufgeführt. Weiterhin können Sie im Listenfeld *Starttyp* wählen, ob der Dienst automatisch beim Windows-Start (oder durch andere Dienste) oder manuell gestartet wird. Die Schaltflächen *Starten, Beenden, Anhalten* und *Fortsetzen* erlauben Ihnen zusätzlich, Dienste zu stoppen und erneut auszuführen. Benötigt ein Dienst bestimmte Startparameter, können Sie diese direkt auf der Registerkarte in das gleichnamige Feld eintragen.

■ Die Registerkarte *Anmelden* (Bild 37.18, rechts oben) ermöglicht Ihnen, ein Konto für den Dienst vorzugeben. Standardmäßig wird das lokale Systemkonto benutzt. Sie haben aber jederzeit die Möglichkeit, auch andere Konten auszuwählen, sofern Sie deren Kennwort kennen.

■ Die Registerkarte *Wiederherstellen* (Bild 37.18, rechts unten) liefert Ihnen Einstellmöglichkeiten, um auf Ausfälle eines Dienstes zu reagieren. Dies stellt sicher, dass ein Dienst ggf. mehrfach gestartet wird. Über die Option *Fehlerzähler zur Befehlszeile hinzufügen* können Sie verfolgen, wie häufig ein Dienst ausgefallen ist.

Über die Registerkarte *Abhängigkeiten* (Bild 37.18, rechts unten) können Sie feststellen, ob der Dienst von anderen Diensten abhängt bzw. ob andere Dienste diesen Dienst benötigen. Beim Aufruf der Registerkarte ermittelt Windows die Abhängigkeiten und gibt diese anschließend in zwei Listen auf der Registerkarte aus.

37.3.7 Verwenden der Ereignisanzeige

Windows überwacht und protokolliert verschiedene Ereignisse (z. B. Anmeldung eines Benutzers, Start des Systems etc.). Zur Auswertung der Protokolle können Administratoren auf die Ereignisanzeige zurückgreifen (Bild 37.19). Das Programm *Ereignisanzeige* lässt sich z. B. über die Ordnerfenster *Verwaltung* (Bild 37.12) aufrufen. Nach der Bestätigung der Sicherheitsabfrage der Benutzerkontensteuerung erscheint das Fenster der Ereignisanzeige (Bild 37.19), in dem Sie die Ereignisse in einem Fenster abrufen und nach verschiedenen Kriterien filtern können.

Die Ereignisanzeige benutzt ebenfalls die Microsoft Management Console und zeigt beim Start eine Zusammenfassung der Ereignisse in der rechten Spalte an. In der linken Spalte (Bereichsebene) werden die Kategorien für die Protokollereignisse aufgeführt. Durch Anklicken der Einträge lässt sich die Struktur in der linken Spalte expandieren und Sie können in den Ereigniskategorien navigieren. Gegenüber früheren Windows-Versionen verwendet Windows 7 mehr Kategorien zur Sammlung der jeweiligen Ereignisse. Um die Ereignisse aufzulisten, müssen Sie in der linken Spalte im expandierten Zweig die gewünschte Kategorie anklicken. Dann werden die in der Kategorie gespeicherten Ereignisse im rechten Teil des Fensters als Liste eingeblendet. Für jedes Ereignis werden dabei das Datum und die Quelle angegeben. Die jüngsten Ereignisse tauchen dabei oben in der Ereignisliste auf. Das Symbol und der Text in der Spalte *Ebene* geben Ihnen dabei einen Hinweis, ob es sich um eine Warnung, um einen Fehler oder um ein kritisches Ereignis handelt. Wird ein Eintrag in der Liste per Mausklick markiert, listet die Ereignisanzeige die zugehörigen Informationen im unteren Teil der rechten Spalte auf den zwei Registerkarten *Allgemein* und *Details* auf.

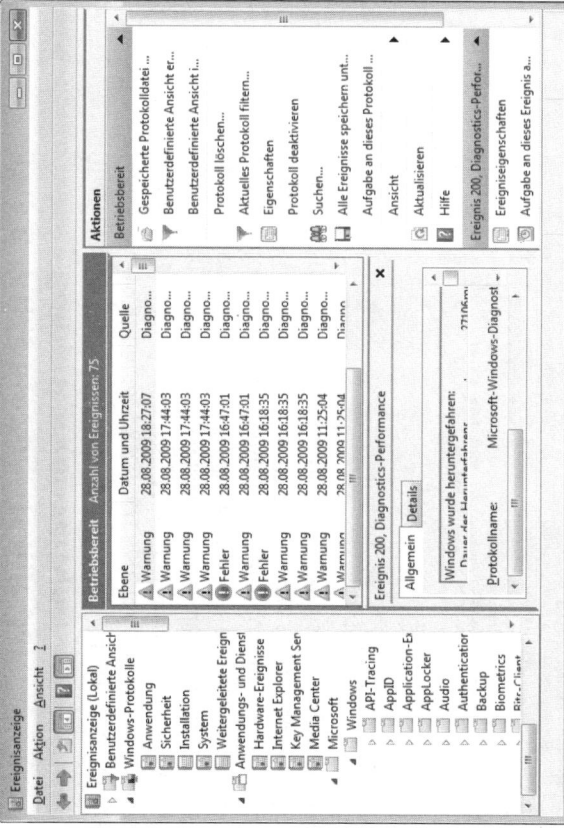

Bild 37.19:   Ereignisanzeige

Die Rubrik *Windows-Protokolle* listet verschiedene Kategorien auf, die bei der Administration eines Windows 7 Home Premium-Systems recht hilfreich sein können. In der Kategorie *Anwendung* werden alle Ereignisse hinterlegt, die durch Anwendungsprogramme verursacht werden. In der Kategorie *Sicherheit* werden Sie über Anmeldeversuche und Netzwerkzugriffe auf den Rechner informiert. Möchten Sie beispielsweise wissen, welche Benutzer sich zu welchen Zeiten angemeldet haben oder ob jemand versucht hat, sich ohne gültiges Kennwort am System anzumelden? Dann wählen Sie in der Ereignisanzeige den Eintrag *Sicherheit* aus. Anschließend werden im rechten Fenster alle Einträge dieses Protokolls aufgeführt. Die Kategorie *System* zeigt Ereignisse für das laufende System (z. B. gestartete Dienste).

Unter *Benutzerdefinierte Ansichten* hat Microsoft bereits einen Eintrag angelegt, über den Sie sich über administrative Ereignisse wie Fehler oder Warnungen informieren können. Der Zweig *Anwendungs- und Dienstprotokolle/Microsoft/Windows* listet eine ganze Reihe an Kategorien auf, in denen Windows spezifische Ereignisse über interne Abläufe protokolliert. Im Zweig *Microsoft/Windows/CodeIntegrity* können Sie sich darüber informieren, ob unsignierte Treiber und Kernelmodule installiert sind.

Mit der Zeit wird eine Kategorie sehr viele Einträge aufweisen. Öffnen Sie das Kontextmenü einer in der linken Spalte angezeigten Kategorie, können Sie den Befehl *Protokoll löschen* wählen. Dann erhalten Sie in einem

TIPP

897

Dialogfeld die Möglichkeit, die Protokolleinträge in einer Textdatei zu sichern oder gleich zu löschen. Weiterhin bietet das Kontextmenü Befehle zum Speichern, Laden und Filtern von Protokolleinträgen.

37.3.8 Alles im Zugriff mit der Computerverwaltung

Über die Funktion Computerverwaltung stellt Windows ein zentrales Werkzeug zur Verwaltung des Rechners bereit. Auch die Computerverwaltung ist als Anwendung der Microsoft Management Console (MMC) realisiert. Administratoren können das Werkzeug über den Eintrag *Computerverwaltung* des Ordners *Verwaltung* (siehe Bild 37.12) aufrufen. Nach Bestätigung der Sicherheitsabfrage der Benutzerkontensteuerung erscheint das Fenster der Computerverwaltung (Bild 37.20). In der linken Spalte können Sie dann unter verschiedenen Kategorien die gewünschte Funktion wählen.

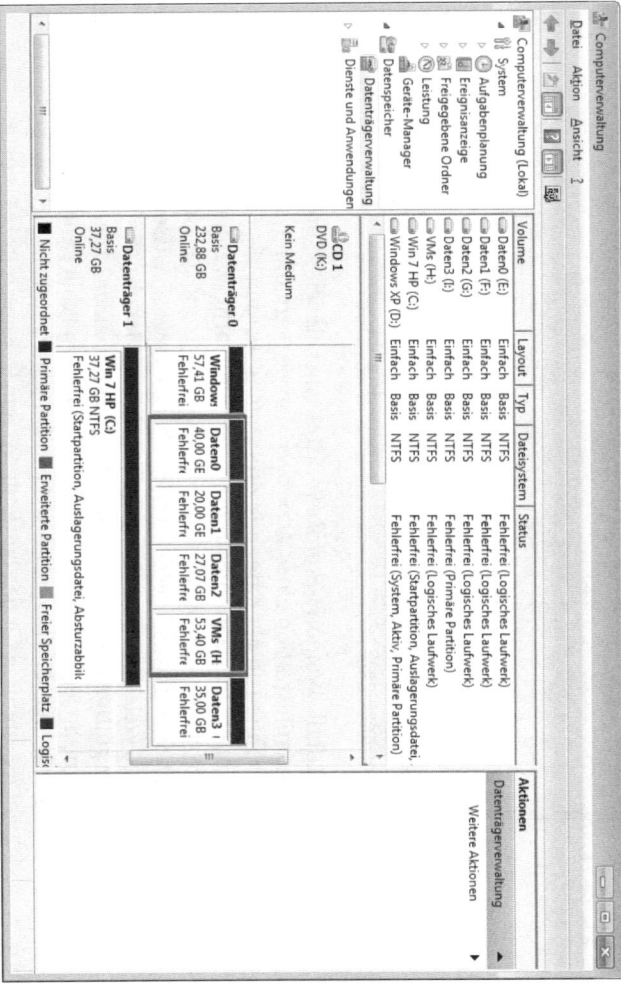

Bild 37.20: Computerverwaltung

■ *System:* In dieser Kategorie finden Sie die nachfolgend aufgeführten Funktionen zur Verwaltung der Ereignisanzeige, zur Anzeige der Systeminformationen, zur Verwaltung freigegebener Ordner etc.

■ *Aufgabenplanung:* Enthält die (in diesem Buch nicht beschriebenen) Funktionen, um über den Aufgabenplaner verschiedene Funktionen automatisch zu starten (z. B. Systemsicherung, Virenscan, Defragmentierung).

■ *Ereignisanzeige:* Erlaubt auf die oben beschriebene Ereignisanzeige zuzugreifen und die Ereignisprotokolle auszuwerten.

■ *Freigegebene Ordner:* Hilfreich im Netzwerk, da in den Unterzweigen die Freigaben des Rechners, die aktuell laufenden Sitzungen (Zugriffe über das Netzwerk auf den Rechner) und die geöffneten Dateien aufgelistet werden. Die Einträge erlauben es dem Administrator, z. B. Sitzungen anderer Benutzer zwangsweise zu trennen.

■ *Leistung:* Ruft die Anzeige der betreffenden Anwendung in der rechten Spalte ab und erlaubt z. B., den Systemmonitor anzuwählen (siehe vorhergehende Abschnitte).

■ *Geräte-Manager:* Der Eintrag öffnet die Anzeige des Geräte-Managers in der rechten Spalte. Dieser gewährt Ihnen einen Überblick über installierte Geräte und deren Treiber (siehe *Kapitel 32*).

■ *Datenspeicher:* Dieser Zweig enthält die Funktionen zur Datenträgerverwaltung, zur Defragmentierung lokaler Laufwerke sowie zur Verwaltung logischer Laufwerke und Wechselmedien (siehe *Kapitel 13*).

■ *Dienste und Anwendungen:* In diesem Zweig finden Sie die Funktionen, um Dienste zu starten und zu stoppen (siehe vorhergehende Seiten) oder um auf weitere Anwendungen zuzugreifen.

Durch Anklicken der Symbole des Strukturbaums können Sie anschließend die Funktionen und deren Daten im rechten Fenster abrufen. Die rechts eingeblendete Spalte erlaubt Ihnen, zusätzliche Aufgaben für die angewählte Kategorie aufzurufen (Bild 37.20). Alternativ können Sie aber das Kontextmenü verwenden, um Funktionen des angewählten Elements abzurufen.

Benötigen Sie häufiger Zugriff auf die Computerverwaltung oder auf einzelne Kategorien (z. B. Ereignisanzeige)? Dann öffnen Sie den Ordner *Verwaltung* (Bild 37.12) über die Systemsteuerung (siehe vorherige Seiten) und ziehen den gewünschten Eintrag (z. B. *Computerverwaltung* oder *Dienste*) mit der rechten Maustaste auf den Desktop. Anschließend wählen Sie im Kontextmenü den Befehl zum Kopieren. Über das so eingerichtete Verknüpfungssymbol haben Sie direkten Zugriff auf die betreffende Funktion. Zudem lässt sich der Inhalt des Ordners *Verwaltung* im Startmenü einblenden (siehe Abschnitt zum Anpassen des Startmenüs in *Kapitel 34*).

TIPP

Die in der Computerverwaltung zusammengefassten Funktionen stehen teilweise auch einzeln zur Verfügung. Die betreffenden Funktionen sind auf den vorhergehenden Seiten und in den vorhergehenden Kapiteln beschrieben. Der im Menü *Aktion* vorhandene Befehl *Verbindung mit anderem Computer herstellen* ist für den Zugriff auf andere Rechner mittels einer Netzwerkverbindung vorgesehen. Bei den Windows 7 Home-Versionen klappt dieser Zugriff aber nicht, Sie benötigen eine Windows 7 Ultimate- oder Professional-Version zur Remoteverwaltung von Rechnern per Netzwerk.

HINWEIS

37.3.9 PowerShell-Tools

Windows 7 wird mit der PowerShell ausgeliefert. Dies ist einerseits eine Befehlszeilenschnittstelle, über die bestimmte Funktionen abgerufen werden können. Zudem ermöglicht die PowerShell, die Befehle zu Programmen (Skripts) zu kombinieren, über die Informationen abgerufen, Systemeinstellungen verändert oder Aufgaben automatisch durchgeführt werden können. Im Startmenü stehen im Zweig *Alle Programme/Zubehör/Windows PowerShell* die beiden Befehle *Windows PowerShell* und *Windows PowerShell ISE* zum Zugriff auf die PowerShell zur Verfügung.

Mit dem Befehl *Windows PowerShell* öffnen Sie das Fenster der PowerShell-Konsole (Bild 37.21, oben), in dem Sie direkt Befehle zum Ausführen in der PowerShell eingeben können. Die Ausgaben der Befehle werden dabei im Konsolenfenster angezeigt. Mit `dir env:` `Enter` lassen sich beispielsweise die Umgebungsvariablen anzeigen.

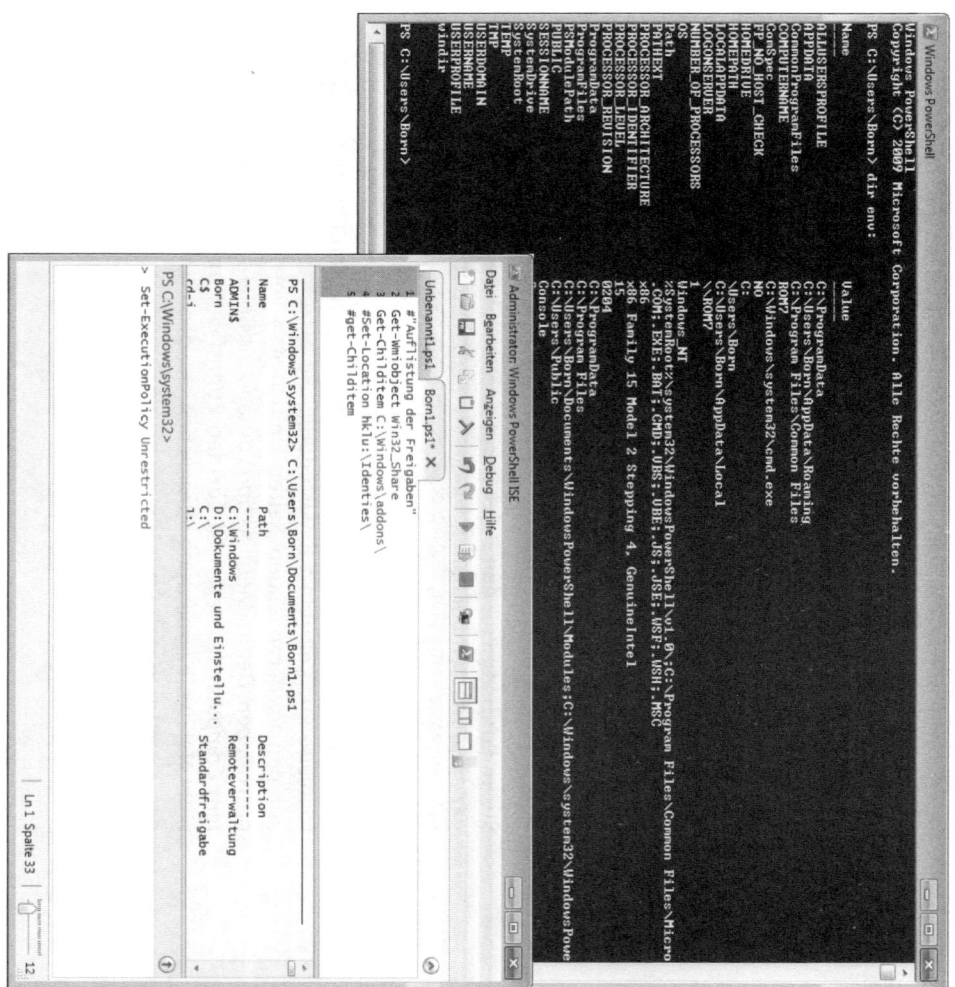

Bild 37.21: PowerShell-Konsole und ISE

Der Befehl *Windows PowerShell ISE* öffnet die Entwicklungsumgebung der PowerShell (Bild 37.21, unten), in der Sie *.ps1*-Programme mit PowerShell-Befehlen erstellen, speichern und interaktiv testen können. Um Skriptdateien der PowerShell ausführen zu können, müssen Sie aber im unteren Fenster der Entwicklungsumgebung den Befehl *Set-ExecutionPolicy Unrestricted* eintippen (andernfalls verweigert Windows die Ausführung). Die PowerShell ist ein mächtiges Werkzeug für Programmierer und Administratoren, deren Beschreibung den Umfang dieses Buches sprengt. Der von mir im Verlag Markt+Technik veröffentlichte Titel »Magnum – Windows 7 Home Premium Tricks« geht in einem eigenen Kapitel auf die PowerShell und die Erstellung von Skriptprogrammen ein. Zudem können Sie über die Hilfe der Windows PowerShell ISE weitere Informationen zur PowerShell und die Referenz der verfügbaren Befehl, Objekte, Methoden und Eigenschaften abrufen.

Damit möchte ich die Beschreibung der Windows 7-Funktionen beenden. Um den Umfang dieses Buches nicht zu sprengen, ließ sich vieles leider nur gekürzt darstellen oder musste sogar komplett weggelassen werden. Mit der Auswahl der behandelten Themen hoffe ich aber, Ihnen hilfreiche Informationen sowie Handlungsanweisungen zu den wichtigsten oder am häufigsten benötigten Funktionen geliefert zu haben. Zusätzliche Details zu den Windows 7-Funktionen finden Sie bei Bedarf in der Hilfe.

Windows 7 Home Premium

Teil 7 Anhang

Weiterführende Literatur

In diesem Buch mussten an vielen Stellen Kompromisse bezüglich des Inhalts eingegangen werden. Ziel war die Beschreibung aller Windows-Funktionen. Beim Verlag ist eine Reihe weiterer Bücher aus meiner Feder erhältlich, die spezielle Aspekte zu Windows 7 abdecken.

/1/ Günter Born: Windows 7 Home Premium Tricks, Magnum, Markt+Technik-Verlag, München, 2010

Der Titel geht auf viele Interna von Windows 7 ein und enthält Insiderinformationen zu diversen Themengebieten.

/2/ Günter Born: Fotos, Filme, Musik mit Windows Vista, Markt+Technik-Verlag, München, 2007

In diesem (noch zu Windows Vista verfassten) Buch finden Sie eine vertiefte Behandlung der Windows-Funktionen rund um die Themen Foto, Video und Musik sowie Media Center und Streaming mit zusätzlichen Insiderinformationen, die auch für Windows 7 gelten.

/3/ Günter Born: Windows 7 – Handbuch für Fortgeschrittene, Markt+Technik-Verlag, München, 2011

Der Band befasst sich mit den Details vieler Windows 7-Funktionen, angefangen von der Installation über die Anpassung der Installationsmedien bis hin zu Themen wie Virtualisierung oder Systemoptimierung, Registrierung, PowerShell etc.

/4/ Günter Born: Erste Hilfe für den PC, Markt+Technik-Verlag, München, 2011

In diesem Titel erhalten Sie schnelle Hilfe bei typischen PC- und Windows 7-Problemen, angefangen von der Diagnose bei Rechnerabstürzen bis hin zu Problemen mit Windows-Funktionen.

Weiterführende Informationen

Falls Sie beim Arbeiten mit Windows 7 auf Probleme oder Fragen stoßen, empfiehlt sich auch ein Blick in mein Blog unter blog.borncity.com. Dort trage ich neue Erkenntnisse, Hinweise auf Fehler in Windows 7 sowie Tipps zu deren Beseitigung ein. Das Blog ist quasi die dynamische Fortsetzung des Buches. Fehlerkorrekturen zum Buch, die mir bekannt werden, trage ich auf der Seite www.borncity.de/BookPage/Win/win7MagHP.htm nach.

Neuerungen in Windows 7

Windows FAQ

Windows-Tipps

Index

Dieses umfangreiche Windows-Handbuch für Fortgeschrittene behandelt Techniken, Spezialfragen und Problemlösungen für erfahrene Anwender. Alle, die sich ausführlich und intensiv mit Windows befassen, werden das Buch begrüßen. Auf hohem Niveau, jenseits des Grundlagenwissens, bietet es sowohl alle klassischen Hauptthemen - von der Installation bis zur Systemverwaltung -, als auch Spezialthemen, wie Virtualisierung, Deployment, virtuelle Festplatten, Datenverschlüsselung u.v.m.

Günter Born
ISBN 978-3-8272-4597-7
39.95 EUR [D], 41.10 EUR [A], 62.90 sFr*
816 Seiten
http://www.mut.de/24597

Mehr Bücher & Video-Trainings auf **www.mut.de**

Markt+Technik Einfach besser.

Mit diesem Handbuch nutzen Sie die Komponenten des neuen Office-Paketes von Microsoft. Behandelt werden die Programmmodule von Office 2010. Die Software wird ausführlich erläutert. Mit zahlreichen Schritt-für-Schritt-Anleitungen zeigt Ihnen der Autor praxisnah, wo es lang geht.

Michael Kolberg
ISBN 978-3-8272-4551-9
19.95 EUR [D], 20.60 EUR [A], 33.50 sFr*
848 Seiten
http://www.mut.de/24551

Mehr Bücher & Video-Trainings auf **www.mut.de**

Markt+Technik Einfach besser.

*unverbindliche Preisempfehlung

Erleben Sie Excel 2010 pur von einem Excel-Profi der ersten Stunde. Selbst umfangreiche Excelanwendungen verlieren jetzt ihren Schrecken. Ignatz Schels führt Sie durch das umfangreiche Programm und erläutert auch komplexe Zusammenhänge.

Ignatz Schels
ISBN 978-3-8272-4565-6
19.95 EUR [D], 20.60 EUR [A], 33.50 sFr*
784 Seiten
http://www.mut.de/24565

Mehr Bücher & Video-Trainings auf **www.mut.de**

Markt+Technik Einfach besser.

*unverbindliche Preisempfehlung

Mit diesem Handbuch zu Word 2010 kriegen Sie jeden Text in den Griff! Nutzen Sie die volle Funktionalität dieser umfangreichen Textverarbeitung. Vom einfachen Brief bis hin zu komplexen Dokumenten oder Serienbriefen zeigt Ihnen Michael Kolberg, wie Sie die gestellten Aufgaben optimal bewältigen. Die komplette Software wird ausführlich erläutert.

Michael Kolberg
ISBN 978-3-8272-4549-6
19.95 EUR [D], 20.60 EUR [A], 33.50 sFr*
784 Seiten
http://www.mut.de/24549

Nur wer die Funktionsbibliothek kennt und beherrscht, kann die volle Excel-Power nutzen. Über 400 Funktionen, eingeordnet in 12 Kategorien, bieten alle Voraussetzungen für professionelle Kalkulationen und Verknüpfungen. Wie diese konstruiert, verschachtelt und raffiniert kombiniert werden, zeigt Ihnen dieses Buch. Mehr als 100 Beispiele aus der Praxis demonstrieren, wie es geht und wo die Funktionen passend zum Einsatz kommen.

Ignatz Schels
ISBN 978-3-8272-4564-9
19.95 EUR [D], 20.60 EUR [A], 33.50 sFr*
656 Seiten
http://www.mut.de/24564

Markt+Technik Einfach besser.

Mehr Bücher & Video-Trainings auf **www.mut.de**

Tastenabkürzungen Windows-Taste

Taste	Bedeutung
⊞ + Strg + Esc	Startmenü öffnen oder schließen.
⊞ + Untbr	Basisinformationen über das System anzeigen.
⊞ + D	Den Windows-Desktop anzeigen.
⊞ + M	Minimiert alle geöffneten Fenster.
⊞ + ⇧ + M	Minimierte Fenster wiederherstellen.
⊞ + Pos1	Minimiert alle geöffneten Hintergrundfenster bzw. stellt diese wieder her.
⊞ + Leer	Schaltet alle Fenster unter Aero in den »Umrissmodus«.
⊞ + R	Dialogfeld *Ausführen* öffnen.
⊞ + F	Suchen von Dateien und Ordnern.
⊞ + E	Ordnerfenster *Computer* öffnen.
⊞ + L	Sperrt den Computer und zeigt den Anmeldebildschirm.
⊞ + F1	Öffnet das Hilfefenster.
⊞ + ⇆	Umschaltung zur Flip-3D-Darstellung unter Aero.
⊞ + T	Zeigt die Liste mit der Miniaturvorschau der Taskleiste. Antippen der Taste T wechselt zur nächsten Schaltfläche.
⊞ + +	Bildschirmlupe anzeigen und bei weiterem Antippen der Taste + wird der Zoomfaktor erhöht. Mit der Taste - lässt sich der Zoomfaktor reduzieren, und ⊞ + Esc schließt die Bildschirmlupe.
⊞ + G	Holt die Minianwendungen des Desktops in den Vordergrund (vor geöffnete Fenster).
⊞ + P	Zeigt die Projektoransicht, über deren Symbole die Bildschirmausgabe auf extern angeschlossene Anzeigegeräte (Projektor) umgeschaltet werden kann.
⊞ + X	Blendet bei Notebooks das Fenster des Windows-Mobilitätscenters ein.
⊞ + ↑	Maximiert ein Fenster.
⊞ + ↓	Ein maximiertes Fenster auf die vorherige Größe wiederherstellen. Ein normales Fenster wird dagegen minimiert.
⊞ + ⇧ + ↑	Maximiert das Fenster vertikal (hilfreich bei langen Texten).
⊞ + →	Dockt das aktuelle Fenster am rechten Desktoprand an und vergrößert es auf die Hälfte des Bildschirms.
⊞ + ←	Dockt das aktuelle Fenster am linken Desktoprand an und vergrößert es auf die Hälfte des Bildschirms.
⊞ + ⇧ + →	Verschiebt das aktive Fenster im Multimonitorbetrieb zum zweiten Bildschirm bzw. wieder zurück.
⊞ + ⇧ + ←	Verschiebt das aktive Fenster im Multimonitorbetrieb zum zweiten Bildschirm bzw. wieder zurück.